教育部哲學社會科學研究重大課題攻關項目

「十一五」國家重點圖書出版規劃項目·重大工程出版規劃

國家社會科學基金重大項目

北京大學「九八五工程」重點項目

儒藏

精華編二六一册

集部

儒藏

精華編

北京大學《儒藏》編纂與研究中心

《儒藏》精華編第二六一册

首席總編纂　季羡林

項目首席專家　湯一介

總編纂　湯一介　龐樸　孫欽善　安平秋（按年齡排序）

本册主編　董平

《儒藏》精華編凡例

一、中國傳統文化以儒家思想爲中心。《儒藏》爲儒家經典和反映儒家思想、體現儒家經世做人原則的典籍的叢編。收書時限自先秦至清代結束。

二、《儒藏》精華編爲《儒藏》的一部分，選收《儒藏》中的精要書籍。

三、《儒藏》精華編所收書籍，包括傳世文獻和出土文獻。傳世文獻按《四庫全書總目》經史子集四部分類法分類，大類、小類基本參照《中國叢書綜録》和《中國古籍善本書目》，於個别處略作調整。凡單書已收入入選的個人叢書或全集者，僅存目録，並注明互見。出土文獻單列爲一個部類，原件以古文字書寫者一律收其釋文文本。韓國、日本、越南儒學者用漢文寫作的儒學著作，編爲海外文獻部類。

四、所收書籍的篇目卷次，一仍底本原貌，不選編，不改編，保持原書的完整性和獨立性。

五、對入選書籍進行簡要校勘。以對校爲主，確定内容完足、精確率高的版本爲底本，精選有校勘價值的版本爲校本。出校堅持少而精，以校正誤爲主，酌校異同。校記力求規範、精煉。

六、根據現行標點符號用法，結合古籍標點通例，進行規範化標點。專名號除書名號用角號（《》）外，其他一律省略。

七、對較長的篇章，根據文字内容，適當劃分段落。正文原已分段者，不作改動。千字以内的短文一般不分段。

八、各書卷端由整理者撰寫《校點説明》，簡要介紹作者生平、該書成書背景、主要内容及影響，以及整理時所確定的底本、校本（舉全稱後括注簡稱）及其他有關情況。重複出現的作者，其生平事蹟按出現順序前詳後略。

九、本書用繁體漢字豎排，小注一律排爲單行。

《儒藏》精華編第二六一册

集部

顔山農先生遺集

〔明〕顔鈞 撰
黄宣民 校點

目録

顏山農先生遺集卷之八……八五

校點説明

《顏山農先生遺集》九卷，明代思想家顏鈞著。顏鈞（一五〇四—一五九六）字子和，號山農，又號耕樵，後因避萬曆帝諱更名鐸，江西吉安府永新縣人。世代業儒。

顏鈞幼時體質孱弱，智慧不開，被人目爲痴兒。十二歲隨父在常熟學宫裏讀書，但他不喜科舉程課，自謂「窮年不通一竅」。二十五歲時，得王陽明《傳習録》，讀至「精神心思，凝聚融結，如猫捕鼠，如雞覆卵」四句，感奮不已，決意踐行。於是靜坐七日夜，自覺一旦豁然，心性仁知，光明洞開，讀《大學》、《中庸》，一目了然。即在家鄉組織「三都萃和會」，宣講儒學倫理要義。後由貴溪徐樾引薦，赴泰州王艮門下，受傳「大成仁道」（即大成學）。嘉靖庚子（一五四〇）秋，顏鈞自泰州回江西，在南昌張帖《急救心火榜文》，向應考士子宣講「六急六救」。適南城羅汝芳考試落榜，聽顏鈞演講救人心火，頓覺心情開朗，即下拜稱弟子，後成爲顏鈞門下最有名的弟子之一。幾年後，又有何心隱投門問學。顏鈞四處講學，又常上書當道，抨擊時弊，故其講學活動甚爲當局所不容。丙寅歲（一五六六），顏鈞在揚州欲買船南還，爲南都提學耿定向派人誘往太平（今安徽馬鞍山市）講學，不三日，即遭逮捕，解往南京監獄。隆慶三年（一五六九），經羅汝芳多方募捐救助得以出獄。晚年多在家從事著述，萬曆丙申年（一五九六），逝世於永新家中。

顏鈞是泰州學派的重要傳人，他繼承了泰州學派的平民儒學傳統，具有鮮明的平民性格。他傳道主要面向平民大衆，經常深入民間，向市童、野叟、灶丁、僕人、農夫、樵者、陶匠，乃至僧、道、奄人等各階層民衆宣講他的《大學》、《中庸》之學（即大中學)。

顏鈞還承繼陸王心學，尤其是泰州學派創始人王艮將儒學理論簡易化與儒學平民化聯結起來的傳統，宣稱孔門聖學即是以「簡易」爲宗旨，更「心造」出大中學來。所謂「大中學」，即是將儒家經書《大學》、《中庸》變化成「大中學庸」的專門學問。顏鈞認爲，「大學中庸」四字即是孔門六經的「題旨」，故將整個儒學簡化爲大中之學。

作爲明中葉一位頗有影響的平民儒者，顏鈞的著作在當時並未行世，後人知其思想全貌者甚少，史學大家黄宗羲撰《明儒學案》時，也未能讀到顏鈞的重要遺稿，如《急救心火榜文》等。據清康熙《永新縣志》記載，顏鈞著作有《山農集》、《耕樵問答》二書，然均未見刊行。迄咸豐間，始有《顏山農先生遺集》九卷本問世。從現存《遺集》卷二《失題序》看，顏鈞生前已着手自編文集，如謂「遂將心供詳晰爲首册，次規邱隅，昭揭成功」。所謂「心供」，即指萬曆壬午所撰《自傳》(卷三)，他已擬定將此傳列入文集首册；「邱隅」即指《邱隅爐鑄專造性命》(卷四)一文，也打算收入集中，然至今未見所編次卷目。此書是否編成，已難查考。

清初，江西湖西道施潤章景仰顏鈞，派人赴永新縣署遍訪顏鈞遺稿，後從賀僧護篋中得二十餘篇，「因謄呈覽，檄命付梓」。無奈施潤章旋奉命裁撤，離開江西，遺稿未及出版。後永新教諭何屬乾(不息)又訪集山農遺稿於農家，「得抄本二十八篇」，並請著名文士黎士弘(媿曾)鑒定、抄録、整理成集，由何屬乾作序(即今存《顏山農先生遺集舊序》)。但是，這個集子也没有版行。

嘉慶初，在顏鈞遺稿湮没二百年之後，復由顏鈞裔孫特璋搜集並手録，編輯成書。他在嘉慶二年(一七九七)爲該書所撰跋語説：「吾祖理學山農公，起自布衣，名聞天下。乾隆庚寅，予與族叔映光續修族譜，止刊《急救心火榜文》、《告天下同志書》、《勸忠》、《勸孝》二歌。《祖述箴餘》未刊載。辛卯，予肄業合東東塘祠，將吾祖著作除散落四方過半外，所存雜文及箴言、詩歌，請業師左鵬飛先生評騭，久欲鳩集刊傳，奈心有餘而力不足，兼之本朝查書甚嚴，又邇來祠田衰薄，各派蕭條，不能助資，故寢其事。今予韶華已去，花甲將臨，時值秋氣平和，用搜集吾祖遺文，都成一集，以望後之嗣孫有志家學者，倘能振丕先澤，付之剞劂以垂世，不至汩吾祖理學之芳聲也。」很清楚，顏鈞遺集此次仍未能出版，原因有二：一是顏家没有錢，二是清朝查書嚴。但是，顏氏後人没有辜負特璋所望，終於在咸豐間將顏鈞遺集刊刻傳世。

今本《顏山農先生遺集》由永新顏氏族裔鎮瀛、學淵搜集，同邑後學尹繼美編校，顏氏族人與鄉鄰助資付梓。據尹繼美爲該書所撰《凡例》可知，此本是在顏特璋本的基礎上訂正而成，是顏鈞著作的唯一刻本。咸豐六年（一八五六），《顏山農先生遺集》作爲顏氏族刻本問世。甫一問世，就受到戰火的考驗。此後歷經戰亂，至二十世紀初，經由顏學恕、賀香心珍藏而得存一足本《顏山農先生遺集》，此即本次整理本之底本。底本原刻係竹紙本，每半頁十行，行二十字，分訂上下册。上册一至四卷，下册五至九卷。

校點者　黄宣民

説明《顏山農先生遺集》原由黄宣民校點整理，中國社會科學出版社一九九六年以《顏鈞集》之名出版。《儒藏》精華編《顏山農先生遺集》即在此《顏鈞集》基礎上，根據《儒藏》精華編體例整理修訂而成。本次修訂，一仍底本原貌，原《顏鈞集》所增補的附録内容未予收録，但其據《明儒學案》卷三十二《泰州學案序》所載而補入原卷八《答賀長白》之後的顏鈞《寄周恭節》一詩，仍然保留。

此《校點説明》由本書責任編委甘祥滿據《顏鈞集》中黄宣民先生所寫《前言》删訂而成，特予説明。

北京大學《儒藏》編纂與研究中心

顏山農先生遺集舊序

昔蘄輪翁語齊威曰：君所讀者糟粕耳，其骨已朽矣。然則古人之書皆糟粕也，奚論遺稿！遺稿又糟粕之餘也，奚容予序！雖然，顔子有《辨儀》一卷流布外國，猶知珍之，况中華名公鉅儒，代不數人，人不數篇，篇不數傳，其遺稿忍令付之荒烟蔓草耶！故古人無百年長存之面目，而若有面目可睹聞者，惟此片紙隻字也。面目如在，精神生焉。猶飲者以糟粕釀酒，尚可一醉，倘舍之而取酒空中，不幾渴死劉伯伶哉！伯伶豈有多藏，《酒德》一頌，便堪千古。倘無此一頌，安知伯伶非酕醄俗輩乎！甚矣，遺稿以人重，而人亦以遺稿重也。

永新山農先生，布衣理學也。師法王陽明，開講豫章，傾動一千五百餘人，其間侍座稱弟子者，則羅近溪也。竊疑近溪樹理學之幟，凡王侯將相皆其弟子，乃弟子於布衣之間，何爲耶！自後邑宰管公心園以其遺稿，具詳督學陳公雲怡，乃登先生於鄉賢，至今俎豆不絶。丙午夏，愚山施兵憲，馳檄至署，訪其遺稿，無復存者。再四旁搜，獲二十餘簡於賀僧護篋中，即此見僧護之篤志嗜古矣。因謄呈覽，檄命付梓。夫何裁官旨下，而愚山載遺稿東歸，未遑梓也。嗚呼，先生之道東矣，已徵之文獻，或化爲祥雲靈芝耶！

近得子翼賀隱君立傳，欣然曰：「先生手澤，藉以不朽乎？」因讀其遺稿，大略無勦説而多創談。以《急救心火》爲講學第一題目，若曰：「秦火之焰，雖焚經而經存；心火之焰，不焚經而經亡。」更謂：「孟氏放心之旨，乃將名利之心，一切放落，猶良醫慰病者曰：『汝放心，霍然起矣。』」此皆先生獨創之談也。若勦襲格物良知之説，升壇籲衆曰：「我理學祖陽明而宗近溪。」先生以爲此心火發而未放落也，須急救之。又聞先生居家孝友，爲鄉里儀型，是以行己無愧，宜乎陽明曰「吾弟子也」，近溪曰「真吾師乎」！以故數百年覽其遺稿，猶想見其爲人，非區區布衣所能及也。訛言先生有資於近溪，拂其意，怒而跪羅於榻前，如意乃解。嗚呼，理學先生豈有如此之氣象耶！予姑不深辨，惟恐遺稿湮没於蠹笥，同付於荒烟蔓草也。幸黎夫子，名教干城，敬呈以進，表章之功，豈異人任，諒不曰賀隱君之傳與予之序，亦足以不朽。先生糟粕具在，願與理學諸君子共醉焉。

盱江後學何屬乾拜序於永新學署。

顏山農先生遺集凡例

一、先生文集，不惟未曾刊行，即鈔本亦罕覯。此本係嘉慶初哲嗣特璋上舍所搜輯手録者，後轉落他氏之手。比年哲嗣鎮瀛茂才始復得之，尹介峰孝廉爲珍藏之。今刻以此本爲底稿，用附刊原鈔跋語，以志是書之幸存，賴有此爾。

一、校勘先輩遺集，雖斷簡殘編，足資考訂。近日賢裔學淵，再三搜輯，復從中陂獲一舊鈔本，首尾脱簡甚多，疑即此本所從出者。就其中所有核之，此本尚有遺佚。今採添論、辨二首，《耕樵問答》一首，且藉以訂正此本之誤處不少。又《旅詞》一首，其末與此本互異，今附注於下。

一、先生受俞公大猷之聘，在隆慶三年己巳三月下旬。家藏鈔本牌文云：「欽差鎮守廣西協理、廣東地方總兵、征蠻將軍、前軍都督府署都督同知俞爲軍務事：近因閩廣奉旨夾剿海寇，欠乏謀士，查得邵武衛，軍人顏鈞即顏山農先生，講學不雜於佛老，論兵必本於仁義，蓋古黄石老人之儔匹，足爲今人之師表。爲此牌仰本衛即將此老先生送至軍前，爲參謀之用，毋違。須至牌者。右牌仰邵武衛，准此。隆慶三年三月十六日掾典周鳴通承都督府押限廿七日繳。」《自傳》云：「在戍七日，蒙虚江聘爲軍師。」其出獄之期，當在己巳春初。又云：「在難三年。」若其下獄之期，當在嘉靖四十五年丙寅。其回籍之期，則在隆慶五年辛未也。牌文云：「欽差鎮守廣西地方總兵官、征蠻將軍、前軍都督府右都督俞爲軍務事：照得本鎮先年征剿海寇曾一本，行取軍人顏鈞，參詳聽用有功。近日大征古田本（曾一本）軍，所獻之策，着着皆奇。除候下次用兵再立有功叙録外，今告回原籍，合給執照。爲此牌仰齎照前去，經過關隘，官兵不許阻滯。須至牌者。右牌仰顏鈞，准此。隆慶五年五月初三日掾典張應麒承都督府押限回日繳。」史載：隆慶二年六月，曾一本寇廣州。三年八月，曾一本伏誅。五年五月，古田獞賊平。廣西古田獞黄朝猛、韋銀豹等，嘉靖末，嘗再劫會城庫，殺參將，黎民表巡撫殷正茂徵兵十四萬，屬大猷討之。分七道進，連破數十巢，擒朝猛、銀豹，百年積寇盡除。據家藏牌文年月及《自傳》所載，賊名與史皆合。又史載：嘉靖三十五年春，以胡宗憲總督軍務討倭。其秋七月，破倭於乍浦。八月，襲破海賊徐海於梁莊，海餘黨奔舟山。其冬，宗憲又令俞大猷雪夜焚其柵，盡死。兩浙倭漸平。三十六年正月，胡宗憲兼浙江巡撫事。其冬十月，倭隨海盜汪直來市。先是歙人汪直，煽諸倭入寇。至岑港泊焉。誘降汪直，下獄論死。其黨毛海峰等遂據舟山，阻岑港自守。大猷環攻之，時小勝。然苦仰攻，將士先登多死。三十七年春，新倭復大至。嚴旨責宗憲。宗憲懼得罪，上疏陳戰功，謂賊可指日滅。所司論其欺誕。帝怒，盡奪諸將大猷等職，切讓宗憲，令剋期平賊。大猷等懼，攻益力，賊益死守。其秋七月，乃自岑港移柯海，造舟泛海去。大猷等橫擊之，沉其一舟，餘賊揚帆而南，流劫閩廣。先生參謀胡公軍事，當在是時。家藏鈔本載：「嘉靖三十六年十月十一日，奉欽差總督浙直閩廣巡撫浙江都察院副都御史胡柬托程後臺，轉請赴軍門，征勦海盜。其柬後臺云：『執事學行純篤，所謂異人，決不我欺，今備禮相聘，煩爲轉致。外采緞二疋、盤金十兩。』及至軍門，致柬先生云：『侍教生胡宗憲頓首拜請大道望山農顏老先生：久仰高誼，適聞遠顧，不勝慶幸，即欲迎文從，以便請教，因衙門窄狹，無一静室可奉起居，程後臺道公不欲人知，且權請于育王祠暫駐，先差承差王心賫此代躬，伏惟台照，不備。』」《自傳》所云「胡公驅倭計窮者」，必指誘降汪直以後事；所云「倒溺倭寇百千於海」者，豈指沉舟之役也耶！此係先生生平大事，實後人所當考者，故並著于此。先生之見知俞公，疑亦在胡公軍門時云。又集中所稱「達虜」，蓋指諳達。「諳達」一作「俺答」，時屢爲邊患也。附注於此。

一、康熙間，何公不息撰《又尚集》，及序先生遺稿，祇謂得文二十篇，并未言其有詩。今按此本，文數過之，而詩亦多，豈渠時採訪未遍耶！抑所謂二十篇者，係渠手選擇耶！但其本不可得見，其序尚存。今仍録之，以冠集首。

一、考先生文集，原係自手編輯，如《失題序》云：「將心供詳晳爲首册，次規邱隅昭揭成功。」又云「編緒全規」。而《履歷》篇中亦有「緒録全集」之語。世遠年湮，文多散佚。又篇第錯亂，且無卷目，其自編義例，不可復考矣。今依類編次。

一、考志乘并載公所著有《山農文集》、《耕樵問答》，是《耕樵問答》在文集外矣。原鈔《耕樵問答》雜入文集中，已紊舊緒，今欲别行，又篇數甚少，不能自成一書，故另編爲一卷，以次雜著之後。

一、他氏之作，原鈔雜互集中，今附録集後。并補入崇祀鄉賢勘語及諸傳，另爲一卷。至《明史·儒林傳》，先生雖附見王公艮及羅公汝芳傳中，不免貶辭。《明史稿》二王以下諸傳，附於列傳王公守仁傳後，《明史》則移入《儒林》，以王公畿爲特傳，王公艮以下爲附傳。推其義例，《明史稿》似較《明史》爲更精，故至今二書並行不偏廢也。然名登史册，足以不朽，故亦摘録，綴於卷末。不録貶辭者，家集體例宜然也。《江西通志》羅公傳則全録，史文官書故耳。又先生仲兄名鑰，以鄉舉授在平教諭，擢知濟南新城縣，後改任枝江。亦附見《明史·儒林傳》，今並摘録，以見一家道學之盛云。

一、先生志在倡明道學，不求工于文而文自工。如《告天下書》及《游記》等篇，皆傑構也。論辨諸篇，晰理深奥，亦多俊偉之作。其有字句或涉于不馴者，蓋雜以語録體，似不當爲訾議。若《耕樵問答》一種，正語録體也。

一、韻語似非先生所長，不惟古體用韵通叶太寬，即近體用韻亦時出入，然語多喻道，並當録存。蓋專于心性之學，所作只抒其心之所自得，不拘拘于古人成規也。觀者當以是鑒別。《勸忠》、《勸孝》二歌次韵也。《勸忠歌》少二韵，疑有脱文。又，他書載《勸孝歌》爲唐人作，今並存疑。

一、校書甚難，有文本不誤而改之反誤者，如先生名鈞，後避神宗諱始改名鐸。神宗名翊鈞，萬曆間同邑李公嗣晟等呈詞云：「耆儒顔鈞，以諱更名鐸。」講學同仁祠，時在世宗嘉靖十九年庚子。原鈔《急救心火榜文》「姓顔名鈞字子和」下有「欽賜名鐸」之文，明係校者誤添。且因君諱更名鐸，而曰「欽賜名鐸」，誤之又誤矣。今删之。《榜文》舊鈔本脱去，而《心迹辨》舊鈔本作「先生諱鈞，後改諱鐸」，其文甚明。嘉慶初鈔本作「欽賜諱鐸」，亦係誤改，今並訂正。又講學南都，時亦在嘉靖朝。有家傳可據。《告天下同志書》宜稱鈞，原鈔作鐸，亦校者誤改也。舊鈔本乃作鈞。今訂之。

一、文體至嘉隆間，風尚古峭，其失者或至主澀。先生之講學也，立説多新創，故其文更覺佶屈難讀。如聚斐神莫哲哲等字句是也。羅近溪亦謂其「與人劄三四讀不可句」。況原鈔多脱訛顛倒，校閲倍艱。今詳繹文義，敬謹考訂，其有句讀易致誤者，間釋一二，其有不能通者，或用小注，或用方圈以闕疑。且校書如掃落葉，其有本誤而未及正誤，與本不誤而鈔刻致誤者，亦必不少，均望高明補訂。

繼美少聞山農先生名，及長，閱志傳，窺見所學之大略焉。欲求其文集讀之，不可得已。今秋七月既望，顏君學淵踵門，手示先生遺稿鈔本，篇章割裂錯亂，文字脱訛顛倒，殆不可讀。息心紬繹再四，粗得條緒，乃商厥義例，以類編次，脱則補，訛則訂，顛倒乙之，錯亂正之，其所不知者，蓋闕如也。先生當日以布衣主盟壇坫，傾動天下，得名太高，故招忌太甚，卒之及身，不免於蒙難，身後且增茲多口。小説家謂近溪羅公成進士，先生戒勿廷對，羅公不從。明年，遇之淮上，笞之，挾以游。後至南都，以挾詐人財事發，困囹圄，且死，羅力救之得出，出則大罵不已，云：「獄我者尚知我，而汝不知我。」又謂何心隱少嘗師事先生，旋察其隱事，使削弟子籍。今按先生遺集，知羅公甲辰成進士，越十年，癸丑始廷試。亦詳鄒忠介所作《羅近溪墓碑》。及赴南都之援先生出獄，羅公先别去半月矣，則謂羅不從廷對之戒及出獄駡羅者，誣也。何心隱者，梁公汝元，寓姓名。鄒忠介嘗爲之傳云：「聞王心齋良知之學，芥視子衿，慨然曰：『道在茲矣。』遂師顏山農，即以繼孔孟之傳。」明梁公之學，傳自先生。太史氏亦云然。而謂削弟子籍則又誣，至誣以帷薄不修，尤不待辨而自明矣。子翼賀公之傳先生也，謂：「嘗上徐華亭及張江陵書，皆有所指斥，諸公不悦。又與同邑尹太宗伯忤，且有宵人齮齕之者，傳會何巡撫所與官舟事，遂以盜官舟故，下金陵獄，論死。」今按家傳謂「由揚州歸，爲當塗尹所誘執，誣以盜賣淮安官舟」，與所云「江西何巡撫與之官舟，誣以盜官舟」，事已不合，一與一盜，其情易辨。己不能辨，何公宜代爲辨，竟成枉獄，胡爲哉？ 徐華亭在相位，嘗交先生矣。時先生主講南畿，繼講北畿，引中所謂「上疏宰相八老」，正其時也。 若張江陵，丁卯二月始爲吏部侍郎，預機務，時先生正在獄中，前此江陵未居顯位，不應有上書指斥諸公不悦之事。 又按先世誌狀，先宗伯公以癸亥爲南禮部尚書，丙寅罷官歸里，越癸酉始復官。 先生之難，當在先宗伯歸里之時，或在罷官之際，自溺者焉能救人？溺而助貲脱獄，亦與有力，相忤之説，並失實也，抑讀《自傳》而不能無疑焉。 耿恭簡公楚侗、吴文莊公疏山，當代偉人也，篇中皆有咎辭，所指未知然耶？ 否耶？ 毋乃傳言者萌蘖其間耶？ 考夫山農遺集，耿恭簡乃友梁非師梁者，謂耿爲梁之門生，毋乃當塗尹誑辭餅先生，先生未加考察漫筆之耶？ 誣以盜賣官舟也，事究莫得其詳，然觀「羅公力求蠲釋而不得，卒因募金納贓而出戍」，又何其誣之難白耶！ 斯亦讀先生遺集者，所當參校也。

先生學宗良知，以頓悟爲入門之功，以樂心爲自得之實，其旨具見集中。 天下後世讀其書，知其所造詣，且有定論矣。繼美譾劣，何敢贊一詞！ 惟是幸與編校之役，詳其事迹，得以辨誣，且得互證夫所誣所疑也，故附識如此。 咸豐五年八月望日，同邑後學尹繼美頓首拜書。

顔山農先生遺集目録書後

先山農公，居家敦孝友之行，型仁者多；講學接文成之傳，育材甚衆。故生則名滿天下，没則祀崇瞽宗。吾宗代有聞人，然必以公爲首稱焉。學淵有志於學，即思搜刻公遺集。久之，始獲嘉慶初鈔本。因文多脱訛，又歉於貲，逡巡未果。今秋杜門讀書，仰懷前哲，不覺憮然曰：「斯集不及今付梓，恐時移世易，鈔本日即於磨滅不存也。」用勉籌工貲，襄厥校事，登之棗黎，庶免貽譏於隕墜先緒云爾。咸豐五年八月，裔後學顔學淵謹識。

顔山農先生遺集目録跋

右爲卷目，凡九。此我山農公遺稿，今日類輯者也。公私淑王陽明先生，親受業王心齋、徐波石二先生之門，於道學實有所得。周流講學，弟子滿天下，羅公近溪爲最著。史志及諸文集，蓋詳言之。家藏著作，因被明末兵燹，存者無幾矣。鎮瀛世家中陂，國初徙家西鄉，比返居故里，搜覽遺文，每不勝守缺抱殘之感。今夏出此本，與族子學淵謀梓。踰秋，託余同年生尹涅軒茂才編校。原本鈔撮龐雜，今則體制秩如焉。噫，在當時渠有先世贈金之誼，在此日渠結曠代文字之緣，數百年遺稿，至今始得以就緒焉，殆有數存其間者耶！而學淵不惜捐貲以付剞劂，斯誠我祖靈爽式憑，令一生心血，不至剥蝕於蠹魚也。得是編長存，其即作者宛然如生矣夫。咸豐五年乙卯八月，裔孫顔鎮瀛謹跋。

顔山農先生遺集卷之一

同邑後學尹繼美編校
瀘溪族裔顔學淵校刊

榜　文

急救心火榜文

庚子秋闈，榜告急救心火於江西城，會講在豫章同仁祠中，翕徠信從士類千五百人，内得建昌羅近溪，與農矢志，終明聖學。

竊謂天地之所貴者，人也；人之所貴者，心也。人爲天地之心，心爲人身之主。默朕淵浩，獨擅神聰，變適無疆，統率性融，生德充盈，潤浥形躬，親麗人物，應酬日用，自不慮而知，不學而能者也。故曰：「是心也，人皆有之。賢者能勿喪耳。」聖人能自貴，衆人則皆不能惜重，瓦裂自敗，而行拂亂耳目口體之運，不認本體爲作用，道故不明不行矣。參贊者知貴之所在，而立學以養心，立教以養人。人而囿於教，心閑乎學，斯得所貴。而安身尊道，柱主宇宙，❶無不持載覆幬者也。游漢姓顔名鈞，字子和，生於吉安永新義禾三都中陂，布衣素夫也，自號山農。少承父兄蒙養，以正首訓，承祖繩尺，孝友律身。及壯，引導崇信聖學，仁義養心。遂樂從事，

❶「主」，疑或爲「立」之刻誤。

誓以終身。東西南北，訪證歸真，始幸誦傳陽明道祖，倡講良知，忽覺醒悟；次獲從游心齋業師，引發樂學，透入活機，會而通之：知是昭心之靈，樂是根心之生。越、淮崛起二王，豪義天縱，靈聰先得，此知此樂，唤人耳目，❶定士心志，而復日以陽爲明造，時以心爲齋明，上益神明，啓師徒交震互發，馴造大成，錯綜理學之緒餘，直合夫鄒魯一貫之道脉。千古正印，以衍傳于吴農漢，破荒信，徹良知，洞豁樂學，始以耕心樵仁爲專業；承流孔孟，轍環南國，繼以安身運世爲事功。冀得知己，同麗明哲，以措時宜於君臣、父子、夫婦、長幼、朋友之交，而實躋於渾噩太和之間者也。孰覺遊歷隨處，舉是身家事業。人人心火，忙裏堪輿，各各心紅，營爲宇宙，咸將秉彝同然，竟自支分滅息，汨没天真。即是煎習，俗態膠固，殊似乎堅冰沍凍，非一陽至，卒未能化。孟氏曰性善，「民之於仁也，甚於水火。」以水類應，尚制不熄之火，何獨至於人不能反求淵源所自出者！無乃世降風移，王者迹熄，聖學蓁蕪，人心汨没，致流覆轍，莫逾今日。遊夫目擊心感，肌若割切，欲遍移易，江山遥域，欲爲含待，難容自息，輾轉躊想，韶光流易，遂復謀兹。今逢大比，開科求賢，人才雲集。乃自淮揚携友而敬返棹洪都，❷擇止同仁之祠爲聚，斐衍講所，鼓掖善類，張掛榜文之告：

爲急救心火事，掀揭人心，先從申道宗藩、二院三司達尊，廣擴忘分薄勢之度，

❶ 「目」，原作「日」，據文義改。
❷ 「敬」，或爲「逕」之誤。

宏開好善興賢之仁，容農假館，救人心火，以除糜爛，翊贊王化，倡明聖學，會集四方遠邇仕士耆庶，及赴秋闈群彦與仙禪、賢智、愚不肖等，凡願聞孔孟率修、格致、養氣之功，息邪、去詖、放淫之説，咸望齊赴行壇，一體應接，輔翼農講，成美良會。會以萃神協志，忘懷乎麗，人皆受學，學皆知正。浮生日景，瞬息隙過，其所適常變、順逆、安恬、煩惱、拆裂，皆由命定於天，豈用人心火而得探求之耶！ 是故出世人豪，急了身命大事，先正其心，完復天真。主一無適，求心放失。慎爾樞機，毋所忿懥。免心暴棄，莫作好惡。攻心躁妒，毋用罔壯。欲心方亢，莫自執是。去心弄慧，毋騁蔓辭。困心衡慮，戒爾利名。貪心慕位，戒爾貨色。戕心賊德，莫流虛無，修心煉度。多士能如是交攻異端，則皆心合道同，百慮惟一，萬舉順適者也。又孰有作風波於世上，而外於混沌龐淳之善俗者也。況粤稽古昔哲王，去讒遠色，賤貨貴德，皆所以勸賢，已造端于前，無非救民於水火之中。今農憤悱繼統於後，蓋有得於受傳，遂放乎四海，思天下焚溺，由己焚溺也。農之學，自授承於東海，單洗思慮、嗜欲之盤結，鼓之以快樂，而除却心頭炎火。農之道，傳衣鉢於西江，專辟形骸凡套之纆鎖，舞之以盡神而盡滌性上逆障。然猶六急六救，此固人人貴早覺而亟反也。

多士諦鑒，農其重晰：

一、急救人心陷牿，生平不知存心養性，如百工技藝，如火益熱，兢自相尚。

二、急救人身奔馳，老死不知葆真完神，而千層嗜欲，若火始然，儘力恣好。

三、急救人有親長也，而火爐妻子，薄

若秋雲。

四，急救人有君臣也，而烈焰刑法，緩民欲惡。

五，急救人有朋友也，而黨同伐異，滅息信義。

六，急救世有游民也，而詭行荒業，銷鑠形質。

是皆晦昧大道，六言未聞；盜行邪説，六蔽未領。農固弗遑寧處，立此六急之程轍；日不暇給，設此六救之要箴也。多士能如農用六永貞，人心丕正，明哲保身，老安少懷，樂孥豫親，所欲與聚，所惡毋侵，朋友麗澤，義聚樂真，游民耻格，由是善人萃而率勵勤，師友真而學脉純。此多士與農之會，會以心也，會鄒魯之淵源也，會明祖心師於羹墻也。庶不孤游農之浩歸，掃我故疆；又不虛遠朋之負笈，從我本邦，農又豈不與多士載歌載咏大成乎！孔孟中和位育之化，復睹今日者也，豈曰小關淺繫云爾耶！願望多士以道爲志，以寰區爲家，興所會以聯洽乎同志之士，興所學以提挈乎未聞之人。俾世人咸歸夫中正，正端心學，是農之急救心火。激切游語，謹榜以聞。

書

告天下同志書

江西吉安府永新縣北麓中陂顏鈞頓首懇告於天下同志，爲約聚南都，會明聖學，實躋孔孟，以流講四方，丕正人心，翊贊王化事：

鈞，山中農夫也，少承父兄教養，即知檢行而率志古人之學，仰鑽心性，瞻忽十年。乃奮勵游訪，得三五師友於海內，琢磨引就，又十餘年，始能步趨堂階，坐立得所。孔孟格致、養氣之功，安身、運掌之機，頓覺入手闔闢，似不容疑，繼而試諸家邦，投之遠近同類，又皆得其喜聞翕從，而懷結分限，句。未敢自是。意將遍證諸豪之門，而四方遼闊，不可周復；抑佇俟仁人枉救，竊恐博濟不及庸朽。是故日夜憂思，求自全之策，擴大同之謀，遂擇南畿爲四方中都，約豪杰成三載良會，將以萃神協志，忘懷乎麗，人皆受學，學皆中正。凡於明德、親民，居安、逢源之功，知及、仁守，直養無害，聰明完固，運用同揆，然後五七爲朋，八九類群，將所學而東西南北，述通未聞之人，俾皆感吾輩忠信之誠，自入於化導之中。由是聖學明而信從易，師道立而善人多，耻格之民，伊、周之相，將丕成輩出於天下矣。然而人豪相與，庶幾不孤，三載會學，小補云乎！況我朝先哲諸老，無待而興，鼓集善類，已聞造端於前，今必有受傳者繼代而作，身任表率，以待四方取則，而鈞窮思側望，未快所欲，遂不得已，冒昧妄求，敬疏遍約以需裁割，不識群賢肯終容與否乎？

議者有曰：「子之舉也，君子之心也。但天下志士尚好不一，且江山遥隔，往來金陵，動經歲時，未必其能如約也。」鈞曰：「惡是何言歟？彼求功名于京師者，水陸非不險阻，寒暑加以凜冽，而束裝就道，離親棄妻，皆所弗顧。況吾輩以道爲會，以德爲勸，以重義聚樂同，易天下爲功業，有不欣然來乎！況倡會大都，曠古盛典，稍有知覺，亦動憤悱，曾謂自負人豪，而肯畫限，以不見親就同志爲幸乎！曾謂視天下猶家者，而顧畏道途之遠，離室家之難，計歲月之曠，戀名位之安，不能超然獨斷，以遂身心三年之謀乎！」又曰：「孔孟功不過求之吾心，盡其在我已矣，何必會而後明者歟？」曰：「非也，聖學不明，自孔孟至於今，不知幾千餘歲。今之學於四方者，亦不知幾千餘人，而鈞驗察從事，不免執見爲性，任想爲功，至其歸宿處所，則以清恬自潔爲高，或以和庸善俗爲是，或以講説明晰爲足，或迸四者而研思殫索，筆刊紀集，以爲聖學在此。又其下焉，則假之以會通經史，巧捷文詞，要媒身利爲便，殊不知見用者心衒，疑想者心惑，操潔者失人，和俗者失己，講晰則病騰口耳，筆集則病羅矜誇，假媒則病患失得，皆非所謂本身率修而馴致乎位育者也，皆非所謂集義善養者而直塞乎天地也。審如是，則諸家之學，紛然雜出，簡易直道，蕩無歸一，吾輩於此可苟安乎！」又曰：「若等云爲成己可也，而復流講引賢，不失於枉道狥人者歟？」曰：「大道無私，人品殊科，不有先覺，孰開其蔽？況天下之廣，億兆之衆，苟不沿流申道，遞分四方，誘以同學，則有志者阻於遐僻，昧於見聞，終將貿貿焉莫知所謂大道。是故在昔孔孟流環以木鐸天下，亦惟恐生獨樂之私，不得與衆同耳。吾輩學宗孔孟以善世，可自嫌於枉狥而私利乎！」又曰：「今世人心，嗜欲根盤，我朝治化，日入巍煥，而曰會賢以丕振翊贊，不亦迂乎？」鈞艴然曰：「君子之於天下，猶身之有四體也。天下之戴大君，猶四體之供元首也。元首統四體以成形，形生必氣血以周運。氣運弗周，四體痿痹，則不仁矣。是故君子之學也，將以蘇天下之痹者也。人心槃愆，不仁已極，身納罟獲，動招耻僇，其道窮也。道窮思通，勢所必然。吾乘其必然之勢，而引之於豁達之衢，民將悦之，猶水就下，吾胡爲而不丕正之乎！況今俊杰賢能，布列中外，可謂彬彬者矣。但於相與相臨、有爲有行去處，似多疑多懼，多挾多忌。或多急於刑政，而每遺乎德禮之治；或恒過於訐摘，而不知爲納牖之忠。求其精神意氣，流通貫串，若稷、契、周、召之協德同心，用天下之善，不有其功；成天下之化，猶運諸掌，天下士民未有不心悦誠服者也，而不會明以翊贊乎！且浮生如寄，七十能幾？縱能彀曆，前除十年幼小，後除十年老耄，中間强力，數止得五十，又半分屬夜，不可爲也。其半分日景，陰暗煩惱，患難疾苦，拆裂過半，共計承平之日僅有十二三年，尚爾不成片段，顧乃忙裏蹉跎，不肯偷閒三歲，以急了身命大事，與造物同上下，謂之智乎？謂之智乎？」言畢，議者憮然而思，喟然嘆曰：「即子之論，追子之心，真可以通天地、昭鬼神也，吾惟幸其聞之，不早請事，弗遑已矣，敢復容間！奈何天下事，成於有志，而多阻於時勢。海内諸賢，以講學爲會者亦久，而往往不理四方之口，致失當路之懽，不知病在學乎，在學之者乎？」鈞曰：「噫，難言也。天性生生，神妙圓活中有消息，匪傳弗達，達者得之。功惟仁守，毫釐弗真，欛柄失手，兼之殉見履危，動幾失時。其於文也，冗者荒而流者淫，道故不明不行，學何病耶？今之爲計，須吾輩約會以後，倒洗肝腸，直肩要道，內而凝一，外而莊修，不馳眩於多學，不素隱於行怪，所謂依乎中庸，以神孔孟之教，至於無不持載，無不覆幬，凡有血氣者莫不被吾學而生化潤澤之，又何不可慊當路之懷，理斯民之口，顯經緯之文，而翊大君之治者乎？故曰：『不患莫己知，求爲可知也。』否則，『期月而可，三年有成』，『吾爲東周，舍我其誰』之説，將爲虛談，終不可自望而望天下者也；天下同志，幸察愚忱，概命舟車，早成聚約，萬分慶遇，毋諉曰：『彼山林無事而浪爲是舉也，彼好與古違而別立一種學也，彼故肆狂誕而卒無下落可根究者也。』孟氏有言曰：『予豈好辯哉？予不得已也。』其先得我心之戚戚焉者。天下人豪獨不同此悲憾，而厭鈞爲執燭之童可乎！會所定於某處，會期起于某月日，止於某年月日，必終三年之會者，要大成也。任意去來其間，則又在諸君也。若夫相近相知之侣，尤乞諸君見報之餘，多加謄録，遍賜邀集。其貧而有志不能遂者，須有力諸君區處周恤，乃見與人爲善。其致政以上諸大夫固不可以徒行，然而糧僕之給，不資費於官民，更覺簡便可久，諸大夫以爲何如？鈞也不敏，敢不携率子姪朋輩百餘，恭迎待教矣乎！謹奉疏寄達，無任瞻望，無任悚懼。」

記

新城會罷過金溪縣宿疏山遊記

古人有言曰：「真元聚而大道辟，山川靈而人傑出，常道也。」農每試徵，頗難稱心，是故登泰山而知尼父之産，究性命而信孔氏之成，真握造化而拔海嶽，神闔闢而無敵於萬古，夫然後言有稽而行在人，山川元道二乎哉？疏山屹立盤踞，障盱汝而瀾金溪，會百源而放彭蠡，到東海而深南北西東。猗與盛哉！山雖疏而力獨雄，環無心而大有功。是故象山先生生於宋，以肇大道而顯山靈，靈其盡精神矣。又四百年，疏山用運，含貞露光，我朝道明，群賢彙出。疏山吴思誠氏，先友吾師心齋、波石兩夫子，印受孔氏安身運世之傳，實究天命生化之機，巡乎淮、揚、河、洛，聲乎仕類升沉，時歸省養，據清獻樸，乎鄉信友，恂恂自悠，潛翱疏山，不忍獨籌，乃相與篤契親友，曰靈谷，曰六山，曰静淵，曰鵾山，邀農會講於金溪之東嶽兩旬，徵懷聞也，同樂願也。於是友之長曰兩峰定庵、華山兩溪，率同邑同志八十餘士，朝夕談習，忻忻翕如。東鄉吴竹溪子參輔、有爲，盟乎卓峰；黄公主會淑談，領諸受業弟子歸心肆究，由是仕丈東石翁、南泉翁嘉與。縱觀秀之韋良佐、蔡邦用、徐士元、吴文顯、王維新、龔子卿、吴君壽、周子成、王必進、陳完卿輩，各動真機，感悟日新。❶壯者少者，咸知欽聽易行，耻乎習俗之流沸也。黄生惟德、蔡生邦瑞、吴生賁亨，得於自心，謀動有爲，協需良佐、邦用也。其六山之仲氏少泉，叔氏小泉，尤激念督愛，引衆秀姪以樂會，蔡氏之英莫不然。吾山周子喟然徵感徐、龔二兄，忘貧同事，且欲久農於東嶽。不可。農遂於八月十一別嶽會而放棹疏山，疏山寺宿乎行焉。夜月連床，疏山心凉，握農手而

❶「日」，原誤作「目」，據文義改。

留言，言會意而志游。農子咈然曰：「會矣游矣，言惡庸？」疏山曰：「不可，言宣行也，行先言也。吾既與君會游，而默默焉，不幾於行不著乎？」農子味之，凝神改色，坐疏山而申颺，颺會游之張弛。馳曰：「性根天命，命藏神淵，隱妙無朕，潛天地人物而不遺者也。」張曰：「天命爲性，性是形躳，禦應無方，成天地人物而太和者也。」是故人豪應真元而出海嶽，以有爲也。必先致知以入門，格物以爲柄，則誠意以實格致之功，正心以宰誠致之固，修身以成立本之學。故曰：大本立，而齊治均平之運，猶反掌耳。大本既立，中在我矣。我中獨至，句。庸於國家天下也。將親親、仁民、愛物貫通無礙，孰不爭與尊親焉？故曰禦天者，造化在手。在手獨運者，可易易乎？隨時乎？聽命乎？抑佇讓誰先乎？是故學如不及，而猶恐失，憤學之獨何猛哉？汲汲四方，席未暇暖，易世之獨，誰敵哉？猛而無敵，名曰至神，實自了生。同盟會游，庶幾等象山而參孔氏，宰宇宙而命維新，萬古大事，農將與公偕諸君而終身焉，豈僅疏山宿語云乎！留筆著行云乎！靈谷玩情，不覺喟嘆。仲氏小谷偕熊世珍、吳克成、饒子洪同業十餘友，同聽興願舉，不甘于一善一技以自成也。農子嘻嘘，將神飛躍，劃然浩震，再囑疏山公，不厭不倦，身不德忘，以懷金溪而懷四方，應元真而顯疏山，若泰山之尊重無並，然後農言之留信金溪而徵千古矣。公之懷聞同樂之仁，又不在茲留乎！言畢，隨友陳源、馬逵輩交贊盛美，益同樂學。盱江羅汝芳，偕弟汝濟、汝貞，適登堂觀聽詢究，得會游之旨趣。壯渠來之願盟，不覺撫掌慶賞，翊勵群豪，且曰：「疏山公信行至此，未必盡山川之靈，而不本諸其翁古峰先生種德中來也。」農子曰：「是。」

顔山農先生遺集卷之一終

顏山農先生遺集卷之二

同邑後學尹繼美編校
瀘溪族裔顏學淵校刊

序

壽吉陽七十一生辰序

壽，常道也，仁者壽。貴仁，天道也，仁人壽顯。是以舜年百有十歲，文王九十七，顏子三十二，而皆貴顯。及今追希颺慕，不可同科，曾誰第列歲多寡哉？又溯尼父之壽，僅止七十有三，渠亦不自知老之將至，是又可以仁並擬與，抑或歲曆不如舜、文乎！達觀□□曰：咈也，壽者言乎悠久無疆也，常者言乎恒長不易也，道者言乎須臾不離也。仁天則指壽常之道，帝生根脉也。是生之爲生，森也，無今古，無終始，無間天地人物，自擅化工也。中指象形而言曰人，人乘曆數而行，曰三、曰九、曰百年，皆謂壽歲之數也。百姓同分定之命，住世偃世者也，非舜、文、孔、顏之所以至命盡性、壽同宇宙仁道也；況攄近襲，句。主静不勞，閑恬癖逸，爲永保此生之長。將類推也，則舜自耕稼陶漁，以至爲帝，勞怨憂慕，何得静養哉！文王翼翼小心，至囚羑，反復十二年憂患，又何暇逸宴耶！孔子不食不寢，疏食枕肱，匡桓陳蔡之際會；顏子之簞食瓢飲，人不堪憂，甘旨菽水，窘乎緝理，不可不謂之焦思沸神，行拂亂其所性之欲，固將取必所樂之仁道，不猶登天然哉！　耕樵山窩，嘻颺大空，曰：皆是也，皆道形器之循轍，歲事之輪轔也，豈三聖之所以自善其壽！　尼父所以緒壽功曰：其心休休，其性悠悠，其殫用好生，立達己人之學也。　曲以致其志，欲遁世不見，是而無悔也。　飽飫仁義，樂以忘憂，其神莫乎天運水流，其力櫌耨，豐登尼丘，底位育也。　誰紀《春秋》？　故曰：持載覆幬，萬古同舟。　翊運宇宙，獨神無儔。　舜、文、顏、孔，耕樵遨游。　游頌有觴，德安仁侔。　如此自都，天宇明堂。　如此自陞，孔庭侍郎。　耕樵吉陽，何由顏廊。　敘衍爲祝，後天秋陽。　自注：生辰在九月五日，樵適至，後期，故云「後天」。　辛未重陽，筆於□野別館。

門人程學顏生母貞節得奏受旌序

貞者，地之幹也。　節者，天之秩也。　秉具顯設，人之道也。　是道生人，男女一也。　是在爲男，立己立人，達己達人，極止位育，畢天地之幹秩也。　是在爲女，涵凝隱衷，不顯聲臭以自貞，默制身度以爲節。　大成之學，不慮而日用不知者也。　莘女、大姒，乃爲創祖，其次邑姜，儔類仰止。　爲孝爲潔，空谷足音；風世流韻，百千萬代，競相鳴貞節矣。　獨樵祖姑，御秉幹秩，以禱尼山，生子尼父，表彰造化，吐仁哺義，❶引天下萬古以立達，同仁成人，共貞共節，共彌壽其親，以敦肖形之大，無對之獨神

❶「哺」，原誤作「鋪」，據文義改。

也。所以靈運凝翊，孟母繼承，三遷教子。軻氏宗孟，身任幹秩，母子協參，貞節仁義，繼授後千萬世有志男女者也。男女生生，大明聚慶。孝感一男，以仕遇邱髦之再出，受樂生之傳於東昌，不三月而亦足以發幾，似乎先子陋巷子也。惜未終聞髦學之大成，亡矣。詎知是男之孕育成立者，亦有三母，賢操養，近仁道，而遂然信從，群列杏壇班次。髦樵哭慟既泯，復尋若弟博，思於家，適見男子季母完貞盡節，采致邑侯劉敬亭，覈揚王庭以旌廬，直可以徵孔孟二母之肇生乎！況不可徵男子志學之孝乎！若思也者，貞母嫡子也，繪圖方册，乞髦筆刊不朽，衍翼男子厥母之自。髦故樂與之書，述創祖儔類，折衷孔孟母子之慥慥流溢，基孝感也。是以指實男門之博，同氣之思，嗣發顯麗出男子，馴及孔孟之時習日新，共髦再出之真傳。中興天朝，不讓春秋之獨絶，戰國浩氣塞天地也。斯爲男子真弟真徒，三母大舜大孝也。男子名學顔，顔山農即男所學之師，曰「再出」，句。乃《春秋》悵者知我其天之遺憾，從天而降。嘵嘵遺聲，語博且掖思云：「髦翁，江西永新人乎？筆在光天化日之下，振起乎孝感求仁之館，不欲再憾，此出復重，後千萬世，子孫無倚賴也。思知憤悱乎？博肯陽設否？顔故里同仁哉！」

失題

耋鰥山農一生，精神心造，獲融適乎《大學》、《中庸》，敢繼乎杏壇、邱隅，直欲聚斐有爲，緒曆《學》、《庸》，成功必期七日、三月、期年，三載大成。夫子大中、大易之神道設教，以爲爐鑄仁道，行麗家國天下，醉飽太和，不欺誑也。豈惟默運明哲哉！奈何兒孫不知不信，門徒久於涣散，雖有近溪知信，而年耋地遠，終不可遂。遂將心供詳晰爲首册，次規邱隅，昭揭成功，雖似九欵之序功，實在七日之隱造。果哉！「一日克復，天下歸仁。」神哉！「七日來復，利有攸往。」耋鰥徵驗於少壯，一生熟道乎長安，不得已編緒全規，以狀收裹心供云，是爲序。

引

明羑八卦引

上古聖神，造端八卦者。蓋晰易道，生化之母，有畫無文之象也。我明耕樵，八卦創立者，乃爲遂生憂患，自遂慥慥，無象有名之□耳。夫患何自而致哉？耕樵踟躕，交揖嘻颺曰：有所自也，非外致也。昔者憂患男子之始生也，家事耕讀，世傳孝友。十五年前，貿貿情實。十七失怙，兄因役賦洗其家。二十以後，貧廢文業，侍寡慈，立身鮮術，寸步莫前。兼際時勢冷暖，蒸然如激。丹涵片志，撑然屹行自全，素空懷測，似有通衢在左在右，不次可決縱步者。年既廿五，仲兄鑰以德著廩庠，舉入白鹿洞，聽傳陽明致良知之學，手抄《傳習録》，歸示男子。男子誦味至「精神心思，凝聚融結，如猫捕鼠，如雞覆卵」四語，遂自醉心啓，津津溯窮，迸息耳目形軀之用，静坐七日夜，凝翕隱功，專致竭思，一旦豁然，心性仁智皎如也。隨翻《學》、《庸》、經史，昭昭視掌，直有莫致而至之，分緣慶快。嗣是日新又新，有真樂口心，没奈何之幾，直達九閲月也。頗覺親朋笑擬，非平日拘檢人也。吉郡凡及明翁門者，莫不遍證所傳之次，而皆不識男子所詣，且恣疑嘆：「古之狂簡，恐不類子。」如是又七年。溟茫的鵠，省發丹臆，念篤志大，遂謀游訪四方五年。首遇仕學波石徐師於燕城，三年受規，三教肆明。卒業淘東，王師心齋授禪尼父立本大成之道。又二年而歸廬，正快許身有爲，不幸心師賓天。心喪既畢，權度自謀出世操證，不敢諉泄，乃鳴急救心火於豫章，邀會同志聚南都，上疏宰相八老，以開泰牖，約湛、鄒諸賢追孔仁，流講南北東西，啓迪智愚，皇皇如飢渴，亹亹恣翊飈天下，信與大半鼓躍。豈期睽類蜂生疑憎，或忌妨己，潛滋妒害男子，罔罔危言危行，過滿天下，盃蛇成窩，合並及門。離索者疑非《春秋》傳宗，乖戾群儒，釋文竟成殺羿，認爲詖邪，所以積患入阱。神精慄躬，躬阱臨逼，不啻淵冰。小心明哲，戰兢如時，所以易學湊泊，自不覺凝命而遂志，遂志久久，竊比文羑之衍《繫》。繫立八名，自暢憂患之神思。曰鎖、曰監、曰冤、曰抑、曰誤也，祖述法家五刑，易代濫用，有情無情、天罰人致者，壹是皆入五套，以彰威烈，直遂民上之忿懥。曰學、曰禄、曰報者，憲章典敕，三反自致，下學上達，將馴知命樂天，以揚持載覆幬，身親報功報德，來格有苗、匡桓也。是以男子素志雖定，而時勢變態日浸危，男子身雖險陷，而遂生增益，毋苟違。譬彼雪霜之嚴，各盡其性，各能其操，宇宙何心，松柏何情，況萬古萬有，本如如哉！況男子匹夫，出世易世，添此八卦，注鳴禁城，僭列文羑孔難也，何泰何疣哉？ 是爲八卦引。

辨

辨精神莫能之義

此述心之精神與莫能。 夫是莫也，夫子屢稱爲「實」字，在發語之首，以并「神」字用也。 後儒不善省證，漫猜其爲不可，真可哀矜其迷惑。

夫是心也，自帝秉御，淵浩天性，神莫精仁，以爲人道，時適乎靈聰之明，爲知格誠正之修，允端天下大本者也。 是故晰其秉具自靈之精也，睿哲嚴麗無遺混； 御其默運萬妙之神也，潛昭隱見無方體； 擅其妙運曲成之莫也，測妙時神無聲臭。 如此氤氳精神，以遂明哲圭竇之能； 如此經綸大經，以彰莫顯莫見、莫爲莫致之成。 成若生長收藏，止至覆幬中央，故曰：「心之精神是謂聖。」莫能載大、莫能破小爲中庸，無非立達己人，人人好仁無尚，心心知秉莫能，以遂精神爲時時、生生、化化循環無終始也。 夫是之謂「從心所欲不逾矩」，夫是之謂一團生氣育類人。 自致廣大高明，自盡精微中庸，自樂止乎至善，玉英斐也。 精神莫能，豈虛間哉！ 耋農造習有得於此，故晰辨如是云。

辨性情神莫互麗之義

若性情也，本從心帝以生。 其成也，人皆秉具，是生之成，自爲時出時宜者也。

若神莫也，善供心運以爲妙爲測也。群習遠乎道，百姓日用而不自知也，今合其從其供心帝之運。句。性也，則生生無幾，任神以妙其時宜。至若情也，周流曲折，莫自善測其和睟。是故性情也，乃成象成形者也。神莫爲默運也，若妙若測乎象形之中，皆無方體無聲臭也。如此互麗冥運，皆心帝自時明哲萬善以爲神妙，莫測乎性情者也。故曰：性情也，神莫也，一而二，二而一者也。如此申晰，是爲「從心所欲不踰矩」之學。又曰：「心之精神是爲聖」，「聖不可知之謂神」，不知其然而然之謂莫，即是夫子五十知天命以後翊運精神成片之心印。耋農亦從心以爲性情，而默會神莫，如是心印，轔轔然，井井然。

日用不知辨

夫日也，體曰陽精，運行爲晝，亘古今而懸旋，爲白日之明，曝麗天地，萬象萬形之生生化化也。夫用也，言在人身天性之運動也。是動，從心率性；是性，聰明靈覺。自不慮不學，無時無日，自明於視，自聰於聽，自信於言，自動乎禮也，動乎喜怒哀樂之中節也，節乎孝，弟，慈，讓爲子，臣，弟，友之人也，故曰日用。是日用也，隨時運發，天性活潑，應感爲仁道也。惜乎人生斯世，未有父兄養之以此，未有師友教之以此，所以一生貿貿罔罔，日用此生此仁，而皆不知此即己心之良知良能，此即「從心所欲不踰矩」之《大學》、《中庸》也。即此知之，好之，樂之，時時習之，憤忘食，樂忘憂，不知老之將至，至止範圍天地之化而不過，曲成萬物而不遺，即是造化在我爲獨神也。故曰：知好日用之中，以保合大和者，即是心之精神之謂聖。任其貿罔日用之生，以過此年華終世也，亦只同草木榮枯已矣，何益哉？

人心道心而執中辨

先聖制「心」字，以一陽自下，而灣向上，包涵三點，爲三陽，將開泰以帝天地人物之父母也。是父母心，本能自灣，而竪立灣中，爲佐以佩圭，爲「惟」者也。是「惟」憲心作人也，爲視聽言動之幾，不時危厲乎其發用；是「惟」作人以憲道也，則又潛乎隱幾莫測之微，自時以妙乎其危厲；是「惟」能純乎其精也；是「惟」能精乎其一也，所以允信自執己心之中，以爲人之道。自精其一者也，是一心也。其善曰「惟」，其妙曰「微」，其深涵曰「中」，其中靈曰「精」，其精肫曰「一」。一之生人，有時出日用之嚴危，故以「惟」惟之，斯微妙乎其執中也。如此而曰人心道心之危微精一，執中之仁，覆天下唐虞者也。其至矣乎！此二聖之原旨，非後儒之註釋也。

論

論長生保命

夫生也，天地大生之性。生天地人物，不易不磨之命也。故曰：「性也，有命焉。」命即性之生生成象，有定分也。性爲命之自天秉賦，無方體也。是爲無方體也，是爲有定分也，而焉以長之保之哉？此宣尼一生躭志憤樂，敏求樂止之全功合修，曰「從心所欲不踰矩」，即長生保命之造端貞幹也。玄門變幻，其爲長，其爲保也，亦自「從心所欲不逾矩」中竊取銜能，以自支幻其心，誘掖人聞人信者也。詎知心所欲也，性也；繼曰矩也，命也，能從能不踰也，即長也保也，何必改換名色，然後爲能雙修哉？ 是以蓬鰥篤信耽志，遇師授傳，敢自得此幾，以自樂自強，不貳不息，叨獲今日年精力齒，實確乎不拔爲定見定守者也，遂發長生保命云。

論三教

大抵三教，至人原宗，俱在口傳心受。心受之後，各隨自己志尚大小，精神巧力，年慣積造之三到何如。如曰聖學，則有御天造命、事天立命、畏天俟命三級程造也，能此等而上之，皆可神道設教，生天地人物而位育也。如曰佛教，則有上中下乘，最上乘之階爲四區也，亦存乎各志靈員自造自巧，自等而上之者也。如曰仙教，則有天仙、人仙、地仙、神仙四項之品第也，此中入門升級作用，却有毫釐千里，使群學之士不可易易超越者也。要之神天，而種不常出世，縱有最上乘者并出而有爲於世，亦未聞上古爲誰爲幾也，總不若尼父之傳，有《大學》、《中庸》、《易經》之門階閫奧，有默識知及，仁守莊涖，動禮成樂之學；教止至，至止乎心性、天命、仁道、神化之固有家第者也。此爲坦平之直道，易知易從，時習日新者也。故曰：果能此道，愚明柔强。况云必乎「一日克復，天下歸仁」，「七日來復，利有攸往」，豈欺我哉？天下有混二氏者，盍反觀内省，自心自知，孰虚孰實，可親可棄哉？

仁者，人也，知爲先；義者，宜也，禮爲先；禮者，節也，和爲先；樂者，龠也，樂爲先；信者，貞也，幹爲先。是故貞固足以幹事，樂樂無入而不自得，和順足以利用，理宜足達四國，明哲能保身。世君子達此五德，自馴致乎聖，御乎神，神乎覆載持幬配宇宙，樂乎手之舞之，足之蹈之，不知天年，精神有終窮乎？無終窮乎？

人爲天地心，心帝造化仁。是仁惟生，是生明哲。哲有曲致之工，明麗費隱之盡，故曰：自明其明，自哲其哲，脱化化工爲聖神，神妙萬物而爲生，生妙萬古無止息。人生可易易，從心爲斯仁哉！

宇宙生人，原無三教多技之分别，亦非聖神初判爲三教，爲多技也。只緣聖神没後，豪傑自擅，各揭其所知所能爲趨向，是故天性肫肫，無爲有就，就從自擅。人豪以爲有，各隨自好知能以立教，教立精到各成道，是分三教頂乾坤，是以各教立宗旨分别。又流技習，習乎儒也，讀書作文獲名利；習乎仙也，符籙法界迷世俗；習乎佛也，唸經咀符惑愚民，似此交尚以爲各得受用，且沿襲百家技術，以遂衣食計也。誰知大道正學，中天下而立，立己立人，達己達人，易天下同仁哉！嗚呼，習遠麋深不可挽也！鰥農叨承父師引端作養，經歷操煅五十四年，從心精神幸如少壯，遂緒三教多技之紛華，直造御天申命之至止。喜筆八十年歲，樂學完功，慶賞獨乘，泯而聲臭，後有作者，須竭神聰。

論大學中庸

辛巳臘月之望，重晰《大學》、《中庸》易知易能緒功，垂示及門多士。

今夫《大學》以修身爲家國天下之本。身之中，涵以心、意、知、格，爲時日運用之妙。是妙運也，皆心之自能在中也。此中幾動森融曰意，此意擬測貫通曰知，知中自出分寸矩節曰格，格知自善乎身形顯設也，爲視明、聽聰，爲言信、動禮，爲孝、弟、慈、讓，以絜矩上下四旁，直不啻乎如保赤子之烝烝也。

今夫《中庸》以慎獨致中和位育之至。獨之中運以天命性道，教爲戒慎恐懼，而莫乎顯見隱微，無聲臭也。皆心之神工莫測，測乎大也無外際，究其中也無内隙。學聚以時庸也，則爲御天造命，憤樂在中，無入而不自得焉。忘食忘憂，忘寢忘年，至止乎神焉已矣。

夫是中也，主乎大之生。夫是大也，家乎中之仁。是故爲學以翕麗乎萬善之妙，晰庸而適達乎中正之道。是道是妙，根乎氤氳，化工天成，知格明哲，以律修齊治平，出類拔萃；震乎樂在其中，巧力覆載持幬，以峙三綱九經，此尼父獨慎中和，以止至善，聚斐切磋琢磨，瑟僩喧赫於杏壇者也。耕樵神會心領，亦矢誓必有爲，曰：志氣硬如鐵，精神活如水，身子輭如綿，雙瞳烱烱察於日月之並臨。樞機發動，察於四時之不忒。立達己人，察於霖雨之時佈。遂亦七日來復，利有攸往，三年有成，如孔顯設，將信時乘六龍，以御天造命，不違終食，造次顛沛之必於是焉者也。因是作力幸獲天與此日，耋頤精神以有加于少壯者也。故晰剖《大學》、《中庸》之緒功，合晰仁道翊運之矢縠，表彰杏壇、邱隅之獨致。凡我同心，盍賜矜察，交盟何如，未可擬忌爲誑誕，又諉罪爲匪文哉！

論大學中庸大易

己丑八月二十三日自紀：直言仁神正學，以決今天下之冱擬。

《大學》、《中庸》，大《易》六龍，三宗學教，乃夫子一生自操仁神爲業，晚建杏壇，聚斐明道，易世傳世，破荒創造，爲神道設教以生心人師，代司造化，專顯仁神，同乎生長收藏，莫爲莫致，無聲無臭於天下萬古，即今日之時成也。是故學乎其大也，則曰「在明明德，在親民，在止於至善」，知在格物，心不在焉，如此而曰五在，昭揭其大以爲學。庸乎其中也，則曰率性，曰修道，曰慎獨，曰致中和，如此而晰四緒，緒颺其中爲時庸。易乎其六龍也，則曰潛見，曰惕躍，曰飛亢，如此而爲時乘，即變適大中之《易》，以神乎其《學》、《庸》精神者也。合而規之，多見夫子出世有爲，居肆止至，脱化造化，專業神仁，憲生天下萬世人心皆知好仁無尚，同入「從心所欲不踰矩」，以爲樂在其中，正道也，皆曉易知易能，不慮不學，不失乎胎生三月赤子之丹烝也。所以有曰：「仁遠乎哉，我欲仁，斯仁即至矣。」但人未之思爾，何遠之有！有曰：「一日克復，天下歸仁；爲仁由己，豈由人哉！」有曰：「七日來復，利有攸往。」「剛柔相易，惟變所適。」如此數旨，皆出夫子躬造神能，面授群賢，的傳以爲信從鈴鐸者也。果哉！易知易能，不啻視掌。樂哉！農造有得，運指折枝，且於自得，樂生心性，尤獲造命神幾，叨享年八十有六，將曆頤百之外，自能自致，無疑諉憚焉者也。

顏山農先生遺集卷之二終

顏山農先生遺集卷之三

同邑後學尹繼美編校
瀘溪族裔顏學淵校刊

題跋

明堯舜孔孟之道並繫以跋

一日獨坐，自申堯舜孔孟典章，脱化引發精造。

夫堯舜之道，帥天下以仁而已。是故仁，人心也。是心之體，肫肫焉，靈靈焉，靈照密察，隱微莫遁，肫生萬物，無時或息，皆至誠爲貞幹也。

夫孔孟之學，亦仁而已矣。是故其學根心生色，睟面盎背，以盡孝弟慈讓之行，以爲子臣弟友之人，以齊家、教國、風天下，皆歸於仁已矣。

右二章旨，皆農注晰箴語，冀農慥慥不已，不知老之將至。奈何老矣，耋時在衰，精神雖壯麗，心志獨敢勇，而色舉翔集之幾，徒能先見，不可誘掖兒曹或動省，故書自省之轔轔。

或問鰥叟：「既學尼父之道五十三年以安身運世，如何不能化及親生兒孫，期服衆姪哉？況尼父賓天，三年六年，衆徒廬墓，不敢兩端。徵驗天淵懸絶，顧明以告。」鰥叟踟躕，難晳答也。或人疑質鰥叟，强與譬曰：母生一子，自懷孕以至鞠育劬勞，擇師訓道，成人即爲婚配，可謂無所不盡其恩愛深德矣。奈何利色到手，溺心漸習，竟入忤逆悖亂，無所不致，反叛劫抄。子亦莫知其爲無父無母，此皆謂之生性相近，習染相遠，天下古今，比比滔滔，無可挽矣。間有二三人割股廬墓，反被其譏誚爲小孝，如之何可歸過於其父母哉？况尼父衆徒及門，雖陳蔡匡桓之難，皆相從周旋。□□而不畏濫。所以三年六年，如喪考妣以居廬，廬居既畢，皆失聲而後散。如此交心交道，爲師爲友，豈惟父母育兒割股廬墓人子哉？今之鰥叟矢誓追襲尼父之學道，亦曾效法衆賢，廬墓三年于心齋之祠，聚友千餘，晰辨《大學》、《中庸》之學，亦詳盡矣。究竟得友，止獲羅子近溪，相隨二三年，僅可共學以出仕。嗣此，雖徠百千衆之相從，亦止有孝感程學顏，相隨三月，頗悟此學此道，縱步燕城，又爲無嗣而殤生。如此二人之外，并鮮繼述之士，且於修身快心齊家無幾。有子四人，積累迷心，有口難開。開亦不多入耳，所以自反自艾，無能致曲暢旁通之烝烝。惟有至死不變塞焉之慥慥，俟天假年，耋且頤而百爾。或人聽味，似亦矜憐失辯，叟因觸慟矢志，遂筆轔轔之亹亹。

書盱童生趙與時扇 因赴近溪樓會，發心知云。

心知之晰辨，已詳明於爾師近溪矣，爾輩似各心領神會，無俟農叟贅也。無已，則勸爾兄弟自奮高大之志，必鑽心知之竅，時刻著習，從心妙知，丕顯活潑之神機，鼓暢肫靈之樂樂，樂極融麗，形躬睟盎，斯爲志氣硬如鐵，精神活如水，身子軟如綿，然後可以齊家、興國、達天下，同心之仁也。

題敫子霽雪卷 敫子名稑，時在丁丑長至日，同舟徐揚筆也。

夫霽，萬里無雲之天也。夫雪，六花飛空之瑞也。瑞呈天光，陰陽交泰之和也。闔辟一年，生長收藏乎萬有也。故曰霽雪藏用，至大矣哉！又曰人心霽雪，達天德哉！是以霽麗心明，雪沁心聰，聰明竭乎睿哲，即光天化日，六位時成之貞素也，仁之肫，知之靈，精爲體，神爲妙，絪緼朕兆乎御天造命，大中學庸乎從心所欲不踰矩也。此爲善運己心之霽雪，篤恭孝弟慈讓之明德。先齊家，而自興國、風天下也。此敫子稑取號霽雪，爲終身貞度者也。復占絶句曰：

心如穀種雨時芽，妙化誰同孔孟家。
試看一陽來復後，滿園香雪杏壇花。

題朱臨溪册

荆醫朱萬甫，號臨溪，求題册。語曰：夫醫，人之司命也；夫命，天之生性也。惟命沖和曰氣，氣機燮理曰運。運氣流暢，滿腔烝盎，生長收藏，不違不亢，故曰醫也。是醫醫己，歧伯之肇創；是醫醫人，神農之化方。全全仁道，躭躭好生。後世昧此，止學浮沉，遲數以爲醫，單用金石草木以爲藥，支晰五六流行以候症，是以十瘳五七，其三四不起者，諉怨爲醫所致，其實，未深探乎氣運之巧也。今年中秋，西江耄道訪友，見吾以究中正之學，見吾遘疾逝矣，臨溪於醫亦信玄以自鳴，憇談運氣，知解有差。翼日，執册丐言，遂留筆進勵，甚期觸□，見吾病革，率徵運氣，玄册隱幾，庶爲得巧，百發百中也。

題册言 時遇豐城地理傳西河於盱館，傳名天祥。

方内壑鰥，無名氏也，能運心性于無中生有，造天命也。劍江西河，堪輿漢也，專能勘識有象地脉，以與人藏形器者也。壑河邂逅，談天察地，似各有知。而壑可釋河，河若未釋乎壑焉。夫壑之爲運也一而已，河之類測也在貫爾。是故河運達海，海自天一以生也。一本無象，能生天生地生人物也。此一以貫萬，無二無息之化工也。人人秉御爲心，天地之大成大德也。是故大德從仁，仁肫肫焉。肫肫浩浩，位育蒸焉。聖之能，神之妙，河在中，假分别乎鰥乎者也。句疑誤。天運庚辰臘之望，筆於盱江之上。

程身道傳

耕樵哀罷學顏，忍筆誌傳曰：程子名學顏，字宗復，號後臺，楚孝感人也。其先河南二程衍派。其爲人也，自行修毅秀庠。壬子，鄉薦，爲養就諭經校。丙辰，赴會，不第。會羅太湖汝芳引究耕樵，夜談靈濟五七榻。復如經校。越歲，教聲颺天曹，行取擢推應天。未幾，以王事入燕，沿途追訪樵，取必印正者，凡五六月。適遇艤棹盤桓南發，朝夕陳晰，默認知及之先難，證以二三子七日來復之閉關。顏覷畏怯，確諉不能。耕樵聽之，脱化由導。又旬日，棹至東昌，雨阻。適戊午六月七日，顏生辰，耕樵索軸。筆慶樂生，便便誘學，點綴「致知在格物」五字眼法。顏色改，神凝悚立，氣春若躍如醉。耕樵側目，試問曰：「子若何？」顏亦曰：「翁謂若何？」耕樵停筆，厲聲策是者三。顏即以手舉官帽置桌，就滾倉版上十轉，有真樂□心，没奈何之幾，起舞蹈曰：「蚤知燈是火，飯熟許時。如信美大聖神，只在此刻此關。此一醒後，自深造自得止耳。」如此觸徹，譬猶隳體黜聰，繼承之能以生爲樂，以樂爲學，不勞不伐，服膺拳拳，等好色之躭嗜。又半月，過濟寧，衆友留講三日，日啓大中學庸爲尼父絶學口訣。衆友悦信，求筆遺指，耕樵書畢，命顏附翼。顏亦立揚長篇一篇，錯綜儼乎回之足發「不違」。越三月，别之應天任，密報浙直總憲爲異人禮，尚謀軍旅。顏侍同往，坐作進止，言笑泛酬，率偕引伸觸類。自信信樵學全在神生神設處，自宜時措，証以翊贊丹山不戰之勝。❶又書長劄，報吉陽西江中丞，激厲振學，襄陽明有孟氏誘掖齊王之戚戚，惜未怏怏一言合兩國之交。如此善學，立達己人，揆盈天下，及門者未之多見，不幸朞月三年不獲養。就官轉北太僕，取道家鄉，鼓導信從，翕如也。與友梁汝元，洋洋帝里，幾近或躍在淵之臣道。惜未能乎牖約要幾，罔者疑駭爲邪淫，策議迸誅，陳情權焰，計鳴上權，閱盌，曰：是舉非吾所能衛也，爾等且看先代禁錮之事孰當否？衆議抑抑而寢。噫吁哉！固自試也，亦危幾矣。因喟嘆曰：若權焰也，而亦有若見

❶「丹山」，疑爲「舟山」之誤。

焉將倫白都，傾國諸豪，協謀疾滅，探及其師，不猶天淵之懸隔。況衔鳴同志居大半，顔門逢蒙謀殺祖，類列抑抑寢者。顔徐又如何以無後疾革？天乎年也，人嗇壽耶！訃聞耕樵，亦如孔壇哭回，途服渝月。今年辛未，樵難事畢，遠刷顔門，曰思、曰博，皆其弟。而博，大夫，又爲繼述之能者。登堂吊顔，而博果津津灼灼。繼嗣曰登，頗克順，即思獨子，讓兄承宗，樵懷益慰。詢顔仕學歷歷。易簀，弟友之，手直不舛，明行存没孔臧者也。樵雖隱憾，擇止中庸，未獲顔共以依邇，然有博、登，躬佩瑟僩，樂利無祇悔，亦可快。惜乎之嘆新海岱，遂筆身道程傳，勵引求仁之未逮。

自傳

匹夫世居西江南陽邑永新北麓，地名中陂。曾祖翠筠，急救鄰里劉姓一家性命，自善筆寫，神巧龍虎，七十七歲而終。以隱德兆生孝齋司訓公，司訓公生五男子，皆蔭庭訓，慣習孝弟和順，不狥俗尚利慾。次名鑰，薦於鄉，爲兩邑令。三名鑄，邑廩庠生，素耽仲淹行。長名欽，五名鏜，皆道表鄉閭。匹夫名鐸，生質淳龐，十二歲始有知識，十三至十七歲，隨父任常熟教，句。習時藝，窮年不通一竅。父任五年，卧病三年，鐸善能左右，侍奉無方。十八歲，同兄欽、鑄，扶父櫬歸廬。未葬，都人陷欽三年糧役，洗其家。鐸、鏜二人未完娶。鐸惟知善養寡慈，將順得懽心。有此孝行感天，得兄鑰筆傳道祖陽明闡揭良知，引掖人心四語，曰：「精神心思，凝聚融結，如猫捕鼠，如雞覆卵。」匹夫喜激丹靈，即俯首澄慮，瞑目兀坐，閉關七日，若自囚，神智頓覺。中心孔昭，豁達洞開，天機先見，靈聰煥發，智巧有決沛江河之勢，形氣如左右逢源之□。嗣此，津津自好無尚，句。不忍少間，時刻辟利色，惑他技也。如此自求有獲，酷自慶麗大有爲也。豈期明祖、嚴考先逝，不及見若祖無言不悦之與考庭無日不底乎豫道，僅侍寡慈，牖開憂懷，三月洶洶，世慮濯濯，夜枕鼾睡，達旦方醒，飲食加倍，精神復舊，如此曲成，幾希曾、閔之雙親。及朞餘月，慈樂足，發引衆兒媳、群孫、奴隸、家族、鄉閭老壯男婦，幾近七百餘人，聚慶慈幃，列坐兩堂室，命鐸講耕讀正好作人，講作人先要孝弟，講起俗急修誘善，急回良心，如童時繫念父母，常得歡心，率合家中，外移躭好妻子之蒸蒸，奉養父母之老年，勤勤懇懇，不厭不倦，不私貨以裕己，不懷蓄而薄養，生息於士農工商，仰給惟父兄室家。迸没積忿，參商各各，□□和萃，如此日新又新，如此五日十日，果見人人親悦，家家協和，踴躍奮勵，雖少小童牧，盡知慚悔省發，皆自叩謝父母長上，竟爲一家一鄉快樂風化，立爲萃和之會。會及半月，一鄉老壯男婦，各生感激，駢集慈闈前叩首，颺言曰：「我鄉老壯男婦，自今以後，始知有生住世都在暗室中鼾睡，何幸際會慈母母子唤醒也。」會及一月，士農工商皆日出而作業，晚皆聚宿會堂，聯榻究竟。會及兩月，老者八九十歲，牧童十二三歲，各透心性靈竅，信口各自吟哦，爲詩爲歌，爲頌句。

爲贊。學所得，雖皆芻蕘俚句，實發精神活機。鼓躍聚呈農覽，逐一點裁，迎幾開發，衆皆通悟，浩歌散睡，真猶唐虞瑟僩，喧赫震村谷，閭爲仁風也。不幸寡慈患暑，發一月，不起。一鄉老壯男婦，慟慘泣涕，如失親妣，交視殯殮，各勤辛力，各助所費，七日而葬，皆盡哀。直見誠感神應，不疾而速，各致其道有如此。惜哉！匹夫力學年淺，未有師傳。罔知此段人和三月，即尼父相魯，三月大治，可即風化天下之大本也。奈何苦執哀泣之死道，竟廢一鄉之生機，出廬梗憂，學道皇皇，將信「一陽來復，利有攸往」，爲坦途長驅也。而遍證青原人豪，大半未然，將疑天地大生之幾別有神設也，而夫子與回止曰一日克復，天下歸仁。鐸自獨違家鄉，奮游四方，必求至人，參裁耿快。游入帝里，忽遇一師，徐卿波石，諱樾，字子直，貴溪人，時爲禮部祠郎。當有庶吉士趙貞吉，❶號大洲，内江人；敖銑，號夢坡，高安人。先列游夏座，引農同門，師事三年，省發活機，逢原三教，自慶際緣，何往不利，師亦鍾愛，可與共學。適道命違左右，印正淘東波師，師曰王心齋之門。句。心齋，諱艮，字汝止，安豐鹽廠人。鐸歷歷呈叩。心師申申振鐸曰：「孔子學止從心所欲不踰矩也。矩範《大學》、《中庸》作心印，時運六龍變化爲覆載持幬以遯世。子既有志有爲，急宜鑽研此個心印，爲時運遯世之造，會通夫子大成之道，善自生長收藏，不次宜家風鄉邦，句。及國而天下也，亦視掌。復如子之初筮萃和會三月矣。」如此從兩師，往

❶「當」下，疑脱「時」字。

回竟四年，樂遂中和位育之御極。歸，棹過金山。回書慰報心師曰：「千古正印，昨日東海傳將來；四方公憑，今朝西江發出去。」如此兼乘獨任，隱謀携家聚止師門，丕顯杏壇以中興，翕徠英斐宏孔仁。豈期天喪心師不佑鐸，乃心喪三月。適際庚子秋闈，出講豫章同仁祠，榜曰急救名利心火，沸談神格。得千五百友，其領秀有朱泗、朱洛、王白室、陳源、吴焕文、黄元輔、羅汝芳、鄧以成等。陳源率親友八十七人，邀鐸會于市汉；朱泗率親友六十人，邀鐸會于新淦灘頭，兩地共聚六月。放棹淘東心齋祠墓，畢三年、六年之祀典，并收波師碎骸于滇南沅江，祔葬心墓之旁，立主心祠左旁爲配祭，表申鐸受傳之孝敬也。不期鐸原曾孤身尋波師碎骸，行至湖廣沅州，蒙總督張静峰先差人打撈，不獲，力止鐸遠去，送歸山房，圖爲邱隅，聚斐培筠，淇澳菉竹。奈阻仲兄鐘溪令山東新城，遐邑急報，遭難去官。鐸罷謀，赴救京師。叨改湖廣枝江尹，得侍兄週年，兼際近溪會榜有名，憚勞，確辭殿選，終究農學爲出處。時在甲辰秋，聚同年若干，京仕若干，倡會九月，招徠信從者若譚綸、陳大賓、王之誥、鄒應龍等四十七人。秋盡放棹，携近溪同止安豐場心師祠。先聚祠，會半月，洞發心師傳教自得《大學》、《中庸》之止至。上格冥蒼，垂懸大中之象，在北辰圓圈内，甚顯明，甚奇異。鐸同近溪衆友跪告曰：「上蒼果喜鐸悟道大中學庸之肫靈，乞即大開雲蔽，以快鐸多斐之懇啓。」剛告畢，即從中開作大圈圍，圍外雲靄不開，恰如皎月照應。鐸等縱覩渝兩時，慶樂無涯，叩頭起謝師靈，是夜洞講轔轔徹雞鳴，出看天象，竟泯没矣。嗣是，翕徠百千餘衆，欣欣信達，大中學庸，合發顯比，大半有志欲隨鐸成造，若師嗣王襞亦幡然信及父師學脉。有窑夫姓韓名歡號樂吾，隨從半年，深能默契實力，至今猶卓卓翕致，百里内無不景從。鐸因留師祠，延會泰州、如皋、江都各鹽廠，及揚州、儀真，各住二三月，受心師大成之旨者亦多，但未紀録姓名有幾千百衆也。如此流連逾三年，乃辭師祠，渡江入南都，衆友送别真州，皆號哭而别。内有老壯童冠，不忍别者五十餘人，同舟進金陵。訪會南雍，太司成程松溪，諱文德，少司成吕巾石，諱懷，率監士四百衆聽講六月，多知省發。若交情不變，獨有安福歐三溪，名愉。知音賞心者，惟有松溪一人耳。當時别松溪、巾石、三溪出城，買舟南帆，又被近溪令太湖，入覲，忽遇江東門，苦扳同旱程，叙間闊。鐸不忍堅拒，隨至北畿。時徐少湖名階，爲輔相，邀鐸主會天下來覲官三百五十員于靈濟宫三日。越七日，又邀鐸陪赴會試舉人七百士，亦洞講三日。如此際會，兩次溢動，湖公喜，信私邀鐸與近溪、吉陽，盡日傾究。豈期及筵，朝仕駢至湖公庭。湖公出庭周旋，底暮入座，西城又促去，良可慨也。且被鄢懋卿讒譖，鐸見機浩發，客棹溯流。滄州守曰胡政，號力菴，舊門人也，預受河間太守陳見吾名大賓會講，急命迎鐸，召州縣官吏、師生、民庶近八千人，齋道、禪林亦聚數千，聽鐸緒晰聖學中正以作人，保身善世，從心率性，如此聚會，凡三月。近溪亦際陞北刑主政，道經河間，同聚兩月。暗被鄢邪陰沮陳守，鐸聞知亦潛謀出城三十里，陳守及州縣官吏師生三千衆，追送泣別。越獻縣，秀士蔡笠率衆友會于蕭寺三月。太尹郭薛村，名廷楨，同宿三夜，穎悟大通。留處兩月，於吾言無所不悦。行至山東茌平，舊友張宏山，名後覺，率親友延住兩旬，洞啓宏山之學歸正途。如此往還五年，朝野仕民，不能枚舉，信與出群者潭、陳、程、鄒、殷、鄧、吴、朱、韓、王、盧、胡、周等八十餘士，皆用學成身立政，衍教在四方，今亦不聞其終始，聲息或存或亡矣。獨知程學顔好仁，可與適道，竟爲無嗣多娶喪生矣。止存近溪一杰，始終一致，不倦於學，堪作老侣，而違遠千里，年亦入耄，不可遂匹夫邱隅之謀矣。若學顔之及門也，善悟善學，殆近溪所未及者。據其聯舟聯坐卧不及三月之受學，即回應天推府，忽以「異人知兵法」薦於梅陵胡公，諱宗憲，總督浙直，驅倭計窮，具禮迎鐸，并取學顔軍前聽用。赴邀七日，倒溺百千倭寇於海。胡公奏旌指揮，不就，貤委次男自頤參隨軍門。又渝數年，過揚州，謁別中丞馬鍾陽，諱森，出，買儀真舟南旋。忽有太平府當塗縣尹龔以正，南昌人，係舊時講學一日之門生，差吏持聘儀，請往彼府，衍教三學生徒，且報稱南道提學耿楚侗名定向，係舊徒梁汝元門生，命邀老師祖往太平久處。鐸不疑，即赴太平府學，開講三日。竟受擒。監九日，解操院，鐸始知爲耿定向所擒獲，意欲送至盛汝謙手槌死，幸盛汝謙病不能訊，轉發應天二通：一推磨勘過惡實迹。通推受委踟躕，忽遇江浦學新任教官劉允章，號席山，脚色報永新人，參謁通推，詳究鐸行，果如所訪察否。允章故作駭愕之狀，然後敷陳家鄉素行，傳道四方人品。❶ 通推亦甚驚訝，不得已，發文六通：一發永新，一發太湖，一發寧國，一發淮安，一發浙江，一發揚州，各查鐸遊歷過犯，六處回文并無一件指證，多見通推深信劉教官之言，善爲脱化矜憐也。自是通推執回文，遞繳盛覽。盛大怒，曰：「孔子誅少正卯，亦曾如此查考否？」竟批送刑部重處，部司亦見六處回文難重處，只得强誣盜賣淮安官船，坐贓三百五十兩，發邊充戍。刑棒如漿爛，監餓七日，死三次。繼遭瘟痢，共將百日，叨不死。惟有精神伶俐，雖被形氣之昏憒，猶知默叩，誠感親夢高皇臨御，遣獄官賜膏丸敷嗞，夢覺痛甦，寬胸眼醒，伸縮頓似輕爽，左右囚友，俱就護救，漸漸調養，竟獲安恬。囚友盡驚異，鐸牖其知識，衆聽忻忻，親愛且多。如此兩年有餘，盛汝謙又奏鐸贓罪雖輕，過惡重大，不可依詔蠲放。近溪瞰隆慶哀詔普赦，携二子七徒，放棹南都，比例告赦，代任提學趙承祖又不允，近溪乃募相知仕朋助金完贓出戍。當難三年，江北數千門徒，受教受惠者甚多，且有隨從一年至三年者，竟無一人寄音相慰。在獄一年時，疏山陞入刑右堂，出罷無罪人於獄如吐唾，金溪門生蔡爾學與疏山同邑至親，交且厚，來南都，謀商放鐸，自信有濟，詎知疏山泯忘道交，堅不允行，爾學到監，號泣别歸。又如在戍七日，忽蒙兩廣總兵俞虚江，名大猷，原與鐸爲同年同道友，瞰鐸入戍，取聘爲軍師。策征海寇曾一本，計擒山寇韋銀豹。有功，奏旌賚畫指揮，竟入哀詔。放戍歸，拜

❶「人品」，此處於義難通，疑屬上句「素行」後。

祖、父，至有今日年齒，皆荷虚江、近溪百計保護，直等生身大德也。爲今隱懷，雖如焚烈，回翔審視，年耋時衰，惟抱大中學庸之殷積，時如六龍變化之神能，而精神心力不忍違仁於終食、造次顛沛之晷也。是故敷衍此心供，緒晰終始，遭際夷險，死生自得，增益其所不能者，詳載繩繩，浸灌井井。噫吁，苦心哉！筆供大概，聊發心揭如是耳。如天再與十年之壽，必能了此苦心之供，盡舒積願之行，克肖形乎尼父者也，故曰不是宣尼不敢儔。

右此心供烝烝，雖爲實狀之詳，甚彰冤抑無辜之遇；雖多際遇之不偶，頗甘增益不能之操守；雖指友徒之陷叛，亦欲陳己之省悔。將來垂傳，容具眼斫削云。萬曆壬午仲春朔。

顔山農先生遺集卷之三終

顔山農先生遺集卷之四

同邑後學尹繼美編校
瀘溪族裔顔學淵校刊

雜著

揚城同志會約

維揚古稱富麗之地，江淮最勝者。其間氣節功名，詩文艷世之士，代固弗替，而堯、舜、孔、孟之旨，或未之前聞焉。非聞之未前也，孔、孟没後，邪説横議，百家騰沸，至今瓦裂，二千餘年，天乎人也，概可見矣。又考諸尼父之門，吴有子游，北學往來，必由之地。及漢董子流官，政教必中義利。我朝聘起康齋、白沙，亦聞棲止蕭寺，交咏風氣。我師陽明先生，倡道仕群，踪迹每至。心齋夫子，生卒海濱，師道洋溢，而皆未聞有與商量且受傳者，豈歷代人物之甘棄，而弗與良知！堯、舜不作，功利熾張，竟將大道湮冥，不自知其爲具足也，風乎時焉，斷可晰矣。

西江農人，訪道南北西東。歲在甲辰之臘，偕門人羅近溪多士，游寓邗江書院，爲會十日，劇談正學，直闢中道。揚城文士，疑憶相半，獨殷氏三聘，信宿傾論，躍然頓喜，明日罷業，率從束裝，行北面禮，從事於淘東之祠，月有餘日。日夜淬勵，知好駸駸，大學繩墨，言下領會，真可與共事者也。隨而别去，終業養親。予亦放遊。八月再會，復會天寧。又踰兩月，❶述、通、揚士翕集，且山、陝、江、浙善類尤多，信與真可以徵同然之機也。時及長至，予欲南渡，多士羅乞去後，會約約以每月之五日，食宿會所，鼓淑散逸，輔導新功，蓋將堅多志而永貞盟，久吾學而同斯人，直萬物一體之仁策也。農夫嘻嘻，援筆約曰：約之爲會也大矣哉，會之以約也要矣哉。夫要維何？夫子曰：以約失之者鮮矣；夫大維何？《易》曰：嘉會足以合禮。禮也，約也，學之規也。會，天下之大要也。是故約之取義，從系從勺，勺中一點，陽之精也。是精在勺，猶掌中握真物也，加以系焉，猶攣拳緊固，不輕丟放也，故曰「約」。禮之爲義，從豊從衣，豊指形體充盈，衣狀華服被身，譬人中心深涵，精神貞滿，而浩氣塞貫乎視、聽、言、動，睟盎背面者也，故曰「禮」。是禮，天之命也，心之生也，勺中一點，自發舒也，人皆有之，胡爲合之者寡而失之者衆矣？君子曰：未有學以成就也，未有會以明學也，是故聖人因心以立學，因學而成會。會惟成學，學必立會。斯約凝心志禮，受約規心，凝禮成會，合嘉美嘉會以約，動罔失遺，夫然後大學之要，運在掌矣；聚友之盟，將永貞矣。「同人于野」，不自此以溢天下弗已也。故曰：誠者非自成己而已，所以成物也。會約之舉，豈小小云乎！

或者曰：「若等會約，爲成己成物者也，而成之之實安在哉？」農子喟然曰：「善哉，問也。人生堪輿，身根大本，謂之己也。是己潛神，是神秉靈。靈運視聽，

❶「兩月」，原重文，據文義删。

指曰明聰。靈顯言動，自能信恭。靈用事親，徵乎孝矣；靈在從兄，徵乎弟矣；靈乎日用，事變不敢自流欺罔，徵乎誠矣。如此不厭，故曰『成己之實也』。己既成矣，是名立身，是身參位，將親人物，人物同體，皆我貫格。由是盡精神於鼓舞引導，囿血氣于仁義禮樂，必至老安少懷，朋友信焉，然後謂曰『成物之實也』。成之所在，聞見氣節云乎？文辭名義云乎？夫然後道明德立，而保身于尊貴清奇之地，主乾坤而無敵者也。爵禄云乎？夫然後化成俗美，保天下於大順大化之天，猶運掌之無難也。功利云乎？奈何吾人弗自信也，弗自立也，是故天下不可以望平焉。而今而後，信於多士而立志焉，月必集會而專事焉，則堯舜孝弟，人各身有；孔孟仁道，四海心通，揚城將唐、虞、鄒、魯矣，豈終爲言董、吴，陳明翁之往來地乎！豈終負我心翁之生於密邇者乎！是故人豪之出世也，不病夫興起之遲速，止在乎躬行之有始終焉。」書畢，推牕四顧，皎月懸蒼，揚友某某等，各醉導飲，浩歌震舞樂，衆人之授而偕同三聘以終身從事焉。且默會約會之旨，歸告老友某等協志頂立，請某等而樂成焉。山農顔鈞遂書以遺之。時爲嘉靖乙巳長至日也。

道壇志規

農子顔鈞，伏佩《大學》明德、親民、止至善之功，二十年來始能身安而動，追紹孔孟之流環，述通效勞於草莽，牖開盲聾於四海，豈知自量而得已於狂固者耶！兹承海濱多士，過信自愛，不容農游，而戢理涓，期聚立講壇，以承孔孟，實躋盛事，農故凝神振衿，撝揚成憲并農志以告多士：講壇之立，得人爲先；人聚之時，理財爲急。夫人凖天地而萃人物，樞紐乎仁義道德，故聖人之易天下也，惟以不得人爲憂焉。夫財足衣食而周日用，美利上下四旁，故聖人之翼天下也，次必以理財爲重焉。非重財也，蓋財乃君子之車輿，衆人之命脉也。使聚壇之人，皆君子焉，而又何俟於斟酌？奈何道教未明，道懷難開，是故有爲者不得不重爲調析，用協人心以成厥美者也。成美多士，惟當嗜義崇信，毋着念於揀擇低昂，是非患害，始爲得體，且廣度敦善之功，本如是也。若予自御，祇能矢心克盟予奪公平，不著一念於偏比親信，縱或左右以失，衆理以寡過廉耻之操，農素願焉，多士可易易乎始狥終焉已哉！「縱或」以下至此，疑有脱誤。是以得人理財，聚壇大要，而居壇程轍，則有六道六洗，與多士商兑共事，庶不辜建壇之誠，虚四方之來者也。

多士諦鑒，農敬敷述。其一曰：自立宇宙，不襲今古，此可以登道壇之人。二曰：青天白日，人皆見仰，此可以立道壇之心。三曰：肩任聖神，萬死不回，此可以同道壇之志。四曰：默識天性，以靈於視聽言動；鼓運精神，而成乎睟盎禮樂，此爲道壇之學。五曰：孝弟謙和，修斬義利，此爲道壇之德。六曰：持載覆幬，善養不倦，此爲道壇之教。是故六道者，人爲本，心爲脉，志爲根幹，學爲培植，德爲枝葉，教爲果實，成熟可用焉。明德、親民、止至善之實功立矣，而又終之以六洗，將率六道，各有形躬，直徹庶民，以通天下而無間者也。

是故一洗農心厭倦，講晰不明，引導不循，知人不哲，致衍六道，不時中庸。二洗願學多士，世情俗懷，毋入言動隱顯，言動毋違六道，違者急裁，毋致縱蹈。三洗遠近會友，先須聚講三月，使心志有定，方可歸省；嗣是一月不到壇者，遣友救正，毋縱離索。四洗新來多類，須嚴入門相與之誠，隨察六道六洗之由，然後各辦真心聽講，棄身同事，竭則仍列賓堂，往來無生棄厭，有辜初念。五洗心闇迹媚，言餂行詖，熾風似善，陰壞良類，遂致假仁叛義；恬不忌諱者，鳴鼓攻出，用標警懲；能悔慚者，聽復焉。六洗及門多士恩義深重者，一旦改行易志，有敗同類，并至操戈詐號，衆聲罪之；導而改悛，未可遽終絶也。夫然後內外交養，六道無害，明德、親民、止至善之大學成矣。安身運世之士，表表輩出，而引掖四方，天下不有觀化、千古不有式程者乎！是故茲壇之建，未爲小關。農夫慎策，貞盟多士，其虛心參承，圖終有慶，庶幾斯道立而善人多，鄒魯之室家堂階，農將與多士不三年而踐行，升入坐臥鼓腹者也，豈虛盟乎！可半途廢乎！多士萃止，農敢固辭，明日登壇，謹告志規。

履歷

己丑九月二十九日生辰，❶喟然嘆曰：生學未成邱隅之聚，今年八十有六，敢將履歷矢願，收成結果。緒録全集，以期望同志諸豪傑，俯賜矜恤顏鐸云。農之生

❶「己丑」，據永新中陂顏氏族譜，顏鈞生於明弘治十七年甲子，本文作「己丑」。或爲寫作《履歷》之年，即萬曆十七年，與其自謂「今年八十有六」相合。

也，本出于吉安永新三都中陂，山谷之匹夫。十二歲始開知識，叨承父母雖似溺愛，幸未喪失良心，只曉得戀戀嚴慈前，如嬰孩然。豈知父任蘇州常熟訓五年，患病三年，皆鐸晝夜侍奉，實能左右就養，無方逢悦病懷，無日不欣欣。病痼，竟没於黌宫，哀哭幾喪生數次。時年方十七歲，文業因廢，無謀；且不得娶，慾動，又幾喪生。二十四歲，際兄鑰，廩員在學，宗主以孝行取入白鹿洞聽講，道祖陽明大倡良知之學，隨抄《示弟立志説》四句，曰：「精神心思，凝聚融結，如猫捕鼠，如雞覆卵。」農見觸心，即晚如旨，垂頭澄思，閉關默坐，竟至七日七夜，衷心喜悦，忘食忘寢，如此專致，不忍放散其胸次，結聚洞快也。又逼激三日，後化爲臭汗，滋流皮膚毛孔中，出體如洗，洗後襟次焕然豁達，孔昭顯明，如化日懸中天，如龍泉趵江海。自心而言，即平日偃埋在百丈深坑中，今朝俄頃陞入天堂上。然自身而言，即胎生三月不識不知之肫仁，竟被父母溺愛，不明引發其知識、喜好、情慾；及長大也，久被父母師友俗尚記讀見聞，恰似捆綁在囚獄炕上，今朝倏然脱落出監，舞蹈輕爽。然如此身心之如如，如此復生之肫肫，如此明哲之靈聰，如此閉關之自得，恰似時飲醉心酒，常餐無米飯，雙瞳炯炯，察於日月之懸照；天機發動，察於四時之不忒；立達人己，察於甘露之時佈，如此森森不已，如此鼓動睟盎，自善底豫，既翕宜家教國風天下之來歸同仁道也，將適達乎四書六經之閫奥，若不啻乎視掌之清明。或提筆摛文，如江河水流之沛决。或欲進取科第，又誰得選駁於其間哉！若欲出世有爲也，即皆如夫子司寇三月，同運今天下猶魯國之大治。或欲退建邱隅，以續杏壇之聚止，則洞發仁道，以易天下，教萬世於無窮也。即淩躐夫子之收成結果，丕顯大中學庸，大易六龍，範圍今天下人人身親見之者也。是皆由大丈夫出世，自肯甘心拚身兀立，至死不變塞焉，强哉矯也之矢志畢力，大成於七日三月之内，直擅掀揭蒸麗覆幬之仁，誰得阻礙哉？抑何難能哉？惜哉！近代專尚記誦講解，巧攻淫辭，釣餌利名，競肥身家，總算千中不得一員，偶獲一舉，是不猶登天難置力哉。其不獲者，盡諉爲上天所定命也，何其迷痼之甚且陋哉！樵叟蔓緣，蚤遇至仁，授傳此大明仁神易能之道，竟遂甘心信用此生，鑽研己心，直通融活，引翼海宇人豪，果皆七日三月同然。其知之好之樂之，惡可已也！實皆自致自能，且又自獲保命，九十尚有全神不思睡之能工也，又豈耕樵敢妄誕，以罔惑天下人豪哉！天下人豪見此動惻心供，亦肯憤强，丕顯丕承，即亦樂瀛滿腔，塞貫宇宙，何難哉？又何疑憚哉？此之謂自述心「學而時習之」之成，能如是易易也。至於神道設教，自營收成結果，聚斐爲邱隅，則揭夫子止於至善曰大學，規定原以止至善爲安身聚斐之居趾，直遂明德親民以同天下之歸仁。如此昭明，人皆可自憤志大有爲者也。奈何後代賢儒，紛擬沍議之難從者，皆不篤心剖晰「三在」之昭明，注映五詩之申釋也，是故前引三詩，之一曰「邦畿千里，惟民所止」；一曰「綿蠻黄鳥，止於邱隅」；一曰「於緝熙敬止」。仁敬，孝慈，信交，國人之三詠，即單引發其所謂止也。後引二詩，之一曰：「瞻彼淇澳，菉竹猗猗。

有斐君子，切磋琢磨。瑟僩喧赫，至没世不忘。」一曰：「於戲，前王不忘。君子賢賢親親，小人樂樂利利。」又不謂之釋止至善之聚斐大成大道，此大學哉！所以結曰：「此謂之本，此謂知之至也。」晰嗚曰：知止而后有定、静、安、慮、得。其揭要知在格也，其緒功曰若誠意，若正心，若修身，若齊家，而教國以風天下之來歸同仁，周折本末先後之大成，豈不易簡樂從哉！抑何沍紛錯雜，不可遂大造哉！况群賢述颺夫子之出爲魯司寇也，七日誅正卯，三月國大治，男女别途，道不拾遺，乃其躬蹟明德親民之「兩在」。及建杏壇聚斐也，則洞發精造，曰大學，曰中庸，曰大易六龍，曰繫辭，曰六經，時措總規，爲仁神變適，代天御命，又非其爲止至善之「三在」、完造大成哉！所以群賢各有心得，同仁自爲三年六年之墓廬，集編《論語》衍繼述。述編既成，相向號哭，皆失聲而别歸。是故若歸止，若收結，若學教，若衍傳，以範今古後千萬世，人人心心，不敢自欺此大閑，豈不謂曰仁神收成，師道同仁，以麗君親爲三「止至」乎！故曰：「出乎其類，拔乎其萃。」自有聖聖以來，未有夫子之獨至神者也。我朝天運中興，陽明喚醒良知，開人心目，功同東日之啓明；繼承心齋，洞發樂學，丕振大成，幾將聚斐爲顯麗。不期二老相繼不壽，不克顯比天下。樵當際會，有緣先立徐師波石之門，隨任住京畿三年，叨獲造就三教活幾，繼入淘東師祖王心齋壇上，規受三月，樂學大成正造，快遂自心，仁神闖奥，直任夫子至德要道，以仁天下人心，曰：「千古正印，昨日東海傳將來；四方公憑，今朝西江發出去。」如何以別心齋？心齋在床，鼓躍曰：「今日斯道得人如此，天下慶幸，萬世慶幸。」樵農快志，畢力遂行，四十餘年，幾將通乎君相，而或歉於依遁中庸，竟蒙大難，罹陷南獄三年，形軀十分苦楚，自保學力精神，頗自增益不能多多也。以是盱江近溪具揭，遠携兒徒放棹，辯豁測計，鳩緣在任同志，納贓入戍。事既有成，近溪先別去。半月後出監，入邵武。豈期監侶八十五人，送別牽衣，號哭動天，臨監主政與獄官皆測然流涕，❶盡可傳也。及戍，將旬日，又承兩廣總兵俞虛江大猷召爲軍用。適際隆慶哀詔，放歸養老，竟遂樂在其中，叨享天年八十有六，將逾頤百之外，皆可自致自滔滔也。此之謂自緒生平學道履歷，即今營圖結果，雖近溪仙遊，農志尚能獨致。敢曰「不儔宣尼忍自已」。復曰「不續杏壇肯甘死也」。畢力呻吟，祖述箴曰：從心孕樂，率性鼓躍。學大爲橐，庸中爲籥。易乘龍然，時御神莫。變適無疆，明哲鎖鑰。化日中天，春風禮樂。允執保身，善世丹藥。醉舞生平，自供心學。內省無疚，杏壇印刷。仰庇化工，何復何剥？後千萬豪，莫違此約。況茲學教，心性鈴鐸。至易至簡，不貳不鑿。却疾延年，羲皇穎脱。有志竟成，無伺斟酌。或縱筆文，江河活潑。進取科第，誰得選駁。出世有爲，天下魯郭。匪農誑誕，苦心刈割。似君心玩，精神愈確。同農大成，天自凝合。

❶「測」，疑爲「惻」。

邱隅爐鑄專造性命

孔子一生精神，獨造《大學》《中庸》，晚創杏壇，聚斐居肆，肩承師任，陶冶己心人性。同修睟盎，自適乎左右逢原之身；各善立達，誘掖乎家齊國風仁天下。故揭提凡要曰：致知在格物，以緒端誠意正心、性命道教之大本；馴曆及至曰：修齊治平，獨致中和位育之達道。若孝弟慈讓，若子臣弟友，則皆沛乎庸德。從學從中，以大天地之生化。各秉造仁知之明哲，以翊運天下萬世。人心皆易知易能，各擅時習日用者也。故曰：親生之，君養之，師教之。又曰：師無當於五倫，五倫非師弗明焉。此爲仁道專生人心之師□，範圍曲成，成人道，成子道，同敦五倫，歸止中和之至也，豈今日句讀時藝之師哉！抑豈名位法度之教哉！叨天降生陽明，引啓良知，直指本心，洞開作人正路。繼出淘東王心齋，目師孔仁，印正陽明之門，晚造大成之止。授傳耕樵，肆力竭才，於七日閉關默識，洞透乎己心性，若決沛江河，幾不可遏。如左右逢原，惟變所適。三年五年，自得孔子師道之法程，翼後《大學》、《中庸》之繩脉。雖縱四方之游衍，頗操精神日完固；雖遭患難臨死生，益麗聰明有神武。所以遂生保命，全歸一廬。乃按索不明，難成直遂，營圖程式，式程仁知，允宜學教，聚斐邱隅。取譬爲夫子循循善誘，三月克復，皆好仁無尚，是之爲爐鑄。及朞年，各各身有一心，心通睟盎大成，將各宜家宜鄉邦，各興國仁讓風動天下，血氣無不尊親，如影響如運掌矣。是故杏壇也，邱隅也，創始自孔子，繼襲爲山農，名雖不同，歲更二千餘年。學教雖各神設，而鎔心鑄仁，實無兩道兩燮理也。豈夫子慎獨之至止，大成之化工，真爲千古無及哉！若九條緒程，二歌一結跋，尤明哲也。群斐合志，翕麗各憤，未可畏憚而不深察，庸可暴弃，自甘下愚！若諉耋鰥有道遭此危難，豈知耋鰥獲保大生於憂患，增益明哲，廕庇形躬，群斐可知所傾究也。

顔山農先生遺集卷之四終

顏山農先生遺集卷之五

同邑後學尹繼美編校
瀘溪族裔顏學淵校刊

雜著

引發九條之旨

七日閉關開心孔昭

先生體冬至之陽，微乎其生，在剥盡復來。❶即如凡人有身，住立塵世，窮日勞勞，衣食家務，有謀無謀，率皆至亥子丑時，就枕鼾睡，安恬甘美。然後醒來，自覺形氣鬆爽，雞鳴起坐，復爲經營，又供一日勞勞。却似閉關七日之陽復，利有攸往消息。所以聖神教世克制《復》卦七日閉關□□功，攝伏初生三月之赤心，使皆自知時習日用之保養。此赤心三月後，❷方可出入順利有攸往。自天子至於庶民，無老少男女聖凡，同此天性神能，無增益也。奈何有生以後，父母溺愛，無所不盡其驕養；養至知覺，無所不盡其喜好；入塾教讀，師友無所不引其識見。凡此長驅，赤心糜爛，將若何而能還復此知此能之良哉！是故耕樵有生叨受父母生育，師友教導，幸未落利臼，亦未喪此天性。二十

❶「復來」，原殘缺，據上下文補。
❷「心」，原缺，據上下文補。

四歲，又際陽明傳引良知心學。傳自仲兄鐘溪。筆示四句曰：「精神心思，凝聚融結，如猫捕鼠，如雞覆卵。」耕樵觸目激心，即如四語默坐澄心，自爲七日之閉關，自囚神思之無適。竟獲天機先啓，孔昭煥發，巧力有決沛江河之勢，形氣遂左右逢源之□。嗣是，試誘寡慈。牖開憂懷，三月底豫，家鄉萃和，直若孔子入魯大治也。由是放游，遇師先授三教活機，後□大成仁道。據此烝烝操煉，方向三十年，豈知危言危行，招徠匡桓，煅熟南獄。近溪援捄，全生歸廬。乃謀邱隅之難成，遂筆爐鑄之緒功。功先設立，回光腔寰，三日苦磨困神，各致其力，於閉關七日之前曰：凡有志者，欲求□□武功，或二日夜，或三日夜，必須擇掃樓居一所，攤鋪聯榻，然後督置願坐幾人，各就榻上正坐，無縱偏倚，任我指點：收拾各人身子，以絹縛兩目，晝夜不開；綿塞兩耳，不縱外聽；緊閉唇齒，不出一言；擎拳兩手，不動一指；趺跏兩足，不縱伸縮；直聳肩背，不肆惰慢；垂頭若尋，回光内照。如此各各自加嚴束，此之謂閉關。夫然後又從而引發各各内照之功，將鼻中吸收滿口陽氣，津液嗽噀，咽吞直送，下灌丹田，自運旋滚幾轉，即又吸噀津液，如樣吞灌，百千輪轉不停，二日三日，不自已已。如此自竭辛力作爲，雖有汗流如洗，不許吩咐展拭，或至骨節疼痛，不許欠伸喘息。各各如此，忍捱噤吞，不能堪用，方許告知，解此纏縛，倒身鼾睡，任意自醒，或至沈睡，竟日夜尤好。醒後不許開口言笑，任意長卧七日，聽我時到各人耳邊密語安置，曰：各人此時此段精神，正叫清明在躬，形爽氣順，皆爾連日苦辛中得來，即是道體黜聰，脱胎换骨景象。須自輾轉，一意内顧深用，滋味精神，默識天性，造次不違不亂，必盡七日之静卧，無思無慮，如不識，如不知，如三月之運用，不忍輕自散涣。如此安恬周保，七日後方許起身，梳洗衣冠，禮拜天地、皇上、父母、孔孟、師尊之生育傳教，直猶再造此生。嗣此，左右師座，聽受三月，口傳默受，神聰仁知，發明《大學》、《中庸》，渾融心性闔闢，此之謂正心誠意，知格轔轔乎修齊身家，曲成不遺也。故曰：三月成功，翕通心性之孔昭；七日卧味，透活精神常麗躬。三月轉教，全活滿腔之運，即《大學》之切磋琢磨，洞獲瑟僴喧赫者也；《中庸》之率修慎獨，馴人中和位育也。合發以來朋，成風動四方，正謂知行居止邱隅之於天下如反掌，後開八款以冲日用程級，以宏七日成功，永久坐致，可曰上知易能、下愚不可移易哉！何疑此功三年不可變易天下之無道也！其後八條闕佚。

箴言六章 闡發聖諭六條

孝順父母

天地生民，人各有身。身從何來，父母精神。形化母腹，十月艱辛。兒生下地，萬般慇懃。兒饑啼食，兒冷啼衣。乳抱縫浣，惕惕時時。兒漸長大，擇師教兒。兒長大矣，求婦配兒。人有此身，誰不賴親。幼賴養育，長賴教成。兒幼賴親，兒幼戀親。娶妻生子，何忍忘親？父母衰老，捨兒誰親？兒不孝順，親靠誰人？親不忍我，我忍忍親？忍親饑寒，饑寒我身。親不逆我，我忍逆親？我逆親心，天逆我心。我若不孝，子孫效行。陽受忤逆，陰受零丁。兒幼親憐，施德施恩。親老兒痛，報德報恩。摩痛搔癢，喘息憂驚。老人多病，順志體情。思之痛之，淚血淋淋。孝順父母，聖諭化民。

附詩曰：

孝順父母好到老，孝順父母神鬼保。
孝順父母壽命長，孝順父母窮也好。
父母貧窮莫怨嗟，兒孫命好自成家。
勤求不遂大家命，孝順父母福禄加。

尊敬長上

觀彼蜂蟻，猶知有上。看彼鴻雁，亦知有長。蜂蟻鴻雁，尚知尊長。人靈萬物，不敬長上。以己之心，度人之心。人作我尊，我作人尊。手足左右，左與右同。人爲我兄，我爲人兄。兄弟手足，血脉貫通。通則安泰，滯則疽癰。人來慢我，我必怒焉。我去慢人，人不我嫌。四海九州，個個好謙。謙則招敬，慢則招愆。要免人慢，敬自我先。尊敬長上，聖諭勸賢。

附詩曰：

伯叔姑姊伯叔公，常循禮義要謙恭。
有些言氣休嗔較，原是同根共祖宗。
更勸人家弟與兄，相恭相友莫相爭。
譬如樹大分枝葉，當念同根共本生。

和睦鄉里

鳥雀失群，飛躍呼尋。人生處世，和

鄉睦群。居住一鄉，事同一體。一體相關，是非不起。是非不起，情和意美。出入相逢，如兄如弟。前緣前世，同住一鄉。急難救濟，好歹商量。有無借換，信確情長。情和信實，凡事相當。喜怒在鄉，好惡在鄉。一體相關，誰害誰傷？只喜只好，莫怒莫惡。鄉里和睦，天喜人助。鄉里和睦，近喜遠慕。人助人慕，和氣生福。賢良輩出，禮義風俗。和氣生福，異姓骨肉。和睦鄉里，聖諭錫福。

附詩曰：

出入同鄉塊土生，莫因些小便相爭。
大家忍耐無邊福，省好錢財全好情。
和睦族鄰莫鬬争，好人勸解必須聽。
常施方便依天理，敬老憐貧陰騭深。

教訓子孫

人遺子孫，田屋財物。不能教訓，承受難必。教訓子孫，看他資質。能言能走，就莫嬌惜。麄衣淡飯，忠厚老實。教莫説謊，教莫刁譎。教莫駡人，教莫粗率。教莫戲舞，勤習紙筆。明亮説話，深圓作揖。緩緩行步，真真擇術。根苗不傷，葉條秀出。他日變化，高大人物。不能教訓，驕縱傲忽。任氣任情，志卑身屈。祖父無靠，家業傾失。教訓子孫，聖諭立極。

附詩曰：

養兒驕縱失便宜。淡飯粗衣教讀□。
作揖出言和氣好，小時周正大根基。
兒孫幼小歷艱辛，縱遇時衰也立身。

若是驕奢無算計，一貧如洗步難行。

各安生理

人之生理，自心與身。禮法養心，衣食養身。養身養心，身心兼□。生理經營，信行天理。天理莫欺，信行爲主。鬼神協贊，人情助輔。士農工商，生理各業。心盡利歸，自有時節。若不居業，必然窮折。書讀不成，田作不得。工不能工，客不像客。一生愁苦，十欠九缺。士勤文業，囊螢映雪。農勤田業，犁雨灌月。工勤工業，早作夜歇。商勤商業，忘寒忘熱。如此居業，久則生發。運轉時來，精神各別。男子外勤，婦人内助。内外勤助，身心自富。衣食日足，禮義日興。各安生理，聖諭叮嚀。

附詩曰：

生理隨時只要勤，有何大小富豪貧。
人憑信行當錢使，無本皆因無信人。

勸君勤儉度年華，謹慎長情莫謊奢。
須信家由勤儉起，莫言勤儉不肥家。

毋作非爲

大明律例，一部禮經。禮法立教，出禮入刑。人知守禮，自不非爲。非爲不作，刑法何拘。不犯刑法，不作非爲。士農工商，安分隨宜。刑具牢獄，人長見之。見之畏之，戒之警之。警戒畏懼，非爲不生。心不戒懼，身必遭刑。非爲初起，一念毫絲。忍之又忍，思之又思。再思再忍，愈忍愈思。自消自化，不敢非爲。不忍不思，非爲如虎。身受刑獄，心受愁苦。身心刑苦，身心囚虜。何顔人父，何顔人母。身體髮膚，受之父母。不自愛敬，甘受刑苦。毋作非爲，聖諭明覩。同會同心，警戒爲主。

附詩曰：

莫訟官司莫教唆，及時努力辦差科。
奉公守法兢兢過，縱使家貧樂也多。

倚戀衙門結怨仇，己身漏網子孫憂。
請觀造惡欺天者，幾個兒孫得到頭。

圖贊六章 章四句

名利人兮，日孳孳兮；彼幽人兮，若罔知好之兮。

酒色人兮，亦天性兮；彼幽人兮，若雲行水流兮。

衆形器兮，酷勞勞兮；彼幽人兮，獨善困保身命兮。

事寡姑如母兮，群皆止乎豢養兮；彼幽人兮，能養志而又獨知尊姑掖學兮。

相夫保身兮，出群闖情兮；彼幽人兮，獨翼大學樂天壽命兮。

若多執操兮，若皆情成兮；匪若夫倡兮，誰知貞順隱造無聲臭兮！

録陽明心齋二師傳道要語

陽明夫子，引人入門，下手曰：各各凝聚自己精神心思，如猫捕鼠，如雞覆卵，如此七日，不作聲臭於言動之間，即爲默識知及之功要，開心遂樂之先務也。心齋夫子自得教人曰：人心本自樂，自知中正學。

知學日庸中，精神鼓飛躍。飛躍成化裁，人心同學樂。樂是樂此學，學是學此樂。樂便然後學，學便然後樂。不樂不是學，不學不是樂。樂是學，學是樂，嗚呼，天下之樂，何如此學！天下之學，何如此樂！山農受傳，而造有獲，自成仁道。

著回何敢死事

汝芳之爲人也，自少淳龐，性篤孝友，從父業舉，蚤秀邑庠。年廿六，適赴庚子秋試，未遇。遇耕樵衍講同仁急救心火，芳聽受二十日夜，言下悟領旨味，❶鼓躍精神，歸學三月，果獲豁然醒，如幾不可遏者。一日，弄筆瀉文數篇，新異悦人。乃翁究竟何以致。芳曰：「此即豫章顏師所傳，兒叨際會。」翁喜甚，焚香向西南拜謝樵恩。此可以觀父子知信而用服也。次科癸卯，果中鄉試，甲辰聯捷。適樵爲兄改官住京，芳謀學以仕，皇皇惴惴，樵導以出處緩急之圖，芳即脱疾，且違甲第，輕身隨學，朞月有造。歸省，繫養二親。又九年，方就癸丑殿試。受令太湖，政簡民安，誘掖所學，士卒悦服。入刑主政，秉法寬嚴多依仁。出守寧國三年，大半振德。禮艱家居，朋來翼翼，連憂慈室，竟忘仕進八九年。忽聞樵難埋白獄，芳涕泣如傷父，百計調護，傾囊濟賑。三年，瞰亡，携子徒，放棹留都，訴豁代任諸老，具悉誣枉，會助貸金三百五十餘兩，補贓出險，入戍邵武。從芳志，亦曠典也。間有厲劄飭芳

❶「旨味」，原在「鼓躍精神」句後，疑文字錯置，今權移於「言下悟領」句後，則文義可通。

所爲爲非，芳復長篇，鳴學鳴道，鳴樵造所至，確乎孔氏正傳。厲者閲之汗顔，隨出銀八兩以助。□□共紀縉紳數十人，皆芳誠感所致，自盡弟道，報德用學之至也。一日，事諧，芳入獄慰樵曰：「芳來賴天，侍師脱險，却自慶爲我朝全生兩聖人矣。」樵謂曰：「是何言歟？ 此乃納粟聖人，非樵所樂只也，但於回何敢死，心同事不同者，允矣。」芳擅完功，可範天下萬世與師難者，仰溯春秋畏匡，信不多讓其獨盛，及究樵夫羑造脱諧，至止孔仁，知幾如神，不顯聲臭，敢□□芳避聖歸佛，而終慚春秋之性慟耶！ 故著回芳事紀。

附録：《揭詞》及助貲姓氏

戊辰臘初，羅近溪來救農難，并募同志助銀完贓。今將《揭詞》及助貲姓氏一一備録，庶知公論不泯云。

具揭鳴冤人羅汝芳，爲遵恩詔，以雪枉獄事：

汝芳自受業德師顔鈞，生永新山鄉中，自幼形質癯瘠，心性冥昧，世事亦無所知，日惟戀戀寡母左右，就養無方，若童穉然，人皆目爲痴兒。一夕，聞其兄顔鑰傳講聖人之學，忽胸中凝思七日夜，即心孔豁然内通，燦然靈光，如抱紅日。潛居山谷，晝夜清朗，歷九餘月，如頃刻間。及歸，見母兄，論倫理道義，不啻江河沛决，鄰族争聽，感爲涕泣。一時興起，聯會數百人，皆傳引室家，無不改舊從新，遂名三都萃和會。會中啓發講修，無非祖訓六條。至今四十年餘不解母喪。泣血三年畢，辭家出游訪道，徒涉數千里，偶遇至人，五年受傳，神會憤發，忘食忘寢，忘歲月途程。自言其學其教，必勸勉天下人盡爲孔孟。然容貌直率，辭氣不文，其與人劄三四讀不可句，細味之，則的的能晳孔孟心旨，發先儒之所未發。見人有過即規正之，雖尊貴大人不少貶阿。故與往來者，甚受其有益身心，久則不能堪。蓋與人爲善，如是其急急也。間有聞其名未親見者，或駭以爲狂悖不經，遂致罹居杻獄，月淹歲深。今幸公論明白，人皆稱冤，而天恩浩蕩，詔書雪理。芳自幼受業其門，承其教育造就之恩，與生身無異，相侍密切餘三十年。見其家居孝友之篤，與人爲善之公，貫金石不渝，質鬼神無疑；其輕財尚義，視人猶己，鬻衣裝以給生徒之費，忍饑寒以周骨肉之貧，求之古人，亦難多得。即今年已七旬，奄奄氣息，完臟發解，預信無期，坐待杻死，痛難忍默，輒敢自竭赤衷，匍匐泣控，伏乞高普憲臺神明之照，廣敷清朝雨露之膏，特遵詔旨，早賜豁除，俾獲終正寢，無負太平燮理，庶幾斯人爲善之心將來不阻，而名公陰騭之報可保無疆也。爲此，激切具上。

南京吏部顧柱崖七兩名闕，湖廣蘄州人。

蔡蘭溪二兩名悉，直隸廬州人。

户部右堂張筆峰三兩名守直，順天遵化人。

員外張甑山三兩名緒，湖廣漢陽人。

禮部郎中姚禹門二兩名宏謨，浙江秀水人。

兵部正堂劉安峰三兩名采，湖廣麻城人。

員外方應山五兩名存性，浙江仙居人。

主事翟震川十六兩

王松徑八兩名育仁，吉安泰和人。

管操把總魏玉齋二兩南京衛人。

總督糧儲都辦讓溪十兩名震德，徽州人。

操江都院吴悟齋十兩名時來，浙江仙居人。

國子監祭酒姜鳳阿四兩名寶，直隸丹徒人。

司業周都峰八兩名怡，直隸太平人。

應天府尹畢松坡三兩名鏘，直隸石埭人。

狀元沈紹林三兩名懋學，寧國宣城人。

桐城鄉官戴渾菴六兩

南直隸袁槐堂五兩興化人。

徐溫泉一兩徽州人。

陳教官一兩名美齋，泰州人。

朱園泉掌教一兩丹徒人。

焦徒吾二兩名宏，應天人，今中狀元。

余石山五錢應天人。

王柏隣五錢京城人。

陶心菴舉人五錢應天人。

陽宏齋指揮五錢江浦縣人。

許竹岡一兩如臯人。

王濟宇一兩應天人。

王東崖五錢泰州安豐塲人。

趙樅江一兩

趙柱野一兩兄弟同榜，一解一舉，桐城人。

金印沙監生一兩太湖人

北直隸郭廉菴二兩原任永新知縣，今陞山東兵備副使。

戴鶴臯五錢順天人。

郭明虚二兩以下俱河間獻縣人。

錢恕菴二兩

郭薛村大尹五錢

邢彬菴一錢

張我泉二錢

朱含萱一錢

潘一清一錢

郄貞齋二錢

應天府尹張惺吾十兩建昌新城人。

工部郎中張斗陽三兩以下俱南城人。

太尹吴瞻南三錢

羅樂溪三兩

羅次溪五兩
甯樂吾三十兩
陳六山通判一兩以下俱金谿人。
黄少碧太尹一兩
蔡如吾隱士二兩
徐居菴廩膳三錢
南昌縣教官陳一泉四兩豐城人。
鄧自齋二尹二兩新建人。
朱申峰太尹一兩、鹿鳴宴盞一副、金紗一疋、金緞二疋臨江府新淦人。
程小浦少卿五兩德安人。
蕭兑隅亘卿一兩萬安人。
陳西塘布政五錢永豐人。
王梅江二尹五錢以下俱安福人。
王兩城一兩
王應吾通府一兩
工部郎中史見屏二兩以下俱永新人。

李南屏御史三兩
賀養吾太守二兩
尹洞山宗伯三兩
尹願所通府十五兩
賀巽東庠士四兩
李慎所庠士二兩
吴美峰隱士三錢
賀長白庠士五錢
劉章南知事五錢
劉席山掌教八錢
馬鏡潭揮使三錢
劉碧崖掌教三錢
甘正所庠士二錢
劉石瀾州同一兩
蔣莘田門人四錢
蔣合溪門人五錢
李朝賓門人五錢

賀如陵孫壻一兩
湯學卿姪壻二錢
羅近溪自遭難至出戍陸續助銀約一百兩

顔山農先生遺集卷之五終

顏山農先生遺集卷之六

同邑後學尹繼美編校
瀘溪族裔顔學淵校刊

耕樵問答

道原

耕者問曰：「道本日用常行者也，而又原哉？」

樵夫曰：「咈也，人不自知日用即道，故推原道者，不可須臾離也。須臾不離，蓋通天地之大，無外際也；雖隱微之小，無内隙也；達古今之久，無停息也；懸日月之明，察有無也。顯諸形器也，視自明，聽自聰，言自信，動自禮。喜怒哀樂自宜節，孝弟慈讓自順德，家國天下自齊治均平。位天地，育萬物，無有一人不秉具，自能中和，範圍不遺，而無敵于天下者也，故曰道原。道本自如，人習罔危，幸而免耳，誰識同囿日用，自知自明哉！」

聖儒傳一辨

耕者問曰：「今夫一也，造端伏羲，畫象麗陽，原是天得以清，地得以寧，人得爲大生大成，不慮不學，自明自神者也。至堯舜則曰『精一』，文王而曰『純一』，孔子直用『一以貫之』也。迨宋諸儒，有以無欲爲一，有認動亦定、静亦定者，❶有能識破玄機獨樂者，有知先立乎其大者，有必格物窮理以致知者。我朝幸啓良知之呼，終振大成之傳，要擬聖儒之各造，似可同歸爲聖功。究竟簡易中正處，不無毫釐千里謬，是故一之爲清寧，生化神明，裁成人物天地者也。本基羲畫，成象無爲，亦未曾有何指點，出垂昭示。堯舜神會，以微易危，故兢兢精一，安安執中也。文王默契敬止，翼翼小心，純一不已焉。孔子獨領畫一，本自精純，竟用以貫日用，所之時措適宜焉。至曰無欲爲一，各家操習，率皆迷羲之畫、孔之信，又不追溯舜之精、文之純，貿貿探採釋家下乘，時時拂掃之勤，濫擬群一同功。甚者，破碎一生神思，收放心，去欲念，竟莫窺見此一即天心天日，此心自有聰明，隨所欲不踰矩者。況歸除運世二千年代，杳壇絶響，不可慟乎！」

樵不得已，近譬一物，曰：「先聖所畫之一也，如今人家常用牢固底長繩索也。伏羲取以象心，剛壯曲折如如。堯舜則加意精製其索，允懷在中。文王亦小心翼翼，純實此索，不貳雜也。尼父則知信既及，就將此索直串萬貫紋錢，隨周日用，徹上下四旁不竭也。至曰無欲，如將索外摸揩塵垢，徒勞而不知所以爲用，雖間有識破獨樂之漢，先立其大之能者，然皆未知一道之仁，進取立達己人爲止至。幸遇陽明破荒呼覺良知，以開道眼；崛起心齋，窮探大成，中興師道。時際耕樵及門授禪，擠身操印，不惑不亂，遂行齊家孝弟仁讓，游颺四方，頗採信與！是以壯志顯比，中正

❶「静」，原脱，今據文義補。

易簡，調變曲致，善養同仁，確守繩墨，敢惑他技哉！　故颺聖儒傳一辨。」

晢大學中庸

耕者問曰：「大中學庸，學大庸中，中學大庸，庸中學大，互發交乘乎心性，脗合造化乎時育，是故中也者，帝乎其大，主積萬善，從中孚，夫子所謂天下之大本。是大本也，家乎萬有爲大畜，孟子所謂『萬物皆備於我』。我中既無朕兆致和，亦無聲臭中和，御運天道性命，從心爲學，入道成德，三年大成，宜家教國風天下如視掌，豈不易簡！　豈難致哉！　是故學之自造以成己也，必先聚精凝神，遂性致命，崇德達道也。　教在立達以成人也，即精麗神，怡性融命，□德至道行也。」

樵夫曰：「然則學教之内，又有精、神、性、命、德、道六別歟？」

耕者曰：「咈，吾心精神只是一片，學教盤桓，亦惟在此片中，自融性命德道爾。是故指一片之變化莫測曰神，聰明睿知曰精，生生無已曰性，分定不易曰命，一心直行曰德，曲暢旁通曰道。　實出一片，自顯自設，即學即教，自哲自晢，無貳無息也。合而通之，根心生色，形貞睟盎而渾麗焉。互而致之，學爲教之藴蓄，教本學之成憲，淑蓄緒澤則先事於學，其後獲也即能爲教。　學教自成其身，言動悉如心矩，將以事親從兄，宜家教鄉邦風國仁天下，自可朞月，三年必大成，四方歸化，不爽誣也。」

樵夫曰：「大學中庸緒造既可知可能矣，然則《易》曰潛、見、惕、躍、飛、亢之序曆，將何爲躬造符節此大中學庸哉？」

耕者曰：「大中學庸，即易運時宜，無二道，無二學，無二教也。是以潛之修也，得於七日閉關以凝神。見於世也，竟獲一陽來復，利有攸往。惕乎中也，統率陽長爲愼獨。躍諸庸也，憤發樂學入大成。是至無上獨仁，無敵自神，往來中立，時宜飛御乎性天之樂，莫御乎覆載持幬之大中。如此安身以運世，如此居其所，而凡有血氣莫不尊親，是爲亢。麗神易仁道，無聲臭乎上下四旁，所謂時乘六龍以御天，獨造化也。如此哲哲大中大易，以變化學庸。仁道必身親，易善易天下，彰順化，自將迸滅百代蓁蕪、千家注集之糜濫也。此爲耕樵一生，既竭精神心思，知及仁守，莊涖動禮成樂之極至深涵，如是嚴造脱穎，如是樂止自神，不貳息也。」

樵夫曰：「審如是也，則夫子曰知禘之說之於天下也如視掌，不即其幾乎！」

耕者曰：「善哉！但今天下久倒懸於水旱兵戈征亂，達虜倭夷酷虐，侵漁危患，穽陷生靈，無告無謀，可謂水益深、火益烈也。曾有一仁臣如文王之心、伊尹之志，欲救堯湯七年九年水旱之苦，憂皇皇思回天心，即可運今日顛危如反掌，即可如孔子入魯三月國大治耶！豈終諉曰『一言興邦』、『一人定國』爲虛誣哉！豈耕樵過信此學此道，非身有心得而敢狂罔誣欺至此哉！」

哲行功

耕者問曰：「天道流行，人心日用，本原不貳不息，何事於人，必皆以功，乃爲行著。不然，只是日用不知，百姓蠢蠢爾。」

樵夫曰：「嘻，難言也。必欲晳言，敢將『大學中庸』四字眼則縷析縶狀，即知樵夫一生行功矣。夫大之方體也，曰明德，曰至善，曰知在格，曰意心身，曰家國天下也。夫中之主宰也，曰天命性，曰道睹聞，曰隱微獨，曰天地萬物也。總列張乎天道人心，流行日用，自具體强，不慮不學者也。云何繫學以大，以庸麗中，將焉取裁？蓋有取於精金出鑛，胚胎龐樸。據以市賈，難竟信用，遂入爐火，煅化鎔煎，傾瀉紋科，然後遍用貿易交通。所以聖神識道識心，同乎鑛金之肫肫，裁成輔相，翼以學庸，爲爐瀉此内，錫類多功，即大慣文武吹煽緩急之不等，句疑誤故於明德上加明之之功，至善處加止之之方，知而曰致格，從在也。意必誠，心必正，身必修，家必齊，國必治，天下必平，是爲平章百姓，黎民咸歸親親也。此學之所以聚乎其大，立生已生人生天下之大本也。於性則置率焉，言統率萬軍，權任嚴重。於道而曰修也，言從率出入，曲暢潤色焉。故於睹聞之或忽忘苟離矣，即戒懼提醒，復通達也。於隱則有潛昭之莫見，於微則有□□之莫顯，於獨則加凝重之斟慎，及於天地萬物爲位育，不遺不過，此庸之所以承乎其中也，則竭致翕□，人人君子，人人中和，以達成己成人成天下之化道也。雖有兩間作用之紛制，實本《大學》《中庸》之自能。合而通之，心之樂，性之躍，學以橐，庸爲籥，日用流行，幾活潑潑，百姓聖神，同此知能，與察孔莫，是以耕樵識透知及，敢於勇力仁守，竟則莊莅動，禮樂遂，行功深造，所謂頭頭銜著，步步踏著，真不敢欺罔，亦不敢不直揚也。或遭患難險阻，匡桓殺害，從天降，從人致者，實爲此學，此庸大畜，福境在我，自增之益，自得之樂，不啻屯、坎二卦形狀也。餘何言哉？故晢行功。」

誅逢蒙殺羿心議

耕者問曰：「在門之何因揩有殺羿之行哉？」樵夫仰天長笑曰：「此種人豪，此等事業，不必究刷贅疣痕迹於世也。」耕者曰：「何傷乎！《春秋》臧否，孔子筆削，豈皆出類拔萃人與事也？」樵凝思躊躇，三揖化工，揚言曰：「如此究刷也，是我朝一段大公案，但先師嚴訓曰『行有不得，皆反求諸己』，又吃緊曰：『子如不孝父，不可不反其慈之未至，即是擬律。』樵疚。無疆作用，何間何戕，追例殺羿，未可類方。」耕者曰：「如是反責，教我多矣。但古人簒弒，亦曰告天子，告方伯，請以討之。」樵曰：「君父之義，萬古振振；師友之道，至孔獨整。是故有師無當於五倫，五倫弗得弗明之典。」又曰：「親生主恩，君養主義，師教則兼恩義而致之，遂於其任至重，其功至大，其師之自御也爲慎獨。是以曠古人心，君親昭嚴，偶有逆故，人得而誅之，況夫子際會哉！」耕者曰：「審如是，正遊所倡，所學所提，交颺朝野，互鳴道輗，如何作用，至此睽離。」樵夫曰：「未可諉彼作用盡非也。彼亦憲古而從今，以爲游爲風憲也，是故其憲於今之教也，盛行文公之學，其追乎古之學也，果息邪距詖以正法？是以道在樵也便便洋洋，惟法語，惟危言，未嘗媢□乎上下四旁，囂囂轔轔，佩仁義，麗孝弟，將蒸易乎朝野五倫，如此自信，直躬終始；如此覷揆，戾乖時尚，如之何不類少正卯之『言僞而辯，行僻且堅』乎？ 如之何不中傷之親喪不吊，掠鬻慧黨，以謾游妨病之襲位恣好，倚勢淫荒爲督學哉？ 是以必借誅卯名義，以風天下，然後快於其有爲之大也。 然後侈泰其忠義之交也。 師友流號不足渝焉，殺羿巷議豈足恤哉！ 況樵言行，過盈天下；樵學孔仁，尚未知止，是戮允宜，咎無所歸，而又失足誤步，自取蛇嚙，皇皇醫解，叨獲全生，了結修齊素願，即等再造，天仁恩樵罔極，敢怨尤其仁不仁，倫不倫哉！」遂爲誅心議。

急救溺世方

耕者問曰：「今天下四十餘年，上下征利，交肆搏激，刑罰滅法，溢人苛烈。 賦稅力役，科竭蔀屋。 逐溺邦本，顛覆生業。 觸變天地，灾異趵突。 水旱相仍，達倭長驅。 戰陳不息，殺劫無厭。 海宇十室，九似懸磬。 墟野老稚，大半啼饑。 會而擬之，恰似抄没律條。 近代專制，黎庶不饒，一民尺土。 士仕以上，朝市以下，俱未有一事一難。 倘或侵逼，何士何市，何官何吏，亦嘗苦辛，經操危慮，而皆知此病痛險阻，置思援拯同惻惻耶！」

樵夫曰：「摘言至此，責在君臣。 吾輩慟恤，只好號泣，昊天汶待溺矣爾，焉容沸思著纖力哉！」

耕者曰：「惡！ 是何言歟？ 赤子入井，行道之人，皆忙忙棄荷，急急拯救，況暇睁瞰于其父兄哉！」

樵夫曰：「子言是也，但天下大溺，赤子大衆，雖有一定國之幾，『天下有道，邱不與易之』。要然，幾不在手，要未神工，徒切隱憂無益。故曰：乾坤始交而難生。必先動，雷雨滿盈，方遂建侯師保，攸往之利。爲今急謀行道者上策，只要一仁天下之巨臣，能知有種閒儲之銀，散藏四方，三項去處，非官非人民非鑛金所堪敵，具目密啓帝旁，六耳忌莫洩颺，直透帝心悦信，必仗帝德吸採，採委啞口數人，行取三月五月，積得億萬萬銀，聚塞帝庭，聽國需用。邊餉、中外臣工吏胥廪票、王侯百項給文，率皆取用于此無不足，因以詔蠲天下貢賦，三年免征，大蘇民困樂有餘。隨領洗牢，恩赦一切，原惡重獄，均與其生。次查怨女曠夫，激逐漂流，三種無告者，盡行四方，富豪士民各量力，命其周護以爲之所，欲與聚在在人人而得所，所謂匹夫匹婦咸被堯舜之澤。覆盆冤號，一旦跳躍再生，不勞不費，富且庶矣。又從而廣搜有位無位、學德智仁堪稱賢能者，取聘來京，均授孔氏心造，躬佩孝弟慈讓，大學大道，衍教四方，丕易人心，朞年歸仁而有成，數月悦服而尊親。夫如是，則大賚以足民食，大赦以造民命，大遂以聚民欲，大教以復民性，如此攝援，君民樂只；如此救溺，方爲急務；如此濟世，是爲雷雨動滿盈也。行道之人，盍自籌審有爲，若樵揆度，須附得志宰相，采庸神明，化裁左右，行即不啻彈指折枝矣。且於法度時勢，并行不悖，是何也？蓋自尼父竭仰觀俯察之神智，得海日初動、萬國雞鳴之時，幾入運淵，衷脱化施，庸相魯七日而掀揭三月成大治，男女别塗，道不拾遺，於今貪墨，耻格尤烈，而又何患乎！達倭之陣陣必慎，法網之密密篤苦歲之征伐哉！故曰：『其人存則其政舉。」又曰：『一言足以興邦。』不亦允協之甚矣夫。」

七日閉關法

直呈易見易取之方，仰輔二難君子以快志，莫厭異誕，實農心造歷驗，四方人豪洞自樂取者也。

耕者問曰：「七日閉關之造，如何起手，馴造畢力，竟至大成者耶？」樵叟曰：「難言也，甚易也。」耕又問：「叟既自試有得矣，如何復難言哉？」樵叟曰：「非難也，此段消息，自尼父破荒創此口決，至今二千年餘，并未有一毫領會，自開心竅以獨運，如何今日突立是說以引人，人將鬨然後笑，況肯信用哉！ 是故有難以語人也，且作用甚異乎近代之强記者、講解者、習文藝者，具列如左曰：

人生出世，各各同具有亦孔之昭，潛伏爲腔寰之靈，盡被知識見聞偃埋，名利聲色侵沸，勝若溺水益深、入火益熱矣。所以群類中突出一個人豪住世，自負有極樣高大志氣者，并遭拂逆危挫，人皆不堪其憂苦纍纍，然日夜自能尋思，何日得一出頭大路，竟步長往以遂志，忽覺夫子教顏淵曰『一日克復，天下歸仁』，印証『七日來復，利有攸往』之快心，即是敦敦打坐，默默無語，縛目不開，塞耳不聽，兩手擒拿，兩足盤旋，回思内省，肫肫凝結，自己精神，融成一片，胸次抑鬱，若醉懵愁苦，不可自解以放鬆。 如此忍耐一日二日，不上三日，即自頓冲然，潛伏孔昭之靈洞開，焕發啓明，如東日之出見，如龍泉之滚趵。自心而言，若平日偃埋在百丈深坑中，今日俄頃自能陞入天堂上。自身而言，若胎生週歲後，盡被父母誘引善好，貪慾情念，即如繩篋桎縛在囚獄炕上，今日超然脱離出監，縱步有乘虛馭風之輕爽。如此滿足七日之閉關，如此化日懸中天，如此易易直遂其好生，如此遂生自爲變適麗四方，如此適達四書六經如視掌，如此提筆搗文猶江河水流之沛決，如此進取科第不啻運指以折枝，如此出世有爲自如尼父入魯三月，即運天下如魯國之大治，退處建壇，聚斐以明道易世，即皆等乎夫子之收成結果無二間，大學中庸，大易六龍，再顯憲于身，親見之者也。出世人豪，自甘心有爲，至死不變塞焉，强哉矯也，以自致爾，豈若近代之習文業以求名，如登天之難哉！且皆樵叟生平自强自獲，直自遂證驗海宇有志人豪同然者也，敢恣臨老妄肆無稽虛誕哉！萬一見此易顯明捷，觸動二難君子之烝懷，或可拼舍一兩月，裹糧駕航，遨農取證七日半月，不至滿月，即許泮然躍如快志，遂而大行運也。不然，何以夫子自吐曰：『我欲仁，斯仁至矣。』句中涵藏淵浩生意，使人味悟浩用。又益曰：『但人未之思爾，何遠之有？』此言雖似易易，人肯注心玩味，即是活命靈丹也。且教顏子曰：『一日克復，天下歸仁。』注《易》曰：『七日來復，利有攸往。』據刷三旨，深鑽玩味，却猶人在鼾睡，忽醒見天日，自會起來幹家務然也。二難君子信用否乎？抑或未克深信，肯自移趾對証此老斯言果然乎？放沸欵神交，致懇無慚，惶惶哉！」

失　題

耕者問曰：「人生精神，無不同具而完備者，何如夫子亦只曰心之精神即是聖，此疑何別？」

樵叟喟然嘆曰：「此亦難言也，將直指曰此言果然歟？而夫子自十五歲發憤忘食，直至七十乃曰『從心所欲不踰矩』之樂在其中，乃出此言，以顯狀其自止至也。將擬列其言，或不然耶！而夫子積造一生，不沸片言以自衒，如何從心自得同天時矣！乃據放此旨以置疑，噫吁哉！孟子有曰：『夫大人者，只不失其赤子之心而已也。』夫赤子之心，天造具足其仁神者也。胎生三月之後，未有善養其天然者。所以夫子受生以至十五歲，即便通曉其不慮之知、不學之能，遂然究竟自養自操自信，只在此處做人，以保全其仁能者也。所以加時習之學、日用之仁，三十而立，四十不惑，五十知天命，六十而耳順，七十乃止至乎從心所欲不踰矩也，乃自獲全其胎生三月不慮不學之知，能爲自樂。樂發飈其自全精神遂日用也，直透神妙莫測之變適也，豈輕易哉！吾輩欲透通夫子發此旨，須亦憤然發其『至死不變塞焉，强哉矯也』之志同默識，同造三月三年亦即可大成也，何疑訝哉？此又焦叟生平自强履歷，自獲止至之緒述。」

顏山農先生遺集卷之六終

顏山農先生遺集卷之七

同邑後學尹繼美編校
瀘溪族裔顏學淵校刊

古體詩

勸忠歌

世有欺罔臣，尸素甘碌碌。視君如路人，視民如草木。但知全身軀，豈解識心腹。嗜慾驥奔泉，貪賄犬獲肉。上不畏天憲，下不恤冤獄。苟便一己私，不顧一路哭。忌刻過求仇，諛佞類媚屬。曲徑資趨走，豪門争附贖。既不哀恫鰥，曷望思撫鞠。肥甘富盤饌，輭美侈裀褥。所爲乃如此，自反豈能縮。嗟嗟食禄者，聖化久沐浴。此身既委贄，此心宜洗渌。置民衽席間，勿陷于溝瀆。致君堯舜上，勿志於斗斛。德當不二三，學無事四六。法律日詳明，規矩時檢束。下于己不忠，亦思上不欲。毋處己昏昏，毋責人旭旭。直道在必行，末利何須逐。僚寀同寅恭，上下自修睦。惟知愛國家，不知寶金玉。古今忠與孝，開卷即在目。脱有不幸時，焉敢顧榮辱。挺身冒鋒刃，安得戀羅縠。一時節不全，千載魂亦忸。是以君子心，舉足慎幽獨。考父嘗在宋，鼎食僅饘粥。晏嬰久相齊，敝裘不温燠。三王思欲兼，周公夜不宿。三仁遂所志，芳名後世燭。夷齊採薇歌，義不食周禄。孔明出師表，思篤炎劉福。胡銓譏和書，指金爲犬畜。文山正氣歌，爲國建鰲足。莫道世無知，但將史記讀。莫言天不鑒，請看萊公竹。胡爲有官守，竊位而食粟。時乎不堪用，板蕩竟誰囑。止爲妻子謀，忍將君父鬻。如何美朝政，何如美風俗。我歌匪驕矜，爲爾悉忠告。勿謂今日貴，翬飛架高屋。勿謂今日榮，錦繡衣華服。勿謂今日飽，鍾釜餘米穀。天網雖恢恢，難容不忠族。明則有王誅，幽則有鬼戮。

勸孝歌

世有悖逆子，浮生空碌碌。不識父母恩，殆似生枯木。百骸未成人，十月居母腹。渴飲母之血，飢飡母之肉。兒身將欲生，母身如在獄。父爲母含悲，妻對夫啼哭。惟恐生産時，身爲鬼眷屬。一旦見兒面，母命喜再續。自是慈母心，日夜勤撫鞠。母卧濕簟席，兒睡乾裀褥。兒眠正安穩，母不敢伸縮。全身在臭穢，不暇思沐浴。横簪與倒冠，形容不顧淥。動步憂坑井，舉足畏溝瀆。乳哺經三年，汗血及幾斛。辛苦千萬端，兒至十五六。性氣漸剛强，行止難拘束。朋友外追陪，酒色競嗜慾。日暮不歸家，倚閭至昏旭。兒行十里程，母心千里逐。一娶得好妻，魚水情和睦。看母面如土，觀妻顔如玉。母若責一言，含嗔怒雙目。妻若駡百句，陪笑不爲辱。母披舊裙衫，妻著新羅縠。不避人憎嫌，不畏人慚忸。父母或鰥寡，長夜守孤獨。健則與一飯，病則與一粥。襖褲甚單寒，衾枕不温燠。棄置在空房，猶如客寄宿。將爲泉下鬼，命若風中燭。一旦謝塵世，孤墳殯山谷。魂靈在幽壤，誰念常踏跼。三年喪服滿，兄弟分財祿。不念二親恩，惟念我之福。人不孝其親，不如禽與畜。慈鴉尚反哺，羔羊猶跪足。勸爾爲人子，經書須誦讀。王祥卧寒冰，孟宗哭苦竹。郭巨埋親兒，爲兒減母粟。董黯不入市，爲受母叮囑。伯俞常泣杖，仲平身自鬻。如何今世人，不効古風俗。爲爾作長歌，分明與世告。勿以不孝頭，枉戴人間屋。勿以不孝身，枉著人衣服。勿以不孝口，枉食人五穀。天地雖廣大，弗容忤逆族。早早悔前非，莫待天誅戮。

答謝門人羅近溪慶八十壽

斯文誰張主，海宇獨羨公。名揚南北境，教接鄒魯風。安國如安堵，事師勝事翁。扶難玉石辨，貫死今古同。藺言吐英□，玄風熏九重。齊眉欣舉案，來福格厚躬。仁壽彌天則，耇頤當始終。遶席群觴祝，愧我翫舞逢。

報艾柱史

白髮中流漾，青山笑語懃。嶺巔環座舞，逝瀉沁川雲。子樂三千丈，知仁七十群。覆載持幬裹，不生我不辰。

其　二

義禾耕釣老，蓑笠挂蒼岡。下有牧童子，不知陰與陽。漫然披戴舞，若笑四方颺。天漢乘槎仙，招摇解癖狂。

古體

天地大匡廬，邱隅小安居。醉心酒常造，無米飯時炊。餐飽仁義域，飲升禮樂墟。孝弟兼慈讓，知格自乘除。中庸依遯世，子臣弟友隨。不素隱行怪，不興遵道車。烝烝不出家，風火及唐虞。此幾真有要，引發皆躍如。如曰一陽復，七日長安驅。又曰知禘説，天下視掌而。樂以忘憂食，先天天弗違。如此既明哲，杏壇自時宜。如此神思慕，人心泯操危。如此洗心密，壽躋舜堯羲。傳幾凡九九，同揲坎交離。允執以性命，由我更由誰。

謝永寧太尹

一陽初動處，萬物未生時。如何風咷夜，雨打六花飛。扁舟隨顛浪，鼾睡自依依。醒起揭篷看，乾坤混沌迷。將疑大極象，猶憐瑞氣噓。將信年豐兆，難憑輪梅詩。悠然撥爐坐，凝神寒温欺。烹茶掃花屑，洗心透微幾。被美和音者，不諱省方期。遺我本末學，呼我聖狂危。此意淵且厚，千古誰知之。此學良心苦，中行獨復微。願盟震虩虩，同御三陽熙。

漫興

有酒在罍，有魚烹羹，二三友兮，同我溪上行。或歌或舞兮，醉迎月到三更。

題上林寺甘露

林叢上兮，露滴甘兮。人崇大道兮，至德自馨兮。德馨道馥兮，天下父父子子，兄兄弟弟，夫夫婦婦，友朋交麗乎君仁臣敬兮，斯爲薰天噴地，時時甘露，露甘滴兮，上林云兮。

題牛皮

歲歲春來爾先鞭，年年秋至民銜恩。豐登五穀致國富，犂田百畝樂民生。老瘠剥皮肉作脯，何人曾動不忍心。

題畫竹

竹有高節，清風自樂。爰稱君子，人胡混俗。人心天清，人身白玉。從心保身，中和位育。噫吁！我能覆載持幬自神工，必羨彼丹青之畫竹。

書盱趙筆山扇 自注：即童生趙與時父也。

筆山上日月，星辰文天象。筆山下鋪地，萬有冬春夏。筆山中仁義，禮樂盎人躬。此躬此人參天地，言似筆刊行似山。此人秀出孝弟慈，蒸育子臣弟友班。此中名利食色性，却非人道急先□。如山筆山以自好，方是天山遯世瀾。

贈杜工部以翼子自注：工部係門人。

人生落地爲相見，何惜動如參與商。今夕不知是何夕，中秋晦日月涵光。甫君交樵燕復瀛，談道盟志淩空蒼。何當貪玄遘疾篤，我見未遂投中腸。凝然屈指廿八載，豈料遠登不語堂。看看金玉昔童亂，此日又見兒女行。欣欣彬彬敬祖父，款款問問自何方。安止得所如有禮，慇懃敬慎羅酒漿。傷哉甫君不可輓，飄飄一夢入黄粱。以此巨觀晤别緣，謾比昏明倒盃觴。明朝拭淚南北去，感子事師猶芬芳。最憐繼述丈夫事，金玉莫諉海茫茫。回頭是岸武周道，任爾自好矯哉强。

快活歌

快活歌兮快活歌，從師歸來快活多。仁義禮智根心生，睟面盎背陽春和。舉手揖讓唐虞事，百戰不用湯武戈。安恬恰似無懷民，生來不帶半點塵。東鄰西舍萃和好，莫辨誰是人中仁。無文又若羲皇老，先天幾上分分瞭。行住弄丸歡不盡，消閑畫卦傳天巧。安仁駕輕航，魚躍鳶飛嘹。龍屈易小棹，狂風迷顛撓。夜半孤舟宿，趺跏坐到曉。瑞洪入矮篷，雨雪如傾倒。有酒無錢沽，詩殘興未了。鄔子三宿行，長空一片皎。中流浩歌震八荒，八荒響應泛滄浪。吁嗟塵寰羈韁子，不聽命兮執鞭忙。我知執鞭忙不得，故作從吾快活郎。天下有道農不易，至死不變矯哉强。

思歸耕釣歌

羲山振振兮，禾水洋洋。鳥鳴空谷兮，雲滿穹蒼。日照林扉兮，秋風起颺。中有野人兮，朝暮翱翔。耕且釣兮，無迎將。如何泛東魯之游兮，越故疆。不思浩歌而歸兮，掃山房。噫嘻，斯人何意兮，西東遑遑。蓋將遍歷夫海嶽之無盡藏，冀得知我者商量，以自附於物我之兩忘。茌山膏粱兮，飽我腸。自注：時在茌平縣。鄒魯餘光兮，拾載輕航。來朝走馬東昌兮，縱盪滄浪。歸去兮，羲禾山江。耕心釣道兮，自飽自囊。任從月下西峰兮，流注東方。

歌修省

修省七日兮，從中央。中心翕聚兮，禮樂襄。樂止精神兮，寢食忘。大中學庸兮，知格揚。颺翼四旁兮，播仁鞅。此不出家兮，風陶唐。本身精致兮，皆自强。

歌修齊

修身齊家兮，生分業。從心所欲兮，有矩則。則天時出兮，性自率。醉心醇醪兮，頗飲得。無米精食兮，飽餐咽。飲餐七日兮，精神活。醉飽三月兮，形氣革。委曲適時兮，神思格。言行動衆兮，惟一德。盤桓仁智兮，披肝膈。熙皞禮樂兮，家鄉澤。仁德風颺兮，及邦國。上下四旁兮，浩氣塞。躬際分內兮，敢休歇。

歌安止

安止精神兮，樂學天。天命性道兮，修教嚴。時出日用兮，溥淵泉。旁通四暢兮，濟利全。天下萬古兮，皆同然。如此易簡兮，須志堅。堅且不息兮，如乾乾。愚明柔强聖神兮，孔孟及肩。耕心樵道慣熟兮，引領□先。

歌樂學

學習兮從心，朋來兮友親。親與兮神精，精神兮時烝。醉心兮天真，肫肫兮彬彬。靈靈兮繩繩，斯學兮在人。在人兮自斟，自斟兮日新。御天兮無聲，造命兮時成。天下兮歸仁，萬古兮利貞。

歌自颺

苦心學道兮，五十五年。孝弟忠信兮，住世耋前。即竭精神心思兮，時奉先天。樂滿腔寰無憂兮，寢食并兼。仕止久速可不可兮，全無繫牽。通乎晝夜知道兮，神莫自全。中和位育止至善兮，邱隅自筵。大學中庸時易兮，我心彌堅。

歌先天

先天太乙兮，莫之致。覆載大生兮，象形器。萬有成功兮，釐同異。惟人靈聰兮，出類萃。惟靈肫肫兮，憤仁義。視聽言動兮，禮樂彝。入孝出弟兮，蒸和麗。

日新月盛兮，神精氣。忘憂忘年兮，耋頤至。住世易世兮，沸三畏。大順大化兮，無止憩。如流屈曲兮，趨海市。如風偃草兮，天下利。

衍歌

俗尚八十慶賞，獨坐中庭自樂，襟次衍歌曰：

八十年深兮道心烝，歌舞如狂兮樂精神。精神轔轔兮形器彬彬，盎大中兮學庸徵，上下四旁兮同囿仁。天地萬物兮誰經綸？覆載持幬兮春秋匀。無臭莫測兮亨利貞，萬古一夕兮惟帝心。

歌風波

人際風波兮，難庸迎將。我當風波兮，滋味悠長。困心衡慮兮，歌舞似狂。羑里死生兮，不貳肝腸。七日絶糧兮，棒爛如漿。瘟痢交侵兮，半月幾亡。抖擻精神兮，三月平康。嗣此矯强兮，驚異囚郎。人人親洽兮，究竟耿快。我亦牖約兮，人人喜滂。三年縲絏兮，如坐福堂。日懷夜夢兮，朋侶文王。戒慎恐懼兮，嚅孔蒸嘗。感格高皇兮，夢與救傷。一丸膏藥兮，吞敷清凉。陽設近溪兮，集賢救殃。出險入戍兮，軍師虚江。兩廣征寇兮，有功封疆。來就歸廬兮，修理道場。聚麗兒徒兮，晚風家鄉。奈何風波兮，家凍冰霜。我固蒸陶兮，囂頑慚惶。遂歌快活兮，取必回陽。

三年致曲兮，風偃草岡。閭里興起兮，恥格丕揚。七日來復兮，半月歸行。人人親長兮，□利颺颺。如此易世兮，遍地歸昌。中央大明兮，山農□浪。

歌清明

夜靜兮天青，月明兮風更清。水潺潺兮山谷應，海茫茫兮波不興。孤舟兮浮沉，漁翁兮惺惺。鳶飛兮寂無聲，魚躍兮若有情。個中無影兮無形，天下萬古兮同此音。吁嗟，天下萬古兮，幾人知音？噫嘻！而今而後兮，我與調音。

歌漁洲

漁洲歌，莫怪游人笑呵呵。笑中有點無懷意，不分聖凡可與他。君不見，溪上鷗，飛來飛去浮中流。又不見，天邊月，入山度水留不得。百姓囿此不自知，仁知見中悟不測。誰知這般原等等，時習惟學樂止格。知及仁守莊涖之，三年禮動大生德。此德此生幾活潑，自是游人笑底訣。君今開懷同我笑，我笑生天生地生人物。

歌惶恐

惶恐從中兮實自欺，惶恐外致兮須反追。三反義烈兮滿腔頤，頤義矯强兮昭孔知。言行繩井兮惶恐封。冰雪冲面兮和氣□，如此固麗兮無際涯。

歌避色

避言避色兮知幾，隨時隨遇兮幾希。身不失守兮德肥，言行不爽兮珠璣。中立宇宙兮樞機，親親長長兮天下歸。如此爲避兮自謹微，任言任色兮任誹誹。

歌冬雷

震震兮幾動，冬雷兮驚夢。萬有兮屯種，春秋兮傳送。化工兮色貢，人秉兮懷□。辟闔兮絜縫，上下兮雰雺，止至兮宇宙閧。

失題

詳察四律兮發深衷，淵泉時出兮變化工。無可不可兮孔中庸，天命性道兮與世同。同心中和兮醉春風，天地萬物兮位育融。

天地萬物兮變化工，聖神脱化兮麗中庸。天命性道兮教無窮，家齊風動兮四方從。是爲知止兮運掌中，一仁帥志兮明睿聰。文理密察兮曲成雍，溥博淵泉兮學通。心性道教兮命維新，於穆不已兮學競。時措立達兮血氣親，朞月三年兮畢大成。

歌經書

四書六經兮心道箴，羲文周公兮道化

明。顯道大成兮惟孔仁，斯仁猶龍兮變化神。惟神詩書兮集義精，禮樂春秋兮時中行。天造規員兮聲臭□，合發經書兮麗□□。

歌自由

人坐住世兮胡自由，惜身保命兮當急求。七日閉關兮深苦憂，凝聚精神兮隱微搜。搜沁靈竅兮若自囚，如此蒸蒸兮不已休。一旦豁然兮孔昭眸，恢復初心兮樂悠悠。由中達外兮睟盎修，修齊家仁兮豫親輶。言必可行兮行必酬，孝弟慈讓兮臣友儔。中庸大學兮心印猷，禮樂春秋兮終身游。風動四方兮中行□，此皆自由兮兒孫謀，未可暴弃兮篤父尤。

困亨吟

困亨兮蒸蒸，固窮兮兢兢。在陳絶糧兮申申，七日絃歌兮豳豳。羑里精勵兮肫肫，演易旁通兮甄甄。古今聖神兮同道津，知及仁守兮莊涖欽。成禮樂兮功力乘，我生不辰兮多險屯。貧賤患難兮歷艱辛，幸天祐啓兮自靈明，四十八年兮車轔轔，耄耋鄰屆兮困亨恂。來朝至止兮邱隅闉，聚斐大成兮無秋春。

顏山農先生遺集卷之七終

顏山農先生遺集卷之八

同邑後學尹繼美編校
瀘溪族裔顏學淵校刊

近體詩

勉世詩

疏懶難成事，風流不立身。謹言終少禍，儉用省求人。世路如天遠，人喉似海深。若無生計路，任爾斗量金。

自得吟

爲道尋師友四方，歸來雨雪正鄱陽。開篷有興舒堅凍，問酒無錢詩貯囊。天繪晚霞絢谷白，風催宿雁叫更涼。報君好醉淮溪殿，富窨冬壜酒味長。

寄在朝八老

天朝宰相八仁人，宰相山中誰與鄰。朝市聞多憂國老，閭閻大半阻飢民。經綸急務格君相，察問芻蕘先知仁。此亦安身運世策，市臣莫厭莽臣嚚。

自況吟

洪鈞再造百年人，陶冶安身運世甄。千古中庸大學本，範圍易禮春秋民。羲皇堯舜先天始，文武孔周後法倫。我欲斯人生化巧，御天造命自精神。

禦天造命自精神，流水行雲雨雪循。春夏秋冬時出象，東西南北各收成。最憐昨夜陽先至，遍報今朝梅吐春。爲問化工何所自，天時地利合蒸屯。

睡起吟

睡起神全眼更清，洞然八表麗胸襟。雨暘時若天心著，雲水流行道體呈。凝聚精神育宇宙，設施德禮生綸經。好仁鼓躍無他尚，自是先天闡靈扃。

日月回環心性道，天幾人造學爲銜。也知浩氣乾坤泰，那有員神錯雜參。四勿無非禮自燮，一元有是仁爲删。此中消今如古，❶只在坎離亥子關。

夜枕思歸有感

夜雨霖霖添客愁，枕邊思想萬般休。來時走馬輕輕快，歸去揚帆緩緩流。有命屈伸是前定，由天富貴豈用謀。浩歌隨性隨時樂，鼎鼎乾坤貴出頭。

❶「消」下，疑有脱字。

賀長白六十

五十知非曾共韻，今朝耳順復同籌。華顛珠履競颸艒，江畔簑衣獨釣舟。盡道兄年天與順，誰云弟癖樂忘憂。願期歲歲此生德，長白農夫千萬秋。

答賀長白

華山長白映清塘，岫出煙霞麗色光。崛起幽人思皜皜，還期學士志揚揚。當年耳順馴君至，何日心齋曙我忙。不是游夫盟企烈，祇應臭味杏壇香。

寄周恭節❶

濛濛煙雨鎖江垓，江上漁人争釣台。夜静得魚呼酒肆，湍流和月掇將來。若得春風遍九垓，世間那有三歸台。君臣仁義民安堵，雉兔芻蕘去復來。

答謝門人近溪

八十年來萬欲休，精神活潑久忘憂。隨緣度日真滋味，睟盎形躬勝貉裘。立己達人宗孔業，沿生造命遂心籌。此爲樂在神淵底，不是宣尼敢妄儔。

夜枕神藏線月穿，穿心微顯隱幾研。

❶ 此詩原載《明儒學案》卷三十二《泰州學案序》中，底本無，今補入。

孔昭萬象無知識，譖伏一陽有□□。聰察幽明莫測致，睿凝性樂孰傳宣。此爲晝夜通知道，獨擅御天造命權。

自勵忠懷

領得宣尼壇上春，風行天下帝陶人。唐虞三代大明國，麟鳳九疇徵辟臣。孝晝修齊治平格，庸深持載覆幬仁。從今萬世踵歸極，自信璿璣麗北辰。

心字吟

仰觀心字笑呵呵，下筆功夫不用多。横晝一勾還向上，傍書兩點有偏頗。做驢做馬皆因此，成佛成仙也是他。奉勸四方君子道，中間一點是彌陀。

示友

洗心藏於密，神凝莫可測。天地且順應，誰妙知在格。

邱隅吟

農耕在邱隅，一種萬秀實。飽飫家鄉人，含脯鼓腹□。

吟棹月

江湖風月中，仁義一般同。此夜江湖者，誰知德懷風。

同近溪坐舟中觀鳥

釣艇半傍蘆溪，漁翁坐看鴻飛。這般誰綴工巧，點出乾坤活機。

自況吟

乾坤無處不榮華，誰識中庸老作家。詩寄長江風月者，邱隅正好共生涯。

諷答近溪

性海無波盪漾清，情湖有雨霎時新。我心何事經綸別，自是流行萬化仁。

邀友游青原

今春春景甚難逢，今日春晴漾水東。我欲從君東渡去，青原巔頂舞春風。

青原巔頂舞春風，春動螺江九邑中。物阜民安君子道，同人袵席堯天宫。

同人袵席堯天宫，率性從心御六龍。鼓舞精神參造化，古今誰獨又誰同。

古今誰獨又誰同，尼父羲文獨同中。我亦莫知同獨異，只能三舞雲雷風。

只能三舞雲雷風，氤氲精神憤悱通。此爲省發追同獨，穩步御天造命宫。

首夏和用民

顔子不違三月餘，宣尼鄉黨只恂如。

兩端消息別賢聖，我亦從心得所居。
乾坤交始物難生，雷雨滿盈即帝心。
我與化工分顯隱，彼坐萬化我生人。

口占四句以勵用民

人不堪憂只苦心，對憂獨樂我□仁。
勸君對境强尋樂，直等簞瓢陋巷人。

夜坐口占

獨坐孤燈待月華，月華綉彩映瑶槎。
高談此夜何鄉醉，誰共乘風舞碧霞？

口頭吟

昨夜荒郊雨一犁，今朝枯槁勃然義。
道眸哲晰化工巧，樂滿腔懷色象熙。

寓獄寄和三兄韻

羑中夜夜五更鐘，羑外年年春水洪。
堪笑羨夫躭鼾睡，不知患難古誰同。

訓子孫詩

生平儘力尼邱田，歲歲秋收穀滿阡。
遠近貧窮皆與濟，兒孫苦列齊人先。
兒孫苦列齊人先，齊耻齊眉莫自謙。
我愛耻心即生意，轉頭立地舜堯天。
轉頭立地舜堯天，父祖庭前醉飽筵。
自是人人可自取，只緣抛却已多年。
只緣抛却已多年，父祖沁兒自心泉。
浩浩淵淵頃刻到，兒孫始信孔家傳。

兒孫始信孔家傳，父祖傳來七日前。
若在兒孫不七日，片時便醉聖神筵。
片時便醉聖神筵，説與兒孫匪誕言。
陋巷先人曾一日，孔庭聽受屢稱賢。

勉子讀書

對坐茶堂燈綻花，萱親教子興轉賖。
糞墻朽木語堪繹，兒輩好眠悞自家。
教無所施志氣昏，提撕警覺屬吾人。
男兒奮發冲天志，兒樂親懽名顯榮。

勉家庭

飽□朝朝人共嘗，誰知饔飧没裁量。
大家子父弟兄飯，願啜堯羹立舜墻。
千古苦修味味嘗，曾容大舜獨斟量。
於今共以善爲寶，剖破藩籬無内墻。

自吟

負荷綱常只此身，險夷隨寓樂天真。
當時誰識孔顔志，化雨春風千古盟。
乾坤何事可□身，行道濟時始見真。
孔孟終身不遇處，只緣塵世少同盟。
頂天立地丈夫身，不淫不屈不移真。
世界高超姑舍是，直期上與古人盟。
豪傑原來共此身，聰明獨自發天真。
吾人若待文王起，便是尋常□□盟。
聖賢教人只修身，身立方知學道真。
學道不從身内學，終身雖學負初盟。
石壁庭前五老身，生平既翕未忘真。
於今白髮各垂老，還是誰貞此道盟。
積德餘慶孕此身，要知報德只還真。

若然失却真頭面，自喪良心却背盟。

道在事親與守身，躬行二者得吾真。曾參大孝無過此，也得當時師友盟。

從來物類異人身，人物只爭些子真。不作人兮終類物，不如物也更何盟。

休道文章可立身，還從根本去尋真。功名富貴由天定，願爾兒曹締此盟。

乘興吟

杏壇師友從心學，心善好仁員活潑。生長收藏時用中，覆幬持載憲貞樂。

自題像

莫怪山農不起身，休將兩足踏紅塵。客來相顧莫相問，臨老無聲懶應人。

詩餘

旅詞

寓建昌玄妙觀中，燈節獨坐撥爐，興高流筆，唱詞曰：

旅館冰霜，燈節輝煌。道人撥爐，好一點火熱心腸，開口無人共商量。天空地荒，山高水洋，臘既殘兮，梅蘂噴香。風凛冽兮，雁兒翱翔。松在孤峰上秀蒼，漁翁鼓棹兮歌滄浪。滄浪之歌，細聽來，多少消詳。富貴由天定，執鞭空自忙，把良辰美景蹉蕩，不尚友羲皇世界，且睡一場。與周公升降禮樂堂，醒起來，堯羹舜墻。出入孔孟家鄉，掀掀昂昂，老者安，少者懷，朋友琢磨，瑟僴喧颺。興仁興讓，愚明柔强，達之天下，血氣親芳。到這裏方才是個覆載持幬文宣王，那説著鉤陽夢裏張子房。

按：「少者懷」下，一本作「聚斐邱隅，切磋琢磨兮大中學庸，醉飽舞蹈兮大易六龍，變適六龍兮同止至善，覆幬中央。到這裏方才是個神道設教兮，師貞丈人，矯哉自强，那希百代轔轔兮交肆猜颺，千家彙集兮各謄講章」，與此本不同，附載於此。

答引王本泉失貢歸訪正學

君爲功名，屢屈不颺。農爲學道，八風吹涼。君爲無嗣，終身怏怏。農爲兒孫，多殘多殃。總揆無財，無恃可央。若擬技求，天人司將。爲今晚造，急謀自强。來歸農莊，且縱翺翔。飲啜大孝，飽餐庸糧。粹麗精神，度滋霞光。羽翼信從，顯比義方。闔辟自由，獨善無雙。不知者任他風霜，有知者傾懷商量。農仗知己，共升孔堂。禮樂衣冠，堯羹舜墻。揖讓文武，鼾睡羲皇。如此固必有爲，直凌百千萬個歲貢、狀元、榜眼、探花郎，曾誰羨著此日此時，春秋胙肉祭酒，醉飽幾場！本泉知己，信農温麗盟轀，毋視尋常弛張，況君將耳順，農入耋鄉。雖媚聯有年，此味未曾盟，君試嘗嘗味深長，庶幾同心有言臭如蘭漿，兼際令弟主政，守制羽翼，尤可激揚。未伸梗荒，胡不且尋孔仁顏樂，讓政治難，弟大展經濟，再標周公紀綱。

顔山農先生遺集卷之八終

顏山農先生遺集卷之九

同邑後學尹繼美編校
瀘溪族裔顏學淵校刊

附錄

衍述大學中庸之義

程學顏後臺

《大學》、《中庸》書，名篇也。自漢以來皆諉視爲書名，未有以爲聖學精神，識達此四字作何用焉。我師顏山農獨指判曰：「此尼父自造傳心口訣也。兩篇緒緒哲章，并出夫子手筆，非曾子、子思所撰也。不然，何於《大學》引曾子之言，《中庸》直以仲尼名祖哉？」是故我師心造神會，確信參詳其爲不刊之典。顏叨面受心領，退省足發，遂申申錯綜曰：「大中學庸，庸中學大。」天下人聞之，皆曰：「此老好怪也。」顏初及門，聽之亦曰：「此老真怪也。」自燕南旋，忽迎此老，同舟聯榻，不下三旬日。朝夕聽受，感悟隱思，漸次豁如，不覺自釋其明辨，乃知此老竭力深造，自得貫徹，未爲怪誕。故信此四字果尼父從心而身有，乃爲筆刊，如《易》、《詩》、《書》、《禮》、《樂》、《春秋》之題旨也。此老亦操心拚身，神通不貳，所以毅乎直述其義爲不刊，不啻陽明直指良知爲真頭面也。天下之人不皆有之，焉得而能？信使人人身有之，則皆大自我大，中自我中，學自我學，庸自我庸，縱横曲直，無往不達，又焉得而指爲怪誕？ 夫身有之者，豈易擬哉！ 擬爲見解，擬爲格套，擬爲新奇，皆非也，擬其有自新神焉耳。 故曰心之精神是爲聖。 又是仲尼晚造直捷口訣，含章大中學庸爲憲徵，脱化化工，任我昭晳。 是故：自我廣遠無外者，名爲大；自我凝聚員神者，名爲學；自我主宰無倚者，名爲中；自我妙應無迹者，名爲庸。 合而存，存一神也。 尼父之學，不可知之學也。 尼父以前非無聖，尼父以後非無賢，先聖後賢非無學，學未入神，故不達此四字之森嚴，亦莫知晰尼父之獨致。 故曰：「開闢以來惟仲尼，仲尼之後惟孟子，孟子之後又誰之？」蓋發於淘東王心齋不刊斷案，准範宰我、子貢、有若之智者也。 伊欲學群聖群賢之學，則千蹊萬徑皆可適長安，但蹊險徑小，適多沸勞苦也。 若果有志學尼父也，則由我自竭心思，獨御神巧之外，無它技也，故曰大，曰中，曰學，曰庸。 晳之雖有四名，用之井井如一，心神凝凝，知格轔轔，持載覆幬，時出錯行，代明并育，不害不悖，此天地所以爲大，甚非他倫可擬譬而後趨也，亦非前聖後賢所同貫也。 且孔子没後，此神不傳。 我朝天啓，篤生陽明及心齋，三傳此老獨契神。 遂作員神書丹句，斵輪之巧可喻微，射者巧力百步外，得手箭箭中紅心。 鄒魯斯文取印正，學顔揚筆劄心凴。 萬世天下有人傑，大中學庸神傳神。

紀游

吴文焕

明庚子十有二月，夫子以道鳴豫章之都，三月溯流，游湖蕭寺。時聞心齋師祖訃音，子哭之慟者屢輟食矣。乃喟然嘆曰：「文王既没，文不在兹乎？」圓圓然有四方之志，而從者未之信。不踰年，從長江歷金陵，竟謁師墓，大會治任者、築場者、爲江漢秋陽之議者。夫子心知繼承之在我，有如破頭之衣鉢，非曹溪其誰歸？涉淮泗，游青齊，館薊都，直乘孔子之車，弗遑已也。時薊都志同者証心，心同者証命，珊佩而功名者徵政，市童、野叟、僕夫、奄人之群，亦徵立身宅命之計，何啻邵子之居洛，而爲馬吕之共珍重也。時近溪羅子領春官薦，乃夫子之舊游也，與夫子之心同之志同，遂登夫子之環車，而軒策不足以羈之，從容舒徐於吴越之地、石城之都。司胄教者聽命如響，領春魁者若是其殷，陳院勳臣以及閭巷庶人之子弟，倚門聳耳，有不可以數千萬紀，後車之盛，齊薛之金，信之鄒子輿之不誣也。

時則夫子暌家幾六載矣，與近溪子言旋南城，過新城、金谿二邑，聞風而起者，猶夫薊都、石城之盛。愚舊友一泉陳源，棄館吴地，與其游者朞年，因邀夫子之車憩館蕭寺玉皇閣。文謁見半日，一泉迎謂文曰：「若與我于昔日何如？」文曰：「愚曠而疎，不知子之蘊也，但目擊夫子之器宇，仙焉不足以擬神，佛焉不足以擬静，老焉不足以擬玄。愚嘗上下千餘年間，騷人墨客、文工曲士，不足以擬詞。信哉！夫子之不可知也。故爲孔子之龍稱乎，必不敢竊令尹之羨文仲子也。」泉子笑而謂文曰：「爾於舉業若何？」文曰：「詞益宏，法益疊，而文益拙，欲二十七絃于知音之門，文不可得矣。」泉子曰：「子知農師之藝精乎？」師坐金谿蕭寺，將別而登舟，侍御吴疎山逼請留題《疎山記》，師即援筆而成數千語，泉出以示文，文第以觀之。亦嘗聞疏山，吴侍御之别號也，曾閲職鹽時薦心師章，以心師爲堯夫、伊川之流。文竊嘆以人事君，實天下之真侍御也。後閲心齋集，有林子書，亦不滿其意，又不若趙大洲之所序墓誌或近似也。今觀《疏山記》，不惟發孔孟之蘊，暢天地之華，而翼吴公之修學進德有指南矣。揆而詳之，吴公薦章，趙公之墓誌，總不若夫子之繼承躬行也。愚敢曰：「發心師之藴教，詔萬世豪傑長趨闊步，竟造尼父堂室居止者，猶彈指折枝之易易，夫子之功，孰大於是藝乎？一泉子烏足以知此記哉！」時有馬子逵、蔣子廣、姜子金玉、章子瓚，同近溪相與在夫子之側，惟有近溪心領神會，如醉如痴，真若善繼述王、顔兩師之傳，群弟日相親與，恐皆不知其所生育也。左右雖有誾誾侃侃，何足以樂夫子之心哉？若羅子也，芥進士而從夫子游，不即唐虞之讓、夷齊之節哉！吁，羅浮之内翰，崇仁之聘君，不足以羨羅子哉！羅子之矢志終始，果一致將不盛於孔門多士哉！一泉子既受夫子朞年之教，亦似有忘貧樂道之□□，恐中心願欲不若是。若龔子月溪，始從心師學，未卒教而心師亡，隨入夫子之門，頗知終業，與師相侍半載，治裝以隨久游計，豈期天不佑命，疾終於家。夫子適臨玉口，聞訃音，慟哭皇皇，弔且哭於墓，而置詞曰：「天乎命與，養未周焉，或自戕焉，農不可得而知也。噫吁，子之視死，如生之心否乎！」文仰天長慶曰：疎山之記，月溪之祭，俱有稿付從者。隨行十年之游，得人之由，將來大顯設乎斯道也，文皆不可得知能也。不知天與文生朝夕夫子之左右，獲供毛穎之史筆，以詔掖天下後世也，何樂如之！夫子明日遂行，敬紀如是一點丹忱，夫子矜亮哂噱云哉！

心迹辨

曾守約

愚少時，從舉子學於厚山邱先生，未聞有所謂道學也。緣居隣近溪羅先生，目擊游門者遍天下，又未聞有所謂山農顏先生也。及羅師日加誘諭，拉愚於天一山中，見舉業文章，因契重焉，遂拜之。乃知羅先生之學，祖於山農先生。先生諱鈞，以其力足以擔當斯道之重也。後改諱鐸，是又以斯道而振起天下之聾聵也。此固狥其名而未識其人，接其人而未識其心，徒泛泛焉耳矣。每私覲間，見其貌之温然而朴且莊，詞之確然而麗且正，情之藹然而曲且長，而心之淵涵非可以易知者。間或知之，而未有得其真耳。偶春雨日久，踪跡若疎，稍霽，愚入道院訪之。先生兀然端坐，操觚染翰，近之則見先生躍而起，忻而惕，若物之既失而復得者。留坐，久久不忍舍別，叙及平生事，出示羅師辨誣稿，乃知先生事親至孝，學由天啓，觸陽明凝神融結之旨，而拳拳服膺，俄自覺堅如石，黑如墨，白氣貫頂而紛然汗下，至七日恍若有得，其所謂「七日來復者」，非與？《易》曰：「復，其見天地之心。」蓋天地之心以復而見，而先生學由自悟，學天啓也，學以心也。先生之志，上通乎天，而先生之學，又不見於此復乎？是故復以自知，而陽明良知之學，先生得之矣。羅師以心感心，闡揚宗旨，以開示來學，所以終身不捨，留戀眷注。人有濡滯凝者，君子之所爲，衆人固不識也。先生不利其有，不私其家，聚則散施，豈貨取哉！良由不自滿，假操萬鈞之力，振尼父之鐸，與羅師共鳴天下，以挽回唐虞之風，不知老之將至故耳。或者必有説焉，又欲羅先生之不出入於小節間也，愚粗率敷言，敢爲先生之心迹辨。

贈言

曹都紀山

吾道久絶響，道州紹心傳。妙哉皇圖極，易旨窺先天。二程游其門，吟弄風月邊。千古稱人豪，三子皆大賢。嗣是朱與陸，鵝湖方熾然。後來江門派，一脉相周旋。老師陽明公，良知發蒙顓。青原白鹿聚，諸賢悟冲淵。江右本大邦，靈秀鍾山川。竭來二三子，先後皆逝捐。惟老有山農，斯文日勉旃。憶昔河間館，吾道方宏宣。迄今十餘載，所得益造玄。諸君抽緒言，爲我指真詮。毋謂謙未遑，□遠任斯篇。

贈言

朱調易庵

憶昔帶湖尚鬢童，三年相別便成翁。洗心共玩尼山月，超世休嫌陋巷風。兩姓交游懽笑外，五更風雨愴懷中。通家子弟多英俊，肯讓先人獨擅雄。

贈言

俞大猷虛江

南北東西任所如，乾坤與爾百年居。能窮皇極先天理，不讀人間非聖書。心齋秘訣一緘盡，維德真傳半掌餘。學問異同今訂定，惟君當老志如初。

慶八十壽

羅汝芳近溪

斯文張主更何人，八十年來志獨真。欲爲乾坤延命脉，願祈夫子壽長春。

像贊

前人❶

維師自謂，義禾山農，心田嘉穀，秋獲崇墉。乾坤一粒，滿飫饑窮。大明萬世，

❶「前人」，據乾隆永新顏氏餘慶堂譜記，該文署「建昌門人羅汝芳近溪氏頓首拜題」。

中天日紅。

答山農兄郡中詩扇兼及保兒❶

賀世采

年來更覺道無涯，真體不緣景象賒。廣大精微尋自得，聲氣相同孰誰家。星聚每驚垂漢史，亦憐佑啓著君牙。已曾共餐冰霜味，祝與閒吞日月華。清風播我生花筆，光我庭前蘭茁芽。

勘　語

提學陳懋德

勘得顏山農先生，一聞文成公立志之說，思七日夜而忘寢食。又過三日，通身汗流，志氣猛烈，真人豪也。從此心開向道，立徐波石之門，雅愛王心齋之學，真任開來，榜救心火，同仁一會，士類景從，至一千五百人，而盱江近溪，深信嚴事，遂成大儒。此非心中獨得，學證大同，安能頂立乾坤，爲不朽人物哉！雖身攖危難，然矢志不移，壽踰耄耋，誨人不倦。先生有言曰：「自立宇宙，不襲古今。」此山農所以爲山農也。至其家居孝友，尚義輕財，特餘事耳。登之泮廡，俎豆生色，仰該縣即置主，諏吉，迎入鄉賢祠崇祀。查嫡孫某，准給衣巾，永延道脉。遺籍發回先生之家，亦該縣之盛舉也。

❶ 此詩原載賀世采《義山莊詩集》，今補入。

顔山農先生傳

賀貽孫子翼

先生名鈞，一名鐸，別號山農，中陂人。父應時，官姑蘇，學博。兄鑰，山東新城令。先生生嘉靖間，爲兒時不慧，十九讀《孟子》，彌日不成誦，顧默坐自如，側聞兄鑰談學，若有會，忽偃卧，夢紫衣人召之帝所，及覺，欸誡左右，毋輒溷我，我將扃户求我焉。閉關不食飲者七日，豁然有悟，手瓣香，鳴鼓而稽首者四。曰：「嗟乎，吾幾罔吾生，吾適至帝所，然後知學，學豈易易哉！」尋居谷中，九閲月，益大悟。歸見兄鑰等，陳性命之學，皆驚，興起至數百人。值學使者至，父兄迫令就試，先生嘆曰：「人生寧遂作此寂寂，受人約束乎！」於是始罷舉業，專學矣。會王公艮聚講廣陵間，見先生異之，遂遍游吴、越、齊、魯、燕、趙，士大夫就門下日益多，而所篤信者，參政羅公汝芳爲最。始羅爲諸生，慕道極篤，以習静嬰病，遇先生在豫章，往謁之。先生一見即斥曰：「子死矣，子有一物，據子心，爲大病，除之益甚，幸遇吾，尚可活也。」羅公曰：「弟子習澄湛數年，每日取明鏡止水，相對無二，今於死生得失不復動念矣。」先生復斥曰：「是乃子之所以大病也，子所爲者，乃制欲，非體仁也。欲之病在肢體，制欲之病乃在心矣。心病不治，死矣。子不聞放心之説乎？人有沉疴者，心怔怔焉，求秦越人決脉，既診，曰：『放心，爾無事矣。』其人素信越人之神也，聞言不待鍼砭而病霍然。已，有負官帑千金者，入獄，遽甚。其子忽自商持千金歸，示父曰：『千金在，可放心矣。』父信其子之有千金，雖荷校負鉸鐺，不覺其身之輕也。夫人心有所繫則不得放，有所繫而强解之又不得放。夫何故？見不足以破之也。蛇師不畏蛇，信咒術足辟蛇也。幻師不畏水火，信幻術足辟水火也。子惟不敢自信其心，則心不放矣。不能自見其心，則不敢自信，而心不放矣。孔子曰：『朝聞道，夕死可矣。』放心之謂也。孟子曰：『學問之道無他，求其放心而已矣。』但放心則蕭然若無事人矣。觀子之心，其有不自信者耶！其有不得放者耶！子如放心，則火然而泉達矣。體仁之妙，即在放心。初未嘗有病子者，又安得以死子者耶？」羅公躍然，如脱韁鎖，病遂愈。迎歸，師事之甚謹。先生豪宕不羈，輕財好施，揮金如土，見人金帛輒詬曰：「此道障也。」索之，無問少多，盡以濟人。羅公爲東昌太守，先生來，呼之曰：「汝芳爲余製棺，須百金。」盡取其俸錢出，即散與貧者。又命之曰：「汝芳爲余製棺，須百金。」太守故廉，不能更具百金，則蚤起，瞯其尚寢，跪牀下白之。先生詬怒，不得已，稱貸以進。取之出，又散與貧者。羅公歸盱江，先生至，羅公爲製美材贈之。舟次金谿，見門人蔡制没，無棺，又以與之。及游京師，相國華亭徐公首問學於先生。三公以下，望風咨學。先生機辨響疾，雙目炯炯，問難四起，出片語立解。往往於眉睫間得人，玄悟稍遲鈍即詬詈，衆相顧錯愕，先生自若也。嘗與諸大儒論天命之謂性，衆方聚訟，先生但舞蹈而出。時蘇公佑督學江西，聞先生名，使人召之，不往，曰：「召即召諸生耳，道人不聞往教也。」蘇公益重之，造廬稱謝。聞先生言，不覺下拜。最後，巡撫何公遷，二子争財于官署，相殺莫可解，乃迎先生，至署一月，兄弟不覺抱持大哭，遂相友愛。何公感之，問所欲。先生曰：「生平游江湖，不得官舟，廣聚英材講學爲恨耳。」何公以己舟予之。顧先生性峭直，嘗爲上徐華亭及張江陵書，皆有所指斥，諸公不悦。又與同邑尹太宗伯忤，且有宵人齮齕之者，傅會何公所與官舟事，遂以盗官舟故，下金陵獄，論死。先生被拷掠，囊三木人，謂死矣。羅公竭力周旋，櫜饘之暇，問先生憊乎？先生笑曰：「嘻，是猶風之過，而揭吾衣也，吾何涉焉。」凡繫獄三歲，日與諸囚論學不倦，諸囚有啓悟者。獄中嘗白光達圜扉外，❶司寇怪之。羅公亦力爲申救，至以身抵焉。遂得減死，發戍廣西。即出獄，諸囚百餘人伏地哭，哀甚。司寇訶曰：「若囚旦暮死不哭，哭顏先生何爲？」囚曰：「不然，顏先生在獄，吾身如在天宫，今先生去矣，吾無所聞，即不死猶死耳。」先生好談兵，喜奇計。先是將軍俞大猷起校尉，罪當斬，先生一見奇之，請于督府，得釋。至是迎先生於軍。先生爲畫策，遂平大寇。上其功，將授以官。先生耻之，僅免戍歸。益倡道不倦，言必稱仲尼。然見有踽踽凉凉者，輒鄙而笑之，以此頗爲諸儒所譏云。及年九十，忽聚子弟門人羅拜于堂，就枕卒。至崇禎壬申，邑令姑蘇管公德園，始請于學使者，祀之瞽宗，并録其孫爲諸生，而先生之道復存矣。

❶「嘗」下，疑脱「有」字。

論曰：余聞之邑長者云，先生事父母最孝，親没，廬墓泣血，三年未嘗見齒。雖髦，逢父母生忌，祭必哀。兄弟五人，友愛備至，鄉族煦煦，患苦相恤，即古之篤行君子，何以踰焉！獨其談論風生，意氣焕發，不爲時流所喜。然生居僻壤，誰爲師承，乃于夢中警悟，遂以布衣名動天下，與管東溟、王心齋諸公互相印可，至陶鑄近溪先生爲世名儒。嗚呼，可謂豪杰之士矣。

又尚集鄉賢傳

何屬乾不息

顏山農先生，諱鐸。少從兄鑰聞王陽明良知之説，凝神澄慮，瞑坐七日夜，寢食俱忘，已而大悟，講學於豫章同仁祠。榜其文曰：「急救心火。」傾動一千五百餘人。詣京，遇徐波石、王心齋二先生，得其指歸。於是以來學爲己任，盱江羅近溪夫子，以師事之。與論孟子放心之義云：「將名利之心，一切放下。」近溪若得聞所未聞。公之見解多如此。晚年以争辨過激，與鄉老不合，禁獄中。羅爲之委曲，得釋。出獄之日，八十囚伍皆牽衣流涕。歸里，常會族黨，力行孝弟。母喪，循古禮而行，鄉民化之。永新以布衣講學，公爲首焉。何子曰：公有遺稿，上臺屢檄搜求，因後裔式微，無復存者。予訪集于農家，得抄本二十篇。呈媿曾黎公鑒定，大抵其悟道也多苦心，其講學也絶勦説，故舉祀鄉賢。邑侯管德園曰：「當代畸人。」督學陳雲怡曰：「特地自立。」迄今兵憲施愚山有云：

「使公如在，當北面以事之。」語豈阿所好哉！而世之相傳者，謂公家貧喜施，時請于近溪羅夫子，稍不如意，跪羅于榻前，曙而怒解，是欲高公之聲價，而適以狹公之氣象。嗚呼，天下有不近人情之道學先生哉！

江西通志人物傳

顏鐸，永新人。少從兄鑰聞王守仁立志説，豁然有悟，躬行實踐，爲族黨講説孝友，使人人感發。會講豫章同仁祠，暢發學庸大旨。盱江羅汝芳，尤嚴事之。著有《顏山農集》、《耕樵問答》等書。采人物志

吉安府志文苑傳

同前。

永新縣志儒行傳

顏鐸，號山農，少從兄鑰聞王文成立志説，凝神澄慮，瞑坐七日夜，忘寢食。已而豁然頓悟，力希聖賢，躬行實踐，爲族黨講説孝弟，使人人感發。里中立萃和會，雍然躋於仁讓焉。母喪必循禮服闋。問學於四方，至京師，遇貴溪徐波石，鐸師事三年，命質於王心齋。於是以開來爲己任，會講豫章同仁祠，暢發學庸旨，士類景從。盱江大儒羅公汝芳，尤嚴事之。羅舉平日所得問公，公曰：「此制欲，非體仁

也。」羅聳然于稠人中，稽首者四。公以放言得過縉紳，南刑曹業置之死地。羅願以身代，爲之贖，公得生全。家貧，好施予，羅又輒隨其所請。公或怒，跪羅于榻前，批其頟，羅不少動。曙而怒解，始起。雖羅公雅量，亦公之學有以服人至此也。没後三十餘年，邑令管正傳，請于督學陳公懋德，祀鄉賢。有《山農集》、《耕樵問答》等書。

明史儒林傳 摘録

王艮字汝止，謁守仁江西，與守仁辨，久之大服。明日，告之悔，復就賓位自如。已心折，卒稱弟子。王氏弟子遍天下，率都爵位有氣勢，艮以布衣抗其間，聲名反出諸弟子上。然艮本狂士，往往駕師説上之，持論益高遠，出入于二氏。艮傳林春、徐樾。樾傳顔鈞，鈞傳羅汝芳、梁汝元。汝芳傳楊起元、周汝登、蔡悉。樾，字子直，貴溪人，舉進士，歷官雲南左布政使。沅江土酋那鑑反，詐降。樾信之，抵其城下，死焉。詔贈光禄寺卿，予祭葬，任一子官。汝芳，字維德，南城人。嘉靖三十二年進士。除太湖知縣，召諸生論學，公事多决於講座。遷刑部主事，歷寧國知府。民兄弟争産，汝芳對之泣，民亦泣，訟乃已。創開元會，罪囚亦令聽講。入覲，勸徐階聚四方計吏講學。階遂大會於靈濟宮，聽者數千人。父艱，服闋，起補東昌，移雲南屯田副使，進参政，分守永昌。坐事，爲言官論罷。初，汝芳從永新顔鈞講學，後鈞繫南京獄，當死。汝芳供養獄中，鬻産救之，得減戍。汝芳既罷官，鈞亦赦歸，汝芳事之，食飲必躬進，人以爲難。

按：《明史稿》羅公汝芳傳後，附以梁公汝元傳。

張後覺，字志仁，茌平人，生有異質。事親孝，居喪哀毁，三年不御内。早歲聞良知之説於縣教諭顔鑰，遂精思力踐，偕同志講習。已而貴溪徐樾以王守仁再傳弟子來爲參政，後覺率同志往師之，學益有聞。

孟秋字子成，茌平人，隆慶五年進士，歷尚寶丞少卿。卒天啓初，賜謚清憲。受業於邑人張後覺。後覺則顔鑰、徐樾弟子也。

顔山農先生遺集卷之九終

顏山農先生遺集原鈔跋

吾祖理學山農公，起自布衣，名聞天下。乾隆庚寅，予與族叔映光續修族譜，止刊《急救心火榜文》、《告天下同志書》、《勸忠》《勸孝》二歌，祖述、箴餘未刊載。辛卯年，予肆業合東東塘祠，將吾祖著作，除散落四方過半外，所存雜文及箴言、詩歌，請業師左鵬飛先生評騭，久欲鳩衆刊傳，奈心有餘而力不足，兼之本朝查書甚嚴，又邇來祠田衰薄，各派蕭條，不能助貲，故寢其事。今予韶華已去，花甲將臨，時值秋氣平和，用搜輯吾祖遺文，都成一集，以望後之嗣孫有志家學者，倘能丕振先澤，付之剞劂以垂世，不至汩吾祖之理學芳聲也，是爲幸。嘉慶二年丁巳秋月，

裔孫特璋謹書後。

原鈔同校姓氏

裔孫繼聖　象鳳　象莊　朝纘

特璋　克嵩　兆麟

後學左南華　左鵬飛　左明道

新刻校閱助貲姓氏

尹作礪　李元琳　段夢龍
顏浙人　顏學孔　顏學易
顏鎮瀛　尹廷拔　劉德仁
陳綸夫　劉有章　劉文錦
劉曰燦　劉家積　陳拔□
朱志誥　陳家樹　顏西求
劉其清　王炳臣　顏德麟
王子桂　顏大璋　顏榮標
劉熙□　劉黎照　左世顯
李介潔　左夢汲　段錫三
□瑞錦　陳炳輝
顏□□捐錢二千文

顏嘉會堂捐錢千五文
顏□□堂捐錢二千文
顏永志堂捐錢二千文
顏武彝堂捐錢二千文
顏道性捐錢□□文
顏貽慶堂捐錢二千文
顏復仁堂捐錢一千二百文
顏叙倫堂捐錢□千文
劉□瀾翁裔孫捐錢八百文
顏嘉績捐錢一千文
顏學源捐錢□□□
顏上鵬捐錢一千文
顏怡行翁捐錢一千六百文
顏□□捐錢一千文
郭師古捐錢一千文
王光祀捐錢一千文
顏正景捐錢一千文

劉焕章捐錢五百文
陳夢飛捐錢一千文
李賦靈捐錢□□
顏應龍捐錢六百文

何心隱先生爨桐集

〔明〕何心隱　撰

容肇祖　校點

目録

何心隱先生爨桐集第四卷……七九

校點説明

《何心隱先生爨桐集》四卷，明代著名「異端」思想家何心隱著。

何心隱（一五一七——一五七九），本姓梁，名汝元，字柱乾，號夫山，江西吉安府永豐縣人。三十歲赴郡試，中第一名。得知王艮學説後，便棄科舉，從學於王艮弟子顔鈞。受顔鈞影響，何心隱極力主張「寡欲」、「育欲」，「與百姓同之」。並在家鄉創辦聚和堂，進行他的社會理想的實驗。

何心隱把宗族單位作爲一個共同體，在這一單位内，辦了一個學校，實行集體生活。本姓子弟得到一律平等的待遇，外姓子弟也可以入學，不分親疏厚薄。在集體裏要遵守節約的原則，不許「盛飾」、「厚味」，大家都過著平等的生活。「子弟不論貧富，其冠婚、衣食，皆在祠内酌處。」黄宗羲《明儒學案・泰州學案》説他「謂《大學》先齊家，乃搆萃和堂以合族，身理一族之政，冠、婚、喪、祭、賦、役，一切通其有無，行之有成」。

何心隱的理想實行不到幾年，始有成績，即爲現實所迫而難以繼續。梁姓在永豐是大族，他組織的聚和堂代全族向官方交納賦税，屏絶了賄賂等行爲。這是封建官吏所不甘心的。嘉靖三十八年（一五五九），邑令勒收所謂「皇木銀兩」的雜税。由於民衆反抗，殺傷吴善五等六命，官吏把罪名加在何心隱頭上，他被捕入獄，後被定絞罪，末減，充貴州衛軍。

在何心隱被定罪充軍貴州時，他的朋友程學顔在浙江總制胡宗憲幕，請求胡宗憲移文江西巡撫何遷調用他，何心隱因此得以出獄。嘉靖三十九年何心隱與程學顔一同北上，抵北京。《明儒學案・泰州學案》説：「心隱在京師，闢各門會館，招來四方之士，方技雜流，無不從之。是時政由嚴氏，忠臣坐死者相望，卒莫能動。有藍道行者，以乩術幸上。心隱授以密計，偵知嵩有揭帖，乩神降語：『今日有一奸臣言事。』上方遲之，而嵩揭至。上由此疑嵩。」

由於何心隱參與罷免宰相嚴嵩的計謀，嚴嵩黨羽企圖報復的時候，他不得不改名换姓，逃到南方。《明儒學案》説：「心隱踉蹌，南過金陵，謁何司寇。司寇者，故爲江撫，脱心隱于獄者也。然而嚴黨遂爲嚴氏仇心隱。心隱逸去，從此踪迹不常，所游半天下。」

在多方輾轉中，何心隱因反對宰相張居正毁書院、禁講學而遭到誣陷，幾度被通緝。萬曆七年（一五七九）为南安把總朱心學捕獲。李贄曾説他「千言萬語，滚滚立就，略無一毫乞憐之態，如訴如戲，若等閑日子」（《續焚書》卷一，《與焦漪園太史》）。他被押解到湖廣武昌後，見撫臣王之垣，坐而不跪，説：「公安敢殺我，亦安能殺我？殺我者，張居正也。」王之垣痛笞他百餘，他也不屈服，結果死在獄中。

何心隱起初反抗地方官，之後以計去宰相嚴嵩，後又反對宰相張居正的禁書院、禁講學，並因而犧牲，東林學者顧憲成《懷師録題辭》曰：「嗚呼！昔一時也，爲江陵獻媚者，殺永豐（何心隱）如殺鷄豕，蓋若斯之藐也，布衣固無如宰相何也！今一時也，爲永豐雪憤者，疾江陵如疾豺狼，蓋若斯之凛也，相君亦無如布衣何也！然則是録也，一足以示屈於勢者不得爲屈，究必伸；一足以示伸於勢者不得爲伸，究必屈；一足以發明斯民之直道，宛如三代，即欲百方磨滅之而不能也！」

《爨桐集》是何心隱遺留下來的唯一著作，原刻本爲明天啓五年（一六二五）張宿詮訂刻印，流傳很少，現由國家圖書館收藏。整理時，又從何子培先生家鈔了一部《梁夫山遺集》，篇幅比《爨桐集》少。張宿刻本原稱《何心隱先生爨桐集》，此次整理時作爲底本，《梁夫山遺集》則作爲校本，簡稱《遺集》。

《儒藏》精華編《何心隱先生爨桐集》是在容肇祖先生校點整理、中華書局一九六〇年出版，一九八一年第二次印刷的《何心隱集》的基礎上，依據

《儒藏》精華編體例修訂而成。原《何心隱集》有容肇祖先生彙編的有關何心隱的材料，今略去。本次修訂時，又據《續修四庫全書》影印國家圖書館藏張宿刻本校對了原稿一次，訂正了少量錯誤。

此《校點説明》是由本書責任編委甘祥滿在中華書局《何心隱集》之《何心隱集序》的基礎上删訂而成的，特予説明。

校點者　容肇祖

刻何心隱爨桐集敘

向讀卓吾《何心隱論》，竊高其人，每以不得讀其書爲恨。秋夜篝燈，簡敝篋亂帙中，得心隱寫本一部，先君子手澤存焉，泣數行下。念先君子賦質忠信，亦十室中人，惟矻矻以教子爲樂，故于往哲遺書多購藏焉。宿不孝，于學無所窺，但勉讀父書，期仰赴先君子屬望之意。兹本世未有衆見者，聞屢有搜而未獲，輒自謂爲一家之書，曷若爲一國之書，爲天下之書，先君子之澤不更溥哉！乃出而謀諸麻城李孟白先生、仁和錢長人先生，暨同社易子曦侯、陳子孺子、梅子惠連、陳子士業、王子屺生、史子孟勗、劉子聖初、李子公楫、周子叔毅輩，意欲授之梓人，而私評之曰：「江陵相國間世奇才，讀其集猶有餘慕，曾不能容一布衣，未免白璧微瑕。即心隱師法孔子，布帛菽粟，初何奇怪，而坐忤時相，或亦心隱之不足歟！嗚呼！噫嘻！我知之矣！有甲乙兩國手，俱以活人爲心，甲則教人調養元氣，保合精神，勿使受病，其言若迂緩不切痛癢者。乙則診脈視息，臨死瀕危，施以針灸，投以猛劑，移換臟腑，接續性命，功效亦甚奇捷。而聞彼迂緩之論，不但乙不喜甲，即病者亦不樂聞甲矣。當時江陵柄國，聖主沖齡，獨焦勞重任，内安外攘，所謂刀刀見血，棒棒有痕，非欺人語也。條陳學政，不欲以空言肆害，慮患誠深。乃有聚徒而處，聯席而譚，字字迂緩者出而抗之，設令天下翕然宗往，適以争相國之衡，將使相國之權不伸，而相國之志不遂，奈之何不亟謀除此布衣耶？雖然，相國焦頭爛額人也，經正則庶民興，庶民興斯無邪慝矣。以心隱侍君側，相國不愈逸乎？惜夫當日無以此語相國者！倘相國今日而在，讀此遺編，當必曰：『冥冥之中，負我良友。』定爲之傳其書以報其死，斷不至落草莽中，令書生輩爲桓譚矣。」

天啓乙丑年除夕楚蘄州張宿題於何怙園。

何心隱論

明温陵李贄撰

何心隱即梁汝元也。余不識何心隱，又何以知梁汝元哉？姑以心隱論之。世之論心隱者，高之者有三，其不滿之者亦有三。高心隱者曰：凡世之人，靡不自厚其生，公獨不肯治生。公家世饒財者也，公獨棄置不事，而直欲與一世賢聖共生於天地之間，是公之所以厚其生者與世異也。人莫不畏死，公獨不畏，而直欲博一死以成名。以爲人盡死也，百憂愴心，萬事瘁形，以至五内分裂，求死不得者，皆是也，人殺鬼殺，寧差别乎！且斷頭則死，斷腸則死，孰快？百藥成毒，一毒而藥，孰毒？烈烈亦死，泯泯亦死，孰烈？公固審之熟矣，宜公之不畏死也。

其又高之者曰：公誦法孔子者也，世之法孔子者法孔子之易法者耳。孔子之道其難在以天下爲家而不有其家，以羣賢爲命而不以田宅爲命，故能爲出類拔萃之人，爲首出庶物之人，❶爲魯國之儒一人，天下之儒一人，萬世之儒一人也。公既獨爲其難者，則其首出於人者以是，其首見怒於人者亦以是矣，公烏得免死哉！削跡伐木，絶陳畏匡，孔聖之幾死者亦屢，其不死者幸也。幸而不死，人必以爲得正而斃矣；不幸而死，獨不曰仁人志士有殺身以成仁者乎！死得其死，公又何辭也？然則公非畏死也，非不畏

❶「爲」上，《遺集》有「又」字。

死也，任之而已矣。且夫公既如是而生矣，又安得不如是而死乎？彼謂公欲求死以成名者非也。死則死矣，此有何名？而公欲死之歟？

其又高之者曰：公獨來獨往，自我無前者也。然則仲尼雖聖，效之則爲顰，學之則爲步。醜婦之賤態，公不爾爲也。公以爲世人聞吾之爲，則反以爲大怪，無不欲起而殺我者，而不知孔子已先爲之矣，吾故援孔子以爲法，則可免入室而操戈。然而賢者疑之，不賢者害之，同志終鮮，而公亦竟不幸爲道以死也。夫忠孝節義，世之所以死也，以有其名也。所謂死有重于泰山者是也。未聞有爲道而死者，道本無名，何以死爲？公今已死矣，吾恐一死而遂湮滅無聞也。❶今觀其時，武昌上下人幾數萬，無一人識公者，無不知公之爲寃也。方其揭榜通衢，列公罪狀，❷聚而觀者咸指其誣，至有噓呼叱咤不欲觀焉者，則當日之人心可知矣。由祁門而江西，又由江西而南安，而湖廣，沿途三千餘里，其不識公之面而知公之心者，三千餘里皆然也。非惟得罪於張相者有所憾於張相而云然，雖其深相信以爲大有功於社稷者，亦猶然以此舉爲非是，而咸謂殺公以媚張相者之爲非人也。則斯道之在人心，真如日月星辰不可以蓋覆矣。雖公之死無名可名，而人心如是，則斯道之爲也，孰能遏之？然公豈誠不畏死者，時無張子房，誰爲活項伯，時無魯朱家，誰爲脱季布，吾又因是而益信談道者之假也。由今而觀，彼其含怒稱寃者，皆其未嘗識面之夫，其坐視公之死反從而下

❶「滅」，《遺集》作「没」。
❷「狀」，《遺集》作「案」。

石者，則盡其聚徒講學之人。然則匹夫無假，故不能掩其本心；談道無真，故必欲剗其出類，又可知矣。夫惟世無真談道者，故公死而斯文遂喪，公之死顧不重耶，而豈直泰山氏之比哉！

此三者，皆世之賢人君子，猶能與匹夫同其真者之所以高心隱也。

其病心隱者曰：人倫有五，公舍其四，而獨置身于師友賢聖之間，❶則偏枯不可以爲訓。與上誾誾，與下侃侃，委蛇之道也，公獨危言危行，自貽厥咎，則明哲不可以保身。且夫道本人情，學貴平易，繩人以太難則畔者必衆，責人於道路則居者不安，聚人以貨財則貪者競起，亡固其自取矣。

此三者，又世之學者之所以爲心隱病也。

吾以爲此無足論矣，此不過世之庸夫俗子，衣食是耽，身口是急，全不知道爲何物，學爲何事者，而敢妄肆譏詆，則又安足置之齒頰間耶？獨所謂高心隱者似亦近之，而尚不能無過焉。

然余未嘗親覩其儀容、面聽其緒論而窺所學之詳，而遽以爲過，抑亦未可。吾且以意論之，以俟世之萬一有知公者，可乎？吾謂公以見龍自居者也，終日見而不知潛，則其勢必至于亢矣，其及也，❷宜也。然亢亦龍也，非他物比也，龍而不亢，則上九爲虛位。❸位不可虛，則龍不容於不亢。公宜獨當此一爻者，則謂公爲上九之大人可也，是又余之所以論心隱也。

❶「賢聖」，《遺集》作「聖賢」。
❷「及」，《遺集》作「悔」。
❸「則」下，《遺集》有「在」字。

何心隱先生爨桐集第一卷

楚蘄後學張宿詮訂

原學原講

學則學矣，奚必講耶？必學必講也，必有原以有事於學於講，❶必不容不學不講也。何者？自有貌必有事，必有學也，學其原於貌也。不盡於貌，而亦不出於貌也，即貌即事也，即貌其事也。凡顏色之有事於視、聽、思，而乘之以形乎其形於其貌者，不一其事，而亦莫非事事於貌也。必不容不有事於貌，必不容不有事於學也。學非原於貌其事而學耶？❷

自有言必有事、必有講也，講其原於言也。不盡於言，而亦不出於言也，❸即言即事也，即言其事也。凡詞氣之有事於視、聽、思，而御之以聲乎其聲於其言者，不一其事，而亦莫非事事於言也。必不容不有事於言，必不容不有事於講也。講非原於言其事而講耶？❹

況有貌必有言，而有學不有講耶？不有所學，則不有所聚，而不有所統矣。而容不有學耶？有貌必有學，以聚以統於學也。而不有所講，則不有所誨，而不有所傳矣。而容不有講耶？有言必有講，以誨以傳於講也。是故學也者，學乎其所講也。不有講而

❶「必」上，《遺集》有「且」字。
❷「學非」上，《遺集》有「必貌必事必學也」七字。
❸「亦」，《遺集》作「必」。
❹「講非」上，《遺集》有「必言必事必講也」七字。

奚有學耶？

而貌必有恭、必有肅，自不類於有形之類，自足以乘乎言，乘乎視、聽、思，必從、必乂，必明、必哲、必聰、必謀、必睿、必聖其貌者以必學必講也。不然，貌則類於形類而已矣，奚有恭，奚有肅於貌，以聖其貌而貌耶？然則學雖原於貌，而貌實貌於必學必講乃貌，乃聖其貌矣。又況聖之所以聖乎其貌者，又非睿於思、謀聰於聽、哲明於視、乂從於言，以恭以肅其貌於必學必講，以乘乎其乘其貌而聖耶？又容不學不講耶？是故講也者，講乎其所學也。不有學，又奚有講耶？

而言必有從、必有乂，自不類於有聲之類，自足以御乎貌，御乎視、聽、思，必恭、必肅、必明、必哲、必聰、必謀、必睿、必聖其言者以必學必講也。不然，言則類於聲類而已矣，奚有從、奚有乂於言，以聖其言而言耶？然則講雖原於言，而言實言於必講必學乃言，乃聖其言矣。又況聖之所以聖乎其言者，又非睿於思、謀聰於聽、哲明於視、肅恭於貌，以從以乂其言於必講必學，以御乎其御其言而聖耶？又容不學不講耶？

是故敍事而必敍貌於第一事者，必以人生適初即有倮倮其形爾，是已人其形於其貌也，而事又統於其貌也。容不第一其事於其貌耶？雖名以貌者，未始名以學也。而學則與形俱形，即形即貌也，即貌即學也。學不以貌原，將奚以原學耶？

是故敍事而必敍言於第二事者，亦以人生適初即有呀呀其聲爾，又馴人其聲於其言也，而事又傳於其言也。又容不第二其事於其言耶？雖名以言者，未始名以講也。而講則與聲俱聲，即聲即言也，即言即講也。而講不以言原，將奚以原講耶？

是故視之於貌於言，必亦不有先後而有視也，必有貌即有視也，必有言即有視也。乃敍其視於事者，乃第之於其三，必非後其視之有，而三其視之第也。必以事事於視者，次於言而三於貌，必亦不容不有視於三也。而敍其事之三者，亦不容不三其視於事也。❶不然，奚於視而第其視於三耶？

是故聽之於貌於言，亦必不有先後而有聽也，必有貌即有聽也，必有言即有聽也。乃敍其聽於事者，乃第之於其四，必非後其聽之有，而四其聽之第也。必以事事於聽者，次於言而四於貌，必亦不容不有聽於四也。而敍其事之四者，亦必不容不四其聽於事也。不然，又奚於聽而第其四於聽耶？

且思也者，思必睿而聖也。且聖也者，聖必睿而思也。必亦不有先後於貌於言者也，亦必不有先後於視於聽者也。必有貌、必有言，即有思也。必有視、必有聽，即有思也。乃不第其思於一於二，而若敍其事於貌於言者，必亦思有不啻若貌若言之事其事於一於二者也。必貌、必言、必思、必睿、必聖，而貌而言，則貌則言，必恭、必肅、必從、必乂，以終其事於五者，乃終其事於一也，乃終其事於二也。不然，奚惟第思於五而不第思於一於二耶？乃又不第其思於三於四，而若敍其事於視於聽者，亦必思有不啻若視若聽之事其事於三於四者也。必視、必聽、必思、必睿、必聖，而視而聽，則視則聽，必明、必哲、必聰、必謀，以終其事於五者，乃終其事於三也，乃終其事於四也。不然，奚又第思於五而不第思於三於四耶？

❶「亦」上，《遺集》有「必」字。

要之，事而一、而二、而三、而四以終者，終於五也。又要之，事而貌、而言、而視、而聽以終者，終於思也。又要之，事而恭、而從、而明、而聰以終者，終於睿也。又要之，事而肅、而乂、而哲、而謀以終者，終於聖也。又要之，聖又終乎其睿其思，其五其事者也。即事即學也，即事即講也。聖其事者，聖其學而講也。學奚不原於聖而奚原於貌耶？講奚不原於聖而奚原於言耶？

夫聖以終乎其貌者，即聖以終乎其學也。而貌以始乎其聖者，不貌以始乎其學耶？不貌，不學不聖也，不於貌原學，而奚於聖原學耶？聖以終乎其言者，即聖以終乎其講也。而言以始乎其聖者，不言以始乎其講耶？不言，不講不聖也。不於言原講，而奚於聖原講耶？

是故五其事而敍者，九其疇而敍也，洪其範而敍也，禹其聖而敍也。必禹必有事於貌、於言、於視、於聽、於思而敍也。必貌必恭必肅，必言必從必乂，必視必明必哲，必聽必聰必謀，必思必睿必聖，於禹而敍也。即敍，即事即學也。即敍，即事即講也。即禹敍其事於疇於範而學也。即禹敍其事於疇於範而講也。必禹必學、必講於疇於範，以敍其事，而學而講也。雖未始以學名其禹所學而學，而即事即學、即疇即學、即範即學矣。學非原於禹已有學而學耶？雖未始以講名其禹所講而講，而即事即講，即疇即講，即範即講矣。講又非原於禹已有講而講耶？又奚惟原於孔子而始有學名以名其所學，始有講名以名其所講耶？

又況範以範乎其所疇，而疇以疇乎其所事，而敍之於禹者，嘗訪之於武也，嘗陳之於箕也。其於武而訪之者，必亦有事於貌、於言、於視、於聽、於思以訪之也；必亦必貌必恭必肅，必言必從必乂，必視必明必哲，必聽必聰必謀，必思必睿必聖，於武而訪之也。即訪，即敍即學也。即訪，即敍即講也。其於箕而陳之者，必亦有事於貌、於言、於視、於聽、於思以陳之也；必亦必貌必恭必肅，必言必從必乂，必視必明必哲，必聽必聰必謀，必思必睿必聖，於箕而陳之也。即陳，即敍即學也。即陳，即敍即講也。必武、必箕必學、必講於範、於疇，以訪以陳其事而學而講也。雖未始以學以講以名武、以名箕之所學所講，而即範、即疇，即事、即訪，即陳於武、於箕者，即學即講於武之訪、箕之陳也。則學則講又非原於武、原於箕已有學而學、已有講而講耶？又奚惟原於孔子而始有學名以名其所學，始有講名以名其所講耶？

又況敍原於畫也，疇原於卦也，範原於《易》也。必義必亦有事於貌、於言、於視、於聽、於思，以畫而卦也，以卦而《易》也。必亦必貌必恭必肅，必言必從必乂，必視必明必哲，必聽必聰必謀，必思必睿必聖，於義以畫而卦也，以卦而《易》也。一《易》，一學也，一講也。一卦，一學也，一講也。一畫，一學也，一講也。必學必講於義者，以畫以卦以《易》學也，以畫以卦以《易》講也。雖亦未始以學名義所學，以講名義所講，而即畫即卦，即《易》即學即講也，則學則講又非原於義已有學而學、已有講而講耶？又奚惟原於孔子而始有學名以名其所學，始有講名以名其所講耶？

又況堯以執中，舜以精一，以相統，且都、且俞、且吁、且咈，且相傳於禹，而精而一於中，而執而統於舜、於堯，而亦不有一事之不有事於貌、言、視、聽、思者，以貌則必恭必肅，以言則必從必乂，以視則必明必哲，以聽則必聰必謀，以思則必睿必聖，以精乎其中，以一乎其中，而乃允執爲聖統也，爲聖傳也，❶爲聖學之相統者也，爲聖學之相傳者也。堯傳之舜而舜傳之禹者，以相聚於執中精一其學，而相誨於都、俞、吁、咈其講以相傳也。聖聖相傳，以聖統也。禹統於舜而舜統於堯者，以相誨於都、俞、吁、咈其講，而相聚於執中、精一其學，以相統也。聖聖相統，以聖傳也。傳以講而統以學也。必講必學於堯、於舜、於禹以相統者，相統其所學也。必學必講於堯、於舜、於禹以相傳者，相傳其所講也。雖未始以學名乎執中精一之所統、所學者，而即執即中、即精即一，即學也，尤爲不有一事之不有事於《易》於《範》而學者也。即堯、即舜、即禹相統於其所學者也。而學又非原於堯、於舜、於禹相統已有學而學耶？亦雖未始以講名乎都、俞、吁、咈之所傳、所講者，而即都、即俞、即吁、即咈、即講也，尤爲不有一事之不有事於《易》於《範》而講者也。即堯、即舜、即禹相傳於其所講者也，而講又非原於堯、於舜、於禹相傳已有講而講耶？又奚惟原於孔子而始有學名以名其所學，始有講名以名其所講耶？

又況湯則纘禹舊服者，且有誓也，且有誥也。又況尹則樂堯、舜道者，且有訓也，且有戒也。且亦有事於貌、言、視、聽、思其事，有事於恭、從、明、聰、睿其事，有事於肅、乂、哲、謀、聖其事，以乘以御，以纘服，以樂道，以誓誥，以訓戒，以統而傳，以學而講於湯、於尹也。雖未始以學名乎其所服、所纘、所道、所樂之所統、所學者，而即服、即纘、即

❶「聖」，《遺集》作「學」。

道，即樂、即統、即學也，即堯、即舜之即執即中、即精即一之所統其所學焉者也。亦雖未始以講以名乎其所誓、所誥、所訓、所戒之所傳、所講者，而即誓、即誥、即訓、即戒、即傳、即講也，即堯、即舜之即都、即俞、即吁、即咈之所傳其所講焉者也。即《易》之即畫、即卦、即學、即講，以相統相傳於羲，隱隱學而隱隱講乎其《易》者也。即《範》之即敍、即疇、即學、即講，以相統相傳於禹，隱隱學而隱隱講乎其《範》者也。則學則講，則又相統於纘服、於樂道之隱隱其學矣。則又相傳於誓誥、於訓戒之隱隱其講矣。而學而講，又非原於湯、於尹之原於羲、於堯、於舜、於禹，已有學而學、已有講而講耶？又奚惟原於孔子而始有學名以名其所學，始有講名以名其所講耶？

又況若高宗、若傅說之於學，則顯顯名其學以學矣，而於講，亦隱隱名其講以講矣。何者？乃若高宗，則名其學以學于甘盤名，非徒以甘盤其學而名學於高宗已也。惟顯然以其於甘盤學者，而隱然於傅說講也。亦非徒於傅說講也，必欲傳說相統以學而相傳以講，以克邁于甘盤學以學也。乃若傅說，則名其學以學于古訓名，非徒以古訓其學而名學於傅說已也。亦惟顯然以其於古訓學者，而隱然於高宗講也。亦非徒於高宗講也，亦必欲高宗相統以學而相傳以講，以有獲于古訓學以學也。且高宗於傅說之欲其良言乃行者，亦無非欲傳說必學而必講，以紹美于尹之必樂道而學，必訓戒而講，必相統相傳其學其講於其尹矣。且傅說於高宗之欲其允行乃言者，亦無非欲高宗必講而必學，以監憲于湯之必誓誥而講，必纘服而學，必相傳相統其講其學於其湯矣。然則高宗容不於湯之憲而監，然則傅説容不於尹之美而紹，容不於貌言視聽思，容不於恭從明聰睿，容不於肅乂哲謀聖，而必講必學於高宗，必學必講於傅説，以統以傳乎堯、舜、禹，而又相統相傳乎羲，於《易》於《範》，以學乎其所學，以講乎其所講耶？ 而學而講又非原於高宗、原於傅説，已有顯然其學以學，而亦有隱然其講以講耶？ 又奚惟原於孔子而始有學名以名其所學，始有講名以名其所講耶？

又況文則學有緝熙其學以名學，而周則學古入官其學以名學者，即顯顯名其學於高宗學、於傅説學也。 必顯顯學於文者，未必不隱隱講於文也；必顯顯學於周者，未必不隱隱講於周也。 不又即隱隱名其講於高宗講、於傅説講耶？ 又況衍其卦於《易》者，文也。 而爻其畫於《易》者，周也。 一卦其陽也，一卦其陰也，不陰陽其卦而乾坤其衍，則六十四而《易》者又非文之於《易》，以卦而衍，以學而講，以統而傳，於羲之陰陽其卦而《易》者耶？ 一畫其奇也，一畫其耦也，不奇耦其畫而九六其爻，則三百八十四而《易》者，又非周之於《易》，以畫而爻，以學而講，以統而傳於羲之奇耦其畫而《易》者耶？ 且上九其上於乾，則不乾其用於九，而惟用其九於元；且上六其上於坤，則不坤其用於六，而惟用其六於貞者，又非文、非周以衍以爻而《易》，以學而統，以講而傳，於羲所畫而卦而《易》者耶？ 又況《易》而卦而畫，又即《範》而疇而敍其事也。 而事之貌言視聽思，事之恭從明聰睿，事之肅乂哲謀聖，而亦事事於文於周以學而統，以講而傳，於禹所敍而疇而範，以衍以爻乎所畫，而卦而《易》者耶？ 則學則講又非原於文、原於周之原於羲、原於禹，又有顯顯學而隱隱講耶？又奚惟原於孔子而始有學名以名其所學，始有講名以名其所講耶？

必孔子其學其講，乃學乃講，乃顯顯以學以講名家，其原也。乃不容不學不講，其原也。乃必學必講，其原也。且孔子與顏、與曾、與二三子自無一事而無有乎不學不講也。有不啻若羲、若堯、若舜、若禹、若湯、若尹，隱隱學而隱隱講也。又不啻若高宗、若傅説、若箕、若文、若武、若周，顯顯學而隱隱講也。

而孔子又有學之不講憂者，何耶？必孔子必以所學所講於其所事事者，乃其所學所講之不容不學不講於事事者也，乃其所必學而必講於事事者也。或有所學而非其所學，或有所講而非其所講，即不學不講也，即學之不講也，容不憂耶？

亦或有顯顯隱隱其學其講，雖若高宗、傅説，雖若文、武、周之相統相傳其所學所講者，而孔子亦必以其所學所講，亦非其所學所講於顏、於曾、於二三子之不容不學不講於事事者也，亦非其所必學而必講於事事者也。亦不學不講也，亦學之不講也，容不憂耶？

況又有所學所講於相統相傳者，又非若高宗、傅説，又非若文、武、周，其相統相傳之所學所講於顯顯隱隱者，而孔子尤必以其所學所講，尤非其所學所講於顏、於曾、於二三子之不容不學不講於事事者也，尤非其所必學而必講於事事者也，尤不學不講也，尤學之不講也，容不憂耶？

是故凡有所憂於學之不講者，必孔子必非汎然憂，亦必非徒然憂也，必與顏，必與曾，必與二三子，必無一事而無不講其所學，必無一事而無不學其所講，必相與相樂於所學所講，以相忘乎其憂於不學不講者也。❶豈徒然汎然憂耶？　不然，不徒然憂耶？　不然，不汎然憂耶？❷　是故孔子與顏、與曾、與二三子所學所講於事事者，亦惟事仁其事以學以講者也，亦惟事孔子仁其所仁，以事事，以學以講者也。　苟不孔子仁其所仁，以事事，以學以講，亦不學不講者也，亦學之不講者也。　容不憂耶？　徒然汎然憂耶？

是故學其原於貌者，原於人其貌也。　原於仁其人，以人其貌，以原學也。　徒然原學於貌以學耶？　是故講其原於言者，原於人其言也。　原於仁其人，以人其言，以原講也。　徒然原講於言以講耶？

是故原學其原，則原於《範》之五其事之一而貌者，原於《易》之一而乾也。　乾爲首也。　若首而貌，莫非形乎其形者也。　人乎其形而形者，膚膈倮倮，莫非形而人也。　而人於首以貌，乃形乃人，乃人其首而人其貌也。　乃又必仁其人以人其首而貌焉。　乃貌乃恭乃肅，以乘乎其言其從其乂，其視其明其哲，其聽其聰其謀，其思其睿而聖，❸而學乎其所學者，乃人其學於仁，以學於《易》於《範》於義於禹其人其仁而學也。　徒然學其原於貌而學耶？

是故原講其原，則原於《範》之五其事之二而言者，原於《易》之二而兑也。　兑爲口也，若口而言，莫非聲乎其聲者也。　人乎其聲而聲者，肉音呀呀，莫非聲而人也。　而人

❶ 「也」下，《遺集》有「以相忘乎其憂於學之不講者也」十三字。

❷ 「豈徒」至「不汎然憂耶」，《遺集》作「不然不徒然汎然憂耶」。

❸ 「而」，《遺集》作「其」。

於口以言，乃聲乃人，乃人其口而人其言也。乃又必仁其人以人其口而言焉。乃言乃從乃乂，以御乎其貌其恭其肅，其視其明其哲，其聽其聰其謀，其思其睿而聖，而講乎其所講者，乃人其講於仁，以講於《易》於《範》、於義於禹其人其仁而講也。徒然講其原於言而講耶？

又必若孔子之仁其所仁，於孔子其人其仁，以仁顏其人，以仁曾其人，以仁二三子其人，以仁所學所講於其《易》其《範》其原者，乃孔子其原其《易》其《範》也，非羲、非文、非周其原其《易》也，非禹、非武、非箕其原其《範》也。而且非羲、非禹、非文、非武、非箕、非周之仁其人其《易》其《範》其原也，乃孔子易乎《易》之所未盡易其《易》也，乃孔子範乎《範》之所未盡範其《範》也，乃孔子其己其禮，以克以復以由，而仁乎視聽言動，不惟仁顏其人，而且孔子自仁其人其學其講其《易》其《範》其原也。汎然原學原講於《易》於《範》於羲於禹於文於武於箕於周，其人其仁，其《易》其《範》其原耶？汎然仁乎視聽言動於禮，以人其形其聲，以學以講於其《易》其《範》，而非孔子仁顏其人其學其講於其《易》其《範》其原耶？

又況孔子之於《易》，則學則講矣，而又奚有學之不講憂耶？又況易乎《易》之所未盡易，以學以講於十其翼，於二十其篇，以仁盡乎其《易》之元之所用者，又不惟不啻若羲之隱隱其學其講，於《易》之有畫有卦已也。且又不啻若文若周，顯顯隱隱其學其講，於《易》之有衍有爻於《易》已也。何其於《易》學、於《易》講矣，又奚有學之不講憂耶？又況有畫有卦於《易》，而即畫即卦、即學即講，即已隱隱其學其講於羲矣。又況有衍有爻於《易》，而即衍即爻、即學即講，即又顯顯隱隱其學其講於文於周矣。而又奚有學之不講，顧於孔子憂耶？

又况孔子之於《範》，則學則講矣，而又奚有學之不講憂耶？又况範乎《範》之所未盡範，以學以講，於十其翼，於二十其篇，以仁盡乎其《範》之聖之所事者，又不惟不啻若禹之隱隱其學其講，於《範》之有敍有疇已也。且又不啻若武若箕，顯顯隱隱其學其講，於《範》之有訪有陳於《範》已也。又何其於《範》學、於《範》講矣，又奚有學之不講憂耶？又况有敍有疇於《範》，而即敍即疇、即學即講，即已隱隱其學其講於禹矣。又况有訪有陳於《範》，而即訪即陳、即學即講，即又顯顯隱隱其學其講於武於箕矣，而又奚有學之不講，顧於孔子憂耶？

是故《易》之九而極於其九，以用乎其九者，用於文則以元，用於孔子則以仁，而仁其極於九於《易》也。然則孔子憂學之不講，不於不仁其極於九於《易》以用以學以講憂，而奚憂耶？是故《範》之五而極於其五，以事乎其五者，事於武則以聖，事於孔子則亦以仁，而仁其極於五於《範》也。然則孔子憂學之不講，不亦於不仁其極於五於《範》以事以學以講憂，又奚憂耶？

是故九而上其九，則九極於九矣。五而終其五，則五極於五矣。即極即窮也，即窮即極也。即乾其九而上，則象之以極，象乾之窮而極也。即坤其六而上，則象之以窮，象坤之極而窮也。窮則變也，變則通也。莫不有極以變以通乎其窮其極也。

是故九極於九，而有窮極之極於九之極，自莫不有太極之極，以變以通乎九之其窮其極者於其《易》也。是故五極於五，而有窮極之極於五之極，亦莫不有皇極之極，以變以通乎五之其窮其極者於其《範》也。

是故變通乎易之窮而極者，必太極也。變通乎《範》之窮而極者，必皇極也。又必尊而極乎其所尊，親而極乎其所親者，以太其極，以皇其極，則窮則極乃變乃通於《易》於《範》也。

是故《易》以天道尊乎其君，其尊則尊而極乎其所尊於君也。以之而太乎其極，其尊非尊，莫尊於太極其尊而尊耶？《易》以父道親乎其君，其親則親而極乎其所親於君也。以之而太乎其極，其親非親，莫親於太極其親而親耶？而窮而極於九之極乎九者，用於元而不窮乎其窮其極於其九之極，而變而通於九焉。非變非通於太極其尊其親於其《易》耶？又非變非通乎羲《易》之窮，而極於文於周，顯顯隱隱其學其講以《易》耶？

是故《範》以天子尊乎其王，❶其尊則尊而極乎其所尊於王也，以之而皇乎其極，其尊非尊，莫尊於皇極其尊而尊耶？《範》以父母親乎其王，其親則親而極乎其所親於王也，以之而皇乎其極，其親非親，莫親於皇極其親而親耶？而窮而極於五之極乎五者，事於聖而不窮乎其窮其極於其五之極，而變而通於五焉，非變非通於皇極其尊其親於其《範》耶？又非變非通乎禹《範》之窮，而極於武於箕，顯顯隱隱其學其講以《範》耶？

乃若孔子，乃又一窮而極也，乃又一變而通也，乃又一尊而親也，乃又一學而講也。雖非乾坤其九其六其上，其窮而極，而亦乾乎其乾，坤乎其坤，其九其六其上，其窮而極

❶「以」，《遺集》作「於」。

也。雖非九五其極，其九其五，其窮而極，而亦九乎其九，五乎其五，其窮而極也。雖非元非聖，其用其事，其變而通，而亦元乎其元，聖乎其聖，以用乎其用，以事乎其事，其變而通也。雖非太非皇其極，其變而通，而亦太乎其太，皇乎其皇，以極乎其極，其變而通也。雖非《易》非《範》，所尊所親，其尊而親，而亦易乎其《易》，範乎其《範》，以尊以親其尊而親也。雖非羲、非堯、非舜、非禹、非湯、非尹、非高宗、非傳説、非文、非武、非箕、非周，相統相傳於《易》於《範》，其學而講，而亦盡乎其羲、其堯、其舜、其禹、其湯、其尹、其高宗、其傳説、其文、其武、其箕、其周之未盡者，以易乎《易》之所未盡易，以範乎《範》之所未盡範，於孔子其仁其學而講也。

是故乘乎視聽言動於己，而御乎視聽言動於禮，以克以復以由，又非孔子其仁其學而講，以範乎《範》之所未盡範，以盡乎禹、盡乎武、盡乎箕相統相傳之未盡乎其《範》其學而講耶？且《範》之事，而貌而思者，又非動耶？且貌而恭而肅，且思而睿而聖，以乘以御乎其言而從而乂、視而明而哲、聽而聰而謀於《範》其事者，❶又非動以禮而仁，於孔子其仁其學而講耶？又非孔子其仁以仁其聖、以仁其元、以仁其太、以仁其皇、以仁其極、以仁其尊、以仁其親、其學而講耶？又非孔子其仁其學而講，以易乎《易》之所未盡易，以盡乎羲、盡乎文、盡乎周相統相傳之未盡乎其《易》其學而講耶？又非孔子其仁其學而講，以盡乎堯、盡乎舜、盡乎湯、盡乎尹、盡乎高宗、盡乎傳説其學而講之有未盡，而盡於孔子其仁其學而講耶？

❶ 下「以」，《遺集》作「其」。

雖學雖講於十其翼，而有不一其學其講於其翼者。雖學雖講於二十其篇，而有不一其學其講於其篇者。要之以仁則孔子仁其仁，而仁非堯仁也，非舜仁也，非湯非尹仁也，孔子仁也。以《易》則孔子易其《易》，而《易》非羲《易》也，非文《易》也，非周《易》也，孔子《易》也。以《範》則孔子範其《範》，而《範》非禹《範》也，非武《範》也，非箕《範》也，孔子《範》也。以學則孔子學其學，而學非高宗學也，非傅説學也，孔子學也。而孔子其仁其《易》其《範》，又非一孔子仁，又非一孔子《易》，又非一孔子《範》，以易乎《易》之所未盡易，以範乎《範》之所未盡範，於孔子其學其講，又非一孔子其學而講耶？

乃自有生民以來，未有盛於孔子者。亦惟自有生民以來，未有孔子其仁其《易》其《範》，以易乎《易》之所未盡易，以範乎《範》之所未盡範。於孔子其學其講，其名家其盛也，亦惟自有生民以來，未有顔，未有曾，未有二三子，未有不仁於孔子仁，以仁其《易》，以仁其《範》，未有不《易》於孔子《易》，未有不《範》於孔子《範》，以易乎《易》之所未盡易，以範乎《範》之所未盡範，於孔子其學其講其盛也，而奚又有學之不講憂耶？

且德若孔子其德，必其必修於孔子其學其講而德者，乃亦自有生民以來未有盛於孔子其德其修，於孔子其學其講其盛也。而奚又有德之不修、學之不講憂耶？且義若孔子其義，必其必亦若德其修於孔子其學其講而義者，乃亦自有生民以來未有盛於孔子其義若德其修，於孔子其學其講其盛也。而奚又有聞義之不能徙、學之不講憂耶？且善若孔子其善，必其必亦若義其聞其徙於孔子其學其講而善者，乃亦自有生民以來未有盛於孔子其善若義其聞其徙，於孔子其學其講其盛也。而奚又有不善之不能改、學之不講憂耶？

何者？孔子以學以講名家，則學其孔子家也，乘乎其講者也。而講則孔子以論以語乎成家之成法也，御乎其學者也。若德而修，若聞義而徙，若不善而改，則孔子之成法以成乎其家於其學其講者也。乃亦惟與顏、與曾、與二三子相與於仁而樂而聚，而統而誨，而傳孔子其家、其法、其名家於孔子其學其講者，乃亦自有生民以來未有盛於孔子其家、其法、其名家於孔子其學其講其盛也。又奚有所憂而憂耶？然而有之，必其不孔子其學其講以修孔子其德，即德之不修，即學之不講也，容不憂耶？必其不孔子其學其講以聞以徙孔子其義，即聞義之不能徙，即學之不講也，容不憂耶？必其不孔子其學其講以改孔子其所不善，即不善之不能改，即學之不講也，容不憂耶？即不孔子法以家孔子家也，即不孔子聚以統孔子統也，即不孔子誨以傳孔子傳也，即不孔子乘而御也，即不孔子學而講也。容不憂耶？即不盡顏，不盡曾，不盡二三子，盡仁於孔子仁，盡《易》於孔子《易》，盡《範》於孔子《範》，盡學而盡講於孔子其仁其《易》其《範》，以易乎《易》之所未盡易，以範乎《範》之所未盡範，盡於孔子其學其講也，即不孔子學而講也。容不憂耶？而亦自有生民以來未有孔子若此其憂也，而亦自有生民以來未有孔子若此其與顏、與曾、與二三子相與以學以講名家、以樂以忘其憂其盛也。

且自羲、自堯、自舜、自禹、自湯、自尹、自高宗、自傳說、自文、自武、自箕、自周以來，莫非自有生民以來者也，而亦未有盛於孔子者，而亦莫非孔子以學以講名家，顯顯其盛者以盛之也。惟其有以盛乎其所未盛者，而乃有以盡乎其所未盡者也。惟其有以盡乎其所未盡者，而乃有以盛乎其所未盛者也。盡乎其所未盡者，亦莫非以學以講名家以盡之也。盛乎其所未盛者，亦莫非以學以講名家以盛之也。

是故若學若講之名家，而顯顯其盛者，則自孔子始也。若學雖未名家，而亦顯顯以學名者，則自高宗、自傅説始也。而乃原學原講而隱隱其名其原，則原於羲其原也，原於禹其原也。原於羲其原者，亦莫非原於《易》其原也。原於禹其原者，亦莫非原於《範》其原也。又原於《易》其原者，又莫非原於河之出圖其原也。又原於《範》其原者，又莫非原於洛之出書其原也。自有河即有圖，即有羲即有《易》也。自有洛即有書，即有禹即有《範》也。若圖若書，河洛之所以圖乎其《易》而書乎其《範》者也。若《易》若《範》，羲、禹所以《易》乎其圖而《範》乎其書者也。

何者？一圖一畫也，一卦也，一《易》也，莫不有形，莫不有聲，於《易》於卦於畫於圖者也，亦莫不有學，莫不有講。於形於聲於《易》於卦於畫於圖者也，非河之圖乎其《易》，而亦非羲之《易》乎其圖者耶？一書一敍也，一疇一《範》也，莫不有形，莫不有聲，於《範》於疇於敍於書者也，亦莫不有學，莫不有講。於形於聲，於《範》於疇，於敍於書者也，非洛之書乎其《範》，而亦非禹之《範》乎其書者耶？圖非《易》其原耶？書非《範》其原耶？而《易》而《範》，非學非講其原耶？

乃學乃講其原，不人而形，不人而聲，而首而貌而口而言其原耶？不人而義，不人而禹，而《易》而《範》其原耶？不人而聖，以則物而神。不聖而義，以《易》以則河之所出神而圖，不聖而禹，以《範》以則洛之所出神而書，其原耶？乃又原圖原書原河原洛，其原又奚原耶？不原於天地其原耶？乃又原天地，其原又奚原耶？不原於乾坤其原耶？乃又原乾坤，其原又奚原耶？不又原於乾乎其乾，坤乎其坤，而仁其原耶？

然仁則人也，有乾坤而乃有人也，而乃有仁也。而乾坤奚原於仁其原耶？惟乾惟坤，而不有天地，則不有乾坤矣。惟天惟地，而不有人，則不有天地矣。惟人而不有仁，則不有人矣。人且不有矣，又奚有人而聖，以則物而神，若圖若書，於河洛，於天地，於乾坤，而《易》而《範》，相統相傳其學其講，又於仁而仁其人耶？

何者？夫人，則天地心也。而仁，則人心也。心，則太極也。太極之所生者，兩儀也。而乾乎其乾、坤乎其坤者，非乾坤其儀而兩耶？兩儀之所生者，四象也。而乾乎其乾、坤乎其坤者，非乾坤其象而四耶？四象之所生者，八卦也。而乾乎其乾、坤乎其坤者，非乾坤其卦而八耶？是故卦而八者，莫非象之四而四也。象而四者，莫非儀之兩而兩也。儀而兩者，莫非極之太而太也。太者大也，大莫大於仁，而太乎其極也。用九用六，於元於貞者，始以大而終以大也。大莫大於仁，而終乎其始，於貞乎其元，以用乎其六，於用乎其九也。九則九乎其奇，而奇乎其奇者也。六則六乎其耦，而耦乎其耦者也。奇則奇乎其乾，而乾乎其乾者，其陽純也。純莫純於仁，以純乎其陽之純而生陰，而乾乃乾乎其乾，則姤則坤也。耦則耦乎其坤，而坤乎其坤者，其陰純也。純莫純於仁，以純乎其陰之純而生陽，而坤乃坤乎其坤，則復則乾也。而原乾坤其原，不原於乾乎其乾、坤乎其坤於仁，其原又奚原耶？即乾即坤，即天地也。而原天地其原，不原於乾坤，其原又奚原耶？即天即地，即河洛也。河之所出者圖也，洛之所出者書也。而原河原洛原圖原書，其原不原於天地，其原又奚原耶？即圖即書，即出於河、即出於洛者，即《易》於羲而括書以《易》也，即《範》於禹而括圖以《範》也。

是故《易》雖《易》於圖，而亦括書以《易》者，即乾坤而復姤乎？書之《範》於禹者，圖之《易》於羲也。即書即圖，即《範》即《易》也。析之河，析之羲，必即圖乃即《易》也。不河以圖，而羲奚以《易》耶？是故《範》雖《範》於書，而亦括圖以《範》者，即姤復而乾坤乎？圖之《易》於羲者，書之《範》於禹也。即圖即書，即《易》即《範》也。析之洛，析之禹，必即書乃即《範》也。不洛以書，而禹奚以《範》耶？

何者？若圖若書，神物也。若羲若禹，聖人也。則圖則《易》，自足以括《範》於書，則書以《範》，自足以括《易》於圖，莫非聖人則神物也，莫非《易》《範》則圖書也。而原《易》原《範》，其原不原於圖，不原於書，其原又奚原耶？即《易》即學即講，於《易》而《易》也。即《範》即學即講，於《範》而《範》也。而原學原講，其原不原於《易》，不原於《範》，其原又奚原耶？

且孔子又易乎《易》之所未盡易，範乎《範》之所未盡範，以學聚顏、聚曾、聚二三子，而以講誨顏、誨曾、誨二三子，相統相傳其學其講，以仁學而以仁講，以仁統而以仁傳，以統以傳於一世而統而傳之萬世者，雖執中精一其學其統，雖都、俞、吁、咈其講其傳，雖纘服、樂道其學其統，雖誓、誥、訓、戒其講其傳，於堯之唐，舜之虞，禹之夏，湯、尹之商，高宗、傅説之殷，文、武、周之周，相統相傳乎羲於世，而唐虞，而夏商，而殷周其世者，亦惟賴孔子顯顯以學、以講名學，而統而傳之萬世也。且萬世而萬乎其世於不世之世，以學以講以傳以統者，亦莫非賴孔子其統其傳，以易乎《易》之所未盡易，以範乎《範》之所未盡範，於學於講而名家者也。然則原學原講之原乎其原，不亦原於孔子以統以傳之萬世不世之世，相統相傳於其學其講其名家，其原又奚原耶？

是故惟孟子性於孔子，而願而學而名家者，亦惟原於孔子其統其傳，以易乎《易》之所未盡易，以範乎《範》之所未盡範，以統以傳之萬世不世之世，相統相傳於其學其講其名家，而願而學而名家者也。是故不性其性於聲、色、臭、味、安逸，而以命命乎其性於命，不命其命於仁、義、禮、智、天道，而以性性乎其命於性者，亦莫非原於孔子其統其傳，以易乎《易》之所未盡易，以範乎《範》之所未盡範，而括十其翼於二十其篇，以論以語，以括性括命於視、聽、言、動，乘於己，御於禮，以克以復以由，以仁其學其講其名家，其原而願而學而名家者也。

是故聲、色、臭、味、安逸之乘於耳、目、鼻、口、四肢，以乘乎父子、君臣、賓主、賢者、聖人，而乘乎仁、義、禮、智、天道者，即貌之乘乎言，而又即貌、言、視、聽、思之乘乎恭、從、明、聰、睿，以乘乎肅、乂、哲、謀、聖，以括《範》於《易》於十其翼之盡乎其性於命之至焉者也。乃亦視、聽、言、動之乘於己以乘乎禮，以克以復以由，以括乎《易》之盡乎其性於命之至者，以易乎《易》之所未盡易，以範乎《範》之所未盡範，於仁其所乘，仁其所性於命，而性而仁者也。然則不性其性而以命命乎其性於命者，不亦莫非原於孔子仁其學其講其名家其原，以括其性之盡，於命之至，於所論所語之所乘以善乎其性，於孟子之命乎其性而性，而願而學而名家者耶？

是故仁、義、禮、智、天道之御於父子、君臣、賓主、賢者、聖人，以御乎耳、目、鼻、口、四肢，而御乎聲、色、臭、味、安逸者，即言之御乎貌，而又即肅、乂、哲、謀、聖之御乎恭、從、明、聰、睿，以御乎貌、言、視、聽、思，以括《範》於《易》於十其翼之至乎其命於性之盡焉者也。乃亦視、聽、言、動之御於禮，以御乎己，以克以復以由，以括乎《易》之至乎其命於性之盡者，以易乎《易》之所未盡易，以範乎《範》之所未盡範，於仁其所御，仁其所命於性，而命而仁者也。然則不命其命，而以性性乎其命於性者，不亦莫非原於孔子仁其學其講其名家其原，以括其命之至，於性之盡，於所論所語之所御以立乎其命，於孟子之性乎其命而命，而願而學而名家者耶？

乃若羲，乃惟有畫有卦，於《易》於性於命者也。乃若堯，乃惟執中於性於命者也。乃若舜，乃又人其心而危其心於人者，乃必人其聲、色、臭、味、安逸其性，而心之以人以危之也。乃又道其心而微其心於道者，乃必道其仁、義、禮、智、天道其命，而心之以道以微之也。乃惟精乎其心之危，於其心之微，以一乎其心之人，於其心之道，乃亦精於中而一於中，乃亦允於中而執之於性於命者也。乃若禹，乃亦惟傳之於舜，傳之於堯，傳之於羲，其統之於《易》於中者，乃亦惟有敍有疇於《範》於性於命者也。乃若湯、若尹，乃若高宗、若傅説，乃若文、若武、若箕、若周，乃亦惟相統相傳於《易》於《範》，以中乎其極之建於皇，而必九必五、必元必聖之用之事於性於命者也。乃於性，乃惟性其性，而不以命命乎其性於命，乃亦必九必五、必元必聖之用之事於性，而乃精乎其中，於其心其人其危，以不危乎聲、色、臭、味、安逸其性其心而人者，或於皇極建，或於皇極會，或於皇極歸，以性其性者也。亦奚不以命命乎其性於命，奚惟性其性而性耶？又奚不盡乎其性於命之至而性耶？乃於命乃惟命其命，而不以性性乎其命於性，乃亦必九必五、必元必聖之用之事於命，而乃一乎其中於其心其道其微，以不微乎仁、義、禮、智、天道，其命其心而道者，或於皇極建，或於皇極會，或於皇極歸，以命其命者也。亦奚不以性性乎其命於性，奚惟命其命而命耶？又奚不至乎其命於性之盡而命耶？

是故孟子不惟不孔子其孔子於尹、於傅説、於箕、於周，其坤道而坤道乎孔子之坤乎其坤，而且不孔子其孔子於羲、於堯、於舜、於禹、於湯、於高宗、於文、於武，其乾道而乾道乎孔子之乾乎其乾，而乃惟孔子其孔子於仁其學，仁其講，仁其太，仁其皇，仁其極，以易乎其《易》之所未盡易，以範乎其《範》之所未盡範，於盡乎其性於命之至，於至乎其命於性之盡，而願而學也。

又有若夷，又有若惠，則和則清、於性於命，而似於孔子班者，而孟子乃憂其清之流必隘，和之流必不恭，深以析其必不於孔子由也，又奚得於孔子似而於孔子班耶？而願學之願而學，不於孔子願而學，又奚願而學耶？又有若楊，又有若墨，一則爲我似義，一則兼愛似仁，惟於仁義似，尤於孔子似也。何者？仁義，性也。仁義，命也。爲我而於義似者，不亦似於性、似於命，以義學而以義講，以爲我耶？不亦於孔子其義而學而講者似耶？兼愛而於仁似者，不亦似於性、似於命，以仁學而以仁講，以兼愛耶？不亦於孔子其仁而學而講者似耶？後之仙家者流，有鍊性修命者，必楊其流也。不亦於孔子盡乎其性於命之至，以學以講者似耶？後之佛家者流，有拚命修性者，必墨其流也，不亦於孔子至乎其命於性之盡，以學以講者似耶？

是故孟子乃又深憂乎似之尤者，甚於班之似也。容不於楊墨憂不息，而於孔子憂不著耶？然以不著憂者，亦非徒以孔子不著憂也。深自以所願所學於孔子者，亦或因之而不著憂也。又容不於楊於墨之不息深憂而深辨耶？不辨不息不著也，容不辨耶？又況楊其以天下雖有所可利，而於一毛之拔亦不爲，則天下必以其所學所講於楊者，必足以保性保命歸之也。必不下後之歸仙流之鍊性修命歸也。必天下必有楊之歸，必楊必亦有以聚楊誨楊其徒於楊者，必又有似於孔子聚顔誨顔，聚曾誨曾，聚二三子誨二三子，於楊所學所講，以坐致天下歸於楊也。容不於楊憂而辨耶？又況墨其以天下苟有所可利，而於踵頂之摩亦爲之，則天下必以其所學所講於墨者，必足以普性普命歸之也。必不下後之歸佛流之拚命修性歸也。必天下必有墨之歸，必墨必亦有以聚墨誨墨其徒於墨者，又必有似於孔子聚顔誨顔，聚曾誨曾，聚二三子誨二三子，於墨所學所講，以坐致天下歸於墨也。容不於墨憂而辨耶？

且楊之所不爲天下利者，非故不爲以賊

義也。亦非故賊義以無君於天下而不爲天下利也。必其以爲我而爲天下利，必有以賊其我之爲而乃不爲天下利，而乃一毛之拔之不爲者，必以必若是，乃可以坐致天下歸而尊楊若君也。必楊必又以聚於楊而誨於楊其徒者，必尊於楊，必不下顔，不下曾，不下二三子之尊孔子之不下臣之尊君者，尊以義也。楊故賊義以無君耶？凡有血氣，莫不於孔子尊，以明尊君之性之命之義，而著之於天下萬世不世之世，君君臣臣以尊尊其道者，不幾於不著於楊之爲我似義，其道之不息之若是耶？乃若孟子願於孔子尊而願於孔子學，以明義以尊尊者，容不於似義賊義之流於無君，以賊尊尊其道若楊者辨耶？容不辨楊以息楊耶？

且墨之所爲天下利者，非故爲之以賊仁也，亦非故賊仁以無父於天下而爲天下利也。必其以兼愛而不爲天下利，必有以賊其愛之兼而乃爲天下利，而乃踵頂之摩之爲之者，必以必若是，乃可以坐致天下歸而親墨若父也。必墨必又以聚於墨而誨於墨其徒者，必親於墨，必不下顔，不下曾，不下二三子之親孔子之不下子之親父者，親以仁也。墨故賊仁以無父耶？凡有血氣，莫不於孔子親，以明親父之性之命之仁，而著之於天下萬世不世之世，父父子子以親親其道者，不亦幾於不著於墨之兼愛似仁，其道之不息之若是耶？乃若孟子願於孔子親而願於孔子學，以明仁以親親者，容不於似仁賊仁之流於無父，以賊親親其道若墨者辨耶？容不辨墨以息墨耶？必得若孟子之若是以辨楊辨墨者，乃得若孟子之若是以息楊息墨者也。

不然，楊墨家者流，即仙佛家者流也。

莫不有一家家法，足以致天下入其法於其家者，又奚得易易辨而易易息耶？ 何者？ 即於金丹金剛以雙修性命法而入者，而又欲揜其所入，乃亦與仙與佛辨，乃亦必仙必佛息，不亦以仙辨仙而以仙息仙，以佛辨佛而以佛息佛，而仙而佛而奚息於其所入所辨者耶？ 若而與楊與墨辨，若而必楊必墨息，而楊而墨亦奚息於其所入所辨者耶？ 不有若入豚笠以招豚，以必豚必可追，而豚奚可追於其所入所招者耶？ 不又若入寇率以撫寇，❶以必寇必可降，而寇奚可降於其所入所撫者耶？ 必得若孟子其所以辨楊辨墨者，乃得若孟子其所以息楊息墨者也。

且孟子尤有深乎其所辨所息者，深乎其有所著者也。 何者？ 必楊必墨必終有所逃，必終有所歸，必終有所受之者，必墨之逃必楊之歸也，必楊之逃必儒之歸也，必儒之歸必儒之受也。 何者？ 近之者歸之也，近之者受之也。 墨近於楊，而墨之逃不楊之歸將奚歸耶？ 楊近於儒，而楊之逃不儒之歸將奚歸耶？ 而楊而墨之歸，不儒之受將奚受耶？

乃若孔子以仁以學以講以名家，必非家於儒，而家而儒者也。 雖魯公以孔子大其儒，乃亦以儒大。 而孔子奚家於儒，而家而儒者耶？ 又況儒有君子有小人其儒，而孔子又奚家於儒，而家而儒者耶？ 乃孔子乃惟天地乎儒，以乘以御乎其儒於仁，以仁乎其儒其人，而以儒天地乎楊墨，以乘以御乎其楊其墨，於孔子其仁，以仁乎其楊其墨其人於萬世也。 是故不有儒以乘以御乎其楊其墨，而楊而墨亦奚有所歸所受者耶？ 是故不又得孔子以乘以御乎其儒，而儒又奚得

❶ 「率」，《遺集》作「壘」。

以受楊受墨之所歸者耶？ 然則孔子自有生民以來未有盛之者，又奚啻家於儒，而家而儒而盛已耶？

乃若孟子所願所學於孔子以名家者，亦奚啻家於儒家者流已耶？ 乃孟子乃能若是深乎其所辨所息，以深乎其所著者，亦莫非深乎其著孔子所學所講，以顯顯名家所盛著。 然則孔子得以著其所學所講以顯顯名家所盛，以盛乎萬世不世之世，而自有生民以來，未有盛乎其所盛者，不又有賴於孟子所願所學所息所著，於所辨以名家，以析《易》析《範》，所統所傳，所學所講，所未盡，而亦法孔子家法，所易乎《易》之所未盡易，所範乎《範》之所未盡範，於性以性乎其命其至，於命以命乎其性其盡，而非夷、惠班，尤非楊、墨似，以著其盛，又奚有能著其盛耶？

雖然，孟子所願所學，亦若顯顯學，而亦若隱隱講者，且若未能盡若孔子顯顯以講而名其所講，於顯顯以學而名其所學以名家也。 亦奚能於孔子以學以講名家顯顯其盛著耶？ 雖然，惟有所願乃有所憂，而乃有所辨也。 惟其所願惟願孔子以學願，乃其所憂乃憂孔子之不著，於楊墨之不息憂也。 而乃其所辨，乃又不顯顯辨，以息楊墨所不息，以著孔子所不著辨耶？ 況辨又容不辨耶？ 辨之不容不辨而辨，不又即講之不容不講而講耶？ 又況講而又必講者必辨也，必講而必辨也。 辨又不顯乎其講，而又必講者之必辨耶？ 又況其所辨必有相與以辨者，必孟子必與丑，必與都，必亦有二三子以相與，以承聖聖相統相傳以辨，而顯顯焉，不又即孔子與顏與曾與二三子相統相傳以講乎其所學，而名家而顯顯者耶？ 又況其所辨，不又即孟子法孔子家法，顯顯以辨，顯乎其講以講乎所願所學，而亦顯顯以學以講名家者耶？又況其所辨，不又即孟子顯乎其講於辨，而於楊、墨所不息者，不辨以息耶？乃於孔子所不著者，不辨以著耶？然則孔子顯顯以學以講名家其盛，而又不有孟子所願所學以辨，❶顯顯乎其學其講著，又奚有能於孔子其學其講其名家，顯顯其盛著耶？

是故前乎孟子其前，以學以講名家之著而盛於前者，莫盛於孔子也。後乎孔子其後，以學以講名家之著而盛於後者，莫盛於孟子也。然則原孔子其學其講其名家之原乎其原，不又原於孟子之願學孔子，以學以講以名家，其原又奚原耶？

❶「辨」，《遺集》無此字。

何心隱先生爨桐集第二卷

楚蘄後學張宿詮訂

原人

仁義之人，人不易而人也。人則仁義，仁義則人。不人不仁，不人不義。不仁不人，不義不人，人亦禽獸也。必以仁爲廣居，而又必廣其居以象仁。自旦至晝，必好仁，必爲仁，必惡不仁，必不牿亡於旦晝所爲之不仁。必以義爲正路，而又必正其路以象義。自旦至晝，必好義，必爲義，必惡不義，必不牿亡於旦晝所爲之不義。人之情則然也，人之才則然也，人之良心則然也，人之遠於禽獸則然也。斯仁人也，斯義人也。自旦而晝，自晝而夜，氣自冲然而廣，氣而仁也；氣自毅然而正，氣而義也。非禽獸之氣也，氣而人也。氣以充乎其才者也，才以幹乎其情者也，情以暢乎其心者也。心以宅乎仁，由乎義，以仁義乎人者也。

人惟廣其居以象仁，以人乎仁，正其路以象義，以人乎義，以操其才，以養其情，以平其氣，以存其心。於居之廣，路之正，以人乎仁義，則仁義其才也，仁義其情也，仁義其氣也，仁義其心也。仁義人也，人豈易易而人哉？

仁義

象仁以廣居，象義以正路，無象之象也。

鬼神也，知也，無藏有也。廣其居以象仁，正其路以象義，有象之象也。鬼神之體物也，致知在格物也，有顯無也。

仁無有不親也，惟親親之爲大，非徒父子之親親已也，亦惟親其所可親，以至凡有血氣之莫不親，則親又莫大於斯。親斯足以廣其居，以覆天下之居，斯足以象仁也。

義無有不尊也，惟尊賢之爲大，非徒君臣之尊賢已也，亦惟尊其所可尊，以至凡有血氣之莫不尊，則尊又莫大於斯。尊斯足以正其路，以達天下之路，斯足以象義也。

親與賢，莫非物也。親親而尊賢，以致凡有血氣之莫不親莫不尊，莫非體物也，格物也，成其象以象其象也，有其無以顯其藏也。仁義豈虛名哉？廣居正路，豈虛擬哉？

師說

師非道也，道非師不幬。師非學也，學非師不約。不幬不約則不交。不交亦天地也，不往不來之天地也。革也，湯、武之所以革天而後天，革地而後地。否也，未盡善也，未盡學也，未盡道也。友其道於師以學而交乾坤乎？

天地於易，易天而不革天，易地而不革地，師也，至善也。非道而盡道，道之至也。非學而盡學，學之至也。可以相交而友，不落於友也。可以相友而師，不落於師也。此天地之所以爲大也。惟大爲泰也，師其至乎！

論友

天地交曰泰，交盡於友也。友秉交也，道而學盡於友之交也。昆弟非不交也，交而比也，未可以擬天地之交也。能不驕而泰乎？

夫婦也，父子也，君臣也，非不交也，或交而匹，或交而昵，或交而陵、而援。八口之天地也，百姓之天地也，非不交也，小乎其交者也。能不驕而泰乎？

驕，幾泰也。均之，氣充盈也。充盈，幾也；幾，小大也。法象莫大乎天地，法心象心也。夫子其從心也，心率道而學也，學空空也。不落比也，自可以交昆弟；不落匹也，自可以交夫婦；不落昵也，自可以交父子；不落陵也，不落援也，自可以交君臣。天地此法象也，交也，交盡於友也。友秉交也。夫子賢於堯舜，堯舜一天地也，夫子一天地也。一天一地，一交也，友其幾乎？

語會

夫會，則取象於家，以藏乎其身；而相與以主會者，則取象於身，以顯乎其家者也。不然，身其身者，視會無補於身也。家其家者，視會無補於家也。何也？視會無所顯無所藏也。乃若天下國之身之家之，可以顯可以藏乎其身其家者也。會豈小補於身於家已乎？不然，身其身者，身於士農工商其身已也。家其家者，家於士農工商其家已也。小補於身於家已也，可象天下國之身之家之所顯所藏者乎？必身以主會而家以會，乃君子其身其家也，乃君子以顯以藏乎士農工商其身其家於會也。乃仲尼其君子而身而家於國於天下，以顯以藏以會也。會將成象而成形矣。又豈惟取象於身於家以顯以藏，而小補以會已乎？

論潛

人之言潛，言成功也。我之言潛，言用功也。成功之潛，如伊尹之告歸，周公之明農，潛易易也。用功則不然矣。孔子之象潛龍，則曰「陽在下也」。夫陽，火也。火易炎上而難下也，不下則非潛，不陽則非龍。龍而潛，陽在下之象也。象以此者，象用功也。陽必用功而後能在下也。確乎其不可拔，是用功也。必如是用功而後可以言下，必如是之下而後可以言潛。潛如是潛而後見下不見陽，故繼之曰「潛龍勿用，下也」。言下不言陽，用功以文乎陽，而不見其爲陽之在下也。此惟孔子下學可以當之也。

且下非徒下已也，所以藏乎陽也。陽藏則氣冲而純見。陽不見下，下雖陰位亦自化，陰而陽也。故又繼之曰「潛龍勿用，陽氣潛藏」。言陽不言下，用功以文乎下，而不見其爲在下之陽也。此惟孔子上達可以當之也。

凡九，陽也。凡陽，君也。文乎君於子，而後可以下可以藏而潛也。且君子以成德爲行，日可見之行也。潛則隱而未見，行而未成，潛殆不易易也。惟弗用而後可也。弗用其成而可見者於未見未成，而後君子之行可以下，可以藏而潛矣。否則行必難下而難藏也。潛易易乎？潛行於行之可下可藏，所以藏乎行之用於弗用也，勿用已乎！勿用，藏用於人者也。弗用，藏用於己者也。

非下學以上達可當之哉？下學學乎己，上達達乎己，藏用以用九也。用功以潛乎其潛者也。用功如是，豈易易哉？必如是，而後能確乎其不可拔也。否則如伊如周，亦不能不少拔矣。伊之應聘，非拔乎？周之允留，非拔乎？少拔亦難下也，少拔亦難藏也。在下而學以上達，則不拔也。

或謂孔子嘗於君命之召亦不俟駕而行，似少拔也。孰知孔子而有君命之召，上達也，非拔也。浩乎見陽不見下，上之達也。不然，則爲托疾之不見陽矣，能直以命而召乎？不俟駕而行，下學也，非拔也。淵乎見下不見陽，下之學也。不然，則爲採薪之不見下矣，能不俟駕而行乎？一召一行，下而陽，陽而下也，似拔而非拔也。確乎其不可拔者也。用功之淵且浩者也，不可測也。雖聖如伊周，亦有所不知不能者也，潛莫潛於此焉者也。有惟以夷齊當潛龍者，是亦未察乎龍之潛也。皆聖皆龍也，皆龍皆有潛也。第潛於夷齊者，潛以成功也，非用功也。潛於伊周者，成功而潛者也，非用功也，雖用功亦成功也。潛於孔子者，用功而潛，潛而用功者也，非成功也，雖成功亦用功也。況孔子之用功，非惟用功於潛也。推而六位，莫非用功之位也。非成功也，成功於乾也。乾非龍也，龍以位而成也。乾則時成乎六位，而時乘乎六龍者也。不必用功而功成焉者也，大成也。大哉惟乾也。孔子之集大成，集羣聖之成也，即乾集羣龍之成者也。伊、周雖聖，羣龍也。羣雖成功，不敢居也，不容以不潛也。至若孔子之成功，自有廣居以居，而無有乎或潛者也。非惟無潛，且無見、無惕、無躍、無飛、無亢也。故曰孔子之於潛，孔子之用功也，非成功也。設伊、周而不囿於伊周，亦非成功而潛者也。成功亦用功也。

論　中

堯以不得舜爲己憂，憂難得人於中而允執也；舜以不得禹爲己憂，憂難得人於中而精一也。精於中而執之，必允無雜心也。一於中而執之，必允無二心也。莫非心也，心而主則中心，而貫則道心。人於人則不貫，不貫則比而無所主。既不能主乎人，又不能主於人人也，人亦禽獸也。人其心也，非道心也。心以貫心，而主於一人，以主乎億兆無算之人，道其心也，非人心也。人心非有滅也，道心非有加也。人聚而道，道散而人，莫非心也。道乎其心者，其用心也大而難，若存若亡，似有似無，心甚微也。人乎其心者，其用心也小而易，用於此自觸乎彼，用於彼自觸乎此，彼此相觸而利害相攻，心甚危也。心如是危，又如是微，奈之何哉？惟大哉之堯自透其心，見心雖危，而若有主乎其危者，安安在中；見心雖微，而若有主乎其微者，顯顯在中。中亦心也，心之心也。象身也，身立乎天地之中，中也。中也者，主也。主乎身者，中也，心也。以身主乎人之心者，中也，心也。身以主於人之心者，中也，心也。心乎道以道人，而人乎心者亦自不容不貫而道其心也。心於道，中也。堯則允執此中以爲君。君者，中也，象心也。心在身之中，中在心之中，故名中。惟中爲均，均者，君也。允執乎中者，允執君以道其心也。道乎一己之心，以君主乎億兆無算之人之心，不惟伏羲之伏其義而已也。必洗滌乎君以主道而成象於位，位乎上天下地之中，而允執之矣。中而必執，執而必允者，惟憂其或危也，惟憂其或微也。憂之莫解，則不容不旁求透心之人，如己之透，同見乎中之當執，執之當允，以君象中，以位尊君，而共保乎心之不危不微，化乎人、純乎道而後已也。斯人也，豈易得哉？必得人如舜而後可以解其憂也。舜何人也，人雖未及堯之大，而亦足以君也。君哉其舜也，精一人也。在堯既爲君矣，而舜何爲哉？惟精乎中，惟一乎中，惟位乎君而已矣。其曰「欽哉，慎乃有位」，精一也，位中也。位而欽而慎，位之外無雜心也，無二心也。精一也，精此中也，一之中也。精此中，一此中，所以欽此位，慎此位也。欽此位、慎此位，所以精此中、一此中也。

天位乎上，地位乎下，人位乎中。人必君，則人也。君必位，則君也。臣民亦君也。君者，均也。君者，羣也。臣民莫非君之羣也，必君而後可以羣而均也。一身，則心爲君也。君呈象於四體百骸，則元首爲君也。若臣若民莫不有身也，莫不有四體百骸也，莫不有四體百骸則莫不有元首也。莫不有身，則莫不有心也。莫不有元首、莫不有心，則莫不有君也。君莫非中也。

堯之所以必於中而允執之者，欲人人之透心也。透心則心有主，而於四體百骸可以貫也。不惟貫乎己，貫乎人也。君臣、父子、夫婦、昆弟、朋友，莫非人也。貫乎人，所以貫乎君臣、父子、夫婦、昆弟、朋友，人心而道心也。道心，道其心於君也。君其心於君臣，可以羣君臣，而君臣可均也。不然，則君不君，臣不臣，不羣不均矣。君其心於父子，可以羣父子，而父子可均也。不然，則父不父，子不子，不羣不均矣。至於可以羣夫婦而夫婦均，可以羣昆弟而昆弟均，可以羣朋友而朋友均者，莫非君其心於道也，中也。中也者，道之主也，心也，不可以不執也，執之不可以不允也。惟精惟一，而後能允執也。惟欽惟慎，而後能精一也。精一惟授禹於授位之初者，亦惟憂其心之或危或微，而亦必得透心之人，如禹之無間乎己之透心，以永保其中於君於位，而自不危不微以解憂也。解舜之憂必禹，解堯之憂必舜。堯之下不獨一舜也，何爲以不得舜爲憂？舜之下不獨一禹也，何爲以不得禹爲憂？堯惟於中而允執，非舜不能受允執也。舜惟於中而精一，非禹不能受精一也。堯授位於舜而不授位於丹朱，是允執也。舜授位於禹而不授位於商均，是精一也。於中而精一而允執，則得人亦允執而精一也。苟非惟精惟一而允執在中，何爲得舜得禹之執且允、一且精耶？

矩

學之有矩，非徒有是理，而實有是事也。若衡、若繩、若矩，一也。無聲無臭，事藏於理，衡之未懸，繩之未陳，矩之未設也。有象有形，理顯於事，衡之已懸，繩之已陳，矩之已設也。矩者，矩也，格之成象成形者也，物也。

象物而象，形物而形者，身也，家也。心、意、知，莫非身也，本也，厚也。天下、國，莫非家也，厚也，本也。莫非物也，莫非形象也。是故心、意、知，身乎身；身，身乎家；家，身乎國；國，身乎天下者也。莫非身也，莫非物也，莫非形象也。天下家乎國，國家乎家，家家乎身，身家乎心、意、知者也。莫非家也，莫非物也，莫非形象也。

象者，象也，上之象也，凡象莫非誠於上也。形者，形也，下之形也，凡形莫非成於下也。有上下，斯有前後也，斯有左右也。一身斯有一身之上下前後左右也，一家斯有一家之上下前後左右也，上下前後左右又莫非矩之形象也。

物也，即理也，即事也。事也，理也，即物也。無物不有者矩也，不容不有者也。有矩，斯有物也，斯有身也，斯有家也。家者，形象乎其身者也。身者，形象乎其物者也。物者，形象乎其矩者也。不容不有者也，無物不有者也。不有矩，則不有物也，不有身也，不有家也，不容不有者也。有矩以矩其身，而學焉，庶乎其有身也。身者，伸也，必學必矩，則身以之而伸也。伸者身也，否則必不能伸其身於上下前後左右，猶無身也，如上下前後左右之身何？何可以無矩於身乎？有矩以矩其家，而學焉，庶乎其有家也。家者，嘉也，必學必矩，則家以之而嘉也。嘉者，家也，否則必不能嘉其家於上下前後左右，猶無家也，如上下前後左右之家何？何可以無矩於家乎？

仲尼十五而志學，志此矩也。三十而立，立此矩也。四十而不惑，不惑此矩也。五十而知天命，知此矩也。六十而耳順，順此矩也。至於七十而始從心所欲不踰矩矣。夫聖如仲尼，自十五而七十，莫非矩以矩乎其學，學以學乎其矩。矩也者，不容不有者也。

是故矩之於學也，猶衡之於輕重也，猶繩之於曲直也，莫非事理之顯乎其藏，不容不有者也，不可以或欺焉者也。何今之學仲尼之學者，有欺之以仙術而不自覺其欺於仙家者流也，且默以學，非仙不玄，能不爲仙家者流之所欺乎？有欺之以禪機而不自覺其欺於禪家者流也，且默以學，非禪不圓，能不爲禪家者流之所欺乎？以致身混於上下前後左右之身，而不覺其不有身也。家混於上下前後左右之家，而不覺其不有家也。不有家，不有身，奚有學乎？奚有矩乎？若自以調持乎上下前後左右之不遺爲有矩之學，是又欺於儒家者流，而亦不覺其不有身也，不有家也。儒不有身不有家，不自覺者久矣。況儒家者流，不有身不有家，而混於上下前後左右以苟成其家。苟已已而不自覺者，亦豈一朝一夕一二已乎？

仙禪雖非儒家者流，似有身也，似有家也。然仙惟仙乎其術，而不仙乎其仙，雖似有仙之身，有仙之家，而實不有身不有家於仙也，亦儒家者流也，不自覺也。不自覺其不有仙之身，不有仙之家，是自欺以仙之術也。自欺以術，術欺之也。而仙之大矩以矩乎其仙，學於至玄，如老氏之玄之又玄者，幾乎？禪惟禪乎其機，而不禪乎其禪，雖似有禪之身，有禪之家，而實不有身不有家於禪也，亦儒家者流也，不自覺也。不自覺其不有禪之身，不有禪之家，是自欺以禪之機也，自欺以機，機欺之也，而禪之大矩以矩乎其禪，學以至圓，如釋氏之圓乎其圓者，幾乎？

若仙若禪，尚有身也，尚有家也，尚有矩以矩乎其仙其禪之學，於玄之又玄，圓乎其圓，如老如釋者也。況儒如伏羲如堯舜者乎？伏羲不混身於禽獸，創乎其家者也。堯舜不混身於夷狄，紹乎其家者也。儒之祖也，儒之宗也，自有矩以矩學，而又混乎其矩於學，渾乎其學於矩，相忘乎上下前後左右，而其圓神之贊於《易》，玄德之載於《書》者，不啻老之玄之又玄，釋之圓乎其圓已也。若伏羲若堯舜之儒，尚有身也，尚有家也，尚有矩以矩儒之學於渾渾者也。而況仲尼之非仙非禪非儒者乎？非仙非禪非儒，則身亦非仙非禪非儒之身，身何身乎？非仙非禪非儒之家，家何家乎？

老氏、伏羲、堯、舜之身，身也。而仲尼則伸其身於老、釋、伏羲、堯、舜者也。身既伸於老、釋、伏羲、堯、舜之身，況上下前後左右之身乎？老、釋、伏羲、堯、舜之家，家也。而仲尼則加其家於堯、舜、伏羲、老、釋者也。家既加於老、釋、伏羲、堯、舜之家，況上下前後左右之家乎？

家如是家，而身如是身，不容以苟成也，必有矩。以矩學，以顯以藏，以鼓舞萬物於水土之襲，以默伸其身，默加其家於上下前後左右，而權成乎襲水土之身之家，似不有其身、不有其家，若儒家者流也。況又安身於杳壇，以家於上下前後左右，而權成安土之身之家，似不有其身、不有其家，亦若儒家者流也。嗚呼哀哉！仲尼之身之家，本欲妙有象有形於無聲無臭，以神道設教乎！伏羲、堯、舜之徒，而反不著於楊、墨之不息。楊其仙之流也，墨其禪之流也，不楊不墨而有子莫者，儒之流也。嗚呼哀哉！仲尼之身之家，不惟不著於羣流之不息，而尤不著於君子之絜矩也。矩之絜者，恐所惡之踰矩而不敢踰焉者也。君子之身之家，未成之用功也。功非學也。況《大學》乎！《大學》之矩，自矩所欲而亦無所惡，不必絜焉者也。絜非矩也。況《大學》之矩乎！大莫大於天也，而矩其天之則也。天奚有乎上下前後左右之惡，而亦奚俟絜矩於上下前後左右者乎！配家於天而身以法之，惟《大學》之身之家可以法而配焉者也。雖身如伏羲之身，家如伏羲之家，猶有禽獸之不可混也。況仙禪之身之家有不如伏羲者乎！雖身如堯舜之身，家如堯舜之家，猶有夷狄之不可混也，況仙禪之身之家有不如堯舜者乎！仲尼之身之家，《大學》之身之家也，而矩其《大學》之柄，以配天法天者也。禽獸夷狄，凡有血氣，於天之所覆，混混乎其不區以別也。仲尼其天乎！天其仲尼乎！故凡有血氣以尊以親乎仲尼者，惟仲尼以《大學》之矩矩之，而不區以別乎禽獸夷狄於身於家，混混乎如天之無不覆焉者也。覆乎仙，覆乎禪，覆乎儒，覆乎上下前後左右，而又有莫或混焉者也。不可以或混，奚可以或欺乎！譬則衡懸於輕重而不混於輕重者也。譬則繩陳於曲直而不混於曲直者也。不可以或混，奚可以或欺乎！雖仙雖禪雖儒之大，如老氏如伏羲如堯舜，亦不可以或混也，不可以或欺也，況仙家者流乎！況禪家者流乎！況儒家者流乎！非惟理之必然，事之必然者也。有象有形，而自妙於無聲無臭，至矣。

宗旨

三代之上，宗旨出於上，皇極之類是也。三代之下，宗旨出於下，人極之類是也。宗旨出於上，雖師友不有二旨也，不有二宗也，況君臣乎？雖兄弟不有二旨也，不有二宗也，況父子乎？宗旨出於下，雖君臣猶有二旨也，猶有二宗也，況師友乎？雖父子猶有二旨也，猶有二宗也，況兄弟乎？

君臣相師，君臣相友，堯舜是也。旨出於堯而宗於舜，不有二也。父子相師，父子相友，文武是也。旨出於文而宗於武，不有二也。兄弟相師，兄弟相友，武周是也。旨出於武而宗於周，不有二也。

且父子一君臣也，兄弟一君臣也，師友一君臣也。文武雖父子，而師而友，一君臣也。武周雖兄弟，而師而友，一君臣也。宗旨，一君臣也，不外有宗旨也。以瞽瞍爲舜之父，以象爲舜之弟，以丹朱、商均爲堯、舜之子，以管、蔡爲周之兄，似有二也，而亦不有二宗旨也。其始二於堯舜者，而終一於堯舜也。其始二於周者，而終一於周也。化之而一者，一也。誅之而一者，亦一也。此無他，宗旨出於上也。

皇極之宗旨，則宗旨也。人極之宗旨，亦宗旨也。亦可以一君臣，以相師相友，如堯如舜如文如武如周者乎？濂洛之師友，以視世俗之師友，一師友也。其視如堯如舜如文如武如周之君君臣臣而師師友友者何如？洛之父子，以視世俗之父子，一父子也。其視如堯如舜如文如武如周之君君臣臣而父父子子者何如？洛之兄弟，以視世俗之兄弟，一兄弟也，其視如堯如舜如文如武如周之君君臣臣而兄兄弟弟者何如？此無他，宗旨出於下也。

旨出於上，而下自宗之，不强用功而功無有不用也，用之而有功也，有功之切於用也，無旨而無不宗也。旨出於下而上未宗之，雖欲用功，而功或有不用也，用之而無功也，無功之切於用也，有旨而有不宗也。

乃若太極之宗旨，皇極之宗旨乎？人極之宗旨乎？宗旨出於上乎？宗旨出於下乎？意者宗旨於太極者，苟非上下以爲旨而宗之，於歷代之上，歷代之下，孰旨之乎？孰宗之乎？宗旨如人極者，亦惟歷代之上下以爲旨而宗之，而後有知所旨、知所宗也。不然，孰旨之乎？孰宗之乎？

是故宗旨之所宗所旨，必如宗聖旨以用功而後可以言宗旨也。何也？聖旨雖出一點，欽而宗之者，盡精神矣，況一言乎。是故宗聖旨之精神，必不減於舜之宗堯、周之宗武之精神也。聖旨之旨，皇極之旨也。此外有所宗而用功，而其精神曾有若宗聖旨者乎？必若盡精神之宗所旨而後可以言宗旨也。旨之必宗者，功之必用，精神之必盡也。上也，否則下也。精神奚盡乎？精神之盡不盡，固由精神，而亦不由精神，由宗旨之所出也。上出旨以宗，精神必無分於下也。下出旨以宗，精神必有分於上也。此三代之上、三代之下之宗旨所由分也。而太極之宗旨，不於三代之上、三代之下之宗旨，不尤有所分者乎？

道學

性之於道，譬則水達於江河淮海者也。性之於學，譬則達水於江河淮海者也。道之學，性之命也。學之道，命之性也。水之自江而江，自河而河，自淮而淮，自海而海者，性也，道也。水之必江而江，必河而河，必淮而淮，必海而海者，命也，學也。學以學其道也，有道必有學，有性必有命也，而後可以達之天下也。道之中而大也，聖人之道也。道以道其學也，有學必有道，有命必有性也，而後可以達之天下也。學之大而中也，聖人之學也。

敬所

敬所，所敬者何？主敬乎？主於敬乎？主而敬乎？恐未知敬之所也。王敬作所，知敬之所矣。所於敬而王乎？所於王而敬乎？恐亦未知敬之不有所之所也。然則敬奚所乎？況敬不有所，又奚所乎？必修己以敬，乃敬之不有所之所乎？然則修己以安人，安人於修己也，奚不言敬乎？敬其所乎？修己以安百姓，安百姓於修己也，奚不言敬乎？敬其所乎？己所敬，敬所己以敬以修於己者，斯敬之不有所之所乎？必由己而修，修以己以敬，敬修於己，己也。敬己，己也。斯敬之不有所之所也。何也？惟己可以敬而主也。惟己可以敬而王也。惟己可以敬而修，可以安人可以安百姓也。可以病堯舜於安人安百姓，以敬之修己，己也。然則修己以敬之敬，非敬之不有所之所乎？斯敬所也。所於己而修所敬也，敬己，己也。然則孰不己乎？孰不敬乎？必敬己於君子之己之敬，斯敬之不有所之所也，斯敬所也。又必君子於孔子之君子以己以敬，斯不王之王，不主之主，斯敬之不有所之所也，斯敬所也。敬所於讀書所而敬者，敬奚所乎？敬奚所乎？

寡欲

性而味，性而色，性而聲，性而安佚，性也，乘乎其欲者也，而命則爲之御焉。是故君子性而性乎命者，乘乎其欲之御於命也，性乃大而不曠也。凡欲所欲而若有所發，發以中也，自不偏乎欲，於欲之多也，非寡欲乎？寡欲，以盡性也。盡天之性以天乎人之性，而味乃嗜乎天下之味以味，而色、而聲、而安佚，乃又偏於欲之多者之曠於戀色戀聲而苟安苟逸已乎？乃君子之盡性於命也，以性不外乎命也。命以父子，命以君臣，命以賢者，命以天道，命也，御乎其欲者也，而性則爲之乘焉。是故君子命以命乎性者，御乎其欲之乘於性也，命乃達而不墮也。凡欲所欲而若有所節，節而和也，自不戾乎欲，於欲之多也，非寡欲乎？寡欲，以至命也。至天之命以天乎人之命，而父子乃定乎天下之父子，以父以子，而君臣，而賢者，而天道，乃又戾於欲之多者之墮於委君、委臣、委賢而棄天、棄道已乎？乃君子之至命於性也，以命不外乎性也。凡一臭，一賓主，亦莫非乘乎其欲於性，御乎其欲於命者，君子亦曷嘗外之，而有不盡性至命於欲之寡乎！

原静

靜，吾其主靜而靜乎？抑知止有定后靜而靜乎？知本通乎晝夜而動者也。能靜乎，必知有所止而后有定也。乃天乎天以樂天也，又奚怨乎？乃不怨也。非不怨天於知天乎！抑莫知之而不怨天乎？不怨，乃莫知也。乃不怨，莫知也。孔子之不尤人，其知人乎！乃不尤乎！必人乎人者，乃知人也，乃不尤也。必孔子之不人於人，以人乎人者，乃知人也。必孔子之無不持載而下焉，莫不學乎其學以盡人之性於所學者，乃下無可下之也，乃知人也。乃人乎人以養人也。又奚尤乎？乃不尤也。非不尤人於知人乎！抑莫知之而不尤人乎？不尤，乃莫知也。乃不尤，莫知也。是故知孔子者，天孔子也。天孔子者，知孔子也。孰天孔子而天乎？孰知孔子而知乎？乃莫知也。莫知，乃莫天也。莫天，乃莫知也。乃孔子之人其天以知天也，乃莫知也。乃孔子之天其人以知人也，乃莫知也。乃下也，乃孔子人也。乃學也，乃孔子天而人也。乃孔子知人不尤人也。乃孔子下也。乃孔子學也。不孔子學，不孔子下也，亦非學於下也。下學也，乃孔子下學也，乃孔子不尤人於下而學，而上達於下學也。乃莫知也。乃上也，乃孔子天也。乃達也，乃孔子人而天也。乃孔子知天不怨天也。乃孔子上也，乃孔子達也。不孔子達，不孔子上也，亦非達於上也。上達也，乃孔子上達也，乃孔子不怨天於上而達，而下學於上達也。乃莫知也。

是故天於天而不無怨者，或可知也。若孔子之不怨天者，乃天乎天也，乃莫知也。人於人而不無尤者，或可知也。若孔子之不尤人者，乃人乎人也，乃莫知也。若下或可知也，下而學，乃莫知也。若學或可知也，而學也者，學乎上之達，乃莫知也。若上或可知也，上而達，乃莫知也。若達或可知也，而達也者，達乎下之學，乃莫知也。是故必孔子其天，乃知孔子之不怨天也；必孔子其人，乃知孔子之不尤人也。不然，終莫知也。必孔子其學，乃知孔子之下學也。必孔子其達，乃知孔子之上達也。不然，終莫知也。又必孔子其下其學，其上其達，乃知孔子之下學而上達也。乃知人孔子人也。乃知孔子其人也。知人而人也，乃知天。孔子天也，乃知孔子其天也。知天而天也，乃知莫知孔子之莫知也。亦惟知天知人而莫知也，莫知之乎？孔子言莫我知也夫，莫知之乎？莫知之矣。何言知我者其天乎？孔子言知我者其天乎，天知之乎？天知之矣。何言莫我知也夫！若天也，天其我，莫我知也夫！若我也，我其天，知我者其天乎！知我者其天，莫我知也夫！莫我知也，知我者其天乎！莫我知也夫！

辯無欲

濂溪言無欲。濂溪之無欲也，其孟軻之言無欲乎？孔子言無欲而好仁，似亦言無欲也。然言乎好仁，乃己之所好也。惟仁之好而無欲也。不然，好非欲乎？孟子言無欲其所不欲，亦似言無欲也。然言乎其所不欲，乃己之不欲也。惟於不欲而無欲也。不然，無欲非欲乎？是孔孟之言無欲，孔孟之無欲也。豈濂溪之言無欲乎？且欲惟寡則心存，而心不能以無欲也。欲魚欲熊掌，欲也。舍魚而取熊掌，欲之寡也。欲生欲義，欲也。舍生而取義，欲之寡也。能寡之又寡，以至於無，以存心乎？欲仁非欲乎？得仁而不貪，非寡欲乎？從心所欲，非欲乎？欲不踰矩，非寡欲乎？能寡之又寡，以至於無，以存心乎？抑無欲觀妙之無，乃無欲乎？而妙必妙乎其觀，又無欲乎？抑欲惟徼爾，必無欲乃妙乎？而妙必妙乎其無徼，又無欲乎？然則濂溪之無欲，亦無欲觀妙之無欲乎？辯辯。

面壁

達磨，面壁人也，必非達磨一人楚楚其苦、堆堆其灰以面壁也；必有護持其面壁者，不百則十，不十則必不下三五人。不冠裳楚楚，必不楚楚其苦；而不冠不裳，不囊篋堆堆，必不堆堆其灰而不囊不篋以面壁也。且達磨航海而來，必非達磨一人楚楚其苦、堆堆其灰以航海也；必有護持其航海者，不百則十，不十則必不下三五人。不冠裳楚楚，必不楚楚其苦；而不冠不裳，不囊篋堆堆，必不堆堆其灰而不囊不篋以航海也。航海必有護持，則面壁必有護持者可必矣。雖秃髮不冠，亦必有類冠者以飾其秃。雖負包不篋，亦必有類篋者以便其負。況衣鉢之傳，傳自達磨，而達磨之衣鉢又傳自西竺而航海，其來遠矣。航海不有衣鉢來，孰有西竺之衣鉢而來傳邪？又況衣又甚工，有山水文，鉢又甚奇，有金銀色，航海不有護持來，衣鉢孰護持而來傳邪？即其衣之工，鉢之奇，則其冠裳之楚楚、囊篋之堆堆，必不下今日之楚楚堆堆者矣。顧護持者爲何如也？必有護持其航海，乃有護持其面壁也。

又必有護持其護持者，乃可以面壁也。雖然，壁之面於達磨者，達磨自面壁也，奚俟必有護持者以面壁邪？又奚俟必有護持其護持者以面壁邪？況面壁則面也，孰不有面？面壁則壁也，孰不有壁？凡壁可以壁而面，凡面可以面諸壁矣。奚必有護持，又奚必有護持其護持者而後可面壁耶？凡可以面壁，壁矣，又奚不面壁於江右，而奚必渡江之左乃面壁邪？必江右必不有護持其護持者護持於江右，乃不面壁於江右也。必江左必有護持其護持者護持於江左，乃面壁於江左也。然則有護持者矣，又有護持其護持者矣。奚不楚楚其冠裳，如南面居者之楚楚，堆堆其囊篋，如南面行者之堆堆以出面邪？又奚必於壁而面邪？

惟達磨，將以達所磨也。乃有護持人也，將以達所磨於江左也。乃有護持其護持人也。惟達磨又欲磨所達也，乃有護持人也，又欲磨所達於江左也。乃有護持其護持人也。乃航海也，達也。乃面壁也，磨也。不達，奚得有護持人邪？又奚得有護持其護持人邪？不磨，奚庸有護持人邪？又奚庸有護持其護持人邪？必有護持，又必有護持其護持者，固達之所以爲達也。必有護持，又必有護持其護持者，亦磨之所以爲磨也。

又惟以達磨達西竺而磨，乃亦天西竺而爲天竺之達磨矣。乃亦護持其護持，如天竺以護以持，以磨以達之達磨矣。護持人邪？人護持邪？自西竺而來江之右，右其達而磨矣，非天竺之達磨也。自江右而渡江之左，左其達而磨矣，非天竺之達磨也。達以人邪？人以達邪？磨以人邪？人以磨邪？人護持其護持以面壁邪？護持其護持人以面壁邪？壁以面人邪？人以壁面邪？乃達乃磨之達磨也。

雖然，有衣之工若山水文，又必有達人與之居者，楚楚其居裳；有鉢之奇若金銀色，又必有達人與之行者，堆堆其行囊，亦已達矣，奚俟磨邪？又奚俟磨以面壁邪？必面壁以磨於已達者，乃達磨之達也。雖非佛之達也，亦佛祖達也。雖非佛之磨也，亦佛祖磨也。乃若三分天下有其二而猶以服事殷，乃有《周南》、《召南》之風於周也。乃不有牆面人也。乃不啻達磨而達而磨於面壁也。面壁猶牆面而人邪？抑不爲《周南》、《召南》，乃猶牆面人，乃面壁邪？

發兄弟怡怡

恒言難兄難弟，難於何難而難耶？難

於進士其兄其弟而難耶？難於二程三陸其兄其弟而難耶？難於武周其兄其弟而難耶？抑難於士而兄、士而弟，以怡怡其兄其弟而難耶？且以兄而怡怡於其弟，以弟而怡怡於其兄，似不難於兄，似不難於弟爾。而難兄難弟，又必難於何難而難耶？亦必兄而怡怡於其弟，以兄乃難兄也。亦必弟而怡怡於其兄，以弟乃難弟也。何者？怡怡固非難也，怡怡亦甚難也。雖怡怡於仲尼者，亦必於公門之入而出，乃有怡怡如也。怡怡何其難也。怡怡非難，又甚有難於怡怡者耶？況兄況弟又若易易以比者也。易以比者，易以狎也。易以狎者，易以忤也。而兄之於弟、弟之於兄，不難於怡怡，又奚難耶？

是故兄弟而武周，其勢易以忤也。難乎其怡怡於兄弟而武周也。兄弟而程陸，其情易以狎也，難乎其怡怡於兄弟而程陸也。乃若兄弟而進士，則情則勢尤易以狎、尤易以忤者也，不又難乎？其怡怡於兄弟而進士耶？莫非以兄而易以比於弟也，以弟而易以比於兄也。乃若武之於周，周之於武，則兄則弟矣。管、蔡之於武於周，非兄非弟耶？非弟欲比於兄耶？非兄欲比於弟耶？不以幾於以兄以弟，以忤諸兄而忤諸弟耶？而兄弟怡怡於武周者甚難也。乃若程其弟於其兄者，雖自嘆不及兄之所從，而亦莫非弟欲比於兄也，不亦幾於弟之易以狎諸兄耶？而兄弟怡怡於二程者甚難也。乃若陸其兄於其弟者，雖自悔晚得弟之所蘊，而亦莫非兄欲比於弟也，不亦幾於兄之易以狎諸弟耶？而兄弟怡怡於三陸者甚難也。乃若進士其兄於其弟，進士其弟於其兄者，乃亦默以縱乎其情於用情，而默以挾乎其勢於忘勢，將不幾於易以比而忤耶？ 而兄弟怡怡於進士者，不甚難耶？

是故仲尼語士於仲由，乃必以切切，乃必以偲偲，乃必以怡怡如者語之，亦必以仲由必亦難乎其怡怡如也，必亦難乎怡怡其如以切切也，必亦難乎怡怡其如以偲偲也。怡怡非難，又甚有難於怡怡者耶？ 乃又必以切切偲偲語諸朋友，乃又必以怡怡語諸兄弟者，亦必以仲由必亦難乎怡怡於其兄而弟也，必亦難乎怡怡於其弟而兄也，必亦難乎怡怡於其兄者以兄乎朋友而怡怡也，必亦難乎怡怡於其弟者以弟乎朋友而怡怡也。怡怡非難，又甚有難於怡怡者耶？ 乃若仲尼乃欲仲由必怡怡其切切於怡怡如也；必怡怡其偲偲於怡怡如也；必怡怡其兄弟者，怡怡其朋友於怡怡如也；必於朋友其長者必兄之也，必兄之於怡怡如也；必於朋友其少者必弟之也，必弟之於怡怡如也。

是故切切必不徒切切也，必切切於怡怡其如以切切也。又徒懇懇而切切於朋友已耶？ 偲偲必不徒偲偲也，必偲偲於怡怡其如以偲偲也，又徒勉勉而偲偲於朋友已耶？

乃朋乃友，乃兄弟其朋友，以尊仲尼於有親，乃不至於無父，以朋以友，以士也，乃士也。乃兄乃弟，乃朋友其兄弟，以親仲尼於有尊，乃不至於無君，以兄以弟，以士也，乃士也。乃士而兄，於朋友以兄，乃必不忤不狎於其兄，以比於其弟，而兄兄也，乃難兄。若此其難，乃難兄也。乃士於弟，而朋友以弟，乃必不忤不狎於其弟，以比於其兄，而弟弟也，乃難弟。若此其難，乃難弟也。乃不啻武周其兄弟也。況程陸其兄弟耶？ 乃不啻程陸其兄弟也。況進士其兄弟耶？ 雖然，進士莫非士也，莫非於進士也。乃莫進之於其所親，以親乎其所尊，以士者，非進士耶？ 進士其兄弟，又非有親而尊，有尊而親，以兄以弟於士耶？ 又非若尊乎仲尼以親，而親乎仲尼以尊，以兄以弟於士耶？ 必士乃有尊，以親親也，必士乃有親，以尊尊也，乃有兄，以弟弟也，乃有弟，以兄兄也。不然，孰尊尊而孰親親，孰兄兄而孰弟弟耶？ 又孰有難於兄難於弟以難耶？ 難言難言。

何心隱先生爨桐集第三卷

楚蘄後學張宿詮訂

鄧自齋説

自齋以身言自耶？以家言齋耶？以《中庸》言身耶？以《大學》言家耶？

《中庸》以身言者，必言身乃象《中庸》。何者？《中庸》不言心而言性，以性則水也，水則直透於海，海以水爲身也。不身象《中庸》，則《中庸》奚象？不《中庸》言身，則身奚言？

《大學》以家言者，必言家乃象《大學》。何者？《大學》不言性而言心，以心則海也，海則藏蓄乎水，水以海爲家也。不家象《大學》，則《大學》奚象？不《大學》言家，則家奚言？

且記《中庸》於《大學》先，先乎其身意也。記《大學》於《中庸》後，後乎其家意也。必先所先於至中而庸，其身乃仲尼身也。必後所後於至大而學，其家乃仲尼家也。

是故記《中庸》者，記仲尼其身以庸乎其禮其樂於中。記《大學》者，記仲尼其家以學乎其禮其樂於大也。乃若記《論語》者，乃記仲尼不溷身家於莫不有之身家，而身家於生民以來未有之身之家，與老者相與以安，朋友相與以信，少者相與以懷，相與事事於《中庸》其身，於《大學》其家者也。不然，何表章《中庸》、《大學》於《論語》參耶？必於《論語》事於禮樂，於《中庸》、《大學》事於身家，乃仲尼其身家也。自齋果仲尼身家言耶？

精析心髓匡廓以辯孔子之於正卯

有孔子必有正卯，即有苗必有莠，皆難以心髓辯，必皆于其匡廓而後易以辯者，莫非以心髓辯，譬則辯苗辯莠於根也，根相似而辯之難也。亦莫非以匡廓辯，譬則辯苗辯莠於實也，實相懸而辯之易也。然則心髓之可以質鬼神而無疑者，又必有匡廓以匡以廓。其心其髓如苗如莠之有實，以實其根而後可以知其爲苗爲莠，而後可以知苗知莠莫不欲並生於天，而後可以知苗之亂於莠之不可以並生乎人，而後可以知苗知莠之不可並生於人，而後可以其苗其莠之實以實乎其根者，如匡如廓。於孔子於正卯，而後可以俟諸百世之聖而不惑，而後可以其不惑於百世之聖之俟者，質諸鬼神而質也無疑，於鬼神而無疑也，無疑於不惑也。故《中庸》不徒言質諸鬼神而無疑，而必終言百世以俟聖人而不惑矣。不然，宋世有視宋儒以僞學者，其心髓未必不以孔子之視正卯視也，亦未必不以其心髓可以質鬼神而無疑也。設不有儒之匡廓，俟於宋，於今幾百世，以匡以廓，其心其髓如苗如莠之實之所以實其根者之不惑於宋於儒，孰不爲宋世之視宋儒以僞者之所惑耶？孰爲宋世？孰不爲宋世？孰爲宋儒？孰不爲宋儒？孰爲孔子？孰不爲孔子？孰爲正卯？孰不爲正卯？孰辯耶？

且孔子之於正卯，惟雜出於《家語》，而不載諸《論語》者何耶？必如鳴鼓之攻，必如以杖之叩，又必如沐浴而朝之請討於不討之討，而後爲神武不殺，於神其道以設教者，乃於《論語》載邪？乃載諸《論語》者，乃爲無大過於學《易》邪？乃爲潔浄精微於不以力，潔浄精微於以德，乃爲學《易》之可以無大過耶？或者正卯雖未載諸《論語》，而其於《孟子》之所載者，如鄉原，如楊、墨流，即正卯流耶？不然，孟子亦奚不於正卯辯，而於楊、墨獨辯之不置；又於鄉原，又惡之如莠，以辯之又辯，何耶？正卯似孔子莠，而實非孔子莠也。雖鄉原亦非孔子莠，況正卯之亂政，而非鄉原之亂德，如莠之亂苗者乎？且如鄉原則刺之無刺者，而正卯尚有可刺者也。然則正卯豈孔子莠耶？又況鄉原又惟一鄉皆稱原人而已，又不如楊、墨爲天下之言所歸，斯足爲孔子亂，斯足爲孔子莠也。故孟子不見有正卯辯，惟不得已於楊、墨辯也。且孟子又有不得已於夷、尹、惠之析之精，以藏乎其辯於不同道者，乃深憂其聖有如夷、如尹、如惠，乃足以其聖之清，以亂孔子之可以止則止之清而時；乃足以其聖之任，以亂孔子之可以仕則仕之任而時；乃足以其聖之和，以亂孔子之可以速則速、可以久則久之和而時也。乃足爲孔子莠也。乃精析三聖之道，必不與孔子同，以藏乎其辯於不辯。又甚乎不得已於楊、墨辯者，又有不啻於鄉原辯也。

夫鄉原之亂德，僅足爲堯舜之德亂，僅足爲斯德斯亂之莠爾。奚足爲孔子潔浄精微，以德於易亂而莠，又奚足爲孟子於孔子而勤辯耶？況正卯又奚足見辯於孟子辯耶？此正卯所以不見載於《論語》，而見雜出於《家語》者，尤爲不足辯也。然否？

就如《春秋》所書所會所墮，則惟書公會，惟書叔孫、季孫墮之而已，自有毫釐不似。《家語》徒欲推重孔子，而悉以其所會所墮之得力者，悉於孔子而歸重也。殊不知孔子惟重乎潔净精微，不假毫釐之力於所司所攝，而又重乎潔净精微，以德以神其道於所教，乃《家語》之所語爲雜出語也。其不以《家語》與《論語》雜入於經書者，或者其得孔子之所重者乎？然否？

況《家語》口氣，較諸《春秋》，已有毫釐不相似者，以《家语》多雜於傳所出也。雖哀公問政有載於《中庸》者，而《家語》亦有之，此《家語》之所以爲雜出語也。自此外又間有似於《禮經》語者，亦以《禮經》語有雜於漢儒語，乃所以雜出於《家語》也。乃《家語》之不可與《論語》而同語也。

要之，《家語》似足以亂《論語》，而爲《論語》莠者，實非《論語》莠也，實不足爲《論語》亂也。況《家語》之語正卯，其亂政者又奚足爲孔子亂，又奚足爲孔子莠耶？然否然否？設《家語》所出如《春秋》所書者，果爲孔子得力事，則孔子所神所教之所事，亦不過齊桓、晉文事爾，又惡足爲自生民以來未有盛于孔子之足以起孟子所願學必有事焉事耶？然則《家語》不足爲《論語》莠，正卯不足爲孔子莠，將有不俟今日辯，而後必有析而精、明而辯者矣。第足爲孔子莠，有不啻鄉原，不啻楊、墨之足爲莠者，則又不容不述孟子不辯之辯而辯之也。昔孟子既以夷隘而惠不恭爲君子所不由，而又以百世之師居夷、惠，非不辯之辯以深藏乎其辯，於足以亂所神所教乎不世之世如孔子者乎？此非足爲孔子莠乎？

辯無父無君非弑父弑君

自老自佛以無爲極爲宗，而不知太極非極於無，乃至於并其「易有太極」之有悉歸無而無。凡無之於楊於墨者，不此其源其流乎？是故無父之無，非不孝者可以當其無也，亦非不孝至於弑父者可以當其無也。無君之無，非不忠者可以當其無也，亦非不忠至於弑君者可以當其無也。必禽獸之煦煦於相飲相啄、相飾羽毛，而宛若有親親父子之仁，以見乎其情。於禽，如鳥之反哺，於獸，如羊之跪乳，頃則所哺者所乳者莫知其爲父，而其於哺反者，於乳跪者，莫知其爲子，莫知其爲孝，莫知其爲不孝。若父若子，以喙以角以爪以牙以搏而已。又莫知孰爲父之必弑於子，又莫知孰爲子之必弑乎父，自相忘於無子無父，而後可以當無父之無也。又必禽獸之孑孑獨飲獨啄，獨飾羽毛，而宛若有尊尊君臣之義，以見乎其情。於有翼而飛如禽，如蜂之屯科，於有足而走如獸，如蟻之聚穴，頃則其科而屯者，科而莫勝其科，屯而莫勝其屯；其穴而聚者，穴而莫勝其穴，聚而莫勝其聚。君莫知其爲君，臣莫知其爲臣，莫知其爲忠，莫知其爲不忠。若君若臣，以尾以毒以嘴以刺以嚙而已。又莫知孰爲君之必弑於臣，又莫知孰爲臣之必弑乎君，自相忘於無君無臣，而後可以當無君之無也。

且如不孝至於弑父者，必欲自父其父而後必弑其父，以父其父乃得以自父也。如不忠至於弑君者亦然，乃得以自君也。然則弑父者猶有父，弑君者猶有君爾。況徒爾不孝不忠者，尤未忘情於父於君者也，能無父乎？能無君乎？必墨必楊，必禽必獸，乃煦煦若親親而愛相兼愛，卒若禽禽獸獸，莫不有愛有親而似仁以父父，乃無父也。乃孑孑若尊尊，而我獨爲我，卒若禽禽獸獸，莫不有我有尊而似義以君君，乃無君也。此無極者流之無君父者也。必皇建其有極，乃有君而有父也。必會極，必歸極，乃有尊尊以君君也，乃有親親以父父也。又必易有太極，乃不墮於弒父弒君，乃不流於無父無君，乃乾坤其君臣也，乃乾坤其父子也，乃凡有血氣其尊親也。不盡不盡。

答作主

其欲某自作主，而不憑人之議論，不憑人之求，言亦切矣。人皆言某少主，奚獨某之言爲然，意者某之言未必如人之言也。然人之所謂主者則知之矣。爲農工則主於農工，商賈之議之論之求不得以入之矣。其竟也農工而已矣。爲商賈則主於商賈，士之議之論之求不得以入之矣。其竟也商賈而已矣。爲士則主於士，聖賢之議之論之求不得以入之矣。其竟也士而已矣。商賈大於農工，士大於商賈，聖賢大於士。主其大而小不入焉，可也。主其小而大不入焉，是不見大而狃於小也，而可乎？有爲農工而見於商賈者，商賈之求之議論得入焉。有爲商賈而見於士者，士之求之議論得入焉。有爲士而見於聖賢者，聖賢之求之議論得入焉。爲其爲，而他之入，似不自憑而憑人矣，似無主矣。不知其所爲者小而所見者大，奚容復自憑其小而不大之憑？奚容復自主其小而不大之主耶？農工不見商賈而商賈之憑，是無主也，猶愈於農工以終其身者也。況見商賈而憑之，是將超農工而爲商賈也，可謂之無主於商賈乎？商賈不見士而士之憑，是無主也，猶愈於商賈以終其身者也。況見士而憑之，是將超商賈而爲士也，可謂之無主於士乎？士不見聖賢而聖賢之憑，是無主也，猶愈於士以終其身者也。況見聖賢而憑之，是將超士而爲聖賢也，可謂之無主於聖賢乎？人情恒蔽於所不見，見之未有不超之者也。農工之超而爲商賈，商賈之超而爲士，人超之矣，人爲之矣。士之超而爲聖賢，孰實超之而實爲之，若農工商賈之超之爲者耶？商賈之大、士之大，莫不見之，而聖賢之大則莫之見也。農工欲主於自主，而不得不主於商賈。商賈欲主於自主，而不得不主於士。商賈與士之大，莫不見也。使聖賢之大若商賈與士之莫不見也，奚容自主其主，而不捨其所憑以憑之耶？豈徒憑之，必實超而實爲之，若農工之超而爲商賈，若商賈之超而爲士者矣。某之見，見人之所未見者也。某之憑，憑人之所未憑者也。則謂之見非所見，謂之憑非所憑，皆可也。未見，則非其所非矣。既見，則是其所是矣。是非者之見均也。均之不足疑也。惟自信其所見所憑之必見是於天下於萬世而已。

答戰國諸公孔門師弟之與之別在落意氣與不落意氣

意與氣，人孰無之，顧所落有大小耳。戰國諸公之與之落意氣，固也。而孔門師弟之與，曷常非意氣之落耶？戰國諸公之意之氣，相與以成俠者也，其所落也小。孔門師弟之意之氣，相與以成道者也，其所落也大。意落於小則濃，落於大則淡。氣落於小則壯，落於大則索。恒人之意氣皆然也。聖賢之意氣必落於大而不落於小也。聖賢之意必誠，誠必誠其明明德於天下之誠也。誠其明明德於天下，而意與道凝矣。聖賢之氣必養，養必養其塞乎天地之間之養也。養其塞乎天地之間，而氣與道配矣。

若戰國諸公之意，亦不可謂不誠也，特誠其一己之俠之意耳。使去其所誠而易之以明明德於天下之誠，其不淡然也乎？戰國諸公之氣，亦不可謂不養也。特養其一己之俠之氣耳。使去其所養而易之以塞乎天地之間之養，其不索然也乎？是故戰國諸公之小，惟孔門師弟之大則可以議之。苟徒議彼以落意氣，宗此以不落意氣，議非所議，宗非所宗者也。

不落意氣之説，豈昌自今耶？當孔子之時，如聃如喜之徒，已昌其説矣。孔子憂其害道，是故有爲毋意、爲毋必、爲毋固、爲毋我者，皆絶之。奈之何後之人昌其所絶，而爲不落意氣之説，爲毋乎意、必、固、我之説也。不知盈天地間，皆意、必、固、我之盈也，雖欲毋之，而不可毋也。毋意、毋必、毋固、毋我之説，雖欲昌之而不可昌也。天地之意、之必、之固、之我，生民生物而莫測者也。莫測其所以爲意、爲必、爲固、爲我，而莫出乎其意、必、固、我之外，天地之大也。聖賢之意、之必、之固、之我，猶天地之生民生物而莫測者也。亦莫測其所以爲意、爲必、爲固、爲我，而自莫出乎意、必、固、我之外，聖賢之大也。如軻如讓之爲意、爲必、爲固、爲我者，則俠而已矣。人見夫軻、讓之徒之意必、之固我之混以神也，而不知其以大而混而神。故意、必、固、我者，自天地、自聖賢以至於一節之士，以至於一民一物之微之所咸用者也。彼爲毋意、爲毋必、爲毋固、爲毋我者，亦即意、亦即必、亦即固、亦即我之用也。合意、必、固、我而範之於大，聖賢之道之所以無不範也。夫豈任其意、必、固、我之雜出而莫之範耶？意、必、固、我之雜出，莫雜于孔子之時，毋意、毋必、毋固、毋我者，雜出之尤者也。孔子之道之無所不範，雖欲雜而出焉，而自不可得而出也。不可得而出，況得而害乎？而又何庸於絶乎？無庸於絶而絶者，子之創道之殷而憂其陰害乎所創也。雜於他者無害於所創，而雜於毋意、毋必、毋固、毋我者，或陰害之，子之所以絶之也，絶之則範之矣。範之則無庸乎絶不絶之贅矣。

辯志之所志者

凡志之所志，大有所不容不辯者，莫大乎志人物志之不容不辯者也。且若志人物志，不志堯舜於人物志，抑以堯舜則帝，不可以人物於帝而人物之，乃不以堯舜志之於人物志耶？然而堯舜則述之孔子者，又可以人物而人物乎孔子，而乃以孔子志之於人物志耶？是人物志之所志之大有所不容不於孔子辯也。又若志人物志，不志文、武於人物志，抑以文、武則王，不可以人物於王而人物之，乃不以文、武志之於人物志耶？然而文、武則祖於后稷者，又可以人物而人物乎后稷，而乃可以后稷志之於人物志耶？是人物志之所志之大有所不容不於后稷辯也。是非徒爲后稷辯也，無非亟爲孔子辯也。

夫惟以后稷志之於平陽人物志，而得與后稷同於平陽人物志而志之者，猶有若巫咸，有若傅説其人物焉。則人物志之所志后稷於平陽人物志者，猶無愧於后稷也，猶無愧於文、武也。乃若平陽人物，而又有若張儀、有若范雎其人物者，亦得與后稷同於平陽人物志而志之，又奚惟於后稷愧耶？雖在文、武，亦必有所愧也。其在文、武之心有所愧者，亦無非爲后稷愧也。亦無非爲后稷爲文、武之祖，而乃爲后稷愧之混志於人物志愧也。是人物志，雖於后稷亦容不大有所辯者耶？是又深於后稷辯者，亦無非切於孔子辯也。

設志孔子於兗州人物志者，亦惟志兗州之人物，有若巫咸其人物，而又不啻若巫咸其人物，又必有若展禽其人物，有若傅說其人物，又不啻若展禽、傅說其人物。又必有若孟軻其人物，同志於兗州人物志以志焉，則亦無愧於人物志也，則亦庶幾其無愧於文、武也，即庶幾無愧於堯舜也。乃又有若漢之叔孫通，有若唐之李績，雖非有周之儀之睢之人物，是亦漢唐之儀之睢之人物，雖非有周兗州之人物，是亦漢唐兗州之人物，而亦混焉以孔子與通與績混焉志之於兗州人物志，又容不爲孔子之志於人物志愧耶？且以通以績其人物而人物乎展禽何若，亦混焉志之於人物志，雖在展禽，亦必有所愧矣。又況孔子又不以通以績其人物而混焉志之於人物志愧耶？又況以展禽其人物而人物乎孔子何若？噫，且未辯爾。且以展禽其人物而人物乎堯、舜、文、武何若？且又以堯、舜、文、武其人物而人物乎孔子何若？噫！自生民以來未有若孔子其盛者，又何可不人物乎堯舜其帝，而人物乎孔子之非帝耶？又何可不人物乎文、武其王，而人物乎孔子之非王耶？又何可以非帝非王而人物乎孔子若展禽其人物耶？噫！混焉志展禽、志孔子於人物志，容不辯耶？又況志之所志之不容不辯。

又有若李耳者，蓋以李耳則仙之所宗，而志李耳者，不志李耳於仙釋志，其以李耳非仙耶？然而有若河上公之章句《道德經》，以宗李耳者，何又志河上公於仙釋志而不志李耳於仙釋志耶？噫！志李耳於仙釋志，則得以仙其李耳而仙矣。不然，若李耳者，則又仙不仙若也，容不於仙釋志以辯李耳之不志於仙釋志耶？是又亟而深切於李耳辯者，即孟軻亟而深切於楊氏辯也，亦無非亟而深切於仙之所宗之得以混孔子者辯也，即孟軻亟而深切於楊氏之宗之得以混孔子者辯也。又況志之所志之不容不辯。

又有若達磨者，蓋以達磨則釋之所宗，而志達磨者亦不志達磨於仙釋志，其以達磨非釋耶？然而有若慧能之直指《壇經》，以宗達磨者，何又志慧能於仙釋志而不志達磨於仙釋志耶？噫！志達磨於仙釋志，則得以釋其達磨而釋矣。不然，若達磨者，則又釋不釋若也，又容不於仙釋志以辯達磨之不志於仙釋志耶？是又亟而深切於達磨辯者，即孟軻亟而深切於墨氏辯也，亦無非亟而深切於釋之所宗之得以混孔子者辯也，即孟軻亟而深切於墨氏之宗之得以混孔子者辯也。

合而辯之，昔之與孔子混者，惟楊、墨也，不容已於辯也。今之與孔子混者，惟仙釋也，不容已於辯也。況又有若列禦寇者，又有若莊周者，似楊而非楊，似墨而非墨，似仙而非仙，似釋而非釋，又莫辯其人物，而亦混焉以列以莊志之於人物志矣，不容已於辯也，亦無非以孔子之混志於人物志辯也。

噫！奚惟於人物志辯耶？且志名宦志之所志，及志流寓志之所志者，亦皆有不容不辯者也。何者？必其人物必皆可志於人物志者，乃皆可以志於名宦志也，乃皆可以志於流寓志也。然而孔子則志之於人物志矣。有若伊、周亦志於人物志矣。何孔子惟若伊、周之志於人物志，而又不若周公之志於名宦志，又不若伊尹之志於流寓志者，其以孔子未嘗有所宦若周公之宦東洛，乃不以名宦志志孔子於名宦志耶？亦以孔子未嘗有所寓，若伊尹之寓莘野，乃不以流寓志志孔子於流寓志耶？抑以孔子不可以名宦志志耶？不可以流寓志志耶？然則又可以人物志志孔子於人物志耶？是又不容不亟而深切於名宦志、志流寓志之所志者辯也。亦無非亟而深且切於志人物志之所志者辯也。亦無非亟而深且切於志人物志以混志乎孔子者辯也。

然則志之所志之大有所不容不辯者，非志人物志之不容不辯者耶？然則凡志之所志者，必有辯其志之所志而志焉，而後志之所志有所辯者，庶無所可辯也。必辯之何辯，而志之何志耶？必辯孔子之志於志之所志者，必不可以志人物志之所志者混志之也。必若一統志，必志文廟於壇廟志，以辯別志之所志乎孔子者，於一志以統孟軻諸子，即若文廟四配兩廡，特志之以聖賢志、大儒志，以志孔子之志於志之所志者，乃庶乎一統志統於一以志也，乃庶乎無所可辯於志之所志者也。然惟混焉志孔子於人物志，是虛志文廟志於壇廟志而志之矣，是虛志文廟志於廟志以同乎太廟志而志之矣，是虛志文廟志於壇志以同乎天地壇志而志之矣，是虛志文廟志於京師志而志之矣。噫！必若志文廟志於壇廟志、於京師志，以志孔子，志乃不虛志文廟志於壇廟志、於京師志而志之矣，乃不虛志孔子志之盛於堯、舜、文、武其帝其王而志之矣。乃若堯、若舜、若文、若武，必又何若以志之耶？必若《四川總志》，必創帝紀以志夏禹，以志漢昭烈，於總志之所志所總者，引伸以志堯、志舜、志文、志武於帝王志，而後志之所志乎堯、舜、文、武不志於人物志者，乃亦庶可以無辯也。

雖然，志帝王志亦甚難乎其帝其王之志於帝王志也。噫！必若志堯舜於帝王志，必志前乎堯舜而帝者，必若軒轅、必若神農、必若伏羲其帝，乃可以同乎堯舜志之於帝王志也。不然，雖帝若秦帝，可混志於帝之志耶？必若志文、武於帝王志，必志前乎文、武而王者，必若武丁、必若湯、必若禹其王，乃可以同乎文、武志之於帝王志也。不然，雖王若秦王，可混志於王之志耶？意必創帝王志於一統志，以志伏羲於帝王志，以統乎必於聖必於賢而帝而王者，以志之於帝王志，而後帝王之統一於帝王志也。乃一統志也。必創聖賢志於一統志，以志孔子於聖賢志，以統乎不必於帝不必於王而聖而賢者，以志之於聖賢志，而後聖賢之統一於聖賢志也。乃一統志也。必創大儒志於一統志，以志周敦頤於大儒志，以統乎儒之必若敦頤之可以希聖希賢而大而儒者，以統志之於聖賢志，而後儒之統一於聖賢志也。乃一統志也。而後人物志之所志者，又奚得混所創聖賢志之所志孔子志耶？況李耳、達磨雖不志於仙釋志，而亦仙釋之所宗者，又奚得混所創聖賢志之所志孔子志耶？又況若儀、若睢、若通、若續其人物，亦不得與志之所志后稷、巫咸、傅説、伊尹、周公、展禽之所志混矣。又奚得混所創聖賢志之所志孔子志耶？又況若稷、若咸、若説、若伊、周、若展禽其人物，又奚得混所創聖賢志之所志孔子志耶？是亦不徒爲凡志之所志人物志者辯也，亦無非爲凡志之所志人物志，以混志孔子於人物志者辯也。亦無非爲莫大乎志人物志之不容不辯其志之所志者辯也。辯辯。

或問欲續修《湖廣通志》者，則將何以志乎？通志以通以志，湖廣司府州縣之大，有所不容不續以修者耶？抑或大有所不容不辯，以辯通志之所志所續以修者耶？噫！大有所不容不辯者，莫大於安陸州而承天府也。何者？自安陸州未陞承天府而辯之，則安陸州雖有藩封封之於其州，而安陸州猶以州而州焉，猶臨濠也，猶北平也。猶臨濠而未府之以鳳陽也，猶北平而未府之以順天也。彼以通志修之續之於正德間者，惟以藩封所封之宗派，所封之歲次，修之續之，於志《安陸州志》而已，可也。然於嘉靖初又以通志修之續之者，亦惟以藩封由封之起跡，由封之繼統，修之續之於《安陸州志》而已，可耶？何也？混焉於通志之所志州志者，無所別也。容不辯其不可與州志之所志者混耶？自安陸州已陞承天府而辯之，則承天府雖不有藩封封之於其府，而承天府亦不徒以府而府焉，猶鳳陽也，猶順天也，猶以鳳陽而府臨濠也，猶以順天而府北平也。彼修《興都志》而未續其所興於通志，及修《承天大志》亦未續其所大於通志，亦惟志其所興所大於其府，猶夫志府志而已，可也。乃若欲於通志而續修於即，則又不容不以其所興所大之所志者修之續之志之於通志矣。而又惟以通志之志府志志承天府，於湖廣所屬府之所志而已，又奚可耶？何也？又混焉於通志之所志府志者，無所別也。又容不辯其不可與府志之所志者混耶？

雖然，通志欲通其所興所大而志之而修而續之於通志，亦通之志之，非易易也。何也？且以安陸州而擬焉，雖猶夫臨濠也，而又非易易可以臨濠擬也。雖猶夫北平也，而又非易易可以北平擬也。況以承天府而擬焉，雖猶夫鳳陽也，又可易易以鳳陽擬耶？雖猶夫順天也，又可易易以順天擬耶？是又不容不辯，而又難乎其辯者也。然則即欲於通志而續而修之者，必若何以辯以續《興都志》及《承天大志》相通焉，志之於通志以修而後可無辯耶？必若《四川總志》之總夏禹、漢昭烈於《帝紀》以志之、以修之、以續之於通志，則庶乎其可耶？

噫！總志之所總而志者，總乎古而志之，則難而易也。通志之所通而志者，通乎今而志之，則易而難也。是亦不容以不辯，而亦難乎其辯者也。然則必又何若以續以修通志之志其所興所大者而後可耶？而後可無辯耶？亦必若一統志之志壇廟志於京師以通之，以志之於通志而後可也。亦必若欲創乎帝王志以志其所興所大者於通志而後可也，而後可無辯也。是又附辯以辯辯。乃又有欲於通志以修以續以通以志乎周敦頤志於通志者，亦惟若欲創乎大儒志以志敦頤之所志於通志，而不以昔之通志志敦頤於永州人物志而後可也，而後亦可以無辯也。不然，則永州其人物，有若鄭產，則前乎敦頤而志之於人物志者，得以混敦頤於其前也。雖未可擬展禽其人物以混孔子於其前者，而亦敦頤之展禽也。又有若張韶，則後乎敦頤而志之於人物志者，得以混敦頤於其後也。雖未可擬叔孫通其人物以混孔子於其後者，而亦敦頤之叔孫通也。噫！必創大儒志於通志以志敦頤志而後可也，而後可無辯也。而後有欲於一統志續而修之者，必以即之欲於通志之所修所續者爲張本也。

且《一統志》之於《興都志》之所興，及《承天大志》之所大，亦不容不辯以續而修之於數年間矣。或者先乎通志之欲續欲修而志其所興所大於一統志之所志焉，則一統志又爲通志之所取法者也。然則又奚啻爲通志之所取法已耶？必爲志十三使司志之所取法者也。惟通志之欲續欲修在即，乃惟以通志之取法言也，乃惟以通志爲張本言也。

是故大有所不容不於人物志以亟以切以深於孔子之混志於人物志以辯者，亦無非爲取法辯也。乃又附辯其所興所大於安陸，而承天之所志混於州之志、府之志於通志以辯者，亦無非爲張本辯也。又不容不辯。敦頤亦不可以人物志而混志之於通志以辯者，亦無非爲張本辯也。亦無非爲帝王統，爲聖賢統，爲大儒統之必一之於一統志，爲取法辯也。

噫！爲一世張本辯，爲一世取法辯，則辯之若易易耳。然而必辯之至於無所容辯，而後創之爲萬世張本，爲萬世取法，雖萬世亦無復可辯其所辯者，是辯又容易易辯耶？何者？莫非聖賢也，孔孟其敦頤所希之聖賢耶？莫非大儒也，敦頤其孔孟所興之大儒耶？噫！亦甚難乎其辯矣，亦甚難乎其辯矣。乃又附辯以辯辯。

補志之所志者

《大明一統志》志文廟於壇廟志，而壇廟志之志其所尊所親者，則始之以志天地壇志，蓋志乎其所尊焉者也；繼之以志太廟志，蓋志乎其所親焉者也；終之以志文廟志，蓋志乎其所尊所親焉者也。要皆壇廟志之所志於一統志，以一以統以志之於大明，以大明乎其所尊所親焉者也。夫志天地壇志，則志乎其所尊之父母於一統志之志壇廟志矣；志太廟志，則志乎其所親之父母於一統志之志壇廟志矣。然而志文廟志則又何所尊何所親何所志之於一統志之所志於壇廟志耶？亦無非以孔子則文乎父母之尊而尊，文乎父母之親而親，自致凡有血氣莫不尊之以尊，而自尊之於文廟，若尊乎其所尊之父母以志文廟志之所尊焉者也。自致凡有血氣莫不親之以親，而自親之於文廟，若親乎其所親之父母以志文廟志之所親焉者也。乃志文廟志於壇廟志，亦自若志天地壇志於壇廟志也，亦自若志太廟志於壇廟志也，亦自若志壇廟志於一統志也，乃一統志也，乃《大明一統志》也。

然則志文廟之所志者，志孔子於所尊也，志孔子於所親也。夫何混焉志孔子於人物志耶？又何志孔子於有所不足尊，於有所不足親其人物而混焉志之於兖州人物志耶？乃若展禽其人物，則志之於有周人物志，則有周之人物矣，則和聖之人物矣，則不啻兖州其人物之人物矣。雖非在所尊所親之於文廟者，而亦可敬可愛者也。以若是可敬可愛之人物而混焉，與志諸文廟之所尊所親者以志之人物志，猶不無愧於文廟之所尊所親所志者矣。況又有不若展禽之可敬可愛者亦混焉志之於人物志，不尤有愧於文廟之所尊所親所志者耶？

然則欲志孔子志於志之所志者，必若志文廟志，特志於壇廟志，而不以文廟志混志於祠廟志，而後孔子之尊親於文廟之所尊所親所志者，乃自不與人物之可敬可愛者混也。又況其人物之有不若其人物之可敬可愛者，又奚得與文廟之所尊所親所志者混耶？必若是以志孔子於一統志，而後志文廟志之所志所尊所親乎孔子於一統志者，不虛志之於一統志也。又必若是以志孔子於一統志，以統乎孟軻及孔孟之及門者，以一之於孔孟之統，而志之於一統志，而後一統志之志人物志者，不惟不得以其人物志所志之人物與孔子混，而人物志所志之人物，亦與孟軻亦有不得混焉者也。即若展禽其人物，雖與孟軻亦且有不得混者，又況得與孔子混耶？是皆必若志文廟志之志於壇廟志，以志孔子，以志孟軻，以統乎及門者於一而志之於一統志，必不若志人物志之於兖州志以志孔子、以志孟軻、以志及門者於人物志，而後一統志之志孔志孟者，乃尊乃親於文廟之所尊所親所志於一統志之所志焉者也。噫！孔孟之得以尊親於文廟者，以孔則至聖也，以孟則願學至聖者也，且以孔以孟以至聖之學以致及門之諸賢，莫不尊之親之若父若母，以尊以親而自致凡有血氣之莫不尊親，亦無非以孔以孟以及門於孔孟之相親，以尊於一時，乃有尊親孔孟於萬世也。是故將來志文廟之所尊所親於壇廟志、於一統志者，亦惟志孔志孟，志孔孟之及門於文廟已也。此外有若漢、唐、宋其儒其人物，悉皆不以志於文廟志也。必若是以志，乃有補於文廟志也，乃有補於《大明一統志》也。是補小補已耶？是又以其所補附諸所辯，無非有所辯而後有所補爾。

噫！凡志之爲志者，即寘所止於心以爲志也。噫！凡志之爲志者，即識所止於心以爲志也。是故方以寘心所止爲志，以志者志也，即寘乎心之所止於縣於州於府於京師而無異志者志也，即民之所寘於邦畿以止以志者志也。是故策以識心所止爲志，以志者志也，即識乎心之所止於縣於州於府於司於京師而無遺志者志也，即《詩》之所識於邦畿以止以志者志也。

是故孔子志學而止於至善其學，志道而止於至善其道，即民之所志所止於邦畿，若止於京師者，則京師其至善也。志也，志孔子志也。是故志孔子所志所止於文廟志，而又志文廟所志所止於京師志，即《詩》之所志所止於邦畿，若止至善者，則至善其京師也。志也，志文廟志也。是故志者志也，即有孔子志則有所志文廟志之志於京師志者，自志之也。志也，即寘心爲志志也。是故志者，志也，即其文廟志，則其所志孔子志之志於至善。志者，自志之也。志也，即識心爲志志也。是爲志之爲志，志也。即民所志，志也。即志孔子，志也。是爲志之爲志，志也。即《詩》所志，志也。即志文廟志也。即志志也。即志志也。并附諸所辯所補云。

與艾冷溪書

言心、言性、言道者，公之所熟言者也，似無俟於再言。但言心而未言心之所在，於大而學之，則士農工商莫非在，莫非心，心心各在，各在心足，終身莫知此心之《大學》矣。言性而未言性之所率，於中而庸之，則士農工商莫非率，莫非性，性性各率，各率性成，終身莫知此性之《中庸》矣。

《中庸》，象棋子也。《大學》，象棋盤也。對着是棋，於上惟君臣，堯舜以之。對着是棋，於下惟友朋，仲尼以之。故達道始屬於君臣，以其上也；終屬於朋友，以其下也。下交於上，而父子、昆弟、夫婦之道自統於上下而達之矣。夫父子、昆弟、夫婦，固天下之達道也，而難統乎天下。惟君臣而後可以聚天下之豪傑，以仁出政，仁自覆天下矣。天下非統於君臣而何？故唐虞以道統統於堯舜。惟友朋可以聚天下之英才，以仁設教，而天下自歸仁矣。天下非統於友朋而何？故春秋以道統統於仲尼。

然此亦非公之所熟言者耶？熟言而又再言，似贅言矣。況又別言君臣於堯舜、友朋於仲尼，似又涉於言之支也。殊不知君臣友朋，相爲表裏者也。昔仲尼祖述堯舜，洞見君臣之道，惟堯舜爲盡善矣。而又局局於君臣以統天下，能不幾於武之未盡善耶？古此友朋之道，天啓仲尼，以止至善者也。且君臣謂仲尼賢於堯舜，謂非賢於此乎！且君臣之道，不有友朋設教於下，不明。友朋之道，不有君臣出政於上，不行。行以行道於當時，明以明道於萬世，非表裏而何？某欲再言者，言及此也，豈贅言耶？

又與艾冷溪書

某靜夜爲公細搜，天下無一空處可補，以報朝廷。惟仲尼之道，海内寥寥莫聞，誠爲一大空爾。此空一補，豈小補哉？補之何如？亦不過聚英才以育之，將使英才佈滿於下以待上用，即周子所謂善人多而朝廷正，天下治矣。補報亦豈小哉？且有大精神力量而後能補此大空。公精神力量不可謂不大矣，但恐抵家，日見人之華屋，便以己屋之不華爲空；日聞人之多田，便以己田之不多爲空。日亦急急思所以補之也，又何暇於補天下之大空耶？縱有大精神大力量，惟在華屋多田以洩之耳，大安見其大哉？某至此，又欲再言。言愈謬矣，何敢再言。乃敢乘此南還新味，忘分再言，以冀補空於萬萬也，何如？

題仁爲己任

仁，人也。人人相形，人己乃形。形於上者存乎人，爲仁則由己也，顔子事之。形於下者人而仁，仁以爲己任也，曾子重之。形事仁者必竭才，必短命而死。重仁者必戰兢，必死而後已。乃若孔子之爲人也，發憤忘食，何竭才耶？樂以忘憂，何戰兢耶？安仁者也，不知老之將至，何死而後已耶？仁者之所以壽也。有志於仁，以默識爲宗，識曾耶？識顔耶？識孔耶？抑於己於仁識不識耶？

辭唐可大餽

分人以財，不過謂之惠。惟爲天下得人，乃可謂之仁。蓋以人則財之本，而有人自有財。得人則財不必分，而財自得於人之得矣。奚啻惠之而已哉？將見老者以得人而安，朋友以得人而信，少者以得人而懷，莫非以朋得朋，以友得友爲得人。則共乎十數年所得之朋、所得之友雖老，而懷少之本自有所由起。以致後乎十數年所得之朋、所得之友或少，而安老之本自有所由繼。相繼相起於朋友之得以得人，若可大可得爲我朋爲我友，共學以安老懷少，則自有祿於學之共，而天下自歸仁，而飽於仁，不必分財以惠人矣。何其仁耶！

聚和率教諭族俚語

茹藿自忖德素未修，本不足以協人心。癸丑正月，顧長少謬推率教，固辭弗獲，乃勉强矢志，奮衰振朽，蚤夜以思。上思君之所以善其治者，以有國家之教也；下思民之所以善其俗者，以有鄉學之教也。

本族鄉學之教，雖世有之，但各聚於私館，棟宇卑隘，五六相聚則寥寥，數十相聚則擾擾，爲師者不得舒暢精神以施教，爲徒者不得舒暢精神以樂學。故今總聚于祠者，正欲師徒之舒暢也。

況聚於上族私館，則子弟惟知有上族之親；聚於中族私館，則子弟惟知有中族之親；聚於下族私館，則子弟惟知有下族之親。私館之聚，私念之所由起，故總聚於祠者，正以除子弟之私念也。

且不惟可以除子弟之私念，凡爲父兄者朝夕相顧，子弟亦因以相親相愛。每月朔望，自率教以下十二人，同祠首相聚一堂，樂觀子弟禮以相讓，文以相勗，懽如翕如，而相親相愛之念亦皆油然而興矣。故總聚於祠者，又以興長上之親愛也。

夫教既總矣，然又各歸各饌，則暑雨祁寒，子弟苦於驅馳，父兄心亦不安。故不分遠近貧富，必欲總送饌，所以省驅馳，以安父兄之心也。饌既送矣，然又各歸各宿，則晨出夜入，子弟襲以遊蕩，師長教亦不專，故不分遠近長幼，必欲總宿祠者，所以防遊蕩，以專師長之教也。若貧者以人單力薄而有送饌之慮，是謂無遠慮矣。獨不聞孟氏寡母，尚不憚三遷之勞與費，以教其子，何慮一送饌耶？富者以溺愛姑息，而有宿祠之憂，是謂無大憂矣。亦不聞孟氏孤兒，而不顧三遷之近與遠，以養其蒙，何憂一宿祠耶？

或者父母偶感本身失調，審其輕重，處有常條。或者父母逢旬，本身初度，審其誕辰，處有常條。或者伯叔吉凶，外戚慶弔，審其親疏，處有常條。子弟方婚聘者、婚娶者、婚畢者，既聚於祠，不許擅歸，審其臨期，處有常條。子弟舊業農者、工商者、僧道者，既聚於祠，不許擅往，審其緩急，處有常條。凡大小筵飲，公私雜會，不許擅赴，審其當否，處有常條。況半年之後，試子弟有生意者，必有權宜之處；三年小成，又有通變之處；十年大成，則子弟不論貧富，其冠婚衣食，皆在祠内酌處。爲父兄者，勿懷淺近之慮，卑小之憂，以誤子弟所學。勿聽無稽之言、無根之謀，以亂師長之教。勿容閑人，私令小者陰報家事雜詞。勿狥婦人，私令婢者潛送菓品玩好。勿縱以子弟盛飾，勿快以子弟厚味。凡一語一默、一飲一食，皆欲父兄撙節之者，所以嚴外訪之防也。

自二月一日爲期，在師長亮能以此相勸，子弟可不以此相勉；父兄亦能以此相守，妻孥可不以此相順。其在外姓父兄子弟，幸以相體，本姓決不敢以親疏分厚薄也。上有年邁行高，下有年富力强，不與師長及率教等項，及在祠子弟之列者，莫不以此相勗。茹藿敢不以此懲忿窒慾，以補素之所未修者；敢不以此遷善改過，以補素之所未修者；敢不以此敬老慈幼，以補素之所未修者；敢不以此信友報君，以補素之所未修者。伏惟合族長少，同心體悉，以圖成功，則不惟不負宗祖，亦且表率後嗣，不一世獲慶，亦且永世有賴矣。謹諭。

聚和率養諭族俚語

茹芹自幼安於親之所養，莫知其本於君之所賜。夫我之田產，由於親之所遺，似非君之賜也。我之形軀，由於親之所生，亦非君之賜也。故視君田糧之征，若費在我之財。視君丁糧之征，若勞在我之力。分雖勉强輸納應承，亦不過苟免刑罰而已。自究其心，豈真樂於盡分以報君之賜耶？況推是心以往，惟憂其財之費也，又憂其不容以不費，則必千思萬慮，甘費其財，以行賄賂，以求免其所重費，又圖僥倖以蠲免其所輕費而後已也。惟憂其力之勞也，又憂其不容以不勞，亦必千思萬慮，寧勞其力以作奸弊，以求匿其所重勞，又圖苟且以隱匿其所輕勞而後已也。故推是心以處一族，則惟欲一族以替其費與勞耳，而一族之失養莫知恤也。推是心以處一房，則惟欲一房以替其費與勞耳，而一房之失養莫之恤也。甚至推是心以處同胞兄弟，則惟欲兄弟以替其費與勞耳，而兄弟之失養莫知恤也。兄弟因之以相忤，一房因之以相殘，一族因之以相戕，不惟忘君之所賜，亦將失親之所養矣。即此以究其心，誠何心哉？

癸丑正月，合族始聚以和，和聚於心，始知養本於君之所賜也。我有田產，不有君以統於上，則衆寡相争，田產不得以相守也。今我得以守其田產者，得非君所賜歟？我有形軀，不有君以統於上，則强弱相欺，形軀不得以相保矣。今我得以保其形軀者，亦非君所賜歟？知其賜之難報也，故已設率教，又設率養，以報其賜。知其養之難率也，故設輔養者以維其輔。又知其養之難維也，故另設一十二人總管糧於四季，二十四人分催糧於八節，七十二人各徵糧於各候。各候完訖，類付於八節之所催者。八節完訖，類付於四季之所管者。四季完訖，類付於維養者，交收轉付輔養，以俟率養之所率矣。或者各候糧有未完，則必達於各節。各節糧有未完，則必達於各季。各季糧有未完，則必達於維養者，轉達輔養，以達率養，以審其情，以達於率教。教之不改，然後呈於官司，俾各由漸而化，同樂於盡分以報君上之賜也。

凡屬於徵糧者，勿謂催糧爲逸，以惰其所徵也。屬於催糧者，勿謂管糧爲逸，以惰其所催也。屬於管糧者，勿謂維養者爲逸，以惰其所管也。豈知維養者同輔養以從率養，四時相聚，不敢少逸於四時。管糧者，一人管於一月，不敢少逸於一月。催糧者，一人催於一十五日，不敢少逸於一十五日。徵糧一人止徵五日，五日乃可以少惰耶？況徵糧者有能常懷報君之心，而樂於盡分，則又當引而進之矣，何可以少惰邪？率養苟不盡分，亦當自慚而退矣，安敢以少逸耶？必不敢以逸率其所輔，必不敢以逸率其所維者也；必不敢以逸率其所養，必不敢以逸率其所催徵者也。必不敢以逸率己以不盡其分之所當盡焉者也。

故凡田糧之徵，敢不樂於盡分以輸納耶？丁糧之徵，敢不樂於盡分以承應耶？又豈敢妄費其財以行賄賂，以求免其所費耶？又豈敢徒勞其力以作奸弊，以求匿其所勞耶？又豈敢欲一族一房及同胞兄弟以替其費與勞耶？又豈敢不知恤同胞兄弟及一房一族之失養耶？惟不敢不期兄弟之相忤者以相翕也，惟不敢不期一房之相殘者以相協也，惟不敢不期一族之相殘者以相睦也，惟不敢不自率其性以率吾親之所養以報吾君之所賜也。謹論。

聚和老老文

伯父煥宇公届七十。七十曰老。率教茹藿、率養茹芹，輔教聲雅、世華、定宇，輔養聲珮、憤夫、廷望，維教養明宇、輔宏、孔瀾、卿耀相欲汝元撰文以老老焉。汝元乃撰所欲者曰：「欲貨色，欲也。欲聚和，欲也。族未聚和，欲皆逐逐，雖不欲貨色，奚欲哉？族既聚和，欲亦育育，雖不欲聚和，奚欲哉？聚和有教有養，伯叔欲率未列於率，惟朝夕與率，相聚以和，育欲率也；欲輔未列於輔，惟朝夕與輔，相聚以和，育欲輔也；欲維未列於維，惟朝夕與維，相聚以和，育欲維也。育欲在是，又奚欲哉？昔公劉雖欲貨，然欲與百姓同欲，以篤前烈，以育欲也。太王雖欲色，亦欲與百姓同欲，以基王績，以育欲也。育欲在是，又奚欲哉？仲尼欲明明德於天下，欲治國、欲齊家、欲修身、欲正心、欲誠意、欲致知在格物，七十從其所欲，而不踰平天下之矩，以育欲也。育欲在是，又奚欲哉？汝元亦奚欲哉？惟欲相率、相輔、相維、相育欲於聚和，以老老焉，又奚欲哉？」

修聚和祠上永豐大尹凌海樓書

蒙示明哲保身之學。熟察我翁一言一動，無非學以保身，所示不爲虛矣。惟謬見則以身有在而後不容以不保，身在尊而後不敢以不保。如身在農、在工、在商，身在卑也，不保，未有不殞其身者也。是身有在不容以不保也。又如身在士，由士而仕，身日尊矣。身之尊者，言足以興，默足以容，信不敢以不保也。

今某不農、不工、不商，身已不在卑矣，保身何爲？况又不士，何由以仕？身已不在尊矣。身不在尊，雖言不見其言，雖默不見其默，何足以興，何足以容，雖欲保身，保身何爲？某所以如痴如顛者，以身之無在也。無在而求有在之不暇矣，何暇於身之保耶？

文王之不暇食，亦以身之未有在也。不然，何致羑里之囚？囚其身者，似不知所以保其身也。《詩》美文王爲明哲保身者，保之於身尊之後也。仲尼之席不暇煖，亦以身之未有在也。不然，何致陳蔡之厄？厄其身者，似不知所以保其身也。而仲尼獨誦明哲保身之《詩》者，得非思保之於身尊之後耶？

我翁雖時時事事盡保身之學，謂之保身於官則可矣。若謂保身如文王、如仲尼，則未也。我翁以爲何如？

又　書

樵語一軸，雖達鄙情，然實欲父母謀出樊籠，而爲大道之宗主也。若在樊籠戀戀，縱得以展高才，不過一效忠、立功、耿介之官而已，於大道何補？直須出身以主大道，如孔孟復生於世，則大道有正宗，善人有歸宿，身雖不與朝政，自無有不正矣。大道之明，莫明於孔子。而孔子之所以明大道者，亦惟出身於春秋以與國政，於朋友之交信也，何嘗戀戀樊籠？且樊籠甚窄，而又多猜多忌，縱有高才，從何以展？此在父母不可不早謀也。如謀出身爲隱士，而無補於朝政，是欺君矣。欺君之人，安能主明大道，必不敢爲父母設此拙謀，以蒙欺君之誅也。即欲父母出身爲伯夷，爲下惠，是亦爲謀之拙者也。何敢欲父母爲隱士耶？無非欲父母出身以主朋友之大道，而繼孔子之賢於堯舜者也。堯舜，立政之盡善者也。孔子，設教之至善而身不與政者也。不與政而賢於立政。然則出身以繼孔子，以主大道之宗，其於朝政豈小補哉？伏惟并樵語詳加察焉，不勝幸幸。

何心隱先生爨桐集第四卷

楚蘄後學張宿詮訂

原避遭

吉凶悔吝生於人之動者，必本於天地之風雲雷雨，帝王之喜怒哀樂，以爲吉凶悔吝於其人之若大若小者也。不自有吉凶悔吝，而自能爲吉凶悔吝於其人之若大若小者，惟天地帝王。譬則易也，堯舜其易乎！仲尼其易乎！易未成而欲有爲以成易者，能無吉凶悔吝乎？不然，祖述堯舜如仲尼者，宜乎無不吉矣，奚有微服過宋之凶悔吝乎？以易未成，不免有爲以祖述，祖述不免以有爲。未中而庸，喜怒哀樂亦未中而和也。天地其能位乎？而況能如天地以天地乎風雲雷雨，爲吉凶悔吝於其人之若大若小者乎？然則仲尼不自有吉凶悔吝而易乎？必易而能爲吉凶悔吝於其人之若大若小，而後爲仲尼自有生民以來未有之夫子，不啻大人之先天而天弗違，後天而奉天時者也。又況自有生民以來之聖人，莫盛於仲尼，而聖人之若凶若悔若吝，亦莫可勝數於仲尼矣。吉又奚勝數乎？或者以王祀夫子，報德報功之無盡，爲仲尼之吉者乎？果其吉乎？必易而不自吉凶悔吝，而能吉凶悔吝乎人之若大若小者，乃其吉也，乃足以償所遭於所避也。仲尼其易矣乎？

遺言孝感❶

昔年如彼而遭，如彼而得避矣。今年如此而避，又不覺如此而遭矣。如之何？如之何？聞孝感爲我而避者有數十，惟未如徑泉隨我避之遠也。又聞爲我而遭者有十數，亦惟未如徑泉先我遭之甚也。不忍言，不忍言。幸而遭於昔年，得避於昔年者，必天令我得葬父母也。不然，昔年之遭，不減於今年之遭，能得避耶？得避而避者，固天也。不得避而避者，又非天耶？何怨何怨。

一代自有一代故事，黨人避遭，漢代故事也。清流避遭，唐代故事也。僞學避遭，宋代故事也。孝感於我昔年避遭故事，已不下漢不下唐，不足言矣，且不下宋僞學。而避遭於我爲今代故事者，後代不知又何言也？我又何望孝感顧我於今之避遭，❷又爲一故事，❸欲爲於一代者，則不敢不於孝感望也。何者？望於湖廣城收我骨骸，及改蘭洲，或招其魂，又改仰雲，并徑泉，❹同德崇，❺與臺老合爲一墳於孝感，是望也。設春秋祭於求仁會館，是望也。或望收我骨骸，率會友葬江西吉安永豐，❻同我父母合爲一墳於梁坊夫山上，即以此避遭之言滿紙者，立石於墳前山之下左坪，❼亦設春秋祭，是望

❶「孝感」二字，《遺集》無。
❷「何」下，《遺集》有「敢」字。
❸「事」下，《遺集》有「於一代耶第有一故事」九字。
❹「并」，《遺集》作「同」。
❺「同」，《遺集》作「并」。
❻「友」下，《遺集》有「送」字。
❼「即以」至「左坪」二十字，《遺集》作「立石於山之墳前立亭於山之下左坪」。

也。是望爲一代故事望也。❶

上祁門姚大尹書

爲辯妖事。且妖生於心者，❷必有妖言；妖形於言者，必有妖事；妖著於事者，必其所交於平日者必有妖人也。

元自幼所交，不暇歷歷辯。惟辯自庚申北往，則其所交而同往者，則湖廣孝感已故程後臺其人也。其名則學顔，而其官則太僕寺寺丞也。及抵北，則其所交於北以朝夕者，不一其人，何嘗有一妖人以相交乎？❸而因程以首交程之鄉同年者，則湖廣麻城耿楚侗其人也。其名則不俟名，而官之於北者，則侍御史也，今官則福建巡撫也。因耿而與今之閣下張公太岳官司業，時講學於北之顯靈宫，即覩此公有顯官，有隱毒，凡其所講者，即唯唯，即不與之辯學是非，而即憂其必有肆毒於今日也。❹且此公退即對耿言：「元本一飛鳥，爲渠以膠滯之。」然元亦即對耿言：「張公必官首相，必首毒講學，必首毒元。」耿即笑而對言：「此公腰不健，未必有官顯於首相也。毒何由肆？」及辛酉，又自北而南，則與錢懷蘇朝夕講所學，且同南遊福建，訪於林，其林名號不暇上於書也。而錢其名則同文，其官則刑部郎也。時與錢又與丹徒朱錫號圖泉嘗官章州教授者，亦同南遊，而相與講學於林宅五十四日，即知林之

❶「也」下，《遺集》有「萬曆己卯三月望前一日夫山梁柱乾汝元遺言」十九字。

❷「爲辯妖事且」五字，《遺集》作「汝元奉票以妖犯緝拿是以汝元爲妖人也元敢不辯元竊以」。

❸「何嘗有一妖人以相交乎」十字，《遺集》無。

❹「毒」下，《遺集》有「日果肆毒」四字。

所學非元所學也。即與錢、即與朱即圖旋，又遇耿於彭澤，一宿即别。入寧國，會羅近溪，官知寧國者。時元被已故嚴相毒，即同今日密拿毒，幸羅幸錢得免其所毒者。且錢以同遊而又同被嚴毒，是同在井，誰救井中人也？不然，錢欲同避嚴同遊同講同學同朝夕矣。錢乃不得已復官，而以夫馬送元往耿衙。而耿又以舍人送元旋湖廣孝感，同程二蒲名學博官知重慶者入重慶，相朝夕講學三年矣。初抵重慶，即值白蓮賊發，不滿一月而破一州六縣，即亦不滿一月而滅白蓮賊，雖皆程之功，元不貪之爲己力。然元亦不無一二力之與也。刻有《重慶稿》可據。且程必不忍坐聞坐視元之遭毒，而必不容不出身持《重慶稿》爲元辯也。❶又及己巳冬，聞錢去世，即往哭之。輒往杭會講學者，便與夏見吾名道南以官梧州僉事起，復過杭而會，是亦素相與講學人也。壬申春，又往道州，會舊交周合州名溪相，❷嘗官揚州二守，即與周秋旋孝感，即又往黄安會耿，相朝夕以講學幾一年矣。而耿即笑言：「張公果顯官於首相矣。庚申所言，果有驗矣。而所言所隱毒者，亮不有也？」元即復其所笑：「逐日乃驗，逐日乃有。今日不得耿來對言一笑，❸果驗於昔日者，又果有驗於今日也。❹且耿季弟叔臺名定力，今官兵部郎者，其所交則以文相透，雖不如錢如程，以學相透於相交，而亦不啻伯兄耿巡撫，❺以情相交相厚已也。

❶「而」下，《遺集》有「死」字。
❷「溪相」，《遺集》作「良相」，是。
❸「日」，《遺集》無此字。
❹「有」，《遺集》無此字。
❺「伯」，《遺集》作「其」。

凡上所辯者，未有一畫虛其所辯者也。❶虛辯且未有，況敢有妖言乎？又況敢有妖事乎？又況敢有藏逆於妖乎？莫非由於心不有妖生，而人不有妖交也。又況元自湖廣而旋，以葬父母爲事，豈有妖事以事乎？凡言葬事，皆古禮所言，❷豈有妖言以言乎？❸凡以葬事來弔，其人又豈妖人相交以交乎？❹又況自戊寅二月二十日爲避毒來弔祁門胡時和廬墓，至此春三月，一期餘矣。惟有《原學原講》萬餘言，何嘗有一妖言乎？又何嘗有一妖人以共事妖事乎？夫有妖言而與時和言，惟天知、惟地知、惟二人知，誠難辯也。設所爲有妖事，所交有妖人，則不惟天知、地知、二人知，地方無不知矣。又奚俟於若是辯乎？

獄中上書，漢有鄒陽而立出於獄者，今元事非鄒，而言亦非鄒，或者所講所學亦非鄒也。第同獄中上書，乃敢引之，以明獄中上書，可免其書所上於獄中罪也。況元引鄒於獄中故事，亦非敢萌僥倖心如鄒也。惟恐或死元於徽州，又恐或死元於江西，又恐耿不及於元救，又恐程不及於元辯，伏乞爲元擇繕寫者，抄寫《原學原講》一册，及此所上書，於錢之去思碑亭焚之，以報錢於幽也。又爲元或刻《原學原講》一册及此所上書，以報耿、報程於明也。元敢不自度，敢勞爲元之若此乎？然以今視昔，則昔爲今之古。以後視今，則今爲後之古。凡古皆有故事，以傳萬古之不衰。則元雖死猶不死也。且亦賜功德於元，不啻鄒陽故事於萬古也。

❶「有」下，《遺集》有「一點」二字。
❷「古禮所言」，《遺集》作「準古禮以言」。
❸「有妖言以言」，《遺集》作「妖言」。
❹「其人」至「交乎」，《遺集》作「其人豈妖乎」。

汝元一筆一淚，上書以辯，伏乞垂覽。如前或抄或刻，萬萬。

上祁門顧四尹書

爲辯妖事，❶悉辯於書而悉上於堂者，不敢贅悉以辯，惟抄其所悉者於臺下也。且乞臺下爲元於堂上順導所悉所辯一紙，❷或有未悉未辯者，如昨取《原學原講》一册，轉之堂上，有無限委曲順導救元意也。元何修而得臺下若此耶？ 或者孔孟在天之靈，默啓臺下救元，爲講孔孟學而遭毒至此，縱不能免毒於形骸，而可以免毒於心志也。何者？心之所志，在《原學原講》一册也，在所悉所辯一紙也。悉得臺下順而導之，則形體雖死於毒而不存，而心之所志所在自不死於毒而不傳也。不然，孔孟所講所學之透於元者，後元而死者，不得有所傳也。然則得臺下若昨之所取，又及今之所導，❸非孔孟在天之靈而何？ 不然，元何修而得臺下至再至三以救元若此耶？ 昨不得悉辯於口，今敢悉辯於筆，伏乞臺下順導，❹萬萬。

上祁門姚大尹顧四尹書❺

求免而不得免，又必百計以求必免之必得者，人情恒情也。惟漢有皇甫規，恥不與黨人，是不求免，出於恒情外，而表表於漢者一人也。又惟宋有蔡元定，見晦菴被宋相王

❶「爲辯妖事」，《遺集》作「書上爲辯妖也」。
❷「臺下」二字，《遺集》無。
❸「今」下，《遺集》有「又設得臺下」五字。
❹「導」下，《遺集》有「以救元」三字。
❺「上」上，《遺集》有「又」字。

淮及韓侂胄毒，❶則自度必在所不免，是亦不求免，出於恒情外，而表表於宋者又一人也。

今胡時和在姚父母臺下哀哀求送元竟抵江西，❷竟抵湖廣，而不有一毫求免情溢於哀哀表表。❸始而姚父母不允，❹繼而允，又繼而顧父母既惜元不有一骨肉於朝夕，❺又惜和不有死狀而同死於寃毒，❻乃又委曲差人押和，限期限界，爲兩全不求免而自有所可免焉者也。此誠姚父母、顧父母推鄰邑鄰父母乎元以子民情也，❼此誠又推本邑本父母乎和以子民情也。第元一朝一夕，不有和共朝夕，則元必死於朝夕矣。而和亦必於元不朝夕共，必亦於朝夕死矣。不又負姚父母、顧父母委曲於兩全恩耶？❽或者和爲元寫完《原學原講》一册，及預寫沿途欲上書，而多得完寫，以備以便沿途書之上，則元則和亦不容不割情不朝夕共，以副期之限界之限以免違限罪也。況此違限罪亦非敢冒枉法罪也。亦惟欲效漢人、宋人，出於恒情罪也。伏惟姚父母、顧父母體情宥罪，又爲一漢代、一宋代故事，而故事於今代，幸萬幸萬。

謝浮梁張大尹書

范滂初被黨錮之毒，而救之者霍諝也。滂宜於諝謝矣，然滂竟不於諝謝，以致有責

---

❶「淮」下，《遺集》有「毒」字。
❷「姚父母」三字，《遺集》無。「哀哀」，《遺集》不重。
❸「哀哀表表」，《遺集》作「哀求表」。
❹「姚父母」，《遺集》作「臺下」。
❺「又繼而顧父母」六字，《遺集》無。
❻「有」下，《遺集》有「一」字。
❼「姚父母顧父母」，《遺集》作「臺下」，下同。
❽「顧父母」，《遺集》作「臺下」。

滂不謝謂爲寡情也。滂乃釋其所責，而言被其所毒者固滂也，而所以於毒被者，惟爲危黨錮以危漢社稷被也，非滂之私被也。然則救其所毒者，固謂也，而所以於毒救者，亦惟爲扶黨錮以扶漢社稷救也，亦非謂之私救也。在滂必不以私感謂謝，在謂必不以私冀滂謝，而責不謝者當不俟釋而自釋然於所責矣。不然，叔向不見祁奚之釋，言於滂者，將不爲飾辭耶？

元雖不敢於滂擬，而毒之烈烈被於滂者，亦將微微被於元也。臺下亦雖未有謂之救滂毒者救元毒，而其嘆元所上書，憐元所被毒，惻然見於辭色，且立換轉解批，立遣轉解役，又且叱役顧元老，則救元之情，不下乍見孺子入井，欲救有不容已，亦自不下謂救滂情於色於辭表也。元當如之何哉？不惟不敢不救不謝，❶且亦無可以致謝也。惟謹此空言於臺下，謝猶不謝也，不謝猶謝也。類滂於謂，而亦不類滂於謂也。或者又不啻滂於謂也。乃若向，乃若祁，則滂則謂矣。何者？必向必祁必同官於晉也，必素相交相厚於晉者也。必滂必謂，必亦同官於漢也，必亦相交相厚於漢者也。不謝可也。乃臺下達人也，乃若元窮人也，兩地未嘗一面人也，❷固非相交相厚若向若祁，若滂若謂相交相厚人也，亦非同官若向若祁，若滂若謂同官人也。而臺下於元所上書，則嘆不容已。於元所被毒，則憐不容已。況其所立換立遣，而其辭其色又有顧元情之深乎？其救元者，則惻然又有不容已，又有不啻相交相厚於素，不啻同官於晉於漢已焉者也，可

❶「救」，《遺集》作「效」。
❷「一」，《遺集》作「侔」。

不謝而敢不謝耶？畢竟不足以言謝也。又畢竟不敢不惜謝言以冒干臺下，❶出元所上書於浮梁學三師，浮梁學百員，浮梁諸士大夫，共體元本吉安永豐鄰子弟也，亦在鄰師、鄰員、鄰大夫所垂念垂救中，又以冒干臺下寄元所上書於東吴，必有媚，必有朋，必有伯仲，必有少俊在言路者，亦覽亦體爲元轉書以上，或又不啻祁於向、諝於滂之所救已也。可不謝而敢不謝耶？是謝亦非私謝也，亦惟爲社稷謝也，亦惟爲講學謝也。謝又有大不謝，謝也。元敢不謝。

上饒州陶四府書❷

右書上祁門及上浮梁者，今又録之上臺下也。況臺下又爲吉安之鄰郡祖父母，不啻永豐邑父母比也，又不啻邑父母於祁門也，又不啻邑父母於浮梁也。尤當專書以上，以見元歷歲事，必有所寃所毒。❸臺下以鄰祖而垂鄰子民，❹尤易以達毒情寃情於上也。第未暇未能如祁門歷歷於情數，乃惟仍録書上於祁門者上臺下也。不然，敢仍於祁門書上仍録於臺下祖父母上耶？然而又録書於浮梁上者，又以見自浮梁轉解來也。不然，亦奚敢於浮梁書亦録上耶？❺伏惟賜覽，不俾元爲寃毒死鬼。雖死，何憾何憾。

❶「惜」，《遺集》作「借」。
❷「書」下，《遺集》有「時陶四府署鄱陽縣印」九字。
❸「毒」下，《遺集》有「事」字。
❹「垂」下，《遺集》有「憐」字。
❺「浮梁」二字，《遺集》無。

與鄒鶴山書

爲講學被毒事。❶ 且以元爲名教中罪人，誠有罪矣。然肆毒於元者，不以名教罪罪，而以妖逆罪罪。雖然，侂胄之鷹犬以毒晦翁者，❷則以僞學變而爲僞黨，以僞黨變而爲逆黨，爲一網打盡，是亦以逆罪罪晦翁也。元雖不敢於晦翁擬，而今之罪元者，似晦翁罪也。❸ 或者是亦名教中之罪人也。惶懼惶懼。

元於庚申秋得一面鶴翁於近溪羅兄宅，再面於程二蒲宅，不覺有毒講學者毒元也。元本不敢聞於翁，而在翁不知肯違從者顧元否？❹ 即伯樂一顧，而羣隸之於馬自不敢輕視，且不以齧蹄視馬而重加絡以羈之也。刑具在身，百不能悉。

又書

本府一傅、一劉諫於丙子春，即疑爲元黨，而秋即肆毒於元也。況鄒進士之諫於丁丑冬，又疑爲元鄰邑親，不啻疑爲黨也。乃年逐一年，月逐一月，日逐一日，而毒之肆者亦日甚，以致有今日毒難堪也。顧顧否？❺ 翁於元不越一面再面而已，其相識甚淺也。然一面時也，見翁用情於元則甚深矣。況再面乎？而於半面識者又何如耶？不然，元敢以此事此時瀆冒翁耶？體悉體悉。

❶「爲」上，《遺集》有「汝元」二字。「事」，《遺集》無。
❷「侂」上，《遺集》有「宋有」二字。
❸「似」下，《遺集》有「類」字。
❹「違」，《遺集》作「遣」。
❺「顧否」，《遺集》作「鶴」。

謝進賢王大尹書

臺下不惟憐元，且欲救元，而若自恨未有可救之權，惻惻溢於辭色。❶又嘆元莫已，又思處元莫措，乃踟躕頃刻，既賙以元路費，又賙以元肩輿，何其鄰父母推父母子民至情，溢於辭色，惻惻然之若是耶？必臺下天稟素仁厚也。第恐前途經解經遞鄰父母，❷而其仁厚之素稟者又不盡臺下若也。

昨擬臺下必送生儒府考，必先元抵南昌，元遽妄意，❸必得臺下爲元先導所以惻惻然者於南昌鄰父母也。今則不然。元惟仰天悵望而已。

臺下不日不免會南昌、會新建、會豐城鄰父母，會間談及元事，又望臺下終始乎其所以惻惻然者，共商預有可以救元者於萬一也。或於本省上司，或於經過上司，或於一十三郡貴同年，或於貴鄉姻婭，或於貴姓伯仲，有當言路而預可以救元者，又或有即當權而即可以救元者，亦望臺下始終乎其欲救元者於萬而又萬一也。

且元一細人也，講學一大事也，不幸以細人冒大事，而凡與救元者，非徒救元也，救講學也。幸勿忽元爲不足救者，此元於所謝難盡中，又致所祈無盡意也。外有《原學原講》萬餘言一册，容沿途整録再呈，以爲臺下異日拜言官，進言救講學者之張本也。謝何能盡，謝何得盡。

❶「惻惻」下，《遺集》有「然」字。
❷「遞」，《遺集》作「過」。
❸「遽」，原作「處」，據《遺集》改。

上新建張大尹書

汝元上書於臺下，似於多此一上書也。而不知臺下雖非經解衙門，將來臺下必當言路，則元生平所事講學事，則元今日爲講學被毒事，必經臺下言路時必一言也。然則似多上書於臺下，果多乎哉！萬萬不可少今日之上書，以爲來日當言路進言之張本也。況元今日經解於南昌，又未必不經聞於臺下。以南昌、新建首縣於省城，相聞則咫尺也。故以自祁門所上書，經解於一縣，則上書於一縣者，拜此書上臺下，爲當言路以言元事於元生前言，或於元死後言，以爲元講學被冤而洗冤之張本，於萬代言路，以不死元於死，於萬代言元事也。不然，誠於臺下多書上矣。不然，敢於臺下多書空空以上之哉？伏乞臺下出元所上書於經解衙門鄰父母共覽，共於元動愀愀情。則元之冤於今日，即洗於今日也。又奚俟洗元冤於將來當言路進言日哉？元帶刑具，出於萬不得已。激切上書，又何敢多，又何敢多。

上南昌李大尹書

竊以臺下必知蘇訥菴，今列於行人列矣。竟不追究程二蒲任重慶三年，與之相知，以學相講，而無間於三年者乎？元必欲臺下知訥菴者，無非欲臺下知二蒲也。又必欲臺下知二蒲者，又無非欲臺下以其知訥菴者知二蒲，以其知二蒲者以察元今日事也。臺下突然見解批以解所犯如元者，雖欲於元察，何據於元察乎？乃敢必欲臺下知訥菴知二蒲，以爲元察據也。不然，徒以上祁門書轉呈臺下，於元察亦察之，何所據乎？伏乞臺下賜覽所上祁門書，而又據訥菴、二蒲相知以察元，則書之上於祁門者爲有據也，有據以察元也。不然，元敢必欲臺下知訥菴以知二蒲何哉？乃若臺下又不俟知訥菴知二蒲所相知者，而即於元所上書以察之，洞知元今日之被解，以被毒也。或恨二蒲不能爲元辯之於早，或恨訥菴將入諫垣，必不能爲講學者與首相爭是非。夫是非之爭於講學，以爭於首相者，抑何是何非以諫爭乎？即首相以條陳學政，有不勝其可諫於諫者。今且不能歷歷指，惟指其首陳首條，遽然以體認經書便是講明學問，何其粗疎於講學，以隱毒於講學者耶？且講學者未必不體認經書者也。而體認經書，豈足以盡講學者乎？況體認經書於歷代□者，不知其幾，而有幾入文廟者乎？必講學者乃可以入文廟人也，必入文廟者乃可以名講學人也。不然，名臣則臣名矣，理學名臣又奚於名臣，而又名以理學名以臣名乎？是故理學名臣固於經書則體認矣，而名臣不於經書亦體認乎？孰可以文廟入乎？孰不可於文廟入乎？孰可以於講學名乎？孰不可於講學名乎？此必二蒲將爲元辯，必辯不及此，辯此必訥菴，將爲講學者諫，必諫不及此諫也。臺下不容不爲元遥致恨哉？又容不爲講學者預致恨哉？臺下又豈徒耳恨哉？必設身處二蒲處訥菴地，必辯必諫，必有以深恨乎二蒲、訥菴不辯不諫者也。元又敢欲臺下徒知訥菴以知二蒲已哉？察元以知元，洞然幸萬，洞然幸萬。

上湖西道吳分巡書❶

四月廿六夜，太公祖一見汝元，❷即呼之以「何心隱，而奚又改梁改汝元耶」？宛若祖之見孫，呼孫變姓名於異鄉，而復姓名於故鄉之情狀也。欲留之而似不容以輕留也，欲舍之而又似不忍以輕舍也。且又垂憐垂老被羈，雖明明覺之羈非其罪，而又鬱鬱恨不由己，❸可以即釋其所罪於其所羈者，莫能以自已也。踟躕頃刻，乃愀愀然曲慰汝元，且自舒精神以自保血氣，以俟轉救於按院，何如？汝元自承太公祖一見一呼情狀，不減嫡祖之於嫡孫，而汝元亦因之早夜以思，各道公祖之於汝元，猶伯叔祖之於伯叔孫也。縱救汝元，而其所救情狀必不若太公祖之情溢於救汝元之狀者，莫能以自已之切且親也。何者？汝元於臺下猶嫡孫也，非各道伯叔孫比也。公祖於汝元猶嫡祖也，非各道伯叔祖比也。其情其狀自有疎戚別也，自有談笑涕泣別也。以戚以泣以救，❹未有不可救者。救之於泣於涕於戚，其情其狀，以動其權之得以救者，如撫按之得以救，而乃自有可以救焉者也。莫非以嫡祖救嫡孫情狀救也，亦莫非以本道嫡祖救本道嫡孫情狀救也。❺撫按必無猜於所救也。❻乃自未有不可救之者也。設汝元雖嫡孫而非順孫，則嫡可救而非順不可救也。不惟汝元不得僥

❶「上」上，《遺集》有「又」字。
❷「太公祖」，《遺集》作「臺下」，下同。「汝元」下，《遺集》有「自以梁汝元跪而稱於膝下」十一字。
❸「恨」下，《遺集》有「之」字。
❹「戚」下，《遺集》有「以涕」二字。
❺「祖」下，《遺集》有「如」字。
❻「於」下，《遺集》有「其」字。

倖於臺下救，而且臺下必不擅便於汝元救也。

夫非順則逆，而其逆其心或可藏之而莫測，若其逆其跡竟可掩之而莫露耶？莫非有是心，必有是跡也？莫非無是跡，必無是心也？臺下必俟察汝元跡而後亮汝元心，則救汝元情狀必猶豫也。雖欲救汝元，必無有可救汝元者也。臺下不俟察汝元跡而直亮汝元心，則救汝元情狀必果斷也，此則救汝元必自有可救汝元者也。

且汝元若此其亟亟者，非苟求活已也。亟亟求與閣下面，以面懇閣下爲汝元轉奏《原學原講》萬有餘言一册，不負生平所講所學於萬一求也。不然，敢亟亟若此，以苟求活已哉？即日又以汝元轉解湖廣，則臺下欲救汝元於本省撫按者，無與於湖廣撫按救矣。何者？得救汝元之權，不在本省而在湖廣也。或於汝元救不救，亦由湖廣而不由本省也。求面閣下以轉奏之求，不亦竟成一空求耶？

雖然，若臺下以本道祖而亮汝元，以力救本道孫於湖廣撫院，或竟救於閣下，或竟救於朝廷，亦無有不可救者。又況臺下即又兼道嶺北，則把總於嶺北以緝汝元者，又爲臺下所屬吏也。汝元又爲臺下所屬犯也。又以嫡孫之所犯非其罪者得掌於臺下，而尤得與可釋權，❶以得釋嫡孫於嫡祖也。凡於本省撫按、於湖廣撫按、於閣下、於朝廷，以力救汝元，又奚有不可救者乎？亦非苟求以苟求活已也。❷求之不盡所求，而尤有出於所求之不盡者，統在始終乎四月廿六夜，

❶「尤」，《遺集》作「又」。

❷上「求」下，《遺集》有「救」字。

承臺下於汝元一見一呼情狀，不減嫡祖之於嫡孫情狀也。❶

又上湖西道吴分巡書

歷陳講學事。汝元所事講學以事生平事者，事孔孟所講所學事以事也。夫以又盡善歸諸《韶》，而以未盡善歸諸《武》，則可以亮其所事所講所學，以事於孔子事也，何嘗有逆事以事於孔子事耶？不夷尹其行而孔子其願，則可以亮其所事所講所學，以事於孟子事也，亦何嘗有逆事以事於孟子事耶？況於弑君弑父之漸而慎之者，孔子其心事之不容已於文王者也。然則不惟於孔子所事所講所學事以事事者，亮其不有逆事於孔子所事，而於孔子心事之不容已者，尤足爲孔子亮矣。不然，流難防也，孰有於其流而無君父之大逆，必辯之必力，如孟子其心事乎？汝元生平所事於孔孟所講所學事以事事者，亦惟事乎其心，而心乎其事，於孔孟所歸所慎所願所辯於所講所學其事，以事生平事也。而逆心逆事不亦可以於汝元所事所講所學其事亮哉？

自庚申前而汝元與郡邑鄉族所講者此學也。凡事乎其事於郡邑鄉族以事事者，亦惟事於此講此學以事事也。自庚申後而汝元與東西南北所講者此學也。凡事乎其事於東西南北以事事者，亦惟事於此講此學以事事也。

自庚申前，自庚申後，而汝元所與郡邑鄉族，所與東西南北之相與以講相與以學此講此學者，固不一其人也。而相透此講此學

❶「也」，《遺集》作「則不勝幸萬」。

於相與以講相與以學者，惟錢懷蘇一人也。設懷蘇尚存於今日，必相與以講相與以學此講此學於朝夕，而汝元不被今日毒矣。乃若已故程後臺，雖先於懷蘇與汝元相與以講相與以學此講此學，而其與汝元相透此講此學，或恐不懷蘇先也。然而陳此懷蘇，陳此後臺，似無可徵於所陳矣。乃又陳其二三相與者以徵之，有程二蒲則同懷蘇官北部，於庚申亦同懷蘇交汝元，於庚申而共與汝元相與以講相與以學，相透此講此學於庚申者，亦不懷蘇相後先也。第懷蘇則誠而不有滑機，二蒲則明而不無滑機者，一先一後，自不能以相掩也。又有若羅近溪，又有若耿楚侗，亦與汝元交，其情其厚，亦不有先後也。然羅於汝元相交，則相忘而相敬也。其耿於汝元相交，則相敬而不相忘也。一先一後，亦奚能以相掩耶？乃若羅若耿相與以講相與以學，而不相透於汝元所講所學乎？此講此學者，羅亦不先不後於耿也，耿亦不先不後於羅也。設羅設耿相透此講此學於汝元，相與以講相與以學者，得若二蒲相透於此講此學不相後先，則汝元亦不被今日毒矣。況得若懷蘇相透於此講此學者乎？然而又陳二蒲若此、又陳近溪若此、又陳楚侗若此之歷歷者，亦不惟徵其所陳於後臺於懷蘇已也，且欲以徵汝元敢陳二三相交者歷歷若此，必其汝元所事所講所學事以事生平事者，雖不如二三相交者一一相透，而亦未嘗不於二三相交者一一相亮也。伏惟臺下即汝元所陳相交有若此其歷歷之相亮以亮汝元心事之不有逆事，則汝元所事所講所學事乎孔孟所歸所慎所願所辯於所講所學其事，以事生平事者，乃有徵也。不然，孔孟遠矣，其講其學其事湮矣，孰於汝元事乎其心，而心乎其事於孔孟心事之不有逆事，以講以學以事生平事者，徵以亮哉？　至再至懇，於其歷歷所陳者十百千萬而一一亮亮，奚啻汝元幸萬，天下講學者幸萬。

上嶺北道項太公祖書❶

爲辯寃事。❷　汝元生平惟事講學事，而自度本無所可寃者事也。自丙子七月内，汝元在湖廣德安府孝感縣樂聚友朋，以講汝元所學。方翕然時，突爾程二蒲親弟乘舟而來，亟報汝元，本省已差雲夢高典史帶兵將至矣，遽偪汝元登渠所乘舟，即放長往，❸出湖廣境，乃泣語汝元，典史高帶兵，爲緝大盜犯也。蓋大盜犯，不別有所指所緝也。語畢，而程親弟乃歸省應試，惟以其表兄焦茗送汝元竟抵泰州。❹　尋二蒲爲汝元致書辯於湖廣兩院、各道。汝元又自度事勢至此，則迫矣，莫若歸葬父母而後拚身自辯於朝。❺歸僅三月，築墳畢，而茗父又領德安府票來緝其子，并緝汝元。令汝元欲守墳而不可得，又安得不棲棲走徽州祁門，尋素與講學友朋共朝夕，以避其所緝耶？

前月初二日果不覺南安把總朱差人又領湖廣撫院緝汝元票，以汝元於祁門起解，❻抵此地，則九百餘里，至此時，六十餘日。投

❶ 此題，《遺集》作「上嶺北道向兵備書」。
❷ 「爲辯寃事」四字，《遺集》無。
❸ 「放」下，《遺集》有「舟」字。
❹ 「以其表兄」，《遺集》作「托渠親」。
❺ 「朝」，《遺集》作「闕下」。
❻ 「以」下，《遺集》有「緝」字。「門」下，《遺集》有「而獲汝元於祁門矣三月初由祁門」十四字。

解呼入叱出，❶百千萬億，其辱何勝辱？❷百千萬億，其苦何勝苦？ 雖一里尚難堪，況里以九百餘計乎？ 雖一日尚難堪，況日以六十餘計乎？ 又況或以汝元轉解湖廣，不又有千里計乎？ 又不有百日計乎？ 人生如白駒之過隙爾，何辱何苦汝元之辱且苦於其生耶？ 又莫若哀告太公祖，❸轉請軍門，即殺汝元於此地，以免辱且苦於千里也。 即殺汝元於此時，以免辱且苦於百日也。

　　且太公祖於丙子七月尚代巡湖廣，❹必洞知湖廣以大盜犯緝汝元之所由起者，由於朝有所議而起乎？ 由於野有所譖而起乎？ 又由於省府州縣有所訪而起乎？ 伏乞於洞知其所起而洞察其所犯，果有可殺而不有可生，則殺汝元於此地此時之爲便也。 雖寃未辯而被殺，而得殺之，便以免辱且苦於其生，是即以生道殺汝元也。 汝元敢怨乎？

　　或者軍門雖欲殺汝元而未洞知其所起，且亦未及洞察其所犯者之果可以殺，遽忍重失之慘，而忍於汝元殺耶？ 又或雖欲生汝元亦未洞察其所犯者之果可以生，又遽肯輕失之縱，而肯於汝元生耶？

　　幸得太公祖昔年丙子七月在湖廣，今年己卯五月在贛州，既得洞知洞察於昔，又得洞知洞察於今，汝元果非事講學事，而果不無所犯事之果可以殺，自難逃太公祖之洞知洞察也。 汝元果事講學事，而果不有所犯事之果可以生，亦難逃太公祖之洞知洞察也。

❶「叱出」，《遺集》作「如呼犬轉解叱出如叱牛呼入屈膝長跪叱出折腰疾趨此外」。
❷下「辱」，原無，今據《遺集》補。
❸「哀告太公祖」，《遺集》作「臺下」，下同。
❹「太公祖」，《遺集》作「臺下」，下同。「於丙子七月尚代巡」，《遺集》作「昔年丙子在」。

伏乞以其洞知洞察於今昔者，❶明之軍門，亦知太公祖之所知，察太公祖之所察，以殺汝元，以生汝元，是信太公祖殺汝元也，是信太公祖生汝元也。軍門將不得自免自疑其失之慘，又不得自免自疑其失之縱耶？然則任生殺之權在軍門，而神生殺之機在太公祖矣。

汝元哀告，本欲得便殺，敢欲得便生耶？莫非在太公祖神其機於任權者便之爲何如也。又且寃汝元以盜犯，又寃汝元以妖犯，又寃汝元以逆犯，竟莫知其果何寃果何犯？亦惟太公祖洞知其所起所寃，洞察其所犯所寃者於今昔者也。

更乞太公祖俯查朱把總所領湖廣移文緝汝元者，則寃果何起，而果寃以何犯，太公祖尤得以洞知洞察以生以殺汝元於贛州，免辱苦轉解於湖廣，不惟或殺或生汝元之權自得以任其權，而自無疑於軍門，而或殺或生汝元之機，尤得以神其機，而自信於太公祖矣。惟查惟請，懇懇。

上南安趙四府書

汝元未見公祖，鬱鬱然不知公祖之於汝元何如？❷既見公祖，不倨座而臨階，❸愀愀然以慰汝元，宛有百千欲言難言，❹溢於言表，而鬱鬱然於未見者，稍舒於既見也。且公祖之於汝元如此者，汝元何修而致

❶「昔」上，《遺集》有「於」字。
❷「公祖」，《遺集》作「臺下」，下同。
❸「階」下，《遺集》有「且採汝元於階之上撫汝元於座之下」十五字。
❹「言」下，《遺集》有「汝元乃知臺下之於汝元如此又寃有不盡如此」十九字。

此哉？無非公祖天衷素厚之所致也。或者由陸雲臺以致之乎？抑由錢懷蘇以致之乎？畢竟由公祖天衷素厚之自致也。何者？雲臺之於汝元，雖相聞未相見，而亦不似尋常未相見徒相聞者比也。有自雲臺而來會汝元者，每每則盡出雲臺起居以示汝元。有自汝元而往會雲臺者，亦不免盡出汝元起居以獻雲臺。以此，雖未相見於函丈，而得相聞於千里也。雲臺之於汝元，概如此也。公祖之於雲臺，其同年之相厚歟？抑年家之相厚歟？亦通家之相厚歟？不然，公祖於雲臺同府而異縣以家者，兩家於兩縣，公祖安得由雲臺以致公祖之於汝元有如此乎？畢竟由公祖天衷素厚以自致也，豈由雲臺以致之乎？有如懷蘇之於汝元，又非雲臺之於汝元者比也。其以講學相交而又相透於所講所學，以同朝夕，起則同起，居則同居，有非往來相會者所能盡乎其相與者矣。❶此又豈在見聞擬耶？第又不知公祖之於懷蘇，即公祖之於雲臺，家兩縣，亦通家之相厚歟？抑年家之相厚歟？其同年之相厚歟？或者年相長少，仕相先後，惟精神之相感而不在形跡之相厚歟？此汝元敢必公祖之於汝元如此者，畢竟由公祖天衷素厚以自致也。亦豈由懷蘇以致之乎？然亦未有致之而無由者也。似致之由於雲臺，而亦不盡於雲臺也。又似致之由於懷蘇，而亦不盡於懷蘇也。無非盡於公祖天衷素厚之自致自由也。不然，汝元何修而致公祖之於汝元如此者哉？

外《原學原講》萬有餘言一册，并此書上公祖賜閲賜裁，且乞爲汝元分付繕寫者，另

❶「盡」下，《遺集》有「以出」二字。「與」，《遺集》作「厚」。

抄二册，以一册遺焚於懷蘇祠，❶此爲汝元鳴所事所講所學事以事生平事者於幽也。又以一册遺貯於雲臺館，此爲汝元鳴所事所講所學以事生平事者於明也。

前此汝元欲效成化間有福建陳布衣詣闕上書，并上《原學原講》一册以自鳴生平所事所講所學事於朝廷、於天下，不覺將北行而被執於三月初旬，被囚於五月中旬，則其所欲以自鳴者，恐未得以自鳴也。此又汝元鬱鬱然而未舒於生平者，亦不知公祖肯拔汝元於淵，而寘之九皋，一鳴以舒此生平所欲鳴未鳴之鬱鬱然者否也？

雖然，得舒未見鬱鬱然於既見者，既汝元生平鬱鬱然之一舒也；況又得并上《原學原講》一册，而脱或得賜閱賜裁，且又或得賜抄賜遺者，亦即汝元生平鬱鬱然又一舒也。一舒即一鳴也，一鳴即一舒也。舒於公祖者即鳴於公祖也。

且公祖必爲朝廷名臣矣，必爲天下名賢矣。而其於公祖鳴者不即於朝廷鳴呼？不即於天下鳴乎？鳴且鳴矣，舒不舒乎？又即汝元生平鬱鬱然一大舒也。懇懇。❷

上南安陳太府書

竊以梁汝元即何心隱也。自庚申前則在學姓名，乃梁其姓而汝元其名也。自庚申後則遊學姓號，乃何其姓而心隱其號也。夫以何易梁姓，而以心隱易汝元名者，一則避已故嚴相之肆毒，一則便四方交遊之稱謂也。且以臺下不聞梁汝元，或聞何心隱。況

❶「於」下，《遺集》有「錢」字。

❷「懇懇」上，《遺集》有「叩陳」二字。

又自壬戌迄於甲子二三年間，交遊於八閩，共學於八閩者，非一人非一日也。而八閩之交遊以共學者，如大郡之興化，大邑之莆田，又不啻非一人已也，又不啻非一日已也。又莫非以何心隱姓號與之交遊與之共學也。而因其交遊、因其共學以相聞者，亦惟以何心隱姓號聞也。又況聞何心隱姓號於八閩之不啻非一人，不啻非一日，聞者又不惟興化之大郡，莆田之大邑，多其人、久其日而聞也。以此切恐臺下必不有梁其姓、汝元其名聞，而或者有何其姓、心隱其號聞也。乃敢以梁汝元即何心隱顯之於書，特於臺下上也。不然，三月初旬被執於祁門，五月中旬被因於南安，凡書以上職掌者，❶惟以梁汝元所講所學所事所交具之於書以上之於職掌也。何嘗有梁汝元即何心隱顯書特上臺下者，具書上職掌耶？伏惟臺下以其或於何心隱聞者，即於梁汝元察，并察外有所録所上祁門書，以俯憐昔之所聞何心隱，而推憐今之所察梁汝元，則所犯非其罪，自然於臺下矣。又奚啻梁汝元即何心隱幸甚，凡所與以交遊、所與以共學者，亦幸甚幸甚。

上南安康二府書

汝元生平所事所講所學事不得鳴於天下，與天下共講共學共事於孔孟名家所事所講所學事生平事者，乃以生平所蓄謬發《原學原講》萬有餘言一册，剛欲詣闕鳴之於朝廷，以鳴於天下。忽爾被緝於祁門則三月初旬，被因於南安則五月中旬，以致光陰易度，死生難測，而前册《原學原講》之欲鳴於朝

❶「凡」下，《遺集》有「具」字。

廷，以鳴於天下者，猶夫汝元生平所講所學，仍復不得鳴於天下也。

前此祁門姚父母雖究汝元既自鳴講學，必有講學所蓄所發者。汝元不得已，遽出前册《原學原講》鳴於姚父母，以强塞其所究也。是姚父母則一邑父母也。姚父母縱慨爲汝元以《原學原講》轉付祁門儒學，以徧鳴祁門士民，亦惟鳴於祁門一邑已也。於朝廷於天下，得一鳴何如？或者姚父母值大朝年，而亦慨爲汝元便奏於朝廷，以請佈於天下，將奏於明年正月元旦大朝前，以鳴於前歟？將奏於大朝後，以鳴於後歟？況姚父母或一覽而置之高閣，雖祁門一邑士民，且未必慨然轉付而徧鳴於一邑也。又於朝廷於天下，亦果得一鳴何如？

幸得公祖不棄汝元，俯於汝元取所上祁門書，而不得并以《原學原講》一册上，并應所取者以《原學原講》一册尚未隨帶入囹圄也。

汝元昨自欲投臺下，自持所録書，奈之何不得以自由也。今又自欲投見臺下，自持《原學原講》一册上，亦奈之何亦不得以自由也。囹圄在職掌，而汝元則囹圄犯人也，奚得以自由耶？欲自投見者，汝元情也。而投見自由之不得者，職掌法也。伏惟公祖以情原而以法宥，是亦以漢之鄒陽故事宥汝元也。

且公祖榮滿届行，而行期又甚邇甚迫，設棄汝元如芻狗，何暇何肯俯於汝元取汝元沿途所上書耶？而汝元敢續以《原學原講》於公祖上耶？無非恃公祖以情原汝元，以法宥汝元而不忍於汝元棄也。又且公祖欲於不棄汝元而賜察於衆惡，以爲汝元求萬死於一生者，似無所據，必得《原學原講》一册爲之據也。汝元乃敢以《原學原講》一册續於公祖上也。不然，敢擅上耶？ 又且公祖上京在即，又非若大朝上京者之遲遲其行期在冬比也。又况公祖以榮滿之在京，又非若大朝在京者之速速其行期在冬末春初比也。公祖果不忍於汝元棄，而以汝元《原學原講》一册奏以請，而汝元得以鳴生平所事所講所學事於朝廷以鳴於天下者，又非若大朝者倘爲汝元以《原學原講》奏於大朝，前後之或速或遲難必比也。

汝元果得公祖以《原學原講》以奏以鳴，即汝元所事所學所講事以事生平事者，得鳴於天下也。汝元雖死亦生也。其形死也，其神生也。其形之所死者，汝元不得所講所學其事即於天下鳴也，不得早遇公祖之所致也。其神之所生者，汝元幸得《原學原講》其册即於天下鳴也，幸得公祖之所致也。又况果得公祖以《原學原講》一册奏，而即據《原學原講》册内賜察汝元之有可錯者以死。汝元形神之俱死，則汝元死非寃抑而死也，形死而神亦死也。雖《原學原講》其册亦並死於其所可錯者矣。而汝元《原學原講》其册又奚得於天下鳴耶？ 又况汝元所講所學其事耶？ 或即據《原學原講》册内又賜察汝元之有可舉者以生。汝元神形之俱生，汝元生非苟免而生也，神生而形亦生也。雖所講所學所事亦並生於其所可舉者矣。而汝元所講所學其事，又不得於天下鳴耶？ 又况汝元《原學原講》其册耶？ 是又無非公祖即日上京，而又不以日計在京爲汝元便奏之所賜也；亦無非不棄汝元如芻狗之所致也；亦無非天托公祖加察汝元於南安，以默致汝元幸遇公祖於南安也。不然，緝獲汝元於祁門有司，而囚汝元於祁門縣囹圄，亦無有不可者。

又奚爲緝拿解汝元於南安把總，而囚汝元於南安府囹圄耶？ 統惟垂察原宥，懇懇。

上贛州蒙軍門書❶

太公祖臺下的示汝元所緝者，果何緝也？ 所犯者，果何犯也？ 且莫知其所緝於所犯者果何自起？ 自朝有所議而起乎？ 自野有所譖而起乎？ 自省府州縣有所訪而起乎？ 其有所議者，以盜以逆以妖議乎？ 其有所譖者，以盜以逆以妖譖乎？ 其有所訪者，以盜以逆以妖訪乎？ 三月間，見祁門所緝汝元票，有以盜犯緝汝元也，有以逆犯緝汝元也，有以妖犯緝汝元也，竟莫知其所緝所犯者也。

汝元自度緝以盜犯，則不惟不俟汝元自辯，而人亦必爲汝元辯，自無有乎不辯者矣。乃若緝以逆犯，則亦不無逆跡之露，縱不露迹於二三年，能不露迹於五六年乎？ 況汝元往還於湖廣幾二十年矣，曾有毫釐逆迹露乎？ 亦不俟辯於己於人，而亦自無有乎不辯者矣。 惟緝以妖犯，則似有不易辯者，乃歷歷辯之於所上祁門也。

雖然，亦有不俟辯，而亦自無有不辯者也。❷ 何者？ 妖藏於心，莫可測也，似費辯而似難辯也。 而妖形於言，亦費辯而難辯乎？ 又況妖形於事，不尤不費辯，不尤不難辯乎？ 又況二三年不有二三年人交乎？ 又況五六年不有五六年人交乎？ 又況往還幾二十年於湖廣，又不有二十年人交於湖廣者乎？ 設心藏妖，能不於言形乎？ 又不於

❶「軍門」，《遺集》作「都院」。
❷「者」下，《遺集》有「在」字。

事著乎？又能不形而著於所交人乎？言以人殊，而事亦以人殊，不尤不費辯於所交人乎？不尤不難辯於所交人乎？又況所交其人於湖廣者，亦不能歷於湖廣其人數也。姑數其一二，果妖人以相交乎？抑非妖人所交乎？乃若耿楚侗之於汝元相交，雖非深交，而亦不比淺交已也，以學相講而相亮以相交也。乃若程二蒲之於汝元相交雖淺交，而亦不啻深交已也，以學相講而相透以相交也。不尤不費辯於相交若二人乎？不尤不難辯於相交若二人乎？凡若此之歷歷辯者，又莫辯於所上祁門書也。辯取贅乎？外有《原學原講》萬有餘言一册，並上臺下賜閲，亦所以代辯所藏於其心、所形於其言、所著於其事、所交於其人，盡辯於其所聞者以代辯也，辯又敢贅乎？且《原學原講》一册，又非徒以代辯已也，將欲一鳴生平所事所講所學於天子闕下。剛爾起行於祁門，忽爾被緝於祁門，又非造化默默令汝元先於臺下一鳴乎？果得臺下閲而并示，則所鳴尤明於所辯也。辯又敢贅乎！懇乞示示。❶

又上贛州蒙軍門書

前月朱把總突爾問汝元講學亦有修養否？汝元初莫之覺，而權對以所講所學於修身者則修也，❷養性者則養也。❸講學何嘗不有修不有養耶？繼而又問汝元，近有一老近百歲，蒙爺用之，以傳修養法，不知此

❶「懇乞示示」，原無，據《遺集》補。
❷「身」，《遺集》無。
❸「養性」，《遺集》作「所養」。

老何姓何名何處人也？汝元乃覺前所問者，有所以也。以臺下所用者問也。❶乃對此老必阮中和也，❷清江人也，❸近九十未近百歲人也。汝元曾會其人而知其人也多年。軍門汪偶有疾，曾用中和治而愈。且清江境內有火疾，得中和治而愈者亦多也。念菴羅公得其法，❹亦極口揚之。第不知年來何如？恐此老於純陽所傳法則傳矣，而於純陽所傳道亦傳乎？上陽子有言：「道非法，則不有所事，而道不有所顯；法非道，則不有所家，而法不有所藏。」又有言：「得正道而用邪，邪亦歸正。」此道此法傳其一而未傳其一，能保其早年晚年一一取效而收功耶？然則道法有別乎？清净以家言，蓋言道也。內外以事言，蓋言法也。若道若法不有別乎？或有以中和法外無道，❺即法即道，道外無法，即道即法。而道而法，不有所別。則中和自知，非汝元所知也。

汝元於中和，初會於己酉秋，繼會於丙辰夏，則汝元不惟不知中和，而於道於法一一無所知也。❻又繼會於丙子冬，則汝元於其道其法，似亦有所知者。乃欲與中和商之，❼必公其道，必公其法，而不私不祕，以傳諸有能傳有可傳者。乃至道大法也，乃純陽道也。❽乃於其能傳可傳者必共事其事，以顯其道於其法。以公其道者必有法，必有家

❶「臺下」，《遺集》作「蒙爺」。
❷「必」，原無，據《遺集》補。
❸「清」上，原有「必」字，據《遺集》刪。
❹「公」下，《遺集》有「又不在有疾而」六字。
❺「有」，《遺集》作「者」。「和」下，《遺集》有「自以既傳純陽道」七字。
❻上「一」，《遺集》作「亦」。
❼「與」，原無，據《遺集》補。
❽「也」下，《遺集》有「乃純陽法也」五字。

者必有事也。❶非空空家也，非空空道也，至道也。又必共家其家，以藏其法於其道，以公其法者必有道，必有事者必有家也。非瑣瑣事也，非瑣瑣法也，大法也。彼有盟而不輕傳者，亦惟以匪人而不可傳，癡人而不能傳，乃不輕傳也。不然，至道大法之有於純陽者，顧私而祕之，不公其道其法而吝不傳乎？亦得私而祕不傳乎？第其所傳非汝元所欲公其傳而傳者也。恐亦非純陽偏訪，不得能傳可傳者，而不傳，必得韓襄子乃傳之而傳者也。奈之何草草一會，不得細細以此與中和商之爾。

迄今不會又三年矣。今似有可會之機而不可會者，❷奈之何哉？汝元敢以此又取外録九峯蔡氏所著《洪範篇》亦有切於修養者，❸並汝元所上書上之。以汝元心事所事所講所學事，而旁通乎其事者，亦惟仙家所尚者，其事則阮中和所事事也。儒家所宗者，其事則蔡九峯所事事也。又奚容有逆事事乎？

謹録九峯所著者於左：❹

貌言視聽思，其屬則異，而其神則同也。而神又斡旋乎精氣，以屬之於貌言視聽思也。自其同者而同之，則精則氣，莫非神也。況貌言視聽思而有至一其神者乎？自其異者而異之，精則精，氣則氣，神則神也。又況於貌言視聽思而有不一其神者乎？是故貌屬於氣，而精以潤之、

❶ 上「必」，《遺集》作「即」。
❷ 「不」上，《遺集》有「又」字。
❸ 「又取」，《遺集》作「復」。「切」，《遺集》作「功」。
❹ 「著」下，《遺集》有「之有切」三字。

神以華之於其貌也。言亦屬於氣，❶聽與言同乎其所屬，直透於精，凡所以通透乎其竅者，神以出聲音於其言，納聲音於其聽也。若視若思則屬於神，而氣以衛神，精以潛神於視、於思者也。是故惟思之屬於神者，即谷神之神也。不深刻於其思以斃神精，❷以自華其氣，則貌亦自潤而自華矣。況視則思之同屬，而獨不若貌之自潤自華於思不深刻者乎？於聽自能於聲於音，以出以納於竅，必有通而自透矣。孰非神乎其神於思，以斡以旋，若精若氣，爲貌爲言爲視爲聽其屬，而又以思之所屬者，修之於神於思，養之於神於思，以辨乎其同於異於思於神者乎？以統乎其異於同於神於思者乎？

此九峯蔡氏得異人傳之，而以己之文思，化其所傳所異者著之於《洪範篇》也。似儒家常談，而忽之者多也。獨不觀《道藏》有《延壽須知》，而多用鄉黨之用於孔子者，亦非常談可忽者乎？而儒家者流，語汝元閉關以思以神，以斡旋精氣於貌言視聽思者，❸莫蔡九峯若也。又因旁求仙家者流，以閉關以斡旋精氣神於貌言視聽思爲祕傳者，又莫阮中和若也。不知今所用者，果若人否也？果若人，❹乞叱汝元姓名詢之，不亦於汝元心事亮乎？

❶「氣」下，《遺集》有「而以通乎其氣於視而又通乎其氣於聽」十六字。
❷「精」上，《遺集》有「殞」字。
❸「旋」，原無，據《遺集》補。
❹「果」上，《遺集》有「若」字。

上朱把總書❶

元聞臺下籍孝感，而人於孝感，官於德安，以府衛於孝感者也。❷元於孝感，或往或旋二十餘年，設有一妖交逆交，雖一朝一夕難容於孝感矣，況二十餘年容元於孝感以相交乎？且元聞臺下於祁門，乃乍聞爾。❸而臺下聞元於孝感者，❹不稔有所聞乎？❺元必求臺下稔聞於孝感以不寃元者，亦非苟求免於死也。第求早賜元一日死，則早免苦軀殼於一日矣。何者？軀殼之囿神氣，即刑具之囚軀殼也。自祁門而解抵南安，❻則十有三縣。又自南安轉解湖廣，必復下而上，又不暇於所解縣計。❼而一縣解則苦於一縣，一日解則苦於一日，一月解則苦於一月，莫若哀求臺下轉懇蒙臺，❽早決元於贛州，則元神氣早歸於天，而元軀殼早歸於地，不亦愈於軀殼日囿神氣，而刑具日囚軀殼苦耶？

夫人孰不好生而惡死，而被毒至此，❾非生地也，死地也。而生雖好，得元好乎？而死雖惡，得元惡乎？元生於世，本無死罪，而今日如此，無生地也，有死地也。無非肆毒者多惡元生而必致元死而後已也。❿千死

❶「上」下，《遺集》有「南安」二字。
❷「府衛」，《遺集》作「衛所」。「也」下，《遺集》有「或者誤聞臺下人孝感而非孝感而亦或近於孝感地也」二十二字。
❸「聞」下，《遺集》有「於祁門」三字。
❹「下」下，《遺集》有「所」字。
❺「聞」下，《遺集》有「於孝感者」四字。
❻「自」上，《遺集》有「一縣解一縣」五字。
❼「暇」，《遺集》作「下」。
❽「臺」，《遺集》作「軍門」。
❾「至此」，《遺集》作「以至此地」。
❿「惡」，原無，據《遺集》補。

萬死，無非一死。早死遲死，無非一死。何遲死一日而苦於一日耶？

又況初設軍門於贛州者，以其四境地方多變逆無常，而有軍門於其地，得以即於其地便宜行事，而凡逆賊即得決於其地不待時也。而元今以所罪罪名，亦決不待時也。❶雖隨地隨獲，❷亦惟笞元五十，❸五十不死，又加五十，或者不俟滿於百笞，而元未有不死。❹或絶元食於其地，不七日則半月十日，亦可必元有死無生。❺則以軀殼淺殯，令地方嚴守，以俟臺下差人復驗，❻雖軀殼死者，不與生者同，❼而亦不甚異也。雖二三年，軀殼不同，❽亦不甚異也。況二三月，非臺下功乎？何必苦元一日生，而遲元一日死耶？

今則自祁門而解浮梁，自浮梁而解鄱陽，自鄱陽而解餘干，自餘干而解進賢，已苦於五縣矣，已苦於二十有餘日矣。❾況自此地而抵南安，不下千餘里，自此時而抵南安，不下月餘日，不敢哀求免苦於千餘里也，亦不敢哀求免苦於月餘日也，亦惟哀求臺下轉爲元懇求軍門，斬元首級，以解湖廣，亦臺下功也。不惟有功業於邊將，且爲元免苦於抵湖廣二千餘里，爲元免苦於抵湖廣二月餘日，是亦有功德於元也。

❶「亦」上，《遺集》有「罪」字。
❷「獲」下，《遺集》有「隨死乎元」四字。
❸「十」下，《遺集》有「則元必死也」五字。
❹「有」下，《遺集》有「生而」二字。
❺「有死無生」，《遺集》作「必有死而無生則神氣亡而軀殼存」。
❻「臺下差人復驗」，《遺集》作「原獲元差稟過臺下再加差三五人復來驗元軀殼」。
❼「與」下，《遺集》有「軀殼」二字。
❽「不同」，《遺集》作「雖不甚同」。
❾「矣」下，《遺集》有「一日苦一日矣」六字。

或者以此爲有功業而不有功德。❶然昔時陽明王先生於一死罪，揮使惟以銅鎚死之，是非不免其死，而惟免其死苦耶？且免其不拔黄，是亦非積功德於鎚死者耶？若臺下於今日不遲死元於遲，而早死元於早，縱不有陽明功業復見於後日，又不有陽明功德復見於今日耶？或者又以不早死元而遲死元者，❷令元得以徐徐辯也。乃雖苦元於生，❸亦在所不惜。孰知遲抵湖廣亦不容元辯矣。❹何苦於生而遲死耶？又或者臺下以湖廣事不由己，❺奚得早死元，而不於元苦耶？又或者臺下自度且有功業而不有功德可也，何暇幹積功德迂闊事耶？如此如此，則亦不俟哀求矣。

至此地、至此時元必不願死於水，不願死於火，又不願死於苦而病，❻爲後世以元乃自死，如古有自殺而自死者也。惟願死於笞，又莫若願死於殺，可免於笞死而苦也。❼元且又爲後世必以死而殺元者，❽某官也。元雖不有史官收，而不有野史收以入史官史於後世者耶？事勢至此，再無容喙矣。不辯惟自哀哀。

上江西劉撫院書

竊以梁汝元即何心隱者，未有一人而兩

❶「不」，原作「亦」，據下文文義及《遺集》改。
❷「或」上，《遺集》有「又」字。
❸「乃」下，《遺集》有「遲遲元死」四字。
❹「遲」上，《遺集》有「元遲」二字。「廣」下，《遺集》有「而死而」三字。
❺「湖廣事」，《遺集》作「陽明由己而臺下」。
❻「苦」，《遺集》作「笞」。
❼「可」上，《遺集》有「又幾」二字。
❽「死」下，《遺集》有「元」字。

姓名也。自庚申前，則梁汝元在學姓名也。自庚申後，則何心隱遊學姓號也。夫以何易梁姓，而以心隱易汝元名者，一以避故相之肆毒，❶一以便四方之稱謂也。❷不然，姓宗於祖而名命於父，本一人本一姓本一名也，敢擅兩其姓而兩其名耶？今湖廣撫臺委江西南安把總所緝者，緝何心隱也。而不知何心隱即梁汝元遊學之姓號也，非兩人而兩姓名也。

且心隱於湖廣，則撫臺若王臺下所視心隱之遊於所撫地方，❸一外省細民也。或生或殺乎細民，則不免有若談笑之情狀也。非故疎之也，而其情其狀其視外省細民自若是也。惟汝元於江西，則撫臺若臺下所視汝元之在於所撫地方，一本省子民也，或生或殺乎子民，必不免有若涕泣之情狀也。亦非故戚之也，而其情其狀其視本省子民亦自若是也。況臺下果不忍汝元以心隱緝，而又不忍心隱以汝元解，必由生殺於本省，而不憑生殺於外省，必由生殺於臺下，而不憑生殺於王臺下，則汝元縱不得生於本省臺下，而畢得殺於本省臺下，是以汝元殺汝元，而非以心隱殺心隱者殺汝元也。是以子民殺子民，而非以細民殺細民者殺子民也。是以汝元其體魄埋心隱其體魄於本省也，而非以心隱其神魂招汝元其神魂於外省也。

或者臺下以王臺下有所受於閣下也。臺下獨不有所受乎？況受於閣下者私受也，於朝廷者公受也。❹何者？受天子命以撫湖廣者固王臺下公受於朝廷者也。受天

❶「故相」，《遺集》作「已故嚴相」。
❷「方」下，《遺集》有「交遊」二字。
❸「王臺下」，《遺集》作「王公」，下同。
❹「於」上，《遺集》有「受」字。

子命以撫江西者亦非臺下公受於朝廷者乎？然則臺下、王臺下皆朝廷撫民官也。❶凡有所緝而奉天子命以緝，是爲朝廷公以緝民也。奚可私有所受於閣下，而爲閣下私緝民乎？凡有所解而奉天子命以解，是爲朝廷公以解民也，又奚可私有所受於閣下而爲閣下私解民乎？若徒爲閣下私於民緝，私於民解，則是以朝廷公天下撫民官爲閣下私官也，爲閣下私以緝民官也，爲閣下私以解民官也。況以汝元即心隱雖緝於湖廣，而實爲江西南安把總緝，不有關於臺下之撫江西地方以緝乎？又況以心隱即汝元雖解於湖廣，而實爲江西南安把總解，又不有關於臺下之撫江西地方以解乎？然則臺下又非爲王臺下緝以解本省子民應外省細民緝以解乎？然則臺下又不於王臺下以撫臺作撫臺緝民解民官耶？不又甚於爲閣下私以緝民私以解民官耶？縱王臺下必有所受於閣下，則臺下亦未必不有所受於閣下矣。既以江西把總緝心隱即汝元，便以江西把總解汝元即心隱者，竟差把總所緝，而竟解於閣下，其理不亦宜乎？其勢不亦便乎？

且天下官可以緝天下民也，可以解天下民也，可以生天下民也，可以殺天下民也。奚必以江西民爲緝於湖廣以膠柱，而轉解於湖廣以鼓瑟耶？

伏惟臺下近憐以察汝元於本省，遠憐以察心隱於外省，寧生汝元於江西爲本省民，毋寧生心隱於湖廣爲外省民。寧殺汝元於江西爲本省鬼，毋寧殺心隱於湖廣爲外省鬼。寧生寧殺心隱即汝元於朝廷爲天下民爲天下鬼，毋寧生毋寧殺汝元即心隱於江西

❶「王」上，《遺集》有「之與」二字。

於湖廣爲一省民爲一省鬼。則或生或殺乎民若汝元而心隱，若心隱而汝元者，非寃而殺也，非倖而生也，是以朝廷公天下而生而殺也，非私有所受而生而殺也。殺乃無寃鬼也，生乃無倖民也。豈惟一省民感戴曷勝，天下民感戴曷勝。

上江西邵按院書❶

竊以憲臺臺下秉生殺之權，而一省民之有可生者生，可殺者殺，皆在其權之所秉者也。況汝元一細民乎？且作好作惡，以生以殺，俾生者非其所可生，惟出乎好所作以生；殺者非其所可殺，惟出乎惡所作以殺。以致生殺之權雖秉於天子，而或自紊於天子，則臺下言官也，容不於天子一言乎？況宰相或有紊權於秉權者，又容不於天子以言宰相一言乎？又況撫臺或有紊權於秉權者，又容不於天子以言撫臺一言乎？然則臺下或奉天子命以生殺天下民，亦惟察天下民之可生可殺。❷如汝元之細民，果有可生可殺者而生之而殺之，是以天下民之可生可殺者生殺天下民也，而非以天子好惡生殺天下民也；即以汝元細民之可生可殺者生殺汝元細民也，亦非以天子好惡生殺汝元細民也。乃臺下代天子以奉天子生殺之命於一省，而不狥其命者有如此也；乃亦臺下代天子以秉天子生殺之權於一省，而不紊其權者又如此也。

況又或紊生殺其權於秉權於天子者，則

❶「邵」字，《遺集》無。

❷「亦惟察天下民之」，《遺集》作「如汝元之細民者亦惟在臺下代天子以察天下民之果有」。

在臺下之官言官得以一言諍之也；❶或紊生殺其權於秉權於宰相者，則在臺下之官言官得以一言論之也；❷或紊生殺其權於秉權於撫臺者，則在臺下之官言官得以一言覈之也。❸何今日不羈留本省細民如汝元，以由臺下俯察汝元果可以殺、果可以生，而殺而生汝元於本省，而顧轉解汝元於湖廣，以憑湖廣撫臺於汝元察不察，以寃抑殺汝元，生不生，以玩弄生汝元，殺不殺，以紊生殺其權於外省耶？設臺下不果以汝元留，而果以汝元解，則是臺下不惟不有一言於外省撫臺，而且爲外省撫臺作一轉解小有司也。臺下奉天子命以秉權者，❹豈奉宰相命以秉權者乎？又豈奉撫臺命以秉權者乎？

或者以湖廣撫臺陰受指示緝汝元，必解汝元於湖廣，乃爲完事於湖廣撫臺，而臺下若無與其事者。然而汝元雖江西細民，亦臺下子民也，可委其事於無與耶？果不以汝元解而果以汝元留，果以汝元察，果以汝元生，果以汝元殺，或移文以迴湖廣撫臺，或具帖以報宰相，或題疏以奏天子，是亦臺下完事事也，是亦臺下秉權權也。奚有秉一省生殺權而不與一省生殺事耶？又奚有一省生殺事而不與於一省秉生殺其權者乎？此汝元於臺下子民情也，敢不陳乎？臺下忍不察乎？此汝元忘乎其生其殺其秉權於臺下者，亦欲盡一言於臺下也。言不能盡，言不敢盡，惟察惟愬。

❶「在」，原無，據《遺集》補。「諍」上，《遺集》有「而」字。
❷「論」上，《遺集》有「而」字。
❸「覈」上，《遺集》有「而」字。
❹「奉」，《遺集》作「代」。

上湖廣王撫院書

上陳履歷於臺下者，代狀訴也。❶自庚申前在學，❷乃梁其姓而汝元其名也。自庚申後遊學，❸乃何其姓而心隱其號也。夫以何易姓，❹而以心隱易名者，❺一以避難，一以便稱也。❻若以梁汝元於庚申前歷歷陳之，似有不勝其所陳者。若以何心隱於庚申後而陳之歷歷，且有功之足陳也。將陳之於越，不有功於越耶？而在越之人心者，有一心隱也，一無所犯於越也。設心隱一無犯於越，而顧以心隱於越緝，則在越之人心平不平於越耶？又陳之於蜀，又不有功於蜀耶？而在蜀之人心者，亦有一心隱也，亦一無所犯於蜀也。設心隱亦一無犯於蜀，而亦以心隱於蜀緝，則在蜀之人心亦平不平於蜀耶？又況陳心隱於楚，尤有不俟陳者。而有心隱於楚之人心，必不啻越、不啻蜀之人心有一心隱也。縱不以有功歸功於心隱，必不以有罪歸罪於心隱也。而心隱又有何犯於楚，顧於楚緝，又不知平不平於人心在楚者耶？

丙子七月內，❼程二蒲親弟突然乘舟而來，偪心隱共乘於其所乘舟，即放舟出湖廣界，乃垂泣而言，雲夢高典史帶兵將至矣，有所緝者，在言表也。言畢，乃圖歸應試。轉托渠表兄焦茗送心隱往泰州。尋二蒲致書

❶「上陳」至「訴也」，《遺集》作「汝元」。
❷「在學」，《遺集》上有「則」字，下有「姓名」二字。
❸「遊學」，《遺集》上有「則」字，下有「姓號」二字。
❹「姓」上，《遺集》有「梁」字。
❺「名」上，《遺集》有「汝元」二字。
❻「也」下，《遺集》有「不然奚爲一人而兩姓名耶」十一字。
❼「丙」上，《遺集》有「適爾」二字。

於楚之兩院各道，爲心隱辯。果犯何罪於楚，而乃以心隱於楚緝耶？其緝心隱於兩院耶？抑緝心隱於各道耶？初莫知也。非惟心隱莫知，雖二蒲亦莫知也。以莫知心隱所犯於楚，而乃莫知心隱所緝於楚者，何也？

繼而心隱自恨無所犯而有所緝，亟歸亟葬父母，以圖拼身自辯於朝，不覺築墳三月有餘，方工起，❶而茗父又領德安府票來緝其子并緝梁汝元即何心隱，時則丁丑十月也。

汝元與茗相泣相别，方知丙子七月，緝心隱即汝元者，楚之撫院陳臺下也。❷丁丑十月，緝汝元即心隱者，亦楚之撫院陳臺下也。是緝莫知其所起也。❸起於朝有所議而緝乎？起於野有所譖而緝乎？起於府州縣有所訪而緝乎？起於陳臺下上有所授下有所聞而緝乎？今陳臺下已坐刑部右堂矣，繼陳臺下於楚撫院者臺下也。遽相繼又差南安把總緝何心隱即永豐縣梁汝元其人者，其漫漫然無所起而緝乎？不起於臺下授陳臺下所授，聞陳臺下所聞，必起於臺下自有所授、自有所聞而緝矣。❹

凡若此所起，❺不惟心隱莫知、二蒲莫知，雖耿楚侗亦莫知也。在臺下亦可委之莫知乎？❻臺下必知心隱即汝元其人，❼所履所歷，必天下萬世不可有此人也，乃萬不得已而必緝此人，必殺此人，若心隱即汝元其

---

❶「工起」，《遺集》作「畢工」。
❷「陳臺下」，《遺集》作「陳公」，下同。
❸「緝」下，《遺集》有「於撫院陳公者又」七字。
❹「必」上，《遺集》有「而緝乎」三字。
❺「所起」，《遺集》作「之所起者又」。
❻「莫知乎」，《遺集》作「而莫知其所起者乎」。
❼「臺下必知心隱」，《遺集》作「在臺下必歷歷知心隱所履所歷」。

人，以示天下懲也。不然，忍漫漫然莫知，徒爲陳臺下不下有所聞，必上有所授，完陳案耶？臺下果欲歷歷知梁汝元於永豐所履所歷，庚申前者，則俯究朱把總所差蕭叔禹往還於永豐者，❶密查一月有餘，未必不可以知汝元於庚申前所履所歷者歷歷也。奚俟汝元歷歷陳而乃歷歷知汝元於庚申前歟？臺下又果欲歷歷知何心隱於孝感所履所歷庚申後者，則又不必詢之二蒲，不必詢之楚侗，惟研之朱把總，不歷陳其十之八九，必歷陳其十之四五，亦未必不可以知心隱於庚申後所履所歷者歷歷也。又奚俟心隱歷歷陳而乃歷歷知心隱於庚申後歟？知汝元於永豐，即知心隱於孝感也。知心隱於孝感，即知汝元於永豐也。知汝元知心隱於永豐於孝感，即知汝元知心隱於越於蜀於四方也。況心隱於孝感所履所歷者，比汝元所履所歷於永豐者，尤有寸進者也，尤一無所犯於孝感也，尤不期於孝感緝心隱也。又況心隱於庚申後所履所歷者，又比汝元所履所歷於庚申前者，亦有寸進者也。亦一無所犯於庚申後也。又何期於庚申後而丙子二三年間於心隱緝乎？又何期於此二三年間而以盜犯，又以逆犯、妖犯、奸犯於心隱緝乎？此犯此緝，臺下忍漫漫然不歷歷究，不歷歷詢，不歷歷研，而歷歷知心隱即汝元果有所犯，而果不容不有所緝者乎？

且心隱即汝元者，自庚申前後所履所歷，其年則六十有三矣。二三年間，則血氣年老而年衰，況今年又自祁門自三月被緝被解抵南安，又自南安自六月轉解抵楚省，里以千計而日以百計，其辱其苦，又與里與日

❶「往」上，《遺集》有「及先後叔禹」五字。

計。而衰老之血氣，又月老而月衰，以致視則十衰其三四明，聽則十衰其五六聰，肌膚顔色似未與老俱衰於外，而實與老俱衰於内。所恨所少者，或病或殺，一死而已。

前此欲死於水，欲死於火，欲自縊而死，欲自刎而死，欲自藥而死，欲自餓而死，又恐野史書何心隱即梁汝元者，於某府某縣，於某年某月，不堪被緝被解之辱且苦乃自殺而自死也。殺不明而死不明，猶無名殺而無名死也。又思，❶與其自殺而死於不明，❷莫若明明殺而死何心隱即梁汝元者於臺下也。❸或歷歷知心隱果盜犯而以盜犯殺心隱，或歷歷知心隱果逆犯、果妖犯、果奸犯，而有大於盜犯之不容不殺，必殺之以懲天下，以殺何心隱即梁汝元者於臺下，❹是以奸犯名、妖犯名、逆犯名、有大於盜犯名殺何心隱即梁汝元其人於天下，以示天下懲，則何心隱即梁汝元雖死於寃，亦非死於無名，亦愈於自殺而死於不明、❺不堪其辱且苦，泯泯無名以死也。

況朝野史相通以書：必書殺何心隱即梁汝元者，其職掌某姓名也；必書某職掌某姓名以某犯名殺何心隱即梁汝元也；必書何心隱即梁汝元於己所犯者實不實也；必書何心隱即梁汝元於人所殺者當不當也；必書何心隱即梁汝元所犯所殺者，必或以朝有所議書也，必或以野有所譖書也，必或以府州縣有所訪書也，必或以上有所授下有所聞書也，必或以授所授聞所聞書也，必或以

❶「又」上，《遺集》有「恐而」二字。
❷「其」下，《遺集》有「不明」二字。
❸「殺」下，《遺集》有「何心隱」三字。
❹「梁」，原無，據《遺集》補。
❺「而」，《遺集》作「不明而泯泯自」。

自有所授自有所聞書也。必歷歷知何心隱即梁汝元於庚申前後所履所歷者，而乃歷歷若是書也。書於野，書於朝之秉史筆以書者，必歷歷垂史，共知於天下萬世而不泯也。❶不又愈於不堪其辱其苦，以自殺而死於不明，泯泯無名已乎？

心隱即汝元者，固好名而亦惡死也。第被緝矣，又被解矣，惟有死矣，奚惡？❷又惟有死後之名或不泯矣，容不好，脱或不名之好，而必死之惡，則畏殺而貪生，必百計以求生免殺之不遑，自致神氣之餒，不勝血氣之衰，不激而驟斃，必激而釀疾，不驟斃於祁門，必釀疾於南安，不十其視而十衰其明，必十其聽而十衰其聰，能保肌膚顔色之與老俱衰於內者不與老俱衰於外乎？又能保轉解抵楚，得於臺下陳庚申前後所履所歷滿紙者乎？❸外録《原學原講》萬有餘言一冊并得上陳於臺下者，亦無非重名之好以輕死之惡，假之自保之所致也。伏惟賜閲并究研，❹幸萬。

上湖廣郭按院書

臺下歷示梁汝元以何心隱所犯者果何犯也？果盜犯乎？果逆犯乎？果妖犯乎？果奸犯乎？自丙子七月至丁丑十月，前任撫院陳臺下，❺則緝何心隱以盜犯也。

❶「共」上，《遺集》有「使」字。
❷「奚」下，《遺集》有「容」字。
❸此句，《遺集》作「跪而叩首於臺下以上陳庚申前後所履歷及得滿紙上陳者乎」。
❹「研」上，《遺集》有「并」字。
❺「陳臺下」，《遺集》作「陳公」，下同。

三月祁門小票，則緝何心隱以逆犯、妖犯也。押解牌則解何心隱以奸犯也。❶竟莫知以何心隱所犯者果何犯也？若以盜財之盜緝心隱，則心隱已非其人其盜矣，奚俟於辯歟？或以盜氣之盜緝心隱，則心隱亦非其人其盜矣，又奚俟於辯歟？其以逆犯妖犯於心隱緝，則辯莫辯於所上祁門書矣，敢贅辯歟？❷伏乞賜閱外録所上祁門書，以其所交辯所犯也，敢贅辨歟？惟以奸犯於心隱解者，又不敢以不辯也。

且奸有二，有奸謀之奸，有奸雄之奸。然而奸之屬謀者，則與逆與妖異名而同屬也，亦可以所上祁門書推其所屬辯其所謀也。不敢不辯，而又敢贅辯歟？乃若奸之屬雄者，雖許劭以評曹操，而實起於孔子誅少正卯之名也。夫奸之雄於曹操者，亦逆屬也。奸之雄於正卯者，亦妖屬也。亦於所上祁門書辯之矣，❸似亦不敢不辯，而又敢贅辯歟？況曹操其奸其雄，誠非心隱其人其奸，又不惟不敢贅辯，而亦不俟於辯之贅矣。

要之，所緝所解何心隱之所犯者，畢竟莫知果何犯而乃有此緝此解也。❹又乞臺下歷歷示何心隱所犯以致所緝所解於撫院王臺下者，❺果何犯，果何緝，果何解？果以何殺何心隱於梁汝元，❻庶不令梁汝元懵懵然莫知何心隱爲昏天黑地寃死鬼也？

或者臺下委諸此撫院王臺下必歷歷知何心隱必有所犯，而乃必有此所緝所解者

❶「押」上，《遺集》有「今」字。

❷「敢贅辯歟」，《遺集》作「又敢贅辯」。

❸「亦」下，《遺集》有「似」字。

❹「知」下，《遺集》有「何心隱」三字。「緝」下，《遺集》有「有」字。

❺「王臺下」，《遺集》作「王公」，下同。

❻「果」上，《遺集》有「不日」二字。

也，於我按院何與焉？ 殊不知按院以按於楚藩者，凡藩屏王侯以至撫院三司，皆在所按，而得言其可否者，獨可委諸何心隱所寃、所犯、所緝、所解於按院何與焉已耶？ 臺下倘動惻隱心於心隱而有欲言，❶則天子前之言可否雖在宰相，而當朝宰相之不設，則言可否於天子前者，又不在宰相而在按院臺下之得按而得以言也，❷又獨可委諸何心隱所犯、所緝、所解之可否，爲按院臺下所不與，而忍箝口不歷歷言不歷歷示耶？❸

又或者以撫院王臺下亦出於北都都院之都言官也，尚不一言何心隱果何犯，而顧漫漫然緝何心隱以解，況於按院臺下亦惟在言官之列，而不在言官之都者，肯體按院之按楚藩者，得按得言楚藩歷歷者爲何心隱一言乎？ 臺下果以何心隱所犯、所緝、所解爲無所與，而不肯煩一言之有關於千萬，又忍不一言示梁汝元以何心隱所犯者果何犯耶？ 懇乞歷歷示示。

❶「有」下，《遺集》有「不滿」二字。
❷上「得」下，《遺集》有「以」字。
❸「言」下，《遺集》有「耶」字。

近溪羅子全集

〔明〕羅汝芳 撰
方祖猷 梁一群
李開升 劉雲 校點

目録

七言近體……一〇

校點說明

羅汝芳（一五一五—一五八八），字惟德，號近溪，江西南城人。嘉靖三十二年（一五五三）進士，歷官太湖知縣、刑部郎中，甯國、東昌知府，雲南屯田副使、布政司左參政。宦轍所到，率以學爲政，舉辦講會。萬曆五年（一五七七），爲首輔張居正所惡，致仕歸里。此後一意講學，足跡遍於江浙閩廣。萬曆十六年卒，門人私謚明德先生。

羅氏二十六歲時，拜王門泰州學派開創者王艮再傳弟子顏鈞爲師，終身服膺其說。黄宗羲稱其學「以赤子良心不學不慮爲的，以天地萬物同體，徹形骸、忘物我爲大，此理生生不息，不須把持，不須接續，當下混淪順適。工夫難得湊泊，即以不屑湊泊爲工夫」，力主現成良知之説。時人將他與王門另一弟子王畿（號龍溪）並稱爲「兩溪」，以爲「龍溪筆勝舌，近溪舌勝筆」（見建昌府回吏部文《羅汝芳履歷》、羅懷智《羅明德公本傳》、黄宗羲《明儒學案·參政羅近溪先生汝芳》及陶望齡《近溪先生語要序》）。羅汝芳爲泰州學派後期的主要代表人物。

羅汝芳著作甚多，據其孫羅懷智《羅明德公書目》，共九十三種，多數已佚。現存著作名「全集」者有兩種，一爲明萬曆年間彙編而成的《耿中丞楊太史批點近溪羅子全集》二十五卷，包括《羅先生詩集》二卷、《近溪羅先生一貫編》九卷、《近溪羅先生語要》二卷、《近溪子集》六卷、《近溪子附集》二卷首一卷、《近溪子續集》二卷、《近溪羅先生鄉約全書》一卷。所謂「批點」，指耿定向批點《近溪子集》和楊起元批點《近溪子續集》。該全集所收羅氏著作最多，版本最早，且主要語録部分曾由羅氏過目，本次校點以《四庫存目叢書》配接影印中國社科院文學所及福建師範大學圖書館所藏之《耿中丞楊太史批點近溪羅子全集》爲底本。不收耿定向、楊起元批點文字，書名亦簡省爲《近溪羅子全集》。

另有《盱江羅近溪先生全集》，共十卷，卷一至卷八爲語録，將《近溪子集》、《近溪子續集》，「删其繁複，增其未備」（蕭近高《刻盱江羅近溪先生全集敘》）而成。卷九爲詩集，卷十附録諸家所作羅汝芳傳。十卷後，又附三卷，爲陶望齡所輯《盱江羅近溪先生語要》、《盱江羅近溪先生孝仁訓》和《鄉約全書》。其中《孝仁訓》底本無，故本書不録。此本刻於萬曆四十六年，比底本遲。由於經過羅懷祖删繁增缺，語録部分内容既比底本少，而且所録句子也頗有異同，且未收按類編輯的《近溪先生一貫編》。不過此《全集》的其他部分，雖經重刻，仍具有校對價值，故本書以「臺北國圖」珍藏本《盱江羅近溪先生全集》爲校本，校記中簡稱「盱江全集」。

爲彌補校本上述二點不足，我們採取下列措施：

一、《近溪子集》六卷。此書演變情況較複雜。據郭斗《刻近溪羅先生會語敘》，先有羅氏在滇講學的《五華會語》和《雙玉會語》刻本，後其弟子杜應奎益以羅氏在滇其他講學會語編爲三卷，題作《近溪先生會語》。後杜應奎又增以自己所録羅氏早期講學未佚的語録，擴而爲《近溪子集》六卷。據杜氏《近溪羅先生跋》，刻成於萬曆十二年，這應是《近溪子集》最早刻本。萬曆十四年，羅汝芳弟子季膺從耿定向處獲此《集》刻本。因耿氏「多加評騭，謂可傳也」，「遂刻而傳之」（季膺《刻羅近溪集序》），予以重刻，這就是本書底本耿定向批點《近溪子集》的來歷。

由於《盱江全集》本已將羅氏語録重新混合編排，打亂了杜應奎的編輯次序，取消了《會語》與《續會語》分卷。且經他整理後，内容比底本大爲減少，失去羅汝芳講學時紀録的原貌。因此取北京大學圖書館所藏杜應奎編的刻於萬曆十二年的

《近溪子集》六卷爲校本，簡稱「杜應奎本」。此本與底本差異主要表現爲：卷端第二行所題不同，杜應奎本作「會語」，底本作「楚黄友人耿定向評」；杜應奎本也有眉批，但數量不同，杜應奎本僅一條（卷一頁十九），而底本多達數十百條。此外杜應奎本除收有耿定向等人的序跋外，尚有楊起元《近溪子集序》，而底本没有。

杜應奎萬曆十二年所作《近溪羅先生跋》説，他是在此書刻成後，「得綴數語卷末」而作跋語，但爲何杜應奎本有耿定向批語一條，又爲何有萬曆十五年楊起元作的《序》？這只能説批語和楊序，是後來印行時增加的。

二、《一貫編》九卷，（其中《論語》、《孟子》均分爲上下二卷，今皆合爲一卷。）羅汝芳另一弟子熊儐編刻，萬曆二十六年本。此書「以四書五經爲綱，以羅子《會語》爲目，類輯成書」（楊起元《近溪先生一貫編序》）。本次校點用《四庫存目叢書》影印長松館《一貫編》作校本，校記中簡稱「長松館本」。底本與校本在次序、名稱、内容編次上有很大不同。如在校本正文前有《羅子一貫説》、《像贊》、《履歷》，正文最後有《心性》上下，底本都無。正文校本以五經在前，四書在後，而底本反之。此外，分章及四書排列次序也不同。

需要説明的是，本書雖稱《近溪羅子全集》，然羅汝芳著作仍有不少未收入，如《羅明德公文集》、《盱壇直詮》、《近溪羅先生庭訓記言行遺録》、《孝宗宗旨》、《孝仁訓》、《大明通寶義》、《癸酉日記》等。

本書的校點，版本方面得到「臺灣中央研究院」王汎森教授和日本活水女子大學荒木龍太郎教授的幫助，特此感謝。

校點者　方祖猷　梁一群
李開升　劉　雲

明德先生詩集叙

泰州王先生嘗言學樂之旨，學者多誦之，然此非泰州之言也。孔子曰：「興於詩，立於禮，成於樂。」所謂詩與樂者，奚物哉？夫其油油焉，融融焉，天地與舒，日月與明，百物與昌。若釁浴囚繫而游之莊馗，抉重翳而昭白晝者，此之謂不韻之真詩，無聲之大樂乎？真樂難名，而寄名於詩樂？詩即樂也，樂即詩也。趣有深淺，機有生熟，終始條貫，一言而蔽之，學樂而已。白沙子曰：「子美詩之聖，堯夫更別傳。」予謂：子美詩即聖矣，譬之猶以甜説蜜者也，堯夫以蜜説甜者也。「梧桐月照，楊柳風吹」，人耶？詩耶？此難以景物會而言語解也。

盱江明德羅先生，聞道於泰州之徒，盡超物僞，獨遊乎天。與人偕，顧盼呿欠，微譚劇論，所觸若春行雷動，因而興起者甚衆。予未嘗見先生之詩，而平日持論，竊謂先生全體即三百篇，其顧盼呿欠，微譚劇論，即其章句耳。萬曆丙午，友人左景賢氏來按兩浙，示以一帙，蓋先生孫懷祖所編次，予於是又真見先生之詩也。論者或謂伊川《擊壤》率取足胸次，不拘於法，而先生律調兼具，直類詩人之詩，若異乎所謂别傳者。予曰：「先生生平言庸言，行庸行，殆深覺乎寶惜玩弄之爲病，而力造於平實。當其爲詩也，宜亦詩人而已矣。堯夫之趣於詩，詩之外也，其意遠，其詩傳；先生之趣於詩，詩之内也，詩不必盡傳，而意爲猶遠。若其以詩爲人，以人爲詩，以己爲天地萬物，以天地萬物爲己，好而樂之，安而成之，則二先生所同也。詩之工拙，傳弗傳，置不論已。」萬曆丙午秋九月，會稽後學陶望齡謹叙。山陰王應遴書。

近溪羅先生像讚

上元門人李登讚知縣

形亦衆形，身亦衆身，於惟先生，踐形成身。賦同此性，宰同此神，於惟先生，復性完神。均是庶物，均是人倫，於惟先生，明物察倫。長以及長，親以及親，道邇事易，直基治平。不慮而知，不學而能，維是孝弟，達義與仁。寰宇廣矣，誰非我人？先生一腔，收天下春。萬古長矣，性無古今，先生一念，洞萬古心。近自文成，遡及孔門，先生闡之，厥有大勳。仰瞻遺像，緬懷溫仁，勉旃此學，用答循循。

宣城門人沈懋學讚狀元

修其形，躩其身，葆其精，完其神。學接虞廷，獨見本真。不慮不思，赤子知能。萬物一體，肫肫其仁。至平至易，極高極深。曰「中」曰「庸」，以化以神。德難以名，名難以稱。强稱名之，名稱大人。

盱江門人張嵮讚員外郎

儼然若有所思，實則何思何慮也？退然如不勝衣，實則當仁不讓也。煦然若無不可與，實則和而靡同也。向道而行，忘身之老，庶其似之，善貌先生而肖者，其尚圖之此哉！

臨川門人徐允修讚布衣

欲觀夫子之心，大德曰生。欲觀夫子

之身，形色天性。學從不學，知以常明。三綱五常，無爲渾成。不離乎愚夫愚婦，吻合乎至聖至神。

白鹿洞門人熊儐讚貢生

學本羲皇，何思何慮。老安少懷，入孝出弟。肫肫其仁，德配天地。孔孟以後，斯文在是。

趙田門人袁黄讚兵部主事

儒者曰：汝學似禪。釋者曰：我法無是。超然直透本心，以俟聖人百世。此昔人讚象山先生之言，予讚先生無異。

盱江門人左宗郢讚提學御史

挹先生容，如坐春風。聆先生言，如飲太玄。由今想先生像，蓋動静語默，悉登彼岸。學先生學，統天地萬物，同歸大覺。易知簡能，直臻聖神。一息千古，元氣流行。無得而稱，稱曰「明德先生」。

宣城門人王環讚貢士

發明德之旨，中天皎日。證孝慈之用，大地陽春。掀翻秘藏，唤醒顓蒙。日用平常，原非外假。出王遊衍，直任本真。中和位育，千聖一心。學爲大學，人爲大人。

明德羅先生詩集序

《記》有之：入其國，其人潔凈精微，深於《易》者也；温柔敦厚，深於《詩》者也。如此，則其人易知矣。孟子言尚友古之人，誦其詩，不知其人可乎？今之人以詩相示，誦之，則其人亦已可知矣。乃古之人若有其詩可誦，而其人尚有未可知者，以待論其世而後知。夫世之爲世，古之爲古也；古之爲古，即其人之所以爲人也。故夫論古之世，而後知古之人。非其世，何以有其人？然非其人，亦何以有其世？故孟子曰：伊尹、柳下惠、孔子，皆古聖人也。

明德夫子之巧力於時也，非所得好而私之。其於先覺覺天下也，可謂任之矣。而冲焉若後覺者，其所與人，蓋已由由斯，而又非有爾我不相爲浼之意，殆時爾耶？吾遊夫子之世矣，所至若元和之條昶，流風穆羽，若樂之出於虚而滿於自然也已，而瑟然明以清。夫子歸而弟子不得聞於斯音也，若上世然矣。夫子在而世若忻生，夫子亡而世若焦没。吾觀今天下之善士，不知吾師其爲古之人遠矣。今之世，誦其詩，知其厚以柔而師之，卒也以學易其凈以微，亦非世所能知也。凈故厚，微故柔。雖然，論其世、知其人者亦幾其人哉？則亦誦其詩而可矣。萬曆丁酉夏四月望，臨川門人湯顯祖百拜謹書。

羅先生詩集卷上

盱江明德先生近溪羅汝芳著
同邑門人心源左宗郢選
雲間後學何三畏校

四言古體

題　菊

稀則我貴，秋芳獨此。肯向人間，浪誇金紫。

題　畫

高松亭亭，川波澄澄。琴無須弦，松韻江聲。

五言古體

登高望洞庭湖

元化灝生德，太宇涵淳冲。一氣亘今古，廣邈何由窮。峙流奠高下，顯象彌寰中。達觀務冥契，匪直爲躬逢。曠矣洞庭渚，滙濤凌玄穹。濟澤暨彭蠡，渺没走西東。寤思昔已久，艇涉期往從。衰殘滯暑雨，只尺睽初衷。駕言陟崇阜，駭矚超晴空。萬派忽襟几，浩蕩收奇蹤。君山微彈丸，岳樓低蟻封。乃知古至人，泠泠馭天風。游意入無始，置身上鴻濛。六合信所如，爲樂將誰同？

別諸生

我行湘之陰，星言夙歸駕。日華起初明，霞片紛空下。前林出羣英，章縫濟相亞。爲予睠湘流，別懷浩難瀉。作德期與俱，逝不舍晝夜。悠然窺天和，眇矣嗣元化。孔顔日已遠，此道誰柄欛？末習事支離，撥實需美稼。寧知本不存，柯葉難久假。願尋赤子良，亟友神明舍。

坐白鹿洞思賢亭賦勉諸生

振衣登絶巔，俯瞰歷盤錯。迂迴曲徑通，松風響雲壑。一溪横枕流，五老賓形削。憇息一坐之，幽光誰可掠？紫氣護龍岡，霏煙生窅寞。漢陽天外峰，長林轉寥廓。白石漱寒湍，飛雲度層嶽。昔有幽人居，書聲滿高閣。白鹿自馴馴，依依如有托。超然謝世塵，直尋孔顔樂。富貴等浮雲，物外安能鑠？濂溪朱紫陽，淵源自伊洛。象山陟其巔，天生爲木鐸。敬齋奮袂起，斯文相繼作。大明日中天，撤我賢關鑰。千古重真儒，後先聯脉絡。我來續舊遊，媿不如先覺。試語二三子，一悟即非昨。自有良知能，不慮亦不學。真諦滿乾坤，無爲言詮着。

寶陀巖次何冢宰韻

浩刧方洪濛，鑿兹自誰斧？想當天丁來，元精恣吞吐。手握造化權，足振雲霞步。穹窿啓玄栖，赤日蕩煩暑。綽約圍僊葩，香風透深户。千載我重來，恰是初春午。洞房憇幽窻，寂若星方曙。起誦《法華》函，滿耳聞法鼓。塵網滯千生，解脱良由此。譬彼美丈夫，玉食驟天府。願言鈞八荒，仁壽酬聖主。

七言古體

夜遊蓮花峰

村頭雨歇雲仍花，飄空萬片驚紛拏。犬號竹裏雞籬外，咫尺莫認爲誰家？尋山興豪晚未足，諸君促騎行相續。林叢瀑灑雲愈深，足着俄臨千仞谷。篝燈谷底疑星光，云是野父茅結房。僕夫徑迷遠呼訊，嗷嗷指辨東西方。老僧經罷眠已久，却叩禪關開户牖。拾薪炊火夜似年，蒲團趺坐室如斗。朝來更上山之巔，飛帆遠見梅江船。青蓮亦有慈航在，安能共度境無邊。

濛山巖次前韻

蒼茫山徑眼欲花，杖藜步側那能拏。曉炊裊裊煙滿屋，問道幸有山翁家。翁言居處近山麓，山巖却與居相續。蔽密松篁見則難，石竇斜穿即中谷。僕夫掖我躋石梁，巖懸壁上似蜂房。谽谺萬仞慴心目，恍惚身世移殊方。坐定精神還抖擻，更上重岩開竹牖。滿前星月夜低垂，翻身便欲騎箕斗。蓬壺咫尺去甚便，弱水飛度無須船。回看兹土忽遼邈，一坯遠寄巖雲邊。

金精洞天次前韻

金精岩頭千樹花，飛步直上如堪拏。詎知穹窿幾萬仞，石室原是天僊家。僊女上天遺舊屋，僊踪一去難再續。木雞叫月來寒霄，石鼓催更報幽谷。浮丘弟子郭與王，費公向亦名長房。入山共此事丹竈，製煉一一成真方。紫鸞翩翩蒼龍糾，閶闔金扉開洞牖。麗英一嘯出相迎，羣僊次第躋台斗。長沙故事話當年，如林鐵騎浮江船。洞門鑿破空歸去，癡傳人世今無邊。

石華山次前韻

梅江午風吹浪花，江頭渡子舟橫拏。掖予登岸一回顧，山城雉引千人家。緑莎襯步循堤竹，童冠行歌聲斷續。石隙斜通户半開，烟雲内瀉疑空谷。嶺道延緣轉樹傍，仰看絶嵿誰僊房？浮丘丹成王郭去，靈砂莫訊當年方。碧桃分釀餘杯酒，萬樹紅光向東牖。興來似與世相遺，狂對三僊傾大斗。蓬萊何處醉欲旋？巖上寧無架鑿船。招招海若勿停棹，飄飄直泛銀河邊。

青陽洞天次前韻

石龍鱗鱗斑欲花，頭角變化騰雲拏。

洞門煙霞日吞吐，飛霖潤徧三農家。嶺迴徑曲千峰矗，雲根似斷還似續。玉筍叢林挂萬竿，聲聲長嘯喧林谷。穿林度谷走且殭，午風一枕來山房。山人丹熟去已遠，徜徉海岱知何方？碧潭石罅深如剖，寒光掩映疑天牖。欲起當年紫王虯，揮鞭北極歸南斗。青陽爲我譚真詮，云是迷津大法船。一切有情須盡度，始挹玄勳朝日邊。

桃津次前韻

世塵眼底浮空花，滿前擾擾争喧拏。避喧偶得桃源路，問津却到秦人家。津桃萬樹絢晴曝，香風陣陣遥相續。沿流踏花路不迷，窈窕尋源向空谷。是誰春釀紅滿缸，邀予對酌開雲房。坐獻蟠桃實纍纍，莫知所出從何方？且啗且啜千歲久，閑看烏兔穿牕牖。有時狂歌宴西池，有時爛醉翻北斗。忽然憶我初來年，津頭漫爾呼歸船。種桃主人尚未老，忻然一嘯迎花邊。

觀仁山次韻

蒙巖愛巖如寶花，逸興飛動時難拏。泉流巖石費經畫，每思結屋成山家。朝來携我趁清旭，半壁行空還棧續。白猿靚面落枯藤，黄鳥下瞰翻陵谷。循厓再轉若迴廊，中間石竇疑空房。梯攀綆引那能上，仰視惟見天一方。洞口清泉滿石溜，古柏行行似穿牖。冥蒙蒼翠互周遭，莫辨南山并北斗。巖前尊酒共盤旋，歡然苦海登慈船。浩歌一嘯坐絶巘，塵寰渺渺浮雲邊。

題烈孝卷

我聞鰲溪昔被寇，妖氛赤日黃雲湊。蔀屋無隙窺青天，血刃郊原紛虎鬪。平地湧浪山作淵，世變潰決狂奔川。誰復砥柱當其前，詹家母子獨不然。高聲叱寇如叱犬，甘心餐刃如餐膳。妻念夫賢目長盼，兒護母苦雙淚泫。烈孝雷轟帝亦聞，丹書五色垂層雲。三綱有紐不終焚，元和宇宙回氤氳。

孫本所隱九華山招予過訪寄謝

九華天際芙蓉開，千葩萬葉真奇哉！我聞唐時李太白，翩翩遊興從仙謫。煙雲瀟灑豪未休，選勝築室成丹丘。騎鯨一去竟何許，鶴語猿聲愁無侶。本所先生亦好奇，翻嫌太白迷他岐。丹丘更欲住深處，億萬斯年長不去。馳書遠地特相呼，訝予好事尋玄都。吁嗟玄都實難尋！九華亦匪徒長林。我遊君住願努力，莫惹山靈生德色。

題郭梧陽泉鹿圖

喬松千尺雲俱蒼，磷磷石底流泉香。餐松飲泉集羣鹿，相呼呦呦鳴笙簧。呦鳴式燕邦家光，示我世世欲周行。

五言近體

水簾洞次李空同韻

水簾經幾度，勝覽莫逾今。秋静梧桐滴，春深蘿薜陰。烟嵐滋豹穩，風雨入龍吟。待約空同子，千年擬共臨。

龜峰寺次前韻

洞府開真境，人間自古今。天門通海色，石竇滿雲陰。白鹿來仙跡，蒼苔認客吟。清秋際高爽，杯酒萬峰臨。

董比部過訪從姑不遇次謝

幾年稱地主，入室媿山僧。松徑雲俱寂，岩廊客漫經，泠泉寒自響，香供夜誰能。賴有長空月，三更送佛燈。

宿羅田岩和羅念庵韻

今古羅田道，高歌幾嗣音？天風還客袂，海月自禪心。草色當春媚，林光傍晚深。黄龍參未得，僧磬出岩陰。

出谷雙黄鳥，嚶嚶肆好音。名岩方獨步，多士偶同心。陟嶠難辭險，尋源莫厭深。元公開絶學，遺像儼峰陰。

送傅良僑北上武試

四海紅塵滿，君今結束行。鐃歌看出塞，劍氣自干城。壯志清胡虜，丹心答聖明。孤舟江上別。風雨夜潮生。

渡黃河寄朱東源督學

朝步黃河上，懷人宛水央。漫言雲樹接，相望海天長。皐坐臨嵩嶽，鴻儀振洛陽。中天新化雨，誰已及宮墻。

別劉羽士

羽士來何所，烟霧兩袖翩。丹砂成白日，紫府寄青年。海嶠蓬壺外，鸞笙玉宇前。歸尋望華處，千樹碧雲連。

柯山仙集樓晚酌

玉宇寒光滿，珠林霽景新。青霞瞻灝氣，紫府坐長春。興爲懷仙劇，杯緣見月頻。虹橋擬扶醉，重問看棋人。

凌太守過訪從姑次謝

使君聊騁望，汪上躡孤亭。出郭謝塵鞅，停雲聚客星。茗椀炎氛息，風鈴午夢醒。無生最深法，更許向誰聽？

同徐臺石海門晚酌芙蓉嶼分賦

名園依郭上，幽徑傍池迴。舟出紅雲

渚，樓高白玉臺。野眺舒長目，豪吟信逸才。粵王歌舞地，應不厭頻來。

過雁門關

雁門雄北固，夙駕趁星前。戍角千山動，征旗萬里懸。朔雲橫晉鄙，關月滿胡天。未遂終軍績，空慙壯仕年。

王太史招飲北田學舍次韻

勾管林間事，偶來天上人。雲光閑弄影，花氣静消塵。步轉柴桑徑，槎浮牛斗津。倚杯歌峽口，新月挂嶙峋。

武夷三仰峰

五曲最深處，三仰萬峰巔。丹竈護猿鶴，石榻棲雲煙。寒玉水簾碎，翠屏仙掌連。未能生羽翰，欲往問靈筌。

九牧鋪遇雨

村徑歷深樹，蒼茫雨更奇。雲光寒欲斂，人影暮初稀。饑雀憐殘黍，懸猱下遠枝。高歌頻撫景，忽爾起遐思。

許僉憲過訪從姑次韻

有客明僊仗，乘風過草堂。纖歌將進酒，清響謾調簧。簾啓青春滿，尊移白晝長。更看江閣外，晚色動雲光。

張參戎約顧山中阻雨

最愛姑山裏，雲深便客棲。松篁僧伏臘，巖洞佛招提。憐我當春半，遲君近日西。城闉剛十里，望眼惱花迷。

雲軒次韻

愛爾開三徑，苔痕了未斑。心方遊物外，軒更住雲間。花鳥春長静，琴書意自閑。蓬萊瓊島上，信有玉爲圜。

林仲山雪後過訪從姑次韻

行檻坐蕭蕭，凡襟共雪消。事原從偶得，客豈待人邀。一線留雲峽，千尋架壑橋。翩翩扶醉上，蓬島路非遥。

別王默齋

維舟湘水上，一嘯幸逢君。古道原心契，英標不世羣。儒宗今嶽麓，經術舊河汾。惜別重回首，薰風度晚雲。

七言近體

殷中丞讌集松泉亭次黄太史韻

開府雄藩最上頭，中丞風節思悠悠。芳尊謾共廉泉酌，高誼真迴砥柱流。五嶺烟花吴粵會，三江雲樹古今浮。孤臺惆悵宮城暮，坐對滄洲起白鷗。

烽烟萬里淨嚴城，臺上賓筵晝接清。泉應春潮浮海氣，松迴午籟散天聲。閣公雅屬三台望，徐庶私含寸草情。珍重虔陽今夕讌，直將肝膽載深銘。

珠溪謾興

夜深銀燭坐憑闌，恍是身遊霄漢間。香霧潭紛龍欲卧，長林風繞鶴初還。金仙紫蓋雲中駕，玉女青螺月下鬟。錯落泉聲溪底亂，夢回時作珮珊珊。右和揭傒斯

珠溪溪上萬峰雄，杖屨時經大華東。星宇琳宮仙谷口，瓊崖錦樹畫屏中。山雲入户朝疑黑，海日當樓夜欲紅。傳是浮丘冲舉地，風光西晉至今同。右和虞文靖

宿白鹿洞

匡廬千仞倚空懸，下有宮墻百數椽。詞客秖緣詩社立，真儒方得道心傳。岩花日暖黄鸝語，洞草春香白鹿眠。借取半間留夜月，竹床高枕玩先天。

望岳陽樓柬汪伯玉

洞庭浩渺古今聞，湖上層樓更入雲。城堞波浮疑蜃氣，劍芒霞襯識龍文。川巴水共三湘合，吴楚山從七澤分。况是故人開府日，論心那得坐晴曛。

登衡岳祝融峰

南岳層霄引翠痕，五雲深處祝融屯。

青天紫蓋懸峰影，白日朱陵敞洞門。禹蹟碣看遺篆古，舜遊臺識上封存。登臨悵望人千載，浩蕩乾坤對酒尊。

觀日示同遊諸子

祝融飛馭欲南離，早覩輪烏出海時。四顧人寰猶夜色，一登峰嶺已晴曦。霞蒸紺宇金渾勝，雲絢瑶空錦未奇。霄漢即看塵境迥，神遊誰許共心期？

憩觀音巖有胡廬山心訂在上

巖底靈泉響更飛，岩頭坐聽忽忘機。潮音久漫傳滄海，大士今應在翠微。塵刹三千那可度，衡峰七十總堪歸。同心况有當年約，我願風前便拂衣。

南臺紀興

高臺衡岳敞南天，佳氣長披入座前。江漢波光依樹渺，岣嶁峰影傍簾旋。精英秀拔從千古，蹤跡奇收信百年。谷口同遊發歌響，恍疑靈鳳望中翩。

沈玉陽枉顧從姑次韻

嵐光林影翠紛紜，秋色山中月正殷。五馬旌旆行捲霧，半空樓閣坐看雲。香浮瞿衲青蓮社，霞襯姑仙紫玉裙。况是清平調歌管，不妨尊酒對晴曛。

懷欒安諸子

雙玉飛樓最上頭，謾依雲峽散孤愁。千峰送雨雷聲午，萬壑生風樹色秋。多病自慚虚白晝，此身誰共老滄洲。美人只隔芙蓉渚，幾欲從之江水悠。

寄何心泉侍郎

美人歸自鳳池頭，袖彩翩翩拂舊愁。庭樹玉稠看永晝，簾花香遠憶高秋。風迴使節雲中塞，時心泉督餉雲中。星遶仙槎海上洲。側席謾勤當宁念，紫霄長望夜偏悠。

寄江雲石年丈

憶昔神遊太華頭，寒光玉宇動深愁。無端虚我三千刼，有美多君萬斛秋。人世麒麟原異種，仙家鸞鶴住同洲。瑶葩又兆江淹夢，五色雲浮碧落悠。

偶　成

世際昇平遯亦嘉，丘園雨足徧桑麻。客來一飯雲同煑，酒乏千尊月可賒。身健未慚生計拙，住深休訝路頭斜。狂歌忽憶青天上，直欲扶摇吸紫霞。

過陶靖節墓

晉代衣冠幾古丘，如何靖節至今留。山連廬嶽自賓主，水入潯陽無夏秋。倦鳥依林知得止，浮雲戀樹似行休。誰云古墓樵人識，更有清風動客愁。

胡廬山過訪次謝

江干相對向韶華，又見葵榴葉底花。入眼光陰紛過客，放身天地總還家。箋隨雅興披青玉，盞共清襟倒碧霞。調嘯山頭忘爾汝，謾教人羨駐仙槎。

道經山家

村塢人家翠作堆，偶扶雙屐趁閒來。徑穿疏竹雲光亂，屋接緋桃日影迴。最是野情偏汗漫，那堪春事足徘徊。山童爲語仙岩近，人望真成碧玉臺。

施恒齋招飲鬱孤臺謁周濂溪祠

峰頭綺席向春開，旌節薇垣爲客迴。二水江分鷗鷺繞，孤臺雲滿鳳凰來。祠瞻濂洛欽前哲，劒倚崆峒挹上台。玄語幸從聞秘密，不辭歸騎重徘徊。

和顔别駕懷麻姑作

郡齋江外路無多，相望其如勝會何？一水蒹葭秋正好，半園松竹雨初過。石橋天近雲扶屐，山閣春回鳥度歌。况有神功堪共醉，魯公曾爲勒煙蘿。

題郡二景

玄女登霄亦幾年，銀潢手挽下瑶天。風雷晝撼蒼龍吼，冰雪晴飛白玉懸。小有仙源分古洞，神功春釀挹靈泉。何當一醉遲王遠，坐看滄桑换海田。右麻姑春瀑

輿圖何代開盱姥，秀發靈源派獨長。影落銀河星斗亂，湍迴碧練水雲香。蒹葭幾爲伊人遡，蘭芷誰憑遠客將。江岸幸留神物駐，夜深時見引龍光。右盱江素練

登七臺山和吴南嶽韻

何代真人御帝傍，高臺長此閲滄桑。千尋玉卓乾坤柱，萬仞金晶日月光。吴越岧嶢分嶺道，海天寥迥入蠻荒，倚闌夜宿

空明閣，却憶姑峰舊草堂。

古樹隱環日影傍，暫從木石偶庚桑。七臺嶺坐天風上，三際燈隨海月光。龍劍早看凌北斗，鯨波尤喜静南荒。華夷俯視應無外，八極陽和共一堂。

興林寺次南嶽韻

舟度興林歇晚橈，曉攜風雨上層霄。煙迴樹色千林繞，瀑引泉聲萬壑朝。鉢裏龍歸雲更濕，天中人立氣偏驕。空明直透三千界，欲借長虹駕玉橋。

宿空明閣次韻

層臺錯落倚天躋，下瞰空明閣影低。嵐翠濕衣寒欲滴，雲根盤榻夜堪棲。南披漲海通雕闌，北礙星河接畫題。瘦骨不禁風露重，青袍坐擁聽山雞。

永康道中即事

婺城十月霜氣清，渺渺川光浮日晶。照水山楓晴自落，叫雲汀鴈暮初停。驚心最是三冬候，送目那堪萬里程。晨發廣成仙宅近，期將丹訣問平生。

建溪晚酌

粤嶠閩關幾夢思，杪秋那復壯遊時。千村木落林扉豁，萬壑雲流石徑欹。劍拂青霜憑斗遠，杯涵纖月下樓遲。當筵莫謾歌行路，宇宙春收是所期。

武夷宮次陳獅岡韻

幔亭霞彩倚天開，讌罷曾孫更未來。舟架碧岩蓬海隔，鷄鳴玄峽歲華催。粧臺玉女虛瓊户，丹竈金砂散草萊。惆悵昇遐千古事，幾人平地是仙才。

上接筍厓

松梯倚空立千尺，鐵綆抱壁垂百尋。舉足便覺紅塵遠，擡頭秖見青天臨。深深石榻虛白日，渺渺蓬壺遲素心。仙翁愛客坐相語，洞門月度前峰陰。

天遊觀

孤峰縹緲寄虛亭，仙宇高寒集萬靈。鶴馭三天遊碧落，龍淵九曲洞玄溟。曾孫錦幔春光滿，玉女粧臺夜月熒。信是蓬萊連斗極，時瞻紫氣護玄庭。

武夷對月

閩嶠山光照眼明，武夷行處况秋清。深溪沁月凉生早，短棹沿流浪湧平。把酒誰堪隨鶴侶，乘風我欲試鸞笙。虹橋錦幔應非遠，只尺渾收萬里程。

宿麻源觀音巖

歸馬松關宿聖巖，雲梯石竇客三三。亭臯坐竹春逾緑，花月籠烟晚更藍。瓊島無塵真避俗，玉書有意莫頻緘。憑虛一嘯乾坤眇，萬壽雙姑盡日瞻。

紫霄宫次李一吾韻

紫霄深處九迴溪，溪上巖巒北斗齊。龍隱碧潭花氣合，鶴巢蒼樹野烟迷。春光愛客晴偏媚，山島窺人暖自啼。路迴不妨乘夜入，石床雲滿足幽栖。

其　二

步入層巖半碧霄，羣仙誰共紫宸朝。瑶壇星斗三天近，玉柱乾坤萬古標。靈骨壺公曾委蜕，爛柯王子幾經樵？緋桃翠柳溪前繞，又逐春光過小橋。

登泰和山

天柱峰高萬疊藏，玉臺金殿瑣晴蒼。雲深巖麓牽風雨，夜静松根挂斗芒。坐洗塵凡蓬島近，望窮河漢海門長。却憑點綴求仙跡，聖力神功兩浩茫。

和答顧山人

何代姑山此寄家，峯頭一徑望中斜。青天萬里遲歸鶴，滄海三山渺去槎。谷口金光餘碧草，池邊若木散琪花。他年擬嗣方平會，五色龍翔羽作車。

登大華蓋山

紫霧千峰曉半開，嘯攜仙侶去還來。栢酣玉液襟期遠，坐擁瑶空海嶽迴。今古浮丘人幾世，乾坤華蓋此高臺。大還丹訣應長在，好點黄金徧九垓。

致仕偶興

乾坤到處有行窩，解組飄然發浩歌。傳世幸遺清白吏，居官已入孝廉科。隱心秋水眠鳬鴨，詩興春風長薜蘿。俯仰自知無愧怍，漁樵伴裏聽那何。

山居懷友

客坐高林鳥道寒，玉芙蓉叠翠屏看。吴門帆落江干影，楚嶠雲穿閣上闌。雙眼自隨今古迴，一襟誰共海天寬。鶯聲谷口相求切，幽思翻成緒萬端。

其　二

黄鸝初轉緑陰寒，紫石屏高削玉看。一線天光迴白日，半空樓閣出雕闌。浩歌夜度千峰遠，野望晴開萬宇寬。鳳鳥何年翔未返，幾回翹首五雲端。

江雲石九日過訪從姑次韻

姑山天表秀芙蓉，紫翠雲連幾萬重。出郭良遊偕勝友，入江深影蘸巍峰。十千美酒寧辭醉，七袠同年豈易逢。況是柴桑當九日，菊花籬畔滿芳叢。

過小水驛和王陽明韻

肩輿侵曉下山城，隔水遥看紫翠横。天際雲高微鳥道，林端花滿迴霓旌。江鄉取次春前度，粤嶠相將海上行。聞説烽烟今已静，衣冠隨處見逢迎。

登金華浮屠

金華城西千峰高，浮屠碧落相週遭。日華光曉動丹壑，海色淩空飛翠濤。人世俯看嗟浩刼，凡心深願解塵勞。大悲密秘如參得，宛轉須彌睹白毫。

羅先生詩集卷下

盱江明德先生近溪羅汝芳著
同邑門人心源左宗郢選
雲間後學何三畏校

五言絶句

遊大華蓋山

大華屹層霄，祥光時五色。我欲訪浮丘，招之應可得。

同詹覺野觀月華

華月開良夜，相看五嶽頭。分光入梧酒，洗盡古今愁。

禮斗高臺上，分明接太虛。可堪臺上月，五色落金輝。

詹用謙華山掃地

善哉華山客，夜夜華山頭。對月掃閑雲，長空一片秋。

訪喻周川

落日維孤棹，言尋隱者居。數峰出江上，飛翠滿牕虛。

郡城西樓

郡樓乘曉上，盡日不能回。一望清歌起，長風送月來。

戲贈沈君典

神功三谷口，玉泠天柱頭。酌君須盡醉，能使百年愁。

玉泠泉上別湯義仍

之子來玉泠，日飲泠中玉。回首別春風，歌贈玉泠曲。

軍峰山

我愛軍峰勝，下棲岩底雲。五更山月曉，禪磬隔林聞。

題畫

兩袖風携軟，相將着步遲。春光無限好，多在石橋西。右春景

修竹滿前汀，新荷碧相映。雙槳應歌船，悠然足幽興。右夏景

浮雲斂高旻，古樹挂蒼壁。岩頭静者誰，玄譚日西夕。右秋景

浩渺長江外，扁舟雪一簑。持綸未歸去，寧爲得魚多。右冬景

題柯山寶岩寺壁

岩翠落松陰，天風當客洒。伐木聞丁丁，疑是看棋者。

過二祖山

煖雲開小徑，香雪點重苔。欲識東風面，溪頭看早梅。

石　蓮　洞

念菴羅學士，當年此寄家。三千塵世界，一朵石蓮花。

書院示諸生

今之視乎古，亦後之視今。書則古人語，我則古人心。

從姑別二峯弟

修竹影層臺，霏微萬象開。扁舟江閣外，日日望君來。

雪霽登畢姑山

古樹棲殘雪，銀潢擁翠雲。分明天上坐，謾道出人群。

春日酌楊愛柏西園和牧之韻

仙子蓬萊島，瓊瑤別有花。殷勤謝玄鶴，銜種野人家。

送南豐鄭三尹歸宛陵

嘉禾稱地主，棠蔭日遲遲。不分軍山月，秋江照別離。

牛崠菴即事

草樹碧山春，雲房暫寄身。夜深開北牖，疑已近星辰。

縱陽道庵

高閣雲霄上，寒光照石屏。芙蓉千萬朶，知是九華青。

天都漫興

帝子昇遐久，丹丘尚此留。赤虯如未老，願借我天遊。右望軒轅峰

仙瓢浮玉液，仙子坐來收。尚記瑤池讌，銀河載月流。右流梧池

秋日宿萬善寺三首

夕照落高林，紛紛散霞綺。呼僧拾不來，秋風閣前起。

萬木生秋陰，護此高僧閣。高僧夜錫飛，閣外星河落。

雙峰出平野，翠影護霏微。悵然起遐想，秋雲入望時。

憩道傍松石

松底穿山徑，松頭坐石臺。白雲如望客，飛出半峯來。

贈鄒松軒

誰從松樹底，一軒閑自開。爲愛松頭鶴，長鳴帶月來。

湯義仍讀書從姑賦贈

君寄洞天裏，飄飄意欲仙。吟成三百首，吸盡玉泠泉。

七言絶句

從姑前峰書屋八景

樹圍高閣影萋萋，閣上朝陽滿畫題。林靄洞雲光掩映，望中真是九苞齊。右朝陽閣

其二

天畔名峰表聚雲，仙翁行處更氤氳。逍遥一夕飛龍杖，雲逐峯嵐萬影紛。右見雲堂

其三

仙人當日寄趺跏，夜傍幽巖探月華。留得寒光今不散，朝朝雲擁萬川霞。右潛光軒

其四

岩柯壁蔓密逾封，光嵌虛櫺影萬重。客到謾經題緑雪，東風回處更溶溶。右緑雪檻

其五

渤海空涵紫霧漫，玉鰲天表躍飛湍。當年爲擁麻姑駕，帶得波泠萬古寒。右玉泠泉

其六

誰鑿大池傍斗垣，瑶光長日湛仙源。雙成音好傳青鳥，寄得蟠桃石上飡。右浸碧池

其七

分得昆岡第一標，片雲斜挂玉稜翹。山靈欲借傳心印，白日空池影自摇。右印空石

其　八

誰策蒼虬過海東，踏殘千樹玉梧桐。
麻姑不敢聞天上，翠洒仙瓢萬里風。右滴翠厓

和王方湖中丞從姑山作

松柯梅榦匝山腰，翠結光寒夜獨遥。
好約仙人王子晉，月明臺上共吹簫。右翠微亭

其　二

萬壑蒼茫散曉烟，偶隨飛鳥入青天。
回看刹刹蓮花净，人世争誰不似仙。右躡雲岩

其　三

姑山亭子對江澄，秋静天風夜不生。
江上千山萬山月，淡烟收與浪痕平。右曠覽亭

其　四

天香月樹玉玲瓏，秋色扶疎半蕋宫。
昨夜山頭拜明月，蟾蜍分影下長風。右步蟾宫

其　五

何年製得芰荷衣，長日高岩下夕暉。
定把柴關山外閉，紅塵半點不教飛。右秋澤洞

其　六

路入靈源曲曲幽，那堪玉峽更雲留。
橫橋白日風雷黑，多是天龍晝出遊。右留雲峽

其　七

天橋誰與碧雲欄，玉笛橫吹夜未殘。
應是紫鸞霄漢下，不勝風露逼人寒。右步天橋

其　八

步天橋倚半雲間，橋外雲窩意更閑。
峰影斜懸梯作徑，峽光低轉洞爲關。右閑雲窩

和顧季狂麻姑山作

鶴馭姑仙下絳霄，虬松千尺引長飈。
淺深欲占蓬萊水，時駐枝頭望海潮。右偃蓋松

其　二

萬峯青峭玉芙蓉，高擁仙壇接太空。
擬聽步虛明月底，不禁風露夜方中。右仙都觀

明妃怨

腸斷琵琶出漢關，漢家宮苑夢中還。
人生好惡無真態，只在丹青一點間。

魏嶺即事

松碓春雲竹掃霞，風光一徑傍溪斜。
溪頭鳩杖來隣父，君是何年此寄家？

其　二

石磴梯雲嶺道長，竹松襟袂照青蒼。
扶搖更欲凌風上，天際平看日月光。

武夷九曲棹歌次朱紫陽韻

川蓄光精嶽峰靈，南中山水武夷清。
棹歌九曲應須和，巴里難追郢上聲。

其　二

幔亭分影落溪船，一曲瑶光滿碧川。
欲問虹橋何處度？萬峯無語裊寒烟。

其　三

鸞鶴軿騫海上峰，蓬壺神女玉爲容。
偶來二曲溪頭立，光結青霞忽萬重。

其　四

浮空曾借海門船，浩刧雲遊亦幾年。
三曲嵓停忽歸去，孤帆長是望中憐。

其五

不見金雞空見巖，波光竹影翠䀉毶。想當丹餌昇仙夜，四曲溪頭月滿潭。

其六

五曲屏開大隱深，紫陽精舍鬱雲林。高標天柱層霄上，仰止分明百代心。

其七

溪抱天遊浸碧灣，屏横仙掌更玄關。遊人不到天峰上，六曲風光只等閑。

其八

溪經七曲亂鳴灘，三仰峰高倚棹看。松翠竹光揺兩岸，照人波影水晶寒。

其九

陳高亭閉更誰開？山寂溪縈八曲洄。見説武夷深更好，棹歌乘興月中來。

其十

源窮遊興更瀟然，雀舫魚梁忽滿川。九曲村前詢野老，可知身世住壺天？

蓮花峯歸途即事

壁削層厓半水涯，石湍聲激浪頭花。
前村可是桃源路？洞口烟雲萬樹斜。

其　二

年來野興未全灰，三宿蓮峰去復回。
雙鳥雲扶天上下，人間何處不蓬萊。

送鄧定宇還朝

千仞姑山照眼青，山雲竟日爲君停。
文芒久燭台垣上，牛渚無勞占客星。

其　二

使星光動海門槎，秋净中天泛月華。
瑶草蓬壺應遍拾，盡將歸壽帝王家。

汾河懷古

樓船漢武濟汾河，曾向秋風發浩歌。
此日臨流歌往事，秋風依舊白雲多。

居庸聞捷

雄關百二壯金湯，帳列貔貅夜未央。
戍角一聲傳將令，明朝河朔獻降王。

江上望滕王閣

秋淨章江散暮烟，遥依官閣度樓船。
閣中簾影誰高揭？隱約纖歌與客傳。

江上望覽勝樓

南浦西山秋正殘，可堪樓閣更江干。
扁舟一葉千峰裹，誰坐疎簾傍晚看。

夜話從姑書屋

天柱峯頭萬法壇，高憑北斗引迴欄。
興來午夜飛雙劒，海嶽光摇玉宇寒。

江行望九華山

水國魚龍晝不譁，一篷輕泛海門槎。
波光掩映斜陽外，静展黄庭坐碧紗。

憩五雲公館

越東自昔名山水，高館丹厓瞰碧流。
乘醉可堪還北望，五雲天外緲神洲。

宣府同王西石晚出

接我風流王子猷，忽開笑口話封侯。
朔風不禁氊衣薄，月底雙飛紫玉騮。

白雲堆

巖下寒泉透石來，清泠長自繞仙臺。
白雲滿袖無塵洗，坐裏平生玉一杯。

洗心巖

深巖曾憩老龍閑，紫玉鱗鱗滿洞斑。
一夕爲霖天上去，獨留泉竇注空山。

遊張仙岩

九月山籬滿菊花，隣翁日午熟胡麻。
邀滄更送出溪曲，笑問客歸何處家？

平石村紀興

村樓古岸是誰家？席牖茅簷夜不遮。
却喜江神憐臥寂，濤飛清籟滿汀沙。

雪寒用韻

瓊瑶萬樹雪初殘，兩袖輕攜尚帶寒。
仙島藏春原自異，不教紅紫亂江干。

夢登武夷宫題壁

野水中宵泛月槎，秋濤風激浪頭花。
滿雲松梓溪橋路，更上蓬壺仙子家。

季太守麻姑禱雨

小有丹霞舊洞天，方平勝會幾千年。
龍車五色誰重駕？帶得風雲雨萬川。

送許潁陽還朝

楊柳青青夾道傍，使君尊酒話行藏。
野臣無復金門夢，猶自殷勤問玉皇。

雲門寺對月華

寶殿瑶林紫翠層，坐深華月欲初更。
三千盡是光明界，誰向虛臺續聖燈？

登江心寺塔

雙塔霏微影太清，岩頭鍾磬雜江聲。
招尋欲鼓斜陽棹，萬頃寒潮夜未平。

别詹養真

姑嶠千尋紫玉斜，分光長照洞仙家。
寒風忽送遊人去，引落峰頭萬片霞。

游溪雪霽用韻

碧桃誰種水之濱？歲歲紅英照眼新。我欲沿溪踏花去，先從畢氏問長春。

自畢峯夜過吴元可宅用韻紀遊

照水緋桃分外明，水邊兀坐亦閑僧。
晚霞忽霽瑶空月，疑是曇花繞佛燈。

其　二

芝田春暖紫霞肥，谷口深雲護竹扉。
見説異姑仙島外，夜明常帶月華歸。

其　三

綺席春中夜坐花，聯翩歌袖錦雲斜。
醉深我欲尋仙去，直過蓬萊第一家。

其　四

我欲春溪坐淺篷，沿溪直泛海門東。
青皇亦愛仙遊好，萬片桃花散晚風。

贈董野夫

著書曾滴松梢露，著有《聯珠》《蠡測》等書。
尋鶴長隨嶺外雲。幾欲訊君從舊侶，松筠無語月紛紛。

贈陳月池

把酒秋前客興豪，臨池揮墨洒金鰲。
醉來欲上芙容巔，共爾遥呼海月高。

贈胡東山

山人愛山自結屋，石徑松牕傍東麓。
夜深海月照閑雲，山人正課兒孫讀。

喜曾立夫重訪姑山

對君花底試春衣，隔歲心期兩不違。
好趁芒鞋雙足穩，徧尋仙嶠暮忘歸。

談　經

但得源頭徹底清，狂瀾一任倒湍聲。
縈迴萬壑風雷黑，水國魚龍夜不驚。

南安道中即事

十里山程九度溪，烟光隨處浄漣漪。
于峯兩岸羅青玉，正是遊人駐馬時。

題　蓮　舟

自從凡骨蜕丹丘，一片孤雲碧海頭。
偶逐香風度蓮渚，誤教人道葉爲舟。

和王穉川晚趣堂作

平軒門外欲高懸，好放松陰到枕前。
人世盡從忙裏老，溪山偏向晚來妍。

題　畫

初日暉暉照翠臺，庭前昨夜碧桃開。
一簾香霧微風動，知是神仙跨鶴來。右春景

其　二

深院棋聲日正長，博山添火試沉香。
道人鞭起龍行雨，帶得東潭水氣涼。右夏景

其　三

天際涼風拂暑流，山中瑤草不知秋。
《黃庭》讀罷無餘事，鐵笛一聲人倚樓。右秋景

其　四

養就還丹不怕寒，獨騎黃鶴上雲端。
笑譚借得天家雪，散作瑤花滿石壇。右冬景

仙霞關即事

天外寒風雨欲收，峯頭壑底盡雲流。
高歌擬踏王喬履，萬里扶搖駕紫虬。

題葛百岡芙蓉軒和韻

隔岸雙窺鳥謾猜，叢花深映水光開。
早知秋色佳如許，桃李何辭向後來。

輓沈省吾

休文風骨本仙儔，追逐烟霞海上洲。
十二瓊樓秋月曉，知君應住最高頭。

輓董會峰

會仙峰下簇儒林，論道談玄歲亦深。
人去獨留峯嵮月，夜涼猶照百年心。

重登天都峯

兩拜天都峰嵮峰，風雲萬派湧虯龍。
乘風便欲歸天上，覓取蓬萊舊住宮。

天都臥石上雲陰

葉葉清陰覆萬阿，不知何處落婆娑？
暫停龍杖天都上，雲影光中臥大羅。

自近天庵回視天都夕照

雲斂長空夕照開，黄金萬疊擁層臺。
山靈可是還留客，我欲長歌歸去來。

贈朱三峯

海門飄散浪花重，澄映蓬壺渺太空。
入眼諸峯難盡數，最高三鳥玉霞紅。

赤松峯

初平當日赤松遊，仙去于今幾百秋。
可是羊群呼未盡，尚留白石滿丹丘。

桃源

誰種桃花欲滿溪，幾隨流水聽黃鸝。
村村籬落渾相似，曾似漁郎路不迷。

贈李卓吾太守

天柱峰頭淨曉霞，仙人攜我踏雲芽。
招來海鶴紛千隊，欲共乘風訪玉華。

壽萬楓潭尚書

早占祥光出上台，朝看楓影共徘徊。
澄潭千頃涵龍氣，總與仙翁獻壽杯。

括嶺口占

厓松蒼蒼厓石裂，海門虯影雙糾結。
會須風雨化東溟，山靈五夜方愁絶。

周柳塘過訪從姑次謝

姑嶠臨江紫翠環，扁舟誰駐五雲間。
夜來拂劍看牛斗，忽動風雷滿四山。

閩關分水嶺

雙旌縹緲趁溪風，遠上閩關紫翠重。絶嶺千岩驚望眼，登臨誰爲架長虹？

其二

分水嶺頭西復東，嵓巒萬疊挂虯松。月明後夜驂黃鶴，擬占雲邊第一峯。

寄胡庚陽

庚陽何日訪胡君，夜望長庚紫氣紛。見説君常騎白鹿，可來同醉敬亭雲。

送徐生允修歸臨川

君許同吾物外心，直將白石點黃金。何時更闢姑山洞，紫霧丹霞深復深。

羅先生詩集卷下終

孫羅懷祖重梓

羅先生詩稿跋

往余外父雁山季公守建昌郡，尊禮郡之賢士大夫，則首稱近溪羅先生者，其人聖賢之徒，而其學聖賢之宗旨也。故有事必質，有疑必問，而先生亦披肝膽，以此相結甚驩。嘗榻刻《蘭亭》于署中，乞先生爲之跋，而居恒往來，得其片札，輒珍之拱璧弗啻矣。畏聞而私心鄉往之，而獨不與先生生同時，居同地，恨不獲執弟子禮侍先生。

屬者就官越城，幸厠鹽大夫左公屬吏之末，公以先生里中人，且又門下士，莊事先生甚，遂出詩艸，令板而行之，以永其傳，而畏始得受之卒業焉。其詩大都淵源於二《風》、《雅》，而出入於兩漢、三唐，攬其意象，色澤古而沉，雋而有味，真渢渢乎《大雅》之音哉！顧亦先生鼎臠豹斑之一，未足以概大全。而先生更有進于是者，彼其行誼，外父言之蓋詳矣。而頃又得之祭酒陶公，其言亦與符合。當其時，人有以居間議先生者，而先生實坦衷熱腸，能慷慨急人之急，曾以一事愬之當道，至再至三，必得請而後已。當道謂其所得不貲，先生亦置之弗辨，及按之，毫無有也，第爲白覆盆，脱之阽危而已。先生心事，光明如青天皎日，所謂「禮義之不愆，何恤乎人言」者？此正其人品最高，學問最得力處，而豈硜硜之夫可同日道哉？畏是以誦其詩而論其世、知其人，以竊自附于尚友之義。雲間後學何三畏謹跋。

近溪先生一貫編序

「一貫」者，孔、曾授受之微言也。是即所謂「一日克己復禮而天下歸仁」者也。又即所謂「良知良能而達之天下」者也。是故惟顔請事之，曾唯之，而孟私淑之，其穎悟如子貢，且不得而聞焉。後世儒者或獨契於絶學之後，或推明於繼續之餘，綜之，莫有如我高皇帝揭六諭以作君師，而吾師羅子憲章之，直指孝弟慈爲生民命脉者也。吾師羅子之言曰：「天命不已者，生而又生也。生而又生者，父母而己身，己身而子，子而又孫，以至曾而且玄也。故父母、兄弟、子孫者，爲天命顯其皮膚；天命生生不已者，爲孝弟慈通其骨髓。直而豎之，便成上下古今；横而亘之，便作家國天下。」又曰：「高皇帝六諭，天人精髓，盡數捧在目前；學問樞機，頃刻轉回掌上。」故愚嘗爲之説曰：「高皇帝其大智也與？中庸之道行矣。吾師其仁者與？中庸之道明矣。道固若是，愚不得而掩也。」是故吾師之學，易而知險，簡而知阻，約而達，微而彰，罕譬而喻。其言也，朴而有章，淡而不厭，潔静精微而疏通知遠，温柔敦厚而廣博易良，恭儉莊敬而畏命執法，兼六經之致焉。知德者希，孰識其貴哉！南康熊子儐，少奉父兄之命，遊吾師之門。吾師既殁，而熊子之學始有得也。喟然嘆曰：「吾師以孝弟慈盡人物之性，其即孔子一貫之旨乎？性一而已。一何在？一之於孝弟慈也。儒先皆謂一不可説，以予觀之，安在其不可説也。孔子引其端，而吾師竟其説矣。後聖復起，不易吾師之言矣。」於是以四書、五經爲綱，以羅子《會語》爲目，類輯成書，命之曰「一貫編」。又曰：「吾師《會語》，不獨貫天下之道，而孔子隨義立名，言天下之至賾而不可紀者，亦於是乎貫之。」又曰：「儐不自量力，欲使四方學者，皆得見吾師之全書而後已。是編也，儐節衣食以充梓費，雖貧不悔。」熊子青袍而徒步，其言訥訥不出口，探其中浩乎、淵乎，未可以耳目聞見窮也，其尚絅之心歟！予愧不若，以著文也。雖然，予亦有所不得已也。是爲序。萬曆戊戌季春既望日，嶺南楊起元拜書。

近溪羅先生一貫編

白鹿洞門人熊儐孺夫　編
古德水友人李渭　校

後學　梓

王　俸　萬文言　熊　佶　陳道源
鄭汝弼　傅朝選　熊應祥　鄒國仕
陳道濟　郭九淵　胡呈龍　郭九棘
郭九河　左四俊　傅朝望　蕭九成
陶景淳　殷尚哲　吳載道　姜　蘭
左三策　郭衛宸　袁汝祥　熊正陽　詳閱

大　學

天性人最貴，學稱大丈夫。爲父子兄弟，家邦咸作孚。始本終及末，物格信非徒。明德於天下，至善古人符。

問：「古本《大學》，其義何如？」羅子曰：「大人者，以天下爲一人者也。以天下爲一人者，古之明明德於天下者也。古之明明德於天下者，由本以及末，而善斯至焉者也。故學大人以明明德、以親民者，其道必在止於至善焉。若爲員必以規，爲方必以矩。規矩者，方員之至者也。學者於明親之至而能知所止焉，則有定向而意誠，不妄動而心正，所處安而身脩，由是而齊家、治國、平天下，自可慮之明而得其當矣。一知止而大學之道得焉，是以明德、親民者，必貴知止於至善。然至善之所當知者謂何？物有本末，是意、心、身爲天下、國、家之本也；事有終始，是齊、治、平之始於誠、正、脩也。是有物必有則，有事必有式。一定之格，而爲明德、親民之善之至者也。故知所先後，即知止矣，道其不庶幾乎！觀古人之欲平天下、治國、齊家以明明德於民者，固必先修身、正心、誠意以明明德於己焉。欲人己之間悉得其當者，又貴先明諸心，知所往焉。致所往之知果何在？在於誠意、正心、修身之如何而爲本之始，齊家、治國、平天下之如何而爲末之終。若下文所言『毋自欺』以至於『國不以利爲利，以義爲利』，物皆當其則，事皆合其式，而格之必止于至善之極焉耳。誠格之而知至善之所正焉，則意可誠，心可正，身可修，家可齊，國可治，而天下可平矣。故自天子以至於庶人，壹是皆以修身爲天下國家之本。本亂，則末不能治。何也？躬自厚而薄責於人，所厚既薄，無所不薄矣。夫知亂本末者之非善，則知格本末者之爲至善，故申之曰：『此謂知本，此謂知之至也。』自『大學之道』至此，凡言知者八：初言『知止』，次言『知所先後』，可見『知所先後』，即知所止也；次言『致知在格物』，又次言『物格而後知至』，末則復言『知本則知至』。然則至善之爲本末，而本末之爲格物也，又不彰彰著明也哉？『所謂誠其意者』以後，則皆格物以致其知者也。蓋所謂誠其意者，即大學之本之始事也。『毋自欺』以至歷引《淇澳》諸詩、《康誥》諸書，而及夫無訟之説者，皆求知夫誠意之所以爲物之本，所以爲事之始，而一一須合夫至善之格。如是則誠意爲合格，否則爲出格。」

或曰：「人能誠意，則善矣，何必復求合格也哉？」曰：「程子不云乎？『用意懇切，固是意誠；然着力把持，反成私意。』是則誠意而出格者也。例之修、齊、治、平，節節爲格物致知也明矣。但誠意緊接着

『知本』、『知至』説來，即所謂『知止而後有定』也。蓋學大人者，只患不曉得通天下爲一身，而其本之重大如此。若曉得如此重大之本在我，則家、國、天下攢湊將來，雖狹小者，志意也著弘大；雖浮泛者，志意也著篤實；怠緩者，志意也著緊切。自然欺不過，自欺不過，便自然已不注，如好色惡臭，又自然滿假不得。而謙虛受益，其凝聚一段精神於幽獨之中者，又以其勢之所必至也哉！幽獨者，是未接國家之先，慎則是知得本立於此，而敬謹嚴切，即前定其志意之謂也。此言君子之孜孜於至善者，惟日不足；下言小人之孜孜於不善者，亦惟日不足。但其中既誠，則其外必形，如財富者必潤其屋，涵養者必潤其身。君子明德之意既已誠切，則自然明明德於天下矣。故引《淇澳》、引《烈文》二詩，以見有切磋琢磨之盛德至善，則民自不忘。而民不能忘者，正以其盛德之有可賢可親、可樂可利也。是非誠中形外之徵也耶？所以《康誥》、《太甲》、《帝典》，皆自明其德不已而及諸民，又不已而通諸天。又明德、親民之必得所止，如文王之仁、敬、孝、慈、信之浹洽於父子、君臣、朋友間也。然總是從知止、至善中來；知止、至善，從知所先後來；知所先後，又是從知立本以及其末來也。故於意之能誠者，而曰『大畏民志』，此謂知本也。此段於明明德、親民、止至善詳説備舉，然却都是形容學大人者知本以後一段精神，如《易》謂『擬而後言，議而後動』，擬議以將成乎身、家、國、天下之變化者也。正心則即接着『定而後能静』説。蓋其見已明透，其志已堅定，則自然外誘不動，内念不生，又安有聽忿懥、恐懼、憂患、好樂而爲中心之累也哉？意誠、心正，則安其身而動，自足以端；本善，則與不知立本而狗好惡於偏物之間者，萬萬不同。故其孝則足以事君，其弟則足以事長，其慈則足以使衆。是又將仁、敬、孝、慈、信而約言之，且引《康誥》以推極於不學而能，見孝、弟、慈悉出於良心自然。君子立本之功，至是愈精而愈微矣。則國之興仁、興讓，天下之興孝、興弟，應之甚速而至大者，又豈不愈神而愈妙也耶！故『絜矩』以下，即是老者思所以安，朋友思所以信，少者思所以懷。己欲立而立人，己欲達而達人。而凡用人者，用乎安養之人；行政者，行乎安養之政。孔子七十從心而不踰者，不踰此絜矩；而十五所志於學者，志此大學而已矣。是道也，惟堯舜實始之，故曰：『克明峻德，以親九族；九族既睦，平章百姓；百姓昭明，協和萬邦。黎民於變時雍。』『光於四表，格於上下。』是非明明德於天下也耶？惟孟子實繼之，故『道在邇而求諸遠，事在易而求諸難，人人親其親、長其長而天下平』。又曰：『七十衣帛食肉，班白者不負戴於道路，黎民不飢不寒。』又曰：『老吾老，以及人之老；幼吾幼，以及人之幼。天下可運諸掌。』是非用人行政以盡絜矩之義也耶？

「嗚呼！孔子一生求仁，而曰：中心安仁者，天下一人者也。其心將以仁其身者，仁萬世人人之身，而恐無憑據，故既竭心思而繼以先王之道，於是取夫六經之中至善之旨，集爲《大學》一章以爲修、齊、治、平規矩，所謂格也。其旨趣自孟子以後，知者甚少。宋有晦庵先生見得當求諸六經，而未專以孝、弟、慈爲本；明有陽明先生，見得當求諸良心，亦未先以古聖賢爲法。芳自幼學即有所疑，久久乃稍有見，黽勉家庭已數十年，未敢著之於篇。惟居鄉、居官，常繹誦我高皇帝聖諭，❶衍爲鄉約，以作會規。而士民見聞處處興起者，輒覺響應。乃知大學之道，在我朝果當大明，而高皇帝真是挺生聖神，承堯舜之統，契孔孟之傳，而開太平於兹天下萬萬世無疆者也。」

問《大學》宗旨。羅子曰：「孔子此書，却被孟子一句道盡。所云：大人者，不失其赤子之心者也。夫孩提之愛親是孝，孩提之敬兄是弟，未有學養子而嫁是慈。保赤子，又孩提愛敬之所自生者也。此個孝、弟、慈，原人人不慮而自知，人人不學而自能，亦天下萬世人人不約而自同者也。今只以所自知者而爲知，以所自能者而爲能，則爲父子兄弟足法而人自法之，便叫做明明德於天下，又叫做人人親其親，長其長，而天下平也。此三件事，從造化中流出，從母胎中帶來，遍天遍地，亘古亘今。試看此時，薄海内外，風俗氣候，萬萬不齊，而家家户户，誰不是以此三件事過日子也！只堯、舜、禹、湯、文、武，便皆曉得此三件事，修諸己而率乎人。以後却盡亂做，不曉得以此修己率人，故縱有作爲，亦是小道；縱有治平，亦是小康。却不知天下原有此三件大道理，而古先帝王原有此三件大學術也。故孔子將帝王脩己率人的道理學術，既定爲六經，又將六經中至善的格言，定爲修己率人規矩，而使

❶「繹」，原誤作「經」，今據《近溪子集》禮卷改。

後世之學者，格着物之本末始終，知皆擴而充之，老吾老以及人之老，長吾長以及人之長，幼吾幼以及人之幼，使家家户户，共相愛敬，共相慈和，而共相安樂，雖百歲老翁，皆嬉嬉都如赤子一般，便叫做雍熙太和，而爲大順大化。總而名之曰『大學』也已。」

問：「《大學》一書，吾人入道之功最當急於講求者也。乞詳言之。」羅子曰：「孔門之學，在於求仁，而《大學》便是孔門求仁全書也。蓋仁者渾然與萬物同體，故大人聯屬家、國、天下，以成其身。今看『明明德』而必曰『於天下』，則通天下皆在吾明德中也。其精神血脉何等相親！説欲明明德於天下，而必曰『古之人』，則我之明德、親民，考之帝王而不繆也，其本末先後尚何患其不至善也哉？細玩首尾，只此一意。故此書一明，不惟學者其可身遊聖神堂奥，而天下萬世真可使之物物各得其所也。大哉仁乎！斯其至矣。」

問：「《大學》明德、親民，還易訓解，惟至善之止，解者紛紛，竟未愜人意。何也？」羅子曰：「規矩者，方圓之至也；聖人者，人倫之至也。只識得古聖爲明親之善之至，而明德親民者所必法焉，則《大學》一書，從首貫尾，自然簡易條直而不費言説也已。」

問《大學》首先明明德。羅子曰：「『明』字從日從月。天之所以爲天者，爲其有日月也，如非日月，則天之功用廢矣。人之心，則天也；心之知，則日月也。故心之在人，自朝至暮，自幼至老，無非此知以爲功用。舍知以言心，是無日月而能成天也。有是理哉？」「天無二日，人一明德焉，足矣。乃云『明明德』者何？」曰：「知一也，有自生而言者，天之良知也，所謂明德也；有自學而言者，人知己之有良知也，所謂明明德也。故百姓日用而不知，惟聖賢則能顧諟天之明命也。惟顧諟，則命益顯，知益妙，自然明明德於天下，學則成大學，而人則爲大人也已。」

羅子曰：「人不可以不學，而學不可以不大。學之所以爲大者，明德以親乎民，而親民以明其德焉耳矣！今夫天至高矣，日月星辰至遠矣，手徑寸之鑑而臨之，毫髮畢照焉，何哉？其明無礙，則其入無間；其入無間，則其涵無方。夫其入無間，則内外一體而親足徵矣；其涵無方，則遠近一體而大莫尚矣。故徑寸之照，而有大於天地，在鑑且有然者，何獨至於吾心之德而疑之？夫吾之心靈澄照曠，圓應虛通，故可上友千古，而親於無前也；俟聖不惑，而親於無後也；質鬼神弗疑，而親於無間也。而況父子兄弟，其倫固不煩，而其聯固甚切，是故未有德而不明，未有明而不親，未有親而不大。大學也者，固將學乎其大者也。學乎其大，而不知『明德』『親民』移之合一焉，則非惟身心之用窒滯弗融，而天下國家又何所依屬以全其化也哉？」

羅子曰：「明德親民，必止於善。至善也者，聖之純，倫之盡，而古之極也。其惟放勳乎？克明俊德，以親睦九族，平章百姓，協和萬邦。是明明德於天下矣。故知此者之謂止，而學此者之謂大學。」

羅子曰：「概天下而舉之，大物也；舉天下之物而身之，大本也；身本天下之物而先之，大學也。故知所先後，則近道矣。

而欲致其知者，在格物也。是以學必知物，不知夫物非知學也；物必知格，不知夫格非知物也；格必知本末，本末必知先後，不知夫本末先後非知格也。斯格也，物之則也，亦古之制也。」

或問：「《大學》如何？」羅子曰：「大學者，學爲大人者也。大人者，與天地合德，與日月合明。大明當空，容光必照。日月者，天地之所以成其大也。良知虛靈，森然萬象。明德者，吾心之日月，而萬物一體，與天地同其大者也。明德既是萬物一體，明明德者，亦當一體乎萬物矣。如欲明孝之德，使須體親之心以盡其愛；欲明弟之德，便須體兄之心以行其敬；欲明忠信之德，便須體朋友之心以盡先施之義。推之天下之人，皆一體相親，便是明明德於天下。明德是主意，親民是工夫，而止至善，則又其樞要也。止至善，如何是明德親民的樞要？宋周子曰：『曷爲天下師？曰：善。』故師位者，善之至，立人之極者也。師嚴，然後道尊；道尊，然後民知敬學。敬學敬師，而明德通天下矣。故學大人者，必立師位。立師位者，必先知止。知止者，即下文格物之本末。而知先立乎本，爲天下之至善，故『此謂知本，此謂知之至也』。知立本者，則其意在天下國家，自是誠切而不容已，所謂定也。能誠意者，其心中正無所偏倚，無所障礙，屹然天地之間，更不搖動，所謂靜也。意有定向，心已靜正，則安身立命，以立天下之大本；慮善以動，以達天下之大道，而脩、齊、治、平兼舉而無爲矣。爲天子者，必如是而後可成堯舜之治；爲庶人者，必如是而後可繼孔孟之宗。然其功用之實，則又不過上老老而民興孝，上長長而民興弟，老吾老以及人之老，長吾長以及人之長，而天下可運諸掌矣。」

問：「古之欲明明於天下者，可即是至善否？」羅子曰：「此古者，的有所指，即堯舜是也。故曰：『克明峻德，以親睦九族，九族既睦，平章百姓，協和萬邦，黎民於變時雍。』此即是天下之本在國，國之本在家，家之本在身；物之本末，事之終始，知所先後而不亂者也。是爲明明德、親民之至善，足爲萬世之格則，而萬世誠、正、脩、齊、治、平者之所必法之者也。」

問：「慈湖謂：『誠意正心，《大學》層節太多，似非孔子之書。』何如？」羅子曰：「心、意、知、物等字，原非始於《大學》，六經中亦往往言之。亦非止六經言之，反之胸中，實是有個虛涵之體，而虛涵應感自意思有個擬議之端，而其虛涵應感，又莫非知體靈明貫徹也。此雖一切世人皆然，則況聖人乎？」曰：「既一切世人皆然，則《大學》又何必許多功夫也？」曰：「知、意與心原與天同體，人累於物不免私小，今教之以《大學》，正是欲其學乎大也。學大，則必加意天下國家，方爲誠切；心統乎天下國家，方爲中正。如此，方是能知天下之大本而爲物格，乃是能立天下之大本而爲身脩。慈湖是欲人一處用功，故約而言之，非便謂等節可廢也。」

問：「《大學》格物，其詳如何？」羅子曰：「知『大學之道』一句，便知所以格物矣。蓋天下古今人孰無學？但所學多於其小而未能大焉耳。若欲學爲大人，學則大矣。學大其必有道，然道亦有善有未善，而善又有至有未至。惟此《大學》一書，則孔、曾師弟信好古先，敏求直述，自首至尾，皆是明言，如此爲學，方是爲學之大；如此爲道，方是爲善之至也。今日細看來，真是字字句句爲天理之極盡，而無纖芥之或遺；爲人情之極公，而無毫髮之或私，而爲千古聖賢垂世立教之格言也。學者能依此聖言，講求討論，審度思惟乎吾此意、心、身、家、國、天下，如何爲本爲末；吾今誠、正、脩、齊、治、平，如何而成始成終；是則即名格物也。若格之之功到明白透徹，曉得意、心、身之所以能爲本，而果足以該乎國家天下之末；又明白透徹，曉得誠、正、脩之所以當爲先，而可及乎齊、治、均、平之終，先後一貫，停妥不亂，便近大學之道而知止乎至善也。由是所學，意可誠，心可正，身可脩，家可齊，國可治，天下可平，視諸古先之『明明德』於天下者，其精蘊、其規模分寸不爽，乃爲定、靜、安、慮，能得至善以止焉，而後《大學》之事畢矣。究竟其『明明德』於天下，原非他物，只是孝、弟、慈三者，感乎聯屬，渾融乎千萬人爲一人，貫通乎千萬世爲一世已爾。觀其於『誠意』章，自『穆穆』説到『前王所以不忘』，已是統總本末始終，而歸極至善矣。後來正心、脩身，及於篇終，雖各分章，而詞却只是一意，不過敷演詠嘆乎此而已。故予嘗謂『大人者，不失其赤子之心者也』，此句便足以盡發《大學》之精蘊；『大人者，己正而物正者也』，此句便足以盡概《大學》之規模。然則聖賢是書，固爲千古帝王盡心民物之櫃格，又寧非孔、曾、思、孟學脉傳心之公案矣乎？」

坐中因論「致知格物」，有謂聖賢之學必考古證今，講習經書，以格物理，然後吾之良知乃得中正。有謂格之與知，原非兩件，知即格之靈曉處，格即知之條理處。即二説以詰問者。羅子曰：「皆是也。觀之古語，謂『言出由衷之謂信』。又曰『矢口而成章，吐詞而爲經』。則格果不出於言之外也。又觀古語，謂『言堯之言』。又曰『非法言不敢道』。必則古昔稱先王，似考證講習，亦有出於言之外者。故曰：二説皆是也。」詰者曰：「如先生之論，果終無合一之歸乎？」曰：「有。古語謂『擬之而後言，議之而後動，擬議以成其變化』。夫既曰『擬議』，則豈徒用一己之意見哉？殆必近度諸心，遠取諸物，雖凡芻蕘之言，狂夫之語，亦所必察，亦所必采，而況聖經賢傳言而世爲天下法者，可不悉心點檢也哉？如此，則準憑有在，既非自作聰明而根本於心，亦非徒取諸外，斯爲合一也已。」

問：「《大學》以脩身爲天下國家之本，如何方是脩身？」羅子曰：「致良知則脩其身矣。」曰：「如斯而已乎？」曰：「致良知則家齊、國治，而天下平矣。夫良知者，不慮不學而能愛其親能敬其長也。故《大學》雖有許多工夫，然實落處，只是『上老老而民興孝，上長長而民興弟』。故『上老老』『上長長』便是脩身以立天下之本，『民興孝』『民興弟』便是齊、治、平，而畢脩身之用也。天德王道一併打合，便是孔子平生所志之學，其從心不踰之矩，即此個絜矩之道是也。❶ 却不只是一個『致良知』耶？故曰古之欲明明德於天下，《大學》之道備矣。」

❶「絜」，原誤作「潔」，今據長松館本改。

問：「《大學》傳誠意、正心、脩身，全不見詳細指點工夫，却都只在應物之跡上形容，何也？」羅子曰：「大人者，以天下爲一人者也。身心即是天下國家，而國家天下即是身心。故自『誠意』以下，總是敷衍物之本末、事之終始；又總是貫串本末原止一物，終始原止一事，渾淪聯合，了無縫罅，此是《大學》之大章旨也。故其間非無工夫，但工夫自別。如身、心、意，便要説天下國家，蓋是天下國家之外别無身、心、意也；齊、治、平，便要説誠、正、修，蓋誠、正、修之外别無齊、治、平也。要之，其立言者只是要打合，而誤聽泛觀者只是要打開。却不知打合則十分簡易，蓋其理其機，原出天然也；打開則十分艱難，蓋其理其機，原出臆想也。故某嘗妄議：此書既名《大學》，則看之者須要大眼孔，受之者須要大襟懷，讀之者亦須大口氣，而爲之者亦須大手段也。」

羅子曰：「爲人君止於仁，雖列之以五，至孝、弟、慈則括之以三。及云『未有學養子而後嫁』，則慈又孝弟所從生而渾然良知之自有者也。仁讓之興彌廣，而感通之本益微，非古至善，其孰能與於斯？」

羅子曰：「所誠其意者，即物也。『毋自欺』至『此以没世不忘』者，即誠意之物之格也。格如《帝典》《康誥》《湯銘》周《詩》具陳者，斯善之極至而止之所當先知者也。例之於脩、齊、治、平焉，均是格致之義也已。」

問：「人心之知本然常明，此《大學》所以首重『明明德』，何如？」羅子曰：「聖人之言，原是一字不容增減。其謂『明德』，則『德』只是個『明』，更説個有時而昏不得，如謂『顧諟天之明命』，亦添個有時而昏不得也。」曰：「『明德』如是，何以必學以明之也耶？」曰：「《大學》之謂明明，即大易之乾乾也。天行自乾，吾乾乾而已；天德本明，吾明明而已。故知必知之，不知必知之，是知此心之常知。而夫子誨子路以知，只是知其知也。若謂曰此求之又有可知之理，則當時已謂是知也。而却猶有所未知，恐非夫子確然不易之辭矣。今將本文誦之自見。」曰：「從來見孟子説『性善』，而《中庸》説『率性之謂道』；孟子説『直養』，而孔子説『人之生也直』，常自未能解了。蓋謂性必全善，方纔率得；生必通明，方纔以直養得。奈何諸家皆云：性有氣質之雜，心有物欲之蔽？夫既有雜，則善可率得，惡將如何率得？夫既有蔽，則明便直得，昏則如何直得？此乃自心疑忌不定，將聖賢之言作做上智邊事，只得去爲善去惡，而性且不敢率；只將去存明去昏，而養且不得直。卒之愈去而惡與昏愈甚，❶愈存而善與明愈遠。今日何幸得見此心知體，便自頭頭是道，而了了皆通也耶！」曰：「雖然如是，然却不可遂謂無善惡之雜，無昏明之殊。只能殼得此個知體到手，則便憑我爲善去惡，而總叫做率性；儘我存明去昏，而總叫做直養無害也已。」

問：「致知與慎獨何別？」羅子曰：「不同。」曰：「何爲不同？」曰：「其工夫有先後也。」曰：「獨是獨知，既是獨知，原是一個知，則慎獨與致知，又豈容有先後也？」曰：「學者未詳耳。《大學》分明説

❶「卒」，原誤作「率」，今據長松館本改。

『物格而後知至，知至而後意誠』。今觀慎獨是誠意時事，則致知當在誠意先也。」曰：「然則獨非獨知乎？」曰：「獨是虞庭『一』字，亦即孔子所謂『一貫』的『一』字也。」問者躍然曰：「把『一』字作『獨』字看，甚是痛快。則『致知』可即是『惟精』否？」曰：「豈止如此，脩身以齊、治、平，亦即是『允執其中』也。若在《中庸》，尤爲明白。如曰『莫見乎隱，莫顯乎微』，却是『惟精』，『慎獨』却是『惟一』。下文『中者天下之大本』，却是『執中』。虞庭宗旨，至孔子發盡無餘，何可輕易分言也哉！」

問：「古聖至善，亦只是父子兄弟足法，則孩提愛親敬長，恐人人原自具足，何必切切，謂當求諸古聖。」羅子曰：「『中庸，其至矣乎？民鮮能久矣！』夫至本中庸，即愚夫愚婦可以與知與能者也。至『久鮮能』，却是聖人亦有所不知不能，而必俟聰明聖智達天德者也。故曰『上天之載，無聲無臭』，至矣！夫此中庸之至能於下愚，而又神於天載；神於天載，而亦能於下愚。則此時心體果是四端現在，然非聖脩作則，便終擴充不去，守規矩而爲方員，夫豈不易簡也哉？若只徒求書中陳跡而以知能之良，培植根苗，則支離無成，與徑信本心者其弊固無殊也矣。」

問：「《大學》篇名，現存《禮記》。不知篇與禮何關。」羅子曰：「禮有經有曲。世人輒指一事一時言禮者，皆曲而非經也。若論經禮，則真是天之經地之義，綱紀乎人物，彌綸乎造化，必如《大學》規模廣大，矩度森列，而血脉精神周流貫徹，乃始足以當之。其間字字句句，雖筆之孔子，而非始於孔子。蓋孔子一生，要仁天下、仁萬世，既竭心思於是，必繼之以先王之道，而仁始足以覆天下萬世矣。故『述而不作，信而好古』，六經皆是此意。而《大學》獨曰『善之至』、曰『物之格』者，則尤是六經之精髓，而爲禮之大經，仁之全體也。學者漫謂本心自足，而輒以意見彷彿爲之，國家天下得其平焉者寡矣！」

近溪羅先生一貫編

白鹿洞門人熊儐孺夫　編
古豫章友人鄧以讚　校

後學

劉　芳　陳道濟　熊春陽
但宗皋　周良翰　黃文俊徽州
熊復陽　劉　塙浙江　汪如汲廣信
董有德南京　吴　崒廣西　宗家相
王漸槃歸善　楊見晙歸善　熊仲陽
楊見暾歸善　吴　崑廣西　吴　崙廣西
熊登陽　汪　梓廣信　楊見暄歸善
楊見暐歸善　劉任道　張錫位蘇州

中　庸

天命默流布，生生性渾全。鳶魚顯飛躍，凡庸體自然。日監兹不離，嚴畏相周旋。至敬純於穆，聖躋象帝先。

問：「《中庸》亦如古本，可否？」羅子曰：「『天命之謂性』一語，孔子得之五十以後，以自家立命微言，而肫肫仁惻，以復立生民之命於萬萬世者也。蓋人能默識得此心此身，生生化化皆是天機天理，發越充周，則一顧諟之而明命在我，上帝時時臨爾，無須臾或離，自然其嚴其慎，見於隱，顯於微，率之於喜怒，則其静虚而其動直。❶道可四達而不悖，致之於天下，則典

❶「其」，原誤作「真」，今據長松館本改。

要修而化育彰，教可永垂而無悖矣。故《易》曰：『君子窮理盡性以至於命。』極説命之難知。而所謂『中庸其至』之『至』字，正『至命』之『至』也。斷然説『民鮮能已久』，正見其難也。豈惟民哉。斯道費而隱，雖人至於聖，而至命之處，亦有所不知，有所不能，亦字須讀得活，蓋聖人之於天道，有脗合與否，此『不知』『不能』，即指夷、惠、伊尹等聖人，徒窮得一端之理，有方有體，而吾員融生化之性，尚未可率達，而況『於穆不已』之命之至耶？

「此後節，舉聖賢道德之盛而『至』字竟未直指。至哀公問政，纔説『誠者，天之道』，而始繼之曰：『惟天下至誠，爲能盡其性。』此下却多是發揮盡性至命之道，而統總歸之仲尼一人。其言堯、舜，是他祖述，則知他不止是堯、舜；文、武是他憲章，則知他不止是文、武；天地是他上律下襲，則知他不止是天地。蓋羣聖、天地，皆有民所憾處，皆有相害相悖處，若仲尼之敦化川流，此其天地則超絶形象而尤爲大也。是以其道則爲至聖之道，其德則爲至誠之德，而統括之曰『此其仁之肫肫』。蓋孔氏平生心法也，其深則淵淵，其遠則浩浩，天豈一切羣聖之所能知也哉？所以不能知者，以其聰明雖造聖智，而其聖智未達乎天德故也。

「下則復言聖智君子必如何而天德乃可入而達之也耶？蓋天道維玄、維默、維於穆，則的然文著者，斯與天不相似矣。故『闇然』之『闇』字，從門從暗，乃室中之一無所見者；復狀之以淡，淡則白水未和而了無滋味者也；狀之以簡，簡則竹簡方素而瑩無點畫者也；狀之以温，温則絲蠶方焨而渾無端緒者也。君子於此，而獨不厭文且理焉，則知遠本諸近，風出諸自，微秘乎顯，而於穆玄默之天不潛入而靡間也哉！何謂微之顯？潛伏而人所不見者是也。何謂風之自？敬信不待言動者是也。何謂遠之近？民勸民威而不事賞且怒者是也。如此而後其德始闇然不顯，天下自日章而平矣。遂形容之極，以及於天載之『無聲無臭』，乃確然嘆曰：『此即所以爲聖之至，爲誠之至矣！』夫豈尋常羣聖之可得而與、可得而知也哉！究竟《中庸》一篇，是孔子以生平自仁其身者以仁天下萬世，字字句句，皆從『五十知天命』中發出，奈何聖遠言湮，學者往往滯於事理之末，而鮮達乎性命之源；以想度爲探求，而欲至乎不思而得之微；以方所爲操持，而欲造乎不勉而中之妙。是皆擬聖太高，覓道太遠，而謂必如何而清，如何而任，如何而和，如何而多學而識，如何而克伐怨欲不行，如何而博施於民而能濟衆，而後聖可學也。顧不知仁不遠人，道不下帶，至聖優域不出跬步間也。故是書極言至命之難，而首發以『中庸其至』一句，蓋曰：聖人盡性以至天命，乃中庸以至之也。中庸者，民生日用而良知良能者也。故不慮而知，即所以爲不思而得也；不學而能，即所以爲不勉而中也。不慮不學，不思不勉，則即無聲臭而闇然以淡、簡、温矣。大哉中庸！斯其至矣夫？」

問：「『天命之謂性』是説道之本源，『率性之謂道』是聖人分上事，『修道之謂教』是賢人分上事，是否？」羅子曰：「古人著書，都是直述目前實事。只論吾輩相聚在此，爲着甚的？豈非講究身心靈明？

原日天地爲何均賦？人物如何同體？今日身心靈明，如何方與天地相通？如何方與人物爲一？精光透露，神氣照臨，使身心之靈者不失其爲靈，明者不失其爲明。所以説『莫見乎隱，莫顯乎微』，而不見不聞之地，無非戒謹恐懼之功。此無他，蓋天地之靈明洞徹，則身心之敬畏自嚴。賢人固以是而入，聖人亦以是而純，分位稍有不同，工夫實無二致。雖《中庸》言意不可妄爲分析，要之『天命率性』一句，似啓乎修道之端，而『修道』一句，似卒乎天命率性之蘊，不分聖賢以至吾人，均以知性爲先，所謂智之事；均以盡性爲後，所謂聖之事。先後二字，亦只强言，其實初先知時，自然已不住修，末後盡時，自然更妙於知。試觀《中庸》一書，前頭條分縷悉，何等精詳！後面窮神知化，何等融液！分明『天命』三句，只是一直説下，而不至盡性不足以成教也耶！」

問：「『天命之謂性』何如。」羅子曰：「諸君於性命姑置勿談，試舉目前，天果安在？《論語》曰『天何言哉？四時行焉，百物生焉』，則四時百物夫孰而非天也！《詩》曰『昊天曰明，及爾出往。昊天曰旦，及爾游衍』，則出往游衍，夫孰而非天也？夫四時百物皆天矣，奚復於吾人而外之？出往游衍皆天矣，又奚復於此心而遺之？故《中庸》天命謂性，分明是以天之命而爲人之性，謂人之性即天之命，而合一莫測者也。諦觀今人意態，天將風霾，則懊惱悶甚，天將開霽，則快爽殊常。至形氣亦然。遇曉則天下之耳目與日而俱張，際暝則天下之耳目與日而俱閉。雖欲二之，孰得而二之也哉！夫天道幽眇，其不已不離，原不假言説，乃兹首先發明以作《中庸》張本者，蓋欲吾儕識知天不離人，則一切謀慮，一切云爲，儼然上帝臨之。即隱而見，微而顯，恐愳驚揖而莫敢邪妄，庶感人心而和平，風世俗以淳厚，而王道蕩蕩平平之化，可以歸其有極，而會其極也已。噫！聖賢之慈憫吾人也，意亦至矣！學者其可忽諸！」

羅子曰：「『天命之謂性』，此是聖賢點化人處。吾人終日視聽言動，起居食息，總是此性，而不知此性總是天之命也。若知性是天命，則天本莫之爲而爲，命本莫之致而致，我終日視聽言動，起居食息，更無可方所，無能窮盡，而渾然怡然，静與天俱，動與天游矣。率之身而爲道，同諸人而爲教也，自不期然而然矣。故天命之性，便直貫天載之神，真平地而與天爲徒也。」

或問曰：「天命之性，原吾本有。夫子何須縷縷講説？」羅子曰：「正謂是我本有，故須大家講求，恐其遺失也。譬之貧人，原有祖爵，乃不自知，一旦因人指示，則頃刻便可公侯；不然，將貧屢終身矣。天性在我，明則聖，昧則凡。其貴賤視祖爵之得失，又不啻萬萬，可不講求而必得之耶？」

羅子曰：「『道也者，不可須臾離也。』人於是處徹却，則此身在天地間，從作孩提，直至皓首，與造化消息渾成大片，道家者流所謂『呼接天根，吸通月窟』，更無可着揀擇、可容迴避之地之時也。故《詩》云：『昊天曰明，及爾出往。昊天曰旦，及爾游衍。』所以君子必戒慎必恐懼，毋敢或貳其心焉耳。不知乎此，而悮於事爲應迹，比擬思量，縱有合處，亦謂遠人爲道，難語純天之造也已。」

問：「戒謹恐懼，説是敬慎工夫，但『恐懼』二字，似太着重也。」羅子曰：「汝不聞《論語》所謂『畏天命』乎？凡人奉君父之命，猶然悚息不寧，况吾人此性即是天命，則帝天之威，莫之能測，明命昭察，誰可隱藏？故雖不覩不聞，而實莫見莫顯；其几愈幽獨，則其照愈精明；其照愈精明，則其畏愈兢惕。又安敢頃刻放逸也耶？蓋由所見既已親切，則爲愈自不可已，固非作而致其情也。」

問：「平日在慎獨上用工，頗爲專篤，然雜念紛擾，終難止息，如何乃可？」羅子曰：「學問之功，先須辨别源頭分曉，方有次第。且言如何爲獨？」曰：「獨者，吾心獨知之地也。」又：「如何爲慎獨？」曰：「吾心中念慮紛雜，或有時而明，或有時而昏，或有時而定，或有時而亂。須詳察而嚴治之，則慎也。」曰：「即子之言，則慎雜，非慎獨也。蓋獨以自知者，心之體也，一而弗二者也。雜其所知者，心之照也，二而弗一者也。君子於此，因其悟得心體在我，至隱至微，莫見莫顯，精神歸一，無須臾之散離，故謂之慎獨也。」曰：「所謂慎者，蓋如治其昏，而後獨可得而明也；治其亂，而後獨可得而定也。若非慎其雜，又安能慎其獨也耶？」曰：「明之可昏，定之可亂，皆二而非一也。二而非一，則皆雜念而非所謂獨知也。獨知也者，吾心之良知，天之明命而『於穆不已』者也。明固知明，昏亦知昏，昏明二而其知則一也。定固知定，而亂亦知亂，定亂二而其知則一也。古今聖賢，惓惓切切，只爲這些子費却其精神，珍之重之，存之養之，爲天地立心，爲生民立命，總在此一處致慎也。」曰：「然則雜念俱置之而不問耶？」曰：「隸胥之在於官府，兵卒之在於营伍，雜念之類也。憲使升堂而隸胥自肅，大將登壇而兵卒自嚴，則慎獨之與雜念之類也。今不思自作憲使主將，而惟隸胥兵卒之求焉，不亦悖且難也哉！」

問：「喜怒哀樂之謂中，陽明謂從涵養後始然，而先儒又謂須善觀未發氣象，其意何如？」羅子曰：「二説俱有大益於學人，但本旨却尚有説。蓋《中庸》名篇，原是平常而可通達者也。今論人情性之平常應用者，是喜怒哀樂，而其最平且常者，則又是喜怒哀樂之未發也。」曰：「先儒謂心惟寂静之時，❶方是未發。難説平常即是也。」曰：「《中庸》原先説定，喜怒哀樂而後分未發與發，豈不明白有兩段時候也耶？況細觀吾人，終日喜怒哀樂，必待物感乃發，而其不發時，則更多也。感物則欲動情勝，將或不免，而未發時，則任天之便更多也。《中庸》欲學者得見天命性真，以爲中正平常的極則，而恐其不知喫緊帖體也。乃指着喜怒哀樂未發處，使其反觀而自得之，則此段性情便可中正平常，便可平常中正，亦便可立大本而其出無窮，達大道而其應無方矣。」曰：「人之情欲多端，雖喜怒哀樂未發，而憧憧往來亦多，安能即許以反觀自得耶？」曰：「爾於上下文意欠理會。蓋其初道不可離，是見道已徹；其次戒謹恐懼，是衛道已嚴；再加喜怒哀樂一無所感，此時天性渾然，大可想

❶「惟」，原誤作「雖」，今據長松館本改。

見。不於此覓中，更從何處覓中耶？予每嘗於此重嘆聖人苦心，亦嘗於此而深感聖人厚恩也。」

問：「喜怒哀樂未發，是何等時候，亦何等氣象耶？」羅子曰：「此是先儒看道太深，把聖言憶想過奇，便說有何氣象可觀也。蓋此書原叫做《中庸》，只平平常常解釋，便自妥帖，且更明快。蓋『維天之命於穆不已』，命不已則性不已，性不已則率之爲道亦不已，而無須臾之或離也。此個性道體段，原長是渾渾淪淪而中，亦長是順順暢暢而和。我今與爾終日語默動静，出入起居，雖是人意周旋，却自自然然，莫非天機活潑也。即於今日，直到老死，更無二樣，所謂人性皆善而愚婦愚夫可與知與能者也，中間只恐怕喜怒哀樂或至拂性違和。若時時畏天奉命，不過其節，即喜怒哀樂總是一團和氣，天地無不感通，民物無不歸順，相安相養而太和在我大明宇宙間矣。此只是人情纔到極平易處，而不覺功化却到極神聖處也。噫！人亦何苦而不把中庸解釋中庸，亦又何苦而不把中庸服行中庸也哉！」

問：「以喜怒爲言，何如？」羅子曰：「吾人日用，總是好惡，而喜怒則好惡之成者也。好惡之端極微，而喜怒之用甚大。聖人誠意正心，只從此處用力，便推之家國天下裕如。故曰：『無有作好，遵王之道。無有作惡，遵王之路。』而僻則爲天下僇焉。以是知此學之講，直關世道，欲一體乎萬物者，主張之功，誠不可不汲汲也。」

問：「中以立本，和以達道矣，如何却又要致？」羅子曰：「『致』字是『致物與人』

之『致』。推開一步説，雖義兼極致，而實在天地萬物上着力也。蓋聖人作《中庸》，是五十學《易》之後，直見乾坤之體，易則易知，簡則易從，有親可久，有功可大，認定個天命流行，人性皆善，無反無側，蕩蕩平平也。故從喜怒哀樂未發處指出，爲天下之大本；從喜怒哀樂中節處指出，爲天下之達道。夫中和既大同乎天下，則聖人必天地萬物皆中其中，方是立其大中；必天地萬物皆和其和，方是達其大和。故德曰『達德』，道曰『達道』，統之以三重，率之以九經，品節斯，斯謂之禮；鼓舞斯，斯之謂樂；相安相忘斯，斯之大順大化，而至誠至聖之所以盡己之性，以盡人之性，以盡物之性，以贊天地之化育，而與天地參也。」

問：「『致中和』其義何如？」羅子曰：「聖賢學術，須先見得大處。故《大學》、《中庸》，開口便説個天下，正欲恢擴吾輩器局，聯屬天下以成其身，中則大中，和則爲大和，非是尋常小小家數。蓋其根原乃自慎獨中來，所謂慎獨者，正是出類拔萃，頂天立地，卓然一身於天地間也。如此志願以爲工夫，如此工夫以畢志願，則天地萬物渾爲一己。當其喜怒哀樂未施設作用時，其體段精神已包涵無外，天下事凡皆從其中妙應而爲天下大本也；當發用施設時，則一怒或可以安天下之民，一喜或可以造天下之福，中間節目，皆足以和平天下而爲天下之達道也。故以天下大本形容慎獨，聖人其中藏原非小可；以天下達道形容慎獨，聖人其發用無不貫通處也。中和致極，如此果是包含遍覆。大哉聖人之道！洋洋乎發育萬物，峻極於天矣！」

羅子曰：「『致中和』之意，雖云喜怒皆中其節，然大旨則於怒居多。蓋喜與和同流，則致之也易；怒與和相反，則致之甚難也。故定性亦曰『七情之發，惟怒爲難制』，意與《中庸》之旨共一諄切。學者遽忘吾怒以觀是非，其功最難。但天地萬物之位育，於此關係，苟怒不中節，則天翻地覆而物我失所，其究有不可言者。故君子戒謹恐懼，非爲天地萬物，只怕此生得罪天地，作孽萬物，不能一日自安耳。」

問：「近聞先生所論，頗有所得。」羅子曰：「其見維何？」曰：「聞論天命之性，見得我此身隨時隨處皆是天矣，豈不快暢，又何所不順適也哉！」羅子曰：「子若如此理會天命之性，是之謂失，而非所謂得也。」曰：「如何却反是失？」羅子曰：「爾既曉得無時無處不是天命，則天命之所在，即死生禍福之所在也。不知悚然生些懼怕，却更侈然謂可順適，則天命一言，反作汝之狂藥矣。」❶曰：「弟子聞言，不覺渾身促局，不能自安。」曰：「即此便是戒慎恐懼而上君子之路矣。所以曰：『君子之中庸也，君子而時中；小人之中庸也，小人而無忌憚也。』」曰：「小人而無忌憚，如何又説『小人之中庸』耶？」曰：「此正見天命無所不在，故本惟中庸，無分君子小人。但君子知畏天命之嚴，而小人則器量褊淺，便欲任天之便而過於自恣，不覺流於無忌憚爾。」曰：「君子小人俱一樣中庸，如何又曰『君子而時中』？則中庸與時中，豈亦有分別也耶？」曰：「觀聖賢之言，極是縝

❶「汝」，原誤作「教」，今據《近溪子集》樂卷改。

密。如曰『率性謂道』，『道無須臾可離』，便是人人公共。曰『喜怒哀樂未發爲中，發而中節爲和』，便自有個分别。中庸二字，可以概言，亦可分言。概言則皆天命之性也，分言則必喜怒哀樂更無妄發，或感而發又無踰節，方始是中。四者或過，雖亦平常之人，而中體未免傷而不和矣。細細看來，吾人情性，俱是天命。庸則言其平平徧滿，常常具在也；中則言其徹底皆天，人微皆命也。故其外之日用渾渾平常，而其中之天體時時敬順，乃爲慎獨，乃成君子。是中者，庸之精髓；庸者，中之膚皮；而戒謹恐懼者，則君子之事天養性，以完固精華而充潤膚體也。故前此諸大儒先，其論主敬工夫極其嚴密，而性體平常處未先提掇，似中而欠庸。故學之往往至於拘迫。近時同志先達，其論良知學脉果爲的確，而敬畏天命處未加緊切，似庸而未中。故學之往往無所持循。某至不肖，幸父師教詔，每責令理會經書，一字一句不輕放過，故遵奉久久，不覺於孔聖心源，稍有契悟。」

問：「『君子之道費而隱』，舊説另作《中庸》一大枝看，是否？願聞。」羅子曰：「試看六經中語道之文，曾有如此『費』字之奇特者乎？蓋是吾夫子學《易》到廣生、大生去處，滿眼乾坤，如百萬富翁，日用奢費浩蕩無涯，乃説出這個字面。善體聖心者，便從『費』字以求『隱』字，則富翁之百萬寶藏一時具見矣。故費用是説乾坤生化之廣大。而隱藏是説生不徒生，而存諸中者生生而莫量；化不徒化，而蘊諸内者化化而無方。若孟夫子所謂源泉混混，不舍晝夜；老子所謂虚而不屈，動而愈出；蘇子所謂取之無窮，用之不竭，而爲造物者之無盡藏也。故『費』字之奇，不如『隱』字之尤奇。『費』字之重，又不如『隱』字之尤重。『費』則只見其生化之無疆去處，而『隱』則方表其不止無疆，而且無盡去處。要之，總是顯仁藏用，而極力形容天命之不已也。下面一篇，其論説雖多，總是詳言此道神化，無疆而無盡也。如云我君子這個妙道，極其浩費而又極其藏蓄；四海九州萬萬生靈，都説他是夫婦之愚不肖，而其實個個可以與知與能。愚不肖的夫婦可與知能，而聖人却又不可與知能，莫説聖人只是個人，即如天地一團神氣，要載也載他不得，要破也破他不得，而灾祥順逆且往往有不當恰好處，到是鳶魚微物者，又能顯見造化處。君子之妙道，如此其浩費無邊，如此其隱藏無盡，故其用功須是造端乎夫婦，以愚不肖之知能來作日用。又當昭察乎天地，盡知聖人之所不知，盡能聖人之所不能，位天地，育萬物，而盡釋天地之憾而後已也。上一段是《易經》所謂『天行健』，後一段便是以『君子自強不息』處也。上一段是《詩經》所謂『維天之命，於穆不已』，後一段便是聖人純於天道亦不已也。

「大約《中庸》只『天命之謂性』一句，把天地人的精髓一口道盡。繼之曰『率性之謂道』，則見得萬民萬物各循其性之自然，無處不是道，而此體遂充塞乎兩間矣。又繼之曰『道不須臾離』，則見得萬民萬物，各安其性之本然，無時不是道，而此體不止充塞兩間，而且貫徹千古矣。想像吾夫子當時仰觀俯察，遠取近求，到得『生生謂易』去處，其靈爽暢發，心目躍然，遂思作此《中庸》，昭布王道之蕩蕩平平，完全活潑於民生日用之間。形骸雖殊，而些子了無隔礙；風氣雖别，而毫髮總可融通。君子只知得這個天命，便嚴恭寅畏，時中以成君子，小人只不知得這個天命，便無所忌憚，反中庸以成小人。君子小人，兩種學術，其根原皆分自此。但今人説『君子時中』，説得淺陋，説『小人無忌憚也』，説得淺陋，無怪乎《中庸》一篇大旨，堙没千載而直至今日也。

「要之，聖人他的確見得『時中』分明，發得『時中』透徹，不過只在此個費隱。你試看『溥博淵泉，而時出之』，繼而又説：『溥博如天，淵泉如淵。』夫『時中』即是『時出』，時時中出，即是浩費無疆，寶藏無盡，平鋪於日用之間，而無我無人；常在目睫之下，而無古無今。果真如鉅富之家，隨衆穿也穿不了，隨衆吃也吃不了，隨衆受用更也受用不了。隆古聖神序之以六十四卦，分之以三百八十四爻，演之以《繫詞》十翼，布之以《洪範》九疇，至於極力顯著，則又是《中庸》此書。君子之所以尊德性者，是尊此個德性；敬畏天命者，是敬畏此個天命；樂其日用之常者，是樂此個日用之常；大人之所以不失赤子良心者，是不失此個赤子良心。後世道術無傳，於天命之性漫然無知，不知人之有生，原是稟受天命而生，便把吾儕日用恒性，全看不上在眼界，全不着在心胸，❶或疑其爲惡，或猜其爲混，或妄第其爲性有三品，遂至肆無忌憚而不加尊奉畏敬，敝則卒至於索隱行怪，而反中庸矣。蓋由其不見大用顯

❶「全」，原誤作「今」，今據長松館本改。

行，偏滿寰穹，便思於静僻幽隱，謂就中須養出有個端倪；又謂看喜怒哀樂以前，作何氣象。不見孩提愛敬與夫婦知能，渾是天然大道，便思生今反古，刻意尚行，而做出一翻奇崛險怪，驚人以駭俗焉，此豈不是不知天命而不畏，遂至反中庸而逆真常也哉？不肖每談中庸，至於費隱，真覺痛心切慮，感激不能自已。竊謂聖人一綫道脉，最是無多，而其關係天地造化、人物生靈，呼吸盛衰，大捷於桴鼓而影響也。即此費而隱，隱而費，若合併其妙趣神機，以來彰顯天命，點掇人心，則頃刻之間，宇宙之内，生生化化，皞皞熙熙，寸土盡是黄金，纖塵皆成法界，而吾儕出世一場，也不負爲聖世之遭逢矣。若不務明張道目，朗擴胸襟，以領納天錫元和，而只拘泥舊聞，人私其身，己私其學，執一念以爲天真，任猜求以還性地，豈惟端倪竟不可圖，聖修竟不可得，而眼前錦繡乾坤，偏界總成凄楚苦趣矣！語傷大激，寔切由衷，惟至仁長者其共憐之、憐之！」

「昨聞論費隱，謂盡知聖人之所不知，盡能聖人之所不能，盡釋人民之所憾於天地，乃爲察乎天地之功夫，不知從何處下手。」羅子曰：「此去處也有些難言，且爲諸生説一笑話。俗諺云『早知燈是火，飯熟幾多時？』不意諸生今下此問，却是手執燈光以遍求火種也。蓋愚不肖夫婦之知能，便是聖神之所以察天地；而聖神之所以察天地，却不外造端於愚不肖夫婦之知能也。此乃中庸之所以爲至處，又是從古及今之民所以鮮能處。今且説民之所以鮮能中庸，而中庸爲德之至自見矣。大要自古以來，人皆曉得去做聖人，而不曉得聖人即是自己。故凡説着聖人，便去尋作聖一個門路，殊不知門路一尋，即去聖萬里。吾夫子竭盡平生精神，倒翻宇宙乾坤，看見古今有無限聖賢，聖賢有無限等級，道理既有千百般多，門路亦有千百般様，然竟未有如此中庸之至者。故從天命之性發揮，直到『上天之載』，以成此《中庸》一書。然只此造端三句，足以該之。故鄙見常謂中庸是本大中庸，此三句是本小中庸。非三句，無以見中庸所蘊之精；非中庸，無以見三句所該之廣。且泛觀天地之間，其地有百千萬方，每方有百千萬人，然耳目之聰明，知能之活潑，孩提則均一愛敬，爹娘則均一撫抱，穿衣吃飯，日用往來，直至老死，則均一更無少欠。真是『王道平平』，而不費些子尋思；『王道蕩蕩』，而不費些子氣力。若要通天，只此天便可通；若要徹地，只此地便可徹；若要統人統物，只此便人物統一。所以夷、惠、伊尹，只管努力，而只管偏有不能。孔子只管隨時不費些力，而只管能不可及。所以天地之道再並行不得，並行便要悖，惟孔子則並行而不悖；天地之物再並育不得，並育便要相害，惟孔子則並育而不相害。故敢妄説從愚不肖夫婦知能以察天地，乃可盡知聖人所不知，盡能聖人所不能，而盡釋天地之有憾於人處也。又方見《中庸》之自『率性』以『致中和』，從『育萬物』以『位天地』，皆是的確實事而非虚談也。

「此個中庸道理，夫子全在《易經》中來，但想古今聖人，豈止夫子讀之？蓋未有聖人而不讀《易》者，却未能如夫子之肯小心焉耳。即如『中庸其至矣』的『至』字，原是從《易經》上來。蓋乾坤原是一氣磅礴，然乾則只可言他大，言他始，此則便是大家門路所共的去處，不想好看好聽而却少受用，入去便皆茫蕩無歸着結果，惟是此氣一到坤處，便自平順安妥，生息冲和，方是羣品受用一片田地。孔子到此嘆曰：『至哉坤元！萬物資生。』初則取之以爲自己時中，後則編來以爲此本《中庸》，而作千聖萬賢求道之極則也。當時及門諸弟子，惟是顔淵一個曉得去擇《中庸》，又曉得《易經》『復見天地之心』，所以許其『一日克己復禮，而天下歸仁』。其次則如曾點之春風童冠，浴沂詠歸，看見眼前一片錦繡乾坤，行來作個家儅，而未能成章。所以孔子思之不輟，❶此是吾夫子『仁者人也』、『道不遠人』、《中庸》真正一脉，後世擬顔子爲深潛純粹，曾點爲脱略世故，總是見夫子《中庸》不真，便與諸賢亦妄肆猜度也。今《中庸》具在，請諸友詳之！」

問：「先生以費隱指點《中庸》，聽者皆喜。然則從前謂道有體有用，兩端不容偏廢，非與？」羅子曰：「分體用、析顯微，以求道語道，此是孔孟過後宇宙中二千年來一個大夢，酣睡至今而呼唤未醒者也。蓋統天徹地，盡人盡物，總是一個大道。此個大道就叫做中庸。中庸者，平平常常，徧滿乎寰穹，接連乎今古，良知以爲知而不假思慮，良能以爲能而絶無勉强。無晝無夜，其靈妙從虚空湧將出來，乃爲天命之性；無晝無夜，其條理就事務鋪張出去，乃爲率性之道。此則三才萬物實實地有這個道體，安得謂無？乃間亦言無者，則

❶「輟」，原誤作「輒」，今據長松館本改。

是嘆羡其有不徒有，而有得員融，了無滯着焉耳，非謂可以有無而分剖之也。兩間萬世，昭昭地見這個顯布，安得謂微？乃間亦言微者，則亦表著其顯不徒顯，而顯得精妙，了不容窺測焉耳，非謂別有顯微而各主之也。所以曰『君子之道費而隱』，分明以費爲大設施，而隱則其費之所出，中藏無盡而敷演不竭也。故首章『率性謂道』，而即説『道無須臾或離』，便是定下道之體段。而下文『莫見乎隱，莫顯乎微』，不過極言天命之靈明而須臾之不可或忽也。」

曰：「『微』之與『顯』，固非二體，但看鬼神章，分明説『視之不可見，聽之不可聞』，却不是體物不遺之外，別有一去處也。況後章畢竟謂『不顯惟德』，乃爲天載，則微之視顯，似更重也。」曰：「語道至於此處，句字也難着，豈又容以輕重而分別也哉？即前視之不見，聽之不聞，總是聖智而未達天德者也。若盡性至命而爲天下之至誠、至聖，則道即是他，他即是道，但明顯顯纔現目前，而中則更無隱藏；明顯顯纔話口頭，而外則又何餘剩？是則目擊而道存，言出而藴尽，人之極而天之徒也。今若欲計重輕，較長短，一段以言用，又一段以言體，一段以言顯，又一段以言微，此則總是葛藤不了，予亦不敢以願於諸生矣，而況於其他乎？」

問：「此理在天地間，原自活潑，原自恒久，無欠缺，無間歇，何如？」羅子曰：「子覺理在天地之間則然矣，不識反之於身，則又何如？」曰：「某觀天地間這等，反諸身心，便自茫然。」曰：「子見天地間道理如是，豈獨子之身心却在天地外耶？」曰：「吾身固不在天地外，但覺得天地自天地，吾身自吾身，未渾成一個也。」曰：「子身與天地，固非一個，但鳶魚與天地，亦非一個也，何《中庸》却説鳶魚與天地相昭察也耶？」曰：「鳶魚是物類，於天地之性不會斲喪，若吾人，不免氣習染壞，似難並論也。」曰：「氣習染壞，雖則難免，但請問子當應答之時，手便翌然端拱，足便竦然起立，可曾染壞否？」曰：「此正由平日習得好了。」曰：「子於拱立之時，目便烱然相視，耳便卓然相聽，可曾由得習否？」曰：「此却非由習而後能。」曰：「既子之手也是道，足也是道，耳目又也是道，如何却謂身不及乎鳶魚而難以同乎天地也哉？豈惟爾身，即今一堂上下，貴賤老幼，奚止千人！ 看其手足拱立，耳目視聽伶俐，難説不活潑於鳶魚，不昭察於天地也！」

一生詰曰：「孟子云：『物之不齊，物之情也。』若曰：渾然俱是個道，則《中庸》謂『栽者培之，傾者覆之』，皆非耶？」曰：「讀書須將上下文氣理會。此條首言：『天之生物，必因其材而篤。』註謂『篤』爲『加厚』。若如舊説，則培是加厚栽他，覆是加厚傾他。夫豈天地生物之本心哉？當照《中庸》他章説：天地『無不覆幬』，方見其生生不已之心。蓋天地之視物，猶父母之視子。物之或栽或傾，在人能分別之，而父母則難分也。故曰『人莫知其子之惡，父母莫能知其子之惡』，而天地顧肯覆物之傾也耶？此段精神，古今獨我夫子一人得之，故其學只是求仁，其術只是行個恕，其志只是要個老便安，少便懷，朋友便信，其行藏南子也去見，佛肸也應召，❶公

❶「肸」，原誤作「脾」，今據長松館本改。

山弗擾也欲往，楚狂雖離之也去尋他，荷蕢雖避之也去追他，真是要個個入於善，而於己更不知一毫吝惜，於人亦更不知一毫分別，故其自言曰：『有教無類。』而後世形容之者，亦曰『天地無棄物，聖人無棄人』，推其在在精神，將我天下萬物之人，盡欲納之懷抱之中，所以至今天下萬世之人，個個親之如父，愛之如母，尊敬之如天地，如磁之叶鐵，如漆之投膠，析之不離，遠之不去，非夫子有求於吾人，亦非吾人有求於夫子，皆莫知其然，却真是渾成一團太和、一片天機也。」諸生謝曰：「仁哉夫子之教乎！　幸哉吾儕之遇乎！　願共生生無負持載覆幬之恩也已。」

羅子曰：「孔子『憲章文武』，宗旨在於求仁。『仁者，人也。』天地萬物爲一體者也，其中親親爲大。人以天地萬物爲一體，則人而大矣。❶ 孔子志學，聯屬家國天下以成其身，所以學其大者也，亦欲行其大也。仁者，孩提之不學不慮良知良能也，聖人之不勉不思，即不失其赤子之心也。老吾老以及人之老，長吾長以及人之長，而家國天下運之掌矣。故其告君，只是此語，以敏文武之政。」

問：「人資稟有生而知之，有學而知之，又有困而知之。今說不待培養而自生，此恐生知乃能。若吾人，則雖困學猶未得也。敢謂不待培養自生發耶？」羅子曰：「知有兩樣。有本諸德性者，有出諸覺悟者。此三個『知』字，當屬覺悟上看。至於三個『知之』的『之』字，却當屬之德性也。蓋論德性之良知良能，原是通古今一

❶「人」，原誤作「大」，今據長松館本改。

聖愚，人人具足，而個個圓成者也。然雖聖人，亦必待感觸覺悟方纔受用得。即如帝舜，亦謂『聞一善言，見一善行，沛然若決江河而不能禦』。可見也是從感觸而後覺悟，但以其覺悟之速，便象生成使然。其次則稍遲緩，故有三等不同。至謂及其知之一也，則所知的德性，皆是不待學而能，不待慮而後知。即困知之所知者，亦與生知之所知者更無毫髮不同。後世因此『知』字看不明白，遂於德性也疑，説有氣質之雜，而孟氏性善之言，更無一人信得過。是以縱去學問，亦如導泉而無其源，種樹而無其根，徒勞心力，而終難望其流通充長也已。」

有友見先生終日終夜勤懇，問曰：「先生何以能是？」羅子曰：「天下之事，只在於習，習慣自然，雖欲倦寂不能也。」曰：「某等如何用功學習？」曰：「人心知體，原無界限，廣大是其本然也。故一見人善，即能知好，好處即是學處，學處即是真知處。故曰『好學近乎知』也。學而習，習而時時懇切，便知體生生，覺得好處，益不容已，方是力行近仁。非曰其初知之，而今始行之也。然行雖懇切，而於所好之善，未能一般，則其知體豈甘自安？即是其羞惡處也。順此知體，益加羞耻，則奮迅激昂，其行益力，學習純熟，自覺與聖賢一般，便悦懌和樂，而良知廣大之體，快然而自足矣。非是『知耻近乎勇』耶？勇以熟仁，仁以致知，以言乎身，則謂之修，以言乎天下國家，則謂之齊、治、平矣！更無兩段工夫，亦無兩般時候。《中庸》、《大學》合而一之者也。」

問：「誠與明，如何分別？」羅子曰：

「近來用工，却全不在此等去處。」曰：「不在此處却在何處？」時方食點心，乃指而言曰：「只在此處。蓋此食點心時，叫做明也得，叫做誠也得。然只是吃點心，也叫不得做明，也叫不得做誠。但點心已是食了，亦不消再叫明叫誠也。以此推之，則四書五經，百樣萬樣，諸般道理，諸般名色，都可以從吃點心一處起，亦都可以從吃點心一處空也。」

問：「『誠者自成』一章，可能訓解直截，不至如今時講説纏繞？願聞。」羅子曰：「此章所重，在一『成』字。蓋天下之所最貴者，惟成全之難能爾。若誠之爲誠，充實完美，則隨時隨處，無所不有，無所不通，而道則自爲達道也已。」又復申言之曰：「誠果何如其自成也？夫物皆有終始，所由以成始，所由以成終，誠則爲之。非誠，則物何以能始且終也哉？此誠之所以可貴。而君子必貴之，正以『反身而誠，樂莫大焉』。然不惟己之完美有成己也，且充實光輝，明著動變，民物之感化而成者，亦皆自然而然矣。然誠即道也，道亦誠也。誠既能以自成，則道豈不能以自道也哉？蓋道體莫大仁智，而其用莫妙于時措也。兹成己則純然而可言仁，成物則顯然而可言智，仁且智，則德率諸性矣。德率諸性，而道合乎内外矣。性機生活，道妙圓通，則舉而措之，與時宜之，推之四海而皆準，垂之萬世而無弊矣。然則君子所貴乎誠者，豈徒以其能自成也哉？亦以其能自道也。學者勖諸！」

問：「尊德性而道問學，議論不一，何如？」羅子曰：「前在京中會説此條全章，諸老皆以爲然。請爲子誦之：大哉！聖人之道，不作空説，即指堯、舜、禹、湯、文、武、周、孔之道也。『發育峻極』，是説聖人位育的功化。禮儀、威儀，即致中和的實事，而功化之所由成者也。優優充足，蓋經禮曲禮，周詳備密，更無欠缺，使萬物各得其所，所以能發育如是也。即此便是聖人至道。然聖人却從何處得來，蓋盛德之至，自然動容周旋中禮也。人若苟無聖人至德而徒慕聖人至道，則『人而不仁，如禮何』？不能以禮讓爲國，如禮何？至道終不爲我凝矣。夫至道以至德而凝，此德性之所以當尊也。尊之之功，則必學于古訓，問于師友。如德性本自廣大，則用學問以致之，而不失其廣大也。德性本自精微，則用學問以盡之，而不失其精微也。德性本自高明中庸，則用學問以極之道之，而不失其高明中庸也。以上皆謂之温故。故温則德性之知日新，而於三千三百體察無所不明。且德性之厚日敦，而於禮儀、威儀忠信無所不貫，禮豈有不崇，而道豈有不凝哉？上面都用『而』字，至此却下一『以』字，可見許多工夫，皆爲崇禮而言也。禮既能崇，則居上時禮以居上，安得而驕？爲下時禮以爲下，安得而倍？語以禮語，默以禮默，又安得不興而不容耶？故明哲保身之詩，其斯温故知新之明，保吾動容周旋中禮之身也，而天地萬物皆吾度内矣。聖人之道之大也，固如是哉！」

羅子謂諸生曰：「近日得力何如？」曰：「某於此學，發志頗蚤，奈先達見教，務在操持，更須覺察，用功苦難，每多歇手。今聞性善求仁之宗，體驗身心日用之際，始識天機活潑，受用不勝廣大，於順應一步，儘在信從，但活潑時須少作主持，於廣大中更略加防檢，合前工夫兼用之，乃善也。」曰：「此語於性學雖非甚遠，却未甚透。試觀《中庸》之道問學，必先之尊德性。尊之爲言，即尊信也。故德性不尊，則所學將徒學矣。然尊而非信，則其尊又豈實尊也哉！繼之曰『致廣大而盡精微』，便是第一道問學處，即是第一尊德性處也。蓋廣大精微，俱性體妙用，非精微安能主持廣大？非廣大何以呈顯精微？二妙圓融，方成日用。且看一切人家，遇有非常喜慶，意外急迫，其男婦主僕，無論老幼賢愚，倉皇奔突，各逞其能，果是活潑廣大矣！畢竟步趨不至顛蹶，視聽不至錯亂，可謂全無主持防檢於其間哉？此等廣大精微，推而至於處處人家皆然，則德性便遍了四海；推而至於時時人家皆然，則德性便通了萬世。奈緣『民可使由之，不可使知之』，蓋由之是化育流布，其機順而屬之天；知之是反觀内照，其機逆而本之學。

「此個學脉，自孔子『仁者，人也』，孟子『形色，天性也』，二聖賢以後，埋没直至于今，中間有志豪傑，多不務根本，只貪圖枝葉，甚者謂德性蔽于氣質，全藉人力主張，稍求質任自然，詆爲猖狂失據。如子於性善，遂肯信從，已最難得，然於事爲順應處，信却廣大一邊；於主持茫昧處，尚疑精微一段，此則病在心粗不克入細，見淺不識研幾。故廣大則見得而信之也易，精微則見不得而信之也難。殊不思德性雖賦諸天，擴充全資乎己。今子信從廣大，則便活潑受用，苟因此而窺測，則精微於底裏自明，受用視廣大何異？乃若不善探討，只把往日工夫參和湊泊，則方寸虛明之中，靈妙翻增梗塞，非徒無益，而又害之矣。故程伯子云：『學者先須識仁。』仁能先識，則廣大精微一齊悟透，其體段人而實天，以言乎至變而莫可拘矣；其應感物而惟我，以言乎至賾而不容紊矣。觸目皆帝則森嚴，舉念悉神明對越。境界新美，趣味悠長，熟習萬千，總無足道。所以孔子極其形容，既曰『徙義崇德』，又曰『遷善改過』。孟子極其形容，既曰『天下廣居』，又曰『人之安宅』。夫居遷而不廣，更説甚活潑宏舒？宅徙而不安，又説甚主持穩妥？此今請子只擇吉移新，更莫縻情戀舊，即謂之白日昇天，人寰洞府，又何不可也哉！」

羅子曰：「士人有志向往者，將欲從事於問學之道，宜先歸宗於德性之尊；未有德性之不尊，而問學之能道者也。如致廣大而盡精微，則須理會自己當下視聽云爲、起居食息之德性，果是廣大否也，果是精微否也。若果真見廣大之無不該，精微之無不妙，吾知其致之盡之工夫自有莫可已焉者矣。如極高明而道中庸，則其理會亦然，其真見亦然，吾知其極之道之工夫亦自有莫可已焉者矣。故四書、五經，非不專攻，然不外吾當下之顯露者以專以攻之也；諸子百家非不傳習，然不外吾當下之現在者以傳而習之也。其致力固勞，而力有其端，則勞未幾而逸倍之；役志亦苦，而志得其功，則苦不甚而甘隨之。譬諸善於農者，須覓腴田，善於圃者，必求熟地，則以培嘉植而枝葉易於暢茂，以袪惡草而根株易於拔除。予習慨夫近世爲學者矣，惟欲習善，而善乃未之先明，每思成道，而道顧無所從入，又奚怪乎所學之愈陋，而去性之益遠也哉？」

問：「廣大精微，信如所言矣，但性體原不相離，今曰：『時廣大，則以廣大應事；時精微，則以精微應事。』某所未解也。」羅子曰：「人性不能不現乎情，人情不能不成乎境。情以境囿，性以情遷，即如喜怒哀樂，各各情狀不同，然却總是此心。故曰『一致而百慮，殊途而同歸』也。事之接於己者，時時不斷，而情之在於己者，時時不同。事有當喜時來者，有當怒時來者，亦只得隨彼時之心而應之也。故曰：『時廣大，則以廣大應事；時精微，則以精微應事。』正與喜怒之應事相類，皆以其時言之也。」曰：「喜怒與廣大精微，似亦不同。」曰：「細論果有不同，然皆屬乎情境。情境之現，有自外之物感而生者，有自內之思想而生者。思想在心，有時清清朗朗，而無遠弗屆，無物不備，此則其廣大時也；思想在心，亦有時渾渾噩噩，而內外俱忘，物我無跡，此則其精微時也。雖其情境相殊，而心體則一。若工夫熟時，遇着事來，便隨答應，有何不可？若再回頭轉念，或去疑貳昏明，或去比量濶隘，則中藏冰炭先自不寧，安能外得和平而事順無情也哉？」

問：「《中庸》論時出而曰『溥博淵泉』。今先生欲人探索底裏，中夜覃思，見聖人《易經》之造化，必曰神、曰精、曰氣。即此三言，於造化之蘊，似過半矣。」羅子曰：「《易經》指示造化，實常用此三言，然在人善自理會何如爾。若理會不善，少落方所，則世之俗學異教，多有指思慮以爲神，執靈明以爲精，運動作以爲氣。體既妄與支分，用亦誤相錯雜，言愈多而道愈遠矣。殊不知古先聖人之言造化，皆是强名，原無實物，言下似若有三，就裏了難取一。神可以該精、氣，而精、氣實可化神；氣亦可以該神，而精、神亦原附氣。渾淪圓妙，一粒而九有盡含；推移迅疾，一息而萬年莫竟。惟是邃古至聖，特立宇宙之中，超拔乾坤之表，洞徹空澄，即海岳之弘鉅而迥無隔礙；靈明朗曜，即木石之頑朴而畢露新奇，故能會古今民物之英華，而宣昭以張隻眼，鏡古今民物之竅妙，而顯發以宰一心。是以目惟不觀，觀則無所不透；心惟不運，運則靡所不通，固不俟合知能以一之，而實難岐天人而二之也已。」

問「仲尼祖述堯舜一章」。羅子曰：「堯舜之道，孝弟而已矣。則祖述者，即祖述其孝弟之道也。汝諦觀本章前回説舜，只説『舜其大孝也歟！』説孝而弟在其中，説舜而堯在其中矣。就是説文王處，也只説『父作之，子述之』，説武王處，也只説『武王、周公，其達孝矣乎！』可見不惟祖述是祖述孝弟，而憲章亦是憲章孝弟也。至於四時之行，水土之化，無一物不有所自生，則無一物而不好生，便謂之曰『天命之謂性』也。夫惟好生爲天命之性，故大和絪緼，凝結此身。其始之生也，以孝、弟、慈而生，是以其終之成也，必以孝、弟、慈而成也。人徒見聖人之成處，其知則不思而得，其行則不勉而中，而不知皆從孝、弟、慈之不慮而知，不學而能中來也。此個道理，果是愚夫愚婦，鳶飛魚躍，皆可與知與能，而聖人天地有所不能盡也。惟孔子天縱聰明，其見獨超拔一世，故將自己身心，總放入此個天命性中，保合初生一點太和，更不喪失，憑其自然之知以爲知，憑其自然之能以爲能，怡油於父子兄弟之間，渾淪於日用常行之内。凡所思惟，凡所作用，凡所視聽言動，無晝無夜，無少無老，看着雖是個人身，其實都是天體，看着雖是個尋常，其實都是神化，所以下面極形容其物並育，道並行，敦化川流，而曰：此個天地，比之有形天地尤爲大也。不然，此書説聖神功化，已是極其玄妙，若千變萬化而不可方物，何爲却總名之曰『中庸』也耶？學者但將其名書之意，細去玩味，便知孔子之學，原有根源，而今日之論，或亦愚者千慮之一得也已。」

或問：「淡而不厭，是下學立心始事否？」羅子曰：「論下學立心，固當淡。孔明所謂非此無以明志是也。但此章宗旨，却是接上文『固聰明』『達天德』説來。若曰：必耳目不用，然後天德可達，天德能達，方是至道。可知蓋道之至處，是聲臭俱無。聲臭俱無，須淡、簡、温以入之也。淡者，水之清白而無味者也；簡者，竹之潔净而無痕者也；温者，熓藹未抽而融液無緒者也。此等境界，耳目聰明何所用之？耳目不用，精凝於神。神知自明，則無遠近、風自、微顯而一以貫之矣，天之至德，人之至道，不相入而靡間也耶？下文人所覔以至篤恭天下平，皆是極其形容以歸于無聲無臭之至，非果有許多層工夫也。」

近溪羅先生一貫編

白鹿洞門人熊儐孺夫　編
古吴郡友人王鐖　校

後學

陳道濟　但宗臯　郭衛道
郭衛墀　黄文達應天　郭衛都
徐良覺徽州　陳世義　王孟珩應天
郭衛部　王賜姓應天　萬栻
葉春芳　陶孔孜　王賜居應天　梓
熊一陽　萬世言　殷尚伊
左文棘　黄鋐　郭九式　詳閱
左文兹　程道鼎　熊春陽

論語

仁心流生德，妙應自時時。悦樂以循習，人己一貫之。事親從兄間，孝友胥怡怡。不厭亦不倦，海宇陽春熙。

問「學而時習」一章。羅子曰：「吾夫子生平敏求學古，獨是《易經》得力，首贊之曰：『大哉乾元，萬物資始。』『至哉坤元，萬物資生。』及透悟將來，却統而言曰：『生生之謂易。』又曰：『元者，善之長也。』『君子體仁，足以長人。』至是，天、人、物、我，渾成一個，其根心積慮，固惻隱滿腔，而啓口容聲，亦了無間别。於是其爲學也，其爲教也，皆是以仁爲宗。吾夫子此個宗旨，既原得諸《易》，而《易》則原本諸天。天何言哉？極究其體，則止是時行而不息；博觀其用，便是物生而不窮。夫惟其有得於時行之妙乎不息也，故語學則曰：必以時而習之。習能而時，則心自悦之。蓋天人雖遠，機則潛通，故視聽言動，食息起居，其施諸四體而應乎百感，自孩提以至老耄，固皆時時變通，亦皆時時妙運，但非學則日用而不知，能學則乘時以習熟。夫習熟乘時，則其妙運愈見，其妙運愈見，則其默契愈深。而晦庵先生所謂其進自不能已者，固足形容其悦懌之機，而亦可想像其當可之妙矣。吾夫子平生自述其『學而不厭』者，不開卷而即了了也哉！

「夫學則乃爾，而爲教亦然。蓋惟其有得於天之物生而妙乎不窮也，故朋來必曰『自遠方』。朋自遠來，則其心不止於悦，而必曰樂矣。此意惟孟子最善形容，曰：獨樂不若與人，與少不若與衆。蓋『天生蒸民，有物有則。民之秉彜，好是懿德』。夫物則何間於人人哉？均此視聽言動，均此食息起居，亦均此施諸四體而應乎百感，所以謂之『帝則』，又謂之『天則』。德雖天然自有，以時出之，乃稱懿德。而人之好之也，自同一秉彜也已。懸想吾夫子初去博學於文，而忽悟《易經》時習去處，❶極其懽忻踴躍，故即一鄙夫相問，已是兩端必竭，況人多信從，而至於遠方友朋亦皆畢集。晦庵先生所謂：德之所被者廣，而道之所傳者久。則人固悦樂乎我，我尤悦樂乎人，盎然宇宙之中，渾是一團生意。吾夫子自述其誨人不倦者，又不可觸類而長也哉？夫時習而悦，已是可知於人；朋來而樂，又果是相知者衆。此

❶ 「而」，原誤作「近」，今據《近溪子續集乾》改。

而不厭不倦，猶未見其極處，其或行脩謗興，德高毁來，而人不我知，却又能不愠，始表其爲君子也。但『不愠』二字，今之爲説者皆云：君子儒爲己，故人雖不知，而其心漠然無所動於其中。如此説不愠雖亦有理，而實則不然。蓋聖人之所謂己，是聯屬天下以成其己，豈止天下，即萬世亦欲其相通而無間也。故曰：『不患人之不己知，患不知人也。』又曰：『行有不得者，皆反求諸己，其身正而天下歸之。』然則所云不愠者，只是不敢尤人，而不患人之不己知爾。又反求諸己，以求爲可知，則不至天下皆歸、萬世皆通，必不已矣。蓋委咎乎人，則自己用功斯緩，不愠乎人，而自己反求斯切。況吾夫子以仁爲宗，則時時只見其妙於生，物物只見其同於生，統天徹地，貫古貫今，譬則身軀脉理，更無尺寸不聯，念慮亦不忍尺寸不愛且養。間或手足痿痺，痛癢不知，決不愠而棄之，而必鍼砭藥餌，汲汲皇皇，務醒覺而開通之也。如此方是誨不倦的極處，亦是學不厭的極處，不厭不倦，方是仁其身以仁天下萬世的極處，不曰君子之德之成哉？」

問：「學而時習，《論語》開卷第一義。今以聖時之時爲釋，真得夫子達己達人之心。但不知學者用功，即隨現在動静語默，吾心時出者而習之乎？亦必如孟子所謂願學孔子經書所載，時中矩則而習之乎？」羅子曰：「天之生人，蓋無有一理而不渾涵於其心，吾心之理，亦無有一時而不順適於所感，蓋自孩提之愛敬而已然矣。但行矣不著，習矣不察，天生斯民，必先知以覺後知，先覺以覺後覺。今學者爲學，其道術亦多端，使非藉先覺經書啓迪而醒悟之，安能的知聖時之時而習之也哉？ 然所覺習之時，又何嘗外吾本心之自然順應者而他有所事也哉？ 即吾夫子以時而聖，雖自孟子而始表揚，然究言其所由來，亦自三絕韋編，於伏羲、文王、周公之《易》，苦心悉力而後得之。 想像當日，祖述憲章，上律下襲，即其已然之迹而反求於自然之心，復以所深造而自得者，於古人先得我心之同然而印證之，故能通古今、達變化，而成時中之大聖也。 故曰：『我非生而知之，好古敏以求之者也。』今吾人欲學時習，則亦求之《易》而已矣。

「蓋天道人心，總是一個生理。 天以生生而成時，心以生生而習乎其時，故『生生之謂易』。《易》也者，變通以趨時者也。六十四卦，聖人示人以時習之大綱，三百八十四爻則其節次也。 以大象推之，如曰『天行健』，則統論其時，『君子以自強不息』，則統論習乎其時也。 以爻象推之，如曰『乾之初九』，則詳言其時，『潛龍勿用』，則又詳言習乎其時也。 其初則觀天之時以通吾心之時，其既則以吾心之時而希天之時。 及其終而純且熟也，則天之時即吾之時，吾之時即天之時，聖同天，不其深乎？ 是之謂『維天之命，於穆不已』，說天之時者，莫辨乎此矣。 聖人純於天道亦不已，說時習者，莫辨乎此矣。 愚嘗謂善學《易經》者，先明《乾》之一卦；善學《論語》者，先『時習』一章。 蓋一明則皆明，一誤則皆誤。 凡此皆吾夫子平生精神心髓，盡底吐露，以與後學共透天關而躋聖域，所謂仁天下萬世而無疆無盡者也。」

問：「《論語》『時習』之『時』，舊作『時時』，而先生必曰『因時』者，何也？」羅子曰：「聖人之學，工夫與本體原合一而相成也。時時習之，於工夫似覺緊切，而輕重疾徐，終不若因時之爲恰好。蓋因時，則是工夫合本體，而本體做工夫，當下即可言悦，更不必再竢習熟而後悦。况朋來而樂，亦只是同此工夫，當心愜意，所以不徒己悦之，而人亦悦之，亦不必竢道得其傳而後樂也。夫子嘗謂『默而識之』，正是識得這個時的妙處，故愈學而愈悦，如何有厭？愈教而愈樂，如何有倦？故不愠人之不己知，正其不厭而不倦處。蓋緣他識得時的根源真，而執得時的機括定，雖間有一人不知，而未必人人之不知也，雖人有一時不知，而未必久久之不知也。想像其云『默而識之』，『學而不厭，誨人不倦，何有於我哉！』其當時聲音口氣，真如貧子之遇金窖，自慶終身之受用；饑荒之遇豐年，自慶舉家之救活，鼓舞踴躍，安頓百歲之精神於頃刻，而懽呼告報，吸定八荒之命脉於毫毛也。當時只有一個顔子，氣候與他相似，其告之一日而復，天下歸仁，已是全付家當交與他。故語之不惰，已有不厭之意；門人日親，已有不倦之意。不幸短命而慟，心喪予者，正謂時之一脉之弗延也，豈想後來却得吾孟夫子走來，將他家當盡數搬出，直至今日，真是徹天徹地亘古亘今，茫茫宇宙而蕩蕩乾坤，試問諸人果是悦不悦樂不樂也？」

問：「學者要本體工夫合一，須是識得『時』字，而要得『時』字明顯，則又須從天命之性説來，何如？」羅子曰：「『天命之謂性』，正孔子所謂『默而識之』。所謂『知天地之化育』，又所謂『五十而學《易》』，知乎天命者也。蓋伏羲當年，亦儘將造化着力窺覷，所謂『仰以觀天，俯以察地，遠求諸物，近取諸身』。其初也同吾儕之見，謂天自爲天，地自爲地，人自爲人，物自爲物。争奈他志力精專，以致天不愛道，忽然靈光爆破，粉碎虚空，天也無天，地也無地，人也無人，物也無物，渾作個圓團團、光爍爍的東西，描不成寫不就，不覺信手秃點一點，元也無名也無字，後來却只得叫他做乾畫，叫他做太極也。此便是性命的根源。三代聖人，如文王、周公，俱盡心去推衍擬議。及到孔子，又加倍辛勤，韋編之堅，三度斷絶，自少而壯，自壯而老，直至五十歲來依然，乾坤混沌，貫通一團，而曰『天命之謂性』也。居常想像，吾夫子此言出口之時，真傾瀉銀漢，盡吸蒼冥，以將潤其津垂，扶摇剛風，迴旋灝氣，以將舒其喘息，而又安知天不爲我，而我之不爲天，命不爲性，而性之不爲命也耶？自此以後，口則悉代天言，而其言自時；身則悉代天工，而其動自時。天視自我之視，天聽自我之聽，而其視其聽，亦自然而無不時也已。所以率此性而爲道，道則四達不悖，其學也又安得而或厭？脩之而爲教，其教則並育而有成，又安得而或倦也耶？」

問：「『人不知而不愠』，是君子漠然無所動於中否？」羅子曰：「如此，則孔子之教亦有倦時矣。此當與『不患人之不己知，求爲可知也』同看。君子之心，直是要天下萬世相通。人有未知，必反己以求爲可知而已，於人何敢愠耶？前輩有善説孟子『仁禮存心』一章，將『於禽獸何難』『難』字不讀去聲，直接下『如舜而已』，云『鳳凰來儀，百獸率舞』，於禽獸且無難也，而況於人乎？如此看來，方見學問無歇手處。」

問：「『有子其爲人』章意何如？」羅子曰：「此有若之言語所以似孔子也。孔子云：『仁者人也。』蓋仁是天地生生的大德，而吾人從父母一體而分，亦只是一團生意，而曰：『形色天性也。』故色容温，没有一毫干犯的氣象；口容止，没有一毫干犯的言詞。蓋由他心中有個生生大德，立了天下之大本，自然生可惡已。生惡可已，自然不知足之蹈之，手之舞之，皆是此本。如是，則人固以仁而立，仁亦以人而成。在父母則爲孝子，在天地則爲仁人，方不負父母生我一番，故曰：『其爲人也。』然則下之爲仁，寧非即『仁者人也』意義哉？」

或曰：「既云孝弟本矣，復言道生，豈非本自本而道自道耶？」曰：「既云『仁者人也』，又曰『形色天性也』，寧可分而二之也。蓋孝道至大至久，塞天地而横四海，淪草木而及禽獸。有許多大的道理，皆是此個本子，非本之外又有道也。故孔子是孝的人，自言其爲人發憤忘食，耐以天下一家，中國一人，稱回之爲人，擇乎中庸，只要庸德之行，復禮天下歸仁，甚矣有若之言似孔子也！」

羅子曰：「『孝弟也者，其爲仁之本與？』本猶根也。樹必根於地，而人必根於親也。根離於地，樹則仆矣；心違乎親，人其能有成也耶？故順父母，和兄弟，一家翕然，即氣至滋息。根之入地也深，而樹之蕃茂也將不可禦矣！然則厚其親者，實所以厚其身也夫！」

問：「孔子之『時習』，與曾子之『日省』，其旨同否？」羅子曰：「孔子一生，只受用一個『時』字，故其立教始初，即要人時習。蓋學必貴習，習必貴時，如時動時靜，時語時默之類。謂曰『時習』，却似習乎時也。此『時』字習得停當，則其功用便是時措而皆宜；其根源便是溥博而時出，久久便可。仕止久速，而聖之時也已。此是吾人徹首徹尾一生大事，而曾子用心細密，見得日用間有此三件獨未愜意，所謂於此尤加謹也，豈是時習之外，而復有日新之功也哉！」

羅子曰：「弟子之職，要入則孝，出則弟。但孝弟不難於知，而難於行；不難於行，而難於擴充以盡其道也。蓋孝弟之人，一舉足而不敢忘父母，一出言而不敢忘父母，便謹而信也。愛親者不敢惡於人，敬親者不敢慢於人，便是汎愛衆而親仁也。立身行道，斐然成章，其爲父子兄弟足法，便是餘力學文，以顯親揚名於天下後世也。」

問：「『吾十有五而志於學』章旨何如？」羅子曰：「古書中言道雖多，至『學』之一字，則間或見之，惟是吾夫子則專志平生而論學不輟。❶古之聖人成道雖多，如清任與和，各以資質所近而力造其極，惟是吾夫子則述而不作，必求隆古至聖而學之。故曰『吾十五而志於學』。此意幸得晦庵先生又能默而識之，其註疏云：學者，大學也。夫謂大學者，所以學乎其大者也。夫子平生亟稱至聖者，惟是文王，亟稱大聖者，惟是帝堯，則其所祖述，其所憲章，竭精會神以學之者，非一二三聖人而何哉？夫惟道之極其至，道之極其大，則閫域幽遐，境界浩蕩，雖其性靈天縱，而求

❶「輟」，原誤作「輙」，今據長松館本改。

以主張負荷卓然屹立於宇宙之中也，須到三十而後能之。即今《大學》聖經首言：道在明明德、親民、止至善、知止而後定、静、安也。定而且安，非志之既立而何哉？自此之後，則於古聖信好愈益精專，敏求愈益奮勵，意以此而誠，心以此而正，身以此而脩，齊、治、均、平，亦以此而明明德於天下。物則本末兼善，事則終始渾全，不惟放勳之睦族平章，光格上下；文德之刑于友善，運掌化成，若合符節，而先後一揆，即徧考三王，俟聖百世，不外十年而俱可不謬不惑也已。

「想像吾夫子於此二十餘年，精神意氣，近而本諸其身以有立，遠而徵諸今古以不疑。世道之經常，人情之懿好，聯屬統同，通天下國家而爲一己，所謂『仁者人也，親親爲大』，已是融通透徹，一以貫之而無怨矣，忠恕求仁之宗，的確必在此時。至於『假我數年，五十以學易』，而猶自言『可無大過』，則又以此學大至範圍天地，難免無過。今考《易經》卦象，於大過則曰『君子以獨立不懼』，却是聖人以天自處之實際，所謂天命於穆不已，聖人亦純而不已，不惟中心安仁，天下一人，而且時乘六龍統天獨御也，故贊易首言『大哉乾元，萬物資始。至哉坤元，萬物資生』。可見上律下襲，與祖述憲章，純是吾君子一個學，學總是一個大，範圍天地固不過，曲成萬物亦自不遺。而子思子極其形容，則曰：譬如天地之無不持載，無不覆幬，譬如四時之錯行，如日月之代明，道並行而不悖，萬物並育而不相害，小德川流，大德敦化，此天地之所以大也，故不惑知命，始是學《大學》之到家去處，此後耳順從心，則俱學《大學》之到家的徵驗去處。但耳順是感乎其外，而順以應之，無非此學此大也；從心是動乎其中，而廣以運之，無非此學此大也。

「蓋大學只是『明明德』，『親民』，明親之實，只是絜矩上下、前後左右，『老吾老以及人之老，長吾長以及人之長，幼吾幼以及人之幼』，惻怛慈愛之真，盎然溢於一腔，誠感神應之妙，沛然達諸四海。吾夫子學至此時，果是大人赤子，念念了無二體；聖心天德，生生純是一機，隨衆問辨，其所酬答，更無非此個孝、弟、慈；隨機感觸，其所好欲，亦無非此個孝、弟、慈。即如子路問志，便曰：『老者安之，少者懷之。』子貢問仁，便曰：『己欲立而立人，己欲達而達人。』要之，耳順只是一個絜矩，欲不踰矩，又豈不只是一個順應也哉？如此以觀於夫子，其志方爲大志，其仁方爲純仁，而其聖方爲至聖也已。」

問：「孔子自志學以至心不踰矩，『矩』是何物？」羅子曰：「朱子云：學即大學之道。則矩即絜矩也。蓋大學之道，在明明德。明明德之本來明者，即愛親敬長，不慮而知，人皆無不有之者也。老吾老以及人之老，而莫不興孝；長吾長以及人之長，而莫不興弟。即明德達之天下，而人人親其親，長其長，治且平焉者也。大人之所以與天地合德，與日月合明，以至凡有血氣者莫不尊親，豈復有他道哉？孔子生知安行，初年即有此志，但世界浩蕩，常恐主持不去，而群言淆亂，又慮精一之難，故用力至五十，乃渾然是不慮不學之體，而天命我知矣。以後受用，即孟子所謂：樂則生，生則惡可已；惡可已，則不知足之蹈之手之舞之者也。故此學只孔孟相符，至漢唐以後，俱絶響矣。」

問：「顔子『不違如愚，退而省其私，亦足以發』，不知夫子省他甚麽來？」羅子曰：「此段去處，到須吾人用心體會，不容淺淺看過。若淺淺看過，則今註云『夫子見其日用動静』，汝且試思：夫子所見，止是顔子日用動静，則何必省於其私？即相對領教之時，莫非日用動静也。以予度之，則『發』字是『發明』之『發』，正與無問辨對看，即如子出，門人問曰『何謂也？』曾子曰『夫子之道，忠恕而已矣。』夫子出後，便是曾子之私處，夫子之道云云，便是曾子之足發處也，豈不更明顯直截也耶？況此段精神，原關係學問，不是小可。蓋吾夫子學主求仁，而其工夫，只是學不厭而教不倦；當時門人，止顔氏之子，便合下心事相孚，將夫子不厭不倦處竭才贊襄。故曰：『自得顔子，而門人日親。』其所以能使衆人去親夫子之教者，正以其善發明而鼓舞之也。

「至於顔子不厭不倦精神，又只曾子知之，故形容嘆息，説他不能的人也去問他一問，少能的人也去問他一問，莫説少能與不能的，即人有不知而將言語顔色去干犯了他，他也一些不較，而還要去與他問辨而接引之也。即曾子與夫子許顔子處，便見他兩個人是合成一個人，後來短命，則這個人有一截没一截了，所以夫子説：『天喪予！天喪予！』皆實事且苦情也。

「全是他造化好，却得曾子這人來，再傳又得子思，又得孟子，便把此老身命接長，直至我們今日，一堂人集聚，講明道學，則身便皆是替他坐，口便皆是替他聽，顏子之命始不短，而夫子之予終亦可免乎喪嘆也已。聖門求仁之學，須是如此理會，吾儕仁身之功，亦須如此圖謀。只得不厭不倦一段精神，直與孔子、顏、曾打得對同，我管保百世諸人亦又替諸君子接續壽命於無疆也已。」

問「知之爲知之」一章。羅子曰：「吾輩爲學，蓋學聖也。聖者，明之通，而知者明之實也。夫子告子路以知，是即告之以通明之聖也。乃特呼其名以致其珍重，亦以當時在門高弟，自顏子以下，聰明只有子貢，子貢以下，勇往只有子路，皆是的確要做聖人漢子。奈緣兩個途徑都差，惟曉得要做聖人，而不曉得先去理會聖人之所以爲聖；雖曉得從知處入聖，而不曉得理會知之所以爲知，是本然之知，而非聞見之知也。故夫子直指以示之曰：由，汝欲從知以入聖乎？吾將誨汝以知之所以爲知也。蓋天下古今事理，有耳目心思到而知之者矣，有耳目心思未到而不知者矣。今汝之意，必曰盡知其所不知，方謂汝心有知，方謂汝心通明，而後爲聖耶？如此爲知，❶則知從外得而非本心之靈，況事理無窮，雖聖人亦難盡必其皆知也。要之，有不必然者，惜汝不善自理會耳。今只問汝，此理此事知之否耶？曰吾能知之，是汝心之明於所知者，即能知之也。又問汝此理此事能知之否耶？曰吾不能知之，是汝心之明於所不知者，又即能知之也。知者知之，不知者亦知之，則汝心之知，何等光顯，何等透徹，何等簡易直

❶「如」，原誤作「知」，今據長松館本改。

截！又何必盡知其所不知者而後爲知也哉！況如此求知，則其知方可通乎晝夜而無不知之時，方可等乎賢愚而無不知之人，真是横四海、貫古今，而合天人物我於一點虚靈不昧矣。聖人可學而且易學也，固如是哉！」曰：「如是學聖，果然簡易。奈何門人記子路，乃曰：『有聞未行，惟恐有聞。』夫子問子貢乃曰：『女以予爲多學而識之者與？』想其學問何等專苦，顧於簡易處錯過，何也？」羅子曰：「夫子當時，亦甚以二賢不相知爲憾。觀其語子路，則曰『由知德者鮮矣』；語子貢則曰：『莫我知也夫！知我者，其天乎？』及至二賢於夫子，亦未相知。觀子路當葉公之問夫子，則不能對。觀子貢答公孫朝之問夫子，則曰：『賢者識其大，不賢者識其小。仲尼焉不學？』可見子路之心，只是要求多聞以從乎善，而子貢之心，只是要求多見以識其理，且疑夫子之聖無不通，亦是多聞而多識也。故夫子他日又自形容以示之曰：『蓋有不知而作之者，我無是也。』夫無不知而作，則所作者皆是知矣。所作皆是知，則此知果通晝夜而無間，酬應而無遺，方纔是不慮而知之真體也。若彼務求多聞而從，多見而識，縱是從得如何勇往，識得如何穎敏，終是人而非天，外而非内，而次於良知數等矣。此二句，分分明明是爲二賢而發，而二賢竟未見他悔悟。今欲將此兩章作個對偶，一則曰：『知之爲知之，不知爲不知，是知也。』一則曰：『多聞而從之，多見而識之，知之次。』令人朝夕諷誦，則此學不患不歸一矣。」

或問體仁制欲之辨。羅子曰：「好仁者，惡不仁者，孔氏之訓本並舉之。則二端誠不可偏廢矣。但先言好仁者，後言惡不仁者，亦孔訓也。則二端，人可無次序也哉？細玩此章曰：『好仁者無以尚之。』則不仁之惡，自不待言。曰：『惡不仁者，其爲仁矣，不使不仁加乎其身。』則非爲仁之外另去惡不仁，而不仁之惡，好仁故足以該之也。故仁爲萬善之長，識仁爲學者之先。程伯子得宗孔孟，其最的是此一個『先』字。蓋仁心之端，原只不忍，物且不忍，況己身哉！不忍親以其身爲不善，便叫做體仁，又叫做制欲。但中間暗藏次序，視之學問無頭者，其難易順逆，萬萬天淵，譬之奕棋，只先一着，便成勝局也。明道、伊川二先生，至親昆季，此意竟不通融。晦庵、象山二先生，一時豪傑，此辨竟成仇敵。今若再不以的訓準而一之，則衆見紛勝，學脉之亂將無紀極矣！」其友撫然爲間曰：「昨聞公論某以舊聞，謂人欲若不净盡，天理安得流行？終日終夜，意甚梗塞，後思原憲克、伐、怨、欲，至於不行，人欲可謂净盡矣。孔子乃曰：仁則吾不知。又何嘗天理遂流行哉？今聞雅論，始知天下道理，體共海寬。吾儕識見，活當圓轉也。」

或問：「曾子告門人『夫子之道，忠恕而已矣』，只是渾然。夫子告子貢却曰：仁者『己欲立而立人』云云，又似有些差等。」羅子曰：「大約聖賢經書道理，只是一個，更無精粗，精粗生於所見之淺深，所造之生熟焉耳。故蒭蕘之言，孺子之歌，聖人聞之，即是至理；若所見尚淺，所造未純，即精一執中之語，亦作猜疑過也。曾子當時初唯一貫，心地洞然，但捻動便全體躍然在目，其視忠恕一貫，又更何别？若子貢之問，正在見解之處，孔子只得就他分上階級，方可進步。要之至理，立己立人，達己達人，亦何莫非取譬之方也。」

問：「先生强恕如是，於一貫何如？」羅子曰：「一貫非淺陋可識，但竊意『一以貫之』者，無所不貫者也，而況於恕乎？是故良知明覺，徧體不遺，必此體在我，然後强恕而行，方能懇切周悉，而感通亦自神速。曾子曰：『夫子之道，忠恕而已矣。』因是悟得一貫之爲妙，而亦是見得忠恕之不容已也，豈專於教門人之語哉！」

問「孔子吾未見剛」章。羅子曰：「世之目剛者，類以廉介狷直，僅得其一端，而負氣好勝者亦托於剛以自命。果若而言，則行行之由愈如愚之回，而施舍升堂，北宮入室矣。故夫能闢能闔，能燠能寒，能榮能悴，而後爲天地之剛；能屈能伸，能明能晦，能進能退，而後爲君子之剛，方是浩然塞於天地。此孟子所以善養而願學孔子以慰其見也。」

一〇〇

問：「孔子何只在老安、少懷、友信？」羅子曰：「所論心不踰矩，只是孝、弟、慈通之天下。夫孔子與二子言志之日，去七十當亦無幾，而所言終不出此，可見道邇而求諸遠，事易而求諸難，在季路、顔淵尤所不免，況其他乎？噫！此中庸之道所以『民鮮能久矣』！適諸長者聽言懽喜處，即孔子所謂安老；請我盡心講處，即是信朋友；呼群子弟近前求教處，即是懷幼。蓋君子愛人以德，而自愛亦必以德。即如諸長者肯好善樂施，少欲知足，則不論貧富貴賤，皆可以安。況積善之家，必有餘慶，不惟安己，且可安人，不惟安人，且可安後世矣。若只以飽煖爲安，則謀身家造業罪，將以求安，適以取危矣。推之朋友之信，少者之懷，皆是要人人向學，人人有個安樂受用，而不徒軀殼上動念，方是孔子之志、孔子之學也。」

問：「不遷怒，不貳過，可是不違仁否？」羅子曰：「此心之體，其純乎仁，時圓融洞徹，通而無滯，瑩而無疑。恒人學力未到，則心體不免爲怒所遷，爲過所貳也。顔子好學純一，其樂體常是不改，樂體不改，則雖易發難制之怒，安能遷變其圓融不滯之機耶？其明體常時復以自知，明常自知，則過未嘗行，雖微露於恍惚之中，自隨化於幾微之頃，又安足以疑貳其洞徹靈瑩之精耶？故《易經》一書，只一復卦，便了却天地間無限的造化。顔子一生，只一庶幾，便了却聖神無限的工夫。蓋復是陽德，陽則生活而樂在其中，陽則光明而知在其中。孔子要形容顔子善學而難爲言，故借怒不遷以顯其樂體，過不貳以顯其知體也。」

問：「既曰『仁即是心，心即仁』，如何却説『回也其心三月不違仁』耶？」羅子曰：「是因學者心有不仁時説來，乃見顔子心不違仁也。如逐物以放其心，則此心之體已化爲物，物則不通不神矣，顔子『克己復禮』，便心不着物，即流通神妙。心又非仁如何，故『不違仁』者，正心即仁，仁即是心處也。所以孔子於六十四卦，惟於復，則言：見天地心。於七十數子，惟於回則許之以心，意可想也。」

或問：「先生『道不可離，良知不昧』之語，屢屢作疑處，❶遽起問曰：誰能出不由

❶「處」，原誤作「遽」，今據長松館本改。

户，何莫由斯道也？如何夫子復有此嘆？」羅子曰：「聖人此語，正是形容良知須臾不離處。如曰：人皆曉得由户，則其終日所行，何莫而非道也？」其友復曰：「既是人人皆曉得，何爲却有毆父母輩也？」羅子曰：「此輩固是極惡，然難説其心便自家不曉得是惡也。」曰：「雖是曉得，却箝不得。」羅子曰：「雖是箝不得，却終是曉得。可見人心良知不昧，果是道不可須臾離也。」

問：「生而知之者，上也。説得『知』字如此尊貴，又説知之者不如好，不如樂，兩個『不如』，則知亦似未妙也。」羅子曰：「不止於知。雖好樂，亦有生而好且樂者，則學與困者亦弗如之矣。」曰：「良知在人，原無二體，乃相去遠甚，何也？」曰：「此『知』字乃『知覺』之『知』，正與《大學》『致知』『知』字相同。生知者，則所謂先知先覺；而學知困知者，則諸所覺後知覺後覺者也。」曰：「然則又何以見其無二體耶？」曰：「『生而知之』下一『之』字，都無二體者。生知者知此者也，學知者知此者也，困知者亦知此者也，故曰：『及其知之，一也。』」

問：「博約之訓，孔門最重，而説者往往不同。今則願求歸一之旨。」羅子曰：「吾儕有生天地之間，立志做個人品，須要先擴一大胸襟，以張一大眼孔，雖未即經綸天下大經，而經綸規模却該理會；雖未即立天下大本，而立本着落却要承當；雖未即能知天地化育，而化育來歷却亦探索。昔顔淵問仁，夫子教以『一日克己復禮，而天下歸仁』。子張問十世可知，夫子教以殷因夏禮、周因殷禮，而百世損益可知。至己則自云：吾學夏禮，吾學殷禮，吾學周禮，而嘆曰：『周監於二代，郁郁乎文哉！吾從周。』又曰：爲國以禮，『能以禮讓爲國乎，何有？』若夫《中庸》末後，其謂：大哉聖人之道，而歸諸禮之三百三千；王天下三重，而歸諸議禮之制度考文。故古今聖帝明王，綱維一代之乾坤世界，必有禮以綱維之；育養一代之民物生靈，必有禮以育養之；主張一代之教化風俗，必有禮以主張之。此個禮，即天地之所以爲命，帝王之所以爲心，聖賢之所以爲學。天下治亂攸分，總在禮之立不立，而尤在立之善不善，與善之至不至也。天生夫子，爲萬世開太平，只有《學》《庸》二書。其二書，只重仁禮二端。蓋丈夫有生天地，頭頂、脚踏、肩任、念存，此身之與乾坤渾然一體，而謂之曰『仁者人也』。欲完此仁，須是有禮，欲得此禮到至善去處，則非一己之聰明所可擬議，一己之力量所可强爲。如擬議强爲，出自一己，則所定之禮未必能善，縱或有善，亦恐非其至也。

「故孔門立教，其初便當信好古先，信好古先，即當敏求言行，誦其詩，讀其書，又尚論其世，是則於文而學之，學而博之。學也者，心解而躬親，去其不如帝王賢聖，以就其如帝王賢聖，固不徒口説之騰，聞見之資而已也。博也者，考古而證今，雖確守一代之典章，尤徧質百王之建置，耳目固洞燭而不遺，心思一體，察而無外也。此之謂博學於文。然豈徒博而已哉！博也者，將以求其約；約也者，惟以崇其禮而已矣。禮也者，統之則爲三綱，分之則爲五常，而詳之則爲百行，會家國天下而反之本焉，則在吾之一身。身則必禮以脩之，而綱常、百行，動容周旋，必中其節文也。推此本身而聯乎末焉，則通吾之家國天下，家國天下必禮以齊、治、均、平之，而綱常百行，道德一而風俗同也。大丈夫有生天地間，其中心之主持樹立，獨專乎此而無偏倚，謂之正心；其發念篤切懇到，獨專乎此而不他適，謂之誠意。此皆孟子所謂『射之勇力，樂之玉振，而非其所先者也』。若夫開心明目，則惟千古聖神之言，定爲事物本末終始之格，至善而毫忽更無差失，知止而纖悉不可悖違，是則孟子所謂『射之精巧，樂之金聲，而不當或後者也』。今觀《大學》一書，自首至尾，總是援引六經格言，而旁加點掇發揮，便是博學於文，而曰『致知格物』也。其點掇發揮，總是歸宗於内之中正而無偏，外之整飭而不亂，便是約之以禮，而曰『誠意、正心』『脩身、齊家、治國平天下』也。求其一言以蔽之，則『其爲父子兄弟足法，而人自法之』；一字以蔽之，則『仁』而已矣。然夫子言仁，每每先之以知，比其言禮，每每後之於仁。噫！博學於文，約之以禮，亦可以弗畔矣。然則所謂弗畔也者，其弗畔於仁也夫？其畔於仁也夫？」

羅子曰：「天地之大德曰生。夫盈天地間，只是一個大生，則渾然亦只是一個仁矣。中間又何有纖毫間隔，又何從而以得天地、以得萬物也哉？故孔門宗旨，惟是一個『仁』字。孔門爲仁，惟一個『恕』字。如云『己欲立而立人，己欲達而達人』，分明説『己欲立』，不須在『己』上去立，只『立人』即所以立己也；『己欲達』，不須在『己』上去達，只『達人』即所以達己也。是以平生功課，學之不厭，誨人不倦。

其不厭處，即其所不倦處也；其不倦處，即其所不厭處也。即今人説好官相似，説官之廉，即其不取民者是也，而不取於民，方見是廉；説官之慈，即其不虐民者是也，而不虐乎民，方見是慈。統天徹地，膠固圓融，自内及外，更無分别。此方是渾然之仁，亦方是孔門宗旨也已。」

問「默而識之」一章。羅子曰：「此即所謂學者先須識仁也。蓋仁者渾然與物同體，此體既與物同，則教學又豈容二哉？故教不徒教，而以學直己陳德，而不敢欺也；學不徒學，而以教與人爲善，而不敢私也。教學相長，人己夾持，以故有親有功，可久可大，而又何厭倦之有哉？故程子曰：『以己合彼，猶是二物有對。』又安得樂？又曰：『能存之，而樂亦不患不能守也。』」

問：「學不厭教不倦，夫子何屢屢自任？」羅子曰：「聖人一生自道工課，只此二句。其答子路以忘食、忘憂，不知老之將至，亦止形容不厭、不倦之景象而已。蓋由其默識此心，真是合萬物爲一體，則自己學處即是誨人學處，誨人學處即是自己學處。蓋物我原是一體，而學誨原是一事。只如世人好博者，必求角敵，若己之技捷，則敵人之技必捷，人之技捷，則己之技亦捷矣。好奕者，必求對局，若己之着高，則對之者必高，對之者高，則己之着亦高矣。此其機括相緣，固無獨成之理，而精神充長，自有日益之勢。所以學不厭者，必誨不倦，而不倦者，必不厭也。顔子多問寡，能問不能，雖犯不校，何等懇切！欲罷不能，亦何等得力！夫子所以獨許其好學，而曰：自得回，令諸友日親也。」

問：「孔門問答，恒以學不厭誨不倦爲言，何也？」羅子曰：「孔門宗旨，只在求仁。求仁工夫，只是己欲立而立人，己欲達而達人。夫欲立、欲達，便學不厭；立人、達人，便誨不倦。不厭不倦，如輥着兩輪以載一車，要載此個仁，車亦不容不輥着兩輪也。」曰：「《論語》不厭不倦之言再出，然對公西華却曰可謂云爾已矣，若自任甚易；及默而識之，却曰何有於我哉？又若自量甚難。敢請其故？」曰：「同是孔子一人之言，又同載在《論語》一篇之中，豈有一處説得如是之易，一處又説得如是之難之理？往年極力思量孔門宗旨，因見吾夫子平生喫緊得力處，只求仁一脉，而喫緊着力處，亦只不厭不倦一路。此其安身立命根基，豈肯推開説『何有於我』也耶？竊意此二條當作一套説去，其初云若聖與仁，則吾豈敢，抑爲之不厭誨人不倦云爾。及公西華嘆謂非弟子所能，則又指示一個入頭，説吾人厭學倦教，只是未見意趣，若果然識得其中妙趣，則如知酒味之美者，自然喜人共飲；知棋着之高者，自然好人同下，雖欲罷而不能矣。其於不厭不倦又何有哉？『何有』解作不難，正與可謂云爾相合而不相背也。況仁爲天地之性，其理本生化而難已；人爲天地之心，其機尤感觸而易親，故曰：『仁者人也。』此個仁德，與此個人身，原渾融膠固，打成一片，結作一團，但一粘動，不惟我喜親人，而人亦喜親我，立必俱立，成不獨成，真是自然之妙，而非有所强也。且吾夫子只一念在於吾儕，而吾儕遂萬世歸依夫子，心心相照，終古如生，視彼二千年來一切富貴繁華，泯滅夢幻，更誰可及他毫髮，愈味而愈妙也。雖欲厭，何能厭？不能厭，而又何可倦也耶？」

問：「默識在孔子固是能事，在顏子亦能默識心通，若子貢，則疑不言何述。而下子貢數等者，安得遽言默識？況學問有頓有漸，不知默識之功，屬頓屬漸？」羅子曰：「頓漸原是禪家話頭，姑置勿論。但先儒云：顏何人哉？希之則是。不知此語的確否？」曰：「此語安得不的確。」羅子曰：「語既的確，則子在今日，亦當默識以希顏而已，更何辭且却耶？」曰：「曩諸子請教，曰：人人皆可以爲聖賢。自謂此只可説道有定體，而不知學有成法。」曰：「此語果然。豈惟學有成法，即默識亦有成法。」曰：「如何是默識的成法？」曰：「學是學爲孔子，則吾人凡事皆當以孔子爲法。孔子十五而志於學，今日便當半夜五更，默默靜靜，考問自己的心腸，果是肯如孔子之一心一意去做聖賢耶？或只如世俗之見，將將就就，以圖混過此生也？將就混過，正是鄉愿的本事，孟子駡他做德之賊。『賊』字是『害』字。蓋此個念頭，即是鴆毒刀兵，害了此一生也，以此做個的確規模。十五則決要志學，三十則決要自立，四十則決要不惑，方纔謂之學有成法。半夜以此去自考自問，便又謂之默而識之之成法也。況子貢當時説：子如不言，小子何述？而夫子直告之曰：天何言哉？天何言哉？正是斥子貢之不默而欲其默也。今子去夫子之所欲者而就夫子之所斥者，自予觀之，謂能守夫子之學之成法則可，謂能守子貢之學之成法，則未矣。」

羅子曰：「德之不脩，由學不講也。蓋學則有義可徙，有過可改，故四者之憂，惟不學爲大也。其或講之而不於徙義改過是急，吾夫子之憂，又當何如？」

問孔顔樂處。羅子曰：「聖賢之道，原只尋常，而學者講求，善當體會。所謂樂者，竊意只是個快活而已，豈快活之外，復有所謂樂哉？活之爲言生也，快之爲言速也，活而加快，生意活潑，了無滯礙，即是聖賢之所謂樂，却是聖賢之所謂仁。蓋此『仁』字，其本源根抵於天地之大德，其脉絡分布於品彙之心元，故赤子初生，孩而弄之，則欣笑不休，乳而育之，則歡愛無盡。蓋人之出世，本由造物之生機，故人之爲生，自有天然之樂趣。故曰『仁者人也』。此則明白開示學者以心體之真，亦詳細指引學者以入道之要。後世不省仁是人之胚胎，人是仁之萌蘖，生化渾融，純一無二，故只思於孔顔樂處竭力追尋，顧却忘於自己身中討求着落。誠知仁本不遠，方識樂不假尋。」

問：「大衆每欲發憤，不知如何得如孔子之『發憤忘食』也。」羅子曰：「亦在深思之而已。夫科第一節，亦是大事，但點檢從前，豈無人得之？點檢所得之人，其所受用大小淺深，豈不可以概見？若比以爲聖，以爲賢，真是精神粉碎矣！今中舉之心，人人發憤，時時發憤。至於講學問爲聖賢，其受用百倍中舉者，却又不思發憤，是尚爲能充其類也哉！諸子又只知孔子發憤忘食，亦未思下文説『不知老之將至』，則是年彌高而憤彌甚也。孔子至老，猶思發憤，而少壯剛强，却反悠悠，此又不能充類之甚者矣！」大衆悚然曰：「不知孔子何爲如此發憤不能自已也？」羅子嘆曰：「此處用得一句渾話，蓋孔子是起初走壞了路頭，不及諸君有酌量耳。」大衆復愕然曰：「此語如何？」曰：「孔子十五而志於學，學是大學也。大人之學，必聯家國天下以爲一身，所謂明明德於天下也。今世上有志之士，或是功業，則功業成而心亦可了矣；或是道德，則道德成而心亦可了矣。惟孔子以天下人盡明其明德，方爲自己『明明德』，此則竭盡平生心思，費盡平生精力，事必竟是成不得；事竟不成，則心竟不了，心竟不了，則發憤忘食，亦竟至老而發憤忘食不了也已。」

歌詩，因論：「子與人歌而善，必使反之。此『反』字，不專謂使之復歌。諦觀傳記，古之士大夫相與議論，因某事則歌某詩，反之云者，欲反求而身有之云也。即如吾儕適歌『萬紫千紅總是春』，便嘆曰：果然滿座皆春也。適又歌『男兒到此是豪雄』，亦復嘆曰：果然是豪雄也。即此嘆處，便可見當時反之之氣象，而感發善心，懲創逸志，固有勃然以興，而莫可自已者矣。」

羅子曰：「『士不可不弘毅，任重而道遠。』然二者亦交相爲用。蓋學者立得地步大，則存駐可久；積得歲月深，則收蓄難方，所計限也。要之，其初亦只於吾人本分上見得了了，便自有不容已處。蓋人即是仁；仁，天地生德也，大孰加焉？久孰侔焉？不能以仁觀人，以人體仁，而求以弘且毅者，吾未之信也。」

羅子曰：「孔子之所絶者四，是毋意、毋必、毋固、毋我，四者俱没有的。蓋一有毋意、毋必、毋固、毋我，便非空空本體，況此『毋』字，有禁止意，如何解曰『孔子毋意必固我』也哉！」

問：「『吾有知乎哉？無知也。』果是

『無知』，還是謙詞？」羅子曰：「此是聖人實說己分上事。蓋曰：心本無知，如廣谷空空。鄙夫來問，其說定有兩端，我即叩而竭之，隨響應聲，則實無所不知也。故周子論思云：無思，本也；思通，用也。無思而無不通，曰『聖人』。故學者致知，便當以聖人『生知』的『知』作個格子，所知不如聖人，其知非至善也；學者致思，便當以聖人『睿思』的『思』作個格子，所思不如聖人，其思非至善也。立則參前，輿則倚衡，久久不息，便叫做其成功一也。否則，只隨己意爲之，則好知者其蔽蕩，好仁者其蔽愚，皆弗學使之然也。可不猛省而恐懼也哉？」

羅子曰：「『顏淵喟然嘆』章，須與『爲仁由己』章、『樂正子善信』章參看，其旨始得。蓋見善可欲，正是從聖人身上去求，所以或仰或鑽，而有高矣美矣之嘆也。信其有諸己，却是反求諸身，所以文博我之文，禮約我之禮，而爲仁由己之謂也。既知由己，故竭吾之才，不能自已，而至於卓爾有立一焉，此即孔子所謂『三十而立』之『立』也。此時方悟道本不待外求，而謂欲從前而仰且瞻也，必不可得矣。蓋孔子點化顏子，只是『復禮』一個『復』字，而『復』字又只是『由己』一個『己』字，故其贊《易》，直許顏氏庶幾於復，而曰『中行獨復』，又曰『復以自知』。嗚呼！觀獨與自也，而復之由己也，彰彰矣！」

問：「顏氏博約，還分知行否？」羅子曰：「博約皆須知行並進，切不可分先後也。看他兩個『我』字，最是顏子得力處。蓋顏子氣魄甚大，當初用功，即仰鑽瞻忽，處處要到，却不知得處處皆我知體貫徹，故曰『萬物皆備於我』，則文禮自可充塞天地矣，❶我體何如其博耶？然反身而誠，則便克己復禮，而天下歸仁矣。我體何如其約耶？博是我之文博處，約是我之禮約處，便自欲罷不能，而樂莫大焉者矣。至此，則不必於仰，而至高在我；不必於鑽，而至通在我；不必於瞻察，而全體呈露於我矣。故卓然精明，而良知之致，自將神化不測矣。顏氏之子所以其庶幾乎！」

羅子曰：「無方體，則自然無窮盡；無窮盡，纔是無方體也。故此段家風，再無容你着口着脚處。即説虛時，已是實了，説無時，已是有了，而況執象狥形，説有説實者哉？」

問：「孔子以可與立未可與權，程子謂漢儒以反經合道爲權，不識『權』字，是否。」羅子曰：「非是漢儒不識『權』字，乃不識『經』字也。蓋經即道也，徹天徹地，貫古貫今，不可須臾離，不可毫髮爽，萬物萬事無一可出其外，豈有行權乃獨與之相反也耶？但權非聖人不能用，蓋聖人天聰明之盡者。經常之道，纖微透露，妙應不拘，所謂精義入神以致用也，雖是人所同得，却獨能先得，以其得之獨先，而過疑其非經常之見，遂謂反經合道，正不識『經』字之誤也。然此須是善用功者，默而識之，而難以口説盡者。」

羅子曰：「儒先謂《鄉黨》一篇，分明畫出一個聖人。不知分明寫盡一個『時』字，此正見孔子動容周旋中禮，衣服飲食皆道，聖之時也，學而時習也。末記時哉之悟，厥旨微哉！」

上論終

❶「禮」，原誤作「理」，今據長松館本改。

近溪羅先生一貫編

論語

羅子曰：「顔子於言，無所不説，終日不違，非是他能心解，緣他見頭頭是道，言言皆與，故不覺心中自然恰好，即曾之唯。若由、賜，不免作疑，所以無所不説，顔之非助我也。」

問：「季路問鬼與死，而夫子未答，何也？」羅子曰：「聖人詞婉而盡，皆深答之，而子不察耳。其曰『未能事人，焉能事鬼』，欲其以事人者事乎鬼，蓋以鬼即人也。所謂『祭如在，祭神如神在』，事死如事生，事亡如事存者也。其曰『未知生，焉知死』，欲其以知生者知乎死，蓋以死猶生也。所謂發揚照明焄蒿悽愴百物之精，而神之著者也。當時子路亦已了了，故不復問。」

羅子曰：「昔夫子告季路以生死矣，第曰知生；告季路以人鬼矣，第曰事人。蓋謂死無非生，而鬼無非人也。夫知死無非生，則古即今，今即古，而萬世斯一矣；鬼無非人，則明亦幽，幽亦明，而三才始統矣。人能以最貴之靈，生生之德，而統三才、一萬世，則盈天地間固皆我之心神，亦皆我之形骸也已。」

問：「夫子謂善人『不踐迹，亦不入於室』；謂子路『升堂而未入室』。其所謂室，固皆聖人之室矣。乃今子路之未入室，同乎善人，則善人之既升堂，亦必同乎子路，但善人質美未學，子路學於聖門，豈室則必學方可入，而堂則未學亦可升耶？」羅子曰：「《論語》之於善人，再三稱評，總是夫子愛他資質之美，故惓惓致意，然憐才之惜，每寓於中。至答子張，則明白説出，其曰『不踐迹』，正是他善處；其曰『亦不入室』，却又是惜他徒有善處。觀孟子之評樂正子一段，便可見矣。若以他因不踐跡故不入室，則聖門學者無限，皆是踐跡，豈便皆可入室耶？要之，夫子之取善人，真爲其可以入聖而然。觀其嘆聖不可見，而及於善人，則善人原非不可以入室者，乃卒善而不聖，則夫子安得不以『亦不入室』惜之也哉！細味『亦』之一言，則致警子張諸人之意，具見詞外。蓋子張原因夫子再三致意善人，故特來質問，是有欣仰善人之意，夫子却揚而抑之曰：豈惟現前諸人不入室，即善人雖能不跡而善，然亦不入室也。今竊與商之，吾夫子所居之室，原是甚麽去處？果是甚等風光？如何及門之徒與一時賢士，竟無一個可以入選？其最當意，則是顔子，然以不見其止爲惜，則他又更何説哉！

「某每誦德行分科，謂爲英才之盛，殊覺其爲人品之衰，後參對軻氏願學去處，把來一齊推倒，乃知所見不甚差，且知夷、惠、冉、閔諸公，總未跳出善人窠臼中也。❶今想要求跳出，則須是先過信人一關。蓋善則即爲聖堂，廣大無邊，貫通不隔，萬物皆備，千載同然，中間却有一個門限，所謂善有諸己也。夫善而固有諸己，即孟子所言性善，只到此關，則人人生疑，信者萬無一二。既信關難過，則美大聖神，其深宮

❶「未」，原誤作「來」，今據《近溪子集》樂卷改。

密室，又安望能窺其邃奧而享其榮華也哉！敢因論善人，而爲吾儕共致勗云。」

問：「顔子復禮之『復』，固《易經》復卦之『復』矣。但本文復不徒復，而必曰『復禮』，不徒曰『復禮』，而必曰『克己』者何也？」羅子曰：「『復』本諸《易》則訓釋亦必取諸《易》也。《易》曰『中行獨復』，又曰『復以自知』，獨與自，即己也。中行而知，即禮也。惟獨而自，則聚天地民物之精神而歸之一身矣，己安得而不復耶？惟中而知，則散一己之精神而通之天地民物矣，復安得而不禮耶？故觀一日天下歸仁，則可見禮自復而充周也，觀爲仁由己而不由人，則可見復必自己而健行也，是即孟子所謂『萬物皆備於我』，『反身而誠，樂莫大焉』者也。宋時儒者，如明道説：認得爲己，何所不至。又説：『仁者渾然與物同體。』義禮智信皆仁也，似得顔子此段精神。象山解『克己復禮』，作能以身復乎禮，似得孔子當時口氣。」曰「克去己私，漢儒皆作此訓，今遽不從，何也？」曰：「亦知其訓有自，但本文『由己』之『己』，亦『克己』『己』字也。如何作得做由己私？《大學》克明德，克明峻德，亦『克己』『克』字也，如何作得做去明德，去峻德耶？況『克』字正解，只是作勝，作能，未嘗作去。今細玩《易》，謂『中行獨復』，『復以自知』，渾然是己之能與勝處，難説《論語》所言不與《易經》相通也。」曰：「顔子請問其目，而孔子歷指四個『非禮』。『非禮』不是私，如何？」曰：「此條却是象山所謂能以身復乎禮者也。蓋視聽言動，皆身也。視孰爲視？聽孰爲聽？言動孰爲言動？皆禮也。視以禮視，聽以禮聽，非禮則勿視聽；言以禮言，動以禮動，非禮則勿言動，是則渾身而復乎禮矣。此即『非禮』以見『復禮』，即如『恕』之以『不欲』『勿施』而見所欲與施也，皆反言以見正意。大約孔門宗旨，專在求仁，而直指體仁學脉，只説『仁者，人也』。此『人』不透，決難語仁，故爲仁由己，即人而仁矣。此意惟孟子得之最真，故口口聲聲只説個『性善』。今以己私來對性善，可能合否？此處是孔、顔、孟三夫子生死關頭，亦是百千萬世人的生死關頭，故不得不冒昧陳説。若謂衆皆莫肯信從而且遷就，則當時子貢諸人，已嘗疑孔子是求之於外，樂正子已不信孟子爲實有諸己，況七十之與三千，又況漢、唐、宋而失傳以至今日矣乎！幸大家蚤共反求，以仁其身，而仁天下、仁萬世於無疆也已。」

問：「孔子以復禮答顔氏問仁，則所謂學《易》者，即所以求仁矣乎？」羅子曰：「易所以求仁也。蓋非易無以見天地之仁，故曰『生生之謂易』；而非復無以見天地之心，故又曰『復其見天地之心』。夫大哉乾元！生天生地，生人生物，渾融透徹，只是一團生理。吾人此身，自幼至老，涵育其中，知覺紜爲，莫停一息，本與乾元合體，衆却日用不著不察，是之謂道不能弘人也。必待先覺聖賢的明訓格言，呼而覺之，則耳目聰明，頓增顯亮，心思智慧，豁然開發，真是黄中通理，而寒谷春回。此個機括，即時塞滿世界，了結萬世，所謂天下歸仁而爲仁由己也。其根器深厚、志力堅苦的漢子，際此景界，便心寒膽落，恭敬捧持，如執玉，如捧盈，毫忽不能昧，叫做研幾；斯須不敢瞞，叫做慎獨；不落聲臭，不涉覩聞，淵淵浩浩，叫做極深；坦坦平平，好惡不作，叫做君子依中庸也。蓋此個天心，原賴耳目四肢顯露，雖其機不會滅息，而血肉都是重滯，若根器淺薄，志力怠緩者，則呼處或亦有覺，而受用却是天淵，反致輕視此理，而無所忌憚，不免游氣雜擾，而成小人之中庸矣。孔門自顔子而下，鮮有不在此處作疑，故『仁者人也』，縱口説不倦，而未有人聽，從心所欲，縱身體不厭，而無有人喜，走東走西，只是要依各人亂做，況無聖人親自喚呼，又可奈何？其後却虧了孟子是個豪傑，他只見着孔子幾句話頭，便耳目爽朗，親見如聖人在前，心思豁順，生就與聖人脗合，一氣呵出，説出人性皆善。至點掇善處，惟是孩提之愛敬，達之天下，則曰：道在邇，事在易，親親長長，而天下平也。憑他在門高弟如何諍論，也不改一字，憑他列國君臣如何忿惡，也不動一毫。只是入則孝，出則弟，守先王之道以待後之學者。看他直養無害，即浩然塞乎天地，萬物皆備，而反身樂莫大焉，其氣象較之顔子，又不知何如？予嘗竊謂：孔子渾然是易，顔氏庶幾乎復，而孟氏庶幾乎乾。若求仁而不于易，學易而不于乾且復焉，乃欲妄意以同歸於孔、顔、孟也，亦悮矣哉！亦難矣哉！」

問：「克己復禮，以『克』作『能』，不識『克、伐、怨、欲』『克』字，如何又專作『勝』也？」羅子曰：「回之與憲，均稱孔門高弟，亦均意在求仁，但途徑却分兩樣。今若要作解釋，則『克』字似當一樣看，皆是『能』也。孟子曰：『仁，人心也。』心之在人，體與天通，而用與物雜。總是生之而不容已，混之而不可二者也。故善觀者，生不可已，心即是天，而神靈不測，可愛莫甚焉；不善觀者，生不可二，心歸是物，而紛擾不勝，可厭莫甚焉。然見心爲可愛者，則古今人無一二，而心爲可厭者，則古今十百千萬，而人人皆然矣。蓋自虞庭便説『道心惟微』，果是心涵道體，神妙之難窺；『人心惟危』，亦果是心屬人身，形迹之易滯。危而易滯，所以形跡在前者，滿眼渾是物欲；微而難窺，所以神妙在中者，終身更鮮端倪。幸天生我夫子，聖出天縱，自來信好《易經》，於乾之大生，坤之廣生，潛孚默契，會得人人物物都在生生不已之中，引線之星火纖燃，銃砲之剛中爆發，一以貫之，不覺頃刻之間，仁體充塞乎天地人物而無間矣。故平生所以爲學，所以爲教，只是以仁爲宗，期以號呼群生之醉夢而覺之。無奈及門之徒，亦往往互相牴牾，惟顔子於其言語無所不説，故來問仁，即告以能己復禮，則天下歸仁。能復，即其生生所由來；歸仁，即其生生所究竟也。原憲却也久在求仁，然心尚滯於形迹，自思心之不仁，只爲怨、欲二端紛擾作祟，於是盡力斬伐，已到二端，俱不敢行去處，乃欣欣相問：人能伐治怨、欲，到得不行，仁將不庶幾乎？吾夫子聞知此語，頗覺傷殘，漫付之一嘆曰：可以爲難矣。蓋怨、欲是人性生，今伐治不行，豈是容易？至説仁，則吾不知之，却甚是外之之辭，亦深致惜之之意。憲竟付之不問，豈是其心猶疑聖言之不如己見也耶？噫！原憲且然，而樊遲諸子更復何望！及門者且然，而漢唐諸儒又復何望！誠哉！道心之微而難窺，生德之妙而鮮識也。比至有宋，乃得程伯子，渾然與物同體之説倡之於先，陸象山宇宙一心無外之語繼之於後。入我皇明，尊崇孔、顔、曾、孟，大闡求仁正宗，近得陽明先生發良知真體，單提顯設以化日中天焉，寧非斯文之幸而千載一時也哉！」

問：「顔子克己復禮，合解作復卦之『復』，則禮從中出，其節文皆天機妙用，所謂神無方而易無體者也。乃禮儀三百，威儀三千，聖人定以禮經，傳之今古，又若一成而不易者，何也？」羅子曰：「子不觀之制曆者乎？夫語神妙無方，至天道極矣，然其寒暑之往來，朔望之盈虛，晝夜之長短，聖人一切可以曆數紀之，至期脗合而無差焉，初不謂天道之神化，而節序即不可以預期也。此無他，蓋聖人於上古曆元鈎深致遠，有以洞見其根抵，而悉達其幾微，故於其運行纏度，可以千載而必之今日，亦可以此時而竢之百世，此其盡性至命之妙，而實脩道立教之凖也。我夫子成身造士，一以求仁爲宗，正千歲日至其所洞見而悉達者也。故復以自知，而天之根即禮之源也。所謂『乾知大始』，統天時出者乎？黄中通理，暢達四肢，而禮之出即天之運也；所謂乾道變化，各正性命者乎？顔氏博文約禮，感夫子之循循善誘，有立卓嘆夫子之瞻忽末由，是則天根自是則三百三千而著之經、曲之常者也。如復，而化不可爲者也。夫子之爲教，與顔子之爲學，要皆不出仁禮兩端，而仁禮兩端，要皆本諸天心一脉。吾人用志浮淺，便安習氣，其則古稱先者，稍知崇尚聖經，然於根源所自，茫昧弗辨，不知人而不仁，其如禮何？是拙匠之徒，執規矩而不思心巧者也。其直信良心者，稍知道本自然，然於聖賢成法，忽畧弗講，不知人不學禮，其何以立？是巧匠之徒，竭目力而不以規矩者也。善學孔、顔以求仁者，務須執禮以律躬，而尤純心以敦復，敦復崇禮，又能考究百王，會通典禮，直至脗合聖神，歸于至善而後已焉。是大匠之爲方員也，巧不徒巧，而規矩以則之；規矩不徒規矩，而巧以精之。則其棟明堂而覆廣厦，不將柱立乾坤而永奠邦家於萬世無疆也哉！」

羅子曰：「孔氏之學，學仁也。仁則焉學哉？夫仁者，人也，能仁夫人，斯人而仁矣。是故我與物，皆人也，皆人，則皆仁也。皆仁，則我可以爲物，物可以爲我，是通天下萬世而爲一人者也。通天下萬世而爲一人，是人而仁矣。」

羅子曰：「仁，心體也，克復便是仁。仁者，完得吾心體，便合着人心體，合着處便是歸。此只在我心體上論，不是説天下皆歸吾仁。」

羅子曰：「『歸』之一字，乃是天下大衆本心，第人不能復，則天下不歸，所以保合太和，全在自己能復，己立人立，己達人達，各各有所歸也，所以曾亦曰『歸厚』。」

羅子曰：「宇宙間其一心矣乎？夫心生德也，活潑靈瑩，融液孚通，天此生，地亦此生也；古此生，今亦此生也，無天地無古今而渾然一之者也。生之謂仁，生而一之之謂心。心一則仁一，仁一則生無弗一也。是故一則無間矣，無間者，此心之仁之所以純乎其運也；一則無外矣，無外者，此心之仁之所以溥乎其施也。會而通之，吾茲有取於《易》之乾坤矣。

「夫易，生生者也，夫乾之與坤，易之

生生所由以合德者也。乾一坤也，坤一乾也，未有坤而不始於乾，亦未有乾而不終於坤者也。乾之象曰『君子以自强不息』，坤之象曰『君子以厚德載物』。夫自以言乎其己也，物以言乎其人也。人己之間，以言乎强以健行，而厚以持載也。善夫吾夫子之語仲弓也，曰『出門如見大賓，使民如承大祭』，是强以健行，而乾之所以始乎坤也；曰『己所不欲，勿施於人』，是厚以持載，而坤之所以終乎乾也。是故君子之出門、使民，而兢業不忽，其必有所爲矣；不欲於己，勿施於人，其必有所主矣。説者以其不忽者而名之曰『敬』，以其勿施者而名之曰『恕』，予意敬不徒敬，而舍恕則無所於爲也；恕不徒恕，而舍敬則無所於主也。名之曰：乾坤合德，而莫非吾心生生之仁，貫徹乎人己之間，至一而匪二，渾合而弗殊者也。」

座中因論孔子答仲弓與顔淵問仁，説者似謂相去遠甚。羅子謂：「某看其所謂勿視、聽、言、動，與勿施於人，其勉强着力處亦大相類也。」已而，大衆互相詰難，至不可解。羅子曰：「孔門以求仁爲宗，諸君且説如何方始是仁？」辨者紛紛不一，中有應之者曰：「聖人自解曰『仁者人也』，何等簡便明快！」曰：「子謂『仁者人也』，果如俗語『是個人即是個仁』耶？此却枯淡無味，猶禪家所謂自了漢也。試觀聖人口氣，説『克己復禮』，只『己』字未了，便云『天下歸仁』，説『己所不欲』，亦『己』字未了，便云『勿施於人』，真是溥天溥地，渾是一個仁理生生，便渾天渾地合成一個大大的人，而更無彼此也。且如目前在會亦數十輩人，人人共聽辨論，却是數十輩而共一耳也；人人共看着辨論，却是數十輩而共一目也；又人人心中記憶吟哦許多辨論，却是數十輩而共一心、共一口也。天體貫徹而不容二，天機踴躍而惡可已？『仁者，人也』，豈不真名言也哉！」曰：「此等論仁，果然明通。但不知學者却如何下手？」曰：「仁既是人，便從人去求仁矣。故夫子説『仁者，人也』，下即繼以『親親爲大』，謂之曰『爲大』，蓋云：親其親，不獨親其親，直至天下國家，親親、長長、幼幼，而齊治均平也。此則所謂人上求仁，又所謂中心安仁，盡天下而爲一人者也。」

問：「浸潤不行，可謂明遠。不知從前如何用功，乃能致之。」羅子曰：「周子云：明不至則疑生。明無疑也。無疑則不行而明矣。久久不行，即明而遠矣。然周子論明，必先以公。曰：『公於己者公於人，未有不公於己而能公於人者也。』則公又是明遠之所自來處矣。」曰：「浸潤不行，果是能公於人。但不知如何是公於己也？」曰：「豈惟人有浸潤之譖，膚受之愬也哉！於己亦有之也。今人爲學，立志向道，其習心未除，時復往來於中，幾微隱約，不斷其根，久將發作；又或想像毁譽之難當，得失之難堪，令人不覺寒心動念，即吾心之浸潤膚受也。苟非至明至健，一刀兩斷，幾何不爲所譖所愬而奪我定志也耶？如此不行，方是廓然大公。既是廓然大公，則物來自能順應矣，何明遠之難到也？」

問：「中行與狂狷，體段何如？」羅子曰：「其體段本是一様。觀『易』謂『中行獨復』，則其特立徑造，與動稱古人，而踽涼卓越氣概正同。但其復自中通，美體暢發，視行之不掩者，則有間耳。孔子謂顔氏爲庶幾，而告以克己復禮一日，而天下歸仁。至四代制作，直許其上下千古焉，此正獨復之能事，而中行之實德也。後世欲慕中行，而不從狂狷之志行求之。噫！吾見中行之不可復識也已！」

問：「古來言人品，有曰：大人，聖人，賢人，哲人者矣。子路則問一個成人，似覺十分緊切。蓋成對不成而言也。夫子見瞽者，謂『矜不成人』。然則『不成人』，則有目即如無目，有耳即如無耳，有四肢即如無四肢矣，誠可憐憫。當時夫子告以兩段，不識此外更有可以着力否？」

羅子曰：「今世有相惡者，曰『某則不成個人』，又曰『某則全不是人』，汝能終身免此二句，便也做得個人成矣。」曰：「今思做人，路頭極是多端，而『慎獨』二字，聖賢尤加意焉。蓋人到獨知，縱外邊千萬彌縫，中心再躲閃不過，慎獨或可以爲成人切實工夫。」曰：「獨固當慎，然而大端則只二道：仁與不仁而已矣。仁之現於獨者，謂何念頭之恩愛慈祥者是也；不仁之現於獨者，謂何念頭之嚴刻峻厲者是也。」曰：「獨者無過是知。既知，則是非善惡自然分別明白，念頭又豈容混？」曰：「此亦不是混。蓋天地以生爲德，吾人以生爲心。其善善，明白該長；惡惡，明白該短，其培養元和以完化育，明白該恩愛過於嚴刻，而慈祥過於峻厲也。況嫌隙之易開，即骨肉所不免，萋菲之易張，雖明哲所莫料。故記憶睚眥，計較毫髮，每每往來胸襟，遣之莫去，而釋之不能慎獨者，不先此防閑，是則不喪三年而緦且小功也，況望其能成人而人聖耶？古人以『好』字去聲，呼作好；『惡』字去聲，呼作惡。今汝欲獨處思慎，則請先自查考，從朝至暮，從暮達旦，胸次念頭果是好善之意多？果是惡惡之意多？亦果是好善惡惡之心般多？若般多只扯得平過，謂之常人。萬一惡多於好，則腦怒填胸，將近於惡人。若果好多於惡，則生意滿腔，方叫得做好人矣。獨能如此而知，自此而慎，則人將不自此而成也耶？」

問：「夫子語子貢，自謂非多學，而一貫。豈一貫則學且識俱可廢耶？」羅子曰：「吾子平日訓學之言爲何？」曰：「學也者，所以學爲聖人也。」曰：「聖人則如何以學也？」曰：「不從聞見，而以身體之。譬則作字然，注硯敷楮，運毫灑墨，乃言學字也。」曰：「兹謂作字則可，謂學字則不可。蓋必具法帖而或搨或臨字，始可言學也。又或衆論筆法而因自試之，則亦可言學也。夫論筆法，則聞也，具法帖，則見也，非事聞見而徒手之爲，以言乎書之藝拂且悖也，況聖人耶？夫言聖，莫盛於堯、舜、禹、湯、文、武、周、孔矣，然孟子云：見而知，聞而知，以聖學聖，亦必聞且見也，則聞見儔能廢也哉！」曰：「學固在聞見矣，而子貢聞見，每務於多，然則孔子之病之也，亦或以其多之故耶？」曰：「學以聚之，博學而審問，多識前言往行以蓄其德，是皆孔子之言也，亦何嘗以多學多識爲病耶？」曰：「然則夫子之於子貢，又奚病也？」曰：「病其徒事多學，而不能一貫以多學焉耳。」曰：「博學詳説，始能反約而歸諸一也。若曰：以一貫而多學，弟子則未之前聞矣。」曰：「多學乃始能一，則孔子不應盡非之矣。其非之者，正以徒知多學以學，而不知一貫以學也。故謂之曰：

『非也。予一以貫之。』」曰：「然則一貫多學，果二事耶？」曰：「亦非二事也。蓋學之爲學，聖學也。聖之爲理，神理也。善會之，則二而爲一；不善會之，則一而爲二矣。夫自伏羲畫乾，❶而一之體立；繼自堯舜傳心，而一之義彰。遐想孔子十五學聖，則必先學一矣。然近而禹、皋、伯益、稷、夔、龍，遠而商、湯、文、武、伊、傅、周、召，無非所以學堯舜之學，則亦莫非所以一堯舜之一也。故孔子平生，自堯舜以及列聖，凡所以誠意、正心、脩身，所以齊家、治國、平天下，所以經綸大經，參贊大化而文獻足徵者，信之極其篤，好之極其深，而求之極其敏，無非求夫此一之精微透徹而無内、渾淪統會而無外，功之專切，時之積久，不知到了何年月日，天牖神通，忽然開口叫個『仁』字出來，便把身心、家國、天下萬世一以貫之，無欠無餘，而成個大人之學，曰：『與天地合其德，與日月合其明，與四時合其序，與鬼神合其吉凶。』考之千古帝王而不謬，竢之萬世聖人而不惑。此其學也，豈不多學？此其識也，豈不多識？此其多學多識也，豈不皆是見聞？但非一以貫之，則漫然大舟之無舵，泛泛滄溟，又何彼岸之登耶？在門之徒，惟曾子、子貢，僅可語此。後至軻氏，始盡掀翻而獨尊孔子，以願學也。」曰：「若天地間無個孔子，則聖人卒不可學耶？」曰：「光岳凝結既久，則孔子必不容以不生；孔子既生，則吾人必不容以不學。其所謂先天地而無始，後天地而無終。人謂孔子者，聖之一貫者也，予則曰：非也。其聖於多學而識

❶「畫」，原誤作「晝」，今據《近溪子集》樂卷改。

之者乎！其聖於多學而識之者乎！」

羅子曰：「吾儕之學，學孔氏也。孔門，賜稱穎悟，乃多識致問，應遽中響，一貫諄示，聽若藐然，他則更奚尤哉！夫理，一而已矣，夫一，亦理而已矣。是故亘匝霄壤，孰從而一之？則理以一之也。亦孰從而理之？則一以理之也。盎然充盛而浩然流通，一也，而莫非理也；森然具布而渾然化生，理也，而莫非一也。是故天、地、人之所以爲心也；是則天、地、人之心之所以爲神且靈也。夫神則無方矣，靈則無眩矣，無眩無方，而謂其心之有弗理，理之有弗一也哉？故以吾而等諸天地萬物也，則謂天地萬物之心而悉統乎吾之理，無不可也；以天地萬物而等諸吾也，則謂吾心之中而悉統乎天地萬物之理，亦無不可也。何也？天地物我，形有不一，而心之所以神，所以靈，無不一也。夫即吾心之神靈而天地萬物焉，可以統而一之，則即吾心之神靈而天地萬物焉，自是以貫而通之也。故一以貫之，是不惟善求夫吾心，而所以善求夫天地萬物之心也；不惟善盡夫吾心，即所以善盡夫天地萬物之心也。否則，不以我體乎物，而爲物所體；不以我用乎我，而爲物所用，將何以尊崇德性，柄運經綸，而立本知化也哉？《易》謂易簡，而天下之理得；天下之理得，而成位乎其中矣。」

問：「子貢問終身一言可行？夫子告以『恕乎』。即曾子所謂：夫子之道忠恕矣，俱是一貫傳心之法，不知其意何如。」羅子曰：「孔門立教，只是求仁。而求之之功，只是一個『恕』字。大抵聖人遇事遇物，終身終年，長長把他提醒門下諸人，以去貫通君臣、父子、兄弟、朋友，而成其仁於家國天下也。但門下諸人，資質學力各有不同，故疑信相半。如曾子，則悅着便知，所謂『一』者，只是此個『恕』字也。故不止唯然自信，而且決言以起門人同信也。若子貢，則須是聖人自己說破。觀發問時，先問：學果多乎哉？不多也，一以貫之而已矣。即他把『多』字與『一』字相對，則知『一』者，果是一言而通之家國天下，便是終身行之。而子貢久恐一言未必能貫通而無外也，乃夫子亦只直說施諸己而不願，亦勿以施之於人。如此而恕，則未有不可通之家國天下而終身行之者矣。夫聖人以恕答子貢一言終身之問，與曾子以恕答門人一貫何謂之問，寧不脗合而明盡也哉！」

羅子曰：「『知及之，仁守之』，仁即其知體，生生而不已者也。學能不已，則內外融通，人己聯合，家國天下，一以貫之，故有恒者可學聖人。」

問：「『終日不食』章，意頗難理會。」羅子時隱几而坐，因指而詢之：「此桌子方整可觀，使精巧工匠竭目力，即能成乎？亦必用角尺格之，而後能也。」衆曰：「若非格以角尺，縱精目巧匠，此桌決難得如是方整。」羅子曰：「聖賢出自天縱，夫子之精巧，更何加焉。但規矩爲方圓之至，聖人爲人倫之至，非考古博文，契悟法則，縱心思力竭而終非其至。故曰：『我非生而知之，好古敏以求之。』其所謂『求』，即學夫古也；其所以學，即求其至也。」曰：「然則思果可廢耶？彼謂『心之官則思。思曰睿。睿作聖』者皆非耶？」曰：「他明說『學而不思則罔，思而不學則殆』。故思、學，俱工夫要緊，而學則又所以善其思者也。今規矩一也；用之制器，亦一也。然以拙匠所爲，較之於巧，則精粗何啻霄壤！是學之功而入微者，即所謂思；思之精而不易者，即所謂學。故非思則學無以成始，而非學則思無以成終也。」

或問：「吾儕性體洞達，無奈氣質重滯，開悟實難。」羅子憮然浩嘆，良久曰：「天下古今，有埸極情冤枉，無從訢辨，無憑判斷也！」或改容起曰：「胡不少示端倪？」曰：「諸子務宜細心俯察，吾先爲指示一個證佐。試觀通衢輿梁，四下官馬往來，頃時即有數百。其强壯富豪者，姑置無論，至負擔推挽，殘疾疲癃，寸步而移者，甚是多多。然而緩急先後，衝撞躲閃，百千萬様生靈，百千萬種方便，既不至於妨礙，亦不及於傾危。此等去處，敢説吾人德性不廣大，敢説廣大不精微，又敢説吾人德性不個個皆善？此則孔子所謂『繼之者善，成之者性』，而曰『性相近』也。至此德性用於目而爲視，視則色色不同；用於耳而爲聽，聽則聲聲不同；用於鼻口而爲嗅爲食，嗅與食則品品不同；用於心智而爲思爲行，思與行則又事事不同。此後則看其人幸與不幸，幸則生好人家好地方，不幸則生不好人家不好地方。人家地方俱好，則其人生來耳目心智自然習得漸好；人家地方俱不好，則其人生來耳目心智自然習得漸不好。此孔子所以曰：『性相近也，習相遠也。』然則相遠原起於習，習則原出於人，今却以不善委爲氣質之性，則不善之過，天當任之矣，豈非古今一大冤枉也哉！」

或問：「善與不善，固由於習矣，然孩

提少長，習猶未親，却亦有善不善者，難道均不由性生也？」羅子曰：「聖人之言，本自周匝。蓋相遠，則凡善不善之不同者，皆足以言之也。若要其極，則人幸生好人家好地方者，不惟一事習好，且事事習好，而其人號稱善人矣；不幸生不好人家不好地方者，不惟一事習不好，且事事習不好，而其人號稱不善人矣。比其極至，號稱善人者，則先儒云：善斯成性，奚啻一時！善而將時時皆善，世世皆善矣；號稱不善人者，則先儒云：習慣成自然，奚啻一時不善！而將時時皆不善，世世皆不善矣。究竟人到世世皆爲善，便謂之上智不移；人到世世皆爲不善，便謂之下愚不移。是則皆習之使然而遠之極至也。惟先儒論下愚不移，而歸諸人不肯移，至論人不肯移，則又歸諸拒而不信，絶而不爲。此其聰明强力之偏，視之聲色貨利之染，雖清濁高下不同，其爲害之大則一而已矣。然是兩種習氣，自古迄今，充天塞地，畢竟於前所論通衢一段，其德性之真，而廣大精微之妙，大家日用却毫釐也損動他不得，頃刻也隱瞞他不過。此所謂人無所不至，惟天不容僞也。夫不善果出於性，則天地之大，若可奈何，❶今辨別分曉，的確只係習成，則轉移化導，儘得以自由矣。

「先儒謂治、平本諸教化，教化始諸風俗，最爲根極要領之談。但予又敢謂：教化風俗，係于講求學術；講求學術，急須明正經書。即如孔門教主求仁，軻氏每道性善，傳來二千年矣，乃於仁首以克治，於性補以氣質，講解漫傳，本旨弗顧，俗沿習而

❶「若」，原誤作「吾」，今據長松館本改。

愈趨，症因藥而益病。予幸此生躬逢聖世，取士設科而聿專經術，諭民列欵而式重孝慈，敷言信千載之一時，振德可事半而功倍。伏願廟堂加意，更祈館閣同心，語道務以德性爲先，而知能愛敬，不失赤子孩提之素；造道以中庸爲至，而聖神功化，咸歸百姓日用之常。至若多見多聞而擇識，《論語》明言其爲知之次，而非虚靈之體，克伐怨欲而不行；《論語》重惜其用力之難，而非惻隱之良，雖學者全功，均所不廢。然老農之於田也，佳禾既植，始事刈草之圖；場師之於圃也，芳林已樹，乃勤培灌之力，如或次第少差，畢竟徒勞無益。斯經正，則民行興；行興，則邪慝去，並舉一世以甄陶，大造群英而報稱。今觀幼稚兒童，援筆能工文論，再假心神開悟，蒙養端造聖功，黜旁求而着近裏，率性粹而育天和，將人人以同長長、親親，且世世而常熙熙皥皥。蓋樞機上幹，則繫星誰能北外；氣勢內旋，則庶草靡不風從，所習寧有不善者哉！」

問：「君子三戒，色不專是女色，如目遇成色是也；鬬不是嚷鬬，如其爭也君子是也；得亦不專是貨利，如年來了無寸欲是也。」羅子曰：「君子生平，心心在道，但有損於道，即心必思以絶去，一切豈不專在所戒？但驗以身所經歷，則某幼年多病，長去獨宿，男女之欲夢寐多迷。中年講學，幾廢舉業，而考較落等，則終夕廢寢。平素最甘淡泊、樂施與，財利惟去己之快。及今年衰，産費稱貸日艱，悦色好勝果是消歇，而此則獨爲所苦。以是言之，一切固所當戒，而舊説三事，果尤爲重且專也，有志學道，信不可不知矣。且戒之爲言，最爲入道之首而進德之先，其所持守，雖至道明德，立亦不可緩。如曰『惡人齋戒，可祀上帝』，是别學之始必戒也；如曰『齋戒以神明其德』，則學之終亦必戒也。況其功効捷於影響，如《中庸》論君子戒慎恐懼，皆功也，而戒則先言之；論君子中和位育，皆効也，而節則先言之，未有其初不戒而發時能節，亦未有戒之既慎，而節之不中者也。堯之兢兢，舜之業業，文之翼翼，無非此戒，而欽明允塞，純亦不已，則即戒之到極處也。嗚呼！暗室屋漏，上帝照臨，不自戒嚴，神且陰殛，縱不爲善謀，將不爲禍恐耶？一息尚存，戒之哉！戒之哉！其毋忽也已。」

問：「君子有三畏。」羅子曰：「此三事，只孟子一言該之。蓋『大人者不失赤子之心』，則赤子之心即天命。而訓人以此，即聖言也。若謂福善禍淫，脩吉悖凶，人於天命，豈有不知？德位隆重，威望巍巍，人何敢狎？登山觀海，彌高彌遠，又何嘗敢侮？惟是孩提愛敬，其知能之良，雖渾全天畀，而不慮不學，則體極而微，莫説常人難知，即豪傑才智之士，亦無從理會，知之不能，況望其恭敬奉持而兢業承順之不違耶？惟如是，則大人必在所狎，而聖言必在所侮矣。蓋其人是不失赤子之心之人，而其言是不失赤子之心之言也。觀之孔門，勇於從善，莫如子路，然破口道夫子有是之迂；敏於悟道莫如子貢，然順口而道夫子亦是多學而然。故夫子當面發嘆，於由則曰：知德者鮮矣；於賜則曰：莫我知也夫。此豈不知天命之驗耶？至孟子一言性善，門下諸人紛紜辨駁，就如樂正子，雖稱好善，至性有諸己，亦在疑信相半之間，況於其他耶？如是而不謂之狎且侮也，吾安能爲諸賢諱耶？」

羅子曰：「嶢嶢者易缺，堅而磷者也；皎皎者易汚，白而緇者也。孔子則不然，不曰堅矣，我無以受磨而奚磷。不曰白矣，我無以受涅而奚緇。此所謂無可無不可也。若謂堅不磷，白不淄，非物理也。非物理，何以喻大？」

羅子曰：「無可無不可，非是聖人説『我也無可，我也無不可』。這便非聖人本體至虛處矣。只云：我異於是，無可無不可耳。正是聖人空空真體。」

羅子曰：「君子一心，備中和之理，其容貌詞氣之常，皆是心體流行，自觀者各中其節，故言變其實。君子只是不失吾常而已，非因時而轉變也。」

問：「仕優則學，學優則仕，其義何如？」羅子曰：「仕、學原是一事。但自成己處言，則謂之學，自成物處言，則謂之仕。故人之仕、學患不優耳。『優』字即『優而游之』之優，乃善致其知而復於自然之良處也。故仕而不善致其知，則格於事勢以滯其機，幸於毁譽以戚其意，便是仕不能優矣。學而不善致其知，則拘成迹而不足以達天下之變，局形骸而不足以通天下之志，便是學不能優矣。故學者須是識認知體透徹，使圓融活潑之機不離吾身心應用之處，則一段意思，長是優游充裕，見大心泰，無所不足。雖蒞官臨民，而自己受用不失，平生無意於學，而自有其學也。雖在窮居陋巷，而感通孚化，孝友家邦，無意於仕而自有其仕也。非謂仕必優然後去學，學必優然後去仕，分作兩段工夫也。」

問：「先儒謂子貢晚年進德。今觀日月階天之喻，直是尊信孔子之至處。」羅子曰：「此是子貢到老不信夫子處，如何却説他進德？蓋孔子一生學問，只求仁，一以貫通，只是行恕。吾夫子此個仁恕，即一時把天下後世俱貫徹了盡。子貢不知，只管望夫子得邦家，至後仲尼以萬世爲了土，爲萬民立了命，子貢也不知，只管追恨未得邦家，所以不見綏來動和之化，生榮死哀之報。想其築室六年，多是此念耿耿，則子貢不惟當面錯過夫子，至身後尤錯過無盡也。當時只虧了封人，一見夫子，便説夫子不曾失位，只其位與人不同，正木鐸天下後世之位也。朱子以『將』字作『將來』之『將』，不知當作『殆將』之『將』，所以把封人獨得之見，與子貢類看了。今非敢爲異説，蓋此是聖門學問一段大頭腦，吾人學聖一段大眼目，此處放過，他無足論矣。」

下論終

近溪羅先生一貫編

白鹿洞門人熊儐孺夫　編
古吉州友人胡　直　校

後學
陳道濟　但宗皐　胡　載
胡思化　傅朝陽　查名相
陳世英　袁應運　吴中立
左文衡　尹相湯　郭之垣
錢應龍　郭衛廷　左文選　梓
胡尚忠　汪惟教　江禹疏徽州
陳其藴　錢惟忠　熊象乾　詳閱
尹佐湯　陳其道　胡尚弘

孟　子

軻氏願學孔，性善其所宗。知能出孩提，仁義從擴充。經德息邪遯，浩氣藐王公。進退裕綽綽，仕止歸時中。

問：「孟子謂告子先己而不動心，如何他却更比孟子得之早也？」羅子曰：「不動心是個效驗，而爲之必有其道。此個『道』字，包含最廣。今人只曉得告子不動之道出諸强制，與孟子不同；不知告子之所謂心，與孟子之所謂心，渾是兩樣，如黑白冰炭之異，相去遠甚也。」曰：「若論工夫，則告子、孟子，謂之不同則可。至於心之在人，從來只是一個，如何却有兩樣？」曰：「吾儕讀書，多是潦草，更不肯把聖賢言語細細滋味。丑問孟子所長，他説出兩句話頭曰：『我知言，我善養吾浩然之氣。』吾儕若肯就在此二句中討他一個消息，便見不動心的工夫，非告子可同，而心不動的。❶根源尤非告子所可彷彿矣。予於孟子此章，脱去言詮，探他底藴。所謂知言者，不是知其他的言，只是在孔子一人身上，知其言極精極純而爲至善也。只是將孔子之言，去盡知天下古今、群聖群賢之言，皆不如孔子一人之言之爲至善也。孔子至善，只是個『時』；孔子『時中』，只是個易；孔子之易，只是個乾坤。孟子翻出，便叫做浩然之氣。夫浩然其至大，浩然其至剛，浩然其配道義而塞乎天地，正是盡出此個心的氣象，以顯出古今不動的根源。所以只言氣，而不更言心也。又翻出不動的工夫，叫做以直養而無害。夫人生而直，乾動而直。人生而直，則生生不已，便無害其爲直矣；乾動而直，則乾乾不息，亦無害其爲直矣。豈又不從心體不動，描出一個分毫不動的工夫！增也增不得，減也減不得，不增便不助，不減便不忘，渾是一團妙理，又渾是一團生機，而叫做集義所生。孟子之所以爲心，孟子心之所以爲不動，是如此入頭，是如此着落，是如此以願學孔子；則將説是不動，而未嘗不動，將説是動，而未嘗或動，如泛巨海之汪洋，而莫究津涯，如遊大荒之渺漠，而無從底止。此只可以自知，那肯把向人説！矧對公孫之徒，則只勉强名狀以相應酬，竢其三復自得而云：告子之不動心，比我更易易也。」

問：「告子之心，其不同處可得聞與？」羅子曰：「告子自己的話頭，現在有

❶「的」，原誤作「心」，今據《近溪子續集坤》改。

甚麽難見？夫孟子之不動心，以知言得之，是言與心無二體也。而告子曰『不得於言，勿求於心』，把心在言外，另作一件物事也。孟子之不動心，以養氣得之，是心與氣無二體也。而告子曰『不得於心，勿求於氣』，便又把心在氣外，而另覓一個去處也。夫有個去處，便好尋覓，有件事物，便好把捉去處以安頓之，視諸浩然茫蕩者，孰爲難易？把捉以持守之，視諸卒然剛直者，孰爲安危？加以好逸惡勞，人之故態，見小欲速，世有常情，安得不舍彼而取此也哉？況此心真體，原本乎天，天心何有？原宰于神。其布護雖顯諸仁，而幾微則藏諸用，莫説耳目見聞到此俱廢，即思慮之精巧，自是難容。真個千層鐵壁，莫喻其堅；萬里霄雲，曷盡其遠！必遇至人，方纔有個入路。故戰國如告子，也是人豪，然終是輸與孟子。何啻告子，此後直至秦、漢、晉、唐，數百千載，尋個可與孟子照面的，杳然絶響。却是總諸大儒，先初起志，愛好便宜，於日用尋常中妄作情識。既作情識，强生見解，視燈影而忽多紅黄，瞰淵日而遽增光耀，遂指浮游之念謂是心源，且執計較之端名爲靈竅，視諸塵寰逐欲之徒，仕路希寵之輩，儘爲學好。無奈覓真不着，乃就假而不疑；入室無從，乃傍門而遽止。去聖愈遠，離道愈深，間一二明眼者痛心相呼，期圖共濟，反詆爲狂妄而疾之。兹幸斯世忽躋大明，吾道已逢昌運，有志孔孟之學者，惟及時勉之！」

問：「孟子知言養氣並舉爲言。乃於養氣處，説出許多工夫，至知言，只畧説效驗，更不及工夫。豈知言便如是簡易，與養氣全不類耶？」一友曰：「知言養氣，原是一理，亦俱簡易。即如象山，指敬仲剖扇訟爲是非之端，敬仲即一時悟徹本心，便渾然與天地同體。知言養氣，何嘗有二理哉！」一友云：「不必別求。但細看孟子論養氣，於孔子則欲願學；於夷、惠、伊尹，則云不同道；於告子勿求諸心之論，則斥爲義外，是氣無不養者，即是言無不知也。」一友又云：「以某觀之，却似微有先後。」或曰：「孰先孰後？」曰：「知得方能養氣，是工夫入手處。養成方能知言，是工夫得手處。」羅子曰：「必如是乃完全也。」

羅子曰：「大丈夫之生，其力足以勝天下之重寄，而不見其爲勤；其思足以審天下之微幾，而不覺其爲慮，悠然於萬有之中，而超於何有之外。此其積之也誠預，而其蘊之也亦誠宏且遠矣。孟子曰：『我知言，我善養吾浩然之氣。』夫氣，吾氣也，而其氣之所自出與所攸同，則非所私焉者也，人顧其所自知者何如耳。誠使虛中洞啓，靈竅牖通，若久藏蔀屋，忽馭崇臺，天何蒼蒼，地何茫茫，則吾氣之所自出，與氣之所自出，固將一眸而可以盡收，一念而可以全攝，冥契融了，無隔礙矣。夫融了無隔礙之知，廓了無隔礙之木，涵了無隔礙之衷，應了無隔礙之感，則太阿出匣，毫忽奚容；寶鑑懸空，幽微畢燭。此孔孟經綸之術，所以獨異于義襲之小道而久假之伯功也。」

羅子曰：「曾子曰『士不可以不弘毅，任重而道遠』。孟軻氏得之，曰：『其爲氣也，至大至剛，以直養而無害，則塞乎天地之間。』夫天地是乾坤之德，久且大，而所由以著見者也。吾夫子贊《易》曰：『乾知太始，坤作成物。』夫《易》，廣矣大矣！資始萬物，而靡一之或遺焉。博矣厚矣！資生萬物，而靡一之弗成焉。要之，實一元之氣，渾淪磅礴，浩渺無垠焉爾。是氣也，名之爲天則天矣，天固乾之所以始乎坤者也；名之爲地則地矣，地固坤之所以成乎乾者也；名之爲我則我矣，我固天地之所以成始而成終者也。夫合天地萬物而知其爲一氣也，又合天地萬物之氣而知其爲一我也，如是而謂浩然充塞乎其間也固宜；如是而謂大之至而弘足以任重，剛之至而毅足以道遠也亦宜。是故君子由一氣以生天、生地、生人、生物，直達順施而莫或益之也，本諸其自然而已也；乘天地人物以敷宣一氣也，充長成全而莫或損之也，亦本諸其自然而已也。」

問：「學者將天地萬物一體處理會得明盡，則仁便可識。其功是否？」羅子曰：「程子欲人先識者，識此仁也。仁者，天之生德，活潑潑地昭著心目，苟一加察，即真機見前。仁識，而天地萬物自在其中矣。如入井一段，既是怵惕惻隱，則我與孺子，原如手之捫足，唇之護舌，又焉有二體？我若先行理會，方可言仁，則孺子之救，途人同之，非惟不必理會，而亦不暇理會矣。」

羅子曰：「乍見孺子入井而發怵惕惻隱之心，是無所爲而爲也。若生於惡聲，納交要譽，則是有所爲而爲矣。有所爲而爲，即人欲，非天理也。」

問：「仲由大禹好善之誠，與人之益，似與大舜無異，乃謂舜有大焉，何也？」羅子曰：「孟子所謂大小，蓋自聖賢氣象言之。如或告己過，或聞人善，分明有個端倪，有個方所。若舜，只以此善問乎天下，盡通天下，而歸於此善，更無端倪，亦無方所。觀其所居，一年成聚，三年成邑，二年成都，何待有過可告，又何必聞善再拜也哉！」因言舜事。羅子顧在會諸友，嘆曰：「聖人所以異於吾人者，蓋以所開眼目不同，故隨寓隨處，皆是此體流動，充塞一切。百姓，則曰莫不日用；鳶飛魚躍，則曰察于上下；庭前草色，則曰生意一般。更不見有一毫分別，所以謂人皆可以爲堯舜，吾非斯人之徒與而誰與也。我輩與同類之人，親疎美惡，已自不勝隔越，又安望其察道妙於鳶飛，通意思于庭草哉！且出門即有礙，胸次多冰炭，徒亦自苦平生焉耳，豈若聖賢坦坦蕩蕩，何等受用，何等快活也！」

問：「天命之性，與氣質之性，原自宋儒立說。是亦性有三品，善惡混之類也。今吾儕只宜以孟子性善爲宗，一切氣質，屏而去之，作聖工夫乃始純一也。」羅子曰：「性命在人，原是神理。看子於言下執滯不通，一至於是，豈亦氣質之爲病，而子未之覺也乎！請爲子詳之。夫性善之宗，道之孟子，而非始于孟子也。『繼之者善也，成之者性也』，孔子固先言之也。氣質之説，主於諸儒而非始於諸儒也。形色，天性也，孟子固亦先言之也。且氣質之在人身，呼吸往來而周流活潑者，氣則爲之。子今欲屏而去之，非惟不可屏，而實不能屏也。況天命之性，固專謂仁義禮智也已，然非氣質生化，呈露發揮，則五性何從而感通，四端何自而出見也耶？故維天之命，充塞流行，妙凝氣質，誠不可掩，斯之謂天命之性，合虛與氣而言之者也。是則無善而無不善，無不善而實無善，所謂赤子之心，渾乎其天者也。孟子之道性善，則自其性無不善者言之，故知能愛敬，藹然四端，而曰：乃若其情，則可爲善。蓋謂性雖無善，而實無不善也。告子則自性之無善者言之，故杞柳湍水，柔順活潑，而曰『生之謂性』，了無分別，若謂性雖無不善而實無善也。要之，聖賢垂世立教，貴在平等中庸，使上智者可以悟而入，中才者可以率而由。若如告子云性，則太落虚玄，何以率物？故孔子曰：中人以上可以語上，中人以下不可以語上。天下惟中人居多，❶告子獨不思覺人耶？何乃使一世人多不可語也？此孟子所以深辨而力挽之，夫固未盡非之也。」

曰：「然則諸儒之説皆是矣，論者又謂其非性善之宗，何耶？」曰：「儒先立説原有深意，而近世諸家講套，漸漸失真，既將天性、氣質兩平分開，又將善惡二端各自分屬。殊不知理至性命極是精微，聖賢猶且難言，而集説諸家，妄生分解，其粗浮淺陋亦甚矣，又安望其妙契儒先之旨而上泝孔孟之宗也哉！」曰：「然則世之人敢謂其無善惡耶？善惡之分，敢謂其無所自生耶？」曰：「善惡之分，亦有所自，而不可專執其爲性也。又請爲吾子詳之：今堂中聚講人不下百十，堂外往來人亦不下百十，余今分作兩截，我輩在堂中者皆天命之性，而諸人在堂外則皆氣質之性也，何則？人無貴賤賢愚，皆以形色天性而爲日用，但百姓則不知，而吾輩則能知之也。今執途人詢之：『汝何以能視耶？』必應以

❶「居」，原誤作「活」，今據《近溪子集》射卷改。

目矣，而吾輩則必謂非目也，心也。執途人詢之：『汝何以能聽耶？』必應以耳矣，而吾輩則必謂非耳也，心也。執途人而詢之：『汝何以能食，何以能動耶？』必應以口與身矣，而吾輩則必謂非口與身也，心也。識其心以宰身，則氣質不皆化而爲天命耶？昧其心以從身，則天命不皆化而爲氣質耶？心以宰身，則萬善皆從心生，雖謂天命皆善，無不可也。心以從身，則衆惡皆從身造，雖謂氣質，乃有不皆善，亦無不可也。故天地能生人以氣質，而不能使氣質之必歸天命；然同人以天命，而不能保天命之純全萬善。若夫化氣質以爲天性，率天性以爲萬善，其惟以先知覺後知，以先覺覺後覺也夫！故曰『天地設位，聖人成能』。」

問：「人性之善，是其本然；而聖人立教，又必要許多工夫以盡其性。何也？」羅子曰：「盡性工夫，子且勿論。但云：『人性之善，是其本然。』此語果從心而發乎？抑聽得他人之言而謾爾云云也？」曰：「此豈從人言，實是自己見得。」羅子曰：「孟子當時一説性善，其在門高弟如公都、萬章，俱紛紛諍辨，雖樂正子名爲好善而信有諸己，尚在疑信之間。❶至於宋時諸儒先，則直謂孟子只説得一邊，須補以氣質方備。然則吾子聰明，豈能獨超乎古今也耶？」曰：「性字原從心從生，則性本是心中生出來的，安得不善？但人自家不能保守，便惡了。」曰：「如子所言，分明在字義上看此性，當作善。至在人身上看此性，却不免是惡了。子何曾見得性果

❶「尚」，原脱，今據《近溪子集》數卷補。

善？要之，性善一着，是聖凡之關。只一見性善，便凡夫立地成聖。孔子以後，惟是孟子一人直截透露，其他混帳，則十人而九矣。此不是他肯自放過，蓋此處千重鐵壁，若非真正舍死擴生一段精神，決未許草率透過也。」

有問「居天下之廣居」一條。羅子曰：「大丈夫亦人而已矣。丈夫之所以爲大者，亦自識其人而已矣。孔子曰：『仁者，人也。』程子曰：『學者先須識仁。』仁者，天地萬物渾然同體，非天下之廣居如何？又曰『義禮皆仁也』，則即人之欲廣其居者，其門路自然開闢，廳事自然嚴整，機之不可已焉者也。所居既廣，則可以容賓旅、庇寒士，而與民由之，其餘事矣。否則，居第亦足以傳子孫，如所謂守先王之道，以待後之學者，安往而不自得耶？何富貴之能加，而貧賤威武之能以損減也哉！作人至此，果是出類拔萃，軒軒昂昂，所謂中心安仁，天下一人者也。」

或問「好辨」大意何如。羅子曰：「孟子之辨，只是辨個天下之生。而生尤莫重生於其心也。故洪水溺人，未便溺心；夷狄猛獸害人，未便害心。一至春秋，殺逆漸起，人心大壞，孔子繼禹、周而作《春秋》，全是救天下之生，然猶是顯惡可得誅討。及至楊、墨之言一生於心，則其生生之心已被遮掩，安得而不閑之？某嘗謂高皇《六諭》，真是直接孔子《春秋》之旨，聳動忠孝之心，不必言距楊、墨，人人知君父之恩之罔極也，寧非世道一大治而天下後世獲甦生也哉！」

上孟終

近溪羅先生一貫編

孟子

問「仁之實」一章。羅子曰：「此章書與《論語》『吾十有五而志於學』一般，❶是孟子自述其平生始初着力處與末後得力處，所以願學孔子的實事也。蓋天下最大的道理，只是仁義，殊不知仁義是個虛名，而孝弟乃是其名之實也。今看人，從母胎中來，百無一有，止曉得愛個母親，過幾時，止曉得愛個哥子，聖賢即此個事親的心，叫他做『仁』，即此個名而已。三代以後，名盛實衰，學者往往知慕仁義之美，而忘其根源所在。孟子生來得賢母，養之學宮之傍，而本心不失，又遇子思之徒，從之而正學蚤聞，故其見超出一世，獨知得此是生人的性命，自幼而少，自少而壯、而老，一刻也離不得，又自身而家，自家而國，自國而天下，一人也離不得。故知而弗去，不是要他不去，只知得真時，便原自不曾去也。久久弗去，則細細密密，自然有許多節次；從從容容，又自然有許多文彩。其事親從兄之間，可度可觀，亦非是有意要節文之也。節文日熟，則子愛其親而親亦慈其子，弟敬其兄而兄亦友其弟，父母昆弟和美一團，而宗族家邦也感通翕順，雖欲不樂，不容於不樂，雖欲不生長暢茂，不容於不生長暢茂，以至手舞足蹈而不自知焉，則事親從兄之間，無非聲容之

❶「吾」，原誤作「五」，今據長松館本改。

盛而樂樂之極也已。要之，此雖是説樂之極，其實是形容聖之至也。故從心所欲不踰矩，是絜矩孝弟而不踰也。聖不可知之神，是孝弟之手舞足蹈而不可自知也。然此皆其末後得力處功夫，只是知得透徹而久久弗去耳。今即《孟子》七篇看來，那一句話離了孝弟？那一場事曾離了孝弟？陳王道，則以孝弟而爲王道；明聖學，則以孝弟而爲聖學；管、晏事功，則以孝弟而鄙之；楊、墨仁義，則以孝弟而闢之；王公氣勢，則以孝弟而勝之。只『弗去』二字，所以能純全孝弟之妙；只『孝弟』二字，所以能成就亞聖之名，而生平願學孔子，果不爲虚言也已。」

羅子曰：「世俗恒言天下太平，似是異事，故或曰『有象』，或曰『無象』。若孔孟言之，則只曰：人人親其親長其長，便天下平也。今若以麒麟生、鳳凰至，説作太平，便是難事。如親親長長，則誰家無父母？誰家無兄長？亦誰不能孝、誰不能弟也？可見太平之福，只在目前，但人家子弟却多不能受用，往往不愛其親而愛他人，不敬其兄而敬他人；愛他人又不曾愛得好的，敬他人又不曾敬得好的，所以更相染習，驕傲成風，争鬬所由起而訟獄所由生也。要之，亦自其爲祖父兄長者與有責焉。孟子曰：『中也養不中，才也養不才。』《易》曰：『積善之家，必有餘慶。』今之縉紳，遠來相聚，須責備爲父兄者以積善爲事，爲子孫者以孝弟爲心，則便保合大和，乃利貞也。夫大和者，非保則不能久；然非合亦未能久保者也。故祖宗積善數十百輩，而敗在一人；子孫風俗孝弟，亦壞在一個，皆非所謂合也。今要保合，却在利貞。貞者，正而固也。今爲父兄者，果能以正自持而不偏其心，則財産物業，視人猶己，待疏若親，必不肯侵損鄉族以獨肥己身。爲子孫者，亦能以正自持而不邪其思，則必以父母之心爲心，以兄長之心爲心，又肯反道悖德，以薄其所厚而厚其所薄耶？況此段意思，不止於家道有益，如孟子所謂守先王之道以待後之學者，何等大事，亦不過曰：『入則孝，出則弟。』孔子七十，從心所欲不踰矩，亦何等大事，然亦不過曰：『老者安之，少者懷之。』則爲聖爲賢，亦在目前，人亦苦自不能受用耳。」

問：「大人不失赤子之心，其説維何？」羅子曰：「凡看經書，須先得聖賢口氣。如此條口氣，則孟夫子非是稱述大人之能，乃是贊嘆人性之善也。蓋今世學者，往往信不過孟子性善之説，皆由識見之不精；其識見之不精，又皆由推致之不妙。觀《孟子》他章論君子所性，仁義禮智根於心。夫根本者，枝葉之所由生者也，不究其所由生之根本，又安能透得夫枝葉之所以爲善也哉！」曰：「解者謂大人無所不知，無所不能，而赤子則一無所知，一無所能。果得根本乎？亦還在枝葉而已也？」曰：「心性是一個神理，雖不可打混，然實不容分開。如曰：知得某事善，能得某事善，此即落在知能上説善，所謂善之枝葉也。如曰：雖未見其知得某事善，却生而即善知；雖未見其能得某事善，却生而即善能，此則不落知能説善，而亦不離知能説善，實所謂善之根本也。人之心性，但愁其不善知，不愁其不知某善某善也；但愁其不善能，不愁其不能某事某事也。類觀夫赤子之目，止是明而能視，然未必其視之能辨也；赤子之耳，止是聰而能聽，然未必其聽之能別也。今解者只落在能辨能別處説耳目，而不從聰明上説起，所以赤子、大人，不惟説將兩開，而且將兩無歸着也。嗚呼！人之學問，止能到得心上，方纔有個入頭。據我看，孟子此條，不是説大人方能不失赤子之心，却是説赤子之心自能做得大人。若赤子之心止大人不失，則全不識心者也。且問天下之人，誰人無心？誰人之心不是赤子原日的心？子如不信，則請徧觀天下之耳、天下之目，誰人曾换過赤子之耳以爲耳，换過赤子之目以爲目也哉？今人言心，不曉從頭説心，却説後來心之所知所能，是不認得原日之耳目，而徒指後來耳之所聽、目之所視者也。此豈善説耳目者？噫！耳目且然，心無異矣！」

問：「由良知而充之，以至無所不知，由良能而充之，以至無所不能，方是大人不失赤子之心。此意何如？」羅子曰：「若有不知，豈得謂之良知？若有不能，豈得謂之良能？故自赤子即已無所不知無所不能也。」時坐中競求所謂「赤子無所不知無所不能也」，竟莫得其實。乃命静坐歌詩，偶及於「萬紫千紅總是春」之句。羅子因憮然嘆曰：「諸君知紅紫之皆春，則知赤子之皆知能矣。蓋天之春，見於花草之間，而人之性，見於視聽之際。今試抱赤子而弄之，人從左呼，則目即盼左，人從右呼，則目即盼右，其耳蓋無時無處而不聽，其目蓋無時無處而不盼，其聽其盼，蓋無時無處而不轉展，則豈非無時無處而無所不知能也哉！」衆皆躍然曰：「先生其『識得東風面』者矣！何俄頃之際，而使萬紫千紅之皆春也耶？」

問：「君子深造以道，其道即率性之道否？」羅子曰：「近世諸儒，亦有如此作解者，但未的確，須要從頭説起。蓋『維天之命，於穆不已』，則人之所性，皆可率而爲道。然而非其至者，必脩道成全而爲大聖人，然後性命之學可以立教，而曰：大人之學之道也。蓋隆古神聖，自克明峻德，以親睦九族，平章百姓，協和萬邦，而爲人倫之至，故大學之道，在明德、親民、止至善也。今時爲學者，皆以意爲學，而説學者，亦皆以意爲説，故雖有可觀，而道實小道，達之天下、通之萬世而致遠，則泥也。是以孔夫子之志學，孟夫子之願學，所學則皆大學之道，以此深造，則雖忘食忘憂，却信古好古，以直探性命之微，而悉憑至善之矩，着力固極其奮鋭，辨擇尤極其精詳，久之涣然冰釋、怡然理順，則我即聖心，聖即我體，豈不渾渾融融，聯屬中國爲一身，統會萬古爲一息哉！如是而自得之妙，居安資深之益，以至左右逢源之歸，固不待辨説而其理自見矣。」

問：「『人之所以異於禽獸也者幾希』，今註疏皆主偏全分别，不識此外更有他説而可相發明否也。」羅子曰：「孟子此個『幾希』二字，類之他章，舜之異於深山野人，夜氣之好惡與人相近，皆是指乎性體，而所指性體亦且最是微妙。況存之則入聖賢，去之則同禽獸，其關係亮非小可，安得遽以眼前形氣粗迹而輕易言之也哉！竊謂此章歷論群聖，其意主在憂勤惕勵，然憂勤惕勵，生於覺悟警醒。今承下問，敢以此『覺』字爲人之異於禽獸處也。蓋天命流行，物與無妄，萬民萬物並育於霄壤之中，其靈性生生，渾然一體而無二樣，然其性雖同一生生，其生雖出一靈妙，皆知不待慮，能不待學，總自造化窟中順便布護，從早至曉，從古至今，流行而了無停機，直達而了無轉識也。惟是人在萬物之中，其靈明稟得猶多，而聖生吾人之内，其神明尤爲獨至，故其知能雖普地而同然，而其覺悟則超群而先得。百姓雖日用而不知，較之物類頑冥，猶堪呼唤而提命之也。此則天地間人物一個大限，而君子小人，或存或去，猶似便有憑據也。孟子云：堯、舜性之，湯、武反之。皆從覺處形容其大小難易之不同焉爾。至其根源，則又皆從《易經》透將出來。其曰：數往者順，知來者逆。是故《易》逆數也。然則聖人性反之覺，又不總是《大易》之逆知也耶？」曰：「憂勤惕勵，生於覺悟，此人物之爲大異，君子庶民之所爲不同，果是一言而極其分曉矣。但謂聖賢逆之，知覺又有大小難易之分否也？」曰：「觀之其論，大舜、禹、湯，亦自可見。蓋聖賢存此憂勤惕勵，原是以完全己性，而性則惟是生化之仁，合宜之義，其所統宗也。大舜之庶物彰明，人倫昭察，而性無不盡者，原不着些子意思，亦不費些子工夫，止係其覺處精通，故其生處順適。因性之仁而由之爲仁，初不知其爲仁而乃行乎仁；因性之義而由之爲義，初不知其爲義而乃行乎義也。以後去全體仁義，豈不大小難易，畧有差殊？憂勤惕勵，固是一般而覺之，初起恐未可同日語也已。」

問：「昨聞先生論人異獸幾希，而及於《易經》，其性反覺悟，大畧已詳，而《易》之逆數，今則敢請爲諸人一盡言之。」羅子曰：「夫道一而已矣。道一，則學亦一而已矣。豈有聖人盡性只是一覺，而聖人通易又不止是一覺也哉？蓋語道而至《大易》，則天地民物五倫，萬善極其具備純全，了無纖毫欠缺，惟是聰明神聖，方能與之脗合符同，則大易可語道之全，而聖心可語易之全矣。然究竟其所以脗合、所以符同，則惟此『覺』字，稍足以擬諸形容，而學者亦可由圖入頭處也。請爲諸君詳之。蓋易之爲易，其充塞寰穹，樞機造化，惟是一神以靈妙而通顯之，在天則萬萬而成象，在地則萬萬而成形，凡所成形象萬萬，皆乘其元化之靈妙通顯而爲知能，是以周遍活潑，體段若可區分，而真精了無間隔。昭彰謂之帝則，繼承謂之己性，而實則渾全是爲易理也。此個易理，本神明不測，本靈顯無邊，故物至則知之，知之則幾動，幾動則吉先，帝則固靈其端倪，心神亦順其應感。象也者，像乎此者也。以其稍著，故以爻言，而實則皆其先幾之微渺，而妙覺之圓融也。故自天行之健象，而即象之以不息之自强；自乾龍之初爻，而即效之以潛藏而勿用。推而至於六十四象，推而至於三百八十四爻，又不總是贊聖神妙覺以聞其先，而啓吾人純心以慎其動也哉！❶然其中每以卜筮而爲言者，蓋聖人欲示人幾先之爲靈，而以龜蓍之出於無心者證之，而其靈乃益顯矣。欲示人以聖覺之爲妙，而以玩占之周於萬變者證之，而其妙乃益神矣。要之，言在卜筮，而意主於知幾，似未可以拘方而執泥之也。」

❶「以」，原誤作「只」，今據長松館本改。

問曰：「聖人之神幾善易，幸已聞其梗概。至吾儕欲從覺而希聖者，則當何如而用力也？」曰：「此則如前大小難易之説，似又不可不預講已。蓋易之卦雖六十有四，而統之則獨在乾坤。乾坤雖云並列，而先之則又在於乾。故學者之於《大易》，欲以了達全經，則須是開通覺性，欲以開通覺性，則乾之一卦最初宜先講者也。夫天也者乾之形體，而乾也者天之性情。故乾即是天，而純粹以精，無時而不運也；天即是乾，而廣生並生，無處而不包也。無處不包，則天體無外矣，天不外乎我，而我獨能外乎天哉！無時不運，則乾行不已矣，乾不能已乎我，而我獨能已乎乾哉！是則大明乎乾之始，而全經之始實無所不明；大明乎乾之終，而全經之終實無所不明。蓋陰陽之内外、遠近、大小、高下，不過六位時成，而天之體一盡乎此矣；陰陽之消長、進退、順逆、吉凶，不過六處周流，而乾之健一盡乎此矣。譬則規一設而天下更無餘員，矩一立而天下更無餘方。然則乾卦之位定行周，而六十四之外復有餘卦，三百八十四之外復有餘爻也與哉！其視大舜之由行仁義，以明乎庶物而察乎人倫，沛然決江河而之四海，其於群聖之大小難易，不昭昭乎而指諸吾掌也哉？敢因幾希之論而併及焉。幸不罪狂瞽而終教之。」

問：「由仁義行，非行仁義，是贊大舜能事。若吾學者，必須從行仁義處起手，乃可語由仁義行。何如？」羅子曰：「此是兩種學問。如商旅路途，一往南行，一往北走，難説出門時且先向南，然後只回轉向北也。」曰：「吾人爲學，須是由勉而安。

今舍却行仁義，即要由仁義行，是不勞勉强而安然自得也。恐人非生知，難遽語此矣。」曰：「後世學術不明，只是此處混帳。蓋行仁義，與由仁義行，是南北分岐處。由勉而安，是程途遠近處。行仁義有行仁義的安勉，由仁義行亦有由仁義行的安勉也。」曰：「行仁義而習熟久久，以至於安，即所謂習慣成自然也，吾人皆能曉得。若説由仁義行，又從强勉處起手，此段意思却是難解也。」曰：「此個宗旨，《語》《孟》篇篇皆然，吾輩只是不察。今舉其最明白的一章來看，如孟子謂仁義之實，只是愛親從兄。夫愛親從兄，吾人不慮而知之良知，不學而能之良能也，今人識得此體者甚少。若知得透徹而又久久弗去者爲尤少矣。故知而弗去，已是十分難事，況又能盡其節文，詳細精密，一無滲漏，得多少工夫方能至此！然又非惟智禮之實，有許多黽勉着力，即樂斯二者，亦須一切世情嗜欲休歇解脱，方能打併精神，優游涵詠，以圓活長養，乃得生惡可已，而至於手舞足蹈不自知之境界也。故今日出門一步，即從不慮不學處着脚趨向，尚且頭頭都是難事，節節都要精專，竭盡生平，方得渾化。若更從外面比做脩爲，狥象執跡，出門一步已與不慮不學之體不啻冰之與炭，做得閑熟一分，則去真心日遠一分，做得成了家當，則去真心即如天淵之不相及矣。將以學聖，而反至背聖；將以盡心，而反至違心，孤負一生志願，虛費終身氣力，總只爲出門一步差却，豈不大可慟恨也哉！又豈可不警省而早辨之也哉！」

問：「夷、惠望望而去，由由不舍，不免有失已失人處。何孔子即人已俱得？」羅子曰：「二聖人與孔子，俱是成己成物之心，但二聖人覺得費力，孔子則分外輕省，乃是不專求形迹，而惟在我知體上圓徹，自然可以仕、止、久、速，而非仕、止、久、速所能滯限也。故智之事也。」

問：「孔子『聖之時』似多得之學《易》而然。」羅子曰：「《易》象之贊，必曰時義大矣哉！又曰：『六位時成，時乘六龍以御天。』所以君子動静不失其時，其道光明，而隨時變易以從道也。吾夫子平生得力，全在於此。惟孟氏獨能知之，乃特稱之曰：『孔子，聖之時者也。』是以其立教乎人也，則曰『當其可之謂時』；其悦諸乎心也，則曰『學而時習之』。惟其教之當可也，故自不覺其倦；惟其習之以時也，故自不覺其不厭。《論語》開卷便將一生精神全付打出，可見渾然一團仁體，頃刻便充塞天地而貫徹古今，是何等家風，何等滋味也！吾人可漫漫輕看哉？」

問：「孔子之『時』，與顔子之『復』，同異何如？」羅子曰：「顔子之一日復禮，是復自一日始也。自一日而二日三日，以至十百千日，渾然太和元氣之流行而融液周遍焉，即時而聖矣。故復而引之純也則爲時，時而動之天也則爲復；時其復之所由成，而復其時之所自來也歟？」

問：「告子謂『生之謂性』，與『食色性也』，何爲孟子不取，且極辨其非耶？」羅子曰：「學者讀書，多心粗氣浮，未曾詳細理會，往往於聖賢語意，不覺錯過。即如告子此人，孟子極爲愛敬，謂能先我不動心。夫不動心是何等難事！况又先於孟子也耶？想其見性之學，與孟子未達一間，止語意上少圓融，而非公都諸子之可概論也。今且道生爲之言，在古先謂：太上其德好生。『天地之大德曰生』，『生生之謂易』，而乾則『大生』，坤則『廣生』，『人之生也直』，生則何嫌於言哉？ 至孟子自道，則曰：日夜所息，雨露之養，豈無萌蘖之生，『樂則生矣，生則惡可已』，是皆以生言性也。嗜則期易牙，美則期子都，爲人心之所同然。『目之於色，口之於味，性也有命焉』，是亦以食色言性也。豈生之爲言，在古則可道，在今則不可道耶？ 生與食色，在己則可以語性，在人則不可以語性耶？ 要之，『食色』一句不差，而差在仁義分內外。故辨亦止辨其義外，而未辨其謂食色也。若夫生之一言，則又告子最爲透悟處。孟子心亦喜之而猶恐其未徹也，故以白喻之，而以人物相混探之，告子至此不免自疑，而不敢曰『然』矣。於此之際，若能嚮應承當，則性幾神理頓爾圓通，天地萬物渾然同體，善信兩關，不超樂正而上之也耶？ 惜其不然，而孟子遂終付一默也已。」

夜坐，誦「牛山」一章，衆覺肅然。羅子乃爲浩嘆曰：「聖賢警人每切，而未思耳。即『梏亡』二字，今看只作尋常，某提獄刑曹，親見桎梏之苦，上至於頂，下至於足，更無寸膚可動活，輒爲涕下。」中有悟者曰：「然則從軀殼上起念，皆『梏亡』之類也夫？」曰：「得之矣！ 蓋良心寓形體，形體既私，良心安得動活？ 直至中夜，非惟手足休歇，耳目廢置，雖心思亦皆斂藏。❶然後身中神氣乃稍稍得以出寧。逮及天曉，端倪自然萌動，而良心乃復見矣。回

❶「斂」，原誤作「欽」，今據長松館本改。

思日間形役之苦，又何異以良心爲罪人而桎梏無所從告也哉？」有友人復問曰：「夜氣如何可存？」羅子曰：「言夜氣存良心則可，言心存夜氣則不可。蓋有氣可存，則晝而非夜矣。」

問「仁，人心也」一章。羅子曰：「此是孟子極言心字在人最爲要緊處。如曰：天下恒言仁義之大。殊不知仁只是吾人身中有此主宰虛明之心，而其視聽言動，應酬萬變，事事皆天則處，即所由之路而爲義也。故下文繼嘆曰：人之所以終身履錯，陷於凶咎而不由乎正路者，正因放其心而不求焉耳。此其所以陷溺而可哀也。然良知在人，明白不昧，雖鷄犬至輕，皆知求之，豈有人心至重如此，反不知求耶？弗學弗問焉耳矣！故曰：學問之道無他，只爲求其放心。蓋心以不知而放，則可以學問而求。如曰：『博學而篤志』，是能學矣；『切問而近思』，是能問矣，則自然仁在其中。仁在其中，則心便不放矣。」問曰：「如何仁在其中，便是其心不放？」曰：「人心放時，非是無有此心，只因逐物有方，着在一處。如放於有瘅之放，便視不見、聽不聞、食不知味，而心不在矣。若能得其真體，使良知活潑，便心即是仁，仁即是心，內則爲主宰，而發則爲正路矣。人心在人，果所係不爲輕也。慎之，慎之！」

問：「『仁人心也』一章以後，何爲只說放心，而不說入路？❶學問必如何而後可求放心？」羅子曰：「孔子云『仁者，人也』。孟子則直指以示曰仁何以是人。蓋人身耳目口鼻，皆以此心在其中，乃生活妙應，

❶「入」，原誤作「人」，今據長松館本改。

生活妙應，非仁如何？其生活應妙，必有節次分辨，即是心之義而所由以發用之路也。惟人心在人身如此要緊，則心失而身即死人矣，此所以爲可哀也。人身與仁心原不相離，則人能從事於學問，而心即不違仁矣。此求放心所以無他道也。」

問：「求放心即是致良知否？」羅子曰：「雖是一個工夫，然用處稍有不同。如求放心，是未嘗知學之人，須要發憤操持以立其志相似，故曰：將已放之心，使反復入身來，則知體精明，方可下手致去。即所謂氣質清明、義理昭著也。大約求放心，是外以約之於中，致良知是中以出之於外也。其中愈精明，則其發愈詳密；其發愈詳密，則其中益精明矣。」曰：「如此用功，與博約不亦相類耶？」曰：「博約亦離不得。故曰：『守約而施博者，善道也。』今於天地萬物而責備在我，使此志卓然精明者，即約以守其身也。由吾身以統率天地萬物，而立必俱立，成不獨成，發用充周者，即守其身而天下平也。此個工夫，從古至今，原無兩用，惟孔孟乃集其大成也。」

問：「『或爲大人或爲小人』章，何如？」羅子曰：「天地間，人是一團生理，故其機不容自已，上至公卿大夫，下及農工商賈，誰不求做個好人？又誰不有做人的路徑？但發足處却要詳審。發足處只爭毫末，而在我成就將天淵也，奚啻千里而已哉！如何是人正經的道路？蓋人之爲人，其體實有兩件：一件是吾人此個身子，有耳，有目，有鼻，有口，有手，有足，此都從父精母血凝聚而成，自内及外，只是一具骨肉而已。殊不知其中原有一件靈物，圓融活潑，變化妙用，在耳知聽，在目知視，在鼻知臭，在口知味，在手足知持行，而統會於方寸，空空洞洞，明明曉曉，名之爲心也。心則孟子謂之曰大體，蓋體中之大者也。耳目口鼻四肢，孟子謂之曰小體，蓋體中之小者也。顧人從之何如耳：從其小則爲小人，從其大則爲大人。心止方寸，如何却爲大，身長七尺，❶如何却爲小？蓋目只管看色，耳只管聽聲，鼻只管臭味，四肢只管安逸，所欲、所嗜、所求，不過面前受用，不能相通，更不知有其他，其體段原已纖細。做人者，若在此等處去尋路行走，行得最好，便是今之鄉人出色者，田地足以充腹，廬舍足以安居，世業足以貽傳子孫，其一身口耳四肢也安頓停當，不論出仕在家，却都成得個人，但規模小小。此雖是一條徑路，然聖人説道：從欲惟危。蓋其發端，既從口耳四肢之欲着了脚，此欲原是無厭足的東西，若稍放一步，便貪求所當得，外面雖圖掩覆，而其中未必光明，其做人即落邪徑，而成個小人中之憸邪者。再若行險機熟，門面不顧，耳淫於聲，目亂於色，口體饕食，四肢狠縱，便墮坑塹荆棘，反自戕其身而爲凶人惡人，以致於禽獸異類而莫可紀極者矣。究其根源也，皆是各要出做人，但起初由身家一念嗜欲中來，末流遂不可救藥。此可見小體之必不可從，而小人一路決不可不審擇防閑也。若吾心體段，則藏之方寸之間，而通之六合之外，其虚本自無疆界，其靈本自無障礙，能主耳目而不爲所昏，能運四肢而不爲所局。故聖人於

❶「身」，原倒於「何」上，今據長松館本乙正。

其脱胎初生之際，人教不得，物强不得，時節渾然冥然之中，却指示一條平平正正足以自了此生的大路，説道：大人者，要不失這一點赤子時曉知愛爺、曉知愛娘，伶伶俐俐，不消慮不消學的天地生成真心也。此個真心，若父母能胎教、姆教，常示毋誑，如古之三遷善養，又遇着地方風俗淳美，又再有明師爲之開發，良友爲之夾持，稍長便導以遜讓，食息便引以禮節，良知良能，生生不已。知好色而不奪於少艾，有妻子而不移於恩私，則一舉足而不敢忘父母，一出言而不敢忘父母。將爲善，思貽父母令名，必果；將爲不善，思貽父母羞辱，必不果。一生爲人，若果千緣萬幸，上得這條程途，方可做人的大路。《禮》謂：置之塞乎天地，通乎民物，推之東海而準，推之南海而準，推之西北海而準，推之前千古後百世而準，是聯天下國家爲一身，聯千年萬載爲一息，視彼七尺之軀而旦夕延命者何如耶？故只不失赤子之心，便可以名大人；而大人者，便可與天地合德，日月合明，四時合序，而鬼神合吉凶也。孟氏從其大體爲大人，真是格言至訓，簡易直截，惟在乎審所從而已矣。」

問：「今若全放下，則與常人何異？」羅子曰：「無以異也。」曰：「既無異，何以謂之聖學？」曰：「聖人者，常人而肯安心者也。常人者，聖人而不肯安心者也。故聖人即是常人，以其自明，故即常人而名爲聖人矣；常人本是聖人，因其自昧，故本聖人而卒爲常人矣。」

諸生請訓迪。羅子曰：「聖賢惓惓垂教天下後世，有許多經傳，不爲其他，只爲吾儕此身。故曰：『道不遠人。』且不在其他，而在於此一時。故曰：道也者，不可須臾離。夫此身此時，立談相對，既渾然皆道，則聖賢許多經傳，亦皆可以會而通之。如《論語》所謂時習而悦，朋來而樂；《中庸》所謂率性爲道，脩道爲教；《大學》所謂在明明德，在親民；《孟子》所謂人性皆善，而浩然塞乎天地之間。字字句句，無一不於此身此時相對立談，而明白顯現，兼總條貫矣。由此觀之，天下之人，只爲無聖賢經傳唤醒，便各各昏睡，雖在大道之中，而忘其爲道，所以謂：百姓日用而不知。及至知之，則許多道妙，許大快樂，却即是相對立談之身，即在相對立談之頃，現成完備而無欠無餘，如昏睡得唤之人，雖耳目醒然爽快，然其身亦只是前時昏睡之身，而非有他也，故曰：天之生斯民也，使先知覺後知，使先覺覺後覺。諸生能趁此一刻之覺而延之刻刻，積刻成時；又延一時以至時時，積時成日；又延一日以至日日，久之以至終身歲月皆如此，令相對立談而不異焉，則原泉涓滴，到海有期，核種纖芽，結果可待。生意既真，便自久久不息，而至誠純一之境，只在此時一覺之功以得之，而無事旁求已也。」

羅子曰：「孟子謂：瞽瞍殺人，舜竊負而逃，遵海濱而處。此言舜之心則可，若謂真如此處，殆未盡也。舜受堯之天下，必有可以受者，而後可以棄，遽從而敝蓰之乎？❶ 吾意聖人所過者化，是無不可化之父也。《書》曰：瞽叟亦允若。則必無殺人事矣。不幸而有之，如周世宗可也。柴守禮，世宗父也，殺人于市，有司以聞，世

❶「敝蓰」，原誤作「敝徙」，今據長松館本改。

宗不問也。古有之，議公法，首曰議親。況父乎？或謂不問必不悛，又殺人也則如之何？無已，則制之而已。文姜之淫，制其從者，夫人徒往乎？守禮之暴，制其從者，司空徒搏乎？此莊公、世宗責也。嗚呼！子之處此，亦難矣。」

問「盡心」一章。羅子曰：「此章書，是孟夫子自述其生平之所得，且以警悟及門諸賢也。蓋孟子學問，受之子思天命之性，故於天也、命也、性也，皆究極根原，了無疑貳；良由他既竭心思而天聰明之盡，所以翻成性善一段話頭來，立個宗旨，開示後學。不想春秋戰國，異言喧豗，人性雜擾，習染已久，此言一出，不徒世情拂逆，即在門之士，亦皆紛争强辨，更不服從，雖以樂正之質美好善，亦在疑信之間。孟子憶想諸人皆以性在面前，漫多自許能知，而本心聰明殊未竭盡，所以浮浪言辭先入作主，真正道脉反作尋常，故昌言曰：『盡其心者，知其性也。知其性，則知天矣。』意以人情好逸而惡勞，此心易私而難公，誰人肯於自性盡力去心上求之？心上既未盡力，而自性底藴又何怪其不能精透，而漫隨世俗以爲惡、爲混、爲三品，而善則反疑貳不信也。夫心性固是相因，而天人原無二致，自性爲能真知，則天便即無間隔。夫孔子用功，五十方知天命。今知性，遂已知天，則知性果然非易事矣，人其可不盡心耶？至於『存心』一條，亦未必别有一段工夫。蓋心到盡處，已是極至之辭，今但常時盡而不間，即謂之存，性者心之生理，心存，則性自條暢明朗，而謂之養；存而且養，便於天體顧諟周旋，順事而無所拂矣。然事天而周旋不舍，雖比之知天更爲純密，但我去事天，終是兩個，而非一也。兩而未一，則壽夭終屬於天，而我猶不免聽命，即是以語聖神之理，恐亦難矣。惟夭壽不貳，至迹化而齊，終身以俟命，至情忘而一，則我命在我，而我即天矣。譬之舜之與堯，始而受其明揚側陋，即知之真處，繼而蒙其館甥貳室，即事之密處。若論歷數在躬，而萬幾統一，則須是禪位稱帝，乃其極至處也。但此章旨趣歸宿，雖在性命，而從入則屬心知。盡心者，身之神明，則主宰於一腔之中，而貫徹於八荒之外，自其流通不已者，則爲命；自其生化無遺者，則爲性；自其統攝無端者，則爲天人。惟心知不妙，則神明不顯，於是形與天隔，性與命離，而聖不可希矣。故善觀此章者，只專在『盡心』字，便頭頭盡理；善體此章者，只專在『盡心』二字，便時時得力。信哉！學問之當講而機竅之當求也已。」

問：「盡心，存心；知天，事天，孟子原並舉以言，而先生却謂存心，不必別用工夫，何也？」羅子曰：「天下道理自其本源，而聖賢工夫亦自有頭腦。今言心也、性也、天也、命也，一理也。雖意思渾融得好，然没個頭腦，却教學者如何用工？今精神最吃緊者，又是『盡其心者』一句。只一句，認得真的，則一章首尾貫徹，迎刃更無難事。如《中庸》論『惟天下至誠，能盡其性』，則直至參天贊化，總是盡此性而直窮到底也。蓋吾心分量，即天地之廣遠，而其併包民物之衆盛，亦相融液，其併包融液之體，又皆玲瓏剔透，潔净微巧，總是一團神明也。所以盡之功最是爲先，亦最是爲大，然却最是爲難也。所喜人有恒言：隨事觀人皆爲盡心、盡心，而況此學獨不當先盡其心乎？故古之善言聖人者，惟曰：天聰明之盡者也。心之聰明，果能不憚劬勞，不計歲月，到得心思即竭，神明自來，那時許大乾坤俱作水晶宮闕，即是説性説天，已是强爲區别，如何存之與養，知之與事，又豈不一齊俱到也哉？奚止曰『知』、曰『事』，就是最後立命一着，雖云神聖之所極難，只是他年深歲久，歡欣浹洽，我即是天，天即是我，而天人之間，别覓之了不可得，天人已是兩忘，壽夭又更何有？故初則必言盡心，而終則果然心盡而已。」

或又問：「『盡心』一章，説有不同。何如？」羅子曰：「此章之説，如陽明先生，極於初學助長精神。然孟夫子口氣，似覺未妥。如晦庵先生，雖得孟夫子口氣，然分析又覺稍多層節。某竊敢作一譬喻，謂其初二條似一泓春水，其終條則似一片寒冰也。蓋心性密載微妙深遠，其研窮精徹而知之真者，則是水影天光，空澄浩渺而了無底止也。至於心性涵育，生化圓通，其因依順適而養之完者，則又是波流畔岸，宛曲縈迴而了無窒滯也。如此以知，如此以養，則心之與性，人之與天，極是活活潑潑，渾渾融融矣。然知徹於天，則愈深而愈微；養徹於天，則益純而益泯，是即性之浮游渺漠，不至寒冰，何從堅定？故吾此身，即心性之堅冰也。若善知善養，以顯著脩爲，使心之乎身，身體乎性，亦即沍寒其水而凝成乎冰也。蓋知以通天，而養以奉天，久之而身斯可以同天，同天則無始無終，我命在我，而壽殀更何足言也哉！」

一友從旁贊曰：「孟夫子他章，言『萬物皆

備』，豈非專指心性？及『樂莫大焉』，則必反求諸身。信是亦同此義。」曰：「即此章書旨，今時諸友理會，亦未透妙義。蓋反求諸己，即謂之恕；恕得快，便即謂之仁。所謂『己欲立而立人，己欲達而達人』者也。學者其心未公，則於恕必須强耳。故强之與安，少有差别，而恕則原非有二也。」諸君喜曰：「問盡心而知行恕，豈非因此而識彼也耶？」

羅子在會，講「盡心」章畢，因詰諸友曰：「孟子説心、説性、説天，何等精微！末復言身，不其淺乎爲言也？」衆皆默然。羅子曰：「人作學問，發於四支，方爲真學問。動容中禮，舞蹈不知，四體不言而喻，纔叫做黄中通理，美之至也。」衆皆有醒。

問：「萬物皆備，其説何如？」羅子曰：「有宋大儒，莫過明道。而明道先生入手，則全在學者先須識仁。而識仁之説，則全是『萬物皆備於我』一章，令學者於孔門求仁宗旨明了，則看孟氏此章之説，其意便活潑難窮矣。蓋天本無心，以生物而爲心；心本不生，以靈妙而自生。故天地之間，萬萬其物也；而萬萬之物，莫非天地生物之心之所由生也。天地間之物，萬萬其生也；而萬萬之生，亦莫非天地之心之靈妙所由顯也。謂之曰『萬物皆備於我』，則我之爲我也，固盡品彙之生以爲生，亦盡造化之靈以爲靈。此無他，蓋其生其靈，渾涵一心，則我之與天，原無二體，而物之與我，又奚有殊致也哉？是爲天地之大德，而實物我之同仁也。反而求之，則我身之目，誠善萬物之色；我身之耳，誠善萬物之音；我身之口，誠善萬物之味；至於我身之心，不誠善萬物之情也哉！

故我身以萬物而爲體，萬物以我身而爲用。其初也，身不自身，而備物乃所以身其身；其既也，物不徒物，而反身所以物其物。是惟不立，而身立則物無不立；是惟不達，而身達則物無不達。蓋其爲體也誠一，則其爲用也自周。此之謂君子體仁足以長人，亦所謂仁人順事而恕施也，豈不易簡，豈非大樂也哉！其有未誠者，事在勉强而已，勉强云者，强求諸其身也。反求諸身，强識乎萬物之所以皆備焉爾也。果能此道，則雖愚必明，雖柔必强。物我相通之幾，既體之信而無疑，則生化圓融之妙，自達之順而靡滯者，尚何恕之不可行，又奚仁之不可近也哉？故欲思近仁，惟在强恕；將圖行恕，必務反身。然反身莫要於體物，而體物尤貴于達天，非孔門求仁之至藴而軻氏願學之的矩也與哉？」

問：「反身而誠，即是識得仁否？」羅子曰：「『仁者，人也。』人，天地之心也。故學者既識萬物與我同體，便反之於身，以體乎萬物，天則首之，地則足之，我則心其間而清且寧之，以致中和之極，以臻位育之化，其序不可亂，而其功不可已者歟？」

問：「陽明先生『莫謂天機非嗜慾，須知萬物是吾身』。其旨何如？」羅子曰：「萬物皆是吾身，則嗜慾豈出天機外耶？」曰：「如此作解，恐非所以立教。」曰：「形色天性，孟子已先言之。今日學者，直須源頭清潔，若其初志氣在心性上透徹安頓，則天機以發嗜慾，嗜慾莫非天機也。若志氣少差，未免軀殼着脚，雖强從嗜慾以認天機，而天機莫非嗜慾矣！」

問：「孟子説：不慮而知，不學而能。知能並言。後却只言知，何也？」羅子曰：「知者，吾心之體，屬之乾，故乾以易知；能者，心知之用，屬之坤，故坤以簡能。乾足統坤，言乾而坤自在其中；知足該能，言知則能自在其中。如下文孩提知愛其親，知敬其兄。既說知愛親、知敬兄，則能愛親、能敬兄，不待言矣。」曰：「心體之妙如此，乃今於陽明良知之宗，紛紛起議，何也？」曰：「陽明先生乘宋儒窮致事物之後，直指心體，説個良知，極是有功不小。但其時止解釋《大學》，而於《孟子》所言『良知』，却未暇照管，故只單説個良知。而此説『良知』，則即人之愛親敬長處言之，其理便有實落，而其工夫便好下手。且於孔子『仁者，人也，親親爲大』的宗旨，毫髮不差，始是傳心真脉也。」曰：「陽明説要『致良知』，則其意專重『致』字，原亦不止單説『良知』已也。」曰：「即良知本章，孟子亦自有説『致』的工夫處，原非『格其不正以歸於正』也。」曰：「如何見得『致』的工夫？」曰：「致也者，直而養之，順而推之。所謂致其愛而愛焉，而事親極其孝；致其敬而敬焉，而事長極其弟。則其爲父子兄弟足法，而人自法之。是親親以達孝，一家仁而一國皆興仁也；敬長以達弟，一家義而一國皆興義也。非所謂『人人親其親，長其長，而天下平』耶？」或曰：「註謂：達之天下，是證人所同有。」曰：「上言無不知愛敬矣，此又何必再證也哉？」

問：「良知是不慮而知，此只可在孩提時説。若年紀長成，自有許多事物，如何容得不慮？即孔子，亦問禮、問官，而後能得無不通也。」羅子曰：「不慮而知，是學問宗旨。此個宗旨，要看得活，若不活時，便説是人全不思慮也，豈是道理！蓋人生一世，徹首徹尾，只是此個知，則其擬議思量，何啻有千萬種也！ 但此個知，原屬天命之性。 天則莫之爲而爲，命則莫之致而至，所以謂之不學不慮而良也。 聖人立教，蓋見得世上人知處太散漫，而慮處太紛擾，故其知愈不精通，而其慮愈不停當，所以指示以知的源頭，説知本是天生之良，而不必雜以人爲；知本不慮而明，而不必起以思索。 如此則不惟從前散漫紛擾之病可以盡消，而天聰天明之用亦將旁燭而無疆矣。 細推其立教之意，不是禁人之慮，却正是發人之慮也已。」

問：「孩提良知，原是不學不慮，而《大學》致知格物，却又不免於慮且學也。」羅子曰：「學亦只是學其不學，慮亦只是慮其不慮。 以不學爲學，乃是《大學》；以不慮爲慮，乃是慮而能得也。 今觀天下是個大物，了結天下大事却有個發端，有個完成。 自其發端處，叫做天下之本；自其完成處，叫做天下之末。 天下國家，從我身發端，我身却以家國天下爲完成。 其實這場物事，究竟言之，只是個父子兄弟足法；其爲父子兄弟足法，便是發端之本；而人之父子兄弟自然法之，便是末無不完成矣。 故物有本末，是物之格也；先本後末，是格物以致其知也。 雖似有個工夫，然必是孩提不慮而愛，方爲父子足法；不慮而敬，方爲兄弟足法。 則其格致工夫，却又須從不學不慮上用也。 然則謂不學爲學、不慮爲慮，何不可也？」

問：「會語中有謂：不慮不學，可同於聖。 今我輩此體已失，須學且慮，❶不然，

❶「須」，原誤作「雖」，今據長松館本改。

聖不可望矣。」羅子曰：「子只學且慮，則聖終不可望矣。」曰：「某輩汎於時説，人於其心，不能不疑，何以解之？」羅子良久，曰：「子間予言，乃遽生疑耶？」曰：「然。」羅子曰：「此果吾子欲使之疑耶？」曰：「非欲之，但不能不疑也。」羅子嘆曰：「是即爲不學而能矣！」其友亦欣然曰：「誠然！誠然！」羅子復呼之曰：「吾子心中，此時覺炯炯否？」曰：「甚是炯炯。」曰：「即欲不炯炯，得乎？」曰：「不能也。」曰：「是非不慮而知也耶？子何謂赤子之心不在，而與聖人不同體乎？」其友再拜以謝。羅子曰：「今日爲學，第一要得種子。禮云：人情者，聖王之田也。必本仁以種之。孔門教人求仁，正謂此真種子也。然其正經註脚，則却曰：『仁者，人也。』人即赤子，而其心之最先初生者，即是愛親。故曰：『親親爲大。』至義禮智信，總是培養種子，使其成熟耳。」其友復曰：「『大人者，不失赤子之心。』孟氏果已説定，但今日却如何下手？」曰：「知而弗去是也。」曰：「知之似亦不難。」羅子曰：「知固不難，然人因其不難，故多忽之，使去多其聞見，務爲執守，久之只覺外求者得力，而自然良知愈不顯露。即子貢、原憲輩，且信不及，況其他耶？所以賢知者俱各過求，惟百姓則在日用，却又不能知，所以君子之道鮮耳。學者果有作聖真志，切須回頭，在目前言動舉止之間，覺得渾然與萬物同一，天機鼓動，充塞兩間，活潑潑地，真是不待慮而自知，不必學而自能，真是可以完養而直至於不勉而中，不思而得境界。如人舊有至寶，一向忘記，忽然認得，取出受用，是何等快活，何等便宜！縱是平常名利貨色昏迷，到此自然不肯换去。所以曰『好仁者，無以尚之』。又曰『苟志於仁矣，無惡也』。真是簡易明快，所以曰『道在邇而求諸遠，事在易而求諸難。人人親其親、長其長，而天下平也』。」其友復曰：「居今之世，如何都得他人人親親長長也耶？」羅子曰：「此却不要苛責於人。今天下家家户户誰無親長之道？但上之人不曉諭他，説即此便是大道；而下之人亦不曉得安心，在此處了結一生，故每每多事。正謂行矣不著，習矣不察，終身由之而不知其道者，衆也。惟我太祖，即真是見得透徹，故教諭數言，即唐虞三代之治道盡矣。惜當時無孔孟其人佐之，亦是吾人無緣即見隆古太平也。」其友感悟。

問：「心性分别何如？」羅子曰：「孟子云：仁義禮智根於心。則心之爲心，視仁義禮智而深且宏也，具見矣。學之求心，視仁義禮智而尤先且急也，亦具見矣。是故超然而神於萬感之先，湛然而靈於百慮之表，淵淵乎其淵，浩浩乎其天，蓋言心之深且宏者，從古則爲然矣。世之學者，以其體之至隱，機之至微，遂謂冥昧而莫可端倪，渺茫而無從實際，非覷其難而阻，則詆其幻而棄焉者，十夫而九矣。殊不知既名爲隱，則必有所藏；既稱爲微，則必有所具。端倪固睿可相通，實際亦誠所由契也。兹不咎其睿與誠之未至，而徒歸於隱微之難入焉，于是窮理事物，將散殊以遡本原，克私意念，欲其矯强以還純一。噫！見亦左矣。不觀老圃之種樹乎？枝柯則顯而見於外，根本則微而隱於内也，乃擁培灌溉，獨於根本先之，誠知外焉者之暢茂，實其内焉者所由來也。學者於此心之體之幾，果能默會潛求，研精入妙，天人合而造化爲徒，物我通而形神互用，則淵泉溥博，時出無窮，不惟仁昭義立之可期，禮陳智燭之獨至，大用顯行，生惡可已！即其深究事理之功，操存意念之力，從前窒塞於見解者，❶自將觸類而融通；方物於矜持者，亦必順時而調達，豈非聖學之要圖，而志學之首務也哉！惟吾儕共勖之。」

問：「形色何以謂之天性？」羅子曰：「目視耳聽，口言身動，此形色也，其孰使之然哉？天命流行而生生不息焉耳。」坐中偶有歌「人心若道無通塞，明暗如何有去來」之句，因詰之曰：「子謂明暗果有去來否也？」於是諸友論議，或謂本無去來，而今則不免，或謂雖暫去來，而本體終會自復，各各不同。久之，乃進一新生問曰：「目視耳聽，果即汝天性耶？」曰：「即天性也。」曰：「爾目果常明耶？抑有時而不明耶？」曰：「無時而不明。」曰：「汝之目常無不明，而汝心之明，却有去來，是天性離形色，而形色非天性矣！」衆皆恍然有省，已乃復告之曰：「目之明，亦有去來時也。今世俗至晚，則呼曰『眼盡黑矣』！其實，則眼前日光之黑，與眼無與，而見日之黑，正眼之不黑處也。故孔子曰『知之爲知之』，即光而見其光也。『不知爲不知』，即日黑而見其黑也。光與黑任其去來，而心目之明，何常增減分毫也耶？」

問：「先生論『形色天性』一章，聞與衆不同，何如？」羅子曰：「其説也無甚異，但此語要得孟子口氣，若論口氣，則似於形

❶「解」，原誤作「鮮」，今據長松館本改。

色稍重，而今説者多詳性而略形，更覺無意味也。大要亦自世俗同情，皆云：此身是血肉之軀，不以爲重。及譚性命，便更索之玄虚以爲奇崛。軻氏惜之，故曰：吾此形色，豈容輕視也哉？即所以爲天性也！惟是生知安行，造位天德，如聖人者，於此形色方能實踐。實踐云者，謂行到底裏，畢其能事，如天聰天明之盡，耳目方纔到家；動容周旋中禮，四體方纔到家。只完全一個形軀，便渾然是個聖人心，渾然是個聖人，始可全體。此個形色，若稍稍勉而未能安，守而未能化，則耳必未盡天聰，目必未盡天明，四體動容未必盡能任天之便，不惟有愧於天，實是有忝於人也。故邵子『天根月窟』之詠，始之以耳目、男子之身，而終之曰『三十六宫都是春』。蓋形軀本是屬陰，若天根月窟既相往來，則乾爻十八，總爲乾爻之所統一，似悉該四季以作長春，所以脩心練性者，亦必名之曰『純陽』也。」

問：「良知宗旨，固重在覺悟，但不識如何起手，後却如何結果？」羅子曰：「孟子云：『可欲之謂善。』只此一語，起手也在是，結果也在是。」曰：「此語謂之起手則可，如何却便謂之結果也。」曰：「人若不認得結果東西，明白分曉了，則起手亦必潦草混帳，所用工夫亦必不能精采奮勵而勇往無疑也。即如説一個善可欲，便須審實如何爲可欲也。其可欲之實審見一分，則其欲之之念自切一分；其可欲之實審見十分，則其欲之之念又自切十分也。故聖神之學，於起手處便即可結果，若不可結果的東西，必不與他起手也。蓋此『善』字，即是『性善』『善』字，性爲固有，便是信有諸己；性本具足，便是美可充實。性自生惡可已，便是大有光輝。性原不慮不學，而應用無方，便是化不可爲，神不可測也。只些些子善中，包含無限造化，所以雖求不欲，自不能不欲也。故隨有所欲之淺深，而名其善之大小；信是以吾欲之而成其信，美是以吾欲之而成其美，大是以吾欲之而成其大，神化是吾欲之之極而成其神化也。到底只是這性善以爲種子而生成之，別無一毫道理增益，亦到底只是這可欲以向往而培植之，別無一毫心力助長也。譬則今人，初產一個赤子，視諸成人的，固有大小强弱之異，然耳目、口鼻、四肢、百骸，渾身全備，比成人不減分毫，順而養之，則日異一日，歲長一歲，及其成人，亦即原先赤子成之，但人父母見得分明，信得透徹，便肯歡喜撫抱，而奈煩等待也。」

問：「『人皆有所不忍，達之於其所忍』一章，前兼仁義，後只説義，何如？」羅子曰：「『達』字，即『泉之始達』之『達』；其『充』字，方達到盡處。然仁自體言，義主用言，亦有漸達而充之之意。即如無欲害人，是心之仁處，而穿窬即害人之事之一也。既無欲害人之心已達之，穿窬之事又豈其所忍爲也哉！是亦其勢之所必充者也。充之無受爾汝，是不忍薄待乎己；不以言餂，是不忍欺陷乎人。可見必心不忍，而後事可不爲也。故仁者統兼萬善，而義、禮、智、信皆仁也。」

羅子曰：「今天下之言道者亦衆矣，道而不知所以學，與學而不知所以用其學者，皆非言之善者也。孟軻氏嘗述夫善言矣，曰『言近而指遠』。❶又嘗述夫善道矣，曰『守約而施博』。然究其所以近而可遠，約而能博，則惟在君子守其身而天下平焉。夫大君子以道爲學，學而思善其用於不窮也，非齊家、治國以及於平天下焉，則奚貴哉！然國家天下也，信廣遠而博大矣，其實則人焉盡之；家國天下之人，亦信衆多而莫之紀極矣，其實則身焉盡之。是身之爲身也，近而即之則爲一，推而遠之則爲萬。一之而可萬焉，則爲博；萬之而可一焉，則爲約。蓋人之身，莫不猶吾之身，而吾之守，未有不可以爲人之守也。故君子之於天下也，不求平於天下，而求平於吾之一身，則學不徒學，而有以爲用，用不徒用，而且足以善之於不窮矣。譬則大匠，以爲方而執之矩焉，雖不求物之方，而其方不可勝用也；爲圓而執之規焉，雖不求物之圓，而其圓不可勝用也。夫言學而至於平天下，言學之所以平天下，而至於其身之守，是固執矩以爲方，而執規以爲圓也。故曰：『雖小道，亦有可觀者焉，致遠恐泥。』夫道則奚有大小哉？操之約而及之廣，雖近則觀而遠則泥之間焉而已矣。」

問：「孟子要闢楊墨，其法度不過曰：『君子反經而已矣。』今請示其反經之旨，何如？」羅子曰：「經是何物？即今織機絲綫，周迴百十千遭，却只一條引去。即如世界有個唐、虞、三代，有個秦、漢、唐、宋，有個元朝，方至今日，亦數十遭周迴。世界所以爲世界者，不過君臣、父子、長幼、朋友、夫婦；而成之者，則吾仁、義、禮、

❶「曰」，原誤作「由」，今據長松館本改。

智、信之性；主之者則吾神明不測之心也。世界雖有周迴，此道則恒久不變。故謂之曰『經』也。」曰：「經是如此，反之則又何如？」曰：「反之者，反而求之汝輩之身也。汝輩與我對坐，舉動過目，其目自見。聲音到耳，其耳自聞。坐間數十百人，耳目聰明，却只一般，是則虛靈不測之心也。此個虛靈，遇父母便生孝順，遇兄長便生愛敬，遇現在師友便生恭遜。是則所謂性也。認得是心，便當存之而不至昏昧放逸；認得是性，便當養之而不至拂逆傷殘。如此用功，久久不變，以至入微通妙，便是聖人人倫之至，雖諸童子，亦皆可學，便是經綸天下之大經也。能經綸大經，則爾等一身，便是天下國家極則，所謂父子兄弟足法，而人自法之，非天下之大本如何？經綸立本，則中和我致，位育我成，雖天地之化亦可默契而無疑。到此地位，楊、墨之不經者，自化而歸于經綸中矣。又何足辨也耶？」

下孟終

近溪羅先生一貫編

白鹿洞門人熊儐孺夫　編
古吉州友人王時槐　校

後學　梓

袁緯　陳道濟　王家楝
但宗皋　黃希孔　袁國光
袁國表　淦守琨　但啓元
熊僊　熊一陽　郭九式
李喬　萬昌言　鄒國鑑
郭之翰　趙師尹德安人　蕭鳳翔
江禹疏徽州人　袁國遴　淦應皓
淦之龍　李學皋　熊冬陽

詳閱

四書總論

問：讀《語》、《孟》、《學》、《庸》要義。

羅子曰：「好古以時習聖神，信性以善充愛敬，運矩以身聯家國，畏命以心一天人。」

問：「《大學》之首知止，《中庸》之重知天、知人，而《論語》却言：『吾有知乎哉？無知也。』博觀經書，言知處甚多，而『不識不知』，惟《詩》則一言之，然未有若夫子直言無知之明決者，請問其旨。」羅子曰：「吾人之學，專在盡心。而心之爲心，專在明覺。如今日會堂，百十其衆，誰不曉得相見，曉得坐立，曉得問答，曉得思量；此個明覺曉得，即是本心。此個本心，亦只是明覺曉得而已。事物無小大之分，時候無久暫之間，真是徹天徹地而貫古貫今也。但此個明覺曉得，其體之涵諸心也，最爲精妙，其用之應于感也，又極神靈。事之既至，則顯諸仁而昭然若常自知矣；事之未來，則藏諸用而茫然、渾然，知若全無矣。非知之果無也，心境漸寂，而覺照無自而起也。譬則身之五官，口可閉而不言，目可閉而不視，惟鼻孔無閉，香來即知嗅之，其知實常在也；耳孔無閉，聲來即知聽之，其知亦實常在也。然嗅之知也，必須香來始出，時或無香，便無嗅之知矣；聽之知也，必須聲來始出，時或無聲，便無聽之知矣。孔子當鄙夫之未問，却真如音未臨乎耳，香未接乎鼻，安得不謂其空空而無知耶？及鄙夫既問，則其事其物，兩端具在，亦即如音之遠近，從耳聽以區分，香之美惡，從鼻嗅以辨別。鄙夫之兩端，不亦從吾心之所知，以叩且竭之也哉！但學者須要識得聖人此論，原不爲鄙夫之問，而只爲明此心之體。蓋吾心之能知，人人皆認得，亦人人皆説得；至心體之無知，則人人皆認不得，人人皆説不得。天下古今之人，只緣此處認不真，便心之知也常無主宰，而雜擾以至喪真；只緣此處説不出，便言之立也多無根據，而支離以至畔道。若上智之資，深造之力，一聞此語，則當下知體即自澄徹，物感亦自融通，所謂無知而無不知，而天下之真知在我矣。噫！聖人於此，寧非苦心之極也哉！」

問：「讀《論語》，何如？」羅子曰：「《論語》一書，直是難讀。芳初讀時，苦其淡然無味，殊覺厭人。稍長，從事孝弟，乃喜其一二條契合本心。然往往以近易目之。後養病家居，因究心《書》、《易》，至堯舜二典、乾坤二卦，間有悟處，乃通身汗浹，始知天生孔孟，爲萬世人定魂魄立性命，從之則生，違之則死也。自此以後，非《語》、《孟》二書，輒厭入目，以至蒞官中外，隨所施措，自然翕順，愈久而愈益簡要、愈益精純也。若戰國而下諸公，真是用心徒勞，而去道彌遠，敝至今日，可勝嘆哉！」

問：「先儒尋孔、顏樂處，所樂何事？」羅子曰：「孔、顏之樂，雖未易知，而孔、顏之言行，則具在也。竊意：此樂有自本體而得，則生意忻忻，赤子愛悦親長處是也。有自用功而得，則天機感觸，理義之悦我心是也。」曰：「此樂處，某説要人欲凈盡、天理流行處方是。」曰：「子之論固是，但先後却欠分曉。譬如導泉然，須先覓得源頭着了，方掘去沙泥，以遂其流。不然，其沙泥徒掘，泉終無流，又安得樂耶？」

問：「孔門恕以求仁，先生如何致力？」羅子曰：「芳自知學，即泛觀蟲魚，愛其群隊戀如，以及禽鳥之上下，牛羊之出入，形影相依，悲鳴相應，渾融無少間隔，輒惻然思曰：何獨于人而異之？後偶因遠行，路逢客侶，相見即忻忻，談笑終日，疲倦俱忘，竟亦不知其姓名。别去，又輒惻然思曰：何獨于親戚骨肉而異之？噫！是動于利害，私于有我焉耳。從此痛自刻責，善則歸人，過則歸己；益則歸人，損則歸己。久漸純熟，不惟有我之私不作間隔，而家國天下翕然孚通，甚至毫髮不欲自愛，而念念以利濟爲急焉三十年，覺『恕』之一字，得力獨多也。」

問：「今日用功，當何下手？」羅子曰：「孔子十五而志于學，亦自其志之始而言之，其後立與不惑，只是此志真切而愈精愈純焉耳。故志與學，原非兩事，亦無間歇時也。今日之急務，未立志者須先嚴辨，已立志者須更勇猛。若果早夜精進，即便是至誠無息，亦即是孔門求仁，即是集義。有事不忘，即是静，即是敬，即是致其良知，而聖賢學問更無不相對同，亦何憂不得手也。」

問：「掃盡浮雲而見青天白日，與孔孟宗旨同否？」羅子曰：「《語》、《孟》具在。如曰：『苟志于仁矣，無惡也。』又曰：『我欲仁，斯仁至矣。』又曰：『凡有四端于我者，知皆擴而充之，若火之始燃，泉之始達。苟能充之，足以保四海。』看他受用，渾是青天白日，何等簡易，何等方便也。」曰：「如是，何人人不孔孟耶？」曰：「此則由於習染大深，聞見混雜，雖有志向學者，亦莫可下手也。」曰：「此等習染聞見，難説不是天日的浮雲也。故今日學者，須要如磨鏡子樣，將塵垢決去，方是光明顯現也。」曰：「觀之孟子，謂知皆擴充，即一『知』字，果是要光明顯現。但吾心覺悟的光明，與鏡面光明，却有不同。何則？鏡面光明，與塵垢原是兩個；吾心先迷後覺，却是一個。當其覺時，即迷心爲覺；則當其迷時，亦即覺心爲迷也。夫除覺之外，更無所謂迷；而除迷之外，亦更無所謂覺也。故浮雲天日，塵埃鏡光，俱不足爲喻。若必欲尋個譬喻，莫如即個冰之與水猶爲近也。若吾人閑居放肆，一切利欲愁苦，即是心迷，譬則水之遇寒凍而凝結成冰，固滯蒙昧，勢所必至。有時共師友講論，胸次瀟灑，即是心開朗，譬則冰之遇煖氣消融而解釋成水，清瑩活動，亦勢所必至也。況冰雖凝而水體無殊，覺雖迷而心體具在，方是良知宗旨，真是貫古今、徹聖愚，通天地萬物而無二無息。孔孟之功，真是爲天地立心，爲生民立命，而開太平於萬萬世也。」

問：「吾儒之學，其大如此，然必有所以大處。不知何以見得。」羅子曰：「聖賢之道，原從心上覺悟，故其機自有不容已。否則，矯飾而爲之，又安能可久可大而成天下萬世之德業也耶？孟子曰：『萬物皆備於我。反身而誠，樂莫大焉。』蓋反求此身本有真體，非意見方所得而限量，潛於天地萬物之中，而超於天地萬物之外，渾然共成一個，千古萬古更無能間隔之者，却非皆備於我而何哉？程子謂：認得是我，何所不至。若以己合彼，則猶是有二，又安得樂？抑又安能聯屬天下國家以成其身也耶？」

問：「吾儕爲學，此心常有茫蕩之時，須是有個工夫，作得主張，方好。」羅子曰：「據汝所云，是要心中常常用一工夫，自早至晚，更不忘記也耶？」曰：「正是如此。」曰：「聖賢言學，必有個頭腦。頭腦者，乃吾心性命而得之天者也。若初先不明頭腦，而只任爾我潦草之見，或書本膚淺之言，胡亂便去做工夫，此亦儘爲有志，但頭腦未明，則所謂工夫，只是汝我一念意思爾。既爲意念，則有時而起，便有時而滅；有時而聚，便有時而散；有時而明，便有時而昏，縱使專心記想，着力守住，畢竟難以長久。況汝心原是活物且神物也，持之愈急，則失愈速矣。」曰：「弟子所用工夫，也是要如《大學》、《中庸》所謂『慎獨』，不是學問一大頭腦也？」曰：「聖人原日教人『慎獨』，本自有頭腦，而爾輩實未見得。蓋『獨』是靈明之知，而此心本體也。此心徹首徹尾，徹內徹外，更無他有，只一靈知，故謂之『獨』也。《中庸》形容，謂其至隱而至見，至微而至顯，即天之明命，而日監在茲者也。『慎』則敬畏周旋而常目在之『顧諟天之明命』者也。如此用功，則『獨』便是爲『慎』的頭腦，『慎』亦便以『獨』作主張。『慎』或有時勤怠，『獨』則長知而無勤怠也；『慎』或有時作輟，『獨』則長知而無作輟也。何則？人無所不至，惟天不容僞，慎獨之功，原起自人，而獨知之知，原命自天也。況汝輩工夫，當其茫蕩之時，雖説已是怠而忘勤，已是輟而廢作，然反思從前怠時輟時，或應事或動念，一一可以指數，則汝固説心爲茫蕩，而獨之所知，何嘗絲毫茫蕩耶？則是汝輩孤負此心，而此心却未孤負汝輩！天果明嚴，須當敬畏敬畏。」

問：「格致之傳，不必再補。果然否？」羅子曰：「《大學》原只是一章書，無所謂經，無所謂傳也。亦無所從缺，無所從補也。蓋其書從頭至尾，只是反覆詳明，以顯大人之學。其初説『明明德』、『親民』，當止諸『至善』，如一破題相似，却即接連説：但能知至善所當止，則其意自定，其心自静，其身自安，以慮家國天下而自得其平矣。此是一個承題相似，却亦只是反説，以見明親當止至善也。於是又申明如何是當止之至善。蓋明親這個物事，其末終貫徹天下，而其本初却根諸身心。此是一定格則，先知得停當，然後做得停當，惟古之欲明明德於天下者，能如是焉。所以身心家國，無不停當，而爲明親之善之至也。又決言自上至下，既皆以身爲本，而後停當，若本亂且薄，則決無停當之理。所以必知本乃謂知至善也。此却如小講相似，亦不過將明親止至善衍説一遍。至所謂『誠其意者』以下，則如一大講，逐件物事，詳細條陳一段格則，而格則最停當處，則俱指示以《淇澳》等詩、帝典等書，又即是以古之明明德於天下者爲至善也。推之如所謂正心、脩身，所謂齊家、治國、平天下，直至此謂國不以利爲利，而以義爲利也。總是每件物事，與他一個至善格子，而爲學者所當知者也。則一章書，首尾原自相應，亦自完全，何容補湊？」

或曰：「某於師語皆能了悟，獨《大學》『格物』，猶似泛而不切。」羅子曰：「何謂不切？」曰：「至善豈專屬古聖已耶？」曰：「此近世學者，於朱子矯枉過中，更不小心下氣，將孔子自身得力處討個入頭。他原説『述而不作，信而好古，竊比於我老彭』。又説『我非生而知之，好古敏以求之』。故自十五而志於學，直至五十而學《易》。孔子一生受用此個『學』字，所以曰『大學之道』，蓋言學大人有個道，而其道則在明德、親民而止至善也。孟子道性善，言必稱堯舜，却明白説出。規矩者，方員之至；聖人者，人倫之至。此個『至』字，又是孟子善發孔子信好古聖之一副肝腸，如射之必設正鵠，樂之必始金聲，而曰夷、惠、伊尹皆古聖人，吾未能有行，乃所願則學孔子。然孟子之學孔，孔子之學堯舜，豈是舍了自己的性善去做？但善則人性之所同，而至善則盡性之所獨，故善雖不出於吾性之外，而至則深藏於性善之中。今一概謂至善總在吾心，而不專屬聖人，是即謂有脚則必能步，而責扶攜之童以百里之程；有肩則必能荷，而强髫垂之孺以百觔之擔。豈知《中庸》初只言誠、聖，而末後方言至誠至聖。此聖誠兩個『至』字，與『無聲無臭，至矣』的『至』字，正打對同。

所以謂聖智不達天德不足以知。夫聖智猶且不足知天下之誠之至，況非聖智者乎？」曰：「《大學》『至善』，却如何又最初即説『知』也？」曰：「何必《大學》，《中庸》最初亦即説：『中庸其至矣乎？民鮮能久矣！』但雖明白曉得人不易能，而不可不先求知，此則規矩方員之至，大匠不敢因拙工而改廢之。況今細細推詳《大學》之言『至善』也，不過親親、長長，達之天下，却又與『中庸其至』的『至』處通貫一理。正如夜明珠，原懸衣帶，必待識寶回回，乃能拈出。子謂至善在己，是就衣帶所懸者言之；予謂至善屬聖訓，是就法眼拈出者言之。雖所指不同，而同歸此個寶珠也。」

諸生侍坐，朗誦《會語》。或嘆曰：「我師談道，每當天人合一與心跡渾融處，真是令人豁然有省而躍然難已，在我昭代，當特稱一宗，而大事因緣關係世道民生，非云小可也。」大衆聞之，同聲欣慶。羅子因舉格物之論爲問。或笑而言曰：「此事有個公案請正。宋時晦庵先生意似向外，乃於無極太極，再四稱是；象山先生意似向裏，乃於無極太極，再四相非。近如我師歸宗性地，却又以至善爲聖訓格言，門下獨不爲然，則又留心經解之最篤者也，豈非古今一異事也哉？」曰：「此處關鍵頗重，故不敢苟從。但爾等蓄疑不放，久當沛決江河也。」或静默久之，曰：「老師以孝、弟、慈喫緊提掇性體，且於諸家講説非排特甚，故居常謂老師言固尊信聖謨，而己身不免相背。」曰：「此却兩下各有個意思，須要分别明白。蓋爾將至善看作純全天理之極，謂是人人性體；予則謂此體雖同然，惟至聖乃能先得。今且莫説純全極處衆不能知，即近易粗淺，如一個孝、弟、慈，若非《大學》懇切提撕，誰人曉得從此起手？起手之差，其初不過毫釐，而究竟結果，其終將謬千里。故知爾天理純全，雖似近而反不近。如鄙見所憑聖訓格則，雖似遠而實不遠。子則只得孟子之道性善一邊，鄙見則并孟子言必稱堯舜兩邊兼得也。」

問：「《中庸》之書，原出《禮記》。今看『大哉聖人之道』一章，與『斯禮也達乎諸侯大夫，及士庶人』，又與『親親之殺』，『禮所生也』，果然皆爲禮經而發？」羅子曰：「何待至此？即首章『中和』二字，便開口説出此禮精髓，其後所云，皆禮之膚髮而已。」曰：「『喜怒哀樂未發謂之中』，先儒觀未發氣象，不知當何如觀也？」曰：「子不知如何謂爲『喜怒哀樂未發』，又如何知得去觀其氣象也耶？我且詰子，此時對面相講，有喜怒也無？」曰：「無。」「有哀樂也無？」曰：「無。」曰：「既謂俱無，便是喜怒哀樂未發也。此個未發之中，是吾人本心常體。若人識得此個常體，中中平平，無起無作，則物至而知，知而喜怒哀樂出焉，自然與預先有物横其中者天淵不侔矣。豈不中節而和也哉？故曰：『忠信之人，可以學禮。』中心常無起作，即謂忠信之人。如畫之粉地一樣，潔潔净净，紅點着便紅鮮，緑點着便緑明，其節不爽，則其文自著，節文既著，而禮道寧復有餘蘊也哉？」

問：「吾儕往時只説道《中庸》是本書，今日方曉得中庸是個人也。第吾終日講解説本中庸，却無一個曉得我自己即是中庸。」羅子曰：「天下古今，豈止自是中庸而不肯自認做中庸一端而已哉？即如『仁者，人也』，分明自己是仁，却死殺不肯自認做仁。又如『知之爲知之，不知爲不知』，分明自己是知，却死殺不肯自認做知。静静思之，我此半世，孤負天地造化賦與虚靈之至寶，而甘心輕棄於塵泥；孤負父母劬勞養成軒昂之丈夫，而甘心同朽於草木；孤負千聖萬賢作經作傳，掀開天賜之寶藏，打醒降生之元神，而探取不肯伸手，觀玩不肯舉目，甘心嚚頑頹惰，將以下愚終此一生，其罪愆積久，真自追悔無及，但願我有學諸大長者，有志諸大英傑，大家同加警覺，大家争自濯磨，戰兢以奉若明命，戀切以期報親恩，潛思以睿通聖藴，則仁知中和，昔在書册，今皆渾全在我此身，則光岳元神，浩然還復充塞，至寶輝焰，赫爾朗照乾坤，不惟鄙人之罪過蠲消，而且諸公之功德無量矣。」

問：「《中庸》一書，其義理真是涵藏無盡。然非先王善於發揮，則茫蕩無所從入。今覺聞教以來，不止作聖途徑極其簡要，且於世道人心甚相關切。願不惜底裏，爲諸人詳之。」羅子遜謝既久，乃改容嘆曰：「芳至不才，然幸生儒家，方就口食，先妣即自授《孝經》、《小學》、《論》、《孟》諸書，後同先君遇有端緒，便將自前孝友和平，反覆開導，故尋常於祖父伯叔之前，嬉遊於兄弟姊妹之間，更無人不相愛厚。但其時氣體孱弱，祖父最是憐念不離。年至十五，方讀《論語》，出就舉業，所遇之師，却是新城張洵水先生名璣，爲人英爽高邁，且事母克孝，每謂人須力追古先。於是一意思以道學自任，却宗習諸儒各樣工夫，屏私息念，忘寢忘食，奈無人指點，遂成重病。賴先君舊領陽明先生之教，覺兒用功致病，乃示以《傳習録》一編，不肖手而讀之，其病頓愈，而文理亦復英發。且遇楚中高士，爲説破《易經》，指陳爲玄門造化，予竊心自忻快，此是天地間大道真脉，奚啻玄教而已哉！嗣是科舉省城，縉紳大舉講會，見吉中顔山農先生名鈞，今改名鐸，芳具述昨遘危疾，而生死能不動心，今失科舉，而得失能不動心。先生俱不見取。問之，曰：『是制欲，非體仁也。』芳謂『克去己私，復還天理，非制欲也，能以遽體夫仁哉！』先生曰：『子不觀孟氏之論四端乎？「知皆擴而充之矣，如火之始燃，泉之始達」，如此體仁，何等直截！故子患當下日用而不知，勿妄疑天性生生之或息也。』時芳大夢忽醒，乃知古今道有真脉，學有真傳，遂師事之。比聯第歸家，苦格物莫曉，乃錯綜前聞，互相參訂，説殆千百不同，每有所見，則以請正先君，先君亦多首肯，然終是不爲釋然。三年之後，一夕忽悟今説，覺心甚痛快，中宵直趨卧内，聞於先君，先君亦躍然起舞曰：『得之矣！得之矣！』迄今追想一段光景，誠爲生平大幸、大幸也。後遂從《大學》『至善』，推演到孝、弟、慈，爲天生明德，本自一人之身，而未及國家天下。乃凝頓自己精神，沉思數月，遐想十五之年，從師與聞道學，其時目諸章縫，俱是汙俗；目諸黎庶，俱是冥頑，而吾儕有志之士，必須另開一個蹊徑，以去息念存心；别起一個户牖，以去窮經造理。餅樣雖畫完全，饑飽了無干涉，徒爾苦勞心身，幾至喪亡莫救。於此不覺驚惶戰慄，自幸宿世何緣得脱此等苦趣已！又遐思童稚之初，方離乳哺以就口食，嬉嬉於肉骨之間，怡怡於日用之際，閑往閑來，相憐相愛，雖無甚大好處，却又也無甚大不好處。至於十歲以後，先人指點行藏，啓迪經傳，其意趣每每契合無違，每每躬親有得，較之後來着力去處，難易大相徑庭，則孟子孩提愛敬之良，不慮不學之妙，徵之幼稚以至少長，果是自己曾經受用而非虚語也。

「夫初焉安享天和，其順適已是如此，繼焉勉强工夫，苦勞復是如彼，精神之凝思愈久，而智慮之通達愈多。由一身之孝、弟、慈而觀之一家，一家之中，未嘗有一人而不孝、弟、慈者；由一家而觀之一國，一國之中，未嘗有一人而不孝、弟、慈者；由一國之孝、弟、慈而觀之天下，天下之大，亦未嘗有一人而不孝、弟、慈者。又由縉紳士夫以推之群黎百姓，縉紳士夫固是要立身行道，以顯親揚名，光大門户而盡此孝、弟、慈矣；而群黎百姓，雖職業之高下不同，而供養父母，撫育子孫，其求盡此孝、弟、慈，亦未嘗有不同者也。又由孩提少長以推之壯盛衰老，孩提少長固是愛親敬長，以能知能行此孝、弟、慈矣；便至壯盛之時，未有棄却父母子孫而不思孝、弟、慈，豈止壯盛，便至衰老臨終，又誰肯棄却父母子孫而不思以孝、弟、慈也哉！又時乘閑暇，縱步街衢肆覽大衆，車馬之交馳，負荷之雜沓，其間人數何啻億兆之多，品級亦將千百其異，然自東徂西，自朝及暮，人人有個歸着以安其生，步步有個防檢以全其命，窺覷其中，總是父母妻子之念固結維係，所以勤謹生涯，保護軀體，而自有不能已者，其時《中庸》天命不已，與君子畏敬不忘，又與《大學》貫通無二。

故予自三十登第歸山，中間侍養二親，敦睦九族，入朝而徧友賢良，遠仕而躬禦魑魅，以至年載多深，經歷久遠，乃嘆孔門《學》、《庸》全從《周易》『生生』一語化將出來。蓋天命不已，方是生而又生；生而又生，方是父母而己身，己身而子，子而又孫，以至曾而且玄也。故父母、兄弟、子孫，是替天命『生生不已』顯現個皮膚；天命生生不已，是替孝父母、弟兄長、慈子孫，通透個骨髓。直豎起來，便成上下今古，横亘將去，便作家國天下。孔子謂：仁者人也，親親之爲大焉，其將《中庸》、《大學》已是一句道盡。孟子謂：人性皆善，堯舜之道孝弟而已矣，其將《中庸》、《大學》，亦是一句道盡。然未有如我太祖高皇帝聖諭，數語之簡當明盡，直接唐虞之統，而兼總孔孟之學者也。

「往時儒先，每謂天下太平，原無景象，又云皇極之世，不可復見。豈知我大明開天千載一日，造化之底蘊既可旁窺，舉世之心元亦從直指。盡數九州四夷之地，何地而非道？盡數朝野蠻貊之人，何人而非道？雖貧富不同，而供養父母則一；雖賢愚不等，而教訓子孫則一；雖貴賤不均，而勤謹生理則一。故芳至不才，敢説天下原未嘗不太平，而太平原未嘗無景象，而王道極其蕩平，亦且極其正直，不容作好、作惡於其間也。然其皇極世界，舍我大明今日更從何求也哉！故前時皆謂千載未見善治，又謂千載未見真儒，計此兩段，原是一個，但我大明，更又奇特。蓋古先多謂善治從真儒而出，若我朝則是真儒從善治而出。蓋我太祖高皇帝，天縱神聖，德統君師，只孝弟數語，把天人精髓，盡數捧在目前，學問樞機，頃刻轉回脚底。以我所知，知民所知，天下共成一個大知；以我所能，能民所能，天下共成一個大能。知能盡出天然，聰明自可不作。此豈非聖治之既善而儒道之自真也哉！竊謂論治於今日者，非求太平之爲難，而保太平之爲急。談學問於今日者，不須外假乎分毫，自是充塞乎天地。此樣風光，百千萬年，乃獲一見，而吾儕出世，忽爾遭逢於此，不思仰答天恩，勉修人紀，敢謂其非夫也已！敢謂其非夫也已！」

問：「《中庸》比之《大學》，似更深奥。」羅子曰：「先賢亦云：《大學》爲入道之門。但以鄙見臆度，則義理勿論，而其次第，則當先《中庸》而後《大學》。」時坐中習《禮記》者愕然曰：「先生豈嘗細觀禮經篇目耶？蓋二書雖宋時選出，而現存篇次，則果《中庸》先而《大學》後也。」問者曰：「《大學》係曾子所作，《中庸》係子思所作。何得世次亦無序耶？」曰：「二書所作，果相傳如是。但竊意孟子每謂『願學孔子』，而七篇之言，多宗《學》、《庸》，則此書信非孔聖親作不能，而孔聖若非五十以後，或亦難着筆也。蓋他分明自説五十而知天命。今觀《中庸》，首尾渾全是盡性至命，而《大學》命世規模，以畢大聖人能事也。故《中庸》以至誠至聖結尾，而《大學》以至善起頭，其脉絡似彰彰明甚。自揣鄙見，或亦千慮一得，而非敢空杜撰也。試共思之。」

問：「《大學》自有先後之序，如何必先《中庸》？」羅子曰：「吾人此身，與天下萬世原是一個，其料理自身處，便是料理天下萬世處。故聖賢最初用功，便須在日用常行，日用常行只是性情喜怒，我可以通於人，人可以通於物；一家可通於天下，天下可通於萬世。故曰：人情者，聖王之田也。此等平正田地，百千萬人所資生活，却被孟子一口道破，説人性皆善。若不先認得日用皆是性，人性皆是善，蕩蕩平平，了無差別，則自己工夫已先無着落處，又如何去通得人，通得物，通得家國，而成大學於天下萬世也哉？」

問：「《大學》首重格物，如《中庸》、《論》、《孟》章旨各殊，難説皆格物也。」羅子曰：「豈止四書，雖盡括五經，同是格物一義。蓋學人工夫，不過是誠意、正心、脩身、齊家、治國、平天下，而四書五經，是誠、正、脩、齊、治、平之善之至者。聖人删述以爲萬世之格，《大學》則撮其尤簡要者而約言之，所以謂之曰『在格物』也。今觀其書，通貫只是孝、弟、慈，便人人親親長長，而天下平。孟子謂其道至邇，其事至易，予亦敢謂其格至善也。」曰：「今世學人，誰不在身心家國上用功？其用功亦誰不將聖人方法講求？則人人現成，盡是格物矣，又何必特地拈出，以起一番争論？」曰：「此是古今一大關鍵。細觀古人，惟是孟子一人識得，其他大賢大儒，總皆忽略過了。蓋宇宙乾坤，聚精會神，纔生得一個孔子。孔子自十五志學，千辛萬苦，好古敏求，纔成得《大學》一書。其書乃仁天下萬世之極則，視其他泛論之言不同。孟子有見，所以把列聖群賢一齊推開，而只願學孔子也。故吾人不期學聖則已，學聖則必宗孔子。而宗孔子，則舍《大學》奚以哉！此格物所以爲古人一大關鍵，不辭罪我而妄肆言説也。觀者亮之！」

問慎獨工夫。羅子曰：「『慎獨』一言，並作於《中庸》、《大學》。夫吾人生宇宙間，自旦至暮，自少至老，樞紐默運，只此一個虛靈，雖幫湊些子不上，却瞞昧些子不過，所謂己獨知之者也。獨之靈體，通徹於帝天；獨之妙用，昭察於率土。中庸爲根極道原，乃的指此知之見於隱，顯於微，而天命臨鑒，無須臾之或離。故嚴恭寅畏，無毫髮之敢忽，是則慎之所自起者也。大學欲明明德於天下，乃切示以絜矩之方，謂如保赤子心誠求之，所欲則與聚，所惡則勿施，吾心之知不昧，斯在人之性不拂，辟則將爲天下僇矣。有國家者，敢不嚴畏乎哉？是則獨之所由施者也。然《大學》之云『好』者，即《中庸》之所喜而樂者也。《大學》之云『惡』者，即《中庸》之所怒而哀者也。要之，『忠恕』二字足以盡之。蓋中心守正，則喜怒哀樂必無妄發，如心順應，則隨所好惡，天下均平矣。聖門求仁家法，真是約而不煩，簡而無外；慎獨一言，真是天德之宗，王道之要也。凡存乎人者，豈無是心之良哉！其所以喪失而乖戾者，則以物交之爲引，而喜怒之無節，則天理滅而違，禽獸也不遠矣！嗚呼！平旦好惡，與人相近也者幾希，知之在於獨者，何其親切而著明哉！慎茲以往，而須臾弗離，則《中庸》之明命，《大學》之明德，自可上通乎帝天，而下光乎率土矣。」

問：「《學》《庸》二書，會講中論亦縷縷，然其貫通合一之義，請更詳之，庶便人人從事也。」羅子曰：「此二書却是孟子道『性善』、『言必稱堯舜』二句足以盡其梗概。蓋先王立教，本是欲人之皆爲聖人。

但不明性善，則無根源；不法先聖，則無規矩。然古先聖人，所以足爲作聖之規矩者，正以其只盡自己之性，只明己性之善，而更無纖毫之或取諸外也。今且不論其他，且説孔子及門之士動以千百，孟子及門之士亦動以千百，豈不個個志凌物表，而個個見出人群？但叫他盡己之性則肯，叫他信己性之善以盡之，則不肯矣；叫他學爲堯舜則從，叫他只把孩提之孝弟去學堯舜，則不從矣。及門之士且然，則其他私淑教言，以至後來想望丰采者，又將何如？聖人于此也，無可奈何，欲以盡言，而信從者寡；欲遂不言，而學脉永廢。於是筆此二書，其書雖各自爲篇，而貫通只是一意：《中庸》雖若專言性善，而聖人所以盡性之底蘊具在也；《大學》雖若專言法聖，而性善所以成聖之脉絡具存也。

「今且論天下，中從何來？乃民受天地之中以生也。庸何從名？乃中等平常之人也。令此中等之人，名以庸常之輩者，又豈不謂各隨己性而易簡率直也哉？此簡易率直以爲知，其知不須人思慮，却是陽明發越而天命之照耀也。此簡易率直以爲能，其能不須人學習，却是陽和充盎而天命之活潑也。故性不徒性，而曰『天命之謂性』矣。夫此不慮之知既爲天知，則舉千萬人而可以同知；此不學之能既爲天能，則舉千萬人而可以同能。故道不徒道，而曰『脩道之謂教』矣。夫此道根諸命、顯諸性、普諸教，則天與吾人更無一息之可離，而吾人與天又可一息之不畏也哉！但可惜百姓却日用而不知，故其庸常知能，原雖赤子皆良，後來無所收束，則日遂散誕，加以見物而遷，可好而喜樂，輒至過甚；可惡而哀怒，輒至過甚，貪嗔横肆，將由惡終矣。惟是君子，顧諟天之明命，性静時惺惺然戒慎，性動時惺惺然恐懼，於潛隱而常若昊天之現前，於微暗而常若上帝之臨照，慎獨既無須臾之或間，則道體自能恒久而不遷。率其簡易之知以爲知，而日夕安當處順；率其簡易之能以爲能，而隨處有親有功。既無喜怒，亦無哀樂，則性善之中，任其優游，造化之中，亦從其中出入矣。此則天然自有之定體，而聖賢不二之定守也。然豈惟未發而然哉？就是喜怒哀樂，或因物來而發，其完養保合，亦自有節而和。夫中和合德於君子之身，則命自己立，而教不自己行也哉！蓋中也者，天下之大本，原可合千萬人而歸之一人；和也者，天下之達道，原亦可以一人而公之千萬人也。故君子致其中於天下，而必使人人之皆中；致其和於天下，而必使人人之皆和。要之，惟日用和順其天常，則物感斯安全於心。極天地之大，自中庸而定位乎中；萬物之繁，自中庸而並育於外，蓋不已之命，爲繼善之所從出，而無妄之與，均成性之所同然，自非君子教道之脩明，又何以見中庸之純一也哉！夫此道名之曰『中庸』，見天下萬世，惟此是個恒性，惟此是個常德，而定下做聖人的盤子，更不容你高着分毫，亦不容你低着分毫，而爲王道之平平，王道之蕩蕩，王道之正直也。初則推本其出於帝天之命，所以表其爲純粹之極，故首嘆之曰：『中庸其至矣乎！』中間將古今許多聖賢，聖賢許多大德業，或從天而體之於己，或從己而贊之於天，雖備稱其爲聖神功化之極，而實表顯其爲不慮不學之良。終則復嘆曰：『上天之載，無聲無臭，其至矣乎？』」

「惟是此個《中庸》，首尾皆嘆其爲善之至，所以《大學》便將此至善，欲人止之，以爲明德新民之規矩格則也。此今細心看來，《大學》一篇，相似只是敷演《中庸》未盡的意義。如《中庸》説庸德庸言，而《大學》則直指孝弟與慈爲天生明德也；《中庸》説修道以成教，而《大學》則直指興仁興讓爲與民相親也；《中庸》説身心處或署國家，説家國處或署身心等項，《大學》則直指本末只是一物，終始只是一事，而中間更無縫隙也；《中庸》説修、齊、平、治，聖人甚樣神化，《大學》則直指只是其爲父子兄弟足法而人自法之，即是神化而俱在面前，一目可了也。要之，均言人性之善，亦均言人須學聖人，以盡所性之善。《中庸》多推原古今聖人由庸常以造極至，而其言渾融含蓄。《大學》多鋪張古今聖人成德以爲行事，而其言次第詳明。故雖均盡性，而工夫不同；雖均法聖，而規格却異。今且將《大學》首章請正：夫天命流行，於穆不已，畢竟得日用光昭開朗，方顯化工，在人之日用。則良知也，知爲己子，則自以慈相親；知爲己母，則自以孝相親；知爲己兄，則自以敬相親。天德之明，知之無盡，則人心之親亦相通無盡。古今聖人之學，所以爲學之大，聖人大學之善，所以爲善之至，吾人欲學其學之大，而可不求止其善之至乎？於其善之至，能知止之，斯其學之大自爾得之；定、静、安、慮四字，是形容『知止』之『止』字，本來純一；亦是顯現『至善』之『至』字，極其果確也。蓋天下本末，只共一物，未有枝葉而不原於根抵，根抵而不貫乎枝葉者也。天下始終，只共一事，未有欲如此結束而不由如此肇端者也。於此用功而先後分曉，則明德以親民，其道可以善，而善亦可以至矣。試觀古之聖人欲『明明德』於天下，夫欲『明明德』於天下，是本末一物而始終一事也，他却於所先而先之；治國、齊家，而及於致知在格物也，於所後而後之。格物知至，而及於天下平也。悉心體認，作《大學》者其旨趣要此學學得大，而又要大學之道道得善，善得至，明明德於天下，而先之國家，國家而先之身心，原始要終，由天下之本及天下之末，而了天下之大物也。了天下此個大物，不思古今格則以格其物，則本何以舉末，末何以歸本？學且未也，而況於善？善且未也，而況於至耶？故緊接以物既得其格，而善斯知其至矣。此個格物，二千年來訓釋多多少少，芳不量力，主張兹説，極知誕妄，但聯絡大勢，頗爲貫串，查對石刻古文，亦覺不相背戾。況下文：天子以至庶人，一是脩身爲本，又自註釋本亂則末難治。蓋本亂則躬不自厚，而所薄又安能以歸厚？『此謂知本，此謂知之至』，如何本末之格而非善之至也哉！若本之身心以通乎家國天下，盡天下國家而管之身心。其説在《大學》，再無詳於『誠意』一章，却總是稱述六經賢聖之格言以立本，定舉末之主意，即便是知止而有定。心正則是能静，身脩則是能安，齊治平則是能慮而得也。

「至明言盛德至善而民不能忘，復詳所以没世不忘，却是親親賢賢、樂樂利利。至後頭，將親親賢賢演出許多，上老老而民興孝，上長長而民興弟，上恤孤而民不倍；將樂樂利利演出許多，用人理財，要之上下四旁各得分願，貫天下國家本末相共爲一物，始終相共爲一事。學問規模，果然是大，所引章句，一一俱出六經，所指德業，一一俱是帝王賢聖。序以循之，而條理之不紊；會以通之，而體統之可一。學問格則，又果然是合於人心之公，極夫天然之善而至也。夫孝是孩提而知愛，弟是孩提而知敬，慈是未教而養子，若非《中庸》推原出于天命之性，標顯率於平常之道，何以使人人信從而知爲古今之學之大也哉？經綸天下之大經，立天下之大本，直至知天地之化育，若非《大學》指陳爲千聖之成法、萬世之的訓，何以使人人奮勵而必精造身心？大學之善之至也哉！嗚呼！吾夫子在世七十餘年，其心只以仁天下萬世爲心，其事只以仁天下萬世爲事。故曰：我學不厭而教不倦。今看二書，其真切懇到，令人人可想見興起而不容已。芳是敢於今日直述荒謬而漫爲之辭，其亦思效涓滴於滄海，而益纖埃於崧華也。知我罪我，幸共鑒諸！」

萬曆甲戌季冬，羅子會五華書院。三生講書，初「仕而優則學」，次「顔淵季路侍」，又次「富與貴」。畢，衆求爲之啓迪。進諸生而前曰：「汝曹今日，且須究竟聖賢平生所學者何，所仕者何。《大學》云格、致、誠、正、修身，是謂學；齊、治、均、平，是謂仕。要之，中間貫串一句，只説明明德於天下，至其實實作用，則只是個孝者所以事君，弟者所以事長，慈者所以使衆，上老老而民興孝，上長長而民興弟，上恤孤而民不悖。細細説，似有兩件，貫通實爲一事。故孔子言志，獨以老安、少懷、朋友信爲個話頭，看他所志如此，則學便是學這個，仕便是仕這個，此外更無所學，更無所仕，亦更無所謂志也。夫子此志，從十五歲便曉得要絜此孝、弟、慈的矩，至六七十歲，與顔淵、季路言志之時，便自許得隨心、隨意、隨處、隨人皆隨所願，而不踰此矩也。此矩隨心而絜，則上便上得其所，下便下得其所，左右便左右得其所，上下左右皆得其所，乃謂之仁。聖人之志，常常不違此仁。蓋自終食之間起，以至終日終年，而直至於七十終身，其心心念念，以天下爲一家，而不計自己之家，以中國爲一身，而不顧自己之身。如此而貧，亦如此而富，而無心於去貧處富也，如此而賤，亦如此而貴，而無心於去賤處貴也。漢高祖只是一代英主，且云爲天下者不顧家，況聖人仁天下之志，欲思老老以及人之老，長長以及人之長，幼幼以及人之幼，其決烈勇猛，如火之必熱，如水之必寒，如江河之必於沛然赴海，則其一身之貧賤富貴，又安足係累毫髮也哉！故時常自道曰：『飯蔬食，飲水，曲肱而枕之，樂亦其中；不義而富且貴，於我而浮雲。』爲天下之志，直是如此其切；爲身家之意，直是如彼其輕，所以可仕則仕，而可止則止，可久則久，而可速則速。彼少有繫累，又安能超絶千古，獨異群聖，而昭顯時中之心矩於萬世無疆也哉！」諸公咸相與稱善，命諸生歌《南山》五章，以頌祝太平云。

武定諸生講「天命之謂性」一章，「舜其大知也與」一章，「天下國家可均也」一章。既畢，乃進而謂之曰：「聖賢置此經書，不是徒資吾輩詞章，而國家立學養士，亦非徒以詞章望於吾輩。須是悉心體認，俾窮則足善其身，達則可善天下也。」有問如何體認？曰：「此書須要先認『中庸』二字。蓋『中庸』二字，即是『平常』二字也。故其首章語道，即曰『率性』，率者，自然而然，不别加意思是也。又曰『不可須臾離』，須臾者，自朝至暮，無時而非率此性也。又曰『喜怒哀樂』，喜怒哀樂者，本隨感而見，無事而非率此性也。故此個道理，充滿於日用，發舒於性情，聖人與愚人一般，今人與古人一般。故善求道者，不求諸古，只求諸今，不求諸聖，只求諸愚。蓋識得今時愚人所知能的，便通得古時聖人所知能的了。夫子以世之學者不曉得如此求道，往往慕於高遠而失之，故將大舜來做箇則樣，説道天下皆稱贊舜帝是大知，而不知舜之所好問而察者，每在淺近之言而其所循執而用者，又只是下民之中。蓋言有淺近，而理無淺近，淺近之言即理也；民有卑下，而中無卑下，卑下之民亦中也。試看今時閭閻之間，愚蠢之婦無時不抱着孩子嬉笑。夫嬉笑之言語最淺近，閭閻之村婦最爲卑下，殊不知赤子之保，孩提之愛，到反是仁義之實，而脩、齊、治、平之本也。且細細論之，則不惟舜之用中於民而已，鳶魚飛躍，而上下察焉，又用中於鳶魚也，庭前意思，自家一般，又用中於草木也。吾輩有志，在家要做好人，只是循着良知良能，以孝親敬長而須臾不離，便做得好人；在外要做好官，只是循着良知良能，以率人孝親敬長而須臾不離，便做得好官。若人人如此，便中庸可能矣。奈何管、商之徒，惟以法制把持天下，且個個争効法之，是做好官的不以中庸做好官矣。長沮、桀溺，以高潔而辭爵禄，荆軻、聶政，以意氣而蹈白刃，且個個争効法之，是做好人的不以中庸做好人矣。此夫子所以重嘆中庸之不可能，乃是就以前數等之人説他不能，非謂中庸之果難能也。夫以前數等之人，原生學問不明之時，委無足怪，若今我明聖諭，首先以孝、弟、慈、和爲治，而先儒陽明諸老，又惓惓以良知良能爲教，則諸生視前人已是萬幸，正好趁此發憤，做個真正好人、做個真正好官，以光顯此地新闢之學宮，而仰副君長師友作興之美意也。豈非一大快事耶？勉之，勉之！」

彌勒諸生講「爲政以德」一章、「道之以政」一章。既畢，羅子進講者問之曰：「汝講『爲政以德』的『德』字，『道之以德』的『德』字，説許多，以内聖爲外王，以精神心術爲倡率化導，已是詳備可聽。但不曉得個着落，則理會處便不切實；既欠切實，則講貫處便不精神。我且問你：『爲政以德』，『政』字，可就是『道之以政』的『政』字否？」曰：「即是云此個政了。」曰：「『無爲而民自歸』的『民』字，可就是『民免而無恥』的『民』字否？」曰：「即是此個民了。」曰：「政爲民而立，則政之所云，必民間之事。政既是民間之事，則『爲政以德』之『德』，『道之以德』之『德』，便須曉得聖人説的，亦就是民間日用常行之德也。民間一家，只有三樣人：父母、兄弟、妻子。民間一日，只有三場事：奉父母，處兄弟，養妻子。家家日日能盡力幹此三場事，以去安頓此三樣人，得個停當。如做子的，便與父母一般的心；做弟的，便與哥哥一般的心；做妻的，便與丈夫一般的心。恭敬和美，此便是民三件好德行。然此三件德行，却是民生出世帶來的。孟子謂孩提便曉得愛親，稍長便曉得敬兄，未學養子而嫁，便曉得心誠求中，真是良知良能，而『民之秉彝，好是懿德』也。但這民衆，無上人與他説明此是人家第一好事，大家該做，即説與他聽，叫他去做，又無人做樣子與他看，便説也不信。所以人家父子兄弟夫妻之間，不免相忤相争，本來美德，却反成惡俗矣。故聖賢爲政，不徒只開示條款，嚴立法令，教他去孝、弟、慈，而自己先去孝、弟、慈，如所謂：『老吾老以及人之老，長吾長以及人之長，幼吾幼以及人之幼。』久之則爲父子兄弟足法，而人自法之，便是『上老老而民興孝，上長長而民興弟，上恤孤而民不悖』。果然有耻且格，若北極一旋而衆星自環拱之，更不待上之人去刑罰他，追究他，自然大順而大化也。若泛然只講個『德』字，而不本之孝、弟、慈，則恐於民身不切，而所以感之所以從之，亦是漫言而無當矣。若論以德爲政，却又有個機括，俗語云『物常聚於所好』，又曰『民心至神而不欺』。今只爲民上者，實見得此孝、弟、慈三事是古今第一件大道，第一件善緣，第一件大功德。在吾身可以報答天地、父母生育之恩，在天下可以救活萬民、萬物、萬世之命，現現成成而不勞分毫做作，順順快快而不費些子勉强，心心念念言着也只是這個，行着也只是這個，久久守住也只是這個，則上之所好，下必有甚焉者矣！今日閭閻，豈不可並於唐虞三代而無難也哉！大衆其共圖之！」

臨安諸生講「顏淵問仁」一章、「子路問政」一章、「仲弓問仁」一章、「子路人告之以有過則喜」一章、「子適衛」一章、「君子有三樂」一章，或求發揮所講爲訓，何如？羅子作而嘆曰：「適聽諸生講説六章，似章各一義。予即聖賢先後語言，對滿堂上下意象，則若合群流而爲巨浸，汪洋活潑，於吾目中欲少分異而不能然者。」諸生咸樂有所聞。羅子曰：「子初開講，謂孟軻氏見得天下只有一個善，聖賢只是爲善。此個善，極是説得好聽，但不知也曾理會此個善是甚麽善？」生無以對。羅子曰：「此個善，是個性善。孟子言善，只道性善，其言爲善，只稱堯舜。故曰：『夫道，一而已矣。』又曰：『堯舜，與人同耳。』且視此時，堂上堂下，人數將近千百，誰不曾做過孩提赤子來？誰人出世之時不會戀着母親吃乳，争着父親懷抱？又誰的父親母親不喜歡抱養孩兒，誰的哥哥姐姐不喜歡看護小弟小妹？人這個生性，這樣良善，官人與輿人一般，漢人與夷人一般，南人與北人一般，大明朝人與唐虞朝人也是一般。但堯舜生來見得這個是我的天性，亦是人的同性，既以之自盡，亦以之盡人。但人有一句善言入耳，便懽然覺如己的善言；人有一件善行入目，便懽然覺如己的善行。不用去取，而無善不取；不用去樂，而無取不樂，所以能底豫克諧，而致天下之善士皆歸。一年成聚，二年成邑，三年成都，無人無我而渾然天下皆定皆化，會歸於大同也。仲尼祖述堯舜，却指出個仁來立教，其自註解曰：『仁者，人也，親親爲大。』當時弟子，除顔、曾外，更無一個肯信，後來却得一個孟子走將出來，便一口道盡，説：『仁之實，事親是也。』故今細看兩人精神，但有問答，言詞每每貼在各人身上，纔説各人自己，便關連着天下人身上，總是他見透了那堯舜善與人同的根源下落。所以纔教顔子克己復禮，便曰『一日天下歸仁』。纔教仲弓所惡勿施，便曰在邦、在家無怨。教子路以爲政者，即是躬行孝弟於上。教冉有以富而教之者，即是老者衣帛食肉，黎民不飢不寒，謹庠序之教，申之以孝弟之義也。即如『君子三樂』一章，亦是要以首章爲主。蓋父母俱存，是樂於盡孝；兄弟無故，是樂於盡弟。能以孝弟爲樂，方仰無愧於好生之德。所謂在家邦爲孝子，在天地爲仁人也，方俯不怍於人。而孩提無不愛親，無不敬長，不失赤子之心而名爲大人也，方是老吾老以及人之老，長吾長以及人之長，幼吾幼以及人之幼。家邦自此而無怨，天下自此而歸仁，家邦天下咸歸夫仁，則可盡得一世明睿之賢才，觀德觀風，踴躍興起以與人爲善，而歸於大同也。不曰『人皆可以爲堯舜』而何哉？」於是合堂貴賤凡千百之衆，皆同聲感嘆，謂：「果然我等人人皆可做得。」

羅子復申而告曰：「此時諸人，各各信得，極是古今希有之事。當時孟子一生之言，未曾得一個相信。有個樂正子，雖是見得此個東西可欲可愛，然問他是自己性生的，便不免有疑。夫有諸己之謂信，蓋能信得有諸己也。蓋此『信』字對『疑』字看，是樂子半疑半信，所以説他在善信之間。此處既信不透，則隔礙阻滯，決不能得黄中通理。黄中所通者，即一陽真氣從地中復，所謂克己而復者也。中通而理者，即陽光而明，所謂『復以自知』，而文理密察，以視聽言動而有禮者也。故從此而美在其中，從此而暢於四肢，發於事業，便是以可欲而先諸己，施諸人，通諸天下，及諸後世，方可以望乎大而化，化而神也。樂正子以後，則孔孟此路真脉斷絶不談，及宋時，乃得諸儒興起，中間也不免疑信相半，至有以氣質來補德性，説是有功於孟子，看來還於性善處有未脗合。至我太祖高皇帝，挺生聖神，始把孝順父母六言，以木鐸一世聾聵，遂至真儒輩出，如白沙、陽明諸公，奮然直指人心固有良知以爲作聖規矩。英雄豪傑，海内一時興振者不啻十百千萬，誠爲曠古盛事。今日諸君欲見如何爲顔、冉家邦天下之人，只此堂便是；如何爲魯、衛先勞教養之政，只此堂便是；如何爲君子三樂，只此堂便是；如何爲唐、虞、堯、舜與人爲善，翕然大同，亦只此堂便是。蓋此個性善，平平地鋪在滿堂，高也高不得，低也低不得，也不許你有餘，也不許你不足，也更不要説先時，也更不要説後日，只各各在於當人，人人在於當處。所以謂之曰『平常』，又謂之曰『中庸』。以此中平之理常在於身，便曰『平心易氣』；以此中平之理施之於人，便曰『平易近民』；以此平政率民而民從之，便曰『人人親其親、長其長，而天下太平也』。」衆忻忻曰：「我等各各須歡天喜地，以共享我太祖高皇帝、當今皇上太平之福於無疆無盡也已！」

石屏諸生講「天命之性」一章、「顔淵問仁」一章、「君子之道辟如行遠」一章，畢，羅子進講者問之曰：「經書註疏，因求理趣明白，故不容不爲詳悉分別，中須識得渾融處，方於汝身有個受用。即如《中庸》首章，説有性、有道、有教，至行遠登高，却只説個君子之道，是豈無天命與仁在中？ 至克己復禮，却只説個仁，是又豈無性道與教在中？ 故善讀書者，既知詳悉於章旨，更無統會於自身，否則如説食者，雖詳明其種藝根苗，而滋味不曾入口，説衣者雖悉曉其織紝絲縷，而和煖未曾着膚，縱讀書萬卷，於子竟何益耶？」其生良久對曰：「今只能存此心，即可兼通諸書矣。」羅子詰之曰：「如何是汝之心，又如何存汝之心？」生曰：「只常時求盡孝弟，便是存心。」復詰之曰：「孝弟二字，極説得是。但今時汝之父母兄弟俱未在此，如何去盡孝盡弟？ 或又只仍前説書相似矣。」生良久進曰：「此時對太公祖，可是存心否？」羅子曰：「心活潑潑地東西，在家便孝弟，在此便對答，順而循之，便謂之存矣。」其生忽然踴躍不勝，曰：「吾心頓覺開明！」羅子指而言曰：「此時汝心，他人不及見處，即是『隱』，即是『微』，而獨覺光明處，即是『莫見乎隱』，即是『莫顯乎微』。此個莫見莫顯之體，雖率汝自家心性，然却是天之明命，而上帝監臨之也。 蓋天與人，原渾然同體，其命之流行，即己性生生處；己性生生，即天命流行處。 但一顧諟，則見得須臾難離，惕然警覺，恐然悚動，而光輝愈加發越，即是大之始燃，而一陽之氣從中復也。 地中即謂之黄中，中而通者，乾陽之光明，知之所始也。 乾知太始處，便名曰『復』。復也者，即子心頓覺開明，所謂『復以自知』者也。 子心既自知開明，又目見光輝，愈加發越，則目便分外清朗，耳便分外虛通，應對便分外條暢，手足便分外輕快，即名中通而理，所謂天視自己視，天聽自己聽，己身代天工，己口代天言也。頃刻之間，暢徧四肢，則視聽言動，無非是禮；喜怒哀樂，無不中節；天地萬物，果然一日而皆歸吾仁以位之育之，而其修道立教之機，亦只反觀一己身中，更不俟他求而有餘裕也。故先儒有解『克己復禮』作『能身復禮』，『非禮勿視、聽、言、動』作只『此禮以視、聽、言動』，更覺順快。

「然又有説焉：子之反觀身中，雖已見得開明，見得發越，但恐子或謂我是讀了許多經書，做了許久秀才，歷了許大事體，方纔有此知覺，是則只從道之高遠處看，却不道君子之高遠，原自藏在卑近處也。何謂高遠？汝今日光輝發越，是心知之充廣者也。何謂卑近？汝原日赤子出世，是心知之萌動者也。然汝初出世做赤子時，孩之則笑，提之則動，見父母便愛，見哥哥便敬，其心知了了，視聽雖微也未嘗不條理，喜怒雖弱也未嘗不節奏，是則至卑至近之中，而至高至遠的道理何嘗不悉寓於其内耶？今時解説，把父母其順做高遠，據孟子説『人之良知』與《大學》説『未有學養子而後嫁』，則宜兄弟、和妻子、順父母，正是鄉村愚夫愚婦之所共知共能者，恐只可作卑近而高遠自在，方更有味也。由此三章統會看來，則孔門宗旨，渾然只是一個『仁』字。此『仁』字遡其根源，則是乾體純陽，生化萬彙，無一毫之間，無一息之停，無一些子之昏昧，貫徹民物而名之曰『天命之性』也；本其發端，則人人不慮而自知孝，不學而自能弟，不教而養子，自心求而中，默順帝則，莫識莫知，名曰『率性之道』也。究其中間作用，則聖賢以人弘道，敬而脩之初，須直信本心，從中通悟，而陽光内透，天命其在我矣；繼須顧諟天明慎畏，將奉赤子真心于時保之矣。由是邇而可遠，卑而可高，禮與天地而同其中，樂與天地而同其和，萬民賴之以立極，萬物藉之以完生，而吾自己一腔之中，亦將同體乎萬方萬世，而希乎踐形惟肖之歸矣。諸君其共勉之！」

通海諸生講「人之所不慮而知者」一章、「君子有三樂」一章。時邑中居民無老幼，咸聚觀聽。羅子謂之曰：「讀聖賢之書，先要見得聖賢之心事，其書説着方有精神，衆人聽着亦有滋味。聖賢之心，何心哉？孔子曰：『吾十有五而志於學。』朱子註得極好，曰：『學，大學也。志大學者，欲人明明德於天下也。』明德只是個良知，良知只是個愛親敬長，愛親敬長而達之天下，只是興仁、興義，而脩、齊、治、平之事畢矣。故此一章，全重在『無不知愛，無不知敬』。此『無不知』三字，一頭管着自己意、知、心、身，一頭管着國、家、天下。只因人生出世來，此條命脉原是兩頭都管着，所以《大學》纔説物之本，便連及其末；纔説事之始，便要及其終；堯舜纔克明峻德，便親睦九族，平章百姓，協和萬邦；武周纔追王上祀，便達之諸侯，達之大夫，而及士庶人也。『達之天下』『達』字，要同《中庸》『達孝』的『達』字解；『達孝』『達』字要同下文『達之諸侯』的『達』字解。如云：親親以盡仁，敬長以盡義，更無他術，只如古先帝王達之天下而已矣。若依舊講作申明上文看，則前已言『無不愛，無不敬』矣，其詞亦不贅耶？試看此時，對着滿前師生，以及父老子弟，將數百人，那個不曉得要愛親，那個不曉得要敬兄，那個愛親敬兄不是從出世來即知、即能，而與我一般耶？只因爲此一條真正命脉，生來一般，所以他衆人也無不忻忻然聽着我講，所以我也無不忻忻然要講與他衆人聽。此等忻忻而講，忻忻而聽，又忻忻而傳播鼓舞，便可致一家仁而一國興仁，一家義而一國興義，人人愛親，人人敬長，而達之天下。故必須到天下盡達了孝弟之時，方纔慊快孔子志學的初心，孟子願學的定見，却渾然是造化一團生生之機，而天即爲我，我即爲天，亦嬉然是赤子一般愛敬之良，而人亦同己，己亦同人。如此，則父母俱存，兄弟無故，固是大幸，間未然，亦終身思慕而成大孝。又如孔子，只因一本《孝經》，得一個曾子英才，曾子、子思，傳至孟子，却把《大學》、《中庸》孝、弟、慈的家風手段，演説成七篇仁義之言，恢張炳耀，與日月争光彩，與宇宙争久大，莫説秦、漢、唐、宋之英君誼辟，莫之或先，雖唐虞三代，而宰我且謂其賢之遠矣。故王天下與達之天下，兩個『天下』字要粘連同看，方知三樂不與存者，不是虚空較説，乃是作用實事。蓋王天下未必能兼君子三樂，而君子三樂果足以該帝王之王天下也。嗚呼！内而聖，外而王，盛德大業至矣哉！而不出孩提之愛親敬長焉。諸生只消以『大人不失赤子之心』一句，便可作今日所講二章之總破題矣。」大衆愈加忻忻而謝，予亦愈加忻忻而録之以傳云。

大理諸生講「顔淵問仁」一章、「司馬牛問仁」一章、「樊遲問仁」一章、「子路問政」一章、「子貢問師與商也孰愈」一章。既畢，羅子顧講生語曰：「適講説許多書，俱是敷陳世間道理。今大衆聚於一堂，如此坐立，如此相問，却是面前實事。諸生各以方纔口中談的道理，與今身子上的行事打個對同，果渾然相合耶？抑尚不免有所間隔也？」諸生默無以應。羅子作而嘆曰：「適纔許多書，却與汝輩身上一些對同不來，則推之平時窗下之讀誦，與他日場中之文詞，皆只是一段虛見，一場閑話，而一套空理矣！與汝竟何益耶？故今講孔子的書，便須體察孔子當時提醒門下諸賢的一段精神。蓋當時諸賢，亦有如汝輩欲理會道理來問者，孔子則句句字字，只打歸各人身上去求個實落受用。如答顔淵、仲弓，以至於子路、子貢，莫不同是此段精神。就是後來記者將此議論作成經書，漢、宋諸儒將此經書演成註疏，我國家制令又將經書註疏立成科試，與有司歲時進講，亦皆是接續孔子當時一段精神，使天下萬世人人得個實落受用也。」時一堂上下，將千百餘衆，咸肅然静聽，更無一息躁動。羅子亦瞑坐少頃，謂衆曰：「試觀此際意思，何如？」衆忻然曰：「此時一堂意思，却與孔門當時問答精神，大約相似矣。」羅子曰：「豈惟精神可與對同，即初講諸書，亦可以一一對同也。蓋此一堂，下而輿從，次而鄉約父老，次而吏典，次而生儒，又上而郡縣僚屬，其人品等級，誠難一概。若論此時静肅敬對一段意氣光景，則賤固不殊乎貴，上亦無異乎下，地方遠近不能爲之分，形骸長短不能爲之限。譬之蒼洱海水，其來或有從瀑而下者，亦有從穴而湧者，今則澄滙一泓，鏡平百里，更無高下可以分别。既無高下可以分别，則又孰可以爲大過，孰可以爲不及也哉？既渾然一樣而無過不及，則予與府縣，以是意而先之勞之，諸生諸民，亦以是意而順之從之，相通相愛，在上者真是鼓舞而弗倦，在下者亦皆平直而無枉，欲求一不仁之事、不仁之人於此一堂之前後左右也，寧不遠去而莫可復得也耶？吾人能以此段平明之體而養之於中，便可以語司馬牛之心存不放；能以此段平明之心而推之於衆，便可以語仲弓之所惡勿施；又擴而充之，便可以語顏子之克己復禮而天下歸仁矣。故孔門宗旨，只是教人求仁，而吾人工夫，只是先須識仁。此時此會，合堂上下，百千其心，而共一忻忻愛好之情；百千其目，而共一明明覿面之視；百千其耳，而共一靈靈傾向之聽；百千其口，而共一肅肅無譁之止；百千其手足，而共一濟濟不動之立站。故聖人指點仁體，每曰：『仁者，人也。』又曰：『君子之道，本諸身，徵諸庶民。』正説此堂，我是個人，大衆亦是個人，我是這般意思，大衆亦是這般意思。若識得此段意思，便識當時所謂『天下歸仁』者，是説天下之人都渾在天地造化一團虛明活潑之中也。此一團虛明活潑之仁，從孩提少長，便良知良能，所謂『人之生也直』，而無或枉也。即愚夫愚婦，皆與知與能，所謂『用中於民』也。孔門惟顏淵、仲弓，此段意思能自承當，所以於己便復得禮，於人便行得恕，故一可爲邦，一可南面，直是此個體段承當得來，便自無我、無人、無遠、無近，而渾融合一。若子張、子路諸賢，不肯輸心向這裏承當，却謂聖賢之學必有個異乎人處，所以或見我不如人，或見人不如我，或見古不如今，今不如古，或見凡不如聖，聖不如凡，較短論長，是内非外，或失則太過，或失則不及，或失則躁動，或失則倦怠，至如司馬牛、樊遲，則聖人雖把目前事指點與他，他却必要生疑，蓋他定説聖人爲學又有別一種道理，而不應如此易易也。」于時滿堂稱快，戀戀不忍別去。因命之歌，則歌「南山」五章。命再歌，則歌「勝日尋芳」一首。羅子顧諸生笑曰：「汝我之依依戀戀，庶幾乎東風面目，而愷悌樂只矣乎？滿堂上下亦庶幾千紅萬紫，而邦家之基之光矣乎？況天地生機，充長無盡，自兹方而遍之天下，自此日而引之終古，其萬年而無疆無期也，亦在汝我之勉力何如耳。」羅子敬起，以稱謝于郡邑僚屬暨諸師生，師生暨郡邑僚屬，亦再四於羅子致感。時方朝霧浄展，杲日空懸，光曜臨階，昭融特甚。羅子復揖諸君而申諭之曰：「大陽有赫，吾明德也。古之人光被四表，即克明其明德，而天下歸仁也。慎之哉！此際人已相通，心目烱烱，是則海底紅輪而復以自知處也。顔何人哉？希之則是。」

永昌諸生講「天命之性」一章、「舜其大知」一章、「知之者不如好之者」一章。太守陳君進諸生求教，羅子謂講者曰：「汝曹若謂知之與好，好之與樂，由許多積累工夫乃能然歟？殊不知適所講三章書內，知與好與樂，都藏其中，而汝曹未知覺耳。故依着汝曹今日講套，則若知先於好，好先於樂。依着孔門三章書看來，則是樂先於好，而好先於知也。夫世之所謂樂者，不過是自然而然，從容快活，便叫做樂也。今細看天命之性，即是天生自然；率性而行，即是從容快活也。《大學》謂不待學養子而後嫁，孟子謂孩提無不能愛其親。汝試想像，人家母親抱着孩兒，孩兒靠着母親，一段嬉嬉融融的意思，天下古今，更有何樂可以如此也哉！此便叫做『民之秉彝』。孔子説《詩》，謂民有秉彝，故『好是懿德』，則好實由樂而有也。又曰『百姓日用而不知』，則知又由樂好而有也。故舜稱大知，便是能知，而其知原於好問好察，然所好者却是邇言，所用者却是庶民之中淺近庶民，却正是率性自然而不慮不學者也。又看《中庸》他章，論聖人却有不知不能，而愚夫愚婦到可與知可與能，分明説聖賢有不如愚夫婦處。其次又嘆鳶飛魚躍，爲上下昭察，分明又説人不如鳶魚處。蓋人到愚夫婦之居室，物到鳶魚之飛躍，果然渾是一團樂體，渾是一味天機，一切知識也來不着，一切作爲也用不去。至於汝曹適纔許多講套説話，雖似曉得一般，然究竟率性中和，則實相去天淵之不如矣。故古人善形容樂體者，若陶淵明却云『木欣欣以向榮』，周元公却云『庭草一般生意』。夫草木無知，豈果能意思忻忻也哉？惟是二公會得此個樂機，則便觸處自然相通。汝曹在此，若肯徹底融會，草木無知，且自忻忻，而我獨可悶悶耶？魚鳥至微，且自昭察，而我獨可昧塞耶？夫婦之愚，且可與知與能，況衣冠堂堂，萬萬非衆人比耶？孩提之時，且已良知良能，況既壯且老，萬萬非幼稚比耶？於此頓覺心胸開豁，耳目靈通，四肢百骸俱輕快爽朗，此便是一陽之氣和暢光明，若從平地裏頭湧出一般，豈不與今日冬至同其亨泰也哉？況以此意而觀之一堂，則一堂上下無賢愚老少，皆覺自率其性而自樂其常，一堂渾是春也。以此意而觀之一家，而一家内外，無老幼親疎，皆覺自率其性而自樂其常，一家渾是春也。又遠而觀之一郡，觀之一省，又遠而觀之天下萬世，無不渾然同樂同春於無盡焉。却即爲天下造太平，爲萬世間開太平，而無負父母生育一番，朝廷作養一場。道其在邇而非遠，事其在易而非難。昔人謂太平無象，却不思人人親其親、長其長，便是天下太平，萬世太平也。」衆舉手加額曰：「今日爲聖天子稱賀！太平自此其億萬世無疆也夫！」

沮海諸生講「王者之民」一章、「人之所不慮而知者」一章、「君子有三樂」一章。既畢，進講者而問之曰：「適講王伯，伯不必言矣，且汝以何爲王道耶？」對曰：「殺之不怨三句便是。」曰：「此是説王者氣象，如面前日之光而非日之體，樹之影而非樹之形也。」又對曰：「『所過者化』亦是。」曰：「此贊王者道大，如説日光這等明，樹影這等長，去日體樹形更愈遠矣。」一生前曰：「孟子曾説以德行仁者王。此却是直説王道矣。」羅子曰：「是則是矣，又不知汝却以何爲德，以何爲仁也？」對曰：「若要直指，不只是人人親其親、長其長，而天下平也乎？」羅子曰：「汝既知此，則何必遠取？即次講二章書盡之矣。蓋『以德行仁』，『仁』字是『王者必世而後仁』的『仁』字，又是『一家仁，一國興仁』，『堯舜帥天下以仁』的『仁』字也。故上老老，上長長，上恤孤，即是王者之德；而民興孝，民興弟，民不悖，即是『王者以德而行仁』也。故曰：『大人者，不失其赤子之心。』要之，王道之大，亦不外乎孩提之良知良能而已。汝令諸生説王道所過者化，所存者神也，須思量其道如此渾化，如此神妙，畢竟有個來歷，如樹木然，必下地原是這樣果子，方纔末稍結成這樣果子。未有始初以荆棘種之，却忽然會長出個桃李來也。故天下之至妙至巧者，莫過於聖人之不思不勉，而至妙至巧者，亦莫過於孩提之不慮不學。二者大小雖殊，其神化則不差毫末也。况王者所過所存，直與上下同流，而孩提之所知所能，亦云達之天下。固未有不達之天下而可謂與上下同流，亦未有既達之天下而不是與上下同流者也。以此二章合看，恰好渾是一章。但過化存神，是樹木末稍的果子；良知良能，是樹木根底的果子。根稍分得兩頭，果子通貫一脉。汝輩於今，却須猛省，思量人人皆做過孩提赤子來，人人皆知得愛敬親長來，何故堯舜孔孟，却能以這果子花實溥海宇而同流合化？至後世諸人，却把這個果子枯芽敗種而生意斬然？此中間却自有個緣故。蓋由古先聖賢，生來便會識得輕重，孔子『吾十有五而志於學』，其時志學，便即知歸重孝、弟、慈也。志重於孝、弟、慈，則便一切外物皆不能與他作對，生機貫徹，勃然充盛，絜矩從心，更不由他得矣。孟子窺見這個意思，又重重爲他發嘆，説君子有三樂，雖王天下不與存也。夫一切外物之高美，至於王天下處便盡了。此王天下不與，則其他更何可言？其實是孟子極贊夫子志學之誠之極處。其三樂，最先一着，只是樂孝樂弟。樂孝樂弟，到渾化時，便天壤之間更無可代。以此反之於身，便自然無愧無怍而爲學不厭矣；以此通之於人，便自然盡得英才而爲教不倦矣。到得不厭不倦去處，則目前良知良能，渾然成個不思而得、不勉而中一段滋味，其過不容以不化，其存不容以不神，其天地不容以不合德矣。故今日吾輩既生聖明之時，又幸得聞聖學之要，只在能辨别得個輕重，能決定得個趨向，果然如吾夫子當時志學一付肝腸，則樹根之着地者，愈養而愈深，枝幹之參天者，將無疆而無盡，知能神化之果，不惟際上下而同圓，且將極古今而共久矣。願諸君其勉之，勉之！」

羅子曰：「《大學》一書，總括是明吾明德，其眼法只在知止。知止則意之定，心之静，身之安，國家天下之慮不患其能得之難也。知止未能，而求定、静、安、慮，固不可得。以定、静、安、慮與知止並論，亦於明德宗旨相去遠甚，學何自而能大也耶？今日用力，須打將一切精神，於知止處透悟，即所透次第，便分作定、静、安、慮，至了結處，即謂之能得，而明明德於天下矣。知格工夫，渾淪圓妙，如眼法尚眩，幸汲汲先究心也。」

羅子曰：「《孟子》『形色天性』章，重在一『形』字。孔子曰：『仁者，人也。』又曰：『道不遠人。』孟子曰：『萬物皆備于我，反身而誠，樂莫大焉。』曰『人』曰『我』曰『身』，皆指形而言也。孟子因當時學者皆知天性爲道理之最妙極神者，不知天性實落之處；皆知聖人爲人品之最高極大者，不知聖人結果之地。故將吾人耳目手足之形重説一番，如云此個耳目手足，其生色變化處，即渾然是天下所謂最妙極神的天性，故我此個耳目手足之形，一切世間賢人君子都辜負空過了他，惟有聖人之最高極大者，乃於此形之妙，方爲率履不越也。如此便見得萬物皆備於我，我能誠於反身，即其樂莫大焉者矣。仁德渾是個人，爲道而遠人，即道不可以爲道矣。」曰：「如何便不可以爲道？」羅子曰：「『天命之謂性，率性之謂道』也。學者言天，便見得甚大；若言人，便見得甚小。殊不知天人只是一個，如不一個，便不是道也。」❶曰：「必是聖人，方能口代天言，身代天工，如何都説得一個？」羅子曰：「經上明説『天視自我民視，天聽自我民聽』，如何不皆是一個？聖人但能知得天視即民視，天聽即民聽，而率循不失，便可以口代天言，身代天工，非别有伎倆也。故不肖當作一俚語，對朋友説：某於講道學則有未能，若説聖人，則若做過許久時也。朋友皆以某爲妄言，某引證《孟子》曰『大人者，不失其赤子之心也』。大人與天地合德，某固不敢當，至如赤子，我却不是做了許久來耶？邵康節詩云：『耳目聰明男子身，洪鈞付與不爲貧。』今日在會諸友，誰不耳目聰明？誰不洪鈞付與？又誰不可承受付與一個大聖人哉？」衆皆忻然。

四書總論一貫編終

❶「是」，原誤作「見」，今據長松館本改。

近溪羅先生一貫編

白鹿洞門人熊儐孺夫　編
古吉州友人鄒善　校

後學
黃希孔　吳道長　但宗皐
郭焞　陳道濟　郭烇
郭之屏　熊萬陽　殷誠
劉達士　熊儀　雷章
殷諭　郭烼　王漸槃歸善
熊得陽　李嘉愿　淦守縉
劉衍泰　殷尚鬲　李學夔
郭九苞　王汝佐　熊冬陽
梓
詳閱

書詩禮春秋附

羅子曰：「先儒謂《易》爲五經祖，則《書》之政事、《詩》之性情、《禮》之大本、《春秋》之大義，言言皆自伏羲畫中衍出，非《易》自爲《易》，各經自爲各經。總之，皆自身心意知，通之天下國家，目前現在，直之上下古今，人須會得聖賢此旨，不把作一舉業套子，便不罔了聖賢千辛萬苦，遺下這個救性命的本原。儒先有謂：六經，聖人之註脚，是爲逐心詞章者激而言之也。某嘗依《孟子》，誦其《詩》，讀其《書》，學《禮》，玩《春秋》，尚論古人於從姑山房，覺來一字一金，言言皆救性命之良方，非紙上之閑言也。竊敢謂《詩》、《書》、《禮記》、《春秋》，皆聖賢之精蘊，悟者得之」。

問：「《堯》、《舜》二典，乃古今文字之祖。其要何如？」羅子曰：「欲知二典之要，須從孔孟二人討探。仲尼祖述堯、舜。

堯、舜之道，孝弟而已矣。惟孝弟乃人心和平之德，亦和平天下萬世之德也。所以堯只『允執其中』，舜精一『允執其中』，中者，天下之大本也。天之生物，使之一本。故堯舜欽明，欽明此本；濬哲，濬哲此本。此本一得，所執皆中，中則無不平矣，所以『以親九族』。萬邦之和，和於孝弟，克諧二親；四方之動，動於孝弟。不然，雖堯、舜在上，皋、契在下，難致蕩蕩巍巍之化矣。」

問：「世之談玄者皆非之，《書》稱舜玄德，不幾於玄乎？」羅子曰：「舜之玄，以有好生之德也。天地之大德曰生。舜日夕以生生之心，生乎其親，以生生之心，生乎其弟。又以生親之心，生天下人之親，而使天下之爲父子者定；以生弟之心，生天下人之弟，而使天下之爲兄弟者化。定而且化，即天之維玄維默，生生不已，其好生之心，玄之又玄也。愚亦爲之説曰：『玄莫玄於克諧以孝』。」

羅子曰：「大禹『安汝止』。止者，即至善之謂也。文王於君臣父子國人之止，穆穆緝熙而敬之，方是『安汝止』。此禹幾康之心，萬世平治之本，明明德之方。」

有友問：「鳳凰來儀，恐非實事。」羅子曰：「子未讀《易》乎？『同聲相應，同氣相求』。聖人作而萬物覩，自然之理也。蓋天地民物，本是一乾變化，特性命各正耳。如手之捫足，足之隨手，此動彼隨也。心和，天地之和應之；心順，夷夏之順歸之，況鳳凰乎？此孔子嘆鳳凰之不至，亦有感鳳兮德衰之歌與？豈可以來儀非實也？諸友惟當益振雝雝、喈喈之響，以來儀於聖庭是願。」衆皆欣然曰：「天地變化草木蕃，學問變化禽獸舞。大家當自猛也。」

會中問：「『惟皇上帝，降衷於下民，若有恒性』，豈有一命令以寵降之哉？」羅子曰：「堯舜止言心，而性則自湯言也。明於『性』之一字，則降之義自明矣。蓋性從心生，是上帝生生之德也。上帝以此而生生，即以此而生天下萬世之民，天下萬世之民皆其生生之德所生也。固其性之爲性，即帝之性，只此一『降』字，湯乃爲下民警之，其實下民即上帝，如子之於父，精神血脉皆父所受也。」大衆惻然。

羅子曰：「伊尹曰『習與性成』。然則習之所係，大矣哉！《易》曰『不習無不利』，孟曰『習矣不察』，可見不習之利，不察之習，出之於天也。孔子『習相遠』，與此『習』字，不可不順之人矣。」

問：「高宗恭默思道，何以即夢帝賚良弼？」羅子曰：「語云『思之思之，思之不得，鬼神通之』，則誠之極也。況其所思者道乎？思道又恭而默乎？蓋道本相通，質鬼神而俟後聖者也。一能思之，思則得之，所以高宗之所思者道，故上帝賚以學道之人，教以學於古訓乃有獲；又教以惟斆學半念終始典於學，則向之思不能學者，今時敏學而成其思矣。卒之恢復舊物，以承湯之緒，皆此思道一念始之也。思之上通帝天，下光海宇如此哉！且不惟有補於高宗。學之一字，言自傳説，萬世而下，人人知學，皆其功也。亦神矣哉！」

羅子曰：「《書》云：『不虞天性。』夫曰『恒性』矣，復曰『天性』，見性而非天，則有不恒。試觀父子之間，其當孩提之時，父之抱子，子之戀父，其一段欣欣，更有何物名狀？所以孟子曰：『形色，天性。』只見人於形色莫知莫覺，自會保愛，則天性又可不虞乎？」

或問：「『惟天陰騭下民。』其旨何如？」羅子曰：「子謂『陰』字之義，乃天之默默然也？」曰：「然。」曰：「然則帝之震風之烈，鳥獸之喧吼，昆蟲之唧喁，何爲不體天之化也？蓋天以一神，神則妙萬物；既妙萬物，雖有聲而無聲也。推之乾不言，天何言？默而識。皆是此意。」

或曰：「《書》曰：『思曰睿，睿作聖。』弟子未嘗不思，何以不長進也？」羅子曰：「子所謂思，乃用心之思，非心田之思也。夫心之官則思。君子九思，乃出於何？思之真體也。以真體而思，則便是聖人不思而得矣。子其憧憧往來，何以通微而入聖哉？所以箕子述禹範曰：貌、言、視、聽、思。孔子教顔復視、聽、言、動、禮，皆是一意，皆是先立乎其大。此乃萬古人聖要訣，其實只在勿忘勿助之間，百姓日用不知耳。」曰：「弟子亦知思，非禮勿視。」曰：「孔子見南子，亦以南子爲聖耶？如以南子爲聖，則孔子忘之矣；如以南子爲非，勉强禁之，則助之矣。子若不小心翼翼求遇至人，則箕之睿，顔之復，只成一個空談耳，何益於聖哉！所以今時學者，問以力學何先，皆曰『思曰睿，睿作聖』，又曰只在克己復禮，非禮勿視聽言動。及見人有一毫拂逆於我，即遷於怒矣，復體已剥矣，睿幾已窒矣。子有作聖之志，須於歲月凝神，自漫然。子有作聖之志，須於歲月凝神，自有啓其衷者在也。勉之勉之！」

羅子曰：「克念狂作聖，罔念聖作狂。

可見念之動處，乃心之精神。能動，精神謂聖；不能動，精神即狂。聖可以不作，精神可以不動乎？孔子曰『罔之生也』，幸而免哀哉！」

羅子曰：「先儒云：欲觀王者皡皡氣象，須讀《芣苢》四五過，則可知皡皡矣。夫皡皡，則室家和平矣。人人親其親，長其長，則大家保合太和，太和則無不平矣，無不平則無事，❶無事，須一草一木皆是欣欣向榮。《易》謂天地化，草木蕃，況於人乎？此皆由於親親敬長始。所以孟子稱皡皡曰：『民日遷善而不知爲之者。』善乃良知良能，無不愛親敬長，此采芣苢之所以皡皡也。」

或問：「聖人順事無情，胡爲《黍離》之悲？」羅子曰：「此正順事無情也。夫人情貴於相安，不安不可以爲情。人之所好好之，人之所惡惡之，宗室盡爲黍離，如此而不動心，豈人情乎？此《春秋》繼《黍離》而作也。」

或問：「周公『赤舄几几』，❷何如？」羅子曰：「聖人處事，只是一個無私。無私則心廣，心廣則體胖，雖動容周旋，無不安舒，所以服履之間，亦自如也。」曰：「此處周公亦自知否？」曰：「周公惟知『予音翹翹』而已，何有於『几几』？」

有歌《伐木》「神之聽之，終和且平」。羅子曰：「某玩此詩『神聽』之『聽』，與他聽不類。」曰：「何以不類？」曰：「詩之興義，原取諸友聲，聲即言也。言之爲德，以和平爲貴。如曰友聲和平，則神乃聽之。神

❶ 上「無」字，原脱，今據長松館本補。

❷ 「舄」，原誤作「舄」，今據長松館本改。

既聽之，即可以終和平也。則此『聽』字，當與『聽受』相類，而與『神其吐之』之意相反也。」衆咸曰：「然。」

或問：「《天保》願君福只在民之質矣，日用飲食何也？」羅子曰：「此正太平之全福也。蓋人生天地，只患不能安常，果能率其良能，偏爲帝德之能，率其良知，偏爲帝德之知，人人親親長長，任性質之自然，各安其分，只曉耕而食，鑿而飲，出而作，入而息，日用飲食而已，更有何事！此孔子惓惓『爲政以德』，只是志大道之公也。試觀我高皇《六諭》，普天率地，莫不知日用平常，仰事俯育，此正王道平平，王道蕩蕩也。寧非偏爲爾德哉！」

或問：「文王在帝左右，果是實事否？」羅子曰：「《孝經》云：『嚴父莫大於配天，則周公其人也。』豈以周公之聖，把父作一恍惚形模以疑天下萬世也？蓋人之生死，乃一團神理出於帝天，所以《易》謂『帝出乎震』，又謂『神也者，妙萬物而爲言者也』。既曰『帝之出，神之妙』，則文之在帝左右也明矣。但此有個大頭腦。周公後詠文王曰：『不識不知，順帝之則。』則我之則，即帝之則，則帝之則，即我之帝，非有二也。文王一生，無然畔援，無然歆羨，保合此帝，所以生則入聖，死則還虛，新天之命，作人之心，其神與帝一也。子患不能師文王耳，不必以在帝左右爲疑也。」或曰：「孔子教顏子之復，其亦此意否？」曰：「天下本無二道，亦無二學。《易》曰『商旅不行，後不省方』，皆是教顏子師文之穆穆云。能如文之穆穆，純亦不已矣，豈但在帝左右哉！」其友大悟。

或問：「《詩·頌》『思無邪』，何也？」

羅子曰：「子必明於思之義，方知思之無邪也。知思之無邪，方知此言之蔽三百篇也。夫人之思出於心田，乃何思何慮之真體所發，若少有涉於思索，便非思矣，安得無邪！」

有友問：「《詩·頌》『濬哲維商』，復以『聖敬日躋』言之，何如？」羅子曰：「敬者，聖學傳心之要，而況契乃商之始祖也！其家學乃是『敬敷五教在寬』也。既以敬而敷教，又以寬而俾人人得人其教，當時父子皆有親，君臣皆有義，夫婦長幼朋友，皆有別、有序、有信，倘非心之濬以通微，哲以析理，安能如此哉！此湯之所以世守其敬，以至賢聖之君六七作，及後高宗中興，恭默思道，雖至中微，尚有微子、箕子、比干三仁，皆其敬敷五教在寬之留也。信乎『濬哲維商』也。」

羅子曰：「高宗下民有嚴，乃若始終典於學，方知天視民視，天聽民聽，此所以賞不僭，刑不濫，見民即天也。非學務時敏者，孰能至此！」

問：「先生治平天下，其禮樂法制多端，今何只以孝、弟、慈爲言？」羅子曰：「王者經綸，原只用一個禮。作樂則調達此禮，法制則鋪張此禮。俱難與禮並言。但禮之爲禮，有經有曲。經綸天下，在先定其經，而曲則難以備舉，故《大學》舊是《禮記》一篇，正禮之大經，然筆自聖心，雖止言大經，而其中精妙員通，曲亦未嘗不具備也。況曲禮必聖賢方能周旋而中，經禮則凡庸亦可率循而行，故曲禮必待學造，而經禮則可教立。如方員之規矩，拙工亦可傳之，而巧非心解莫能。我嘗看世間兇暴之夫亦不爲少，然卒之不敢妄動者，只因父母、妻子，根蒂相維係焉耳。《論語》『其爲人也孝弟』一章，真就是《禮記》中《大學》治平骨子，而與堯舜典謨所載之道孝弟而已矣貫通不殊。」

羅子曰：「《禮》首云『毋不敬，儼若思』，是其所思者，豈徒一己已哉！必曰安民，安天下國家之民，方是文王緝熙之敬，所以曰『毋不敬』。觀『毋不』二字，則民即該之矣。孔子學教不倦，真是復禮，以一部《禮記》付之顏子。」

羅子曰：「『敦善行而不怠，謂之君子。』夫行而曰『善』，乃天行矣。天行自健，善行自美，故君子不息不怠，須於可欲之善以求繼善之性，則全交而通天下國家矣。」

或問：「大道之行，孔子何以惓惓於大同也？」羅子曰：「大同之世，人忘其私，天下爲公也。外户不閉，相游於天，孔子所以東奔西走，只爲這場；所以忘食忘憂，只爲這件。倘大道不行，孔子之憂斷然不已，吾輩須力學以求釋孔子之憂。」

問：「聖人以天下爲一家，❶中國爲一人，何其耐煩如是也？」羅子曰：「聖人不是自欺的人，只見得人者天地之德，又見人者天地之心。我既德天地之德，人亦德天地之德；我既心天地之心，人亦心天地之心。以天地之德爲德，即欲人同天地之德；以天地之心爲心，即欲人同天地之心。譬之人家兄弟四五人，皆出一父，其中有一賢子，必曰『我四五人，我父俱是愛，如何令我明彼昏？我富彼貧？』所以日夜皇皇，以求安父之心，成父之德也。故

❶「人」下，原衍「耐」字，今據長松館本删。

曰：『中心安仁。』天下是一個人。又曰：『吾非斯人之徒與而誰與？』不得不耐也，亦不忍不耐也。噫！仁以人之，楊子亦言之，不人則不仁，不仁則不人。未有人而不以天下爲一家，以中國爲一人也。故曰：『非意之也，知人情也。』」

羅子曰：「予嘗讀《禮》『天下之肥』，不覺淚下。何也？肥瘠相並，不肥則瘠，子瘠則親心戚，天下瘠則聖心憂。」

或曰：「《春秋》褒貶之書否？」羅子曰：「儒先嘗有此説，以其細細考究，乃是存幾希之性之書也，所以孟子歷敘幾希。舜曰『由仁義行』，見得仁義萬世不易之常道。仁之於父子也，義之於君臣也，外此二端，別無法制。所以《詩》亡，則孝子之歌、忠臣之詠不復聽覩矣。而好辨章旨，稱説亂賊之慘，皆由於仁義之不明，幾希之昧也。故孔子曰：『其義則丘竊取之矣。』觀此『竊取』二字，正是孔子存幾希之性，而由仁義也。後世輒以孔子『筆則筆，削則削』爲孔氏之刑書，悞矣！」

問：「『天王正月』，何義也？」羅子曰：「孔子一生上律天時者也。故其立言著書，毫不違天。及顔淵問爲邦，即曰『行夏之時』。蓋天有歲首，人有元首。天王之繫，示有統也。皆所以悚動人之良知本體，使人覩制作而知自悟也。此孔子知我罪我之意，即此『元年，春，王正月』數字可見矣。」

羅子曰：「一部《春秋》，乃孔子負罪而作。把來比擬，以牽合詞章，則其義如何得明？孔子之心如何得知？」

一貫書詩禮春秋終

近溪羅先生一貫編

白鹿洞門人熊儐孺夫　編
楚天臺友人耿定向　校

後學
熊　僊　淦應喬　潘大化
淦應香　干　仁　萬　栻
張錫位鄱陽人　宗家相　汪如汲廣信人
但宗臯　蔡　潤　熊德陽
陶　綬　鄒國紀　王汝佐
陶孔時　趙充性　劉任道
鄭司直　陶孔暉　潘大儒
淦應忝　潘大賓　熊春陽
梓

易　經

或問：「《易》乃千聖宗旨，夫子屢屢言之，若於乾坤神理，人物性情，古今編謨，一一脗合，果何從悟入？」羅子曰：「某原日亦未便曉得去宗那個聖人，亦未便曉得去理會聖人身上宗旨工夫，其初只是日夜想做個好人，而科名宦業皆不足了平生。想得無奈，却把《近思録》、《性理大全》所說工夫信受奉行，也到忘食寢、忘死生地位，又病得無奈，却看見《傳習録》，說諸儒工夫未是，始去尋求象山、慈湖等書，然於三先生所爲工夫，每有窒礙，病雖小愈，終沉滯不安。時年已弱冠，先君極爲憂苦，幸自幼蒙父母憐愛過甚，而自心於父母及弟妹亦互相愛恃，真比世人十分切至，因此自讀《論》、《孟》孝弟之言，則必感動，或長要涕淚。以先只把當做尋常人情，不爲緊要，不想後來諸家之書做得着累喫苦，又在省中逢着大會，與聞同志師友發揮，却翻然悟得只此就是做好人的路徑，奈何不把當數，却去東奔西走，而幾至亡身也哉！從此回頭，將《論語》再來細讀，真覺字字句句，重於至寶。又看《孟子》工夫，又看《大學》、《中庸》，更無一字一句不相照映。由是却想孔孟極口稱頌堯舜，而説其道孝弟而已矣，豈非也是學得没奈何，然後遇此機竅，故曰：『我非生而知之者，好古敏以求之者也。』又曰：『規矩，方員之至也；聖人，人倫之至也。』其時孔孟一段精神，似覺渾融在中，一切宗旨，一切工夫，横穿直貫，處處自相湊合，但有《易經》一書，却又貫串不來。時又天年，楚中一友胡宗正先生來從某改舉業，他談《易經》，與諸家甚是不同，後因科舉辭别。及在京得第，殊悔當面錯過，皇皇無策，乃告病歸侍老親，因遺人請至山中，細細叩問，始言渠得異傳，不敢輕授，某復以師事之，閉户三月，亦幾亡生，方蒙見許，反而求之，又不外前時孝弟之良，究極本源而已。從此一切經書，皆必會歸孔孟，孔孟之言，皆必歸孝弟。以之而學，學果不厭；以之而教，教果不倦；以之而仁，仁果萬物一體而萬世一心也已。竊觀今時同志，極是衆多，但每談心性者，便不肯小心看書，間一二肯讀者，又泛觀博覽，於子、史諸家便着精神，於《論語》、《孟子》反枯淡冷落，叩之則曰：『此個章句，我已久曉了，❶何待今日贅贅耶？』噫！五穀之味，固難比海錯珍羞，而要延軀命，則舍此不能。偶因吾子之問，而敬陳之，亦思軀命是人之所同受用，此味穀食，亦未必不是人之所共飡也。

❶「已」，原誤作「幾」，今據長松館本改。

至若謂悟千聖宗旨與否，則非某之所敢知也已。」

子羅子曰：「《易》者，聖聖傳心之典，而天人性命之宗也。是故塞乎兩間，徹乎萬世，夫孰非一氣之妙運乎？則乾始之，而坤成之，形象之森列，是天地人之所以爲命而流行不易者也，兩間之塞，萬世之徹，夫孰非妙運以一氣乎？則乾實統乎坤，坤總歸乎乾，變見之渾融，是天地人之所以爲性而發育無疆者也。然命以流行於兩間萬世也，生生而自不容於或已焉，孰不已之也？性以發育於兩間萬世也，化化而自不容於或遺焉，孰不遺之也？是則乾之太始，剛健中正，純粹至精，不遺於兩間，而超乎兩間之外，不已於萬世，而出乎萬古之先。浩浩其天，了無聲臭。伏羲畫之一以專其統，文王象之元以大其生，然皆不若夫子之名之惟以『乾知太始』，而獨得乎天地人之所以爲心者也。夫始曰『太始』，是至虛而未見乎氣，至神而獨妙其靈，徹天徹地，貫古貫今，要皆一知以顯發而明通之者也。夫惟其顯發也，而心之外無性矣；夫惟其明通也，而心之外無命矣。故曰：『復其見天地之心乎？』又曰：『復以自知也。』夫天地之心也，非復固莫之可見，然天地之心之見也，非復亦奚能以自知也耶？蓋純坤之初動微陽，是正乾之太始而天地之真心也，亦太始之知而天心之神發也。惟聖人迎其機而默識之，是能以虛靈之獨覺，妙契太始之精微，純亦不已，而命天命也；生化無方，而性天性也，終焉神明不測，而心固天心，人亦天人矣。」

問：「『自强不息』，乃是乾乾。此『乾

乾』可是常知覺否？」羅子曰：「不止常知覺。」曰：「可是常力行否？」曰：「不止常力行。」曰：「可是知覺力行常並進否？」曰：「不止常並進。」曰：「何如乃可？」曰：「是要乾乾。」曰：「知行常進，非乾乾如何？」曰：「未有乾乾而不知行，却有知行而非乾乾者。」曰：「此處如何分別？」曰：「子之用功，能終日知覺而不忘記，終日力行而不歇手乎？」曰：「何待終日，即一時已難保矣！」曰：「如此，又可謂乾乾已乎？」曰：「此是工夫不熟，熟則恐無此病矣。」曰：「非也。《中庸》教人，原先擇善。擇得精，然後執得固。察脉不精，藥更作疢，恐庸醫不免殺人也。」曰：「吾聞此言，亦甚恐恐，願施一方相救，何如？」曰：「此個學問，固是千古聖藥，起死回生，却是千聖秘方，微言久絶也。蓋子之心中，原有兩個知，有兩個行。」曰：「如何見得有兩個？」曰：「子纔説發狠去覺照，發狠去探求，此個知行却屬人，纔説有時忘記，却忽然想起，有時歇手，却惕然警醒，此個知行却是屬天。」曰：「如此指破，果然以前知行是落人力一邊。但除此却難用工了。」曰：「聖學原是難事，若汝用不去，便須回頭共人商量，可貪其容易便任你蠻做也耶？然此弊却通天下貫古今，亦不止汝一人也。今當爲細説一番，只是天機太漏泄爾。夫聖學肇自虞廷，其初便説『道心惟微』，微則難見，所以要精。精始不雜，方纔能一。一則無所不統，亦又何所不知，何所不行耶？其知其行，亦何所不久且常耶？但萬善中涵，泯然若寂，《中庸》形容之以『視之不見，聽之不聞』，孟子形容之以『不慮而知，不學而能』。蓋自孩提以至老死，生生化化，渾全是個乾體。只因此體原極微眇，非如耳目聞見的有跡有形；思慮想像的可持可處，所以今古學人，不容不舍此而趨彼也。」曰：「今承指示，亦頗明白。但欲承當，又覺甚難。」曰：「若是不難，他便不説『道心惟微』矣。如汝實實要入此門，則先須辨個必爲聖人之志，志意堅定，方好去尋真師友，遇着真師友，方纔有真口訣。真師口訣，却與如今書本講説的，半句不容。妄説塞住路徑，半步不得前移，困心衡慮，忘日忘年，自然有憬然悟、默然惺，雖是得得艱苦，却是住得安樂也。此後固説知及仁守，雖得必失，但程子更説『既得而樂，不患不能守』。予今也信得，只要得處真的，其後次第果儘在由得自家也。」

問：「《易》謂『終日乾乾，夕惕若』。不知『乾乾』二字，與『性性』亦有分別否。」羅子曰：「乾乾、性性，此語泛看亦似相同，但古之聖賢立言製字，必是各有着落。即如古人云：乾坤二卦，本是陰陽。作《易》者不曰『陰陽』，而曰『乾坤』，蓋指其性情而言之也。以此觀之，則先儒謂性性爲能存神，明白就其體段凝定處説。至《易》謂『終日乾乾，夕惕若』，明白就其工夫奮發處説。但『乾乾』雖説工夫，而不知順性之體，則把捉操持，或犯助長之病；『性性』雖説體段，而不知法乾之用，則散漫精神又至勿忘之失。若善理會性命，而能使骨肉俱爲渾化，則其體用亦自相停妥矣。」

問：「『群龍無首乃見天則』。敢問：天則必如何乃可得見也？」羅子曰：「據汝之問，果欲見天則耶？」曰：「然。」曰：「若天則可以見而求，可以問而得，則言語耳目，各各用事，羣龍皆有首矣，寧不愈求而愈不可得也耶？ 蓋《易》之象，原出自文王。《詩》之頌文王者，必曰：『不識不知，順帝之則。』又曰：『無然畔援，無然歆羨，誕先登於岸。』其所謂畔援、歆羨者，豈皆如世之富貴外物哉？ 即汝今日欲求見天則之心是也。 故道岸之登不難，而歆羨之忘實難。 帝則之順不難，而知識之泯實難。」曰：「若然，則吾將言語知識俱不用之，可乎？」曰：「即此不用之心，與求見之心，又何所分別也耶？」

問：「『乃見天則』，與『發而皆中節』。」羅子曰：「喜怒哀樂發皆中節。 此天則也。但物感之來，其應甚速，苟毫髮踰節，即其則不中，此豈一時思慮所能防範，而一念擬議所可矯强也耶？ 即使思慮而出之，矯强而合之，於『天則』二字，亦相去徑庭矣！ 故《易》曰：『先天而天弗違，後天而奉天時。』吾輩於斯語，不可看太高遠。《禮記》謂：『人生而靜，天之性也。』孟子曰：『大人者，不失其赤子之心者也。』夫赤子之心，純然而無雜，渾然而無爲，形質雖有天人之分，本體實無彼此之異。 故生人之初，如赤子時，與天甚是相近。 奈何人生而靜，後却感物而動，動則欲已隨之，少爲欲間，則天不能不變而爲人；久爲欲引，則人不能不化而爲物；甚而爲欲所迷且蔽焉，則物不能不終而爲鬼魅妖孽矣。 此等田地，其喜怒哀樂，豈徒失天之則，亦且拂人之性，豈惟拂人之性，亦且造物之殃。此處又何可着力也耶？ 今日果欲天則本然，一一於感發處，節節皆中得恰好，更無毫釐之過，亦無毫釐之不及，停停當當，成個中和。 此即後天而奉天時，順而循之，而非勉强之能與；卒而應之，而非意見之能及。

「善學者，於此處識得難以用功，決須猛省，逆將回轉，説道：吾人與天，原初是一體，天則與我的性情原初亦相貫通。驗之赤子乍生之時，一念知覺未萌，然愛好骨肉，熙熙恬恬，無有感而不應，無有應而不妙，是何等景象！ 何等快活！ 奈何後因耳目口體之欲，隨年而長，隨地而增，一段性情初焉偏向自私，已與父母兄弟相違，及少及壯，則天翻地覆，不近人情者十人而九矣。今日既賴師友喚醒，不肯甘心爲物類妖，又不肯作人中禽、獸，便當尋繹我初起做孩子時已曾有一個至静的天體，又已曾發露出許多愛親敬長饑食渴飲停當至妙的天則，豈如今年長便都失去而不可復見也耶？ 要之，物感有時而息，則天體隨時而呈，不惟夜氣清明方纔發動，即當下反求，若人言我是好人，便生喜樂，言我是禽獸，便生哀怒，明明白白，停停當當，原不求毫髪分釐也。既是天體依舊還在，却須即時發一個大大的志願，如何志願要大？ 蓋天的體段，原無一物不容，原無一息不貫，若有外之心，便不可合天心也。此心如要萬物皆爲吾體，萬年皆爲吾脉，則須將前時許多俗情世念，務於奉承耳目口體，狗物肆情一付家儅，汚濁雜擾，會轉移窒塞此心之虚靈洞達的東西，痛恨疾仇，惟恐其去之不速而決之不净焉。然後收拾一片真正精神，揀擇一條直截路徑，安頓一處寬舒地步，共好朋友涵詠優游，忘年忘世，俾吾心體段與天地爲徒，吾心意況共鳶魚活潑，其形雖止七尺，而其量實包太虚；其齒雖近壯衰，而其真不減童稚。到此境界，却是廓然太公，却是寂然不動，其喜怒哀樂，安得不感而遂通，又安得不物來順應也耶？如此喜怒哀樂以應天下國家，又安得不位天地，不育萬物而成聖神功化也耶？故細細反觀，今日不患天則之不中，惟患天心之不復；不患天心之不復，惟患所見之不真。其見既真，則本來赤子之心完養，即是大人之聖。人至大聖，便自然天地合其德，日月合其明，四時合其序，鬼神合其吉凶矣。許大受用，原是生下帶來至寶，又豈肯甘心於耳目口體之欲，致墮落禽獸妖孽之歸？其猛省勇往，固有挽之而不容自已者矣！」

問：「《大易》君子體仁之意何如？」羅子曰：「聖賢語仁多矣，最切要者，莫踰體之一言。蓋吾身軀殼，原止血肉，能視聽而言動者，仁之生機爲之體也。推之而天地萬物，極廣且繁，亦皆軀殼類也。潛通默運，安知我體之非物，而物體之非我耶？譬則巨釜盛水，衆泡競出，人見其泡之殊，而忘其水之同耳。孺子入井境界，却是一泡方擊，而衆泡咸動，非泡之動也。其釜同水一機，固不能以自已也。」

問：「體仁是渾然同體，與兼愛何別？」羅子曰：「體之爲言，最可玩味。夫體即身也，頭目居上，四肢居下，形骸外勞，心腹内運，而身乃成焉。愛豈無差等也哉？」

羅子曰：「《易》之乾二，惟稱庸言之信，庸行之謹，蓋非此日用平常，則天命之生化何自而顯著？人心之活潑何自而因依？故即此便是真誠，而天下萬世所當共爲存主，外此便是邪妄，而天下萬世所當共作防閑。」

羅子曰：「《易》言：修辭立誠，是學者工夫第一。」

羅子曰：「天地惟有是德，則日月自明，四時自序，鬼神自行。大人亦惟是德能合，則其明自生，其序自順，而其行自無不吉。誠神之幾，忽通乎微渺；化育之盛，頃塞乎寰穹。心精但自有以入無，神氣即從無而出有矣。此無他，其聯諸根脉者渾而融，故形諸象數者迅而妙也。但今日訓釋『合』字，輒云聖人之德盛大，❶與天地一樣。把一個聖人來比對一個天地，豈不是兩個？說是兩個，豈不是開說也哉？聖人於此處，須知天地日月、四時鬼神，以及萬民萬物、萬事萬行，都總生化於一個德中。生天地鬼神，即是生我的生他；生民物事爲，亦即是生他的生我。故他是如此而生，我亦如此而生；我是如此而化，他亦是如此而化。盡日盡夜，亘古亘今，其用充然徧滿，而了無縫罅之缺略；其理確乎真的，而纔無毫髮之增損。但吾學者往往心粗而不克入細，❷氣浮而難於就裏。即其無爲而無所不爲也，但難謂其無，即其無不在而實無在也，又難謂其有。疑情滿腹，眩惑盈前，豈惟於大人之所以合德者二之而不是，抑且於天地之所以爲德者漠然而不求。何不反而思之：大道生乎天地，天地生乎民物，民物是其生化之末，猶且身心靈妙，莫可窮詰，天地乃其生化之原，則所爲凝結稀奇，又不可類推而知也耶？故知人物之身心既靈，則天地之凝

❶「輒」，原誤作「輙」，今據長松館本改。
❷「但」，原誤作「俱」，今據長松館本改。

成者自當益極其靈；民物之世界且妙，則天地之凝成者自當益極其妙。人能於是而昭然生此信心，則由信而生畏，由畏而生敬，戒謹恐懼於視聽言動之間，謙卑慈惠於接物待人之際。善則恒順天明而充拓，不善則恒嚴天鑒而消沮。我惟天以作依皈，天惟我而加呵護。❶內之敬信愈深，則外之操持益力；我之修爲愈切，則天之注照益親。我既心天之心，而神靈漸次洞徹；天將身吾之身，而變化倏忽融通。堅如金石，精誠可貫；微若塵沙，蹤跡能潛。所謂飛躍由心，而形神俱妙，固非法術之可私，而亦非思慮之能測矣。」

問「坤之文言」。曰：「『敬以直内，義以方外』，此意似是用工，乃曰：『直方大，不習無不利。』謂之不習，又似全無工夫。今説者以前爲初用工夫，後則熟極自然。是否？」羅子曰：「《易》詞原明白順暢，而説者反牽强晦之。今觀『直方大』爲六二爻詞，且與六五相應，豈皆只從既熟之後説耶？某竊謂《易》道乾坤，而乾則又統乎坤也。若味坤之詞而不本之乾，則其德非順，而事亦不謂之代終矣。故他爻或少參差，若二五中位，正全坤體，而默應乎乾，比於磁之吸鐵，硝之爆銃，潛通迅速，大有甚焉。此今諸君要識直方而大之意，只把葭灰候氣來看，其時至灰飛，便是乾出乎坤，所謂『生而直』也。即此微竅而約同率土，更無分寸不生，亦無纖毫不直，便是方而大也。其機不疾，自速不行，自至勢且莫之能禦，夫豈待習而始利耶？此與六五黄中通理，暢達四肢，渾然一樣。

❶「呵」，原誤作「阿」，今據長松館本改。

是雖天地造化之妙，而吾人學問，亦即此而在。夫子恐人未悟，故舉爻詞而符以學問工夫。若曰：敬非他也，即坤之直也。生生自内而中正，無邪者也。亦即所謂『夙夜惟寅，直哉惟清』也。義非他也，即坤之方也。生生直達，由中及外，而方整齊一者也，亦即所謂根心生色，四體不言而喻也。故此二句，文意不宜並看而總作一串，始可以言『敬義立而德不孤』，德不孤，則直方而大矣。故復舉爻詞，其意又多在『不習無不利』上，是贊嘆，而非曰敬義至此始純熟自然也。要之，世間有志學問者，説着敬義，便去講求道理，着力持守，指之曰：是爲用工。説着不習而利，便要等待時候，不即承當，指之曰：是爲習熟自然，却不知自然之玅，豈是習熟之所能到。而工夫不識性體，性體若昧自然，總是無頭學問。細細推來，則自然却是工夫之最先處，而工夫却是自然之已後處。次第既已顛倒，道藴何能完全？故某嘗云：爲學必須通《易》，通《易》必在乾坤。若乾坤不知合一，而能學問有成者，萬萬無是理矣。」

羅子曰：「嗣乾坤而卦者曰『屯』。《易》曰：屯也者，物之始生也。始生必蒙屯之。又曰『利見侯』，我求童蒙也。故『君子以經綸』。又曰『童蒙求我』，利居貞也。亦曰『包蒙，吉』。于是貴下賤，則得民；于是受以『需』，則『光亨』。世之大不幸在無學，上下瞶瞶，爲屯爲否。君子者，以躬參贊，以極昌耀，傾否亨屯之責寄焉。故曰：物不可以終否，受之以『同人』。」

問：「六十四象，未嘗言心，惟《復》曰：『復其見天地之心。』何如？」羅子曰：

「宇宙之間，總是乾陽統運。吾之此身，無異於天地萬物，而天地萬物，亦無異於吾之此身。其爲心也，只一個心，而其爲復也，亦只一個復。經云：復見天地之心。則此個心，即天心也。此心認得零碎，故言復亦不免分張。殊不知天地無心，以生物爲心。今若獨言『心』字，則我有心，而汝亦有心，人有心，而物亦有心，何啻千殊萬異？善言心者，不如把個『生』字來替了他，則在天之日月星辰，在地之山川民物，在吾身之視聽言動，渾然是此生生爲機，則同然是此天心爲復。故言下著一『生』字，便心與復即時混合，而天與地，我與物，亦即時貫通聯屬，而更不容二也已。」或曰：「如先生言，復亦甚簡易，如何本文却又曰『復：亨，出入無疾，朋來無咎。反復其道，七日來復，利有攸往。』翻費許多言説耶？」羅子曰：「子徒知聖人之復費許多言説，而忘自己此時重費許多言説，亦是復之所爲。蓋復，生道也。復則生，生則惡可已？惡可已，則於時爲春夏秋冬，於物爲生長收藏。其始也有所自來，其終也有所必至。即子聞吾言，躍然以喜，喜意一生，則許多言説自生生莫遏，子雖欲已，其能以自已耶？」曰：「某前在此論學，先生教以通《易》。某自是將此書詳味至今，身心似覺日昧。他説『復亨』，我却不曉得亨；他説『七日來復』，我却不見復；他説『休復、頻復』，我却不知是休是頻；他説『敦復、迷復』，我却不知是敦是迷。」曰：「子亦是復，但顔氏則不遠，而子獨稍遠爾。蓋此之不遠，即『違道不遠』之『遠』，非是差失不久而遂反正也。蓋天地之氣，原只陽剛健運。健運則須周迴，周迴則成往返。止緣他健甚，故往則舒張溥博，化凝坤厚。然反則輕清快，便自是陽明。故卦辭贊『復』以亨者，因前則往而不利，而此則出入無疾也。出入無疾者，以來爻皆反復陽道。陽道既反，來於七日，則其往焉有不利也哉！其象之以剛反、剛長順行，總是其行以乾天剛健，生生不息之心，於此畢露，而曰『復其見天地之心』也。」中有善治《易》者曰：「甚哉！先生之深於言《易》也。又不止卦辭爲然，即爻之爲爻，其辭亦無不本於卦象而發揮之也。」羅子曰：「果然。蓋『易』之一字，原止乾陽變化而成六十四也。今觀『剥』『復』相連，復之下爻，即剥之上爻，引而伸之而不竢他取，故其復爲不遠，而爻辭謂以脩身者，即所謂反求諸身，把柄在手，而樂莫大焉者也。一爻之休吉者，亦言陽行之生長順通，二雖陰不敢爲泥，自能下就于初之仁也。三則進而又進，義氣奮厲，是謂復之頻而無咎也。至於上卦之四，則正應下卦之初，而且居乎四陰之中，故『中行獨復』，而惟陽道之從矣。至五爻之敦，則即二之休而安且成焉，以自考之，得乎順且中也。夫復至於敦，雖言乎人之善承乎天，而實言乎天之善體乎人也。如是，則宜物物之皆春，而人人之皆聖矣。然物可以皆春，而人則難以皆聖。何則？天之體物無不周，而人之奉天多不悟。善哉！孟夫子之言曰：『行矣而不著，習矣而不察。』是以終身由之而不知其道者，衆也。夫曰『終身由之』，則陽明之復，何嘗頃刻離人？然曰『終身由之而不知其道』，則人在復中，又何嘗頃刻而不自迷也耶？故其詞以國譬心，而言天君之失職；以師譬學，而言十年之不克征。要之，其凶且災者，非謂其終迷而不復，乃是在復而自迷。不然，豈至終爻而尚有不復者哉？」

或又曰：「『先王以至日閉關，商旅不行，后不省方』，還是實事，亦是取象。」羅子曰：「是因象以爲事，而實盡人以奉天也。蓋雷潛地中，即陽復身内，幾希隱約，固難以情意取必，又豈容以知識伺窺？故商旅行者，欲有所得者也。后省方者，欲有所見者也。不行不省，則情忘識泯；情忘識泯，則人静天完，而復將漸純矣。子今切切然若謂有端可求，皇皇然若謂有象可覩，是則商旅紛行，而後省傍午也。復何自而能休且敦耶？」曰：「據先生所言，似謂吾身本自有復。但某嘗反觀胸中，固有炯炯之時，乃不久而昏憒；固有循循之時，乃不久而躁妄。豈真陽既復之後，更如是其不一耶？」曰：「君子之學，原自有個頭腦，所謂頭腦者，即一省之有都臺，而君家合宅之有主人也。將帥登壇，然後卒伍自肅；家翁正位，然後婢僕自馴。若頭腦一差，無怪學問之難成矣。今子不能以天理之自然者爲復，而獨於心識之炯然處求之，則天以人勝，真以妄奪，子試反而思之，豈嘗有胸中炯照能終日而不忘耶？事爲持守能終日而不散耶？即能終日，夜則必睡着矣。」曰：「果是夜間魂夢紛擾，不能禁當，尚望指教，如何乃得頭腦？」曰：「頭腦豈是他人指示得的？請子但渾身視聽言動，都且信任天機自然，而從前所言的胸次之炯炯、事務之循循，一切不做要緊，有也不覺其益，無也不覺其損，久則天自爲主，人自聽命，所謂『不識不知』，而『順帝之則』矣。」時此友尚未釋然。羅子再叩曰：「子今於復，更覺何如？」曰：「某在此生飲食，只是惶恐無地。」羅子曰：「子今惶恐甚的？」曰：「自古賢聖，如何便皆能復？衆輩如何便不能復？今須去其不如聖賢以就其如聖賢者，而惶恐乃釋也。」❶羅子曰：「子今此意，又是遠以求復，而非反身近取矣。譬則一株樹，有枝葉有根本，枝葉則愈尋而愈遠，根本則愈探而愈近。子謂去其不如聖賢，以就其如聖賢，此則何年乃能去得盡，何年乃始如得來？此之謂愈遠而愈難也。若能反身密察今時，坐而飲食，此個惶恐，何自而生？豈非天機自動而爲復耶？又豈非復自吾身而不遠耶？又豈非雷在地中，己力莫之能與，而己見莫之能窺也耶？子若從此直信不疑，則持循之力，且可放下，便是『商旅不行』，而外者不入矣！炯然之功，亦將無用，便是『後不省方』，而内者不出矣！物欲無擾，意見不萌，子身不渾是個復，而子復不渾是個身也耶？」

或又問：「『先王以至日閉關，商旅不行，后不省方』，其意何如？」羅子曰：「此聖人學問喫緊第一義也，切不可輕易而説。常見學者，每謂陽初生而微，豈全未聞虞廷所謂『道心惟微』矣乎？蓋心不微則不得謂之道，而幾不微亦不得謂之陽也。故曰『純粹以精』，又曰『潔净精微』，又曰『誠、神、幾曰聖人也』。故商旅之行，欲有所得者也，後之省方，欲有所見者也。今果會得此心渾然是一太極，充天塞地，更無一毫聲臭；徹表徹裏，亦無一毫景象。

❶「釋」，原誤作「什」，今據長松館本改。

則欲得之心泯，而外無所入；欲見之心息，而内無所出。如此，則其體自然純粹以精，其功自然潔浄而微，其人亦自然誠、神而幾，以優入聖域，莫可測識也已。」

羅子曰：「《易》謂兑説爲朋友講習。夫朋友以人合之倫也，而講習且云至樂，若於父子兄弟復志同道合，則霄壤之間，何物可勝此耶？」

問：「《易》首乾坤，而乾坤必先易簡。」

羅子曰：「『乾以易知，坤以簡能。』今謂易簡爲乾坤所先，果是有見，但細細看來，學問固有先後，而其中尤有根原。論此二句，則知能又有根原也。蓋言易則必有難，言簡則必有煩。今世學者，每耽静趣，而事爲多至脱畧，未必非此誤之。殊不思本經云德行恒易以知險，恒簡以知阻。險、阻，則煩難未嘗可畧也。又云易簡而天下之理得。理以天下，則亦未嘗脱畧乎煩難也。惟是知能，則首尾俱皆徹透，易而可該難，簡而可該煩，所謂一以貫之，而爲聖學之全者也。雖然，此『知能』二字，本是《易經》精髓，然晦昧不顯，將千百年于兹矣，古今惟是孔孟兩人默默打得個照面。如曰『不慮而知』，其知何等易也，然赤子孩提，孰知之哉！天則知之爾。『不學而能』，其能何等簡也，然赤子孩提孰能之哉！天則能之爾。想當初孟子只是從赤子孩提此處觀破，便洪纖高下，動植飛潛，自一人以及萬人，自一物以及萬物，自一處以及萬方，自一息以及萬載，皆是一樣知能，皆是一樣不慮不學，豈不皆是一個造化知能之所神明而不測也哉！故曰：『盡其心者，知其性也。知其性，則知天矣。』今世學者，於赤子之良知良能已久廢置不講，於孟子性善一言，則咸疑貳不信，又安望其潛通默識，而上達乎乾坤之知能也哉！」

問：「乾坤知能，世人久不講求。今欲講求，敢請指示個入處。」羅子曰：「天之與人，其體原是一個。則所知所能，其機亦原是一般。今且於人的知能講得明白，便造化知能不愁無入處也。」曰：「今世學者，童而習之，至老未休，何嘗一時不求知不求能哉？」羅子曰：「予聞此語，當爲捫心：世之學者，童而習之，至老未休，何嘗一時得以見所知以見所能哉！」曰：「如此說來，豈是人有兩樣知能哉？」曰：「知能果有兩樣。」曰：「既有兩樣，請明白分別。」曰：「若粗淺分別，則知有至大的，能亦有至大的，今則志其大而却求其小矣；知有至久的，能亦有至久的，今則又棄其久而求其暫矣。」曰：「意想先生之所謂知是良知，所謂能是良能也。但良知良能，何以見其大且久之爲至極耶？」曰：「自中國以及四夷，自朝市以及里巷，無人不有此知，無人不有此能，何等其大？自晨興以至夕寢，自孩提直至老耄，無時不用此知，無時不用此能，何等其久？此個知能，平鋪遍在人間，洋溢充乎宇內。性之原是天命，率之便作聖功。争奈他知則自然而知，不假些子思想；能則自然而能，不費些子學習。故有知之實，無知之名；有能之用，無能之跡。究竟固云久大，當下却似枯冷。後世有志之士捉摸這個不着，遂從新去學問以開明其心，而求個知；從新去效法以力作于己，而成個能。其功夫比之不慮之初，更有許多意趣，比之不學之始，亦又更有許大執持，遂的確信其爲入聖途徑，以更相授受。傳至於今，敷陳訓詁，蔓延解説，豈止汗牛充棟？亦且浹髓淪肌，誰能起孔聖於九原，謂其四書五經之知能，不是如今日之集説講套所云云也哉！」

曰：「據先生所言，今之爲學，果是人自爲聞，人自爲見，其知能之纖細而不可語大；果是着力則存，不着力則失，其知能之間斷而不足語久。但不識到得純熟之時，亦能成道入聖否？」曰：「世間各色伎倆熟極，皆可語聖，況以道而爲學乎？孟子於此處，極是判斷分明，故曰：『聖人之於天道也，命也。』可見聖人萬千不同，天道則難得昭合，所以『浩然』一章，歷敘今古賢聖，而願學只孔子一人，至張揚孔子，則又只『聖之時也』一句，即《中庸》『溥博淵泉，而時出之』，以窺測底裏。即曰：『溥博如天，淵泉如淵。』又曰：『淵淵其淵，浩浩其天。』則聖人之言行動作，其時之足以世爲天下法則去處，已是人人所共見聞，人人所共信順，而昭彰莫掩。若乃其時之所由來，究極中藏底裏，如許之大，如許之深，竟不想去討求探索，果是作何境界，作何端倪，能使造化常出此時以妙應無方，能使聖人常率此時以泛應曲當。所以世人認識知能，止泥滯知能之跡，而不求知能之藴也。此今欲得其藴，説他無知，却明白曉了，毫髮不差；説他無能，却活潑周旋，纖微悉舉。説他有知，却原非思慮，雖分曉而實冥昧；説他有能，却原非黽勉，雖活潑而實渾淪。似有而不容以有執，似無而不至於無忘。將謂幾屬於人，而人力殆難至是；將謂幾屬於天，而天心渺不可窮。如此看來，果是這個知能，言思路絶，而難輕以名狀也。」曰：「此在吾輩，固是難言。不識古先聖人實有諸己者，其言之又當何如也。」曰：「聖人之論，具在四書五經。吾獨深喜周公之頌文德曰：『不識不知，順帝之則。』夫窮索以爲知，分別以爲識，皆吾人之作而致其聰明者也。今曰『不識不知』，則森列目中者，不一時而俱泯也耶？帝固尊高難見，則實日監在兹，然皆吾人之忽，而委諸茫蕩者也。今曰『順帝之則』，則知能之深遠者，不隨處而畢露也耶？夫塵念既息，則神理自彰；天德出寧，則造作俱廢。其機固每相乘除也。況吾夫子自言：『吾有知乎哉？無知也。有鄙夫問於我，空空如也。』孟子自言：我善養氣，至剛至大，浩然塞乎天地之間。此與周公之言文德者，不先後而一揆也哉！有志於聖神造化之藴者，其尚於是而竭才究心也已。」

羅子曰：「乾坤之爲德也，渾涵於穹宇之外，而綿密於纖悉之微。至一以神其樞，而萬有之咸備；至虚以寂其應，而百慮之糾紛。是以知至知終，固知以該乎其能，而庸言庸德，實能以顯乎其知。君子之所以進德者，進乎此也；所以居業者，居乎此也；所以終日自强而不息于誠者，不息乎此也。至是則乾乎乾，而坤將自統，坤且統矣，而況於六十有奇之卦，三百有奇之爻耶？故善言法天者，必曰純陽，善言學聖者，必曰通明。」

問：「『乾以易知，坤以簡能』，何分別如是？」羅子曰：「乾坤之德，只是『知』、『能』兩字，其實又只是『知』之一字。蓋生天、生地、生人、生物，透體是此神靈爲之變化，以其純陽而明故也。然陽之所成處，即謂之陰，而陰陽皆明以通之。所以並舉而言，則曰『乾以易知，坤以簡能』。又曰『乾知大始，坤作成物』。及兼統而言，於乾則曰：『德行恒易以知險。』於坤則曰：『德行恒簡以知阻。』究竟陽之初動爲復，而曰『復見天地之心』，是復則明統乎姤；曰『復以自知』，是能則又果屬乎知也已。」

問：「『精氣爲物，游魂爲變』，其意何如？」羅子曰：「精氣爲物，便指此身；游魂爲變，便指此心。所謂形狀，即面目也。因魂能游，所以始可以來，終可以返，而有生有死矣。然形有生死，而魂只去來，所以此個良知靈明，可貫通晝夜，變易而無方，神妙而無體也。」曰：「魂之游，既聞命矣，不知其游而去也，果真有天宮地府之説耶？」曰：「四書五經，其説具在，固不必遠求也。《論語》曰：『咨爾舜，天之曆數在爾躬。舜亦以命禹。』又曰：『予小子敢昭告于皇皇后帝有罪不敢赦，帝臣不敢蔽。』又曰：『郊社之禮，所以事上帝也。明乎郊社之禮，治國其如視諸掌乎？』則帝天后土，敢謂其無耶？又曰：『文王陟降，在帝左右。』又曰：『維嶽降神，生甫及申。』又曰：『予仁若考，能事鬼神。』又曰：『乃命于帝庭，用能定爾子孫于地下。』又曰：『兹殷多先哲王在天。』則魂之游於天宮地府之間，又敢謂其無耶？後世只因認此良知面目不真，便謂形既毀壞，靈亦消滅，遂決言人死不復有知，將謂天地神祇亦只此理，而無復有所謂主宰於其間者。嗚呼！若如此言，則今之祭天享地，奉先祀神，皆只叩拜一個空理。雖人之賢者，誠敬亦無自生，至於愚者，則怠慢欺侮，肆然而無忌矣，其間於世教人倫甚不小小，故不敢不冒昧詳説也。知我罪我，其共亮之。」曰：「細領所言，果孔子於鬼神嘆其德盛，體物不遺，洋洋如在上、如左右矣。何他日又曰『敬鬼神而遠』也？」曰：「夫子於鬼神，深嘆其德之盛，豈有相遠之理？且洋洋在吾上，在吾左右，體物而不遺也，又誰得而遠之？竊意『遠』字，不作去聲，正是幽深玄遠，如《中庸》引《詩》所謂『神之格思，不可度思』之云也。如此，則不惟己之敬謹益至，而諂事之意亦恐無所施矣。語意更覺妥帖。」

羅子曰：「吾人之生，原陰陽兩端合體而成。其一則父母精氣妙凝有質，所謂『精氣爲物』者也；其一則宿世靈魂知識變化，所謂『游魂爲變』者也。精氣之質，涵靈魂而能運動，是則吾人之身也，顯現易見而屬之於陽。游魂之靈，依精氣而露知識，是則吾人之心也，晦藏難見而屬之於陰。交媾之時，一齊俱到，胎完十月，出生世間。其赤子之初，則陽盛而陰微，心思雖不無，而專以形用也。故常欣笑而若陽和，亦常開爽而同朝日，又常活潑而類輕風。此陽之一端，見於有生之後者然也。及年以長，則陰盛而陽微，雖形體如故，而運用則專心思矣。故愁感而欣笑漸減，迷蒙而開爽益稀，滯昵而活潑非舊，此陰之一端，見於有生之後者然也。人能以吾之形體而妙用其心知，簡淡而詳明，流動而中適，則接應在於現前，感通得諸當下，生也而可望以入聖，殁也而可望以還虛，其人將與造化爲徒焉已矣。若人以己之心思，而展轉於軀殼，想度而遲疑，曉了而虛泛，則理每從於見得，幾多涉于力爲，生也而難望以入聖，没也而難冀以還虚，其人將與凡塵爲徒焉已矣。」

或曰：「如君之論，是以身爲陽而在所先，以心爲陰而在所後。乃古聖賢，則謂身止是形，心乃是神。形不可與神並，況可以先之乎？」曰：「子惡知所謂神哉！夫神也者，妙萬物而爲言者也，亦超萬物而爲言者也。陰之與陽，是曰『兩端』。兩端者，即兩物也。精氣載心而爲身，是身也固身也，固耳目、口鼻、四肢、百骸而具備焉者也；靈知宰身而爲心，是心也亦身也，亦耳目、口鼻、四肢、百骸而具備焉者也。精氣之身顯於晝之所爲，心知之身形於夜之所夢，❶然夢中之身，即日中之身，但以屬陰故，其氣弱，其象微，雖弱且微，而較之日中之舉止，毫髮則無殊也；日中之身，即夢中之身，但以屬陽故，其氣健，其體充，雖健且充，而較之夢中舉止，毫髮亦無殊也。是分之固陰陽互異，合之則一神所爲。所以屬陰者則曰陰神，屬陽者則曰陽神。是神也者，渾融乎陰陽之内，交際乎身心之間，而充溢瀰漫乎宇宙乾坤之外，所謂無在而無不在者也。惟聖人與之合德，故身不徒身，而心以靈乎其身；心不徒心，而身以妙乎其心，是謂陰陽不測而爲聖不可知之神人矣。」或者憬然悟曰：「孔夫子之『從心所欲不踰矩』，孟夫子之『存心養性以事天』，是誠陰陽合德，而神之乎其爲心也哉！亦神之乎其爲身也哉！」

羅子曰：「《易》言『通乎晝夜之道而知』，下却繼之以『神無方而易無體』。蓋

❶「形」，原漫漶，今據長松館本補。

神、易是心知微處，微則入裏而漸次渾融；方、體是心知顯處，顯則發外而益加昭著。顯微雖均屬心知，而爲用則互相勝負。吾人日中不免應酬事物，事物則必有方體，方體是以顯而彰其微也。故心知在日中，人人有之，而人人亦習見之，所以自夜而通之日也，不難言矣。吾人夜間，必須安舒意氣，意氣則神易自然，自然是以微而含其顯也。故心知在夜間，雖人人亦皆有之，而人人却皆忘之，所以自日而通之夜也，實難言矣。今人亦自心粗而不細察，若細察，則夜間當更精妙，亦更昭著也。試看每夜更深，則此心自然曉得去睡，睡則自然曉得要安，安則自然曉得要熟，呼而問之，則睡中意味或美或惡，或長或短，一一如燭照數計也，其中更無一時不知，知亦更無一時不顯，至其變化而爲夢境，禍福而示先知，則靈妙較之日中，又增萬倍而無筭矣。謂此非知之相通而何哉？」

問：「『仁者見之謂之仁，智者見之謂之智，百姓日用而不知』。今欲知此日用，却不也與仁智之見相似耶？」座中有應之者曰：「見之與知，自是兩樣。見原敵知不過，故善學者須要不落見聞。」或又辨曰：「聖賢道統，亦云見而知。《易》亦云『乃見天則』，『復見天地之心』。故道理須當活看，豈可盡謂不落見聞？」羅子曰：「二子之論，意本相通，而語自矛盾爾。蓋不落之云，即所以爲活；而所云活看者，亦即不落之別名也。若理會得活，則見亦是聞，聞亦是知，何有兩樣，何得復爲相敵？若不活而落於一偏，則豈惟見聞有妨於知？即知亦未嘗不自病自窒也，又豈待見聞而始相妨也耶？」或者又曰：「『不識不知，順帝之則。』某謂聖人，其初也要知識，久則知識忘而不用也。」羅子曰：「此理也須活看。所云不知識而順天則者，非全不用知識，正是不着人力，而任天之便以知之識之云爾。蓋心之應感，若非知識，則天則無從而顯且見也。」或者復曰：「天則之知不慮而知，此只本體之知也。若非用思慮工夫，則本體之知，亦安能以擴而充之耶？」羅子嘆曰：「世俗云『驢頭不對馬嘴』，言物之各從其類也。夫心體固須擴充，但本體之知，原出不慮，則擴充之工，又豈容閑思而雜慮爲哉？《大學》謂『慮而後得』，而必先之曰『安而後能慮』。噫！非静定之慮而求夫體之得也，其真驢頭而對馬嘴也哉！」

或問「百姓日用而不知」。羅子曰：「不著不察耳。譬諸礦石與銀無别，所争者，火力光彩耳。」友曰：「某知之矣。曰不知時是百姓，能知時即聖人矣。」羅子曰：「知後方可聖也。蓋良知心體，神明莫測，原與天通，非思慮所能及、道理所能到者也。吾人一時覺悟，非不恍然有見，然知之所及，猶自膚淺，比後須是周旋師友，優游歲月，收斂精神以凝結心思。思者，聖功之本也。故『思曰睿』。睿者，通微之理也。『通乎晝夜之道而知』，方可言通。『動而未形，有無之間』，方可言微。至此，則首尾貫徹，氣象渾融，覺悟之功與良知之體，如金光火色煅煉一團，異而非異，同而非同，但工夫雖妙，去聖則尤遠也。」會衆愕然曰：「如何猶不足以語聖耶？」曰：「觀於孟子所謂大而能化，神不可知，則聖人地位，亦自可以意會也。」

問：「夫子贊《易》。曰：『生生之謂易。』夫曰『生』，則知與能俱備矣。何以於乾，則多説知，而坤則否耶？」羅子曰：「乾坤原是合體，知能亦是互用。但乾則專是陽明，而坤則不免陰晦。乾知便清妙而足以始乎坤，坤雖厚實，而止是終乎乾。所以曰『百姓日用而不知』，『民可使由之，不可使知之』。百姓豈全無知識？奈行不著，習不察，能勝而掩其知爾。子曰：『蓋有不知而作之者，我無是也。』『知之爲知之，不知爲不知，是知也。』則貫總日用，皆屬於知，是以知勝而掩其能。故乾坤皆易也，知與能皆天所以與我也。先事乎知，則日入清妙而聖、神可幾；反是，則百姓日用，終身由之而不知其道者衆矣。有志於學聖者，其尚慎所先哉！」

問：「『寂然不動，感而遂通。』雖似有個體用，恐終分拆不得。」羅子曰：「此心在人，原是天地神理。寂之與感，渾涵具在，言且難以着句，況能指陳而分拆之也耶？但其妙用，則每因人互異。故即心而言，其初只是一樣，若即人而論，則世固有知爲學與不知爲學之分；人之爲學，又有善用功與不善用功之别。其不知爲學者，姑置勿論矣，即雖知爲學者，而工夫草次，則亦往往不向本源求個清瑩，輒於末流圖之，或當無事之時而着意張主，或於有感之際而盡力袪除，然見未透徹，把捉愈難，不惟寂體背馳，即感應亦未能順妥也已。惟夫明睿過人，資近上智者，則工夫不肯妄用，而汲汲以知性爲先，究悉名言，詢求哲士，體察沉潛，而性命之藴，能默識心通，便自朝至暮，縱應感紛紜，却直養無害之功，如如自在，静定不遷之妙，寂照圓通。世人則終身滯泥於感應之偏，而至人則無日無時而不從容於不動之中矣。」曰：「今世有强執者，雖心體未透，然工夫深久，亦能事變不動，難説其終不能寂也。」曰：「此心至靈，何所不有？若果强而求之，豈惟事變不動！禪家二乘者流，其坐入静定，固千百餘歲而一念不起，然自明眼觀之，終是凡夫，而此心真體則毫無相干也。可不慎歟！」

問：「『易有太極，是生兩儀。』何如？」羅子曰：「『易有太極』，是夫子贊易之詞，非易之外，又有個太極懸在空中也。即如周子云『無極而太極』，又是贊太極之詞，亦非太極之外，又有個無極懸在空中也。」曰：「然《易》何以便謂之太極也耶？」曰：「竊意此是吾夫子極深之見，極妙之語也。蓋自伏羲、文、周三聖立畫顯象之後，❶世之學者觀看，便謂太虚中實實有個乾坤並陳，又實實有個八卦分列，其支離瑣碎，寧不重爲斯道病耶？故夫子慨然指曰：此易之卦象，完全只是太極之所生化。蓋謂卦象雖多，均成個混沌東西也。若人於此參透，則六十四卦原無卦，三百八十四爻原無爻，而當初伏羲仰觀俯察，近取遠求，只是一點落紙而已。此落紙的一點，却真是黑董董而實明亮亮，真是圓陀陀而實光爍爍也。要之，伏羲自無畫而化有畫，自一畫而化千畫。夫子則將千畫而化一畫，又將有畫而化無畫也已。」

或曰：「天者，群物之祖。其妙變化而行鬼神，通人心而善應感，亦無足爲異矣。兹欲祈天永命，不識亦有其要乎否？」羅

❶「文周」，原誤作「周文」，今據長松館本改。

子曰：「約哉問乎！　蓋『天地之大德曰生』，是生之爲德也，脉胳潛行，樞機統運，上則達乎重宵，下則通乎率土，物無一處而不生，生無一時而或息。　善學者，於所遇也而能先開是見，於所見也而能悉顯是機，活潑滿前，歡欣盈掬，於己固欲其生，然不惟於己已也，而人亦欲其並生焉。　於人固欲其生，然不惟於人已也，而物亦欲其同生焉。　夫物無不生，天之心也。　生無不遂，天之道也。　吾心其心而道其道，是能與天爲徒矣。　夫既與天爲徒，則感應相捷影響，而長生不爲我得耶？　所謂根苗花實，共貫同條，有是真種之投，斯有妙果之結也。」或曰：「天之與我，三綱五常，百行萬善，而我之事天，乃專在好生之一端，何哉？」曰：「子獨不觀夫孝弟乎？　夫孝弟固綱常之最大者，然子之事親，弟之事長，其無方之養，先意之承，非不悉且備也，然均之乎欲延其生而壽之焉耳。　夫壽也者，豈惟子日期諸其親，弟日期諸其長，即親長亦日所冀望於其子弟也已。　夫惟其情之同深，故其念之獨至，而所以爲孝且弟者必歸之矣。　豈獨孝弟爲然哉！　推而君臣，而夫婦，而朋友，而萬民，而庶物，固無一而不在好生之中，亦無一而或出於存心之外。　近而即之，若云庸行之常；遠而通之，實稱太上之德。　又要其極而言之，則成乎變化之神，而妙乎情識之表，甘泉之味或湧見枯庭，雙鯉之躍或日呈冰凍，萌竹笋於寒冬，女天姬於凡世，彼愚夫愚婦且誠感而神應焉，而況於有道之士至人之授受者乎？　子固可以直信而無疑，坦行而無泥也已。」

羅子曰：「孔子贊《易》，説伏羲仰以觀

天，俯以察地，觀鳥獸之文，與地之宜，近取諸身，遠取諸物。此雖是説伏羲，却即説他自己。你想：聖賢用心，是何等周悉！則學問頭腦，安得而不的確！」或曰：「道體本自充塞，必如孔子言説，方見其用昭著。」羅子曰：「言者，心之聲也。未有不得其言而能得其心者。今衆聽子之言，不止自欠真切，即孔子當日一段精神，亦覺冷淡無味了。豈知聖人老實專至，其心終日終夜只爲此一事也耶？」曰：「只爲何事？」曰：「其仰觀俯察，近取遠取，只爲要通神明之德，要類萬物之情。即如神農，平生盡嘗百艸意味，將來碾磨熬煎，求出一夥靈丹，接續本身慧命，點化一世凡胎，而共躋壽域，永享天福也。要之，靈丹之料，散在百草，學問頭腦，含藏造化，妙在善自用心者，便畢竟得之，既能統萬爲一，復能一貫於萬，豈似吾儕悠悠度日而漫漫爲心也哉！」曰：「某聞師言，心下覺得明了。」曰：「明之一言，更是難説。蓋有意見曉了以爲明者，亦有心神孚契而爲明者。若果神相孚契，則言入汝心，即同金投大冶，火力猛熾，金質頓融，雖千片百星，頃成一團液汁，而光彩洞然燁奕也。若炭火與金塊尚相牴牾，則其照耀雖明，而其光精則猶未徹也。汝輩聞道，能常常如是反觀，又何患頭腦之不爲吾有也耶？」

問：「先生復如何見示？」羅子曰：「今在天日之下，正好仰觀天文。」曰：「果然都在吾目中矣。」曰：「如此便叫做觀耶？」曰：「既説着觀，便即是觀了，又更有何言説？」曰：「如何若是快當？」曰：「弟子心目，原也明見天日，今遇提撕，便自覺是仰觀也已。」曰：「吾子此語，於聖訓全欠順妥也。蓋他文句，原説仰觀天文。據汝初説，都在目中，是精光之照察廣處；次説觀即觀了，是心日之感應神處；次又説得我師提撕而然，是人己之相通無間然處。其發揮底藴，總是觀日之文，而非觀天之文也。此無他，蓋由平時習氣已熟，開口多作渾話，却不知聖賢精神不離當下，其稱物如衡星，分釐不至差爽；應響如空谷，洪纖互共低昂，問天便答以天，問人便答以人，念念點水滴凍，而言言擲地金聲也。故《易》論君子自强不息，只在忠信以進德，脩詞立誠以居業二句。然則學者之於言語，而可容一毫苟且乎哉！」

問：「復何以自知哉？」羅子曰：「有生而知之者矣，聞一善言，見一善行，沛然若決江河，莫之能禦者也。有學而知之者矣，好古敏以求之者也。有困而知之者矣。人一能之，己百之，人十能之，己千之，果能此道，而雖愚必明者也。」曰：「孔子何以學而知之也？」曰：「孔子志於學，學乎大學者也。學大學者，必先於格物；格物者，物有本末，於本末而先後之，是所以格乎物者也。」曰：「格物之本末，何以遂能獨復而自知也哉？」曰：「古之平天下者，必先治國，治國必先齊家，齊家必先修身，是天下本在國，國本在家，家本在身。於是能信之真，好之篤，而求之極其敏焉。則此身之中，生生化化一段精神，必有倏焉以自動，奮然以自興，而廓然渾然以與天地萬物爲一體，而莫知誰之所爲者。是則神明之自來，天機之自應，若銃砲之藥，偶觸星火而轟然雷震乎乾坤矣。至此，則七尺之軀，頃刻而同乎天地；一息之氣，欻忽而塞乎古今。其餘形骸之念，物欲之私，寧不猶太陽一出而魍魎潛消也哉！故《大學》一書，是孔子平生竭力六經而得的受用，如病人飲藥，已獲奇效，却抄方徧施，以起死回生乎百千萬衆也。後世切不可只同其他經書看過，當另作一般理會，久久有個獨復自知之時，方信予言爲不謬也已。」

羅子曰：「六十四卦統總三百八十四爻，其爻皆是虛位，故謂之曰『六虛』。惟大明之終而始也，斯六位時成矣。明謂之知，大明之所始，謂之復以自知也。復之一爻，次第成三百八十四爻而卦氣周；即冬至一日，次第成三百六十日而歲功成。所以夫子許顏氏庶幾于復者，以其知『一日克己復禮，而天下歸仁』也。天下歸仁，即卦氣周而歲功成矣。」

或曰：「何卦氣歲功之數不同？豈歲功之外，又有卦氣耶？」羅子曰：「乾坤主體，坎離主用。然統總只顯出一箇陽之純處，知之明處，則前四卦之二十四爻，皆當主體，而流行化生，亦止三百六十爻，正所謂三百六十日也。」

羅子曰：「『明』字與『易』字，皆用『日月』二字爲之。明以日月相並，正顯陰陽之體；而易以日月相函，却顯陰陽流行之用也。故天以日月時時盡卦爻而人莫知，聖人以卦爻時時象日月而人莫測。卦爻者，日月運行於天上之度數也。十一月中，日在地之極下處，月在天之最上處，冬至一復，則日從地而漸上，月從天而漸下，日上一百八十遭而五月中，則陽不得一百八十爻耶？其時月在地之極下處，日在天之最上處，夏至一姤，則月從地而漸上，日從天而漸下，日上一百八十遭而又十一月中，則陰不得一百八十爻耶！」

問：「月是每月周天，恐與日不同。」羅子曰：「行雖不同，望則有定。蓋夏至望在地極下處，冬至望在天極上處，如此定來，方見其與日交相上下也。」

問：「日月即是陰陽，陰陽即是日月。然聖人畫卦，不曰日月，不曰陰陽，而乃名之曰乾坤，何也？」羅子曰：「此只看一『易』字，則即得『乾坤』二字之意矣。蓋易是日月相函而成，且日居上而月居下。函月而居上，則尊而善於統矣，尊統乎陰，則陽非專陽，而陽不足以名之也；函日而居下，則卑而善於從矣，卑從乎陽，則陰非獨陰，而陰亦不足以名之也。故曰：『天尊地卑，乾坤定矣。卑高以陳，貴賤位矣。』所以聖人仰觀俯察之餘，著他一個『乾』字，則陽德便頃刻極其尊貴，而其於陰也，更何有不統耶？著他一個『坤』字，則陰德便頃刻極其卑賤，而其於陽也，更何有不從耶？統而從，從而統，則日月雖兩體而合一體，陰陽雖二用而成一用，造化自此而可成，鬼神自此而可行矣。譬如女在母家，便只叫做『女兒』，男在父家，便只叫做『男兒』，兩下如何成得？若男既婚，則當叫男作『夫』，但一叫『夫』，而男即可以兼女矣；女既嫁，則當叫女作『婦』，但一叫『婦』，而女即可以兼男矣。聖人彌綸天地，出入造化，惟在一命字之間，豈非至神至妙之道也哉！」

羅子曰：「性之爲性，乃乾坤神理，無善亦無不善，無不善而亦無善，所謂上天之載，聲臭俱泯，而爲善之至焉者也。《易》曰：『寂然不動，感而遂通天下之故。』

《中庸》曰：視之不見，聽之不聞，體物而不可遺。夫惟不見不聞，而寂然不動，是以能爲天下至無；夫惟體物不遺，而感通天下之故，是以能爲天下至有。爲天下至無，則豈惟不善非其所有，即善亦何所得而有也！爲天下至有，則豈惟善其所能爲，即不善亦何所不能爲也！但感通其用，固雖千變萬化而莫可窮極，然不動其體，實則亘古亘今而毫髮未或變遷也。聖人窮理至命，故常存吾性至善之本原，以御物感參錯之萬用，所以立言垂訓，純粹精詳，可爲至善之準則，且轉移化導，舉世甄陶，而又爲不善者之再造依歸也。諸子勿謂性理神化難言，姑就此身形體觀之：夫吾之形體，自有生之初，内而五臟六腑，外而九竅百骸，其精華充滿而莫定其充滿之量，其血氣周旋而莫覩其周旋之跡，是即所謂寂静之元而不動之神也。其善於調攝而順適之，則視聽云爲，起居食息，其快活何啻百千萬樣其妙用也；其不善保護而乖違之，則口眼從而歪斜，手足或相拘攣，其症候亦何啻百千萬樣其奇怪也。然此等妙用，此等怪狀，則皆初生無量精華之所自充，亦皆其初生無迹血氣之所自運也。故古來名醫之製方治病，咸從無病之處治之。如痿痺在左，則鍼其右，或右，則又于其左而取之；如沉痼在下，則開提其上，或上，則又于其下而通之。是雖其爲術之精，然實先於爲見之透，蓋的知夫此身之不病者其全體，而病者其一節也；此身之無病者其真常，而病者其一時也。故長善以救失，則失無乎不救；昭德以塞違，則違無乎不塞。於兄奪食者，須教以孝弟之良；遺親棄養者，必示以乳哺之愛。此固帝王匡扶世道之弘規，聖賢主張世教之善則也。」

羅子曰：「《易》以乾爲體，乾以復爲用。夫乾純粹以精，而天地人之性之至善至善者也。乾之善，神妙不可見，而幾見於復。《大易》爻凡三百八十有奇，雖兼閏以成歲，而始諸冬至之一日，冬至元陽一復，乾始能以美利利天下，四時行，百物生，斯其稱純粹以精，爲性善，善之至也。且也我夫子五十而學《易》，繼乾坤資始、資生而昌言曰『大德』，曰『生』，又曰『生生之謂易』。夫子以易爲學，以學爲教。易則生生，生生則日新，日新則學不厭，學不厭則教不倦，不厭不倦，則其德曰『仁』。夫唯仁，斯其人曰『聖』乎？故夫子示天下萬世求仁之旨，必曰：『仁者，人也，親親爲大。』夫親親爲仁之大，其仁大，則其人亦大，其學斯名大人之學也已。是故老吾老以及人之老，則老老而民興孝；長吾長以及人之長，則長長而民興弟；幼吾幼以及人之幼，則恤孤而民不悖。此之謂仁於家而齊，仁於國而治，仁於天下而平，若運掌而無難者。要之，孩提知愛，少長知敬，未學而嫁知養子，是人人能仁者也。人人能仁，是乾乎乾，而機自不息；性乎性，而生惡可已。所謂萬物皆備，我可人，人可天，不越一己，而天地人物一以貫，故己能已焉。是謂『中行獨復』。中行獨復，惟顔氏之子庶幾，夫子所以語之曰『克己復禮』，又曰『一日克己復禮，天下歸仁』。信哉！復其見天地之心矣乎！蓋一陽元氣，從地中復，所謂由乎己，黄中通理，正位居體也。由是視聽言動，一之於禮，由是其爲父子兄弟足法，而天下國家視諸掌，則美在其中，暢四肢，發事業，是美之至，善之極。顔氏之子，真聖於復，復而聖者乎？下是，唯孟軻氏可欲之善，信有諸己。夫惟信而後能克，未有克而不始於信者。一信乎己，即而美，而大，而聖神，斯可言克之全功也已。甚矣哉！孟之似吾顔氏也，甚矣哉！軻之善學吾夫子也。」

問：「孔子於《易》言『復』，而未嘗言禮，乃告顔子而必曰『復禮』者，何也？」羅子曰：「復者，陽而明者也。黄中通理，正位居體，是身之陽所自明也。暢於四肢，發於事業，是陽之明所必至也。故《禮》曰『天理之節文』，而又曰『禮，時爲大，順次之』。夫復則天，天則時，時則順而理，順而理則動容周旋，四體不言而默中帝則，節而自成乎文矣。復在乎己也，天安得不動之而爲禮也耶？是以孔孟立教，每以仁禮並言。蓋仁以根禮，禮以顯仁，則自視、聽、言、動之間，而充之仕、止、久、速之際，自將無可無不可，而爲聖之時也已。」

問：「復之禮也，固所以爲聖之時。然何以曰『復陽而明』也耶？」羅子曰：「易之爲道，統天徹地，純乎陽也。純乎陽者，統天徹地，神而明者也。人爲天地之心，故神而明之，必存乎其人。神而明之，存乎其人者，復見乎天地之心者也。故曰『中行獨復』，又曰『復以自知』。夫獨復自知，則能以易而知矣。以易而知，則能知太始而作成物矣。然則復也者，又豈非陽而明也哉？」

或又問：「易爲聖之時也，果爲有據矣。不知如何將此時習，將此立教也？」羅子曰：「乾行之健，即時也。自强不息，即習諸己而訓諸人也。初九以至上九，即時也。潛而勿用，以至亢而有悔，即習諸己而訓諸人也。推之六十四卦三百八十四爻，皆時也，皆所謂天之則也，亦皆是習諸己而訓諸人，奉天則以周旋而時止、時行、時動、時靜也。推之即《中庸》所謂喜怒哀樂中節之『節』，亦即《大學》致知格物之『格』也。又推之禮樂之損益，《春秋》之褒貶，《詩》《書》之性情、政事，更無出於『時』字之外者矣。先儒曰：《易》其五經之原乎？不明乎《易》而能通五經者，難且甚矣！」

問：「虞庭人心道心，可與乾坤亦相類乎？」羅子曰：「此言雖屬比擬，然亦有可類推者。即如乾初説個潛龍，龍則何等微妙而難見也；坤則初説『履霜堅冰』，冰霜則何等重滯而易危也。」曰：「乾坤渾是合體。若人心道心，則分明而二之矣。」曰：二『人』字『道』字，雖少分別，而心則止是一個『心』字也。」曰：「既是一個，如何却分作人與道耶？」曰：「此個界限，一言可判：日用不知，則道心而人矣；日用而知，則人心而道矣。蓋人受天地之衷以生，其生也知覺云爲，夫孰非心，亦孰非道？但寓於耳目形骸之中，動以人勝，而從欲時多，故心以人名，而不免於危也。心雖在人中，而道實在心中，但人自不覺知耳。若天牖其衷而一旦覺悟，則耳目之視聽，形體之運用，皆渾然見得是心，心皆渾然見得是道，愈覺悟則愈渾化，愈渾化則愈微妙。故心以道名，而復贊嘆其微也。」曰：「如此分判，果是明白。但恐非虞庭口氣。」曰：「當時口氣，果然是兩下開説。如曰：此心而人，則欲動而多危險；此心而道，則幾神而最微妙。吾人於此，不可不研精而致一也。其着力工夫，全在精處，但要精切明透，舍前數語，亦難得便了也。況所以精之者，正所以一之也。今其始初分説處，不犯斧鑿，則精後歸一處，亦自渾融而妙合矣。」

問：「治《易》者多言精兼神，至詰以所謂精神，則謂身之知覺運用是也。何如？」羅子曰：「『心之精神之謂聖』，此《禮經》夫子之言，而一言以蔽《易》之道者也。是故心以爲之根，聖以爲之果，而精之與神則條達乎心根，而敷榮乎聖果，而爲全株寶樹者也。蓋吾人此心，統天及地，貫古迄今，渾融於此身之中，而涵育於此身之外。其精瑩靈明而映照莫掩者謂之精，其妙應員通而變化莫測者謂之神。神以達精，而身乃知覺，是知覺雖精所爲，而實未足以盡乎精也；精以顯神，而身乃運用，是運用雖神所出，而實未足以盡乎神也。古之欲明明德於天下者，其心既統貫天地古今以爲心，則其精其神，亦統貫天地古今以爲精爲神。故其耳目手足、四肢百骸、知覺固與人同，而聰明之精通而無外者自與人異。運用固與人同，而舉措之神應而無方者自與人異。夫是以其爲父子兄弟足法而人自法之，燦然經綸天下之大經，而齊、治、均、平之無不備舉者；端自卓立天下之大本，而格、致、誠、正之無弗純全者出之也。此之謂人之善、聖之至、學之集大成，而《易》道無以加焉者也。」

問：「《易經》於羣聖之學，同歸於覺，而覺有大小，敬聞命矣。然孟氏最尊孔子，願學聖時，則孔子得力《易經》，隱然言外矣。及敘統帝王之後，却舍《易》而以《春秋》，抑更有説也？」羅子曰：「孔孟兩夫子心事只有天知。至暗藏春色於言語文字，不無端緒可尋，却二千年來，尚未見人說破。芳幸遇人略曾指點，但擇焉不精，語焉不詳，亦久蓄疑而未由請正。今諸君興言及此，又敢過自愛耶？蓋孔子一生話頭，獨重兩個字面，一個是『仁』字，一個是『禮』字。兩個字長相爲一套，却乃各有重處。仁是歸重在《易》，禮則歸重在《春秋》。孔子得手，又俱在晚年。觀其自敘五十以學《易》，可無大過。夫天下之事，有大於治國安民者乎？若用得大，而又可無過，非知天命以後不敢許也。至於感奮以答子路，却曰：如有用我，吾其爲東周。又嘆己夢久不及於周公。是則破口說周禮果能盡善，而斷然非己所爲，乃即魯史《春秋》來作個禮樂征伐出自天子的影圖，天下國家社稷臣民盡歸一大統的氣象。其實表出乾德之剛健中正，飛龍卓冠，六虛周遊，而統極御天，流形品物，而元和生化之手段，非徒言之，而日可見諸行事也。當時止是顏子一人，中行獨復，意味大約相近，故終日與言，無所不悅，及問『仁』而一日克復，天下歸仁，全部交付《大易》。及問爲邦，而舜韶禹正，去淫絶殆，又全部交付《春秋》。其人可與孟子作對而擔當大成一大家儅也。惜乎三老去後，春秋、戰國、漢武、秦皇，把人民視爲草芥，潤澤變成枯槁，而乾坤生生之造化，孩提戀戀之知能，已是星日久晦。至乎六朝五代之紛争，遼、金、大元之混僭，冠履安受其倒置，虎狼帖服其相群，則又長夜幾難及旦。乃幸天篤我太祖高皇帝，神武應期，仁明浴日，濁惡與化俱徂，健順協時通泰。孔孟竭想乎千百餘年，而《大易》、《春秋》竟成故紙。大明轉移於俄頃呼吸，而大統真脉，皎日當天。況兹聖子神孫，方爾振振繩繩，則我臣庶黎元亦可皞皞熙熙。芳自弱冠登第，以逮强仕。觀京師近省，其道德之一，風俗之同，不須更論。及部差審録，而宣大、山陜取道，經由至藩臬屯田，而雲貴、川廣躬親巡歷，不惟東南極至海涯，且西北直臨塞外，每嘆自有天地以來，惟是我明疆土宏廓，至尊君、親上，孝父、從兄道德，雖萬里而無處不一，衣冠文物廉耻，内外風俗，雖頃刻而無時不同。故前謂皇極之世，自堯舜三王以來，惟我明足稱獨盛。乃今證以孔孟之《大易》、《春秋》，符之以生平快覩，則直信言有大而非誇，會雖奇而實倖。即今齒已衰殘，思之猶深踴躍，况諸君時當壯鋭，其欣喜又復當何如耶？」

問：「孩提之不慮而知、不學而能，與今人之逐慮爲知、執學爲能者，其大小久暫，固彰彰較著矣。但乾坤之易而知也，雖亦似乎不慮；簡而能也，雖亦似乎不學。及細觀世上孩提，各各有身，各各有心，其身心各殊，中器知能，已自不可比而同矣；況造化知能，尤去人遠甚，如何却云共成一個，而無分兩般也？」羅子默然，徐復嘆曰：「此段話頭，非某敢作聰明，妄生杜撰，緣孟子：盡心知性則知天，存心養性以事天，分明謂天之心性，即吾之心性也。孔子：易知有親，而爲賢人可久之德；易能有功，而爲賢人可大之業。分明謂吾之知能，即天之知能也。」大衆愕然曰：「聖賢經書，果然説得明曉！吾儕可無惑矣。」羅子復曰：「爾輩據此幾句言説，便自喜心性了了，是則終無了了之日矣。蓋造化之底藴，原至精至妙，而吾儕之習氣，至拙至粗。以拙粗之功，當精妙之理，所謂操麻綫以透針關也。左亦甚矣！《易》曰：『窮理盡性以至於命。』你看窮到甚麽底裹地方？故欲明造化之微，須講造化之學。今世聖人之學已被集説等書妄肆探究，於性則辨析有幾許條件，於心則指陳有若個景光。且無奈心性原屬化機，變見隨時，本無實體，求以條件，則似有條件；索以景光，則似有景光。譬則寶珠之照耀，青紅赤緑，映物以成，昧者指爲定色；水銀之活潑，小大針圓，因盤以散，誤者謂爲殊方。不知此樣工夫，只着在一己見上；此等理趣，亦只自己見上生來。一見作祟，則萬種皆病。聖學可恨可憂，根芽全在乎此。有志豪傑，須早覓明眼真師，下翻辛苦氣力，凡從前見解伎能，盡數通身剥落，到牙關再開不得處，脚步再進不得處，不計日子年歲，不圖些小便宜，到那水窮山盡之鄉，自有闖卒轉頭時候，方信孩提之知能與造化之知能，欲擬一個，也非一個，欲擬兩樣，也非兩樣，統天統地而爲心，盡人盡物以成性。大似混沌，而却實伶俐；大似細碎，而却實渾全，從此徑途以躋聖域，則不徒孔孟經書建設有功，且於羲軒閫奥共享逸豫，非斯世斯文一大快也哉！」

問：「先生於天人之際，每敷陳心性，縷縷不已。吾儕願學未能，敢求指示。」羅子曰：「孔門宗旨，止要求仁。究其所自，原得之《易》，又只統之以『生生』一言。夫不止曰『生』，而必曰『生生』，生生云者，生則惡可已也。生惡可已，則易不徒乾，乾而兼之以坤；坤不徒坤，坤而統之以乾。蟠天薄地，而雷動滿盈；形森色盎，而霞蒸赫絢，横亘直達，邃入旁周，固皆一氣之運化而充塞乎兩間。然細觀此氣之流行順布，節序無不停妙；絪緼搆結，條理無不分明，則氣也而實莫非精之所凝矣。精固妙凝一氣而貫徹群靈，然深究精氣之浩渺而無涯，妙應而無迹，莫之爲而爲焉，莫之致而至焉，則氣也，精也，而又莫非神之所出矣。興言至此，則下至九泉，上至九天，中及萬民，旁及萬物，渾是一個生惡可已；渾是一個生惡可已，則渾是一個神不可窮。孔子曰『心之精、神是謂聖』，解之者曰『聖也者，通明者也』，又曰『聖也者，神明而不測者也』。天下古今，豈有神而不明者哉？抑豈有神而不通者哉？明則無不知矣，通則無不能矣。明通皆自神出，則空洞絶無畔崖，微妙迥徹纖毫，藏用於溥博淵泉，而實昭然聖體，天也，而未嘗以人異也。顯仁於語默云爲，而實總是天機，人也，未嘗與天殊也。」曰：「此等去處，恐是大賢大聖乃足承當，難以遽望初學。」曰：「古人論學，的有次第，所以本末始終，知所先後，乃可進道。故修、齊、治、平，必先正心誠意；正心誠意，必先格物致知。今不先求知得明白，乃即胡亂便下手去做，今世上千百萬人，難得一二個思爲聖賢。及講求作聖之分，輒復草草如考論幾場事物，貫串幾段經書，便云是明理要；如執持一點念頭，滯着方寸胸襟，便云是存心體。至於威儀行止，以彷佛儒先動履；静坐端凝，以希圖聖神境界。及至終無成就，反委咎聖爲絶學，却不思起初種子一差，末後何有果結？今有詳細爲子言之：夫不思而得，聖人也，其終是神不可測，而其始則只是不慮而知；不勉而中，聖人也，其終是化不可爲，而其始則只是不學而能。難説吾今此身不從孩提生長，則難説吾身知能便非不慮不學。但一縱觀，天機滿目，如此而視聽言動，如此而食息起居，人人俱有，個個現成。孟子謂：『道在邇而求諸遠，事在易而求諸難。』又謂：『行矣而不著，習矣而不察。』是以終身由道而不知爲道，聖賢極口傷嘆，我亦頻年叫喚，不想吾子今日，猶説此個知能非初學可望，豈果先入之言，習熟成性，而終迷不復也耶？」

問：「程子云：孔子道大難求，學者須學顔子。蓋顔子有個學眼，觀復卦，聖人親許顔氏之子庶幾，❶却只是『有不善未嘗不知，知之未嘗復行』。可見學須以知爲主，而知又要精明有力，足以出頭。則察惡既精，去惡又嚴，便明足以察几，健足以致決，久之純熟，則天理全而聖可學矣。」

羅子曰：「此是諸儒爲學的宗旨，而近時名公從而主張發揚，云爲深造自得之要。予早年未遇真師，亦儘是把這工夫去做，亦喜其説爲得《易經》之藴。後弱冠遇人，教以：講《易》須先乾坤，乾坤須先復。乾、坤二卦雖不相離，而不可相並，六十四卦皆是此意。故今説復，也要乾來應照。蓋復之爲候，是一年至日，於四時，則其時爲春首；於六氣，則其氣爲熅煖。乾曰『元亨利貞』，則是元之初初起頭處，融和温煦，天下萬事萬物，最可喜可愛，而爲卦之善者也。然孟子形容這個善，却云『可欲之謂善』。而孔子指點這個乾元，則又云『元者善之長』。是復在六十四卦，豈不是第一

❶「聖」，原誤作「學」，今據長松館本改。

最善者哉？今要解得復卦的确，須説復是復個善也。其復善，又是復善之最長，而非可以他卦倒言也。」

或曰：「吾人之性本然皆善，復則如興復恢復，所謂復吾舊物也。」曰：「此與興復恢復，却又不同。蓋彼是失而後復。若吾性之善，則本然具足，原非可以得失言者也。」曰：「原無得失，如何又説來復？」曰：「此『復』字從知處説起，所以云『復以自知』也。」曰：「如此，則與日至陽回之復，却又似有兩樣矣。」曰：「復是一個，而可兩分，雖可兩分，而實則總是一個善也。但性善，則原屬之天而順以出之；知善，則原屬之人而逆以反之。故孩提初生，其稟受天地太和，真機發越，固隨感皆便歡笑。若人心神開，發於本性之良，徹底悟透，則天地太和亦即時充滿，而真機踴躍，視諸孩提又萬萬也。」或又曰：「如此，則孔子稱顔氏，何獨只把知不善説起？」曰：「《大學》言『恕』，是説民好好之，民惡惡之。及後只説所惡，上下左右，勿以施焉，然所以好的意義自在其中。則此言知不善而知善的意義，豈又不在其中也耶？況所云善，豈是徒善而已哉！蓋善能知得不善，而使之不復行，正表其精明靈妙去處，非形容顔氏之善復何如哉？吾人看書，切須把前後首尾通貫成文，則其旨乃明。如《乾》曰：『乾知大始。』始即元也。元則的確是善矣。《復》曰：『復以自知。』自即己之性也。己性又不的確亦是善也哉？顔子心不違仁，則渾然已是復了，復則昭然已自知了。心上更不能以不善昧之，而且頃刻不能容之也。」曰：「他的爻詞，却説『不遠復』，分明是失之不遠，而尋即改之也。」羅子曰：「舊時註疏果是如此作解。殊不知此解不特學術混淆，而且天機蒙昧。蓋乾陽至健，更無止息，《剥》之上爻曰：『碩果不食。』茲《復》之初爻，即剥終過來者，故曰『不遠復』也。」曰：「既不遠，只是復之，卦體又何以却説以修身乎？」曰：「身即自也，即所謂『道不遠人』，『近取諸身』，『反身而誠，樂莫大焉』者也。然則復之不遠，非脩身如何？」曰：「復則均是個善矣，何以又曰『頻復厲』，又曰『迷復凶』也？」曰：「乾不云乎？『君子終日乾乾』，即類頻復，皆用力吃緊之象，皆憂勤惕厲之意，雖與在田、休復者不同，而實均無咎也。至上爻，決無不復之理。其云『迷復』，正對知復而言。所云：『終身由之而不知其爲道也。』要之，復之爲卦，學者只一悟透，則此身自内及外，渾是一段聖體，即天地冬至陽回，頑石枯枝，更無一物不是春了。樂正子只緣未過這關，所以美大聖神，竟無他分，願大衆共勉之！」

問：「先生答友人工夫切實之問，却云：今時爲學，只從意念上知覺。此似切實而非切實。蓋存想意念，原非本心，而住守覺照，亦異真知也。」一友辨云：「意念存想，果然未徹本心。然舍覺照，則古人工夫無可致力處。」羅子曰：「心之與知，原自相因，固未有其知不真而能得本心者。今且姑置此心勿論。吾儕今日，却好趁着大衆佳會，放懷共將知體磨礱一番，到得知真時，則其心方真，心知渾融，而大人能事乃可畢也。」或曰：「此心知體，只是靈明，豈更有别物？」羅子曰：「虛靈固無别物，而人見則有淺深。若淺泛而觀，則具衆理而應萬事，即童蒙誦習，已於此心虛靈似無不解，却原來只是影響之見，去真知之體何啻天淵！蓋吾人爲學，云是學聖。聖者，通明者也。通明者，神明而不測者也。故明可測則不神，明不神則難通。謂之通者，天地人物原是一個，即如『乾知太始，坤作成物』，雖乾坤亦是此個知字。今問諸子：乾之與知，果是如何？」一友答曰：「知即主也。《易》之卦爻，俱是以乾作主，如吾此心，亦是以知作主也。」羅子曰：「人心既是以知作主，而天心却不是以知作主耶？止因今世認知不真，便只得把『主』字來替『知』字。不想天若無知，也做主不成也。《易》謂『極深研幾』，又謂『窮神知化』，俱是因此知體難到圓通，故不得不加許多氣力，不得不用許大精神。今學者纔畧理會不通，便容易把個字眼來替，只圖將就作解，豈料錯過到底也。要之，欲明此心，須先見《易》，❶欲求見《易》，必先在遇人。某至冥頑，於世情一無所了，但心性話頭，却是四五十分毫不改。蓋緣起初參得人真，遇得又早，故於天地人物，其神理根源，直截不留疑惑，所以擡頭舉目，渾全只是知體著見，啓口容聲，纖悉盡是知體發揮，更無幫凑，更無假借，雖聽者未必允從，而吾言實相通貫也。」

問：「吾人在世，不免身家爲累，所以難於爲學。」羅子曰：「此言却倒說了。不知吾人在世，只因以學爲難，所以累於身家。爾即如座間纔歌邵子詩云『三十六宮都是春』。夫天道必有陰陽，人世必有順逆，今曰『三十六宮都是春』，則天道可化陰而爲

❶「見」，原脱，今據長松館本補。

純陽矣。夫天道可化陰而爲陽，人世獨不可化逆而爲順耶？然此非君子不近人情，有所勉强於其間也。蓋『維天之命，於穆不已』，君子之學，通於天道，亦不已也。天命不已，是曰『生生』。生則變化不測，即陰而陽，固未嘗不在也。純亦不已，是曰『仁心』。仁則體物不遺，即逆而順，亦未嘗不在也。故能以仁存心，則是與生爲徒；與生爲徒，則是以天自處，夫是之謂學也。吾人只能專力於學，則精神自然出拔，物累自然輕渺，莫説些小得失、憂喜、毁譽、枯榮，即生死臨前，而且結纓易簀，曳杖逍遥。孔、曾師徒豈皆作而致其情也耶？要之，仁理生生，原無死地，人若其中透過，真是時時赤子而步步天堂也，雖千年萬載，何異瞬息間哉！」

問：「邵子『天根月窟閑來往，三十六宫都是春』，其意何如？」羅子曰：「堯夫先生一生學問，得之《易經》；而其學問根源，得之復、姤。故曰：『一動一静之間，天地人之至妙至妙者也。』此是老者微言隱語，將一生所自得者，而方便設詞，與人作個悟頭。後人粗心浮氣，把動便看做復，把静便看做姤，把動静之間便看做復姤之際，有個地方時候相似，却不思乾遇巽時，地逢雷處，乾爲巽所自出，坤爲震所由生，所謂陰陽互爲其根，而兩不相離者也。大抵學《易》，先須乾坤二卦識得明盡。蓋乾以始坤，坤以終乾。乾之始處，未嘗無坤；坤之終時，未必非乾，二者原合體而成者也。堯夫因諸卦爻象，太似分析，❶故爲此詩打合吟詠，欲令學者亦自得之，此則其本旨也。」或曰：「詩

❶「析」，原誤作「柝」，今據長松館本改。

意固然，反之於身，則又何如也？」曰：「吾身只是個神、氣。氣則有呼有吸，呼則温，即復也，吸則冷，即姤也。其實呼即吸以爲呼，吸即呼以爲吸，原只是一氣，而往來有差殊爾。至於心之動静，則原説『合一不測之謂神』，又説『動而無動，静而無静』，有彰彰明甚者也。但此體在人，極是精妙，故動静之間，有幾存焉。《易》曰『極深而研幾。』又曰『幾者動之微，知幾其神乎』？未有不知其微妙之幾而能得乎姤復互根之體，亦未有不得其互根之體，而能通乎陰陽不測之神者也。古之善《易》者，真是自朝至暮，由昏達旦，渾然一致而體用如如，隱然寸幾而靈明烱烱，似有而實無，似無而實有，莫可方物探討，莫可言句形容者也。」問曰：「如此地位，可是閑往閑來也耶？」曰：「正是！正是！蓋往來不閑，則有滯礙。一有滯礙，則成陰濁，又安能周『三十六宫都是春』，統六十四卦而統爲陽也哉！」

易經一貫編終

近溪先生語要序

新建之道，傳之者爲心齋、龍溪。心齋之徒最顯盛，而龍溪晚出，尤壽考，益闡其説，學者稱爲「二王先生」。心齋數傳至近溪，近溪與龍溪一時並主講席於江左、右，學者又稱「二溪」焉。友人有獲侍二溪者，常言「龍溪筆勝舌，近溪舌勝筆」。余生既晚而愚，未嘗見二先生，獨嗜其書耳。而嗜近溪語最甚，口誦手鈔，彙成一帙，閒居鮮朋友，時一快讀，則神朗氣鬯，手足掉舞。羣從有過余庵中，或强與偕誦之，雖素不識性學者，皆釋然心開，喜色浮面，上可攬掬，兹非其筆耶？而尠若是矣，又况其勝者哉！心齋父子盛時，升堂譚道，萬衆咸集。既退，雖皂隸、臧獲，人人意滿若懷寶而去者。至先生會講時亦然。由今觀之，真不妄也。震霆破睡，開左藏以貸貧，其過而不取、昧而不聞者，宜亦鮮矣。有之，豈藏與霆之過哉？吾友何顯臣，志士也，嗜愛之有過於人，故刻而傳之。

萬曆庚子仲夏，會稽陶望齡書。

題重刻羅近溪先生語要序

近溪羅先生之學，從不慮不學立根，有疑其爲禪者，有疑其純任仁體、脱畧禮教者。雲川許敬庵先生，直謂其「大而無統，博而未純，難以結果」，余心竊躊躇焉。同年友定所俞君、南臯鄒君，素稱服先生，定所且遺書亟索其全編，謂謦欬中皆至理也。適閩漳薛君巡憲旴江，走柬訊之，乃出《語要》一册示余。讀之見其提醒心性，極爲真切渾化，庶幾聖門心齋坐忘之旨，非禪非脱畧禮教，亦非博大無成者也。更有疑焉，「從心所欲不踰矩」，是尼父到頭自學垂訓語也，曰心曰矩，心即矩、矩即心也。世之檢點躬脩，以善人君子奮勵矜持者，于心固未必無著，而任心所欲，藉口何思何慮，往往蕩越于矩度而不自知。幾微疑似間，最難把捉，最難剖析，益信夫子「從心不踰矩」之訓，爲純全無弊耳。先生慨支離、就簡易，去檢飾、任真機，大本大原，夫豈不善？竊恐後之學者，未閑矩度，先學從心，且號于人曰：「近溪先生指點不學不慮，真詮如是。」此末流之弊所必至也，憂世者宜有同心也。

薛君重刻兹編，以廣其傳，問序于余。余聊掇數語應之，併請質于有道者，其能闡發先生之精藴與否，未敢自信也。萬曆甲辰孟春吉旦，荆溪吴達可書于洪都公署中。

羅近溪先生語要卷上

會稽陶望齡輯

道心惟微，即如金寶；人心惟危，即如鑛石，未經煅煉，則粗劣其所不免，惟一惟精，所以煅之。精之爲功，始於志氣，持志不易，乃見精專。入手則在覺悟，紗悟融徹，乃見精通。志精悟精，則如善射之久視，雖懸虱，可大若車輪；跛鱉之守卵，即隔江，氣貫乎彼岸。

問：「今時譚學，皆有宗旨，而先生獨無？」曰：「此時我問子答，是知能之良否？」曰：「是知能之良也。」曰：「此個問答，要慮學否？」曰：「不要慮，不要學也。」曰：「如此以爲宗旨，儘是的確爲有矣。」

心爲身主，身爲神舍。身心二端，原樂於會合，苦於支離。故赤子提孩，欣欣然長是歡笑，蓋其時身心猶相凝聚。而少少長成，心思雜亂，便愁苦難當了。世人於此，隨俗習非，往往馳求外物，以圖遂安樂。不想外求愈多，中懷愈苦，甚至老死不克回頭。惟是善根宿植，慧目素清的人，他却自然會尋轉路，曉夜皇皇，如饑想食，凍露索衣，悲悲切切。於欲轉難轉之間，或聽好人半句言語，或見古先一段訓辭，時則憬然有個悟處，方信大道只在此身，此身渾是赤子，又信赤子原解知能，知能本非慮學。至是精神自來帖體，方寸頓覺虛明，如男女媾精以爲胎，果仁沾土而成種，生氣津津，靈機隱隱。云是造化，而造化不以爲功；認爲人力，而人力殆難至是。

今果會得此心渾然是一太極，充天塞地，更無一毫聲臭；徹表徹裏，亦無一毫景象。則欲得之心泯，而外無所入；欲見之心息，而内無所出。

問：「『君子終日乾乾』，此『乾乾』可是常知覺否？」曰：「不止常知覺。」曰：「可是常力行否？」曰：「不止常力行。」曰：「此處如何分别？」曰：「子之用工，能終日知覺而不忘記，終日力行而不歇手乎？」曰：「何待終日，即一時已難保矣。」曰：「如此又可謂『乾乾』已乎？」曰：「此是工夫不熟，熟則恐無此病矣。」曰：「非也，《中庸》教人，原先擇善，擇得精，然後執得固。子之病原在擇處欠精，今乃賴他執處不固，察脉不真，藥更作疾。

「如汝實實要入此門，則先須辦個必爲聖人之志。志意堅定，方好去尋真師友，遇着真師友，方纔有真口訣。真師口訣，却與如今書本講説的不同，半句不容妄説，塞住路徑；半步不得前移，困心衡慮。忘日忘年，自然有憬然悟，默然惺。雖是得得艱苦，却是住得安樂。

「夷、惠、冉、閔諸公，總未跳出善人窠臼。今要求跳出，則須先過信人一關。蓋善即聖堂，廣大無邊，貫通不隔，萬物皆備，千載同然。中間却有一個門限，所謂善有諸己也。只到此關，則人人生疑，信者萬無一二。既信關難過，則美大聖神，深宮密室，又安望能窺其邃奥，享其榮華哉？」

問：「如何得此理親切？」曰：「如何是此理？」曰：「某輩平日説理，只事物所當然便是。」曰：「汝初要求此理親切，今却舍了此時，而言平日，便不親切；舍了此時問答，而言事物當然，又不親切。」曰：「此時問答，如何是理之親切處？」曰：「汝把問答與理看作兩件，却求理於問答之外，故不親切。不曉我在言説之時，汝耳凝然聽着，汝心炯然想着，則汝之耳、汝之心，何等條理明白也。言未透徹，則默然不答，言纔透徹，便隨衆欣然而是，則汝之心、汝之口，又何等條理明白也？」

問：「吾儕昨請教，或言觀心，或言行己，或言博學，或言守静，先生皆未見許，然則誰可言道？」曰：「此捧茶童子却是道也。」衆皆默默。有頃，一友率爾言曰：「此小僮也，能戒慎恐懼耶？」曰：「茶房到此，有幾層廳事？」衆曰：「三層。」予嘆曰：「好造化，過許多的門限、階級，幸未打破一個鍾子。」其友方略省悟曰：「小僮於此，果也似解戒懼，奈他却日用不知。」予又難之曰：「他若不是知，如何會捧茶，捧茶又會戒懼？」其友語塞。徐爲解曰：「汝輩只曉得説知，而不曉得知有兩樣。童子日用捧茶，是一個知，此則不慮而知，知屬之天也。覺得是知，能捧茶，又是一個知，此則以慮而知，知屬之人也。天之知，只是順而出之，所謂順則成人、成物也。人之知却是返而求之，所謂逆則成聖、成神也。人能以覺悟之竅，而妙合不慮之良，使渾然爲一，純然無間，方是睿以通微，又曰『神明不測』。」

問：「某常欲照管、持守，有時間斷，奈何？」曰：「學是學聖，聖則其理必妙。子今只去照管、持守，却把學問做一件物事相看。既是物事，便方所而不員妙，縱時時照見，時時守住，亦有何用？我今勸汝，且把此等物事放下一邊，待到半夜五更，自在醒覺時節，必要思想要去如何學問？如何照管、持守我的學問？當此之際，輕輕快快，轉個念頭，以自審問説道，學問此時雖不現前，而要求學問的心腸，則即現前也。照管、持守工夫，雖未得力，而要去照管、持守一段精神，却甚得力也。當此之際，又輕輕快快轉個念頭，以自慶喜，説道我何不把現前思想的心腸，來做個學問，把此段緊切的精神，來當個工夫。則但要時便無不得，隨處去更無不有，所謂身在是，學即在是，豈止免得間斷，且綿綿密密，直至神聖地位，亦無難矣。」

問：「『允執厥中』，不識此中如何允執？」曰：「諸君將謂此理，有個一定可用力持守爲允執耶？是則子莫之所謂執，而豈虞廷之所謂中哉？《易》謂『寂然不動，感而遂通』，夫既寂然，將何所執？夫既遂通，又何暇執？故雖聰明，而不能爲思，雖才辨，而莫可爲言，以其神妙無方，乃爾。但自某看來，到喜得他神妙無方，乃更有端倪可求也。蓋謂曰『無方』，則精不住於精，而粗亦無不有也；微不專於微，而顯亦無不在也。善於求者，能因其理而設心，其心亦廣大周遍，而不滯於一隅；隨其機而致力，其力亦活潑流動，而不拘於一切。則人力、天機，和平順適，不求中而自無不中矣。北人言人可用曰『中用』，言物可吃曰『中吃』，亦以恰好相當，遂以中形容之耳。」

因講《坤·文言》「敬以直内」條，曰：「世間有志學問者，説着敬義，便去講求道理，着力持守，指曰『用工』；説着不習而利，便要等待時候，不即承當，指曰『是爲習熟自然』。却不知自然之妙，豈是習熟之所能到。而工夫不識性體，性體若昧自然，總是無頭學問。細細推求，則自然却是工夫最先處，而工夫却是自然以後處。」

問：「弟子用工何先？」曰：「汝輩昨來夜坐縱譚，直至更深。某問曰：『此皆是學否？』若當其時，即慨然直任，則工夫便是得力矣。但此非大度量、大氣魄、大聰明莫能也。我看汝輩，則不免精神少少斂索，此便不是善用工夫處。」曰：「弟子也覺有些斂索，但皆倏然而來，何暇去用工夫？」曰：「此處安能着功。蓋推求斂索，皆從前時疑根未斷，故到此未免倏然而來也。」曰：「鄙心非不欲直任，但每每言動多失，以故疑卒不免。」曰：「人之過有所從生，心不知，則過生也。心之知，有所由，昧疑不化，則知斯昧也。今不思信心作主。而只從過處斂索，是即千金之子，不威坐中堂，而竟日躬追狂僕也。」

問：「工夫再難湊泊，心胸茫無畔岸，苦將奈何？」曰：「汝若果然有大襟期，有大氣力，又有大識見，就此安心樂意，而居天下之廣居，明目張膽，而行天下之達道。工夫難得湊泊，即以不屑湊泊爲工夫；胸次茫無畔岸，便以不依畔岸爲胸次。解纜放船，順風張棹，則巨浸汪洋，縱橫任我，豈不大快！」一友起問：「此即是致廣大否？」曰：「致廣大，而未盡精微也。」問：「如何方盡精微？」曰：「精與粗對，微與顯對。今諸君胸中着得個廣大，即粗而不精矣；目中見有個廣大，便顯而不微矣。若到性命透徹之地，工夫純熟之時，則終日終年，長是簡簡澹澹，温温醇醇，是則無窮無盡，而極其廣大，亦無方無體，而極其精微。

「諸人試看，某今在此講學，攏有何物？止此一身而已。諸人又試想我此身從何所出，豈不根着父母，連着兄弟，而帶着妻子耶？是此身纔立，而天下之道即現；此身纔動，而天下之道即運，豈不易簡，豈爲難知！」

問：「禪家言遠離顛倒夢想，某心志不安，此病殊多，不識遠離亦有法耶。」曰：「古人云：處世若大夢。恐此一夢，尤遠離之所最急、亦所最難者。不此之圖，而夜夢之惡，豈非所謂夢中説夢耶？況夜之所夢，不待君遠離乎夢，而夢自遠離乎君也。世之人，固有夢中被毆而遭掠者矣，縱是癡兒，亦何嘗被毆而訟諸官，遭掠而索諸途，此則自解遠離之徵也。

「此個東西，本來神妙，不以修煉而增，不以不修煉而減。最先下手，只在自己能悟，悟後又在能好、能樂。至於天下更無以尚，則打成一片，而形神俱妙，與道合真矣。若悟處不透，好處不真，則面目雖露，隨物有遷。驗之心思夢寐之間，倏然而水，倏然而火，倏然而妖淫，倏然而狗馬。」

問：「心之精神，即身之知覺運用否？」曰：「『心之精神之謂聖』，此夫子一言以盡天下之道者也。蓋吾人此心，統天及地，貫古迄今，其精瑩靈明，映照莫掩者，謂之精；其妙應圓通，變化莫測者，謂之神。神以達精，身乃知覺，是知覺雖精所爲，實未足以盡乎精也；精以顯神，身乃運用，是運用雖神所出，實未足以盡乎神也。古之至人，其心既統貫天地古今以爲心，則其精、神，亦統貫天地古今以爲精、神。故其耳目、手足、四肢、百骸知覺，固與人同，而聰明之精通無外者自與人異。運用固與人同，而舉錯之神應無方者自與人異。」

問希聖宗旨。曰：「道之大，原出於天。莫之爲而爲，莫之致而至者，天也；不思而得，不勉而中者，聖也。既求希聖而希天，乃不尋思自己有甚東西可與他打得對同，不差毫髮，却如何去希得他？

「古人以『好』字去聲呼好，『惡』字去聲呼惡，今汝自考，從朝至暮，念頭是好善之意多，是惡惡之意多，或是般多？若般多，只扯得平過，謂之常人。萬一惡多於好，則惱怒填胸，將近於惡人。若果能好多於惡，則生意滿腔，方叫得做好人。」

「天命之謂性」，正孔子所謂「默而識之」，所謂「知天地之化育」，所謂「五十學《易》知天命」者也。蓋伏羲當年，亦儘將造化着力窺覷，所謂：「仰以觀天，俯以察地，遠求諸物，近取諸身。」其初也同吾儕之見，謂天自爲天，地自爲地，人自爲人，物自爲物。争奈他志力精專，以致天不愛道，忽然靈光爆破，粉碎虚空，天也無天，地也無地，人也無人，物也無物，渾作個圓團團、光爍爍的東西。描不成，寫不就，不覺信手秃點一點，元也無名，也無字，後來却只得叫他做乾，叫他做太極也，此便是性命的根源。三代聖人，如文王、周公，俱盡心去推衍擬議，及到孔子，又加倍辛勤，韋編之堅，三度斷絶。自少而壯、而老，直至五十歲來，依然乾坤混沌，貫通一團，而曰「天命之謂性」也。居常想像，吾夫子此言出口之時，真傾瀉銀漢，嘘吸滄溟，以潤其津唾；扶摇剛風，迴旋灝氣，以舒其喘息。自此以後，口則悉代天言，身則悉代天工。所以率此性而爲道，道則四達不悖，學安得厭？修之爲教，教則並育而有成，又安得倦？

問：「『羣龍無首，乃見天則』，敢問天則如何可見？」曰：「據汝問，果欲見天則耶？」曰：「然。」曰：「若天則可以見而求，可以問而得，則言語、耳目，各各用事，羣龍皆有首矣，寧不愈求而愈不可得耶？蓋易象原出自文王，《詩》之頌文王者曰：『不識不知，順帝之則。』又曰：『無然畔援，無然歆羨，誕先登於岸。』其所謂『畔援』、『歆羨』者，豈皆如世之富貴外物哉！即汝今日欲求見天則之心是也。故道岸之登不難，而歆畔之忘實難；帝則之順不難，而知識之泯實難。」曰：「然則言語知識，俱不用之可乎？」曰：「即此不用之心，與求見之心又何分別？」

問：「爲學須有個工夫作得主張方好。」曰：「聖賢言學，必有頭惱。若初先不明頭惱，只任汝我潦草之見，或書本膚淺之言，胡亂便做，此亦儘爲有志，但頭腦未明，則所謂工夫，只是汝我一念意思爾。既爲意念，則有時而起，便有時而滅；有時而聚，便有時而散；有時而明，便有時而昏。縱使專心記想、着力守住，畢竟難以長久。況汝心原是活物，且神物也，持之愈急，則失之愈速矣。」曰：「慎獨是學問頭惱否？」曰：「聖人原日教人慎獨，本自有頭惱，汝輩實未見得耳。蓋獨是靈知此心本體也，此心徹首徹尾，徹内徹外，更無他有，只一靈知，故謂之獨。慎則敬畏周旋，顧諟明命，如此用工，則獨便是慎的頭惱，慎亦便以獨作主張。慎或有時勤怠，獨則長知而無勤怠；慎或有時作輟，獨則長知而無作輟。何則？人無所不至，惟天不容僞，慎獨之功，原起自人，獨知原命自天也。況汝輩工夫，當其茫蕩之時，或應事，或動念，一一可以指數，何嘗絲毫茫蕩耶？是則汝輩辜負此心，此心却未辜負汝輩，天果明嚴，須當敬畏、敬畏！

「某觀古今聖賢，雖俱從悟入，其悟却有不同。有從有入無者，則漸向虛玄，其妙味愈深，其去人事日遠，甚至終身不肯回頭。有從無入有者，則漸次入於渾融，操持愈久，天機愈顯，所以能經綸天下之大經，立天下之大本，知天地之化育，此聖狂關頭也。」

問：「如何用力，方能得心地快樂？」曰：「所謂樂者，只無愁是也，若以欣喜爲樂，則不樂隨之矣。所謂得者只無失是也，若以景界爲得，則不得隨之矣。」

問：「臨事倉皇，心中不得妥帖，此是養未至否？」曰：「固然。然或是養未得法耳？蓋因汝先時預有個要靜定之意，後面事來，多合他不着，以致相違、相競，故臨時覺衝動不寧也。」曰：「孟子亦云能不動心，靜定之意，如何可不要？」曰：「心便則可不動，若只意思作主，如何能得不動？孟子是以心當事，今却是以主意當事。以意爲心，則雖養之百千萬年，却終是要動。」

問：「意與心不同，還覺未解。」曰：「意是要心不動，只此要不動的意思，已是事未來而先動矣，安有事來而又不動耶？」曰：「心之不動，景象却又如何？」曰：「無動而無所不動，無所不動而實無所動也。大約此處是用意思不得，只能常不用意思，便不動之本心自然可見，亦自然得力。」

問：「不慮而知，此只可在孩提時說，既長，則自有許多事物，如何容得不慮？」曰：「不慮而知，是學問宗旨。此個宗旨，要看得活，若說是人全不思慮，豈是道理？聖人見得世上人，知處太散漫，而慮處太紛擾，故其知愈不精通，其慮愈不停當。所以指示源頭，說知本是天，不必雜以人爲；知本不慮，不必起以思索。如此則不惟從前散漫紛擾之病，可以盡消，而天聰、天明之用，亦將旁燭無疆矣。細推其立教之意，不是禁人之慮，却正是發人之慮也。」

問：「學問在人，難說不要着力。」曰：「着力自當着力，然却不是要得。」曰：「我今儘力去要，尚不得，若不去要，如何可得？」曰：「若不去要，便可得，秖因子去要，所以多不得也。」曰：「孟子謂『强恕而行』，强比要不益甚耶？」曰：「子未理會全文，蓋孟子之所强者，恕也。如心爲恕，心體渾然無思、無爲，如之最難。況吾人平素千百般去思，千百般去爲，已是習慣成性矣，非用强力，又安能以如之耶？」

問：「人有生知、學知、困知之別。今說不待培養，恐此惟生知乃能。」曰：「知有兩樣，有本諸德性者，有出諸覺悟者。此三個『知』字，當屬覺悟上看。至於三個知之的『之』字，却當屬之德性。蓋良知良能，原是人人具足，個個圓成。然雖聖人，亦必待感觸覺悟，方纔受用得。但以其覺悟之速，便象生成使然，其次則稍遲緩，故有三等不同。至謂『及其知之一也』，則所知的德性，皆是不待學而能，不待慮而知，困知、生知，更無毫髮不同。後世因此『知』字不明，遂於德性也疑，説有氣質之雜，而孟氏性善之言，更無一人信得過。縱去學問，亦如導泉無源，種樹無根，徒勞心力耳。」

吾心良知，妙應圓通，其體亦是潔淨，如空谷聲響，一呼即應，一應即止，前無自來，後無從去，徹古徹今，無晝無夜，更無一毫不了處。但因汝我不識本真，目生疑畏，却去見解，以釋其疑，而其疑愈不可釋；支持以消其畏，而其畏愈覺難消。故工夫用得日勤，知體去得日遠。今日須是斬釘截鐵，更不容情，汝我言下一句，即是一句，赤條條、光裸裸，直是空谷應聲，更無沾滯，豈非人生一大快事耶？

學問與做人一般，須要平易近情，不可着手太重。如粗茶淡飯，隨時遣日，心既不勞，事亦了當。久久成熟，不覺自然有個悟處。

問：「平日在慎獨上用工，頗爲專篤。然雜念紛擾，終難止息，如何乃可？」曰：「如何是獨？」曰：「獨者，吾心獨知之地也。」「又如何爲慎獨？」曰：「吾心中念慮紛雜，時明時昏，時定時亂，須詳察而嚴治之，則慎也。」曰：「即子之言，則慎雜，非慎獨也。蓋知者心之體，一而弗二者也；所知者心之照，二而弗一者也。君子悟得心體在我，至隱至微，莫見莫顯，精神歸一，無須臾散離，故謂之慎獨。」曰：「所謂慎者，蓋如治其昏而後獨可得而明也，治其亂而後獨可得而定也。若非慎其雜，又安能慎其獨耶？」曰：「明之可昏，定之可亂，皆二而非一也。二而非一，則皆雜念，而非所謂獨知也。獨知也者，吾心之良知，明固知明，昏亦知昏，昏明二，而其知則一也；定固知定，亂亦知亂，定亂二，而其知則一也。古今聖賢，惓惓切切，只爲這些子費盡精神。珍之、重之，存之、養之，爲天地立心，爲生民立命，總在此一處致慎耳。」曰：「然則雜念俱置不問耶？」曰：「隸胥之在官府，兵卒之在營伍，雜念之類也。憲使升堂，而隸胥自肅；大將登壇，而兵卒自嚴，則慎獨之與雜念之類也。今不思自作憲使、主將，而惟隸胥、兵卒之求焉，不亦悖且難哉！」

問：「『由仁義行，非行仁義』，是聖人事，學者必須從行仁義處起手乃可。」曰：「此是兩種學問，如商旅路途，一往南行，一往北走，難説出門時且先向南，然後又回轉向北也。」曰：「學須是由勉而安，恐人非生知，難遽語此。」曰：「後世學術不明，只是此處混帳。蓋行仁義與由仁義行，是南北分岐處；由勉而安，是程途遠近處。行仁義有行仁義的安勉，由仁義行亦有由仁義行的安勉。

「今日出門一步，即從不慮不學處着脚趨向，尚且頭頭都是難事，節節都要精事，竭盡生平，方得渾化。若更從外面比倣修爲，徇象執跡，出門一步，已與不慮不學之體，不啻冰炭。做得閒熟一分，則去真心，日遠一分。做得成了家當，即如天淵之不相及矣。將以學聖，而反至背聖，將以盡心，而反至違心。

「人不善學，則雖孝弟而終歸於鄉士之次，人能善學，則即孝弟而終至於聖神之大。

「聖人所以異於人者，以所開眼目不同，故隨寓隨處，皆是此體流動充塞。一切百姓，則曰莫不日用；鳶飛魚躍，則曰察于上下；庭前草色，則曰生意一般，更不見有一毫分別，所以謂『人皆可以爲堯舜』，『吾非斯人之徒與而誰與』也。我輩與同類之人，親疎美惡，已自不勝隔越，又安望其察道妙於鳶魚，通意思于庭草哉？且出門即有礙，胸次多冰炭，徒亦自苦生平耳。豈若聖賢，坦坦蕩蕩，何等受用，何等快活也。

「自爲孩提，直至今日，親長之愛敬，耳目之聰明，饑寒之衣食，隨感而應，良知良能，明白圓妙，真是人人具足，個個完全。但就中先覺先悟，於此直下承當受用，如鑛石過火，銷融透徹，却即叫做聖人。然究其所悟的，只是吾人現在不慮不學之知能而已。吾人只少了此一覺悟，則便如一片精金，空藏在鑛中，而不成受用。雖終身去愛親、敬長，食飯、穿衣，與聖賢原無兩樣，而甘心做個凡夫。故聖人教天下，不是別有增益，只是以先知覺後知，以先覺覺後覺。如用火鍛鑛，即鑛是金，故曰「我欲仁，斯仁至矣」，「未之思也，夫何遠之有」。孔孟口口聲聲，只好如此懇切，其教其學，只學如此方便，故嘗謂吾輩若要做作修爲，則此學可以不講；又要費力研，窮思索，此學亦可以不講。今受用的即是現在良知，頃刻立譚，便能明白洞達，却乃何苦而不近前？況吾輩一生辛苦，何處不勉？如讀書應舉，做官立業，亦非易事。今能轉凡爲聖，則讀書便爲聖賢讀書，用世便是聖賢用世，到老也有個歸着，不虛費了精神。今若當下甘心自棄，則雖讀盡萬卷，功名極品，也只與浮雲飄泊，草木朽腐而已。

問：「旱久遇雨，禾苗勃興，亦與吾儕意思一般。」曰：「此似而非，先輩謂文字至譬喻處極難，予謂譬喻至心性處則尤難。蓋禾必待養而生，吾心則無時而不生；禾以遇旱而枯，吾心則無時而可枯。故窮天極地，萬萬其物，而畢竟無一物可以象吾此心；亘古及今，萬萬其事，而畢竟無一事可以象吾此學。此心、此學，真是只可默識，而不可言求；只可意會，而不可形索。至簡而至妙，至易而至神。」

問：「近聞先生論天命之性，見得此身隨處皆天，豈不快暢！」曰：「子若如此理會，是之謂失，而非所謂得也。」曰：「如何却反是失？」曰：「汝既曉得無時無處不是天命，則天命所在，即生死禍福之所在也。不知悚然生些懼怕，却更侈然謂可順適，則『天命』一言，反作汝之狂藥矣。

「吾儕原有此個至寶，爲又爲不得，蔽又蔽不得，神妙圓明，極其受用。乃是孔孟去後埋没千有餘年，不得見面，隨着諸家之説，以迷導迷，於不容爲處，妄肆其爲；於不容蔽處，妄疑其蔽。顛倒於夢幻之中，以終生卒歲，將求乎善而日遠，將去乎蔽而日增。

「如曰知得某事善，能得某事善，此即落在知能上説善，所謂善之枝葉也。如曰雖未見其知得某事善，却生而即善知；雖未見其能得某事善，却生而即善能。此則不落知能説善，而亦不離知能説善，實所謂善之根本也。人之心性，但愁其不善知，不愁其不知某善、某善也；但愁其不善能，不愁其不能某事、某事也。類觀夫赤子之目，止是明而能看，然未必其看之能辨也；赤子之耳止是聰而能聽，然未必其聽之能别也。今解者，只落在能辨、能别處説耳目，而不從聰明上説起，所以赤子、大人，不惟説將兩開，而且將兩無歸着也。且問天下之人，誰人無心，誰人不是赤子原日的心？君如不信，則請徧觀天下之耳，天下之目，誰人曾换過赤子之耳以爲耳，换過赤子之目以爲目也哉！今人言心，不曉從頭説起，却説後來心之所知、所能，是不認得原日之耳目，而徒指後來所聽所視者也，豈善説耳目者哉！

「不知爲學者姑置勿論矣，即稍知學，而工夫草次，亦往往不向本源求個清瑩，輒於末流圖之。或當無事之時，而着意張主；或於有感之際，而盡力袪除。然見未透徹，把捉愈難，不惟寂體背馳，即應感亦未能順妥。惟夫明睿過人者，則工夫不肯妄用，而汲汲以知性爲先，究悉名言，詢求哲士，沉潛默識，便自朝至暮，縱應感紛紜，而如如自在，寂照圓通。世人則終身滯泥於應感之偏，而至人則無日無時不從容於不動之中矣。」曰：「今世有堅忍强學者，雖心體未透，然工夫深久，亦能於事變不動。」曰：「此心至靈，何所不有，若果强而求之，豈惟事變不動？禪家二乘者流，有入定千歲，而一念不起者。然自明眼觀之，終是凡夫，此心真體毫無相涉，可不慎歟！」

所謂欲者，只動念在軀殼上取足求全者，皆是。

《易》謂「極深研幾」、「窮神知化」，俱是因此知體難到圓通，故不得不加許多氣力，不得不用許大精神。今學者纔理會不通，便容易把個字眼來替，只圖將就作解，豈料錯過到底也。要之，欲明此事，必在遇人。某至冥頑，於世情一無所了，但心性話頭，却是四五十分毫不改。蓋緣起初參得人真，遇得又早，故於天地、人物，神理根源，直截不留疑惑。所以擡頭舉目，渾全只是知體著見；啓口容聲，纖悉盡是知體發揮。更無幫湊，更無假借，雖聽者未必允從，而吾言實相通貫也。惟願吾儕大衆，共堅一心，共竭一力，心堅力竭，則不患不通一個真知，不患不成一個大聖。

問：「良知宗旨如何？起手後却如何結果？」曰：「孟子云：『可欲之謂善。』只此一語，起手也在是，結果也在是。」曰：「此語謂之起手則可，如何却便謂之結果？」曰：「人若不認得結果的明白分曉，則其起手亦必潦草混帳，所用工夫亦必不能精采奮勵、而勇往無疑。即如説一個善爲可欲，便須審實如何爲可欲？其可欲之實，審見一分，則其欲之之念，自切一分，審見十分，則切十分。故聖賢之學，於起手處便即可結果，若不可結果的，必不與他起手也。譬人初生子，視諸成人的，固有大小、强弱之異，然耳目、口鼻、四肢、百骸，渾身全備，不減分毫。順而養之，則日異一日，歲長一歲，及其成人，亦即原先赤子人。惟見得分明，信得透徹，便肯歡喜撫抱，而奈煩等待也。」

一友平素執持過苦，來見求一脱灑工夫。乃止之坐曰：「汝且莫求工夫，某亦無暇與汝説。但同衆講會，隨時卧食，待數日有暇，再共商量。」旬日，其友躍然喜曰：「近覺中心生意勃勃，雖未嘗用力，而明白洞達，自可愛樂。」曰：「汝信得當下即是工夫否？」曰：「既承指示，亦能信得，不知何如可不忘失耳？」曰：「忘原與助對，汝亦不忘，即必有忘時，所謂引寇入屋者也。故孔孟設科，不追其既往，不逆其將來，豈止以此待人，亦常以此處己。看他寬洪活潑，涵蓄薰陶，真是水流物生，任天機之自然，充之以至恒久不息，亦無難矣。」

性善一着，是聖凡之關，只一見性善，便凡夫立地成聖。孔子以後，惟孟子一人直截透露，其他混帳，則十人而九矣。此不是他肯自放過，蓋此處千重鐵壁，若非真正舍死拚生一段精神，決未許草率透過也。

問：「會語中謂不慮不學，可同聖人，今我輩此體已失，恐須學慮。」曰：「子若只學且慮，則聖終不可望矣。」曰：「何以解之？」良久謂曰：「子聞予言，乃遽生疑耶？」曰：「然。」曰：「此果吾子欲使之疑耶？」曰：「非欲之，但不能不疑也。」予嘆曰：「是即爲不學而能矣。」其友亦欣然曰：「誠然。」復呼之曰：「吾子心中此時覺炯炯否？」曰：「甚是炯炯。」曰：「即欲不炯炯得乎？」曰：「不能已。」予曰：「是非不慮而知也耶？」

問：「如何乃能上進？」曰：「白沙先生云：大道本無階級，而以疑爲階級，故大疑則大進，小疑則小進。子能善於作疑，則工夫不患其無進矣。」曰：「某亦時常作疑，但未見長進爾？」曰：「吾子何疑？」曰：「某日來承教，有不慊意處，故疑。」曰：「疑與明對，如謂意有不慊，而思加功，則正是明處，安得謂疑？若當慊意處能求進步，方始是疑。此則無中生有，惟志之廣大，而見之深遠者爲然。請爲子設一譬喻：如今弈棋者，纔知通子，對局者亦然，不數着而勝，此則學問慊意處也。子謂學弈者即可以勝自安乎？以爲不安，棋已明白，殺局以爲安，勝着不應如是容易。若是精進漢子，此時自會遲疑，自會去打古人棋勢，自會去向國手請教，如是而疑，如是而學，則其人亦自會見得前時殺局，粗淺僥倖。勝乎不善弈之人，亦自會見得所殺之局，其中藏有無限神機妙算，而我一時未能識得，妄自喜爲殺局也。故疑之進道類此。竊憂子之好勝，而樂與不若己者對局爾。」

問：「先王以『至日閉關，商旅不行，後不省方』，還是實事，亦是取象？」曰：「是因象以爲事也。蓋雷潛地中，即陽復身內，幾希隱約，固難以情意取必，又豈容以知識伺窺？故商旅行者，欲有所得者也；後省方者，欲有所見者也。不行不省，則情忘識泯，情忘識泯，則人靜天完。君今切切然，若謂有端可求；皇皇然，若謂有象可覩。是則商旅紛行，而後省旁午，何自而復乎？

「不能以天理自然者爲復，而獨於心識炯然處求之，則天以人勝，真以妄奪。君試反而思之，豈嘗有胸中炯照，能終日而不忘耶？事爲持守，能終日而不散耶？即能終日，夜則又睡着矣。請君但渾身放下，視聽、言動，都且信任天機自然而然，從前所喜胸次之炯炯，事務之循循，一切不做要緊，有也不覺其益，無也不覺其損，久則天自爲主，人自聽命，所謂『不識不知，順帝之則』矣。

「譬則一株樹，有枝葉，有根本。枝葉則愈尋而愈遠，根本則愈探而愈近。君謂去其不如聖賢以就其如聖賢，此則何年乃能去得盡，何年乃始如得來？此之謂愈遠而愈難也。若能反身密察，今時坐而飲食，此個惶恐何自而生？豈非天機自動而爲復耶？又豈非復自吾身而不遠耶？又豈非雷在地中，己力莫之能與，而已見莫之能窺耶？君若從此直信不疑，則持循之力，且可放下，便是『商旅不行』而外者不入矣；炯然之功，亦將無用，便是『后不省方』，而内者不出矣。」

問：「陽明學問，似微與諸儒不同？」曰：「豈惟陽明爲然，即宋諸儒學問，亦難盡同。然究其宗旨，則皆志於學聖。蓋聖之爲聖，釋作通明，如周子說：『無欲則静，静虚動直。静虚則明，明則通。』顯是主於通明也。程子説：『主敬，則聰明睿智，皆由此出。』亦是主於通明也。朱子説：『在物之表裏精粗無不到，而後吾心之全體大用無不明。』亦是主於通明也。但其理必得之功効，而其時必俟諸持久。若陽明先生之致良知，良知却即是明，不屬効驗，良知却原自通，又不必等待。」

聖賢語仁多矣，最切要者，莫「踰體」之一言。蓋吾身軀殼，原止血肉，能視聽而言動者，仁之生機爲之體也。推之而天地萬物，極廣且繁，亦皆軀殼類也。潛通默運，安知我體之非物，物體之非我。譬則巨釜盛水，衆泡競出，人見其泡之殊，而忘其水之同耳。孺子入井境界，却是一泡方擊，而衆泡咸動。非泡之動也，其釜同水一機，固不能以自已也。

問：「良知從何所發？」曰：「良知無從而發，有所發則非良知也。」「然則何歸？」曰：「在天爲天，在地爲地，在人爲人，無歸無所不歸也。」「有動静否？」曰：

「亦無動静。」曰：「若無動静，則起居食息，都無分别矣乎？」曰：「起居食息，不過是人之事。既曰在人爲人，則人己渾然是個良知。其事之應用，又可得而分别耶？」曰：「有見與昧，何也？」曰：「見是覺處，知常而覺暫。覺之現於知，猶泡之現於水也。泡莫非水，而現則有時。《中庸》見乎隱，是言覺。顯乎微，是言知。」

朱子云：「明德者，虚靈不昧。」虚靈雖是一言，却有二義。今若説良知是個靈的，便苦苦地去求他精明，殊不知要他精，則愈不精；要他明，則愈不明。豈惟不得精明，且反致坐下昏睡沉沉，更支持不過了。若肯反轉頭來，將一切都且放下，到得坦然蕩蕩，更無戚戚之懷也。無憧憧之擾，此却是能從虚上用工了。世豈有其體既虚，而其用不靈者哉！但此段道理，最要力量大，見識高，稍稍不如，難以驟語。

歌詩，偶及於「萬紫千紅總是春」之句，因撫然嘆曰：「諸君知紅紫之皆春乎？蓋天之春，見於花草之間，而人之性，見於視聽之際。今試抱赤子而弄之，人從左呼則目即盼左，人從右呼則目即盼右。其耳蓋無時無處而不聽，其目蓋無時無處而不盼，其聽其盼，蓋無時無處而不展轉，則豈非無時無處而無所不知能也哉？」

學亦只是學其不學，慮亦只是慮其不慮。以不學爲學，乃是大學；以不慮爲慮，乃是慮而能得。

問：「良知即是本來面目，今説良知足矣！何必復名以本來面目耶？」曰：「良知却實有個面目。」曰：「何以見之？」曰：「吾子此時此語，亦先胸中擬議否？」曰：「亦先擬議。」曰：「擬議則良知未嘗無口矣；擬議而自見擬議，則良知未嘗無目矣。口目宛然，則良知未嘗無頭面、四肢矣，豈惟擬議然哉！　予試問子以家，相去蓋千里也，此時身即在家，而庭院、堂室，無不朗朗目中也。又試問子以國，相去蓋萬里也，此時身即在國，而朝宁、班行，無不朗朗目中也。故只説良知，不説面目，則便不見其體如此實落，其用如此神妙；　亦不見得其本來原有所自，不待生而存，不待死而亡。而現在相對面目，止其發竅之所，滯膈近小，原非可與吾良知面目相並相等也。」

問：「有人山中靜養，久之遂能前知未來，此正吾輩不能及他處？」曰：「若不及他，到不妨，到妨着要及他也。」曰：「如何有妨？」曰：「正爲他有個明了，所以有妨。蓋有明之明，出於人力，其明小；　無明之明，出於天體，其明大。譬之暗室張燈，自耀其光，而日麗河山，翻成無覩。」

有素共講學而未肯擔當者，其友曰：「譬之酒家，某何嘗不賣酒，但耻挂招牌耳。」問曰：「何耻也？」曰：「酒少。」曰：「此個酒海，浸人滅頂，汝自不知耳。」既而改容，悼嘆曰：「此宇宙間學問一大宗旨也。且説『民之秉彝，好是懿德』，誰不作酒，誰不招客，又誰不云我只沽酒與人，何以招牌爲哉？　細細究之，此乃何等心腸，却是陷在鄉愿窠臼中。孔孟防之，故曰：『闇然媚於世者，德之賊』也。」

問：「百姓日用而不知，是如何？」曰：「不著不察耳。譬諸鑛石與銀無別，所争者火力光彩耳。」此友良久曰：「某知之矣。」曰：「不知時，是百姓，知後復是如何？」曰：「能知即聖人也。」曰：「知後乃方可入聖焉耳，非即聖人也。蓋良知心體，神明莫測，原與天通，非思慮所能及，道理所能到者也。吾人一時覺悟，非不惚然有見，然知之所及，猶自膚淺。此後須是周旋師友，優游歲月，收斂精神，以凝結心思。思者，聖功之本也，故思曰『睿』，睿者，通微之謂也。『通乎晝夜之道而知』，方可言『通』，動而未形，有無之間，方可言『微』。至此，則首尾貫徹，意象渾融，覺悟之功，與良知之體，如金光火色，煅煉一團，異而非異，同而非同。但工夫雖妙，去聖則猶遠也。」會衆愕然曰：「如何猶不足以語聖？」曰：「觀於孟子所謂：大而能化，神不可知，則聖人地位，亦自可以意會。」

問：「人心本與天地相通，只隔於有我，便不能合德？」曰：「此警戒人則可，若論天地之德，則雖有我，亦隔他不得。即有我之中，莫非天地生機貫徹，但謂其不知則可，若謂他曾隔斷得天地之生機，則不可也。」曰：「今有極惡之人，雷霆且擊之，難説其與天不隔也。」曰：「雷擊之時，其人驚否？」曰：「驚。」「被擊之時，其人痛否？」曰：「痛。」曰：「驚是孰爲之驚？痛是孰爲之痛？然則雷能擊死其人，而不能擊死其人之驚與痛之天也。」

一友遠來相見，問以近時工夫。曰：「於心猶覺有疑。」曰：「何疑也？」曰：「許多書旨，尚未得明白。」曰：「子許多書未明，却纔如何吃了茶，吃了飯，今又如何在此立譚了許久時候？」傍一生笑曰：「渠身上書，一向儘在明白，但想念的書，尚未明白耳。」其生怳然有悟。

「收拾一片真正精神，揀擇一條直截

路徑，安頓一處寬舒地步，共好朋友涵泳優游，忘年忘世，俾吾心體段與天地爲徒，吾心意況共鳶魚活潑。其形雖止七尺，而其量實包太虛；其齒雖近壯衰，而其真不減童穉。」

問：「别後工夫，常苦間斷，奈何？」曰：「工夫得不間斷，方是聖體。若稍覺有間，縱是平日説有工夫，亦還在凡境上展轉，都算帳不得。」曰：「工夫不能超凡入聖，恐多是不熟所致。」曰：「凡境與聖體，相去如天淵，相異猶水火，凡境工夫縱熟，亦終是凡，即水縱熱，亦只是水，不可謂水熱極便成火也。

「今人懇切用工者，往往只要心地明白，與意思快活。及至纔得明白快活時，俄頃之間，又倏爾變幻，極其苦惱，不能自勝。若人於變幻之際，急急回頭，細看前時明白者，今固恍惚矣，前時快活者，今固冷落矣。然其能俄頃變明白而爲恍惚，變快活而爲冷落，至神至速，此却是個甚麽東西？此個東西既時時在我，又何愁其不能變恍惚而爲明白，變冷落而爲快活也耶？故凡夫每以變幻爲此心憂，聖人每以變幻爲此心喜。」

羅近溪先生語要卷下

會稽陶望齡輯

吾人厭學倦教，只是未見意趣。若果識趣，則如好酒者，自然喜人共飲；好棋者，自然喜人同下，雖欲罷而不能矣。

學是學爲孔子，則吾人凡事皆當以孔子爲法。孔子十五而志於學，今日便當向半夜五更默默、静静考問自己的心腸，果是肯如孔子之一心一意去做聖賢耶？或只如世俗之見，將將就就，以圖混過此生也？將就混過，正是鄉愿的本事，孟子駡他做德之賊。「賊」字是「害」字，蓋此個念頭，即是鴆毒刀兵害了此一生也。以此做個的確規模，十五則決要志學，三十則決要自立，四十則決要不惑，方纔謂之學有成法。

坐中偶歌「人心若道無通塞，明暗如何有去來」之句，因詰之曰：「目視、耳聽，果即汝天性耶？」曰：「即天性也。」曰：「汝目果常明，抑有時而不明耶？」曰：「無時不明。」曰：「汝目常無不明，而汝心之明，却有去來，是天性離形色，而形色非天性矣。」衆皆恍然有省。已乃復告之曰：「目之明，亦有去來時也。今世俗至晚，則呼曰眼盡黑矣。其實則眼前日光之黑，與眼無與，而見日之黑，正眼之不黑處也。故孔子曰：『知之爲知之。』即日光而見其光也，『不知爲不知』，即日黑而見其黑也。光黑任其去來，心目何嘗增減？」

問：「掃盡浮雲而見天日，與吾儒宗旨

同否？」曰：「後世諸儒，亦有錯認以此爲治心工夫者。然與孔孟宗旨，則迥然冰炭。孔孟之言具在，如曰：『苟志於仁矣，無惡也。』又曰：『我欲仁，斯仁至矣。』又曰：『凡有四端於我者，知皆擴而充之，若火之始燃，泉之始達。』看他受用渾是白日青天，何等簡易，何等方便！」曰：「今日學者工夫，須如磨鏡，塵垢漸去，方得光顯。」曰：「孟子謂知皆擴充，即一『知』字，果是要光明顯現。但吾心覺悟的光明，與鏡面光明却有不同。何則？鏡面光明，與塵垢原是兩個，吾心先迷後覺，却是一個。當其覺時，即迷心爲覺，則當其迷時，亦即覺心爲迷。除覺之外，更無所謂迷；除迷之外，亦更無所謂覺。故浮雲天日，塵垢鏡光，俱不足爲喻。若必欲尋個譬喻，莫如冰之與水，猶爲相近。吾人閒居放肆，一切利欲、愁苦，即是心迷，譬則水之遇寒，凝結成冰；有時共師友講論，胸次開朗，譬則冰之遇暖，消融成水。況冰雖凝，而水體無殊；覺雖迷，而心體具在。方見良知宗旨，真是貫古今、徹聖愚，通天地萬物，而無二無息。」

問：「今若全放下，則與常人何異？」曰：「無以異也。」曰：「既無以異，何以謂之聖學？」曰：「聖人者，常人而肯安心者也；常人者，聖人而不肯安心者也。故聖人即是常人，以其自明，故即常人而名爲聖人矣。常人本是聖人，因其自昧，故本聖人，而卒爲常人矣。」

「聖賢拳拳垂教，不爲其他，只爲吾儕此身。故曰：『道不遠人。』且不在其他，而在於此一時。故曰：『道也者，不可須臾離。』夫此身、此時，立譚相對，既渾然皆道，則聖賢許多經傳，皆可會通。天下之人，只爲無聖賢唤醒，便各各昏睡，雖在大道之中，而忘其爲道。所以謂『百姓日用而不知』。及至知之，則許多道妙，許大快樂，却即是相對立譚之身，即在相對立譚之頃，現成完備，無欠無餘，如昏睡得唤，雖耳目醒然爽快，然其身亦只是前時昏睡之身，而非有他也。」

問：「言動事爲，可不要停當耶？」曰：「可知言動事爲，方纔可説停當，則子之停當，有時而要，有時而不要矣。獨不觀兹柏林之禽鳥乎，其飛鳴之相關何如也？又不觀海疇之青苗乎，其生機之萌茁何如也？子若拘拘以停當求之，則此鳥、此苗，何時而爲停當，何時而爲不停當耶？水流而不息，物生而不窮，造化之妙，原是貫徹渾融，吾子早作而夜寐，笑嬉而偃息，無往莫非此體，豈待言動事爲，方思量得個停當？又豈直待言動事爲，停當方始與古先賢哲不殊？若如是用功，如是作見，則未臨言動事爲，固是錯過，而既臨言動事爲，亦總是錯過矣。」

講約次。一生問：「戒謹恐懼，不免爲吾心寧静之累。」曰：「戒謹恐懼，姑置之，今且請言子心寧静作何狀？」適羣胥供茶，循序而進，目以告曰：「諦觀羣胥，此際供事，心寧静否？」曰：「然。」曰：「如是寧静，正與戒懼相合，而又何相妨耶？今世業舉子者，多安意於讀書、作文，居則理家，出則應務，自以此爲日用常行。至論講學做聖賢，却當别項道路，且須異樣工夫。故每每以閉户静坐爲寧静，以矜持把捉爲戒懼，欲得乎此，恐失乎彼者，殆將十人而九矣。曾不思道本中庸、平常、共由，且須臾不離，時刻長在。諸生試觀適纔童冠擊鼓、敲鍾，一音鏗鏗朗朗，諸鄉老拱立而聽，一句一字，曉曉了了，以至諸吏胥執事供茶，亦一步一趨，明明白白。一堂何曾外却一人，一人何曾離却一刻，而不是此道現前也耶。」生曰：「正用功時，恐不應如是現成。」曰：「諸生可言適纔童冠吏胥，歌詩進茶時，全不戒謹，其戒謹又全不用功乎？蓋説做工夫，是指道體之精詳處；説做道體，是指工夫之貫徹處。道體既人人具足，則豈有全無工夫之人？道體既時時不離，則豈有全無工夫之時？故孟子云：『行矣而不著，習矣而不察。』所以終身在於道體工夫之中，儘是寧静而不自知其爲寧静，儘是戒懼而不自知其爲戒懼，天下古今，蓋莫不皆然也。此個光明至寶，通晝徹夜，照地燭天，隨汝諸士子，居家出外而不舍；替汝諸士子，穿衣吃飯而不差。似寧静而又戒懼，似戒懼而又寧静。常常在於道學門中，亦久久在於聖賢路上，却個個不肯體認承當，以致混混沌沌，枉過一生。從今便好竪起脊梁，肩起擔子，將聖賢學問，只當家常茶飯，實實受用。」

若知危病之家之求醫乎？倉皇急遽，西走東奔，旁詢其故，則曰：「爲救性命也。」夫性命二字，生死係焉。孔子曰：「人之生也直，罔之生也幸而免。」孟子曰：「放其心而不知求。哀哉！」哀哉爲言，蓋吊其雖生而已死也。今須持畏死求生之心，以去理會性命，便自精神百倍。孔子終日不食，終夜不寢，發憤忘食，樂以忘憂，不知老之將至，看他此段精神，方是與危病求醫者同其汲汲，所以能起死回生，續延慧命，亘古今而長存也。不是如此懇切，而漫欲理會性命，決不可得。

問「君子之道費而隱」。曰：「諸君試看六經中語道之文，曾有如此『費』字之奇特者乎？蓋吾夫子學《易》，到『廣生、大生』去處，滿眼乾坤，如百萬富翁，日用奢費，浩蕩無涯，乃説出這個字面。善體聖心者，便從『費』字以求『隱』字，則富翁之百萬寶藏，一時具見矣。故費是説乾坤生化之廣大，隱是説生不徒生，而存諸中者，生生而莫量。化不徒化，而蘊諸内者，化化而無方。故『費』字之奇，不如『隱』字之尤奇，『費』字之重，又不如『隱』字之尤重。費則只見其生化之無疆處，而隱則方表其不止無疆而且無盡處。

「聖人的確見得時中分明，發得時中透徹，不過只在此個費、隱，故曰：『溥博淵泉，而時出之，溥博如天，淵泉如淵。』夫時中，即是時出時時中。出，即是浩費無疆，寶藏無盡，平鋪於日用之間，而無我、無人；常在目睫之下，而無古、無今。真如鉅富之家，隨衆穿也穿不了，隨衆吃也吃不了，隨衆受用更也受用不了。君子尊德性者，是尊此個德性；敬畏天命者，是敬畏此個天命；樂其日用之常者，是樂此個日用之常；大人之所以不失赤子良心者，是不失此個赤子良心。後世道術無傳，於天命之性，漫然無知，便把吾儕日用恒性，全看不上在眼界，全不着在心胸。或疑其爲惡，或猜其爲混，或妄第其爲性有三品，遂至肆無忌憚，而不加尊奉畏敬，敝則卒至於索隱行怪，而反中庸矣。蓋由其不見大用顯行，偏滿寰穹，便思於静僻幽隱處着力，謂就中須養出有個端倪，又謂看喜怒哀樂以前作何氣象。不見孩提愛敬與夫婦知能，渾是天然大道，便思生今反古，刻意尚行，而做出一番奇崛險怪、驚人駭俗之事，此豈不是不知天命而不畏，遂至反中庸者哉？

「若不務明張道目，朗擴胸襟，只拘泥舊聞，人私其身，己私其學，執一念以爲天真，任猜求以還性地，豈惟端倪竟不可圖，聖修竟不可得，而眼前錦繡乾坤偏界，總成淒楚苦趣矣。

「泛觀天地之間，其地有百千萬方，每方有百千萬人，然耳目之聰明，知能之活潑，孩提則均一愛敬，爹娘則均一撫抱，穿衣吃飯，日用往來，直至老死，則均一更無少欠。真是王道平平，而不費些子尋思；王道蕩蕩，而不費些子氣力。若要通天，只此便天可通；若要徹地，只此便地可徹；若要統人、統物，只此便人物統一。所以夷、惠、伊尹，只管努力，而偏有不能；孔子只管隨時不費些力，而能不可及。」

「中庸其至矣」的「至」字，原是從《易經》上來。蓋乾坤原是一個，然乾則只可言他大，言他始，此則便是大家門路所共的去處。不想好看、好聽，而却少受用。入去便皆茫蕩無歸着。結果惟是此氣一到坤處，便自平順安妥，生息冲和，方是羣品受用，一片田地。孔子到此嘆曰：「至哉坤元，萬物資生。」此千聖萬賢求道之極則也。

分體用，析顯微，以求道語道，此是孔孟過後宇宙中二千年來一個大夢鼾睡，至今而呼喚未醒者也。蓋統天徹地，盡人盡物，總是一個大道，此個大道，就叫做中庸。中庸者，平平常常，偏滿乎寰穹，接連乎今古，良知以爲知，而不假思慮；良能以爲能，而絶些勉强。無晝無夜，其靈妙從虚空湧將出來，乃是「天命之性」；無晝無夜，其條理就事務鋪將出去，乃爲「率性之道」。此則三千萬化，實實地有這個道體，安得謂無？乃間亦言無者，則是嘆羨其有不徒有，而有得圓融了無滯着焉耳，非謂可以有無而分剖之也。兩間萬世，昭昭地見這個顯佈，安得謂微？乃間亦言微者，則亦表其顯不徒顯，而顯得精妙了不容窺測焉耳，非謂别有顯微而各主之也。所以曰：「君子之道，費而隱。」

若盡性至命，而爲天下之至誠、至聖，則道即是他，他即是道。但明顯顯纔現目前，而中則更無隱藏；明顯顯纔話口頭，而外則又何餘剩。是則目擊而道存，言出而藴盡。

芳幸生儒家，方就口食，先妣既自授《孝經》、小學、《論》、《孟》諸書。年至十五，方讀《論語》。出就舉業，所遇之師，爲人英爽高邁，且事母克孝，每謂人須力追先古。於是一意思以道學自任，却宗習諸儒各樣工夫，屏私息念，忘寢忘食，奈無人指點，遂成重病。賴先君示以《傳習録》一編，手而讀之，其病頓愈。嗣是科舉省城，縉紳大舉講會，見吉中顔山農先生，芳具述「昨遘危疾，而生死能不動心；今失科舉，而得失能不動心」。先生俱不見取。問之，曰：「是制欲，非體仁也。」芳謂「克去己私，復還天理，非制欲，安能體仁哉？」先生曰：「子不觀孟氏之論四端乎？知能擴而充之，如火之始燃，泉之始達，如此體仁，何等直截！故子患當下日用而不知，勿妄疑天性生生之或息也。」芳時大夢忽醒，乃知道有真脉，學有真傳，遂師事之。比聯第歸家，苦格物莫曉，乃錯綜前聞，互相參訂，説殆千百不同，每有所見，則以請正先君。先君亦多首肯，終是不爲釋然。三年之後，一夕忽悟，覺心甚痛快，中宵直趨卧内，聞於先君，先君亦躍然起舞曰：「得之矣，得之矣。」

遐想十五之年，從師與聞道學，其時目諸章縫，俱是汙俗；目諸黎庶，俱是冥頑。而吾儕有志之士，必須另開一個蹊徑，以去息念存心；别啓一個户牖，以去窮經造理。餅樣雖畫完全，饑飽了無干涉，徒爾勞苦身心，幾至喪亡莫救。於此不覺驚惶戰慄，自幸宿世何緣，得脱此等苦趣。已又遐思，童穉之初，方離乳哺，以就口食，嬉嬉於骨肉之間，怡怡於日用之際，閒來閒往，相憐相愛，雖無甚大好處，却又也無甚大不好處。至於十歲以後，先人指點行藏，啓迪經傳，其意趣每每契合無違，每每躬親有得，較之後來着力去處，難易大相徑庭。則孟子孩提愛敬之良，不慮不學之妙，徵之幼穉，以至少長，果是自己曾經受用，而非虚話也。

時乘閒暇，縱步街衢，肆覽大衆車馬之交馳，負荷之雜沓，其間人數何啻億兆之多，品級亦將千百其異。然自東徂西，自朝至暮，人人有個歸着，以安其生，步步有個防檢以全其命。

孔門《學》《庸》，全從《周易》「生生」一語化將出來。蓋天命不已，方是生而又生；生而又生，方是父母而已身，已身而子，子而又孫，以至曾、玄。故父母、兄弟、子孫，是替天命生生不已，顯現個膚皮；天命生生不已，是替孝父母、弟兄長、慈子孫，通透個骨髓。直豎起來便成上下今古，橫亘將去便作家國天下。

「仁，人心也」。心之在人，體與天通，而用與物雜，總是生生而不容已，混混而不可二者也。故善觀者，生不可已，心即是天，而神靈不測，可愛莫甚焉。不善觀者，生不可二，心即是物，而紛擾不勝，可厭莫甚焉。然見心爲可愛者，古今人無一二；而見心爲可厭者，則人人皆然矣。蓋自虞廷，便説「道心惟微」，果是心涵道體，神妙之難窺；「人心惟危」，亦果是心屬人身，形跡之易滯。危而易滯，所以形跡在前者，滿眼渾是物欲；微而難窺，所以神妙在中者，終身更鮮端倪。

今人只曉得告子不動之道，出諸强制，與孟子不同。不知告子之所謂心，與孟子之所謂心，渾是兩樣，如黑白、冰炭之異，相去遠甚。曰：「可得聞否？」曰：「告子自己的話頭，現在有甚麽難見。夫孟子之不動心，以知言得之，是言與心無二體也。而告子曰『不得於言，勿求於心。』把心在言外，而另作一件物事也。孟子之不動心，以養氣得之，是心與氣無二體也。而告子曰『不得於心，勿求於氣』，便又把心在氣外，而另覓一個去處也。夫有個去處，便好尋覓；有件物事，便好把捉去處以安頓之，視諸浩然茫蕩者，孰爲難易？把捉以持守之，視諸卒然剛直者，孰爲安危？加以好逸惡勞，人之故態，見小欲速，世有常情，安得不舍彼而取此也哉！

况此心真體原本乎天、宰乎神。其布濩雖顯諸仁，而幾微則藏諸用。莫説耳目見聞，到此俱廢，即思慮之精巧，自是難容。真個千層鐵壁，莫喻其堅；萬里霄雲，曷盡其遠，必遇至人，方纔有個入路。故戰國如告子，也是人豪，然終是輸與孟子。何啻告子，此後直至秦漢、晉唐，數百千載，尋個可與孟子照面的，杳然絶響。却總是諸儒初起志向，愛討便宜，於日用尋常中妄作識情。既作識情，强生見解，視燈影而忽多紅黄，瞰淵日而遽增光耀。遂指浮游之念，謂是心源，且執計較之端，名爲靈竅，視諸塵寰逐欲之徒，仕路希寵之輩，儘爲學好。無奈覓真不着，遂就假而不疑；入室無從，乃傍門而遽止。去聖愈遠，離道益深。

性在現前，世之學者，漫多自許能知。無奈本心聰明，殊未竭盡，所以浮浪言辭，先入作主，真正道脉，反作尋常。孟子憂之，故昌言曰：「盡其心者，知其性也，知其性，則知天矣。」

事天比之知天，雖較純密，但我去事天，終是兩個。兩而未一，則壽夭終屬於天，而我猶不免聽命，以語聖神之理，恐亦難矣。惟夭壽不貳，至迹化而齊，修身以俟，至情忘而一，則我命在我，而我即天矣。譬之舜之與堯，始而受其明揚側陋，即知之真處，繼而蒙其館甥貳室，即事之密處。若論曆數在躬，而萬幾統一，則須是禪位稱帝，乃其極至處也。

果能不憚劬勞，不計歲月，到得心思既竭，神明自來，那時許大乾坤，俱作水晶宫闕。即是説性、説天，已是强爲區别，存之與養，知之與事，豈不一齊俱到哉！

問：「聖凡合一，此是從赤子胞胎時説者，故吾儕今日，只合時時照管本心，事事歸依本性，久則聖賢乃可希望。」時方接茶遜讓，先生執甌問曰：「君言照管、歸依，俱是恭敬持甌之事，今且未見甌面，安得遽論持甌事乎？」曰：「我於甌子，也曾見來也。曾持來，但有時見，有時不見；有時持，有時忘記，不能如聖人之恒常耳。」曰：「此個性，只合把甌子作譬，原不是甌子。甌子則有見不見，而性則無不見；甌子則有持不持，而性則原不待持。《中庸》説率性謂道，道不可須臾離，君既持而不恒，則是可須臾離矣。可離，則所見所持，原非是性，認假爲真，不自覺耳。」曰：「此性各在當人，誰不能知？」

曰：「君言知性如是之易，此性之所以難知也。大約吾人用功，須以聖賢格言爲主，不見孟子之論知性，必先之盡心，苟心不能盡，則性不可知也。又謂『知其性，則知天矣』，苟天未深知，則性亦不可爲知也。君試反而思之，果曾如古聖賢，既竭心思矣乎？今時受用，果得如至誠知天地之化育矣乎？即不論心思之難盡，化育之難知，且如陸象山接見傅生晫，驚嘆其面目殊常，神采焕發，問之，果夜來於仁體有悟。故此性惟不能知，若果知時，便骨肉皮毛，渾身透亮；河山草樹，大地回春。如人驟入寶所，則色色奇珍，隨取隨足。或爲夜光而無所不照，或爲如意而無所不生，安有見不能常、持不能久之弊。苟仍前只是舊日境界，敢保未曾有知已。今我替君想像，果然平日有個知處，却是疑胞胎方離，知識未顯時爲善。今日滿眼無非紛華，滿腔多是情欲，防閑掃滌，少得安帖，認爲窺見真體。若意思怠忽，則機括便似仍前矣。」曰：「如此工夫，某亦未能。但堯云『兢兢』，舜云『業業』，恐聖賢未有不如此者也。」

曰：「予且未詳堯舜聖賢，但據君於己性真決其爲善，則是初生之時，君已受用不着。真決其要用力方善，則自孩提至今皆然。是君於性，正疑信未定之時。周子云：謂能疑爲明，何啻千里！」此友沉思，未有以應。旁一友起云：「連日承與指陳，果見得我此身心，自早抵晚，無大失錯。即童僕二三輩，竟日相聚，言動亦時時自在。中夜想起，頗覺快暢。又覺從前一向路徑差迷也。」

時一二童子，捧茶方至，先生指而嘆之曰：「君自視與捧茶童子何如？」曰：「信得更無兩樣。」頃之，復問曰：「不知君此時何所用工？」曰：「此時覺心中光光、精精，無有沾滯。」曰：「君前云與捧茶童子一般，説得儘是。至曰心中覺光光、精精，無有沾滯，説得又自己翻帳也。童子現在，請君問他，心中有此光景否？若無此光景，則分明與君兩樣矣。」曰：「不識先生心中工夫，却是何如？」曰：「我的心，也無個中，也無個外；所用工夫，也不在心中，也不在心外。獻茶時，隨衆起而受之，啜畢，童子來接時，又隨衆與之。君必以心相求，則此無非是心；以工夫相求，則此無非是工夫。若以聖賢格言相求，則此亦可説『動静不失其時，而其道光明』也。」

此友再越旬日，過訪，欣然曰：「近復得個悟頭，甚是透徹。」先生請其詳。徐曰：「向時見有未真，每云己性有時得失顛倒錯亂，中無定主，工夫安能純一？殊不知耳目、心思一也，終日應接事物，誰曾一時無耳目哉？耳目既然，心思亦爾。耳目、心思既皆常在，則主宰已定，工夫漸純矣。」先生笑曰：「君此悟雖妙，然久還生疑。」其友不服。先生曰：「孔孟性宗，同歸於善。今子悟性常在，獨不思：善，則性在時爲之；不善，亦性在時爲之。吾子以常在主張性宗，安得爲全善耶？」此友怳然自失，問將奈何。曰：「是不難。蓋常在者，性之真體，善不善者，性之浮用。體則足以運用，而用不能以遷體。試思耳聲、目色，美惡千變，是則心思之善不善也。然視聽明曉，一一不殊，是則心性之至善，更非物感可遷者也。」此友快然别去，數月重來，謝曰：「人言得悟，如醉夢復醒，若先生之悟小子也，則是死而復生矣。」

會中一友用工，每坐，便閉目觀心。問之曰：「君今相對，見得心中何如？」曰：「炯炯然也，但恐不能保守，奈何？」曰：「且莫論保守，只恐未是爾。」曰：「此處更無虚假。」曰：「可知炯炯有個落處？」其友頗不豫。久之稍及他事，隨歌詩一首，乃徐徐謂曰：「乃適來酬酢，自我觀之，儘是明覺不爽，何必以炯炯在心爲乎？况聖賢之學，本諸赤子，又徵諸庶人。若坐下心中炯炯，却赤子原未帶來，而與大衆亦不一般也，渾非天性，出自人爲。今日天人之分，便是將來神鬼之關。今在生前，能以天明爲明，則言動條暢，意氣舒展。比至歿身，不爲神者無幾。若只沉滯襟膈，留戀景光，幽陰既久，歿不爲鬼者無幾。豈知此一念頭，翻爲鬼種，其中藏乃鬼窟也哉！」

問：「思慮起滅不寧，奈何？」曰：「子所患，恐不在思慮不寧，實由心體未透耳。蓋思慮雖有萬端，心神止是一個。遇萬念以滯思慮，則滿腔渾是起滅，其功似屬煩苦；就一心以宰運化，則衆動更無分别，又何起滅之可言？」曰：「此時、此心，果是起滅無從，但邪思竊發，不知作何對治？」曰：「君子兢業以過一生，此意豈容暫忘。但太陽出而魍魎消，聖人作而萬物覩，乾綱獨善，操持八荒，孰非統内？不思務此，而角力争雄，以希掃蕩，則戰國、春秋，更無寧日也。」

天地生人，原是一團靈物。萬感萬應，而莫究根原；渾渾淪淪，而初無名色。只一「心」字，亦是强立。後人不省，緣此起個念頭，就會生個識見。因識露個光景，便謂吾心實有如是本體，實有如是朗照，實有如是澄湛，實有如是自在寛舒。不知此段光景，原從妄起，必隨妄滅。及來應事接物，還是用着天生靈妙渾淪的心。心儘在爲他作主幹事，他却嫌其不見光景形色。回頭只去想念前段心體，甚至欲把捉終身，以爲純一不已，望顯發靈通，以爲宇太天光。用力愈勞，違心愈遠。

孔門學習，只一「時」字，時則平平，而了無造作；時則常常，如初無分别。人居静室，而不異廣庭；出宰事爲，而即同經史。煩囂既遠，趣味漸深。如是，則坐愈静而意愈閒，静愈久而神愈會。

知有至大的，能亦有至大的，今則忘其大而却求其小矣；知有至久的，能亦有至久的，今則又棄其久而求其暫矣。中國，四夷，朝市、里巷，無人不有此知，無人不有此能，何等其大？晨興、夕寢，孩提、老耄，無時不用此知，無時不用此能，何等其久？此個知能，平鋪徧在人間，洋溢充乎宇内。性之原是天命，率之便作聖功。争奈他知則自然而知，不假些子思想；能即自然而能，不費些子學習。故有知之實，無知之名；有能之用，無能之跡。究竟古云久大，當下却似枯冷。後世有志之士，捉摸這個不着，遂從新去開拓，以求個知；從新去力作，以成個能。其工夫比之不慮不學之初，更有許多意趣，更有許大執持。遂的確信其爲入聖途徑，以更相授受，傳至於今，敷陳訓詁，蔓延解説，豈止汗牛充棟，亦且浹髓淪肌矣。

説他無知，却明白曉了，毫髮不差；説他無能，却活潑周旋，纖微悉舉；説他有知，却原非思慮，雖分曉而實冥昧；説他有能，却原非黽勉，雖活潑而實渾淪。似有而不容以有，似無而不至於無。將謂幾屬於人，而人力殆難至是；將謂幾屬於天，而天心渺不可窮。如此看來，果是言思路絶，難以名狀也。

世之俗學異教，多有指思慮爲神，靈明爲精，動作爲氣。體既妄與支分，用亦誤相錯雜，言愈多而道愈遠矣。殊不知皆是强名，原無實物，言下似若有三，就裏了難取一。神可以該精、氣，而精、氣實可化神。氣亦可以該精、神，而精、神亦原附氣。渾淪圓妙，一粒而九有盡含；推移迅疾，一息而萬年莫竟。惟是邃古至聖，特立宇宙之中，超拔乾坤之表。洞徹空澄，即海嶽之弘鉅，而迥無隔礙；靈明朗曜，即木石之頑朴，而畢露新奇。故能會古今民物之英華，而宣昭以張隻眼；統古今民物之竅妙，而顯發以宰一心。是以目惟不觀，觀則無所不透；心惟不運，運則靡所不通。

汝曹據此幾句言説，便自喜心性了了，是則終無了了之日矣。蓋造化之底蘊，原至精至妙，而吾儕之習氣至拙至粗。

以粗拙之工，當精妙之理，所謂操麻線以透鍼關也，左亦甚矣。《易》曰：「窮理盡性，以至於命。」你看窮到甚麽底裏地方？故欲明造化之微，須講造化之學。今世聖人之學，已被《集説》等書，妄肆穿鑿，於性則辨析有幾許條件；於心則指陳有若個光景。且無奈心性原屬化機，變見隨時，本無實體。求以條件，則似有條件；索以景光，則似有景光。譬則寶珠之照耀，青黄、紅緑，映物以成，昧者指爲定色；水銀之活潑，小大、斜圓，因盤以散，誤者謂爲殊方。不知此樣工夫，此等理趣，亦只自己見上生來，一見作祟，則萬種皆病。有志豪傑，須早覓明眼真師，下番辛苦氣力，凡從前見解伎能，盡數通身剥落，到牙關再開不得處，脚步再進不得處，不計日子年歲，不圖些小便宜，到那水窮山盡之鄉，自有驀卒轉頭時候。

今世上千百萬人，難得一二個思爲聖賢，及講求作聖之方。輒復草草，如考論幾場事物，貫串幾段經書，便云是明理；執持一點念頭，便云是存心。至於威儀、行止，以彷彿儒先；静坐端凝，以希圖聖神。及至終無成就，反委咎聖爲絶學。却不思起初種子一差，末後何有果結？今須詳細爲子言之：夫不思而得，聖人也，其終是神不可測，其始則只是不慮而知。不勉而中，聖人也，其終是化不可爲，其始則只是不學而能。難説吾今此身，不從孩提生長，則難説吾身知能，便非不慮不學，但一縱觀，天機滿目。

今世間事，多少未見影響，只憑人傳説，便住往向前去做。及去做時，亦往往得個成就。何乃生來本性，原日稟自天衷，孩提知能，良善又皆可指。反只遲疑不決，以致虛過終身。

問：「聖賢工夫，如戒慎恐懼，種種具在，難説只靠自信便了。況看朋輩以工夫爲先者，年覺進益，空譚性地者，往往冷落無成。高明更自裁之。」予沉默一時，對曰：「如兄之言，果爲有見，請先以末後二句商之。蓋此二句，本是學問兩路，彼以用工爲先者，意念有個存主，言定有所執持，不惟己可自考，亦且衆共見。聞若性地爲先，則言動即是現在，且須更加平澹，意念亦尚安閒，尤忌有所做作，豈獨人難測其深淺，即己亦無從增長。縱是有志之士，亦不免舍此而之彼矣。然明眼見之，則真假易辨，而有進無進，非所論矣。就如兄所舉戒慎恐懼一段工夫，豈是憑此四字，便即可去戰栗而漫爲之耶？也須小心查考立言根脚，蓋其言原自『道不可離』來。今舉業講貫，也曉得非我不離道，乃是道不離我，所以然者，道只是率性，性只是天命，故道之所在，性天之所在也。既天命常在，則一有意念，一有言動，皆天則之畢察，上帝之監臨，又豈敢不兢業捧持而肆無忌憚也哉？如此，則戒慎恐懼，原畏天命。天命之體極是玄微，然則所畏工夫，又豈容草率！今只管去用工夫，而不思究其端緒，即如勤力園丁，以各色膏腴，堆積芝蘭，自詫壅培之厚，而秀茁纖芽，且將消沮無餘矣。要而論之，務求速効者，必功不細膩；理無根據者，必事終廢弛。噫！愛惜身命，珍重機緣，千生萬生，總在今日。

「善哉！程伯子之語識仁也。謂識得此意，不須防檢，不須窮索，彼豈務作侈語耶？良由直見天地萬物，渾然一體，故曰：大不足以名之，若反身未誠，猶是有二，以己合彼，終未有之，又安得樂？故學者果能識得誠自己誠，己外無誠；妄自己妄，己外無妄，則一是百是，而存養克治，方是欛柄入手。即如今日吾儕徐徐而食，食畢而起，且坐且譚，莫非本體，亦莫非工夫，固無善狀，亦無過舉，又何彼己之可分，真妄之可辨哉！時時如此透徹，便是萬物我備，便是學以致道，即此學字，亦從人强名耳。」

友人懇求指教。先生曰：「君能信此渾身自頭至足，即一毫一髮，無不是此靈體貫徹否？」友曰：「未能信也。」先生曰：「人有拔君一髮，渾身皆覺而呼痛乎？」友曰：「然。」先生曰：「君之心神微渺，如何毫髮便能通得？手足疎散，如何毫髮便能收得？聲音寂静，如何毫髮便能發得？細細看來，不止一身，即牀榻亦因震撼，蒼頭俱爲怖驚，推之風雲，互入霄壤相聞。可見頭不間足，心不間身，我不間物，天不間人，滿腔一片精靈，精靈百般神妙。從前在心而爲君之知，在身而爲君之事，在生而爲君之少而壯、壯而老，莫非此個靈物。乃一面閃瞞，莫測底裏，譬則寄養嬰兒，不識親生父母，偶遇人言説破，則識認歡欣，其情不可想耶」。此友躍然有省。

「道也者，不可須臾離也。」人於是處徹却，則此身在天地間，從作孩提，直至皓首，與造化消息，渾成大片。道家者流，所謂呼接天根，吸通月窟，更無可揀擇可容迴避之地之時也。不知從事乎此，而誤於事爲應迹，比擬思量，縱偶有合處，亦謂遠人爲道矣。

故。」《易》曰：「寂然不動，感而遂通天下之故。」《中庸》曰：「視之不見，聽之不聞，體物而不可遺。」夫惟不見不聞，而寂然不動，是以能爲天下至無；夫惟體物不遺，而感通天下之故，是以能爲天下至有。爲天下至無，則豈惟不善非其所有，即善亦何所得而有也；爲天下至有，則豈惟善其所能爲，即不善亦何所不能爲也。但感通其用，固雖千變萬化，而莫可窮極，然不動其體，實則亘古亘今，而毫髮未嘗變遷。

諸子勿謂性理神化難言，姑就此身形體觀之，有生之初，内而五臟六腑，外而九竅百骸，其精華充滿而莫定；其充滿之量，其血氣周旋而莫覩；其周旋之跡，是即所謂寂静之元而不動之神也。其善於調攝而順適之，則視聽云爲，起居食息，百般清快；不善保護而乖違之，則口眼從而歪斜，手足或相拘攣，何啻百般症候！然此等妙用，此等怪狀，則皆初生無量精華之所自充，無跡血氣之所自運也。故古來名醫製方治病，咸從無病處治之：如病在左，則鍼其右，或右則又於左取之；在下，則開提其上，或上則又於下通之。蓋的知此身之不病者其全體，而病者其一節也。此身之無病者其真常，而病者其一時也。故長善以救失，則失無乎不救；昭德以塞違，則違無乎不塞。

一日講畢，父老子弟以萬計，咸依戀環聽。先生進講生，問以所自受用處。生對以常持此心不敢放下。先生顧諸士夫歎曰：「只恐生所持者，未必是心也。」生未達，先生偏指面前所有示之云：「大衆環視羣聽，一段精神，果待持否？天高日朗，鳥鳴花發，亦共此段精神，果待持否？」老幼咸躍然而前，各有稱說。散去，諸士夫復問曰：「諸人所言既是本心，則生所言者，又何獨不是心耶？」先生歎曰：「謂之是心亦可，謂之不是心亦可。蓋天下無心外之事，何獨所持而不是心？但既有所持，則必有一物矣。諸君試看許多老幼在此講譚，一段精神，千千萬萬，變變化化，倏然而聚，倏然而散，倏然而喜，倏然而悲。彼既不可得而知，我亦不可得而測。非惟無待於持，而亦無容其持也。子於此心渾淪活潑處，曾未見得，謾云『持守』，則所執者，或只意念之端倪，或只聞見之想像，故謂之不是心，亦可也。」生復進而質曰：「心與意如是相去遠乎？」先生浩然發歎曰：「以意念爲心，自孔孟以後，大抵然矣，又奚怪諸君之錯認也耶？但此乃學問一大頭腦，此處不清，而謾謂有志聖學，是煮砂求粥也。」衆請指破，先生歎曰：「若使某可得用言指破，則此生亦可得用力執持矣。」衆咸有省。

吾人之生，原陰陽兩端，合體而成。其一則父母精氣，妙凝有質，所謂「精氣爲物」者也；其一則宿世靈魂，知識變化，所謂「游魂爲變」者也。精氣涵靈魂，而能運動，是則吾人之身也，顯見易見，而屬之陽；游魂依精氣而露知識，是則吾人之心也，晦藏難見，而屬之於陰。交媾之時，一齊俱到，胎完十月，出生世間，其赤子之初，則陽盛而陰微，心思雖不無，而專以形用也。故常欣笑而若陽和，亦常開爽而同朝日，又常活潑而類輕風，此陽之一端，見於有生之後者然也。及年少長，則陰盛而陽微，雖形體如故，而運用則專心思矣。故愁慼而欣笑漸減，迷蒙而開爽益稀，滯泥而活潑非舊，此陰之一端，見於有生之後者然也。人能以形體妙用其心，知簡澹而詳明，流動而中適，則接應在於現前，感通得諸當下。生也而可望以入聖，殁也而可望以還虛。其人將與造化爲徒焉已矣。若人以心思展轉於軀殼，想度而遲疑，曉了而虛泛，則理每從於見得，幾多涉於力爲，生也而難望以入聖，殁也而難冀以還虛，其人將與凡塵爲徒焉已矣。

或曰：「如君之論，是以身爲陽而先之，以心爲陰而後之，乃古聖賢則謂身止是形，心乃是神。形不可與人並，況可以先乎？」曰：「子惡知所謂神哉！夫神也者，妙萬物而爲言者也，亦超萬物而爲言者也。陰之與陽，是曰『兩端』，兩端者，即兩物也。精氣載心而爲身，是身也固身也，固耳目、口鼻、四肢、百骸而具備焉者也。靈知宰身而爲心，是心也亦身也，亦耳目、口鼻、四肢、百骸而具備焉者也。精氣之身，顯於晝之所爲；心知之身，形於夜之所夢。然夢中之身，即日中之身，但以屬陰，故其氣弱，其象微，雖弱且微，而較之日中之舉止，毫髮無殊也。日中之身，即夢中之身，但以屬陽，故其氣健，其體充，雖健且充，而較之夢中舉止，毫髮無殊也。是分之固陰陽互異，合之則一神所爲。所以屬陰者，則曰『陰神』；屬陽者，則曰『陽神』。是神也者，渾融乎陰陽之內，交際乎身心之間，而充溢瀰漫乎宇宙、乾坤之外，所謂無在而無不在者也。惟聖人與之合德，故身不徒身，而心以靈乎其身；心不徒心，而身以妙乎其心。是謂陰陽不測，而爲聖不可知之神人矣。

「世間百様難事，皆有人習。某嘗觀

極險之地，如過海通番；極危之技，如走索飛鎗；極微之術，如占角讖驗。最艱、最妙，而世上諸人處處時時，未嘗之絶，此何故哉？亦只緣其物一念精專，便自然各各會到家矣。奈何眼前有場大事，較之以上諸般，甚是平順、簡易，乃未見一人肯上心者。」

游大夫問：「養生家守中之訣何如？」先生曰：「否、否。内典謂吾人自咽喉以下是謂鬼窟，吾人心神如此廣大，如此高明，蓋塞兩間，彌滿六合，奈何作此業障，拘囚於鬼窟中乎？」

癸丑先生過臨清，忽遘重病。一日倚榻而坐，恍若一翁來，言曰：「君身病稍康矣，心病則復何如？」先生默不應。翁曰：「君自有生以來，遇觸而氣每不動，當勸而目輒不瞑，擾攘而意自不分，夢寐而境悉不忘。此皆君心錮疾，乃仍昔也，可不亟圖瘳耶？」先生愕然曰：「是則予之心得曷言病？」翁曰：「人之身心，體出天常，隨物感通，原無定執。君以宿生操持，强力太甚，一念耿光，遂成結習，日中固無紛擾，夢裏亦自昭然。君今謾喜無病，不悟天體漸失，豈惟心病，而身亦不能久延矣！蓋人之志意，長在目前，蕩蕩平平，與天日相交，此則陽光宣朗，是爲神境，令人血氣精爽，内外調暢。如或志氣沉滯，胸臆隱隱約約，如水鑑相涵，此則陰靈存想，是爲鬼界，令人脉絡糾纏，内外膠泥。君今陰陽莫辨，境界妄縻，是尚得爲善學者乎？」先生驚起，叩謝伏地，汗下如雨。從是執念潛消，血脉循軌。

詹明甫問曰：「學貴静乎？」先生曰：「不宜離動。」「在動處着力乎？」曰：「宜不失静。」「體功宜何着？」曰：「心兮本虛，致虛要矣，何着明？」甫以寂爲疑，先生曰：「性中萬象森然，何寂之憂？」「然則何如而爲得力乎？」曰：「知得得力處，便是不得力；不知得力處，便是得力。一念不通之人者，非道也；一息有間於道者，非功也。

「炯然而精光旁燭，軒然而氣宇高翔，心游象數之先，目絶剛風之上。」

先生嘗謂知友曰：「不肖之爲人也，嗜好不他着，精神不他費，惟是此學，以繫命根，悉滌塵埃，晶光天日。三十年來，穿衣吃飯，終日雖住人寰，注意安身，頃刻不離聖域。是以披瀝矢心，號呼世夢，中或觸怒，生憎萬死，終不悔避。」

先生語諸孫曰：「予自念年來此道關心，夜分方合眼，旋復惺惺。耳聽雞喔，未知何日得安枕席？」又曰：「予初學道時，每清晝長夜，只揮淚自苦，此等境界，予固難與人言，人亦莫之能知也。」

此心之體，極是微薄，輕清纖塵，也容不得。世人苦不曉事，却使着許多粗重手脚，要去把捉、搜索。譬如一泓定水，本可鑒天徹地，纔一動手，便波起明昏。世人惟怪水性難澄，而不知原係自家亂去動手也。

學者須過信關，未過此關，大信則大進，小信則小進。既過此關，大疑則大進，小疑則小進。

此學玄妙入微，不是説了便罷。須要發個不惜身命心，無一毫爲世事念，時刻不放，後日方有成就。

昌黎之學，甚不易及。如《原人》篇舉兩間夷狄禽獸而總名之曰「人」，此孔子

《大學》之旨也。

萬左史問疾，先生命具紙筆，手書曰：「此道炳然宇宙，不隔分塵，故人己相通，形神相入，不待言説，古今自直達也。後來見之不到，往往執諸言詮，善求者一切放下、放下，胸目中更有何物可有耶？願無惑焉。」

先生問友人曰：「日來講説，覺轂手乎？」友人曰：「有轂手，有不轂手。」先生愀然曰：「何爲其然也？如飲此茶，君送我，我酬君，已而各飲，何等不思不勉，何等從容中道，如何便不轂手？」

先生語曹胤儒曰：「某幼時與族兄訪一親長，此親長頗饒富，凡事如意。時疾已亟，數向某兄弟歎氣。歸途謂族兄：『此兄無不如意者，❶而數歎氣何也？兄試謂：我兄弟讀書而及第，仕宦而作相，臨終是有氣歎否？』族兄曰：『誠恐不免。』某曰：『如此，我等須尋不歎氣事爲之。』某于時便已定志，吾子勉之。」一日，徵儒新功，儒對以理會無思無爲之本，使此未發時澄澄湛湛，則隨時隨手，順達將去。先生曰：「此亦幾於并歸一路，甚好。然有所見，莫不是妄否？無思無爲，莫不是着想成一光景否？亦果能時時澄湛否？隨時隨手果能動中否？」儒無對。先生曰：「如吾子所見，則百歲後易簀時，欣欣瞑矣。吾則以爲真正仲尼，臨終不免歎口氣也。」次早梳洗頃，先生顧儒大聲曰：「大丈夫須大放些志氣，莫向鬼窟裏作活計。」

許敬庵謂先生曰：「公之學大而無統，博而未純，久後難以結果。」先生改容進

❶「如」，原漫漶不清，據《盱江全集》改。

曰：「愚者千慮，必有一得。承教謂『大而無統，博而未純』，某竊意大出於天機，原自統；博本乎地命，亦自純。故三才合德，乃成聖果。若舍大以求統，舍博以求純，則世儒之把捉意念，務悦羣情，徒爲虚花，又安得結果而言統且純哉！某病不大且博也，大且博，非某病也。」

羅子後語

夫道之難明也，則明於儒之難也。蓋儒者習於道之繁且難，而不知簡易直截之旨，聖人之所尚，彼惟尚之而不得，而漸至於繁且難也。而後有揭其簡易直截之旨以示人，而世遂羣詆之曰「禪」。夫禪，特聖人之所尚簡易直截者也，而豈有二哉！是以後儒之聖者，畏其禪之詆，而故繁且難其言以避之，陽明子亦不免也。

近溪子生陽明闡道之後，膽加雄而語加峻，時出其簡易直截之旨，而猶不盡去其繁且難，如善兵者，出羸卒以嘗賊，而匿精騎於其中，雖竟以之取勝，而猶未免委其所嘗。夫世有抽精騎於十五，而獨以其堂堂之陣鼓行於天下，則又愈於委所嘗以疑敵，而幸其勝於萬一者矣。此周望氏摘近溪語録意也。夫語道而至於繁且難，其於道甚遠，於學道者又甚苦，終其身繁且難，而不造乎簡易直截之域，又終不可以有獲，則學者亦何樂乎？必舍彼而爲此也。若此録者，雖世之好繁且難者視之，吾未見其不悦也，悦而後可以進於簡易直截之域，道不難明矣。故出貲而梓之，而題其後如此。山陰何光道

羅近溪先生語要後敘

近溪羅先生倡道盱江三十餘年，其學以求仁爲宗，欲學者識取不學不慮初心，爲入聖真脉路。其言洸洋辯博，讀之令人灑然有會心處。顧海内信之者十七，而疑者亦十二三，會稽陶石簣先生，乃節取其言之精者，輯爲《語要》，由是先生論學之旨趣，躍然如玉光劒氣，貫虹衝斗，不可得而鏟埋也。荆溪侍御吴先生大人，見而悦之，命彦再刻以廣其傳，且自傳其疑情于篇端。彦竊謂古今論學者，不難於信，而難於疑，惟大疑乃成大信。魯《論》二十篇，屢言爲仁，而未嘗直指仁體以示人，惟孟氏乃言之。觀其指惻隱于乍見，發真心面目于有泚，而徐行後長，直以爲步趨堯舜，談何容易乎？先生之言，大率類此。初讀之恍然汗下，久之反成玩弄，而小人無忌憚之中庸，從兹熾矣。嗟乎！此非先生之罪也，不善學先生者之罪也。譬之北轅者期見恒山，及其望之而趨，終其身有無限塗轍，惟坐謀適國，固當不能跬步耳。先生之言曰：「此學玄妙入微，不是説了便罷，須要發個不惜身命心，無一毫爲世事念，時刻不放，後日方有成就。」此與善信美大聖神之旨何異？而乃謂先生爲僞學立赤幟也。難者曰：「如是，則孔子先行後言之訓，宋儒居敬窮理之説，儘可持循，而何必不學不慮之云，使學者得借以匿心邪？」彦茫然罔措，竊意此處須如孔子發憤志學方識得。今姑明先生之苦心，與夫諸先生之輯之、疑之，爲均有憂焉而然也。如以言而已矣，疑且未能，信于何有？萬曆甲辰孟春，江西按察司副使薛士彦頓首拜書。

題近溪子集

余曩爲近溪子題《疎山會語》，其詞甚俚且戇，近溪子不以余爲迕，若謂有契於心者，梓而傳之矣。頃杜生來自滇，將公泉胡大夫命，復以其集問序於余。嗟，余於近溪子竊附忘言之交矣，又何言與！又何言與！顧余玆有積疑於衷，非近溪子末余釋也，藉手以就質正，可乎？惟近代二三魁儒，巋然負山斗望者，其譚説名理，若蒙霧觀花，隔鞾搔癢，不獨無當諸慧目，即庸虛如余，讀其書亦不欲竟卷已。夷考其生卒，而仰遡其心神，則固皭然粹然，大足媲美前脩而楷程後進也。藉令其人而在，雖負牆執鞭，所欣慕焉。至若輓近一二譚學者，高極于無始，細入於無倫，大者罩天地，而闊者範三九矣。徐視其履，乃多不厭人心者。恒言本來無物矣，而不免競刀錐；恒言萬物一體矣，而不免介睚眦。目足身口，自相背而馳者種種也。孔曰「觀行」，孟曰「論世」，其謂何？此余一疑也。又余往賴師友提誨，稍稍有聞，衷亦妄自信，謂得矣、得矣。竊見一二學者，猶然堂閫之見，井管之窺耳，乃輙謦然自是，侈然自矜，若前無孔孟，後無程陸然者。彼實自負若此，無縫可下鎚矣，心竊哀之。困反身循省，安知余所自信者，非堂閫井管耶？又安知人之哀余者，不猶余之哀彼耶？此又余一大疑也。蓋時時赧然汗、悚然懼已。若余與近溪子游從來矣，時聆其大言小言、微言淺言、正言反言，即其詠言綺言，無不沃於吾衷已。視其本諸身而超然灑然，徵諸家庭而雍然翕然，推之於交於民物而盎然藹然，油油然，熙熙然，日見之履者，即其所語語者也，蓋實有諸己矣。故又冲然欿然，未嘗施施然自是而自矜也。亡論初機淺學，即披淄操觚者流，苟一言有幾于道，未嘗不讚嘆而謹識之，如獲拱璧然，所謂若無若虚者，殆庶幾耶？吁！世學道者胥如近溪子，余又何疑？顧余前所疑者，非徒求諸人，實求自得于心也，近溪子何以解之？雖然，耑精于身心性命之微，恥矜妍于文字之末，實踐于親親長長之際，不馳騖于高遠之歸，是近溪子之學，亦近溪子之教也。承其學者，弗思歸求之此而於彼，是亦余所疑矣。不知近溪子又何以裁之也？萬曆癸未孟夏之吉友弟天臺山人耿定向言。

近溪子集序❶

起生嶺東，幼奉庭訓，即慕白沙先生之學。年三十訪道金陵，邂逅黎子，一語豁然，徵其所自，則師近溪羅先生。次年起第翰林，而先生以賫捧入京，乃修贄門下。時屨常滿户外，起惟注耳目於先生，而不敢有所問焉。竊自謂向所得於黎子者至矣。先生歸，于今十年，黎子以先生命，訪起于羅浮，攜集數卷以示。展卷竟讀，乃忽覺超然脱繫，翻然出樊，走於莽蒼廣莫之墟，而搏飛於九萬里之上，然後嘆曰：「道其至矣乎？」而爲之頌曰：「簡則有功，易則有親。纖毫費力，尚隔一塵。」然而起於是乎，益知此學之難也。夫學患無所聞而有所執，又患乎有所聞而有所執。無所聞而有所執，謂之罔；有所聞而有所執，謂之病。病而莫吾瘳也，大命亦隨之耳，可無畏乎！學者，學其大者也。學其大者，爲大人者也。大人者，不失其赤子之心者也。故大人者，與天地合其德，與日月合其明，與四時合其序，與鬼神合其吉凶。是以大人之心建諸天地必無所悖，考諸三王必無所謬，質諸鬼神必無所疑，百世以俟聖人必無所惑，非意之也。惟見赤子之心者，爲能一以貫之，若目覩白黑而耳接聲音，舌嘗甘苦而鼻納香氣，皎然其昭察甚著也。嗟夫！學患不見赤

❶ 此序自標題至「而搏飛於九」一百五十一字，原脱，今據杜應奎本補。

子之心而已。而學者稍悟良知之説，輒起執情，障我空體。天地何安？日月何行？四時何運？鬼神何靈？蓋錯認主人而迷失赤子者也。是以君子憫焉，非欲憫也，蓋不得而不憫也。吾師乎！吾師乎！獨唇吻而不倦，老將至而不知，手識所説，以成是編。兢兢然畏學脉之稍差，以誤天下萬世。而其言一宗孔子，歸之於天命，證之於赤子，而無他説焉，可謂醇乎其醇，粹乎其粹者也。信可以建天地、質鬼神、考三王而俟後聖。學大人之學者，此其的乎？大司寇天臺耿楚翁爲之標識，而建昌郡守季公捐俸鋟梓，可以觀同心矣。嗟夫！人一也，而有大人；學一也，而有大學；聖一也，而有大聖；心一也，而有大心。起也不敏，何足以知先生。宇宙之內，必有大人焉，具大心，學大學，作大聖者，於先生之言，旦暮遇也。不敏特書此以俟。時萬曆丁亥仲春之望，賜進士第、翰林院編修、文林郎、會典纂修官、充册封正使、羅浮門生楊起元頓首書于盱江傳舍。

敘近溪羅先生集

往歲以督楚漕艘赴淮徐，解后近溪羅先生于真州。時舟次語間，見先生之襟次灑落，心體平易，而舉中和之説爲余告，尚在耳也。別後參商，無從緝晤。萬曆己卯，予叨役滇之金滄，則先生已還盱江。然先生之去滇才二年，其宦績昭昭人耳目。矧予攝金騰兵務日，尤稔聞先生政事之大。蓋實能行其所學，而非徒騰口説爾也。當其時，緬勢猖獗，諸土司爲騰藩蔽者，被其迫脅，兼翼以木邦之鷙黠，焰逼金齒。先生以總屯握該道符節，駐騰衝策應其急，議主出兵爲角莽者聲援，以遥制之。事雖中阻，迄今士大夫壯其氣，其勇於有爲如此，則豈徒空譚者哉！今先生還盱江矣，迺西及東公署多先生手澤，而一字句皆喫緊爲人盛心。予於先生投分雖淺，神交則深。即所發義理之勇，認真持定，不奪於利害，不怵於毁譽，不摇於榮辱，固子輿氏所謂浩然氣也。使得竟其施爲，於邊方裨益豈淺鮮哉！頃予從金滄遷洱海，甫及期而先生之門下士杜君應奎者，以先生平日存藁若干篇，來乞予言，重以滇中長者麓池郭方伯公命。方伯公，予公祖，杜君又不遠萬里而至，則焉能辭。予惟言者心之聲也，行者言之實也。學者心有所見，則宣諸言而成章爲文，措諸行而成章爲業。子輿氏曰：誦其詩，讀其書，論其世，是尚友也。則學者固有行不逮言，味空虚而鮮實用者矣。要之，不盡然也。論先生之世之概，可印證矣，空譚云乎哉！予於文未能學，間學弗工，奚足闡先生所得之藴？第於先生之躬行其言者，偶聞一二於滇雲，故摭以塞杜君之請，而復郭方伯公之命。若夫品藻斯文，自有知言者爲之秉筆，非予事也。於是乎敘。時萬曆壬午歲仲龝之吉，賜進士第、朝列大夫、雲南布政使司右參議、前禮部儀制司郎中、奉啓督理湖廣糧儲蘭谿公泉胡僖撰。

刻近溪羅先生會語敘

余與近溪羅公同舉癸丑進士，爲相國存齋先生門人。先生嘗講道京師，公獨篤志先生，與同年十數輩日侍先生側，余亦叨與，得聞所未聞。後授官，各各散去之四方，不得會者數年矣。乃後有事京師，復得會於靈濟宫中，各質所得，殊多裨益，别來又數年矣。萬曆甲戌冬，公始以副憲來滇，再得會公於滇中。公學益精，力益勤，而從游者日益衆，欲倡道西南。會同野李公繼至，與公同志，又合併暘谷方公、西巖顧公、禹江張公、漸江張公、一水陳公，諸君子講學五華書院，日孜孜不倦。諸生不惟得領諸君子文學之教，其所薰陶培養者多矣，幸不大哉！公一旦出家居富美堂及令五華書院所集公與諸公講義共二卷視諸生，諸君子見而喜之，恐其久而或逸也，屬同年暘谷公敘之。暘谷公謂其言有裨風教，當梓傳焉。合而刻之，一題以「五華會語」，一題以「雙玉會語」。既敘其端，而近溪公之門人杜生應奎又欲歸之書坊，以廣其傳，附公近日巡歷六詔與余鄉中谿李公、寅所嚴公輩論學之辭數章入梓焉。類而編之，分爲三卷，題曰「近溪先生會語」，徵敘於余，以識歲月。余喜得附名諸君子後，故樂爲之書。萬曆丙子孟夏月朔日，賜進士第、通奉大夫、浙江布政使司左布政使、前兵科左給事中昆明麓池郭斗書。

刻羅近溪集序

近溪羅公篤志好學，從姑山房，舊所藏修處也。歲嘉靖甲辰，得雋南宫，病不赴廷試，歸而益理舊學。以所嘗聞陽明先生致良知之説，得孔孟正宗，標示千載學脉，惜分扃户，默識而日深省焉。凡微而藴之性情之寂感，顯而著之倫物之酬酢。粗自塵芥，而入於神化之精；近自瞬息，而達於古今之變。無顯微，無動静，無精粗，無遠近，體驗久而真見所謂良知之體，不假思慮，無所不該。天人道器，圓融渾合，而包括於方寸靈明之中，致之而所以彌六合塞天地者，皆具於是。奈何雜以支離者，封蔽其本真；而彼爲一切惝怳之説者，又舉而空寂之耶？揔《近溪集》計十萬餘言，其間正説廣譬，爲類不同，要之，皆根本良知，不詭於正中。間嘗强起出山，歷中外而始終四十餘年，專精此學。其志定，其養静，其所得日宏以邃，所謂支離惝怳，足以榛蕪正學者，隨所感遇而辨正之。是集所載，殆可以羽翼陽明，而足窺孔孟之微矣。公昔守寧國，嘗講學水西書院，余時爲諸生，心竊慕之，而未識其人。及登仕途，舟過東昌，一接公於郊亭，見公神王氣舒，藹然有道之吉人也。逆旅中俛仰云别，不遑假留，以聞緒論，去而深以爲嘆。又十餘年，甲申，余貳越州，而郡守蕭君乃往在水西與聞公論學者，道公學稔，方慰所東昌未聞。未幾，而余適有旴江之役，又冀得以從公遊山房就正，而償所夙願。乙酉春，抵郡，間以政事之暇問學於公，媿未足以闖公之藩籬，而虚負猶之往日。隨亦以計事入都，丙戌首春，見天臺耿先生於邸第，授以是集，手加評隲，謂可傳也。乃於水陸歸還披誦卒業，及以所聞於公者參互印證，稍見一班，遂刻而傳之，藏板山房，報成事於先生，而併識所願學之意云。

賜進士第、中憲大夫、建昌府知府季膺序。

近溪子集　禮

楚黄友人耿定向評

問：「古本《大學》，其義何如？」

曰：「大人者，以天下爲一人者也。以天下爲一人者，古之『明明德』於天下者也。古之『明明德』於天下者，由本以及末，而善斯至焉者也。故學大人以明明德、以親民者，其道必在『止於至善』焉。若爲圓必以規，爲方必以矩，規矩者，方圓之至者也。學者於明親之至而能知所止焉，則有定向而意誠，不妄動而心正，所處安而身修，由是而齊家、治國、平天下，自可慮之明而得其當矣。一知止而《大學》之道得焉。是以明德、親民者，必貴知止於至善。然至善之所當知者謂何？物有本末，是意、心、身爲天下、國、家之本也；事有終始，是齊、治、平之始於誠、正、修也。是有物必有則，有事必有式，一定之格，而爲明德、親民之善之至者也。故知所先後，即知止矣，道其不庶幾乎？觀夫古人之欲平天下、治國、齊家，以明明德於民，固必先修身、正心、誠意，以明明德於己者焉；欲人己之間悉得其當者，又貴先明諸心，知所往焉。致所往之知，果何在？在於誠意、正心、修身之如何而爲本之始，齊家、治國、平天下之如何而爲末之終。若下文所言『毋自欺』，以至於『國不以利爲利，以義爲利』。物皆當其則，事皆合其式，而格之必止於至善之極焉耳。誠格之而知至善之所止焉，則意可誠、心可正、身可修、家可齊、國可治，而天下可平矣。故自天子以至於庶人，壹是皆以修身爲天下國家之本。本亂則末不能治，何也？躬自厚而薄責於人，所厚既薄，無所不薄矣。夫知亂本末者之非善，則知格本末者之爲至善，故申之曰：『此謂知本，此謂知之至也。』自『大學之道』至此，凡言『知』者八：初言『知止』，次言『知所先後』，可見知先後即知所止矣；次言『致知在格物』，又次言『物格而后知至』，末則復言『知本則知至』，然則至善之爲本末，而本末之爲格物也，又不彰彰著明也哉！所謂『誠其意者』以後，則皆格物以致其知者也。蓋所謂『誠其意』者，即《大學》之本之始事也。『毋自欺』以至歷引《淇澳》諸詩、《康誥》諸書，而及夫『無訟』之説者，皆求知夫誠意之所以爲物之本，所以爲事之始，而一一須合夫至善之格。如是，則誠意爲合格，否則爲出格。」

或曰：「人能誠意則善矣，何必復求合格也哉？」曰：「程子不云乎：用意懇切，固是意誠，然着力把持，反成私意。是則誠意而出格者也。例之修、齊、治、平，節節爲格物致知也明矣。但誠意緊接着知本、知至説來，即所謂『知止而後有定』也。蓋學大人者，只患不曉得通天下爲一身，而其本之重大如此。若曉得如此重大之本在我，則國家、天下攢湊將來，雖狹小者，志意也着弘大；雖浮泛者，志意也着篤實。怠緩者，志意也着緊切，自然欺不過。自欺不過，便自然已不住，如好色惡臭，又自然滿假不得，而謙虚受益。其凝聚一段精神於幽獨之中者，又非其勢之所必至也哉！

「幽獨者，是未接國家之先，慎則是知得本立於此。而敬謹嚴切，即前定其志意之謂也。此言君子之孳孳於至善者，惟日不足；下言小人之孳孳於不善者，亦惟日不足。但其中既誠，則其外必形，如財富者必潤其屋，涵養者必潤其身。君子明德之意既已誠切，則自然明明德於天下矣。故引《淇澳》，引《烈文》二詩，以見有切磋琢磨之盛德。至善則民自不忘，而民不能忘者，正以其盛德之有可賢、可親、可樂、可利也，是非誠中形外之徵也耶？所以《康誥》、《太甲》、《帝典》，皆自明其德不已而及諸民，又不已而通諸天。又明德、親民之必得所止，如文王之仁、敬、孝、慈、信之浹洽於父子、君臣、朋友間也。然總是從知止至善中來，知止至善從知所先後來，知所先後又是從知立本以及其末來也。故於意之能誠者而曰『大畏民志』，此謂知本也。此段於『明明德』、『親民』、『止至善』，詳説備舉，然却都是形容學大人者知本以後一段精神。如《易》謂『擬而後言，議而後動』，擬議以將成乎身、家、國、天下之變化者也。正心，則即接着『定而後能静』説，蓋其見已明透，其志已堅定，則自然外誘不動，内念不生，又安有所忿懥、恐懼、憂患、好樂而爲中心之累也哉？意誠心正，則安其身而動，自足以端本善，則與不知立本而狥好惡於倫物之間者，萬萬不同。故其孝則足以事君，其弟則足以事長，其慈則足以使衆。是又將仁、敬、孝、慈，信而約言之，且引《康誥》以推極於不學而能，見孝、弟、慈悉出於良心自然。君子立本之功，至是愈精而愈微矣。則國之興仁、興讓，天下之興孝、興弟，應之甚速，而至大者又豈不愈神而愈妙也耶？故『絜矩』以下，即是老者思所以安，朋友思所以信，少者思所以懷，『己欲立而立人，己欲達而達人』，而凡用人者用夫安養之人，行政者行乎安養之政，孔子七十從心而不踰者，不踰此絜矩，而十五所志於學者，志此《大學》而已矣。是道也，惟堯舜實始之，故曰：『克明峻德，以親九族。九族既睦，平章百姓。百姓昭明，協和萬邦，黎民於變時雍。』『光于四表，格于上下。』是非明明德於天下也耶？惟孟子實繼之，故『道在邇而求諸遠，事在易而求諸難，人人親其親、長其長而天下平』。又曰：『七十衣帛食肉，班白者不負戴於道路，黎民不饑不寒。』又曰：『老吾老，以及人之老，幼吾幼，以及人之幼，天下可運諸掌。』是非用人行政以盡絜矩之義也耶？

嗚呼！孔子一生求仁，而曰『中心安仁者』，天下一人者也。其心將以仁其身者，仁萬世人人之身，而恐無憑據，故既竭心思，而繼以先王之道，於是取夫六經之中至善之旨，集爲《大學》一章，以爲修、齊、治、平規矩，所謂格也。其旨趣自孟子以後，知者甚少。宋有晦菴先生，見得當求諸六經，而未專以孝、弟、慈爲本。明有陽明先生，見得當求諸良心，亦未先以古聖賢爲法。芳自幼學即有所疑，久久乃稍有見，黽勉家庭已數十年，未敢著之於篇，惟居鄉居官，常繹誦我高皇帝聖諭，衍爲鄉約，以作會規。而士民見聞處處興起者，輒覺響應。乃知《大學》之道，在我朝果當大明，而高皇帝真是挺生聖神，承堯舜之統，契孔孟之傳，而開太平於茲天下萬萬世無疆者也。輒述鄙見，以便請正於諸先覺云。」

問：「《中庸》亦如古本可否？」

曰：「『天命之謂性』一語，孔子得之五十以後，以自家立命微言，而肫肫仁惻，以復立生民之命於萬萬世者也。蓋人能默識得此心此身，生生化化，皆是天機天理。發越充周，則一顧諟之而明命在我，❶上帝時時臨爾，無須臾或離，自然其嚴其慎，見於隱，顯於微，率之於喜怒，則其静虚而其動直，道可四達而不悖，致之於天下，則典要修而化育彰，教可永垂而無斁矣。故《易》曰『君子窮理盡性以至於命』，極説命之難知。而所謂『中庸其至』之『至』字，正至命之『至』也。斷然説『民鮮能已久』，正見其難也，豈惟民哉？斯道費而隱，雖人至於聖，而至命之處，亦有所不知，有所不能。『亦』字須讀得活，蓋聖人之於天道，有脗合與否，此『不知』、『不能』，即指夷、惠、伊尹等聖人，徒窮得一端之理，有方有體，而吾圓融生化之性，尚未可率達，而況於穆不已之命之至耶？

「此後節，舉聖賢道德之盛，而『至』字竟未直指。至哀公問政，纔説『誠者天之道』，而始繼之曰：『惟天下至誠爲能盡其性。』此下却多是發揮盡性至命之道，而統總歸之仲尼一人。其言堯舜，是他祖述，則知他不止是堯舜；文武是他憲章，則知他不止是文武；天地是他上律下襲，則知他不止是天地。蓋群聖天地，皆有民所憾處，皆有相害相悖處，若仲尼之敦化川流，此其天地則超絶形象而尤爲大也。是以其道則爲至聖之道，其德則爲至誠之德，

❶「明命」，原誤作「明明」，今據杜應奎本改。

而統括之曰『此其仁之肫肫』，蓋孔氏平生心法也。其深則淵淵，其遠則浩浩，夫豈一切群聖之所能知也哉？所以不能知者，以其聰明雖造聖智，而其聖智未達乎天德故也。下則復言聖智，君子必如何而天德乃可入而達之也耶？蓋天道維玄、維默、維於穆，則的然文著者，斯與天不相似矣。故闇然之『闇』字，從門、從暗，乃室中之一無所見者；復狀之以淡，淡則白水未和，而了無滋味者也；狀之以簡，簡則竹簡方素，而瑩無點畫者也；狀之以温，温則絲璽方燖，而渾無端緒者也。君子於此，而獨不厭文且理焉，則知遠本諸近，風出諸自，微秘乎顯，而於穆玄默之天，不潛入而靡間也哉！

「何謂『微之顯』？潛伏而人所不見者是也；何謂『風之自』？敬信不待言動者是也。何謂『遠之近』？民勸民威而不事賞且怒者是也。如此而後，其德始闇然不顯，天下自日章而平矣。遂形容之極，以及於天，載之『無聲無臭』，乃確然嘆曰：此即所以爲聖之至，爲誠之至矣夫？豈尋常群聖之可得，而與可得而至也哉？

「究竟《中庸》一篇，是孔子以平生自仁其身者以仁天下萬世，字字句句，皆從五十知天命中發出。奈何聖遠言湮，學者往往滯於事理之末，而鮮達於性命之源。以想度爲探求，而欲至乎不思而得之微；以方所爲操持，而欲造乎不勉而中之妙。是皆擬聖太高，覓道太遠，而謂必如何而清，如何如任，如何如和，❶如何而多學而

❶「如何如任，如何如和」，《盱江全集》本作「如何而任，如何而和」。

識，如何而克伐怨欲不行，如何而博施於民而能濟衆，而後聖可學也。顧不知仁不遠人，道不下帶，至聖優域，不出跬步間也。故是書極言至命之難，而首發以『中庸其至』一句，蓋曰：聖人盡性以至天命，乃中庸以至之也。中庸者，民生日用而良知良能者也。故不慮而知，即所以爲不思而得也；不學而能，即所以爲不勉而中也；不慮不學，不思不勉，則即無聲臭而闇然以淡簡温矣。大哉中庸，斯其至矣夫！」

問：「《大學》一書，吾人入道之功，最當急於講求者也，其宗旨何如？」

曰：「孔門之學，在於求仁，而《大學》便是孔門求仁全書也。蓋仁者渾然與物同體，故大人聯屬家、國、天下，以成其身。今看『明明德』而必曰『於天下』，則通天下皆在吾明德中也。其精神血脉，何等相親！說『欲明明德於天下』，而必曰『古之人』，則我之明德親民，考之帝王而不繆也。其本末先後，尚何患其不至善也哉！細玩首尾，只此一意，故此書一明，不惟學者可身遊聖神堂奥，而天下萬世，真可使之物物各得其所也。大哉仁乎！斯其至矣。」

問：「《大學》『明德』、『親民』，還易訓解，惟『至善之止』，則解者紛紛，竟未能愜人意，何也？」

曰：「規矩者，方圓之至也，聖人者，人倫之至也。只識得古聖爲明親之善之至，而明德、親民者所必法焉，則《大學》一書，從首貫尾，自然簡易條直，而不費言説也已。」

問：「『古之欲明明德於天下』者，可即

是至善否？」

曰：「此古者的有所指，即堯舜是也。故曰：『克明峻德，以親睦九族。九族既睦，平章百姓，協和萬邦，黎民於變時雍。』此即是天下之本在國，國之本在家，家之本在身，物之本末，事之終始，知所先後而不亂者也。是爲『明明德』、『親民』之『至善』，足爲萬世之格則，而萬世誠、正、修、齊、治、平者之所必法之者也」。

問：「格至之傳，不必再補，果然否？」

曰：「《大學》原只是一章書，無所謂經，無所謂傳也，亦無所從缺，無所從補也。蓋其書從頭至尾，只是反復詳明，以顯大人之學。其初說『明明德』、『親民』，當止諸『至善』，如一破題相似。却即接連說但能知至善所當止，則其意自定，其心自静，其身自安，以慮家國天下，而自得其平矣。此即一箇承題相似，却亦只是反說，以見明、親當止至善也。於是又申明如何是當止之至善。蓋明、親這箇物事，其末終貫徹天下，而其本初却根諸身心。此是一定格則，先知得停當，然後做得停當。惟『古之欲明明德於天下』者，能如是焉，所以身、心、家、國，無不停當，而爲明、親之善之至也。又決言自上至下，既皆以身爲本，而後停當，若本亂且薄，則決無停當之理，所以必知本，乃謂知至善也。此却如小講相似，亦不過將明、親、止至善衍說一遍。至『所謂誠其意者』以下，則如一大講，逐件物事，詳細條陳一段格則，而格則最停當處，則俱指示以《淇澳》等詩、《帝典》等書，又即是以古之『明明德於天下』者爲『至善』也。推之如所謂正心、修身，所謂齊家、治國、平天下，直至此謂『國不以利爲利，而以義爲利』也。總是每件物事，與他一箇至善格子，而爲學者所當知者也。則一章書首尾原自相應，亦自完全，何容補湊。」

問：「《大學》篇名，現存《禮記》，不知此篇與禮何關。」

曰：「禮有經有曲，世人輒指一事一時言禮者，皆曲而非經也。若論經禮則真是天之經，地之義，綱紀乎人物，彌綸乎造化，必如《大學》規模廣大，矩度森列，而血脉精神周流貫徹，乃始足以當之。其間字字句句，雖筆之孔子，而非始於孔子。蓋孔子一生要仁天下，仁萬世，既竭心思於是，必繼之以先王之道，而仁始足以覆天下萬世矣。故『述而不作，信而好古』，六經皆是此意。而《大學》獨曰『善之至』，曰『物之格』者，則尤是六經之精髓，而爲禮之大經，仁之全體也。學者漫謂本心自足，而輒以意見彷彿爲之，家、國、天下得其平焉者，寡矣。」

問：「古聖至善，亦只是父子兄弟足法，則孩提愛親敬長，恐人人原自具足，何必切切謂當求諸古聖也哉？」

曰：「『中庸其至矣乎？民鮮能久矣。』夫至本中庸，即愚夫愚婦可以與知與能者也。至久鮮能，却是聖人亦有所不知不能，而必俟聰明聖智達天德者也。故曰：『「上天之載，無聲無臭」，至矣。』夫此《中庸》之『至』，能於下愚而又神於天載，神於天載而亦能於下愚，則此時心體，果是四端現在。然非聖修作則，便終擴充不去，守規矩而爲方圓，夫豈不易簡也哉？若只徒求書中陳跡，而不以知能之良，培植根苗，則支離無成，與徑信本心者，其弊固無殊也已。」

問：「《中庸》比之《大學》，似更深奧？」

曰：「先賢亦云《大學》爲入道之門。但以鄙見臆度，則義理勿論，而其次序，則當先《中庸》而後《大學》。」時坐中有一習《禮記》者，愕然曰：「先生豈常細觀《禮經》篇目耶？ 蓋二書雖宋時選出，而現存篇次則果《中庸》先而《大學》後也。」問者曰：「《大學》係曾子所作，《中庸》係子思所作，何得世次亦無序耶？」曰：「二書所作，果相傳如是。但竊意孟子每謂願學孔子，而七篇之言多宗《學》、《庸》，則此書信非孔聖親作不能。而孔聖若非五十以後，或亦難着筆也。蓋他分明自説『五十而知天命』，今觀《中庸》，首尾渾全是盡性至命，而《大學》則鋪張命世規模，以畢大聖人能事也。故《中庸》以『至誠』、『至聖』結尾，而《大學》以『至善』起頭，其脉絡似彰彰甚明。自揣鄙見，或亦千慮一得，而非敢鑿空杜撰也，試共思之。」

問：「《大學》自有先後之序，如何必先《中庸》？」

曰：「吾人此身，與天下萬世原是一箇，其料理自身處，便是料理天下萬世處。故聖賢最初用功，便須在日用常行，日用常行只是性情喜怒，我可以通於人，人可以通於物，一家可通於天下，天下可通於萬世，故曰：『人情者，聖王之田也。』此平正田地，百千萬人所資生活，却被孟子一口道破，説人性皆善。若不先認得日用皆是性，人性皆是善，蕩蕩平平，了無差別，則自己工夫，已先無着落處，又如何去通得人、通得物、通得家國，而成《大學》於天下萬世也哉？」

問：「《中庸》雖説性，然亦未嘗明言性善？」

曰：「只『天命』一句，便徹底道破。蓋吾人終日視聽言動，食息起居，總是此性，而不知此性總是天之命也。若知性是天命，則天本莫之爲而爲，命本莫之致而至。天命本體物而不遺，本於穆而不已，則吾人終日視聽言動，起居食息，更無可方所，無能窮盡，而渾然怡然，静與天俱，動與天游矣。率之身而爲道，同諸人而爲教也，又豈非不期然而然也耶？故天命之性，便直貫天載之神，真平地而登天也已。」

問：「戒謹恐懼，説是敬慎工夫，但『恐懼』二字，似太着重也？」

曰：「汝不聞《論語》所謂『畏天命』乎？凡人奉君父之命，猶然悚息不寧，況吾人此性即是天命，則帝天之威，莫之能測，明命昭察，誰可隱藏？故雖不睹不聞，而實莫見莫顯。其幾愈幽獨，則其照愈精明；其照愈精明，則其畏愈兢惕，又安敢頃刻放逸也耶？蓋由所見既已親切，則爲念自不可已，固非作而致其情也。」

問：「『喜怒哀樂之未發謂之中』，陽明謂從涵養後始。❶然而先儒又謂『須善觀未發以前氣象』，其意何如？」

曰：「二説俱大有益於學人，但本旨却尚有説。蓋《中庸》名篇，原是平常而可通達者也。今論人性情之平常應用者，是喜怒哀樂，而其最平且常者，則又是喜怒哀樂之未發也。」曰：「先儒謂心雖寂静之時，方是未發，難説平常即是也？」曰：「《中

❶「養」，原脱，今據杜應奎本補。

庸》原先説定喜怒哀樂，而後分未發與發，豈不明白有兩段時候也耶？ 況細觀吾人終日喜怒哀樂，必待物感乃發，而其不發時，則更多也。 感物則欲動情勝，將或不免，而未發時，則任天之便更多也。《中庸》欲學者得見天命性真，以爲中正平常的極則，而恐其不知喫緊帖體也，乃指着喜怒哀樂未發處，使其反觀而自得之，則此段性情，便可中正平常，便可平常中正，亦便可立大本，而其出無窮，達大道而其應無方矣。」曰：「人之情欲多端，雖喜怒哀樂未發，而憧憧往來亦多，安能即許以反觀自得耶？」曰：「汝於上下文意欠理會。蓋其初道不可離，是見道已徹；其次戒謹恐懼，是衛道已嚴；再加喜怒哀樂，一無所感，此時天性渾然，大可想見。 不於此處覓中，更從何處覓中耶？ 予每嘗於此重嘆聖人苦心，亦嘗於此而深感聖人厚恩也。」

問：「中以立本，和以達道矣，如何却又要『致』？」

曰：「『致』字是致物與人之致，推開一步説，雖義兼極致，而實在天地萬物上着力也。 蓋聖人作《中庸》，是五十學《易》之後，直見乾坤之體，易則易知，簡則易從。有親可久，有功可大，認定箇天命流行，人性皆善，無反無側，蕩蕩平平也。 故從喜怒哀樂未發處，指出爲天下之大本；從喜怒哀樂中節處，指出爲天下之達道。 夫中和既大同乎天下，則聖人必天地萬物皆中其中，方是立其大中；必天地萬物皆和其和，方是達其太和。 故德曰『達德』，道曰『達道』，統之以三重，率之以九經。 品節斯，斯之謂禮；鼓舞斯，斯之謂樂。 相安相忘斯，斯之大順之化。而至誠至聖之所以盡己之性，以盡人之性，以盡物之性，以贊天地之化育，而與天地參也。」

問：「尊德性而道問學，議論不一，何如？」

曰：「前在京中會説此條全章，諸老皆以爲然，請爲諸君誦之。『大哉聖人之道』，不作空説，即指堯、舜、禹、湯、文、武、周、孔之道也。『發育峻極』，是説聖人位育的功化。禮儀威儀，即致中和的實事，而功化之所由成者也，優優充足。蓋經禮、曲禮，周詳備密，更無欠缺，使萬物各得其所，所以能發育如是也，即此便是聖人至道。然聖人却從何處得來？蓋盛德之至，自然動容周旋中禮也。人若苟無聖人至德，而徒慕聖人至道，則人而不仁，如禮何？不能以禮讓爲國，如禮何？至道終不爲我凝矣。夫至道以至德而凝，此德性之所以當尊也。尊之之功，則必學於古訓，問於師友。如德性本自廣大，則用學問以致之，而不失其廣大也；德性本自精微，則用學問以盡之，而不失其精微也；德性本自高明中庸，則用學問以極之、道之，而不失其高明中庸也，以上皆謂之温故。故温則德性之知日新，而於三千三百體察無所不明。且德性之厚日敦，而於禮儀、威儀、忠信無所不貫，禮豈有不崇，而道豈有不凝哉？上面都用『而』字，至此却下一『以』字，可見許多工夫，皆爲崇禮而言也。禮既能崇，則居上時禮以居上，安得而驕？爲下時禮以爲下，安得而倍？語以禮語，默以禮默，又安得不興而不容耶？故『明哲保身』之詩，其斯温故知新之明，保吾動容周旋中禮之身也，而天地萬物皆吾度内矣。聖人之道之大也，固如是哉！」

問：「『孝弟也者，其爲仁之本與！』仁與孝，又何分别？」

曰：「亦無分别。孔子云：『仁者人也。』蓋仁是天地生生的大德，而吾人從父母一體而分，亦只是一團生意，故曰『形色，天性也』。惟聖人而後能踐形，即目明、耳聰、手恭、足重、色温、口止，便性機不拂，充長條暢。人固以仁而立，仁亦以人而成。人既成，則孝無不全矣。故生理本直，枉則逆，逆非孝也；生理本活，滯則死，死非孝也；生理本公，私則小，小亦非孝也。衆共嘆曰：「善學者，在父母則爲孝子，在天地則爲仁人。」

問：「孝弟爲仁之本，孝弟之道亦多矣，如何方是爲仁的本處？」

曰：「賢只目下思量，父母生我，千萬辛苦，而未能報得分毫；父母望我，千萬高遠，而未能做得分毫，自然心中悲愴，情難自已，便自然知疼痛。心上疼痛的人，便會滿腔皆惻隱，遇物遇人，決肯方便慈惠，周卹溥濟，又安有殘忍戕賊之私耶？」曰：「如此，却恐流於兼愛。」曰：「君之所恐，却不會流矣。但或心尚殘忍，無愛可流焉耳。」

問：「夫子十五而志於學，學何學也？」

曰：「學以成乎其人者也。故聖門宗旨，的在求仁，而曰：『仁者，人也，親親爲大。』夫人生之初，則孩提是已，孩提所知，則愛其親、敬其長焉是已。愛敬不失其初，則舉此加彼，自可達之人人，聯屬家、國、天下，以成其身，人曰『大人』，學曰『大學』矣。然則吾夫子『七十從心所欲』不踰之『矩』，其即所謂『絜矩』之『矩』，而曰『老者安之，朋友信之，少者懷之』，正將運斯世之矩於其掌，而畢所學之志於其初者也。」

問：「顏子『不違如愚，退而省其私，亦足以發』，不知夫子省見他甚麽來？」

曰：「此段去處，到須吾人用心體會，不容淺淺看過。若淺淺看過，則今註云『夫子見其日用動静』，汝且試思，夫子所見止是顏子日用動静，則何必省於其私，即相對領教之時，莫非日用動静也。以予度之，則『發』字是『發明』之『發』，正與無問辯對看。即如子出，門人問曰：『何謂也？』曾子曰：『夫子之道，忠恕而已矣。』夫子出後，便是曾子之私處；『夫子之道』云云，便是曾子之足發處也，豈不更明顯直截也耶？況此段精神，原關繫學問，不是小可。蓋吾夫子學主求仁，而其工夫只是學不厭而教不倦。當時門人，止顏氏之子便合下心事相孚，將夫子不厭不倦處，竭才贊襄，故曰：『自得顏子，而門人日親。』其所以能使衆人去親夫子之教者，正以其善發明而鼓舞之也。至於顏子不厭不倦精神，又只曾子知之，故形容嘆息，説他不能的人，也去問他一問；少能的人也去問他一問。莫説少能與不能的，即人有不知，而將言語顏色去干犯了他，他也一些不較，而還要去與他問辯而接引之也。即曾子與夫子許顏子處，便見他兩個人，是合成一個人，後來短命，則這個人有一截没一截了。所以夫子説『天喪予！天喪予！』皆實事且苦情也。全是他造化好，却得曾子這人來，再傳又得子思，又得孟子，便把此老身命接長，直至我們今日，一堂人集聚，講明道學，則身便皆是替他坐，口便皆是替他説，眼便皆是替他看，而耳便皆是替他聽。顏子之命始不短，而夫子之予，終亦可免乎喪嘆也已。聖門求仁之學，須是如此理會；吾儕仁身之功，亦須如此圖謀。只得不厭不倦一段精神，直與孔子顏、曾打得對同，我管保百世諸人，亦又替諸君子接續壽命於無疆也已。」

問「知之爲知之」一章。

曰：「吾輩爲學，蓋學聖也。聖者明之通，而知者明之實也。夫子告子路以知，是即告之以明通之聖也，乃特呼其名，以致其珍重。亦以當時在門高弟，自顏子以下，聰明只有子貢；子貢以下，勇往只有子路，皆是的確要做聖人漢子，奈緣兩個途徑都差，惟曉得要做聖人，而不曉得先去理會聖人之所以爲聖；雖曉得從知處入聖，而不曉得理會知所以爲知是本然之知，而非聞見之之知也。故夫子直指以示之曰：『由，汝欲從知以入聖乎？吾將誨汝以知之所以爲知也。』蓋天下古今事理，有耳目心思到而知之者矣，有耳目心思未到而不知者矣。今汝之意必曰盡知其所不知，方謂汝心有知，方謂汝心通明而後爲聖耶？如此爲知，則知從外得，而非本心之靈。況事理無窮，雖聖人亦難盡必其皆知也。要之，有不必然者，惜汝不善自理會耳。今只問汝：『此理此事，能知之否耶？』曰：『吾能知之。』是汝心之明，於所知者，即能知之也。又問汝：『此事此理，能知之否耶？』曰：『吾不能知之。』是汝心之明，於所不知者，又即能知之也。知者知之，不知者亦知之，則汝心之知，何等光顯，何等透徹，何等簡易直截，又何必盡知其所不知者，而後爲知也哉？ 況如此求知，則其知方可通乎晝夜而無不知之時，方可等乎賢愚而無不知之人。 真是擴四海、貫古今，而合天人物我於一點虚靈不昧中矣。 聖人可學而且易學也，固如是哉！」

曰：「如是學聖，果然簡易，奈何聖門諸賢，如子路，則門人記之曰：『子路有聞，未之能行，惟恐有聞。』子貢，則夫子問之曰：『爾以予爲多學而識之者歟？』想其勤力學問，何等專苦！ 顧於易簡處乃竟錯過，何也？」

曰：「夫子當時亦甚以二賢不相知爲憾，觀其語子路則曰：『由，知德者鮮矣。』語子貢則曰：『莫我知也夫！ 知我者其天乎？』及至二賢於夫子，亦未相知。 觀子路當葉公之問夫子，則不能對。 觀子貢答公孫朝之問夫子，則曰：『賢者識其大，不賢者識其小，仲尼焉不學？』可見子路之心，只是要求多聞以從乎善；而子貢之心，只是要多見以識其理。 且疑夫子之聖無不通，亦是多聞而多識也。 故夫子他日又自形容以示之曰：『蓋有不知而作之者，我無是也。』夫無不知而作，則所作者皆是知矣。 所作皆是知，則此知果通晝夜而無間，隨酬應而無遺，方纔是不慮而知之真體也。 若彼務求多聞而從、多見而識，縱是從得如何勇往，識得如何穎敏，終是人而非天，外而非内，而次於良知數等矣。 此二句分分明明，是爲二賢而發，於二賢竟未見他悔悟。 今欲將此兩章作個對偶，一則曰『知之爲知之，不知爲不知，是知也』，一則曰『多聞而從之，多見而識之，知之次』。 令人朝夕諷誦，則此學不患不歸一矣。」

歌詩，因論「子與人歌而善，必使反之」。此「反」字，不專謂使之復歌。諦觀傳記，古之士，二夫相與議論，因某事則歌某詩，「反之」云者，欲反求而身有之云也。即如吾儕適歌「萬紫千紅總是春」，便嘆曰：「果然滿座皆春也。」適又歌「男兒到此是英雄」，亦復嘆曰：「果然是英雄也。」即此嘆處，便可見當時反之之氣象，而感發善心，懲創逸志，固有勃然以興而莫可自已者矣。

問：「季路問鬼神與死，而夫子未答，何也？」

曰：「聖人詞婉而盡皆深答之，而子不察耳。其曰『未能事人，焉能事鬼？』欲其以事人者事乎鬼，蓋以鬼即人也；所謂『祭如在，祭神如神在』，事死如事生，事亡如事存者也。其曰『未知生，焉知死？』欲其以知生者知乎死，蓋以死猶生也。所謂：發揚昭明，焄蒿悽愴，百物之精而神之著者也。當時子路亦已了了，故不復問。」

問：「浸潤不行，可謂明遠。不知從前如何用功，乃能致之？」

曰：「周子云：『明不至則疑生。』❶明無疑也。無疑則不行而明矣，久久不行，即明而遠矣。然周子論明，必先以公，曰：『公於己者公於人，未有不公於己而能公於人者也。』則公又是明遠之所自來處矣。」曰：「浸潤不行，果是能公於人，但不知如何是公於己也？」曰：「豈惟人有浸潤之譖，膚受之愬也哉？於己亦有之也。今人爲學，立志向道，其習心未除，時復往

❶「至」，原誤作「正」，今據杜應奎本改。

來於中，幾微隱約，不斷其根，久將發作。又或想像毀譽之難當，得失之難堪，令人不覺寒心動念，即吾心之浸潤膚受也。苟非至明至健，一刀兩斷，幾何不爲所譖所愬而奪我定志也耶？如此不行，方是廓然太公；既是廓然太公，則物來自能順應矣，何明遠之難到耶？」衆爲躍然。

問：「中行與狂狷，體段何如？」

曰：「其體段本是一樣。觀《易》謂『中行獨復』，則其特立徑造，與動稱古人，而踽涼卓越，氣概正同。但其復自中通，美體暢發，視行之不掩者，則有間耳。孔子謂顔氏爲『庶幾』，而告以『克己復禮，一日而天下歸仁』。至四代制作，則直許其上下千古焉，此正獨復之能事，而中行之實德也。後世欲慕中行，而不從狂狷之志行求之。噫！吾見中行之不可復識也已。」

夜坐誦「牛山」一章，衆覺肅然。乃爲浩嘆曰：「聖賢警人，每切而未思耳。即『梏亡』二字，今看只作尋常。某提獄刑曹，親見桎梏之苦，上至於頂，下至於足，更無寸膚可以動活，輒爲涕下。」

中有悟者曰：「然則從軀殼上起念，皆梏亡之類也夫？」曰：「得之矣！蓋良心寓形體，形體既私，良心安得動活？直至中夜，非惟手足休歇，耳目廢置，雖心思亦皆斂藏，然後身中神氣，乃稍稍得以出寧。逮及天曉，端倪自然萌動，而良心乃復見矣。回思日間形役之苦，又何異以良心爲罪人，而桎梏無所從告也哉！」

有友人復問曰：「夜氣如何可存？」

曰：「言夜氣存良心則可，言心存夜氣則不可。蓋有氣可存，則晝而非夜矣。」

問「仁，人心也」一章。

曰：「此是孟子極言『心』字在人最爲要緊處。如曰『天下恒言仁義之大』，殊不知仁只是吾人身中有此主宰虚明之心，而其視聽言動，應酬萬變，事事皆天則處，即所由之路而爲義也。故下文繼嘆曰：人之所以終身履錯，陷於凶咎，而不由乎正路者，正因放其心而不求焉耳。此其所以陷溺而可哀也。然良知在人，明白不昧，雖鷄犬至輕，皆知求之，豈有人心至重如此而反不知求耶？弗學弗問焉耳矣！故曰：學問之道無他，只爲求其放心。蓋心以不知而放，則可以學問而求。如曰：博學而篤志，是能學矣；切問而近思，是能問矣，則自然仁在其中。仁在其中，則心便不放矣。」問曰：「如何仁在其中，便是其心不放？」曰：「人心放時，非是無有此心，只因逐物有方，着在一處，如放於有庫之放，便視不見，聽不聞，食不知味，而心不在矣！若能得其真體，使良知活潑，便心即是仁，仁即是心，内則爲主宰，發則爲正路矣。人心在人，果所係不爲輕也。慎之！慎之！」

問：「『人皆有所不忍，達之於其所忍』一章，前兼仁義，後只説義，何如？」曰：「『達』字，即『泉之始達』之『達』，其『充』字，方達到盡處。然仁自體言，義主用言，亦有『漸達而充之』之意。即如無欲害人，是心之仁處，而穿窬即害人一事之一也。既無欲害人之心已達之，穿窬之事又豈其所忍爲也哉？是亦其勢之所必充者也，充之無受爾，汝是不忍薄待乎已。不以言餂，是不忍欺陷乎人，可見必心不忍而後事可不爲也。故仁者統兼萬善，而仁、義、禮、智、信皆仁也。」

問：「《大學》首重格物，如《中庸》、《論》、《孟》，各各章旨自殊，難説皆格物也。」

曰：「豈止四書，雖盡括五經，同是格物一義。蓋學人工夫，不過是誠意、正心、修身、齊家、治國、平天下。而四書五經，是誠、正、修、齊、治、平之善之至者，聖人删述以爲萬世之格。《大學》則撮其尤簡要者而約言之，所以謂之曰『在格物』也。今觀其書，通貫只是孝、弟、慈，便人人親親、長長而天下平。孟子謂『其道至邇，其事至易』，予亦敢謂其格至善也。」

曰：「今世學人，誰不在身心家國上用功，其用功亦誰不將聖人方法講求？則人人現成盡是格物矣，又何必特地拈出，以起一番争論。」曰：「此是古今一大關鍵。細觀古人，惟是孟子一人識得，其他大賢大儒，總皆忽畧過了。蓋宇宙乾坤，聚精會神，纔生得一個孔子。孔子自十五志學，千辛萬苦，好古敏求，纔成得《大學》一書。其書乃仁天下萬世之極則，視其他泛論之言不同。孟子有見，所以把列聖群賢一齊推開，而只願學孔子也。故吾人不期學聖則已，學聖則必宗孔子，而宗孔子則舍《大學》奚以哉？此格物所以爲古人一大關鍵，不辭罪我而妄肆言説也。觀者亮之。」

問：「『易有太極，是生兩儀』，今乾坤之兩儀以見大意，獨太極猶未言及，恐終是無頭學問也，亦請畧言大意何如？」曰：「《易》理難言，不止今日然，妄意亦嘗窮索，又不敢以難言而遂已也。蓋『易有太極』，是夫子贊易之辭，非易之外又有個太極懸在空中也。即如周子云『無極而太極』，又以贊太極之辭，亦非太極之外又有個無極懸在空中也。」

曰：「《易》之外，固非別有太極矣，然《易》何以便謂之太極也耶？」曰：「竊意此是吾夫子極深之見、極妙之語也。蓋自伏羲、周文三聖立畫顯象之後，世之學者觀看，便謂太虛中實實有乾坤並陳，又實實有八卦分列，其支離瑣碎，寧不重爲斯道病耶？故夫子慨然指曰：此易之卦象，完全只太極之所生化。蓋謂卦象雖多，均成個混沌東西也。若人於此參透，則六十四卦原無卦，三百八十四爻原無爻，而當初伏羲仰觀俯察，近取遠求，只是一點落紙而已。此落紙的一點，却真是黑董董而實明亮亮，真是圓陀陀而實光爍爍也。要之，伏羲自無畫而化有畫，自一畫而化千畫，夫子將千畫而化一畫，又將有畫而化無畫也已。」

問：「日月即是陰陽，陰陽即是日月。然聖人畫卦，不曰『日月』，不曰『陰陽』，而乃名之曰『乾坤』，何也？」

曰：「此只看一『易』字，則即得『乾坤』二字之意矣。蓋『易』是日月相函而成，且日居上而月居下，函月而居上，則尊而善於統矣。尊統乎陰，則陽非專陽，而陽不足以名之也。函陽而居下，則卑而善於從矣。卑從乎陽，則陰非獨陰，而陰亦不足以名之也。故曰：『天尊地卑，乾坤定矣；卑高以陳，貴賤位矣。』所以聖人仰觀俯察之餘，著他一個『乾』字，則陽德便頃刻極其尊貴，而其於陰也，更何有不統耶？著他一個『坤』字，則陰德便頃刻極其卑賤，而其於陽也，更何有不從耶？統而從，從而統，則日月雖兩體而合一體，陰陽雖二用而成一用，造化自此而可成，鬼神自此而可行矣。譬如女在母家，便只叫做女兒；男在父家，只叫做男兒，兩下如何成得？若男既婚，則當叫男作夫，但一叫夫，而男即可以兼女矣；女既嫁，則當叫女作婦，但一叫婦，而女即可以兼男矣。聖人彌綸天地，出入造化，惟在一『命』字之間，豈非至神至妙之道也哉！」

問：「『先王以至日閉關，商旅不行，后不省方』，其意何如？」曰：「此聖人學問喫緊第一義也，切不可淺近而窺，輕易而說。常見學者每謂『陽初生而微』，豈全未聞虞廷所謂『道心惟微』矣乎？蓋心不微則不得謂之道，而幾不微亦不得謂之陽也。故曰『純粹以精』，又曰『潔净精微』。又曰『誠、神、幾曰聖人』也。故商旅之行，欲有所得者也；后之省方，欲有所見者也。今果會得此心渾然是一太極，充天塞地，更無一毫聲臭，徹表徹裏，亦無一毫景象，則欲得之心泯而外無所入，欲見之心息而內無所出，如此，則其體自然『純粹以精』，其功自然『潔净而微』，其人亦自然『誠、神』而『幾』，以優入聖域，莫可測識也已。」

問：「孔子聖之時，似多得之學《易》而然。」曰：「易象之贊，必曰『時義大矣哉』，又曰『六位時成，時乘六龍以御天』，所以君子『動静不失其時，其道光明』，而隨時變易以從道也。吾夫子平生得力，全在於此，惟孟氏獨能知之，乃特稱之曰『孔子聖之時者也』。是以其立教乎人也，則曰『當其可之謂時』；其悦諸乎心也，則曰『學而時習之』。惟其教之當可也，故自不覺其倦；惟其習之以時也，故自不覺其厭。《論語》開卷，便將一生精神全付打出，可見渾然一團仁體，頃刻便充塞天地而貫徹古今，是何等家風，何等滋味也！吾人可漫漫輕看也哉？」

問：「孔子之『時』，與顔子之『復』，同異何如？」曰：「顔子之一日復禮，是復自一日始也。自一日而二日、三日，以至十百千日，渾然太和元氣之流行，而融液周遍焉，即時而聖矣。故復而引之純也，則爲時；時而動之天矣，則爲復。時其復之所由成，而復其時之所自來也歟？」

問：「顔子『復禮』之『復』，固《易經》復卦之『復』矣，但本文復不徒復，而必曰『復禮』，不徒曰『復禮』，而必曰『克己』者，何也？」曰：「『復』本諸《易》，則訓釋亦必取諸《易》也。《易》曰『中行獨復』，又曰『復以自知』，『獨』與『自』即『己』也。中行而知，即禮也。惟『獨』而『自』，則聚天地民物之精神而歸之一身矣，己安得而不復耶？惟中而知，則散一己之精神，而通之天地民物矣，復安得而不禮耶？故觀『一日天下歸仁』，則可見禮自復而充周也；觀『爲仁由己』而不由人，則可見復必自己而健行也。是即孟子所謂『萬物皆備於我，反身而誠，樂莫大焉』者也。宋時儒者，如明道説『認得爲己，何所不至』，又説『仁者渾然與物同體，義、禮、智、信皆仁也』，似得顔子此段精神。象山解『克己復禮』，作『能以身復乎禮』，似得孔子當時口氣。」

曰：「『克去己私』，漢儒皆作此訓，今遽不從，何也？」曰：「亦知其訓有自，但本文『由己』之『己』，亦『克己』『己』字也，如何作得做由己私？《大學》『克明德』，『克明峻德』，亦『克己』『克』字也，如何作得做『去明德』、『去峻德』耶？況『克』字正解，只是作『勝』、作『能』，未嘗作『去』。今細玩《易》，謂『中行獨復』，『復以自知』，渾然是己之『能』與『勝』處，難說《論語》所言不與《易經》相通也。」

曰：「顏子『請問其目』，而孔子歷指四個『非禮』。『非禮』不是私，如何？」曰：「此條却是象山所謂能『以身復乎禮』者也。❶ 蓋視、聽、言、動，皆身也。視孰爲視，聽孰爲聽，言動孰爲言動？皆禮也。視以禮視，聽以禮聽，非禮則勿視聽；言以禮言，動以禮動，非禮則勿言動，是則渾身而復乎禮矣。此即非禮以見復禮，即如恕之以不欲勿施，而見所欲與施也，皆反言以見正意。大約孔門宗旨，專在求仁，而直指體仁學脉，只說『仁者人也』。此『人』字不透，決難語仁。故『爲仁由己』，即人而仁矣。此意惟孟子得之最真，故口口聲聲只說個『性善』。今以己私來對性善，可能合否？此處是孔、顏、孟三夫子生死關頭，亦是百千萬世人的生死關頭，故不得不冒昧陳說。若謂衆皆莫肯信從，而且遷就，則當時子貢諸人已嘗疑孔子是求之於外，樂正子已不信孟子爲實有諸己，況七十之與三千，又況漢、唐、宋而失傳以至今日矣乎？幸大家早共反求以仁其身，而仁天下，仁萬世於無疆也已。」

問：「復，何以能自知也哉？」曰：「是則有生而知之者矣，『聞一善言，見一善行，沛然若決江河，莫之能禦』者也；有學而知之者矣，『我非生而知之者，好古，敏以求之』者也；有困而知之者矣。人一能之，己百之，人十能之，己千之。果能此

❶「謂」，原誤作「未」，今據杜應奎本改。

道，而雖愚必明者也。」

曰：「孔子何以學而知之也？」曰：「孔子志於學，學乎大學者也。學大學者，必先於格物。格物者，物有本末，於本末而先後之，是所以格乎物者也。」

曰：「格物之本末，何以遂能獨復而自知也哉？」曰：「古之平天下者必先治國，治國必先齊家，齊家必先修身，是天下本在國，國本在家，家本在身。於是能信之真，好之篤，而求之極其敏焉，則此身之中，生生化化，一段精神，必有倏然以自動，奮然以自興，而廓然渾然，以與天地萬物爲一體，而莫知誰之所爲者。是則神明之自來，天機之自應，若銃砲之藥偶觸星火，而轟然雷震乎乾坤矣。至此，則七尺之軀，頃刻而同乎天地；一息之氣，倏忽而塞乎古今。其餘形骸之念，物欲之私，寧不猶太陽一出而魍魎潛消也哉！故《大學》一書，是孔子平生竭力六經而得的受用，如病人飲藥，已獲奇效，却抄方遍施，以起死回生乎百千萬衆也。後世切不可只同其他經書看過，當另作一般理會，久久有個獨復自知之時，方信予言爲不謬也已。」

問：「孔子以『復禮』答顏氏問仁，則所謂學《易》者即所以求仁矣乎？」曰：「《易》所以求仁也，蓋非《易》無以見天地之仁，故曰『生生之謂易』，而非『復』無以見天地之易，故又曰：『復其見天地之心。』夫『大哉乾元』，生天生地，生人生物，渾融透徹，只是一團生理。吾人此身，自幼至老，涵育其中，知見紜爲，莫停一息。本與乾元合體，衆却日用不著不察，是之謂道不能弘人也。必待先覺聖賢的明訓格言，呼而覺之，則耳目聰明頓增顯亮，心思智慧豁然開發，真是黄中通理，而寒谷春回。此個機括，即時塞滿世界，❶了結萬世，所謂『天下歸仁』，而『爲仁由己』也。其根器深厚、志力堅苦的漢子，際此景界，便心寒膽落，恭敬捧持，如執玉、如捧盈，毫忽不能昧，叫做『研幾』；斯須不敢瞞，叫做『慎獨』；不落聲臭，不涉覩聞，淵淵浩浩，叫做『極深』；坦坦平平，好惡不作，叫做『君子依中庸』也。❷蓋此個天心，元賴耳目四肢顯露，雖其機不會滅息，而血肉都是重滯。若根器淺薄，志力怠緩者，則呼處或亦有覺，而受用却是天淵，反致輕視此理，而無所忌憚，不免游氣雜擾，而成小人之中庸矣。孔門自顔子而下鮮有不在此處作疑。故『仁者人也』，縱口説不倦，而未有人聽；『從心所欲』，縱身體不厭，而無有人喜。走東走西，只是要依各人亂做，況無聖人親自呼覺，又可奈何？其後却虧了孟子是個豪傑，他只見着孔子幾句話頭，便耳目爽朗，親見如聖人在前，心思豁順，生就與聖人吻合，一氣呵出，説出人性皆善。至點掇善處，惟是孩提之愛敬，達之天下，則曰：道在邇，事在易，親親、長長而天下平也。憑他在門高弟如何諍論，也不改一字；憑他列國君臣如何忿惡，也不動一毫。只是入則孝，出則弟，守先王之道，以待後之學者。看他『直養無害』，即『浩然塞乎天地』，『萬物皆備』，而反身『樂莫大焉』，其氣象較之顔子，又不知何如。予嘗竊謂孔子渾然是易，顔子庶幾乎復，而

❶「界」，原誤作「略」，今據杜應奎本改。
❷「中」，原脱，今據杜應奎本補。

孟子庶幾乎乾。若求仁而不于《易》，學《易》而不于乾且復焉，乃欲妄意以同歸于孔、顔、孟也，亦悮矣哉！亦難矣哉！」

問：「君子自强不息，乃是乾乾。此『乾乾』可是常知覺否？」曰：「不止常知覺。」曰：「可是常力行否？」曰：「不止常力行。」曰：「可是知覺力行常並進否？」曰：「不止常並進。」曰：「何如乃可？」曰：「是要『乾乾』。」曰：「知行常進，非『乾乾』如何？」曰：「未有『乾乾』而不知行，却有知行而非『乾乾』者。」曰：「此處如何分别？」曰：「子之用工，能終日知覺而不忘記，終日力行而不歇手乎？」曰：「何待終日，即一時已難保矣。」曰：「如此，又可謂『乾乾』已乎？」曰：「此是工夫不熟，熟則恐無此病矣。」曰：「非也。《中庸》教人，原先擇善，擇得精，然後執得固。子之病原在擇處欠精，今乃賴他執處不固，察脉不真，藥更作疾，恐庸醫不免殺人也。」曰：「吾聞此言，亦甚恐恐，願施一方相救，何如？」曰：「此個學問，固是千古聖藥，起死回生，却是千聖秘方，微言久絶也。蓋子之心中，元有兩個知，有兩個行。」曰：「如何見得有兩個？」曰：「子纔説發狠去覺照，發狠去探求，此個知行却屬人。纔説有時忘記，却忽然想起；有時歇手，却惕然警醒，此個知行，却是屬天。」

曰：「如此指破，果然以前知行是落人力一邊，但除此却難用工了。」曰：「聖學原是難事，若汝用不去，便須回頭共人商量，可貪其容易，便任你蠻做也耶？然此弊却通天下、貫古今，亦不止汝一人也。今當爲細説一番，只是天機太漏泄耳。夫聖學肇自虞廷，其初便説『道心惟微』，微則難見，所以要精；精始不雜，方纔能一；一則無所不統，亦又何所不知，何所不行耶？其知其行，亦何所不久且常耶？但萬善中涵，泯然若寂，《中庸》形容之以『視之不見，聽之不聞』；孟子形容之以『不慮而知，不學而能』。蓋自孩提以至老死，生生化化，渾全是個乾體，只因此體原極微妙，非如耳目聞見的有跡有形，思慮想像的可持可據，所以今古學人，不容不舍此而後彼也。」

曰：「今承指示，亦頗明白，但欲承當，又覺甚難。」曰：「若是不難，他便不説『道心惟微』矣。如汝實實要入此門，則先須辨個必爲聖人之志。志意堅定，方好去尋真師友；遇着真師友，方纔有真口訣。真師口訣，却與如今書本講説的，半句不容妄説，塞住路徑，半步不得前移。困心衡慮，忘日忘年，自然有憬然悟、默然惺，雖是得得艱苦，却是住得安樂也。此後固説知及仁守，雖得必失，但程子更説：『既得而樂，不患不能守。』予今也信得，只要得處真的，其後次第，果儘在由得自家也。願共勉之！」

問：「夫子贊《易》曰『生生之謂易』，夫謂之曰『生』，則知與能俱備矣，何以於乾則多説『知』，而坤則否耶？」曰：「乾坤原是合體，知能亦是互用。但乾則專是陽明，而坤則不免陰晦。乾知便清妙，而足以始乎坤；坤雖厚實，而止是終乎乾。所以曰『百姓日用而不知』、『民可使由之，不可使知之』。百姓豈全無知識？奈行不著、習不察，能勝而掩其知爾。子曰：『蓋有不知而作之者，我無是也』，『知之爲知之，不知爲不知，是知也』。則貫總日用，皆屬於知，是以勝而掩其能。故乾坤皆易也。❶ 知與能，皆天所以與我也。先事乎知，則日入清妙而聖神可幾，反是，則百姓日用，終身由之而不知其道者衆矣。有志於學聖者，其尚慎所先哉！」

問：「虞廷『人心』『道心』，可與乾坤亦相類乎？」曰：「此言雖屬比擬，然亦有可類推者。即如乾初説個『潛龍』，龍則何等微妙而難見也；坤初則説個『履霜堅冰』，冰霜則何等重滯而易危也。」

曰：「乾坤渾是合體，若人心道心，則分明是二之矣。」曰：「『人』字『道』字，雖少分別，而心則止是一個『心』字也。」曰：「既是一個，如何却分作人與道耶？」曰：「此個界限，一言可判：日用不知，則道心而人矣；日用而知，則人心而道矣。蓋人受天地之衷以生，其生也，知覺云爲，夫孰非心？亦孰非道？但寓於目耳形骸之中，動以人勝，而縱欲時多，故心以人名而不免於危也。心雖在人中，而道實在心中，但人自不覺知耳。若天牖其衷，而一旦覺悟，則耳目之聽視、形骸之運用，皆渾然見得是心，心皆渾然見得是道。愈覺悟則愈渾化，愈渾化則愈微妙。故心以道名，而復贊嘆其微也。」曰：「如此分判，果是明白，但恐非虞庭口氣。」曰：「當時口氣，果然是兩下開説，如曰：此心而人，則欲動而多危險；此心而道，則幾神而最微妙。吾人於此不可不研精而致一也。其着力工夫全在精處，但要精切明透，舍前數語亦難得便了也。況所以精之者，正所以一之也。今其始初分説處，不犯斧鑿，

❶「乾」下，原衍「知」字，今據杜應奎本删。

則精後歸一處，亦自渾融而妙合矣。」

問：「『仁者，人也』，又曰：『仁，人心也。』此語與『人心惟危』不大相矛盾也耶？」曰：「此便見學問當惟精處。蓋虞庭是先言人心，則人而未道也，所以惟危。孔孟先言仁，則是精研到極處，乃説出個人也，人心也。此人心却是與道爲一者，所以不妨説人心也。況此正是虞庭傳心的要正脉，請爲吾子詳之。今人只知虞舜論心，重在於道，却不知重在於人；今人只知虞舜論工夫，重在於精，却不知重在於一。何也？天地之性，人爲貴，人者，天地之心也。故非人，何處安此『心』字？非心，何處安此『道』字？故道虚而心實，心虚而人實也。『道心惟微』，即如金寶；『人心惟危』，即如鑛石，未經鍛煉，則粗劣其所不免。惟精以鍛之，則其心初止是人，漸次人而化作道矣。其人初雖是危，漸次危而化入微矣。精之爲功，始於志氣，持志不易，乃見精專。入手則在覺悟，妙悟能徹，乃見精通。志精悟精，則如善射之久視，雖虱可大若車輪；跛鱉之守卵，即隔江氣貫乎彼岸，微渺道心，充塞乾坤也。況我此人有不通身浹洽，而此身危動有不帖體安静也哉！從是毫無欺昧，謂曰『精嚴』；私不妄染，謂曰『精潔』；晝夜常知，謂曰『精純』。嚴潔且純，則靈明透露，人非是人而道矣。生化活潑，道不自道而人矣。人即道，道即人，則最初所謂人受天地之中以生，到此全盤捧出，信目以爲明，任耳以爲聰，從心所欲以爲矩，無爲以守至正，是即所謂『允執厥中』也。究竟所允執者，只是此個心，心又只是此個人也，豈不與『仁者人也』、『仁，人心也』同條而共貫也哉！故《中庸》謂舜「好問」「好察」而「用中於民」，知吾民之中，爲舜所用，則舜所允執，獨非人心之中如何？所以道大，舜有大焉，善與人同。《中庸》又謂思修身不可不知人，百世俟聖不惑，亦只知人。知人也者，知其性之皆善也。知性皆善，方思己身是道、是中，自不容不反而求之矣。孔孟聲聲口口，只喚人反己，既曰『古之學者爲己』，又曰『君子求諸己』，如指示貧人以一窖金寶在此相似。無奈學者氣浮心粗，逐外成性，不肯向裏掘求。非惟不肯去求，抑且有言不信，就是高等如樂正子，且疑善非實有諸己，其他則都與孟子喧嚷一生散場，却不意虞庭傳心要妙，吾輩復覩今日，則我大明信大明也，可喜可樂，且可慶賀。」

問：「看來四書五經，原自渾融，其要只在得個頭腦，何如？」

曰：「經書固在得其頭腦，然頭腦亦不易得。蓋今世有志講學者，多樂從易簡，謂『六經註我』，不復更去講究；有稍知講究者，又舊時氣習已定，謾將聖賢精微之言，也同套話解去。予弱冠亦蹈此弊，後感天不擯棄，遇人折挫一番，方纔痛恨追悔，再不敢將聖賢之言輕易忽畧。從是愈去探求，則愈有滋味；愈脱舊見，則愈有新得。及看人謾將經書比做道理判斷，則每爲之寒心震股而不能自安。於是漸漸有個入頭，亦漸漸各處通貫，乃知聖賢主宰乾坤，生化民物，只靠着數本經書，甚欲敬告同志大家信古敏求，以莫負此生好時光也。況我明制科，原是專主經義，後生晚進，引他上得此路，則不惟身心終有下落，而目前舉業亦自脱越等流數倍。今世儒紳得此意者，多能芥拾青紫，則培養真才，爲益又宏且多矣。願共勉之！勉之！」

孫羅懷義　懷禮　懷智　懷信
懷敬　懷忠　懷祖　懷本
曾孫羅萬會　萬象　萬貞　萬里
起元等重梓

近溪子集　樂

楚黄友人耿定向評

問：「今時談學，皆説有個宗旨，而先生獨無。自我細細看來，則似無而有，似有而無也。」曰：「如何是『似無而有』？」曰：「先生雖隨言對答，然多歸之赤子之心，便是『似無而有』也。」曰：「如何是『似有而無』？」曰：「纔説『赤子之心』，便説『不慮不學』，却不是『似有而無』，茫然莫可措手也耶？」

曰：「孔孟門庭，果然風光别樣。吾子以『似在有無之間』言之，却亦善於形容矣，其實不然。我今問子，原日初生，亦是赤子否？」曰：「是。」曰：「初生既爲赤子，難説今日此身不是赤子長成。」曰：「今我此身，果是赤子養成，而非他也。」曰：「此時我問子答，是知能之良否？」曰：「是知能之良也。」曰：「此個問答，要慮學否？」曰：「不要慮，不要學也。」曰：「如此是爲宗旨，儘是的確爲有矣，安得猶言似有而無耶？」曰：「今言學貴宗旨者，是欲使吾儕有所憑據，好去執持用工也。若只如前説，我問你答，隨聲應口，則個個皆然，時時如是，雖到白首，終同凡夫，又安望其有道可得、有聖可成也耶？」曰：「吾子此疑，果是千古不決之公案，然却是千聖同歸之要轍也。其端只在能自信從，而其機則始於善自覺悟。如其覺悟不妙，難望信從而同歸矣。蓋虞庭言道，原説其心『惟微』，而所示工夫，却要『惟精惟一』，有精妙的工夫，方入得微妙的心體。孔子統括，却言不止精微，而曰『潔淨精微』，則是精微而更精微，即所謂『玄之又玄』也。若如書舍所刊集説、講説，則膚淺粗浮甚矣，世人無識，翻喜他有個宗旨依循，好去研窮踐履，謂能到純熟，即便是聖賢，此正俗語『粗大麻線而求透針關，壅灌稊稗而望食佳餐』也，惡可得哉！」

曰：「今時勿論世俗是非，且請教赤子之心，如何用工？」曰：「心爲身主，身爲神舍，身心二端，原樂於會合，苦於支離。故赤子提孩欣欣長是歡笑。蓋其時身心猶相凝聚；而少少長成，心思雜亂，便愁苦難當了。世人於此，隨欲習非，往往馳求外物，以圖得遂安樂。不想外求愈多，中懷愈苦，甚至老死不克回頭。惟是善根宿植，慧目素清的人，他却自然會尋轉路，曉夜皇皇，如饑莩想食，凍露索衣，悲悲切切，於欲轉難轉之間，或聽好人半句言語，或見古先一段訓詞時，則憬然有個悟處，所謂皇天不負苦心人。至此方信『大道只在此身，此身渾是赤子』，又信『赤子原解知能，知能本非慮學』。至是精神自來帖體，方寸頓覺虛明。如男女媾精以爲胎，是仁沾土而成種，生氣津津，靈機隱隱，云是造化，而造化不以爲功；認爲人力，而人力殆難至是。此則天心道脉，信爲『潔淨精微』也已。」

曰：「此後却又如何用工？」曰：「吾子只患不到此處，莫患此後工夫。子若不信，請看慈母之字嬰兒，塲師之培寶樹，其愛養滋扶意思，何等切至，而調停斟酌機括何等神妙！子固莫能爲問，我亦莫可爲答也已。」

問：「舟中清夜，何以見示？」曰：「吾人須是得個頭腦，其學方有着落。但頭腦極是難得，今只曉得用心去向，久則自然有些入處。且如孔子贊《易》，說伏羲仰以觀天，俯以察地，觀鳥獸之文與地之宜，近取諸身，遠取諸物。此雖是說伏羲，却即說他自己。你想聖賢用心，是何等周悉，則學問頭腦，安得而不的確？」

曰：「道體本自充塞，必如孔子言說，方見其用昭著。」曰：「言者，心之聲也，未有不得其言而能得其心者。今我聽汝之言，不止自欠真切，即孔子當日一段精神，亦覺冷淡無味了。豈知聖人老實專至，其心終日終夜，只爲此一事也耶？」

曰：「只爲何事？」曰：「其仰觀俯察，近取遠取，只爲要通神明之德，要類萬物之情。即如神農，❶平生盡嘗百草氣味，將來碾磨熬煎，求出一顆靈丹，接續本身慧命，點化一世凡胎，而共躋壽域，永享天神也。要之，靈丹之料，散在百草，學問頭腦，含藏造化。妙在善自用心者，便畢竟得之，既能統萬爲一，復能貫一於萬。豈似吾儕悠悠度日而漫漫爲心也哉！」

曰：「我今聞師之言，心却覺得明了也。」曰：「明之一言，更是難說。蓋有意見曉了以爲明者，亦有心神孚契而爲明者。若果神相孚契，則言入汝心，即同金投大冶，火力猛熾，金質頓融，雖千片百星，頃成一團液汁，而光彩洞然燁奕也。若炭火與金塊頭尚相牴牾，則其照曜雖明，而其光精則猶未澈也。汝輩聞道，能常常如是

❶「神農」，原誤作「伏羲」，今據《近溪羅先生一貫編》改。

反觀，又何患頭腦之不爲吾有也耶？」

問：「今早復如何見示？」曰：「今在天日之下，正好仰觀天文。」曰：「果然都在吾目中矣！」曰：「如此便叫做觀耶？」曰：「既説着觀，便即是觀了，又更有何言説？」曰：「如何若是快當？」曰：「弟子心目，原也明見天日，今遇師提撕，便自覺是仰觀也已。」

曰：「吾子此語，似知當下理趣，但於聖訓，却全欠順妥。蓋他文句原説仰觀天文，據汝初説，都在吾目中，是精光之照察廣處；次説仰觀了，是心目之感應神處；次又説得我師提撕而然，是人己之相通無間然處，其發揮底藴，總是觀目之文，而非觀天之文也。此無他，蓋由平時習氣已熟，開口多作渾話，却不知聖賢精神不離當下。其稱物如衡星，分毫不至差爽；應響如空谷，洪纖互相低昂。問天便答以天，問人便答以人，念念點水滴凍，而言言擲地金聲也。故《易》論『君子自强不息』，只在『忠信以進德』、『修辭立誠以居業』二句。然則學者之於言語，而可容一毫苟且乎哉！」

問：「夫子謂善人『不踐跡亦不入於室』，謂子路升堂而未入室，其所謂室，固皆聖人之室矣。乃今子路之未入室同乎善人，則善人之既升堂，亦必同乎子路，但善人質美未學，子路學於聖門，豈室則必學方可入，而堂則未學亦可升耶？」

曰：「《論語》之於善人，再三稱許，總是夫子愛他資質之美，故惓惓致意，然嘆才之惜，每寓於中。至答子張，則明白説出，其曰『不踐跡』，正是見他善處。其曰『亦不入室』，却又是惜他徒有善處。觀孟子之評樂正子一段，便可見矣。若以他因不踐跡，故不入室，則聖門學者無限，皆是踐跡，豈便皆可入室耶？要之，夫子之取善人，真爲其可以入聖而然。觀其嘆聖不可見而及於善人，則善人原非不可以入室者，乃卒善而不聖，則夫子安得不以『亦不入室』惜之也哉！細味『亦』之一言，則致警子張諸人之意，具見詞外。蓋子張原因夫子再三致意善人，故特來質問，是有欣仰善人之意。夫子却揚而抑之曰：豈爲現前諸人不入室，即善人雖能不跡而善，然亦不入室也。今竊共諸君商之，吾夫子所居之室，原是甚麽去處，果是甚等風光，如何及門之徒與一時賢士，竟無一個可以入選？其最當意，只是顔子，然以不見其止爲惜，則他又更何説哉？某每誦德行分科，謂爲英才之盛，殊覺其爲人品之衰，後參對軻氏顔學去處，把來一齊推倒，乃知所見不甚差。且知夷、惠、冉、閔諸公，總未跳出善人窠臼中也。今想要求跳出，則須是先過信人一關。蓋善則即爲聖堂，廣大無邊，貫通不隔，萬物皆備，千載同然，中間却有一個門限，所謂『善有諸己』也。夫善而固有諸己，即孟子所言性善，只到此關，則人人生疑，信者萬無一二。既信關難過，則美大聖神，其深宫密室，又安望能窺其邃奧而享其榮華也哉！敢因論善人，而爲吾儕共致勗云。」

問：「君子有三畏？」曰：「此三事，只孟子一言該之，蓋『大人者不失其赤子之心』。赤子之心即天命，而訓人以此，即聖言也。若謂福善禍淫，修吉悖凶，人於天命，豈有不知？德位隆重，威望巍巍，人何敢狎？登山觀海，彌高彌遠，又何嘗敢侮？惟是孩提愛敬，其知能之良，雖渾全天畀，而不慮不學，則體極希微，莫説常人難知，即豪傑才辨之士，亦無從理會，知之不能，❶況望其恭敬奉持，而兢業承順之不違耶？惟如是，則大人必在所狎，而聖言必在所侮矣。蓋其人是不失赤子之心之人，而其言是不失赤子之心之言也。觀之孔門，勇於從善，莫如子路，然破口道夫子有是之迂；敏於悟道，莫如子貢，然順口道夫子亦是多學而然。故夫子當面發嘆，於由則曰：『知德者鮮矣！』於賜則曰：『莫我知也！』夫此豈不知天命之驗耶？至孟子，則一言性善，門下諸人紛紜辯駁，就如樂正子雖稱好善至性有諸己，亦在疑信相半之間，況於其他耶？如是而不謂之狎且侮也，吾安能爲諸賢諱耶？」

問：「後儒談學，多極分明，即如心之一言，必説其體段何如，其根源何如，其發用何如。今看《大學》釋正心，却所言甚簡，何其與後儒不同耶？」曰：「聖賢之言，豈尋常可及，但細細看來，言雖簡約，然極明盡。即如《大學》之釋正心，只言『心之不正』，而心之體段及根源發用，無一不備。與《中庸》『喜怒哀樂未發謂之中，發而中節謂之和』，中爲『大本』，和爲『達道』，互相照映，不待言詮而自可意會也。」

曰：「學至誠意，則天德王道，俱可備舉，何故復言正心、修身，縷縷不置耶？」曰：「子言雖是有見，而道理則未盡然。不觀《中庸》説誠，便細分幾樣：有曰『誠之』者，有曰『誠』者，又有曰『天下至誠』者。配而論之，曰『誠之』者，人之道，即所謂在

❶「知」，原誤作「不」，今據杜應奎本改。

誠其意而擇善固執，有許多着力去處説也。既須着力，便好樂憂患，不免微有方所，須是涵養既久，思勉漸消，方是意誠心正，而近乎『誠者天之道』矣。夫知及仁守，心純天理，所學豈不精熟？然光輝之發，未即盛大，則莊蒞動禮，難説不假歲月以條達而宣暢之也。由是而明著動變，則身修、家齊、國治、天下平，斯爲至誠能化，而大人之事畢矣。若一言蔽之，則果然誠之外無可增益也已。」

問：「某欲爲人，請教如何存心？」曰：「爲人即存心矣。」曰：「心若不存，如何爲人？」曰：「心不先知，如何去存？」曰：「請教如何知心？」

曰：「知人即知心矣！子觀《洪範》，説人有視、聽、言、動、思，蓋大體小體兼備，方是全人；視、聽、言、動、思兼舉，方是全心。但人初生，則視、聽、言、動、思渾而爲一；人而既長，則視、聽、言、動、思分而爲二。故要存今日既長時的心，須先知原日初生時的心。子觀人之初生，目雖能視，而所視只在爹娘哥哥；耳雖能聽，而所聽只在爹娘哥哥；口雖能啼，手足雖能摸索，而所啼所摸也只在爹娘哥哥。據他認得爹娘哥哥，雖是有個心思，而心思顯露，只在耳目視聽、身口動叫也。於此看心，方見渾然無二之真體，方識純然至善之天機。吾子敢説汝今身體，不是原日初生的身體？既是初生身體，敢説汝今身中即無渾純合一之良心？漸漸湊泊，將來可見。知得人真，便知得心真；知得心真，便存得心真。雖汝初學，不免要着力點檢、操持，然較之竅路不明，而粗鑾執滯者，自是天淵不類矣。」

問：「某今日用工，儘去致知力行，如何學問不見長進？」曰：「子之致知是知個甚的？力行是行個甚的？」曰：「是要此理親切爾。」曰：「既主意如是，便當先求此理矣，豈有此理不求而能得親切？理不親切而能致知力行，又能學問長進也哉？」曰：「某輩平日説理，只事物之所當然便是。」曰：「汝初要求此理親切，今却舍了此時，而言平日，便不親切；舍了此時問答，而言事物，當然又不親切。」

曰：「此時問答，如何是理之親切處？」曰：「汝把問答與理看作兩件，却求理於問答之外，故不親切。不曉我在言説之時，汝耳凝然聽着，汝心炯然想着，則汝之耳、汝之心何等條理明白也。言未透徹，則默然不答；言纔透徹，便隨衆欣然而是，則汝之心、汝之口又何等條理明白也。」曰：「果是親切。」曰：「豈止道理爲親切哉！如此明辯到底，如此請教不怠，又是致知力行而親切處矣。」衆皆躍然有醒。

問：「吾儕日昨請教，或言觀心，或言行己，或言博學，或言守静，先生皆未見許，然則誰人方可以言道耶？」曰：「此捧茶童子，却是道也。」衆皆默然。有頃，一友率爾言曰：「終不然此小僕也能戒慎恐懼耶？」余不暇答，但徐徐云：「茶房到此，有幾層廳事？」衆曰：「有三層。」余嘆曰：「好造化，過許多門限階級，幸未打破一個鍾子。」其友方略省悟曰：「小僕於此，果也似解戒懼，但奈何他却日用不知。」余又難之曰：「他若不是知，如何會捧茶，捧茶又會戒懼？」其友語塞。徐爲之解曰：「汝輩只曉得説知，而不曉得知有兩樣。故童子日用捧茶，是一個知，此則不慮而知，其知屬之天也。覺得是知，能捧茶又是一個知，此則以慮而知，而其知屬之人也。天之知，只是順而出之，所謂順，則成人成物也。人之知，却是返而求之，所謂逆則成聖成神也。故曰：『以先知覺後知，以先覺覺後覺。』人能以覺悟之竅，而妙合不慮之良，使渾然爲一，而純然無間，方是睿以通微。又曰『神明不測』也。噫！亦難矣哉，亦罕矣哉。」

問：「天地之性人爲貴。夫天地萬物，性原一體，如何只説人爲貴耶？」曰：「譬如人之登第，同是進士，然選來衙門，却有不同。若外補，便見在内者更貴；内補別衙門者，便見在翰林中書者更貴。此則因所居衙門而分，難道進士有殊也。知此則知天性矣。」曰：「如此，則恐人物太無分別。」曰：「也有分別處，但分別則不在性，而在性之能覺與否。蓋人則其氣清正，能覺者多；物則偏濁，而能覺者少也。譬則進士選官，以作縣爲最末，❶然作縣行取，多入吏部科道，是又反超越一切衙門矣。此無他，其地步本高，而科第無殊也。世言物類莫賤於蛇，然蛇知潛修，多成蛟龍，其變化飛騰，又萬夫莫及矣。此無他，其性天本靈而與人同貴也。故知悟覺在人，極爲至要，能覺則蛇而可龍，不覺則人將化物，甚哉！其可惧也已。」

問：「今日爲子盡孝，莫大揚名顯親；欲遂顯揚，莫先立身行道。吾儕求道，非不切切，無奈長時間斷處多。」曰：「試説是如何間斷？」曰：「某之志願，常欲照管持守此個學問，有時不知不覺，忽然忘記，此

❶「末」，原誤作「未」，今據杜應奎本改。

便是間斷處也。」曰：「此則汝之學問，原係頭腦欠真，莫怪工夫不純也。蓋學是學聖，聖則其理必妙。子今只去照管持守，却把學問做一件物事相看，既是物事，便方所而不員妙，縱時時照見，時時守住，亦有何用？我今勸汝，且把此等物事放下一邊，待到半夜五更，自在醒覺時節，必然思想要去如何學問，又必思想要去如何照管持守我的學問。當此之際，輕輕快快，轉個念頭，以自審問説道：『學問此時雖不現前，而要求學問的心腸，則即現前也。照管持守工夫雖未得力，而要去照管持守一段精神，却甚得力也。』當此之際，又輕輕快快，轉個念頭，以自慶喜，説道：『我何不把現前思想的心腸，來做個學問；把此段緊切的精神，來當個工夫。』則但要時便無不得，隨處去便無不有。所謂身在是而學即在是，天不變而道亦不變。安心樂意豈止免得間斷，且綿綿密密，直至聖神地位，而一無難也已。故必如此，方是仁人；亦必如此，方是孝子也。」

坐集寺堂，因見佛像儼然，共嘆其祖祖相傳，確守衣鉢，真不易及。一友奮然前曰：「堯、舜、周、孔，以中傳心，即儒門衣鉢也。不中之求，而衣鉢是羨，何其明於慕人，而昧於反己也耶？」余謂：「禪門衣鉢，與吾儒之中誠類也，衣鉢已是難傳，況中又豈易語耶？」一友又向余詰曰：「先生之學，將以稱宗作祖者也。欲的確此中以傳衣鉢，非先生而誰求耶？」余曰：「子且姑置。」乃再前其初語者而問曰：「汝之志似鋭且端矣，試言汝平日以何爲中，而所用工夫又如何求中耶？」其友作而對曰：「中之爲理，果是難言。茲欲言中，請以鐘喻。經曰『人受天地之中以生』，是人之未生，中在天地，渾然寂然，即鐘之初融大冶，豈嘗有鐘之跡哉？及甄而鑄之，舉而懸之，是則天地之既生乎人，人之各有其身，而人果類乎鐘矣。然天地果孰生乎人哉？一中以生之也。人亦何以爲身哉？一中以爲身也。是故有耳以聽，聽則能聰；有目以視，視則能明；有口以言，言則響應；有四肢以動，動則快當；有心意以思，思則分曉伶俐。是中即此身，身即此中，自赤子以至老死，自吾輩以至途人，又何中而非身，何身而非中也耶？」其次詰余者復從而相詰曰：「子之以鐘喻身，以身體中，言則似矣，獨不思儒先謂人有氣質之性，故中雖同而氣質不同。氣質清美者常少，而薄劣者常多。其薄劣者，即鐘之土泥以窒其空，木石以礙其旁，雖盡力叩之，亦俗謂『撞木鐘敲土磬』也。學者須是克去己私，變化氣質，然後心無物欲而自虛，虛以應感而自中矣。以鐘喻人，須當似此，果只如君所言，不亦太混沌也耶？」

余覺其詰論稍失和平，徐爲解曰：「二子之言，各有攸當。其初所論，於本體固不雜，而工夫未備。其次所詰辯，於源頭雖少清瑩，而當下却見受用。即此時一堂上下，人將百計，其耳目心志亦豈不有百樣，却於二子所言，一句一句，無有一人不入於耳，亦無有一人不想於心者，何哉？蓋因各人於此坐立之時，一切市喧，俱不亂聞；凡百世事，俱已忘記，個個傾着耳孔，而耳孔已虛；個個開着心竅，而心竅亦虛。其虛既百人如一，故其視聽心思，即百樣人亦如一也。然則人生均受天中，而天中必以虛顯，豈非各有攸當也哉！聖人謂『仁者人也』，爲道不可遠人，其初論者近之。又謂『溥博淵泉，而時出之』、『君子而時中』，其次論者近之。」

大衆乃共請曰：「虞廷相傳，原要『允執厥中』，不識此中如何允執？」曰：「諸君將謂此理有個一定，而可用力持守爲允執耶？是則子莫之所謂『執』，而豈虞廷之所謂『中』也哉！適纔所論曰『中即人，人即中』，人與中固無二體；又曰『中必虛，虛必中』，虛與中亦果無二用也。故《易》謂：『寂然不動，感而遂通。』夫既寂然，將何所執？夫既遂通，又何暇執？若吾儕有志而善用功者，亦在慎所感通而已。欲慎感通，則在不離師友而已。使一生長在會中，每會長若此際，是即可云時習而悦，亦即可云朋來而樂。孔子所以學則不厭，教則不倦，直賢堯舜而取衣鉢以付之吾儕，但看吾儕接受福分何如耳。幸共勗諸！幸共勗諸！」

問：「中爲人所同有。今日之論，與古聖之言，原自幸共勗諸無異。至反而求之，不惟衆人不得，即聰明才辯者，亦往往難之。何哉？」曰：「學至心性，已是精微，而況中之爲理，又其至者乎？故雖聰明而不能爲思，雖才辯而莫可爲言，以其神妙而無方爾。但自某看來，到喜得他神妙無方，乃更有端倪可求也。蓋謂曰『無方』，則精不住於精，而粗亦無不有也；微不專於微，而顯亦無不在也。善於思且求者，能因其理而設心，其心亦廣大周遍而不滯於一隅；隨其機而致力，其力亦活潑流動而不拘於一切。可微也，而未嘗不可以顯；可精也，而未嘗不可以粗。則人力天機，和平順適，不求中而自無不中矣。

譬則北人言其人之可用者曰『中用』，言其物之可喫者曰『中喫』，亦以其人與事，其物與口，恰好相當，而遂以『中』形容之也。」大衆同聲和曰：「先生論『中』之論，亦甚中聽也哉！」

問：「坤之《文言》曰『敬以直内，義以方外』，此意似是用工。乃曰『直、方、大，不習無不利』，謂之『不習』，又似全無工夫。今説者以前爲初用工夫，後則熟極自然，不知是否？」曰：「《易》之詞，原明白順暢，而説者反牽强晦之。今觀『直、方、大』，爲六二爻詞，且與六五相應，豈皆只從既熟之後説耶？大抵學者説經，不免心粗氣浮，故每在言句執着，而未向根源理會，故其見弗徹，而其旨弗融也。某竊謂《易》首乾坤，而乾則又統乎坤也。若味坤之詞而不本之乾，則其德非順而事亦不謂之代終矣。故他爻或少參差。若二五中位，正全坤體，而默應乎乾，比於磁之吸鐵，硝之爆銃，潛通迅速，大有甚焉。此今諸君要識直方而大之意，只把葭灰候氣來看，其時至灰飛，便是乾出乎坤，所謂生而直也。即此微竅，而約同率土，更無分寸不生，亦無纖毫不直，便是方而大也。其機不疾自速，不行自至，勢且莫之能禦，夫豈待習而始利耶？此與六五『黄中通理』、『暢達四肢』，渾然一樣。是雖天地造化之妙，而吾人學問，亦即此而在。夫子恐人未悟，故舉爻詞而符以學問工夫。若曰『敬』，非他也，即坤之直也，生生自内而中正無邪者也，亦即所謂『夙夜惟寅，直哉惟清』也。『義』非他也，即坤之方也，生生直達，由中及外，而方整齊一者也，亦即所謂『根心生色，四體不言而喻』也。故此二句文意，不宜並看，而總作一串，始可以言敬義立而德不孤，德不孤則直方而大矣。故復舉爻詞，其意又多在不習無不利，止是贊嘆，而非曰敬義至此始純熟自然也。要之，世間有志學問者，説着『敬義』，便去講求道理，着力持守，指之曰：是爲用工。説着『不習而利』，便要等待時候，不即承當，指之曰：是爲習熟自然。却不知自然之妙，豈是習熟之所能到？而工夫不識性體，性體若昧自然，總是無頭學問。細細推來，則自然却是工夫之最先處，而工夫却是自然之以後處。次第既已顛倒，道蘊何能完全？故某嘗云：『爲學必須通《易》，通《易》必在乾坤。』若乾坤不知合一，而能學問有成者，萬萬無是理矣。」

問：「先生説『形色天性』一章，聞與衆不同，何如？」曰：「其説也無甚異，但此語要得孟子口氣。若論口氣，則似於形色稍重。而今説者，多詳性而略形，便覺無意味也。大要亦是世俗同情，皆云此身是血肉之軀，不以爲重。及談性命，便更索之玄虚，以爲奇崛。軻氏惜之，故曰：吾此形色，豈容輕視也哉！即所以爲天性也。惟是生知安行，造位天德，如聖人者，於此形色，方能實踐。實踐云者，謂行到底裏，畢其能事。如天聰天明之盡，耳目方纔到家；動容周旋中禮，四體纔到家。只完全一個形軀，便渾然方是個聖人；必渾然是個聖人，始可全體此個形色。若稍稍勉而未能安，守而未能化，則耳必未盡天聰，目必未盡天明，四體動容，未必盡能任天之便，不惟有愧於天，實是有忝於人也。故邵子『天根月窟』之咏，始之以耳目男子之身，而終之曰『三十六宫都是春』。蓋形軀本是屬陰，若天根月窟既相往來，則坤爻十八，總爲乾爻之所統一，似悉該四季以作長春。所以修心煉性者，亦必名之曰『純陽』也。」

問：「『盡心』一章，説有不同，何如？」曰：「此章之説，如陽明先生極於初學助長精神，然孟夫子口氣，似覺未妥。如晦庵先生，雖得孟夫子口氣，然分析又覺稍多層節。某竊敢作一譬喻，謂其初二條似一泓春水，其終條則似一片寒冰也。蓋心性密藏，微妙深遠，其研窮精徹而知之真者，則是水影天光，空澄浩渺，而了無底止也。至於心性涵育，生化圓通，其因依順適而養之完者，則又是波流畔岸，宛曲縈廻，而了無窒滯也。如此以知，如此以養，則心之與性、人之與天，極是活活潑潑，渾渾融融矣。然知入於天，則愈探而愈微；養徹於天，則益純而益泯。是即水性之浮游渺漠，不至寒冰何從堅定！故吾此身，即心性之堅冰也。若善知善養以顯著修爲，使心運乎身，身體乎性，亦即沍寒其水，而凝成乎冰也。蓋知以通天，而養以奉天，久之而身斯可以同天。同天則無始無終，我命在我，而壽殀更何足言也哉！」一友從旁贊曰：「孟夫子他章言『萬物皆備』，豈非專指心性，及『樂莫大焉』，則必反求諸身，信是亦同此義。」曰：「即此章書旨，今時諸友理會，亦未透妙。蓋『反求諸己』，即謂之『恕』。恕得快，便即謂之仁，所謂『己欲立而立人，己欲達而達人』者也。學者其心未公，則於恕必須强耳。故强之與安，少有差别，而恕則原非有二也。」諸君喜曰：「問盡心而知行恕，豈非因此而識彼也耶！」

問：「數時日夕侍先生聽教，覺得學要專宗孔子。又覺得孔子之學，以求仁爲主，不厭不倦，則所以求仁。而好古敏求，又所以不厭不倦也，不知是否？」曰：「所問是則是矣，但某原日亦未便曉得去宗那個聖人，亦未便曉得去理會聖人身上宗旨工夫。其初只是日夜想做個好人，而科名宦業皆不足了平生，想得無奈，却把《近思録》、《性理大全》所説工夫，信受奉行也。到忘食寢、忘死生地位，又病得無奈，却看見《傳習録》，説諸儒工夫未是，始去尋求象山、慈湖等書。然於三先生所爲工夫，每有窒碍，病雖小愈，終沉滯不安。時年已弱冠，先君極爲憂苦。幸自幼蒙父母憐愛過甚，而自心於父母及弟妹，亦互相憐愛，真比世人十分切至。因此每讀《論》、《孟》孝弟之言，則必感動，或長要涕淚。以先只把當做尋常人情，不爲緊要，不想後來諸家之書，做得著累喫苦。又在省中逢着大會，與聞同志師友發揮，却翻然悟得只此就是做好人的路徑，奈何不把當數，却去東奔西走，而幾至亡身也哉！從此回頭，將《論語》再來細讀，真覺字字句句，重於至寶，又看《孟子》，又看《大學》，又看《中庸》，更無一字一句不相照映。由是却想，孔孟極口稱頌堯舜，而説其道孝弟而已，豈非也是學得没奈何，然後遇此機竅？故曰：『我非生而知之者，好古敏以求之者也。』又曰：『規矩，方員之至；聖人，人倫之至也。』其時孔孟一段精神，似覺渾融在中，一切宗旨，一切工夫，横穿直貫，處處自相湊合。但有《易經》一書，却貫串不來。時又天幸，楚中一友來，從某改舉業，他談《易經》，與諸家甚是不同。

後因科舉辭別，及在京得第，殊悔當面錯過，皇皇無策。乃告病歸侍老親，因遣人請至山中，細細叩問，始言渠得異傳，不敢輕授。某復以師事之，閉户三月，亦幾亡生，方蒙見許。反而求之，又不外前時孝弟之良，究極本原而已。從此一切經書，皆必歸會孔孟，孔孟之言，皆必歸會孝弟。以之而學，學果不厭；以之而教，教果不倦；以之而仁，仁果萬物一體，而萬世一心也已。竊觀今時同志，極是衆多，但每談心性者，便不肯小心看書，間一二肯讀者，又泛觀博覽，於子史諸家，便着精神，於《論語》《孟子》，反枯淡冷落。叩之，則曰：『此個章句，我幾久曉了，何待今日贅贅耶？』噫！五穀之味，固難比海錯珍羞，而要延軀命，則舍此不能。偶因吾子之問而敬陳之，亦思軀命是人之所同愛，則此味穀食，亦未必不是人之所共餐也。至若可作宗旨與否，則非某之所敢知也已。」

問：「告子謂『生之謂性』，與『食色性也』，何爲孟子不取，且極辯其非耶？」

曰：「學者讀書，多心粗氣浮，未曾詳細理會，往往於聖賢語意，不覺錯過。即如告子此人，孟子極爲敬愛，謂『能先我不動心』。夫『不動心』，是何等難事，況又先於孟子也耶？想其見性之學，與孟子未達一間，止語意尚少圓融，而非公都諸子之所概論也。今且道生之爲言，在古先謂『太上其德好生』、『天地之大德曰生』、『生生之謂易』。而乾則『大生』，坤則『廣生』，『人之生也直』，生則何嫌於言哉！至孟子自道，則曰：『日夜所息，雨露之養，豈無萌蘖之生』，『樂則生矣，生則惡可已』，是皆以生言性也。嗜則期易牙，美則期子都，爲人心之所同然。『目之於色，口之於味，性也，有命焉』，是亦以食色言性也。豈生之爲言，在古則可道，在今則不可道耶？生與食色，在己則可以語性，在人則不可以語性耶？要之『食色』一句不差，而差在仁義分内外，故辨亦止辨其『義外』，而未辨其謂食色也。若夫『生之』一言，則又告子最爲透悟處，孟子心亦喜之，而猶恐其未徹也，故以白喻之，而以人物相混探之。告子至此，不免自疑，而不敢曰『然』矣。於此之際，若能響應承當，則性機神理，頓爾圓通，天地萬物，渾然同體，善信兩關，不超樂正而上之也耶？惜其不然，而孟子遂終付一默也已。」

問：「『誠者自成』一章，可能訓解直截，不至如今時講説纏繞已乎？有則願樂聞之。」

曰：「此章所重在一『成』字。蓋天下之所最貴者，惟成全之難能爾，若誠之爲誠，充實完美，自然而成者也。惟成出自然，而充實完美，則隨時隨處無所不有，無所不通，而道則自爲達道也已。又復申言之曰：『誠果何如其自成也？』夫物皆有終始，所由以成始，所由以成終，誠則爲之，非誠則物何以能始且終也哉？此誠之所以可貴，而君子必貴之，正以『反身而誠，樂莫大焉』。然不惟己之完美有成己也，且充實光輝，明著動變，民物之感化而成者，亦皆自然而然矣。然誠即道也，道亦誠也，誠既能以自成，則道豈不能以自道也哉！蓋道體莫大仁智，而其用莫妙於時措也。兹己成，則純然而可言仁；物成，則顯然而可言智。仁且智，則德率諸性矣。德率諸性,而道合乎内外矣。性機生活,道妙圓通,則舉而措之,與時宜之,推之四海而皆準,垂之萬世而無弊矣。然則君子所貴乎誠者,豈徒以其能自成哉!亦以其能自道也。學者其共勗諸!」

問:「喜怒哀樂未發,是何等時候?亦何等氣象耶?」

曰:「此是先儒看道太深,把聖言憶想過奇,便説有何氣象可觀也。蓋此書原叫做《中庸》,只平平常常解釋,便自妥帖,且更明快。蓋『維天之命,於穆不已』,命不已則性不已,性不已則率之爲道亦不已,而無須臾之或離也。此個性道體段,原長是渾渾淪淪而中,亦長是順順暢暢而和。我今與汝終日語默動静,出入起居,雖是人意周旋,却自自然然,莫非天機活潑也。即於今日,直至老死,更無二樣,所謂人性皆善,愚夫愚婦可與知與能者也。而中間只恐怕喜怒哀樂,或至拂性違和。若時時畏天奉命,不過其節,即喜怒哀樂總是一團和氣,天地無不感通,民物無不歸順,相安相養,而太和在我大明宇宙間矣。此只是人情纔到極平易處,而不覺功化却到極神聖處也。噫!人亦何苦而不把中庸解釋《中庸》,亦又何苦而不把中庸服行《中庸》也哉?」

問:「吾儕往時只説道『中庸』是本書,今日方曉得『中庸』是個人也。吾人天地生成,是個中庸,又終日講解,説本《中庸》,却無一個曉得我自己即是中庸。此真天下古今一大怪事,願先生爲我更詳言之,我將爲先生即偏告之,庶使一世之人人盡自知之也。」曰:「天下古今事之怪、人之昏,豈止一中庸哉?豈止自是中庸而不肯自認做中庸一端而已哉！即如『仁者人也』，分明自己是仁，却死殺不肯自認做人。又如『知之爲知之，不知爲不知』，分明自己是知，却死殺不肯自認做知。靜靜思之，我此半世，孤負天地造化，付與虛靈之至寶，而甘心輕棄於塵泥；孤負父母劬勞養成軒昂之丈夫，而甘心同朽於草木；孤負千聖萬賢作經作傳掀開天賜之寶藏，打醒降生之元神，而探取不肯伸手，觀玩不肯舉目，甘心囂頑頹惰，將以下愚終此一生，其罪愆積久，真已追悔無及。但願我有學諸大長者，有志諸大英傑，大家同加警覺，大家争自濯磨，戰兢以奉若明命，戀切以期報親恩，潛思以睿通聖藴，則仁智中和，昔在書册者，今皆渾全在我此身，則光嶽元神，浩然還復充塞；至寶輝焰，赫爾朗照乾坤。不惟鄙人之罪過蠲消，而且諸公之功德無量矣！」

問：「『天命之謂性』，何如？」曰：「諸君於性命姑置勿談，試舉目前天果安在？《論語》曰：『天何言哉？四時行焉，百物生焉。』則四時百物，夫孰而非天也？《詩》曰『昊天曰明，及爾出往；昊天曰旦，反爾游衍』，則出往游衍，夫孰而非天也？夫四時百物皆天矣，奚復於吾人而外之？出往游衍皆天矣，又奚復於此心而遺之？故《中庸》天命謂性，分明是以天之命爲人之性，謂人之性即天之命，而合一莫測者也。諦觀今人意態，天將風霾，則懊惱悶甚；天將開霽，則快爽殊常。至形氣亦然，遇曉則天下之耳目與日而俱張，際暝則天下之耳目與日而俱閉。雖欲二之，孰得而二之也哉？夫天道幽渺，其不已不離，原不假言説。乃茲首先發明，以作中庸張本者，蓋欲吾儕識知天不離人，則一切謀慮，一切云爲，儼然上帝臨之，即隱而見，即微而顯，恐懼驚攝而莫敢邪妄，庶感人心而和平，風世俗以淳厚，而王道蕩蕩平平之化，可以歸其有極而會其極也已。噫！聖賢之慈憫吾人也，意亦至矣。學者其可忽諸？」

問：「弟子用工何先？」

曰：「汝輩昨來夜坐，縱談直至更深。某問曰：『此皆是學否？』若當其時，即慨然直任，則工夫便爲得力矣。但此非大度量、大氣魄、又更大大聰明莫能也。若我看汝輩時，則不免精神少少斂索，此便不是善用工夫者矣。」曰：「弟子也覺有些斂索，但皆倏然而來，何暇去用工夫？」曰：「此處安能着功！蓋推求斂索，皆從前時疑根未斷，故到此不免倏然而來也。」曰：「鄙心非不欲直信而任之，但每每言動則多過失，以故疑卒不免。疑不免，以故反觀斂索，亦卒不免也。」曰：「顏子之過，却也不免，而顏子則能於學而好。惟好學，則過不貳也。蓋貳不解作先後相重，正解作疑，貳即是汝輩斂索處也。」曰：「弟子輩現今言動多過，若再不斂索，過將不益多耶？」曰：「人之過，有所從生，心不知，則過生也；心之知，有所由昧，疑不化，則知斯昧也。今不思信心作主，而只從過處斂索，是即千金之子，不威坐中堂，而竟日躬追狂僕，則所追者一，而堂室狂肆者，不將千百也耶？汝輩只細心講求，顏子所好之學，果是何學？到工力專精，然後必有個悟處。悟則疑消，消則信透，透則心神定而光明顯，即顏子有不善未嘗不知，知之未嘗復行，其於過也，信哉紅爐之點雪矣！而又何貳之有也哉？」

問：「師道立而善人多，善人多則朝廷正，而天下治。師嚴而後道尊，道尊而民知敬。學人之不可無師久矣，却又曰『歸而求之有餘師，學以心爲嚴師』，然則師豈專在於人哉？」

曰：「道固當反求諸心，非人指示，安知所謂心？又安知所以反而求之也耶？故曰：以先知覺後知，以先覺覺後覺。合人與己，而師始得之矣。但觀聖賢之言，則有不容合者，如曰『人之患，在好爲人師』。又曰『當仁不讓於師』。是以與人不覺互相牴牾也耶？」曰：「『童蒙求我，匪我求童蒙。』故曰：『三人行，必有我師。』温故知新，可以爲師，皆自師之者言之。蓋謂樂師，諸人則可；而好師，夫人則不可也。」曰：「好師，夫人固皆知其不可矣，然《記》又謂『學也者，所以學爲師也』，是則方事於學，而即志於師，亦似好爲人師焉者。殊不知人之爲學，雖同求諸心，而此心之體，有見其全者，有見其偏者。若舉其全，則家、國、天下渾然無外，不能爲法天下、可傳後世，而足以言學哉？以是爲學，固即所以學爲師矣。彼能反諸心而莫識其全，亦自許以心學者，是雖小道可觀，或足善乎一身一物，然舉而通之天下萬世焉，致遠恐泥矣，故曰：曷爲天下善曰『師』。夫能善天下萬世，始可以言師，能師天下萬世，始可以言學。師也者，固學之實則，而不容外焉者也，夫豈作而致其好哉？昔朱子註《論語》『十五志學』曰：『其所謂學，即大學也。』夫大學者，乃合家、國、天下而兼善之者也。某嘗謂：『此一言，我晦翁洞徹聖人心髓，攝回叔世精靈，而天下萬古始有賴藉以準的依歸。』彼昏而不知，漫漫以爲學，草草以圖功者，庶乎有省，而發乎深長之思也已。其時惟象山一人，比之晦翁，則尤爲難事。蓋年未十歲，即竭力覃思曰：『四方上下曰宇，往來古今曰宙。宇宙中理，皆吾性分中理；宇宙内事，皆吾職分内事。東海有聖人出，而此理同，此心同；西海有聖人出，而此理同，此心同；南海、北海有聖人出，而此理同、此心同；千古以上，千古以下，有聖人出，而此理此心亦無不同也。』噫！以是言心，始爲心之全；以是言道，始爲道之大；以是爲學，始足以爲天下萬世之師也已矣！」

問：「夫子語子貢，自謂非多學而一貫，豈一貫則學且識俱可廢耶？」曰：「吾子平日訓學之言爲何？」曰：「學也者，所以學爲聖人也。」曰：「聖人則如何以學也？」曰：「不從聞見，而以身體之。譬則作字然，注硯敷楮，運毫洒墨，乃言學字也。」曰：「玆謂作字則可，謂學字則不可。蓋必具法帖，而或搨或臨字，始可言學也。又或衆論筆法，而因自試之，則亦可言學也。夫論筆法，則聞也；具法帖，則見也。非事聞見而徒手之爲，以言乎書之藝，拂且悖也，況聖人耶？夫言聖，莫盛於堯、舜、禹、湯、文、武、周、孔矣，然孟子云『見而知，聞而知』，以聖學聖，亦必聞且見也，則聞見儔能廢也哉？」曰：「學固在聞見矣，而子貢聞見，每務於多，然則孔子之病之也，亦或以其多之故耶？」曰：「『學以聚之』，『博學而審問』，『多識前言往行以蓄其德』，是皆孔子之言也，亦何嘗以多學多識爲病耶？」曰：「然則夫子之於子貢，又奚病也？」曰：「病其徒事多學，而不能一貫以多學焉耳。」曰：「博學詳説，始能反約而歸諸一也，若曰『以一貫而多學』，弟子則未之前聞矣。」曰：「多學乃始能一，則孔子不應盡非之矣。其非之者，正以徒知多學以學，而不知一貫以學也，故謂之曰：『非也，予一以貫之。』」曰：「然則一貫、多學，果二事耶？」曰：「亦非二事也。蓋學之爲學，聖學也；聖之爲理，神理也。善會之，則二而爲一，不善會之，則一而爲二矣。夫自伏羲畫乾，而一之體立，繼自堯、舜傳心，而一之義彰。遐想孔子十五學聖，則必先學一矣。然近而禹、皋、伯益、稷、夔、龍，遠而商、湯、文、武、伊、傅、周、召，無非所以學堯、舜之學，則亦莫非所以一堯、舜之一也。故孔子平生，自堯、舜以及列聖，凡所以誠意、正心、修身，所以齊家、治國、平天下，所以經綸大經、參贊大化，而文獻足徵者，信之極其篤，好之極其深，而求之極其敏，無非求夫此一之精微透徹而無内，渾淪統會而無外。功之專切，時之積久，不知到了何年日月，天牖神通，忽然開口叫個『仁』字出來，便把身、心、家、國、天下萬世，一以貫之，無欠無餘，而成個大人之學，曰：『與天地合其德，與日月合其明，與四時合其序，與鬼神合其吉凶。考之千古帝王而不謬，俟之萬世聖人而不惑。』此其學也，豈不多學？此其識也，豈不多識？此其多學多識也，豈不皆是聞見？但非一以貫之，則漫然大舟之無舵，泛泛滄溟，又何彼岸之登耶？在門之徒，惟曾子、子貢僅可語此，後至軻氏，始盡掀翻而獨尊孔子，以願學也。」曰：「若天地間無個孔子，則聖人卒不可學耶？」曰：「光嶽凝結既久，則孔子必不容以不生，孔子既生，則吾人必不容以不學。真所謂先天地而無始，後天地而無終，人謂『孔子者，聖之一貫者也』，予則曰：『非也，其聖於多學而識之者乎？　其聖於多學而識之者乎？』」

問：「向蒙指示，謂不必汲汲便做聖人，且要詳審去向的確地位，方得聖不徒聖，做成個大聖人也。承教之後，日復一日，翻覺工夫再難湊泊，而心胸茫無畔岸也。若將奈何？」曰：「此中有個機括，只怕汝或不能身自承當爾。」曰：「教我如何承當？」曰：「汝若果然有大襟期，有大氣力，又有大大識見，就此安心樂意而居天下之廣居，明目張膽而行天下之達道。工夫難得湊泊，即以不屑湊泊爲工夫；胸次茫無畔岸，便以不依畔岸爲胸次。解纜放舡，順風張棹，則巨浸汪洋，縱橫任我，豈不一大快事也耶？」大衆譁然曰：「如此，果是快活！」余偏呼語曰：「此時諸君汝我，雖十數人而心心相照，只蕩然一片，了無遮隔也。」衆又譁然曰：「果是渾忘各人形體矣！」一友起問：「此則即是致廣大否？」曰：「致廣大而未盡精微也。」其友又起問：「如何方盡精微？」曰：「精與粗對，微與顯對。今諸君胸中着得個廣大，即粗而不精矣；目中見有個廣大，便顯而不微矣。若到性命透徹之地、工夫純熟之時，則終日終年，長是簡簡淡淡，温温醇醇，未嘗不廣大，而未嘗廣大；未嘗廣大，而實未嘗不廣大也。是則無窮無盡而極其廣大，亦無方無體而極其精微也已。」曰：「不知此體如何應事？」曰：「廣大時以廣大應，精微時以精微應，廣大精微合時，便合廣大精微而應之也。」曰：「不知其中又如何用工也？」曰：「廣大則用廣大工夫，精微則用精微工夫，合廣大精微則用合廣大精微工夫。蓋汝若不是志氣堅銳，道理深遠而精神凝聚，則何能如此廣大，如此精微，又如此廣大精微妙合而不測也哉？故即是可以應事，而即是可名工夫，亦即是而可漸學大聖人也已。」

問：「廣大精微，信如所言矣。但性體原不相離，今曰：『時廣大，則以廣大應事；時精微，則以精微應事。』某所未解也。」曰：「人性不能不現乎情，人情不能不成乎境。情以境囿，性以情遷，即如喜怒哀樂，各各情狀不同，然却總是此心，故曰『一致而百慮，殊途而同歸』也。事之接於己者，時時不斷；而情之在於己者，時時不同。事有當喜時來者，有當怒時來者，亦只得隨彼時之心而應之也。故曰『時廣大，則有廣大應事；時精微，則以精微應事』，正與喜怒之應事相類，皆以其時言之也。」曰：「喜怒與廣大精微似亦不同？」曰：「細論果有不同，然皆屬乎情境。情境之現，有自外之物感而生者，有自內之思想而生者。思想在心，有時清清朗朗，而無遠弗屆，無物不備，此則其廣大時也。思想在心，亦有時渾渾噩噩，而內外俱忘，物我無跡，此則其精微時也。雖是情境相殊，而心體則一。若工夫熟時，遇着事來，便隨時答應，有何不可？若再回頭轉念，或去疑貳昏明，或去比量闊隘，則中藏冰炭，先自不寧，安能外得和平而事順無情也哉？」

問：「君子三戒，有言其色不專是女色，凡世間一切綺麗可悅之事，皆色也，如所謂『目遇成色』者是也。鬥不專是嚷鬥，凡一切務欲上人不肯慮下，皆鬥也，如所謂『其争也君子』者是也。得亦不專是貨利，凡一切汲汲欲完事業，欲張名譽，皆得也，如所謂『年來了無寸得』者是也。」曰：「君子生平，心心在道，但有損於道，即心必思以絶去一切，豈不專在所戒？但驗以身所經歷，則某幼年多病，長去獨宿，男女之欲，夢寐多迷。中年講學，幾廢舉業，而考較落等，則終夕廢寢。平素最甘澹泊，樂施與財利，惟去己之快。及今年衰，產費稱貸日艱，悦色好勝果全消歇，而此則獨爲所苦。以是言之，一切固所當戒，而舊説三事，果尤爲重且專也，有志學道，信不可不知矣。且戒之爲言，最爲入道之首而進德之先。其所持守，雖至道明德立，亦不可緩。如曰『惡人齋戒，可祀上帝』，是則學之始必戒也。如曰『齋戒以神明其德』，則學之終亦必戒也。況其功効，捷於影響，如《中庸》論君子戒慎恐懼皆功也，而戒則先言之；論君子中和位育，皆効也，而節則先言之。未有其初不戒，而發時能節；亦未有戒之既慎，而節之不中者也。堯之兢兢，舜之業業，文之翼翼，無非此戒，而欽明允塞，純亦不已，則即戒之到極處也。嗚呼！暗室屋漏，上帝昭臨，不自戒嚴，神且陰殛，縱不爲善謀，將不爲禍恐耶？一息尚存，戒之哉！戒之哉！其毋忽也已。」

問：「孟子以集大成推尊孔子，而有取於射，曰：夷、惠、伊尹之聖，則譬之力；而孔子之聖，則譬之巧。今想群聖得到不思不勉之處，晚學已覺萬分難及，而巧智講求，在近世皆知爲作聖先事，可謂竭盡精神以相圖謀矣。今晚學茫然拙射，未曉鵠設何處，況望其能發彼有的舍矢如破也耶？」曰：「汝果欲智巧以圖入聖耶？巧是孟子言之，則當於孟子之身求之矣。夫孟子願學孔子，今二夫子之書具在，但詳看《論》、《孟》語言，彼此對同不差處，便是其始條理，亦即其所謂智巧也。」曰：「今觀《論語》、《孟子》言之最先，津津有味而無或異者，不過仁義、孝弟而已。是則世俗之常談，愚蒙所共曉，可謂即孟子之巧於學孔，而孔子之巧自聖也耶？」余時欲與解説，而恐費口頰，乃起立衆中而呼之曰：「諸人試看某今在此講學，攜有何物？止此一個人身而已。諸人又試想我此人身，從何所出？豈不根着父母，連着兄弟，而帶着妻子也耶！二夫子乃指此個人身爲仁，又指此個人身所根、所連、所帶以盡仁，而曰：仁者，人也。親親、長長、幼幼，而天下可運之掌也。是此身纔立，而天下之道即現；此身纔動，而天下之道即運。豈不易簡，豈爲難知？人之所以能聖，聖之所以能時，在一舉足之間，一啓口之頃也，豈非天下之至巧至巧者耶？彼道在邇而求諸遠，事在易而求諸難，辛苦平生，竟成話柄，又豈非天下之至拙至拙者耶？」時在人宗祠開講，四旁老幼不下百輩，咸躍然興曰：「如此談道，吾儕誰不曉得；如此學聖，吾儕誰不做得，聽來果是痛快。」余復率衆舉手加額曰：「我太祖皇帝孝順父母，尊敬長上，六言真渾然堯舜之心，而今日把來，合之《論語》、《孟子》以昌大於時時處處，又真是熙然同遊乎堯舜之世矣！大衆可不共惜此時光，而尤共愛此人身也哉？」

問：「吾儕深夜相過，冀欲聞教何如？」曰：「亦願請益，試述平時所藴爲何？」曰：「鄙性生來過於方整，於一切是非，必欲分別，不容少混。」曰：「君果以此存心制行，亦自成家數，未爲不好也。」曰：「近覺人情落落難合，心頗不安。」曰：「此所謂『行有不得，反求諸己』也。隨處落落，豈人情盡皆非哉？或亦己欠和平爾。」曰：「今亦思欲和平，却又不能，奈何？」曰：「君但將往日喜好，翻作厭苦，則和平日進，心志日安矣。」曰：「某聞禪家有『遠離顛倒夢想』，某以心志不安，此病殊多，不識遠離亦有法耶？」曰：「古人云『處世若大夢』，恐此一夢，尤遠離之所最急，而亦遠離之所最難者。君不此之圖，而夜夢之惡，豈非所謂夢中説夢耶？況夜之所夢，不待君遠離乎夢，而夢自遠離乎君也。世之人固有夢中被兇傷毆而遭寇劫掠者矣，縱是癡兒，亦何嘗被毆而訟諸官，遭掠而索諸途耶？此則自解『遠離』之徵也。」曰：「某自幼思將世界整頓一番，今覺心中空自錯亂，果大夢也，然卒難擺脱爾。」曰：「此豈是夢？象山所謂『宇宙内事，皆吾職分内事』也。但整頓有大有小，恐君所思，只圖其小，而未及其大爾。」曰：「匹夫之力，莫制三人，某今困頓儒冠，即些小整頓無分也，況望圖其大耶？」曰：「大小不在於事，而在於機。其機在我，則小而可大；其機在人，則雖大亦小也。請君試思世間功德，有大於學術者乎？機括方便，有捷於己之務學者乎？君肯日夜務學，其孰得而禦之？學既足法，今傳後天下後世，其孰能以外之？即如我太祖高皇帝，人徒知其掃蕩驅除，爲整頓一世乾坤，而不知孝順父母，恭敬長上數言，直接堯舜之統，發揚孔孟之蘊，却是整頓萬世乾坤也。《大學》謂自天子至於庶人，而壹是無別，豈非專以學術言耶？况余接人亦多，求如公之氣力剛鋭、心志宏遠者，實不易得，但困而莫振，雜而無序。我願子欲整頓世界，請自今日之學術始；欲整頓學術，請自己身之精神始。」

歌詩少間，覺和氣充然，共相語曰：「此真學者涵養之大助也。」曰：「涵養和氣，在尋常士人猶可稍緩，至吾輩作官，則一時一刻不可已也。蓋居官之事，近俗而冗，冗生厭，厭生躁，厭躁相乘，則刑罰不中，而民將無所措手足矣。故君子無故，琴瑟不離於側，正所以預致中和而爲位育之本也。」因而嘆曰：「吾夫子永訣前日，猶曳杖逍遥，則平時無不歌也可知矣。然則吾儕其尚趁早演習，庶爲他日逍遥地耶！」共發一笑。

問：「夫子臨終逍遥，竊想其氣象，不惟先能知得時節，而其歸止去向，似極大安樂，不識可聞其概否？」

曰：「諸君遽忘所謂本來面目也耶？夫形骸雖顯，而其體滯礙；本心雖隱，而其用圓通。故小人長戚戚者，務活其形者也；君子坦蕩蕩者，務活其心者也。形當活時尚苦滯礙，况其疆仆而死也耶？心在軀殼，尚能圓通，况離形超脱，則乘化御天，周遊六虚，無俟推測。即諸此時對面，而其理固明白現前也，又何疑哉！又何疑哉！」

問：「長生之事，若孔孟則似未嘗言及，何如？」

曰：「孔孟未嘗言，而實未嘗不言也。觀其謂『朝聞道，夕死可矣』，謂『殀壽不貳，修身以俟之，所以立命也』。夫曰『夕死』，曰『殀壽』，則死固死矣；曰『聞道』而『可』，曰『修身以立命』，則死固不死矣。未嘗不死而實未嘗死，未嘗不生而亦未嘗生。孔孟之言，所以爲平易中之神奇，深遠中之淺近，非若後人之拘方執見，物而莫能化也。」

問：「某平生極喜談玄，一聞人可長生，真是踴躍不勝，但往往求師指示，皆欲我將形氣修煉，其工夫若覺甚苦。今聞本來面目之說，方認得長生是指此個東西。然未有此個東西，如何下手修煉也？」曰：「此個東西，本來神妙，不以修煉而增，亦不以不修煉而滅。❶其最先下手，只在自己能悟，悟後又在自己能好能樂，至於天下，更無以尚，則打成一片，而形神俱妙，與道合真矣。若悟處不透，與好處不真，則面目雖露，而隨物有遷。驗之心思夢寐之間，倏然而水，倏然而火，倏然而妖淫，倏然而狗馬、人、化物，而天真之本來者，將變滅無幾矣。噫！可畏也。」

問：「往日看《易經》，開卷便説潛、見、飛、亢，中間屢屢形容神靈變化，不一而足，輒爲遲疑不了。今將良知面目貼實思量，方知聖人言語，皆非空説道理也。」曰：「『精氣爲物』，便指此身；『游魂爲變』，便指此心。所謂形狀，即面目也。因魂能游，所以始可以來，終可以返，而有生有死矣。然形有生死，而魂只去來，所以此個良知，靈明可以通貫晝夜，變易而無

❶「滅」，原誤作「滅」，今據杜應奎本改。

方，神妙而無體也。」

曰：「魂之游，既聞命矣，不知其游而去也，果真實有天宫、地府之處耶？」曰：「四書、五經，其説具在，固不必遠求也。《論語》曰：『咨爾舜，天之曆數在爾躬。』『舜亦以命禹。』又曰：『予小子敢昭告于皇皇后帝，有罪不敢赦，帝臣不敢蔽。』又曰：『郊社之禮，所以事上帝也。』『明乎郊社之禮，治國其如示諸掌乎？』則帝天后土，敢謂其無耶？ 又曰：『文王陟降，在帝左右。』又曰：『維岳降神，生甫及申。』又曰：『予仁若考，能事鬼神。』又曰：『乃命于帝庭，用能定爾子孫于下地。』又曰：『茲殷多先哲王在天。』則魂之游於天宫、地府之間，又敢謂其無耶？ 後世只因認此良知面目不真，便謂形既毁壞，靈亦消滅，遂決言人死不復有知，並謂天地神祇亦只此理，而無復有所謂主宰於其間者。嗚呼！若如此言，則今之祭天、享地、奉先、祀神，皆只叩拜一個空理，雖人之賢者，誠敬亦無自生，至於愚者，則怠慢欺侮，肆然而無忌矣！ 其關於世教人倫，甚不小小，故不敢不冒昧詳説也。知我罪我，其共亮之！」

曰：「細領所言，以質諸孔孟，果於鬼神之德，未嘗不嘆其盛，而謂體物不遺，洋洋乎如在其上，如在其左右矣。但樊遲問『知』，却説『敬鬼神而遠之』，則鬼神又在所必遠也，意又何如？」曰：「夫子於鬼神，深嘆其德之盛，豈有相遠之理？ 且洋洋在吾上，在吾左右，體物而不遺也，又誰得而遠之？ 竊意『遠』字不作去聲，正是幽深玄遠，如《中庸》引《詩》所謂『神之格思，不可度思』之云也。如此，則不惟己之敬謹益至，而諂事之意，亦恐無所施矣！語意更覺妥帖。」

孫羅懷義　懷禮　懷智　懷信

懷敬　懷忠　懷祖　懷本

曾孫羅萬會　萬象　萬貞　萬里

起元等重梓

近溪子集　射

楚黄友人耿定向評

座中因歌：「天根月窟閑來往，三十六宫都是春。」問曰：「此詩意思何如？」曰：「堯夫先生一生學問，得之《易經》，而其學問根源，則見之復、姤，故曰：『一動一静之間，天地人之至妙至妙者也。』此是老者微言隱語，將一生所自得者而方便設辭，與人作個悟頭。後人粗心浮氣，把動便看做復，把静便看做姤，把動静之間便看做復、姤之際，有個地方時候相似。却不思乾遇巽時，地逢雷處，乾爲巽所自出，坤爲震所由生，所謂陰陽互爲其根，而兩不相離者也。大抵學《易》，先須乾坤二卦識得明盡。蓋乾以始坤，坤以終乾，乾之始處，未嘗無坤；坤之終時，未必非乾，二者原合體而成者也。堯夫因諸卦爻象太似分拆，故爲此詩，打合吟咏，欲令學者亦自得之，此則其本旨也。」

問曰：「詩意固然，反之於身，則又何如也？」曰：「吾身只是個神氣，氣則有呼有吸。呼則温，即復也；吸則冷，即姤也。其實，[1]呼即吸以爲呼，吸即呼以爲吸，原只是一氣，而往來有差殊爾。至於心之動静，則原説合一不測之謂神，又説『動而無動，静而無静』，尤彰彰明甚者也。但此體在人，極是精妙，故動静之間，有幾存焉。《易》曰『極深而研幾』，又曰『幾者動之微，

[1]「實」，原誤作「始」，今據杜應奎本改。

知幾其神乎？』」未有不知其微妙之幾，而能得夫姤復互根之體；亦未有不得其互根之體，而能通乎陰陽不測之神者也。古之善《易》者，真是自朝至暮，由昏達旦，渾然一致，而體用如如，隱然寸幾，而靈明炯炯，似有而實無，似無而實有，莫可方物探討，莫可言句形容者也。」

問曰：「如此地位，可是閑來閑往也耶？」答曰：「正是、正是。蓋來往不閑，則有滯礙，一有滯礙，則成陰濁，又安能周『三十六宮都是春』，統六十四卦而純爲陽也哉？」

問：「孔子曰『志於道』，只此一語，極是學者所當理會，亦最是學者所難理會。蓋天下古今，惟是此道。若此道真見，則志自不容已，志不容已，則學之不厭、教之不倦，精神漸次堅凝，而聖人發憤忘食，樂以忘憂，不知老之將至，其閫奧將自有入頭處也。」❶答曰：「誠然、誠然。但今看來，道之爲道，不從天降，亦不從地出，切近易見，則赤子下胎之初，啞啼一聲是也。聽着此一聲啼，何等迫切，想着此一聲啼，多少意味。其時母子骨肉之情，依依戀戀，毫髮也似分離不開，頃刻也似安歇不過，真是『繼之者善，成之者性』，而直見乎天地之心，亦真是推之四海皆準，垂之萬世無朝夕。若舍此不去着力理會，其學便叫做遠人以爲道，縱是甚樣聰明，甚樣博洽，甚樣精透，却總是無源之水、無根之木，用力雖勤而推充不去，不止推充不去，即心身亦受用不來。求其如是而已，如是而人，如是而家、國、天下，如是而百年千

❶「閫」，原誤作「閒」，今據杜應奎本改。

載，我可以時時服習，人可以個個公共，而云學不厭教不倦也，亦難矣哉！亦難矣哉！」

問：「今時有志之士，多知收斂精神，至詰以所謂精神，則謂身之知覺運用是也，何如？」曰：「『心之精神之謂聖』，此《禮經》夫子之訓，而一言以盡天下之道者也。是故心以爲之根，聖以爲之果，而精之與神，則條達乎心根，而敷榮乎聖果，而爲全株寶樹者也。蓋吾人此心，統天及地，貫古迄今，渾融於此身之中，而涵育於此身之外。其精瑩靈明而映照莫掩者，謂之精；其妙應員通而變化莫測者，謂之神。神以達精，而身乃知覺，是知覺雖精所爲，而實未足以盡乎精也；精以顯神，而身乃運用，是運用雖神所出，而實未足以盡乎神也。古之欲明明德於天下者，其心既統貫天地古今以爲心，則其精其神，亦統貫天地古今以爲精、爲神。故其耳目手足、四肢百骸知覺，固與人同，而聰明之精通而無外者，自與人異；運用固與人同，而舉措之神應而無方者，自與人異。夫是以其爲父子、兄弟足法，而人自法之，燦然經綸天下之大經，而齊、治、均、平之無不備舉者，端自卓立天下之大本，而格、致、誠、正之無弗純全者出之也。此之謂人之聖，善之至，學之集大成，而萬世無復加焉者也。」

問：「聖賢學問，須要有個宗旨，方好用工，請指示何如？」曰：「愚質蠢朴，原不曉得去覓宗旨，但據書而論，《中庸》專談性道，而性道首之天命，故曰『道之大原出於天』，又曰『聖希天』。夫天則莫之爲而爲，莫之致而至者也。聖則不思而自得、不勉而自中者也。今日吾人之學，則希聖而希天者也。既欲求以希聖，直至希天，乃而不尋思自己有甚東西可與他打得對同，不差毫髮，却如何去希得他，而與之同歸一致也耶？反思原日，天初生我，只是個赤子，而赤子之心，却説渾然天理。細看其知不必慮，能不必學，果然與莫之爲而爲、莫之致而至的體段，渾然打得對同過也。然則聖人之爲聖人，只是把自己不慮不學的現在，對同莫爲莫致的源頭。我常敬順乎天，天常生化乎我，久久便自然成個不思不勉而從容中道的聖人也。聖如孔子，又對同得更加親切，看見赤子出胎，最初啼叫一聲，想其叫時，只是愛戀母親懷抱，却指着這個愛根而名爲仁，推充這個愛根以來做人，合而言之曰：『仁者人也，親親爲大。』若做人的常是親親，則愛深而其氣自和，氣和而其容自婉，一些不忍惡人，一些不敢慢人，所以時時中庸而位天育物，其氣象出之自然，其功化成之渾然也。」

曰：「赤子之心，渾然天理，果已明白矣。但謂群聖之打對同，與孔子之尤加親切，却認只是個覺悟，所以説『復其見天地之心』，便其覺悟處也。」曰：「謂之『復』者，正以原日已是如此，而今始見得如此，便天地不在天地，而在吾心。所以又説『復以自知』，自知云者，知得自家原日的心也。」

曰：「自家原有同天同地同聖人的心，每每迷而不悟，想只被世界一切紛華物欲蔽了而然耶？」曰：「嘗覿世人，却也有一種生來便世味淡薄、物欲輕少者，然於此一着，亦往往不悟，縱説亦往往不信。此却果如陽明先生所謂：『個個人心有仲尼，自將聞見苦遮迷』也。蓋人自幼年讀書，便用集説、講解，其支離甚可鄙笑。何止集説，即漢儒去聖人未遠之日，註疏汗牛充棟，而孝弟之道却看得偏輕，不以爲意，蔓延以至後世，又何足怪？故某嘗謂人之不悟，蔽於物欲者固多，迷於聞見者而實不少也。」曰：「世上紛華滿眼，又加群言滿耳，此個宗旨，將望其從天懸下來耶？」

曰：「孟子謂：『以先知覺後知，以先覺覺後覺。』天下廣闊，其間自有先知先覺的人，若不遇此等人説破，縱教聰慧過顏、閔，果然莫可强猜也已。」

問：「古來言人品，有曰『大人』、『聖人』、『賢人』、『哲人』者矣，子路則獨問一個『成人』，似覺十分緊切。蓋『成』對『不成』而言也。夫子見瞽者，❶謂『矜不成人』，然則不是成人，則有目即如無目，有耳即如無耳，有四肢即如無四肢矣。真是要緊、要緊。然夫子雖告以兩段，不識此外更有可以着力之處否。」曰：「今世有相惡者曰『某則不成個人』，又曰『某則全不是人』，汝能終身免此二句，便也做得個人成矣。」

曰：「今思學問，其做人路頭也，極是多端，而『慎獨』二字，則《學》、《庸》皆加意焉。蓋人到獨知，再躲閃些兒不過，縱是外邊遮飾彌縫，或也好看，然中心不安，難免漸惶局促也。」曰：「獨固當慎，然而大端則只二道，仁與不仁而已矣。仁之現於獨者謂何？念頭之恩愛慈祥者是也；不仁之現於獨者謂何？念頭之嚴刻峻厲者

❶「瞽」，原誤作「聲」，今據杜應奎本改。

是也。」

曰：「獨者無過是知，既知，則是非善惡自然分別明白，念頭又豈容混？」曰：「此亦不是混。蓋天地以生爲德，吾人以生爲心，其善善明白該長，惡惡明白該短，其培養元和以完化育，明白該恩愛過於嚴刻，而慈祥過於峻厲也。況嫌隙之易開，即骨肉所不免；萋菲之易張，雖明哲所莫料。故記憶睚眦，較量毫髮，每每往來胸襟，遣之莫去，而釋之不能。慎獨者不先此防閑，是則不喪三年，而緦且小功也，況望其能成人而入聖耶？古人以『好』字去聲呼作『好』，『惡』字去聲呼作『惡』，今汝欲獨處思慎，則請先自查考，從朝至暮，從昏達旦，胸次念頭果是好善之意多，果是惡惡之意多，亦果是好善惡惡之意般多？若般多，只扯得平過，謂之常人。萬一惡多於好，則惱怒填胸，將近於惡人。若果能好多於惡，則生意滿腔，方叫得做好人矣。獨能如此而知，自此而慎，則人將不自此而成也耶？」

問：「父子之道，天性也。然父之處子，與子之處父，亦自有別。即如子尚廉潔，而父忿戾之，違則傷恩，而順則損名也，奈何？」曰：「須要假貸曲處，不拂親意，而亦不失所守也，則善矣。」曰：「父有餘蓄，而子必欲取之，以爲不肖，亦可從否？」

曰：「是則必須教之以正，而決不可從也。」曰：「其子有不肖，出於性生，雖教之，必不能從，又所生一人，縱欲夭没，終於無後，或者謂此無奈，只當付之於命可否？」曰：「父子主恩，決無可忍之心，亦無可棄之理。大凡天下鳥獸虫魚，皆可以感而移，況於人乎？但教亦多術，須悉心盡力，乃得奇中而妙運也。」曰：「若畢竟終不能感格，非命而何？」曰：「此『命』字，亦當就己說。我命該當爲子孫辛苦，則可。若說我命該當有不肖子孫，則生意已自本身斬了，是自己先不肖矣，又安能貫通於不肖子孫也耶？故人生萬一不幸遭際有此，必須與之同生死患難，感通化導，力有時而盡，心無時而解，乃是慈道之極也。嗚呼！己慈既極，則子孫又安有不可移之理哉？大抵世人論理，皆是責人厚而責己薄處失之，故程子云『細思吾身在天地間，有多少不盡分處』，正謂此也。學者不可不加猛省。」

問：「天之與人，均可言命、言性、言心，故備誦經書，中有曰『天命』、有曰『天性』、又曰『天心』，而於人也亦然。至聖人之言學也，則只曰『傳心』，而未聞傳性、傳命者，何哉？」曰：「子爲此問，意最親切。豈學亦有所悟而然耶？」曰：「悟則未也，而學之深究於其中也，則固切切爾已。第觀經書，如《論語》之言『心』多於『命』，『命』多於『性』，然皆各言之，而未見其合併也。若孟子則或并『心』與『性』而言，所謂『動心忍性』，『豈無仁義之心哉』，『此豈人之性也哉』者是也；或并『性』與『命』而言，所謂『性也，有命焉；命也，有性焉』者是也；至『盡心』一章，則次第而相貫，分別而相推，心、性與命，若不可混而同，亦不容以離而異者，此實悉心覃思而未之能得也。先生則謂之何？」

曰：「子誠幾於悟矣，然微而未之顯、復而未之泰也。盍徵諸《易》乎？夫《易》者，聖聖傳心之典，而天人性命之宗也。

是故塞乎兩間，徹乎萬世，夫孰非一氣之妙運乎？則乾始之而坤成之，形象之森殊，是天、地、人之所以爲命而流行不易者也。❶兩間之塞，萬世之徹，夫孰非妙運以一氣乎？則乾實統乎坤，坤總歸乎乾，變見之渾融，是天、地、人之所以爲性而發育無疆者也。然命以流行於兩間萬世也，生生而自不容於或已焉，孰不已之也？性以發育乎兩間萬世也，化化而自不容於或遺焉，孰不遺之也？是則乾之太始，剛健中正、純粹至精，不遺於兩間而超乎兩間之外，不已於萬世而出乎萬古之先。浩浩其天，了無聲臭，伏羲畫之一，以專其統，文王象之元，以大其生。然皆不若夫子之名之以『乾知太始』，而獨得乎天、地、人之所以爲心者也。夫始曰『太始』，是至虛而未見乎氣，至神而獨妙其靈，徹天徹地，貫古貫今，要皆一知以顯發而明通之者也。夫惟其顯發也，而心之外無性矣；夫惟其明通也，而心之外無命矣。故曰『復其見天地之心乎』？又曰『復以自知也』。夫天地之心也，非『復』固莫之可見，然天地之心之見也，非『復』亦奚能以自知也耶？蓋純坤之下，初動微陽，是正乾之太始，而天地之真心也，亦太始之知，而天心之神發也。惟聖人迎其幾而默識之，是能以虛靈之獨覺，妙契太始之精微，純亦不已。而命，天命也，生化無方；而性，天性也，終焉神明不測。而心固天心，人亦天人矣。」

問：「《論語》『時習』之『時』字，舊作『時時』，而先生必曰『因時』者，何也？」

曰：「聖人之學，工夫與本體，原合一

❶「易」，《近溪羅先生一貫編·易經》作「息」。

而相成也。時時習之，於工夫似覺緊切，而輕重疾徐，終不若因時之爲恰好。蓋因時，則是工夫合本體，而本體做工夫，當下即可言悦，更不必再竢習熟而後悦。況朋來而樂，亦只是同此工夫，當心愜意，所以不徒己悦之，而人亦悦之，亦不必竢道得其傳而後樂也。夫子嘗謂『默而識之』，正是識得這個『時』的妙處，故愈學而愈悦，如何有厭？愈教而愈樂，如何有倦？故不愠人之不己知者，正其不厭而不倦處，蓋緣他識得時的根源真，執得時的機括定，雖間有一人不知，而未必人人之不知也。雖人有一時不知，而未必久久之不知也。想像其云『默而識之』、『學而不厭，誨人不倦』、『何有於我哉』，其當時聲音口氣，真如貧子之遇金窖，自慶終身之受用；饑荒之遇豐年，自幸舉家之救活，鼓舞踴躍，安頓百歲之精神於頃刻，而歡呼告報，吸定八荒之命脉於毫毛也。當時只有一個顔子氣候與他相似，其告之：一日而復，天下歸仁，已是全付家儅交與他，故語之不惰，已有不厭之意；門人日親，已有不倦之意。不幸短命而慟，心喪予者，正謂時之一脉之弗延也。豈想後來却得吾孟夫子走來，將他家儅盡數搬出，直至今日，真是徹天徹地、亘古亘今，茫茫宇宙，蕩蕩乾坤，試問諸人，果是悦不悦、樂不樂也？」

問：「看來學者要本體、工夫合一，須是識得『時』字。而要得『時』字明顯，則又須從天命之性説來也。」

曰：「『天命之謂性』，正孔子所謂『默而識之』，所謂『知天地之化育』，又所謂『五十而學《易》』，知乎天命者也。蓋伏羲當年亦儘將造化着力窺覷，所謂『仰以觀天，俯以察地，遠求諸物，近取諸身』。其初也，同吾儕之見，謂天自爲天，地自爲地，人自爲人，物自爲物。争奈他志力精專，以致天不愛道，忽然靈光爆破，粉碎虚空，天也無天，地也無地，人也無人，物也無物，渾作個圓團團、光爍爍的東西；描不成，寫不就，不覺信手秃點一點，元也無名，也無字。後來却只得叫他做乾畫，叫他做太極也。此便是性命的根源，三代聖人如文王、周公，俱盡心去推衍擬議，及到孔子，又加倍辛勤，韋編之堅，三度斷絶，自少而壯，自壯而老，直至五十歲來，依然乾坤混沌，貫通一團，而曰『天命之謂性』也。居常想像，吾夫子此言出口之時，真傾瀉銀漢，盡吸蒼溟，以將潤其津唾，扶摇剛風，廻旋灝氣，以將舒其喘息，而又安知天不爲我，而我之不爲天，命不爲性，而性之不爲命也耶？自此以後，口則悉代天言，而其言自『時』；身則悉代天工，而其動自『時』。天視自我之視，天聽自我之聽，而其視其聽，亦自然而無不『時』也已。所以率此性而爲道，道則四達不悖，其學也，又安得而或厭？修之而爲教，其教則並育而有成，又安得而或倦也耶？」

問：「《易》爲聖之『時』也，果爲有據矣，不知如何將此時習、將此立教也？」曰：「乾行之健，即時也，自强不息，即習諸己而訓諸人也。初九以至上九，即時也，潛而勿用，以至亢而有悔，即習諸己而訓諸人也。推之六十四卦，三百八十四爻，皆時也，皆所謂天之則也，亦皆是習諸己而訓諸人。奉天則以周旋，而時止、時行、時動、時静也。推之即《中庸》所謂喜怒哀樂中節之『節』，亦即《大學》致知格物之『格』也。又推之禮樂之損益，《春秋》之褒貶，《詩》、《書》之性情、政事，更無出於『時』字之外者矣！先儒曰：《易》其五經之原乎？不明乎《易》而能通五經者，難且甚矣。」

問：「『群龍无首，乃見天則』，敢問天則必如何乃可得見也？」

曰：「據汝之問，果欲見天則耶？」曰：「然。」曰：「若天則可以見而求，可以問而得，則言語耳目各各用事，群龍皆有首矣，寧不愈求而愈不可得也耶？蓋《易》之象，原出自文王，《詩》之頌文王者，必曰『不識不知，順帝之則』，又曰『無然畔援，無然歆羨，誕先登於岸』，其所謂『畔援』、『歆羨』者，豈皆如世之富貴外物哉！即汝今日欲求見天則之心是也。故道岸之登不難，而歆畔之忘實難；帝則之順不難，而知識之泯實難。」

曰：「若然，則吾將言語、知識俱不用之可乎？」曰：「即此不用之心，與求見之心，又何所分別也耶？」

問：「『乾以易知，坤以簡能』，何分别如是？」曰：「乾坤之德，只是『知』『能』兩字，其實又只是『知』之一字。蓋生天、生地、生人、生物，透體是此神靈爲之變化，以其純陽而明故也。然陽之所成處，即謂之陰，而陰陽皆明以通之，所以並舉而言，則曰『乾以易知，坤以簡能』，又曰『乾知太始，坤作成物』。及兼統而言，於乾則曰：『德行恒易以知險。』於坤則曰：『德行恒簡以知阻。』究竟陽之初動爲復，而曰：『復見天地之心。』是復則明統乎姤，曰『復以自知』，是能則又果屬乎知也已。」

問：「孔子於《易》言『復』，而未嘗言禮，乃告顔子而必曰『復禮』者何也？」曰：「復者，陽而明者也。『黄中通理，正位居體』，是身之陽所自明也。『暢於四肢，發於事業』，是陽之明所必至也。故《禮》曰『天理之節文』，而又曰『禮，時爲大，順次之』。夫復則天，天則時，時則順而理，順而理則動容周旋，四體不言而默中帝則，節而自成乎文矣。復在乎己也，夫安得不動之而爲禮也耶？是以孔孟立教，每以仁禮並言。蓋仁以根禮，禮以顯仁，則自視、聽、言、動之間而充之，仕止久速之際，自將無可不可而爲聖之時也已。」

問：「復之禮也，固所以爲聖之時。然何以曰『復者陽而明也』耶？」曰：「《易》之爲道，統天徹地，純乎陽也。純乎陽者，統天徹地，神而明者也。人爲天地之心，故神而明之，必存乎其人。神而明之，存乎其人者，復見乎天地之心者也，故曰『中行獨復』。又曰『復以自知』，夫獨復自知，則能以易而知也，以易而知，則能知太始，而作成物矣。然則復也者，又豈非陽而明也哉！」

問：「立身行道，果是何道？」曰：「《大學》之道也。《大學》明德、親民、止至善，許大的事也，只是立個身。蓋丈夫之所謂身，聯屬天下國家而後成者也。如言孝，則必『老吾老以及人之老』，天下皆孝，而其孝始成，苟一人不孝，即不得謂之孝也。如言弟，則必『長吾長以及人之長』，天下皆弟，而其弟始成，苟一人不弟，即不得謂之弟也。是則以天下之孝爲孝，方爲大孝；以天下之弟爲弟，方爲大弟也。」曰：「若如此説，則孔子孝弟也不曾了得。」

曰：「吾輩今日之講明良知，求親親、長長而達之天下，却因何來？正是了結孔子公案。」曰：「若如此説，則吾輩未必了得。」曰：「若我真是爲着孔子公案，則天下萬世，不愁無人爲吾輩了也。即此可見聖人之心，只因他自不以爲了，所以畢竟可了。若彼自以爲了，則所了者，又何足以言了也。吾人學術大小，最於世道關切，大家須猛省、猛省！」

問：「吾儒之學，其大如此。然必有所以大處，不知何以見得？」曰：「聖賢之道，原從心上覺悟，故其機自不容已，否則矯飾而爲之，又安能可久可大而成天下萬世之德業也耶？孟子曰：『萬物皆備於我，反身而誠，樂莫大焉。』蓋反求此身，本有真體，非意見方所得而限量，潛於天地萬物之中，而超於天地萬物之外，渾然共成一個，千古、萬古更無能間隔之者，却非皆備於我而何哉？程子謂『認得是我，何所不至』，若以己合彼，則猶是有二，又安得樂？抑又安能聯屬天下國家以成其身也耶？」

問：「吾儕爲學，此心常有茫蕩之時，須是有個工夫作得主張方好。」曰：「據汝所云，是要心中常常用一工夫，自早至晚更不忘記也耶？」曰：「正是如此。蓋因忘記，故心茫蕩。若工夫長在，則茫蕩自無矣。」曰：「聖賢言學，必有個頭腦。頭腦者，乃吾心性命而得之天者也。若初先不明頭腦，而只任汝我潦草之見，或書本膚淺之言，胡亂便去做工夫，此亦儘爲有志，但頭腦未明，則所謂工夫，只是汝我一念意思爾。既爲妄念，❶則有時而起，便有時而滅；有時而聚，便有時而散；有時而明，便有時而昏。縱使專心記想，着力守往，畢竟難以長久。況汝心原是活物，且神物也，持之愈急，則失之愈速矣。」

曰：「弟子所用工夫，也是要如《大學》、《中庸》所謂『慎獨』，難説慎獨不是學問一大頭腦也？」曰：「聖人原日教人慎獨，本自有頭腦，而汝輩實未見得。蓋獨是靈明之知，而此心本體也。此心徹首徹尾，徹内徹外，更無他有，只一靈知，故謂之獨也。《中庸》形容，謂其至隱而至見，至微而至顯，即『天之明命，而日監在茲』者也。慎則敬畏周旋而常目在之，『顧諟天之明命』者也。如此用工，則獨便是爲慎的頭腦，慎亦便以獨作主張。慎或有時勤怠，獨則長知而無勤怠也；慎或有時作輟，獨則長知而無作輟也。何則？人無所不至，惟天不容僞，慎獨之功，原起自人，而獨之知，原命自天也。況汝輩工夫，當其茫蕩之時，雖説已是怠而忘勤，已是輟而廢作，然反思從前怠時、輟時，或應事、或動念，一一可以指數，則汝故説心爲茫蕩，而獨之所知，何常絲毫茫蕩耶？是則汝輩孤負此心，而此心却未孤負汝輩。天果明嚴，須當敬畏、敬畏。」

問：「孟子説『不慮而知，不學而能』，原良知良能既並言，後却只言知者，何也？」曰：「知者，吾心之體，屬之乾，故乾以易知；能者，心之用，屬之坤，故坤以簡能。乾足統坤，言乾而坤自在其中；知足該能，言知則能自在其中。如下文『孩

❶「妄」，《近溪羅先生一貫編·四書總論》作「意」。

提知愛其親，知敬其兄』，既説知愛親、知敬兄，則能愛親、能敬兄，不待言矣。」曰：「心體之妙如此，乃今時學者，於陽明良知之宗，猶紛紜其説，何哉？」曰：「陽明先生乘宋儒窮致事物之後，直指心體説個良知，極是有功不小。但其時止要解釋《大學》，而於《孟子》所言良知，却未暇照管。故只單説個良知。而此説良知，則即人之愛親敬長處言之，其理便自實落，而其工夫便好下手，且與孔子『仁者人也，親親爲大』的宗旨，毫髮不差，始是傳心真脉也。」

曰：「陽明説要致良知，則其意專重『致』字，原亦不止單説良知已也。」曰：「即良知本章，孟子亦自有説『致』的工夫處，原非『格其不正以歸於正也』。」

曰：「如何見得是致的工夫？」曰：「致也者，直而養之，順而推之，所謂致其愛而愛焉，而事親極其孝；致其敬而敬焉，而事長極其弟。則其爲父子兄弟足法，而人自法之。是親親以達孝，一家仁而一國皆興仁也；敬長以達弟，一家義而一國興義也。非所謂人人親其親、長其長而天下平耶？」曰：「註謂『達之天下』，是證見人所同有。」曰：「上言無不知愛敬矣，此又何必再證也哉！」

問：「天命之性與氣質之性，原自宋儒立説，是亦性有三品，善惡混之類也。今吾儕只宜以孟子性善爲宗，一切氣質屏而去之，作聖工夫乃始純一也？」

曰：「性命在人，原是神理。看子於言下執滯不通，一至於是，豈亦氣質之爲病，而子未之覺也乎？請爲子詳之：夫性善之宗，道之孟子，而非始於孟子也。繼之者善也，成之者性也，孔子固先言之也。

氣質之説，主於諸儒，而非始於諸儒也。形色天性也，孟子固亦先言之也。且氣質之在人身，呼吸往來而周流活潑者，氣則爲之；耳目肢體，而視聽起居者，質則爲之。子今欲屏而去之，非惟不可屏，而實不能屏也。況天命之性，固專謂仁、義、禮、智也已，然非氣質生化，呈露發揮，則五性何從而感通？四端何自而出見也耶？故維天之命，充塞流行，妙凝氣質，誠不可掩，斯之謂天命之性，合虚與氣而言之者也。是則無善而無不善，無不善而實無善，所謂赤子之心，渾乎其天者也。孟子之道性善，則自其性無不善者言之，故知能愛敬，藹然四端，而曰『乃若其情，則可爲善』。蓋謂性雖無善，而實無不善也。告子則自性之無善者言之，故杞柳湍水，柔順活潑，而曰『生之謂性』，了無分別，若謂性雖無不善而實無善也。要之，聖賢垂世立教，貴在平等。《中庸》使上智者可以悟而入，中才者可以率而由。若如告子云性，則太落虚玄，何以率物？故孔子曰：『中人以上，可以語上，中人以下，不可語上。』天下惟中人居多，告子獨不思覺人耶？何乃使一世人多不可語也。此孟子所以深辯而力挽之，夫固未盡非之也。」

曰：「然則諸儒之説皆是矣，論者又謂其非性善之宗，何耶？」曰：「儒先立説，原有深意，而近世諸家講套，漸漸失真，既將天性、氣質兩平分開，又將善惡二端各自分屬。殊不知理至性命，極是精微，聖賢猶且難言，而《集説》諸家，妄生分解，其粗浮淺陋亦甚矣，又安望其妙契儒先之旨，而上溯孔孟之宗也哉！」

曰：「然則世之人，敢謂其無善惡耶？

善惡之分，敢謂其無所自生耶？」曰：「善惡之分，亦有所自，而不可專執其爲性也。又請爲吾子詳之：今堂中聚講人不下百十，堂外往來亦不下百十，余今分作兩截，我輩在堂中者，皆天命之性，而諸人在堂外，則皆氣質之性也。何則？人無貴賤、賢愚，皆以形色天性而爲日用，但百姓則不知，而吾輩則能知之也。今執途人詢之：『汝何以能視耶？』必應以目矣，而吾輩則必謂非目也，心也。執途人詢：『汝何以能聽耶？』必應以耳矣，而吾輩則必謂非耳也，心也。執途人而詢之：『汝何以能食，何以能動耶？』必應以口與身矣，而吾輩則必謂非口與身也，心也。識其心以宰身，則氣質不皆化而爲天命耶？昧其心以從身，則天命不皆化而爲氣質耶？心以宰身，則萬善皆從心生，雖謂天命皆善，無不可也。心以從身，則衆惡皆從身造，雖謂氣質乃有不善，亦無不可也。故天地能生人以氣質，而不能使氣質之必歸天命；能同人以天命，❶而不能保天命之純全萬善。若夫化氣質以爲天性，率天性以爲萬善，其惟以先知覺後知，以先覺覺後覺也夫。故曰：『天地設位，聖人成能。』」

問：「某聞天下之道，皆從悟入。常觀同志前輩，談論良知本體，玄微超脱，或聽其言，或觀其書，皆令人忻快踴躍。及觀其作用，殊不得力，其故何也？」

曰：「吾儒之學，原宗孔孟，今《論語》、《孟子》，其書俱在，原未嘗專以玄微超脱爲訓。然其謹言慎行、明物察倫，自能不滯形迹妙入聖神者，原自《大學》之格致、

❶「能同」，《近溪羅先生一貫編》作「然同畀入」。

《中庸》之性道中來也，蓋格物以致其知，知方實落；達道以顯其性，性乃平常。故某常汎觀今古聖賢，其道雖從悟入，其悟却有不同：有從有而入於無者，則漸向虚玄，其妙味愈深，則其去人事自遠，甚至終身不肯回頭，自謂受用無窮也。有從無而入於有者，則漸次入於渾融，其操持愈久，則其天機愈顯，所以能經綸天下之大經，立天下之大本，知天地之化育也。此個關頭，最是聖、狂要緊，學者不可不早鑒而敬擇也。」

問：「如何用力，方能得心地快樂？」曰：「心地原只平等，故用力亦須輕省。蓋此理在人，雖是本自具足，然非形象可拘，所謂樂者，只無愁是也。若以忻喜爲樂，則必不可久，而不樂隨之矣；所謂得者，只無失是也，若以景界爲得，則必不可久，而不得隨之矣。故《中庸》曰：『君子之道，淡而不厭。』則今人每每學而至於厭者，豈非不淡使然哉？」

問：「臨事輒至倉皇，心中更不得妥帖静定，此多養之未至，故如是耳。」曰：「此固養之未至，然或是養之未得法使然也。」曰：「如何是未得其法？」曰：「是因他先時預有個要静定之主意，後面事來，多合他不着，以致相違相競，故臨時亦覺衝動不寧也。」曰：「静定之意，如何可不要？孟子當齊，亦云『能不動心』也。」曰：「心便，則可不動。若只意思作主，如何能得不動？故孟子是以心當事，今却是以主意去當事，以主意爲心，則雖養之百千萬年，却終是要動也已。」

問：「意思與心不同，還覺未能解。」曰：「意是要心不動，只此要不動的意思，已是事未來而自己已先動矣。安有事來而又不動耶？」曰：「心之不動，其景象却又如何？」曰：「無動而無所不動，無所不動而實所動也。大約此處是用意思不得，只能常不用意思，便不動之本心自然可見，亦自然得力也已。」

問：「良知説是不慮而知，此只可在孩提赤子時説。若是年既長成，則自有許多事物，如何容得不慮？即孔子亦問禮、問官，費多少心思而後能得無所不通也。」曰：「不慮而知，是學問宗旨。此個宗旨，要看得活，若不活時，便説是人全不思慮也，豈是道理！蓋人生一世，徹首徹尾，只是此個知，則其擬議思量，何啻百千萬種也。但此個知，原是天命之性，天則莫之爲而爲，命則莫之致而至，所以謂之不學不慮而良也。聖人立教，蓋見得世上人知處太散漫，而慮處太紛擾，故其知愈不精通，而其慮愈不停當。所以指示以知的源頭，説知本是天生之良，而不必雜以人爲；知本不慮而明，而不必起以思索。如此，則不惟從前散漫紛擾之病可以盡消，而天聰天明之用亦將旁燭而無疆矣。細推其立教之意，不是禁人之慮，却正是發人之慮也已。」

問：「學問在人，難説不要着力。」曰：「着力自要着力，然却不是要得。」曰：我今儘力去要，尚多不得，若不去要，如何可得也？」曰：「若不去要，便可得。止因子去要，所以多不得也。」曰：「孟子謂『强恕而行』，强比要，不益甚耶？」曰：「子未理會全文，蓋孟子之所强者，恕也。如心爲恕，心體渾然，無思無爲，如之最難。況吾人平素千百般去思，千百般去爲，已是習慣成性矣，非用强力，又安能以如之也耶？」

問：「仕優則學，學優則仕，其義何如？」曰：「仕學原是一事，但自成己處言，則謂之學；自成物處言，則謂之仕。故人之仕學，患不優耳。『優』字即『優而游之』之『優』，乃善致其知而復於自然之良處也。故仕而不善致其知，則格於事勢以滯其機，乖於毀譽以戚其意，便是仕不能優矣；學而不善致其知，則拘成迹而不足以達天下之變，局形骸而不足以通天下之志，便是學不能優矣。故學者須是識認知體透徹，使圓融活潑之機，不離吾身心應用之處，則一段意思，長是游優充裕，見大心泰，無所不足。雖在蒞官臨民，而自己受用，不失平生，無意於學而自有其學也；雖在窮居陋巷，而感通乎化，孝友家邦，無意於仕而自有其仕也。非謂仕必優，然後去學；學必優，然後去仕，分作兩段工夫也。」

問：「程子既云『仁者以天地萬物爲一體』，又云『仁者渾然與物同體』，意果何如？」曰：「天地之大德曰生，夫盈天地間只一個大生，則渾然亦只是一個仁矣，中間又何有纖毫間隔，又何從而以得天地、以得萬物也哉？故孔門宗旨，惟是一個『仁』字；孔門爲仁，惟一個『恕』字。如云『己欲立而立人，己欲達而達人』，分明説『己欲立』，不須在『己』上去立，只『立人』即所以立己也。『己欲達』，不須在『己』上去達，只達人，即所以達己也。是以平生功課，學之不厭，誨人不倦。其不厭處，即其所不倦處也；其不倦處，即其所不厭處也。即今人説好官相似，説官之廉，即其不取民者是也，而不取於民，方見是廉；説官之慈，即其不虐民者是也，而不虐乎民，方見是慈。統天徹地，膠固圓融，由内及外，更無分别，此方是渾然之仁，亦方是孔門宗旨也已。」

問：「人資稟不同，有生而知之，有學而知之，又有困而知之。今説不待培養而自生，此恐生知乃能，若吾人，則雖困，學猶未得也，安敢便謂不待培養而自生發也耶？」曰：「知有兩樣，有本諸德性者，有出諸覺悟者。此三個『知』字，當屬覺悟上看，至於三個『知之』的『之』字，却當屬之德性也。蓋論德性之良知良能，原是通古今、一聖愚，人人具足而個個圓成者也。然雖聖人亦必待感觸覺悟，方纔受用得。即如帝舜，❶亦謂『聞一善言，見一善行，沛然若決江河而不能禦』，可見也是從感觸而後覺悟，但以其覺悟之速，便象生成使然，其次，則稍遲緩，故有三等不同。至謂及其知之一也，則所知的德性，皆是不待學而能，不待慮而後知，即困知之所知者，亦與生知之所知者更無毫髮不同。後世因此『知』字看不明白，遂於德性也疑，説有氣質之雜，而孟氏『性善』之言，更無一人信得過。是以縱去學問，亦如導泉而無其源，種樹而無其根，徒勞心力，而終難望其流通充長也已。」

問：「孟子要闢楊墨，其法度不過曰：『君子反經而已矣。』今請示其反經之旨何如？」曰：「經是何物？即今織機絲線，周迴十百千遭，却只一條引去。即如世界有個唐、虞、三代，有個秦、漢、唐、宋，有個元朝，方至今日，亦數十遭周迴。然世界所

❶「帝」，原誤作「堯」，今據杜應奎本改。

以爲世界者，不過君臣、父子、長幼、朋友、夫婦，而成之者，則吾仁、義、禮、智、信之性；主之者，則吾神明不測之心也。世界雖有周廻，此道則恒久不變，故謂之曰『經』也。」

曰：「經是如此，反之則又何如？」

曰：「反之者，反而求之汝輩之身也。汝輩與我對坐，舉動過目，其目自見；聲音到耳，其耳自聞。坐間數十百人，耳目聰明，却只一般，是則虛靈不測之心也。此個虛靈，遇父母便生孝順，遇兄長便生愛敬，遇現在師友便生恭遜，是則所謂性也。認得是心，便當存之而不至昏昧放逸，認得是性，便當養之而不至拂逆傷殘。如此用功，久久不變，以至入微通妙，便是聖人人倫之至，雖諸童子亦皆可學，便是經綸天下之大經也。能經綸大經，則汝等一身，便是天下國家極則，所謂『父子兄弟足法，而人自法之』，非天下之大本而何？經綸立本，則中和我致，位育我成，雖天地之化，亦可默契而無疑。到此地位，楊墨之不經者，自化而歸於經綸中矣，又何足辯也耶？」

問：「相侍日久，雖教言在心，然終不能了得，何如？」曰：「吾心良知，妙應圓通，其體極是潔淨，如空谷聲響，一呼即應，一應即止，前無自來，後無從去，徹古徹今，無晝無夜，更無一毫不了處。但因汝我不識本真，自然疑畏，却去見解以釋其疑，而其疑愈不可釋；支持以消其畏，而其畏愈覺難消。故工夫用得日勤，知體去得日遠。今日須是回轉貪痴，牙根咬定，斬釘截鐵，更不容情。汝我言下一句即是一句，赤條條、光裸裸，直是空谷應聲，更無沾滯，豈非人生一大快事耶！」

問：「別教後如何用工？」曰：「學問與做人一般，須要平易近情，不可着手太重。如粗茶淡飯，隨時遣日，心既不勞，事亦了當，久久成熟，不覺自然有個悟處。蓋此理在日用間，原非深遠，而工夫次第，亦難以急迫而成。學能如是，雖無速化之妙，却有雋永之味也。」

問：「心性分別何如？」曰：「孟子云『仁、義、禮、智根於心』，則心之而爲心，視仁、義、禮、智而深且宏也具見矣。學之求心，視仁、義、禮、智而猶先且急也，亦具見矣。是故超然而神於萬感之先，湛然而靈於百慮之表，淵淵乎其淵，浩浩乎其天，蓋言心之深且宏者，從古則爲然矣。世之學者，以其體之至隱，機之至微，遂謂冥昧而莫可端倪，渺茫而無從實際，非覷其難而阻，則詆其幻而棄焉者，十夫而九矣。殊不知既名爲隱，則必有所藏；既稱爲微，則必有所具，端倪固睿可相通，實際亦誠所由契也。玆不咎其睿與誠之未至，而徒歸於隱微之難入焉，于是窮理事物，將散殊以遡本原；克私意念，欲矯强以還純一。噫！見亦左矣。不觀老圃之種樹乎，枝柯則顯而現於外，根本則微而隱於内也。乃擁培灌漑，獨於根本先之，誠知外焉者之暢茂，實其内焉者所由來也。學者於此心之體之幾，果能默會潛求，研精入妙，天人合而造化爲徒，物我通而形神互用，則淵泉溥博，時出無窮。不惟仁昭義立之可期，禮陳智燭之獨至，大用顯行，生惡可已；即其探究事理之功，操存意念之力，從前窒塞於見解者，自將觸類而融通；方物於矜持者，亦必順時而調達。豈非聖學之要圖，而志學之首務哉！惟吾儕共勗之。」

問：「此心每日覺有二念，而善念多爲雜念所勝。又見人不如意，長生忿嫉，從容時尚可調停，若倉卒，必暴發不平，及事已，又生悔恨。不知何以對治方好也？」曰：「心是活物，應感無定而出入無常，即聖賢，未至純一處，其念頭亦不免互動。《定性書》中所云『惟怒最爲難制』，則人情大抵然也。譬之天下路徑，不免石塊高低；天下河道，不免灘瀨縱横。惟善推車者，其輪轅迅發，則塊磊不能爲礙；善操舟者，篙槳方便，則灘瀨不能爲阻也。況所云『念頭之雜，忿怒之形』，亦皆是説前日後日事也。孔子謂『不追既往，不逆將來』，工夫緊要，只論目前。今且説此時相對，中心念頭果是何如？」曰：「若論此一時，則此已恭敬安和，只在專志聽教，一毫雜念也自不生。」曰：「吾子既已見得此時心體有如此好處，却果信得透徹否？」

大衆忻然起曰：「據此時心體，的確可以爲聖爲賢，而甚無難事也。」曰：「諸君目前各各奮躍，此正是車輪轉處，亦是槳勢快處，更愁有甚麽崎嶇可以阻得你，有甚灘瀨可以滯得你。況『民之秉彜，好是懿德』，則此個輪極是易轉，此個槳極爲易摇，而『王道蕩蕩，王道平平』，終身由之而絶無崎嶇灘瀨也。故《易經》自『黄中通理』，便到『暢四肢』、『發事業』；孟子自『可欲之善』，便到『大而化』、『聖而神』。今古一路學脉，真是簡易直截，真是快活方便。奈何天下推車者日數千百人，未聞以崎嶇而廻轍；行舟者日數千百人，未聞以灘瀨而停棹。而吾學聖賢者，則車未曾推而預愁崎嶇之阻，舟未曾發而先懼灘瀨之横，此豈途路之扼於吾人哉？亦果吾人之自扼也哉？誠不可不自省也。」

問：「遇事之變，❶必須善權。然程子謂漢儒以『反經合道爲權』爲不識『權』字，是否？」曰：「非是漢儒不識『權』字，乃不識『經』字也。蓋經即道也，統天徹地，貫古貫今，不可須臾離，不可毫髮爽，萬物萬事無一可出其外，豈有行權乃獨與之相反也耶？但權非聖人不能用，蓋聖人天聰明之盡者，經常之道，纖微透露，妙應不拘，所謂『精義入神以致用』也。雖是人所同得，却獨能先得，以其得之獨先，而過疑其非經常之見，遂謂反經合道，正不識『經』字之誤也。然此須是善用功者，默而識之，而難以口説盡者。」

問：「『學而不厭，誨人不倦』，吾夫子何故屢屢自任？又何故屢屢對舉？必有深意存乎其中也。」曰：「聖人一生自道工課，只此二句。其答子路以『忘食』、『忘憂』、『不知老之將至』，亦止形容『不厭』、『不倦』之景象而已。蓋由其默識此心，真是合萬物爲一體，則自己學處，即是誨人學處；誨人學處，即是自己學處。蓋物我原是一體，則學誨原是一事。只如世人好博者，必求角敵，若己之技捷，則敵人之技必捷；人之技捷，則己之技益捷矣。好奕者必求對局，若己之着高，則對之者必高；對之者高，則己之着亦高矣。此其機括相緣，固無獨成之理，而精神充長，自有

❶「遇事之變」至「爲不識權字否」，《近溪羅先生一貫編》作「孔子以可與立，未可與權，程子謂：漢儒以反經合道爲權，不識是否」。

日益之勢，所以學不厭者，必誨不倦，而不倦者，必不厭也。顔子多問寡，能問不能，雖犯不校，何等懇切！欲罷不能，亦何等得力！夫子所以獨許其好學，而曰：自得回，令諸友日親也。」

問：「平日在慎獨上用工頗爲專篤，然雜念紛擾，終難止息，如何乃可？」曰：「學問之功，先須辯别源頭分曉，方有次第。且言如何爲獨？」曰：「獨者吾心獨知之地也。」「又如何爲慎獨？」曰：「吾心中念慮紛雜，或有時而明，或有時而昏，或有時而定，或有時而亂，須詳察而嚴治之，則慎也。」曰：「即子之言，則慎雜，非慎獨也。蓋獨以自知者，心之體也，一而弗二者也；雜其所知者，心之照也，二而弗一者也。君子於此，因其悟得心體在我，至隱至微，莫見莫顯，精神歸一，無須臾之散離，故謂之慎獨也。」曰：「所謂慎者，蓋如治其昏而後獨可得而明也，治其亂而後獨可得而定也。若非慎其雜，又安能慎其獨也耶？」曰：「明之可昏，定之可亂，皆二而非一也。二而非一，則皆雜念，而非所謂獨知也。獨知也者，吾心之良知，天之明命而於穆不已者也。明固知明，昏亦知昏，昏明二而其知則一也。定固知定，而亂亦知亂，定亂二而其知則一也。古今聖賢，惓惓切切，只爲這些子費却其精神，珍之重之，存之養之，爲天地立心，爲生民立命，總在此一處致慎也。」曰：「然則雜念俱置之而不問耶？」曰：「隸胥之在於官府，兵卒之在於營伍，雜念之類也。憲使升堂而隸胥自肅，大將登壇而兵卒自嚴，則慎獨之與雜念之類也。今不思自作憲使主將，而惟隸胥兵卒之求焉，不亦悖且難也哉！」

問：「『由仁義行，非行仁義』，是贊大舜能事。若吾人學者，必須從行仁義處起手，乃可語由仁義行，何如？」曰：「此是兩種學問，如商旅路途，一往南行，一往北行，雖説出門時且先向南，然後又回轉向北也。」

曰：「吾人爲學，須是由勉而安，方無躐等徑造之病。今云『行仁義』，分明是勉然之功；云『由仁義行』，分明是安然之功。若舍却『行仁義』，即要『由仁義行』，是不勞勉强而安然自得也，恐人非生知，難遽語此矣。」曰：「後世學術不明，只是此處混帳。蓋『行仁義』，與『由仁義行』，是南北分歧處；由勉而安，是程途遠近處。行仁義有行仁義的安勉，由仁義行亦有由仁義行的安勉也。」

曰：「行仁義而習熟久久，以至於安，即所謂習慣成自然也。吾人皆能曉得。若説由仁義行，又從勉强處起手，此段意思却是難解也。」曰：「此個宗旨，《語》、《孟》篇篇皆然，吾輩只是不察。今舉其最明白的一章來看，如孟子謂仁義之實，只是愛親從兄。夫愛親從兄，吾人不慮而知之良知，不學而能之良能也。今人識得此體者甚少，若知得透徹，而又久久弗去者，爲尤少矣。故知而弗去，已是十分難事，況又能盡其節文，詳細精密，一無滲漏，得多少工夫方能至此！然又非惟智禮之實，有許多黽勉着力，即樂斯二者，亦須一切世情嗜欲休歇解脱，方能打併精神，優游涵咏，以圓活長養，乃得『生惡可已』，而至於手舞足蹈，不自知之境界也。故今日出門一步，即從不慮不學處着脚趨向，尚且頭頭都是難事，節節都要精專，竭盡生平，方得渾化；若便從外面比倣修爲，❶狗象執跡，出門一步，已與不慮不學之體，不啻冰之與炭，做得閑熟一分，則去真心日遠一分，做得成了家當，則去真心即如天淵之不相及矣。將以學聖，而反至背聖；將以盡心，而反至違心，孤負一生志願，虚費終身氣力，總只爲出門一步差却，豈不大可慟恨也哉！又豈可不警省而早辯之也哉！」

問：「『人不知而不愠』，是君子於此漠然無所動於其中否？」曰：「如此，則孔子之教，亦有倦時矣。蓋此當與『不患人之不己知』，求爲可知也同看。君子之心，直是要天下萬世相通，人有未知，必反己以求爲可知而已，於人何敢愠焉？前輩有善説《孟子》『仁禮存心』一章，將『與禽獸何難』『難』字，不讀去聲，直接下『如舜而已』，云『鳳凰來儀，百獸率舞，於禽獸且無難也，而況於人乎』？如此看來，方見學問無歇手處。」

問：「聖門以求仁爲學，其切要亦有可言者乎？」曰：「孔子自己説仁，平生只有『仁者人也，親親爲大』，是他正解。孟子却指實説『親親，仁也』。今看人人孩提之初，皆知愛親敬長，果是渾然本心，而仁不遠人也。若此良心之知，瑩然昭然，於親長之間，無所不愛，無所不敬，而又無所不條理正當，其人便明通而曰『聖人』也。仁豈遠乎哉？術豈多乎哉？」曰：「宗族稱孝，鄉黨稱弟，却又只是個士之次者，何也？」曰：「孝弟一也，不能因心以出者，淺

❶「若便」，《盱壇直詮》作「若更」。

而忘本；不善推所爲者，近而遺末。故必誠意、正心、修身，而其爲父子兄弟乃可足法；齊家、治國、平天下，而後人之父子兄弟自法之也。」於是滿堂聞者，咸翕然嘆曰：「人不善學，則雖孝弟而終歸於鄉士之次；人能善學，則即孝弟而終至於聖神之大。物不可以無格，而知果不可以不先也。」

問：「仲由、大禹好善之誠，與人之益，似與大舜無異，乃謂舜有大焉，何也？」曰：「孟子所謂大小，人蓋自聖賢氣象言之。如或告己過，或聞人善，分明有個端倪，有個方所。若舜只以此善同乎天下，盡通天下，而歸於此善，更無端倪，亦無方所。觀其所居，一年成聚，二年成邑，三年成都，何待有過可告，又何必聞善再拜也哉？」

因言舜事，顧在會諸友，嘆曰：「聖人所以異於吾人者，蓋以所開眼目不同，故隨寓隨處，皆是此體流動充塞。一切百姓，則曰『莫不日用』；鳶飛魚躍，則曰『察于上下』；庭前草色，則曰『生意一般』，更不見有一毫分別。所以謂『人皆可以爲堯舜』，『吾非斯人之徒與而誰與也』。我輩與同類之人，親疎美惡，已自不勝越隔，又安望其察道妙于鳶魚，通意思于庭草哉！且出門即有礙，胸次多冰炭，徒亦自苦平生焉耳！豈若聖賢，坦坦蕩蕩，何等受用，何等快活也。」

問：「顏子克己復禮，今解作復卦之『復』，則禮從中出，其節文皆天機妙用，所謂『神無方而易無體』者也。乃『禮儀三百，威儀三千』，聖人定以禮經傳之，今古又若一成而不易者，何也？」

曰：「子不觀之制曆者乎？ 夫語『神妙無方』，至天道極矣，然其寒暑之往來，朔望之盈虛，晝夜之長短，聖人一切可以曆數紀之，至期吻合而無差焉，初不謂天道之神化，而節序即不可以預期也。此無他，蓋聖人於上古曆元，鈎深致遠，有以洞見其根柢，而悉達其幾微，故於其運行纏度，可以千載而必之今日，亦可以此時而俟之百世，此其盡性至命之妙，而實修道立教之準也。 我夫子成身造士，一以求仁爲宗，正千歲日至其所洞見而悉達者也。故『復以自知』，而天之根，即禮之源也，所謂『乾知太始』，統天時出者乎？ 『黃中通理』，暢達四肢，而禮之出，即天之運也，所謂『乾道變化，各正性命』者乎？ 顔氏博文約禮，感夫子之循循善誘，是則三百三千而著之經曲之常者也。 如有立卓嘆夫子之瞻忽末由，是則天根自復而化不可爲者也。夫子之爲教，與顔子之爲學，要皆不出仁義兩端，❶而仁義兩端要皆本諸天心一脉。 吾人用志浮淺，便安習氣，其則古稱先者，稍知崇尚聖經，然於根源所自，茫昧弗辯，不知『人而不仁，其如禮何』，是拙匠之徒執規矩而不思心巧者也。 其直信良心者，稍知道本自然，然於聖賢成法，忽略弗講，不知『人不學禮，其何以立』，是巧匠之徒竭目力而不以規矩者也。 善學孔顔以求仁者，務須執禮以律躬，而尤純心以敦復。 敦復崇禮，又能考究百王，會通典禮，直至吻合聖神，歸于至善而後已焉。 是大匠之爲方員也，巧不徒巧，而規矩以則之；規矩不徒規矩，而巧以精之。

❶「仁義」，《盱江全集》作「仁禮」。

則其棟明堂而覆廣厦，不將柱立乾坤，而永奠邦家於萬世無疆也哉！」

問：「均一言教，如何看書册與面命之間，所得迥然不同？」曰：「當其可之謂時，吾儕相對論心，則彼此機宜，自然適中，如渴與之飲，饑與之食，滋味何等甘美！若持書册謾謾讀過，是原未饑渴，與以飲食，雖瓊液珍羞，將葵藿等矣！」

問：「坐間有云『此學之妙，可以點石爲金』。」

曰：「如此譬喻，與聖人之學尚覺不切。蓋石與金，原不相同，若謂人之學聖，似石化金，則視聖學太高，而視吾人過卑矣。不如譬之鍊鑛，則渾然更無分别。但鑛則體質硬脆，色不明潤，不能成用；金則體質柔滑，精采光瑩，隨人用之，皆可行使，此其間只争鍛鍊之功而已。若論吾人天命之性，其不慮而知，不學而能，渾然與聖人不思而得、不勉而中之體，如金在鑛，何嘗少他分毫？蓋自爲孩提時，直至今日，親長之愛敬，耳目之聰明，饑寒之衣食，隨感而應，良知良能，明白圓妙，真是人人具足，個個完全。但天生聖神，則能就中先覺先悟，於天命此個聖體，直下承當受用，正如鑛石過火，便自融化透徹，更無毫髮窒礙間隔，却即叫做聖人。然究其所覺悟的東西，則只是吾人現在不慮、不學之良知良能而已。吾人只少了聖人此一覺悟，則便如一片精金，空只藏在鑛中而不成受用，雖是時時習之，而却不著；雖是日日行之，而却不察。即終身去愛親、敬長，食飯穿衣，與聖賢原無兩樣，而甘心做個凡夫，而不得名爲知道也。故聖人之教天下，不是能令吾人於良知良能之外，别有增益，只是以先知覺後知，以先覺覺後覺，如用火鍛鑛，則鑛一過火，便即是金。吾人既覺，則即我本性便即是聖，故曰『豈不易簡，豈爲難知』，又曰：『我欲仁，斯仁至矣』，『未之思也，夫何遠之有？』孔孟口口聲聲，只好如此懇切，其教其學，只好如此方便。故嘗謂：吾輩若要做作修爲，則此學可以不講；又要費力研窮思索，亦可以不講。今受用的即是現在良知，而聖體具足；其覺悟工夫，又只頃刻立談，便能明白洞達，却乃何苦而不近前？况此個體段，但能一覺，則日用間可以轉凡夫而爲聖人；若不能一覺，則終此身棄聖體而甘爲凡夫。又况吾輩一生辛苦，何處不求向前，如讀書應舉，做官立業，亦非易事。今能轉凡爲聖，則讀書便是聖賢讀書，至於用世，便是聖賢用世，到老也有個歸著，不虚費了精神。今若當下甘心棄聖爲凡，則雖讀盡萬卷，功名極品，也只與浮雲飄泊，草木朽腐而已。勿以予言過甚，但考之古今人品，自然明白，誠不可不發憤向前，以求入聖途路也。勉之、勉之！」

問：「昨因舉業，至『終日不食，終夜不寢，以思無益，不如學也』，題意頗難理會。」

余時憑几而坐，因指而詢之：「此桌子方整可觀，使精巧工匠竭目力即能成乎？亦必用角尺格之而後能也。」曰：「若非格以角尺，縱精目巧匠，此桌决難得如是方整。」曰：「聖賢出天縱，夫子之精巧，更何加焉。但規矩爲方圓之至，聖人爲人倫之至，非考古博文，契悟法則，縱心思力竭，而終非其至。故曰『我非生而知之，好古敏以求之。』其所謂『求』，即學夫古也；其所以學，即求其至也。」曰：「然則思果可廢耶？彼謂『心之官則思』，『思曰睿，睿作聖』者，皆非耶？」曰：「他明説『學而不思則罔，思而不學則殆』，故思學俱工夫要緊，而學則又所以善其思者也。今規矩一也，用之制器亦一也，然以拙匠所爲，較之於巧，則精粗何啻霄壤！是學之巧而入微者，即所謂思，思之精而不易者，即所謂學。故非思，則學無以成始；而非學，則思無以成終也。」

問：「旱久遇雨，禾苗勃興，亦與吾儕意思一般？」曰：「雖似一般，其實不一般也。先輩謂『文字至譬喻極處難』，予謂『譬喻至心性處則尤其難之難者也』。蓋禾必待養而生，吾心則無時而不生；禾以遇旱而枯，吾心則無時而可枯也。故窮天極地，萬萬其物，而畢竟無一物可以象吾此心；亘古及今，萬萬其事，而畢竟無一事可以象吾此學。此心此學，真是只可默識，而不可言求；只可意會，而不可形索，至簡而至妙，至易而至神者也。吾儕與兹勝會，而聞兹神理，寧非百千萬載之一大快也耶！」

問：「近聞先生所論，頗有所得。」曰：「其見維何？」曰：「聞論天命之性，見得我此身，隨時隨處皆是天矣，豈不快暢！又何所不順適也哉？」曰：「子若如此理會天命之性，是之謂失，而非所謂得也。」曰：「如何却反是失？」曰：「汝既曉得無時無處不是天命，則天命之所在，即生死禍福之所在也。不知悚然生些懼怕，却便侈然謂可順適，則天命一言，反作汝之狂藥矣。」

曰：「弟子聞言，不覺渾身局促，不能

自安。」曰：「此即便是戒慎恐懼，而上君子之路矣。所以曰：『君子之中庸也，君子而時中；小人之中庸也，小人而無忌憚也。』」曰：「即此二言，弟子亦難理會。蓋小人而無忌憚，如何又説小人中庸耶？」曰：「此正見天命無所不在，故本性中庸，無分君子小人。但君子知畏天命之嚴，而小人則氣量褊淺，便欲任天之便，而過於自恣，不覺流於無忌憚爾。」

曰：「君子小人，俱一樣中庸，而何又曰『君子而時中』？則中庸與時中，豈亦有分别也耶？」曰：「觀聖賢之言，極是縝密。如曰『率性謂道』，道無須臾可離，便是人人公共。曰『喜怒哀樂未發爲中，發而中節爲和』，便自有個分别。『中庸』二字，可以概言，亦可分言。概言而皆天命之性也；分言則必喜、怒、哀、樂，更無妄發，或感而發，又無踰節，方始是中。四者或過，雖亦平常之人，而中體未免傷而不和矣。細細看來，吾人情性，俱是天命。庸則言其平平、徧滿，常常具在也；中則言其徹底皆天，入微皆命也。故其外之日用，渾渾平常，而其中之天體，時時敬順，乃爲慎獨，乃成君子。是『中』者，庸之精髓；『庸』者，中之膚皮。而戒謹恐懼者，則君子之事天養性，以完固精華而充潤膚體也。故前此諸大儒先，其論主敬工夫，極其嚴密，而性體平常處，未先提掇，似中而欠庸，故學之往往至於拘迫。近時同志先達，其論良知學脉，果爲的確，而畏敬天命處，未加緊切，似庸而未中，故學之往往無所持循。某至不肖，幸父師教詔，每責令理會經書，一字一句，不輕放過，故遵奉久久，不覺於孔聖心源，稍有契悟，惟願諸君勿謂老耄不相切磋而敕正之也。何如、何如？」

孫羅懷義　懷禮　懷智　懷信
懷敬　懷忠　懷祖　懷本
曾孫羅萬會　萬象　萬貞　萬里
起元等重梓

近溪子集　御

楚黄友人耿定向評

問《大學》宗旨。

曰：「孔子此書，却被孟子一句道盡，所云：『大人者，不失其赤子之心者也。』夫孩提之愛親是孝，孩提之敬兄是弟，未有學養子而嫁是慈。保赤子，又孩提愛敬之所自生者也。此個孝、弟、慈，原人人不慮而自知，人人不學而自能，亦天下萬世人人不約而自同者也。今只以所自知者而爲知，以所自能者而爲能，則其爲父子兄弟足法，而人自法之，便叫做『明明德於天下』，又叫做『人人親其親、長其長，而天下平也』。此三件事，從造化中流出，從母胎中帶來，遍天遍地，亘古亘今。試看此時薄海内外，風俗氣候，萬萬不齊，而家家户户誰不是以此三件事過日子也？只堯、舜、禹、湯、文、武，便皆曉得以此三件事修諸己而率乎人。以後却盡亂做，不曉得以此修己率人。故縱有作爲，亦是小道；縱有治平，亦是小康。却不知天下原有此三件大道理，而古先帝王原有此三件大學術也。故孔子將帝王修己率人的道理、學術，既定爲六經，又將六經中至善的格言，定爲修己率人規矩。而使後世之學者，格着物之本末終始，知皆擴而充之，老吾老以及人之老，長吾長以及人之長，幼吾幼以及人之幼，使家家户户共相愛敬、共相慈和，而共相安樂。雖百歲老翁皆嬉嬉都如赤子一般，便叫做『雍熙太和』，而爲大順大化，總而名之曰『大學』也已。」

問：「讀《論語》何如？」曰：「《論語》一書，直是難讀。芳初讀時，苦其淡然無味，殊覺厭人。稍長，從事孝弟，乃喜其一二條契合本心，然往往以近易目之。後養病家居，因究心《書》、《易》，至堯、舜二典，乾坤二卦，間有悟處，乃通身汗浹，始知天生孔孟，爲萬世人定魂魄、立性命，從之則生，違之則死也。自此以後，非《語》、《孟》二書輒厭入目。以至蒞官中外，隨所施措，自然翕順，愈久而愈益簡要、愈益精純也。若戰國而下諸公，真是用心徒勞，而去道彌遠。敝至今日，可勝嘆哉！」

問：「陽明學問似微與諸儒不同，何如？」曰：「豈惟陽明爲然，即宋時諸儒學問，亦難盡同。如周子則學在主静，程子則學在主敬，朱子則學在窮致事物之理。至我朝陽明先生，則又獨謂學在致其良知。此雖各有所見，然究其宗旨，則皆志於學聖。故少有不同，而不失其爲同也。蓋聖之爲聖，釋作通明。如周子説『無欲，則静虚動直』，静虚則明，明則通。顯是主於通明也；程子説『主敬』，則聰明睿智，皆由此出，亦是主於通明也；朱子説在『物之表裏精粗無不到，而後吾心之全體大用無不明』，亦是主於通明也。是三先生之學皆主於通明，但其理必得之功效，而其時必俟諸持久。若陽明先生之致其良知，雖是亦主於通明，然良知却即是明，不屬效驗；良知却原自通，又不必等時。況從良知之不慮而知，而通之聖人之不思而得；從良知之不學而能，而通之聖人之不勉而中，渾然天成，更無斧鑿。恐三先生如在，亦必當爲此公首肯而心契也已。」

問：「《定性書》每以喜怒爲言，何如？」曰：「吾人日用總是好惡，而喜怒則好惡之成者也。好惡之端極微，而喜怒之用甚大。聖人誠意、正心，只從此處用力，便推之家、國、天下裕如，故曰：『無有作好，遵王之道；無有作惡，遵王之路。』而僻則爲天下僇焉。以是知此學之講，直關世道。欲一體乎萬物者，主張之功，誠不可不汲汲也。」

問：「學者將天地、萬物一體處理會得明盡，則仁便可識其功，是否？」曰：「程子欲人先識者，識此仁也。仁者，天之生德，活潑潑地，昭著心目。苟一加察，即真機見前，仁識而天地、萬物自在其中矣。如『入井』一段，既是怵惕惻隱，則我與孺子原如手之捫足，脣之護舌，又焉有二體哉？若先行理會，方可言仁，則孺子之救，途人同之，非惟不必理會，而亦不暇理會矣。」

問：「渾然與物同體，視大《易》『君子體仁』之意何如？」曰：「聖賢語仁多矣，最切要者，莫『踰體』之一言。蓋吾身軀殼，原止血肉，能視聽而言動者，仁之生機爲之體也。推之而天地、萬物，極廣且繁，亦皆軀殼類也。潛通默運，安知我體之非物，而物體之非我耶？譬則巨釜盛水，衆泡競出，人見其泡之殊，而忘其水之同耳。孺子入井境界，却是一泡方擊，而衆泡咸動。非泡之動也，其釜同水一機，固不能以自已也。」

問：「渾然同體，與兼愛之學何別？」曰：「體之爲言，最可玩味。夫體即身也，頭目居上，四肢居下。形骸外勞，心腹内運，而身乃成焉。愛豈無差等也哉？」

問：「『反身而誠』，即是識得仁否？」曰：「『仁者人也』，人，天地之心也。故學者既識得萬物與我同體，便須反之于身，以體乎萬物。天則首之，地則足之，我則心其間而清且寧之，以致中和之極，以臻位育之化，其序不可亂，而其功不可已者歟！」

問：「先儒尋孔、顏樂處，所樂何事？」曰：「孔、顏之樂，雖未易知，而孔、顏之言行，則具在也。竊意此樂有自本體而得，則生意忻忻，赤子愛悦親長處是也；有自用功而得，則天機感觸，理義之悦我心是也。」曰：「此樂處某説要人欲淨盡、天理流行處方是。故今日須先克去己私，使心中淨淨地，便天理流行而樂矣。」曰：「子之論固是，但先後却欠分曉。譬如導泉，然須先覓得源頭着了，方掘去沙泥，以遂其流。不然，其沙泥徒掘，泉終無流，又安得樂耶？」衆皆默然良久。曰：「尋源之功，大家當共急之。」

問：「孔門恕以求仁，先生如何致力？」曰：「芳自知學，即泛觀虫魚，愛其群隊戀如，以及禽鳥之上下，牛羊之出入，形影相依，悲鳴相應，渾融無少間隔。輒惻然思曰：『何獨於人而異之？』後偶因遠行，路逢客侣，相見即忻忻談笑，終日疲倦俱忘，竟亦不知其姓名。別去又輒惻然思曰：『何獨於親戚骨肉而異之？』噫！是動於利害，私於有我焉耳。從此痛自刻責，善則歸人，過則歸己；益則歸人，損則歸己。久漸純熟，不惟有我之私，不作間隔；而家國天下，翕然孚通，甚至髮膚不欲自愛，而念念以利濟爲急焉。三十年來，覺『恕』之一字，得力獨多也。」

問：「今日用功，當何下手？」曰：「孔子十五而志於學，亦自其志之始而言之。其後立與不惑，只是此志愈真切而愈精愈純焉耳。故志與學原非兩事，亦無間歇時也。今日之急務，未立志者須先嚴辯，已立志者須更勇猛。若果早夜精進，即便是至誠無息，亦即是孔門求仁，即是集義，有事不忘，即是静，即是敬，即是致其良知，而聖賢學問更無不相對同，亦何憂不得手也。」

問：「志固是學，而學必有個頭腦。」曰：「豈惟學哉？志亦有個頭腦。蓋志是自家要爲個好人。有子曰：『其爲人也孝弟。』孝弟即爲人頭腦也。故今日大家來會，是學做好人也。夫豈得已者哉？蓋父母生我，原是個人。既是個人，便參三才，靈萬物，是他本等。故曰：『父母全而生，子全而歸。』又曰：『立身行道，以顯父母。』夫所謂立身者，立天下之大本也。頭要頂天，腳要鎮地，以立人極於宇宙之間。所謂行道者，行天下之達道也。負荷綱常，發揮事業，出則治化天下，處則教化天下，必如孔子《大學》，方是全人，方爲無忝所生。故孟子論志，必要願學孔子，亦恐怕偏了此身，小了此身。若偏小了此身，即是羞辱父母，豈必爲惡然後爲不孝哉！」

衆共嘆曰：「觀諸今日啓聖祠中，便是聖賢明徵大孝矣。先生之論，豈虚語哉！」

問：「孝弟爲教是矣，如王祥、王覽非不志於孝弟，而君子不與之，何也？」曰：「人之所貴者孝弟，而孝弟所尤貴者學也，故質美未學者爲善人。夫善人者豈孝弟之不能哉？弗學耳。弗學，則如瞽目行路，步或可進尺寸，然終是錯違中正，墮落險阻，雖曾子未免大杖不走，陷親有過之失，而況於祥、覽兄弟矣乎？故曰：『行而不著，習而不察，終身由之，不知其道。』夫由之而不知其道，與瞽者行路何異哉？」諸君相顧而慶曰：「吾族吾鄉，質美而能孝弟者不少也，如今而後，瞽人行路之失，庶其免夫！」又徐爲會衆申告曰：「善人之孝弟，與聖人何以異哉？蓋聖人之學，致其良知者也。夫良知在於人心，變動而不拘，渾全而無缺，時出而恒久弗息者也。今宗族稱孝、鄉黨稱弟，而不善致其良知者，則執滯於一節而變或不通，循習於一家而推或不廣，矯激於異常而恒久可繼之道或違焉，又安能以光天地、塞四海，垂之萬世而無朝夕也哉！故君子必學之爲貴也。」

問：「陽明先生所指良知在人心，從何所發？」曰：「良知無從而發，有所發，則非良知也。」「然則良知實在，果何所歸？」曰：「在天爲天，在地爲地，在人爲人，無歸無所不歸也。」「然則亦有動静之時否？」曰：「亦無動静。」曰：「若無動静，則起居食息，都無分别矣乎？」曰：「起居食息，不過是人之事。既曰在人爲人，則人已渾然是個良知，其事之應用，又可得而分别也耶？」曰：「良知完具于人，又有見與昧，何也？」曰：「見是覺處，知常而覺暫。覺之現於知，猶泡之現於水也。泡莫非水，而現則有時。《中庸》『見乎隱』，是言覺；『顯乎微』，是言知。孟子亦云『先覺』『後覺』、『先知』『後知』也。」

問：「知得良知却是誰？今欲知良

知，從何下手？」曰：「朱子云：『明德者，虚靈不昧。』虚靈雖是一言，却有二義。今若説良知是個靈的，便苦苦地去求他精明，殊不知要他精，則愈不精，要他明，則愈不明。豈惟不得精明，且反致坐下昏睡沉沉，更支持不過了。若肯反轉頭來，將一切都且放下，到得坦然蕩蕩，更無戚戚之懷，也無憧憧之擾，此却是能從虚上用工了。世豈有其體既虚，而其用不靈者哉？但此段道理，最要力量大，亦要見識高，稍稍不如，難以驟語。」

問：「晦庵先生謂：『由良知而充之，以至無所不知；由良能而充之，以至無所不能，方是大人不失赤子之心。』此意何如？」曰：「若有不知，豈得謂之良知？若有不能，豈得謂之良能？故自赤子，即已無所不知，無所不能也。」於是坐中諸友，競求所謂赤子無所不知，無所不能，而竟莫得其實。乃命静坐歌詩，偶及於「萬紫千紅總是春」之句，因憮然嘆曰：「諸君知紅紫之皆春，則知赤子之皆知能矣。蓋天之春，見於花草之間；而人之性，見於視聽之際。今試抱赤子而弄之，人從左呼，則目即盼左；人從右呼，則目即盼右。其耳蓋無時無處而不聽，其目蓋無時無處而不盼。其聽、其盼，蓋無時無處而不展轉，則豈非無時無處而無所不知能也哉！」諸友咸躍然起曰：「先生其識得春風面者矣，何俄頃之際，而使萬紫千紅之皆春也耶？」

問：「孩提良知，原是不學不慮，而《大學》致知格物，却又不免於慮且學也？」曰：「學亦只是學其不學，慮亦只是慮其不慮。以不學爲學，乃是大學；以不慮爲慮，乃其慮而能得也。今觀天下是個大物，了結天下大事，却有個發端，有個完成。自其發端處，叫做天下之本；自其完成處，叫做天下之末。天下、國家從我身發端，我身却以家國、天下爲完成。其實這場物事，究竟言之，只是個父子、兄弟。其爲父子、兄弟足法，便是發端之本，而人之父子、兄弟自然法之，便是末，無不完成矣。故物有本末，是物之格也。先本後末，是格物以致其知也。雖似有個工夫，然必是孩提不慮而愛，方爲父子足法；不慮而敬，方爲兄弟足法，則其格致工夫，却又須從不學不慮上用也。然則謂不學爲學，不慮爲慮，何不可也？」

問：「良知即是本來面目。今説良知是矣，何必復名以本來面目也耶？」

曰：「良知固是良知，然良知却實有個面目，非杜撰而强名之也。」曰：「何以見之？」曰：「吾子將問『何以見之』，此時此語，亦先胸中擬議否？」曰：「亦先擬議。」曰：「擬議，則良知未嘗無口矣；擬議而自見擬議，則良知未嘗無目矣；口目宛然，則良知未嘗無頭面、四肢矣。豈惟擬議然哉？予試問子以家，相去蓋千里也，此時身即在家，而庭院堂室，無不朗朗目中也，又試問子以國，相去蓋萬里也，此時身即在國，而朝宁班行，無不朗朗目中也。故只説良知，不説面目，則便不見其體如此實落，其用如此神妙，亦不見得其本來原有所自，不待生而存，不隨死而亡。而現在相對面目，止其發竅之所，而滯隔近小，原非可與吾良知面目相並相等也。」

問：「講學者多云『只在當下』。此語如何？」曰：「此語爲救世人學問無頭而馳求聞見，好爲苟難者，引歸平實田地，最爲進步第一義也。故曰：人情者，聖王之田。然須有許多仁聚禮耨家數，方可望收成結果也。但到此工夫漸就微密，無先覺指點，則下者便渾淪難入，❶高者便放蕩無疆。故孔子謂：『君子中庸，君子而時中；小人中庸，小人而無忌憚。』可見中庸也只一般，但不能如君子戒謹恐懼，加以時習，便泛濫無所歸着，而終歸小人也。」衆共惕然曰：「此正今時學者大病，孔子所以重憂夫學之不講，而誨人不倦也。」

問：「有人山中靜養，百事不理，久之遂能前知未來，此正吾輩不能及他處。」曰：「若不及他到不妨，到妨着要及他也。」曰：「他能前知，亦是其心明了，如何到有妨？」曰：「正爲他有個明了，所以有妨。蓋有明之明，出於人力，而其明小；無明之明，出於天體，而其明大。譬之暗室張燈，自耀其光，而日麗河山，反未獲一覩也已。」

諸友笑談，有及於素共講學而未嘗擔當者。其友曰：「譬之酒家，某何嘗不賣酒？但恥掛招牌耳。」問曰：「何恥也？」曰：「酒少。」曰：「此個酒海浸人滅頂，汝自不知耳。」既而改容悼嘆，曰：「此宇宙間學問一大宗旨也。且説：『民之秉彝，好是懿德。』誰不作酒，誰不招客？又誰不云：『我只沽酒與人，何以招牌爲哉？』細細究之，此乃何等心腸？却是陷在鄉愿窠臼中。孔孟防之，所以曰：『閹然媚於世者，德之賊也。』蓋吾心之德，原與天地同量，與萬物一體。故欲明明德於天下，而一是皆以修身爲本者，正恐此賊云耳。故

❶「渾淪」，《盱壇直詮》作「影響」。

曰：『謂其身不能者，賊其身者也。』夫父母全而生，子全而歸，孔子東西南北於封墓之後，孟子反齊，止嬴於敦匠之餘，固爲天下生民，亦爲父母此身。蓋此身與天下原是一物，物之大本，只在一個講學招牌。此等去處，須是全付精神透徹理會，直下承當，方知孔孟學術，如寒之衣，如饑之食，性命所關，不容自已。否則，將以自愛，適以自賊。故《大學》之道，必先致知，致知在格物也。」

問：「百姓日用而不知，是如何？」曰：「不著不察耳。譬諸礦石與銀無别，所争者火力光彩耳。」此友良久曰：「某知之矣。」曰：「不知時是百姓，知後復是如何？」曰：「能知即聖人也？」曰：「知後乃方可入聖焉耳，非即聖人也。蓋良知心體，神明莫測，原與天通，非思慮所能及，道理所能至者也。吾人一時覺悟，非不恍然有見，然知之所及，猶自膚淺。此後須是周旋師友，優游歲月，收斂精神，以凝結心思。思者，聖功之本也，故『思曰睿』。睿者，通微之謂也。通乎晝夜之道而知，方可言通；動而未形，有無之間，方可言微。至此則首尾貫徹，意象渾融，覺悟之功，與良知之體，如金光火色，鍛煉一團，異而非異，同而非同，但功夫雖妙，去聖則尤遠也。」會衆愕然曰：「如何猶不足以語聖耶？」曰：「觀於孟子所謂『大而能化，神不可知』，則聖人地位，亦自可以意會也。」

坐中因歌：「坐起詠歌皆實學，毫釐須遣認教真。」問曰：「此詩既云坐起皆是實學，又有何真可認，將如何而認之耶？」一友云：「須以下句補足上句，如認得真，則其學方實也。」一友云：「坐起詠歌，原皆實學。蓋人生只有這一個實體，是這實體，坐起詠歌，便俱是學也。此豈惟吾輩，即樵夫、牧豎，無不同然。但認與不認，則聖愚别矣。」時因一友用扇稍遽，有詰之者曰：「坐起皆是實學，如子此時用扇，亦果實學矣乎？」諸友因遂默然無説，久之啜茶歌詩，謾及他語，滿堂言笑嘻嘻。隨曰：「工夫在日用間，最要善用，即如昨日諸友，欲畫出勿忘勿助之間景象，此時便是真面目也。以此作爲日用，則坐起實學，不認而自認，非真而無不真矣。若只如諸君適來互相詰辨，則一團虚氣相乘，雖終日終年，萬無可認之理也。」衆大有悟。

問：「會衆忻忻可愛，何以能使常如今日也耶？」曰：「人心惟危，差毫釐而謬千里。故此會以百人成之而不足，以一人壞之而有餘；終身以百行成之而不足，以一念壞之而有餘。故此一念，堯所兢兢，而舜所業業也。譬如行路，千里萬里，只是出門一步趲去；千年萬年，亦只當下一念積成。甚哉！其機之可畏而其發之當慎也。故聖賢不放逸而必敬，不率易而必慎，是以愈久而愈盛矣。」

問：「静而存養本心，動而體察成法，如此用功，可得不偏否？」曰：「不可如此分别。蓋隨動隨静，皆是本心，皆當完養。但完養之法，不可只任自己意思，須時刻警醒，必求無愧古之至聖。如孟子姑舍群賢三聖，以願學孔子。夫豈能親見孔子面耶？只是時時刻刻將自己肝腸，與經書遺言精詳查對。用力堅久，則或見自己本心偶合古聖賢同然處，往往常多。然細微曲折，必須印證過後，乃更無敝。若初學下手，則必須一一遵守，就是覺得古聖經書於自心未穩，且當謙虚，質正先覺，決不可率意斷判，以流於猖狂自恣之歸也。」

問：「吾人之心，本與天地相通，只隔於有我之私，便不能合德也。」曰：「此警戒吾人則可，若論天地之德，則雖有我，亦隔他不得。」曰：「如何隔不得？」曰：「即有我之中，亦莫非天地生機之所貫徹。但謂其自家愚惷而不知之則可，若謂他曾隔斷得天地之生機，則不可也。」曰：「今有極惡之人，雷霆且奮擊之，難説其與天不隔也？」曰：「雷擊之時，其人驚否？」曰：「安得不驚！」「被擊之時，其人痛否？」曰：「安得不痛！」曰：「驚是孰爲之驚？痛是孰爲之痛？然則雷能擊死其人，而不能擊死其人之驚與痛之天也已。」

一友遠來相見，問以近時工夫。曰：「於心猶覺有疑。」曰：「何疑也？」曰：「許多書旨尚未得明白。」曰：「子許多書未明，却纔如何喫了茶、喫了飯？今又如何在此立談了許久時候耶？」傍一生笑曰：「渠身上書，一向儘在明白，但想念的書，尚未明白耳。」其生恍然有悟。

問：「『乃見天則』與『發而皆中節』同異？」曰：「喜怒哀樂，發皆中節，此天則也。但物感之來，其應甚速，苟毫髮踰節，即其則不中，此豈一時思慮所能防範，而一念擬議所可矯强也耶？即使思慮而出之，矯强而合之，於天則二字，亦相去徑庭矣。故易曰：『先天而天弗違，後天而奉天時。』吾輩於斯語，不可看太高遠。《禮記》謂：『人生而静，天之性也。』孟子曰：『大人者，不失其赤子之心者也。』夫赤子之心，純然而無雜，渾然而無爲，形質雖有天人之分，本體實無彼此之異。故生人之初，如赤子時，與天甚是相近，奈何天生而靜，後却感物而動，動則欲已隨之。少爲欲間，則天不能不變而爲人；久爲欲引，則人不能不化而爲物；甚而爲欲所迷且蔽焉，則物不能不終而爲鬼魅、妖孽矣。此等田地，其喜怒哀樂，豈徒失天之則，亦且拂人之性；豈惟拂人之性，亦且造物之殃。此處又何可着力也耶？今日果欲天則本然，一一於感發處，節節皆中得恰好，更無毫釐之過，亦無毫釐之不及，停停當當，成個中和，此即後天而奉天時。順而循之，而非勉强之能與；卒而應之，而非意見之能及。善學者，於此處要識得難以用功，決須猛省，逆將回轉，説道：吾人與天，原初是一體，天則與我的性情、原初亦相貫通。驗之赤子乍生之時，一念知覺未萌，然愛好骨肉，熙熙恬恬，無有感而不應，無有應而不妙，是何等景象，何等快活！奈何後因耳目口體之欲，隨年而長，隨地而增，一段性情，初焉偏向自私，已與父母兄弟相違，及少及壯，則天翻地覆，不近人情者十人而九矣。今日既賴師友喚醒，不肯甘心爲物類妖孽，不肯作人中禽獸，便當尋繹我起初做孩子時已曾有一個至静的天體，又已曾發露出許多愛親敬長、饑食渴飲、停當至妙的天則，豈如今年長便都失去而不可復見也耶？

要之，物感有時而息，則天體隨時而呈，不惟夜氣清明方纔發動，即當下反求：若人言我是好人，便生喜樂；言我是禽獸，便生哀怒，明明白白，停停當當，原不爽毫髮分釐也。既是天體依舊還在，却須即時發一個大大的志願。如何志願要大？蓋天的體段，原無一物不容，原無一物不貫，若有外之心，便不可合天心也。此心如要萬物皆爲吾體，萬年皆爲吾脉，則須將前時許多俗情世念、務於奉承、耳目口體、狥物肆情一付，儅汚濁雜擾、會轉移窒塞此心之虚靈洞達的東西，痛恨疾仇，惟恐其去之不速而決之不淨焉。然後收拾一片真正精神，揀擇一條直截路徑，安頓一處寬舒地步，共好朋友涵泳優游，忘年忘世，俾吾心體段與天地爲徒，吾心意況共鳶魚活潑。其形雖止七尺，而其量實包太虚；其齒雖近壯衰，而其真不減童稚。至此境界，却是廓然大公，却是寂然不動，其喜怒哀樂，安得不感而遂通，又安得不物來順應也耶？如此喜怒哀樂以應天下國家，又安得不位天地、不育萬物而成神聖功化也耶？故細細反觀，今日不患天則之不中，惟患天心之不復；不患天心之不復，惟患所見之不真。其見既真，則本來赤子之心完養，即是大人之聖。人至大聖，便自然天地合其德，日月合其明，四時合其序，鬼神合其吉凶矣。許大受用，原是生下帶來至寳，又豈肯甘心於耳目口體之欲，致墮落禽獸妖孽之歸。其猛省勇往，固有挽之而不容自已者矣。於此可見朋友講學一節，真是人生救性命大事，非尋常等倫也。珍重，珍重！

問慎獨工夫。曰：「慎獨一言，並見於《中庸》、《大學》。夫吾人生宇宙間，自旦至暮，自少至老，樞紐默運，只此一個虚靈。雖幫湊些子不上，却瞞昧些子不過，所謂己獨知之者也。獨之靈體，通徹于帝天；獨之妙用，昭察于率土。中庸爲根極道原，乃的指此知之見於隱，顯於微，而天命臨監，無須臾之或離。故嚴恭寅畏，無毫髮之敢忽，是則慎之所自起者也。《大學》『欲明明德於天下』，乃切示以絜矩之方，謂如保赤子心誠求之，所欲則與聚，所惡則勿施。吾心之知不昧，斯在人之性不拂，辟則將爲天下僇矣。有家國者，敢不嚴畏乎哉？是則慎之所由施者也。然《大學》之云好者，即《中庸》之所喜而樂者也；《大學》之云惡者，即《中庸》之所怒而哀者也。要之，忠恕二字，❶足以盡之。蓋中心守正，則喜怒哀樂必無妄發，如心順應，則隨所好惡，天下均平矣。聖門求仁家法，真是約而不煩，簡而無外。慎獨一言，真是天德之宗，王道之要也。凡存乎人者，豈無是心之良哉？其所以喪失而乖戾者，則以物交之爲引，而喜怒之無節，則天理滅而違禽獸也不遠矣。嗚呼！平旦好惡，與人相近也者幾希，知之在於獨者，何其親切而著明哉！慎茲以往，而須臾弗離，則《中庸》之『明命』，《大學》之『明德』，自可上通乎帝天，而下光乎率土矣。願我在會同志，其共勉之。」

問：「別後工夫常苦間斷，奈何？」曰：「工夫得不間斷，方是聖體。若稍覺有間，縱是平日說有工夫，亦還在凡夫境界上展轉，都算帳不得。故學者欲知聖凡之分，只在自考工夫間斷不間斷耳。」曰：「工夫不能超凡入聖，恐多是不熟所致。」曰：「凡境與聖體相去如天淵之隔，相異猶水火之反。凡境工夫縱熟，亦終是凡。即水縱熱，亦只是水，不可謂水熱極便成火也。」

❶「恕」，原作「怒」，當爲形近而訛，今改。

問：「凡境工夫縱熟無用，不知聖體工夫亦有生熟否？」曰：「有生熟，而體段不同耳。此處極微，須譬喻方得。今人家種果木者，其核生土中，即根株枝葉一時具足，難説其非樹也。及至成熟，却得多少歲月滋培，又難説其即成樹也。但雖至成樹，而根株枝葉，與始初不争一些。」

言下乃憬然悟曰：「果核致成大樹，只爲他生氣津津。聖體工夫，誠然在不間斷處見真消息也。」

曰：「工夫間斷與不間斷，果是聖凡分處。然聖凡相去不遠，亦惟在其見之善自方便焉耳。彼今人懇切用工者，往往只要心地明白與意思快活。及至纔得明白快活時，俄頃之間，又倏爾變幻，極其苦惱，不能自勝。若人於其變幻之際，急急回頭，細看前時明白者，今固恍惚矣；前時快活者，今固冷落矣。然其能俄頃變明白而爲恍惚，變恍惚而爲冷落，至神至速，此却是個甚麽東西？此個東西既時時在我，又何愁其不能變恍惚而爲明白，變冷落而爲快活也耶？故凡夫每以變幻而爲此心憂，聖人每以變幻而爲此心喜。」

問「默而識之」一章。曰：「此即所謂學者先須識仁也。蓋仁者渾然與物同體。此體既與物同，則教學又豈容二哉？故教不徒教，而以學直己陳德，而不敢欺也；學不徒學，而以教與人爲善，而不敢私也。教學相長，人已夾持，以故有親有功，可久可大，而又何厭倦之有哉？故程子曰：『以己合彼，猶是二物有對，又安得樂？』又曰：『能存之而樂，亦不患不能守也。』」

問：「孔門問答，恒以學不厭、誨不倦

爲言，何也？」曰：「孔門宗旨，只在求仁。求仁工夫，只是己欲立而立人，己欲達而達人。夫欲立欲達，便學不厭；立人達人，便誨不倦。不厭不倦，如輥着兩輪，以載一車。要載此個仁車，亦不容不輥着兩輪也。」曰：「《論語》不厭不倦之言，凡再出，然對公西華却曰『可謂云爾已矣』，若自任甚易。及默而識之，却曰『何有於我哉』，又若自量甚難。敢請其故？」曰：「同是孔子一人之言，又同載在《論語》一篇之中，豈有一處説得如是之易，一處又説得如是之難之理？往年極力思量孔門宗旨，因見吾夫子平生喫緊得力處，只求仁一脉；而喫緊着力處，亦只不厭不倦一路。此其安身立命根基，豈肯推開説『何有於我』也耶？竊意此二條當作一套説去。其初云『若聖與仁，則吾豈敢？抑爲之不厭，誨人不倦』云爾。及公西華嘆謂『非弟子所能』，則又指示一個入頭，説吾人厭學倦教，只是未見意趣。若果默識得其中妙趣，則如知酒味之美者，自然喜人共飲；知棋着之高者，自然好人同下。雖欲罷而不能矣。其於不厭不倦，又何有哉？『何有』解作不難，正與『可謂云爾』相合而不相背也。況仁爲天地之性，其理本生化而難已。人爲天地之心，其機尤感觸而易親。故曰：『仁者人也。』此個仁德與此個人身，原渾融膠固，打成一片，結作一團。但一粘動不爲，我喜親人而人亦喜親我，立必俱立，成不獨成，真是自然之妙，而非有所强也。且吾夫子只一念在於吾儕，而吾儕遂萬世歸依夫子，心心相照，終古如生，視彼二千年來一切富貴繁華，泯滅夢幻，更誰可及他豪髮？愈味而愈妙也。

雖欲厭，何能厭？ 不能厭，而又何可倦也耶？」

問：「先儒謂『一貫』爲聖人傳心之法，不知所云『一』者，其理果是何如？ 而曾子復借學者忠恕之事以形容之，其意又是何如？」曰：「孔門立教，只是求仁。 而求之之功，只是一個『恕』字。 大抵聖人遇事遇物，終日終年，長長把他提醒門下諸人，以去貫通君臣、父子、兄弟、朋友而成其仁於國家天下也。 但門下諸人，資質學力各有不同，故疑信相半。 如曾子，則説着便知所謂『一』者，只是此個『恕』字也。 故不止唯然自信，而且決言以起門人同信也。 若子貢，則須是聖人自己説破，觀發問時先云：學果多乎哉？ 不多也，一以通之而已矣。 即他把『多』字與『一』字相對，則知一者，果是一言而通之家、國、天下，便是終身行之。 而子貢又恐一言未必能貫通而無外也，乃夫子亦只直説施諸己而不願，亦勿以施之於人，如此而恕，則未有不可通之家、國、天下而終身行之者矣。 夫聖人以『恕』答子貢『一言終身』之問，與曾子以『恕』答門人一貫何謂之問，寧不脗合而明盡也哉！」

問：「孔子之時習，與曾子之日省，其旨同否？」曰：「孔子一生，只受用一個『時』字。 故其立教始初，即要人時習。 蓋學必貴習，習必貴時，如時動、時静、時語、時默之類，謂曰『時習』，却似習乎時也。 此『時』字習得停當，則其功用便是時措而皆宜，其根源便是溥博而時出，久久便可仕止久速，而聖之時也已。 此是吾人徹首徹尾一生大事。 而曾子用心細密，見得日用間有此三件，獨未愜意，所謂於此尤加謹也。豈是時習之外，而復有日新之功也哉？」

問：「先儒謂子貢晚年進德。今觀日月階天之喻，真是尊信孔子之至處。」曰：「此是子貢到老不信夫子處，如何却説他進德？蓋孔子一生學只求仁。一以貫通，只是行恕。吾夫子此個仁恕，即一時把天下後世俱貫徹了。蓋子貢不知，只管在望夫子得邦家。至其後仲尼以萬世爲了土，爲萬民立了命，子貢也不知，又只管追恨未得邦家。所以不見綏來動和之化，生榮死哀之報，想其築室于墓，六年不去，多是此念耿耿。則子貢不惟當面錯過夫子，至其身後尤錯過無盡也。當時只虧了儀封人，一見夫子，便説夫子不曾失位，只其位與人不同，正木鐸天下後世之位也。朱子以『將』字解作『將來』之『將』，而不知當作『殆將』之『將』，所以把封人獨得之見，亦與子貢一類看了。今日非敢故爲異説，蓋因此是聖門學問一段大頭腦，吾人學聖一段大眼目，此處放過，他皆無足論矣。」大衆皆爲悵嘆悵嘆。

問：「『吾有知乎哉？無知也。』聖人果是無知，還是謙説？」曰：「此是聖人實説己分上事。蓋曰心本無知，如廣谷空空。鄙夫來問其説，定有兩端，我即扣而竭之，隨響應聲，則實無所不知也。故周子論思云：『無思，本也。思通，用也。』『無思而無不通曰聖人。』故學者致知，便當以聖人生知的知，作個格子，所知不如聖人，其知非至善也；學者致思，便當以聖人睿思的思，作個格子，所思不如聖人，其思非至善也。立則參前，輿則倚衡，久久不息，便叫做其成功一也。否則只隨己意爲之，則好知者其蔽蕩，好仁者其蔽愚，皆弗學使之然也。可不猛省而恐懼也哉！」

問：「默而識之，在孔子固是能事。在顔子之無所不悦，亦是能默識心通矣。但顔子而下，穎悟莫如子貢，子貢且曰：『子如不言，小子何述？』則下子貢數等者，安得遽言默識？況學問有頓有漸，不知默識之功，還是屬頓，還是屬漸？」曰：「頓、漸原是禪家話頭，姑置勿論。但先儒云：顔何人哉？希之則是。不知此語的確否？」曰：「此語安得而不的確？」曰：「語既的確，則君在今日，亦當默識以希顔而已，更何辭且却耶？」

曰：「曩在京師，諸公常教之曰『人人皆可以爲聖賢』。自謂此只可説道有定體，而不知學又有成法。若學無成法，則道雖有定體，亦不爲我有也。」曰：「此語果然。豈惟學有成法，即默識亦有成法。」曰：「如何是默識的成法？」曰：「學是學爲孔子，則吾人凡事皆當以孔子爲法。孔子十五而志於學，今日便當向半夜五更，默默静静考問自己的心腸，果是肯如孔子之一心一意去做聖賢耶？或只如世俗之見，將將就就，以圖混過此生也？將就混過，正是鄉愿的本事。孟子駡他做德之賊，『賊』字是『害』字，蓋此個念頭，即是鴆毒刀兵，害了此一生也。以此做個的確規模，十五則決要志學，三十則決要自立，四十則決要不惑，方纔謂之學有成法。五更半夜，以此去自考自問，便又謂之默而識之之成法也。況子貢當時説：『子如不言，小子何述？』而夫子直告之曰：『天何言哉？天何言哉？』正是斥子貢之不默，而欲其默也。今子去夫子之所欲者，而就夫子之所斥者，自予觀之，謂能守子貢之學之成法，則可；謂能守夫子之學之成法，則未矣。」

問：「形色何以謂之天性？」曰：「目視耳聽，口言身動，此形色也，其孰使之然哉？天命流行，而生生不息焉耳。」坐中偶有歌「人心若道無通塞，明暗如何有去來」之句，因詰之曰：「子謂明暗果有去來否也？」於是諸友論議，或謂本無去來而今則不免。或謂雖暫去來，而本體終會自復。如是之説，各各不同。久之，乃進一新生問曰：「目視耳聽，果即汝天性耶？」曰：「即天性也。」曰：「汝目果常明耶？抑有時而不明耶？」曰：「無時而不明。」曰：「汝之目常無不明，而汝心之明却有去來，是天性離形色，而形色非天性矣。」衆皆恍然有省。已乃復告之曰：「目之明亦有去來時也。今世俗至晚，則呼曰：『眼盡黑矣。』其實，則眼前日光之黑與眼無與。而見日之黑，正眼之不黑處也。故孔子曰『知之爲知之』，即日光而見其光也。『不知爲不知』，即日黑而見其黑也。光與黑任其去來，而心目之明，何常增減分毫也耶？」

問「仲尼祖述堯舜」一章。曰：「堯舜之道，孝弟而已矣。則祖述者，即祖述其孝弟之道也。汝諦觀本章前面，説舜只説『舜其大孝也歟』，説孝而弟在其中，説舜而堯在其中矣。就是説文王處，也只説『父作之，子述之』。説武王處，也只説『武王、周公，其達孝矣乎』。可見不惟祖述是祖述孝弟，而憲章亦是憲章孝弟也。至於四時之行，水土之化，無一物不有所自生，則無一物而不好生，便謂之曰『天命之性』

也。夫惟好生爲天命之性，故太和絪緼，凝結此身。其始之生也，以孝、弟、慈而生，是以其終之成也，必以孝、弟、慈而成也。人徒見聖人之成處，其知則不思而得，其行則不勉而中，而不知皆從孝、弟、慈之不慮而知、不學而能中來也。此個道理，果是愚夫愚婦，鳶飛魚躍，皆可與知與能，而聖人天地有所不能盡也。惟孔子天縱聰明，其見獨拔一世，故將自己身心，總放超入此個天命性中，保合初生一點太和，更不喪失。憑其自然之知以爲知，憑其自然之能以爲能，恰猶於父子兄弟之間，渾淪於日用常行之内。凡所思惟，凡所作用，凡所視聽言動，無晝無夜，無少無老，看着雖是個人身，其實都是天體；看着雖是個尋常，其實都是神化。所以下面極形容其物並育、道並行，敦化川流，而曰此個天地，比之有形天地，尤爲大也。不然，此書説聖神功化，已是極其玄妙，若千變萬化，而不可方物，何爲却總名之曰『中庸』也耶？學者但將其名書之意，細去玩味，便知孔子之學，原有根源，而今日之論，或亦愚者千慮之一得也已。」

問「仁之實」一章。曰：「此章書與《論語》『吾十有五而志於學』一般，❶是孟子自述其平生始初着力處與末後得力處，所以願學孔子的實事也。蓋天下最大的道理只是仁義。殊不知仁義是個虚名，而孝弟乃是其名之實也。今看人從母胎中來，百無一有，止曉得愛個母親，過幾時，止曉得愛個哥子。聖賢即此個事親的心，叫他做

❶「論語吾十有五」，原誤作「論吾十有有五」，據杜應奎本改。

『仁』；即此個從兄的心，叫他做『義』。仁義是替孝弟安個名而已。三代以後，名盛實衰，學者往往知慕仁義之美，而忘其根源所在。孟子生來得賢母養之學宫之傍，而本心不失。又遇子思之徒從之，而正學早聞。故其見超出一世，獨知得此是生人的性命。自幼而少，自少而壯，自壯而老，一刻也離不得；又自身而家，自家而國，自國而天下，一人也離不得。故知而弗去，不是要他不去，只知得真時，便原自不曾去也。久久弗去，則細細密密，自然有許多節次；從從容容，又自然有許多文彩。其事親、從兄之間，可度可觀，亦非是有意要節文之也。節文日熟，則子愛其親，而親亦慈其子；弟敬其兄，而兄亦友其弟。父母昆弟，固和美一團，而宗族、邦家也感通翕順。雖欲不樂，不容於不樂；雖欲不生長暢茂，不容於不生長暢茂。以至手舞足蹈，而不自知焉。則事親、從兄之間，無非聲容之盛，而樂樂之極也已。要之，此雖是説樂之極，其實是形容聖之至也。故從心所欲不踰矩，是絜矩孝弟而不踰也。聖不可知之神，是孝弟之手舞足蹈而不可自知也。然此皆其末後得力處，功效之妙所到如是。若論其始初着力處，則只是知得透徹，而久久弗去耳。今即《孟子》七篇看來，那一句話曾離了孝弟？那一場事曾離了孝弟？陳王道，則以孝弟而爲王道；明聖學，則以孝弟而爲聖學。管、晏事功，則以孝弟而鄙之；楊、墨仁義，以孝弟而闢之；王公氣勢，以孝弟而勝之。只『弗去』二字，所以能純全孝弟之妙；只『孝弟』二字，所以能成就亞聖之名。而平生願學孔子，果不爲虚言也已。」

一友告别，再求囑付。因謂曰：「學問與做人一般，須要平易近情，不可着手太重。如粗茶淡飯，隨時遣日，心既不勞，事亦了當，久久成熟，不覺自然有個悟處。蓋此理在日用間，原非深遠，而工夫次第，亦難以急迫而成。學能如是，雖無速化之妙，却有雋永之味也。」

問：「尋常如何用工？」曰：「工夫豈有定法？某昨夜静思：此身百年，今已過多半，中間履歷，或憂感苦惱，或順適忻喜，今皆窅然如一大夢。當時通身汗出，覺得苦者不必去苦，忻者不必去忻，終是同歸於盡。翻然再思，過去多半，只是如此，則將來一半，亦只如此，通總百年，都只如此。如此却成一片好寬平世界也。」或曰：「聖人常言『君子坦蕩蕩』，恐亦於此處見得而然。」曰：「果然、果然。」問者詰曰：「然則喜怒哀樂皆可無耶？」曰：「喜怒哀樂，原因感觸而形。故心如空谷，呼之則響，原非其本有也。今只慮子心未必能坦蕩耳，若果坦蕩到得極處，方可言未發之中。既全未發之中，又何患無中節之和耶？君子戒謹恐懼，正怕失了此個受用，無以爲位天地、育萬物本源也。」

問：「掃盡浮雲而見青天白日，與吾儒宗旨同否？」

曰：「後世諸儒亦有錯認，以此爲治心工夫者。然與孔孟宗旨，則迥然冰炭也。」曰：「孔孟之言何如？」曰：「《語》、《孟》具在。如曰：『苟志於仁矣，無惡也。』又曰：『我欲仁，斯仁至矣。』又曰：『凡有四端於我者，知皆擴而充之，若火之始燃，泉之始達。苟能充之，足以保四海。』看他受用，渾是白日青天，何等簡易，又何等方便也。」曰：「既是如此，何故世人却皆不能盡如孔孟者耶？」曰：「此則由於習染太深，聞見渾雜，縱有志向學者，亦莫可下手也。」曰：「此等習染見聞，難説不是天日的浮雲也。故今日學者工夫，須要如磨鏡的人，將塵垢決去，方得光明顯現也。」曰：「觀之《孟子》，謂知皆擴充。即一『知』字，果是要光明顯現。但吾心覺悟的光明，與鏡面光明，却有不同。何則？鏡面光明與塵垢原是兩個，吾心先迷後覺，却是一個。當其覺時，即迷心爲覺，則當其迷時，亦即覺心爲迷也。夫除覺之外，更無所謂迷；而除迷之外，亦更無所謂覺也。故浮雲天日，塵埃鏡光，俱不足爲諭。若必欲尋個譬喻，莫如即個冰之與水，猶爲相近也。若吾人閒居放肆，一切利欲愁苦，即是心迷。譬則水之遇寒，凍而凝結成冰，固滯蒙昧，勢所必至。有時共師友講論，胸次瀟灑，即是心開朗。譬則冰之遇煖氣，消融而解釋成水，清瑩活動，亦勢所必至也。況冰雖凝，而水體無殊；覺雖迷，而心體具在。方見良知宗旨，真是貫古今，徹聖愚，通天地、萬物而無二、無息。孔孟之功，真是爲天地立心，爲生民立命，而開太平於萬萬世也。」

問：「求放心即是致良知否？」曰：「雖是一個工夫，然用處稍有不同。如求放心，是未嘗知學之人，須要發憤操持，以立其志相似。故曰：『將已放之心，使反復入身來，則知體精明，方可下手致去，即所謂氣質清明，義理昭著也。大約求放心是外以約之於中，致良知是中以出之於外也。其中愈精明，則其發愈詳密；其發愈詳密，則其中益精明矣。』」

曰：「如此用功，與博約不亦相類耶？」

曰：「博約亦離不得，故曰：『守約而施博者，善道也。』今於天地萬物而責備在我，使此志卓然精明者，即約以守其身也。由吾身以統率天地萬物，而立必俱立，成不獨成，發用充周者，即守其身而天下平也。此個工夫，從古至今，原無兩用，惟孔孟乃集其大成也。」

問：「里中自前峰先生偕碧崕、純齋諸公講里仁社會將數十餘年，今更通諸一鄉、一邑，真是君子之德風也。」

曰：「孔子云『爲政以德』，可以無爲而治。但觀今日之會，昭然可見。吾鄉老幼聚此一堂，有百十餘衆，即使憲司在上，也不免有些喧嚷。是豈法度不嚴？奈何終難靜定。及看此時，或起而行禮，或坐而談論，各人整整齊齊，不待分付一言，從容自在，百十之衆渾如一人。天時酷暑，渾如涼爽。雖自朝至暮，渾如頃刻，更無一毫聲息擾動，亦無一毫意思厭煩，此却是何緣故？蓋是吾人之生，不止是血肉之軀，其視聽言動，個個靈靈明明，有一良知之心以主宰其中，往常亂走亂爲，只是信憑血肉，如睡夢一般，昏昏憒憒，不自覺知，以故刑罰也齊一不來。今日大家到此聽高皇帝聖諭，叫起孝父母、敬尊長等事，句句字字，觸着各人本來的真心。則誰無父母？誰無兄弟？亦誰不曾經過孩提愛敬境界？今雖年紀或有老的，或有壯的，或尚幼的，固皆相去赤子已久。然一時感通，光景宛然，良知良能，如沉睡忽醒，則中心耿耿，便於血肉形軀，頓爾作得主起。雖是舊時耳目，而視聽却分外聰明；雖是舊時聲口，而言詞却分外和順；

雖是舊時手足，而動止却分外敬謹。故自然不待拘檢而静定，勝如官府在上。豈止一身受用？且其天機活潑，生生不已。坐間看着鄉里，便大衆思要和睦；看着子孫，大衆思要教訓；看着清平世界，大衆思要安生樂業，以共享太和。只一心既收，便萬善咸集。此善政所以不如善教之得民，而政刑所以不如德禮之有耻且格也。何況此心良知，人人皆同，處處皆同。聞得有場好事，無不喜做，聞得有場不好事，無不羞做。今我老幼一堂，如此受用。日久一日，自一家而傳至他家，自一鄉而傳至他鄉，自一邑而傳至他邑，莫不翕然向風，截然歸一，即孟氏所謂『人人親其親，長其長，而天下太平』，將復見矣。此等風俗，皆由吾鄉忠厚世積，醖釀而成。今堂上尊長，年皆八九十歲，世味嘗過多少，聞得這段意思，猶懽喜忘倦。則幼而小者，咸如出山之日，駸駸向上。又可不發個憤勇，把從前睡夢着實打醒，將以後光陰着實愛惜，一舉足也不敢忘，一出言也不敢忘，從一旦以至終身，做個大孝大弟之聖賢，垂名天下萬世，也不虧了父母生育之恩、朝廷作養之惠、鄉里勸化之功也。豈不爲一代盛事也哉！尚其勗之。」

問：「學以爲人，須要得個直截道路，方令行者不差，而人人可做，何如？」

曰：「天地間，人是一團生理，故其機不容自已。上至公卿大夫，下及農工商賈，誰不求做個好人？又誰不有做人的路徑？但發足處，却要詳審。發足處只争毫末，而在後成就，將天淵也，奚啻千里而已哉！如何是人在正經的道路？蓋人之爲人，其體實有兩件：一件是吾人此個身子，有耳有目，有鼻有口，有手有足，此都從父精母血凝聚而成，自内及外，只是一具骨肉而已。殊不知其中原有一件靈物，圓融活潑，變化妙用，在耳知聽，在目知視，在鼻知臭，在口知味，在手足知持行，而統會於方寸，空空洞洞，明明曉曉，名之爲心也。心則孟子謂之曰『大體』，蓋體中之大者也。耳目、口鼻、四肢，孟子謂之曰『小體』，蓋體中之小者也。顧人從之何如耳？從其小，則爲小人；從其大，則爲大人。心止方寸，如何却爲大？身長七尺，如何却爲小？蓋目只管看色，耳只管聽聲，鼻口只管臭味，四肢只管安逸。所欲、所嗜、所求，不過面前受用，不能相通，更不知有其他，其體段原已纖細。做人者若在此等處去尋路行走，行得最好，便是今之鄉人出色者，田地足以充腹，廬舍足以安居，世業足以貽傳子孫，其一身口耳、四肢，也安頓停當，不論出仕在家，却都成得個人，但規模小小。此雖是一條徑路，然聖人説道，從欲惟危。蓋其發端既從口耳、四肢之欲着了一脚，此欲原是無厭足的東西，若稍放一步，便貪求非所當得，外面雖圖掩覆，而其中未必光明，其做人即落邪徑，而成個小人中之憸邪者。再若行險機熟，門面不顧，耳淫於聲，目亂於色，口體饕飡，四肢狠縱，便墮坑塹荆棘，反自戕其身，而爲兇人、惡人，以至於禽獸異類，而莫可紀極者矣。究其根源也，皆是各要出頭做人，但起初由身家一念嗜欲中來，末流遂不可救藥，此可見小體之必不可從，而小人一路，決不可不審擇防閑也。若吾心體段則藏之方寸之間，而通之六合之外，其虚本自無疆界，其靈本自無障礙，能主耳目而不爲所昏，能運四肢而不爲所局。故聖人於其脱胎初生之際，人教不得、物强不得時節，渾然冥然之中，却指示出一條平平正正足以自了此生的大路，説道大人者，要不失這一點赤子時曉知愛爹、曉知愛娘、伶伶俐俐，不消慮、不消學的天地生成真心也。此個真心若父母能胎教、姆教，常示毋誑，如古之三遷善養，又遇着地方風俗淳美，又且有明師爲之開發，良友爲之夾持，稍長便導以遜讓，食息便引以禮節，良知良能，生生不已。知好色而不奪於少艾，有妻子而不移於恩私，則一舉足而不敢忘父母，一出言而不敢忘父母。將爲善，思貽父母令名，必果；將爲不善，思貽父母羞辱，必不果。一生爲人，若果千緣萬幸，上得這條程途，方可謂之做人的大路。《禮經》所謂：『置之而塞乎天地，通乎民物，推之東海而準，推之南海而準，推之北西海而準，推之前乎千古而準，後乎百世而準。』是則聯天下國家以爲一身，聯千年萬載以爲一息，視彼七尺之軀，而旦夕延命者何如耶？故只不失赤子之心，便可以名大人。而大人者便可與天地合德，日月合明，四時合序，而鬼神合吉凶也。孟氏從其大體爲大人，真是格言至訓，簡易直截，惟在乎審所從而已。」

問：「今若全放下，則與常人何異？」曰：「無以異也。」曰：「既無以異，則何以謂之聖學也哉？」曰：「聖人者，常人而肯安心者也；常人者，聖人而不肯安心者也。故聖人即是常人，以其自明，故即常人而名爲聖人矣；常人本是聖人，因其自昧，故本聖人而卒爲常人矣。」

諸生請訓迪。曰：「聖賢惓惓垂教天下後世，有許多經傳，不爲其他，只爲吾儕此身，故曰：『道不遠人。』且不在其他，而在於此一時，故曰：『道也者，不可須臾離。』夫此身此時，立談相對，既渾然皆道，則聖賢許多經傳，亦皆可以會而通之。如《論語》所謂時習而悦，朋來而樂；《中庸》所謂率性爲道，修道爲教；《大學》所謂在明明德，在親民；《孟子》所謂人性皆善，而浩然塞乎天地之間。字字句句，無一不於此身、此時相對立談，而明白顯現，兼總條貫矣。由此觀之，天下之人，只爲無聖賢經傳唤醒，便各各昏睡，雖在大道之中，而忘其爲道。所以謂：『百姓日用而不知。』及至知之，則許多道妙，許大快樂，却即是相對立談之身，即在相對立談之頃，現成完備，而無欠無餘。如昏睡得唤之人，雖耳目醒然爽快，然其身亦只是前時昏睡之身，而非有他也。故曰：『天之生斯民也，以先知覺後知，以先覺覺後覺。』諸生能趁此一刻之覺而延之刻刻，積刻成時，又延一時以至時時，積時成日，又延一日以至日日，久之以至終身歲月，皆如此今相對立談而不異焉，則原泉涓滴，到海有期；核種纖芽，結果可待。生意既真，便自久久不息，而至誠純一之境，只在此時一覺之功以得之，而無事旁求也已。諸生勉之，予日望之。」

問：「晚來所教，尚求而未得。」曰：「子於所求未得，而心即知之，未嘗或昧，是汝心之本然明否？」曰：「是心之本明也。」「心知未得，而口即言之，未嘗或差，是汝口之本然能否？」曰：「是口之本能也。」曰：「心本明而知未嘗或昧，口本能而言未嘗或差，則此身此道，果不離於須臾也。」曰：「今蒙所教，果然如睡既喚而醒然，有所得矣。」曰：「子之心，不特昨日之未得知之，而今日之既得又復知之；子之口，不特昨日之未得言之，而今日之既得亦復能言之。則此身此道，又果不止不離於須臾，而可引之終身也。況以聖賢經傳而會通之，則心之未得已得而一一知之不昧，即所謂『明明德』也；口之未得已得而一一言之不差，即所謂『率性之謂道』也。以心之所明者，以性之所率者，彼此相與切磋講究，即所謂『在親民』，而『修道之謂教』也。學者如是學，即所謂爲之不厭，而時習而悦也。教者如是教，即所謂誨人不倦，而朋來而樂也。然則孟子所謂人性皆善者，固於是益信其不誣，而所謂浩然以塞乎天地之間者，亦可立待以觀乎至誠無息之妙矣。到海之水，寧不出諸涓滴之泉？碩果之結，寧不本諸纖芽之種也耶？諸生其益勉之，予日益望之。」

問：「諸生此時聞教，不止昏睡獲醒，且覺志意勃勃，興動而不能自已矣。」曰：「此道生機，在於吾身，原是至真無妄，至一無二。故雖不及近世訓詁之學，有幾許義理可以尋思，亦不及近世把捉之學，有幾許工夫可以操執。然而些子良知之知，些子良能之能，却似有源之泉涓涓而不斷，有種之芽滋滋而不息。可以自須臾而引之終身，從今日而通之萬世，彀足受用，固無甚剩餘，亦無甚缺欠也。」

曰：「先儒謂隨時體認天理，恐亦是此意否？」曰：「『天理二字，是某自家體貼出來』，此明道先生語也。蓋明道之學，先於識仁。其謂『不須窮索，不須防檢』，直是見得此理與天同體。冲漠而無朕，如何索得？運行而無跡，如何執得？然孩提不慮而知是與知，孩提不學而能是與能。則又天之明命，在人自爾虛靈；天之真機，在人自爾妙應。故只從此須臾之頃，悟得透、信得及，則良知以爲知，若無知而自無所不知；良能以爲能，若無能而自無所不能。所謂『明德』也者，應如是而明；所謂『率性』也者，應如是而率。赤子之心不失，而大人入聖之事備矣。不然，從思索以探道理，泥景象以成操執，彼方自謂用力於學，而不知物焉而不神，跡焉而弗化，於天然自有之知能，日遠日背。反不若常人，雖云不識向學，而其赤子之體，固渾淪於日用之間，若泉源雖不導而自流，果種雖不培而自活也。」

諸生咸踴躍再拜曰：「吾儕自昨晚以逮今日，反求諸心，果然未嘗頃刻而不明白，亦未嘗頃刻而不活潑也。雖居人世，實與天游矣。夫子之造化吾儕也，何其大且遠也耶？」

問：「諸生領教於天機之妙，固已躍然。但不徵以人事，又恐或涉於玄虛也。何如？」

曰：「天機人事，原不可二，固未有天機而無人事，亦未有人事而非天機。只緣世之用智者外天機以爲人事，自私者又外人事以求天機，而道術於是或幾乎裂矣。此孔孟之立教，所以爲天下後世定下一個極則，曰：『堯舜之道，孝弟而已矣。』孝也者，孩提無不知愛其親者也；弟也者，少長無不知敬其兄者也。故以言其身之必具，則曰：仁者人也，親親爲大焉。以言其時之不離，則曰：一舉足而不敢忘，一出言而不敢忘焉。邇可遠在茲也，則廓之而橫乎四海；暫可久在茲也，則垂之萬世而無朝夕。此便是大人不失赤子之心之實理、實事也。後世不察，乃謂孝之與弟，止舉聖道中之淺近爲言。噫！天下之理，豈有妙於不思而得者乎？孝弟之不慮而知，即所謂不思而得也。天下之行，豈有神於不勉而中者乎？孝弟之不學而能，即所謂不勉而中也。故舍却孝弟之不慮而知，則堯舜之不思而得，必不可至；舍却孝弟之不學而能，則堯舜之不勉而中，必不可及。即如赴海者，流須發於源泉，而桔槔沼瀦，縱多而無用也；結果者，芽須萌於真種，而染彩鏤劃，徒勞而鮮功也。其曰：『堯舜之道，孝弟而已矣。』豈是有意將淺近之事以見堯舜可爲？乃是直指入道之途徑，明揭造聖之指南，爲天下後世一切有志之士，而安魂定魄；一切拂經之人，而起死回生也。諸生能日周旋於事親從兄之間，以涵詠乎良知良能之妙，俾此身此道，不離於須臾之頃焉，則人皆堯舜之歸，而世皆雍熙之化矣。」

時方久旱，而沛然下雨，諸生乃舉手加額曰：「天之降茲時雨也，其爲茲會之發榮克滿，而顯諸象也歟？吾見淵泉之出，於是，益資其深；聖果之圓，於是益速其成矣。請次第其說以傳。」

孫羅　懷智　懷祖
　　　懷義　懷敬
　　　懷禮　懷忠
　　　懷信　懷本

曾孫羅　萬里
　　　　萬象
　　　　萬會　梓
　　　　萬貞
　　　　起元

近溪子集　書

楚黄友人耿定向評

萬曆甲戌季冬，方伯暘谷方公、憲長西岩顧公、大參同野李公、禹江張公、憲副漸江張公，偕予集會五華書院，進三生講書。初「仕而優則學」，「次顔淵、季路侍」；又次「富與貴是人之所欲」，畢。衆求暘谷公爲之啓迪，公作而嘆曰：「仕之與學，分作兩事，此在後世則然。若聖門立教，則曰：『道也者，不可須臾離也。』無須臾不是道，則無須臾不是學；無須臾不是學，則又何分仕與不仕耶？況子夏他日又曰：『事君能致其身，雖曰未學，吾必謂之學矣。』『事君能致其身』者，即是仕之優處，『吾必謂之學』者，即是仕而能優處，則其能學處也。朱子因前章先儒謂推子夏之言，其流將至於廢學，故此章遂主張分看。却不知合而言之，其流弊也小；分而言之，其流弊也大。」

予承公之意，因進諸生而前曰：「汝曹今日且須究竟聖賢平生所學者，爲學個甚麽？所仕者，爲仕個甚麽？如《大學》誠意、正心、修身，是所謂學；而齊家、治國、平天下，是所謂仕。中間貫串一句，只説『明明德於天下』。至其實實作用，則只是個『孝者所以事君，弟者所以事長，慈者所以使衆』，『上老老而民興孝』，『上長長而民興弟』，『上恤孤而民不悖』。細細説似有兩件，貫通實爲一事。故孔子言志，獨以老安、少懷、朋友信爲個話頭。看他所志如此，則學便是學這個，仕便是仕這個，此外更無所學，更無所仕，亦更無所謂志也。夫子此志，從十五歲便曉得要絜此孝、弟、慈的矩。至六、七十歲，與顏淵、季路言志之時，便自許得隨心、隨意、隨處、隨人，皆隨所願而不踰此矩也。此矩隨心而絜，則上便上得其所，下便下得其所，左右便左右得其所。上下左右皆得其所，乃謂之仁，聖人之志常常不違此仁。蓋自終食之間起，以至終日終年，而直至於七十終身，其心心念念以天下爲一家，而不計自己之家；以中國爲一身，而不顧自己之身。如此而貧，亦如此而富，而無心於去貧處富也；如此而賤，亦如此而貴，而無心於去賤處貴也。漢高祖只是一代英主，且云：『爲天下者不顧家。』況聖人仁天下之志，思欲老老以及人之老，長長以及人之長，幼幼以及人之幼。其決烈勇猛，如火之必熱，如冰之必寒，如江河之必於沛然赴海，則其一身之貧賤富貴，又安足繫累毫髮也哉！故時常自道曰：『飯疏食飲水，曲肱而枕之，樂亦在其中矣。不義而富且貴，於我而浮雲。』爲天下之志，直是如此其切；爲身家之意，直是如彼其輕。所以可仕則仕，可止則止，可久則久，可速則速。彼少有繫累，又安能超絕千古，獨異群聖，而昭顯時中之心矩於萬世無疆也哉？」西岩諸公咸相與稱善，命諸生歌《南山》五章，以頌祝太平云。

武定諸生講「天命之謂性」一章、「舜其大知也與」一章、「天下國家可均也」一章。既畢，乃進而謂之曰：「聖賢置此經書，不是徒資吾輩詞章，而國家立學養士，亦非徒以詞章望於吾輩，須是悉心體認，俾窮則可善其身，達則可善天下也。」

有問如何體認。曰：「此書須要先認『中庸』二字。蓋『中庸』二字，即是『平常』二字也。故其首章語道即曰『率性』。率性者，自然而然，不別加意思是也。又曰『不可須臾離』。不離須臾者，自朝至暮，無時而非率此性也。又曰『喜怒哀樂』。喜怒哀樂者，隨感而見，無事而非率此性也。故此個道理，克滿於日用，發舒於性情，聖人與愚人一般，今人與古人一般。故善求道者，不求諸古，只求諸今；不求諸聖，只求諸愚。蓋識得今時愚人所知能的，便通得古時聖人所知能的了。夫子以世之學者不曉得如此求道，往往慕於高遠而失之，故將大舜來做個則樣，説道：天下皆稱贊舜帝是大知，而不知舜之所好問而察者，每在淺近之言，而其所循執而用者，又只是下民之中。蓋言有淺近而理無淺近，淺近之言即理也；民有卑下而中無卑下，卑下之民亦中也。試看今時閭閻之間，愚蠢之婦無時不抱着孩子嬉笑。夫嬉笑之語言最足淺近，閭閻之村婦最爲卑下，殊不知赤子之保、孩提之愛到反是仁義之實，而修、齊、治、平之本也。且細細論之，則不惟舜之用中於民而已。鳶魚飛躍而上下察焉，又用中於鳶魚也。庭草意思，自家一般，又用中於草木也。

「吾輩有志在家要做好人，只是循着良知良能，以孝親敬長，而須臾不離，便做得好人。在外要做好官，只是循着良知良能，以率民孝親、敬長，而須臾不離，便做得好官。若人人如此，便中庸可能矣。奈何管、商之徒，惟以法制把持天下，且個個爭效法之，是做好官的不以中庸做好官矣。長沮、桀溺以高潔而辭爵禄，荆軻、聶政以意氣而蹈白刃。且個個争效法之，是做好人的不以中庸做好人矣。此夫子所以重嘆中庸之不可能，乃是就以前數等之人説他不能，❶非謂中庸之果難能也。夫以前數等之人，原生學問不明之時，委無足怪。若今我明聖諭，首先以孝、弟、慈、和爲治。而先儒陽明諸老，又惓惓以良知良能爲教。則諸生視前人已是萬幸，正好趁此發憤，做個真正好人，做個真正好官，以光顯此地新闢之學宫，而仰副君長師友作興之美意也。豈非一大快事耶！勉之，勉之。」

次日，太守請觀《鄉約》，父老、子弟群聚聽講。乃進而謂之曰：「汝等聽此聖諭，也覺動心否？」咸同聲應曰：「豈惟心動，且均欲涕下也。」蓋此土原是夷地，而其守又是女官，以殺戮爲家常，以戰鬪爲美事，吾民無老無少，若蹈水火，欲需旦夕之命而不可得。乃今變夷爲華，已去危而即安矣。況又復得與沾聖明之化，而共享太平之福也。

予因顧太守而嘆曰：「此方人民，其胥而爲夷者，不知其幾千年矣。今觀老幼之忻忻向善，其良心感發，比之他郡更爲加切，是雖饑渴之人，易爲飲食，而良心同然，則固不容以地之中外，而有毫髮之間也。然則鼓舞振作，以全其興起之美者，固汝郡守之責。而善推所爲，使合滇省之華夷，而共歸於大同之化者，尤吾臺司之功，而不容自諉也已。」

彌勒諸生講「爲政以德」一章、「道之

❶「他」，原誤作「也」，今據杜應奎本改。

以政」一章。既畢，進講者問之曰：「汝講『爲政以德』的『德』字，『道之以德』的『德』字，説許多以内聖爲外王，以精神心述爲倡率化導，已是詳備可聽。但不曉得個着落，則理會處便不切實。既欠切實，則講貫處便不精神。我且問汝：『爲政以德』的『政』字，可就是『道之以政』的『政』字否？」曰：「即是此個『政』了。」曰：「『無爲而民自歸』的『民』字，可就是『民免而無耻』的『民』字否？」曰：「即是此個『民』了。」曰：「政爲民而立，則政之所云，必民間之事。政既是民間之事，則『爲政以德』之『德』、『道之以德』之『德』，便須曉得聖人説的，亦就是民間日用常行之德也。民間一家，只有三樣人：父母、兄弟、妻子。民間一日，只有三場事：奉父母、處兄弟、養妻子。家家日日能盡力幹此三場事，以去安頓此三樣人，得個停當，如做子的便與父母一般的心，做弟的便與哥哥一般的心，做妻的便與丈夫一般的心，恭敬、和美，此便是民三件好德行。然此三件德行，却是民生出世帶來的。孟子謂孩提便曉得愛親，稍長便曉得敬兄，未學養子而嫁，便曉得心誠求中，真是良知良能，而『民之秉彝，好是懿德』也。但這民衆無上人與他説明此是人家第一好事，大家該做。即説與他聽，叫他去做，又無人做樣子與他看，便説也不信。所以人家父子、兄弟、夫妻之間，不免相忤、相争，本來美德，却反成惡俗矣。故聖賢爲政，不徒只開設條款，嚴立法令，叫他去孝、弟、慈，而自己先去孝、弟、慈。如所謂：老吾老以及人之老，長吾長以及人之長，幼吾幼以及人之幼。久之，則其爲父子、兄弟足法，而人自法之，便是『上老老而民興孝，上長長而民興弟，上恤孤而民不悖』，果然『有恥且格』。若北極一旋，而衆星自環拱之。更不待上之人去刑罰他，追究他，自然大順而大化也。若泛然只講個『德』字，而不本之孝、弟、慈，則恐於民身不切，而所以感之、所以從之，亦皆漫言而無當矣。若論以德爲政，却又有個機括。俗語云：『物常聚於所好。』又曰：『民心至神而不可欺。』今只爲民上者，實見得此孝、弟、慈三事，是古今第一件大道，第一件善緣，第一件大功德。在吾身可以報答天地、父母生育之恩，在天下可以救活萬物、萬民、萬世之命。現現成成，而不勞分毫做作；順順快快，而不費些子勉强。心心念念，言着也只是這個，行着也只是這個，久久守住也只是這個。則上之所好，下必有甚焉者矣。今日閭閻，豈不可並於唐、虞、三代，而無難也哉！大衆其共圖之。」

臨安諸生講「顔淵問仁」一章、「子路問政」一章、「仲弓問仁」一章、「子適衛」一章、「子路人告之以有過則喜」一章、「君子有三樂」一章。時兵憲定齋許公同在，因語予曰：「年丈平日最善理會經書，請發揮所講爲訓何如？」予爲作而嘆曰：「適聽諸生講説六章，似章各一義。予即聖賢先後語言，對滿堂上下意象，則若合群流而爲巨浸，汪洋活潑，於吾目中，欲少分異而不能然者。」

許公暨諸生咸樂有所聞，予因進講者問曰：「子初開講，謂孟軻氏見得天下只有一個善，聖學只是一個爲善。此個『善』，斂之一心而不見有餘，放之六合而不見不足。極是説得好聽，但不知也曾理會此個善是甚麽善？」生無以對。

予曰：「此個善是個性善。孟子言善，只道性善。其言爲善，只稱堯舜。故曰：『夫道一而已矣。』又曰：『堯舜與人同耳。』且觀此時，堂上堂下人數將近千百，誰不曾做過孩提赤子來？誰人出世之時不會戀着母親吃乳？争着父親懷抱？又誰的父親、母親不喜歡抱養孩兒？誰的哥哥、姐姐不喜歡看護小弟、小妹？人這個生性，性這樣良善。官人與輿人一般，漢人與夷人一般，雲南人與天下人一般，大明朝人與唐、虞朝人也是一般。但堯舜生來見得這個是我的天性，亦是人的同性，既以之自盡，自以之盡人。但人有一句善言入耳，便懽然覺如己的善言。人有一件善行入目，便懽然覺如己的善行。不用去取，而無善不取；不用去樂，而無取不樂。所以能底豫克諧，而致天下之善士皆歸。一年成聚，二年成邑，三年成都。無人無我，而渾然天下皆定皆化，會歸于大同也。仲尼祖述堯舜，却指出個仁來立教。其自註解曰：『仁者人也，親親爲大。』當時弟子除顔、曾外，更無一個肯信。後來却得一個孟子走將出來，便一口道盡，説：『仁之實，事親是也。』故今細看兩人精神，但有問答言詞，每每貼在各人身上。纔説各人自己，便關連着天下人身上，總是他見透了那堯舜善與人同的根源下落。所以纔教顔子克己復禮，便曰：『一日而天下歸仁。』纔教仲弓所惡勿施，便曰：『在邦、在家無怨』教子路以爲政者，即是躬行孝弟於上；教冉有以富而教之者，即是『老者衣帛食肉，黎民不饑不寒』，『謹庠序之教，申之以孝弟』之義也。即如『君子三樂』一章，亦是要以首章爲主。蓋父母俱存，是樂於盡孝；兄弟無故，是樂於盡弟。能以孝弟爲樂，方仰無愧於好生之德。所謂在家邦爲孝子，在天地爲仁人也，方俯不怍於人。而孩提無不愛親，無不敬長，不失赤子之心，而名爲大人也，方是老吾老以及人之老，長吾長以及人之長，幼吾幼以及人之幼。家邦自此而無怨，天下自此而歸仁。家邦天下咸歸乎仁，則可盡得一世明叡之賢才，覿德觀風，踴躍興起以與人爲善而歸於大同也。不曰『人人皆可以爲堯舜』而何哉？」

於是合堂貴賤，凡千百之衆，皆同聲感嘆，謂：「果然我等人人皆可做得。」予復申而告曰：「此時諸人各各信得，極是古今希有之事。當時孟子一生之言，未曾得一個相信。有個樂正子，雖是見得此個東西可欲可愛，然問他是自己性生的，便不免有疑。夫有諸己之謂信，蓋能信得有諸己也。此『信』字對『疑』字看，是説樂正子半疑半信，所以説他只在善信之間。此處既信不透，則隔礙阻滯，決不能得黄中通理。黄中所通者，即一陽真氣從地中復，所謂克己而復者也。中通而理者，即陽光而明，所謂復以自知，而文理密察，以視聽言動而有禮者也。故從此而美在其中，從此而暢于四肢，發于事業，便是以所可欲而先諸己、施諸人、通諸天下、及諸後世，方可以望乎大而化、化而神也。樂正子以後，則孔孟此路正脉斷絶不談。及宋時，乃得諸儒興起，中間也不免疑信相半。至有以氣質來補德性，説是有功於孟子，看來還於性善處有未脗合。至我太祖高皇帝挺生聖神，始把孝順父母六言，以木鐸一世聾聵，遂致真儒輩出。如白沙、陽明諸公，奮然乃敢直指人心，固有良知以爲作聖規矩，英雄豪傑，海内一時興振者，不啻十百千萬，誠爲曠古盛事。今日諸君欲見如何爲顔、冉邦家天下之人，只此堂便是。如何爲魯衛先勞教養之政，只此堂便是。如何爲君子三樂，只此堂便是。如何爲唐堯、虞舜與人爲善、翕然大同，亦只此堂便是。蓋此一個性善，平平地鋪在滿堂，高也高不得，低也低不得，也不許你有餘，也不使你不足，也更不要説先時，也更不要説後日，只各各在於當人，人人在於當處，所以謂之曰平常，又謂之曰中庸。以此中平之理常在於身，便曰平心易氣。以此中平之理施之於人，便曰平易近民。以此平政率民，而民從之，便曰人人親其親、長其長，而天下太平也。」

許公乃遍呼堂中諸人而警之曰：「汝等各各須懽天喜地，以共享我以太祖高皇帝與當今皇上太平之福，於無疆無盡也已。」

石屏諸生講「天命之性」一章、「顔淵問仁」一章、「君子之道譬如行遠必自邇」一章。既畢，進講者謂之曰：「經書註疏，因求理趣明白，故不容不爲詳悉分别，中須識得渾融處，方於汝身有個受用。即如《中庸》，首章説有性、有道、有教，至行遠登高，却只説個君子之道，是豈無天命與人在中？至克己復禮，却只説個仁，是又豈無性道與教在中？故善讀書者，既知詳悉於章旨，更當統會於自身。否則如説食者，雖詳明其種藝根苗，而滋味不曾入口；説衣者，雖悉曉其纖紝絲縷，而和暖未曾着膚。縱讀書萬卷，於子竟何益耶？」

其生良久對曰：「今只能存此心，即可兼通諸書矣。」予詰之曰：「如何是汝之心？又如何存汝之心？」生曰：「只常時求盡孝弟，便是存心。」復詰之曰：「孝弟二字，極説得是。但今時汝之父母、兄弟俱未在此，如何去盡孝盡弟？或又只仍前説書相似矣。」生良久進曰：「此時敬對太公祖，可是存心否？」予曰：「心是活潑潑地東西，在家便孝弟，在此便對答，順而循之，便謂之存矣。」

其生忽然踴躍不勝曰：「吾心頓覺開明。」復詰曰：「恐還未然。」生曰：「豈敢空言，果覺開明。」予指而言曰：「此時汝心他人不及見處，即是隱，即是微。而獨覺光明處，即是莫見乎隱，即是莫顯乎微。此個莫見莫顯之體，雖率汝自家心性，然却是天之明命而上帝監臨之也。蓋天與人原渾然同體，其命之流行，即己性生生處；己性生生，即天命流行處。但一顧諟，則見得須臾難離，惕然警覺，恐然悚動，而光輝愈加發越，即是火之始燃，而一陽之氣，從地中復也。地中即謂之黄中。中而通者，乾陽之光明，知之所始也。乾知太始處，便名曰『復』。復也者，即子心頓覺開明，所謂『復以自知』者也。子心既自知開明，又自見光輝愈加發越，則目便分外清朗，耳便分外虚通，應對便分外條暢，手足便分外輕快，即名中通而理，所謂天視自己視，天聽自己聽，己身代天工，己口代天言也。頃刻之間，暢徧四肢，則視聽言動，無非是禮，喜怒哀樂，無不中節，天地萬物，果然一日而皆歸吾仁，以位之、育之，而其修道立教之機，亦只反觀一己身中，更不竢他求而有餘裕也。故先儒有解

『克己復禮』作『能身復禮』，『非禮勿視、聽、言、動』作『只此禮以視聽言動』，更覺順快。然又有説焉。子之反觀身中，雖已見得開明，見得發越但恐子或謂我是讀了許多經書，做了許久秀才，歷了許大事體，方纔有此知覺。是則只從道之高遠處看，却不道君子之高遠，原自藏在卑近處也。何謂高遠？汝今日光輝發越，是心知之充廣者也。何謂卑近？汝原日赤子出世，是心知之萌動者也。然汝初出世做赤子時，孩之則笑，提之則動，見父母便愛，見哥子便敬，其心知了了，視聽雖微，也未嘗不條理；喜怒雖弱，也未嘗不節奏。是則至卑至近之中，而至高至遠的道理，何嘗不悉寓於其內耶？今時解説，把父母其順做高遠，據《孟子》説人之『良知』，與《大學》説『未有學養子而后嫁』，則宜兄弟、和妻子、順父母，正是鄉村愚夫愚婦之所共知共能者，恐只可作卑近而高遠自在，方更有味也。由此三章統會看來，則孔門宗旨渾然只是一個『仁』字。此『仁』字，遡其根源，則是乾體純陽，生化萬類，無一毫之間，無一息之停，無一些子之昏昧，貫徹民物，而名之曰『天命之性』也。本其發端，則人人不慮而自知孝，不學而自能弟，不教而養子，自心求而中，默順帝則，莫識莫知，名曰『率性之道』也。究其中間作用，則聖賢以人弘道，敬而修之。初須直信本心，從中通悟，而陽光在透，天命其在我矣。繼須顧諟天，明慎畏，將奉赤子真心于時保之矣。由是邇而可遠，卑而可高。禮與天地而同其中，樂與天地而同其和，萬民賴之以立極，萬物藉之以完生，而吾自己一腔之中，亦將同體乎萬方萬世，而希乎踐形惟肖之歸矣。諸君其共勉之。」

通海諸生講「人之所不慮而知者」一章、「君子有三樂」一章。時邑中居民無老幼咸聚觀聽。予謂之曰：「讀聖賢之書，先要見得聖賢心事，其書説着方有精神，衆人聽着亦有滋味。聖賢之心何心哉？孔子曰：『吾十有五而志於學。』朱子註得極好，曰：『學，大學也。』志大學者，欲人明明德於天下也。明德只是個良知，良知只是個愛親敬長，愛親敬長而達之天下，即是興仁興義，而修齊治平之事畢矣。故此一章，全重在無不知愛，無不知敬。此『無不知』三字，一頭管着自己意、心、身，一頭管着家、國、天下。只因人生出世來，此條命脉，原是兩頭都管着，所以《大學》纔説物之本，便連及其末；纔説事之始，便要及其終。堯舜纔『克明峻德』，便『親睦九族，平章百姓，協和萬邦』；武周纔追王上祀，便達之諸侯，達之大夫，而及士、庶人也。達之天下『達』字，要同《中庸》『達孝』的『達』字解，❶『達孝』『達』字，要同下文『達之諸侯』的『達』字解。如云：親親以盡仁，敬長以盡義，更無他術，只如古先帝王達之天下而已矣。若依舊講作申明上文看，則前已言無不愛，無不敬矣，其詞不亦贅耶？

「試看此時，對着滿前師生以及父老、子弟，將數百人，那個不曉得要愛親？那個不曉得要敬兄？那個愛親敬兄不是從出世來即知、即能而與我一般耶？只因爲此一條真正命脉，生來一般，所以他衆人也無不忻忻然聽着我講，所以我也無不

❶「達孝」，原誤作「達字」，今據杜應奎本改。

忻忻然要講與他衆人聽。此等忻忻而講，忻忻而聽，又忻忻而傳播鼓舞，便可致一家仁而一國興仁，一家義而一國興義，人人愛親，人人敬長，而達之天下。

「故必須到天下盡達了孝弟之時，方纔慊快孔子志學的初心、孟子願學的定見，却渾然是造化一團生生之機，而天即爲我，我即爲天，亦嬉然是赤子一般愛敬之良，而人亦同己，己亦同人。如此則父母俱存，兄弟無故，固是大幸，間或未然，亦終身思慕而成大孝。又如孔子只因一本《孝經》，得一個曾子英才。曾子、子思傳至孟子，却把《大學》、《中庸》孝、弟、慈的家風手段，演説成七篇仁義之言，恢張炳燿，與日月争光彩，與宇宙争久大。莫説秦、漢、唐、宋之英君誼辟，莫之或先，雖唐、虞、三代，而宰我且謂：其賢之遠矣。

故王天下與達之天下，兩個『天下』字要粘連同看，方知三樂不與存者，不是虚空較説，乃是作用實事。蓋王天下未必能兼君子三樂，而君子三樂果足以該帝王之王天下也。嗚呼！内而聖，外而王，盛德大業至矣哉！而不出孩提之愛親、敬長焉。諸生只消以『大人不失赤子之心』一句，便可作今日所講二章之總破題矣。」大衆愈加忻忻而謝，予亦愈加忻忻，而録之以傳云。

澂江諸生講「君子三樂」一章、「人之所不慮而知者」一章、「舜居深山之中」一章。郡守請爲繹其義，予曰：「君子之學，莫善於能樂。至言夫其樂之極也，莫甚於終身訢然樂而忘天下。故孟子論古今聖賢，獨以大舜之事親當之。然自今看來，又惟是『大人者，不失赤子之心』而已。

《詩》曰：『天生蒸民，有物有則。民之秉彝，❶好是懿德。』此『好』字便是『樂』字起頭處。何以見民生而即好樂乎懿德也哉？你試看人家初生的兒女，曾未幾日，父親、母親、哥哥、姐姐，以指輕輕孩之，便開顔而笑。兒方孩笑，父母、哥、姐其開顔而笑又加百倍。故曰：『有父子便有慈孝之心。』然則有兄弟亦便有和順之心，此有物而必有則也。父母喜懽兒女，兒女喜懽父母；哥姐喜懽弟妹，弟妹喜懽哥姐。此即『民之秉彝』，故『好是懿德』也。這是生來自知，而叫做良知；生來自能，而叫做良能。且無不知之無不能之。大舜初生，與我衆人一般；我衆人初生，也與大舜一般。父母、哥姐都孩之即笑，而大家懽天喜地也。但衆人年紀長大，不免分了始初懽喜孝弟的心，去懽喜少艾，懽喜功名。舜則愛慕終身，只要父母喜懽，只要兄弟喜懽，所以曰『允若底豫』，又曰『象喜亦喜』也。看他滿腔滿懷，徹骨徹髓，通只是喜懽孝，喜懽弟的意思，便自然喜懽人孝，喜懽人弟，故聞一句懿德好言，也樂然取之；見一件懿德好行，也樂然取之。只逢着孝弟的人，便喜懽不勝，即叫做樂取諸人，即叫做沛然莫禦。蓋恨不得他即同我一樣，我即同他一樣。若合衆水之派而趨下流，合衆派之流而歸滄海。所以天下之善士多就之者，成邑成都，而天下定、天下化、天下大同也。孟子當時道人性皆善，是見得孩提之良知、良能，無不愛敬親長；言必稱堯舜，是見得堯舜之道，只是孝弟而已矣。故必孝弟如大舜，方謂之不失孩提愛敬之

❶ 「彝」，原作「懿」，據《詩經·大雅》改。

心，方謂之父母存而樂、兄弟無故而樂，方謂之仰不愧、俯不怍而樂，方謂之得英才而教育之，以達己之孝而爲天下之孝，達己之弟以爲天下之弟，而樂於成其仁義之化於無疆無盡也。其王天下與否，不止是大舜之心不與，即天下萬世之論大舜者亦不與。你看大舜王許久天下，當時所行之政何啻千百萬件，今時未必皆傳，而所傳者只是孝弟，其孝弟又是深山側陋，耕稼陶漁之時的事，果然孩提之愛敬可以達之天下，果然君子之三樂，而王天下不與存焉也。此言雖鄙俚，無異野人，然亦彷佛孝弟一善，但得滿堂諸友見之聞之，懽喜奉行，亦沛然若決江河而莫之或禦，則一世英才，可以更無他讓，而親親之仁，敬長之義，達之天下，亦惟自兹澂江之郡，河陽之邑始也已矣。」

大理諸生講「顔淵問仁」一章、「司馬牛問仁」一章、「樊遲問仁」一章、「子路問政」一章、「子貢問師與商也孰賢」一章。既畢，郡守莫君請爲諸生啓迪。予進令登堂，環聚顧諸生語曰：「適講説許多書，俱是敷陳世間道理。今大衆聚于一堂，如此坐立，如此相問，却是面前實事。諸生各以方纔口中談的道理，與今身子上的行事打個對同，果渾然相合耶？抑尚不免有所間隔也？」諸生默無以應。予作而嘆曰：「適纔許多書，却與汝輩身上一些對同不來。則推之平時，窗下之讀誦，與他日場中之文詞，皆只是一段虚見，一場閑話，而一套空理矣，與汝竟何益耶？故今講孔子的書，便須體察孔子當時提醒門下諸賢的一段精神。蓋當時諸賢亦有如汝輩欲理會道理來者，❶孔子則句句字字只打歸各人身上去求個實落受用。如答顔淵、仲弓以至于子路、子貢，莫不同是此段精神。就是後來記者將此議論作成經書，漢、宋諸儒將此經書演成註疏，我國家制令又將經書、註疏立成科試，與有司歲時進講，亦皆是接續孔子當時一段精神，使天下萬世人人得個實落受用也。」時一堂上下將千百餘衆，咸肅然靜聽，更無一息躁動。予亦瞑坐。少頃，因謂郡守莫君曰：「試觀此際諸生意思何如？」莫君忻然起曰：「此時一堂意思，却與孔門當時問答精神，大約相似矣。」

予曰：「豈惟精神可與對同，即初講諸書，亦可以一一對同也。蓋此一堂下如輿從，次如鄉約父老，次而吏典，次而生儒，又上如郡縣僚屬，其人品等級，誠難一概。若論此時靜肅敬對一段意氣光景，則賤固不殊乎貴，上亦無異乎下，地方遠近不能爲之分，形骸長短不能爲之限。譬之蒼洱海水，其來或有從瀑而下者，亦有從穴而湧者，今則澄滙一泓，鏡平百里更無高下可以分別。既無高下可以分別，則又孰可以爲太過，孰可以爲不及也哉？既渾然一樣而無過不及，則予與府縣以是意而先之勞之，諸生諸民亦以是意而順之從之，相通相愛，在上者真是鼓舞而弗倦，在下者亦皆平直而無枉，欲求一不仁之事、不仁之人於此一堂之前後左右也，寧不遠去而莫可復得也耶？吾人能以此段平明之體而養之於中，便可以語司馬牛之心存不放；能以此段平明之心而推之於衆，便可

❶「者」字，原重，據文義刪。

以語仲弓之所惡勿施；又擴而充之，便可以語顔子之克己復禮，而天下歸仁矣。故孔門宗旨，只是教人求仁，而吾人工夫，只是先須識仁。此時此會，合堂上下百千其心而共一忻忻愛好之情，百千其目而共一明明覿面之視，百千其耳而共一靈靈傾向之聽，百千其口而共一肅肅無譁之止，百千其手足而共一濟濟不動之立站。故聖人指點仁體，每曰『仁者，人也』，又曰『君子之道，本諸身，徵諸庶民』，正説此堂我是個人，大衆亦是個人；我是這般意思，大衆亦是這般意思。若識得此一段意思，便識得當時所謂天下歸仁者，是説天下之人，都渾在天地造化一團虚明活潑之中也。此一團虚明活潑之仁，從孩提、少長便良知、良能，所謂人之生也直，而無或枉也。即愚夫愚婦，皆與知與能，所謂用中於民也。孔門惟顔淵、仲弓，此段意思能自承當。所以於己便復得禮，於人便行得恕，❶故一可爲邦，一可南面。直是此個體段承當得來，便自無我無人，無遠無近，而渾融合一。若子張、子路諸賢，不肯輸心向這裏承當，却謂聖賢之學必有個異乎人處，所以或見我不如人，或見人不如我；或見古不如今，今不如古；或見凡不如聖，聖不如凡。較短論長，是内非外。或失則太過，或失則不及；或失則躁動，或失則怠倦。至如司馬牛、樊遲，則聖人雖把目前事指點與他，他却必要生疑。蓋他定説聖人爲學，决有别一種道理，而不應如此易易也。」

于時，滿堂聞者翕然稱快，至依依戀

❶「恕」，原誤作「怒」，今據杜奎應本改。

戀，不忍別去。因命之歌，則歌《南山》五章。命再歌，則歌《勝日尋芳》一首。予顧諸生笑曰：「汝我之依依戀戀，庶幾乎東風面目，而愷悌樂只矣乎！滿堂上下，亦庶幾千紅萬紫，而邦家之基、之光矣乎！況天地生機充長無盡，自兹方而遍之天下，自此日而引之終古，其萬年而無疆無期也，亦在汝我之勉力何如耳！」予敬起，以稱謝于郡邑僚屬暨諸師生，師生暨郡邑僚屬亦再四於予致感。時方朝霧淨展，杲日空懸，光曜臨階，昭融特甚。予復揖諸君而申諭之曰：「太陽有赫，吾明德也。古之人光被四表，即克明其明德而天下歸仁也。慎之哉！此際人己相通，心目烱烱，是則海底紅輪而復以自知處也。顔何人哉？希之則是。惟諸君珍重珍重。」

永昌，長至謁廟，諸生講「天命之性」一章、「舜其大知」一章、「知之者不如好之者」一章，太守陳君進諸生求教。

予謂講者曰：「汝曹若謂知之與好，好之與樂，由許多積累工夫，乃能然歟？殊不知適所講三章書内，知與好與樂，都藏其中，而汝曹未知覺耳。故依着汝曹今日講套，則若知先於好，好先於樂。依着孔門三章書看來，則是樂先於好，而好先於知也。夫世之所謂樂者，不過是自然而然，從容快活，便叫做樂也。今細看天命之性，即是天生自然；率性而行，即是從容快活也。《大學》謂不待學養子而後嫁，《孟子》謂孩提無不能愛其親。汝試想像人家母親抱着孩兒，孩兒靠着母親，一段嬉嬉融融的意思，天下古今更有何樂可以加此也哉？此便叫做『民之秉彛』。孔子説《詩》謂『民有秉彛』，故『好是懿德』，則

『好』實由『樂』而有也。又曰『百姓日用而不知』，則知又由好樂而有也。故舜稱大知，便是能知，而其知原於好問、好察。然所好者，却是邇言；所用者，却是庶民之中淺近。庶民却正是率性自然而不慮不學者也。又看《中庸》他章論聖人却有不知不能，❶而愚夫愚婦到可與知、可與能，分明説聖賢有不如愚夫婦處；其次又嘆鳶飛魚躍，爲上下昭察，分明又説人不如鳶魚處。蓋人到愚夫婦之居室，物到鳶魚之飛躍，果然渾是一團樂體，渾是一味天機，一切知識也來不着，一切作爲也用不去。至於汝曹適纔許多講套説話，雖似曉得一般，然究竟率性中和，則實相去天淵之不如矣。故古人善形容樂體者，若陶淵明却云『木忻忻以向榮』，周元公却云『庭草一般生意』。夫草木無知，豈果能意思忻忻也哉？惟是二公會得此個樂機，則便觸處自然相通。汝曹在此，若肯徹底融會，草木無知且自忻忻，而我獨可悶悶耶？魚鳥至微且自昭察，而我獨可昧塞耶？夫婦之愚，且可與知與能，況衣冠堂堂，萬萬非衆人比耶？孩提之時，且已良知良能，況既壯且老，萬萬非幼稚比耶？於是頓覺心胸開豁，耳目靈通，四肢百骸俱輕快爽朗。此便是一陽之氣，和暢光明，若從平地裏頭湧出一般，豈不與今日冬至同其亨泰也哉！況以此意而觀之一堂，則一堂上下，無賢愚老少，皆覺自率其性而自樂其常，一堂渾是春也；以此意而觀之一家，則一家内外，無老幼親疎，皆覺自率

❶「不能」，原脱，今據《近溪羅先生一貫編·四書總論》補。

其性而自樂其常，一家渾是春也；又遠而觀之一郡，觀之一省，又遠而觀之天下萬世，無不渾然同樂同春於無盡焉，却即是爲天下造太平，爲萬世開大平，而無負父母生育一番，朝廷作養一場，道其在邇而非遠，事其在易而非難。昔人謂太平無象，却不思人人親其親、長其長，便是天下太平、萬世大平也。」

陳君同諸僚友共舉手加額曰：「今日爲聖天子稱賀太平，自此其益萬世無疆也夫！」

洱海諸生講「王者之民」一章、「人之所不慮而知者」一章、「君子有三樂」一章。既畢，進講者而問之曰：「適講王伯，伯不必言矣，且汝以何爲王道耶？」對曰：「『殺之不怨』三句便是。」曰：「此是説王者氣象，如面前日之光，而非日之體；樹之影，而非樹之形也。」又對曰：「『所過者化』亦是。」曰：「此是贊王者道大，如説日光這等明，樹影這等長。去日體、樹形更愈遠矣。」一生前曰：「孟子曾説『以德行仁者王』，此却是直説王道矣。」予曰：「是則是矣，然又不知汝却以何爲德、以何爲仁也？」對曰：「若要直指，可只是人人親其親、長其長，而天下平已乎？」予曰：「汝既知此，則何必遠取，即次講二章書盡之矣。蓋『以德行仁』，『仁』字是『王者必世而後仁』的『仁』字，又是『一家仁，一國興仁』、『堯舜帥天下以仁』的『仁』字也。故上老老，上長長，上恤孤，即是王者之德。而民興孝，民興弟，民不悖，即是王者以德而行仁也。故曰：『大人者不失其赤子之心。』要之，王道之大，亦不外乎孩提之良知良能而已。汝今諸生説王道，所過者化，所存者神，也須思量其須如此渾化，如此神妙，畢竟有個來歷。❶如樹木然，必下地原是這樣果子，方纔末稍結成這樣果子，未有始初以荆棘種之，却忽然會長出個桃李來也。故天下之至妙至巧者，莫過於聖人之不思不勉；而至妙至巧者，亦莫過於孩提之不慮不學。二者大小雖殊，其神化則不差毫末也。況王者所過所存，直與上下同流；而孩提之所知、所能，亦云達之天下。固未有不達之天下，而可謂與上下同流；亦未有既達之天下，而不是與上下同流者也。以此二章合看，恰好渾是一章。但過化存神，是樹本末稍的果子；良知良能，是樹木根底的果子。根稍分得兩頭，果子通貫一脉。汝輩于今，却須猛省思量：人人皆做過孩提赤子來，人人皆知得愛親敬長來，何故堯、舜、孔、孟却能以這果子花實，溥海宇而同流合化，至後世諸人，却把這個果子枯芽敗種，而生意斬然？此中間却自有個緣故。蓋由古先聖賢生來便會識得輕重。孔子『吾十有五而志于學』，其時志學，便即知歸重孝、弟、慈也；志重於孝、弟、慈，則便一切外物皆不能與他作對，生機貫徹，勃然充盛，絜矩從心，更不由他得矣。孟子窺見這個意思，又重重爲他發嘆説：『君子有三樂，雖王天下不與存也。』夫一切外説之高美，❷至於王天下處便盡了。此王天下不與，則其他更何可言？是孟子極贊夫子志學之誠之極處。其實三樂最先一着，只是樂孝、樂弟，樂孝、樂弟到渾化時，便天壤之間，更

❶「個」，原誤作「做」，今據杜應奎本改。

❷「説」，杜應奎本作「物」。

無可代。以此反之於身，便自然無愧無怍，而爲學不厭矣；以此通之於人，便自然盡得英才，而爲教不倦矣。到得不厭不倦去處，則前日良知良能，渾然成個不思而得、不勉而中一段滋味。其過不容以不化，其存不容以不神，其天地不容以不合德矣。故今日吾輩既生聖明之時，又幸得聞聖學之要，只在能辯別得個輕重，能決定得個趨向，果然如吾夫子當時志學一付肝腸，則樹根之着地者愈養而愈深，枝幹之參天者將無疆而無盡，知能神化之果，不惟際上下而同圓，且將極古今而共久矣。願諸君其勉之勉之。」

昆陽州守夏子，適從歸化尹遷蒞州治，因請視學，及舉行鄉約于海春書院。院乃署州事麗江二守潘子即學舊基而爲之者，其前面滇海。予昨以治海經是，咸苦水勢橫溢，民居民田溺爲巨浸。今下流既導，田間惟溪水一泓，餘則悉已種苗，青緑盈疇，民之髦倪頌樂者洋洋矣。予謝諸職事勤績已，隨偕坐少休。

客有指堦除柏林告曰：「前年有司遷學，議伐宮牆多樹以充梓材。樹棲群鳥，俱徙巢他林，窅無影跡。昨分守同野李公，命二守君止勿伐，群鳥一夕歸巢如故。」言訖，翎羽翩紛，音聲鼓噪，與諸父老子弟樂意若相關然。予因憶向夏子尹歸化時，以事至省。予及分守李公延相談性學，夏子兼以所見自執，謂性命非下學可與。予爲辨析，直繼日以夜。後別且數月。茲來同遊於泮林海岸，聽鳥觀魚，夷猶靜止，似與疇昔之夜執語迥異。乃訝而詢以所得。

夏子忻然對曰：「漁以俗習，牿我天

良，恒謂聖賢非人可及，故究情考索，併力支吾，求之愈勞而去之益遠。豈知性命諸天，本吾固有。嘗於日用之間，自視言動事爲，其停當處，雖古之儒先賢哲，恐亦難以殊論。是以近來考索支吾，雖不敢廢，然甚不爲拘迫而喫力矣。」其意將進而相謝。予止而謂曰：「子之近得，比之前時，果大徑庭，但『停當』二字，尚恐或未盡停當也。」潘子亦從旁笑曰：「世之人欲求『停當』二字爲甚難，夏兄則去『停當』二字，亦又甚難也。」

夏子瞿然曰：「言動事爲，可不要停當耶？」予曰：「可知言動事爲，方纔可説停當。則子之停當，有時而要，有時而不要矣。獨不觀兹柏林之禽鳥乎？其飛鳴之相關何如也？又不觀海疇之青苗乎？其生機之萌茁何如也？子若拘拘以停當求之，則此鳥此苗，何時而爲停當？何時而爲不停當耶？易曰：『水流而不息，物生而不窮。』造化之妙，原是貫徹渾融。而子蚤作而夜寐，笑嬉而偃息，無往莫非此體，豈待言動事爲，方思量得個停當？又豈直待言動事爲停當，方始説道與古先賢哲不殊？若是用功，如是作見，則未臨言動事爲，固是錯過；而既臨言動事爲，亦總是錯過矣。」

夏子憬然自省，作而應曰：「子在川上，謂不舍晝夜。吾人心體，決不可一息有間。况今當下生意津津，真不殊於禽鳥，不殊於新苗，往時萬物一體之仁，果覺渾淪成片矣。翻思前此欲求停當，豈不是個善念？但善則便落一邊。既有一邊善，便有一邊不善；既有一段善，便有一段不善，如何能得晝夜相通？如何能得萬物一體？故知顔子不改其樂，孔子再四嘆而賢之，亦因顔子得此不息之體，其樂自不能改。若只説顔子能以貧自安而不改，則吾輩稍有志向，亦可勉而爲之，恐難以動孔子之嘆如是也。」予曰：「子之所見，果於所執而將渾化。但願自今以後，日同諸生將此生生之機暢達敷布，俾一州二邑父老子弟俱忻忻以興孝興弟，❶相養相安，共兹林之禽鳥而和鳴，並兹疇之嘉禾而秀穎，則萬物並育之風，六合同春之象，行自昆陽而肇端，以莫可涯量矣。」潘子復從旁贊曰：「夏子初任，而過承公勗。詩曰：『人之好我，示我周行。』公之好而示之夏子也，亦至矣！敬共爲夏子拜嘉云。」

楚雄分巡畢公偕郡邑諸君，邀會于龍泉書院。父老子弟群然而集，時見諸聲歌，間以鍾鼓，堂上下雍雍如也。予共感頌我祖宗德化之隆，淪浹遐邇，因徧呼士子各當興奮，以仰答遭逢之盛，且啓之質辯疑義。

一生謂：「天命之性乃《中庸》開卷第一義，敢請其旨。」予復詰以：「是章講説，近亦明悉，子今爲問，果何所疑耶？」生曰：「因戒謹恐懼，不免爲吾心寧静之累也。」予曰：「戒謹恐懼姑置之，今且請言子心之寧静作何狀也。」其生謾應以：「天命本然，原是太虚無物。」予謂：「此説汝原來事，與今時心體不切。」生又歷引孟子言夜氣清明，程子教人觀喜怒哀樂未發以前氣象，皆是此心體寧静處也。

予謂：「此皆抄書常套，與今時心體恐亦不切。」生及諸士子沉默半餉。適郡邑

❶「弟」，原誤作「孝」，今據杜應奎本改。

命執事供茶，循序周旋，畧無差僭。予目以告生曰：「諦觀群胥此際供事心，則寧靜否？」

此生意猶未解，傍諸士爲忻然起曰：「群胥進退恭肅，内固不出，而外亦不入，雖欲不謂其心寧静，不可得也。」予曰：「如是寧静，正與戒懼相合，而又何相妨耶？今世業舉子者，多安意於讀書作文，居則理家，出則應務，自以此爲日用常行。至論講學做聖賢，却當别項道路，且須異様工夫。故每每以閉户静坐爲寧静，以矜持把捉爲戒懼，欲得乎此恐失乎彼者，殆將十人而九矣。曾不思量天命率性，道本是個中庸。中庸解作平常，固平常之人所共由也。且須臾不可離，須臾不離，固尋常時刻所長在也。諸生試觀適纔童冠擊鼓敲鍾，一音一響，鏗鏗朗朗；諸鄉老拱立肅聽，亦一句一字，曉曉了了；以至諸吏胥執事供茶，亦一步一趨，明明白白。一堂何曾外却一人，一人何曾離却一刻，而不是此心之運用、此道之現前也耶？」

生曰：「戒謹恐懼相似用功之意，或不應如是現成也。」予曰：「諸生可言適纔童冠歌詩之時與吏胥進茶之時，全不戒謹耶？其戒謹又全不用功耶？蓋説做工夫，是指道體之精詳處；説做道體，是指功夫之貫徹處。道體既人人具足，則豈有全無功夫之人？道體既時時不離，則豈有全無功夫之時？故孟子云：『行矣而不著，習矣而不察。』所以終身在於道體功夫之中，儘是寧静而不自知其爲寧静，儘是戒懼而不自知其爲戒懼，天下古今，蓋莫不皆然也。伊尹謂以先知覺後知，以先覺覺後覺。吾輩安敢謂有所知覺，但復吾公祖暨郡邑父師聯此嘉會，決非是來爲汝諸士子講説章句，期望利達。止因爲汝諸士子身心，具有此個光明至寶，通晝徹夜，照地燭天，隨汝諸士子居家出外而不舍，替汝諸士子穿衣吃飯而不差，相似寧静而又戒懼，似戒懼而又寧静。常常在於道學門中，亦久久在於聖賢路上，却個個不肯體認承當，以混混沌沌枉過一生。從今便好豎起脊梁，肩起擔子，將聖賢學問只當家常茶飯，實實受用，以無負朝廷作養之功，不忝父母生育之德。不必更立門户，不必別做工夫。惟即汝諸士子之今日讀書作文，他日之中舉登仕，管保可以上同孔、孟、伊、周結果也。勉之勉之。」

二月初六日，丁祭方畢，永昌兩庠生儒具在郡邑，諸君率之于書院會講。予感而嘆曰：「人生世間，惟有此一件事最爲緊要。然人於百年之中，未嘗時刻休歇，看他何等勤惕，何等周詳，獨於此處却寬懷放意，不來説着理着。要之，總是不肯思量。若思量時，則孔孟去後至於今日，其間功名富貴，豪傑英雄，皆是如我等之勤惕而周詳者也，畢竟灰飛煙散，杳無歸着。使當時若移其勤惕之心，以來勤惕志氣；移其周詳之見，以來周詳問學，豈不亦得入于聖人宫牆而萬年一日也耶？況每年設立春秋二祭，每月設立朔望兩拜，俱是爲吾輩樹立表儀，使人人有所觀感，此而不興，則非夫矣。」於是諸生同聲起曰：「聖賢好做，雖市井愚夫亦當知之，但往往求而弗得，敢請示以其方。」予曰：「聖人去我已遠，其方從何而覓？所立五經四書，即其方也。但今看經書者多只草草率易，將一切舊套俚説便輕信，謂是聖賢宗旨，所以終身老於佔僤，而自己性命了無相干，與草木朽腐，又何足怪！」一生問曰：「不知性命要如何理會？」予曰：「若依舊套理會，莫説汝輩老成，即唤百拾童生，命以『天命之謂性』一題，便個個可作成文章，其於性命之理，亦似了了。但就聖人分上，自言五十方知天命，則聖人理會性命如是之難，吾輩理會性命如是之易，此豈聖人之質鈍於吾輩哉？要之，吾輩之理會，非聖人之理會也。」曰：「吾輩固差矣，不知聖人當時却是如何理會？」曰：「若知危病之家之求醫乎？倉皇急遽，西走東奔，旁詢其故，則曰：『爲救性命也。』夫性命二字，生死係焉。孔子曰：『人之生也直，枉之生也幸而免。』孟子曰：『放其心而不知求，哀哉！』『哀哉』爲言，蓋吊其雖生而已死也。今須持畏死求生之心，以去理會性命，便自精神百倍，而聖人地位方有可望矣。故曰：『吾嘗終日不食，終夜不寢。』又曰：『其爲人也，發憤忘食，樂以忘憂，不知老之將至。』看他此段精神，方是與危病求醫者同其汲汲，所以能起死回生，而續延壽命，亘萬古而長存也。不是如此懇切，而漫欲理會性命，吾知其決不可得也已。」

初至騰越，警報方急，中外戒嚴，雖諸士人，心亦皇皇，故謁廟升堂，未及詳講。繼鄉縉紳邀會於來鳳山房，乃陽明先生手筆也。衆坐方定，急報酋賊前鋒失利，而黨衆猶尚負固，遂匆忙遣師，❶仍未終會。越數日，諸鄉達復脩會如初，亦坐方定，而捷音疊至矣。乃共賡歌相慶，頌我大中丞

❶「師」，原誤作「帥」，今據杜應奎本改。

王公運籌決勝之遠，而不肖芳會逢其適之奇也。

諸縉紳因顧州守張君曰：「吾騰文事武備，一時濟美，則萬世無疆之休，誠于茲會卜之矣。今此會堂，以『默識』名扁，而羅公祖《五華會語》，謂孔子『默而識之』之『識』，即明道『學者先須識仁』之『識』。果然仁字識得，則疾痛痾癢，恫瘝乃身，即文事之修，武備之飭，俱是不厭不倦實地工夫處矣。」客有問曰：「公祖《會語》謂『學不厭，教不倦，何有於我』爲不難，不知他章『入則事父兄，出則事公卿』，亦云『何有於我』，則亦可得不難否？」曰：「此亦從『默識』中來也。蓋既認得父兄是我之親，公卿是我之尊，則自然推不開，脱不去，其敬事勉力，亦已不得。如無所解於其心，無所逃於天地之間，莊子且能言之，而孔子却肯説此事何有於我身也哉！」

客良久嘆曰：「子貢當時説：夫子不言，小子何述？却是推開了自身，而欲覓之於外。『天何言哉？』夫子正爲方便，指以默的頭面與他。今若曉得四時之行，不得不行，便見夫子不厭處；百物之生，不得不生，便見夫子不倦處。」州守張君噱然喜曰：「此豈惟可以知夫子之默識，且可以知程子之識仁。蓋我與仁原是一個，四時百物，亦原是一個。豈有學不厭而教乃倦？亦豈有四時常行而百物不生者哉？看來韓昌黎言『博愛之謂仁』也，未爲不是。」

予復進之曰：「昌黎之學，甚不易及。如《原人》篇舉草木鳥獸而總名之曰『山』，舉蛟龍魚鱉總而名之曰『海』，舉家國、天下而總名之曰『人』，此學孔子《大學》之旨，一毫不差。」

張君復起而問曰：「看來孔子『仁』字，只是個『一』字，所以先正有欲把『易有太極』的『易』字作『一』字讀。然則所謂識夫仁者，總只是見夫一也。」

諸生復有質問者曰：「曾子謂夫子一貫之道即『忠恕而已』者，却不知一貫與忠恕又何所分別也哉？」

予曰：「分別即不是。纔汝張父母云『人與己是一個，四時與百物是一個』，知得此個『一』處，便知得孔子仁與恕處矣。」

諸君因共浩嘆曰：「於今天下國家，若都曉得此個意思透徹，則諸宣撫雖遠亦可聯之几席，莽噠喇雖夷亦可服之華教。而況目前生民有不如保赤子如切體膚也哉？」予曰：「此個責任原人人本固有的，亦人人本該得的。孔子說：『仁者，人也。』今出世既爲人，便出世來當盡仁也。盡這個仁，以爲這個人，則其人又何所不該括耶？即如今時鄉村俚語說某人是個人，又曰某人不是人，其曰『是人』也者，豈謂其能梳頭洗面而穿衣吃飯耶？其曰『不是人』也者，亦豈獨謂其頭面不整而巾履不備也耶？❶要必舉其所以處事、所以處人、所以處家、處國而言之也已。故此意只患不識不知，若知識得時，自便不容辭，亦不容已。如我今知得是屯道，則屯政敢自諉耶？張君今知得是州守，則州事敢自諉耶？故屯田事、州中事，諸公一衆即問之亦多不應。若我與張君，則身雖在此，而心則往來四境，凡幾番矣。」

諸君嘆曰：「身在此，而心每往來，則

❶「巾」，原誤作「中」，今據杜應奎本改。

可以言默而識矣。屯是州之屯，州是屯之州，❶張父母之心，便同公祖，公祖之心，便同張父母，則是默而成之，不言而信，存乎德行矣。」

客有年大者進曰：「如公祖與父母，則可謂純是天理矣。但不知人欲雜時，又作何用藥也？」予相顧囑曰：「君老矣，不應復有此大受用。若說破此等受用，則豈止從今至百二十歲，即從此至千萬億載，而無疆無盡也已。蓋凡言善惡者，皆先善而後惡；言吉凶者，皆先吉而後凶。今盈宇宙中只是個天；只是個天，便只是個理。惟不知是天是理者，方始化作欲去。如今天日之下，原只是個光亮。惟瞽了目者，❷方始化作暗去了也。」客曰：「凡物有個頭腦，此默識而知，是學問的頭腦。二位公祖父母，是一堂人的頭腦。學問無默識，便邪便亂；百姓無官長，便邪便亂。不知在主宰上先立其大，而惟末流治之，則雖盡戮莽人，而邊鄙終不得寧謐也已。」客憬然悟曰：「幸矣幸矣，我公祖未說破時，老懷慌慌亂亂，只覺得人欲紛擾一般。今一叫醒，則反而求之，我自清早起來，梳頭洗面，頂冠束帶，清茶淡飯。繼而踴躍赴會，扶筇登山，迎公祖，而坐聽諸君而講，耳聰目明，身輕志快，即頃刻之間，而寸寸步步俱化作一團天理，果然天日常明，而人自雙懵也。學之有頭腦也如是哉！」

有復詰之曰：「學問以默識爲頭腦，公祖請爲諸生言個默識頭腦乎？」予亦詰曰：「須先酌公巨觥，乃與公說此大頭腦

❶「屯之州」，原誤作「州之州」，今據杜應奎本改。
❷「瞽」，原誤作「聲」，今據杜應奎本改。

也。」張君戲曰：「此所謂頭腦，酒也。」予解之曰：「孔子云默識，是着不得句處。諺不云乎，『酒中不語真君子。』」相發一笑。張君復目堂中柱聯有「静定」之句，曰：「學之有取於默也如是，所以君子之用功，不可不静且定也。」予曰：「默識是定静的頭，定静是默識的尾。不觀《大學》之定静，必先首之以知止也耶？」張君再拜謝曰：「學難乎有得。某于今日，若近於慮而得矣。先生之賜孰大焉。」客從而讚曰：「知止而得，是明明德於天下也。明明德於天下，則以己昭昭使人昭昭，生民耳目俱舉覩天光，而我朝以大明建號，不有徵於今日乎？」

翌日，復會鳳山書屋，舉城父老子弟俱一時駢集。客因起而謂曰：「俗語云：『人各有心。』以予觀之，是大不然。蓋人生世間，其秉彝好德，原有本心。若感觸之下，本心出見，則我即是人，人即是我。如今日堂上堂下人，雖千百而相向相通，心却渾然合成一個也。」予亦從而嘆曰：「豈惟茲堂之人哉！即昨隴川頭目辭去，因令通士引之，以觀城中元夕燈火，諸頭目有感於士民懽慶，上下安和，平生所未及見，今早復於門官求進見甚切。予令譯所欲言，譯者曰：『渠見州衛軍民，心竊不分，説金、騰與三宣，譬則均是天朝一段土田，中間只隔着一條埂墢。今埂墢内都是茂盛禾苗，埂墢外便都變做稗子蒿草。願上司也發大慈悲，着眼一同看看。』言訖，涕泪交下。予時亦大爲所動。」大衆從旁贊曰：「公祖之感夷人若此，真以萬物爲一體矣。」

有一生進而問曰：「萬物一體，誠仁者

之心矣。然孟子却云：『仁者人也，合而言之，道也。』不知仁與道，又何所分別也耶？」予曰：「孟子此言，即《中庸》『率性之謂道』一句也。蓋仁之一言，乃其生生之德，普天普地，無處無時不是這個生機。山得之而爲山，水得之而爲水，禽獸得之而爲禽獸，草木得之而爲草木，天命流行，物與無妄，總曰『天命之謂性』也。然《禮經》云：『天地之性，人爲貴。』人之所以獨貴者，則以其能率此天命之性而成道也。如山水雖得天性生機，然只成得個山水；禽獸雖得天性生機，然只成得個禽獸；草木雖得天性生機，然只成得個草木。惟幸天命流行之中，忽然生出汝我這個人來，却便心虚意妙，頭圓足方，耳聰目明，手恭口止。生性雖亦同乎山水、禽獸、草木，而能鋪張顯設，平成乎山川，調用乎禽獸，裁制乎草木。由是限分尊卑，以爲君臣之道；聯合恩愛，以爲父子之道；差等次序，以爲長幼之道；辯別嫌疑，以爲夫婦之道；篤投信義，以爲朋友之道。此則是因天命之生性，而率以最貴之人身；以有覺之人心，而弘夫無爲之道體。使普天普地，俱變做條條理理之世界，而不成混混沌沌之乾坤矣。」衆復讚曰：「公祖之言，正所謂人者天地之心，天地設位而聖人成能也。」予曰：「此『心』字與尋常『心』字不同。大衆在此，須用個譬喻他纔明白。蓋人叫做天地的心，則天地當叫做人的身。如天地没人爲主，却像人睡着了時，身子完全現在，却一些無用。天地間一得個堯、舜、孔、孟主張，便像個人睡醒了一般，耳目却何等伶俐，身體却何等快活，而家庭内外却何等齊整也耶！」衆嘆曰：「聖人不生，萬古長夜，此語誠爲至言。今我此身本可以爲堯舜，爲孔孟，而顧自甘於禽獸以同汚賤，自淪於草木以同朽腐，其機誠繫於醒與不醒之間。今日責任，又在於我公祖以先知覺後知，以先覺覺後覺，而使騰衝内外，同一常惺惺焉，乃妙也。」

一生復進而問曰：「人之睡貴於能醒，果然矣。但孟子鷄鳴而起，孳孳爲善，孳孳爲利。雖均一醒，而所爲又有不同，則將奈何？」予曰：「醒與睡，是將他來作個譬喻。睡醒之醒，止從開眼處説醒；覺醒之醒，則從心開處説醒。若以眼開之醒，而即當心開之醒，則自堯、舜、孔、孟之外，而比比以甘同禽獸草木者，豈盡閉眉合眼之人耶？惟須得如今日一堂上下，人人出見本心，則人與仁合，即上司便成上司，僚屬便成僚屬，鄉士夫便成鄉士夫，郡子弟便成郡子弟，豈不人道昭布於此一堂也耶？」曰：「『合而言之』之『道』與『本立道生』之『道』，可相同否？」予曰：「《論語》首言『學而時習』，即繼以『其爲人也孝弟』。蓋孔子之學，只是教人爲人；孔子教人爲人，只要人孝弟。所以又説『仁者人也，親親爲大』，親親即仁。以孝弟之仁，而合於爲人之人，則孝可以事君，弟可以事長，近可以仁民，遠可以愛物，齊、治、均、平之道，沛然四達於天下國家而無疆無盡矣。合而言之，則道豈有不生也哉？」

於是衆共舉手賀曰：「今日滿堂真是個個心目醒然，固未有一家之人皆醒，而盜賊敢窺竊者，莽酋不自此而遠避萬里也耶！」

州衛及諸鄉士夫，復請大舉鄉約於演武場。講聖諭畢，父老各率子弟以萬計，咸依戀環聽不能舍去。予呼進講林生而問曰：「適纔汝爲諸人講演鄉約，則善矣，不知汝所自受用者，復是何如？」林生曰：「自領教來，常持此心不敢放下。」予顧諸士夫嘆曰：「只恐林生所持者，未必是心也。」林生竦然曰：「不是心，是何物耶？」予乃遍指面前所有而示曰：「汝看此時環侍老少，林林總總，個個支着足而立，傾着耳而聽，睜著目而視，一段精神，果待汝去持否？豈惟人哉！兩邊車馬之旁列，上下禽鳥之交飛，遠近園花之芬馥，亦共此段精神，果待他去持否？豈惟物哉！方今高如天日之明熙，和如風氣之暄煦，藹如雲霞之霏密，亦共此段精神，果待他去持否？」林生未及對，而諸老幼咸躍然前曰：「我百姓們此時懽忻的意思，真覺得同鳥兒一般活動，花兒一般開發，風兒日兒一般和暢，也不曉得要怎麽去持，也不曉得怎麽去放，但只恨不曾早來聽得，又只怕上司去後，無由再來聽得也。」曰：「汝諸人所言者，就是汝諸人的本心。汝諸人的心，果是就同着萬物的心。諸人與萬物的心，亦果是就同着天地的心。蓋天地以生物爲心。今日風暄氣暖，鳥鳴花發，宇宙之間，渾然是一團和樂。今日太祖高皇帝教汝等孝順和睦，安生守分，閭閻之間，亦渾然是一團和樂。和則自能致祥。如春天一和，則禽畜自然生育，樹木自然滋榮，苗稼自然秀穎，而萬寶美利，無一不生生矣。況人家一和而其興旺繁昌，所有利益，又何可盡言耶？故適來童子歌詩，謂『樂只君子，邦家之基』，『樂只君子，萬壽無期』。『樂只』二字，亦正是一團和氣之意也。汝輩老者已不必言，若許多後生小子，肯時時忍耐，不使性氣於親長之前，不好爭鬭於隣里之間，不多殺害於六畜之類，以去作喪這一團和樂之意，則千年萬載，長時我在汝騰越地方矣。又何恨其來之遲，而怕其去之速耶？」言訖，皆涇涇涕下。予强止散去。

林生復同諸士夫謂予開示，再四進曰：「公祖謂諸老幼所言，既皆渾是本心，則林生所言者，又何獨不是心耶？」予復嘆曰：「謂之是心亦可，謂之不是心亦可。蓋天下無心外之事，何獨所持而不是心？但既有所持，則必有一物矣。諸君試看，許多老幼在此講談，一段精神，千千萬萬，變變化化，倏然而聚，倏然而散，倏然而喜，倏然而悲。彼既不可得而知，我亦不可得而測，非惟無待於持，而亦無所容其持也。林子於此心渾淪圓活處曾未見得，而遽云持守而不放下，則其所執者，或只意念之端倪，或只見聞之想像，持守益堅，而去心益遠矣，故謂之不是心亦可也。」林生復進而質曰：「諸生平日讀書，把心與意看得原不相遠。今公祖斬然以所持只可是意念而不可是心，不知心與意念如何相爭如此之遠？」予浩然發嘆曰：「以意念也爲心，自孔孟以後，大抵皆然矣。又何怪夫諸君之錯認也耶？但此個却是學問一大頭腦，此處不清，而謾謂有志學聖，是猶煮沙而求作粥，縱教水乾柴盡，而粥終不可入口也。」

諸縉紳請曰：「意念與心既是不同，也須爲諸生指破，渠方不至錯用工也。」予嘆曰：「若使某可得用言指破，則林生亦可得以用力執持矣。」諸君聞而嘆曰：「然則不可着句指破處，便即是心，而稍可着力執持處，便總是意念矣。《易》曰：『復其見天地之心。』林兄欲得天地之心而持循之，其尚自復以自見始。」於是林生及諸師友請於明倫堂，聯四日之會而後别。

客有因予論書稍不費力，徐爲嘆曰：「程子見張子《正蒙》云：片片赤心流出；朱子見周子《太極圖》云：分更分漏。先生苦心，今時在堂諸生，止覺公祖之流出者赤心片片，而未知公祖之分更分漏，原曾經無限苦心來也。」予感君之言，將備述先君先堂教育之勞，與從前愚頑之狀，真是萬苦盡嘗，而猶未免於不肖之歸者，情亦悽切。諸公皆同聲和曰：「古今人品但獲有所成立者，未有不本諸學習；古今之求學習者，未有不經夫苦楚，夫固不止我公祖一人已也。」

予曰：「學必以習，習必以苦，果真如諸公所云矣。但世間百樣難事，皆有人百般苦習。某嘗在静地旁觀極險之地，如過海通番；極危之技，如走索飛鎗；極微之術，如占角讖驗，最艱最妙，而世上諸人，處處時時，未嘗乏絶，此何故哉？亦只緣其初一念精專，便自然各各會到家矣。奈何眼前有兩場事，較之以上諸般，更是平順簡易，却乃未見一人肯上心者？」衆皆愕然問曰：「是那兩場事？」予曰：「爲學而做聖人，爲治而開太平也。夫以上諸般艱難，只因人有個念頭要做，便是諸般皆會。此兩場，簡易直截，比之諸般尤爲百倍。若人果肯上心注意，則豈有帝王以後，更無善治，而孔孟以後，更無真儒也哉！此決知非聖人之難做，太平之難開，但只緣吾人一念之未切耳。」於是諸君咸撫然動色，惻然興懷，而慨然命予書之，以爲立志之盟約云。

孫羅懷義　懷禮　懷智　懷信

懷敬　懷忠　懷祖　懷本

曾孫羅萬會　萬象　萬貞　萬里

起元等重梓

近溪子集　數

楚黄友人耿定向評

問：「『學而時習』，爲《論語》開卷第一義也。今以『聖時』之『時』爲釋，真得夫子達己達人之心，且明彰其仁道生生之妙矣。但不知學者用功，即隨現在之動静語默，爲吾心感通時出者而習之乎？亦必如孟子所謂乃所願則學孔子，以聖賢經書所載，時中之矩，則成法而習之已乎？」

曰：「天之生人，蓋無有一理而不渾涵于其心；吾心之理，亦無有一時而不順通於所感。蓋自孩提之愛敬而已然矣。但行矣不著，習矣不察，天生斯民，必先知以覺後知，先覺以覺後覺。今學者爲學，其道術亦多端，使非藉先覺經書啓迪而醒悟之，安能的知『聖時』之『時』而『習』之也哉？然所覺習之時，又何嘗外吾本心之自然順應者而他有所事也哉？即吾夫子以時而聖，雖自孟子而始表揚，然究言其所由來，亦自三絶韋編於伏羲、文王、周公之《易》，苦心悉力而後得之。想像當日祖述憲章，上律下襲，即其已然之迹，而反求於自然之心，復以所深造而自得者，於古人先得我心之同然而印證之，故能通古今，達變化，而成時中之大聖也。故曰：『我非生而知之，好古敏以求之者也。』今吾人欲學時習，則亦求之《易》而已矣。蓋天道人心，總原是一個生理。天以生生而成時，心以生生而習乎其時，故生生之謂易。易也者，變通以趍時者也。六十四卦，聖人示人習時之大綱；三百八十四爻，則其節次也。以《大象》推之，如曰『天行健』，則統論其時；『君子以自强不息』，則統論習乎其時也。以《爻象》推之，如曰『乾之初九』，則詳言其時；『潛龍勿用』，則又詳言習乎其時也。其初，則觀天之時以通吾心之時；其既，則以吾心之時而希天之時。及其終而純且熟也，則天之時即吾之時，吾之時即天之時，聖同天，不其深乎？是之謂『維天之命，於穆不已』。説天之時者，莫辨乎此矣。聖人純於天道亦不已，説明習者，莫辨乎此矣。愚嘗謂：善學《易經》者，先明《乾》之一卦；善學《論語》者，先『時習』一章。蓋一明則皆明，一誤則皆誤。凡此皆吾夫子平生精神心髓，盡底吐露，以與後學共透天關而躋聖域，所謂仁天下萬世而無疆無盡者也。有志學孔者，幸共深省。」

座中因論孔子答仲弓問仁與答顏淵問仁，今説者似謂其相去遠甚。某看其所謂勿視聽言動，與勿施於人，其勉强着力處亦大相類也。已而大衆互相詰難，至不可解。予曰：「孔門以仁爲宗，諸君且説如何方始是仁？」辯者曰：「心之德，愛之理，此是近日講義所云，某看却又不如心公理得，然又不如全體不息也。」有應之者曰：「此皆費力，總不如聖人自解曰『仁者人也』，何等簡便！何等明快！」予曰：「子謂『仁者人也』，果如俗語『是個人，即是個仁』耶？此却枯淡無味，猶禪家所謂自了漢也。試觀聖人口氣，説『克己復禮』，只『己』字未了，便云『天下歸仁』。説『己所不欲』，亦『己』字未了，便云『勿施於人』。真是溥天溥地，渾是一個仁理生生，便渾天渾地，合成一個大大的人，而更無彼此也。且如目前在會亦數十輩人，人人共聽辯論，却是數十輩而共一耳也；人人共看着辯論，却是數十輩而共一目也；又人人心中記憶吟哦許多辯論，却是數十輩而共一心、共一口也。天體貫徹而不容二，天機踴躍而惡可已。仁者人也，豈不真名言也哉！」問曰：「此等論仁，道理果然明通，但不知學者却如何下手？」予曰：「仁既是人，便從人去求仁矣。故夫子説『仁者人也』，下即繼以『親親爲大』。謂之曰『爲大』，蓋云『親其親』，不獨親其親，直至天下、國家，親親、長長、幼幼，而齊、治、均平也。此則所謂人上求仁，又所謂中心安仁，盡天下而爲一人者也。」於是諸君同聲約曰：「茲會也，其容一人而或外也哉？又其容一時而或離也哉？」

問：「吾人在世，不免身家爲累，所以難於爲學。」曰：「此言却倒説了，不知吾人在世，只因以學爲難，所以累於身家爾。即如座間纔歌邵子詩云『三十六宮都是春』，夫天道必有陰陽，人世必有順逆，今曰『三十六宮都是春』，則天道可化陰而爲純陽矣。夫天道可化陰而爲陽，人世獨不可化逆而爲順耶？然此非君子不近人情有所勉强於其間也。蓋『維天之命，於穆不已』，君子之道通於天道，亦不已也。天命不已，是曰生生，生則變化不測，即陰而陽固未嘗不在也；純亦不已，是曰『仁心』，仁則體物不遺，即逆而順未嘗不在也。故能以仁存心，則是與生爲徒；與生爲徒，則是以天自處，夫是之謂學也。吾人只能專力於學，則精神自然出拔，物累自然輕渺。莫説些小得失、憂喜、毁譽、枯榮，即生死臨前，而且結纓、易簀、曳杖逍遥，孔、曾師徒豈皆作而致其情也耶？要之，仁理生生，原無死地，人若其中透過，真是時時赤子，而步步天堂也。雖千年萬載，何異瞬息間哉？大衆合共勗諸！」

問：「仁者見之謂之仁，智者見之謂之智，百姓日用而不知。今欲知此日用，却不也與仁智之見相似耶？」座中有應之者曰：「見之與知，自是兩樣，見原敵知不過，故善學者須要不落見聞。」又有辯之者曰：「聖賢道統，亦説見而知之、聞而知之。《易經》亦云『乃見天則』、『復見天心』，故道理只在活看。若云不落見聞，此語則某所不解也。」予曰：「二君之論，意本相通，而語自矛盾爾。蓋不落之云，即所以爲活；而所云活者，亦即不落之别名也。若理看得活，則見亦是聞，聞亦是知，何有兩樣，何得復爲相敵？若不活而落於一偏，則豈惟見聞有妨於知，即知亦未嘗不自病自窒也，又豈待見聞而始相妨也耶？」

辯者又曰：「詩云：『不識不知，順帝之則。』某意謂聖人其初也要知識，久則知識忘而不用也。」曰：「此理也須活看，所云不知識而順天則者，非全不用知識，正是不著人力而任天之便，以知之識之云爾。蓋心之應感，若非知識，則天則無從而顯且現也。」

辯者復曰：「某想天則之知，正不慮而知之『知』，此只本體之知也。若非用思慮工夫，則本體之知，亦安能以擴而充之耶？」予嘆曰：「世俗云『驢頭不對馬嘴』，言物之各從其類也。夫心體固須擴充，但本體之知，原出不慮，則擴充之工，又豈容閑思而雜慮爲哉？《大學》謂慮而後得，而必先之曰『安而后能慮』，噫！非定静之慮，而求天體之得也，其真驢頭而對馬嘴也哉？」

問：「慈湖謂誠意、正心，《大學》層節太多，似非孔子之書，何如？」曰：「心、意、知、物等字，原非始於《大學》，六經中亦往往言之。亦非止六經言之，反之胸中，實是有個虚涵之體。而虚涵應感，自意思有個擬議之端，而其虚涵感應，又莫非知體靈明貫徹也。此雖一切世人皆然，況聖人乎？」曰：「既一切世人皆然，則《大學》又何必許多功夫也？」曰：「知意與心，原與天同體，人累於物不免私小，今教之以《大學》，正是欲其學乎大也。學大則必加意天下國家，方爲誠切；心統乎天下國家，方爲中正。如此方是能知天下之大本而爲物格，乃是能立天下之大本而爲身修。慈湖是欲人一處用功，故約而言之，非便謂等節可廢也。」

問：「《大學》以修身爲天下國家之本，如何方是修身？」曰：「致良知則修其身矣。」曰：「如斯而已乎？」曰：「致良知則家齊，國治而天下平矣。夫良知者，不慮不學，而能愛其親，能敬其長也。故《大學》雖有許多功夫，然實落處只是上老老而民興孝，上長長而民興弟。故上老老、上長長，便是修身以立天下之本；民興孝、民興弟，便是齊、治、平而畢修身之用也。天德王道，一併打合，便是孔子平生所志之學，其從心不踰之矩，即此個絜矩之道是也。統而言之，却不只是一個致良知耶？故曰：古之欲明明德於天下，大學之道備矣。」

問：「致中和，其義何如？」曰：「聖賢

學術，須先見得大處，即如今時見人氣質從容，應事妥貼，亦有目爲中和者，此則僅足善其一己，而天下國家，未必推行得去。故《大學》、《中庸》，開口便説個天下，正欲恢擴吾輩器局，聯屬天下以成其身。中則爲大中，和則爲太和，非是尋常小小家數，蓋其根原自有慎獨中來。所謂慎獨者，正是出類拔萃、頂天立地，卓然一身於天地間也。如此志願以爲工夫，如此工夫以畢志願，則天地萬物渾爲一己。當其喜怒哀樂未施設作用時，其體段精神，已包涵無外，天下事幾皆從其中妙應，而爲天下大本也。當發用施設時，則一怒或可以安天下之民，一喜或可以造天下之福，中間節目，皆足以和平天下，而爲天下之達道也。故以天下大本形容慎獨聖人，其中藏原非小可；以天下達道形容慎獨聖人，其發用無不貫通處也。中和致極如此，果是包含徧覆，大哉聖人之道！洋洋乎發育萬物，峻極于天矣。」

問：「致知與慎獨何别？」曰：「不同。」曰：「何爲不同？」曰：「其工夫有先後也。」曰：「『獨』是獨知。既是獨知，原是一個知，則慎獨與致知，又豈容有先後耶？」曰：「學者未詳耳。《大學》分明説『物格而後知至，知至而後意誠』。今觀慎獨是誠意時事，則致知當在誠意先也。」曰：「然則『獨』非獨知乎？」曰：「『獨』是虞庭『一』字，亦即孔子所謂『一貫』的『一』字也。」問者躍然曰：「把『一』字作『獨』字看，甚是痛快。則『致知』可即是『惟精』否？」曰：「豈止如此！修身以齊治平，亦即是『允執其中』也。若在《中庸》，尤爲明白。如曰『莫見乎隱，莫顯乎微』，却是『惟精」，慎獨却是『惟一』；下文『中者天下之大本』，却是『執中』。虞庭宗旨，至孔子發盡無餘，何可輕易分合也哉！」

問：「人心之知，本然常明如此，此大學所以首重於明明德也。」曰：「聖人之言，原是一字不容增減。其謂『明德』，則德只是個『明』，更説個有時而昏不得。如謂『顧諟天之明命』，亦添個有時而昏不得也。」曰：「明德如是，何以必學以明之也耶？」曰：「《大學》之謂『明明』，即《大易》之謂『乾乾』也。天行自乾，吾乾乾而已；天德本明，吾明明而已。故知必知之，不知必知之，是爲此心之常知，而夫子誨子路以知，只是知其知也。若謂由此求之，又有可知之理，則當時已謂是知也，而却猶有所未知，恐非夫子確然不易之詞矣。今將本文誦之自見。」曰：「從來見《孟子》説『性善』，而《中庸》説『率性之謂道』，《孟子》説『直養』，而孔子説『人之生也直』，常自未能解了。蓋謂性必全善，方纔率得；生必通明，方纔以直養得。奈何據諸家議論，皆云性有氣質之雜，而心有物欲之蔽。夫既有雜，則善便可率，惡將如何率得？夫既有蔽，則明便直得，昏則如何直得？於是自心亦疑惑不定，將聖賢之言，作做上智邊事，只得去爲善去惡，而性且不敢率；只得去存明去昏，而養且不敢直。卒之愈去而惡與昏愈甚，愈存而善與明愈遠。今日何幸得見此心知體，便自頭頭是道，而了了皆通也耶！」曰：「雖然如是，然却不可遂謂無善惡之雜，無昏明之殊也。只能彀得此個知體到手，則便憑我爲善去惡，而總叫做率性；儘我存明去昏，而總叫做直養無害也已。」

問：「既曰仁即是心，心即仁，如何却説『回也其心三月不違仁』耶？」曰：「是因學者心有不仁時説來，乃見顔子心不違仁也。如逐物以放其心，則此心之體已化爲物，物則不通不神矣。顔子克己復禮，便心不着物，即流通神妙，心又非仁如何？故不違仁者，正心即是仁，仁即是心處也。」

問：「不遷怒，不貳過，可是不違仁否？」曰：「此心之體，其純乎仁時，圓融洞徹，通而無滯，瑩而無疑。恒人學力未到，則心體不免爲怒所遷，爲過所貳也。顔子好學純一，其樂體常是不改。樂體不改，則雖易發難制之怒，安能遷變其圓融不滯之機耶？其明體常是，復以自知明。常自知，則過未嘗行，雖微露於恍惚之中，自隨化於幾微之頃，又安足以疑貳其洞徹靈瑩之精耶？故《易經》一書，只一《復》卦，便了却天地間無限的造化；顔子一生，只一庶幾，便了却聖神無限的工夫。蓋復是陽德，陽則生活，而樂在其中；陽則光明，而知在其中。孔子要形容顔子善學而難爲言，故借怒不遷以顯其樂體，借過不貳以顯其知體也。學者但將孔顔論學處細細對過，便自見得此難以口舌争也。」

諸友静坐，寂然無譁。良久，有將欲爲問難者，乃止令復坐，徐徐語之曰：「諸君當此静默之境，能澄慮反求，如平時燥動，今覺凝定；平時昏昧，今覺虚朗；平時怠散，今覺整肅。使此心良知，烱烱光徹，則人人坐間，各各抱一明鏡在於懷中，却請諸君將自己頭面對鏡觀照。若心事端莊，則如冠裳濟楚，意態自然精明，若念頭不免塵俗，則蓬頭垢面，不待傍觀者恥笑，而自心惶恐，又何能頃刻安耶？」

或問：「孟子三自反，可是照鏡否？」曰：「此個鏡子，原得于造化爐中，與生俱生，不待人照，而常自照人，纖毫瞞他不過。故不忠不仁，亦是當初自己放過。故自反者，反其不應放過而然，非曰其始不知，後因反己乃知也。」

曰：「吾儕工夫，安能使其常不放過耶？」先生喟然嘆曰：「羞惡之心，人皆有之，誰肯蓬頭垢面以度朝夕也耶？」

問：「知之本體，雖是明白，然學者之病，常苦於隨知隨蔽，又將奈何？」曰：「諸友試說汝心如何謂隨知，如何却謂隨蔽耶？」有應者曰：「如子路强其所不知以爲知，即是蔽處。」又有應者曰：「此亦只是知得不真，便會蔽。若志氣的確要去爲善之時，則外物私欲，即自然蔽他不得了。」

曰：「諸友若要理會孔孟經書，做孔孟門中人品，先要曉得孔孟之書之言，與今時諸家講套集說不同。諸說所論的道理，另是一樣道理；諸說所論的工夫，却另是一樣工夫。與孔子、孟子所論的道理，所用的工夫，真如天淵之相遠，又如水火之相反，決不可以今時諸家集說，去解《論語》、《孟子》，亦不當謂《論語》、《孟子》即是今時諸家集說之所云云也。何則？如今時諸說，說到志氣的確要去爲善，而一切私欲不能蔽之，其善是何等的好！汝獨不思，汝心之知之爲知之，不知爲不知，其光明本體，豈是待汝的確志氣去爲出來耶？又豈容汝的確志氣去爲得來耶？」其友默然良久曰：「誠然，此知非從爲中出來，亦誠然非可容人爲得來也。」

曰：「此心之知，既果不容人去爲得，

則類而推之，亦恐不容人去蔽得。既果不容人去蔽得，則子路雖强所不知以爲知，其本心之知，亦恐不能便蔽之也已。」其友亦默然良久曰：「誠然，此知非一切所得而蔽之也。」

於是滿座皆浩然發諸慨嘆曰：「吾儕原有此個至寶，❶爲又爲不得，蔽又蔽不得，神妙圓明，極其受用。乃自孔孟去後，❷埋没千有餘年，不得見面。隨看諸家之説，以迷導迷，於不容爲處，妄肆其爲；於不容蔽處，妄疑其蔽，顛倒於夢幻之中，以終生卒歲。顧於孔孟真實境界，純粹底裏，却將求乎善而日遠乎善，將去乎蔽而日增其蔽，徒受許多苦楚，而不能脱離，豈知只在一言，❸而頓皆超拔也耶！願悉書之以告所未聞者。」

問：「《中庸》『天命之謂性』，是説道之本源；『率性之謂道』，是聖人分上事；『修道之謂教』，是賢人分上事。此論是否？」余曰：「陽明先生修道説云：率性一言，是『誠者也』；修道一言，是『誠之者也』。」一友復曰：「豈惟陽明，《中庸》固自分之矣，不曰『自誠明謂之性，自明誠謂之教』乎？」大衆論遂紛紛，問者難曰：「然則戒懼慎獨，俱只賢人分上事，所謂堯之兢兢、舜之業業者，彼皆非耶？」余徐爲解曰：「古人著書，都是直述目前實事。今且將書本姑置，只論吾輩相聚在此爲着甚的來。豈非講究身心靈明，原日天地爲何均賦？人物如何同體？今日身心靈明，如何方與天地相通？如何方與人物爲一？

❶「寶」，原誤作「實」，今據杜應奎本改。
❷「孟」，原誤作「子」，今據杜應奎本改。
❸「言」，原誤作「口」，今據杜應奎本改。

精光透露，神氣昭臨，使身心之靈者不失其爲靈，明者不失其爲明。所以説莫見乎隱，莫顯乎微，而不見不聞之地，無非戒謹恐懼之功。此無他，蓋天地之靈明洞徹，則身心之敬畏自嚴，賢人固以是而入，聖人亦以是而純，分位有不相同，工夫實無一致。雖《中庸》言意不可妄爲分析。要之，『天命』、『率性』二句，似啓乎修道之端；而『修道』一句，似卒乎天命率性之藴。不分聖賢，以至吾人，均以知性爲先，所謂智之事；均以盡性爲後，所謂聖之事。『先後』二字，亦只强言其實。初先之時，❶自然已不住修；末後盡時，自然更妙於知。試觀《中庸》一書，前頭條分縷悉，何等精詳；後面窮神知化，何等融液。分明天命三句，只是一直説下，而不至盡性，不足以成教也。聊述愚忱，以竢裁正。」

問：「大人不失赤子之心，其説維何？」曰：「凡看經書須先得聖賢口氣。如此條口氣，則孟夫子非是稱述大人之能，乃是贊嘆人性之善也。蓋今世學者，往往信不過孟子性善之説，皆由識見之不精；其識見之不精，又皆由思致之不妙。觀《孟子》他章論君子所性，仁義禮智根於心。夫根本者，枝葉之所由生者也。不究其所由生之根本，又安能透得夫枝葉之所以爲善也哉？」

曰：「今世解者，謂大人無所不知，無所不能，而赤子則亦無所知，一無所能。此解果得根本乎？亦還只在枝葉而已也？」曰：「心性是一個神理，雖不可打混，然實不容分開。如曰：知得某事善，能得

❶「之」，杜應奎本作「知」。

某事善。此即落在知能上説善，所謂善之枝葉也。如曰：雖未見其知得某事善，却生而即善知；雖未見其能得某事善，却生而即善能。此則不落知能説善，而亦不離知能説善，實所謂善之根本也。人之心性，但愁其不善知，不愁其不知某善某善也；但愁其不善能，不愁其不能某事某事也。類觀夫赤子之目，止是明而能看，然未必其看之能辨也；赤子之耳，止是聰而能聽，然未必其聽之能别也。今解者只落在能辨能别處説耳目，而不從聰明上説起，所以赤子、大人，不惟説將兩開，而且將兩無歸着也。嗚呼！人之學問，止能到得心上，方纔有個入頭。據我看孟子此條，不是説大人方能不失赤子之心，却是説赤子之心，自能做得大人。若説赤子之心止大人不失，則全不識心者也。且問天下之人，誰人無心？誰人之心不是赤子原日的心？君如不信，則請徧觀天下之耳，天下之目，誰人曾换過赤子之耳以爲耳，换過赤子之目以爲目也哉？今人言心，不曉從頭説心，却説後來心之所知所能，是不認得原日之耳目，而徒指後來耳之所聽、目之所視者也。此豈善説耳目者哉？噫！耳目且然，心無異矣。」

問：「某觀今古儒先之言心者衆矣，然未有親切如先生者。」余詰曰：「子何以知其言之爲親切耶？」

曰：「每嘗言心，多只從己身分上説起，便體段狹隘，不見萬物一體之妙。此今聽教，則覺無天無地，無人無物，渾然共個虚靈，至其各人身中所謂心者，不過是此虚靈發竅而已，惡得以物我而異之也哉！」余默然良久曰：「如此言心，恐猶然未見親切也已。蓋『心之精神是謂聖』，聖者，神明而不測者也。故善觀天地之所以生化人物，人物之所以徹通天地，總然此是神靈，以充周妙用，毫髮也無間，瞬息也不遺，强名之曰『心』，而人物、天地渾淪一體者也。子果於此體見得親切，則言下便自潔淨精微。若要語意精潔，須如精神謂聖，又須如神明不測，方是專主靈知，而直達心體也。至若靈而謂之虚者，不過是形容其體之浩渺無垠。又靈而謂之竅者，不過是形容其用之感通不窒。實在心之爲心也，原天壤充塞，似虚而實則非虚；神明宥密，似竅而實則無竅。今合虚靈與竅而並言之，則語非潔淨，理欠精微，所以知子之所見，猶未爲親切也已。幸再思之，幸共勉之。」

問：「心體寂然不動，感而遂通，雖似有個體用，但恐終是分折不得。」

曰：「此心在人，原是天地神理，寂之與感，渾涵具在。言且難以着句，況能指陳而分折之也耶？但其妙用，則每因人互異。故即心而言，其初只是一樣。若即人而論，則世固有知爲學與不知爲學之分；人之爲學，又有善用功與不善用功之別。其不知爲學者，姑置勿論矣；即雖知爲學者而工夫草次，則亦往往不向本源求個清瑩，輒於末流圖之。或當無事之時，而着意張主；或於有感之際，而盡力祛除，然見未透徹，把捉愈難，不惟寂體背馳，即感應亦未能安妥也已。惟夫明睿過人，資近上智者，則工夫不肯妄用，而汲汲以知性爲先，究悉名言，詢求哲士，體察沉潛，而性命之蘊，能默識心通，便自朝至暮縱應感紛紜，却直養無害之功，如如自在，静定不遷之妙，寂照圓通。世人則終身滯泥於應感之偏，而至人則無日無時，而不從容於不動之中矣。」曰：「今世有堅忍强學者，雖心體未透，然工夫深久，亦能於事變不動，誰説其終不能寂也？」曰：「此心至靈，何所不有？若果强而求之，豈惟事變不動，禪家二乘者流，其坐入静定，固千百餘歲而一念不起，然自明眼觀之，終是凡夫，而此心真體，則毫無相干也。可不慎歟！」

問：「君子深造以道，其道即率性之道否？」曰：「近世諸儒亦有如此作解者，但熟讀《孟子》語意，則甚未妥帖。」曰：「然則果如集註舊説乎？」曰：「雖近似而亦未得的確。若要的確，則雖從頭説將起來。蓋『維天之命，於穆不已』，則人之所性，皆可率而爲道。然而非其至者，必修道成全，而爲大聖人；然後性命之學，可以立教而曰大人之學之道也。蓋隆古聖神，自克明峻德，以親睦九族，平章百姓，協和萬邦，而爲人倫之至。故大學之道，在明德、親民、止至善也。今時爲學者，皆以意爲學；而説學者，亦皆以意爲説。故雖有可觀，而道實小道，達之天下，通之萬世，而致遠則泥也。是以孔夫子之志學，孟夫子之願學，所學則皆大學之道，以此深造，則雖忘食忘憂，却信古好古，以直探性命之微，而悉憑至善之矩。着力固極奮鋭，辨擇尤極其精詳，久之涣然冰釋，怡然理順，則我即聖心，聖即我體，豈不渾渾融融，聯屬中國爲一身，統會萬古爲一息哉？如是而自得之妙，居安資身之益，以至左右逢原之歸，固不待辯説而其理自見矣。」

問：「『萬物皆備』一章，其説何如？」

曰：「有宋大儒，莫過明道；而明道先生入手，則全在學者先須識仁；而識仁之説，則全是體帖『萬物皆備於我』一章。今學者能於孔門求仁宗旨明了，則看孟氏此章之説，其意便活潑難窮矣。蓋天本無心，以生物而爲心；心本不生，以靈妙而自生。故天地之間，萬萬其物也，而萬萬之物，莫非天地生物之心之所由生也；天地間之物，萬萬其生也，而萬萬之生，亦莫非天地之心之靈妙所由顯也。謂之曰『萬物皆備於我』，則我之爲我也，固盡品彙之生以爲生，亦盡造化之靈以爲靈。此無他，蓋其生其靈，渾涵一心，則我之與天，原無二體，而物之與我，又奚有殊致也哉！是爲天地之大德，而實物我之同仁也。反而求之，則我身之目，誠善萬物之色；我身之耳，誠善萬物之音；我身之口，誠善萬物之味；至於我身之心，誠善萬物之性情也哉！故我身以萬物而爲體，萬物以我身而爲用。其初也，身不自身，而備物乃所以身其身；其既也，物不徒物，而反身乃所以物其物。是惟不立而身立，則物無不立；是惟不達而身達，則物無不達。蓋其爲體也誠一，則其爲用也自周。此之謂君子體仁以長人，亦所謂仁人順事而恕施也，豈不易簡，豈非大樂也哉！其有未誠者，事在勉强而已；勉强云者，强求諸其身也；反求諸身者，强識乎萬物之所以皆備焉爾也。果能此道，則雖愚必明，雖柔必强。物我相通之幾，既體之信而無疑，則生化圓融之妙，自達之順而靡滯矣，尚何恕之不可行？又奚仁之不可近也哉？故欲思近仁，惟在强恕；將圖行恕，必務反身。然反身莫强於體物，而體物尤貴於達天，非孔門求仁之至藴，而軻氏願學之的矩也歟哉！」

問：「静工固在心中體認，亦有要否？」曰：「周子謂無欲爲静，則無欲爲要。但所謂欲者，只動念在軀殼上取足求全者皆是，雖不比爲俗情受用，然視之冲淡自得，坦坦平平，相去天淵也。」曰：「孔子蔬水，顔子簞瓢，皆自有其樂者，恐正是此去處得力否？」曰：「豈惟孔、顔哉！從古聖賢，未有不在此中安身立命者。」

一友中夜興嘆，因起問曰：「何嘆也？」曰：「先生云學在孝弟。某有繼母，初雖不順，後委曲事之，亦能得其懽心。至有一弟粗率屢年，化之終不見從，須是何如用功？」曰：「君亦曾擇好友與之處否？」曰：「未也。」曰：「即此便見汝愛弟未至處。夫兄弟，手足也。若汝手傷血流，則呻吟號呼，求人問藥，肯少停時刻哉？」此友感泣悟，余因偏呼仕途諸君曰：「手足且然，君父則吾元首、心腹也。吾輩有志明時，顧乃優游卒歲，護持解呻吟之痛，而調理無號呼之切，徒悼嘆於堯舜君民之難，而治平之不可親見也，罪將何所逃哉？」衆共誓言而興曰：「如復有不切於心者，鬼神將陰擊之。」

一友自述其平日用工，只在念頭上纏擾，好静惡動，貪明懼昏，種種追求，便覺時得時失，時出時入，間斷處常多，純一處常少，苦不能禁。方悟心中静之與動，明之與暗，皆是想度意見而成，感遇或殊，則光景變遷。自謂既失，乃或倏然形見；自謂已得，乃又忽然泯滅，總無憑準。於是一切醒轉，更不去此等去處計較尋覓，却得本心渾淪，只不行分別，便自無間斷。

譬如坐在此大廳中，則凡門户磚瓦，❶皆是此廳，即行動轉旋，❷莫非我廳矣。真是坦然蕩蕩，而悠然順適也。或詰之曰：「汝謂此心渾淪，常時無間，其於本體誠然，但不知學問工夫，却在那處？」旁一友從而質曰：「兄試説他此心渾淪，常無間斷，果是？果不是？」曰：「如此渾淪，豈有不是之理？」曰：「如此渾淪是了，又豈有不筭學問之理？」詰者曰：「然則善都不消爲，而惡亦不必去耶？」旁友不能答。先生乃代之言曰：「亦只患他的渾淪不到底爾。蓋渾淪順適處，即名爲善，而違礙處，便名不善也。故只渾淪到底，即便不善化而爲善也，非爲善去惡之學如何？」衆皆有省。

問：「晚來先生答友人工夫切實之問，却云今時爲學，只從意念上知覺，此似切實而非切實。蓋存想意念，原非本心，而住守覺照，亦異真知也。」一友辨云：「意念上存想，果然未徹本心。至於舍却覺照，則吾人工夫漫然無可致力處矣。」余曰：「心之與知，原自相因，固未有其知不真而能得本心者。今且姑置此心勿論。吾儕今日，却好趁着大衆佳會，放懷盡興，將知體磨礱一番，到得知真時，則其心方真；心知圓渾融，而大人能事乃可畢也。」

問曰：「此心知體，不過只是虚靈，豈復更有别物？」余曰：「虚靈固無别物，而人見則有淺深。若淺泛而觀，則具衆理而應萬事，即童蒙誦習，已於此心虚靈似無不解，却原來只是個影響之見，去真知之體，何啻天淵！蓋吾人爲學，云是學聖。

❶「則」，原誤作「剛」，今據杜應奎本改。
❷「動」，原脱，今據杜應奎本補。

聖者，通明者也；通明者，神明而不測者也。故明可測則不神，明不神則難通。謂之通者，天地人物原是一個。即如乾知太始，坤作成物，雖乾坤亦是此個『知』字。今問諸公乾之爲知，果是如何？」一友答曰：「知即主也。易之卦爻，俱是以乾作主。如吾此心亦是以知作主也。」

余曰：「人心既是以知作主，而天心却不是以知作主耶？止因今世認知不真，便只得把『主』字來替『知』字，不想天若無知，也做主不成也。《易》謂『極深研幾』，又謂『窮神知化』，俱是因此知體難到圓通，故不得不加許多氣力，不得不用許大精神。今學者纔畧理會得通，便容易把個字眼來替，只圖將就作解，豈料錯過到底也！要之，欲明此心，須先見《易》；欲求見《易》，必在遇人。某至冥頑，於世情一無所了，但心性話頭却是四五十年分毫不改。蓋緣起初參得人真，遇得又早，故於天地人物，其神根源，直截不留疑惑。所以擡頭舉目，渾全只是知體著見；啓口容聲，纖悉盡是知體發揮。更無幇湊，更無假借，雖聽者未必允從，而吾言實相通貫也。惟願吾儕大衆，共堅一心，共竭一力，心堅力竭，則不患不通一個真知，不患不成一個大聖也已。」

問：「良知宗旨，固重在覺悟，但不識如何起手，後却如何結果？」曰：「孟子云：『可欲之謂善。』只此一語，起手也在是，結果也在是。」曰：「此語謂之起手則可，如何却便謂之結果也？」曰：「人若不認得結果，東西明白分曉了，則其起手，亦必潦草混帳，所用工夫，亦必不能精采奮厲而勇往無疑也。即如説一個善爲可欲，便須審實如何爲可欲也。其可欲之實審見一分，則其欲之之念自切一分；其可欲之實審見十分，則其欲之之念又自切十分也。故聖賢之學於起手處便即可結果，若不可結果的東西，必不與他起手。蓋此『善』字，即是性善『善』字。性爲固有，便是信有諸己；性本具足，便是美可充實。性自生，惡可已，便是大有光輝。性原不慮不學，而應用無方，便是化不可爲，神不可測也。只些些子善中，包涵無限造化，所以雖求不欲，自不能不欲也。故隨其所欲之淺深，而名其善之大小，信是以吾欲之而成其信，美是以吾欲之而成其美，大是以吾欲之而成其大，神化是吾欲之之極而成其神化也。到底只是這性善以爲種子而生成之，別無一毫道理增益；亦到底只是這可欲以向往而培植之，別無一毫心力助長也。譬則今人初産一個赤子，視諸成人的，固有大小强弱之異，然耳目、口鼻、四肢、百骸，渾身全備，比成人不減分毫，順而養之，則日異一日，歲長一歲，及其成人，亦即原先赤子成之。但人父母見得分明，信得透徹，便肯歡喜撫抱，而奈煩等待也。」或嘆曰：「然則孩提之童，不止可以明吾良知宗旨，而亦可以作吾用功樣子也。奇哉！孟子真教萬世無窮也哉。」

會中有問及人家宗法者，先生爲嘆曰：「豈惟此自然哉！人心亦有之。」或問曰：「吾心之宗何如？」曰：「宗也者，所以合族人之渙而統之同者也。吾人之生，只是一身，及分之而爲子姓，又分之而爲玄曾，久分而益衆焉，則爲九族。至是各父其父，各子其子，更不知其初爲一人之身也已。故聖人立爲宗法，則統而合之，由根以達枝，由源以及委，雖多至千萬其形，久至千萬其年，而觸目感衷，與原日初生一人一身之時，光景固無殊也。董子曰：『道之大原出於天，天不變，則道亦不變。』夫天之爲命，本只一理，今生爲人爲物，其分甚衆，比之一族，又萬萬不同矣。於萬萬不同之人之物之中，而直告之曰：大家只共一個天命之性。嗚呼！其欲信曉而合同也，勢亦甚難也。苟非聖賢有個宗旨，以聯屬而統率之，寧不愈遠而愈迷亂也哉！於是苦心極力，説出一個良知；又苦心極力，指在赤子孩提處見之。夫赤子孩提，其真體去天不遠，世上一切智巧心力，都來着不得分毫，然其愛親敬長之意，自然而生，自然而切，濃濃藹藹，子母渾是一個。其四海九州誰無子女？誰無父母？四海九州之子母，誰不濃濃藹藹、渾是一個也哉？夫盡四海九州之千人萬人，而其心性渾然只是一個天命，雖欲離之而不可離，雖欲分之而不能分。如木之許多枝葉，而貫以一本；如水之許多流派，而出自一源。其與人家宗法正是一樣，規矩亦是一樣意思。人家立宗法，意思是欲知得千身萬身，只是一身；聖賢明宗旨意思，是欲後世學者，知得千心萬心，只是一心。既是一心，則説天即是人可也，説人即天亦可也；説聖即是凡可也，説凡即是聖亦可也；説天下即一宗可也，説一宗即天下亦可也；説萬古即一息可也，説一息即萬古亦可也。四書五經中，無限説中説和，説精説明，説仁説義，千萬個道理，也只是表出這一個體段；前聖後聖，無限立極立誠，主敬主静，致虚致一，千萬個工夫，也只是涵養這一個本來；往古來今，無限經綸宰制，輔相裁成，底績運化，千萬個作用功業，也只是了結這一個志願。若人於這一個不得歸着，則縱言道理，終成邪説；縱做工夫，終是詖行；縱經營事業，亦終成霸功，與原來不慮而知，不學而能，天然不變之體，又何啻霄壤也哉！却如人家子孫衆多，各開門户，各立藩籬，無宗以統而一之，其不至於相殘相賊，而流蕩無歸者無幾矣。」會衆躍然起而謝曰：「今日乃知合天下萬世以爲宗，而宗始大也。請書以示天下萬世。」

問：「學者立心向道，亦自有懇切者，但入門下手之方又在何處？」曰：「吾儒學術，原宗孔門；孔門之教，全是求仁。然自己解註，只説『仁者人也』，説『仁者人也，親親爲大』。至孟子，又直截指出：天下之人，其初皆是孩提赤子，然不慮不學，却皆知得愛親敬長，此可證人即便仁，亦可知仁必以親親爲大也。故曰：『人皆可以爲堯舜。』是見得人皆有此良知也。又曰：『堯舜之道，孝弟而已矣。』亦是見得堯舜也只是此個良知也。學者入道，從此處起手，便是桃李之核，着土定生桃李，五谷之種，着土定結五谷。蓋從不慮而知，便可到聖人之不思而得；從不學而能，便可到聖人之不勉而中。而親親、長長，以致達之天下，便即種核之着土而生之，惡可已而結桃李、成五谷時也。」

問：「今時諸士子，祇徇聞見讀書，逐枝葉而無根本，不知何道可反兹末習也？」曰：「枝葉與根本，豈是兩段？觀之草木，徹首徹尾，原是一氣貫通。若首尾分斷，則便是死的，雖云根本，堪作何用？要之，還看吾輩用功志意何如？若是切切要求根本，則凡所見所聞，皆歸之根本。雖解牛斲輪之賤技，鳶魚庭草之微物，古人俱得以明心見道，而況五經四書，尤聖賢精蘊所寄者乎？若是個尋枝覓葉的肚腸，則雖今日儘有玄談至論，亦將作舉業套子矣。」

一友平素執持懇切，久覺過苦，來求見一脱灑工夫。乃止之坐曰：「汝且莫求工夫，某亦無暇與汝説。但同衆講會，隨時臥食，待數日有暇，再共商量。」旬日，其友躍然喜曰：「近覺中心生意勃勃，雖未嘗用力，而明白洞達，自可愛樂。」曰：「汝信得當下即是工夫否？」曰：「既承指示，亦能信得。不知何如乃可不忘失也？」曰：「忘原與助對。汝欲不忘，即必有忘時，所謂引寇入屋者也。故孔孟設科，不追其既往，不逆其將來，豈止以此待人，亦常以此處己。看他寬洪活潑，涵蓄薰陶，真是水流物生，任天機之自然而充之，以至於恒久不息而無難矣。」

坐中因論致知格物，各持所見。有謂聖賢之學，必考古證今，講習經書，以格物理，然後吾之良知乃得中正，仁始不流於兼愛，義始不流於爲我，而爲大學之道也。有謂格之與知，原非兩件，知即格之靈曉處，格即知之條理處，如二人相對説話，問着答應，即我之知，而答應一句一句，即是格也。舍却本心良知以求諸經書方爲格物，則便是義襲于外，便是學術支離。久久不決，乃有即二説以詰問者。曰：「皆是也。觀之古語，謂言出由衷之謂信，又曰：矢口而成章，吐詞而爲經，則格果不出於言之外也。又觀古語，謂言堯之言，又曰：非法言不敢道，必則古昔稱先王。似考證、講習，亦有出於言之外者。故曰二説皆是也。」詰者曰：「如先生之論，果終無合一之歸乎？」曰：「有古語謂：『擬之而後言，議之而後動，擬議以成其變化。』夫既曰『擬議』，則豈徒用一己之意見哉！殆必近度諸心，遠取諸物。雖凡蕘蕘之言，狂夫之語，亦所必察，亦所必採，而況聖經賢傳言而世爲天下法者，可不悉心檢點也哉！如此則準憑有在，既非自作聰明，而根本于心；亦非徒取諸外，斯爲合一也已。」

問：「《中庸》之書，原出《禮記》。今看『大哉聖人之道』一章，與『斯禮也，達乎諸侯、大夫及士、庶人』，又與『親親之殺，尊賢之等，禮所生也』，果然皆爲《禮經》而發。」予曰：「何待至此，即首章『中和』二字，便開口説出此禮骨髓。其後所云，皆禮之皮膚而已。」曰：「喜怒哀樂未發謂之中。先儒觀未發氣象，不知當如何觀？」予應之曰：「君不知如何謂爲喜怒哀樂未發，又如何知得去觀其氣象也耶？我且詰君，此時對面相講，有喜怒也無？」曰：「無。」「有哀樂也無？」曰：「無。」予曰：「既謂俱無，便是喜怒哀樂未發也。此個未發之中，是吾人本心常體。若人識得此個常體，中中平平，無起無作，則物至而知，知而喜怒哀樂出焉。自然與預先有物横其中者，天淵不侔矣。豈不中節而和也哉！故曰：『忠信之人，可以學禮。』中心常無起作，即謂忠信之人。如畫之粉地，一樣潔潔淨淨，紅點着便紅鮮，緑點着便緑明。其節不爽，則其文自着；節文即着，而禮道寧復有餘蘊也哉！」

問：「人性之善，是其本然，而聖人立

教，又必要許多工夫以盡其性，何也？」曰：「盡性工夫，子且勿論。但云人性之善，是其本然。此語果從心而發乎？抑聽得他人之言而謾爾云云也？」曰：「此豈從人言，實是自己見得。」予曰：「孟子當時一説性善，其在門高弟，如公都、萬章，俱紛紛諍辯。雖樂正子名爲好善，而性有諸己，尚在疑信之間。至於宋時諸儒先，則直謂孟子只説得一邊，須補以氣質方備，然則吾子聰明，豈能獨超乎古今也耶？」曰：「性字原從心從生，則性本是心中生出來的，安得不善！但人自家不能保守，便惡了。」曰：「如子所言，分明在字義上看，此性當作善；至在人身上看，此性却不免是惡了。子何曾見得性果善？要之，性善一着，是聖凡之關，只一見性善，便凡夫立地成聖。孔子以後，惟是孟子一人直截透露，其他混帳，則十人而九矣。此不是他肯自放過，蓋此處千重鐵壁，若非真正舍死棄生一段精神，決未許草率透過也。」

問：「《易》謂『君子終日乾乾，夕惕若』，不知『乾乾』二字與『性性』之説，亦有分別否？」曰：「乾乾、性性，此語泛看亦似相同。但古之聖賢立言製字，必是各有着落。即如古人云：乾坤二卦本是陰陽，作《易》者不曰陰陽而曰乾坤，蓋指其性情而言之也。以此觀之，則先儒謂性性爲能存神，明白就其體段凝定處説。至《易》謂『終日乾乾，夕惕若』，明白就其工夫奮發處説。但『乾乾』雖説工夫，而不知順性之體，則把捉操持，或犯助長之病；性性雖説體段，而不知法乾之用，則散漫精神，又至忽忘之失。若善理會性命而能使骨肉俱爲渾化，則其體用亦自相停妥矣。」

問：「《會語》中有謂不慮而知，不學而能，可同於聖人。今我輩此體已失，須學且慮，不然則聖不可望矣。」

曰：「子若只學且慮，則聖終不可望矣。」曰：「某輩泥於時説久矣，其心誠不能不疑，公其何以解之？」予良久謂曰：「子聞予言，乃遽生疑耶？」曰：「然。」予曰：「此果吾子欲使之疑耶？」曰：「非欲之，但不能不疑也。」予嘆曰：「是即爲不學而能矣。」其友亦欣然曰：「誠然誠然。」予復呼之曰：「吾子心中此時覺烱烱否？」曰：「其是烱烱。」曰：「即欲不烱烱得乎？」曰：「不能已。」予曰：「是非不慮而知也耶？子何謂赤子之心不在，而與聖人不同體乎？」其友再拜以謝。予曰：「今日爲學，第一要得種子。《禮》謂人情者，聖王之田也，必本仁以種之。孔門教人求仁，正謂此真種子也。然其正經註腳，則却曰：『仁者人也。』人即赤子，而其心之最先初生者即是愛親，故曰：『親親爲大。』至義、禮、智、信，總是培養種子，使其成熟耳。」

其友復曰：「大人者，不失赤子之心，孟氏果已説定，但今日却如何下手？」曰：「知而弗去是也。」曰：「知之似亦不難。」予曰：「知固不難，然人因其不難，故多忽之，便去多其見聞，務爲執守。久之，只覺外求者得力，而自然良知愈不顯露。即子貢、原憲輩且信不及，況其他耶？所以曰：賢智者俱各過求，惟百姓則在日用，却又不能知，所以君子之道鮮耳。學者果有作聖真一切，須回頭在目前言動舉止之間，覺得渾然與萬物同一天機，鼓動充塞兩間活潑潑地，真是不待慮而自知，不必學而自能，真是可以完養，而直至於不思而得、不勉而中境界。如人舊有至寶，一向忘記，忽然認得，取出受用，是何等快活，何等便宜！縱是平常名利貨色昏迷，到此自然不肯換去，所以曰：『好仁者無以尚之。』又曰：『苟志於仁矣，無惡也。』直是簡易明快。所以曰：『道在邇而求諸遠，事在易而求諸難。』人人親其親，長其長，而天下平也。」

其友復曰：「居今之世，如何都得他人人親親長長也耶？」予曰：「此却不要苛責於人。今天下家家户户，誰無親長之道？但上之人不曉諭他，説即此便是大道；而下之人亦不曉得安心在此處了結一生，故每每多事。正謂：行矣不着，習矣不察，終身由之而不知其道者，衆也。惟我太祖，却真是見得透徹，故教諭數言，即唐、虞、三代之治道盡矣。惜當時無孔、孟其人佐之，亦是吾人無緣，即見隆古太平也。」其友至此大有感悟。

問：「孔子自志學以至心不踰矩，矩是何物？」

曰：「朱子云：學即大學之道，則矩即絜矩也。蓋大學之道，在明明德。明明德之本來明者，即愛親敬長，不慮而知，人皆無不有之者也。老吾老以及人之老而莫不興孝，長吾長以及人之長而莫不興弟，即明德達之天下，而人人親其親，長其長，治且平焉者也。大人之所以與天地合德，與日月合明，以至凡有血氣者莫不尊親，豈復有他道哉？孔子生知安行，初年即有此志，但世界浩蕩，常恐主持不去，而群言淆亂，又慮精一之難，故用力至五十乃渾然是不慮不學之體，而天命我知矣。以後受用，即孟子所謂『樂則生，生則惡可已。惡可已，則不知足之蹈，手之舞之』者也。故此學只孔孟相符，至漢以後俱絶響矣。」

問：「孟子知言、養氣，初並舉爲言。乃於養氣處説出許多工夫。至知言只略説効驗，更不及工夫，豈知言便如是簡易，與養氣不相類耶？」一友曰：「知言、養氣，原是一理，亦俱簡易。即如象山指楊敬仲剖扇訟爲是非之端，❶敬仲即一時悟徹本心，便渾然與天地同體。知言、養氣，何嘗有二理哉？」一友云：「不必别求，但細看孟子論養氣處，於孔子則欲願學，於夷、惠、伊尹，則云不同道，於告子勿求諸心之論，則斥爲義外。是氣無不養者，即是言無不知也。」一友又云：「以某觀之，却似微有先後。」或曰：「孰先孰後？」曰：「知得方能養氣，是工夫入手處；養成方能知言，是工夫得手處。」先生首肯曰：「必如是乃完全也。」衆咸曰：「然。」

問：「《大學》格物，其詳何如？」曰：「知『大學之道』一句，便知所以格物也。蓋天下古今，人孰無學？但所學多于其小，而未能大焉耳。若欲學爲大人，學則大矣。學大，其必有道。然道亦有善、有未善，而善又有至、有未至。惟此《大學》一書，則孔、曾師弟信好古先敏求，直述自首至尾，皆是明言如此爲學，方是爲學之大；如此爲道，方是爲善之至也。今日細細看來，真是字字句句，爲天理之極盡，而無纖芥之或遺；爲人情之極公，而無毫髮之或私，而爲千古聖賢垂世立教之格言

❶「扇」，原誤作「翁」，今據杜應奎本改。

也。學者能依此聖言，講求討論，審度思惟乎吾此意、心、身、家、國、天下，如何而爲本爲末？吾今誠、正、修、齊、治、平，如何而成始成終？是則即名格物也。若格之之功，到明白透徹，曉得意、心、身之所以能爲本，而果足以該乎家、國、天下之末；又明白透徹，曉得誠、正、修之所以當爲先，而自可及乎齊、治、均、平之終，先後一貫，停妥不亂，便近大學之道而知止乎至善也。由是所學，意可誠，心可正，身可修，家可齊，國可治，天下可平。視諸古先之明明德於天下者，其精蘊，其規模，分寸不爽，乃爲定、靜、安、慮、能、得至善以止焉，而後大學之事畢矣。究竟其明明德於天下，原非他物，只是孝、弟、慈三者，感乎聯屬，渾融乎千萬人爲一人，貫通乎千萬世爲一世已爾。觀其於『誠意』章，自『穆穆』説到前王所以不忘，已是統總本末始終，而歸極乎至善矣。後來『正心』、『修身』，及于篇終，雖各分章，而詞却只是一意，不過敷演詠嘆乎此而已。故予嘗謂『大人者，不失其赤子之心者也』，此句便足以盡發《大學》之精蘊。『大人者，正己而物正者也』，此句便足以盡概《大學》之規模。然則聖賢是書，固爲千古帝王盡心民物之矩格，又寧非孔、曾、思、孟學脉傳心之公案矣乎。一得之愚，願就有道者其共正之。」

問：「《大學》工夫，次第詳明，果是入德之門。」

曰：「《中庸》、《大學》當相連看。若論入德，到先《中庸》。觀三十三章明説可以入德。所謂德者，蓋至誠至聖而渾然天德，所以曰：『上天之載，無聲無臭，至矣。』

而《大學》則接過以爲至善，却是經綸立本，而知化育之一大規模。合而言之，《中庸》則重天德，而《大學》則重王道也。」曰：「今世言至善者，紛紛不同，而先生却只以孝、弟、慈爲明親至善之實，是果何所見耶？」曰：「大學者，大人之學；大人者，不失其赤子之心者也。今觀赤子之心，却只是個孝弟，而保赤子則便是個慈也。人無所不至，惟天不容僞。世間言德，皆是慮而知，學而能，惟此三德，方是天然自明之德矣。人之相親，須是骨肉方爲至親，舍孝、弟、慈，則難言至親也。故《孝經》首言：『先王有至德要道，以治平天下。』然則至善，又豈外此三德也哉？❶」曰：「孟子言聖人人倫之至，如何下文只説治民事君，而未及此三德也？」曰：「汝輩讀書真是草率，汝看他説治民，便説所以治民；説事君，便説所以事君。今將堯來細論，惟云克明峻德以親九族，平章、協和，則其所以治民，非正説孝、弟、慈耶？又將舜來細論，則四岳舉他時，除了底豫頑嚚，克諧傲象，更無别樣伎倆，則其所以事君，非正説孝、弟、慈耶？至於治平本章，則明白説『一家仁，一國興仁』，『堯舜帥天下以仁，而民從之』。聖訓昭昭，勿生疑貳。」

問：「《大學》傳誠意、正心、修身，全不見詳細指點工夫，却都只在應物之跡上形容，何也？」

曰：「大人者，以天下爲一人者也。身心即是天下國家，而家國天下即是身心。故自誠意以下，總是敷衍物之本末、事之終始，又總是貫串本末原止一物，始終原

❶「德也」，原重文，據文義删。

止一事，渾淪聯合，了無縫罅。此是《大學》之大章旨也。故其間非無工夫，但工夫自別。如身、心、意，偏要説天下、國家，蓋是天下國家之外，無身、心、意也；齊、治、平，偏要説誠、正、修，蓋誠、正、修外，別無齊、治、平也。要之，其立言者，只是要打合；而誤聽泛觀者，只是要打開。却不知打合則十分簡易，蓋其理其機原出天然也；打開則十分艱難，蓋其理其機原出臆想也。故某嘗妄議此書既名《大學》，則看之者，須要大眼孔；受之者，須要大襟懷；讀之者，亦須大口氣；而爲之者，亦須大手段也。」

問：「爲學工夫如何乃能上進？」曰：「白沙先生云：大道本無階級，而以疑爲階級。故大疑則大進，小疑則小進。子能善於作疑，則工夫不患其無進矣。」曰：「某目中亦嘗有三四遭作疑時，但未見長進爾。」曰：「吾子如何作疑？」曰：「某日中承教，多能妥帖，然就中亦有不慊意處，故常不免作疑也。」曰：「疑與明對。如謂意有不慊而思加工，則正是明處，安得謂疑？若當慊意處能求進步，方始是疑，此則無中生有，惟志之廣大而見之深遠者爲然。否則，小疑且莫能作，況大疑乎？請爲子設一譬喻：如今奕棋者纔知通子，對局者亦然。則不數着而即取勝，此則學問慊意處也。子謂學奕者即可以勝而自安乎，抑不可安乎？以爲不安，棋已明白殺局；以爲安，勝着不應如是容易。若是精進漢子，此時自會遲疑，自會去打古人棋勢，自會去向國手請教。如是而疑，如是而學，則其人亦自會見得前時殺局粗淺，僥倖勝乎不善奕之人；亦自會見得所殺之局，其中藏有無限神機妙算，而我一時未能識得，妄自喜爲殺局也。故疑之進道，大率類此。但竊憂子之好爲勝着，而樂與不若己者對局爾。」

坐中因歌心齋先生「入室先須升此堂」詩句，而音韻聱牙不得和協，或問其故。曰：「此生於歌調未及精通，不知詩是平聲則有平聲之調，詩是仄聲便有仄聲之調。不辨平仄，所以調必聱牙也。」曰：「聞歌調須是明得春夏秋冬，便好聽聞，豈此歌尚未入調耶？」曰：「七言八句，是唐人之詩，又謂之律詩。蓋唐人作此詩，其字其句，其音韻、其平仄，如法律然，分毫差不得。此惟詩社諸人，自相傳受，故其詩入律，便其歌高下，自成春夏秋冬也。至於講學諸儒，則止以詩詠學，而其律少諳，間或於春夏秋冬之調難合爾。」一友遂欲予將所歌詩中意義發揮，予曰：「心齋先生此詩提警學人極是緊切，而所言工夫亦極是明白，不須更加發揮矣。但以前歌詩言之，則爲詩者有爲詩之道，爲學者有爲學之道。若論爲學，則有從覺悟者，有從實踐者。陽明先生與心齋先生，雖的親師徒，然陽明多得之覺悟，心齋多得之踐履。要知，覺悟透，則所行自純；踐履熟，則所知自妙。故二先生俱稱賢聖。但以孔子之言仁，必先以智；孟子之言力，必先以巧，則覺悟、踐履，功固不缺，而序實不容紊。如此詩謂『念頭動處當謹』，然念頭動從何來？則未謹之先，不可不探求也。『舉足之間必慎』，然舉足將何所之？則未慎之先，不可不商訂也。若能依得孔孟之仁而先智、力而先巧，則源頭既濬、流出自清，而念之謹也，何等順快！指南定向，適國坦途，而足之舉也，何等安穩！故某嘗謂我明幸生陽明，真是電掣雷轟，星輝日耀。不惟及門高弟藉以入聖超凡，而聞風興起者，亦自可以化頑鐵而作精金也已。惟諸君其共勉之。」

問：「《大學》首先明明德。」曰：「『明』字從日從月，天之所以爲天者，爲其有日月也。如非日月，則天之功用廢矣。人之心，則天也。心之知，則日月也。故心之在人，自朝至暮，自幼至老，無非此知以爲功用。舍知以言心，是無日月而能成天也。有是理哉？」曰：「天無二日，人亦明德焉足矣。乃云『明明德』者，何耶？」曰：「知，一也。有自生而言者，天之良知也，所謂明德也；有自學而言者，人知己之有良知也，所謂明明德也。故百姓日用不知，惟聖賢則能顧諟天之明命也。惟顧諟則命益顯，知益妙，自然明明德於天下。學則成大學，而人則爲大人也已。」

會中所坐堂額，舊以「復心」二字題於其上，衆因以此爲問曰：「復之時義大矣，豈尋常言復者多自天地萬物爲言，而茲謂『復心』者，則自吾身而言耶？」曰：「宇宙之間，總是乾陽統運吾之此身，無異於天地萬物；而天地萬物，亦無異於吾之此身。其爲心也，只一個心；而其爲復也，亦只一個復。經云：『復見天地之心。』則此個心，即天心也。此心認得零碎，故言復亦不免分張。殊不知天地無心，以生物爲心。今若獨言『心』字，則我有心，而汝亦有心；人有心，而物亦有心，何啻千殊萬異？善言心者，不如把個『生』字來替了他。則在天之日月星辰，在地之山川民物，在吾身之視聽言動，渾然是此生生爲機，則同然是此天心爲復。故言下着一『生』字，便心與復即時混合，而天與地、我與物，亦即時貫通聯屬，而更不容二也已。」

一友遽然起曰：「如先生此言，則復亦甚簡易，如何本文却又曰：『復，亨。出入無疾，朋來無咎。反復其道，七日來復，利有攸往。』翻費許多言説耶？」予曰：「君徒知聖人之復費許多言説，而忘自己此時重費許多言説，亦是復之所爲。蓋復生道也。復則生，生則惡可已；惡可已，則於時爲春夏秋冬，於物爲生長收藏。其始也有所自來，其終也有所必至。即君聞吾言，躍然以喜。喜意一生，則許多言説自生生莫遏，君雖欲已，其能以自已耶？」曰：「某自三十年前在此論學，先生教以通《易》。某自是即將此書熟讀詳味，今至衰老，文義雖覺日明，其身心似覺日昧。他説『復，亨』，我却不曉得亨；他就『七日來復』，❶我却不見復；説『休復』、『頻復』，我却不知是休、是頻；他説『敦復』、『迷復』，我却不知是敦是迷。」予曰：「君亦是復，但顔氏則『不遠』，而君獨稍遠爾。蓋此之不遠，即『違道不遠』之『遠』，非是差失不久而遂反正也。蓋天地之氣，原是陽剛健運，健運則須周廻，周廻則成往返。止緣他健甚，故往則舒張溥博，化凝坤厚，然反則輕清快便，自是陽明。故卦辭贊復以亨者，因前則往不利，而此則出入無疾也。出入無疾者，以來爻皆反復陽道，陽道既反，來於七日，則其往焉有不利也哉？其象之以剛反，剛長順行，總是其行以乾天剛健，生生不息之心，於此畢露，而曰『復其見天地

❶「復」，原誤作「後」，今據杜應奎本改。

之心』也。」

坐中有善治《易》者，從而嘆曰：「甚哉，先生之深於言易也。但不止卦辭爲然，即爻之爲爻，其辭亦無不本於卦象而發揮之也。」予應曰：「果然。蓋『易』之一字，原止乾陽變化而成六十四也。今觀『剥』、『復』相連，『復』之下爻，即『剥』之上爻，引而伸之，而不竢他取，故其復爲不遠。而爻辭謂以修身者，即所謂反求諸身，把柄在手，而樂莫大焉者也。二爻之『休吉』者，亦言陽行之生長順適。二雖陰，不敢爲泥，自能下就乎初之仁也。三則進而又進，義氣奮厲，是謂『復』之頻而無咎也。至於上卦之四，則正應下卦之初，而且居乎四陰之中，故『中行獨復』，而惟陽道之從矣。至五爻之『敦』，則即二之『休』，而安且成焉，以自考之得乎順且中也。夫『復』至於『敦』，雖言乎人之善承乎天，而實言乎天之善體乎人也。如是，則宜物物之皆春，而人人之皆聖矣。然物可以皆春，而人則難以皆聖。何則？天之體物無不周，而人之奉天多不悟。善哉！孟夫子之言曰：『行矣而不着，習矣而不察，是以終身由之而不知其爲道者，衆也。』夫曰『終身由之』，則陽明之復，何嘗頃刻離人？然曰『終身由之而不知其爲道』，則人在復中，又何嘗頃刻而不自迷也耶？故其詞以國譬心，而言天君之失職；以師譬學，而言十年之不克征。要之，其凶且災者，非謂其終迷而不復，乃是在復而自迷。不然，豈至於爻而尚有不復者哉！」

其時善治《易》者共參伍爲論，而聽者咸忻忻有省。獨一友辯之不置，又曰：「『先王以至日閉關，商旅不行，后不省方。』還是實事，亦是取象？」曰：「是因象以爲事，而實盡人以奉天也。蓋雷潛地中，即陽復身内，幾希隱約，固難以情意取必，又豈容以知識同窺？故商旅行者，欲有所得者也。后省方者，欲有所見者也。不行不省，則情忘識泯，情忘識泯，則人静天完，而復將漸純矣。君今切切然若謂有端可求，皇皇然若謂有象可覩，是則商旅紛行，而后省旁午也，復何自而能休且敦耶？」曰：「據先生所教，似謂吾身本自有復。但某嘗反觀胸中，固有靈衷炯炯之時，乃不久而昏憒；固有循循就道之時，乃不久而躁妄。豈真陽既復之後，更如是其不一耶？」曰：「君子之學，原自有個頭腦。所謂頭腦者，即江西一省之有都臺，而君家合宅之有主人也。將帥登壇，然後卒伍自肅；家翁正位，然後婢僕自馴。若頭腦一差，無怪學問之難成矣。今君不能以天理之自然者爲復，而獨於心識之炯然處求之，則天以人勝，真以妄奪，君試反而思之，豈嘗有胸中炯照，能終日而不忘耶？事爲持守，能終日而不散耶？即能終日夜，則又睡着矣。」曰：「果是夜間魂夢紛擾，不能禁當，尚望先生明白指示，如何乃得頭腦端的？」曰：「頭腦豈是他人指示得的？請君但渾身視聽言動，都且信任天機自然，而從前所喜的胸次之炯炯，事務之循循，一切不做要緊，有也不覺其益，無也不覺其損，久則天自爲主，人自聽命，所謂『不識不知』，而『順帝之則矣』。」

時此友亦隨衆稱快，竊占其中尚未釋然，❶乃於飲酒之間，再一叩之曰：「君今

❶「釋」，原作「什」，據文義改。

於復，更覺何如？」其友赧然面赤曰：「某在此坐，飲食俱不得妥帖，而只是惶恐無地也。」曰：「君今惶恐甚的？」曰：「自古賢聖如何便皆能復，我輩如何便不能復？今須去其不如聖賢以就其如聖賢者，而惶恐乃釋也。」❶曰：「君今此意又是遠以求復，而非反身近取矣。譬則一株樹，有枝葉有根本，枝葉則愈尋而愈遠，根本則愈探而愈近。君謂去其不如聖賢以就其如聖賢，此則何年乃能去得盡？何年乃始如得來？此之謂愈遠而愈難也。若能反身密察，今時坐而飲食，此個惶恐何自而生，豈非天機自動而爲復耶？又豈非復自吾身而不遠耶？又豈非雷在地中，己力莫之能與，而己見莫之能窺也耶？君若從此直信不疑，則持循之力且可放下，便是『商旅不行』而外者不入矣；炯然之功亦將無用，便是『后不省方』，而内者不出矣。物欲無擾，意見不萌，君身不渾是個復，而君復不渾是個身也耶？」此友乃惺然自悟，懽然自喜。衆共叩首中天，而慶大明聖化之萬萬世無疆也。

孫羅懷義　懷禮　懷智　懷信
　　懷敬　懷忠　懷祖　懷本
曾孫羅萬會　萬象　万貞　万里
　　起元等重梓

❶「釋」，原作「什」，據文義改。

近溪子附集

明德夫子臨行別言

師別同志書曰：「不肖謝世，萬罪、萬罪。《會語》幸毋忘平生也。性命一理，更無疑矣。臨期奉報，心幾欲語，行辭歉然，惟君珍重珍重！」

八月二十八日，許盱川先生洛、丘厚山先生湝問疾。師曰：「我於塵事不着一毫，此心廓然矣。」

南城魯四尹文視疾，請曰：「老師疾，宜用玄門工夫。」師曰：「玄門養生，壽僅百餘，若此學得力，則自是而千萬年，千萬年猶一息耳。」孫懷義、懷智，復懇如魯四尹請。師曰：「汝輩與諸友着緊此學，便是延我命於無窮。不爾，縱年歷數百，奚益哉！」

二十九日辰刻，師冠服，禮天地、祖考畢，端坐中堂，弟子環侍請教言。師曰：「徒言不是道，滿前洋溢，俱是發育萬物，峻極于天。」

師曰：「人生天地間，須要有頂天立地志氣，不可一毫落寞。」

師曰：「此學玄妙入微，不是說了就罷，須要發一箇不惜身命心，無一毫爲世事念，時日不放，後日方有成就。」

或問「修身爲本」？師曰：「仁者人也，人渾然只是一個仁，便是修身爲本。」

諸孫問考終有何語，師曰：「諸事俱宜就實，盂圓則水圓，盂方則水方。」

師又謂諸孫曰：「聖諭六言，直接堯舜之統，發明孔孟之藴。汝能合之《論》、《孟》以奉行於時時，則是熙然同遊于堯舜世矣，於作聖何有？」

師又謂諸孫曰：「我歸後，遊方僧道一切謝却。我本不在此立脚，但因其貧濟之耳，力量有大小，汝曹自斟酌之。」

孫懷智問師去後更有何神通，師曰：「神通變化，此異端也，我只平平。」

中午賓蘭萬左史言策問疾，師命具紙筆，手書曰：「此道炳然宇宙，原不隔乎分塵，故人己相通，形神相入，不待言説，古今自直達也。後來見之不到，往往執諸言詮。善求者，一切放下、放下！胸目中更有何物可有耶？願同志共無惑、無惑焉。盱江七十四翁羅汝芳頓首書。」自茲絶筆。

賓蘭告退，師猶正立拱手而送。復端坐，目諸生曰：「夜還來坐。」

九月初一日，師自梳洗，端坐堂中，命諸孫次第進酒，各各微飲，仍稱謝。隨拱手别諸生曰：「我行矣，珍重、珍重！」諸生哭留，師愉色許曰：「我再盤桓一日。」至初二日午刻，整冠更衣而逝。

萬曆戊子八月晦，羅先生疾且革，楚同門弟萬言策往問，先生色津津喜曰：「聞從者有行色，不能具祖帳，予將棄兹蘧廬矣。幸可留兩日，君當復來。」時門人環侍無慮數百人，出先生言别同志語眎言策，讀之矍然已。執先生手，診脉息蹶然，請曰：「願先生終惠一言，秖用夙夜。」先生命筆札，爲真行書前數語授言策。已，拱立目送出。出則拜先生于前堂，猶致遜謝語云。明日九月朔，偵先生，報少甦。竊私謂庶幾無死，乃竟如其言，以朔二日午卒。嗟乎！先生當彌留之際，持志堅凝，言動不失故常，作書字勢遒勁，行列端整，且計日反真，如歸故宅。一切放下宗旨，進于忘言矣。嗟乎！先生斃而後已，歿而不朽哉！明日，哭先生歸，再啓遺言手澤，宛然溘焉隔世。謹志之心，不知涕之潸然也。是日言策敬拜手書。

昔子輿氏於魯大夫問疾，以將死言善，示當識其言，《魯論》記之昭如也，以言足傳也。吾師近溪羅夫子手答左史萬元獻問，終以詔乎同志，其仁天下萬世之心，大可想見。元獻綴數語于後，以質諸同門。復走東繼阜曰「幸即取過付梓」，蓋欲推夫子之仁，永仁斯民也。繼阜叨列門牆，素司書刻，謹併録夫子臨終大略，爰授梓人。嗚呼，惜哉！大弗獲已也。嘗聞尼山云崩，易水曳杖，孔子之歿也，如是垂憲，于今不衰。史記有虞氏納于大麓，烈風雷雨弗迷，先儒釋其爲天地鬼神，必有以相之，斑斑可鏡已。今茲前期，雷雨崩從姑山一角，折大木百餘株，夫子自知其將還太虛，顧發于言，書于楮册，形于群動，毫不踰矩。追視二聖，同符千古，獨無默相於其所歟？然則天之將喪斯文也，又將相斯文俾聞且見者，庶幾有續焉爾，烏忍不以告於四方同志，共生興起心也。且邇者楊太史貞復曰：「老師活孔子也。《會語》八本，乃六經之命脉、精髓也。竊謂當如古人誦經之意，每月會同志，誦之一過，益莫大焉。」由太史公斯言繹之，愚以爲是《別言》又《會語》中之命脉、精髓也，尤宜日誦一過焉者，又烏敢不以告於四方同志共生警策心也。時戊子重九後日，心喪門人廣昌聶繼臯稽首謹書。

昔賢有言，仲尼没，微言絶，七十子喪，大義乖，旨哉！其言之也。今習博士家言者，甫束髮知章句，有所聞於塾師，即曰「道如是、學如是也」，顧烏睹所謂絶而所謂乖者，又曷以也。漢以來諸儒，離經衍疏，不無功於孔孟，然見其遠且大者，或罕矣，矧奥旨哉！道不終晦，而有宋明道程先生，直契聖真，奈爲之徒者，不旋踵堙之；嗣而象山陸先生，稍稍振焉。逮我明運際文明，而陽明王先生挺生姚江，所幸及門有心齋王先生，若我先師近溪子羅子之於姚江，蓋聞而知者也，倡學於盱江，而傳習其説者幾遍海宇。今其遺言如《近溪子集》、《四書答問》、《五經翼編》、《仁孝訓》、《一貫編》諸書，炳炳在已，微言大義庶幾哉暝而曦哉！儒雖不敏，非阿所好者。邇哭先師於盱之明德堂，將道閩、浙還吴，值將樂揭君志點于雙峯三華之間。揭君嘗束脯先師者，且命其子一貫從儒遊，欲聆師旨，而謀刊師《别言》廣之同志。儒韙之，因題其端。心喪門人，吴郡曹胤儒謹識。

近溪子附集卷之一

盱江門人　黄承試季兆父編次
蕭應泰元之父校正
孫　羅懷智　羅懷祖
羅懷敬　羅懷本　梓

皇明理學名臣傳

雲陽後學譚希思撰四川巡撫

公諱汝芳，字惟德，別號近溪，建昌南城縣人。幼穎異，有大志。差長，罹火病，遇禾川顔君，教之習静，病日減，遂事如師，因一意性命學。居恒泛觀魚鳥獸禽，愛其群隊戀，如悲鳴相應，惻然思曰：「何獨人而異之？」偶塗行，逢客談笑，竟日忘倦，又惻然思曰：「何獨親戚肉骨而異之？」從此痛自刻責，力祛己私，善歸人，過歸己；益歸人，損歸己。初學時，每清晝長夜，揮淚自苦。久之，己日有克，甚至不愛髮膚，念念以利濟爲急。

嘉靖癸丑，第進士，寓京師。與姜鳳阿寶、胡廬山直、鄒潁泉善、耿楚侗定向、劉養旦應峰諸先生，聯同志會，辰夕切劘，各有所得。維時分宜柄政，網羅名望，公寧觸忤，靡少染。出守寧國。衍聖諭六言，日令講生發明，父老、子弟依戀環聽者萬計。公即境即言，發其渾淪活潑之機，啓以並生同生之天。有苦思慮起滅者，則以心體未透覺之；有以中常炯炯爲得力者，則以赤子原來帶來正之；有以持心不放爲工夫者，則以意念端倪聞見想像之，錯認者，提醒之。隨問隨答，惟是性靈朗耀洞徹空澄而迥無隔礙，自然圓妙，迅疾一粒而九有盡含，一息而萬年莫竟，總括之以「覺」字。覺，靈知也，言人心之靈，動于感應，其是非得失，纖微罔不自知，循其知而致焉，是聖賢之關鑰也。于時聞者多有省，寧之人信如蓍龜，親如父兄。

入覲，同徐巖泉爌，謁政府徐文貞階于西苑，曰：宗社以人心爲本，今來朝官多譽俊，所患學脉不端，請合併一番示嚮往。文貞躍然，大會于靈濟宫，蓋本朝稱盛舉焉。嗣是，所至宦轍，群人而學，如寧國然。萬曆癸酉起復，謁首揆張太岳居正，多感傷，張問故。公曰：「閭閻疾苦難上達。」張曰：「堯舜獨不病博濟耶？」公曰：「由某論之，唐虞君臣，刻刻時時，必求博濟。」張默然。未幾入賀，以會友講學被劾去。或請少輟，從時好。公曰：「此學，命根也，某披瀝矢心，即萬死不悔避。」或曰：「不懼黨錮乎？」公曰：「人患無實心，實心講學，必無錮。黨人者，好名士也，非實心講學者也。」

自是遊名山，求友生，涵泳理會，日益精進。其言曰：「良知心體，神明不測，原與天通，非思慮所能及。吾人一時覺悟，非不恍然有見，然知之所及，猶自膚淺。此後須周旋師友，優游歲月，收斂精神，凝結心思。思者，聖功之本也，故思曰睿。睿者，通微之謂也，通乎晝夜之道而知，方可言通；動而未形，有無之間，方可言微。至此，則首尾貫徹，意象渾融，覺悟之功，與良知之體，如金光火色，煅煉一團，此方是功夫妙處。」又曰：「生者，天地之德，人則天地之心。心之生德，精瑩靈明，妙應圓通，渾渾淪淪，初無名色。天壤充塞，似虛而非虛；神明宥密，似竅而無竅。故孟子直揭知體，名之曰「良」。良字訓作易，直言其感而遂通，元不出於思量；發而即至，元難與以人力。世人不省，緣此起箇念頭，就念生箇識見，因識露箇光景，便謂吾心實有如是朗照澄湛。不知此段光景，原從妄起，必從妄滅，及至應接，還用着天生靈妙渾淪的心。心儘在，爲他張主，他只去想念光景，蓋認意爲心之誤也。」又曰：「獨之靈體，通徹于帝天；獨之妙用，昭察于率土。《中庸》指其爲見顯，則慎之所自起；《大學》嚴之於好惡，則慎之所由施。」又曰：「學問原有兩路，以用功爲先者，意念有箇存主，言動有箇執持，不惟己可自考，亦且衆共見聞；若性地爲先，則言動即是現在，且須更加平淡，意念亦尚安閑，尤忌有所做作，豈獨人難測其淺深，即己亦無從增長。」

公之學，惟從性地入手，故從虛上用功，坦然蕩然，忘垢忘净，更無戚戚之懷，也無憧憧之擾，安排無事，賢愚兼收，直欲心體與天地爲徒，意況共鳶魚活潑。又曰：「吾人日用獨處，其念頭之慈祥恩愛者爲仁，嚴刻峻厲者爲不仁。吾人以生爲心，其善善宜長，惡惡宜短。試觀惡多於好，則惱怒填胸，不免爲忍人；如好多於惡，則生意滿腔，方叫做得好人。」是又教人切近處。年七十四，萬左史問疾，公命具紙筆，手書曰：「此道炳然宇宙，原不隔乎分塵，故人己相通，形神相入，不待言說，古今自直達也。後來見之不到，往往執諸言詮，善求者一切放下、放下，胸目中更有何物可有耶？願同志毋惑。」諸孫問考終有何語？公曰：「諸事俱宜就實，盂圓則水圓，盂方則水方。」又曰：「聖諭六言，直接堯舜之統，發明孔孟之藴，汝能合之《論》、《孟》以奉行於時時，則是熙然同遊于堯舜世矣，於作聖何有？」言訖端坐而逝。門人私謚之曰「明德先生」。

諸儒學案傳

安福後學劉元卿撰禮部員外

先生名汝芳，字惟德，家世南城四石溪，因號近溪。其先豫章人，遷建昌。父前峰公，娶甯氏，生先生。甫三歲，偶念母而啼，父抱之即止。隨思曰：「心一耳，何苦樂倏變也？」五歲從母授《孝經》，家人故亂其誦，大怒，隨告母曰：「何怒之難轉也？」

十五，從張洵水公學，一日誦薛氏《語録》云：「萬起萬滅之私，亂吾心久矣，今當一切決去，以全吾澄然、湛然之體。」先生焚香叩首，矢心力行，數月而澄湛之體未復。乃閉關臨田寺，几上置水鏡，與之對坐，令心與水鏡無二，久而成病。及讀《傳習録》，病遂瘥。丙申，年二十二，入邑學。庚子，見顔山農公，因述生死得失不動心狀。顔曰：「是制欲，非體仁也。」又曰：「知擴四端，而火然泉達，何制欲爲？」先生悟，遂師事之。癸卯，舉于鄉。明年，捷南宫。聞父病，不廷試而歸。乙巳，始建從姑山房，接引來學。戊申，學《易》于楚人胡子宗正，胡子宗正者，舊以舉業師先生，先生知其《易》有傳也，迎致之，執弟子禮。胡喜，使先生息心而深思之。間謂曰：「若知伏羲當日平空白地着一畫耶？」

先生畧爲解説，胡默不應，徐曰：「障緣愈添，本真益昧。」如是三月，然後見許。忽一夕，有所悟，趨父榻前跪曰：「兒今幸悟格物之旨矣。」曰：「何也？」先生曰：「大人之學，必有其道，大學之道，必先致知。知之，則盡《大學》一書，無非是此物事。」父然其言。

癸丑，廷試，授太湖令。先是邑多盜，先生修渤海之政，以道化之，盜悉平。其諸政務，一本於興教化，明禮樂，不爲一切俗吏所爲。擢比部主事，出審大同、宣府獄。過魯，問道泰山丈人，學益進。迨守寧國，教化大行，以崇學術、育人才爲功課，宛陵六邑，一時有三代風。未幾，丁外艱，奔歸，士民悲號不忍釋去，有步至盱江者。先生家居，四方來學者日益衆。聞山農公獲罪，監禁留都，乃稱貸數百金，同二子及門人買舟往救，竟得釋。尋丁内艱。壬申，當道引哀詔，促起，復補東昌。先生治東昌如寧國。癸酉，遷雲南副使，爲開水利，塹城壕、省徭役。政暇，召同志講學，信從益衆。無何轉藩參，齎捧入京。禮成，請告出城，同志留會廣慧寺，忌者有言，於是得致仕之命。先生欣然曰：「盱江、汝水之間，寧無斐然小子可裁者？」復與諸門人，聯轍各郡，走安成，下劍江，趨兩浙、金陵，往來閩、廣，益張皇此學。戊子八月晦，偶疾，乃冠服禮天地、祖考畢，端坐中堂。弟子環侍請教言，先生曰：「徒言也，不是道。」滿前洋溢，俱是發育峻極。」萬左史問疾，手書七十字與之。九月朔，盥櫛出堂端坐，命諸孫次第進酒，隨拱手別諸生。二日，整冠端坐而逝，年七十有四。先生接引友朋，隨機開發，所止處弟子滿座。既歿，門人楊起元等私謚曰「明德先生」。

近溪羅先生傳

安成友人王時槐撰太常寺卿

萬曆戊子秋，九月二日，盱江近溪羅先生卒。後九年丙申冬，其孫國學生懷智伯愚甫，謁予于螺川，予延之三益山房，相與静對。臘盡春回，兩越月而後别。予因得先生《會語》、《庭訓》、《榮哀遺録》卒業焉。予初以伯愚習聞先生緒談，意其或襲口吻而無暇受新益也，乃與默坐不漫出一語。既踰旬，試叩焉，伯愚則若一無所聞者，虚中密究，務期自得，予大快，以爲先生真有後可以續衍先生道脉於方來也。伯愚以先生小傳屬予，予顧淺陋，曷足以摸寫測量於萬一哉！

先生諱汝芳，字惟德，世爲建昌南城人。始年十七，因有感於薛文清公「萬起萬滅亂心」之説，即閉關置水鏡于几上，對坐澄心，久之成疾。及讀王文成公《傳習録》，喜而疾瘥。已而，爲邑庠諸生，入省，見顔山農公，聞「體仁」之説有悟，師事之。年二十有九，舉于鄉。明年，會試中式，不赴廷試，歸，學益勵。一夕，忽悟《大學》格物之説。年三十有九，始赴廷試，成進士，授太湖令，以教化代刑辟，朞月，訟息民和，政聲籍甚。擢刑部主事，歷郎中，出守寧國，政如太湖。丁外艱歸。後十年，奉穆皇遺詔，始起，復補東昌，陞雲南按察副使。年六十有三，陞左參政，得請致仕。還從姑，開誨來學，徧涉撫、吉、洪、饒、楚、粵、閩、浙、留都、徽、寧諸郡，大會同志，東南之學丕振。蓋歸休凡十有二年，享年七十有四，門人私謚曰「明德先生」云。

先生平生，學以孔孟爲宗，以赤子良心不學不慮爲的，以天地萬物同體，撤形骸、忘物我、明明德於天下爲大。自少至壯而老，無一息不在學；自家居以及四方，妻奴、童僕、族閭、村市，以及通都大邑，縉紳大夫，千百徒衆之相接聚，無一人不勉以學；自令長歷郎署，領郡符，佐藩臬，所至無一地不以學爲政也。其作人化民，風動遐邇，詳具少宗伯復所楊公《誌》，大學士潄陽趙公《表》，侍御養貞詹公《碣》，郡司理鳳岑萬君《狀》中，予故不具論。

憶嘉靖乙卯，予以南主客郎出僉閩臬，道經太湖，先生時爲令，留止信宿，邀至演武場觀兵壯射。先生語予曰：「吾茲校射，中一矢以上者，賞有差，不中者罰。蓋不中者不得受募金，即以增給中者，是移罰爲賞也。官不費，而民壯自勸矣。」又曰：「吾此心每日在百姓身上，周迴不暫釋也。」予聞其言，悚然謹識之。及入閩，秪服未敢忘。復倣其校射賞罰之法，行于漳南。久之，以靖山海寇警，幸獲成効。壬戌，予以内艱服闋入京，先生時爲刑郎，邀予夜對，亹亹劇談。已而語人曰：「吾與王子劇談，誠祝天願其有契于吾言也。」其切偲懇至如此。乙丑，予爲符卿，先生以寧國守入覲，既見政府存齋徐公，出語予曰：「吾適見公，首言公當勸主上以務學爲急，然必於其左右贄御焉先之，公誠能使諸大閹知嚮學，即啓沃上心一大機括也，公奈何僅循内閣故事，以塞其職耶？公大以吾言爲然。」因嘆曰：「諸君講學只三五卷談，❶不足風世，得君相同心學道，寰宇受其福矣。」一夕，先生招予過其邸舍，聯榻而寢。比四鼓，先生問予曰：「近日何如？」予曰：「吾惟直透本心耳。」先生詰問本心，予請示，先生曰：「難言也，譬如蒸飯，必去蓋，乃知甑中有飯；去甑，乃知釜中有水；去釜，乃知竈中有火，信未易言哉！」予曰：「豈無方便可指似處？」先生曰：「莫如樂，第從樂而入可也。」

萬曆戊寅，予歸田既久，先生亦謝事還。予買舟訪先生于從姑山房請益。先生曰：「學必有定向，庶可決成。」予請示，先生直以一語酬答，予惬然有省。予留從姑踰旬，見先生天真粹朗，彼己盡忘，八荒洞然，了無畛域。語笑動静，食息寢處，神機自運，不涉人力。朝夕盂蔬與客共食，客至盈座，亦無增味。熙怡竟日，諸生不問，則默無繁言，蓋先生以精神感人，有出於言詮之外者矣。予見先生博大渾涵，普愛同人，略無揀擇，境隨静鬧，不生取舍，乃自愧予之淺衷局量，耽僻厭煩，誓當頓捨宿障，庶可通於大方也。時有士人以專持佛號求往生爲學者，予問曰：「若此者何如？」先生曰：「得無全靠彼乎？」予曰：「學者懾心方便之門不一，亦均之爲有靠矣。」先生曰：「此當有辯。」臨别，先生送予舟行，以勿復致疑爲囑。甲申，先生過螺川，訪予白鷺院中。予試問玄門之學，先生曰：「豈嘗有所聞乎？盍言之。」予漫述艮背之説，先生曰：「内典謂吾人自咽喉以下名爲鬼窟。」因極口贊「中庸」二字曰：「平常是道，何事旁求？」蓋自是别後五

❶「卷談」，王時槐《友慶堂合稿》作「巷談」。

年，而先生棄人間矣。

先生既殁，海内咸望風追仰，然予竊謂後學真知先生者寡，彼徒見先生之標末，而未窺先生之底裏，故或妄意以爲慕先生之學，而未免失其矩步，以蹈于縱蕩之歸也。先生脱略蹊徑，渾無朕跡，人所共知，而不知其中貞白無瑕，一切外物嗜好都絶，芥視千金，皭然不浼，舉以與人，若拂輕塵，寔出性成，非由强作。當太湖離任，邑吏以公費餘金請受爲路資，竟斥置官庫而行，其介如此。至鬻産貸金，以急師友之難；傾囊倒困，以應饑乏之求，即人以禮餽，隨手散施，澹然其忘情也。先生之薄利，殆罕其儔，而昧者以有慾之心，藉口於先生之脱畧蹊徑，遂蕩然潰防敗節，以僭附於狂簡者，不亦遠哉！

先生蚤歲於釋典、玄宗，無不探討，緇流、羽客，延納弗拒，人所共知，而不知其取長棄短，迄有定裁。今《會語》出晚年者，一本諸《大學》孝弟慈之旨，絶口不及二氏。伯愚嘗私閲《中峰廣録》，先生一見輒持去曰：「汝曹慎勿觀此，禪家之説，最令人躲閃，一入其中，如落陷阱，更能轉頭出來，復歸聖學者，百無一二，戒之哉！惟潛心《大學》孝弟慈之旨足矣。」先生之立教，一出于正，而昧者以浮詭之心，藉口於先生之探討延納，遂冥然蔑倫叛聖，以沉溺於詖淫者，不亦遠哉！

抑予讀先生《會語》，嘗引「何思何慮」曰：「此心非無思慮也，惟一致以統之，則返殊而爲同，化感而爲寂。」又曰：「感通其用，雖千變萬化而莫窮，然不動其體，則亘古亘今而無變遷也。」又曰：「吾自朝至暮，敬畏天命如執玉，如捧盈，工夫豈不緊密，但視世儒之把捉修飾者不同耳。」嗟夫！先生之學，可謂大而有本，中凝一而外融暢者矣。彼徒見其標末，而未窺其底裏，輒號於人曰：「吾爲近溪先生之學。」而竟以恣情爲率性，墮於無忌憚以反中庸者，予故謂後學真知先生者寡也。夫不知先生，於先生何病！予特懼夫萬古學術毫釐千里所關繫者至大，敬著其説，以俟知言者擇焉。

聖學宗傳傳

東越後學周汝登撰會魁

羅汝芳，字惟德，別號近谿，江西南城人，正德乙亥生。甫三歲，偶念母而啼，父抱之即止，隨思曰：「心一耳，何苦樂倏變也？」展轉追尋，未明其故。五歲，從母授《孝經》、《小學》諸書，家人故亂其誦，怒不止，告母曰：「何怒之難轉也，人言五臟能横，其信然。」十五，從新城張洵水學，洵水每謂人須力追古先，於是一意以道學自任。一日誦薛氏《語録》云：「萬起萬滅之私，亂吾心久矣，今當一切決去，以全吾澄然湛然之體。」遂焚香叩首，矢心力行，數月而澄湛之體未復。壬辰，閉關臨田寺，几上置盂水及鏡，對之坐，令心與水鏡無二，久成重病。父憂之，授以《傳習録》一編，手而讀之，其病頓愈。丙申，年二十二，入縣學。庚子，入省赴大會，見顔山農，因自述遘危病失科舉，而生死得失能不動心。山農俱不取，曰：「是制欲，非體仁也。」近溪曰：「克去己私，復還天理，非制欲，安能體仁哉？」山農曰：「子不觀孟子之論四端乎?『知皆擴而充之,若火之始燃,泉之始達』,如此體仁,何等直截。故子患當下日用而不知,勿妄疑天性生生之或息也。」近溪時如大夢得醒,乃知古今道有真脉,學有真傳,遂於稠人中,稽首師事焉。癸卯,舉於鄉。甲辰,舉會試,曰:「吾學未信,不可以仕。」不就廷試,歸而尋師問友,周流四方者十年。建從姑山房,以待四方講學之士。楚人胡宗正,舊以文學受業,至是聞其《易》有傳也,迎致之,反執弟子禮。宗正喜,使息心而深思之,謂曰:「若知伏羲當日平空白地著一畫耶?」近溪畧爲解説,宗正默不應,徐曰:「障緣愈添,本真益昧。」如是三月,然後見許。嘗苦格物莫曉,乃錯綜前聞,互相參訂,説殆千百不同,每有所見,則以請正其父。父不爲釋然。三年之後,一夕忽悟,心甚痛快,直趨父卧榻前陳之,其父亦躍然起舞曰:「得之矣,得之矣。」因自遐想,往年從師論道,餅樣雖盡完全,饑飽了無干涉,徒爾勞苦身心,幾至喪亡莫救,竊幸宿世何緣,得奪此等苦趨。

癸丑,北上過臨清,忽遘重病。一日倚榻而坐,恍若一翁來言曰:「君身病稍康矣,心病則復何如?」近溪默不應,翁曰:「君自有生以來,遇觸而氣每不動,當倦而目輒不瞑,擾攘而意自不分,夢寐而境悉不忘。此皆君心痼疾,今仍昔也,可不亟圖瘳耶?」近溪愕然曰:「是則予之心得,曷言病?」翁曰:「人之身心,體出天常。隨物感通,原無定執。君以宿生操持,强力太甚,一念耿光,遂成結習。日中固無紛擾,夢裡亦自昭然。君今謾喜無病,不悟天體漸失,豈惟心病,而身亦不能久延矣。」近溪驚起叩謝，伏地汗下如雨。從是執念漸消，血脉循軌。隨入京赴廷試，初仕爲令，入爲部郎，出知寧國府。治寧國不事刑朴，惟以化育人才爲功課，宛陵六邑，一時有三代風。歲大計，以守入覲，見華亭相國徐存齋，存齋喜曰：「我初不欲煩子以郡事，今觀之，似更有實用也。」近溪起謝且請曰：「先生加意於某，不過爲世道計，如推此意以及同志，天下斯文，不尤大幸耶！」存齋默然良久，曰：「古今事亦有不由己者，即如狄梁公反周之志固堅，而所托則張柬之，柬之時已向老，倘没在武后之先，志且奈何？」近溪毅然曰：「先生此言，知柬之而不知梁公。」存齋曰：「我何以不知梁公？」近溪曰：「梁公以人事君，則所舉柬之，亦必以人事君者也。武后先没，其成事固在柬之，即不然，柬之雖去，而柬之所舉亦自有在，梁公夫復何憂哉？」存齋首肯，近溪復曰：「先生以宗社爲心，宗社以人心爲本。今來朝兩司，郡縣多極一時之選，所患學脉不端，則心事難一。先生趁此合併一番，令其向往不差，則終身德業，豈不光明而俊偉也哉！」存齋躍然喜。翌日，大會靈濟宫。他日復見，語之曰：「先生當勸主上以務學爲急，奈何僅循内閣故事，以塞其職耶？」存齋然之，出而嘆曰：「諸君講學，只三五巷談，不足風世，得君相同心學道，寰宇受其福矣。」返郡未幾，丁父艱，奔歸。士民攀轅悲號，不忍釋去，有步隨至盱江者。

近溪家居，四方來學者日衆，聞山農獲罪繫留都，乃稱貸二百金往救，竟得釋。尋丁内艱。癸酉，起復，入京見江陵相國，問山中功課，對曰：「讀《論語》、《大學》，視昔差有味耳。」江陵默然。謁補得東昌，治東昌如寧國。未幾，遷雲南副使，爲開水利，塹城濠，省徭役。政暇，召同志講學，信從益衆。丙子，轉藩參。丁丑，賫捧入京，禮成請告，出城，同志留集廣慧寺論學，江陵惡之，嗾言官疏劾，致仕歸。復與諸門人聯轍各郡，走安成，下劍江，趨兩浙、金陵，往來閩、廣，益張皇此學。布衣梁汝元非罪囚楚，爲鬻田往援之。有諷之者曰：「梁某害道，宜置於法。」近溪曰：「彼以講學罹文罔，予嘉其志，遑論其他乎？」戊子八月，偶示微疾，與門弟子講學不倦。一日夙具冠服，禮天地、祖考畢，端坐中堂。弟子環侍請教言，曰：「徒言也，不是道，滿前洋溢，俱是發育峻極。」左史萬賓蘭問疾，命具紙筆手書曰：「此道炳然宇宙，不隔分塵，故人己相通，形神相入，不待言説，古今自直達也。後來見之不到，往往執諸言詮。善求者，一切放下、放下，胸目中更有何物可有耶？願無惑焉。」自是絶筆。明日，爲九月朔，盥櫛出堂端坐，命諸孫次第進酒，各各微飲，隨拱手別諸生曰：「我行矣。」諸生懇留盤桓一日，許之。初二日午刻，整衣冠，端坐而逝，年七十有四，門人私謚曰「明德夫子」。

近溪學以孔孟爲宗，以赤子良心不學不慮爲的，以孝弟慈爲實，以天地萬物同體，撤形骸、忘物我、明明德於天下爲大。自少至壯而老，無一息不在學；自家居以及四方，妻奴、童僕、族閭、村市，以及通都大邑縉紳、士夫、千百徒衆之相接聚，無一人不勉以學；自令長歷郎署，領郡符，佐藩臬，所至無一地不以學爲政也。嘗曰：「吾自朝至暮，敬畏天命，如執玉，如捧盈，工夫豈不緊密，但視世儒之把捉脩飾者不同耳。」又語諸孫曰：「予初學道時，每清晝長夜，只揮淚自苦，此等境界，予固難與人言，人亦莫之能知也。」嘗語知友曰：「不肖之爲人也，嗜好不他着，精神不他費，惟是此學，以繫命根，悉滌塵埃，晶光天日，三十年來，穿衣喫飯，終日雖住人寰，注意安身，頃刻不離聖域。是以披瀝矢心，號呼世夢，中或觸怒生憎，萬死終不悔避。」

吉水鄒氏曰：「先生有目與人同，不見人過則與人異；口與人同，樂道人善則與人異；心與人同，以衆人心爲心；身與人同，以衆人身爲身。有官也，而以百姓之肥瘠爲榮，勿恤於家矣；有學也，而以衆人之立達爲學，勿執於見矣。其尚友也，時釋、時玄，不廢參究，一軌於大道；其論著也，聖訓、帝典，極其闡揚，一根於真性。上焉者，得先生眉睫間；下焉者，亦欣欣化育中。以養以造，先生非吾黨之元氣耶？夫元氣周流，布護天壤間，不可得而見，惟觀造化：生者生，化者化，飛者飛，潛者潛，動植者動植，始知元氣之功大。吾黨自成者成，自道者道，得言者忘言，得意者忘意，得象者忘象，不事雕鑿，渾然天成，始知先生之功大矣。」

建昌府册鄉賢傳

嘉定後學張恒撰本府知府

參政羅汝芳，南城人。甲辰會試，癸丑進士。生而有作聖人之思，夙已契性天之旨。自陽明王子倡良知之學，本宧私淑其傳，益加闡發。揭孝弟爲良知之本體，指敬畏爲致知之工夫。謂信得過即聖賢實修，當得起即堯舜事業。于是人人皆直見本來面目，在在可保養赤子真心。蓋真接孔氏之傳，翼顔、曾、思、孟之統，而大有功于來學者也。若其襟懷光霽，魚躍鳶飛；度量汪洋，天空海濶。雖百家有一善，拜受不遺；雖愚夫生一問，曉告必盡。所著《廣孝經》、《四書問答》、《五經翼編》、《明道録》、《識仁編》等書，宗旨統一，血脉貫通。允矣，印正六經，實非支離章句。至如歇歷中外，無論職任淺深，因事燭照，爲民造福。疾革之時，細書别言，心地足占寧澈。身歿之後，家徒壁立，子孫不免饑寒。近蒙批允崇祀郡庠，竊以本宦非止鄉國之善士已也，伏乞題請從祀，裨之得附先儒之列，與薛暄、王守仁、陳獻章、胡居仁同祀廟廷。庶幾道統昭明，人心激勸矣。萬曆十八年十月初二日，送主入祠。

太湖縣舊誌傳嘉靖庚申年修

烏程後學王杰撰本縣知縣

羅汝芳，建昌府南城縣人。由進士筮仕，廉介自守，仁惠及人，儲養諸生，稱事餽給。新建明倫堂、文會樓，累有興作，不妨於農。三年陞刑部主事，民爲立去思碑，于城北以紀其化焉。

太湖縣新誌傳萬曆甲申年修

楚黄後學王大謨撰本縣知縣

羅汝芳，字惟德，江西南城人，進士。

嘉靖甲寅任。每事，倣古循吏，不拘文法。刱書院，群學官弟子員，下暨閭里童穉，日講良知學，而專禮高年。奬廉節，招流移，抑豪禁姦，至學校尤所加意。建明倫堂，買學田二區，以助貧生之婚喪者。陟刑部主事，歷官雲南布政使司，左參政。甫去，民肖像生祀之，名近溪羅先生祠。

寧國府誌官師表萬曆丙子年修

南海後學陳俊撰本府知府

羅汝芳，字惟德，南城人，進士、郎中。任政先禮教，弛刑威，念切民隱。建書院，講明正學，愷悌作人，有古循良之風。艱去，士民遮道泣送之，因見任例，不立傳。

論曰：鄉三老嘗述高皇帝時，綜核名實，法網頗密，有司簠簋不飭，輒見禽夷。寧郡介山谷間，民畏其上，布令若流水，敷惠若濡露，可卧理也。以吾觀于諸公，器識才畧不必相仍，然皆務農桑、教化，使百姓孝弟、力田，盜賊稀少矣。袁廷輔及士顯，並皆以身殉民，尤爲卓絶。其尸祝于法當焉。屬者方名逢時之節費賑菑，敦尚大體；羅名汝芳之崇篤道術，比屋絃歌；王名嘉賓之簡訟約躬，桁楊庭仆，暨諸邑令長，亦猶有循蹟可紀，以仕方顯不傳云。

回脩江西省誌傳

新喻後學簡而參撰建昌府學教授

參政羅公汝芳，字惟德，別號近溪，南城人。幼聰穎，方泣而樂，方怒而笑，心疑何苦樂倏變也，識者已驚其異。及長，專志聖學，力祛己私，孝友純至，忠藎性成。嘉靖甲辰，舉春闈，寓京師，同名士聯會切劘，嘆曰：「吾人業孔孟之學，必要求有裨身、心、意、知、家、國、天下，以繼往開來爲己任，何必區區仕進爲哉？」遂歸，十載不廷試，習静從姑山房，日以聖學爲念。至癸丑，學有成，始廷試，叨恩賜同進士，授太湖令。用德化民，政幾無訟。擢比部主事，學益進。守寧國，覺民性靈，補東昌，三月大治。癸酉，遷雲南副使，轉藩參政，多奇績。如破酋虜，開二汁，此其餘事也。入賀，語張江陵以致君堯舜，張怒，遂挂冠而歸。先生宦轍所到，群人而學，化行俗美，至今遺甘棠之思。致政日，囊篋蕭然，以故後裔屢空。」

自幼讀書從姑山，後復納價創屋，爲講學所，日講學于其中。從游者益衆，宛然東魯之區。丙戌，偕門人游吴、粤、閩、越，講學問道，忘食忘年，津津靡倦，真孔氏不厭不倦之心也。

比歸，戊子八月，偶疾。弟子環侍者千餘，請教言。先生曰：「徒言不是道，滿前洋溢，俱是發育萬物，峻極于天。」又曰：「人生天地間，須是頂天立地志氣，不可一毫落寞。」又曰：「此學玄妙入微，不是説了就罷，須要發一個不惜身命心，無一毫爲世事念，時日不放，後日方有成就。」至九月朔日，沐浴禮天地神祇畢，命諸孫次第進爵，各微飲，拱手别門弟子曰：「我行矣，珍重、珍重。《會語》幸毋忘平生也。汝輩着緊此學，便是延我性命于無窮爾。」門人依依不忍捨，强留，先生愉色許曰：「我再盤桓一日。」中午，萬左史言策問疾，手書數十行與之。非先生宇宙在手，造化生身者能然乎？初二日午刻，整冠更衣而逝。逝之日，門人雲集，相向而哭。聞者不問遠邇，即愚夫愚婦，莫不設位而舉哀焉。城市中悲號七日不忍聞。皆嘆曰：「哲人之委，泰山其頽矣。」

當先生接引人群，隨機開發，有裨道脉最大。自生民以來，繼孔子而興者，其在先生乎？先生門人楊起元等私謚曰「明德先生」。事蹟詳於都御史譚希思《理學名臣傳》，禮部員外劉元卿《諸儒傳》，太常卿王時槐《傳》，吏部侍郎楊起元《誌》，師相趙志臯《表》，督學御史詹事講《碣》，吏部員外鄒元標《碑》，暨諸名公之文。門人董裕、楊起元、蕭彦、鄧鍊等，於鳳凰山麓建明德羅子祠，春秋祭享。有《近溪子全集》行於世。概其生平，學詣玄深，道臻廣大。卓矣往聖之巨擘，昭然後學之芳規。允曰真儒，宜當從祀廟廷，擬入理學者也。

近溪子附集卷之二

盱江門人　黄承試季兆父編次
蕭應泰元之父校正
孫　羅懷智　羅懷祖
羅懷敬　羅懷本　梓

明雲南布政使司左參政明德夫子羅近溪先生墓誌銘

歸善門人楊起元撰吏部左侍郎

萬曆十有六年秋九月之二日，明德夫子羅先生卒。其未卒前十日，謂門人黎允儒曰：「貞復典試在閩，吾欲與語，子試往訊之。」起元聞之，自粵驅而至，則無及矣，相與慟哭於位。於是門弟子百餘人，暨諸姪繼宗、繼先、輔載，孫懷義、懷智等謂起元曰：「子宜知師，子宜銘師。」起元瞿然謝曰：「夫予安足以銘吾師耶，安足以銘吾師耶？」乃即張子嵿，袁子世忠，王子湧，萬子煜，黄子承宣，楊子百里等所稱述，暨起元睹記所及者，次第之。

吾師明德夫子羅先生，生建昌南城四石溪。其先出司徒祝融之後，至漢大司農珠，始家豫章柏林。至唐侍御袍之子忠六公遷此，代有厚德。明興，季文公新有室，代父遠戍，永和公讓其產於二伯羅氏，孝義遂著於州里。永和傳四世爲兩岡公，兩岡生前峰公，公以師貴封刑部主事，配甯，封安人。安人夜禱北辰，夢赤日入懷，覺而有娠。正德乙亥五月之二日，而夫子生。夫子名汝芳，字惟德，别號近溪。甫三歲，坐火圍，侯安人未至而哭。前峰公趨抱之，哭止，隨思曰：「均此一身，心何苦樂倏變也？」五歲，安人授《孝經》，家人故亂其誦，大怒，忽笑告安人曰：「人言肚内臟會横，信然。」七歲入鄉學，即以孔聖爲的，時時稱説《孝經》，於家庭間無人不相愛敬。十有五，從新城張洵水先生，夫子志學益勵。辛卯，歸吴恭人于新豐。

一日，誦薛氏《語録》云：「萬起萬滅之私，亂吾心久矣，今當一切決去，以全吾澄然湛然之體。」夫子焚香叩首，矢心力行，數月而澄湛之體未復。壬辰，閉關臨田寺，几上置盂水及鏡，對之坐，令心與水鏡與二，久之成病。前峰公憂之，授以《傳習録》，夫子讀而病痊。丙申，年二十有二，入縣庠。庚子，入省，見吉中顔山農先生，因述生死得失不動心狀。先生曰：「是制欲，非體仁也。」夫子問體仁。先生曰：「知擴四端，而火然泉達，何制欲爲？」夫子悟，師事之。癸卯，夫子年二十有九，舉於鄉，與同志會滕王閣。明年甲辰，舉會試，與同志大會靈濟宫。聞前峰公病，不廷試而歸。

乙巳，始建從姑山房，以待講學之士，矢心天日，接引來學，足不入城市。戊申，學《易》於楚人胡子宗正。胡子宗正者，舊以舉業師夫子，夫子知其《易》有傳也，至是幣迎之，及有所扣，不應。夫子逡巡却，拜執弟子禮，胡子喜，使夫子息心而深思之，坐三月，方見許可。忽一夜悟格物之説，曰：「大人之學，必有其道，大學之道，必在先知，能先知之，則盡《大學》一書，無非是此物事；盡《大學》一書物事，無非是此本末終始；盡《大學》一書之本末終始，無非是古聖六經之嘉言善行。格之爲義，是即所謂法程，而吾儕學爲大人之妙術也。」前峰公詰曰：「然則經傳不分矣乎？」曰：「《大學》在《禮記》中本自爲一篇文字，初則概而舉之，繼則詳而實之，總是慎選至善之格言，明定至大之學脉耳。」公然其言。庚戌，約同志大會留都。秋，會江省月餘，泝流至螺川，集會九邑同志。辛亥，會樂安，會宜黄。歸，立義倉，創義館，建宗祠，置醮田，修各祖先墓，講里仁會于臨田寺。

壬子，撫臺夏夢山公登姑山，請見夫子，命有司具路費，促北上。癸丑，廷試，年三十九。時内閣徐存齋翁，定會所於靈濟宫，夫子集同年、聯同志，日至焉。季夏，選太湖令。時蘄黄、英山多盜，江防使者遣兵戍其地，民苦之。夫子至，首請撤戍，盜不爲備。領壯士突入，擒其渠魁，盜悉平。所至集父老，從容訓誨之，於是小民聞風，争持果酒，叩道傍求見。湖賦素難辦，因與之約，悉得詣縣自納，設櫃于門，民甚便之。復流移，修庠序，令鄉館師弟子，朔望習禮歌詩，行奬賞焉。立鄉約，飭講規，敷演聖諭六條，惓惓勉人以孝弟爲先。行之期月，争訟漸息，有緩急難卒辦者，父老子弟争相趨營之。入覲，嚴氏欲以臺省要往見，夫子曰：「有命。」既而，擢刑部山東司主事。時大司寇鄭淡泉公，亟稱太湖之政，部事無大小悉與正之，一時平反從末減者甚衆。前獄中每遇寒，無日不報囚死，夫子命具湯藥，熱飲食，時收放，囚乃不病。己未，滿一考，恩封父母如其官。

庚申，出審大同、宣府獄，沈青霞鍊者，嚴氏冤害之也，死而株連甚衆，皆欲殺之。夫子悉從輕減。比返，過魯，問道于泰山丈人，學益進。辛酉，歸省，學者大集。壬戌，出守寧國。至寧國，凡士民入府，則教以孝順父母，尊敬長上。或曰：「孝順父母，尊敬長上，足以治寧國耶？」曰：「奚啻寧國已也。」數月，教化大行，遠邇向風，乃聯合鄉村，各興講會。清逋欠，修堂廨，建志學書院，與郡之鄉先生及諸生沈子懋學、徐子大任、蕭子彦、詹子沂、趙子士登、戚子恢、郭子忠信、梅子鼎祚等，講學不倦，郡堂絶無鞭朴之聲。南陵苦種官馬，力請撫按奏罷之。築涇縣南陵太平城及羅公圩，修水西書院。

乙丑，入覲，徐存齋翁詢以時務，對曰：「人才爲急，欲成人才，其必由講學乎？」翁是之，遂合同志大會靈濟宫。回郡，王吉泉公按郡，郡中寂然無事。公謂所屬曰：「太守誠以講會、鄉約治郡。」命集父老子弟而觀其歌詩、習禮，皆賞之。未幾，聞前峰公訃，奔歸。士民縉紳送踰百里，有追隨至家者。丙寅，建前峰書屋于從姑山，四方來學者日益衆。戊辰，聞顔先生以剛直取罪，監禁留都，乃稱貸二百金，同二子及門人買舟往救。或曰：「山農不及子，子師之何也？」曰：「山農先生在縲絏之中，而講學不倦，雖百汝芳，豈及哉！」既而賴同志併力設處，得戍邵武。

己巳，居寧安人之喪，夫子毁脊。辛未，居甯安人畢，乃周流天下，遍訪同志，大會南豐，大會廣昌，大會韶州，由郴、桂下衡陽，大會劉仁山書舍。是行也，遊濂溪、月巖，謁永州舜陵，縱觀九嶷，深入蠻洞，陟日觀于上封，讀禹碑於嶽麓，酌賈誼井泉，挹汨羅廟貌。而衡湘幽勝，殆盡其概矣。壬申，當道引哀詔，促起復。癸酉入京，見張江陵公，公問山中功課？曰：「讀《論語》、《大學》，視昔稍有味耳。」江陵嘿然。補東昌，治東昌如寧國。未幾，遷雲南副使。甲戌，年六十，具疏乞休，同志强止勿上。季冬，抵雲南，治昆明隄，令從下者濬之，省原估費十分之九。與其父老履畝尋水利，復金汁、銀汁二溝，民便耕種焉。乘暇，遍歷郡縣，凡水之利害，無不平治。杪秋，由大理入永昌，浚龍池，引沙河，乃適騰越州。莽人犯三宣，且逼州境。夫子以虛聲先之，莽人不敢近。兩院遂署行兵巡事。莽人掠迤西，迤西使人告急，夫子授以方略，大困之。復遣人馳諭六宣尉，但能滅莽者，即許居其地。莽人恐，乞降。丙子，署提學事，時選貢方嚴，悉以正貢應。署司事時，欲多決重囚，竟多出少入。築安、寧二州城。暇日，輒臨鄉約，其父老子弟群聚聽講者，動以千計，風聞遠邇，爭鬬漸息，幾無訟矣。二月，轉參政。捧賀入京，起元受業焉。賀典即成，曰：「吾今則可以乞休矣。」遂具告吏部。出城，諸同志留會廣慧寺，忌者有言，於是得致仕之命而歸。

己卯，入粵，從南海歷惠、潮。至閩，遍訪同志。庚辰，修太平橋。辛巳，給諫鄒南皐公薦於朝。癸未，門人杜應奎、聶繼皐等及諸孫，集刻《會語》六卷。是歲，給諫楊宜菴公，疏奏雲南邊功。夏，適臨川，會崇仁，會樂安，門人黃子廷寶、徐子允修、陳子樞、曾子如海、吳子道南、黃子宸、詹子事講、陳子致和等，各留會旬日。

乃入吉州，訪王塘南公，進安福，訪鄒潁泉公，至永新，拜山農先生，下泰和，會胡廬山公。是歲，按治韓珠泉公以地方人才薦夫子。乙酉，大會江省同志于會城。丙戌，麻城周柳塘公來訪，同舟下南昌，遊兩浙，至留都，日與朱子廷益、焦子竑、李子登、陳子履祥、湯子顯祖等，談學城西小寺。未幾，同志咸集會憑虚閣，會興善寺，門人集《會語續録》，趙瀫陽公刻于太學。別後，大會蕪湖，大會水西，大會寧國，從祁門入饒州而還。丁亥，門人爲建講所，扁曰「明德堂」。是秋，建陽尹崔子肖，迎夫子過新城，與鄧子元錫，傾論而別。至建寧，大會，有《建陽會語》。

戊子夏，静養從姑山，命諸孫勿往應試。六月，從姑山崩一角，風拔大木百餘株。八月微疾，命門弟子來宿，日夜談學不倦。念五日，命姪輔，三孫懷智，門人聶希賢、周廷桂、董匠事，姪輗，長孫懷義，門人鄭奎侍左右。七孫懷祖，門人王潛、黄欽司賓客，五孫懷敬，門人黄文炳、李大經司應酬，八孫懷本、門人王一元、鄭時彰司書札，以萬煜、聶鉉總之。二十九日夙興，冠服禮天地祖考畢，端坐中堂，弟子環侍請教言。曰：「徒言也，不是道，滿前洋溢，俱是發育萬物，峻極于天。」中午，左史萬言策問疾，手書七十字與之，自兹絶筆。九月朔，盥櫛，出堂端坐，命諸孫次第進酒，各各微飲，隨拱手別諸生曰：「我行矣。」諸生哭留，許再盤桓一日。初二日午刻，整衣冠端坐而逝，享年七十有四。

夫子十有五而定志於洵水，二十有六而正學於山農，三十有四而悟《易》於胡生，四十有六而證道於泰山丈人，七十而問心於武夷先生。其他順風下拜者，不計其數，而接引友朋，隨機開發者，亦不計其數。身所止處，輒弟子滿座，而未嘗以師席自居。及門者數千人，直下承當者，亦衆。配吴恭人，生子二：長軒，號復初，配黎；次輅，號玄易，配饒。女二，孫八人，曾孫十人。逾月，門人皆至，凡數百人，掖柩出，殯于鳳凰山，里人皆罷市盡哀。

既而，諸弟子相與言曰：「古人之尊師也，咸有私謚，以志不忘，若隋文中、宋明道是也。今安可缺乎？」又相與議曰：「吾師之學至矣，蓋孔子求仁之旨，的在《大學》，《大學》一書，是性體與矩式兼至者也。秦漢而來，悠悠千載，其間豪傑之士，聰明超悟者，見性體矣，而未必盡合其矩式；高邁勇往者，擬矩式矣，而未必盡透其性體。惟吾師之學，發志最蚤，自髫齔之年以及壯强、衰老，孜孜務學，未嘗少倦，參求于四方高賢宿德，惟恐不及。德無常師，善無常主，但聞一言之益，即四拜頓首謝之。會衆智以稽古訓，契《中庸》以歸《大學》，靈透洞徹，生德盎然，而其躬行密實，殆篤恭不顯矣。故其隨人啓發，直指性體，至所真修，刻刻入神，非言所及也。每稱高皇，道並羲軒，而六諭乃天言、帝訓，居官居鄉，極力敷演。蓋畏天命，畏大人，學不厭，教不倦，平常而通性命，易簡而該神化，自孔子而來，未有吾師者也。今夫謚者名言之跡耳，惡足以稱其德哉！天之高明也，萬物覆焉，其贊曰：「大哉！乾元。」地之博厚也，萬物載焉，其贊曰：「至哉！坤元。」今夫子之德，合高明博厚而一之，故語之以地，則遺天；語之以天，則遺地，殆無得而名焉矣。於是又有言于列者曰：「然則欲求吾師之學者，無如《大學》矣乎，《大學》首言『明明德』，則盍以『明德』謚。」諸衆乃交贊曰：「其可哉，其可哉！」遂筮日告謚曰「明德夫子」，以某月某日，葬鳳凰山之原，銘曰：

赫矣皇明，會合貞元。篤生夫子，揭日中天。信性信古，巧力具全。大信大順，仁孝自然。祖述仲尼，憲章高皇。覆幬靡遺，持載無疆。物斯並育，道亦並行。大哉夫子！明德不忘。鳳凰之岡，盱水之原。作人君子，是升是遐。聖遠言湮，衆説紛拏。遺我《會語》，後聖莫加。

近溪羅夫子墓碣

樂安門人詹事講撰提學御史

先師近溪夫子，以天年終於萬曆之十六年戊子。是時，事講方視學南畿也，訃聞，爲位而泣者七日。亡何，厥孫太學生懷智，持《狀》來徵講爲碣。講於師，寔有罔極之恩，誼不可無言也。師諱汝芳，字惟德，家世南城四石溪，别號近溪。其先豫章人，遷居今所，則自唐侍御君第六子近通始。歷國初，有季文者，代父從戎，義聲大壯里閈。季文生永和，魁然以孝友著于家庭。永和之四世孫爲兩岡，則犖犖負奇節，大亢厥宗者也。兩岡舉丈夫子三，其季爲前峰公，諱錦，即師之尊人，封比部主事，如師初年官。公嫻於文詞，馳聲章甫中，籍甚。比稿落當年，乃去而講理學，嘐嘐然，犒矢東越。

安人寧，夢赤日入懷，生師。師襁褓時，即悟啼聲。五年，能執《孝經》禮。甫長，雅不好弄，群兒以狎侮至，油然受之。鄉人大奇其不群。弱冠，受博士籍，悟尼聖之學，有不專於博士業者，遂卓然以身任正學。癸卯，捧賢書。明年，捷南宫，人皆以爲華，師欿如也。叔子樂溪怪而問之，師曰：「爾謂一第能了我生平耶？超一乘即有一乘事業，此壯夫終身有蓋棺憂也。」隨輟廷試事，歸姑山，決策尼聖，面水澄心，凝神《易》學，若無意於仕者。人謂甯安人曰：「爾子幸一第，乃不爲進取計，何輕視若此？」安人曰：「吾兒正不欲輕此第故爾。」當是時，介紹於西昌，結駟于南楚，講業于中都，轍跡所臨，履溢户外，聞者靡然顧化，師即未拜一官，治一職，教澤已滿東南矣。

歷癸丑，始就廷試，授太湖令。太湖巖邑也，民强且多盜，師至，修渤海之政，捕從寬，益以道化之，不踰月而盜平。其諸政務，一本於興教化，明禮樂，不爲一切俗吏所爲。入覲，天官最其績，擢比部。主政時大司寇海鹽鄭公也，公素慕師，比在屬，讙甚，以爲得師。晚事無大小，❶悉與諮之，所明罰伸抑者甚顆。❷迨守寧國，教化益行，郡堂無鞭朴聲。日惟講學水西、志學二處，以崇學術、育人才爲功課，宛陵六邑，一時有三代風，六郡亦聞風歸化。未幾，以尊人外艱歸。歸之日，士民悲號，不忍釋去，有步至盱江者。

師在制，四方來學者益衆。當道聞其賢，歷引哀詔，促起復。補守東昌，間行泰山，塗遇盜，將犯之，既聞爲師也，拜而泣

❶「晚事」，疑當作「凡事」。
❷「甚顆」，疑當作「甚夥」。

曰：「吾意爲某某乃羅爺耶？」稽首而去。尋遷滇南副憲。時莽人犯三宣急，且逼州境，師遣馳諭六條，涕泣化之，莽亦涕泣請降。更爲開水利，塹城壕，省遥役，❶大布朝廷德化。暇則召同志講學，如永昌諸處，信從尤衆。無何，轉藩參，齎捧入京，禮成，偕同志大會廣慧諸刹，諸大老咸傾蓋焉。時江陵柄國，喜操切，惡正學，諷附勢者言之。已又召諸從游修撰沈君懋學，編修曾君朝節輩，切責之。師喟然曰：「時事若此，道復奚望？」遂具告天官，浩然歸矣。師之歸，薦紳談者憾柄國，併唾言者欲甘心之，師笑曰：「無庸，《記》云：君子隱而顯，且一時與萬世孰多乎？吾盱江、汝水之間，寧無斐然小子可裁者？」復與諸門下，聯轍各郡，走安城，下劒江，趨兩浙、金陵，往復閩、廣，益張皇此學。

今上戊子秋，偶疾，知將辭賓矣，乃起衣冠，謝皇天后土，召諸門人諸孫授《會語》八卷，更手書「大哉洋洋」之章，丁寧王史，命各舉觶相酹以別。諸門人泣留，留一日，整襟危坐，拱手而逝。噫！吾師仕，則以其學敷之政，不仕，則以其政敷之教。歷七十四年，無日不在斯道，至死而後已，任重道遠若此，孰非本道之大原而措之躬行者哉？蓋道之大，原出於天，天之所以立命，即人之所爲性，此性命之理，洋洋優優，隨境皆是。然而其宰也，未嘗不運，至虚而至實；其運也，未嘗不宰，至實而至虚。故放之則忘，忘則淪於無；執之則助，助則滯於有。勿忘勿助，乃見真詮，即研究有年，透悟獨到。常語人曰：

❶「遥役」，疑當作「徭役」。

「鳶飛魚躍，無非天機；聲笑歌舞，無非道妙。發育峻極，眼前都是。」其超然灑然見之襟懷，雍然穆然見之家庭，油然熙然見之處人接物。

講常以學請正曰：「學貴静乎？」曰：「不宜離動。」「在動處着力乎？」曰：「宜不失静。」「體功宜何着乎？」曰：「心兮本虛，至虛要矣，何着？」講常以寂爲疑曰：「性中萬象森然，何寂之憂？　然則，何如而爲得力乎？」曰：「知得得力處，便是不得力；不知得力處，便是得力。大都道具吾心，而吾身寔在道中，真機隨處洋溢，工夫原無窮際。一念不通之人者，非道也；一息有間于道者，非功也。」講每見師，居常無日不親師友，無念不通人心。自志學之初，以至令終之日，孳孳矻矻，惟成就後學是急。蓋師之心，仁心也；師之心體，仁體也。仁者，以天地萬物爲一體，師其有之。雖其或時談玄類禪，不知有出世之心，乃可經世；或時笑號類放，不知其手舞足蹈，皆爲自得。或應接吾人，不無分别，而簡文温理之道，原自不混。嗟、嗟！吾師之心，豈尋常世俗之見所能測哉？師不可測，詳具楊太史《誌》中，講不復贅云。

近溪羅先生墓表

古婺友人趙志皋撰文淵閣大學士

予素心理學，龍溪王公謂予曰：「江右近溪羅先生，雅好學，大建旗幟，爲四方來學倡，户履常滿，束裝就業者無間遠邇。」予欲得其人兩相印可，大愜所願爲快。時先生尚守寧國，已籍籍有聲矣。歲丁卯，先生周流天下，遍訪同志，灑然臨予浙，與公劇譚竟夕，相得甚懽。聆其的譚仁旨，毅然身爲己任。公嘆曰：「真顔氏子復出也。」予目先生，葛巾野服，飄飄物外，真若秋鶴横空，毫無煙火氣味，尚爾一儒生態也。自是得就教席，言言兩相契解，而彼此貽簡牘，交相責成，互相訂正，無下數十紙。逮丙戌，先生久解組歸，擔簦來遊白下，時部寺諸大夫及都人士，日會百計，翕然從之。予時率六館師生延先生大會憑虚閣，悉剖底藴，予得其精緒者録而梓之，已咉咉雄鳴於世。

未幾先生曳杖告殂。嗚呼！先生之學，大都指點人心，以日用現前爲真機，以孝弟慈爲實用，以敬畏天命爲實功，一念不厭不倦爲朝夕。家常茶飯，人人可食；何智何愚，破觚爲員。言言中的，徹天徹地。高之不得，率履不越庸常；卑之不得，易簡通乎天載。渾玄、渾釋，忘俗、忘儒。心涵天地之虚，量沛江河之決，學之得其大者也。尼父箋箋一脉，千百年來閼而不通者，直至先生而衍其派矣。世儒以玄疑之者，是得先生清浄玄明，而不得先生冲夷恬澹；以釋疑之者，是得先生畛畦不設，而不得先生廣博無垠，此皆遊其藩而不登其奥窔，摸其貌而不探其神情者也。且名之不得，窺之無似，又安容置喙其間哉？第今之講學名家，分門各户，競相標榜，稍相牴牾而氣不相下，一窺影響而執之爲有得者，舉在先生下塵矣。予何敢私一先生哉？海内自有具隻眼者在。

先生孫懷禮、懷智，昔遊予門，予得其兩生狀，一以慈和剛勝，一以高明柔勝，一種朴素真醇，毫無岸幘，予心賞之，卜先生後有人也。兹捧狀乞予表先生墓，予何足爲先生表其積履一二哉！若夫得先生大誼之概，復所楊太史墓有銘，養貞詹侍御墓有碣俱昭灼耳目，照耀今古者也。予不容贅一辭矣，予特表其生平好學一事，顯揭於墓道，俾尚友者知所稽云。

近溪羅先生墓碑

吉水後學鄒元標撰吏部員外

鄒子曰：予習從先生長者遊，學問無足述數者不足論，即有足述數者，顓顓學一先生言，嘐嘐自信。有告曰：「道無盡，非一家能竟。」輒拒而不入，病在匪虛；於道有窺矣，謂世之人莫能窺其藩，亦不欲使世之人窺其藩，病在弗廣。夫天之高也，無弗覆也，地之廣也，無弗載也，執一自足者道之賊也。日月之明，不私一隅，雨露之潤，不私一物，不樂與人同者，善之小也。蓋自予接近溪羅先生，則庶幾虛而忘我矣。

先生丁丑入賀，予侍先生左右者月餘，承先生教旨不能有所入。迄今二十年來，先生已爲古人，始知先生坐我春風中不覺，于是悔且恨，恨不得先生起九原而請質之。今年先生孫懷智訪我雲庵，以墓碑見委。予閱諸名碩臚列先生者甚詳，更何能贅一語，然夙侍函丈，不敢辭。

先生姓羅氏，名汝芳，字惟德，學者稱爲「明德先生」，世爲南城人。家世累善，夢日而先生生。幼方泣而樂，方怒而笑，心疑何以苦樂倏變，怒笑異狀？識者已驚其異。長而學益進，閱《讀書録》云：「萬起萬滅之私，亂吾心久矣，今當掃而廓清之。」遂矢心學薛氏學，常坐危樓，起一牖如盂狀，左右置明鏡一，止水一，跏趺連旬，求除所云「萬起萬滅」者，然未奏廓清之效，而受朋從之害，病大作。前峰公投以《傳習録》，病已。庚子，入省大會，布衣顔山農在焉，先生舉前功問，顔曰：「此制欲，非體仁也。」先生復竟所謂「體仁」者。曰：「知四端而擴充，則火然泉達，其勢莫禦。」先生恍然有契，遂於稠人中，稽首顔山農者四，已而師事之。

癸卯，舉于鄉。甲辰，舉會試，先生曰：「吾學未信，不可以仕。」遂歸而尋師問友，周流四方者十年，學既通，乃赴廷試。癸丑，賜同進士出身。初任太湖令，陞刑部主事，歷郎中，出守寧國，再守東昌。陞雲南副使、參政歸。先生凡幾仕矣，其仕也，以學爲仕；其學也，以仕爲學。期會簿書，雖未嘗廢，而真誠惻怛，盎然春育。興利也，不計一世，而計久遠；彰訓也，不事强聒，因其固有。以故生而懷者，若嬰兒之戀慈母；去而思、殁而祀者，若孝子之喪考妣，非可强致也。

元標反覆窺先生于微，真令人心折神悚，非後世剽譚者可比擬云。山農雖以學自任，放言矢口，得過縉紳不少，南刑曹業置之死地矣。先生以身代，爲之贖，而顔得生全。且顔貧，視先生家若内庫，隨取隨厭；顔又喜施與，隨施盡，又輒隨其所請。先生年已耄，顔怒，先生跪之榻前，顔批其頰，不少動，嚐而怒解，始起。夫顔横離口語，學非有加於先生，而終身事之不衰，生之縲絏，周之貨財，事之有禮，此祖父不能必之孝子慈孫，而得之先生，嗟乎！即此天地可格，鬼神可動，矧曰其他。梁夫山囚楚，先生鬻田往援之。有諷先生曰：「夫山害道，宜羅于法。」先生曰：「彼以講學罹文罔，❶予嘉其志，不論其他。」夫當時以學自命者，稍出片言，夫山必無死地，視先生心何如也？胡宗正幼師先生矣，先生聞其《易》有傳，復不難北面宗正，蓋先生真見天下善無一處不具，天下人無一人不可師，己耶，人耶？我耶，物耶？渾然無間，誰能閡之！

或疑先生學大而無統，博而未純者，先生云：「大出於天，機原自統；博本平地，❷命亦自純。」予讀斯語，恍然如見先生。夫不本其自統自純者爲學，而以意念把捉爲統爲純，嗟乎！此學之所以難言也。或又疑先生學無結果，不知太虛之中，孰先孰後，孰始孰終？彼所謂結果云者，是生滅根也，我且無生，而又何滅？我無造端，而又何結果之有？茫茫長夜，誰其覺之，予不能無思矣。

蓋嘗論先生有目與人同，不見人過則與人異；口與人同，樂道人善則與人異；心與人同，以衆人心爲心；身與人同，以衆人身爲身。有官也，而以百姓之肥瘠爲榮，勿恤于家矣；有學也，而以衆人之立達爲學，勿執于見矣。其尚友也，時釋時玄，不廢參究，一軌於大道。其論著也，聖訓帝典，極其闡揚，一根於真性。謂先生有見乎？則與愚夫愚婦同體，未嘗有見也。上焉者，得先生眉睫間；下焉者，亦欣欣化育中。以養以造，先生非吾黨之元氣耶？

❶「文罔」，疑當爲「文網」。
❷「平」，鄒元標《願學集》作「乎」。

夫元氣周流，布護天壤間，不可得而見。惟觀造物，生者生，化者化，飛者飛，潛者潛，動植者動植，始知元氣之功大；吾黨自成者成，自道者道，得言者忘言，得意者忘意，得象者忘象，不事雕鑿，渾然天成，始知先生之功大，予不得而窺先生之學矣。

憶濫竽掖垣，曾疏先生云：「惟道是慕，功名富貴不入其心；逢人必誨，貴賤賢愚不知其類。」識者以爲知言。今愧不能窺先生萬一，謹列大較如左。先生子二人，孫八人，曾孫十人。懷智孜孜尚友，懼隕家學，先生有後矣。先生生正德乙亥五月，殁萬曆戊子九月，葬二十八都曹坊祖壠之傍。銘曰：

神隱而費，力弘而毅。噓吸萬類，胎育元氣。蚤竭心思，晚順天成。何思何慮，斯道典刑。其心孔仁，其仁以身。周流海宇，物我皆春。濟濟多士，私謚明德。繼往開來，百世不忒。

讀近溪羅子集

萬曆癸未，余敘《近溪子集》，時未覩《近溪子集》也。第憶往所聞諸近溪子，與時所欲質於近溪子者，藉手杜生就正云爾，不虞近溪子即以弁之簡端也。越乙酉冬，迺得《近溪子全集》，把玩累日，不能釋手，俯而誦，仰而嘆曰：「嗟夫！近溪子之學，其日新迺如此耶？」蓋余自嘉靖戊午獲交近溪子於京邸，其時近溪子譚道直指當下性真，令人反身默識，絶不效世儒詹詹然訓解文義，譬則韓、白用兵，直擣中堅，搴旗斬將，不爲野戰者。

甲子以後，近溪子博綜富蓄，所學益弘以肆。其時譚道兩都間，爲寓言以提激朋儕，而淺膚者或訝其惝怳，譬則武王克商，借兵庸、盧、彭、濮，蓋有不得已焉耳。余家兄弟，雖甚不敏，顧能引觸於言詮外也。雖然，伊川之祭，用夷禮耳，辛有豫知其爲戎。杜鵑，禽族也，一鳴洛陽，堯夫惻心，蓋謂地氣自南而北也。近日高明賢儁，往往左袒西方之教，而弁髦孔孟，以爲不足與儗，則失近溪子借兵意矣，余切痛之，且重懼焉。今觀《近溪子集》中，發明孔孟學脉甚的，指示孔孟路徑甚明，粹然一軌於正，更無隻字片言勦襲僊、釋家語柄，而僊、釋之奥窔精髓，故亦已包括其中矣。殆譬之今聖天子當陽，雕題辮髮之醜，來享來王，大明一統，而内外界防亦自嚴峻。猗與休哉！余爲是益慁快無已也。

集凡六帙，無慮數千萬言，總其指歸，

大都明人之即天，而人之所以同天者，以具此良知也。知之所以爲良者，秖此赤子不學不慮之真機也。於戲盡矣！學者循近溪子之言，而自悟自信，將沛乎如鴻毛之遇順風，悠然如涸魚之縱巨壑，即一介凡夫倏然而立陟天人，豈不媮快乎哉？吁！近溪子之功德吾儕者，弘且遠矣。抑堯夫有言曰：「吾道自足，何事傍求？」即《近溪子集》中，近溪子之道已可自足矣。區區一縷血誠，願近溪子亦更無事旁求也。

李宏甫曰：「近老解經處，雖時依己見，然縱横自在，固無一言而不中彀率也。雖語言各别，而心神符契，誠有德之言，俾孔孟復起，豈不首肯於百世下耶！」

萬曆乙酉仲冬之吉，友弟楚黄耿定向識。

敘羅近師集後

今之譚學者，皆曰：「道不易言。」夫道曷難言哉？難於聞之而悟，悟之而皆道耳。夫孺子歌滄浪，人恒言天下國家，有耳者所共聞，惟宣尼、子輿知其爲至理所寓，而明之以迪人。彼固有所以合之，而一理渾融，充塞無間，要亦見之真，而感通爲甚速也。

講幼從外傅，則爲言《中庸》之誠，天則實理，人則實心矣。稍長，侍先君訥齋游安成，諸先達則又爲言實理之在天者，即吾心實心之在我者，即天理矣。然形體心知，天人迥隔，敏黽從事，泮渙猶初。比丙寅歲，近溪羅先生會講疎山，録達道、達德，三重九經，要皆行之以一，而所發一之義甚明且切時，則心若有契，乃脩贄及先生之門，往還將十餘載，未之敢怠，惟繹一之一言，亦未敢忌也。

至丁丑，成進士，去知宣城。幸先生以賫捧出都門，相與並舟而南，于時寢興食息，形跡渾忘，俯察仰觀，喫緊活潑，偶爾若有所悟，不覺大呼起曰：「塞乎天地之間，非所謂實耶？斯之實也，非所謂一耶？心理神靈，虛含昭曠，物我天地，妙合員融。乃知聖人爲言，初無二理，吾人自得，斯可逢源也。」先生亦躍然喜曰：「異哉！吾不意子乃亦悟及此，此之謂知天地化育也。從茲而立本，以經綸天下，特易易爾。」久之，竊敢以學脉請諸先生，先生曰：「此道自孟子後，寔難其人，蓋直養無害，由於性善之信而不疑；性善不疑，由於天人之一而不二。後儒以氣質譚性，則天且疑之矣，況於人耶？疑則性根且斬矣，又安能以無害而養之以直耶？我明幸生陽明先師，其見足以悟，其氣足以充，孔孟性命之脉，誠自一綫而引之，普天無復支離間隔之病，其有功吾道真可稱罔極者。昨備員言責，於從祀之議，輒不自量，首陳之，已得議允，而此學益以大明。顧陽明之後，誰與得其宗者？」茲讀先生《會語》，宛然孔孟心法也，是足以明道，故名爲《明道録》，因敬述夙所承教者，以附末簡如是云。時萬曆乙酉歲仲秋之吉，賜進士第河南道監察御史，奉勅巡按浙江等處督理監課，撫樂安門人詹事講頓首譔。

近溪羅先生集跋

先生自弱冠時聞道，即以興起斯文爲己任，厥後，服官中外，迄于還山，日夜孜孜以此自勵，以此誨人，以故會中多問答語，而應酬詩文亦時時走筆爲之。顧藁多散軼，海内來學者願刻以傳，而卒不可得。奎自丙寅獲侍以來，十九年所矣，凡會中肯綮語皆謹録之。曩與先生之伯子軒、仲子輅，彙緝成卷，無何復軼去。今即録中之一二藏於家者，與聶友繼皐書刻，以惠同志。刻成，奎得綴數語卷末，至其學術接孔門正脉，則覽者當自得之，所謂因文可以見道也，非奎之愚所能贊也。子贛曰：「臣譬仲尼，猶兩手捧土，置之泰山之顛，其無益於泰山之高明矣。」奎於先生亦云。時萬曆甲申夏五月，門人臨川杜應奎百拜跋。

會語續録題辭

萬曆丙戌仲夏，余同年友柳塘周君來自楚黄，訪余從姑，且欲偕遊白下。浹旬，覺興致勃然，初從豫章泛鄱湖，踰常山，入浙江，歷姑蘇，比至白下，則朱明矣。共周君約孝廉焦君，從吾輩三五知己，聚首静僻，爲結夏計。得謝墩禪室名永慶者，脩篁如櫛，暑氣全清，同志蓋甚宜之。

未幾，聲聞大老繹絡往來，周君以小恙言歸，余未得去。時諸大老於興善方丈，雞鳴憑虛，久亦聯有講會，同拉余偕往。且論辨間多及之。中稍一二當心，即欲録出以補前刻《會語》之所未備。久乃裒成兹帙，題曰《會語續録》，然猶媿駁雜，未敢遽傳。既歸，而大司成瀫陽趙老先生貽音，促付梓氏，且云興善會中，諸老先生意固均此，至六舘師生，想望尤爲切且殷也。余不敢隱，爰述所由，以引其端。是歲長至旴江羅汝芳謹書。

刻會語續録序

《會語續録》，録盱江羅近溪先生與南中各部寺諸大夫及都人士所會講語也。先生來遊白下，館於城西永慶禪寺，都人士多從之遊，户履常滿。部寺諸大夫，嘗以暇日會先生，談性命之理，先生多依期赴興善之會。余因集六館師生，延先生開講於鷄鳴之憑虚閣。一集數百人，聞先生之言，欣欣有感動意。先生之言，大都指點人以心體至大，真機見前，通天通地，亘古亘今，不爲卑瑣之論，而一念爲己爲人之意，真有不厭不倦者耳。其言而不察，則或迂之、遠之。余則以爲坦平大道，人人可由；家常茶飯，人人可食，所謂學之得其大者也。而隱微自得處，亦可以默識之矣。先生於每會中所講，退即次第其語録，成一篇，皆詳其指趣，略其問辨。余慮無以廣其傳也。爰付之梓。歲丁亥上元日，古婺趙志皐書。

重刻近溪子續集序

《近溪羅先生集》，楚侗耿公序之，令人發深省矣。而先生門人熊生體信，重梓《續集》問敘于余。余謭愚不學，非有龍淵之利，安能造庖丁之門論斷割也。雖然，楚侗之敘以質疑，要以慨俗學之陋。余安敢責人，惟以己所自愧者就先生請焉。往者，一會先生於從姑，再會於都下，聞其言思之，心猶有疑也，欲再見叩之而不可得。邇遊書坊，適先生來會客所，自午後談及夜分，詰旦又談，恍然渡河得岸，披霧見天，躍如也。又如臨大方銅鏡，寫我形體，皮髮毛孔，畢照無爽，凛如也。因得先生《集》讀之，又得《續集》讀之，其書如乎其言，其言如乎其心，蓋真見聖賢所以爲天下萬世立命者，直欲以身當之，視天下萬世爲一人也。余不佞，亦在陶鑄中乎？先生之書，總之二：言仁也，孝弟也，赤子之心也，而歸之性善，歸之中庸。不佞少無他師，惟先君之侍。先君性嚴，日教諸子惟以不欺，出一言先後微不相應，則撻而怒。余習不欺之教惟謹，然未能純如赤子也。年三十，登薦書，歇歷中外，皆執法持憲，無錢穀之染，雖不能博濟近仁，然自信無害人之心。早背先淑人、五昆弟，百惟先君之命，將順友愛，雖不敢自附孝友之列，亦不至族鄙鄉鄰有所指議。深自檢括，加以切磋，庶幾無背戾先哲之訓。顧動遭坎坷，行輒齟齬，事與意違者，不能免焉。嗟，嗟！何以序先生之書哉？先生日新富有，守責行利，脩之身，驗之家庭，交之民物，其筆之書者，皆履之身者也。憂深言切，慮遠説詳，而從遊之屨日衆也。謙益貶損，不施施以加人，年彌高，譽彌隆也。余侍先生之側，讀先生之書，惴然不能以自寧，囂囂乎其有言，而未能沃人之衷也。終抑畏視人勝予，即無諸己，亦不敢以非諸人也。脩身理家以交民物，自求無媿，皇皇然見罪過之日增也。知性之善，而不善未嘗不知也；知道中庸，而偏倚未能免也，是德之不脩也。方將藉先生講學以明之，遷善以成之，改過以新之，如夢者寤，醉者醒，如病者之得方而將服其藥也，如藥之中症而幸瘳其疾也。千古聖賢所以爲天下萬世立命者，先生當之，而余賴先生之陶鑄也。其不揣爲《續集》序者，亦欲同志之士，讀先生之書者如余，檢括其心，以倡明先生之學，必欲爲仁人、爲孝子，以不失赤子之心，然後爲無負先生之教也。萬曆丁亥歲重九日，武夷山人陳省撰。

近溪子續集　乾

歸善門人楊起元評

問：「『君子之道費而隱』，舊説另作《中庸》一大枝看，是否何如？」

曰：「今日吾儕聚講憑虚，是天下文明一大幾會。大宗師、諸僚屬及諸俊彦不下千人，皆應期而集，以昌明昭代聖化，於道脉固當光顯，即文字精英，亦於此須發露妙義矣。諸君試看，六經中語道之文，曾有如此『費』字之奇特者乎？蓋是吾夫子學《易》，到廣生大生去處，滿眼乾坤，如百萬富翁，日用奢費。浩蕩無涯，乃説出這個字面。善體聖心者，便從『費』字以求『隱』字，則富翁之百萬寶藏，一時具見矣。故費用是説乾坤生化之廣大，而隱藏是説生不徒生，而存諸中者生生而莫量；化不徒化，而藴諸内者化化而無方。若孟夫子所謂源泉混混，不舍晝夜；老子所謂虚而不屈，動而愈出；蘇子所謂取之無窮，用之不竭，而爲造物者之無盡藏也。故『費』字之奇，不如『隱』字之尤奇，『費』字之重，又不如『隱』字之尤重。費則只見其生化之無疆去處，而隱則方表其不止無疆，而且無盡去處。要之，總是顯仁藏用，而極力形容天命之不已也。下面一篇，其論説雖多，總是詳言此道神化，無疆而無盡也。如云：我君子這個妙道，極其浩費，而又極其藏蓄。四海九州，萬萬生靈，都説他是夫婦之愚不肖，而其實個個可以與知與能。愚不肖的夫婦可與知能，而聖人却又不可與知能。莫説聖人只是個人，即如天地一團神氣，要載也載他不得，要破也破他不得，而災祥順逆，且往往有不當恰好處，到是鳶魚微物，却又能顯見造化處。君子之妙道，如此其浩費無邊，如此其隱藏無盡，故其用功，須是造端乎夫婦，以愚不肖之知能，來作日用；又當昭察乎天地，盡知聖人之所不知，盡能聖人之所不能，位天地、育萬物，而盡釋天地之憾而後已也。上一段是《易經》所謂『天行健』，後一段便是『君子以自强不息』處也。上一段是《詩經》所謂『維天之命，於穆不已』，後一段便是聖人純於天道亦不已也。大約《中庸》只『天命之謂性』一句，把天地人的精髓，一口道盡。繼之曰『率性之謂道』，則見得萬民萬物，各循其性之自然，無處不是道，而此體遂充塞乎兩間矣。又繼之曰『道不須臾離』，則見得萬民萬物，各安其性之本然，無時不是道，而此體不止充塞兩間，而且貫徹千古矣。想像吾夫子當時，仰觀俯察，遠取近求，到得生生謂易去處，其靈爽暢發，心目躍然，遂思作此《中庸》，昭布王道之蕩蕩平平，完全活潑於民生日用之間。形骸雖殊，而些子了無隔礙；風氣雖别，而毫髮總可融通。君子只知得這個天命，便嚴恭寅畏，時中以成君子；小人只不知得這個天命，便無所忌憚，反中庸以成小人。君子小人，兩種學術，其根源皆分自此。但今人説君子時中，説得淺陋，説小人無忌憚，也説得淺陋，無怪乎《中庸》一篇，其大旨埋没千載而直至今日也。要之，聖人他的確見得時中分明，發得時中透徹，不過只在此個費隱。你試看『溥博淵泉而時出之』，繼而又説『溥博如天，淵泉如淵』。夫時中即是時出，時時中出，即是浩費無疆，寶藏無盡，平鋪於日用之間，而無我無人，常在目睫之下，而無古無今。果真如鉅富之家，隨衆穿也穿不了，隨衆吃也吃不了，隨衆受用也受用不了。隆古聖神，序之以六十四卦，分之以三百八十四爻，演之以《繫辭》十翼，布之以《洪範》九疇。至於極力顯著，則又是《中庸》此書。君子之所以尊德性者，是尊此個德性；敬畏天命者，是敬畏此個天命；樂其日用之常者，是樂此個日用之常；大人之所以不失赤子良心者，是不失此個赤子良心。後世道術無傳，於天命之性，漫然無知。不知人之有生，原是禀受天命而生，便把吾儕日用恒性，全看不上在眼界，全不着在心胸。或疑其爲惡，或猜其爲混，或妄第其爲性有三品，遂至肆無忌憚，而不加尊奉畏敬，敝則卒至於索隱行怪而反中庸矣。蓋由其不見大用顯行，遍滿寰穹，便思於静僻幽隱，謂就中須養出有個端倪，又謂看喜怒哀樂以前作何氣象。不見孩提愛敬，與夫婦知能，渾是天然大道，便思生今反古，刻意尚行，而做出一翻奇崛險怪，驚人以駭俗焉。此豈不是不知天命而不畏，遂至反中庸而逆真常也哉！不肖每談《中庸》至於費隱，真覺痛心切慮，感激不能自已。竊謂聖人一綫道脉，最是無多，而其關係天地造化，人物生靈，呼吸盛衰，大捷於桴鼓而影響也。即此費而隱，隱而費，若合併其妙趣神機，以來彰顯天命，點掇人心，則頃刻之間，宇宙之内，生生化化，皞皞熙熙，寸土盡是黄金，纖塵皆成法界，而吾儕出世一場，也不負爲聖世之遭逢矣。若不務明張道目，朗擴胸襟，以領納天錫元和，而只拘泥舊聞，人私其身，己私其學，執一念以爲天真，任猜求以還性地，豈惟端倪竟不可圖，聖脩竟不可得，而眼前錦繡乾坤，遍界總成淒楚苦趣矣。語傷太激，寔切由衷，惟至仁長者，其共憐之、憐之。」

問：「昨來傳聞憑虚講論費隱，謂盡知聖人之所不知，盡能聖人之所不能，盡釋人民之所憾於天地，乃爲察乎天地之功夫，但不知此工夫，却從何處下手乃可入也？」

曰：「此去處也有些難言，且爲諸君説一笑話。俗諺云：『早知燈是火，飯熟幾多時。』不意諸君令下此問却是手執燈光以遍求火種也。蓋愚不肖夫婦之知能，便是聖神之所以察天地，而聖神之所以察天地，却不外造端於愚不肖夫婦之知能也。此乃中庸之所以爲至處，又是從古及今之民所以鮮能處。今且説民之所以鮮能中庸，而中庸爲德之至自見矣。大要，自古以來，人皆曉得去做聖人，而不曉得聖人即是自己。故凡説着聖人，便去尋作聖一個門路，殊不知門路一尋，即去聖萬里。吾夫子竭盡平生精神，倒翻宇宙乾坤，看見古今有無限聖賢，聖賢有無限等級，道理既有千百般多，門路亦有千百般樣，然畢竟未有如此中庸之至者。故從『天命之性』發揮，直到『上天之載』，以成此《中庸》一書，然只此『造端』三句足以該之。故鄙見常謂：中庸是本大《中庸》，此三句是本小《中庸》。非三句無以見中庸所蘊之精，非中庸無以見三句所該之廣。且泛觀天地之間，其地有百千萬方，每方有百千萬人，然耳目之聰明，知能之活潑，孩提則均一愛敬，爹娘則均一撫抱，穿衣吃飯，日用往來，直至老死，則均一更無少欠。真是王道平平，而不費些子尋思；王道蕩蕩，而不費些子氣力。若要通天，只此便天可通；若要徹地，只此便地可徹；若要統人統物，只此便人物統一。所以夷、惠、伊尹只管努力，而只管偏有不能；孔子只管隨時不費些力，而只管能不可及。所以天地之道，再並行不得，並行便要悖，惟孔子則並行而不悖；天地之物，再並育不得，並育便要相害，惟孔子則並育而不相害。故敢妄説，從愚不肖夫婦知能以察天地，乃可盡知聖所不知，❶盡能聖所不能，而盡釋天地之有憾於人處也。又方見《中庸》之自『率性』以致『中和』，從育『萬物』以位『天地』，皆是的確實事，而非虛談也。此個中庸道理，夫子全在《易經》中來。但想古今聖人，豈止夫子讀之，蓋未有聖人而不讀《易》者，却未能如夫子之肯小心焉耳。即如《中庸》其『至矣』的『至』字，原是從《易經》上來。蓋乾坤原是一氣磅礴，然乾則只可言他大，言他始，此則便是大家門路所共的去處。不想好看好聽，而却少受用，入去便皆茫蕩無歸著。結果惟是此氣一到坤處，便自平順安妥，生息冲和，方是群品受用一片田地。孔子到此嘆曰：『至哉坤元，萬物資生。』初則取之以爲自己時中，後則編來以爲此本《中庸》，而作千聖萬賢求道之極則也。當時及門諸子，惟是顔淵一個曉得去擇中庸，又曉得《易經》復見天地之心，所以許其『一日克己復禮，而天下歸仁』。其次則如曾點之春風童冠，

❶「聖」，《盱江全集》作「聖人」。下句「聖」同。

浴沂詠歸，看見眼前一片錦繡乾坤，將來作個家當而未能成章，所以孔子思之不輟。此是吾夫子『仁者人也』，『道不遠人』，中庸真正一脉。後世擬顔子爲深潛純粹，曾點爲脱略世故，總是見夫子中庸不真，便與諸賢亦妄肆猜度也。今《中庸》具在，請諸君更共詳之，更共進而教之，幸甚、幸甚！」

問：「先生以費隱指點中庸，聽者無不欣喜，然則從前謂道有體有用，而兩端不容偏廢者，彼皆非歟？何先生之一無取也？」

曰：「分體用，拆顯微，以求道語道，此是孔孟過後，宇宙中二千年來一個大夢酣睡，至今而呼唤未醒者也。蓋統天徹地，盡人盡物，總是一個大道，此個大道就叫做中庸。中庸者，平平常常，遍滿乎寰穹，接連乎今古。良知以爲知而不假思慮，良能以爲能而絶些勉强，❶無晝無夜，其靈妙從虚空湧將出來，乃爲天命之性；無晝無夜，其條理就事務鋪將出去，乃爲率性之道。此則三才萬化，實實地有這個道體，安得謂無？乃間亦言無者，則是嘆羨其有不徒有，而有得圓融了無滯著焉耳，非謂可以有無而分剖之也。兩間萬世，昭昭地見這個顯布，安得謂微？乃間亦言微者，則亦表著其顯不徒顯，而顯得精妙，了不容窺測焉耳，非謂別有顯微而各主之也。所以曰『君子之道，費而隱』，分明以費爲大設施，而隱則其費之所以，中藏無盡而敷演不竭也。故首章率性謂道，而即説道無須臾或離，

❶「些」，《盱江全集》作「無」。

便是定下道之體段。而下文『莫見乎隱，莫顯乎微』，不過極言天命之靈明而須臾之不可或忽也。」

曰：「微之與顯，固非二體，但看『鬼神』章，分明説視之不可見、聽之不可聞，却不是體物不遺之外，別有一去處也。況三十三章畢竟謂：『不顯惟德，乃爲天載。』則微之視顯，似更重也已。」曰：「語道至於此處，句字也是難著，豈又容以輕重而分別也哉！即前視之不見，聽之不聞，總是聖智而未達天德者也。若盡性至命，而爲天下之至誠至聖，則道即是他，他即是道。但明顯顯纔現目前，而中則更無隱藏；明顯顯纔話口頭，而外則又何餘剩？是則目擊而道存，言出而蘊盡，人之極而天之徒也。今若欲計重輕、較長短，一段以言用，又一段以言體；一段以言顯，又一段以言微，此則總是葛藤不了，予亦不敢以願於諸君矣，而況於其他乎？珍重、珍重！」

問：「《中庸》一書，其義理真是涵藏無盡，然非先生善於發揮，則茫蕩無所從入。今覺聞教以來，不止作聖途徑極其簡要，且於世道人心甚相關切。每思盡言請正，而恐傷於躁易，玆願不惜底裡，爲諸人一詳説之。」

予遜謝既久，乃改容嘆曰：「芳至不才，然幸生儒家。方就口食，先妣即自授《孝經》、《小學》、《論》、《孟》諸書。後同先君遇有端緒，便將目前孝友和平，反覆開導，故尋常於父祖、伯叔之前，嬉遊於兄弟姊妹之間，更無人不相愛厚。但其時氣體孱弱，祖父最是憐念不離，年至十五，方讀《論語》。出就舉業，所遇之師，却是新城張洵水先生，名璣，爲人英爽高邁，且事母克孝，每謂人須力追古先。於是一意思以道學自任，却宗習諸儒各樣工夫，屏私息念，忘寢忘食，奈無人指點，遂成重病。賴先君舊領陽明先生之教，覺兒用功致疾，乃示以《傳習録》一編，不肖手而讀之，其病頓愈，而文理亦復英發。且遇楚中高士，爲説破《易經》，指陳爲玄門造化。予竊心自忻快，此是天地間大道真脉，奚啻玄教而已哉！嗣是科舉，省城縉紳大舉講會，見吉中顔山農先生，名鈞，今改名鐸。芳具述：『昨遘危疾，而生死能不動心；今失科舉，而得失能不動心。』先生俱不見取。問之，曰：『是制欲，非體仁也。』芳謂『克去己私，復還天理，非制欲，安能以遽體乎仁哉？』先生曰：『子不觀孟氏之論四端乎？知皆擴而充之，如火之始燃，泉之始達。如此體仁，何等直截！故子患當下日用而不知，勿妄疑天性生生之或息也。』芳時大夢忽醒，乃知古今天下，道有真脉，學有真傳，遂師事之。比聯第歸家，苦格物莫曉，乃錯綜前聞，互相參訂，説殆千百不同，每有所見，則以請正先君，先君亦多首肯，然終是不爲釋然。三年之後，一夕忽悟今説，覺心甚痛快，中宵直趨臥内，聞於先君，先君亦躍然起舞曰：『得之矣，得之矣！』迄今追想一段光景，誠爲平生大幸大幸也。後遂從《大學》至善，推演到孝弟慈，爲天生明德，本自一人之身，而末及國家天下。乃凝頓自己精神，沉思數月，遐想十五之年，從師與聞道學，其時目諸章縫，俱是汙俗；目諸黎庶，俱是冥頑，而吾儕有志之士，必須另開一個蹊徑，❶以去息念存心；别啓一個户牖，以去窮經造理。餅樣雖盡完全，饑飽了無干涉，徒爾勞苦身心，幾至喪亡莫救。于此不覺驚惶戰慄，自幸宿世何緣，得脱此等苦趣。已又遐思童稚之初，方離乳哺，以就口食，嬉嬉於骨肉之間，怡怡於日用之際，閑往閑來，相憐相愛，雖無甚大好處，却又也無甚大不好處。至於十歲以後，先人指點行藏，啓迪經傳，其意趣每每契合無違，每每躬親有得，較之後來着力去處，難易大相徑庭。則孟子孩提愛敬之良，不慮不學之妙，徵之幼稚，以至少長，果是自己曾經受用，而非虚話也。

「夫初焉安享天和，其順適已是如此；繼焉勉强工夫，苦勞復是如彼。精神之凝思愈久，而智慮之通達愈多。由一身之孝弟慈而觀之一家，一家之中未嘗有一人而不孝弟慈者；由一家之孝弟慈而觀之一國，一國之中未嘗有一人而不孝弟慈者；由一國之孝弟慈而觀之天下，天下之大，亦未嘗有一人而不孝弟慈者。又由縉紳士夫，以推之群黎百姓，縉紳士夫固是要立身行道，以顯親揚名，光大門户，而盡此孝弟慈矣。而群黎百姓，雖職業之高下不同，而供養父母，撫育子孫，其求盡此孝弟慈，亦未嘗有不同者也。又由孩提少長，以推之壯盛衰老，孩提少長，固是愛親敬長，以能知能行此孝弟慈矣。便至壯盛之時，未有棄却父母子孫而不思孝弟慈，豈止壯盛，便至衰老臨終，又誰肯棄却父

❶「開」，原本作「門」，據陶望齡《羅近溪先生語要》卷下改。

母子孫而不思以孝弟慈也哉？又時乘閑暇，縱步街衢，肆覽大衆，車馬之交馳，負荷之雜沓，其間人數何啻億兆之多，品級亦將千百其異。然自東徂西，自朝及暮，人人有個歸著，以安其生；步步有個防檢，以全其命。竊覷其中，總是父母妻子之念，固結維係，所以勤謹生涯，保護軀體，而自有不能已者，其時《中庸》天命不已，與君子畏敬不忘，又與《大學》通貫無二。故予自三十登第、歸山，中間侍養二親，敦睦九族，入朝而遍友賢良，遠仕而躬禦魑魅，以至年載多深，經歷久遠，乃嘆孔門《學》、《庸》，全從《周易》生生一語化將出來。蓋天命不已，方是生而又生；生而又生，方是父母而已身，已身而子，子而又孫，以至曾而且玄也。故父母兄弟子孫，是替天命生生不已顯現個膚皮；天命生生不已，是替孝父母、弟兄長、慈子孫，通透個骨髓。直豎起來，便成上下今古；横亘將去，便作家國天下。孔子謂：仁者人也，親親之爲大焉，其將《中庸》《大學》已是一句道盡。孟子謂：人性皆善，堯舜之道孝弟而已矣，其將《中庸》、《大學》亦是一句道盡。然未有如我太祖高皇帝聖諭，數語之簡當明盡，直接唐虞之統，而兼總孔孟之學者也。往時儒先每謂天下太平，原無景象，又云皇極之世，不可復見。豈知我大明開天，千載一日，造物之底蘊既可旁窺，舉世之心，元亦從直指，盡數九州四夷之地，何地而非道？盡數朝野蠻貊之人，何人而非道？雖貧富不同，而供養父母則一；雖賢愚不等，而教訓子孫則一；雖貴賤不均，而勤謹生理則一。故芳至不才，敢説天下原未嘗不太平，而太平原未嘗無景象，而王道極其蕩平，亦且極其正直，不容作好作惡於其間也。然則皇極世界，舍我大明今日，更從何求也哉？故前時皆謂千載未見善治，又謂千載未見真儒，計此兩段，原是一個。但我大明今日更又奇特，蓋古先多謂善治從真儒而出，若我朝則是真儒從善治而出。蓋我大祖高皇帝，天縱神聖，德統君師，只孝弟數語，把天人精髓盡數捧在目前，學問樞機，頃刻轉回脚底。以我所知，知民所知，天下共成一個大知；以我所能，能民所能，天下共成一個大能。知能盡出天然，聰明自可不作。此豈非聖治之既善，而儒道之自真也哉！竊謂論治理於今日者，非求太平之爲難，而保太平之爲急；談學問於今日者，不須外假乎分毫，自是充塞乎天地。此樣風光，百千萬年，乃獲一見，而吾儕出世，忽爾遭逢，於此不思仰答天恩，勉脩人紀，敢謂其非夫也已，敢謂其非夫也已。」

問：「保太之急，既聞教矣。不知所謂保太，其作用又須何如？」

曰：「天下太平者，非他，即人心和平之極也。人心之和平者，非他，即《中庸》之各率其性，而爲孝、爲弟、爲慈，平平而遍滿寰穹，常常而具在目前者也。此個人情，萬古不變，却原是天命生生，萬古流行而不已也。三代以前，帝王所以爲治，聖賢所以爲學，必先以維皇降衷，民有恒性，天生蒸民，好是懿德，而云『天地之性，民爲貴』焉。總是知天命而畏之，戒謹恐懼，不惟自己不敢怠忽，即上下一體，於臣人、民物，亦不敢或至傷殘。今《詩》、《書》之訓具在，如一有戍役，一有征求，悲歌存恤，不是念其父母，便是念及兄弟，不是念其兄弟，便是念及妻孥，無非保合乎天和，而聯屬家國天下也。所以曰從古帝王，以人道待人；又曰帝天之命，主於人心，皆的論也。其後至於春秋、戰國，又極而至於秦皇、楚霸，則草薙禽糜，無所忌憚，極甚而莫可反矣。嗣是而漢晉、唐宋，英君誼辟，未必無人，然求如我太祖高皇帝，獨以孝弟慈望之人人，而謂天地命脉全在乎此者，則真千載而一見者也。芳竊有臆見，天下之事，惟恐其根芽種核之未真，而不患其枝柯花果之不結。蓋種核入地，則生意自充，人雖不覺，而勢將難已。即此《學》《庸》二書。自微言絶於聖没，異論喧於末流，二千年來，不絶如綫，雖以宋室儒先力挽，亦付無奈。惟是一入我明，便是天開日朗，蓋我高皇之心精獨至，故造物之生理自神，所以不疾而速，不行而至。故在今日，不惟太平景象昭布而莫掩，雖保太樞機，亦運掌而無難矣。但芳之臆見尚多，敢再爲諸君商之。予觀諸君，多謂今時官司任法之過嚴，以致生靈性命之未順，從是而思以一致力焉，予竊謂其非得策也。蓋太之體，以平而定，則太之保，以平爲先；平之用，因心而出，則平之心，以已爲至。今時官司之法制，生靈之調度，吾儕安得妄與分毫？惟此《學》、《庸》、《語》、《孟》，則是聖賢心法之所在，生平學術之所存，而亦國家之所責備吾儕，以竭力而深造之者也。況他年進用官司，皆是此時作養英俊，從前庠序循習些子規模，即以後建設許大氣候。予願吾儕有志之士，將孔門四書自首至尾，徹底掀翻，果見天地之性，不外孝弟，而孝弟之懿，藹郁人間，涵泳周旋，到得萬民與我，我與萬民，渾然相通，了無二樣，則愛己之心愛人，愛人之心愛己，自將勃然而不容已。芳實親歷此個境界，故切切爲諸君願之。幸毋以老耄而舍我也，何如，何如？」

問曰：「主張世道先明人心，如此保太，果是的論。但中庸之理，原常常宇宙之間，則王道之蕩平正直，何代而非此孝弟慈以爲民生日用哉！難謂必入我明乃稱皇極之世，亦難謂只講此學，便足保太平於無疆也？」

予默然良久，爲浩嘆曰：「至道微渺，千里差係毫芒，學問心粗，眼底渾成錯過。孔門此篇《中庸》，開口便云：『天命之謂性，率性之謂道。』芳自當時省悟以來，相似得個憑準。竊謂『天命』一句，即是庸德之中，而『率性』一句，即是中德之庸。庸以中爲體，而其性斯達；中以庸爲用，而其命乃顯。故庸在百姓日用，原今古一樣，更無得説所謂家國天下，未有一人外却孝弟慈，而能生養成立者也。惟是其中天命，知與不知，則俄頃之際，便成各樣乾坤。如君子知天命而畏之，則上帝日鑒在兹，恐懼何所不至？由是而畏大人，便是權歸君相，體統正而朝廷尊；由是而畏聖言，便自學本六經，師道立而善人多。諸君敢謂中庸之既明，而太平之不立見也哉？如小人不知天命而不畏之，仰則謂太虛爲茫昧，而禍福都無所主；俯則謂民生爲冥頑，而知能一無足觀。肆言無忌，獨逞己長。上焉者，當下忽略高曠，而務希古先；下焉者，良貴不惜苟且，而外慕榮寵。狎大人之威嚴，而道揆法守，幾至蕩然；侮聖言之隆重，而淫辭詖説，充塞途路。諸君可謂中庸之不講，而太平之能永保也哉？」

問曰：「如先生今日之論，則《中庸》一書，講明誦説，當先乎中而次及於庸。乃爲學有主本，何先生啓迪吾儕，却通篇俱只是庸，而中顧罕及，抑又何哉？」

曰：「此孔門當初作書本意也。蓋中庸根源，聖人本得自乾坤『生生謂易』一句，而生生面目，最好輕快指點者，再無如母之養子，子之慕親，而姊妹弟兄之和順敬讓也。故《大易》之首乾坤，乾卦而先推元善，惟是庸德之行，庸言之謹。蓋曰：非此日用平常，則天命之生化，何自而顯著？人心之活潑，何自而因依？故即此便是真誠，而天下萬世所當共爲存主。外此，便是邪妄，而天下萬世所當共作防閑。而謂閑邪存其誠，知至至之，知終終之也。看來有正便有邪，有誠便有僞，自古爲然，豈獨末世，乃始紛亂？但孔孟費多少氣力，以放之、閑之，於春秋戰國竟無少補。我高皇帝纔止數言，而萬年天日，一時頓然開朗。故芳敢謂皇極之世，惟我明今日方是。蓋以天命之知，得諸天縱聖心，而率性之道，宣諸立極神語，即天地幽明，皆相敬聽，八荒四極，靡弗欽承。而況皇上之英明繼體，與聖祖而道出一揆，元輔之弼德，寅恭溥化，光而昭燭無外！大老之彬彬，群賢之濟濟，百年興禮樂之期，三極覩大中之矩。不惟《中庸》之天德，萬品可被日新，而《大學》之帝謨，千載可致富有。然則至治之宏開，與太平之永保，芳共諸君，止須稽首贊揚，無容更多長説。」

問：「古今學術，種種不同，而先生主張獨以孝弟慈爲化民成俗之要。雖似渾厚和平，但人情世習，叔季已多頑劣。即今刑政日嚴，猶風俗日偷，更爲此説，將不益近迂疎乎？恐化未可成，而奸且竊發矣。請自慎之，無爲衆誚也。」

曰：「主張學術，聖賢大事，芳何人，斯敢妄與此？惟是《學》、《庸》、《語》、《孟》，童而習之，壯而行之，迄兹齒漸衰殘，悉心體會，其文辭章旨，理路歸宿，統之果若有宗，達之亦若有據。乃述生平鄙見，期以裁正高明，大都俚語敷布，不敢不詳盡矣。至於人情世習，則又有説焉。夫人情之凶惡，孰甚於戰國春秋？世習之强悖，孰甚於戰國春秋？今考四書所載之行事言辭，非君臣問對於朝廷，則師友叮嚀於授受。夫豈於人情略不照燎。世習總未籌畫也哉？乃其意氣之發揚，心神之諄切，惟在於天經地義，所以感通而不容已者，則其言爲之獨至；物理人倫，所以聯屬而不可解者，則其論爲之尤詳。此不惟孔孟之精微，可以竊窺，而造化之消息，亦足以概探矣。夫天命之有陰陽，人事之有善惡，總之曰：『道二，仁與不仁而已矣。』然天以陽爲主，而陰其所化也；心以善爲主，而惡其所變也。故仁之勝不仁，猶水之勝火，蓋主者其所常存，而變之與化，則固其所暫出也。今以一杯之水，救車薪之火而不勝，則曰水不勝火，豈不與於不仁之甚者哉！此即軻氏之時言之，若今兹，則尤異然者矣。是故仁親、性善之旨，孔孟躬親倡之，當時已鮮聽從，其後不愈遠而愈迷哉！刑法把持之效，申韓躬親致之，當時已盡趨慕，其後不愈久而愈熾哉！故在軻氏，水止一杯，兹將涓滴難尋矣；火止車薪，兹將燎原滿野矣。於是較勝負於仁不仁之間，夫非大不知量者哉！所幸火雖燎原，而究竟無根，暫而不能久也；水雖涓滴，而原泉混混，不舍晝夜也。故曰：人無所不至，惟天不容僞。無所不至者，終只是人，不容僞者，到底是天。此所以仁親、性善之旨，自孔孟已將涓滴，至我高皇，一旦而洋溢四海，二百年來，日新月盛，而歲異不同。今若自上逮下，由寡及衆，合力揚波，而沛然達而充之，則盡洗炎蒸之苦，而共登清涼之界，不過舉手舉足之間，而其樂將熙熙於萬宇矣。」

曰：「吾儕乍聞先生之論，果足爲斯道斯世慶矣，但機權則有所屬，而貫通不無所待，不知轉移之際，亦曾一加念耶？」

曰：「天下之事責之己者近而易，望之人者遠而難，其勢使之然也。故今爲世道計者，請自吾輩之學問先之；吾輩爲學問謀者，請自身心之本源先之。今天下士人，叨君相作養，自國子以及鄉塾，不將億兆計哉！然孔孟之四書，群然讀之，而四書之意義，則紛然背之。曾有一人而肯信人性之皆善哉？豈惟於人。反之己身，有一人而肯信自性之爲善哉？於泛泛從事舉業者，猶諉以原未體認，至其中一二有志之士，自謂願學夫孔孟者，宜於孔孟之是從矣。然亦未見有一人而肯信己性之爲善、與人性之皆善也。夫性善者，作聖之張本，能知性善而聖賢，乃始謂人人可以爲之也。聖賢者，人品之最貴，知其可爲聖賢，而於人人乃始不以卑賤而下視之也。上人者，庶人之所瞻趨，知上視己以貴重，而人人又安忍共甘卑賤而不思振拔也哉？嗚呼！言至於此，孰謂世道而遂無轉移之機也。芳自始入仕途，今計年歲，將近五十。竊觀伍十年來，議律例者則日密一日，製刑具者則日嚴一日，任稽察、施栲訊者則日猛一日。每當堂階之下，牢獄之間，覩其血肉之淋漓、骸骨之狼藉，未嘗不鼻酸額蹙，爲之嘆曰：『此非盡人之子與？非曩昔依依於父母之懷，戀戀於兄妹之傍者乎？夫豈其皆善於初，而不皆善於今哉！』及覩其當疾痛而聲必呼乎父母，覓相依而勢必先乎兄弟，則又信其善於初者而未必皆不善于今也已。故今諦思，吾儕能先明孔孟之説，則必將信人性之善，信其善而性靈斯貴矣，貴其靈而軀命斯重矣。茲誠轉移之機，當汲汲也。」

曰：「先生語意詳切，但天下勢重恐難遽反。」曰：「子不見隆冬冰雪乎？一綫陽回，消即俄頃。況庸德真陽，平常充滿，一覺具在，又非待消而回可同日語者。諸君第目前日用，惟見善良，歡欣愛養，則民之頑劣，必思掩藏，上之嚴峻，亦必少輕省。謂人情世習，終不可移者，恐亦無是理矣。何如、何如？」

問：「『學而時習』一章？」曰：「吾夫子生平敏求學古，獨是《易經》得力，首贊之曰：『大哉！乾元，萬物資始』，『至哉！坤元，萬物資生。』及透悟將來，却統而言曰『生生之謂易』，又曰『元者，善之長』，『君子體仁，足以長人』。至是，天人物我，渾成一個，其根心積慮，固惻隱滿腔，而啓口容聲，亦了無間别。於是其爲學也，其爲教也，皆是以仁爲宗。吾夫子此個宗旨，既原得諸《易》，而《易》則原本諸天：『天何言哉！』極究其體，則止是時行而不息，博觀其用，便是物生而不窮。夫惟其有得於時行之妙乎不息也，故語學則曰：必以時而習之。習能如時，則心自悦之。蓋天人雖遠，機則潛通，故視聽言動，食息起居，其施諸四體而應乎百感。自孩提以至老耄，固皆時時變通，亦皆時時妙運。但非學，則日用而不知；能學，則乘時以習熟。夫習熟乘時，則其妙運愈見，其妙運愈見，則其默契愈深。而晦庵先生所謂其進自不能已者，固足形容其悦懌之機，而亦可想像其當可之妙矣。吾夫子平生自述其學而不厭者，不開卷而即了了也哉？夫學則乃爾，而爲教亦然。蓋惟其有得於天之物生，而妙乎不窮也，故朋來必曰『自遠方』，朋自遠來，則其心不止於悦，而必曰『樂』矣。此意惟孟子最善形容，曰：獨樂不若與人，與少不若與衆。蓋『天生蒸民，有物有則，民之秉彝，好是懿德』。夫物則何間於人人哉？均此視聽言動，均此食息起居，亦均此施諸四體而應乎百感，所以謂之帝則，又謂之天則。德雖天然自有，然以時出之，乃稱懿美，而人之好之也，自同一秉彝也已。懸想吾夫子，初去博學於文，而忽悟《易經》時習去處，極其懽忻踴躍。故即一鄙夫相問，已是兩端必竭，況人多信從，而至於遠方友朋，亦皆畢集。晦庵先生所謂德之所被者廣，而道之所傳者久，則人固悦樂乎我，我尤悦樂乎人，盎然宇宙之中，渾是一團生意。吾夫子平生自述其誨人不倦者，又不可觸類而長也哉！夫時習而悦，已是可知於人；朋來而樂，又果是相知者衆。此而不厭不倦，猶未見其極處，其或行脩謗興，德高毀來，而人不我知，却又能不愠，始表其爲君子也。但『不愠』二字，今之爲説者，皆云君子儒爲己，故人雖不知，而其心漠然無所動於其中，如此說不愠，雖亦有理，而實則不然。蓋聖人之所謂己是聯屬天下以成其己，豈止天下，即萬世亦欲其相通而無間也。故曰：『不患人之不己知，患不知人也。』又曰『行有不得者，皆反求諸己』，『其身正而天下歸之』。然則所云『不愠』者，只是不敢尤人，而不患人之不己知爾。至反求諸己，以求爲可知，則不至天下皆歸、萬世皆通，必不已矣。蓋委咎乎人，則自己用功斯緩；不愠乎人，則自己反求斯切。況吾夫子以仁爲宗，則時時只見其妙於生，物物只見其同於生。統天徹地，貫古貫今，譬則身軀脉理，更無尺寸不聯念慮，亦不忍尺寸不愛且養。間或手足痿痺，痛痒不知，決不愠而棄之，而必鍼砭藥餌，汲汲皇皇，務醒覺而開通之也。如此方是誨不倦的極處，亦是學不厭的極處。不厭不倦，方是仁其身以仁天下萬世的極處，不曰君子之德之成哉！」

問：「『吾十有五而志學』章，其旨何如？」

曰：「古書中言道雖多，至『學』之一字，則間或見之，惟是吾夫子，則專志平生而論學不輟。古之聖人，成道雖多，如清任與和，各以資質所近，而力造其極。惟是吾夫子，則述而不作，必求隆古至聖而學之，故曰『吾十五而志於學』。此意幸得晦庵先生又能默而識之，其註疏云：『學者，大學也。』夫謂曰『大學』者，所以學乎其大者也。夫子平生亟稱至聖者，惟是文王，亟稱大聖者，惟是帝堯，則其所祖述，其所憲章，竭精會神以學之者，非二三聖人而何哉？夫惟道之極其至，道之極其大，則閫域幽遐，境界浩蕩，雖其性靈天縱，而求以主張負荷，卓然屹立於宇宙之中也，須到三十而後能之。即今《大學》聖經，首言道在明明德、親民、止至善，知止而后定、静、安也。定而且安，非志之既立而何哉？自此之後，則於古聖信好愈益精專，敏求愈益奮勵，意以此而誠，心以此而正，身以此而脩、齊、治、均平，亦以此而明明德於天下。物則本末兼善，事則終始渾全。不惟放勳之睦族平章，光格上下，文德之刑于友善，運掌化成，若合符節，而先後一揆。即遍考三王，俟聖百世，不外十年，而俱可不謬不惑也已。想象吾夫子於此二十餘年，精神意氣，近而本諸其身以有立，遠而徵諸今古以不疑。世道之經常，人情之懿好，聯屬統同，通天下國家而爲一己。所謂『仁者人也，親親爲大』，已是融通透徹，一以貫之而無怨矣。忠恕求仁之宗，的確必在此時。至於假我數年，五十以學《易》，而猶自言可無太過，則又以此學，大至範圍天地，難免無過。今考《易經》卦象，於大過則曰：『君子以獨立不懼。』却是聖人以天自處之實際，所謂天命於穆不已，聖人亦純而不已。不惟中心安仁，天下一人，而且時乘六龍，統天獨御也。故贊《易》首言『大哉乾元，萬物資始』，『至哉坤元，萬物資生』，可見上律下襲，與祖述憲章，純是吾君子一個學，學總是一個大，範圍天地固自不過，曲成萬物亦自不遺。而子思子極其形容，則曰：『譬如天地之無不持載，無不覆幬；譬如四時之錯行，如日月之代明，道並行而不悖，萬物並育而不相害，小德川流，大德敦化，此天地之所以爲大也。』故不惑、知命，始是學《大學》之到家去處。此後耳順、從心，則俱學《大學》之到家的徵驗去處。但耳順是感乎其外，而順以應之，無非此學、此大也；從心是動乎其中，而廣以運之，無非此學、此大也。蓋《大學》只是明明德、親民，明親之實；只是絜矩上下、前後、左右，老吾老以及人之老，長吾長以及人之長，幼吾幼以及人之幼，惻怛慈愛之真，盎然溢於一腔；誠感神應之妙，沛然達諸四海。吾夫子學至此時，果是大人、赤子，念念了無二體；聖心、天德，生生純是一機。隨衆問辯，其所酬答，更無非此個孝弟慈；隨機感觸，其所好欲，亦無非此個孝弟慈。即如子路問志，便曰：『老者安之，少者懷之。』子貢問仁，便曰：『己欲立而立人，己欲達而達人，要之，耳順只是一個絜矩，欲不踰矩，又豈不只是一個順應也哉！如此以觀吾夫子，其志方爲大志，其仁方爲純仁，而其聖方爲至聖也已。」

問：「博約之訓，孔門最重，而説者往往不同。今則願求歸一之旨。」

曰：「吾儕有生天地之間，立志做個人品，須要先擴一大胸襟，次張一大眼孔，雖未即經綸天下大經，而經綸規模，却該理會；雖未即立天下大本，而立本着落，却要承當；雖未即能知天地之化育，而化育來歷，却亦探索。昔顔淵問仁，夫子教以一日克己復禮，而天下歸仁；子張問十世可知，夫子教以殷因夏禮，周因殷禮，而百世損益可知。至己則自云：『吾學夏禮，吾學殷禮，吾學周禮』，而嘆曰：『周監於二代，郁郁乎文哉！吾從周。』又曰：『爲國以禮，『能以禮讓，爲國乎何有？』若夫《中庸》末後，其謂大哉聖人之道，而歸諸禮之三百、三千；王天下三重，而歸諸議禮之制度考文。故古今聖帝明王，綱維一代之乾坤世界，必有禮以綱維之；育養一代之民物生靈，必有禮以育養之；主張一代之教化風俗，必有禮以主張之。此一個禮，即天地之所以爲命，帝王之所以爲心，聖賢之所以爲學。天下治亂攸分，總在禮之立不立，而尤在立之善不善，與善之至不至也。天生夫子，爲萬世開太平，只有《學》、《庸》二書，其二書只重仁、禮二端。蓋丈夫有生天地，頭頂脚踏，肩任念存，此身之與乾坤，渾然一體，而謂之曰：『仁也者人也。』欲完此仁，須是有禮，欲得此禮到至善去處，則非一己之聰明所可擬議，一己之力量所可强爲。如擬議、强爲，出自一己，則所定之禮，未必能善，縱或有善，亦恐非其至也。故孔門立教，其初便當信好古先，信好古先，即當敏求言行，誦其詩，讀其書，又尚論其世，是則於文而學之，學而博之。學也者，心解而躬親，去其不如帝王賢聖，以就其如帝王賢聖，固不徒口說之騰、聞見之資而已也。博也者，考古而證今，雖確守一代之典章，尤遍質百王之建置，耳目固洞燭而不遺，心思一體察而無外也。此之謂『博學於文』。然豈徒博而已哉？博也者，將以求其約，約也者，惟以崇其禮而已矣。禮者，統之則爲三綱，分之則爲五常，而詳之則爲百行。會家國天下，而反之本焉，則在吾之一身，身則必禮以脩之，而綱常百行，動容周旋，必中其節文也。推此本身而聯乎末焉，則通吾之家國天下，家國天下，必禮以齊治均平之，而綱常百行，道德一而風俗同也。大丈夫有生天地間，其中心之主持樹立，獨專乎此，而無遍倚，謂之『正心』；其發念篤切懇到，獨專乎此，而不他適，謂之『誠意』。此皆孟子所謂：射之勇力，樂之玉振，而非其所先者也。若夫開心明目，則惟千古聖神之言，定爲事物本末終始之格，至善而毫忽更無差失，知止而纖悉不可悖違。是則孟子所謂射之精巧，樂之金聲，而不當或後者也。今觀《大學》一書，自首至尾，總是援引六經格言，而旁加點掇發揮，便是博學於文，而曰致知格物也。其點掇發揮，總是歸宗於内之中正而無偏，外之整飭而不亂，便是約之以禮，而曰誠意、正心、脩身、齊家、治國、平天下也。求其一言以蔽之，則其爲父子兄弟足法，而人自法之；一字以蔽之，則『仁』而已矣。然夫子言仁，每每先之以知，比其言禮，每每後之於仁。噫！『博學於文，約之以禮，亦可以弗畔矣。』然則所謂弗畔也者，其弗畔於仁也夫，其弗畔於仁也夫！」

問：「克己復禮，以『克』作『能』，不識克伐怨欲『克』字，如何又專作『勝』也？」

曰：「回之與憲，均稱孔門高弟，亦均意在求仁，但途徑却分兩樣。今若要作解釋，則『克』字似當一樣看，皆是『能』也。孟子曰：『仁，人心也。』心之在人，體與天通，而用與物雜，總是生之而不容已，混之而不可二者也。故善觀者，生不可已，心即是天，而神靈不測，可愛莫甚焉；不善觀者，生不可二，心即是物，而紛擾不勝，可厭莫甚焉。然見心爲可愛者，則古今人無人人皆然矣。蓋自虞庭，便説『道心惟微』，果是心涵道體，神妙之難窺；『人心惟危』，亦果是心屬人身，形跡之易滯，危而易滯，所以形跡在前者，滿眼渾是物欲；微而難窺，所以神妙在中者，終身更鮮端倪。幸天生我夫子，聖出天縱，自來信好《易經》，於乾之大生，坤之廣生，潛孚默識，會得人人物物，都在生生不已之中。引綫之星火纖燃，銃砲之剛中爆發，一以貫之，不覺頃刻之間，仁體充塞乎天地人物而無間矣。故平生所以爲學，所以爲教，只是以仁爲宗，期以號呼群生之醉夢而省覺之。無奈及門之徒，亦往往互相抵牾，惟顔子於其言語無所不悦，故來問仁，即告以能己復禮，則天下歸仁。能復，即其生生所由來；歸仁，即其生生所究竟也。原憲却也久在求仁，然心尚滯於形跡，自思心之不仁，只爲怨欲二端紛擾作祟，於是盡力斬伐，已到二端俱不敢行去處，乃欣欣相問，人能伐治怨欲，到得不行，仁將不庶幾乎？吾夫子聞知此語，頗覺傷殘，漫付之一嘆曰：可以爲難矣。蓋怨欲是人性生，今伐治不行，豈是容易？至説仁則吾不知之，却甚是外之之辭，亦深致惜之之意。憲竟付之不問，豈是其心猶疑聖言之不如己見也耶？噫！原憲且然，而樊遲諸子，更復何望？及門者且然，而漢唐諸儒又復何望？誠哉！道心之微，而難窺生德之妙而鮮識也。比至有宋，乃得程伯子『渾然與物同體』之説倡之於先；陸象山『宇宙一心無外』之語繼之於後。入我皇明，尊崇孔、顔、曾、孟，大闡求仁正宗。近得陽明先生發良知真體，單提顯設，以化日中天焉。寧非斯文之幸而千載一時也哉！衆共勉之，衆共勉之。」

問：「《學》、《庸》二書，《會語》中論亦縷縷，然其通貫合一之義，更請詳爲發明，庶便人人從事也。」

曰：「此二書，卻是孟子道性善，言必稱堯舜二句，足以盡其梗概。蓋先王立教，本是欲人之皆爲聖人。但不明性善，則無根源，不法先聖，則無規矩。然古先聖人所以足爲作聖之規矩者，正以其只盡自己之性，只明己性之善，而更無纖毫之或取諸外也。今且不論其他，且説孔子及門之士動以千百，孟子及門之士亦動以千百，豈不個個志淩物表，而個個見出人群！但叫他盡己之性則肯，叫他信己性之善以盡之，則不肯矣；叫他學爲堯舜則從，叫他只把孩提之孝弟去學堯舜，則不從矣。及門之士且然，則其他私淑教言，以至後來想望丰采者，又將何如？聖人於此也無可奈何，欲以盡言，而信從者寡；欲遂不言，而學脉永廢，於是筆此二書。其書雖各自爲篇，而通貫只是一意。《中庸》雖若專言性善，而聖人所以盡性之底蘊具在也；《大學》雖若專言法聖，而性善所以成聖之脉絡具存也。今且論天下，中從何來？乃民受天地之中以生也。庸從何名？乃中等平常之人也。今此中等之人，名以庸常之輩者，又豈不謂各隨己性，而簡易率直也哉？此簡易率直以爲知，其知不須人思慮，卻是陽明發越，而天命之照耀也；此簡易率直以爲能，其能不須人學習，卻是陽和充盎，而天命之活潑也。故性不徒性，而曰『天命之謂性』矣。夫此不慮之知，既爲天知，則舉千萬人而可以同知；此不學之能，既爲天能，則舉千萬人而可以同能。故道不徒道，而曰『脩道之謂教』矣。夫此道根諸命，顯諸性，普諸教，則天與吾人更無一息之可離，而吾人與天又可一息之不畏也哉！但可惜百姓却日用而不知，故其庸常知能，原雖孩提皆良，後來無所收束，則日逐散誕，加以見物而遷，可好而喜樂輒至過甚，可惡而哀怒輒至過甚，貪嗔横肆，將由惡終矣。惟是君子顧諟天之明命，性静時，惺惺然戒慎；性動時，惶惶然恐懼。於潛隱而常若昊天之現前，於微暗而常若上帝之臨照。慎獨既無須臾之或間，則道體自能恒久而不遷。率其簡易之知以爲知，而日夕安常處順；率其簡易之能以爲能，而隨處有親有功。既無喜怒，亦無哀樂，則性善之中，任其優游；造化之中，亦從其出入矣。此則天然自有之定體，而賢聖不二之定守也。然豈惟未發而然哉？就是喜怒哀樂，或因物來而發，其完養保合，亦自有節而和。夫中和合德於君子之身，則命自己立，而教不自己行也哉。蓋中也者，天下之大本，原可合千萬人而歸之一人；和也者，天下之達道，原亦可以一人而公之千萬人也。故君子致其中於天下，而必使人人之皆中；致其和於天下，而必使人人之皆和。要之，惟日用敬順其天常，則物感斯安全於心極。天地之大，自中庸而定位乎中；萬物之繁，自中庸而並育於外。蓋不已之命，爲繼善之所從出，而無妄之與，均成性之所同然，自非君子教道之脩明，又何以見中庸之純一也哉？夫此道名之曰『中庸』，見天下萬世，惟此是個恒性，惟此是個常德，而定下做聖人的盤子，更不容你高着分毫，亦不容你低着分毫，而爲王道之平平，王道之蕩蕩，王道之正直也。初則推本其出於帝天之命，所以表其爲純粹之極，故首嘆之曰：『中庸其至矣乎！』中間將古今許多聖賢，聖賢許大德業，或從天而體之於己，或從己而贊之於天，雖備稱其爲聖神功化之極，而實表顯其爲不慮不學之常。終則復嘆曰：『上天之載，無聲無臭，其至矣乎！』惟是此個《中庸》，首尾皆嘆其爲善之至，所以《大學》便將此至善，欲人止之，以爲明德新民之規矩格則也。此今細心看來，《大學》一篇，相似只是敷演《中庸》未盡的意義。如《中庸》説庸德庸言，而《大學》則直指孝弟與慈爲天生明德也；《中庸》説脩道以成教，而《大學》則直指興仁興讓，爲與民相親也。《中庸》説身心處或略家國，説家國處或略身心，而《大學》則直指本末只是一物，終始只是一事，而中間更無縫隙也。《中庸》説脩、齊、平、治，聖人甚樣神化，《大學》則直指只是其爲父子兄弟足法，而人自法之即是神化而俱在面前一目可了也。要之，均言人性之善，亦均言人須學聖人，以盡所性之善。《中庸》多推原古今聖人，由庸常以造極至，而其言渾融涵蓄；《大學》多鋪張古今聖人，成德以爲行事，而其言次第詳明。故雖均盡性，而工夫不同；雖均法聖，而規格却異。今且將《大學》首章請正，夫天命流行，於穆不已，畢竟得日月光昭開朗，方顯化工。在人之日月，則良知也。知爲己子，則自以慈相親；知爲己母，則自以孝相親；知爲己兄，則自以敬相親。天德之明，知之無盡，則人心之親，亦相通無盡。古今聖人之學，所以爲學之大；聖人《大學》之善，所以爲善之至。吾人欲學其學之大，而可不求止其善之至乎？於其善之至，能知止之，斯於其學之大，自爾得之。定、靜、安、慮四字，是形容知止之『止』字，本來純一，亦是顯現至善之『至』字，極其果確也。蓋天下本末只共一物，未有枝葉而不原於根抵，根抵而不貫乎枝葉者也。天下終始只共一事，未有欲如此結束而不由如此肇端者也。於此用功，而先後分曉，則明德以親民，其道可以善，而善亦可以至矣。試觀古之聖人，欲明明德於天下，夫欲明明德於天下，是本末一物而終始一事也。他却於所先而先之，治國齊家，而及於致知在格物也；於所後而後之，物格知至，而及於天下平也。悉心體認，作《大學》者，其旨趣要此學學得大，而又要大學之道，道得善，善得至。明明德於天下，而先之國家，國家而先之身心，原始要終，由天下之本，及天下之末，而了天下之大物也。了天下此個大物，不思古今格則，以格其物，則本何以舉末，末何以歸本？學且未也，而況於善？善且未也，而況於至耶？故緊接以物，既得其格而善，斯知其至矣。此個格物，二千年來，訓釋多多少少，芳不量力，主張兹説，極知妄誕，但聯絡文勢，頗爲貫串，查對石刻古文，亦覺不相背戾。況下文自天子以至庶人，壹是脩身爲本。又自註釋，本亂則末難治，蓋本亂則躬不自厚，而所薄又安能以歸厚？此謂知本，此謂知之至，如何本末之格，而非善之至也哉？若本之身心，以通乎家國天下；盡乎天下國家，而管之身心。其説在《大學》再無詳於『誠意』一章，却總是稱述六經賢聖之格言，以定立本舉末之主意。即便是知止而有定，心正則是能静，身脩則是能安，齊治平則是能慮而得也。至明言盛德至善，而民不能忘，復詳所以没世不忘，却是親親賢賢，樂樂利利。至後頭將親親賢賢演出許多，『上老老而民興孝，上長長而民興弟，上恤孤而民不背』，將樂樂利利演出許多用人理財。要之，上下四旁各得分願，貫天下國家本末相共爲一物，終始相共爲一事。學問規模，果然是大，所引章句，一一俱出六經；所指德業，一一俱是帝王賢聖。序以循之，而條理之不紊；會以通之，而體統之可一。學問格則，又果然是合於人心之公，極夫天然之善而至也。夫孝是孩提而知愛，弟是孩提而知敬，慈是未教而養子。若非《中庸》推原出於天命之性，標顯率爲平常之道，何以使人人信從，而知爲古今之學之大也哉？經綸天下之大經，立天下之大本，直至知天地之化育。若非《大學》指陳爲千聖之成法，萬世之的訓，何以使人人奮厲，而必精造身心，大學之善之至也哉！嗚呼！吾夫子在世七十餘年，其心只以仁天下萬世爲心，其事只以仁天下萬世爲事，故曰：我學不厭而教不倦。今看二書，其真切懇到，令人人可以想見興起而不容已。芳是敢於今日直述荒謬，而漫爲之辭，其亦思效涓滴於滄海，而益纖埃於菘華也。知我罪我，幸共鑒諸。」

近溪子續集上終

孫羅懷智
羅懷祖
羅懷本重梓

近溪子續集　坤

歸善門人楊起元評

問：「『人之所以異於禽獸也者幾希』，今註疏皆主偏全分别，不識此外更有他説而可相發明否也？」

曰：「人得其全而爲人，物得其偏而爲物，此專屬形氣，而且明白現前，凡有知識所共聞見，不俟賢哲而始通曉者。若孟子此個『幾希』二字，類之他章，舜之異於深山野人，夜氣之好惡與人相近，皆是指乎性體，而所指性體，亦且最是微妙，況存之則入聖賢，去之則同禽獸，其關係亮非小可，安得遽以眼前形氣粗迹而輕易言之也哉？竊謂此章歷論群聖，其意主在憂勤惕勵，然憂勤惕勵，生於覺悟警醒。今承下問，敢以此『覺』字爲人之異於禽獸處也。蓋天命流行，物與無妄，萬民萬物，並育於霄壤之中，其靈性生生，渾然一體而無二樣。然其性雖同一生生，其生雖同一靈妙，皆知不待慮，能不待學，總自造化窟中，順便布護，從早至晚，從古至今，流行而了無停機，直達而了無轉識也。惟是人在萬物之中，其靈明稟得尤多，而聖生吾人之内，其神明尤爲獨至，故其知能雖普地而同，然而其覺悟則超群而先得。百姓雖日用而不知，較之物類冥頑，猶堪呼喚而提命之也。此則天地間人、物一個大限，而君子小人，或存或去，猶似更有憑據也。孟子云：堯舜性之，湯武反之，皆從覺處形容其大小、難易之不同焉爾。至其根源，則又皆從《易經》透將出來，其曰『數往者順，知來者逆』，是故易逆數也。然則聖人性反之覺，又不總是《大易》之逆知也耶？」

曰：「憂勤惕勵，生於覺悟警醒，此人、物之所爲大異，君子、庶民之所爲不同，果是一言而極其分曉矣。但謂聖賢逆知之覺，又有大小、難易之分者，不識亦可見教否也？」

曰：「觀之其論大舜、禹、湯，亦自可見。蓋聖賢存此憂勤惕勵，原是以完全已性，而性則惟是生化之仁，合宜之義，其所統宗也。大舜之庶物彰明，人倫昭察，而性無不盡者，原不著些子意思，亦不費些子工夫，止係其覺處精通，故其生處順適。因性之仁而由之爲仁，初不知其爲仁，而乃行乎仁；因性之義而由之爲義，初不知其爲義，而乃行乎義也。以後聖人，却似從庶物之明，人倫之察，以去全體仁義，豈不大小難易，略有差殊？憂勤惕勵，固是一般，而覺之初起，恐未可同日語也已。」

問：「昨聞先生在憑虚論人異禽獸幾希，而及於《易經》，其性反覺悟，大略已詳，而《易》之逆數，今則敢請爲諸人一盡言之。」

予嘆曰：「夫道一而已矣，道一則學亦一而已矣。豈有聖人盡性，只是一覺，而聖人通易又不止是一覺也哉！蓋語道而至《大易》則天地民物、五倫萬善，極其具備純全，了無纖毫欠缺。惟是聰明神聖，方能與之吻合符同，則《大易》可語道之全，而聖心可語易之全矣。然究竟其所以吻合，所以符同，則惟此『覺』字，稍足以擬諸形容，而學者亦可因圖入頭處也，請爲諸君詳之。蓋《易》之爲易，其充塞寰穹，樞機造化，惟是一神，以靈妙而通顯之。在天則萬萬而成象，在地則萬萬而成形。凡所成形象萬萬，皆乘其元化之靈妙通顯而爲知能，是以周遍活潑。體段若可區分，而真精了無間隔，昭彰謂之帝則，繼承謂之已性，而實則渾全是爲易理也。此個易理，本神明不測，本靈顯無邊，故物至則知之，知之則幾動，幾動則吉先，帝則固靈其端倪，心神亦順其應感。象也者像乎此者也，以其稍著，故以象言；爻也者，效乎此者也，以其稍隱，故以爻言，而實則皆其先幾之微渺，而妙覺之員融也。故自天行之健象，而即象之以不息之自强；自乾龍之初爻，而即效之以潛藏而勿用。推而至於六十四象，推而至於三百八十四爻，又不總是贊聖神妙覺以開其先，而啓吾人純心以慎其動也哉！然其中每以卜筮而爲言者，蓋聖人欲示人幾先之爲靈，而以龜蓍之出於無心者證之，而其靈乃益顯矣；欲示人以聖覺之爲妙，而以玩占之周於萬變者證之，而其妙乃益神矣。要之，言在卜筮，而意主於知幾，似未可以拘方而執泥之也。」

問曰：「聖人之神幾善易，幸已聞其梗概。至吾儕欲從覺而希聖者，則當何如而用力也？」

曰：「此則如前大小難易之説，似又不可不預講已。蓋《易》之卦，雖六十有四，而統之則獨在乾坤，乾坤雖云並列，而先之則又在於乾。故學者之於《大易》欲以了達全經，則須是開通覺性，欲以開通覺性，則乾之一卦，最初宜先講者也。夫天也者，乾之形體；而乾也者，天之性情。故乾即是天，而純粹以精，無時而不運也；天即是乾，而廣生並生，無處而不包也。無處不包，則天體無外矣，天不外乎我，而我獨能外乎天哉？無時不運，則乾行不已矣，乾不能已乎我，而我獨能已乎乾哉？是則大明乎乾之始，而全經之始，實無所不明；大明乎乾之終，而全經之終，實無所不明。蓋陰陽之内外遠近、大小高下，不過六位時成，而天之體，一盡乎此矣。陰陽之消長進退，順逆吉凶，不過六虚周遊，而乾之健，一盡乎此矣。譬則規一設而天下更無餘員，矩一立而天下更無餘方。然則乾卦之位定，行周而六十四之外，復有餘卦，三百八十四之外，復有餘爻也與哉！其視大舜之由行仁義，以明乎庶物而察乎人倫，沛然決江河而之四海，其於群聖之大小難易，不昭昭乎而指諸吾掌也哉？敢因幾希之論而併及焉，惟諸君不罪狂瞽而終教之，幸甚、幸甚！」

問：「《易經》於群聖之學，同歸於覺，而覺有大小，敬聞命矣。然孟氏平生最尊孔子，謂遠賢堯舜，至願學尤專以聖時，則孔子得力《易經》，隱然見於言外矣。乃茲敘統帝王之後，却捨《易》而以《春秋》，果漫及之耶，抑更有説也？」

曰：「孔孟兩夫子心事，只有天知。至暗藏春色於言語文字，不無端緒可尋，却二千年來尚未見人説破。芳幸遇人略曾指點，但擇焉不精，語焉不詳，亦久蓄疑而末由請正。今諸君興言及此，又敢過自愛耶？蓋孔子一生話頭，獨重兩個字面，一個是『仁』字，一個是『禮』字。兩個字長相爲一套，却乃各有重處。仁是歸重在《易》，禮則歸重在《春秋》。孔子得手又俱在晚年，觀其自敘『五十以學《易》，可無太過』。夫天下之事，有大於治國安民者乎？若用得大，而又可無過，非知天命以後不敢許也。至於感奮以答子路，却曰：如有用我，吾其爲東周；又嘆已夢久不及於周公。是則破口説周禮果能盡善，而斷然非己所爲，乃即魯史《春秋》來作個禮樂、征伐出自天子的影圖，天下國家、社稷臣民盡歸一大統的氣象。其實表出乾德之剛健中正，飛龍卓冠，六虚周遊，而統極御天，流形品物，而元和生化之手段，非徒言之而日可見諸行事也。當時止是顔子一人，中行獨復，意味大約相近，故終日與言，無所不悦。及問仁，而一日克復，天下歸仁，全部交付《大易》。及問爲邦，而舜《韶》禹正，去淫絶殆，又全部交付《春秋》。其人可與孟子作對，而擔當大成一大家儅也。惜乎三老去後，春秋、戰國、漢武、秦皇，把人民視爲草芥，潤澤變成枯稿，而乾坤生生之造化，孩提戀戀之知能，已是星日久晦。至乎六朝、五代之紛争，遼、金、大元之混僭，冠履安受其倒置，虎狼帖服其相群，則又長夜幾難及旦。乃幸天篤我太祖高皇帝，神武應期，仁明浴日，濁惡與化俱徂，健順協時通泰。孔孟渴想乎千百餘年，而《大易》、《春秋》竟成故紙。大明轉移於俄須呼吸，而大統真脉皎日當天。況兹聖子神孫，方爾振振繩繩，則我臣庶、黎元，亦可皡皡熙熙。芳自弱冠登第，以逮强仕，觀京師近省，其道德之一，風俗之同，不須更論。及部差審録，而宣、大、山、陜，取道經由；至藩臯屯田，而雲、貴、川、廣，躬親巡歷，不惟東南極於海涯，且西北直臨塞外，每嘆自有天地以來，惟是我明疆土宏廓，至尊君親上，孝父從兄，道德雖萬里而無處不一；衣冠文物，廉恥内外，風俗雖頃刻而無時不同。故前謂皇極之世自堯舜三王以來，惟我明足稱獨盛。乃今證以孔孟之《大易》、《春秋》，符之以生平快覩，則直信言有大而非誇，會雖奇而實倖。即今齒已衰殘，思之猶深踴躍。況諸君時當壯鋭，其欣喜又復當何如耶？珍重、珍重。」

問：「孟子謂告子先已而不動心，如何他却更比孟子得之蚤也？」

曰：「不動心是個效驗，而爲之必有其道。此個『道』字，包含最廣。今人只曉得告子不動之道，出諸强制，與孟子不同。不知告子之所謂心，與孟子之所謂心，渾是兩樣，如黑白冰炭之異，相去遠甚也？」

曰：「若論工夫，則告子、孟子謂之不同則可，至於心之在人，從來只是一個，如何却有兩樣，如黑白冰炭之相遠也？」

曰：「吾儕讀書，多是潦草，更不肯把聖賢言意細細滋味。丑問孟子所長，他説出兩句話頭，曰：『我知言，我善養吾浩然之氣。』吾儕若肯就在此二句中，討他一個消息，便見不動心的工夫，非告子可同。而心不動的根源，尤非告子所可彷彿矣。予於《孟子》此章，脱去言詮，❶探他底藴，所謂『知言』者，不是知其他的言，只是在孔子一人身上，知其言極精極純而爲至善也。只是將孔子之言，去盡知天下古今群聖、群賢之言，皆不如孔子一人之言之爲至善也。孔子至善，只是個時，孔子時中，只是個易，孔子之易，只是個乾坤。孟子

❶「言詮」，原本作「言銓」，據《盱江全集》改。

翻出，便叫做『浩然之氣』。夫浩然其至大，浩然其至剛，浩然其配道義，而塞乎天地，正是畫成此個心的氣象，以顯出今古不動的根源，所以只言氣而不更言心也。又翻出不動的工夫，叫做『以直養而無害』。夫人生而直，乾動而直。人生而直，則生生不已，便無害其爲直矣；乾動而直，則乾乾不息，亦無害其爲直矣。豈不又從心體不動上，描出一個分毫不動的工夫，增也增不得，減也減不得，不增便不助，不減便不忘，渾是一團妙理，又渾是一團生機，而叫做『集義』所生。孟子之所以爲心，孟子心之所以爲不動，是如此入頭，是如此着落，是如此以願學孔子，則將說是不動而未嘗不動，將說是動而未嘗或動。如泛巨海之汪洋，而莫究津涯；如遊大荒之渺漠，而無從抵止。此只可以自知，那能更向人說。矧對公孫之徒，則只勉强名狀以相應酬，竢其三復自得，而云告子之動心，❶比我更易易也。敬囑吾儕，勿復草草。」

問：「告子之心，其心不同處，亦可得而聞否？」

曰：「告子自己的話頭，現在有甚麼難見？夫孟子之不動心，以知言得之，是言與心，無二體也。而告子曰『不得於言，勿求於心』。把心在言外，而另作一件物事也。孟子之不動心，以養氣得之，是心與氣無二體也。而告子曰『不得於心，勿求於氣』，便又把心在氣外，而另覓一個去處也。夫有個去處，便好尋覓；有件物事，便好把捉去處以安頓之，視諸浩然茫蕩者，

❶「動心」，《盱江全集》作「不動心」。

孰爲難易？把捉以持守之，視諸卒然剛直者，孰爲安危？加以好逸惡勞，人之故態，見小欲速，世有常情，安得不舍彼而取此也哉！況此心真體，原本乎天，天心何有？原宰于神。其布護雖顯諸仁，而幾微則藏諸用。莫説耳目見聞，到此俱廢，即思慮之精巧，自是難容。真個千層鐵壁，莫喻其堅；萬里霄雲，曷盡其遠，必遇至人，方纔有個入路。故戰國如告子，也是人豪，然終是輪與孟子。何啻告子，此後直至秦漢、晉唐，數百千載，尋個可與孟子照面的，杳然絶響。却總是諸大儒，先初起志向，愛好便宜，於日用尋常中妄作識情。既作識情，强生見解，視燈影而忽多紅黄，瞰淵日而遽增光耀。遂指浮游之念，謂是心源，且執計較之端，名爲靈竅，視諸塵寰逐欲之徒，仕路希寵之輩，儘爲學好。無奈覓真不着，乃就假而不疑；入室無從，乃傍門而遽止，去聖愈遠，離道益深。間一二明眼者，痛心相呼，期圖共濟，反詆爲狂妄而疾之。兹幸斯世忽躋大明，吾道已逢昌運，有志孔孟之學者，惟及時勉之。」

問：「盡心」一章。

曰：「此章書是孟夫子自述其平生之所得，且以警悟及門諸賢也。蓋孟子學問，受之子思子天命之性，故於天也，命也，性也，皆究極根原，了無疑貳。良由他既竭心思，而天聰明之盡，所以翻成性善一段話頭，來立個宗旨，開示後學。不想春秋、戰國，異言喧豗，人性雜擾，習染已久，此言一出，不徒世情拂逆，即在門之士，亦皆紛争强辨，更不服從，雖以樂正之質美好善，亦在疑信之間。孟子憶想，諸人皆以性在面前，漫多自許能知，而本心聰明，殊未竭盡，所以浮浪言詞，先入作主，真正道脉，反作尋常。故昌言曰：『盡其心者，知其性也；知其性，則知天矣。』意以人情好逸而惡勞，此心易私而難公，誰人肯於自性盡力，去心上求知？心上既未盡力，而自性底藴，又何怪其不能精透，而漫隨世俗，以爲惡、爲混、爲三品，而善則反疑貳不信也。夫心性固是相因，而天人原無二致，自性若能真知，則天便即無間隔。夫孔子用功，五十方知天命，今知性，遂已知天，則知性果然非易事矣，人其可不盡心耶？至於『存心』一條，亦未必别有一段工夫。蓋心到盡處，已是極至之辭，今但常時盡而不間，即謂之存；性者心之生理，心存則性自條暢明朗，而謂之養。存而且養，便於天體顧諟，周旋順事而無所拂矣。然事天而周旋不舍，雖比之知天更爲純密，但我去事天，終是兩個而非一也。兩而未一，則壽夭終屬於天，而我猶不免聽命，即是以語聖神之理，恐亦難矣。惟夭壽不貳，至迹化而齊，終身以俟命，至情忘而一，則我命在我，而我即天矣。譬之舜之與堯，始而受其明揚側陋，即知之真處；繼而蒙其館甥貳室，即事之密處。若論曆數在躬，而萬幾統一，則須是禪位稱帝，乃其極至處也。但此章旨趣歸宿，雖在性命，而從入則屬心知。蓋心者，身之神明，則主宰於一腔之中，而貫徹於八荒之外。自其流通不已者則爲命，自其生化無遺者則爲性，自其統攝無端者則爲天。人惟心知不妙，則神明不顯，於是形與天隔，性與命離，而聖不可希矣。故善觀此章者，亦重在『盡心』二字，便頭頭盡理；善體此章者，只專在『盡心』二字，便時時得力。信哉！學問之當講，而機竅之當求也已。」

問：「盡心、存心、知天、事天，孟子原並舉以言，而先生却謂存心不必別有工夫，果是何如？」

曰：「天下道理，自有本源，而聖賢工夫，亦自有頭腦。今言心也、性也、天也、命也，一理也，雖意思渾融得好，然没個頭腦，却教學者如何用工？今看孟子著此一章書，大非小可，而一章之言，精神最吃緊者，又是『盡其心者』一句。只一句認得真的，則一章首尾貫徹，迎刃更無難事。如《中庸》論惟天下至誠，能盡其性，則直至參天贊化，總是盡此性而直窮到底也。蓋吾心分量，即天地之廣遠，而其併包民物之衆盛，亦相融液，其併包融液之體，又皆玲瓏剔透，潔浄微巧，總是一團神明也。所以盡之功，最是爲先，亦最是爲大，然却最是爲難也。所喜人有恒言，隨事勸人，皆云盡心、盡心！而況此學獨不當先盡其心乎？故古之善言聖人者，惟曰天聰明之盡者也。心之聰明，果能不憚劬勞，不計歲月，到得心思即竭，神明自來，那時許大乾坤俱作水晶宫闕。即是説性、説天，已是强爲區别，如何存之與養，知之與事，又豈不一齊俱到也哉！奚止曰知、曰事，就是最後立命一著，雖云神聖之所極難，只是他年深歲久，歡欣浹洽，我即是天，天即是我，而天人之間，别覓之了不可得。天人已是兩忘，壽夭又更何有？故初則必言盡心，而終則果然心盡而已。」

講會中一友偶從外至，又平素共仰慕者，大衆不覺欣然喜色。予爲嘆曰：「今日此坐，信良會哉！」其友躍然興曰：「某平生坐講會最多，會而稱良者亦多，然覺往往皆成虚過。今請詳發其意，庶不更至虚過此會之良也，何如？」

予静思半餉曰：「人之恒言，凡事務遇有善處，便多稱良，則良亦似只是善，而善亦似只是良，無太分别。然經傳中，又多以二字並舉言之，則又似不能無所分别於其間者。即今想像而言，善則博大於良，良則真實於善。要之，善是成熟，得自人爲處多；而良是根源，出自天然處多。故凡事務以善稱者，皆形跡之顯著而可指數；凡事務以良稱者，皆端倪之渺漠而費形容。即如此會，長幼依序坐立，而少動作，師友從容問辯，而多簡默。旁人觀之，未見有甚好處，然情思欣欣浹洽，氣味藹藹和平，又難説有甚不好處，所謂無善而無不善者也。良之面目，大都若此，而兹會之爲良會也，亦可以類推矣。」時坐間朋友，咸各各快意。

予復更爲囑曰：「諸君在坐，毋將此『良』字只當解説。昔子貢贊孔子盛德，而曰『温良恭儉』，孟子指孩提知能，而曰『不慮不學』。即是而觀，則吾人學問，始固由良以出，終亦由良以盛，此良此身，渾成一體者也。故今日更以人良夫會，慎勿以會良夫人，把柄一差，則功效迥别矣。」

坐中有聞而笑之者曰：「人以良夫會，雖美而難，不若會以良夫人，更近而現在。況如佳釀當前，肯放懷痛飲，則綺席即散，而醉中之趣，醒亦難以言傳也。」

予亦笑而答曰：「世固有中山之酒，一醉而千日者。若吾孔孟此酒，醖出神功，潤從灌頂，則熙皡冲融，不將億萬斯年而無朝夕也哉！」

會問外來之友，平素篤於修行，且嚴於持心，而學問根源，向未加意。至聞前善良之論，方切疑議。乃其時廳事廣濶，人數衆多，予居主位，席在東南下方，而後進諸生，班列西北上面，講説不便聽聞，中多遷就予席之前後左右者。其友見而不安，遽然言曰：「君子學務時習，須於坐立用功。今西北之席位虚曠，而東南之坐立雜沓，長幼失序，人已相妨，以爲善良，恐不可信。」

予徐應之曰：「此等去處，語之以善，果是動容草率，然語之以良，則實爲意念真純。故雖未足以語其善，而亦可以言其良也。蓋『良』字訓作易直，易也者，其感而遂通之輕妙處也，原不出於思量；直也者，其發而即至之迅速處也，原難與以人力。所以良知謂之不慮，良能謂之不學，却是慮與學到不得的去處也。如今一時問辨親切，況復新美殊常，後進聞所未聞，即踴躍而前，急圖聽受，坐立少有參差，亦照料不及，正與孩提之不慮不學，稍稍相類，故不避忌諱，而輒許其近於良也。」

其友拂然曰：「此在孩提則可，在學人則不可。故我觀孩提年長一歲，則知能便壞一歲，壞至如今，其良無幾。故先生今日教人，只宜催督用功，方有憑準而無失也。」

此友時方司訓隣邑。予爲起而謝曰：「君言及此，果是一方斯文之幸。但人皆知學問之難，而不知立教之尤難也。蓋學問善否，所係只在一己，而教則及諸大衆，毫釐或差，謬將千里。今當爲君設一譬喻，夫琢玉以求文章，追金以作器用，其文章之精美，器用之整飭，則類夫學而求善者也。若玉先辨其體，金先等其質，則教而求良之類也。今執碔砆而漫琢之，範銅錫而漫追之，惟曰『吾取其文章、器用焉已矣』，是尚得爲良工也哉？試觀今時章縫之游庠序，胥徒之侍臺司，儼恪端莊，非不禮文閑熟，然窺其底裏，可以語良者，則千百而鮮一二也。故忠信之人，始可學禮；粉地之潔，始可繪畫。學者不思希賢希聖則已，若萌此個真志，便須把孔子之『仁者人也』，孟子之『形色天性』，細細體認，我此個人，如何却是仁？我此個形色，如何却即是天性？次則將孔子『率性之謂道』，『道不可須臾離』，孟子之『良知不慮而自知，良能不學而自能』，又細細體認，道原不曾離我，我今又何曾離道？良知原不待思慮，良能原不待學習，我今縱不會思慮，而知便豈即非良知？縱不會學習，而能便豈即非良能哉？久久反躬尋討，事事隨處觀察，冷灰星爆，火現光晶，赤子天性，恍然具在，于時覺悟別開途徑，而意味另顯家風，孔子所謂道不遠人，孟子所謂形色天性，了然親見面目，而非憶想遥度。由是凡從前聞夫古聖之言論，見夫古聖之行履，備載於四書五經之中者，或相爲感通，而其機愈顯；或互爲對證，而其益無方。如覺己所知能，輕易而失之太過，則以聖賢之成法而裁抑之；如覺己所知能，卑弱而失之不及，則以聖賢之成法而引伸之。務使五倫之綱常，百行之酬應，皆歸純粹之中，而無偏駁之累，則良不徒良，而可以言善；且善不徒善，而可以言至善矣。竊意《中庸》之庸德、庸言，多就知能之本良處説，《大學》之至善物格，多就聖賢之成法處説；《論語》之知及仁守，莊以涖之，而動禮未善，則多就聖賢之學，必求其至極處説。良實以爲善之張本，善實以爲良之歸宿。若知能本良，格則尤善，而學又必求造其極至，則是崑山粹玉，而加以追琢之巧；麗水精金，而賁以文章之妙。其薦於明廷，升諸清廟，不人人共羡奇珍，世世永爲大寶也哉！」

前論畢，踰時，此友復曰：「吾平生爲學，於每事酬應，惟恐有一不善，果是點檢此心，時於此性本源，實亦未嘗敢忽。故諸儒氣質之説，生平極詆其非，尋常自謂己之知性，有一切人所不能及者。」

予即請曰：「君於此時可云與聖人一般否？」

曰：「如此説則不敢。」

曰：「既是知性，豈又與聖人不似一般？」

曰：「吾性與聖一般，此是從赤子胞胎時説，若孩提稍有知識，則已去聖遠甚矣。故吾儕今日只合時時照管本心，事事歸依本性，久則聖賢乃可希望。」

時方遜讓恭茶，予執茶甌問曰：「君言照管、歸依，俱是恭敬持甌之事，今且未見甌面，安得遽論持甌恭謹也？」

曰：「我於甌子，也曾見來，也曾持來，但有時見，有時不見，有時持，有時忘記持也，不能如古昔聖人之恒常不失耳。」

曰：「此個性，只合把甌子作譬，原却不即是甌子也。故甌子則有見不見，而性則無不見也；甌子則有持不持，而性則原不待持也。不觀《中庸》説：率性謂道，道不可須臾離？君今既云見持不得恒常，則是可以須臾離矣。可離，則所見所持，原非是性，而君只認假爲真，不自覺耳。」

曰：「此性各在當人，稍有識者，誰不能知？況我平生最爲用意於此者乎！」

予曰：「君言知性如是之易，此性之所以難知也。大約吾人用功，須以聖賢格言爲主，不見孟子之論知性，必先之以『盡其心者知其性也』，苟心不能盡，則性不可知也；又謂『知其性則知天矣』，故天未深知，則性亦不可爲知也。君試反而思之，果曾如古聖賢，既竭心思，而天聰明之盡矣乎？今時受用果許得如《中庸》：天下至誠，惟能知天地之化育矣乎？即不論心思聰明之難盡，天地化育之難知，且如陸象山接見傅生曄，驚嘆其面目殊常，神采焕發，問之，果夜來於仁體有悟。故此性惟不能知，若果知時，便骨肉皮毛，渾身透亮，河山草樹，大地回春。如人驟入寶所，則色色奇珍，隨取隨足。或爲夜光而無所不照，或爲如意而無所不生，安有見不能常，持不能久之弊？苟仍前只是舊日境界，我知其必然未曾有知也已。今我替君想像，果然平日有個知處，却是從赤子胞胎方離、知識未顯，那時渾全一箇天理，的確決其爲善。於少長以至今日，則滿眼無非紛華，滿腔多是情欲，一任防閑掃滌，方纔少得光明安帖，以見真體，若意思怠忽，則機括便似仍前矣。」

曰：「如此工夫，某亦未能，但堯云『兢兢』，舜云『業業』，恐聖賢未有不如此者也。」

曰：「予且未詳堯舜、聖賢，但據君於己所性，真決其爲善，則是初生之時，君已受用不着，真決其要用力方善，則自孩提至今皆然，是君於性正疑信未定之時，周子云：謂能疑爲明，何啻千里。」此友沉思未有以應。

旁一友起云：「連日承與指陳，果見得我此身心，自早抵晚，無大失錯，即童僕二三輩，竟日相聚言動，亦時時自在。中夜想起，頗覺快暢，又覺從前一向路徑差迷也。」時一二童子，捧茶方至。予指而嘆之曰：「君視家中盛僕，與視捧茶童子何如？」曰：「信得更無兩樣。」頃之，予復問曰：「不知君此時何所用工？」曰：「此時覺心中光光精精，無有沾滯。」予曰：「君前云與捧茶童子一般，説得儘是。至曰心中覺光光精精，無有沾滯，説得又自己翻帳也。」

於是沉思之友遽然起曰：「我看並未翻帳，先生何爲此言？」予曰：「童子現在，請君問他心中有此光景否？若無此光景，則分明與此君兩樣矣。」曰：「此君果差，不識先生心中工夫，却是何如？」

曰：「我的心也無個中，也無個外，所用工夫，也不在心中，也不在心外。只説童子獻茶來時，隨衆起而受之，已而從容啜畢，童子來接時，又隨衆付而與之。君必以心相求，則此無非是心；以工夫相求，則此無非是工夫；若以聖賢格言相求，則此亦可説『動静不失其時，而其道光明』也。」其友乃恍然自覺，怡然解顔，笑而謝曰：「吾輩果平日用工，未全的確，今不敢不勉矣。」

此友再越旬日過訪，向予欣然謂：「近復得個悟頭，甚是透澈。」予請其詳。

徐曰：「向時見有未真，每云自己心性有時而得，有時而失，顛倒錯亂，中無定主，工夫安能純一？殊不知耳、目、口、鼻、心思，天生五官，職司一樣。試説吾此耳此目，終日應接事物，誰曾一時無耳目哉？耳目既然，則終日應接事物，又誰曾一時無心思哉？耳、目、心思既皆常在，則内外主宰已定，而自己工夫豈不漸漸純熟而安全也哉？」予笑曰：「君此悟雖妙，然終久還會自生疑障也。」其友甚不服從。

予曰：「孔孟性宗，同歸於善。今子悟性固常在矣，獨不思善，則性在時爲之，而不善，則亦性在時爲之也。吾子以常在而主張性宗，是又安得爲全善也耶？」此友恍然自失，問：「將奈何？」

予曰：「是不難。蓋常在者，性之真體而爲善；爲不善者，性之浮用。體則足以運用，而用不能以遷體也。試思耳之於聲，目之於色，其千變萬化於前者，能保其無美惡哉？是則心思之善不善也，然均聽之、均視之，一一更均明曉而辨别之，是則心思之能事，性天之至善，而終日終身，更非物感之可變遷者也。」

此友快然别去，數月重來，大衆具在，向予謝曰：「人言得悟如醉夢復醒，若先生之悟小子也，則是死而復生之矣。願大家其敬聽之。」

會中一友用工，每坐便閉目觀心。予恐其門路或差也，乃問之曰：「君今相對，見得心中何如？」曰：「炯炯然也，但常恐不能保守，奈何？」予曰：「且莫論保守，只恐或未是爾。」曰：「此處更無虚假，安得不是？且大衆俱在此坐，而中炯炯，至此未之有改也。」予曰：「可知炯炯有個落處？」其友頗有不豫。予乃遍詢諸友，又舉心性之説申之：「若謂天性之知，原不容昧，但能盡心求之，明覺通透，其機自顯而無蔽矣。」大衆聞之欣喜，而其友又詳道先父、先母之孝友樂善，予爲泣下。其友又復解以他事，隨歌詩一首。

予感之，乃徐徐請曰：「君纔敘美先人，安慰小子。自我觀之，儘是明覺不爽，何必以烱烱在心爲也？况聖賢之學，本之赤子之心以爲根源，又徵諸庶人之心以爲日用。君纔言常時是合得，若坐下心中烱烱，却赤子原未帶來，而與大衆亦不一般也。」其友顔色少解，但猶曰：「此段工夫得力已久，至此難教棄去。」

予曰：「感君垂念先人，欲直言相報，若果直言，君恨棄去不蚤矣。蓋吾人有生有死，我與老丈俱存日無多。適纔烱烱，渾非天性而出自人爲。今日天人之分，便是將來神鬼之關也。今在生前，能以天明爲明，則言動條暢，意氣舒展，比至歿身，不爲神者無幾。若今不以天明爲明，只沉滯襟膈，留戀景光，幽陰既久，歿不爲鬼者亦無幾矣。老丈方謂得力，豈知此一念頭，翻爲鬼種，其中藏乃鬼窟也哉！」

其友遽然起曰：「怪得近來用工，若日中放過處多，則夜卧夢魂自在。若其日中光顯太盛，則夢魂紛亂顛倒，令人至不堪也。非遇先生，幾枉此生矣。」大衆爲惕然，❶而此友聞言意見，亦頓開通感，慨向予謝且懇曰：「學人兹病，殆遍寰穹，安得明公手挽天河，爲舉世净滌塵垢也！」

問：「近時用工，殊覺思慮起滅，不得寧妥，謂之奈何？」曰：「天下事理，當先本根，本根既正，則末節無難矣。今度所論工夫，原非思慮之不寧，實由心體之未透

❶「惕然」，原重，今據《盱江全集》删。

也。蓋吾人日用思慮，雖有萬端，而心神止是一個。遇萬念以滯思慮，則滿腔渾是起滅，其功似屬煩苦。就一心以宰運化，則衆動更無分别，又何起滅之可言也歟哉？譬之庭樹，如許紛亂，然生意則皆根榦之所敷榮，世固未有外根榦而爲枝葉者。譬之長江波浪，亦如許紛亂，然洋溢則皆水性之所流動，世亦未有外水性而爲波浪者。《易》曰：『天下何思何慮，天下殊途而同歸，一致而百慮。』夫慮以百言，此心非果無思慮也，惟一致以統之，則返殊而爲同，化感而爲寂，渾是妙心，更無他物，欲求纖毫之思慮，亦了不可得也已。」衆共快然，以爲疑念頓釋。

久之，問者曰：「此時此心，果是起滅無從，而渾然妙體，但不肖邪思，安保終無竊發，不知將更作何對治？」

曰：「君子兢業以過一生，此意豈容暫忘，但太陽出而魍魎消，聖人作而萬物覩。乾綱獨善，操持八荒，孰非統内？不思務此，而角力争雄，以希掃蕩，則戰國、春秋，更無寧日也。」在坐諸君咸舉首加額曰：「吾儕幸生大明開天之世，共宗心元統一之學，則清寧泰定，不延之萬曆而永永無疆也哉！」

問：「昨來論心雖極詳懇，退思聖學廣大精微，吾儕須是静坐，日久養出端倪，方纔下手用工，不至浮泛而有實落處也。」

曰：「吾人爲學，本是學聖，而聖神學脉，豈容輕易。故百工居肆以成其事，君子學以致其道。即如孟子離母從師，顔氏依依陳蔡，孔子天縱，亦韋編三絶。今欲學爲聖人，而非特立堅志，親就良明，且却脱塵煩，專居静地，以博學、審問、慎思、明辨，其能有成者，蓋百無一二矣。但請教公之静養，欲求端倪，意向又是何如？」

曰：「學聖無非此心，此心須見本體。故今欲向静中安閑調攝，使我此心精明朗照，瑩徹澄湛，自在而無擾，寬舒而不迫，然後主宰既定，而應務方可不差。此今乘暇用功，亦於坐時往往見得前段好處，但至應事接物，便奪去不能恒久，甚是令人懊惱也。」

予時慨然興嘆，改容起曰：「明公志氣，誠是天挺人豪，但學脉如所云，不無幾悮乃公矣。雖然，何啻明公，即漢儒以來，千有餘年，未有不是如此會心，以悮却平生者。殊不知天地生人，原是一團靈物，萬感萬應，而莫究根原，渾渾淪淪而初無名色，只一『心』字，亦是强立。後人不省，緣此起個念頭，就會生個識見，因識露個光景，便謂吾心實有如是本體，本體實有如是朗照，實有如是澄湛，實有如是自在寬舒。不知此段光景，原從妄起，必隨妄滅。及來應事接物，還是用着天生靈妙渾淪的心，心儘在爲他作主幹事，他却嫌其不見光景形色，回頭只去想念前段心體，甚至欲把捉終身，以爲純亦不已，望顯發靈通，以爲宇太天光，用力愈勞，違心愈遠。興言及此，情甚爲之哀惻，奚忍明公而復蹈此弊也哉？」曰：「某亦惕然，不敢更作前想。但要静坐下手，不知如何方是？」

曰：「孔門學習，只一『時』字，天之心以時而顯，人之心以時而用，時則平，平而了無造作；時則常，常而初無分别。入居静室，而不異廣庭；出宰事爲，而即同經史。煩囂既遠，趣味漸深。如是則坐愈静而意愈閑，静愈久而神愈會，尚何心之不真，道之不凝，而聖之不可學也哉！」

因請述之以足前論。

問：「《大學》之首知止，《中庸》之重知天、知人，而《論語》却言『吾有知乎哉，無知也。』博觀經書。言知處甚多，而不識不知，惟《詩》則一言之，然未有若夫子直言無知之明決者。請問其旨。」

曰：「吾人之學，專在盡心，而心之爲心，專在明覺。如今日會堂，百十其衆，誰不曉得相見，曉得坐立，曉得問答，曉得思量。此個明覺曉得即是本心，此個本心亦只是明覺曉得而已。事物無小大之分，時候無久暫之間，真是徹天徹地，而貫古貫今也。但此人明覺，曉得其體之涵諸心也，最爲精妙；其用之應于感也，又極神靈。事之既至，則顯諸仁，而昭然若常自知矣；事之未來，則藏諸用，而茫然渾然，知若全無矣。非知之果無也，心境暫寂，而覺照無自而起也。譬則身之五官，口可閉而不言，目可閉而不視，惟鼻孔無閉，香來即知嗅之，其知實常在也；耳孔無閉，聲來即知聽之，其知亦實常在也。然嗅之知也，必須香來始出，時或無香，便無嗅之知矣；聽之知也，必須聲來始出，時或無聲，便無聽之知矣。孔子當鄙夫之未問，却真如音未臨乎耳，香未接乎鼻，安得不謂其空空而無知耶？及鄙夫既問，則其事其物，兩端具在，亦即如音之遠近，從耳聽以區分；香之美惡，從鼻嗅以辨别。鄙夫之兩端，不亦從吾心之所知，以叩且竭之也哉？但學者須要識得聖人此論，原不爲鄙夫之問，而只爲明此心之體。蓋吾心之能知，人人皆認得，亦人人皆説得，至心體之無知，則人人皆認不得，人人皆説不得。天下古今之人，只緣此處認不真，便心之知也常無主宰，而雜擾以至喪真；只緣此處説不出，便言之立也多無根據，而支離以至畔道。若上智之資，深造之力，一聞此語，則當下知體即自澄澈，物感亦自融通，所謂無知而無不知，而天下之真知在我矣。噫！聖人於此，寧非苦心之極也哉？」

問：「《易經》首重乾、坤，而乾、坤必先易簡。」

曰：「『乾以易知，坤以簡能』，今謂易簡爲乾坤所先，果是有見，但細細看來，學問固有先後，而其中尤有根原，論此二句，則知能又有根原也。蓋言易則必有難，言簡則必有煩。今世學者，每耽静趣，而事爲多至脱略，未必非此誤之。殊不思，本經云：『德行恒易以知險，恒簡以知阻。』險阻則煩難未嘗可略也。又云：『易簡而天下之理得。』理以天下，則亦未嘗脱略乎煩難也。惟是知能則首尾俱皆徹透，易而可該難，簡而可該煩，所謂一以貫之，而爲聖學之全者也。雖然此『知』『能』二字，本是《易經》精髓，然晦昧不顯，將千百年于兹矣。古今惟是孔孟兩人，默默打得個照面，如曰：不慮而知，其知何等易也。然赤子孩提，孰知之哉？天則知之爾。不學而能，其能何等簡也，然赤子孩提，孰能之哉？天則能之爾。想當初孟子只是從赤子孩提此處覷破，便洪纖高下，動植飛潛，自一人以及萬人，自一物以及萬物，自一處以及萬方，自一息以及萬載，皆是一樣知能，皆是一樣不慮不學，豈不皆是一個造化知能之所神明而不測也哉！故曰：

『盡其心者，知其性也，知其性則知天矣。』今世學者於赤子之良知良能，已久廢置不講，於孟子『性善』一言，則咸疑貳不信，又安望其潛通默識，而上達乎乾坤之知能也哉？有志者盍圖之。」

問：「乾坤知能，世人久不講求，今欲講求，敢請指示個入處。」

曰：「天之與人，其體原是一個，則所知所能，其機亦原是一般。今且於人的知能講得明白，便造化知能不愁無入處也。」問：「今世學者，童而習之，至老未休，何嘗一時不求知，不求能哉？」

予聞此語，爲捫心浩嘆，曰：「世之學者，童而習之，至老未休，何嘗一時得少見所知，少見所能哉？」

曰：「如此說來，豈是人有兩樣知能哉？」

曰：「知能果有兩樣。」

曰：「即有兩樣，請明白分別。」

曰：「若粗淺分別，則知有至大的，能亦有至大的，今則忘其大而却求其小矣；知有至久的，能亦有至久的，今則又棄其久而求其暫矣。」

曰：「意想公之所謂知是良知，所謂能是良能也。但良知良能，何以見其大且久之爲至極耶？」

曰：「自中國以及四夷，自朝市以及里巷，無人不有此知，無人不有此能，何等其大！自晨興以至夕寢，自孩提直至老耄，無時不用此知，無時不用此能，何等其久！此個知能，平鋪遍在人間，洋溢充乎宇內。性之原是天命，率之便作聖功。爭奈他知則自然而知，不假些子思想；能即自然而能，不費些子學習。故有知之實，無知之名；有能之用，無能之跡。究竟固云久大，當下却似枯冷。後世有志之士，捉摸這個不著，遂從新去學問，以開明其心而求個知；從新去效法，以力作于己而成個能。其功夫比之不慮之初，更有許多意趣；比之不學之始，亦又更有許大執持。遂的確信其爲入聖途徑，以更相授受，傳至於今。敷陳訓詁，蔓延解説，豈止汗牛充棟，亦且浹髓淪肌，誰能起孔聖於九原，謂其四書五經之知能，不是如今日之集説、講套所云云也哉！」

曰：「據公所言，今之爲學，果是人自爲聞，人自爲見，其知能之纖細而不可語大；果是著力則存，不著力則失，其知能之間斷而不足語久。但不識到得純熟之時，亦能成道入聖否？」

曰：「世間各色伎倆，熟極皆可語聖，況以道而爲學乎！孟子於此處極是判斷分明，故曰：『聖人之於天道也，命也。』可見聖人萬千不同，天道則難得吻合。所以『浩然』一章，歷敘今古賢聖，而願學只孔子一人；至表揚孔子，則又只『聖之時也』一句。即《中庸》『溥博淵泉而時出之』，以窺測底裏，即曰『溥博如天，淵泉如淵』，又曰『淵淵其淵，浩浩其天』，則聖人之言行動作，其時之足以世爲天下法則去處，已是人人所共見聞，人人所共信順，而昭彰莫掩。若乃其時之所由來，究極中藏底裏，如許之大，如許之深，竟不想去討求探索，果是作何境界，作何端倪？能使造化常出此時，以妙應無方；能使聖人常率此時，以泛應曲當。所以世人認識知能，止泥滯知能之跡，而不求知能之蘊也。此今欲得其蘊，説他無知，却明白曉了，毫髮不差；説他無能，却活潑周旋，纖微悉舉；説他有知，却原非思慮，雖分曉而實冥昧；説他有能，却原非黽勉，雖活潑而實渾淪。似有而不容以有執，似無而不至於無忘。將謂幾屬於人，而人力殆難至是；將謂幾屬於天，而天心渺不可窮。如此看來，果是這個知能，言忘路絶，而難輕以名狀也。」

曰：「此在吾輩固是難言，不識古先聖人實有諸己者，其言之又當何如也？」

曰：「聖人之論具在四書五經，吾獨深喜周公之頌文德，曰：『不識不知，順帝之則。』夫窮索以爲知，分別以爲識，皆吾人之作，而致其聰明者也。今曰『不識不知』，則森列目中者，不一時而俱泯也耶？帝固尊高難見，則實日監在茲，然皆吾人之忽而委諸茫蕩者也。今曰『順帝之則』，則知能之深遠者，不隨處而畢露也耶？夫塵念既息，則神理自彰；天德出寧，則造作俱廢，其機固每相乘除也。況吾夫子自言：『吾有知乎哉？無知也，有鄙夫問於我，空空如也。』孟子自言：我善養氣，至剛至大，浩然塞乎天地之間。此與周公之言文德者，不先後而一揆也哉？有志於聖神造化之藴者，其尚於是而竭才究心也已。」

問：「《中庸》論『時出』而曰『溥博淵泉』，今先生又欲諸人探索底裏，作何境界，作何端倪？常亦中夜覃思，見聖人《易經》之造化，必曰神、曰精、曰氣，即此三言，於造化之藴，似過半矣。」

曰：「《易經》指示造化，實常用此三言，然在人善自理會何如爾？若理會不善，少落方所，則世之俗學異教，多有指思慮以爲『神』，執靈明以爲『精』，運動作以爲『氣』。體既妄與支分，用亦誤相錯雜，言愈多，而道愈遠矣。殊不知古先聖人之言造化，皆是强名，原無實物。言下似若有三，就裏了難取一。神可以該精、氣，而精、氣實可化神；氣亦可以該精、神，而精、神亦原附氣。渾淪圓妙，一粒而九有盡含；推移迅疾，一息而萬年莫竟。惟是邃古至聖，特立宇宙之中，超拔乾坤之表。洞徹空澄，即海嶽之弘鉅而迥無隔礙；靈明朗曜，即木石之頑朴而畢露新奇。故能會古今民物之英華，而宣昭以張隻眼；統古今民物之竅妙，而顯發以宰一心。是以目惟不觀，觀則無所不透；心惟不運，運則靡所不通。固不竢合知能以一之，而實難岐天人而二之也已。」

問「孩提之不慮而知，不學而能，與今人之逐慮爲知、執學爲能者，其大小久暫，固彰彰較著矣。但乾坤之易而知也，雖亦似乎不慮；簡而能也，雖亦似乎不學。及細觀世上孩提，各各有身，各各有心，其身心各殊，中間知能已自不可比而同矣，況造化知能，尤去人遠甚，如何却云共成一個，而無分兩般也哉？」

予默然久之，徐復嘆曰：「此段話頭，非某敢作聰明，妄生杜撰。緣孟子盡心知性則知天，存心養性以事天，分明謂天之心性，即吾之心性也。孔子易知有親，而爲賢人可久之德；易能有功，而爲賢人可大之業。分明謂吾之知能，即天之知能也。」大衆愕然曰：「聖賢經書果然説得明曉，吾儕可無惑矣。」

予復嘆曰：「爾曹據此幾句言説，便自喜心性了了，是則終無了了之日矣。蓋造化之底藴，原至精至妙，而吾儕之習氣，至拙至粗。以粗拙之功，當精妙之理，所謂操麻綫以透針關也，左亦甚矣。《易》曰：『窮理盡性，以至於命。』你看窮到甚麽底裏地方？故欲明造化之微，須講造化之學。今世聖人之學已被《集説》等書妄肆探究，於性則辨析有幾許條件，於心則指陳有若個景光。且無奈心性原屬化機，變見隨時，本無實體。求以條件，則似有條件；索以景光，則似有景光。譬則寶珠之照耀，青、紅、赤、緑，映物以成，昧者指爲定色；水銀之活潑，小、大、斜、圓，因盤以散，誤者謂爲殊方。不知此樣工夫，只著在一己見上，此等理趣，亦只自己見上生來，一見作祟，則萬種皆病。聖學可恨、可憂，根芽全在乎此。有志豪傑，須蚤覓明眼真師，下翻辛苦氣力，凡從前見解伎能，盡數通身剥落，到牙關再開不得處，脚步再進不得處，不計日子年歲，不圖些小便宜，到那水窮山盡之鄉，自有闖卒轉頭時候。方信孩提之知能，與造化之知能，欲擬一個也非一個，欲擬兩樣也非兩樣。統天統地而爲心，盡人盡物以成性。大似混沌，而却實伶俐；大似細碎，而却實渾全。從此徑途以躋聖域，則不徒孔、孟經書，建設有功，且於羲、軒閫奥，共享逸豫。非斯世斯文一大快也哉！」

問：「先生於天人之際，每敷陳心性，縷縷而不已，且鑿鑿而可聽。吾儕願學未能，敢求指示。」

曰：「孔門宗旨，止要求仁，究其所自，原得之《易》，又只統之以『生生』一言。夫不止曰『生』，而必曰『生生』，『生生』云者，生則惡可已也。生惡可已，則《易》不徒乾，乾而兼之以坤；坤不徒坤，坤而統之以乾。蟠天薄地，而雷動滿盈；形森已㚃，而霞蒸赫絢。橫亘直達，邃入旁周固，皆一氣之運化，而充塞乎兩間。然細觀此氣之流行順布，節序無不停妙；絪緼構結，條理無不分明。則氣也，而實莫非精之所凝矣。精固妙凝一氣，而貫徹群靈。然深究精氣之浩渺而無涯，妙應而無跡，莫之爲而爲焉，莫之致而至焉。❶則氣也、精也，而又莫非神之所出矣。輿言至此，則下至九泉，上至九天，中及萬民，旁及萬物，渾是一個『生惡可已』。渾是一個『生惡可已』，則渾是一個『神不可窮』。孔子曰：『心之精神是謂聖。』解之者曰：聖也者，通明者也。又曰：聖也者，神明而不測者也。天下古今，豈有神而不明者哉？抑豈有神而不通者哉？明則無不知矣，通則無不能矣，明通皆自神出，則空洞絶無畔岸，微妙迥徹纖毫。藏用於溥博淵泉，而實昭然聖體。天也而未嘗以人異也，顯仁於語默云爲，而實總是天機，人也未嘗與天殊也。」

曰：「此等去處，恐是大賢、大聖，乃足承當，難以遽望初學。」

曰：「古人論學，的有次第，所以本末始終，知所先後，乃可近道。故脩、齊、治、平，必先正心、誠意；正心、誠意，必先格物、致知。今不先求知得明白，乃即胡亂便下手去做。今世上千百萬人，難得一二個思爲聖賢，及講求作聖之方，輒復草草。如考論幾場事物，貫串幾段經書，便云是明理要；如執持一點念頭，滯著方寸胸襟，

❶「致」，原作「至」，據《盱江全集》改。

便云是存心體。至於威儀行止，以彷彿儒先動履；静坐端凝，以希圖聖神境界。及至終無成就，反委咎聖爲絶學，却不思起初種子一差，末後何有果結？今須詳細爲子言之：夫不思而得，聖人也，其終是神不可測，其始則只是不慮而知；不勉而中，聖人也，其終是化不可爲，而其始則只是不學而能。難説吾今此身，不從孩提生長，則難説吾身知能，便非不慮不學。但一縱觀，天機滿目，如此而視聽、言動，如此而食息、起居，人人俱有，個個現成。孟子謂：『道在邇而求諸遠，事在易而求諸難。』又謂：『行矣而不著，習也而不察。』是以終身由道，而不知爲道。聖賢極口傷嘆，我亦頻年叫唤，不想吾子今日猶説此個知能，非初學可望。豈果先人之言，習熟成性，而終迷不復也耶？幸急急猛省，猛省！」

問：「程子云：孔子道大難求，學者須學顔子，蓋顔子有個學眼。觀復卦，聖人親許顔氏之子庶几，却只是『有不善未嘗不知，知之未嘗復行』，可見學須以知爲主，而知又要精明有力，足以出頭。則察惡既精，去惡又嚴，便明足以察几，健足以致決，久之純熟，則天理全而聖可學矣。」

予曰：「此是諸儒爲學的宗旨，而近時名公，從而主張發揚，云爲深造自得之要。予早年未遇真師，亦儘是把這工夫去做，亦喜其説爲得《易經》之藴。後弱冠遇人，教以講《易》須先乾坤，乾坤須先復。乾坤二卦，雖不相離，而不可相並，六十卦皆是此意。故今説復，也要乾來應照。蓋復之爲候，是一年至日，於四時則其時爲春首，於六氣則其氣爲煴煖。乾曰『元亨利貞』，復則是元之初，初起頭處，融和温煦，天下萬事萬物，最可喜可愛，而爲卦之善者也。然孟子形容這個善，却云『可欲之謂善』，而孔子指點這個乾元，則又云『元者善之長』。是復在六十四卦，豈不是第一最善者哉？今要解得復卦的確，須説復是復個善也。其復善，又是復善之最長，而非可以他卦例言也。」

有從旁應之者曰：「吾人之性，本然皆善，復則如興復、恢復，所謂復吾舊物也。」

曰：「此與興復、恢復，却又不同。蓋彼是失而後復。若吾性之善，則本然具足，原非可以得失言者也。」曰：「原無得失，如何又説『來復』？」

曰：「此『復』字，從知處説起，所以云『復以自知』也。」

曰：「如此，則與日至陽回之復，却又似有兩樣矣。」

予曰：「復是一個，而可兩分；雖可兩分，而實則總是一個善也。但性善則原屬之天，而順以出之；知善則原屬之人，而逆以反之。故孩提初生，其禀受天地太和，真機發越，固隨感皆便歡笑。若人心神，開發於本性之良，徹底悟透，則天地太和，亦即時充滿，而真機踴躍，視諸孩提又萬萬也。」

問者難曰：「如此，則孔子稱顔氏，何獨只把知不善説起？」

予曰：「《大學》言恕，是説民好好之，民惡惡之。及後只説所惡上下左右，勿以施焉。然施所以好的意義，自在其中，則此言知不善，而知善的意義豈又不在其中也耶？況所云善，豈是徒善而已哉？蓋善能知得不善，而使之不復行，正表其精明靈妙去處，非形容顏氏之善復何如哉？吾人看書，切須把前後首尾，通貫成文，則其旨乃明。如乾曰『乾知太始』，始即元也，元則的確是善矣。復曰『復以自知』，自即己之性也，己性又不的確亦是善也哉！顏子心不違仁，則渾然已是復了，復則昭然已自知了，心上更不能以不善昧之，而且頃刻不能容之也。」

曰：「他的爻辭却説『不遠復』，分明是失之不遠，而尋即改之也。」

予曰：「舊時註疏，果是如此作解，殊不知此解，不特學術混淆，而且天機蒙昧。蓋乾陽至健，更無止息。剥之上爻曰『碩果不食』，兹復之初爻，即剥終過來者，故曰『不遠復』也。」

曰：「既不遠只是復之卦體，又何以却説以修身乎？」

曰：「身即自也，即所謂：道不遠人，近取諸身，反身而誠，樂莫大焉者也。然則復之不遠，非脩身如何？」

曰：「復則均是個善矣，何以又曰『頻復』厲，又曰『迷復』凶也。」

曰：「乾不云乎『君子終日乾乾』即類『頻復』，皆用力吃緊之象，皆憂勤惕厲之意。雖與在田『休復』者不同，而實均無咎也。至上爻，決無不復之理，其云『迷復』，正對知復而言。所云終身由之而不知其爲道也。要之，復之爲卦，學者只一悟透，則此身自内及外，渾是一團聖體，即天地冬至陽回，頑石枯枝，更無一物不是春了。樂正子只緣未過這關，所以美大聖神，竟無他分。吾儕生長大明之世，其福德實是無量。願大衆共加慶喜，亦共勉力也。」

問：「連日爲會，領教亦多，不識更有

可加益否也。」

曰：「諸君各陳坐間所用工夫，果與昨日所論天人之關，對證何如？」一友自云：「還不免遲疑。」一友自謂：「已不疑，但長時猶費照管。」又一友是同年子弟，予訊以家學所傳，應以質魯無所知識。

予曰：「吾儒之學，本之心性，人性皆善，難説一無所知。如汝念我通家，遠來相看，及至坐下，恭敬温和，藹然可掬，此非道如何，非學如何？顧在汝自擔當爾。若肯擔當，莫説是汝，即途人皆可以爲聖賢。若不擔當，莫説是汝，即是聖賢，亦不知所終矣。」

於是大衆同聲請曰：「擔當果是要緊，但須以何爲先？」

曰：「以信爲先。蓋聖賢垂世，決非相誑。若人性與聖賢有二，孟氏肯自昧本心，而斷然謂其皆善也哉？今世間事，多少未見影響，只憑人傳言，便往往向前去做。及去做時，亦往往得個成就。何乃生來本性，原日稟自天衷，孩提知能，良善又皆可指，反只遲疑不決，以致虚過終身，不大可嘆惜也哉！今惟出門一步，斷然謂吾性爲皆善，又斷然謂聖賢爲可學，便精神意氣，忻躍奮揚。所性善端，如奇花瑞草，潤逢甘露，芬芳一時競發，雖欲罷而不能矣。於聖賢也，其何有哉，其何有哉？」

問：「經書所論聖賢工夫，如戒慎恐懼，種種具在，難説只靠自信善便了。況看朋輩，只肯以工夫爲先者，一年一年更覺進益；空談性地者，往往冷落無成，高明更自裁之。」

予沉默一時，對曰：「如兄之言，果爲有見。請先以末後二句商之，蓋此二句，本是學問兩路。彼以用功爲先者，意念有個存主，言動有所執持，不惟己可自考，亦且衆共見聞。若性地爲先，則言動即是現在，且須更加平淡，意念亦尚安閑，尤忌有所做作。豈獨人難測其淺深，即己亦無從增長。縱是有志之士，亦不免舍此而之彼矣。然明眼見之，則真假易辨，而有進無進，非所論矣。就如兄所舉『戒慎恐懼』一段工夫，豈是憑此四字，便即可去戰慄而慢爲之耶？也須小心查考立言根脚，蓋其言原自『道不可離』來。今舉業講貫，也曉得非我不離道，乃是道不離我。所以然者，又是道非自道，只是率性；性非自性，只是天命。故道之所在，性之所在也；性之所在，天命之所在也。既天命常在，則一有意念，一有言動，皆天則之畢察，上帝之監臨，又豈敢不兢業捧持，而肆無忌憚也哉！如此，則戒慎恐懼，原畏天命，天命之體，極是玄微，然則所畏工夫，又豈容草率？今只管去用工夫，而不思究其端緒，即如勤力園丁，以各色膏腴，堆積芝蘭，自詫壅培之厚，而秀茁纖芽，且將消沮無餘矣。要而論之，務求速效者，必功不細膩；理無根據者，必事終廢弛。噫！愛惜身命，珍重機緣，千生萬生，總在今日。」

問：「今日大衆在，此學問亦儘講得明白。然只少個發憤，不知何如乃得如孔子之發憤忘食也？」

予曰：「亦在深思之而已。夫科第一節，亦是大事，但點檢從前，豈無人得之？點檢所得之人，其所受用大小、淺深，豈不可以概見？若比以爲聖，以爲賢，真是精神粉碎矣。今中舉之心，人人發憤，時時發憤，至於講學問，爲聖賢，其受用百倍中舉者，却又不思發憤，是尚爲能充其類也哉？諸君又只知孔子發憤忘食，亦未思下文説『不知老之將至』，則是年彌高而憤彌甚也。孔子至老，猶思發憤，而少壯剛强，却反悠悠，此又不能充類之甚者矣。」

大衆乃悚起問曰：「不知孔子當時，果是爲何乃如此憤發，不能自已也。」予嘆曰：「此却用得一個渾話，蓋孔子是起初走壞了路頭，不及諸君有酌量耳。」大衆復愕然曰：「此語如何？」

曰：「孔子十五而志於學，學是大學也。大人之學，必聯屬家國天下以爲一身，所謂明明德於天下也。今世上有志之士，或是功業，則功業成而心亦可了矣；或是道德，則道德成而心亦可了矣。惟孔子以天下人盡明其明德，方爲自己明明德，此則竭盡平生心思，費盡平生精力，事必竟是成不得。事竟不成，則心竟不了；心竟不了，則發憤忘食，亦竟至老而發憤，忘食不了也已。」

孫　羅懷智
羅懷祖
羅懷本　重梓

近溪羅先生鄉約全書

盱江門人　左宗郢景賢父　編次
張鳳翔輝止父
馬焕賓賓王父
羅懷祖述甫父　校正
孫　羅懷本季立父　繡梓

寧國府鄉約訓語

直隸寧國府爲地方保甲事：嘉靖四十二年三月初四日，准本府知府羅關節奉各院劄案，申明前事，除先通行外，竊照守令之設，職在親民，保障之功，機存易俗。惟上之禮教未崇，斯下之向方無定。今府屬各縣訟獄日煩，寇盜時警，家殊其俗，肆争競以相高；人各其心，逞刁奸以胥虐，是宜各院勤拳多方督切。但法立則弊生，每畫一之爲難；勢懸則情隔，必大同之是貴。爰循古人鄉約之規，用敷今日保甲之意。事先體要，敦德禮以潔治源，而章程則在所略；行務融通，萃人心以端趨向，而譏察則居其次。待斯人以長者之風，弼明時以隆古之化，庶仰副各院德意，而少塞本府責任也。等因關府，已經申呈撫按兩院詳允遵行外，爲此，今將條約刊刻于後。

計開

一、保甲門牌，今立爲約簿。城内外則以鋪號，鄉中則以村落，將各户挨門填註：某一門共幾人，習何職業，盡一鋪一村而止，爲一簿。

一、木鐸老人，每月六次，於申明等亭，宣讀《聖諭》。城中各門，鄉下各村，俱擇寬廣寺觀爲約所，設立《聖諭》牌案，令老人振鐸宣讀，以警衆聽。如半年以後，果有遵行《聖諭》爲衆所欽仰者，每約各舉一二人，以憑旌賞。至一年後，約中猶有違約作非者，公舉之，以憑懲戒。

一、城市人少者，共爲一約，多則四門分立。鄉居須以大村爲主，其小村在二三里内者附之。每一處選年高有德者一人爲約長，又二三人或四五人同心助之。知禮讀書者數人，或司禮以行禮儀，或司講以演《聖諭》。又令各約内教讀，率領鄉館童生，侍列歌詩，其餘士民，無分長幼，俱如期赴約所。其中仕宦或見任歸省，或養高家食，亦敦請臨會以正約禮。

一、同約父兄子弟，各須仰體《聖諭》，敦孝友，務和睦。士農工商，各勤職業，舊染汚俗，咸共維新。間有户婚爭鬭一切小忿，互相勸釋，或聞知約中，從公辯別。侵犯者歸正，失誤者謝過，心平氣和，以杜後言。事干各約者，亦同一體。其或曖昧不明，跡無指證，止可敷陳禮法，微言諷諭，毋得輕發陰私，以開嫌隙，毋得擅行決罰，以滋武斷。

一、居安思危，防之不可已也。團保義倉之講，亦舊矣，終鮮寔效者，煩擾故也。今即前立約簿，每簿内擇年壯有力一人爲保長，每三十户置鑼一、銃一、鎗竿或十或五，遇有寇急，鳴鑼聲銃，互相救援。各村中或有惡少强竊、賊盗明實者，即行首官擒拏，毋得故縱。又每簿内照户貧富，各出義穀若干，以户之空閑倉廩收貯，至秋熟，以新易舊，量力增加，約衆眼同封鎖。遇水旱有急，方許散賑。官府止印記文簿，不行查擾。

一、前項約中文簿，俱該圖里長老人送官用印，給發各約收執。其約長等衆，俱免入府縣以妨農業。

一、遇約期，已刻約衆升堂，俱端肅立班，候齊集，贊者唱排班，班齊復唱。宣《聖諭》木鐸從傍振鐸高聲云：皇帝《聖諭》「孝順父母」大句畢。鞠躬，拜興、拜興、拜興、拜興，拜，叩頭興，平身。分班鞠躬，拜興、拜興，平身。如常會，只唱，揖，平身。設坐，各置坐具。各就坐，坐定。歌生進班，歌生依次序立於堂中。揖，平身，分班，歌生分立兩行。設講案，具案於中。鳴講鼓，擊鼓五聲。初進講，講者出班，就講位。皆興，揖，平身。講「孝順父母，尊敬長上」二條，演畢。揖，平身。講者退就班。皆坐聲歌。歌生司鼓磬者，各擊三聲。班首唱詩歌《南山》之首章。歌畢，復擊鼓磬各三聲。進茶，具進茶畢。再進講，講者出班，就講位。皆興，揖，平身。講「和睦鄉里，教訓子孫」二條，演畢。揖，平身。講者退就班。皆坐，聲歌。擊鼓如前，前班首唱詩，歌《南山》之二章。畢，唱詩歌《南山》之三章。畢，擊鼓磬如前。進茶，具進茶畢。三進講，講者出班，就講位。皆興，揖，平身。講「各安生理，毋作非爲」二條，演畢。揖，平身。講者退就班。皆坐，聲歌。擊鼓磬如前，班首唱詩歌《南山》之四章。畢，唱詩歌《南山》之五章。畢，擊鼓磬如前。進茶，具進茶畢。皆興，揖，平身，禮畢。在約諸人，仍以次揖謝有司及諸鄉宦。倘各約有鬪争犯約者，即時具白，解和，各相揖讓，不許置酒食，如無事，解和即散。

孝順父母，尊敬長上。

臣羅汝芳演曰：人生世間，誰不由於父母，亦誰不曉得孝順父母。孟子曰：「孩提之童，無不知愛其親者。」是説人初生之時，百事不知，而個個會争着父母抱養，頃刻也離不得。蓋由此身，原係父母一體分下，形雖有二氣，血只是一個，喘息呼吸，無不相通。況父母未曾有子，求天告地，日夜惶惶，一遇有孕，父親百般護持，母受萬般辛苦。十月將臨，身如山重，分胎之際，死隔一塵。得一子在懷，便如獲個至寶，稍有疾病，心腸如割。見兒能言、能走，便喜懽不勝。人子受親之恩，真是罔極無比，故曰：「父即是天，母即是地。」人若不知孝順，即是逆了天地，絶了根本豈有人逆了天地，樹絶了根本而能復生者哉？故凡爲人子，當常如幼年時，一心戀戀，生怕離了父母，冬温而夏凊，昏定而晨省，出則必告，反則必面，遠遊則必有方。又當常如幼年時，一心嬉嬉，生怕惱了父母，好衣與穿，好屋與住，好飯與吃，好兄弟姊妹同時過活。又要常如幼年時，一心争氣，生怕羞辱了父母。讀書發憤中舉，做好官；治家發憤生殖，置産業。間或命運不扶，亦小心安分，啜茶飲水，也盡其懽，也留個好名聲在世上。凡此許多孝順，皆只要不失了原日孩提的一念良心，便用之不盡。即如樹木，只培養那個下地的些種子，後日千枝萬葉，千花萬果，皆從那個果子仁兒發將出來。又如尊敬長上，或是府縣官司，或是家庭宗祖、伯叔、哥歌，❶或是外面親戚、朋友、前輩，皆所當尊敬者也。

然孟子説「孩提稍長，無不知敬其兄」，亦是他良心明白，知得個次序，自不

❶「歌」，當爲「哥」。

敢亂去干犯。今日也，只要依着那個幼年不敢干犯哥哥的心，謹慎將去，莫着那世習粗暴之氣染壞了，則遇着官府，逢見賓客、族長，其分愈尊，則其心愈敬，如竹之節，如樹之枝，從下至上，等級森然，又豈有毫髮僭差也哉？況天地生人，代催一代，做子未了，就做人父母，做弟未了，就做人哥歌，❶自己所行，別人看樣。古人説：「願新婦他日兒孫亦如新婦今日孝敬。」彼是婦人，且能如此，我等爲丈夫者，又可作不孝、不弟樣子，而使子孫效法受苦，終身貽笑後世也哉！會衆宜各勉力，孝順父母，尊敬長上，和睦鄉里，教訓子孫。

臣羅汝芳演曰：人秉天地太和之氣以生，故天地以生物爲心，人亦以同生爲美。張子《西銘》説道：「民吾同胞，物吾同與。」蓋同是乾父、坤母，一氣生養出來，自然休戚相關。即如今人踐傷一個鷄雛，折殘一朵花枝，便勃然動色。物産且然，而況同類而爲民乎？民已不忍，又況同居一處，而爲鄉里之人乎？夫鄉里之人，朝夕相見，出入相友，守望相助，内如婦女妯娌相唤，幼如童稚儕等相嬉，年時節序，酒食相徵逐，其和好亦是自然的本心，不加勉强而然。但人家偶因界畔田地，借换財物，迎接往來，稍有相失，便至懷恨争鬭，或官司牢獄，必欲置之死地。殊不知天道好還，人乖致異，我害鄉里之人，鄉里之人亦將害我，冤業相報，輒致身亡家破，猶不自省。孟子説得好，愛人不親反其仁，禮人不答反其敬。今只自反，踏傷一隻鷄雛，

❶「歌」，當爲「哥」之誤刻。

折傷一朵花枝，尚心不忍，豈可以同居之人，却忍下此毒手？ 此意一回，則不愛的人也愛他，不敬的人也敬他，至再至三，雖鐵石的人，也化過來愛我、敬我。 盡一鄉之人如一母所生，自然災害不生，外侮不入，家安人吉，物阜財豐，同享太平之福於無窮矣。

以上孝敬和睦之事，既知自盡，又當以之教訓子孫。 蓋我的父母，即是子的祖，孫的曾祖；我的兄弟，即是子的伯叔，孫的伯叔祖，我今日鄉里，即是子孫他日同居的人，一時易過，百世無窮，既好了目前，也思久遠之圖。 故古人説道：「一年之計，莫如樹穀；十年之計，莫如樹木；百年之計，莫如樹人。」若人家有子孫者，肯用心教訓，則孝敬和睦，相延不了，讀書者可望争氣做官，治家者可望殷富出頭，就是命運稍薄者，亦肯立身學好，如樹木枝榦，栽培不歇，則所結果子種之别地，生發根苗，亦同甘美。 是光前裕後第一件事也。 凡我會衆，各宜勸勉，以和睦鄉里，教訓子孫。

各安生理，毋作非爲。

臣羅汝芳演曰：上來四條，孝親敬長，睦鄉教子，是自盡性分的事。 此「各安生理，毋作非爲」二句，是遠禍害的事。 蓋人生有個身，即饑要食，寒要衣；有個家便仰要事，俯要育，衣食事育，一時一刻，不能少缺，若無生理，何處出辦？ 便須去作生理。 然生理各各不同，有大的，有小的，有貴的，有賤的，這個却是造化生成，命運一定。 如草木一樣，種子其所遇時候，所植地土，不能一般，便高低長短許多不同。 人生在世，須是各安其命，各理其生。 如聰明便用心讀書，如愚魯便用心買賣，如再無本錢，便習手藝及耕田種地，與人工活，如此方纔身衣口食，父母妻子，有所資賴。即如草木之生地雖不同，然勤力灌溉，亦各結果收成。若生理不安，則衣食無出，饑寒相逼，妻子相鬧，便去幹那非理不善的事，求利未得，而害已隨之。大則身亡家破，小則刑獄傷殘。眼前作惡之人，昭昭自有明鑒。凡我會衆，各宜勸勉，以「各安生理，毋作非爲」。

臣羅汝芳曰：此六條《聖諭》，細演其義，不過是欲人爲善事，戒惡事。然善惡得失相規，禮俗相交，患難相恤，這四句言語，雖則與《聖諭》不同，其實互相發明。且如我如今能孝順父母，尊敬長上，能和睦鄉里，教訓子孫，能各安生理，不作非爲，推此類，則事事要學好，這都是心上的好念頭，身上的好事，便是德了。把這幾件幹將去，件件做得是，件件打得成，没一些不到處，成就得個孝弟忠信，禮義廉恥的人，這便是業了。德業雖是自己的事，若只要自好，不管别人，則是自己德業亦有虧損矣。所以又要與同族、同鄉、同會之人，彼此更相勸勉。大家要孝順父母，尊敬長上，要和睦鄉里，教訓子孫，要各安生理，不作非爲，彼此相勸。但有言語，便相勸這幾件；但有行動，便相勸這幾件。有能行得的，便大家推獎他，使他益肯學好，却又自反於己，説「我亦有此好處否？」都要做個好人，這却不是德業相勸麽？德業是好事，所以要相勸勉。若其他一發不脩德業，不遵《聖諭》的，這就是作非爲的人，全然不可勸化的，必須官法懲治了。

至於能自勸勉德業，比此六條都能行得，但就中稍有不到處，這個喚做過失。過是所行太過，欠停當得宜；失是無心失理，偶然差錯。然這過失，雖是自己做差的，自己却不知道，必須同族、同鄉、同會之人，或曉得某人做差了某事，事小的就直言無隱，若事違理法，及曖昧不明，難以直言的，便宛轉戒諭他，使他自改，又將他的過失，自反於己，説「我亦有此差失處否？」有則速改。我能如此，日後我有此過失，人也肯規戒我，做得個無過之人。所以要互相規諷，各各改過自新，方是今日立會的意思。若坐視不理，人有過與己若不相干，如此做人，是在別人固是一件過失，自己不規戒他，就是自己一件過失了。過失豈可不相規？至於《聖諭》「和睦鄉里」一條，呂氏約中尤備。所謂和睦者，不只是聲音笑貌僞爲於外，亦不是專事煩文，耗蠹財用。在古人自原有個定禮，在一鄉自各有個習俗，在今日生長同一方，源流同一族，交游姻戚同一親厚，各有相與之情。所以出入起居，冠婚喪祭，拜起坐立，往來交際，凡儀文節奏之間，既要循禮又要從俗。若不循禮，未免過當；若不從俗，便不通方，皆不是禮俗相交的道理。如今出入起居，則長者在前，少者在後；冠婚喪祭，則即今校酌文公家禮，奏要行之；拜起坐立，則敘尊卑長幼之分，不得僭踰；往來交際，則有歲時拜謁，不得簡略；有飲食徵召，不得虛靡詎浪；有問餽酬酢，各要稱家，有無彼此相諒。大抵期於不失古禮，不悖時俗。果能如此，自然情誼浹洽，風俗淳厚矣。

然這禮俗相交，却只説平日處，常時

和睦鄉里的事，至於人家有患難，却尤要周急，方見是個徹底的好人。如今往往見有一等小人，與人平日儘是交好，見人纔有患難，便就漠然不理，這等樣人，誰不厭惡、鄙賤他，所以不能勾和睦鄉里。❶今要和睦，必須患難相恤，所謂患難相恤者，即如隣里親族中或遇水火，則彼此營救；或遇盜賊，則彼此捍捕；或遇疾病，則彼此訊問。有疾病而貧乏者，則助其醫藥；有死喪而貧乏者，則助其喪葬；有鰥寡孤獨而無倚者，則資其贍養，如此之類種種不一，難以悉舉。要見都是人的緊急患難處，我能憫恤拯救得他，甚于平日之惠。況皆宗族、親戚、朋友，原是我相厚的，到此田地，何忍坐視。如今與會的人，誰不有個鄉里，若能把這相恤的事行得，那有不和睦的。況且自己若能救人，則人人都説我是個善人，萬一自己也有患難處，人誰不來救我，如此互相矜恤，却不是患難相恤麽？

會衆等仰悉高皇帝教民至意，將以前六條，躬行實踐，又將《呂氏鄉約》四句相兼着體會而行，則人人皆可爲良民，在在皆可爲善俗，不惟一身交享福利，其子孫亦久久昌熾。若或反道悖德，弗若於訓，是乃梗化之頑民，小則不齒於鄉，大則必罹於法，而身家亦不能保矣，尚共圖之。

騰越州鄉約訓語

羅近溪子至騰越，鄉士夫中莪、吴二守，登南陳中翰諸君入謁，謂曰：「酋駐界

❶「勾」，疑當作「夠」。

日久，遠近震驚，吾輩既恐外侵，且虞中變，獨賴《鄉約》、《聖諭》，朝夕宣揚，故民兵不呼而自集，城守不戒而自嚴。今憲節遥臨，不可不首舉也。」近溪子唯唯。越五日，父老百人來懇請舊講，分城内外二所，俱止僧舍。近溪子合諸縉紳通議，會合於儒學。然是日值墟市之期，前此以驚報日急，商旅不行，民間經旬罷市，及期聞賊解去，村屯歸市者較常倍之，萬衆且願來聞鄉約，諸士夫計庠舍難容。厥明，師生報改所就演武廳，近溪子喜曰：「兹偃武修文之兆乎？」忻然夙駕。至則縉紳率父老迎入，候行禮。逾時，鼓三通，而遠近奔趨遍塞場中，不下四五萬衆，步履縱横，聲氣雜沓，跪拜宣揚，雖講生八九人，據高臺同誦，亦咫尺莫聞也。近溪子以無益爲苦，良久，臨階除，進諸童子清歌，初《陟岵》一章，衆譁稍定。再《凱風》一章，又更定，三歌《南山》二章。乃率堂上下士夫生儒同聲相和，復合以管籥，間以笙簫。于時太和洋洋，充滿流動，而萬象拱肅，寂若無人矣。

州守張君治方請曰：「士民翕然，願更有以訓之。」近溪子進父老前曰：「堂均此堂也，場均此場也，上之坐於堂，下之立於場，人亦均此人也。然初則雜亂諠譁，而莫可聽聞，今則静默停妥，而略無紛擾，此其光景何啻萬倍。汝輩諸人，不省適纔所講孝順父母者，何如爲孝順？蓋能不逆不拂，説静便静，即孝順也。適纔所講尊敬長上，如何爲尊敬？蓋能拱手端立，一心悚聽，即尊敬也。適纔所講和睦鄉里，教訓子孫，如何爲和睦、教訓？蓋在此同立同聽者，不是你們的鄉里，便是你們的子孫，今能順從而不違，恭敬而不怠，則鄉里即成和同，而子孫亦好看樣，乃爲和睦教訓也。夫無我、無人，無老、無少，皆能一般孝順，一般尊敬，則豈不是各各安其生理，而各各免作非爲也耶？故適纔講的，只是口裏説，而此今相對方是身上做也。」大衆同聲曰：「感謝上人提醒，果然口裏説得好，不如身上做得好。」近溪子又進而前曰：「你們果然心上曉得好耶？你們再静定、静定，聽我講道學與你們聽。蓋此個孝順，此個尊敬，緣何却得身上如此好？蓋由你們原來心上曉得如此好也。原來心上曉得好，便是孟夫子所謂良知，不待你們思慮、計較生出來，自自然然，便都曉得。你們但看家家的孩子，那個吃乳的時節，喜懽快活，不隨着母親父親？又那個聚隊的時節，言動舉止，肯背了哥哥姐姐。只因自幼曉得孝順、尊敬，所以你們到老來還得身上如此好也。

「然你們到老身上如此好，却寔是不容易得，蓋由皇天初生得我朝好太祖高皇帝，立下這個好教民榜文，二百餘年，又生出今日好聖明天子，好賢宰良相，任用得你們省上好軍門老爺，催我出巡，來看顧地方，纔得與鄉士夫及父母、師長、各官，同爲你們講明此個好鄉約會也。若不是這個好緣好分，積累將來，則三宣撫地方的人，其初曉得愛親、敬長與你們一般，只爲遠了王化，便做成夷俗，不能如你們好了。三宣撫還可，至於迤西、木邦、猛密的人，則又不好了。迤西等處還可，至於暹羅、老撾、車里八百，現受莽酋之淩辱殺害，其不好又更甚了。」

父老聞言，舉皆淚涕交流，哽噎不已

曰：「某等年紀到此，❶正愁怕如他國吃着莽酋的虧也。」近溪子惻然曰：「你們不消怕莽酋爲亂，但只怕你們一州軍民，不肯聽從太祖高皇帝的《聖諭》，又怕不肯如今日對面，切寔好生躬行。若肯大家散後去也如此這等好，年小的也如老者這等好，鄉下的也如城中這等好，遠屯的也如近鄉這等好，則官府不待問斷，隸卒不待勾攝，刑罰不施，兵甲無用，和氣致祥，感通天地，太祖在天亦庇佑你們，山川鬼神亦擁護你們，從此三宣撫之人，化得也學好，也慕鄉約；迤西等處人，化得也學好，也慕鄉約，則莽噠喇將歸順之不遑，而又何怕懼之有耶？」於是萬衆踴躍，懽聲動地，咸曰：「我等果然生得時候好，遇得官府好；今又不徒一處好，且可以望萬方皆好；不徒一時好，且可以望萬萬年皆好矣。州守共諸士夫謝且慶曰：「干羽舞而格苗，文德脩而來遠，不圖今日乃親見之。」遂瞻天叩闕，再拜而散，因筆之以識其盛云。

翼日，州衛及諸鄉士夫，復請大舉鄉約於演武場。《聖諭》講畢，父老各率子弟以萬計，咸依戀環聽，不能舍去。近溪子進林生時譽而問曰：「適纔汝爲諸人講演鄉約，則善矣，不知汝所自受用者復是何如？」林生對曰：「時譽自領教來，常持此心，不敢放下。」近溪子顧諸鄉大夫嘆曰：「只恐林生所持者，未必是心也。」林生悚然曰：「不是心，是何物耶？」近溪子遍指面前所有而示曰：「汝看此時環侍老少，林林總總，個個亥着足而立，傾着耳而聽，睁着目而視，一段精神，果待他去持否？豈

❶ 「年紀」，原作「年記」，據《盱江全集》改。

惟人哉，兩邊車馬之傍列，上下禽鳥之交飛，遠近園花之芬馥，亦共此段精神，果待他去持否？豈惟物哉！方今高如天日之明熙，和如風氣之暄煦，藹如雲煙之霏密，亦共此段精神，果待他去持否？」林生未及對，而諸老幼咸躍然前曰：「我百姓們此時懽忻的意思，真覺得如鳥兒一般活動，花兒一般開放，風兒日兒一般和暢，也不曉得要怎麽去持，也不曉得怎麽去放，但只恨不曾早來聽得，又只怕上司去後，無由再來聽得也。」近溪子曰：「汝諸人所言者，就是汝諸人本心，汝諸人的心，果是就同着萬物的心，諸人與萬物的心，亦果是就同着天地的心。蓋天地以生物爲心，今日風暄氣暖，鳥鳴花發，宇宙之間，渾然是一團和樂。今日太祖高皇帝教汝等孝順、和睦、安樂，生理守分，閭閻之間，亦渾然是一團和樂。和則自能致祥，如春天一和，則禽畜自然生育，樹木自然結寔，苗稼自然秀穎，而萬寶美利，無一不告成矣。況人家一和，而其興旺繁昌，所有利益，又何可盡言耶？故適來童子歌《詩》，謂：『樂只君子，邦家之基；樂只君子，萬壽無期。』『樂只』二字，亦正是一團和氣之意也。汝輩老者已不必言，若許多後生小子，肯時時忍耐，不使性氣於親長之前，不好爭鬭於隣里之間，不多殺害於六畜之類，不去斵喪這一團和樂之意，則千年萬載，長如我在汝騰越地方矣，又何恨其來遲而怕其去速耶？」言訖，皆淫淫涕下，近溪子强止散去。

諸士夫復請曰：「公祖謂諸老幼所言既皆是本心，則林生所言者，又何獨不是心耶？」近溪子嘆曰：「謂之是心亦可，謂之不是心亦可。蓋天下無心外之事，何獨所持而不是心。但既有所持，則必有一物矣。諸君試看許多老幼在此講談一段精神，千千萬萬，變變化化，倏然而聚，倏然而散，倏然而喜，倏然而悲。彼既不可得而知，我亦不可得而測，非惟無待於持，而亦無所容其持也。林子於此心渾淪圓活處曾未見得，而遽云持守而不放下，則其所執者，或只意念之端倪，或只見聞之想像，持守堅而去心益遠，故謂之曰『不是心亦可也』。」

林生正發復進而請曰：「諸生平日讀書，把心與意看得原不相遠。今夫子斷然以所持只可是意念，而不可是心，不知心與意念，如何相爭如此之遠？」近溪子浩然嘆曰：「以意念爲心，自孔孟以後，大抵皆然矣，又何怪乎諸生之錯認也耶？但此個却是學問大頭腦，此處不清，而謾謂有志學聖，是猶煮沙而求作粥，縱教水乾柴盡，終不可入口也。」少傾吴君中峨曰：「意念與心，既是不同，須爲諸生明白指破，渠方不至錯用工也。」近溪子嘆曰：「若使某可得用言指破，則林生亦可得以用手執持矣。」陳君登南從旁嘆曰：「然則不可着句指破處，便即是心，而稍可着手執持處，便總是意念矣。《易》曰『復其見天地之心乎』，林兄欲得天地之心而持循之，其尚自復以自見始。」

於是林生及諸師友請於明倫堂爲講會，沈君南谷問曰：「《論語》言治德禮在政刑之後，而《禮經》云『政以一之，刑以防之』，却又在『禮以節之，樂以和之』之後，何也？」近溪子曰：「《論語》是較其效之淺深，如所謂『善政不如善教之得民』也。論其次序，則聖王之治，專以德教爲主，明刑飭法，不過輔弼德教之所不及而已。欲與德禮等且不可，而況可居其先耶？」坐中諸友咸曰：「往見各處舉行鄉約，多有立簿以書善惡，公論以示勸懲，其約反多不行，原是帶着刑政的意思在。若昨日公祖，只是宣揚聖訓，併喚醒人心，而老幼百千萬衆，俱踴躍忻忻向善而不容自已，真如草木花卉，一遇春風，則萬紫千紅，滿前盡是一片生機矣。」

林生正發進而問曰：「生機是物本有，故一遇感觸，便自止遏不住。但不知昨日所謂本心，與此生機又何分別也？」近溪子曰：「此亦難言，蓋心與生機，雖是一體，而可以兩分；雖兩分，而却原只一體也。今須借物爲喻，即如面前桃李，許多花葉芬芳，是何等生機勃勃！究其來，皆從原初一個果子仁中發出。今若花葉不是果子仁，則花葉從何而來？若説果子仁即是花葉，則對花葉更覓個果子仁而不可得。所以登南君昨日謂指不破、執不住爲本心，正有見於此也。」林生復問曰：「生機與心固有分別，不知林生時譽所持意念，與此生機又有分別否？」近溪子曰：「吾心中意念，本是生機，但執持不妙，則只可名意念，而不可以言生機矣。」施生大節問曰：「兩日領悉所教，真是覺得心目了了矣。但不知如何乃可保守？」近溪子詰之曰：「子勿慮保守，且將所聞之言，試備述之。」施生曰：「大節之意，大約謂我此心即相似萬物，萬物之心，亦相似天地之心。但其初無有不善，後頭却被物欲拘蔽。所以今日，方纔見得，又方纔要去保守他也。」近溪子曰：「若言汝心，相似天地萬物之心，則是心有兩個而可分了；若言汝心原先便善，後來不善，則是心有兩截而可斷了。此謂是汝所自言之心則可，謂是予所傳告之心恐不可也。」大衆默然，皆有所省。

里仁鄉約訓語

閭里中，自前峰先生偕碧崕、純齋諸公，講里仁社會，將數十餘年。今更通諸一鄉一邑，真是君子之德風也。近溪子曰：「孔子云『爲政以德』，可以無爲而治，但觀今日之會，昭然可見。吾鄉老幼聚此一堂，有百十餘衆，即使憲司在上，也不免有些喧嚷，是豈法度不嚴，奈何終難静定。及看此時，或起而行禮，或坐而談論，各人整整齊齊，不待分付一言，從容自在，百十之衆，渾如一人，天時酷暑，渾如涼爽，雖自朝至暮，渾如頃刻，更無一毫聲息擾動，亦無一毫意思厭煩，此却是何緣故？蓋是吾人之生，不止是血肉之軀，其視聽言動，個個靈靈明明，有一良知之心以主宰其中，往常亂走亂爲，只是聽憑血肉，如睡夢一般，昏昏懵懵，不自覺知，以故刑罰也齊一不來。今日大家到此，聽高皇帝《聖諭》，叫起孝父母、敬尊長等事，句句字字，觸着各人本來的真心。則誰無父母，誰無兄弟，亦誰不曾經過孩提愛敬境界？今雖年紀或有老的，或有壯的，或尚幼的，固皆相去赤子已久，然一時感通，光景宛然，良知良能，如沉睡忽醒，則中心耿耿，便於血肉形軀，頓爾作得主起。雖是舊時耳目，而視聽却分外聰明；雖是舊時聲口，而言辭却分外和順；雖是舊時手足，而動止却分外敬謹。故自然不待拘檢，而静定勝如官府在上，豈止一身受用！且其天機活潑，生生不已，坐間看着鄉里，便大衆思要和睦；看着子孫，大衆思要教訓；看着清平世界，大衆思要安生樂業，以共享太和。只一心既收，便萬善咸集。此善政所以不如善教之得民，而政刑所以不如德禮之有恥且格也。何況此心良知，人人皆同，處處皆同，聞得有場好事，無不喜做；聞得有場不好事，無不羞做。

「今我老幼一堂，如此受用，日久一日，自一家而傳至他家，自一鄉而傳至他鄉，自一邑而傳至他邑，莫不翕然向風，截然歸一。即孟氏所謂『人人親其親、長其長，而天下太平』，將復見矣。此等風俗，皆由吾鄉忠厚世積醖釀而成。今堂上尊長，年皆八九十歲，世味嘗過多少，聞得這段意思，猶懽喜忘倦。則幼而小者，咸如出山之日，駸駸向上，又可不發個憤勇，把從前睡夢着寔打醒，將以後光陰着寔愛惜，一舉足也不敢忘，一出言也不敢忘，一旦以至終身，做個大孝大弟之聖賢，垂名天下萬世，也不負了父母生育之恩，朝廷作養之惠，鄉里勸化之功也。豈不爲一代盛事也哉！尚其勗之。」

鳴謝

《儒藏》精華編惠蒙善助，共襄斯文；謹列如左，用伸謝忱。

本焕法師 壹佰萬元

智海企業集團董事長 馮建新先生 壹佰萬元

NE·TIGER時裝有限公司董事長 張志峰先生 壹佰萬元

張貞書女士 壹佰萬元

北京大學《儒藏》編纂與研究中心

本册审稿人　高海波　馬曉英　陳　殿

本册責任編委　甘祥滿

圖書在版編目 (CIP) 數據

儒藏 . 精華編 . 二六一 / 北京大學《儒藏》編纂與研究中心編 .—北京：北京大學出版社，2013.10

ISBN 978-7-301-11979-2

Ⅰ . ①儒… Ⅱ . ①北… Ⅲ . ① 儒家 Ⅳ . ① B222

中國版本圖書館 CIP 數據核字 (2013) 第 232614 號

書　　名	儒藏（精华编二六一） RUZANG
著作責任者	北京大學《儒藏》編纂與研究中心　編
責任編輯	武芳　王應
標準書號	ISBN 978-7-301-11979-2
出版發行	北京大學出版社
地　　址	北京市海淀區成府路 205 號　100871
網　　址	http://www.pup.cn　　新浪微博：@ 北京大學出版社
電子郵箱	編輯部 dj@pup.cn　　總編室 zpup@pup.cn
電　　話	郵購部 010-62752015　發行部 010-62750672　編輯部 010-62756449
印 刷 者	北京中科印刷有限公司
經 銷 者	新華書店 787 毫米 ×1092 毫米　16 開本　60 印張　580 千字 2013 年 10 月第 1 版　2024 年 3 月第 3 次印刷
定　　價	1200.00 元

ISBN 978-7-301-11979-2
9 787301 119792 02>
定價：1200.00元

国家出版基金项目
NATIONAL PUBLICATION FOUNDATION

國家出版基金項目

教育部哲學社會科學研究重大課題攻關項目

「十一五」國家重點圖書出版規劃項目·重大工程出版規劃

國家社會科學基金重大項目

北京大學「九八五工程」重點項目

儒藏

精華編五一冊
經部禮類

儒藏

精華編

北京大學《儒藏》編纂與研究中心

《儒藏》精華編第五一册

首席總編纂　季羡林

項目首席專家　湯一介

總　編　纂　湯一介　龐　樸　孫欽善　安平秋（按年齡排序）

本册主編　毛遠明

《儒藏》精華編凡例

一、中國傳統文化以儒家思想爲中心。《儒藏》爲儒家經典和反映儒家思想、體現儒家經世做人原則的典籍的叢編。收書時限自先秦至清代結束。

二、《儒藏》精華編爲《儒藏》的一部分，選收《儒藏》中的精要書籍。

三、《儒藏》精華編所收書籍，包括傳世文獻和出土文獻。傳世文獻按《四庫全書總目》經史子集四部分類法分類，大類、小類基本參照《中國叢書綜録》和《中國古籍善本書目》，於個別處略作調整。凡單書已收入入選的個人叢書或全集者，僅存目録，並注明互見。出土文獻單列爲一個部類，原件以古文字書寫者一律收其釋文文本。韓國、日本、越南儒學者用漢文寫作的儒學著作，編爲海外文獻部類。

四、所收書籍的篇目卷次，一仍底本原貌，不選編，不改編，保持原書的完整性和獨立性。

五、對入選書籍進行簡要校勘。以對校爲主，確定內容完足、精確率高的版本爲底本，精選有校勘價值的版本爲校本。出校堅持少而精，以校正誤爲主，酌校異同。校記力求規範、精煉。

六、根據現行標點符號用法，結合古籍標點通例，進行規範化標點。專名號除書名號用角號（《》）外，其他一律省略。

七、對較長的篇章，根據文字內容，適當劃分段落。正文原已分段者，不作改動。千字以內的短文一般不分段。

八、各書卷端由整理者撰寫《校點説明》，簡要介紹作者生平、該書成書背景、主要內容及影響，以及整理時所確定的底本、校本（舉全稱後括注簡稱）及其他有關情況。重複出現的作者，其生平事蹟按出現順序前詳後略。

九、本書用繁體漢字豎排，小注一律排爲單行。

《儒藏》精華編第五一册

經部禮類

禮記之屬

禮記正義卷第五十一

國子祭酒上護軍曲阜縣開
國子臣孔穎達等奉勑撰

雜記上第二十

聞兄弟之喪，大功以上，見喪者之鄉而哭。奔喪節也。適兄弟之送葬者，弗及，遇主人於道，則遂之於墓。言骨肉之親，不待主人也。凡主兄弟之喪，雖疏亦虞之。喪事，虞、祔乃畢。

疏正義曰：此一節明奔兄弟喪之法。「見喪者之鄉而哭」者，謂此親兄弟同氣及同堂兄弟也。❶《奔喪禮》云：「齊衰，望鄉而哭。大功，望門而哭。」此云「大功以上，見喪者之鄉而哭」者，盧云：「謂降服大功者也。」鄭無別解，當同盧也。若如此，則兄弟之名通輕重也。「適兄弟之送葬」者，此「兄弟」，通緦、小功也。適，往也，謂往送五服之親葬。而「不及」者，謂往送不及喪柩在家。「遇主人於道」者，主人是亡者之子。謂孝子葬竟已還，而此往送葬之人與孝子於路相逢值也。「則遂之於墓」者，❷雖孝子已還，而此送葬之人不及者，不得隨孝子而歸，仍自獨往於墓也。「凡主兄弟之喪，雖疏亦虞之」者，此「疏」，謂小功、緦麻。喪事，虞、祔乃畢，雖服緦、小功之疏，彼既無主，故疏緦、小功者亦爲之主虞、祔之祭。案《小記》云：「大功者主人之喪，有三年者，則必爲之再祭。」鄭注云：「小功、緦麻，爲之練祭可也。」與此不同者，彼承「大功有三年者」，此則緦、小功有三年者，故至小祥，同於三年，故主虞、祔也。今此言「疏者亦虞」，但虞者謂無服者，朋友相爲，亦虞、祔也。故熊氏云：「主喪者於死者無服，謂祖免以外之兄弟。」**注**「喪事，虞、祔乃畢」　正義曰：經云「虞」而注連言「祔」者，以祔與虞相近，故連言之。

凡喪服未畢，有弔者，則爲位而哭，拜踊。客始來，主人不可以殺禮待之。**疏**正義曰：「凡喪服未畢」

❶「謂此」，衛氏《集說》作「此謂」。
❷「遂」，原作「送」，據阮本改。

者，是喪服將終，但未畢了，猶有餘日未滿，其禮已殺。若有人始來弔，當爲位哭踊，不以殺禮而待新弔之賓也。言「凡」者，五服悉然。**大夫之哭大夫，弁絰。大夫與殯，亦弁絰。**弁絰者，大夫錫衰相弔之服也，如爵弁而素，加環絰，曰弁絰。疏正義曰：「大夫之哭大夫，弁絰」者，此謂成服以後，大夫往弔，哭大夫，身著錫衰，首加弁絰。「大夫與殯，亦弁絰」者，此謂未成服之前，故與殯之時，首亦加弁絰。其餘則異，身著當時所服之服。故《士喪禮》注云：「主人成服之後，往則錫衰。」主人未成服，君亦不錫衰，則著皮弁服也。若此大夫，主人未成服之前，身亦皮弁服而弁絰也。若主人未小斂之前，則吉服而往，不弁絰也。注「弁絰」至「服也」正義曰：案禮，主人未成服之前，小斂之後，大夫著弁絰而衣皮弁服。此云「弁絰，大夫錫衰相弔」者，如鄭此意，則經云「大夫之哭大夫，弁絰」，經據主人成服之後，故云「大夫錫衰相弔之服」。但文在「大夫與殯」之上，故南北諸儒皆以此「大夫之哭大夫，弁絰」，是二斂之間，怪其鄭注云「錫衰」，所以各爲異説。今謂「大夫之哭大夫」，廣解成服之後，於義無妨。但既成服之後，又卻明與殯之前，理亦既殯。❶ **大夫有私喪之葛，則於其兄弟之輕喪則弁絰。**私喪，妻子之喪也。輕喪，緦麻也。大夫降焉，弔服而往，不以私喪之末臨兄弟。疏正義曰：「私喪之葛」者，謂妻子之喪，至卒哭以葛代麻之後，是私喪之葛。「則於其兄弟之輕喪則弁絰」者，於此之時，遭兄弟之輕喪緦麻，亦著弔服弁絰而往，不以私喪之末臨兄弟也。若成服之後則錫衰，未成服之前，身著素裳而首服弁絰也。注「私喪」至「兄弟」正義曰：既言「私喪」，故知謂「妻子之喪也」。葛，謂卒哭後也。兄弟輕喪，謂緦麻也。大夫降一等，雖不服，以骨肉之親，不可以妻子之末服而往哭之，故服弁絰也。**爲長子杖，則其子不以杖即位。**辟尊者。疏正義曰：父「爲長子杖，則其子不以杖即位」者，其子，長子之子。祖在不厭孫，其孫得杖，但與祖同處，不得以杖即位，辟尊者。**爲妻，父母在，❷不杖，不稽顙。**尊者在，不敢盡禮於私喪也。疏正義曰：此謂適子爲妻，父母見存，不敢爲妻杖，又不可爲妻稽顙，故云

❶「亦」，阮校云：「案『亦』字下當脱『兼』字。」

❷「父母在」，孫希旦《集解》云：「下文別言『母在，不稽顙』，則此『母』衍字也。」鄭珍《巢經巢經説》云：「緣漢後傳本『父母在』句衍一『母』字，遂令解説支離。」

「不杖，不稽顙」。案《喪服》云，大夫爲適婦爲喪主，父爲己婦之主，故父在不敢爲婦杖。若父没母在，不爲適婦之主，所以母在不杖者，以父母尊同，因父而連言母。父没母存，爲妻雖得杖，而不得稽顙，以「杖」與「稽顙」文連，「不杖」屬於父在，「不稽顙」文屬母在，故云「父母在，不杖，不稽顙」。而《禮論》范宣子申云：「有二義。一者生存爲在，二者旁側爲在。此云『母在』，謂在母之側，爲妻不杖。故《問喪》云：『則父在不敢杖矣，尊者在故也。』鄭云：『父在不杖，謂爲母。』案爲母則削杖，而云『父在不杖，謂爲母』也，是『父在』謂在側之在，若《論語》云：『君在，踧踖如也。』」此范氏之釋，其義可通。但「父母在」之文，相連爲一，而父爲「存在」之在，母爲「在側」之在。又《小記》云：「父在，庶子爲妻，以杖即位。」然庶子豈得父見在則，❶庶子爲妻得以杖即位乎？是范義未安也。今見具載之。❷

母在，不稽顙。稽顙者，其贈也拜。 言獨母在，於贈，拜得稽顙。則父在，贈，拜不得稽顙。

疏 正義曰：前明父母俱在，故「不杖，不稽顙」。此明父没母在，爲妻得有稽顙、不稽顙二義。「母在，不稽顙」者，謂母在，爲妻子尋常拜賓之法也。

「稽顙者，其贈也拜」者，但父没母在，稍降殺於父，故爲妻得有稽顙。稽顙之時，其稽顙者，有他人以物來贈己，其恩既重，其謝此贈之人時爲拜，得稽顙，故云「其贈也拜」，於此拜時而得稽顙。

違諸侯，之大夫，不反服。違大夫，之諸侯，不反服。 其君尊卑異也。違，猶去也。去諸侯仕諸侯，去大夫仕大夫，乃得爲舊君服。

疏 正義曰：違，去也。「去諸侯」，謂不便其居及辟仇也。之，往也。己若本是諸侯臣，如去往仕大夫，此是自尊適卑，若舊君死，則此臣不反服也。言不反者，謂今仕卑臣，❸不可反服於前之尊君也。

「違大夫，之諸侯，不反服」者，此謂本是大夫臣，今去仕諸侯，此是自卑適尊。若猶服卑君，則爲新君之恥也，故亦不反服舊君也。

注「其君」至「君服」　正義曰：鄭以經尊卑不敵，不反服。若所仕敵，則反服舊君，服齊衰三月。

喪冠條屬，以別吉凶。三年之練冠，亦條屬，右縫。 別吉凶者，吉冠不條屬也。條屬者，

❶「則」，浦鏜校云：「則」當「側」之誤。
❷「見」，魏氏《要義》作「且」是也。
❸「臣」，浦鏜校，「臣」改「君」。

通屈一條繩若布爲武，垂下爲纓，屬之冠，象大古喪事略也。吉冠則纓武異材焉。右縫者，右辟而縫之。小功以下左。左辟象吉，輕也。緦冠繰纓。繰，當爲「澡麻帶絰」之澡，聲之誤也。謂有事其布以爲纓。疏正義曰：此一節明喪冠輕重之制。各隨文解之。此言吉冠則纓與武各別，喪冠則纓與武共材也。「條屬」者，屬，猶著也。謂取一條繩，屈之爲武，垂下爲纓，以著冠，故云條屬也。吉凶既異，故云「別吉凶」也。「三年之練冠，亦條屬，右縫」者，三年練冠，小祥之冠也。雖微入吉，亦猶條屬，與凶冠不異也。吉冠則襵上辟縫嚮左，左爲陽，陽吉也。而凶冠縫嚮右，右爲陰，陰，喪所尚也。過小祥猶條屬，故縫猶嚮右也。注「別吉」至「縫之」正義曰：云「吉冠不條屬也」。條屬者，通屈一條繩若布爲武，垂下爲纓，屬之冠，象大古喪事略也」者，釋「喪冠條屬」之意。云「吉冠則纓武異材焉」者，《玉藻》云「縞冠玄武」之屬，是異材也。材，謂材具。「小功以下左」，小功以下輕，故縫同吉，嚮左也。「緦冠繰纓」，緦衰冠治縷不治布，冠又用澡治緦布爲纓，以輕故也。注「澡當」至「爲纓」正義曰：經之「繰」字，絲旁爲之，非澡治之義，故讀從《喪服小記》「下殤澡麻帶絰」之澡。云「謂有事其布以爲纓」者，緦麻既有事其縷，就上澡之，是又治其布，故云「有事其布以爲纓」，謂縷布俱治。大功以上散帶。小功、緦輕，初而絞之。疏正義曰：小斂之後，主人拜賓，襲絰於序東，小功以下皆絞之。大功以上，散此帶垂，不忍即成之，至成服乃絞。朝服十五升，去其半而緦，加灰，錫也。緦精麤與朝服同，去其半，則六百縷而疏也。又無事其布，不灰焉。疏正義曰：朝服精細，全用十五升布爲之。「去其半而緦」者，緦麻於朝服十五升布之内抽去其半，以七升半用爲緦麻服之衰服也。❶鄭注《喪服》云「去其半而緦如絲」是也。❷「加灰，錫也」者，取緦以爲布，又加灰治之，則曰錫。言錫然滑易也。注「又無事其布，不灰焉」正義曰：經云「去其半而緦」，始云「加灰錫」，明此緦衰不加灰，不治布故也。諸侯相襚，以後路與冕服。先路與褒衣，不以襚。不以己

❶「爲」字原脱，據阮本補。

❷「如絲」，浦鏜校云：「如絲」上當脱「治其縷細」四字。

之正者施於人，以彼不以爲正也。後路，貳車，貳車行在後也。**疏**正義曰：「諸侯相襚」者，襚，謂以物送死用也。「以後路與冕服」者，後路，爲上路之後，次路也。冕服，謂上冕之後，次冕也。「先路與褒衣，不以襚」者，是已之車服之上，不可以施遺於人，❶以彼不以爲正服所用也。遣車視牢具。言車多少，各如所包遣奠牲體之數也。然則遣車載所包遣奠而藏之者與？遣奠，天子大牢，包九个；諸侯亦大牢，包七个；大夫亦大牢，包五个；士少牢，包三个。大夫以上，乃有遣車。**疏**正義曰：「遣車」，送葬載牲體之車也。「牢具」，遣奠所包牲牢之體，貴賤各有數也。一个爲一具，取一車載之也，故云「視牢具」。**注**「言車」至「遣車」　正義曰：「言車多少，各如所包遣奠牲體之數也」者，以言「視牢具」，故如其數。云「然則遣車載所包遣奠而藏之者與」者，以遣車所用無文，因此「視牢具」，故云「載所包遣奠而藏之者與」？與，疑辭也。云「天子大牢，包九个」以下者，以《既夕禮》遣奠用少牢以上約之，明大夫以上皆大牢。「包九个」者，以《檀弓》云：「國君七个，遣車七乘。」則天子九个，遣車九乘。以下差降。義已具於《下檀弓》疏。云「大夫以上，乃有遣車」者，諸侯大夫位尊，雖無三命，則有車馬之賜，及天子上士三命，皆得有遣車。諸侯士以下賤，故無遣車也。疏布輤，四面有章，置于四隅。輤，其蓋也。四面皆有章蔽，以隱翳牢肉。四隅，椁中之四隅。**疏**正義曰：此經明載牢肉之時，因以物章蔽。「疏布輤」者，輤，蓋也，以麤布爲上蓋。而四面有物章之，入壙，置於椁之四隅。載粻，有子曰：「非禮也。粻，米糧也。喪奠，脯醢而已。」言死者不食糧也。遣奠本無黍稷。**疏**正義曰：粻，米糧也。用遣車載粻，遣亡人也，而有子譏其爲失也。然《既夕》士禮，有黍、稷、麥者，但遣奠之饌無黍稷，故遣車所載遣車之奠不合載粻。《既夕》藏筲者，謂遣奠之外，别有黍、稷、麥。「喪奠，脯醢而已」者，此亦有子之言也。言死者不食糧，故遣奠不用黍稷，而牲體是脯醢之義也。祭稱「孝子孝孫」，喪稱「哀子哀孫」。各以其義稱。**疏**正義曰：祭，吉祭也，謂自卒哭以後之祭也。吉則申孝子心，故祝辭云「孝」也。或子或孫，隨其人

❶「遺」，原作「遣」，據阮本改。

也。「喪稱哀子哀孫」者，凶祭，謂自虞以前祭也。喪則痛慕未申，故稱哀也。故《士虞禮》稱「哀子」，而卒哭乃稱「孝子」也。端衰、喪車皆無等。喪車，惡車也。喪者衣衰及所乘之車，貴賤同，孝子於親一也。衣衰言「端」者，玄端，吉時常服，喪之衣衰當如之。疏 正義曰：「端衰」，謂喪服上衣。以其綴六寸之衰於心前，故衣亦曰衰。端，正也。吉時玄端服，身與袂同以二尺二寸爲正，而喪衣亦如之，而今用衰綴心前，故曰端衰也。「喪車」者，孝子所乘惡車也。惡車，喪車也。等，等差也。言喪之衣衰及惡車，天子至士，制度同，無貴賤等差之别也，以孝子於其親情如一也。注「喪車」至「如之」 正義曰：言「喪車，惡車也」者，《既夕禮》云：「主人乘惡車。」鄭云：「王喪之木車也。」案鄭注《巾車》喪車凡五等。《巾車》云「木車，蒲蔽」，注云：「木車，不漆者。以蒲爲蔽，始遭喪所乘也。」「素車，棼蔽」，注云：「素車，以白土堊車，薠麻以爲蔽。卒哭所乘。」「藻車，藻蔽」，注云：「以蒼土堊車，以蒼繒爲蔽也。既練所乘。」「駹車，萑蔽」，注云：「駹車，邊側有漆飾也。以細葦席爲蔽，大祥所乘。」「漆車，藩蔽」，注云：「漆車，黑車，漆席以爲敝。❶ 禫所乘。」云「衣衰言『端』者，玄端吉時常服，喪之衣衰當如之」者，案《喪服記》「袂二尺二寸，袪尺二寸」，其制正幅，故云「端」。此云端衰，則與玄端同。大白冠，緇布之冠皆不蕤。委武玄縞而后蕤。不蕤，質無飾也。大白冠，大古之布冠也。《春秋傳》曰：「衛文公大布之衣，大白之冠。」委武，冠卷也。秦人曰委，齊東曰武。玄，玄冠也。縞，縞冠也。疏 正義曰：「大白者」，❷古之白布冠也。「緇布冠」，黑布冠也。二冠無飾，故皆不蕤。此緇布冠謂大夫士之冠，故不蕤。其諸侯緇布冠則蕤。故《玉藻》云「緇布冠繢緌，諸侯之冠」是也。「委武玄縞而后蕤」者，委、武，皆冠卷也。秦人呼卷爲委，齊人呼卷爲武也。玄，玄冠也。縞，縞冠也。玄、縞二冠，既先有别卷，後乃可蕤，故云「而后蕤」也。而大祥縞冠亦有蕤。何以知之？前既云「練冠亦條屬，右縫」，則知縞不條屬，既别安卷，灼然有蕤也。注「不蕤」至「冠也」 正義曰：引《春秋左傳》曰「衛文公大布

❶ 「敝」，阮本作「蔽」，《周禮·巾車》注作「之」。作「蔽」、作「之」均可，作「敝」則於義未安。

❷ 「者」，衛氏《集説》作「冠」，疑是。

之衣，大白之冠」者，證大白冠是布也。閔公二年，冬，狄入衛，衛懿公爲狄人所滅。僖二年，齊桓公救而封之。衛文公以國未道，故不充其服，自貶損，所以大白冠、大布衣也。**大夫冕而祭於公，弁而祭於己。士弁而祭於公，冠而祭於己。**弁，爵弁也。冠，玄冠也。祭於公，助君祭也。大夫爵弁而祭於己，唯孤爾。**士弁而親迎，然則士弁而祭於己可也。**緣類欲許之也。親迎雖亦己之事，攝盛服爾，非常也。**疏**正義曰：此一節明大夫士公私祭服。「大夫冕而祭於公」者，大夫，謂孤也。冕，絺冕也。祭於公，謂助君祭也。「弁而祭於己」者，弁，爵弁也。祭於己，自祭廟也。助祭爲尊，故服絺冕。自祭爲卑，故服爵弁。崔云：「孤不悉絺冕。若王者之後及魯之孤，則助祭用絺。若方伯之孤，助祭則玄冕。以其君玄冕，自祭不可踰之也。」「士弁而祭於公，冠而祭於己」者，弁，謂爵弁也。士以爵弁爲上，故用助祭也。冠，玄冠，爲卑也，自祭不敢同助君之服，故用玄冠也。「士弁而親迎，然則士弁而祭於己可也」者，作《記》之人雖云「士冠而祭於己」，以己既爵弁親迎，親迎輕於祭，尚用爵弁，則士亦當用爵弁自祭於己廟可也，言於禮可用也。爵弁，❶是記者緣事類欲許之，著爵弁。**注**「弁爵」至「孤爾」　正義曰：知「弁，爵弁也」者，與「士弁」連文，「士弁祭於公」，爵弁，故知「大夫弁」者亦爵弁也。云「大夫爵弁而祭於己，唯孤爾」者，以《儀禮・少牢》上大夫自祭用玄冠，此亦云「弁而祭於己」者，與《少牢》異，故知是孤。知非卿者，以《少牢禮》有卿賓尸，下大夫不賓尸，明卿亦玄冠，不爵弁。**注**「緣類」至「常也」　正義曰：以祭、親迎，事類相似，親迎既弁，故自祭欲許其著弁。其理不可。故鄭云「親迎雖亦己之事，攝盛服爾」，非常著之服。所以親迎攝盛服者，以親迎配偶，一時之極，故許其攝盛服。祭祀常所供養，故須依其班序。**暢，臼以椈，杵以梧。**所以擣鬱也。❷椈，柏也。**枇以桑，長三尺，或曰五尺。**枇，所以載牲體者。此謂喪祭也。吉祭枇用棘。**畢用桑，長三尺，刊其柄與末。**畢，所以助主人載者。刊，猶削也。**疏**正義曰：此一節明吉

❶「爵弁」，孫詒讓《校記》云：「「爵弁」二字疑當在上句「也」字上。

❷「擣」，原作「禱」，據余本、撫本、岳本及阮本改。

凶暢及枇畢之義。各隨文解之。　「暢」者，謂鬱鬯也。「臼以椈，杵以梧」者，謂擣鬯所用也。椈，柏也。梧，桐也。謂以柏爲臼，以桐爲杵。擣鬱鬯用柏臼桐杵，爲柏香、桐絜白，於神爲宜。　注「椈，柏也」　正義曰：「椈，柏」，《爾雅·釋木》文。　「枇以桑，長三尺，或曰五尺」枇者，所以載牲體。從鑊以枇升入於鼎，從鼎以枇載之於俎。注「此謂」至「用棘」　正義曰：知「謂喪祭也」者，以其用桑，故知喪祭也。云「吉祭枇用棘」者，《特牲記》云枇用「棘心」是也。　「畢用桑，長三尺，刊其柄與末」，主人舉肉之時，則以畢助主人舉肉。用桑者，亦喪祭故也。刊其柄與末，謂畢末頭亦刊削之。畢既如此，枇亦當然。若吉時，亦用棘。

率帶，諸侯、大夫皆五采，士二采。此謂襲尸之大帶。率，繂也。繂之，不加箴功。大夫以上，更飾以五采。士以朱、緑。襲事成於帶，變之，所以異於生。疏正義曰：此謂尸襲竟而著此帶也。「率」，謂爲帶也，但攝帛邊而熨殺之，不加箴功，異於生也。以五采飾之，亦異於生也。大夫與諸侯同，而「士二采」，並異於生，而尊者可同也。然此「士」，天子之士也。諸侯之士則緇帶，故《士喪禮》「緇帶」。　注「此謂」至「於生」　正義曰：知「襲尸之大帶」者，以吉時大帶唯有朱緑玄華，無五采，此上連「枇、畢用桑」之下，❶則知此亦喪之大帶。小斂、大斂，衣數既多，有絞，不可加帶，故知「襲尸之大帶」也。以其稱「率」，與大帶同，故知是大帶也。云「襲事成於帶，變之，所以異於生」者，鄭以襲衣與生同，唯帶與生異。凡襲事，著衣畢，加帶乃成，故云「襲事成於帶，變之，異於生」也。

醴者，稻醴也。甕、甒、筲衡，實見間，而后折入。此謂葬時藏物也。衡，當爲「桁」，所以庪甕、甒之屬，聲之誤也。實見間，藏於見外、椁内也。折，承席也。疏正義曰：此一經是送葬所藏之物。　「醴者，稻醴也」者，言此醴是稻米所爲。　「甕」者，盛醯醢。　「甒」者，盛醴酒。「筲」者，盛黍稷。「衡」者，以大木爲桁，置於地，所以庪舉於甕甒之屬。「實見間」，見，謂棺外之飾。言實此甕、甒、筲等於見外、椁内二者之間，故云「實見間」。　「而后折入」者，折，謂椁上承席。實物椁内既畢，然後以此承席加於椁上。注「此謂」至「席也」　正義曰：知「葬時藏物也」者，言此

❶「下」，原作「不」，據阮本、魏氏《要義》改。

「甕、甒、筲衡」等，葬時所藏之物。皇氏云：「甕、甒、筲，明器也。故實此醴與醯醢之屬。」❶云「實見間，藏於見外、椁内也」者，案《既夕禮》：「乃窆，藏器於旁，加見。」注云：「器，用器、役器也。見，棺飾也。先言藏器，乃云加見者，器在見内也。」《既夕禮》又云：「藏苞、筲於旁。」注云：「於旁者，在見外也。不言甕、甒，饌相次可知。」知是「藏於見外、椁内」者，則見内是用器、役器，見外是明器也。此是士禮，略實明器耳。大夫以上，則兼有人器、明器也。人器實，明器虛。云「折，承席也」者，案《既夕禮》注云：「折，猶庪也，方鑿連木爲之。蓋如牀，而縮者三，横者五，無簀。窆事畢，加之壙上，以承抗席」是也。重，既虞而埋之。就所倚處埋之。凡婦人，從其夫之爵位。婦人無專制，生禮死事，以夫爲尊卑。疏正義曰：案《既夕禮》「初喪，❷朝禰廟，重止于門外之西」，不入。重不入者，謂將饗祖廟，若過之然，故不入。明日，自禰廟隨至祖廟庭，厥明將出之時，「重出自道，道左倚之」，鄭注云：「道左，主人位。」此注「就所倚之處埋之」，謂於祖廟門外之東也。小斂、大斂、啓，皆辯拜。嫌當事來者終不拜，故明之也。此既事皆拜。疏正義曰：禮，凡當大斂、小斂及啓攢之時，❸唯有君來則止事而出拜之，若他賓客至，則不止事。事竟，乃即堂下之位，悉徧拜，故云「皆辯拜」也。注「嫌當」至「皆拜」　正義曰：嫌當三事終竟不拜，故明事竟即拜也。云「此既事皆拜」者，皆拜，即此云辯拜三事也。然若士當事而大夫至，則士亦爲大夫出也。故《雜記下》云「當袒，大夫至，雖當踊，絶踊而拜之。反改成踊，乃襲」是也。朝夕哭不帷。緣孝子心欲見殯肂也。既出則施其㡯，鬼神尚幽闇也。疏正義曰：孝子心欲見殯，故當朝夕進入廟門内哭位之時，除去殯宫帷也。哭竟，則帷之。注「既出則施其㡯」　正義曰：案《士喪禮》：「君使人弔，徹帷。」鄭云：「徹帷，㡯之，事畢則下之。」鄭此注會《儀禮》注也，則㡯是褰舉之名。初哭則褰舉，事畢則施下之。無柩者不帷。謂既葬也。棺柩已去，鬼神在室，堂無事焉，遂去帷。疏正義曰：「無柩」，謂葬後也。神主祔廟，還在室，則在堂無事，故不復用帷

❶「醴」，原作「體」，據阮本改。
❷「喪」，案《既夕禮》，疑「喪」當作「啓」。
❸「攢」，原作「欑」，據阮本、衛氏《集説》改。

也。君若載而后弔之，則主人東面而拜，門右北面而踊，出待，反而后奠。主人拜踊於賓位，不敢迫君也。君即位車東。出待，不必君留也。君反之使奠。疏正義曰：謂君來弔臣之葬，臣喪朝廟，柩已下堂，載在柩車，而君弔之，故云「君若載而后弔之」。「則主人東面而拜」者，君既弔位於車東，故主人在車西，東面而拜。「門右北面而踊」者，門，謂祖廟門也。右，西邊也。若門外來，則右在東；若門内出，右在西。此據車出家，故右在西。孝子拜君竟，從位立近門内西邊，北面而哭踊爲禮也。「出待」者，孝子哭踊畢，而先出門待君者，君來則出門拜迎，君去則出門拜送也。今君入臨弔事竟，便應去，不敢必君之久留，故孝子先出，待君出。「反而后奠」者，反，謂君來未去，使人命孝子反還喪所也。「而后奠」者，凡君來，必設奠，告柩知之也。或云：此謂在廟載柩車時也。奠，謂反設祖奠也。子羔之襲也：繭衣裳與稅衣纁袡爲一，素端一，皮弁一，爵弁一，玄冕一。曾子曰：「不襲婦服。」繭衣裳者，若今大襺也。纊爲繭，緼爲袍，表之以稅衣，乃爲一稱爾。稅衣，若玄端而連衣裳者也。大夫而以纁爲之緣，❶非也。唯婦人纁袡。禮以冠名服，此襲其服，非襲其冠。曾子譏襲婦服而已。玄冕又大夫服，未聞子羔曷爲襲之。玄冕，或爲「玄冠」，或爲「玄端」。爲君使而死，公館復，私館不復。公館者，公宮與公所爲也。私館者，自卿大夫以下之家也。公所爲，君所作離宮館別也。❷疏正義曰：此明大夫死者襲衣稱數也。「繭衣裳」者，纊爲繭，謂衣裳相連而緜纊著之也。「與稅衣」者，稅，謂黑衣也，若玄端而連衣裳也。玄端多種，今衣裳連，是玄端玄裳也。❸「纁袡爲一」者，纁，絳也。袡，裳下緣襈也。以絳爲緣，故云「稅衣纁袡」也。繭衣既褻，故用稅衣表之，合爲一稱，故云「繭衣裳與稅衣纁袡爲一」也。「素端一」者，此第二稱也。以服既不褻，並無復別衣表之也。盧云：「布上素下皮弁服。」賀瑒云：「以素爲衣裳也。」「皮弁一」者，第三稱也。

❶「大」，張敦仁《考異》云：「案此『大』乃『丈』之誤。丈夫對婦人，下句云『唯婦人纁袡』是也。」

❷「別」字原脱，據余本、撫本、岳本、阮本補。張敦仁《考異》亦云有「別」字者爲是。

❸「玄端玄端」，浦鏜校云：重有「玄端」二字疑衍。

十五升白布爲衣，積素爲裳也。「爵弁一」者，第四稱也，玄衣纁裳也。「玄冕一」者，第五稱也，大夫之上服也。「曾子曰：不襲婦服」者，曾子非之。纁衻是婦人之服，而子羔襲用之，故曾子譏之。依禮，不合襲婦人之服。

注「繭衣」至「襲之」　正義曰：「禮以冠名服，此襲其服，非襲其冠」者，鄭恐經云「皮弁」、「爵弁」，但云冠，不云服，恐襲其冠，不襲其服，故云「以冠名服，此襲其服，非襲其冠」。云「曾子譏襲婦服而已」者，鄭意以曾子但譏婦服而已，不譏其著玄冕之服。是子羔合著玄冕。子羔爲大夫無文，故注云「未聞子羔曷爲襲之」。

公七踊，大夫五踊，婦人居閒。士三踊，婦人皆居閒。公，君也。始死及小斂、大斂而踊，君、大夫、士一也，則皆三踊矣。君五日而殯，大夫三日而殯，士二日而殯。士小斂之朝不踊，君、大夫大斂之朝乃不踊。婦人居閒者，踊必拾，主人踊，婦人踊，賓乃踊。

疏正義曰：此一經明諸侯至士，初死在室殯踊節，及明貴賤踊數也。「公」，諸侯，去死日五日而殯，則合死日六日也。「七踊」者，始死一踊，明日襲之時又一踊，襲明日朝，❶又明日小斂朝一踊，爲四也。其日晚小斂時又一踊，是小斂日再踊，就於前三日爲五也。小斂明日朝又踊，爲六也。至明日大斂之朝不踊，當大斂時乃踊，凡爲七踊也。「大夫五」者，大夫三日殯，合死日爲四日。始死一，明日襲朝一，又明日小斂日再，小斂明日大斂，凡五也。「士三」者，士二日殯，合死日數也。始死一，小斂朝不踊，至小斂時一，又明日大斂一，是凡三也。「婦人皆居閒」者，謂婦人與丈夫更踊也。男子先踊，踊畢而婦人踊，踊畢賓乃踊，婦人居賓主之中閒也。又云「皆居閒」者，言「皆」於貴賤婦人悉居賓主閒也。然親始死及動尸、舉柩，哭踊無數，今云七、五、三者，謂爲禮有節之踊。每踊輒三者，三爲九而謂爲一也。

公襲：卷衣一，玄端一，朝服一，素積一，纁裳一，爵弁二，玄冕一，褒衣一；朱緑帶，申加大帶於上。朱緑帶者，襲衣之帶，飾之雜以朱緑，異於生也。此帶亦以素爲之。申，重也，重於革帶也。革帶以佩韍。必言重加大帶者，明雖有變，必備此二帶也。士襲三稱，子羔襲五稱。今公襲九稱，則尊卑襲數

❶「襲明日朝」，《續通解》卷十二此四字下有「一踊」二字，疑是。

不同矣。諸侯七稱，天子十二稱與？**疏**正義曰：此一經明襲用衣稱卷冕之制。❶公襲以上服最在内者，公身貴，故以上服親身。欲尊顯加賜，故褒衣最外。而細服居中也。子羔賤，故卑服親身也。「玄端一」者，賀云：「燕居之服，玄端朱裳也。」「朝服一」者，緇衣素裳，公日視朝之服也。「素積一」者，皮弁之服，公視朔之服也。「纁裳一」者，賀云：「冕服之裳也。亦可鷩、毳任取中間一服也。」「爵弁二」者，玄衣纁裳二通也。此是始命之服，示之重本，故二通也。招魂，君亦用爵弁服也。「玄冕」之下，又取一也。「褒衣一」者，所加賜之衣最上，華君賜也。自「卷衣」至此，合「爵弁二」，通合九稱。「朱緑帶」者，諸侯襲尸，除五采之大帶外，又别有此帶，以素爲之，而朱緑飾之，亦異於生時也。「申加大帶於上」者，申，重也。謂已用此朱緑小帶結束之，今重加大帶於革帶之上者，象生時大帶也。用素爲之，士則二采，大夫、諸侯皆五采飾之。故前云「率帶，諸侯、大夫皆五采，士二采」，鄭云「此謂襲尸之大帶」也。鄭既謂前爲襲尸之大帶，此重言「加大帶」，是用襲尸如一，故知前所言，即此大帶也。**注**「朱緑」至「稱與」　正義曰：云「朱緑帶者，襲衣之帶，飾之雜以朱緑，異於生也」者，此帶既非革帶，又非大帶，衹是衣之小帶。衣之小帶用素，故云「亦以素爲之」。云「申，重也」者，《釋詁》文。云「重於革帶也」者，謂於革帶之上，重加此大帶。知非對小朱緑帶爲重者，以朱緑小帶散在於衣，非是揔束其身。若揔束其身，唯有革帶、大帶，故知對革帶爲重者。云「必言重加大帶者，明雖有變，必備此二帶也」者，解經文「申加」之字。既無革帶，又加大帶，❷云申者，何以革帶，❸必見革帶與大帶者，❹明雖有變，必備此二帶。云「士襲三稱」以下者，鄭欲歷明天子、諸侯以下襲之數。《士喪禮》襲三稱，前文子羔襲五稱，此文公襲九稱，是「尊卑襲數不同」。唯天子、諸侯無文，故約之云「諸侯七稱，天子十二稱與」？與者，疑辭也。

小斂環絰，公、大夫、士一也。環絰者，一股，所謂纏絰也。

❶「制」，原作「也」，據毛本、殿本、庫本及阮本改。
❷「又加大帶」，殿本、庫本此句上有「何以」二字。
❸「何以革帶」，殿本、庫本無此四字。
❹「者」，殿本、庫本作「皆有」疑是。

士素委貌，大夫以上素爵弁，而加此絰焉，散帶。❶ **疏** 正義曰：「環絰」，一股而纏也。親始死，孝子去冠。至小斂，不可無飾，士素委貌，大夫以上素弁，而貴賤悉得加於環絰，❷故云「公、大夫、士一也」。**注**「環絰」至「散帶」 正義曰：知以「一股，所謂纏絰」者，若是兩股，相交則謂之絞。今云「環絰」，是周迴纏繞之名，故知是一股纏絰也。又鄭注《弁師》云：「環絰者，大如緦之麻絰，纏而不糾。」今此所謂，彼經注也。知「士素委貌」者，武叔投冠括髮，諸侯之大夫，當天子之士也。云「大夫以上素爵弁」者，《雜記》云：「大夫與殯，亦弁絰。」以大夫與他殯尚弁絰，則其子弁絰明矣。❸諸侯以上尊，固宜弁絰。

公視大斂，公升，商祝鋪席，乃斂。《喪大記》曰：「大夫之喪，將大斂，既鋪絞、紟、衾，君至。」比君升乃鋪席，❹則君至爲之改始，新之也。**疏** 正義曰：公，君也。明君臨臣喪大斂禮也。「公升，商祝鋪席，乃斂」者，公升，謂君來升堂時。商祝，主斂事者也。此臣喪大斂，君來至之前，❺主人雖已鋪席，布絞、紟、衾，聞君將來至，則主人徹去之。比君至升堂，❻而商祝更鋪席，待君至乃斂也。所以然者，重榮君來，爲新之也，亦示若事由君也。

魯人之贈也，三玄二纁，廣尺，長終幅。言失之也。《士喪禮下篇》曰：「贈用制幣玄纁束。」**疏** 正義曰：記魯失也。贈，謂以物送亡人於椁中也。贈別用玄纁束帛，三玄二纁。故《既夕禮》曰：「贈用制幣玄纁束。」今魯人雖三玄二纁，而用「廣尺，長終幅」，不復丈八尺，則失禮也。

弔者

---

❶「散帶」，按：楊復《續通解》卷十六上：「案《士喪禮》主人拜賓之後，乃奠之前，云『襲絰』。所謂『絰』者，首絰與要絰、散帶之總稱，則知散帶在乃奠之前。今《雜記》『小斂環絰』，注家乃加『散帶』二字，注說非是。」按：「散帶」二字蓋衍文。

❷「於」，阮校云：「《續通解》『於』作『此』。」

❸「其子」，「其」，阮本作「天」。潘宗周《校勘記》云：「『其子』當是『其于』。『于』誤爲『子』，十行本遂妄改爲『天子』。」

❹「比」，原作「此」，據岳本改。案段玉裁《經韻樓集・雜記公視大斂》云：「比，猶及也。撫本及惠棟校宋本作『此』，皆誤。」

❺「來」，阮校云：「嚴杰云：『來』，當作『未』。」案浦鏜校同嚴杰。

❻「比」，原作「此」，據阮本改。

即位于門西，東面。其介在其東南，北面，西上，西於門。賓立門外，不當門。主孤西面。立於阼階下。相者受命曰：「孤某使某請事。」客曰：「寡君使某，如何不淑！」受命，受主人命以出也。不言「擯」者，喪無接賓也。淑，善也。如何不善，言君痛之甚，使某弔。相者入告，出曰：「孤某須矣。」稱其君名者，君薨稱「子某」，使人知適嗣也。須矣，不出迎也。弔者入。主人升堂，西面。弔者升自西階，東面致命，曰：「寡君聞君之喪，寡君使某，如何不淑！」子拜稽顙。弔者降，反位。子，孤子也。降反位者，出反門外位。無「出」字，脱。

疏正義曰：自此以下，終於篇末，明諸侯相弔、含、贈、賵之禮。今各隨文解之。從此至「反位」，明弔禮。「弔者即位于門西」者，謂主國大門之西。「其介在其東南，北面，西上」者，以其凶事，異於吉，故「介在東南，北面，西上」，以使在門西故也。「相者受命」者，相者，相主人傳命者也。不稱「擯」而言「相」者，鄭云「喪無接賓」，故不言「擯」。此對例耳。若通而言之，吉事亦云「相」。故《司儀》云：「每門止一相。」又《大宗伯》云：「朝、覲、會、同，則爲上相。」凶事亦稱「擯」。故《喪大記》云：「君弔，擯者進。」又案《士喪禮》賓有襚，「擯者出請入告」是也。「出曰『孤某須矣』」者，孤，謂嗣子也。某，爲嗣子之名。必稱嗣子名者，欲使使者知適嗣之名。故鄭引《公羊傳》云「君薨稱『子某』」。但《公羊》對殯之辭，稱「子某」；此對賓之辭，故稱「孤某」。云「須矣」者，異於吉禮，不出迎，故云「須矣」。「主人升堂，西面」者，謂從阼階升也。知者，以弔者升由西階故也。又下文「孤降自阼階，拜之」，明升亦阼階也。《曲禮》云「升降不由阼階」者，或大夫士也，或平常無賓時也。「子拜稽顙」者，不云「孤某」而稱「子」者，客既有事於殯，故稱「子」，以對殯之辭也。以下皆然。若對賓之辭，則稱「孤某」。

含者執璧將命曰：「寡君使某含。」相者入告，出曰：「孤某須矣。」含玉爲璧制，其分寸大小未聞。含者入，升堂致命，子拜稽顙。含者坐委于殯東南，有葦席；既葬，蒲席。降，出反位。言「降，出反位」，則是介也。《春秋》有既葬，歸含、賵、襚，無譏焉。皆受之於殯宮。宰夫朝服，即喪屨，升

自西階，西面坐取璧，降自西階，以東。朝服，告鄰國之禮也。❶ 即，就也。以東，藏於内也。**疏** 正義曰：此一經明含禮。「執璧」者，含玉爲璧制，鄭云「分寸大小未聞」。含之所用，已具《檀弓》疏。「含者坐委于殯東南，有葦席；既葬，蒲席」者，謂含者坐委所含之璧于殯之東南席上，未葬之前有葦席承之，既葬以後則以蒲席承之。**注**「言降」至「殯宫」　正義曰：「言『降，出反位』，則是介也」者，以此經直云「降，出反位」，不知何人「反位」。前文云「弔者降，反位」，則此謂含者降反位。即弔者既爲上賓，故下文云「上客臨」，注云：「上客，弔者。」既爲上客，明含者是介也。云《春秋》有既葬，歸含、賵、襚，無譏焉，皆受之於殯宫」者，案《左傳》隱元年：「天王使宰咺來歸惠公、仲子之賵。」歸惠公賵，緩也。《公羊》亦云：「其言來何？不及事也。」是《左氏》、《公羊》皆譏其緩。云「無譏」者，取《穀梁》之義。故文五年《穀梁》云：「王使榮叔歸含且賵。不言來，不周事之用也。」明宰咺言「來」，得周事也。是宰咺歸賵，《穀梁》不譏。是「既葬，歸含且賵，無譏也。《穀梁》所以不譏宰咺者，《釋廢疾》云：「平王新有幽王之亂，遷于成周，欲崇禮於諸侯，原情免之。若無事而晚者，去來以譏之，榮叔是也。」文九年「秦人來歸僖公、成風之襚」最晚，不譏者，《釋廢疾》云：「以其殽敗，兵無休時，君子原情，不責晚也。」「宰夫朝服，即喪屨」者，宰，謂上卿也。言「夫」，衍字。朝服者，吉服也。必用吉服者，以鄰國執玉而來，「執玉不麻」，故著朝服。以仍在喪，不可純吉，故「即喪屨」也。此遭喪已久，故嗣子親受禮，宰著朝服。若新始遭喪，則主人不親受，使大夫受於殯宫。故《聘禮》云：「聘遭喪，入竟則遂也。」鄭云：「遭喪，主國君薨也。」《聘禮》又云：「不筵几。」鄭云：「致命不於廟，就尸柩於殯宫。」《聘禮》又云：「遭喪，將命于大夫，主人長衣、練冠以受。」**注**「朝服，告鄰國之禮」　正義曰：鄰國來弔，不敢純凶待之，而著朝服，是以吉待鄰國之禮。所以必用吉服以待鄰國者，以己國遭喪，他國是吉，不可以喪禮待於他國，故以吉禮待之。此弔者既爲上客，又賵者是上介，則此含者、襚者當是副介、末介。但含、襚

❶ 「朝服告鄰國之禮也」，鄭珍云：「今以《正義》推之，知注本作『朝服，以吉待鄰國之禮也』。諸本『吉』誤『告』，又上脱『以』字，下脱『待』字，遂不可解。《正義》標注亦脱誤。」詳《巢經巢經説》。

於死者爲切，故在先陳之。襚者曰：「寡君使某襚。」相者入告，出曰：「孤某須矣。」襚者執冕服，左執領，右執要，入，升堂致命曰：「寡君使某襚。」子拜稽顙。委衣于殯東。亦於席上所委璧之北，順其上下。襚者降，受爵弁服於門内霤，將命。子拜稽顙如初。受皮弁服於中庭，自西階受朝服，自堂受玄端，將命。子拜稽顙皆如初。襚者降，出反位。授襚者以服者，賈人。宰夫五人，舉以東，降自西階，其舉亦西面。亦西面者，亦襚者委衣時。疏正義曰：此一節明襚禮。案上文含者稱「執璧」，下文賵者稱「執圭」，則此襚者當稱「執衣」。不云者，文不備也。以下文云「襚者執冕服」，故於此略之。注「亦於」至「上下」正義曰：以璧委於席上，今衣而委於璧北，故云「亦於席上所委璧之北」。以經文先「含」而後「襚」，則含重而襚輕，所委殯東西面，南頭爲上，故云「順其上下」。謂上者在前，下者在後。注「授襚者以服者，賈人」正義曰：案《聘禮》有賈人，故知授襚者之服是賈人也。注「亦西」至「衣時」正義曰：上云「委衣于殯東」，又云「受爵弁，受皮弁、玄端」，皆云「如初」，是皆在殯東，西面而嚮殯。今云「舉者亦西面」，是亦如襚者西面也。其服重者，使執而入，爵弁受於内霤，皮弁受於中庭，朝服受於西階，玄端受於堂。既受處不同，則陳於璧北，亦重者在南。凡諸侯相襚，衣數無文。據此，其服有五。又「先路、褒衣不以襚」，以外無文。上介賵，執圭將命曰：「寡君使某賵。」相者入告，反命曰：「孤某須矣。」陳乘黄、大路於中庭，北輈；執圭將命，客使自下由路西。子拜稽顙。坐委于殯東南隅，宰舉以東。輈，轅也。自，率也。下，謂馬也，馬在路之下。《覲禮》曰：「路下四亞之。」客給使者入，設乘黄於大路之西，客入則致命矣。使，或爲「史」。凡將命，鄉殯將命，子拜稽顙，西面而坐委之。宰舉璧與圭，宰夫舉襚，升自西階，西面坐取之，降自西階。凡者，說不見者也。鄉殯將命，則將命時立於殯之西南。宰夫，宰之佐也。此言「宰舉璧與圭」，則上「宰夫朝服」衍「夫」字。賵者出，反位于門外。乃著言「門外」，明禮畢，將更有事。疏正義曰：此一節明賵禮。「陳乘黄、大路於中庭，北輈」者，乘黄，謂馬也。大路，謂車也。陳四黄之馬於大路之西，於殯宫中庭。北輈者，謂大路輈轅北鄉也。「客使自下由路西」者，客使，謂使客之從者也。爲客所使，故曰「客使」也。自，率也。下，猶馬也。❶由在也。❷路，即大路也。陳路北轅既竟，賵客執圭升堂致命，而客之從者率馬設在車之西也。馬云客使設之，則大路亦使設之也。❸注「輈轅」至「命矣」　正義曰：「自，率也」者，案《爾雅·釋詁》文：「率，自也」。展轉相訓，是「自」得爲「率」。云「下，謂馬也」者，凡陳車馬，馬在車下，故云「下，謂馬也」。引《覲禮》曰「路下四亞之」者，證馬爲下也。四亞之，謂馬四匹，亞次路車也。云「客給使者入，設乘黄於大路之西」者，解經中「客使自下由路西」也。但喪禮，車馬以屬主人，故路在東，統於主人也。若尋常吉禮，車馬爲賓而設，則路在馬西。故《覲禮》「路下四亞之」，注云：「亞之，次車而東。」是車在西，統於賓也。案《既夕禮》車以西爲上者，彼謂死人而設於鬼神之位。凡賵，隱元年《公羊傳》云：「賵者蓋以馬，以乘馬束帛。車馬曰賵，貨財曰賻，衣被曰襚。」《穀梁》云：「乘馬曰賵，衣衾曰襚，貝玉曰含，錢財曰賻。」案《既夕禮》云「賵馬兩」，無車者，士卑，不合有車。何休云「周制」，謂士無車，非也。此《禮記》「陳乘黄、大路」，則周制有車。《穀梁》直云「乘馬曰賵」，無「車」者，文不備也。散而言之，車馬亦曰襚。故前文云「諸侯相襚以後路」是也。此無賻，賻是加厚，非常故也。故《宰夫》注云：「其間加恩厚，則有賻焉。」雖有貨，亦有馬。故《少儀》云「賻馬不入廟門」是也。《既夕》有贈者，贈施於死，必及葬節，此未必一當葬時。賵，《既夕》有奠，此無奠者，以奠主於親者。故《既夕禮》云：「兄弟賵，奠。所知則賵而不奠。」此諸侯相於既疏，故無奠。案《釋廢疾》云：「天子於諸侯，含之賵之。諸侯於卿大夫，如天子於諸侯。諸侯於士，如天子於諸侯臣，襚之賵之。天子於二王之後，含爲先，襚則次之，賵爲後。諸侯相於，如天子於二王後。」鄭知天子於二王後含、襚、賵者，爲約此《雜記》兩諸侯相敵，明天子於二王後亦相敵也。知諸侯亦然者，約《雜記》文。鄭知天子於諸侯含、賵者，約文五年「榮叔歸含且賵」，三傳但譏

❶ 「猶」，浦鏜校云，當作「謂」。
❷ 「在」，浦鏜校云，當作「左」。衛氏《集説》亦作「左」。
❸ 「亦」，阮校引盧文弨云：「亦」下當有「客」字。

兼禮，不譏其數是也。鄭知天子於諸侯臣襚之賵之者，約《士喪禮》諸侯於士有襚有賵，明天子於諸侯臣亦然。鄭知諸侯於卿大夫如天子於諸侯者，更無所尊，明尊此卿大夫含之賵之也。凡此，於其妻，亦如其夫。知者，約「宰咺來歸惠公、仲子之賵」，又約魯夫人成風之喪，「王使榮叔歸含且賵」以外，推此可知。

「凡將」至「西階」 正義曰：此一經廣明從上以來弔、含、襚及賵文不見者，於此摠明之。「凡將命，鄉殯」者，在殯之西南，東北面鄉殯。「西面而坐委之」者，謂將命既畢，子拜稽顙之後，將命者來就殯東，西面而坐委之。「宰舉璧與圭」者，主人上卿，坐舉含者之璧與賵者之圭。「宰夫舉襚」者，謂宰之屬官，舉此襚者之衣。「升自西階，西面坐取之」者，謂宰與宰夫欲舉時，升自西階，不敢當主孤之位，來鄉殯東席之東，西鄉坐取之，降自西階也。

注「凡者」至「夫字」 正義曰：此一經將命言「凡」，是摠説上文前文所不見者。「則上『宰夫朝服』衍『夫』字」者，以此經既云「宰舉璧與圭，宰夫舉襚」，案上「宰夫朝服取璧」，既云「取璧」，明是宰也，非宰夫，故知「夫」爲衍字。

上客臨，曰：「寡君有宗廟之事，不得承事，使一介老某相執綍。」上客，弔者也。臨，視也。言欲入視喪所不足而給助之，謙也，其實爲哭耳。相者反命曰：「孤某須矣。」臨者入門右，介者皆從之，立于其左，東上。入門右，不自同於賓客。宗人納賓，升，受命于君，降曰：「孤敢辭吾子之辱，請吾子之復位。」客對曰：「寡君命某毋敢視賓客，敢辭。」宗人反命曰：「孤敢固辭吾子之辱，請吾子之復位。」客對曰：「寡君命某毋敢視賓客，敢固辭。」宗人反命曰：「孤敢固辭吾子之辱，請吾子之復位。」客對曰：「寡君命使臣某毋敢視賓客，是以敢固辭。固辭不獲命，敢不敬從。」賓三辭而稱「使臣」，爲恭也。爲恭者，將從其命。客立于門西，介立于其左，東上。孤降自阼階，拜之，升哭，與客拾踊三。拜客，謝其厚意。客出，送于門外，拜稽顙。不迎而送，喪無接賓之禮。

疏正義曰：此一節明弔、含、襚、賵既畢，上客行臨哭之禮。「使一介老某相執綍」者，某者，上客名也。相，助也。謙言使一介老臣某助主人執其葬絰，其實爲哭而來。謙言助執絰耳。一介者，言己使來，唯有一人爲介，謙辭耳。其實，介數各下其君二等。「臨者入門右，介者皆從之，立于其左，東上」者，不敢自同賓，故入門右，從臣位。「宗人納賓，升，受命于君」者，謂主國宗人掌禮，欲納此弔賓，先受納賓之命於主國嗣君。「降曰『孤敢辭吾子之辱，請吾子之復位』」者，此宗人受嗣君之命後，下階請客之辭也。復位者，欲令在門西客位也。「宗人反命」者，謂反此客之辭命於嗣君。「曰『孤敢固辭』」者，是宗人受嗣君之命以告客，云「孤敢固辭」。前文云「孤某須矣」，此直云「孤」，不云「某」者，以親對客辭，客是使臣，故不復稱名也。案《左傳》昭三十年云：「君之喪，士弔，大夫會葬。」文、襄之霸，君喪，大夫弔，卿會葬。此上客者，若於古禮，士也；若於文、襄，則大夫也。云「一介老某」者，則若《曲禮》云「七十使於四方，稱老夫」之類。前四禮，客皆在門西，此臨在門東者，前者四禮，皆是奉君命而行，如《聘禮》聘之與享也。此臨是私禮，若《聘禮》私覿，故在門東。注「不迎」至「之禮」。正義曰：上云「孤某須矣」，是不出迎。所以不迎者，以主人在喪，身既悲慼，無暇接賓之禮。去拜送者，謝其勞辱來也。

其國有君喪，不敢受弔。辟其痛傷己之親如君。疏正義曰：此謂國有君喪，而臣又有親喪，則不敢受他國賓來弔也。以義斷恩，哀痛主於君，不私於親也。

外宗房中南面，小臣鋪席，商祝鋪絞、紟、衾。士盥于盤北，舉遷尸于斂上。卒斂，宰告，子馮之踊，夫人東面坐馮之興踊。此《喪大記》脱字，❶重著於是。疏正義曰：此一經是《喪大記》君喪之節，於此重記之。但《大記》云「夫人東面亦如之」，此云「夫人東面，坐馮興踊」，唯此四字別，義皆同也。

士喪有與天子同者三：其終夜燎，及乘人，專道而行。乘人，謂使人執引也。專道，人辟之。疏正義曰：言士喪與天子三事同也。「其終夜燎」，一也；「及乘人」，二也；「專道而行」，三也。終夜燎，謂柩遷之夜須光明，故竟夜燎也。乘人，謂人引車，不用馬也。《既夕禮》云「屬引」，鄭注：❷「古者人引柩。」「專道行」，謂喪在路，不辟人也。三事爲重，故云「與天子同」也。

❶「此」，原作「北」，據殿本、庫本、阮本改。
❷「注」，原作「引」，據山井鼎校及浦鏜校改。

雜記下第二十一

有父之喪，如未没喪而母死，其除父之喪也，服其除服，卒事，反喪服。没，猶竟也。除服，謂祥祭之服也。卒事，既祭。反喪服，服後死者之服。雖諸父、昆弟之喪，如當父母之喪，其除諸父、昆弟之喪也，皆服其除喪之服，卒事，反喪服。雖有親之大喪，猶爲輕服者除，骨肉之恩也。唯君之喪，不除私服。言「當」者，期、大功之喪，或終始皆在三年之中，小功、緦麻則不除，殤長、中乃除。如三年之喪，則既穎，其練、祥皆行。言今之喪既服穎，乃爲前三年者變除而練、祥祭也。此主謂先有父母之服，今又喪長子者。其先有長子之服，今又喪父母，其禮亦然。然則言「未没喪」者，已練、祥矣。穎，草名，無葛之鄉，去麻則用穎。王父死，未練、祥而孫又死，猶是附於王父也。未練、祥，嫌未祫祭序於昭穆爾。王父既附，則孫可祔焉。❶猶，當爲「由」。由，用也。附，皆當作「祔」。

疏正義曰：此一節明前後兩服之中有變除喪之節。❷今各隨文解之。此一經明先有父喪，而後遭母死，爲父變除之節。「如未没喪」者，謂父喪小祥後，在大祥之前，未竟之時也。于時又遭母喪，故云「而母死」也。「其除父之喪也，服其除服」者，謂母死既葬後，值父應大祥除服，以行祥事，故云「服其除服」也。「卒事，反喪服」者，卒事，謂父祥竟，更還服母服也，故云「卒事，反喪服」。若母喪未葬，而值父二祥，則不得服其祥服也。所以爾者，二祥之祭爲吉，未葬爲凶，故未忍凶時行吉禮也。

「雖諸」至「喪服」　此一經明諸父、兄弟之喪，當父母服内變除之節。「如當」者，言此諸親自始死至除服，皆在父母服内，故云「如當」也。「其除諸父、昆弟之喪也，皆服其除喪之服，卒事，反喪服」者，亦爲服除服，而除竟亦反先服也。此亦謂重喪葬後之時也。何以知然？既始末在重喪中，則其除，自然知在重喪之葬後也。上文爲父祥，尚待母葬後乃除，則輕親可知也。然但舉此輕，足明

❶「祔」，阮校云：「毛本『祔』作『附』，岳本同。」
❷「喪」，阮本「喪」下有「祭」字，閩、監、毛本同。

前之重。而在前文云「言母喪得爲父變除」者，庾氏云：「蓋以變除事大故也。」注「雖有」至「乃除」 正義曰：「雖有親之大喪，猶爲輕服者除，骨肉之恩也」者，鄭釋所以輕服在大喪之中，得爲輕服除者，乃輕服是骨肉恩親，故得除之。若君之大喪，不得自除私服。故《曾子問》曰：「大夫士有私喪，可以除之矣，而有君服焉，其除之也如之何？孔子曰：『有君喪，服於身，不敢私服，又何除焉？』」是有君服，不得除己私服。其私，謂父母以下及諸父、昆弟，皆不得除也。云「小功、緦麻則不除」者，案《服問》云：「緦之麻，不變小功之葛。小功之麻，不變大功之葛。」據此言之，是尋常小功、緦麻，不得易大功以上之服，故知有大功以上之服，不得爲小功、緦麻除服也。云「殤長、中乃除」者，以《服問》云：「殤長、中，變三年之葛。」既變三年之葛，明在大功以上服中，爲殤長、中著服，而又爲之除也。

「如三年之喪，則既潁，其練、祥皆行」，此明前後俱遭三年之喪，後喪既受葛之後，得爲前喪練、祥。既潁者，謂後喪既虞、卒哭，合以變麻爲葛，無葛之鄉，則用潁也。後喪既潁之後，其前喪須練祭、祥祭，皆舉行之。注「言今」至「用潁」 正義曰：云「此主謂先有父母之服，今又喪長子者」，以前文皆據先有父喪，後有母喪，此又先有父母之喪，後有諸父、昆弟死者，皆以重喪在前，輕喪在後。此亦類上文，故云「先有父母之服，今又喪長子」。云「其先有長子之服，今又喪父母，其禮亦然」者，以經不云「長子之喪」，而云「三年之喪既潁」，明「三年」之文，互包父母，故知先有長子之喪既潁也。依禮，父在，不爲長子三年。今云「先有長子之服，今又喪父母」者，庾氏及熊氏並云：「有『父』者誤也。當應云『今又喪母』，不得并稱父也。」庾氏又云：「後喪既潁，又前喪練、祥皆行。若後喪既殯，得爲前喪虞、祔。」未知然否，且依録之。云「未没喪者，已練、祥矣」者，以此經云「三年之喪既潁」，不云「未没喪」，則知「既潁」與「未没喪」者别也。既潁是既虞受服之時，明「未没喪」是既練之後。稱言「未没」，是將没之文，故知練後也。若先有父喪而後母死，練、祥亦然。以前文父死爲母三年也。故《喪服·齊衰三年章》云「父卒則爲母」是也。若先有母喪而後父卒，母喪雖有期，父喪既潁，母之練、祥亦皆行也。「王父死，未練、祥而孫又死，猶是附於王父也」，猶爲「由」。由，用也。禮，孫死祔祖。今此明若祖喪，雖未二祥，而孫死，則孫亦得用是祔禮祔於祖也。

注「未練」至「祔焉」 正義曰：禮，祔在練前。若祔後未練之前則得祔，直云「未練」足矣。兼言「祥」者，案文二年

《穀梁傳》云：「作主壞廟有時日，於練焉壞廟。壞廟之道，易檐可也，改塗可也。」注云：「親過高祖則毁其廟，以次而遷，將納新神，故示有所加。」以此言之，則練時壞祖與高祖之廟，改塗易檐，示有壞意。其以先祖入於大祖之廟，其祖傅入高祖廟，❶其新死者入祖廟，是練時遷廟也。入三年喪畢，❷祫於大祖廟，是祥後祫也。故云「未練祥，嫌未祫祭序於昭穆爾」。兼言「祥」者，恐未祫故也，故練、祥兼言。但祖祔祭之後，即得祔新死之孫，故云「王父既祔，則孫可祔焉」。然王父雖祔，未練無廟，孫得祔於祖，其孫就王父所祔祖廟之中，而祔祭王父焉。有殯，聞外喪，哭之他室。明所哭者異也。哭之爲位。入奠，卒奠出，改服即位，如始即位之禮。謂後日之哭，朝入奠於其殯，既乃更即位就他室，如始哭之時。**疏**正義曰：「有殯」，謂父母喪未葬，喪柩在殯宫者也。「外喪」，謂兄弟喪在遠者也。「他室」，別室也。若聞外喪，猶哭於殯宫，然則嫌是哭殯。則於別室哭之，明所哭者爲新喪也。「入奠」者，謂明日之朝，著己重喪之服，入奠殯宫及下室。「卒奠出」者，謂卒終己奠而出。「改服即位」者，謂改己重喪服，著新死未成服之服。即位，謂即昨日他室之位。「如始即位之禮」者，謂今日即哭位之時，如昨日始聞喪即位之時。大夫士將與祭於公，既視濯而父母死，則猶是與祭也，次於異宫。既祭，釋服出公門外，哭而歸。其它如奔喪之禮。如未視濯，則使人告，告者反而后哭。猶，亦當爲「由」。次於異宫，不可以吉與凶同處也。使者反而后哭，不敢專己於君命也。如諸父、昆弟、姑、姊妹之喪，則既宿則與祭。卒事，出公門，釋服而后歸。其它如奔喪之禮。如同宫，則次于異宫。宿則與祭，出門乃解祭服，皆爲差緩也。曾子問曰：「卿大夫將爲尸於公，受宿矣，而有齊衰内喪，則如之何？」孔子曰：「出舍乎公宫以待事，禮也。」尸重，受宿則不得哭内喪同宫也。孔子曰：「尸弁冕而出，卿、大

❶「傅」，阮本作「傅」，閩、監、毛本同，衛氏《集説》同。阮校云作「傅」非。浦鏜校云：「祔」誤「傅」。

❷「入」，疑爲「又」字之誤。

夫、士皆下之。尸必式，必有前驅。」冕兼言弁者，君之尸，或服士大夫之服也。諸臣見尸而下車，敬也，尸式以禮。疏正義曰：此一節明大夫士與祭於公而有私喪之禮。「則猶是與祭也」者，既與祭於公，祭日前既視濯之後而遭父母之喪，則猶是吉禮而與於祭也。「次於異宮」者，其時止次異宮，不可以吉與凶同處也。「如未視濯，則使人告」者，謂未視濯之前，遭父母之喪，則使人告君。「告者反而后哭」者，必待告君者反而後哭父母也。「既宿則與祭」者，宿，謂祭前三日將致齊之時。既受宿戒，雖有期喪，則與公家之祭。「如同宮，則次於異宮」者，若諸父、昆弟、姑、姊妹等，先是同宮而死，則既宿之後，出次異宮，不可以吉凶雜處故也。注「宿則」至「緩也」正義曰：案前遭父母之喪，既視濯而與祭。此遭期喪，宿則與祭。又前遭父母之喪，既祭，釋祭服乃出公門。此者期喪，出門乃解祭服。以其期喪差緩於父母，故云「皆爲差緩」。注「內喪，同宮也」正義曰：案上文不爲尸之時，未視濯之前，受宿之後，父母喪，使人告，告者反而后哭。今此「齊衰內喪」，亦謂諸父、昆弟、姑、姊妹也，與前與後祭同。❶但尸尊，故出舍公之宮館，❷以待君之祭事，不在己之異宮耳。

父母之喪，將祭，而昆弟死，既殯而祭。如同宮，則雖臣妾，葬而后祭。祭，主人之升降散等，執事者亦散等。雖虞、附亦然。將祭，謂練、祥也。言「若同宮」，則是昆弟異宮也。古者昆弟異居同財，有東宮，有西宮，有南宮，有北宮。有父母之喪，當在殯宮，而在異宮者，疾病或歸者。主人，適子。散等，栗階。爲新喪，略威儀。疏正義曰：「將祭」，謂將行大小祥祭也。「而昆弟死，既殯而祭」者，若將祭而有兄弟死，則待殯後乃祭也。今不待葬後者，兄弟輕，故始殯後便可行吉事也。「如同宮，則雖臣妾，葬而后祭」者，兄弟既殯後而行父母之祭，謂異宮者耳。若同宮，雖臣妾之輕卑，死，猶待葬後乃行父母祭也。所以爾者，吉凶不相干。故《喪服傳》云：「有死於宮中者，則爲之三月不舉祭」。庾氏云：「小祥之祭，已涉於吉。尸柩至凶，故不可以相干。其虞、祔，則得

❶「與前與後祭同」，阮校引齊召南云：「當作『與前與祭同』，『後』字衍。」案浦鏜校同齊召南。

❷「宮」，阮本作「公」。

爲之矣。若喪柩即去者，則亦祭，不待於三月可知矣。」「祭，主人之升降散等」者，祭，猶謂二祥祭。散，栗也。等，階也。吉祭則涉級聚足，喪祭則栗階，故云「散等」也。如此祥祭，宜涉級，於時爲有兄弟喪，故少威儀，作散等也。「執事者亦散等」者，助執祭者亦栗階也。「雖虞、附亦然」者，謂主人至昆弟虞、附而行父母二祥祭，而執事者亦散等。注「將祭」至「威儀」。正義曰：知「將祭，謂練、祥也」者，以經云「昆弟死，既殯而祭」，故知非吉祭也。前經云「三年之喪既穎，❶其練、祥皆行」，故知此祭謂練、祥也。但前文主論變除，故委曲言練、祥。以前文既具，故此經略言祭也。云「言『若同宮』，則是昆弟異宮也」者，以經云「如同宮，則葬而后祭」，明上「昆弟既殯而祭」者，是異宮也。云「有父母之喪，當在殯宮」者，❷既遭父母之喪，兄弟悉應同在殯宮，不得有在異宮而死。之所以在異宮死者，以其疾病或有歸者，故得異宮而死。云「散等，栗階」者，謂升一等而後升，不連步也。故《燕禮記》云：「栗階不過二等。」注云：「其始升，猶聚足連步；越二等，左右足各一發而升堂。」以此知散等、栗階是一也。

自諸侯達諸士，小祥之祭，主人之酢也嚌之，衆賓、兄弟則皆啐之。大祥，主人啐之，衆賓、兄弟皆飲之可也。嚌、啐，皆嘗也。嚌至齒，啐入口。

疏 正義曰：此一經明喪祭飲酒之儀。「主人之酢也嚌之」者，謂正祭之後，主人獻賓長，賓長酢主人，主人受賓長酢則嚌之也。「衆賓、兄弟則皆啐之」者，亦謂衆賓及兄弟祭未受獻之時啐之也，以其差輕故也。「大祥，主人啐之」者，謂主人受賓酢之時，主人啐之。「衆賓、兄弟皆飲之可也」者，必知此主人之酢非受尸酢者，以《士虞禮》主人主婦獻尸受酢之時，皆卒爵。虞祭比小祥爲重，尚卒爵，今大祥祭，主人受尸之酢，何得唯嚌之而已？故知受賓酢也。受尸酢，神惠爲重，雖在喪，亦卒爵；賓禮爲輕，受賓之酢，但嚌之。知喪祭有受賓酢者，鄭注《曾子問》云：「虞不致爵，小祥不旅酬，大祥無無筭爵。」故知小祥之祭，旅酬之前皆爲之也。皇氏云：「主人之酢，謂受尸之酢。」與《士虞禮》文違，其義非也。

凡侍祭喪者，告賓祭薦而不食。薦，脯醢也。吉祭告賓祭薦，賓既祭

❶「穎」，原作「頴」，據阮本改。
❷「當在」至「之喪」，原脱，據阮本、阮校補。

而食之，喪祭賓不食。**疏**正義曰：「侍祭喪」，謂相於喪祭禮者。「薦」，謂脯醢也。吉時祭，相者則告賓祭薦，賓祭竟而食之。喪禮既不主飲食，故相者告賓但祭其薦而已，遂不食之也。此亦謂喪之正祭之後，主人獻賓之時，賓受獻，主人設薦，賓祭而不食。謂練、祥祭也，其虞、附不獻賓也。子貢問喪，子曰：「敬爲上，哀次之，瘠爲下。顔色稱其情，戚容稱其服。」問喪，問居父母之喪也。喪尚哀，言敬爲上者，疾時尚不能敬也。容，威儀也。《孝經》曰：「容止可觀。」「請問兄弟之喪。」子曰：「兄弟之喪，則存乎書策矣。」言疏者如禮行之，未有加也。齊、斬之喪，哀容之體，經不能載矣。君子不奪人之喪，重喪禮也。亦不可奪喪也。」不可以輕之於己也。**疏**正義曰：此一節明居父母、兄弟喪禮。「君子不奪人之喪」者，謂不奪他人居喪之禮。謂他人居喪，任其行禮，不可抑奪。「亦不可奪喪也」者，不可自奪己喪。謂己之居喪，當須依禮，不可自奪其喪，使不如法。不奪人喪，恕也。不奪己喪，孝也。

注「言疏」至「載矣」　正義曰：「言疏者如禮行之，未有加也」者，以疏者禮文具載，故云存其書策。其「齊、斬之喪」，謂父母喪也。父母至親，哀容體狀，不可名言，故經不能載。上文云「顔色稱其情」，當須毁瘠也；「戚容稱其服」，當須憔悴也。孔子曰：「少連、大連善居喪，三日不怠，三月不解，期悲哀，三年憂，東夷之子也！」言其生於夷狄而知禮也。怠，惰也。解，倦也。**疏**正義曰：此明居喪得禮之事。「三日不怠」者，親之初喪，三日之内，禮不怠，謂水漿不入口之屬。「三月不解」者，以其未葬之前，❶朝奠、夕奠及哀至則哭之屬。「期悲哀」者，謂練以來常悲哀，朝哭、夕哭之屬。「三年憂」者，以服未除，憔悴憂戚。三年之喪，言而不語，對而不問。廬、堊室之中，不與人坐焉。在堊室之中，非時見乎母也，不入門。言，言己事也。爲人説爲語。在堊室之中，以時事見乎母，乃後入門，則居廬時不入門。**疏**哀皆居堊

❶「以其」，浦鏜校云：「『謂』誤『以其』二字，從《續通解》校。」

室，不廬。廬，嚴者也。言廬哀敬之處，非有其實則不居。疏正義曰：皇氏云：「上云『少連、大連』，及此經『三年之喪』，并下『疏衰』之等，皆是揔結上文『敬爲上，哀次之』，及『顏色稱其情，戚容稱其服』。」今案别稱「孔子」是時之語，不連子貢之問。此「三年之喪」以下，自是記者之言，非孔子之語。前文「顏色稱其情」，謂據父母之喪。此下文「疏衰」，謂期親以下。何得將此結上「顏色稱其情」？皇説非也。　「三年之喪，言而不語」者，謂大夫士言而後事行者，故得言己事，不得爲人語説也。　「對而不問」者，謂有問者得對，而不得自問於人。此謂與有服之親者行事之時。若與賓客疏遠者言，則《問傳》云「斬衰唯而不對，齊衰對而不言」是也。　「廬、堊室之中，不與人坐」者，案《喪大記》云：「練居堊室，不與人居」，居即坐也，與此同。

妻視叔父母，姑、姊妹視兄弟，長、中、下殤視成人。視，猶比也。所比者，哀容、居處也。疏正義曰：此一經明此等之親，服雖有異，其哀戚輕重，各視所正之親。妻居廬而杖，抑之視叔父母；姑、姊妹出適服輕，進之視兄弟；長、中、下殤服輕，上從本親，視其成人也。

親喪外除，日月已竟，而哀未忘。兄弟之喪内除。日月未竟而哀已殺。疏正義曰：「親喪外除」者，謂父母之喪。外，謂服也。服猶外，隨日月漸除，而深心哀未忘。　「兄弟之喪内除」者，兄弟，謂期服以下及小功、緦也。内，心也。服制未釋，而心哀先殺，由輕故也。

視君之母與妻，比之兄弟。發諸顏色者，亦不飲食也。言小君服輕，亦内除也。發於顏色，謂醲美酒食，使人醉飽。疏正義曰：「視君之母與妻」者，視，比也。謂比視君之母與君之妻輕重之宜，比於己之兄弟。　「發諸顏色者，亦不飲食也」者，若其酒食不發見於顏色者，則得飲食之；若發見於顏色者，亦不得飲食也。

免喪之外，行於道路，見似目瞿，聞名心瞿，弔死而問疾，顏色戚容必有以異於人也。如此而后可以服三年之喪，其餘則直道而行之是也。惻隱之心能如是，則其餘齊衰以下，直道而行，盡自得也。似，謂容貌似其父母也。名與親同。疏正義曰：「見似目瞿」者，謂既除喪之後，若見他人形狀似於其親，則目瞿然。　「聞名心瞿」者，聞他人所稱名與父名同，則心中瞿瞿然。上云「目瞿」，此應云「耳瞿」

而云「心瞿」者，但耳狀難明，因心至重，惻隱之慘，本瞿於心，故直云「心瞿」。　「必有以異於人也」者，謂免喪之後，弔死問疾，其顏色戚容，必有殊異於無喪之人。餘行皆應如此，獨云「弔死問疾」者，以弔死問疾是哀痛之處，身又除喪，戚容應甚，故舉「弔死問疾」言也。「其餘則直道而行之是也」者，其餘，謂期親以下也。則直依喪之道理而行之，於義是也。父在爲母雖期年，亦從上「三年」之内也。

祥，主人之除也，於夕爲期，朝服。祥，因其故服。 爲期，爲祭期也。朝服以期，至明日而祥祭，亦朝服，始即吉，正祭服也。《喪服小記》曰「除成喪者，其祭也，朝服縞冠」是也。祭猶縞冠，未純吉也。既祭，乃服大祥素縞、麻衣。《釋禫之禮》云「玄衣黄裳」，則是禫祭玄冠矣，黄裳者，未大吉也。既祭，乃服禫服朝服、綅冠。踰月吉祭，乃玄冠朝服。既祭，玄端而居，復平常也。

疏 正義曰：「祥，主人之除也」者，言祥，謂祥祭之時，主人除服之節。　「於夕爲期」者，謂於祥祭前夕，豫告明日祥祭之期。　「朝服」者，於此爲期之時，主人著朝服，謂緇衣素裳，其冠則縞冠也。　「祥，因其故服」者，謂明旦祥之時，主人因著其前夕故朝服也。　**注**「爲期」至「常也」　正義曰：「始即吉，正祭服也」者，以其往前居喪，今將除服，故云「始即吉」。於練祭之時，不著祭服，於此祥時，正著祭服，故云「正祭服」。此「朝服」謂之正祭服者，以諸侯、卿大夫朝服而祭。故《少牢禮》云「主人朝服」是也。案《上雜記》「端衰、喪車皆無等」，則祥後并禫服，❶尊卑上下無別，皆服此緇衣素裳也。此據諸侯卿大夫言之，故云「正祭服」。引《喪服小記》者，證此經中「朝服」是除成喪之服。云「祭猶縞冠，未純吉也」者，以純吉朝服玄冠，今著縞冠，故云「未純吉」。云「既祭，乃服大祥素縞、麻衣」者，《間傳》文。以祥祭奪情，故朝服縞冠。祥祭雖訖，哀情未忘，其服稍重，故著縞冠素紕、麻衣。❷引《釋禫之禮》者，是《變除禮》也。其禮云「玄衣黄裳」，既著玄衣，應著玄冠，故云「則是禫祭玄冠矣」。云「黄裳者，未大吉也」者，以大吉當玄衣素裳，今用黄裳，故云「未大吉」。云「既祭，乃服禫服朝服、綅冠」者，亦《變除禮》文。以祥

❶「禫」，原作「禮」，據閩本、監本、毛本、殿本、庫本及阮本改。

❷「故」，原作「加」，據閩本、監本、毛本、殿本、庫本及阮本改。

祭之後，乃著大祥素縞、麻衣，故知禫祭之後亦著禫服朝服、綅冠也。云「踰月吉祭，乃玄冠、朝服」者，以《少牢》吉祭朝服故也。若天子、諸侯以下，各依本官吉祭之服也。云「既祭，玄端而居，復平常也」者，謂既祭之後，同平常無事之時故也。從祥至吉，凡服有六：祥祭朝服、縞冠，一也；祥訖素縞、麻衣，二也；禫祭玄冠、黄裳，三也；禫訖朝服、綅冠，四也；踰月吉祭，玄冠、朝服，五也；既祭，玄端而居，六也。子游曰：「既祥，雖不當縞者，必縞，然後反服。」謂有以喪事贈賵來者，雖不及時，猶變服服祥祭之服以受之，重其禮也。其於此時始弔者，則衛將軍文子之爲之是矣。反服，反素縞、麻衣也。疏「雖不當縞者」，正義曰：「既祥」，謂大祥之後，有人以喪事來弔者。「必縞，然後反服」者，謂來弔者既晚，不正當祥祭縞冠之時。「必縞，然後反服」者，主人必須反著此祥服縞冠，受來弔者之禮；然後反服大祥素縞、麻衣之服。注「謂有」至「麻衣」。正義曰：知此「以喪事贈賵來」者，若其由未來，今始弔者，雖禫祭除喪之後，猶練冠而受弔，則衛將軍文子之子是也。練重於此，❶禫祭之前，主人尚吉而受禮，明此來者是於前先已來，今重至，故主人著縞冠，輕於練冠也。云「其於此時始弔者，則衛將軍文子之爲之」者，鄭云此者，證其來雖在後，其實事不同。衛將軍文子之子是除喪服之後始來弔，此據於先已來弔之後始來贈賵也。云「反服，反素縞、麻衣」者，鄭恐反服夕吉服之服，❷此謂禫祭之前，故知反服素縞、麻衣也。

禮記正義卷第五十一

❶「此」，浦鏜校云：「『此』，疑『禫』字之誤。」按：《續通解》卷九作「縞」。

❷「夕」，阮校云：「案『夕』當作『反』，形近致誤。」

禮記正義卷第五十二

國子祭酒上護軍曲阜縣開
國子臣孔穎達等奉勑撰

當袒，大夫至，雖當踊，絶踊而拜之，反改成踊，乃襲。尊大夫，來至則拜之，不待事已也。更成踊者，新其事也。於士，既事成踊，襲而后拜之，不改成踊。於士，士至也。事，謂大小斂之屬。

疏 正義曰：此一節明士有喪，大夫及士來弔之禮。「當袒，大夫至」者，謂士有喪，當袒之時，而大夫來弔也。崔云：「謂斂竟時也。」「雖當踊」者，假令大夫至，當主人踊時也。「絶踊而拜之」者，主人則絶止踊而拜此大夫也。「反改成踊」者，反，還也。改，更也。拜大夫竟，而反還先位，更爲踊而始成踊。尊大夫之來，欲新其事也，故云「反改成踊」。案《檀弓》云：「大夫弔，當事而至，則辭焉。」是當大夫絶踊則士大小斂時，❶主人不出，故辭大夫也。今此云「絶踊而拜之」，故知是斂已竟，當其袒踊時出之也。❷「乃襲」者，謂更成踊竟，乃襲初袒之衣也。此云「乃襲」，則知鄉者止踊拜大夫時未襲也。「於士，既事成踊」者，既猶畢也。若當主人有大小斂諸事而士來弔，則主人畢事竟而成踊，不即出拜也。然士言「既事」，則大夫亦然。大夫言「絶踊」，則士固不絶踊也。「襲而后拜之」者，成踊畢而襲，襲畢乃拜之也。「不改成踊」者，拜之而止，不更爲成踊。

上大夫之虞也，少牢；卒哭成事、附，皆大牢。下大夫之虞也，犆牲；卒哭成事、附，皆少牢。卒哭成事、附言「皆」，則卒哭成事、附與虞異矣。下大夫虞以犆牲，與士虞禮同與？

疏 正義曰：上大夫平常吉祭，其禮少牢。虞依平常禮，故用少牢也。「卒哭成事、附，皆大牢」者，卒

❶ 「大夫絶踊則士」，浦鏜從衛氏《集説》校，以爲此六字衍。按：《續通解》卷二亦無此六字。

❷ 「時出」，浦鏜校云：「『時出』乃『故絶踊而拜』之誤。《集説》校。」

哭謂之成事。成事，成吉事也，故云「卒哭成事」。附，附廟也。此二祭皆大，並加一等，故皆大牢也。「下大夫之虞也，犆牲」者，下大夫吉祭用少牢，今虞祭降一等，用犆牲。「卒哭成事、附，皆少牢」者，依平常吉祭禮也。不云「遣奠加」者，略可知也。注「卒哭」至「異矣」 正義曰：鄭以《士虞禮》云：「三虞、卒哭、他，用剛日。」先儒以此「三虞、卒哭」同是一事，鄭因此經云上大夫虞用少牢，卒哭用大牢，其牢既別，明卒哭與虞不同。鄭引此文，破先儒之義，故云「卒哭成事與虞異矣」。

祝稱卜葬、虞，子孫曰「哀」，夫曰「乃」，兄弟曰「某」。卜葬其兄，弟曰「伯子某」。祝稱卜葬、虞者，卜葬、卜虞，祝稱主人之辭也。孫，謂爲祖後者，稱曰「哀孫某卜葬其祖某甫」，夫曰「乃某卜葬其妻某氏」。兄弟相爲卜，稱名而已。疏正義曰：謂卜葬擇日，而卜人祝龜所稱主人之辭也。而云「葬虞」者，虞用葬日，故并言「葬虞」也。「子孫曰『哀』」者，若子卜葬父，則祝辭稱云「哀子某卜葬其父某甫」；若孫卜葬祖，則祝辭稱云「哀孫某卜葬其祖某甫」。「夫曰『乃』」者，若夫卜葬其妻，則祝辭云「乃某卜葬其妻某氏」。乃者，言之助也。妻卑，故假助句以明夫之尊也。「兄弟曰『某』。卜葬其兄，弟曰『伯子某』」者，若兄弟相爲，其弟爲兄，則祝辭云「某卜葬兄伯子某」；若兄爲弟，則云「某卜葬其弟某」。兄弟稱名，則子孫與夫皆稱名，故鄭注於子孫通稱名，可知也。

古者貴賤皆杖。叔孫武叔朝，見輪人以其杖關轂而輠輪者，於是有爵而后杖也。記庶人失禮所由始也。叔孫武叔，魯大夫叔孫州仇也。輪人，作車輪之官。疏正義曰：此一節記庶人失禮所由。「以其杖關轂而輠輪」者，關，穿也。輠，迴也。謂作輪之人，以扶病之杖關穿車轂中而迴轉其輪。「於是有爵而后杖也」者，以其爵位既尊，其杖不鄙褻而許用也。

鑿巾以飯，公羊賈爲之也。記士失禮所由始也。士親飯，必發其巾。大夫以上，賓爲飯焉，則有鑿巾。疏正義曰：亦記士失禮所由也。飯，含也。大夫以上貴，故使賓爲其親含。恐尸爲賓所憎穢，故設巾覆尸面，而當口鑿穿之，令含得入口也。而士賤，不得使賓，則子自含其親，不得憎穢之，故不得鑿巾，但露面而含耳。於時公羊賈是士，自含其親而用鑿巾，則是自憎穢其親，故爲失禮也。

冒者何

也？所以揜形也。自襲以至小斂，不設冒則形，是以襲而后設冒也。言設冒者，爲其形人將惡之也。襲而設冒，言「后」，衍字耳。**疏**正義曰：此一經論設冒之事。「冒者何也」者，記人自問，何以須冒？「所以揜形也」者，記者自答，言冒所以揜蓋尸形。「自襲以至小斂，不設冒則形」者，若未襲之前，始死，事須沐浴。自既襲以後，以至小斂之前，雖已著衣，若不設冒，則尸象形見，爲人所惡。「是以襲而后設冒也」，言「后」者，衍字也。襲則設冒，至小斂之前，則以衣揔覆於冒上。皇氏云「大斂脱冒」，未之聞也。

或問於曾子曰：「夫既遣而包其餘，猶既食而裹其餘與？君子既食則裹其餘乎？」言遣既奠而又包之，是與食於人，已而裹其餘將去，何異與？君子寧爲是乎？言傷廉也。曾子曰：「吾子不見大饗乎？夫大饗，既饗，卷三牲之俎歸于賓館。父母而賓客之，所以爲哀也。子不見大饗乎！」既饗，歸賓俎，所以厚之也。言父母，家之主，今賓客之，是孝子哀親之去也。**疏**正義曰：此一節明或人問曾子喪之遣奠之事。「夫既遣而包其餘，猶既食而裹其餘與」者，或人問曾子云：「喪禮既設遣奠，事畢而包裹遣奠之餘載車之而去，猶如生人於他家既食訖而裹其餘」，相似乎？故云「與」。「君子既食則裹其餘乎」者，或人云：君子於他家既食之後，則更裹其餘食去乎？寧有是也？不應如此。既設遣奠，亦不應包餘而去。「曾子曰：吾子不見大饗乎」者，曾子答或人之問。吾，我也。子，男子美稱。《儀禮》注云：「言『我子』，相親之辭也。」謂或人爲吾子，豈不見大饗賓客之禮乎？「夫大饗，既饗，❶卷三牲之俎歸於賓館」者，謂大饗賓客既畢，主人卷斂三牲俎上之肉歸於賓館。❷「父母而賓客之，所以爲哀也」者，己家父母，今日既去，遂同賓客之疏，是孝子所以悲哀也。爲此之故，包遣奠而去。「子不見大饗乎」者，重結前文以語或人也。

非爲人喪問與？賜與？此上滅脱，未聞其首云何。是言非爲人喪而問之與？人喪而賜之與？問，遺也。久無事曰問。**疏**正義曰：鄭云「此上

❶「饗」字原漶滅，據足利本、阮本補。

❷「三」字原漶滅，據足利本、阮本補。

滅脱，未聞其首云何」。此語接上之辭。「與」，語助也。豈非爲人有喪而問遺之與？人之有喪而賜與之與？平敵則問，卑下則賜，故云「問與？賜與」？三年之喪，以其喪拜；非三年之喪，以吉拜。謂受問受賜者也。稽顙而後拜曰喪拜，拜而后稽顙曰吉拜。三年之喪，如或遺之酒肉，則受之必三辭，主人衰絰而受之。受之必正服，明不苟於滋味。如君命，則不敢辭，受而薦之。薦於廟，貴君之禮。喪者不遺人。人遺之，雖酒肉，受也。從父昆弟以下，既卒哭，遺人可也。言齊、斬之喪重，志不在施惠於人。

疏正義曰：從上「問與？賜與」以下至「遺人可也」，皆明在喪受問遺之事。此一經論身有喪，拜謝之禮。「三年之喪，以其喪拜」者，謂父母、長子也。其實，❶杖期以上皆爲喪拜。「非三年之喪，以吉拜」者，謂不杖期以下。❷此義已備在《檀弓》疏。「三年」至「受之」「如或遺之酒肉」至「主人衰絰而受之」者，雖受之，猶不得食也。尊者食之，乃得食肉，猶不得飲酒。故《喪大記》云「既葬，若君食之，則食之；大夫、父之友食之，則食之矣。不辟粱肉，❸若有酒醴則辭」是也。

縣子曰：「三年之喪如斬，期之喪如剡。」言其痛之惻怛有淺深也。期之喪，十一月而練，十三月而祥，十五月而禫。此謂父在爲母也。當在「練則弔」上，爛脱在此。三年之喪，雖功衰，不弔，自諸侯達諸士。如有服而將往哭之，則服其服而往。功衰，既練之服也。諸侯服新死者之服而往哭，謂所不臣也。練則弔。父在爲母，功衰可以弔人者，以父在，故輕於出也。然則凡齊衰十一月，皆可以出矣。既葬，大功，弔，哭而退，不聽事焉。聽，猶待也。事，謂襲斂、執綍之屬。期之喪，未葬，弔於鄉人，哭而退，不聽事焉。功衰，弔，待事不執事。謂爲姑、姊妹無主，殯不在己族者。小功、緦，執事，不與於禮。禮，饋奠也。相趨也，出

❶「其」字原漶滅，據阮本補。
❷「期以」二字原漶滅，據阮本補。
❸「粱」，原作「梁」，據殿本、庫本及阮本改。

宮而退。相揖也，哀次而退。相問也，既封而退。相見也，反哭而退。朋友，虞附而退。❶ 此弔者恩薄厚、去遲速之節也。相趨，謂相聞姓名來會喪事也。相揖，嘗會於他也。相問，嘗相惠遺也。相見，嘗執摯相見也。附，皆當爲「祔」。**疏**正義曰：從此以下至「待盈坎」，明弔喪之節。各隨文解之。「三年之喪，雖功衰，不弔」者，謂重喪小祥後，衰與大功同，故曰功衰。衰雖外輕，而痛猶內重，故不得弔人也。「自諸侯達諸士」者，貴賤同然，故云「自諸侯達諸士」也。「如有服而將往哭之，則服其服而往」者，亦貴賤同也。「如有服」，謂有五服之親喪。功衰雖不弔人，若自有五服之親喪，則往哭之。將往哭，則不著己功衰，而依彼親之節以服之，申於骨肉之情故也，故云「則服其服而往」也。但著彼服，不著己功衰也。賀瑒云：「若新死者服輕，則不爲之制服。雖不爲重變而爲之制服，往奔喪哭之，則蹔服所制之服往彼哭之，事畢反服故服也。」庾氏云：「『將往哭之，乃服其服』者，謂小功以下之親輕也。始聞喪，不能爲之制服。至於往哭弔，乃服其服。注《要記》通之已詳。」❷ 皇氏云：「此文雖在『功衰』之下，而實通初喪也。假令初喪而有五屬之親死，則亦蹔服五服之服而往彼哭也。上云『自諸侯達諸士』，然諸侯絶期，不應有諸親始死服。今云『服其服而往』，當是敵體及所不臣者，謂始封君不臣諸父、昆弟也，故鄭明之也。」「期之喪，十一月而練，十三月而祥，十五月而禫」者，此禫杖期，主謂父在爲母，亦備二祥節也。文本應在「服而往」下，爛脱，故在此。「練則弔」者，謂至十一月小祥後，而可出弔人也。**注**「父在」至「出矣」　正義曰：此「練則弔」又承「十一月練」之下，故知是「父在爲母」。以經云「練」，故云「功衰」也。大祥始除衰杖，而練得弔人者，以「父在爲母，故輕於出」，言得出也。以母喪至練，父在而得出，則其餘喪，雖無父，亦得出也。母既可矣，諸父灼然。「既葬，大功」者，謂身有大功之喪，既葬之後，往弔他喪。「弔，哭而退，不聽事焉」者，謂弔哭既畢，而則退去，不待主人襲斂之事。期喪練弔，則亦然也。「期之喪，未葬，弔於鄉人，哭而退，不聽事焉」者，謂姑、姊妹無主，爲之服期喪，未至於葬，往

❶「附」，王引之云：「案『附』，衍字也。鄭云『附當作祔』，則所見本已衍此字。」詳《經義述聞》。

❷「詳」，原作「祥」，據殿本、庫本改。

弔於鄉人之喪，哭畢則退，不聽待主人襲斂之事焉。「功衰，弔，待事不執事」者，謂此姑、姊妹等期喪，至既葬，受以大功衰，謂之功衰。至此之後，若弔於鄉人，其情稍輕於未葬之前，得待主人襲斂之事，但不親自執事。此云「功衰」，他本或云「大功衰」。今案鄭注在此文下云「謂爲姑、姊妹無主」，則此功衰，還是姑、姊妹無主之功衰，不得別云「大功」也。皇氏云：「有『大』字者誤也。」注「謂爲姑、姊妹無主，殯不在己族者」正義曰：經直云「期喪」，鄭知是「姑、姊妹無主」者，以前云大功既葬，始得弔人。今此經期喪未葬，已得弔人，明知此期服輕，故知是「姑、姊妹無主，殯不在己族者」。女未廟見，反葬女氏之黨。此姑、姊妹已於他族成婦日久，但夫既蚤死，故殯在夫族。「小功，緦，執事，不與於禮」者，執事，擯相也。禮，饋奠也。緦、小功服輕，故未葬便可弔人。今不論鄉人之同異也，亦爲彼擯相，但不得助彼饋奠耳。案《曾子問》云：「廢喪服，可以與於饋奠之事乎？孔子曰：『説衰與奠，非禮也，以擯相可也。』」是擯相輕而饋奠重也。「相趨」至「而退」 此以下明凡弔者恩之厚薄，去留遲速之節也。「相趨也，出宮而退」者，相趨，謂與孝子本不相識，但相聞姓名而來會趨喪也。情既輕，故柩出廟之宮門而退去。「相揖也，哀次而退」者，相揖，謂經會他處，已相揖者也。恩微深，故待柩出至大門外之哀次而退去也。「相問也，既封而退」者，相問，謂曾相餉遺，恩轉深，故至窆竟而退也。「相見也，反哭而退」者，相見，謂身經自執摯相詣往來，恩轉厚，故至葬竟，孝子反哭還至家時而退也。「朋友，虞附而退」者，朋友，疇昔情重，生死同殷，故至主人虞附而退也。然與死者相識，其禮亦當有弔。禮，「知生者弔，知死者傷」，今注云「弔」，則知是弔生人也。

弔，非從主人也。❶四十者執紼，言弔者必助主人之事。從，猶隨也。成人，二十以上。至四十，丁壯時。鄉人五十者從反哭，四十者待盈坎。非鄉人則長少皆反。優遠也。坎，或爲「壙」。喪食雖惡，必充飢。飢而廢事，非禮也；飽而忘哀，亦非禮也。視不明，聽不聽，行不正，不知哀，君子病之。故有疾飲酒食肉，五十不致毀，六

❶「弔非從主人也」至「四十者待盈坎」，此段經文及其注文，阮本屬於上文「縣子曰」節之末，是。上節《正義》曰「從此以下至『待盈坎』，明弔喪之節」，可證。

十不毁，七十飲酒食肉，皆爲疑死。病，猶憂也。疑，猶恐也。有服，人召之食，不往。大功以下，既葬適人，人食之，其黨也食之，非其黨弗食也。往而見食，則可食也。爲食而往，則不可。黨，猶親也。非親而食，則是食於人無數也。功衰，食菜果，飲水漿，無鹽酪。不能食食，鹽酪可也。功衰，齊、斬之末也。酪，酢截。孔子曰：「身有瘍則浴，首有創則沐，病則飲酒食肉。毁瘠爲病，君子弗爲也。毁而死，君子謂之無子。」毁而死，是不重親。**疏**此一節論助葬及執事反哭之節。言弔喪者，本是來助事，非爲空隨從主人而已，故云「非從主人也」。「四十者執綍」者，既助主人，故使年二十以上至四十强壯者皆執綍也。「鄉人五十者從反哭」者，鄉人，同鄉之人也。五十始衰，故待主人窆竟而孝子反哭，故鄉人助葬，老者亦從孝子反也。「四十者待盈坎」者，謂窆竟，以土盈滿其坎。四十强壯，不得即反，故待土滿坎而反也。若非鄉人，則無問長少，皆從主人歸，優饒遠者。**注**「非親而食，則是食於人無數也」正義曰：解所以「非親不食」義也。夫親族不多，食則其食有限。若非類而輒食，則無復限數，必忘哀也。非從柩與反哭，無免於堩。言喪服出入，非此二事皆冠也。免，所以代冠。人於道路不可以無飾。堩，道路。**疏**正義曰：「從柩」，謂孝子送葬從柩去時也。「與反哭」，謂葬竟孝子還時也。堩，道路也。道路不可無飾，故孝子唯送葬從柩去時及葬竟還反哭時，於道得免而行。自非此二條，則不得免於道路也。此謂葬近而反哭者。若葬遠反哭，在路則著冠，至郊則乃反著免。故《小記》云「遠葬者，比反哭者皆冠，及郊而后免」是也。凡喪，小功以上，非虞、附、練、祥，無沐浴。言不有飾事，則不沐浴。**疏**正義曰：凡居喪之禮，自小功以上，恩重哀深，自宜去飾。以沐浴是自飾，故不有此數條祭事，則不自飾。言「小功以上」，則至斬同，然各在其服限如此耳。練、祥，不主大功、小功也。若三年之喪，虞祭之時，但沐浴，不櫛。故《士虞禮》云：「沐浴，不櫛。」鄭注云：「唯三年之喪不櫛，期以下櫛可也。」又《士虞禮》云：「明日以其班祔。沐浴，櫛。」注云：「彌自飾。」此雖士禮，明大夫以上亦然。疏衰之喪，既葬，人請見之則見，不請見人。小功，請見人可也。大功，不以執摯。唯父母之喪，不辟涕泣而見人。言重喪不行求見人爾。❶人來求見己，亦可以見之矣。不辟涕泣，言至哀無飾也。三年之喪，祥而從政。期之喪，卒哭而從政。九月之喪，既葬而從政。小功、緦之喪，既殯而從政。以《王制》言之，此謂庶人也。從政，從爲政者教令，謂給繇役。曾申問於曾子曰：「哭父母有常聲乎？」曰：「中路嬰兒失其母焉，何常聲之有！」嬰，猶鷖彌也。言其若小兒亡母啼號，安得常聲乎？所謂「哭不偯」。**疏**正義曰：此一節明在喪與人相見之義。「小功，請見人可也」者，輕可請見於人。然言小功可，則大功不可也。此「小功」文承「疏衰既葬」之下，則此小功亦謂既葬也。凡言「見人」者，謂與人尋常相見，不論執摯之事。故云「父母之喪，不辟涕泣而見人」，是尋常相見也。而皇氏以爲「見人，謂執摯相見」。若然，父母之喪，豈謂執摯見人乎？皇氏則非也。**注**「以王」至「繇役」正義曰：案《王制》云：「父母之喪，三年不從政。齊衰、大功，三月不從政。」此云「期之喪，卒哭而從政，九月之喪，既葬而從政」，與《王制》不同者，此庶人依士禮，卒哭與既葬同三月，故《王制》省文，揔云「三月」也。若大夫士三年之喪，期不從政，是正禮也；卒哭，金革之事無辟，是權禮也。

卒哭而諱。自此而鬼神事之，尊而諱其名。王父母、兄弟、世父、叔父、姑、姊妹，子與父同諱。父爲其親諱，則子不敢不從諱也。謂王父母以下之親諱，❷是謂士也。天子、諸侯諱群祖。母之諱，宮中諱。妻之諱，不舉諸其側。與從祖昆弟同名則諱。母之所爲其親諱，子孫於宮中不言。妻之所爲其親諱，夫於其側亦不言也。孝子聞名心瞿，凡不言人諱者，亦爲其相感動也。子與父同諱，則子可盡曾祖之親也。從祖昆弟在其中，於父輕，不爲諱；與母、妻之親同名，重則諱之。**疏**正義曰：此一節論親戚死亡，諱辟名之

❶「重」，原作「至」，據余本、撫本、岳本及阮本改。

❷「謂」，阮校引段玉裁云：「『謂』當作『爲』，去聲。」

事。各隨文解之。　「卒哭而諱」者，謂卒哭之前，猶以生禮事之；卒哭之後，去生漸遠，以鬼道事之，故諱其名。「王父母」者，謂父之王父母，於己爲曾祖父母，正服小功，不合諱也，以父爲之諱，故子亦同於父而諱之。　「兄弟」者，是父之兄弟，於己爲伯叔，正服期，父亦爲之期，是子與父同有諱也。「世父、叔父」者，是父之世父、叔父，於己是從祖也，正服小功，不合諱，以父爲之諱，故己從父而諱。　「姑」者，謂父之姑也，於己爲從祖姑，❶在家正服小功，出嫁緦麻，不合諱，以父爲之諱，故己從父而諱。「姊妹」者，謂父之姊妹，於己爲姑，在家正服期，出嫁大功九月，是己與父同爲之諱也。　「子與父同諱」者，言此等之親，子之與父，同爲之諱。　**注**「父爲」至「群祖」　正義曰：云「父爲其親諱，則子不敢不從諱也」者，謂父之王父母、世父、叔父及姑等，於己小功以下，不合諱，但父爲之諱，故子不敢不從諱。其父之兄弟及姊妹，己爲合諱，不假從父而諱。鄭此注者，據己不合諱者而言之也。云「謂王父母以下之親諱，是謂士也」者，此士者，謂父身也。以父身是士，故諱王父。若是庶人，子不逮事父母，則不諱王父母也。直云「王父母」以下足矣，復云「之親諱」者，父之世父、叔父與姑等，皆是王父所生，今爲之諱，故云「王父母以下之親諱」也。云「天子、諸侯諱群祖」者，以其天子七廟，諸侯五廟，故知諱群祖。　「母之諱，宮中諱」者，謂母所爲其親諱，其子於一宮之中爲諱而不言也。　「妻之諱，不舉諸其側」者，謂妻諸親之諱，其夫不得稱舉其辭於其妻之側。但不得在側言之，則於宮中遠處得言之也。「與從祖昆弟同名則諱」者，謂母與妻二者之諱，與己從祖昆弟名同，則爲之諱。不但宮中、旁側，其在餘處皆諱之。

注「子與」至「諱之」　正義曰：云「子與父同諱，則子可盡曾祖之親也」者，父爲王父諱，於子則爲曾祖，父之伯叔及姑，則是子曾祖之親，故云「子與父同諱，則子可盡曾祖之親也」。前經所云者是也。云「從祖昆弟在其中」者，從祖昆弟，共同曾祖之親，故云「在其中」。云「於父輕，不爲諱」者，從祖昆弟，於父言之，是父之同堂兄弟子也，父服小功，不爲之諱，己又不得從父而諱。若「與母、妻之親同名，重則諱之」，重，謂重累。謂母妻諱與從祖昆弟名相重累，則諱之。不但爲母、妻而諱，若從祖昆弟身死，亦爲諱。故云「於父輕，不爲之諱；與母妻之親同名，重則諱之」。　觀檢注意，是爲從祖昆弟諱而生文也。　以喪冠

❶「爲」字原脱，據阮本、阮校補。

者，雖三年之喪可也。既冠於次，入，哭踊三者三，乃出。言「雖」者，明齊衰以下皆可以喪冠也。始遭喪，以其冠月，則喪服因冠矣。非其冠月，待變除卒哭而冠。次，廬也。雖，或爲「唯」。**疏**正義曰：自此以下明遭喪冠取之節。今各隨文解之。「以喪冠者，雖三年之喪可也」者，謂將欲加冠而值其喪，則當成服之時，因喪服加冠。非但輕服得冠，雖有三年重喪，亦可爲因喪服而冠，故云「可也」。「既冠於次」者，此謂加冠於廬次之中。若齊衰以下，加冠於次舍之處。「入，哭踊三者三，乃出」者，謂既冠之後，入於喪所，哭而跳踊，謂每哭一節而三踊，如此者三，凡爲九踊，乃出就次所。**注**「言雖」至「廬也」　正義曰：經云「雖三年之喪可也」，故知三年以下，皆得因喪而冠也。云「始遭喪，以其冠月，則喪服因冠矣」者，知當冠月，則喪服因冠者，以《曾子問》云：「將冠子，未及期日，而有齊衰、大功、小功之喪，則因喪服而冠。」言「未及期日」，明及月可知，但未及冠之日耳。以此言之，知冠月則可冠也。云「非其冠月，待變除卒哭而冠」者，案《夏小正》「二月，綏多士女」，是冠用二月。假令正月遭喪，則二月不得因喪而冠，必待變除受服之節，乃可冠矣。云「次，廬也」者，據重服而言也。

大功之末，可以冠子，可以嫁子。父小功之末，❶可以冠子，可以嫁子，可以取婦。己雖小功，既卒哭，可以冠、取妻；下殤之小功則不可。此皆謂可用吉禮之時。父大功卒哭，而可以冠子、嫁子；小功卒哭，而可以取婦。己大功卒哭，而可以冠子；❷小功卒哭，而可以取妻。必偕祭乃行也。下殤小功，齊衰之親，除喪而後可爲昏禮。凡冠者，其時當冠，則因喪而冠之。**疏**正義曰：「大功之末，可以冠子，可以嫁子」者，末，謂卒哭之後。謂己有大功之喪，既卒哭，可以冠子、嫁子也。「父小功之末，可以冠子，可以嫁子，可以取婦者」，謂父有小功喪末，可以冠子，可以嫁子，可以取婦。大功

❶ 「小」，王引之云：「『小』當爲『大』，因下文兩言『小功』而誤也。」詳《經義述聞》。

❷ 「子」，張敦仁云：「案『子』，衍字也。冠者己身加冠也。經文『冠子取婦』據父言之，『冠取妻』據己言之，分別極明。今本《正義》中複舉此句亦衍『子』字，乃後人妄添，非其舊也。」詳《考異》。按：秦蕙田《五禮通考》引梁萬方亦云：「『子』字當爲衍文。」

之末，云身不云「父」；小功之末，云「父」不云身：互而相通。是嫁及冠，於身大功之末，可以冠子、嫁子；小功之末，非但得冠子、嫁子，復可取婦。所以取婦必在小功之末者，以取婦有酒食之會，集鄉黨僚友，涉近歡樂，故小功之末，乃可得爲也。　「己雖小功，既卒哭，可以冠、取妻」者，以前文云「父小功之末，可以取婦」，恐己有小功，於情爲重，不得冠取，故云己身雖同有小功，既卒哭之後，可以冠取。此文云「既卒哭」，明上云「末」者，並卒哭後也。「下殤之小功則不可」者，謂其餘小功，可以冠取。若本服齊衰，下殤降在小功者，則不可。不可者，不可冠嫁也，以本服是齊衰，重故也。若其長殤、中殤之大功者，庾氏注《要記》云：「卒哭之後，則得與尋常大功同，於大功之末，可以身自冠嫁。所以然者，雖本期年，但降在大功，其服稍伸，故得冠嫁也。」賀氏云：「小功下殤，❶本是期親。以其重，故不得冠取。❷推此而言之，降在大功，理不得冠嫁矣。」今謂齊衰下殤尚不可冠取，而況齊衰長殤、中殤降在大功，何可冠嫁？庾《記》非也，今從賀義。　**注**「父大」至「冠之」　正義曰：「父大功卒哭，而可以冠子、嫁子；小功卒哭，而可以取婦」者，以經文「大功」據己身，「小功」據其父。今鄭同之，謂父及己身俱有大功之末，小功之末，故又注云：「己大功卒哭，而可以冠子；小功卒哭，而可以取妻。」是父子同也。云「必偕祭乃行也」者，偕，俱也。父是大功之末，己亦是大功之末，乃得行此冠子、嫁子。父小功之末，己亦小功之末，可以嫁取。必父子俱然，乃得行事，故云「必偕祭乃行」。知父子俱大功、小功者，若姑及姊妹出適，父子俱爲大功；若從祖兄弟，父爲之小功，己亦爲之小功。是父子其服同也。若父有齊衰，子有大功，則不可。若父有大功，子有小功，可以冠嫁，未可以取婦。必父子俱在小功之末，❸可以取婦。若父是小功，己在緦麻，灼然合取可知。又案正本云「必偕祭乃行」者，言爲諸吉禮，必待祭訖乃行也。云「下殤小功，齊衰之親，除喪而後可爲昏禮」者，言除訖可爲昏禮，則未除喪不可爲昏禮。經云「小功則不可」者，唯謂昏也，其冠、嫁則可也。云「凡冠者，其時當冠，則因喪而冠之」者，鄭以經云「大功、小功之末」，可以吉冠，則大功、小功之初，當冠之時，則因喪服而冠矣。前經云「以喪冠者，雖三年之喪

❶「下」字原作空格，據阮本、魏氏《要義》補。
❷「取」，浦鏜校云「嫁」誤「取」。下同。
❸「在」，原作「有」，據殿本《考證》及浦鏜校改。

可也」者，特據重服喪中可冠。恐輕服大功、小功者，在喪不合冠，故鄭於注特明之。凡弁絰，其衰侈袂。侈，猶大也。弁絰服者，弔服也。其衰錫也，緦也，疑也。袂之小者二尺二寸，大者半而益之，則侈袂三尺三寸。疏正義曰：「弁絰」者，謂弔服也。其首著弁絰，身著錫衰、緦衰、疑衰。侈，大也。其此等三衰，大作其袂。凡常之袂，二尺二寸，此等三衰，其袂半而益一，袂大三尺三寸也。若士，則其衰不侈也。故《周禮·司服》「有玄端、素端」，注云：「變素服言素端者，明異制。大夫已上侈之。」明士不侈，故稱「端」。父有服，宮中子不與於樂。母有服，聲聞焉，不舉樂。妻有服，不舉樂於其側。宮中子，與父同宮者也。禮，由命士以上，父子異宮。不與於樂，謂出行見之，不得觀也。大功將至，辟琴瑟。亦所以助哀也。至，來也。小功至，不絕樂。疏正義曰：父有服，在於宮中，則子不與於樂者，❶謂出行見之，不得觀也。此謂命士以下與父同宮者，若異宮，則得與樂。崔云：「父有服，齊衰以下之服也。若重服，則期後猶有子姓之冠，自當不得與於樂。」姑、姊妹，其夫死，而夫黨無兄弟，使夫之族人主喪；妻之黨，雖親弗主。此謂姑、姊妹無子，寡而死也。夫黨無兄弟，無緦之親也。其主喪不使妻之親而使夫之族人，婦人外成，主必宜得夫之姓類。夫若無族矣，則前後家，東西家；無有，則里尹主之。喪無無主也。里尹，閭胥、里宰之屬。《王度記》曰：「百户爲里，里一尹，其禄如庶人在官者。」里，或爲「士」。諸侯弔於異國之臣，則其君爲主。里尹主之，亦斯義也。或曰：主之，而附於夫之黨。妻之黨自主之，非也。夫之黨，其祖姑也。疏正義曰：此一節明姑、姊妹在夫家而死無後，使外人爲主之事。夫既先死，而夫之黨又無兄弟，今既身死，使夫之族人主其喪也。「妻之黨，雖親弗主」者，妻黨雖親，不得與之爲主，明婦人外成於夫，不合卻歸本族也。「或曰：主之」者，或人之説云：妻黨主之，而附祭之時，在於夫之黨。「主之」，其義非也。注「喪無」至「義也」　正義曰：云「喪無無主也」者，言死喪之

❶「子」字原脱，據阮本補。

禮，無得無人爲之主，必須有人爲主也。云「里尹，閭胥、里宰之屬」者，案《周禮》，六鄉之内，二十五家爲閭，❶閭置一胥，中士也；六遂之内，二十五家爲里，里置一宰，下士也。引《王度記》者，更證里尹之事。案《别録》：「《王度記》云：似齊宣王時淳于髡等所説也。」其《記》云：「百户爲里，里一尹，其禄如庶人在官者。」則里尹之禄也。案《撰考》云：「古者七十二家爲里。」《洛誥》傳云：「古者八家爲鄰，三鄰爲朋，三朋爲里。」鄭云：「蓋虞、夏時制也。」其百户爲里，未知何代。❷或云殷制。云「諸侯弔於異國之臣，則其君爲主。里尹主之，亦斯義也」者，以己國臣在國而死，他國君來弔，則君爲主。死者雖有至親，不得爲主。今此婦人死於此里，正得里尹主之，妻家之親不得爲主。故云「亦斯義也」。斯，此也，亦是此國君爲主之義。

麻者不紳，執玉不麻，麻不加於采。吉凶不相干也。麻，謂絰也。紳，大帶也。喪以要絰代大帶也。麻不加於采，衣采者不麻，謂弁絰者必服弔服是也。采，玄纁之衣。**疏**正義曰：「麻者不紳」，麻，謂絰。紳，謂大帶。言著要絰者，而不得復著大帶也。故在喪以絰代紳。「執玉不麻」者，謂平常手執玉行禮，不得服衰麻也。案《聘禮》，己國君薨，至於主國，「衰而出」，注云：「於是可以凶服將事。」似行聘享之事，執玉得服衰絰者，彼謂受主君小禮，得以凶服。若行聘享大事，則吉服。故鄭云：「其聘享之事，自若吉也。」謂得著吉服。「麻不加於采」者，謂弁絰之麻，不得加於玄衣纁裳之采也。

國禁哭則止，朝夕之奠、即位，自因也。禁哭，謂大祭祀。時雖不哭，猶朝夕奠。自因，自用故事。**童子哭，不偯，不踊，不杖，不菲，不廬。**未成人者，不能備禮也。當室則杖。**孔子曰：「伯母、叔母疏衰，踊不絶地；姑、姊妹之大功，踊絶於地。如知此者，由文矣哉！由文矣哉！」**由，用也。言知此踊絶地、不絶地之情者，能用禮文哉！能用禮文哉！美之也。伯母、叔母，義也。姑、姊妹，骨肉也。**疏**正義曰：「國禁哭則止」者，謂有大祭祀，禁哭之時，則止而不哭。「朝夕之奠、即位，自因也」者，謂孝子於殯宫朝夕兩奠

❶「二十」至「之内」，此十七字原脱，據阮本、阮校補。

❷「何」，原作「可」，據阮本、魏氏《要義》改。

之時，即阼階下位，自因其故事而設奠也。**注**「當室則杖」 正義曰：案《問喪》云：「童子當室，則免而杖矣。」戴德云：「童子當室，謂十五以上。若世子生則杖。故《曾子問》云『子衰杖』，成子禮是也。」皇氏云：「童子當室，則備此經中五事。特云『杖』者，舉重言也」。泄柳之母死，❶相者由左。泄柳死，其徒由右相。由右相，泄柳之徒爲之也。亦記失禮所由始也。泄柳，魯穆公時賢人也。相，相主人之禮。天子飯九貝，諸侯七，大夫五，士三。此蓋夏時禮也。周禮，天子飯含用玉。士三月而葬，是月也卒哭。大夫三月而葬，五月而卒哭。諸侯五月而葬，七月而卒哭。士三虞，大夫五，諸侯七。尊卑恩之差也。天子至士，葬即反虞。諸侯使人弔，其次含、襚、賵、臨，❷皆同日而畢事者也。其次如此也。言五者相次同時。**疏**正義曰：此明相主人之喪禮有失之事。注「亦記」至「之禮」 正義曰：相主人之禮法，相者由左。世柳死，其徒黨相禮由右，故云「記失禮所由始也」。案《孟子》云：「魯穆公時，公儀子爲政，子柳、子思爲臣，魯之削也滋甚。若是乎，賢者之無益於國也！」彼子柳，即此世柳也，故云「魯穆公時賢人」。**注**「此蓋夏時禮也。周禮天子飯含用玉」 正義曰：以非周法，故疑夏禮，故云「蓋」也。《典瑞》云：「大喪，共飯玉、含玉。」是「周禮天子飯含用玉」。案《禮》戴説：「天子飯以珠，含以玉。諸侯飯以珠，❸大夫士飯以珠，含以貝。」此等皆非周禮，並夏、殷之法。《左傳》成十七年子叔聲伯夢食瓊瑰，哀十一年「齊陳子行命其徒具含玉」，此等皆是大夫而以珠玉爲含者。以珠玉是所含之物，故言之，非謂當時實含用珠玉也。**注**「尊卑恩之差也。天子至士，葬即反虞」 正義曰：大夫以上，葬與卒哭異月者，以

❶ 「泄」，《唐石經》作「世」，余本、撫本、岳本、阮本同。下同。

❷ 「諸侯使人弔其次含襚賵臨」，王引之云：「『其次』二字蓋衍。『使人』二字直貫下五事，言諸侯之使人弔也、含也、襚也、賵也、臨也，其事皆同日而畢也。鄭注先言『相次』，後言『同時』，則所見本已衍『其次』二字。」詳《經義述聞》。

❸ 「飯以珠」，阮校云：「惠棟校宋本下有『含以璧』三字。」

其位尊，念親哀情，於時長遠。士職卑位下，禮數未申，故三月而葬，葬罷即卒哭。知「天子至士，葬即反虞」者，以其不忍一日未有所歸，尊卑皆然，故知「葬即反虞」。《下檀弓》云：「葬日虞，弗忍一日離也。」不顯尊卑，是貴賤同然也。

「諸侯使人弔，其次含、襚、賵、臨，皆同日而畢事者也」 正義曰：謂諸侯使人弔鄰國，先行弔禮，急宣君命。人以飲食爲急，故含次之。食後須衣，故襚次之。有衣即須車馬，故賵次之。君事既畢，則臣私行己禮，故臨禮在後。其事雖多，而同一日取畢也。

卿大夫疾，君問之無筭；士，壹問之。君於卿大夫，比葬不食肉，比卒哭不舉樂；爲士，比殯不舉樂。

疏正義曰：案《喪大記》：「君於大夫疾，三問之。」此云「無筭」，謂有師保恩舊之親，故問之無筭。或可《喪大記》云「三問」者，謂君自行；此云「無筭」，謂遣使也。

升正柩，諸侯，執綍五百人，四綍，皆銜枚；司馬執鐸，左八人，右八人；匠人執羽葆御柩。❶ 大夫之喪，其升正柩也，執引者三百人，執鐸者左右各四人，御柩以茅。升正柩者，謂將葬，朝于祖，正棺於廟也。五百人，謂一黨之民。諸侯之大夫，邑有三百户之制。綍、引同耳，廟中曰綍，在塗曰引，互言之。御柩者，居前道正之。大夫、士皆二綍。

疏正義曰：此一經明諸侯、大夫送葬正柩之禮，執鐸之差。

「升正柩」者，謂將葬，朝於祖廟，柩升廟之西階，於兩楹之間，❷其時柩北首。故《既夕禮》云「遷于祖，用軸。升自西階，正柩于兩楹間」是也。

「四綍，皆銜枚」者，謂執綍之人，口皆銜枚，止諠囂也。

「司馬執鐸，左八人，右八人」者，司馬，夏官，主武，故執金鐸率衆，左右各八人，夾柩以號令於衆也。

「匠人執羽葆御柩」者，匠人，工人也。羽葆者，以鳥羽注於柄頭如蓋，謂之羽葆。葆，❸謂蓋也。匠人主宮室，故執蓋物御柩。謂執羽葆居

---

❶ 「匠人執羽葆御柩」，案《周禮・鄉師》注引《雜記》作「匠人執翿以御柩」。臧琳云：「『羽葆幢』三字爲『翿』字之義。今本誤以『翿』字之訓爲經，又脱『幢以』二字，殘缺譌誤之至。」孫詒讓云臧説近是。詳《周禮正義》。

❷ 「於」，阮校引浦鏜云：「於」上當補「正」字。

❸ 「葆」字原脱，據阮本補。

柩前，御行於道，示指揮柩於路，爲進止之節也。然《周禮》「喪祝御柩」，此云「匠人」者，《周禮》王禮，此諸侯禮也。　注「五百」至「二綍」　正義曰：案《周禮》注：「六鄉主六引，六遂主六綍。」經云「執綍」，則應舉六遂，而言「黨」者，此是非辨鄉、遂之殊，正取五百人是一黨之人數耳。或是略舉鄉中之黨，則遂之鄙亦可知。云「諸侯之大夫，邑有三百户之制」者，謂小國中下大夫也。故鄭注《易·訟卦》云：「小國之下大夫，采地方一成，其定税三百家，故三百户也。」其實大國下大夫亦三百户。故《論語》云「管仲奪伯氏駢邑三百」，注云：「伯氏，齊大夫。」是齊爲大國，下大夫亦三百家也。其天子公卿大夫，案《小司徒職》注云：「百里之國凡四都，五十里之國凡四縣，二十五里之國凡四甸。」然則大都，公之采地方百里；小都，卿之采地方五十里；家邑，大夫采地方二十五里。熊氏云：「以此推之，公之大都，采地方百里；　侯伯大都，采地方五十里；子男大都，采地方二十五里。以畿外地闊，故公之大都與天子大都同也。其中都采地無文。其小都，則下大夫三百家，一成之地也。一成所以三百家者，一成九百夫，宫室、塗巷、山澤，三分去一，餘有六百夫。地又不易再易，通率一家而受二夫之地，是定税三百家也。」云「綍、引同耳」者，其義具在《檀弓》疏。

孔子曰：「管仲鏤簋而朱紘，旅樹而反坫，山節而藻梲，賢大夫也，而難爲上也。言其僭天子、諸侯。鏤簋，刻爲蟲獸也。冠有笄者爲紘。紘在纓處兩端，上屬，下不結。旅樹，門屏也。反坫，反爵之坫也。山節，薄櫨刻之爲山。梲，侏儒柱，畫之爲藻文。　晏平仲祀其先人，豚肩不揜豆，賢大夫也，而難爲下也。言其偪士、庶人也。豚，俎實。豆，徑尺。言并豚兩肩不能覆豆，喻小也。　君子上不僭上，下不偪下。」疏　正義曰：此一節明奢儉失禮之事。「賢大夫也，而難爲上也」者，當時謂管仲是大夫之賢者。「鏤簋」者，天子、諸侯之制，而管仲鏤之。「朱紘」者，亦天子之紘，而管仲朱之。故《祭義》云：「天子冕而朱紘，諸侯冕而青紘。」管仲大夫，當緇組紘而與士同，今僭天子朱紘。「旅樹而反坫」者，是諸侯之禮。《論語》云：「邦君樹塞門。邦君爲兩君之好，有反坫。」今管仲爲之。「山節而藻梲」者，天子之廟飾，而管仲亦爲之。是皆僭也。故云「賢大夫」，是賢者尚爲此僭上之事，是難可爲上者也。❶言他人在管仲之上者，皆被僭之，故云「難爲上」。《禮器》云：「君子以爲濫。」濫，謂盜竊，亦僭上之事也。 注「言其」至「藻文」 正義曰：「言其僭天子、諸侯」者，朱紘、山節、藻梲、鏤簋，是僭天子；旅樹、反坫，是僭諸侯。云「鏤簋，刻爲蟲獸也」者，案《梓人》云：「小蟲之屬，❷以爲雕琢。」是刻蟲獸也。《禮器》注云：「簋，天子飾以玉。」此不云者，文不具也。其旅樹、山節之屬，已具於《禮器》及《郊特牲》疏，故於此不復釋也。 「晏平」至「爲下也」 「豚肩不揜豆」者，依禮，豚在於俎。今云「不揜豆」者，以豆形既小，尚不揜豆，明豚小之甚，不謂豚在豆也。 「而難爲下也」者，平仲賢大夫，猶尚偪下，是在平仲之下者，恒被平仲而偪也，是難可爲下。

婦人非三年之喪，不踰封而弔。 踰封，越竟也。或爲「越疆」。 如三年之喪，則君夫人歸。 奔父母喪也。 夫人其歸也，以諸侯之弔禮。 其待之也，若待諸侯然。 謂夫人行道車服，主國致禮。 夫人至，入自闈門，升自側階，君在阼。其他如奔喪禮然。 女子子不自同於女賓也。宮中之門曰闈門，爲相通者也。側階，亦旁階也。他，謂哭踊、髽麻。闈門，或爲「帷門」。 嫂不撫叔，叔不撫嫂。 遠別也。

疏 正義曰：此一節明諸侯夫人奔父母喪節也。 「如三年之喪」者，如，若也。若遭父母三年之喪，則雖曰君之夫人，歸往奔喪也。若非三年之喪，則不歸也。女子出適，爲父母期，而云「三年」者，以本親言也。 「夫人至，入自闈門」者，謂夫人至於父母之國，入自旁側闈門，不由正門，異於女賓也。 「升自側階」者，謂夫人升自旁側之階，不升正階，亦異於女賓也。「君在阼」者，謂主國之君，待之在阼階之上，不降階而迎也。 「其他如奔喪禮然」者，他，謂哭踊、髽麻之屬，如似奔喪之禮然。嫌諸侯夫人位尊，恐與卿大夫之妻奔喪禮異，故明之也。 注「女子」至「階也」 正義曰：云「不自同於女賓也」者，案《喪大記》「夫人弔於大夫、士，主人出迎于門外。夫人入，升堂即位」，是女賓入自大門，升自正階。今此不然，是不自同於女賓。以女子子是父母之親，不可同於女賓之疏也。云「宮中之門曰闈門」者，《釋宮》

❶ 「可」，阮校云：「監、毛本『可』作『乎』。下『是難可爲下』同。」按：殿本、庫本及衛氏《集説》亦作「乎」。

❷ 「蟲」，原作「蠱」，據阮本改。

文也。云「側階，亦旁階也」者，闈門是旁側之門，故云側階亦旁階。此謂東旁之旁階。故《奔喪禮》「婦人升自東階」，故知側階，謂東面階也。君子有三患：未之聞，患弗得聞也；既聞之，患弗得學也；既學之，患弗能行也。君子有五恥：居其位，無其言，君子恥之；有其言，無其行，君子恥之；既得之，而又失之，君子恥之；地有餘而民不足，君子恥之；衆寡均而倍焉，君子恥之。恥民不足者，古者居民，量地以制邑，度地以居民，地邑民居，必參相得也。衆寡均，謂俱有役事，人數等也。倍焉，彼功倍己也。疏正義曰：此一節明君子有三患五恥之事。此「君子」，謂在位之君子。「未之聞，患弗得聞也」者，言人須多聞多識，若未聞知古事，恒憂患不得聞也。「地有餘而民不足，君子恥之」者，以地邑民居，必參相得。今不能撫養，使民逃散，是土地有餘，而民不足，故君子恥之。「衆寡均而倍焉，君子恥之」者，言役用民衆，彼之與己，民衆寡均等，而他人功績倍多於己，由不能勸課督率，故君子恥之。孔子曰：「凶年則乘駑馬，祀以下牲。」自貶損，亦取易共也。駑馬，六種最下者。下牲，少牢若特豕、特豚也。恤由之喪，哀公使孺悲之孔子學士喪禮，《士喪禮》於是乎書。時人轉而僭上，士之喪禮已廢矣，孔子以教孺悲，國人乃復書而存之。疏正義曰：此一節明凶荒之年，君自貶損也。「乘駑馬」者，駑馬，六種之最下者也。馬有六種，一曰種馬，天子玉路所乘；二曰戎馬，兵車所乘；三曰齊馬，金路所乘；四曰道馬，象路所乘；五曰田馬，木路所乘；六曰駑馬，負重載遠所乘。若年歲凶荒，則人君自貶，故「乘駑馬」也。「祀以下牲」者，諸侯常祭大牢，若凶荒，則用少牢。大夫、士各降一等，並用下牲也。

注「自貶」至「豚也」　正義曰：云「自貶損」者，言乘駑馬，降牲牢，是貶損也。云「駑馬，六種最下者」，案《校人》云：「種馬一物，戎馬一物，齊馬一物，道馬一物，田馬一物，駑馬一物。」是六種馬中最下也。云「下牲，少牢若特豕、特豚也」者，天子諸侯及天子大夫常祭用大牢，若凶年，降用少牢；諸侯之卿大夫常祭用少牢，降用特豕；士常祭用特豕，降用特豚。如此之屬，皆爲下牲也。子貢觀於蜡，孔子曰：「賜也樂乎？」對曰：「一國之人皆若狂，賜未知其樂也。」蜡也者，索也，歲十二月，合聚萬物而索饗之祭也。國索鬼神而祭祀，則黨正以禮屬民而飲酒于序，以正齒位。於是時，民無不醉者如狂矣。曰「未知其樂」，怪之。子曰：「百日之蜡，一日之澤，非爾所知也。蜡之祭，主先嗇也。大飲烝，勞農以休息之。言民皆勤稼穡，有百日之勞，喻久也。今一日使之飲酒燕樂，是君之恩澤。非女所知，言其義大。張而不弛，文、武弗能也；弛而不張，文、武弗爲也。一張一弛，文、武之道也。張、弛，以弓弩喻人也。弓弩久張之則絶其力，久弛之則失其體。

疏正義曰：此一節明蜡月鄉飲酒之樂。各依文解之。「蜡」，謂王者各於建亥之月，報萬物，息老休農，又各燕會飲酒於黨學中，故子貢往觀之也。「孔子曰『賜也樂乎』」者，呼子貢名而問之云：「汝觀蜡飲燕，見此之事，是歡樂否乎？」「對曰『一國之人皆若狂，賜未知其樂也』」者，子貢以謂禮儀有序，乃可是樂。今此蜡，人恣性酣飲，載號載呶，大小悉爾，故云「一國之人皆若狂」也。既皆如狂，則非歡樂，故云「未知其樂也」。注「蜡也」至「怪之」 正義曰：云「蜡也者，索也」至「而索饗之」，皆《郊特牲》文。言經之「蜡」者，是索饗之祭也。云「歲十二月」者，周正建亥之月。云「國索鬼神而祭祀，則黨正以禮屬民而飲酒于序」者，謂州黨之學。云「以正齒位」者，以歲終事畢，黨正屬民，以正齒位，若《鄉飲酒義》云「六十者坐，五十者立」，壹命齒于鄉里之屬。云「於是時，民無不醉者如狂矣」者，以飲初之時正齒位，及飲末而醉，無不如狂者也。「子曰『百日之蜡，一日之澤，非爾所知也』」者，孔子解蜡是樂之義也。言此蜡而飲，是報民一年勞苦，故云「百日之蜡」也。言「百日」者，舉其全數，喻久矣，實一年之勞苦也。今一日歡休，故恣其醉如狂，此是由於君之恩澤，故云「一日之澤」也。其理深遠，故曰「非爾所知也」。注「蜡之」至「義大」 正義曰：云「蜡之祭，主先嗇也」者，謂以先嗇神農爲主。云「大飲烝，勞農以休息之」者，謂於時天子、諸侯與群臣大飲於學，烝，升也，謂升牲體於俎。於此之時，慰勞農人，使令休息。云「言民皆勤稼穡，有百日之勞，喻久也」者，解經「百日之蜡」，言百日勞苦而有此蜡。其實一年，而云「百日」，舉其成數，以喻其久也。云「今一口使之飲酒燕樂，是君之恩澤」者，解經「一日之澤」，言一日之中，由人君之恩澤。「張而」至「道也」 此孔子以弓喻於民也。張，謂張弦。弛，謂落弦。若弓久張而不落弦，則絶其弓力。喻民久勞而不息，則亦損民之力也。 「文、武弗能也」者，言若使民如此，縱令文、武之治，不能使人之得所。以言其苦，故稱其不能。 「弛而不張，文武弗爲也」者，言弓久落弦而不張設，則失其弓之往來之體。喻民久休息而不勞苦，則民有驕逸之志。民若如此，文、武不能爲治也。而事之逸樂，故稱「不爲」也。 「一張一弛，文武之道也」者，言弓一時須張，一時須弛。喻民之一時須勞，一時須逸，勞逸相參。若調之以道，化之以理，張弛以時，勞逸以意，則文、武得其中道也，使可以治。文、武爲政之道，治民如此，故云「文、武之道也」。

孟獻子曰：「正月日至，可以有事於上帝。七月日至，可以有事於祖。」七月而禘，獻子爲之也。記魯失禮所由也。孟獻子，魯大夫仲孫蔑也。魯以周公之故，得以正月日至之後郊天，亦以始祖后稷配之。獻子欲尊其祖，以郊天之月對月禘之，非也。魯之宗廟，猶以夏時之孟月爾。《明堂位》曰：「季夏六月，以禘禮祀周公於大廟。」

疏 正義曰：此一節明魯之郊禘之事。「獻子」，魯大夫仲孫蔑，謚曰獻子。「正月」，周正月，建子之月也。日至，冬至日也。有事，謂南郊祭所出之帝也，上帝靈威仰也。而周以十一月爲正，其月日至，主云若天子則圓丘。❶魯以周公之故，得郊天，所以於此月得郊所出之帝靈威仰而已，故云「正月日至，可以有事於上帝」也。此言是也。「七月日至，可以有事於祖」者，七月，周七月，建午之月也。日至，夏至日也。有事，謂禘祭於祖廟，故云「有事於祖」。獻子言，十一月建子冬至既祭上帝，故建午夏至亦可禘祖。以兩月日至相對，故欲祭祖廟與天相對也，故云「七月日至，可以有事於祖」也。此言非也。所以爲非者，魯之祭祀宗廟，亦猶用夏家之法，凡大祭宜用首時，應禘於孟月。孟月於夏家是四月，於周爲六月。故《明堂位》云：「季夏六月，以禘禮祀周公於大廟。」是夏之孟月也。獻子捨此義，欲以此二至相當，以天對祖，乖失禮意。 「七月而禘，獻子爲之也」者，獻子有此之失，故記其失所由也。注「記

❶「主云」，魏氏《要義》「主」作「王」。阮本「主」作「注」，閩、監、毛本同。衛氏《集説》則無「主云」二字。浦鏜校云，此二字衍。

魯」至「大廟」　正義曰：云「記魯失禮所由」者，言「七月而禘」，是魯之失禮。時暫爲之，非是恒行，故《春秋》獻子之後，無七月禘廟之事。又此不云「自獻子始」，是不恒行也。云「孟獻子，魯大夫仲孫蔑也」者，以《左傳》稱「孟獻子」，《經》書「仲孫蔑」也。云「魯以周公之故，得以正月日至之後郊天，亦以始祖后稷配之」者，此是《明堂位》文，故《明堂》云：「魯君孟春乘大路，祀帝于郊，配以后稷。」是后稷配之也。「亦」者，天子正月郊祭，以始祖配天；魯以十一月郊祭，亦以后稷配天，故云「亦」也。云「魯之宗廟，猶以夏時之孟月爾」者，以《明堂位》稱「季夏六月，以禘禮祀周公於大廟」，周之季夏，即夏之孟月建巳之月。❶又《春秋》宣八年「六月辛巳，有事于大廟」，謂禘祭也，是用建巳之月。案《春秋》宣九年，獻子始見《經》。案僖八年，於時未有獻子，而「七月禘」者，鄭答趙商云：「以僖八年正月，公會王人于洮。六月應禘，以在會未還，故至七月乃禘。❷君子原情免之，理不合譏。而書之者，爲致夫人，故書『七月禘』也。」獻子既七月而禘，非時失禮。《春秋》之例，非時祭者，皆書於經，以示譏。獻子以後之禘而用七月，不書於經而不譏者，鄭《釋廢疾》云：「宣八年『六月，有事于大廟』，禘而云『有事』者，雖爲卿佐卒張本，而書『有事』，其實當時有用七月而禘。因宣公六月而禘得禮，故變文言『有事』。《春秋》因事變文，見其得正也。」如鄭此言，則獻子之時，禘皆非正。因宣公六月禘爲得正，故變文云「有事」，以明餘禘之不正也。故餘禘不載於經，唯譏於宣公得正之禘也。鄭又一解云：「《禮記》之言，不可合於《春秋》之例。」故鄭答趙商云：「《禮記》之云，何必皆在《春秋》之例？」是《禮記》不與《春秋》合也。

夫人之不命於天子，自魯昭公始也。亦記魯失禮所由也。周之制，同姓百世昏姻不通。吴，大伯之後，魯同姓。昭公取於吴，謂之吴孟子，不告於天子。自此後，取者遂不告於天子，天子亦不命之。疏正義曰：諸侯夫人，亦天子所命。或是王后無畿外之事，故天子命畿外諸侯夫人，此文是也。若畿内諸侯及卿大夫之妻，則《玉藻》注云「天子、諸侯命其臣，后、夫人亦命其妻」是也。

外宗爲君、夫人，猶内宗也。皆謂嫁於國中者。爲君服斬，夫人齊衰，不敢以其親服服至尊也。外宗，謂姑、姊妹之女，舅

❶「孟」，浦鏜校云：「六」誤「孟」。
❷「七」，原作「十」，據殿本、庫本、阮本及衛氏《集説》改。

之女，從母，❶皆是也。內宗，五屬之女也。其無服而嫁於諸臣者，從爲夫之君；嫁於庶人，從爲國君。**疏**正義曰：「外宗」者，謂君之姑、姊妹之女及舅之女及從母皆是也。❷「內宗」，謂君五屬內之女。君內宗爲君悉服斬衰，爲夫人齊衰，則君之外宗之女，爲君及夫人與內宗同，故云「猶內宗也」。亦即是「與諸侯爲兄弟者服斬」之例也。**注**「皆謂」至「國君」 正義曰：知「皆謂嫁於國中者」，以經云「爲君、夫人」，則「君、夫人」者，是國人所稱號，故知嫁於國中。國外當云「諸侯」。云「爲君服斬，夫人齊衰，不敢以其親服服至尊也」者，案《禮》：「族人不敢以其戚戚君。」則異族者，亦不可以戚戚君，故不得以其親服服至尊也。云「外宗，謂姑、姊妹之女，舅之女及從母皆是也」者，古者大夫不外取，故君之姑、姊妹嫁於國內大夫爲妻，是其正也。「舅之女及從母皆是」者，謂君之舅女及君之從母在國中者，非正也。所以非正者，以諸侯不內取，故舅女及從母不得在國中。諸侯雖曰外取，舅及從母，元在他國，而舅之女及從母不得來嫁與己國卿大夫爲妻，以卿大夫不外取。知「內宗，五屬之女」者，以其稱「內」，故知「五屬之女也」。凡外宗、內宗，皆據有爵者。云「其無服而嫁於諸臣者，從爲夫之君」者，摠謂外宗、內宗之女皆然也。云「嫁於庶人，從爲國君」者，亦內外宗之女並言之，則服齊衰三月。此等內宗、外宗，熊氏云：「雖嫁在他國，皆爲本國諸侯服斬也。」今依用之。若賀循、譙周之等，云「在己國則得爲君服斬，夫人齊衰。若在他國，則不得也」。今並存焉，任賢者擇之。此「外宗」與《喪服》「外宗爲君」別也。❸故鄭注彼云：「外宗是君之外親之婦。」此「外宗」唯據君之宗，崔氏云「兼據夫人外宗」，其義非也。又《周禮》外宗、內宗，謂外內之女，而崔氏云：「鄭注《特牲》云：『女者，女有出適，嫌有降理。』故舉女不言男。」其義亦非也。

廐焚，孔子拜鄉人爲火來者。 拜謝之。**拜之，士壹，大夫再，亦相弔之道也。** 言拜之者，

❶「從母」，阮本「從」上有「及」字，余本、撫本、岳本同。案《正義》述注亦有「及」字。又，孫詒讓《校記》云：「據《服問》疏引熊安生説，此注『從母』下疑本有『之女』二字，而孔本奪之。」

❷「君」，原作「宗」，據閩本、監本、毛本、殿本、庫本及阮本改。

❸「喪服外宗爲君」，孫詒讓《校記》云：「『外宗爲君』，見《服問》，非《儀禮・喪服》文。」

爲其來弔己。《宗伯職》曰：「以弔禮哀禍災。」疏正義曰：「厩焚」，孔子馬厩被火焚也。「孔子拜鄉人爲火來者」，謂孔子拜謝鄉人爲火而來慰問孔子者。「拜之，士壹，大夫再」者，言拜此鄉人之時，若士，則壹拜之；大夫，則再拜之。「亦相弔之道」者，此言雖非大禍災，亦是相哀弔之道也。

孔子曰：「管仲遇盜，取二人焉，上以爲公臣，曰：『其所與遊辟也，可人也。』」言此人可也，但居惡人之中，使之犯法。管仲死，桓公使爲之服。宦於大夫者之爲之服也，自管仲始也，有君命焉爾也。」亦記失禮所由也。善桓公不忘賢者之舉。宦，猶仕也。此仕於大夫，更升於公，與「違大夫，之諸侯」同爾，禮不反服。疏正義曰：此一節明大夫之臣，雖仕於公，反服大夫之服。孔子論説管仲之事，故云「孔子曰」。「管仲遇盜，取二人焉」者，謂管仲逢遇群盜，於此盜中簡取二人焉。「上以爲公臣」者，謂管仲薦上此二人，以爲桓公之臣。「曰：其所與遊辟也，可人也」者，此管仲薦此盜人之辭。言此盜人所與交遊是邪辟之人，故犯法爲盜。「可人也」者，謂其人性行，是堪可之人也，可任用之。「管仲死，桓公使爲之服」者，謂管仲之死，桓公使此二人著服也。「宦於大夫者之爲之服也，自管仲始也」者，言依禮，仕宦於大夫，升爲公臣，不合爲大夫著服。今此二人，是仕宦於大夫升爲公臣者之爲大夫而著服也，從管仲爲始。言自此以後，升爲公臣皆服宦於大夫之服也。「有君命焉爾也」者，言此二人所以爲管仲著服者，有桓公之命使之焉爾。作《記》之者亦記失禮所由，❶又記桓公不忘賢者之舉也。

過而舉君之諱則起。舉，猶言也。起立者，失言而變自新。與君之諱同則稱字。謂諸臣之名也。疏正義曰：此一節明辟君之諱也。「過」，謂過誤也。舉，猶言也。若過誤言君之諱，則起而改變自新。

內亂不與焉，外患弗辟也。謂卿大夫也。同僚將爲亂，己力不能討，不與而已。至於鄰國爲寇，則當死之也。《春秋》「魯公子友如陳葬原仲」，《傳》曰：「君子辟內難而不辟外難。」疏正義曰：此一經明卿大夫之禮，有內亂，力

❶「之」，阮校引盧文弨云：「之」，衍字。

不能討，可辟之事。　「内亂不與焉」者，謂國内有同僚爲亂，則身自畏辟，不干與焉。以其力弱，不能討也。雖不與而已，若力能討，則當討之。　「外患弗辟也」者，外，謂在外鄰國，爲其寇患，雖力不能討，不得辟之，當盡死於難也。　注「春秋」至「外難」　正義曰：引《春秋》者，莊二十七年《公羊傳》文。案彼云：「公子友如陳葬原仲。大夫不書葬，此何以書？通乎季子之私行也。」又云：「君子辟内難，而不辟外難。内難者何？公子慶父、公子牙通乎夫人，以脅公。季子起而治之，則不得與于國政；坐而視之，則親親。」何休云：「不忍見其如此，❶故請至于陳而葬原仲。」時季友不討慶父，爲不與國政，力不能討。至莊三十二年，季子與國政，故逐慶父而酖叔牙也。此注云「力不能討」，亦謂不與國政。若與國政，力能討之而不討，則責之。故宣二年晉史董孤書趙盾以「弑君」，云「子亡不越竟」是也。

《贊大行》曰：「圭，公九寸，侯、伯七寸，子、男五寸；博三寸，厚半寸，剡上左右各寸半，玉也。藻，三采六等。」《贊大行》者，書説大行人之禮者名也。藻，薦玉者也。三采六等，以朱、白、蒼畫之再行也。子、男執璧，作此《贊》者失之矣。

哀公問子羔曰：「子之食奚當？」問其先人始仕食禄，以何君時。　對曰：「文公之下執事也。」

疏 正義曰：此明五等諸侯所執圭玉之制。　「《贊大行》曰」者，贊，明也。大行，謂《周禮》有《大行人》篇，掌諸侯五等之禮。舊作《記》之前，有人説書贊明大行人之事，謂之《贊大行》。今亦作《記》者引此舊書，故云「《贊大行》曰」。曰，發語端也。　「博三寸」者，謂圭博三寸也。「厚半寸」者，謂圭與璧各厚半寸。　「剡上左右各寸半」者，謂圭與璧，剡，殺也，殺上左右角各寸半也。　「玉也」者，言五等諸侯圭璧長短雖異，而俱以玉爲之，故云「玉也」。　「藻，三采六等」者，藻，謂以韋衣板以藉玉者。三采，朱、白、蒼也。六等，六行也。謂畫上三色，每色爲二行，是三采六等。　注「贊大」至「之矣」　正義曰：云「書説大行人之禮者名也」者，謂作此《記》之前，別有書論説大行人之禮，其篇名謂之《贊大行》。云「三采六等，以朱、白、蒼畫之再行也」者，案《聘禮記》云「朝天子，圭與繅皆

❶「何休云不忍見其如此」，浦鏜校，改此九字爲「因不忍見也」，與《公羊傳》合。

九寸。繅三采六等，朱、白、蒼，朱、白、蒼」是也。既重云「朱、白、蒼」，是一采爲二等，相間而爲六等也。若五等諸侯，皆一采爲一就。《典瑞》云：「公、侯、伯皆三采三就。」謂一采爲一就，故三采三就。其實采别二就，三采則六等也。《典瑞》又云：「子、男皆二采再就。」二采，謂朱、緑也。二采，故二就。其實采别二就，二采則四等也。《典瑞》又云：「瑑圭璋璧琮，繅皆二采一就，以覜聘。」此謂卿大夫。每采唯一等，是二采共一就也，與諸侯不同。其天子，則《典瑞》云：「繅五采五就。」亦一采爲一就，五采故五就。其實采别二就，五采則十等也。云「子、男執璧，作此《贊》者失之矣」者，以此經列公、侯、伯、子、男，揔云「博三寸，剡上左右各寸半」，此謂圭也。今揔包子、男，則子、男亦執圭，故云作此《贊》者失之矣。

成廟則釁之。其禮，祝、宗人、宰夫、雍人，皆爵弁純衣。廟新成，必釁之，尊而神之也。宗人先請於君曰：「請命以釁某廟。」君諾之，乃行。

雍人拭羊，宗人視之，宰夫北面于碑南，東上。居上者，❶宰夫也。宰夫，攝主也。拭，静也。

雍人舉羊升屋，自中，中屋南面，刲羊，血流于前，乃降。門、夾室皆用雞，先門而後夾室。其衈皆於屋下。割雞，門，當門；夾室，中室。自，由也。衈，謂將刲割牲以釁，先滅耳旁毛薦之。耳，聽聲者，告神欲其聽之。《周禮》有「刉衈」。

有司皆鄉室而立，門則有司當門，北面。有司，宰夫、祝、宗人。

既事，宗人告事畢，乃皆退，告者，告宰夫。

反命于君，曰：「釁某廟事畢。」反命于寢，君南鄉于門内，朝服，既反命，乃退。君朝服者，不至廟也。

路寢成，則考之而不釁。釁屋者，交神明之道也。言路寢者，生人所居。不釁者，不神之也。考之者，設盛食以落之爾。《檀弓》曰「晉獻文子成室，諸大夫發焉」是也。

凡宗廟之器，其名者成，則釁之以豭豚。宗廟名器，謂尊、彝之屬。

疏正義曰：此一節論釁廟及考路寢之事。「成廟則釁之」者，謂宗廟初成，則

❶「居」，阮校云：「案《通典》四十八引作『東』。『東』字似勝。」今按：《大戴禮記·諸侯釁廟》盧辯注即作「東」。

殺羊取血以釁之，尊而神之也。　「其禮，祝、宗人、宰夫、雍人，皆爵弁純衣」者，其禮，謂釁廟之禮。欲釁之時，宗人先請於君曰：「請命以釁某廟。」君諾之，乃行事。爵弁者，士服也。純衣者，謂絲衣，則玄衣纁裳也。　「雍人拭羊」者，雍人是厨宰之官。拭羊，謂拭静其羊，拭於廟門外。案《大戴禮·釁廟篇》云：「成廟，則釁以羊。君玄服立於寢門内，南鄉。祝、宗人、宰夫、雍人皆玄服。宗人曰：『請命以釁某廟。』君曰：『諾。』遂入。雍人拭羊。乃行，入廟門，碑南，北面。雍人舉羊，升屋自中，中屋南面，刲羊，血流于前，乃降。」此皆《大戴禮》文。既云「拭羊，乃行，入廟門」，是拭羊在廟門之外。但初受命於寢門内之時，君與祝、宗人、宰夫、雍人等，皆著玄服，謂朝服緇衣素裳等。其祝、宗人、宰夫、雍人等皆入廟之時，則爵弁純衣。　「雍人舉羊，升屋」者，熊氏云：「謂抗舉其羊，升於屋上。自中者，自，由也，謂升屋之時，由屋東西之中，謂兩階之間而升也。中屋南面者，謂當屋棟之上，亦東西之中。而南面刲割其羊，使血流于前，雍人乃降。」皇氏云：「舉羊，謂縣羊。升屋，謂掛羊於屋。自中，謂在屋之中。中屋，謂羊在屋棟之下，縣之上下處中。」今謂屋者，謂室之在上之覆也。前云「升屋」，下云「乃降」，與《喪大記》「復者升屋」其文正同，何得以升爲縣？又中屋爲屋棟，去地上下爲中，此正得云「屋中」，不得云「中屋」。若室裏縣羊，血則當羊而下，何得云「血流于前」？又下文「其衈皆於屋下」，明知其釁則在屋上。撿勘上下，皇氏之説非也。　「門、夾室皆用雞」者，門，廟門也。夾室，東西廂也。其減於廟室，故釁不用羊也。門與夾室各一雞，凡用三雞，故云「皆」也。謂釁門、夾室用雞之時，如上用羊之法，亦升屋而割之。　「先門而後夾室」者，謂先釁門，後釁夾室，又卑於門也。❶　「其衈皆於屋下」者，謂未刲割羊與雞之時，先滅耳旁毛以薦神，廟則在廟之屋下，門與夾室則在門、夾室之屋下，故云「其衈皆於屋下」。衈訖，然後升屋而釁也。　「門，當門；夾室，中室」者，謂衈訖爲釁之時，門則當門屋之上中，夾室則當夾室上之中。以割雞使血流，故云「門，當門；夾室，中室」。此釁廟以羊，門、夾室以雞，揔云「其衈」，則毛牲、羽牲皆謂之衈。而鄭注《周禮》云「毛牲曰刉，羽牲曰衈」者，以此經有羊有雞，無别「刉」文，故揔以「衈」包之。《周禮》刉、衈相對，故以「毛

❶「又卑」，殿本《考證》云：「『又卑』之上脱『夾室』二字，此因上句而誤脱者也。」

牲曰刉，羽牲曰衈」。「有司皆鄉室而立」者，謂釁夾室之時，宰夫、祝、宗人皆當於夾室而立。門則有司當門，北面而立。「既事，宗人告事畢，乃皆退」者，謂釁事既畢，宗人告攝主宰夫以事畢，宰夫及祝、宗人等乃退。「反命于寢」者，謂釁既畢，反報君命於路寢。「君南鄉于門內，朝服」者，謂君受命之時，南鄉于路寢門內，南面而立，身著朝服，即《大戴禮》云「玄衣」。以不入廟，故朝服。「路寢成，則考之而不釁」者，路寢是生人所居，不用神之，故不釁也。考之者，謂設盛饌以落之，如《檀弓》「晉獻文子成室」是也。庾蔚云：「落，謂與賓客燕會，以酒食澆落之，即歡樂之義也。」「釁屋者，交神明之道也」者，釋所以不釁路寢之義。言此屋與神明相交，故釁之也。「凡宗廟之器，其名者成，則釁之以豭豚」者，器之名者，尊、彝之屬也。若作名者成，則釁之。若細者成，則不釁。名器則殺豭豚，血塗之也。不及廟，故不用羊也。

諸侯出夫人，夫人比至于其國，以夫人之禮行。至，以夫人入。行道以夫人之禮者，弃妻致命其家乃義絶，不用此爲始。使者將命曰：「寡君不敏，不能從而事社稷宗廟，使使臣某敢告於執事。」主人對曰：「寡君固前辭不教矣，寡君敢不敬須以俟命。」前辭不教，謂納采時也。此辭，賓在門外，擯者傳焉。賓入，致命如初。主人卒辭曰：「敢不聽命。」有司官陳器皿，主人有司亦官受之。器皿，其本所賫物也。律，弃妻畀所齎。妻出，夫使人致之曰：「某不敏，不能從而共粢盛，使某也敢告於侍者。」主人對曰：「某之子不肖，不敢辟誅，敢不敬須以俟命。」使者退，主人拜送之。肖，似也。不似，言不如人。誅，猶罰也。如舅在則稱舅，舅没則稱兄，無兄則稱夫。言弃妻者，父兄在則稱之，命當由尊者出也。唯國君不稱兄。主人之辭曰：「某之子不肖。」如姑、姊妹，亦皆稱之。姑、姊妹見弃，亦曰「某之姑，某之姊若妹不肖」。

疏正義曰：此一節論諸侯出夫人及卿大夫以下出妻之事。「諸侯出夫人」者，謂夫人有罪，諸侯出之，令歸本國。「使者將命」者，使者，謂送夫人歸者，將行君命以告夫人之國君。「寡君不敏，不能從而事社稷宗廟」者，禮尚謙退，不能指斥夫人所犯之罪，❶故引過自歸云：「寡君才知不敏，不能隨從夫人共事社稷宗廟，故君使臣某敢告在下之執事。」❷「寡君敢不敬須以俟命」者，❸須，待也。俟，亦待也。主人報客云：「君既有命，寡君豈敢不恭敬須待君命。」「有司官陳器皿」者，使者既得主人答命，故使從己來有司之官陳夫人嫁時所賫器皿之屬以還主國也。「主人有司亦官受之」者，主國亦使有司官領受之也。並云「官」者，明付受悉如法也。

「妻出」者，此以下明夫出妻法也。「如舅在則稱舅，舅没則稱兄」者，謂凡遣妻，必稱尊者之命。舅在稱舅者，謂妻之被出，則應稱「夫名使某來告」，若夫之父在，則稱「父名使某來告」，是舅在則稱舅也。「舅没則稱兄」者，謂稱夫兄之名使某來告。不云「舅没則稱母」者，婦人之名，不合外接於人也。若有死喪，則稱母弔，即《曾子問》云「母喪稱母」是也。「無兄則稱夫」者，謂夫身無兄，則稱「夫名使某來告」，則上文是也。夫遣人致命，則得云「某不敏，不能從而共粢盛」。若夫之父兄遣人致命，其致命之辭，未聞也。「主人之辭曰：某之子不肖」者，前文已具，重更發者，爲姑、姊妹張本，故云「如姑、姊妹，亦皆稱之。」鄭云「某之姑、某之姊若妹不肖」是也。

孔子曰：「吾食於少施氏而飽，少施氏食我以禮。言貴其以禮待己而爲之飽也。時人倨慢，若季氏則不以禮矣。少施氏，魯惠公子施父之後。吾祭，作而辭曰：『疏食不足祭也。』吾飧，作而辭曰：『疏食也，不敢以傷吾子。』」【疏】正義曰：此一節明少施氏以禮而食孔子。「吾祭」者，謂孔子祭也。「作而辭曰：疏食不足祭也」者，作，起也。少施氏起而辭謝云：「疏麤之食，不足祭也。」「吾飧」者，謂孔子食後而更飧、而强飯以答主人之意。「作而辭曰：疏食也，不敢以傷吾子」者，少施氏又起而辭謝云：「疏麤之食，不可强飽，以致傷害，故云『不敢以傷吾子』。」

納幣一束，束五兩，兩五尋。納幣，謂昏禮納徵也。十箇爲束，貴成數。兩

❶「能」，阮校云：「《通解》『能』作『欲』。」
❷「使」，衛氏《集説》「使」字重。
❸「俟」，原作「侯」，據阮本改。

兩者合其卷，❶是謂五兩。八尺曰尋。一兩五尋，❷則每卷二丈也，合之則四十尺。今謂之匹，猶匹偶之云與？**婦見舅姑，兄弟、姑、姊妹皆立于堂下，西面北上，是見已。**婦來爲供養也。其見主於尊者。兄弟以下在位，是爲已見，不復特見。**見諸父，各就其寢。**旁尊也，亦爲見時不來。**女雖未許嫁，年二十而笄，禮之。婦人執其禮。**雖未許嫁，年二十亦爲成人矣。禮之，酌以成之。言「婦人執其禮」，明非許嫁之笄。**燕則鬈首。**既笄之後去之，猶若女有鬌紒也。**疏**正義曰：此一節論昏禮婦見舅姑，及女未許嫁加笄分別之事。「納幣一束」者，謂昏禮納財幣之時，其幣一束，謂十箇也。「束五兩」者，兩箇合爲一卷，取配偶之義，是「束五兩」也。一兩有四十尺，八尺曰尋，五八四十，是「兩五尋」也。今謂之匹，由匹偶也。「婦見舅姑」者，謂婦來明日而見舅姑也。「兄弟、姑、姊妹皆立于堂下，西面北上」者，見舅姑之時；則夫之兄弟、姑、姊妹皆立于舅姑之堂下，東邊西鄉，以北爲上，近堂爲尊也。「是見已」者，舅姑在堂上，婦自南門而入，入則從於夫之兄弟、姑、姊妹前度，以因是即爲相見，不復更別詣其室見之，故云「是見已」，謂是已見也。「見諸父，各就其寢」者，諸父，謂夫之伯叔也。既是旁尊，則婦於明日，乃各往其寢而見之，不與舅姑同日也。「女雖未許嫁，年二十而笄，禮之」者，女子十五許嫁而笄，若未許嫁，至二十而笄，以成人禮言之。「婦人執其禮」者，賀瑒云：「十五許嫁而笄者，則主婦及女賓爲笄禮，主婦爲之著笄，女賓以醴禮之。未許嫁而笄者，則婦人禮之，無主婦、女賓，不備儀也。」「燕則鬈首」者，謂既笄之後，尋常在家燕居，則去其笄而鬈首，謂分髮爲鬌紒也。此既未許嫁，雖已笄，猶爲少者處之。**韠，長三尺，下廣二尺，上廣一尺。會去上五寸，紕以爵韋六寸，不至下五寸。純以素，紃以五采。**會，謂上領縫也。領之所用，蓋與紕同。在旁曰紕，在下曰純。素，生帛也。紕六

❶「者」，阮校引段玉裁校本云：「案『者』字衍。《召南》疏無『者』字。」

❷「一」，原作「五」，據撫本改。張敦仁《考異》云：「各本『一』作『五』，皆誤也。」

寸者，中執之，表裏各三寸也。純紕所不至者五寸，與會去上同。紃施諸縫中，若今時絛也。【疏】正義曰：「韠」，韍也。「長三尺」，與紳齊也。下廣上狹，象天地數也。「會去上五寸」者，會，謂韠之領縫也。此縫去韠上畔廣五寸，謂會上下廣五寸。「紕以爵韋六寸」者，謂會縫之下，韠之兩邊，❶紕以爵韋闊六寸，倒攝之，兩廂各三寸也。「不至下五寸」者，謂紕韠之兩邊，不至韠之下畔闊五寸。「純以素」者，素，謂生帛。謂紕所不至之處，横純之以生帛。此帛上下，亦闊五寸也。❷「紃以五采」者，紃，絛也。謂五采之絛，置於諸縫之中。【注】「會謂」至「上同」正義曰：韠旁緣謂之紕，上緣謂之會，以其在下揔會之處，❸故謂之爲會。此上緣緣韠之上畔，其縫廣狹，去上畔五寸也。云「領之所用，蓋與紕同」者，紕既用爵韋，會之所用無文，會、紕同類，故知會之所用與紕同也。云「純紕所不至者五寸」者，純，緣也。緣之所施，是兩旁之紕，不至下五寸之處，以素緣之。云「與會去上同」者，純之上畔，去韠下畔五寸；會之下畔，去韠之上畔五寸。以其俱五寸，故云「與會去上同」。如諸儒所説，云「會者，是韠之上畔淺緣而已；去上五寸，謂與兩旁之紕，去韠上畔會縫之下有五寸」。若如此説，何得鄭注「與會去上同」？明知會之闊狹五寸也。

禮記正義卷第五十二

❶「之」，原作「以」，據阮本、阮校改。
❷「亦」，阮本作「各」，閩、監、毛本同。
❸「下」，阮校云：「惠棟校宋本『下』作『上』。」潘宗周《校勘記》云：「此非惠棟校宋本，但必當從惠。」

禮記正義卷第五十三

國子祭酒上護軍曲阜縣開
國子臣孔穎達等奉勅撰

喪大記第二十二

正義曰：案鄭《目録》云：「名曰《喪大記》者，以其記人君以下始死、小斂、大斂、殯葬之事。此於《別録》屬《喪服》。」《喪大記》者，劉先云：❶「《記》謂之『大』者，言其委曲詳備繁多，故云大。」

疾病，外内皆埽。爲賓客將來問病也。疾困曰病。疏正義曰：「外内皆埽」者，爲賓客來問病者，以尋常每日皆埽。案《内則》云「雞初鳴，咸盥漱，灑埽室堂」者，此是平生無事時，每日恒埽。今既疾病，不應更有華飾，故知埽者，爲賓客來也。注「疾困曰病」　正義曰：案《既夕禮》云「有疾，疾者齊」，乃云「疾病，内外皆埽」，是「疾困曰病」。此對文耳，散則通也。《檀弓》云「孔子寢疾，七日而没」是也。**君、大夫徹縣，士去琴瑟。**聲音動人，病者欲静也。凡樂器，天子宮縣，諸侯軒縣，大夫判縣，士特縣。去琴瑟者，不命之士。**寢東首於北牖下。**謂君來視之時也。病者恒居北牖下。或爲「墉下」。❷**廢牀，徹褻衣，加新衣，體一人。**廢，去也。人始生在地，去牀，庶其生氣反。徹褻衣，則所加者，新朝服矣，互言之也。加朝服者，明其終於正也。體，手足也。四人持之，爲其不能自屈伸也。**男女改服，**爲賓客來問病，亦朝服也。主人深衣。❸**屬纊以俟絶**

❶「先」，阮本作「元」，閩、監、毛本同。

❷「牖下或爲墉下」，孫希旦《集解》云：「室北無牖，作『墉』是。《士喪禮》正作『墉』。」疏放此。

❸「主人」，原作「庶人」，據浦鏜校及《儀禮・既夕禮記》鄭注改。

氣。纊，今之新緜，易動揺，置口鼻之上以爲候。男子不死於婦人之手，婦人不死於男子之手。君子重終，爲其相褻。**疏**正義曰：此明君及大夫等疾困去樂之事。「君」，謂諸侯也，及大夫等徹縣。知不包天子者，以此篇所記，皆據諸侯以下也。**注**「天子」至「之士」 正義曰：案《周禮·小胥》：「王宮縣，諸侯軒縣，卿大夫判縣，士特縣。」鄭云：「宮縣，四面象宮室；軒縣，去其一面；判縣，又去其一面；特縣，又去其一面，縣於東方，或於階閒而已。」又云：「凡縣鍾磬，半爲堵，全爲肆。」鄭云：「諸侯之大夫，半天子之大夫，西縣鍾，東縣磬。士亦半天子之士，縣磬而已。」案《典命》：「子男之卿再命，其大夫壹命，其士不命。」此云「不命之士」，謂子男之士。**注**「謂君」至「牖下」 正義曰：知「謂君來視之時也」者，案《論語·鄉黨》云：「疾，君視之，東首，加朝服。」此云「東首」，故知是君來視之時也。以東方生長，故東首鄉生氣。云「病者恒居北牖下」者，《士喪下篇》云「東首于北墉下」，是恒在北牖下也。若君不視之時，則不恒東首，隨病者所宜。此熊氏所説也。今謂病者雖恒在北牖下，若君來視之時，則蹔時移鄉南牖下，東首，令君得南面而視之。

注「廢去」至「伸也」 正義曰：「人始生在地，去牀，庶其生氣反」者，釋所以病困而除牀取地義也。人初生時在地，今病困而反在地，冀生氣還反得活如初生時也。云「徹褻衣，則所加者新朝服矣，互言之也」者，上云「徹褻衣」，則知所加者正也；下云「加新衣」，則知所徹者褻衣，故云「互」也。朝服，玄衣素裳也。云「加朝服者，明其終於正也」者，解所以加朝服義也。明君子雖卒，必以正自處也。**注**「爲賓客來問病，❶亦朝服也」 正義曰：案《既夕禮》云：「養者皆齊。」案《文王世子》云：「則世子親齊玄而養。」至病困，易之以朝服。故《檀弓》云：「親始死，羔裘玄冠者，易之而已」。易羔裘玄冠，即朝服也。

君、夫人卒於路寢，大夫、世婦卒於適寢。内子未命，則死於下室，遷尸于寢。士、❷士之妻，皆死于寢。言死者必皆於正處也。寢、室通耳，其尊

❶「爲」，原作「謂」，據阮本改。

❷「士」字原脱，據《唐石經》及撫本補。疏同。案阮校引段玉裁校，亦云各本脱一「士」字。

者所不燕焉。君謂之路寢，大夫謂之適寢，士或謂之適室。此變「命婦」言「世婦」者，明尊卑同也。世婦以君下寢之上爲適寢。內子，卿之妻也。下室，其燕處也。疏正義曰：此一經明貴賤死寢不同也。「君」，謂諸侯也。諸侯三寢：一正者曰路寢，餘二曰小寢。卒歸於正，故在路寢也。夫人亦有三寢，一正二小，亦卒正者也。「大夫、世婦卒於適寢」者，適寢，猶今聽事處也，其制異諸侯也。大夫死適寢，其妻亦死適寢也。大夫妻曰命婦而云「世婦」，世婦是諸侯之次婦。今既明諸侯世婦尊與命婦敵，故互言見義。今命婦死於正寢，則世婦死女君次寢之上也。「內子未命，則死於下室，遷尸于寢」者，內子，卿妻也。若未爲夫人所命，則初死在下室，至小斂後遷尸，乃復還其正寢也。「士之妻，皆死于寢」者，亦各死其正室也。夫妻俱然，故云皆也。注「言死」至「處也」。正義曰：「寢、室通耳」者，案《士喪禮》云「死于適室」，此云「卒於適寢」，是寢、室通也。云「其尊者所不燕焉」者，謂尊嚴之處，不就而燕息焉。云「君謂之路寢，大夫謂之適寢，士或謂之適室」者，此云「士死于寢」，《士喪禮》云「死于適室」，故云「或」也。云「世婦以君下寢之上爲適寢」者，皇氏云：「君，謂女君。而世婦以夫人下寢之上爲適寢。」熊氏云：「諸侯夫人、大夫妻及士之妻卒，皆於夫之正寢。解此『世婦以君下寢之上爲適寢』者，夫人卒於君之正寢，世婦卒於君之下寢之上者。」與皇氏異。雖卒夫寢，皆婦人供視之，是亦「婦人不死男子之手」也。案服虔注《左傳》，義與皇氏同。夫人之卒，在於夫人路寢，比君路寢爲小寢。故僖八年：「夫人不薨于寢，則不殯于廟。」服虔注云：「寢，謂小寢也。」皇氏、熊氏，其説各異，未知孰是，故兩存焉。知死正寢者，案《春秋》，「成公薨於路寢，道也」。「僖公薨於小寢」，譏「即安」，謂就夫人寢也；隱公薨，不書地，失其所；文公薨于臺下；襄公薨于楚宮；定公薨于高寢：皆非禮也。案莊三十二年《公羊傳》何休注云：「天子、諸侯皆有三寢，一曰高寢，二曰路寢，三曰小寢。孫從王父之寢。」案《周禮》「掌王之六寢之脩」，何休云「天子三寢」，與《周禮》違，不可用。

復，有林麓則虞人設階，無林麓則狄人設階。復，招魄復魄也。階，所乘以升屋者。虞人，主林麓之官也。狄人，樂吏之賤者。階，梯也，簨虡之類。疏正義曰：自此至「復而後行死事」，明復是招魂之禮也。「復，有林麓則虞人設階」者，復，謂升屋招魂。其死者所封内若有林麓，則所主林麓虞人設階梯而升屋。「無林麓則狄人設階」者，謂官職卑小，不合有林麓，無虞人可使。狄人是家之樂吏之賤者，掌設簨虡。簨虡，階梯之類，故「狄人設階」也。

小臣復，復者朝服。君以卷，夫人以屈狄。大夫以玄赬，世婦以襢衣。士以爵弁，士妻以稅衣。皆升自東榮，中屋履危，北面三號，捲衣投于前，司服受之，降自西北榮。小臣，君之近臣也。朝服而復，所以事君之衣也。用朝服而復之者，敬也。復用死者之祭服，以其求於神也。君以卷，謂上公也。夫人以屈狄，互言耳。上公以衮，則夫人用褘衣；而侯伯以鷩，其夫人用揄狄；子男以毳，其夫人乃用屈狄矣。赬，赤也。玄衣赤裳，所謂「卿大夫自玄冕而下」之服也。其世婦亦以襢衣。榮，屋翼。升東榮者，謂卿、大夫、士也。天子、諸侯言「東霤」。危，棟上也。號，若云「皐某復」也。❶ 司服以篋待衣於堂前。

其爲賓，則公館復，私館不復。其在野，則升其乘車之左轂而復。私館，卿大夫之家也。不於之復，爲主人之惡。

疏 正義曰：此一經明復時所用之衣及招魂升降之節。

「小臣復，復者朝服」者，此明諸侯小臣，君之近臣，與君爲招魂復魄。既是君之親近，與君所爲招魂之時，冀君魂神來依之，則大夫士以下皆用近臣也。所復之人，皆著朝服，奉事君之魂神，❷故朝服。「君以卷」者，謂上公以衮冕而下。「夫人以屈狄」者，謂子男之夫人，自屈狄而下。「大夫以玄赬」者，玄纁也。言大夫招魂用玄冕、玄衣、纁裳，故云「玄赬」也。「世婦以襢衣」者，世婦，大夫妻也。其上服唯襢衣，故用招魂也。言「世婦」者，亦見君之世婦服與大夫妻同也。「士以爵弁」者，士亦用助祭上服以招魂。六冕則以衣名冠，諸侯爵弁則以冠名衣。今言「爵弁」者，但用其衣，不用其弁也。「士妻以稅衣」者，稅衣，六衣之下也，士妻得服之，故死用以招魂也。「皆升自東榮」者，此復者初上屋時也。榮，屋翼也。天子、諸侯，四注爲屋。而大夫以下，不得四注，但南北二

❶「某」，原作「義」，據余本、撫本、岳本改。
❷「君」，原作「命」，據殿本、庫本、阮本改。

注，而爲直頭，頭即屋翼也。復者升東翼而上也。賀瑒云：「以其體下於屋，故謂上下；❶在屋兩頭似翼，故名屋翼也。」「中屋履危」者，中屋者，當屋東西之中央。履危者，踐履屋棟上高危之處而復也。　「北面三號」者，復者北面，求陰之義也，鬼神所嚮也。三號，號呼之聲三徧也。必三者，一號於上，冀神在天而來也；一號於下，冀神在地而來也；一號於中，冀神在天地之閒而來也。號輒云「皐某復」矣，鄭注《士喪禮》云：「皐，長聲也。」　「捲衣投于前，司服受之」者，三招既竟，捲斂所復之衣，從屋前投與司服之官。「司服以篋待衣於堂前也」，前，謂陽生之道。復是求生，故衣從生處來也。然如《雜記》所言，則應每衣三號也。　「降自西北榮」者，復者投衣畢，而迴往西北榮而下也。初復是求生，故升東榮而上。求既不得，不忍虚從所求不得之道還，故就陰幽而下也。不正西而西北者，因取西北厞爲便也。❷必徹西北厞者，亦用陰殺之所也。故鄭注《士喪禮》云：「不由前降，不以虚反也。降因徹西北厞，若云此室凶，不可居然也。」　注「小臣」至「堂前」　正義曰：「君以卷，謂上公也，夫人以屈狄，互言耳」者，男子舉上公，婦人舉子男之妻。男子舉上以見下，婦人舉下以見上，是「互言」也。云「升東榮者，謂卿、大夫、士也」者，以《鄉飲酒》、《鄉射》是大夫、士之禮，云「設洗，當東榮」，此云「東榮」，故知是卿、大夫、士禮，今之兩下屋。云「天子、諸侯言『東霤』」者，霤，謂東西兩頭爲屋簷霤下。案《燕禮》云：「設洗，當東霤。」人君殿屋四注，《燕禮》是諸侯禮，明天子亦然。

復衣不以衣尸，不以斂。不以衣尸，謂不以襲也。復者，庶其生也。若以其衣襲斂，是用生施死，於義相反。《士喪禮》云「以衣衣尸，浴而去之」。疏正義曰：復是求生，若用復衣而襲斂，是用生施於死，於義爲反，故不得將衣襲尸及斂也。

婦人復，不以袡。袡，嫁時上服，而非事鬼神之衣。疏正義曰：袡是嫁時上服，乃是婦人之盛服，而非是事神之衣，故不用招魂也。綷襈衣下曰袡。

凡復，男子稱名，婦人稱字。婦人不以名行。疏正義曰：自殷以

❶「故謂上下」，浦鏜校云：「疑『故自此升』之誤。」

❷「取」，庫本、阮本作「徹」。案下文「必徹西北厞者」，疑作「徹」是。

上，貴賤復，同呼名。周則天子稱「天子」，諸侯稱「某甫且字」矣，大夫、士稱名，而婦人並稱字。唯哭先復。復而後行死事。氣絶則哭，哭而復，復而不蘇，可以爲死事。疏正義曰：「唯哭先復」者，氣絶而孝子即哭，哭訖乃復，故云「唯哭先復」也。「復而後行死事」者，復而猶望生，若復而不生，故得行於死事，謂正尸於牀及浴襲之屬也。始卒，主人啼，兄弟哭，婦人哭踊。悲哀有深淺也。若嬰兒中路失母，能勿啼乎？疏正義曰：「主人」，孝子、男子、女子也。親始死，孝子哀痛嗚咽，不能哭，如嬰兒失母，故啼也。「兄弟哭」者，有聲曰哭。兄弟情比主人爲輕，故哭有聲也。「婦人哭踊」者，婦人，衆婦也。宗婦亦啼。衆婦人輕，則哭也。然婦人雀踊，而此云「踊」者，通自上諸條並踊也。既正尸，子坐于東方，卿、大夫、父兄、子姓立于東方。有司庶士哭于堂下，北面。夫人坐于西方，内命婦、姑、姊妹、子姓立于西方。外命婦率外宗哭于堂上，北面。正尸者，謂遷尸牖下，南首也。子姓，謂衆子孫也。姓之言生也。其男子立於主人後，女子立於夫人後。世婦爲内命婦，卿大夫之妻爲外命婦。外宗，姑、姊妹之女。疏正義曰：此經明人君初喪，子及夫人以下哭位也。「子坐于東方」者，子，謂世子。世子尊，故「坐于東方」，謂室内尸東。故《士喪禮》云「主人入，坐于牀東」是也。「卿、大夫、父兄、子姓立于東方」者，案《士喪禮》「衆主人在其後」，又云「親者在室」，鄭云：「謂大功以上。」依准士禮，父兄、子姓大功以上，正立于室内東方。今此經揔云「卿、大夫、父兄、子姓立于東方」，以士禮言之，當在室内。但諸侯以上位尊，不可不正定世子之位。故《顧命》康王之「入翼室，恤宅宗」，不宜與卿、大夫、父兄、子姓俱在室内也。卿大夫等或當在户外之東方，遥繼主人之後。「有司庶士哭于堂下，北面」者，以其卑，故在堂下，北面。不云「東方」，稍近西而當户，以堂下西方無婦人位故也。案《士喪禮》云小功以下「衆兄弟堂下北面」，此經直云「有司庶士在堂下」，則諸父兄、子姓等，雖小功以下，皆在堂上西面也。「夫人坐于西方」者，亦近尸。故《士喪禮》云：「婦人俠牀，東面。」但士禮略，但言「俠牀」，人君則當以帷鄣之也。「内命婦、姑、姊妹、子姓立于西方」者，内命婦，則子婦也。姑、姊妹，謂君姑、姊妹也。子姓，君女孫。皆立于西方也。「外命婦率外宗哭于堂上，北面」者，外命婦，謂卿大夫妻。外宗，謂姑、姊妹之女。外命婦、外宗等疏於内命婦，故在户外。婦人無堂下之位，故皆堂上，北面。**注**「正尸」至「之女」　正義曰：知「正尸，謂遷尸牖下，南首也」者，《既夕禮》云「設牀第當牖」及「遷尸」是也。❶知「南首」者，案《士喪禮》將含之時，「商祝入，當牖，北面，受貝奠于尸西」，鄭注云「如商祝之事位，則尸南首明矣」是也。云「子姓，謂衆子孫也」者，謂子孫所生也。云「其男子立於主人後，女子立於夫人後」者，約《士喪禮》文。或諸侯位尊，男子等當立于户外東方，❷已具前説。云「世婦爲内命婦，卿大夫之妻爲外命婦」者，前文云「大夫、世婦」，則世婦與大夫妻相敵。此經内命婦與外命婦相當，故知内命婦是世婦也。案《喪服傳》云「命婦者，大夫之妻」，故云「外命婦，卿大夫妻」。又《周禮》命及於士，則其妻亦爲命婦。故鄭注《内宰》云「士妻亦爲命婦」。士妻與女御相對，俱褖衣，則君之女御，内命婦中兼之也。云「外宗，姑、姊妹之女」者，但姑、姊妹必嫁於外族，其女是異姓所生，故稱外宗。案《周禮》：「外宗，外女之有爵者。」若其有爵，則爲外命婦。此别云「外宗」，容無爵者。女之女亦是異姓所生，而不云者，則上文所謂「子姓」是也。《周禮》有「内宗，内女之有爵者」，此不言者，則前文「姑、姊妹」是也。但姑、姊妹已嫁國中則爲命婦，别云「姑、姊妹」者，容在室女未嫁及嫁於他國，或雖嫁國中，從本親之位，故别云「姑、姊妹」也。不云「舅之女及從母之女」者，「外宗」中兼之，略可知也。

大夫之喪，主人坐于東方，主婦坐于西方。其有命夫、命婦則坐，無則皆立。命夫命婦來哭者，同宗父兄、子姓，姑、姊妹、子姓也。凡此哭者，尊者坐，卑者立。士之喪，主人、父兄、子姓皆坐于東方，主婦、姑、姊妹、子姓皆坐于西方。士賤，同宗尊卑皆坐。凡哭尸于室者，主人二手承衾而哭。承衾哭者，哀慕若欲攀援。**疏**正義曰：此一

❶「及」，浦鏜校云「及」當「乃」之誤是也。
❷「立」字原脱，據殿本、庫本、阮本補。

經明大夫初有喪哭位之禮。❶ 「其有命夫、命婦則坐，無則皆立」者，謂哭位之中，有命夫、命婦，雖有卑於死者，以其位尊，故坐哭。若其無命夫、命婦，雖尊於死者，亦皆立哭。注「命夫」至「者立」 正義曰：知「命夫、命婦來哭者，同宗父兄、子姓，姑、姊妹、子姓也」者，案《左氏傳》：「士踰月，外姻至」。今大夫初喪正尸，無容即有異姓，故知是同宗之親來哭者。知非異姓卿大夫來弔者，以其與主人等並列哭位，故知是爲喪來哭者。若有弔者，當立哭，不得坐也。此大夫之喪，不顯父兄、子姓及姑、姊妹哭位者，約上文君喪及下文士喪，略可知也。云「凡此哭者，尊者坐，卑者立」，皇氏云：「凡，謂君與大夫。其哭者，若爵位尊者則坐，故上文君喪，子及夫人坐，大夫之喪，主人、主婦、命夫、命婦皆坐是也。君之喪，卿大夫皆立，大夫之喪，非命夫、命婦者皆立是也。此云尊卑，非謂對死者爲尊卑也。若其今所行之禮，與古異也。成服之後，尊於死者則坐，卑於死者則立也。」注「士賤，同宗尊卑皆坐」 正義曰：君與大夫位尊，故坐者殊其貴賤；士既位下，故坐者等其尊卑：無所異也。

君之喪，未小斂，爲寄公、國賓出。大夫之喪，未小斂，爲君命出。士之喪，於大夫，不當斂則出。父母始死悲哀，非所尊不出也。出者，或至庭，或至門。國賓，聘大夫。不當斂，其來非斂時。疏 正義曰：此一經明君、大夫、士等未小斂之前主人出迎賓之節。 「士之喪，於大夫不當斂則出」者，謂士之喪，大夫來弔，其主人於大夫來弔之時不當小斂之時，則出迎大夫。注「出者」至「斂時」 正義曰：云「或至庭」者，謂世子迎寄公及國賓，士出迎大夫也，皆至庭。故下文云「降自西階」，又云「士於大夫親弔，則與之哭，不逆於門外」是也。云「或至門」者，謂大夫於君命。故下文云「大夫於君命，迎于寢門外」是也。以此言之，則世子於天子之命，士於君命，亦皆然也。云「不當斂，其來非斂時」者，上君與大夫云「未小斂」，謂未斂之前，去小斂遠也。士云「不當斂」，謂去小斂近，大夫與士，至小斂相偪也。士於大夫，雖與小斂相偪，不當斂之時尚爲大夫出，若未小斂之前，爲大夫出可知也。案《檀弓》云：「大夫弔，當事而至，則辭焉。」注云：「辭，猶告

❶ 「大夫」，衛氏《集說》「大夫」下有「士」字，是。

也。擯者以主人有事告也。主人無事，則爲大夫出。」彼亦謂小斂之事，與此同。斂訖，大夫至，即拜之。故《雜記》云「當袒，大夫至，絶踊而拜之，反改成踊」是也。此但云「斂」，不云「襲」者，未襲之前，唯士爲君命出，其餘則不出。故《士喪禮》未襲之前，「君使人弔，主人迎于寢門外，見賓不哭；先入門右，北面」是也。君使退，主人哭拜送于外門外。於時賓有大夫，則特拜之。因送君使而拜之，非謂特出迎賓也。此云「不當斂則出」迎賓，《雜記》云「士喪當袒，大夫至，絶踊而拜之」，與此違者，皇氏云：「若正當斂時不出。若斂後而有大夫至，則絶踊而拜之。」

凡主人之出也，徒跣，扱衽，拊心，降自西階。君拜寄公、國賓于位。大夫於君命，迎于寢門外，使者升堂致命，主人拜于下。士於大夫親弔，則與之哭，不逆於門外。拜寄公、國賓於位者，於庭鄉其位而拜之。此時寄公位在門西，國賓位在門東，皆北面。小斂之後，寄公東面，國賓門西，北面。士於大夫親弔，謂大夫身來弔士也。與之哭，既拜之，即位西階，東面哭。大夫特來，則北面。

疏正義曰：前經明出迎賓遠近，此經更辨拜迎委曲之儀。「降自西階」者，不忍當主位，降自西階。「君拜寄公、國賓于位」者，寄公，謂失位之君也。國賓，謂鄰國大夫來聘者，遇主國君之喪。拜于位者，於庭鄉其位而拜之。「士於大夫親弔，則與之哭，不逆於門外」者，謂士之喪，大夫親來弔，立於西階下，東面。主人則降自西階下，南面拜之。拜訖，即位西階下，與大夫俱哭。不迎大夫於門外。

注「拜寄」至「北面」　正義曰：「此時寄公位在門西，國賓位在門東，皆北面」者，熊氏云：「凡賓弔，北面是其正。故《檀弓》云『曾子北面而弔焉』。且尸在堂上，鄉之可知也。知寄公在門西者，寄公有賓義，故在賓位，故知在門西。知國賓在門東者，賓雖爲君命使，或本是吉使，而遭主國之喪，而行私弔之禮，故從主人之位，故知在門東。」云「小斂之後，寄公東面，國賓門西，北面」者，熊氏云：「小斂之後，主人位於阼階下，西面。寄公稍依吉禮，漸就賓位，東面鄉主人也。國賓亦以小斂後漸吉，轉就門西賓位。但爵是卿、大夫，猶北面也。又《士喪禮》云『他國之異爵者，門西少進』是也。」云「既拜之，即位西階，東面哭」者，以大夫身來弔士之時，在西階之南，主人降自西階，鄉其位而拜之，拜訖，主人即位於西階下，東面哭之。故《士喪禮》云「賓有大夫則特拜之，即位于西階下，東面，不踊」，鄭注云：「即位西階下，未忍在主人位。」是據主人也。而皇氏云：「『即位西階，東面哭，』謂大夫之位也。」下云「大夫特來，則北面」，皇氏即云「是大夫之位」，俱與《士喪禮》違，❶又與鄭注《士喪禮》不同，其義非也。云「大夫特來，則北面」者，以大夫與士若俱來，皆東面，故主人即位西階，在大夫之北，俱東面而哭。今大夫獨來，不與士相隨，故大夫北面也。必知北面者，以凡特弔，皆北面。故《檀弓》云「曾子北面而弔」，是特弔也。

夫人爲寄公夫人出。命婦爲夫人之命出。士妻不當斂，則爲命婦出。出，拜之於堂上也。此時寄公夫人、命婦位在堂上，北面。小斂之後，尸西，東面。

疏 正義曰：前經明男子迎賓，此經明婦人迎賓也。「夫人爲寄公夫人出」者，出，謂出房也。婦人不下堂，但出房而拜於堂上也。婦人尊卑與夫同，故所爲出者亦同也。「命婦爲夫人之命出」者，亦同其夫爲君命也，此出亦不下堂耳。「士妻不當斂，則爲命婦出」者，前經明「士於大夫不當斂，出」，故此士妻於命婦亦不當斂而出也。

注「出拜」至「東面」 正義曰：知「拜於堂上」者，男子降階，拜賓于庭。婦人無外事，故知拜於堂上。云「此時寄公夫人、命婦位在堂上，北面」者，以前文云「君之喪，外命婦率外宗哭于堂上，北面」，故知此命婦在堂上，北面。知寄公夫人亦然者，以《士喪禮》「他國異爵者，門西，北面」，與己國大夫同，則知寄公夫人亦與命婦同也。云「小斂之後，尸西東面」者，以小斂之後，遷尸於堂，故知從婦人之位，在「尸西，東面」也。

小斂，主人即位于户内，主婦東面，乃斂。卒斂，主人馮之踊，主婦亦如之。主人袒，説髦，括髮以麻。婦人髽，帶麻于房中。士既殯説髦，此云小斂，蓋諸侯禮也。士之既殯，諸侯之小斂，於死者俱三日也。婦人之髽、帶麻於房中，則西房也。天子、諸侯有左右房。

徹帷，男女奉尸夷于堂，降拜。夷之言尸也。於遷尸，主人、主婦以下從而奉之，孝

❶「俱」，原作「但」，據閩本、監本、毛本、阮本改。

敬之心。降拜，拜賓也。君拜寄公、國賓、大夫、士，❶拜卿大夫於位，於士旁三拜。夫人亦拜寄公夫人於堂上。大夫内子、士妻，特拜命婦，氾拜衆賓於堂上。衆賓，謂士妻也。尊者皆特拜。拜士與其妻，皆旅之。主人即位，襲帶絰，踊。即位，阼階之下位也。有襲絰乃踊，尊卑相變也。母之喪，即位而免。記異者。禮，斬衰括髮，齊衰免，以至成服而冠。爲母重，初亦括髮，既小斂則免。乃奠。小斂奠也。弔者襲裘，加武、帶、絰，與主人拾踊。始死，弔者朝服裼裘，如吉時也。小斂，則改襲而加武與帶絰矣。武，吉冠之卷也。加武者，明不改冠，亦不免也。《檀弓》曰：「主人既小斂，子游趨而出，襲裘、帶絰而入。」**疏**正義曰：此一節明人君、大夫、士等小斂之節，及拜迎於賓，及奠祭弔者之儀。各隨文解之。「主人即位于户内」者，以初時尸在牖下，主人在尸東。今小斂當户内，故主人在户内稍東，西面。「主人馮之踊」者，斂訖，主人馮尸而踊。「主婦亦如之」者，馮尸竟亦踊，與男子同也。「主人袒」者，鄉小斂不袒，今方有事，故袒衣也。《士喪禮》馮尸已竟，而云「髺髮袒」，此未括髮，先云「袒」者，或人君禮也。「説髦」者，髦，幼時翦髮爲之，至年長則垂著兩邊，明人子事親恒有孺子之義也。若父死，説左髦；母死，説右髦；二親並死，則並説之。「親没不髦」是也。今小斂竟，喪事已成，故説之也。案鄭注「士既殯説髦」，今小斂而説者，人君禮也。「括髮以麻」者，以，用也。人君小斂説髦竟，而男子括髮，❷括髮用麻也。士小斂後亦括髮，但未説髦耳。「婦人髽」者，婦人髽亦用麻也，對男子括髮也。「帶麻于房中」者，帶麻，麻帶也，謂婦人要絰也。《士喪禮》云：「婦人之帶牡麻，結本，在房。」鄭云：「婦人亦有苴絰，❸但言帶者，記其

❶「君拜寄公國賓大夫士」，孫希旦《集解》云：「孔疏讀『君拜寄公、國賓、大夫、士』爲句，謂嗣君拜寄公、國賓，又拜大夫、士，非是。君喪無拜大夫士之禮。」按：孫説是也。「大夫士」三字當屬下爲句。

❷「男子」，浦鏜校云「男子」二字衍。今按：蓋據衛氏《集説》校也。

❸「有」字原脱，據阮本、阮校補。

異。此齊衰婦人。斬衰婦人亦苴絰也。」帶，男子帶絰于東房，而婦人帶絰在西房。既與男子異處，故特記其異也。婦人重帶，故云「帶」，而略於絰也。于房中者，謂男子説髦、括髮在東房，婦人髽、帶麻于西房也。**注**「士既」至「右房」　正義曰：「士之既殯，諸侯之小斂，於死者俱三日也」者，謂數往日也。云「婦人之髽、帶麻於房中，則西房也」者，案《士喪禮》「主人髺髮袒，衆主人免于房」，鄭注云：「釋髺髮宜於隱者」。是主人等括髮在東房。《士喪禮》又云：「婦人髽于室。」以男子在房，故婦人髽于室。大夫士唯有東房故也。此經兼明諸侯之禮，有東西房，男子既括髮於東房，故知婦人髽及帶麻于西房。云「天子、諸侯有左右房」者，欲明經「中房」是西房也。❶ 天子路寢，制如明堂。熊氏云：「左房則東南火室也，右房則西南金室也。諸侯路寢，室在於中，房在室之東西也。」「徹帷」至「降拜」　正義曰：此一經明士之喪小斂訖，徹帷夷尸之節。「徹帷」者，初死，恐人惡之，故有帷也。至小斂衣尸畢，有飾，故除帷也。此士禮耳。諸侯及大夫，賓出乃徹帷。事見於下文。「男女奉尸夷于堂」者，夷，陳也。小斂竟，相者舉尸，將出户往陳于堂，而孝子男女親屬並而扶捧之至堂，以極孝敬之心也。「降拜」者，降，下也。既陳於堂，則適子下堂拜賓也。「君拜」至「堂上」　正義曰：此一節明君、大夫、士小斂訖拜賓也。「君拜寄公、國賓」者，君，謂嗣君也。小斂畢，尸出堂，嗣君下堂拜賓也。寄公尊，故先言之也。拜寄公及國賓，並就於其位，鄉而拜之。故鄭注《士喪禮》云「拜賓，鄉賓位拜之」是也。「大夫、士」者，嗣君又次拜大夫、士也。大夫、士既是先君之臣，皆同有斬衰之服，而小斂訖出庭列位，故嗣君出拜之也。「拜卿、大夫於位」者，此更申明拜卿、大夫、士之異。卿、大夫則就其位，鄉而拜之也。「於士旁三拜」者，旁，猶面也。若拜於士，士賤，不可人人拜之，故每一面并唯三拜也。必三拜者，士有三等，故三拜之。故《士喪禮》云：「大夫特拜，士旅之。」《隱義》云：「士有三等，一等一拜，故三下膝也。一云旁，猶不正也。或云衆士都共三拜也。」「夫人亦拜寄公夫人於堂上」者，婦人無下堂位，並在堂上，故夫人拜寄公妻於堂上也。「大夫内子、士妻」者，夫人亦拜大夫、士之妻也。卿妻曰内

❶「中房」，浦鏜校云：「中房」當作「房中」。按：浦校是。

子，大夫妻曰命婦。此不云「命婦」者，欲見卿妻與命婦同也。「特拜命婦」者，此更申明拜命婦與士妻之異也。特，猶獨也。謂人人拜之，尊故也。「特拜命婦」，則内子亦然也。「氾拜衆賓」者，謂不特也。衆賓，士妻，賤，故氾拜之，亦旁三拜也。「於堂上」者，拜命婦及士妻，亦並於堂上也。此經唯舉君喪拜賓，不云大夫、士喪拜賓者，文不具也。其大夫、士之喪，拜賓亦然也。故《士喪禮》云「主人拜賓，大夫特拜，士旅之」是也。案上注「小斂之後，寄公門西，東面；國賓門西，北面」，大夫當在門東，北面；士當在門西，國賓之南，東面。嗣君於阼階之下，少南，鄉其位而拜之。案上注云「寄公夫人、命婦，小斂之後，尸西，東面」，其嗣君夫人本位在西房，當在西房之外，南面拜女賓也。若士妻，於阼階上，西面拜賓也，以無西房故也。以上皆是皇氏所説。熊氏以爲：「大夫、士拜卿、大夫、士者，是卿、大夫、士家自遭喪，小斂後拜卿大夫於位，士旁三拜。大夫内子、士妻，亦謂大夫、士妻家自遭喪，小斂後拜命婦及拜士妻之禮。大夫、士各自遭喪，并言之者，以其大夫、士家喪，小斂後拜賓同故也。」此即君、大夫、士之喪，小斂後拜賓，且與上文未小斂時文類，其義踰於皇氏矣。「主人即位」正義曰：主人拜賓之後，稍近北，即阼階下位。「襲帶絰踊」者，拜賓時袒，今拜訖，襲衣，加要帶、首絰於序東，復位乃踊也。注「即位」至「變也」正義曰：前經注云「未小斂，主人即位西階下，東面位」，恐此亦然，故明之云「阼階之下」。必知然者，以《士喪禮》小斂後，「衆主人東即位」，又云「主人即位踊，襲絰于序東，復位」，故知此即位在阼階下也。云「有襲絰乃踊，尊卑相變也」者，案《士喪禮》先踊乃襲絰，此先襲絰乃踊，士爲卑，此據諸侯爲尊，故云「尊卑相變也」。「母之喪，即位而免」正義曰：爲父喪，拜賓竟而即阼階下位，又序東帶絰，猶括髮。若爲母喪，至拜賓竟即位時，不復括髮，以免代之。免以襲絰，至大斂，乃成服也，所以異於父也。「乃奠」者，奠，謂小斂奠也。拜賓、襲絰、踊竟後，始設小斂之奠也。「弔者」至「拾踊」弔者，謂小斂之後來弔者，揜襲裘之上裼衣。若未小斂之前來弔者，裘上有裼衣，裼衣上有朝服，開朝服，露裼衣。今小斂之後，弔者以以上朝服揜襲裘上裼衣。❶「加武」者，賀氏云：「武，

❶「以以」，阮本「以」字不重，衛氏《集説》同，魏氏《要義》同。

謂吉冠之卷。主人既素冠素弁，故弔者加素弁於武。」「帶絰」者，帶，謂要帶。絰，謂首絰。緦之絰帶，以朋友之恩，故加帶與絰也。若無朋友之恩，則無帶，唯絰而已。「與主人拾踊」者，拾，更也。謂主人先踊，婦人踊，弔者踊，三者三，是與主人更踊。注「始死」至「而入」　正義曰：知「始死，弔者朝服裼裘」者，《檀弓》云「子游裼裘而弔」是也。知「朝服」者，《論語》云「羔裘玄冠不以弔」是也。小斂之後不用弔，則小斂之前可以弔。云「小斂，則改襲而加武與帶絰」者，約子游之弔也。云「加武者，明不改冠，亦不免也」者，凶冠則武與冠連，不別有武，免亦無武。今云「加武」，明不改作凶冠，亦不作免。弔所以有免，以四代祖免親，及朋友皆在他邦。嫌有免理，故云「亦不免」。引「《檀弓》曰」以下者，證小斂之前裼裘，小斂之後襲裘。賀氏以爲「加素弁於吉冠之武」，解經文似便，與鄭注「不改冠」，其義相妨。熊氏云：「加武帶絰，謂有朋友之恩，以絰加於武，❶連言帶耳。」熊氏又云：「小斂之時，君於臣，大夫於士，士於朋友之恩，若兩大夫不假朋友之恩，皆朝服襲裘，加絰於玄冠之上。若大夫士無朋友之恩，皆玄冠朝服，襲裘而已。若士大斂之時，有朋友之恩者，及兩大夫相爲，并君於大夫，皆皮弁服，襲裘加弁絰。故《雜記》云『大夫與殯，亦弁絰』，殯則大斂也。君於士大夫，士自相於無朋友恩者，視大斂，則亦皮弁服，襲裘，無弁絰也。故《士喪禮》云『君於士，視大斂』，注云：『皮弁服襲裘。』無絰也。故《服問》云『公爲卿大夫錫衰，若當事則弁絰』，不云『士』，則士雖當事，不弁絰。君於士尚皮弁，明君於卿大夫亦皮弁。當事弁絰，與士異也。」此所云皆謂未成服之前弔服也。若成服之後，其錫衰「緦衰之等，已具《上檀弓》疏。然熊氏以武上加絰，與帶帶文相妨，❷其義未善。兩家之説，未知孰是，故備存焉。

君喪，虞人出木、角，狄人出壺，雍人出鼎，司馬縣之，乃官代哭。代，更也。未殯，哭不絶聲，爲其罷倦，既小斂，可以爲漏刻分時而更哭也。木，給爨竈。角，以爲𣂷水斗。壺，漏水之器也。冬漏以火爨鼎沸而後沃之。此挈壺氏所掌也，屬司馬，司馬涖縣其器。大夫，官代哭，不縣壺。下君也。士，代哭，不以官。自以親疏哭也。君，堂上二燭，下二燭。大夫，

❶「絰」，原作「經」，據阮本改。
❷「帶帶」，浦鏜校，改下「帶」字爲「之」。

堂上一燭，下二燭。士，堂上一燭，下一燭。燭所以照饌也。滅燎而設燭。疏正義曰：此一節論君及大夫士小斂後代哭之異。「君喪，虞人出木、角」者，虞人，主山澤之官，故出木與角。「狄人出壺」者，狄人，樂吏，主挈壺漏水之器，故出壺。「雍人出鼎」者，雍人主亨飪，故出鼎也。所以用鼎及木者，冬月恐水凍，則鼎漏遲遲，更無準則，故取鼎煖水，用虞人木爨鼎煮之，故取鼎及木也。「司馬縣之」者，司馬，夏官卿也。其屬有挈壺氏，掌知漏事，故司馬自臨視縣漏器之時節。故《挈壺氏》云：「凡喪，縣壺以代哭者。」「乃官代哭」者，縣漏分時使均，其官屬更次相代而哭，使聲不絶也。注「燭，所以照饌也。滅燎而設燭」正義曰：有喪，則於中庭終夜設燎，至曉滅燎，而日光未明，故須燭以照祭饌也。賓出徹帷。君與大夫之禮也。士卒斂即徹帷。徹，或爲「廢」。疏正義曰：士小斂竟而徹帷，此至小斂竟，下階拜賓，賓出後乃除帷，是人君及大夫禮舒也。注云「士卒斂即徹帷」者，《士喪禮》文。哭尸于堂上，主人在東方，由外來者在西方，諸婦南鄉。由外來，謂奔喪者也。無奔喪者，婦人猶東面。疏正義曰：此一節通明小斂後尸出在堂時法也。「主人在東方」者，主人之位，猶在尸東，婦人之位，亦猶在尸西，如室中也。「由外來者在西方」者，由，從也。從外來，謂新奔喪者。若於時有新奔喪從外來者，則居尸西方也。所以爾者，阼階有事，故升自西階，乃就西方。又一通云：欲見異于在家者，故在西方也。若未小斂而奔者，則在東方也。故《奔喪》注云「其未小斂而至，與在家同」是也。「諸婦南鄉」者，諸婦，主婦以下在家者。若無奔喪者，則婦人位本在西方，東鄉，今既有外新奔者，故移辟之，而近北以鄉南也。婦人迎客、送客不下堂，下堂不哭。男子出寢門見人不哭。婦人所有事，自堂及房。男子所有事，自堂及門。非其事處而哭，猶野哭也。出門見人，謂迎賓也。其無女主，則男主拜女賓于寢門內。其無男主，則女主拜男賓于阼階下。子幼，則以衰抱之，人爲之拜。爲後者不在，則有爵者辭，無爵者人爲之拜。在竟內則俟之，在竟外則殯葬可也。喪有無後，無無主。拜者，皆拜賓於位也。爲後者有爵，攝主爲之辭於賓耳，不敢當尊者禮也。**疏**正義曰：此一節明小斂之後，男主女主迎送弔賓及拜賓之位，又廣明喪主不在之義。婦人質，故「迎客、送客不下堂」。　「下堂不哭」者，敵者不下堂。若有君夫人弔，則主婦下堂，至庭，稽顙而不哭也。　「男子出寢門見人不哭」者，男子遭喪，敵者來弔，不出門。若有君命，則出門迎，❶亦不哭也。故《士喪禮》「君使人弔。徹帷，主人迎于寢門外，見賓不哭」是也。　「其無女主，則男主拜女賓于寢門内」者，此以下明喪無主，而使人攝者禮也。若有主，則使男主拜男賓，女主拜女賓。若無女主者，則男主拜女賓于寢門内也。　「其無男主，則女主拜男賓于阼階下」者，若無男主者，亦使女主拜男賓於阼階下位也。鄭云女有「下堂」，明謂此也。男拜女賓于門内，少遠階下，而猶不出門也。　「子幼，則以衰抱之，人爲之拜」者，若有子，雖幼小，則以衰抱之爲主，而人代之拜賓也。　「爲後者不在」者，謂主出行不在而家有喪。「則有爵者辭」者，謂不在家之主有官爵，其攝主無官爵，則辭謝於賓，云「己無爵，不敢拜賓」。　「無爵者，人爲之拜」者，謂不在之主無官爵，其攝主之人而爲主拜賓也。「在竟内則俟之」者，若主行近，在國竟之内，則俟其還乃殯葬也。「在竟外，則殯葬可也」者，若主行在國外，計不可待，則殯；殯後又不可待，則葬可也。　「喪有無後，無無主」者，釋所以必使人攝及其衰抱幼之義。無後則己自絶嗣，無闕於人，故可「無後」也。若無主，則相對賓有闕，故四鄰、里尹主之，是無得無主也。

君之喪，三日，子、夫人杖。五日既殯，授大夫、世婦杖。子、大夫，寢門之外杖，寢門之内輯之。夫人、世婦，在其次則杖，即位則使人執之。子有王命則去杖，國君之命則輯杖，聽卜、有事於尸則去杖。大夫於君所則輯杖，於大夫所則杖。三日者，死之後三日也。爲君杖不同日，人君禮大，可以見親疏也。輯，斂也。斂者，謂舉之不以柱地也。❷夫人、世婦，次於房中，即位堂上，堂上近尸殯，使人執杖，❸不敢自持也。子於國君之命輯杖，下成

❶「迎」字原脱，據閩本、監本、毛本、殿本、庫本及阮本補。

❷「柱」，原作「杖」，據余本、撫本、岳本、阮本改。

❸「杖」，原作「柱」，據余本、撫本、岳本、阮本改。

君，不敢敵之也。卜，卜葬、卜日也。凡喪祭，虞而有尸。大夫於君所輯杖，謂與之俱即寢門外位也，獨焉則杖。君，謂子也。於大夫所杖，俱爲君杖，不相下也。大夫之喪，三日之朝既殯，主人、主婦、室老皆杖。大夫有君命則去杖，大夫之命則輯杖。内子爲夫人之命去杖，爲世婦之命授人杖。大夫有君命去杖，此指大夫之子也，而云「大夫」者，通實大夫有父母之喪也。授人杖，與使人執之同也。士之喪，二日而殯。三日之朝，主人杖，婦人皆杖。於君命、夫人之命，如大夫。於大夫、世婦之命，如大夫。士二日而殯者，下大夫也。士之禮，死與往日，生與來日。此「二日」，於死者亦得三日也。婦人皆杖，謂主婦、容妾爲君、女子子在室者。子皆杖，不以即位。子，謂凡庶子也。不以即位，與去杖同。大夫、士哭殯則杖，哭柩則輯杖。哭殯，謂既塗也。哭柩，謂啓後也。大夫、士之子，於父，父也，尊近，哭殯可以杖。天子、諸侯之子，於父，父也，君也，尊遠，杖不入廟門。弃杖者，斷而弃之於隱者。杖以喪至尊，爲人得而褻之。

疏正義曰：此一節廣明君及大夫、士三日之後杖之節制。各依文解之。「子、大夫，寢門之外杖」者，子，謂兼適庶及世子也。寢門，殯宫門也。子、大夫廬在寢門外，得持杖柱地行，以至寢門也。「寢門之内輯之」者，斂之，不柱地。殯柩在門内，神明所在，故入門斂之，不敢柱地也。若庶子，至寢門則去杖，不得持入也。此大夫與子同者，謂大夫特來，不與子相隨也。若與子相隨，子杖則大夫輯，子輯則大夫去杖。故下文云「大夫於君所則輯杖」是也。「夫人、世婦在其次則杖」者，次，謂婦人居喪之地。在房内則得持杖柱地也。「即位則使人執之」者，婦人之位在堂，堂上有殯，若出房即位，則不復自執，但使人代執之自隨，不柱地也。「子有王命則去杖」者，子，亦謂世子也。世子若有天子之命，對之則不敢杖，故去之，以尊王命也。「國君之命則輯杖」者，國君，若鄰國之君使人來弔，雖爲敵國，而世子自卑，未敢比成君，故自斂杖，以敬彼君命也。「聽卜、有事於尸則去杖」者，聽卜，謂卜葬、卜日也。有事於尸，謂虞及卒哭、祔祭事尸時也。敬卜及尸，故去杖也。「大夫於君所則輯杖」者，君，謂世子也。若大夫與世子俱來在門外位，大夫則輯杖，敬嗣君也。「於大夫所則杖」

者，大夫若不與世子俱來，而與諸大夫俱在門外位，既同是爲君杖，無相敬下，故並得杖柱地也。 注「三日」至「下也」 正義曰：知「死後三日」者，下文云「士之喪，二日而殯。三日之朝，主人杖」，則知君大夫三日者與士同，故知「死後三日」也。云「爲君杖，不同日，人君禮大，可以見親疏也」者，以下云「大夫之喪，既殯，主人、主婦、室老皆杖」，今君喪，親疏杖不同日，是人君禮大，可以見親疏也。熊氏云：「經云子杖，通女子在室者。❶ 若嫁爲他國夫人，則不杖，嫁爲卿大夫之妻，與大夫同五日杖也。《喪服四制》：『七日授士杖。』君之女及內宗、外宗之屬嫁爲士妻，及君之女御，皆十日杖。」云「夫人、世婦次於房中」者，謂西房也。故上文云「婦人髽、帶麻于房中」是也。云「即位堂上」者，前文云「夫人亦拜寄公夫人於堂上」，是即位堂上也。云「卜，卜葬、卜日也」者，以經文「卜」在「有事於尸」之前，虞而立尸，虞祭之前卜者，唯卜葬日耳，故知「卜，謂卜葬日」也。云「凡喪祭，虞而有尸」者，《檀弓》云「虞而立尸」，又《士虞禮》有尸，是虞有尸也。云「大夫於君所輯杖，謂與之俱即寢門外位也」者，以經云「子、大夫寢門之外杖」，故知是寢門外位。若寢門內位，則君亦輯之，大夫當去杖也。云「君，謂子也」者，以經前云「子」，後云「君」，嫌是別人，故云「君，謂子也」。云「於大夫所杖，俱爲君杖，不相下也」者，謂大夫於大夫所，是兩大夫相對，故云俱爲君，不相降下也。 「大夫」至「人杖」 正義曰：此一節明大夫杖節。「三日之朝既殯」者，謂死後三日，既殯之後乃杖也。 「主人、主婦、室老皆杖」者，應杖者三日悉杖也。「大夫有君命則去杖」者，大夫，即大夫嗣子也。嗣子而云「大夫」者，鄭云「通實大夫有父母之喪也」。對君命亦然也，大夫及嗣子，有君命則去杖以敬之也。「大夫之命則輯杖」者，若嗣子對彼大夫之使，則斂杖以自卑下之也。若兩大夫自相對，則不去杖，敵無所下也。 「內子爲夫人之命去杖」者，內子，卿妻。若卿大夫妻有夫及長子喪，君夫人有命弔己者，皆爲夫人之命去杖也。 「爲世婦之命授人杖」者，若有君之世婦命弔，內子敬之，則使人執杖以自隨也。世婦卑於夫人，隨而不去也。經云「大夫之喪」，不舉命婦而舉「內子」卿妻者，舉內子則命婦可知也，文相互也，欲見卿喪與大夫同。 注「通實大夫有父母之喪也」 正義曰：經云「大夫之喪」，則其子非大夫也。今云「大夫有君命」，是謂子爲大夫。經

❶「女子」，浦鏜校云：「子」下脱一「子」字。

雖以子爲主，兼通身實爲大夫有父母喪也。　「士之」至「大夫」　正義曰：此一節明士之杖節。　「二日而殯」者，除死日爲二日也。　「三日之朝」者，謂殯之明日是也。　「於君命、夫人之命，如大夫」者，謂士之子於君命，其妻於夫人之命，如大夫之禮，君命、夫人之命皆去杖。　「於大夫、世婦之命，如大夫」者，謂士之子於大夫之命，其妻於世婦之命，如大夫於大夫之禮。大夫之命則輯杖，世婦之命則授人杖也。「於大夫、世婦之命，如大夫」，定本「如大夫」作「如夫人」，二字異，義亦通。　**注**「士二」至「室者」　正義曰：案前文「大夫三日殯」，此「士二日殯」，是降下大夫也。云「士之禮，死與往日，生與來日」者，殯是爲死者，故數往日爲三日；杖是爲生者，故數來日爲三日。云「主婦、容妾爲君、女子子在室者」，前經大夫之喪云「主人、主婦」，此士之喪，直云「婦人皆杖」，婦人是衆群婦，故知容妾爲君及女子子在室者也，以其皆杖故也。　「子皆杖，不以即位」　正義曰：皇氏云：「子，謂大夫、士之庶子也。不以杖即位，辟適子也。所以知此是大夫、士庶子者，見下有大夫、士適子哭殯、哭柩，推此大夫、士適子，❶故知此是大夫、士之庶子也。」然案鄭注此云：「子，謂凡庶子也。」凡於貴賤，則庶子是也。容人君適子入門輯杖，猶得即位，庶子宜在門外之位去之，故無即門内之位理也。大夫士之適子則得哭殯、哭柩，如下所説，其庶子則宜與人君之庶子同，故並不得以杖即位也。熊氏云：「此文承上君、大夫、士之喪下，則此謂君、大夫、士之庶子，故注云『子，謂凡庶子』。」義亦通也。　**注**「不以即位，與去杖同」　正義曰：「不以杖即位」，鄭恐人疑庶子雖不得以杖即位，猶得輯之入門，故明之也，言「與去杖同」，凡去杖者，不復輯也。　「大夫、士哭殯則杖，哭柩則輯杖」　正義曰：「大夫、士」，謂大夫、士之適子。「哭殯則杖」者，既攢塗之後，於父，父也，其尊偪近，故哭殯可以杖也。「哭柩則輯杖」者，謂將葬既啓之後，對柩爲尊，則斂去其杖。　**注**「哭殯」至「廟門」　正義曰：「哭柩，謂啓後也」者，啓，謂將葬啓殯而出柩也。知非未殯之前而哭柩者，大夫、士之喪，未殯之前則未杖也。云「天子、諸侯之子，於父，父也，君也，尊遠，杖不入廟門」者，天子、諸侯，其尊廣遠，廟門之内則去杖。廟門，謂殯宫之門。柩之所在，故云廟也。　「棄杖者，斷而棄之於隱者」　杖是喪至尊之服，雖大祥

❶「推」，原作「惟」，據閩本、監本、毛本、殿本、庫本及阮本改。

棄之，猶恐人褻慢。斷之，不堪他用；棄於幽隱之處，使不穢汙。**始死，遷尸于牀。幠用斂衾，去死衣。小臣楔齒用角柶，綴足用燕几。君、大夫、士一也。**牀，謂所設牀第當牖者也。《士喪禮》曰：「士死於適室，幠用斂衾。」去死衣，病時所加新衣及復衣也。去之，以俟沐浴。疏 正義曰：此一節又明初死沐浴之節。❶此經論初死之時，下經論死後而沐浴。前經論浴後設冰。經文顛倒，故鄭注前經云：「此事皆沐浴之後，宜承『濡濯棄於坎』下。」今依鄭次，隨文解之。「遷尸于牀」者，尸初在地，冀生氣復，而既不生，故更遷尸于牀，而離初死處，以近南當牖也。即前所謂「既正尸」也。「幠用斂衾」者，幠，覆也。斂衾者，將擬大斂之時衾被也。既遷尸在牀，而用斂衾覆之也。「去死衣」者，既覆之，故除去死時衣，所加新衣及復衣，爲尸將浴故也。「小臣楔齒用角柶」者，楔，柱也。柶，以角爲之，長六寸，兩頭曲屈。爲將含，恐口閉急，故使小臣以柶柱張尸齒令開也。「綴足用燕几」者，爲尸應著屨，恐足辟戾，亦使小臣用燕几綴拘之令直也。案《既夕禮》云：「綴足用燕几，校在南，御者坐持之。」鄭注云：「尸南首，几脛在南以拘足。」如鄭此言，則側几於足，令几脚南出以拘尸足兩邊，不令辟戾。崔氏云：「燕几，今之燕几，其形曲仰而拘足。」與鄭違，其義非也。「君、大夫、士一也」者，自始死至此，貴賤同。注「牀，謂所設牀第當牖者也」 正義曰：第，牀簀也。初廢牀時，牀在北壁當户。至復魄後，遷之在牀而當牖，南首。所以死後必遷當牖南首者，以平生寢卧之處。故《士昏禮》同牢在奥，又云「御衽于奥，媵衽良席在東，北止」。又《曲禮》云：「爲人子者，居不主奥。」是尊者常居之處。若晝日常居則當户。故《玉藻》云：「君子之居恒當户。」若病時，亦當户在北牖下，❷取鄉明之義也。故鄭前注「病者恒居北牖下」，明不病不恒居北牖下也。**管人汲，不說繘，屈之，盡階不升堂，授御者。御者入浴，小臣四人抗衾，御者二人浴。浴水用盆，沃水用枓，浴用絺巾，挋用浴衣，如它日。小臣爪足。浴餘水棄于坎。其母之**

❶「又」，原作「反」，據阮本改。

❷「牖」，浦鏜校云：「『牖』，當作『墉』，下並同。」按：浦校是也。

喪，則内御者抗衾而浴。抗衾者，蔽上，重形也。挋，拭也。爪足，斷足爪也。**疏**正義曰：此一經明浴時也。「管人」，主館舍者。故鄭注《士喪禮》：「管人，有司主館舍者。」汲，謂汲水。「不説繘，屈之」者，繘，汲水瓶索也。遽促於事，故不説去井索，但縈屈執之於手中。「盡階不升堂」者，以水從西階而升，盡不上堂。❶知西階者，以《士喪禮》云「爲垼于西牆下」，故知從西階而升也。「浴水用盆」者，用盆盛於浴水也。❷「沃水用枓」者，用枓酌盆水沃尸。熊氏云：「用盤於牀下承浴水。」「浴用絺巾」者，絺是細葛，除垢爲易，故用之也。《士喪禮》云：「浴巾二，皆用綌。」熊氏云：「此蓋人君與大夫禮。或可大夫上絺下綌。故《玉藻》云『浴用二巾，上絺下綌』是也。」「挋用浴衣」者，挋，拭也。用生時浴衣拭尸肉，令燥也。賀氏云：「以布作之，生時有此也。《士喪禮》云：『浴衣於篋。』注云『浴衣，已浴所衣之衣，以布爲之，其制如今通裁』是也。」「如它日」者，它日，謂平生尋常之日也。「小臣爪足」者，尸浴竟，而小臣翦尸足之爪也。「浴餘水棄于坎」者，浴盆餘汁，棄之於坎中。坎者，是甸人所掘，於階間取土爲竈之坎。甸人，主郊野之官。「其母之喪，則内御者抗衾而浴」者，内外宜别，故用内御舉衾也。内御，婦人。亦「管人汲」，事事亦如前，唯浴用人不同耳。

管人汲，授御者，御者差沐于堂上。君沐粱，大夫沐稷，士沐粱。甸人爲垼于西牆下，陶人出重鬲。管人受沐，乃煮之。甸人取所徹廟之西北厞薪，用爨之。管人授御者沐，乃沐。沐用瓦盤，挋用巾，如它日。小臣爪手翦須。濡濯弃于坎。❸差，淅也。淅飯米，取其潘以爲沐也。浴沃用枓，沐於盤中，文相變也。《士喪禮》沐稻，此云「士沐粱」，蓋天子之士也。以差率而上之，天子沐黍與？**疏**正義曰：此一節明沐也。「管人汲，授御者，御者差沐于堂上」者，差，謂淅米取其潘汁也。「君沐粱，大夫沐稷，士沐粱」者，皆謂用其米，取其汁而沐也。「甸人爲垼于西牆下」者，謂

❶「盡」，《續通解》卷五「盡」下有「階」字，是。
❷「於」，浦鏜校云衍。按：《續通解》卷五無「於」字。
❸「濡」，阮校引段玉裁云：「濡」，當作「渜」。詳《説文注》。

將沐之時，甸人之官爲垼于西牆下。士垼甓竈，甸人具此爲垼竈，以煮沐汁。「陶人出重鬲」者，陶人，作瓦器之官也。重鬲者，謂縣重之罌也。是瓦瓶，受三升，以沐米爲粥，實於瓶，以疏布冪口，繫以簚，縣之，覆以葦席。「管人受沐，乃煮之」者，淅於堂上，管人亦升，盡等不上堂，而就御者受淅汁，下往西牆，於垼竈鬲中煮之也。「甸人取所徹廟之西北厞薪，用爨之」者，爨，然也。甸人爲竈竟，又取復魄人所徹正寢西北厞以然竈煮沐汁也。謂正寢爲廟，神之也。然舊云厞是屋簷也，謂抽取屋西北簷也。熊氏云：「厞，謂西北隅厞隱之處，徹取屋外當厞隱處薪。」義亦通也。何取此薪而用者，❶示主人已死，此堂無復用，故取之也。「管人授御者沐」者，煮汁孰，而管人又取以升階，授堂上御者使沐也。「乃沐」者，御者受汁，❷入爲尸沐也。「沐用瓦盤」者，盤貯沐汁，就中沐也。「挋用巾」者，用巾拭髮及面也。《士喪禮》云「沐巾一」，又云「挋用巾」，注云：「挋，晞也，清也。」「如它日」者，事事亦如平生也。「小臣爪手翦須」者，沐竟而翦手爪，又治須，象平生也。「濡濯棄于坎」者，皇氏云：「濡，謂煩撋其髮。濯，謂不浄之汁也。言所濡濯汁，棄於坎中。」鄭注《士喪禮》云：「巾、櫛、浴衣，亦并棄之其坎。」案《既夕禮》云：「掘坎南順，廣尺，輪二尺，深三尺，南其壤。」此沐汁棄於坎，則浴汁亦然。 注「差淅」至「黍與」 正義曰：「差」是差摩，故云「淅」。《詩》云：「釋之叟叟」，是釋「淅米」也。云「取其潘以爲沐也」者，《士喪禮》云：「受潘，煮于垼，用重鬲。」云「浴沃用枓，沐於盤中，文相變也」者，謂沐與浴俱有枓，俱有盤，浴云「用枓」，沐云「用盤」，是文相變也。云「《士喪禮》沐稻，此云『士沐粱』，蓋天子之士也」者，若《士喪禮》云是諸侯之士而「沐稻」，今此云「士沐粱」，故疑天子之士也。云「以差率而上之，天子沐黍與」者，案《公食大夫禮》，黍稷爲正饌，稻粱爲加，是稻粱卑於黍稷。就稻粱之内，粱貴而稻賤，是稻人所常種，粱是穀中之美。故《下曲禮》云：「歲凶，大夫不食粱。」故諸侯之士用稻，天子之士用粱。黍、稷相對，稷雖爲重，其味短，故大夫用之。黍則味美而貴。故《特牲》、《少牢》

❶「何」，浦鏜校云：「『何』，衍字。」按：《續通解》卷五無「何」字。

❷「受」，原作「授」，阮校引盧文弨云：「授」當作「受」。按：庫本作「受」，《續通解》卷五亦作「受」，據改。

「爾黍于席」，以其味美故也。《詩・頌》云：「其饟伊黍。」鄭注：「豐年之時，雖賤者猶食黍。」是黍貴也，故天子用之。無正文，故疑而云「與」也。

君設大盤，造冰焉。大夫設夷盤，造冰焉。士併瓦盤，無冰。設牀，襢第，有枕。含一牀，襲一牀，遷尸于堂又一牀，皆有枕席，君、大夫、士一也。

此事皆沐浴之後，宜承「濡濯弃於坎」下，札爛脱在此耳。❶造，猶内也。襢第，袒簀也，謂無席，如浴時牀也。禮，自仲春之後，尸既襲，既小斂，先内冰盤中，乃設牀於其上，不施席而遷尸焉。秋涼而止。士不用冰，以瓦爲盤，併以盛水耳。《漢禮》：「大盤廣八尺，長丈二，深三尺，赤中。❷夷盤小焉。」《周禮》「天子夷盤」。《士喪禮》君賜冰，亦用夷盤。然則其制宜同之。

疏 正義曰：此一節明初死沐浴之節。「造冰焉」者，謂造内其冰於盤中也。「大夫設夷盤」者，夷盤小於大盤，亦内冰焉。「士併瓦盤，無冰」者，瓦盤既小，故併盤。士卑，故無冰。「設牀，襢第」者，置冰於下，設牀於上，去席，襢露第簀。「有枕。含一牀，襲一牀，遷尸于堂又一牀」者，言此三節各自有牀也。「皆有枕席」者，唯含一時暫徹枕，使面平。故《士喪禮》云「商祝徹枕，設巾」是也。含竟而並有枕也。而含、襲及堂皆有席。故鄭注《士喪禮》「商祝襲衣於牀，牀次含牀之東，衽如初」。又注《士喪禮》「設牀第于兩楹之間，衽如初，有枕」，云「衽，寢卧之席也。亦下莞上簟」是也。「君、大夫、士一也」者，自「設牀，襢第」至此以下，貴賤同然也。

注「造猶」至「同之」 正義曰：造是造詣，凡造詣者，必入於内，故云「造，猶内也」。云「襢第，袒簀也，謂無席，如浴時牀也」者，浴時無席，爲漏水也。設冰無席，爲通寒氣也。云「禮，自仲春之後，尸既襲，既小斂，先内冰盤中」者，若人君，仲春則用冰；若命夫、命婦，則火出之後而用冰。故昭四年《左傳》云：「獻羔而啓之，公始用之。」謂仲春也。又云「火出而畢賦」，《周禮・淩人》「夏頒冰」，是卿大夫以下三月以後而得用冰也。云「既襲，既小斂」者，謂大夫、士也。「既襲」，謂大夫也。「既小斂」，謂士也。皆是死之明日。若天子、諸侯，亦三日而設冰

❶「札」，原作「禮」，據余本、撫本、岳本、阮本改。
❷「赤中」，《周禮・天官・淩人》鄭注引《漢禮器制度》「赤中」上有「漆」字，《釋文》同。

也，在襲斂之前也。云「夷盤小焉」者，謂小於大盤。云「《周禮》天子夷盤」者，案《周禮·凌人》云「大喪，共夷槃冰」是也。但天子之夷槃，即此之大盤也。依尸而言，則曰夷盤。此云「夷盤」者，據大夫所用，對君大盤爲小。云「《士喪禮》君賜冰亦用夷盤」者，案《士喪禮》云：❶「士有冰，用夷盤。」何不言君賜？知君賜者，諸侯之士既卑，❷若無君賜，何得用冰？云「其制宜同之」者，以天子「夷盤」，此大夫云「夷盤」，《士喪禮》又云「夷盤」，三者俱有「夷」名，是其制宜同，但大小稍異也。

君之喪，子、大夫、公子、衆士皆三日不食。子、大夫、公子食粥，納財，朝一溢米，莫一溢米，食之無筭。士疏食水飲，食之無筭。夫人、世婦、諸妻皆疏食水飲，食之無筭。納財，謂食穀也。二十兩曰溢。於粟米之法，一溢爲米一升二十四分升之一。諸妻，御妾也。同言「無筭」，則是皆一溢米，或粥或飯。疏正義曰：此一節廣明五服之喪，自初死至除服，君及大夫士食斂之節。今各依文解之。今此經特明君喪食之禮。「納財」者，財，謂穀也，謂所食之米也。言每日納用之米，朝唯一溢米，莫唯一溢米也。「食之無筭」者，言居喪困病，不能頓食，隨須則食，故云「無筭」。「士疏食水飲」者，疏，麤也。食，飯也。士賤病輕，故疏食麤米爲飯，亦水爲飲。「夫人、世婦、諸妻皆疏食水飲」者，婦人質弱，恐食粥傷性，故言「疏食水飲」也。注「納財」至「或飯」❸。正義曰：「財」，謂穀也。故《大宰》云「以九賦斂財賄」也，注云：「財，謂泉穀。」是穀爲財。但米由穀出，經已稱「米」，故鄭云「食穀」。必言「納財」者，以一日之中，或粥或飯，雖作之無時，不過朝夕二溢之米，當須豫納其米，故云「納財」也。云「一溢爲米一升二十四分升之一」者，案《律歷志》，黄鐘之律，其實一籥。《律歷志》「合籥爲合」，則二十四銖合重一兩。十合爲一升，升重十兩。二十兩則米二升。與此不同者，但古秤有二法。說《左傳》者云「百二十斤爲石」，則一斗十二斤，爲兩則一百九十二兩，則一升爲十九兩有奇。今一兩爲二十四銖，則二十兩爲四百八十銖，計十九兩有奇爲一升，則揔有四百

❶「云」，原作「亡」，據阮本改。
❷「卑」，原作「畢」，據閩本、殿本、庫本改。
❸「飯」，原作「飲」，據常盤《校記》改。

六十銖八參，以成四百八十銖，唯有十九銖二參在，是「爲米一升二十四分升之一」。此大略而言之。云「同言『無筭』，則是皆一溢米，或粥或飯」者，粥與疏食，俱言「無筭」，是疏食與粥者皆一溢米。或粥，謂食粥者。或飯，謂疏食也。

大夫之喪，主人、室老、子姓皆食粥，衆士疏食水飲，妻妾疏食水飲。室老，其貴臣也。衆士，所謂衆臣。士亦如之。如其子食粥、妻妾疏食水飲。疏正義曰：此經明大夫禮也。「室老、子姓皆食粥」者，室老，謂貴臣。子姓，謂孫也。不云「衆子」者，「主人」中兼之。「衆士疏食」者，謂非室老也。案《喪服傳》云：「卿大夫室老、士，貴臣，其餘皆衆臣。」鄭注云：「士，邑宰。」此不云者，邑宰雖貴，以其遠於君，與衆臣同。案《檀弓》「主人、主婦歠粥」，此夫人、世婦、妻皆疏食者，熊氏云：「《檀弓》云『主婦』，謂女主，故食粥也。」

既葬，主人疏食水飲，不食菜果。婦人亦如之。君、大夫、士一也。練而食菜果，祥而食肉。果，瓜桃之屬。疏正義曰：此一節明既葬至練、祥，君、大夫、士之食節也。「主人疏食水飲」者，熊氏云：「既葬哀殺，可以疏食，不復用一溢米也。」

食粥於盛，不盥；食於篹者盥。食菜以醯醬。始食肉者，先食乾肉。始飲酒者，先飲醴酒。盛，謂今時杯杅也。篹，竹筥也。歠者不盥，手飯者盥。篹，或作「簨」。疏正義曰：此一節明食之雜禮。「食粥於盛，不盥」者，以其歠粥，不用手，故不盥。「食於篹者盥」者，篹，謂竹筥。飯盛於篹，以手就篹取飯，故盥也。「食菜以醯醬」者，謂練而食菜果者，食之時，以醯醬也。「始食肉者，先食乾肉。始飲酒者，先飲醴酒」，文承「既祥」之下，謂祥後也。然《閒傳》曰：「父母之喪，大祥有醯醬，禫而飲醴酒。」二文不同，又庾氏云：❶「蓋記者所聞之異。大祥既鼓琴，亦可食乾肉矣。食菜用醯醬，於情爲安。且既祥食果，則食醯醬無嫌矣。」熊氏云：「此據病而不能食者，練而食醯醬，祥而飲酒也。」

期之喪，三不食。食，疏食水飲，不食菜果。三月既葬，食肉飲酒。期，終喪不食肉，不飲酒，父在

❶「又」，浦鏜校云：「『又』當『者』字誤，屬上。」

爲母、爲妻。九月之喪，食飲猶期之喪也，食肉飲酒，不與人樂之。食肉飲酒，亦謂既葬。疏正義曰：此一節論期與大功喪食之節也。「期之喪，三不食」者，謂大夫、士旁期之喪。「三不食」者，謂義服也。其正服則二日不食也。故《問傳》云：「齊衰二日不食。」「九月之喪，食飲猶期之喪也」者，謂事同期也。五月、三月之喪，壹不食、再不食可也。比葬，食肉飲酒，不與人樂之。叔母、世母、故主、宗子，食肉飲酒。義服恩輕也。故主，謂舊君也。言故主者，關大夫君也。不能食粥，羹之以菜可也。謂性不能者，可食飯、菜羹。有疾，食肉飲酒可也。爲其氣微。五十不成喪。成，猶備也。所不能備，謂不致毀，不散送之屬也。七十唯衰麻在身。言其餘居處、飲食與吉時同也。疏正義曰：此一經明五月、三月喪食之節。「壹不食、再不食可也」者，壹不食，謂緦麻，再不食，謂小功：并言之也。容殤降之緦麻再不食，義服小功壹不食，故摠以「壹不食、再不食」結之。故《閒傳》云「小功、緦麻再不食」，殤降者也。注「故主」至「君也」 正義曰：若是諸侯，當云「舊君」。「主」者，大夫之稱。經云「故主」，故知「關大夫君」也。注「謂不致毀、不散送之屬也」 正義曰：「致毀」，謂致極哀毀。「散送」，謂經帶垂散麻以送葬。故《雜記》云：「五十不致毀。」《玉藻》云：「五十不散送。」注云：「送喪不散麻。」既葬，若君食之，則食之；大夫、父之友食之，則食之矣。不辟粱肉，若有酒醴則辭。尊者之前，可以食美也。變於顏色亦不可。疏正義曰：此一經明己有喪既葬，尊者賜食之禮。葬後情殺，可從尊者奪也。「君食之」，謂君食臣也。「大夫」，謂大夫食士也。「父友」，謂父同志者也。其人並尊，若命食，孝子則可從之食也。「不辟粱肉」者，粱，粱米也。雖以粱米之飯及肉命食，孝子食之。「若有酒醴則辭」者，若酒醴飲之，則變見顏色，故辭而不飲也。小斂於户内，大斂於阼。君以簟席，大夫以蒲席，士以葦席。簟，細葦席也。三者下皆有莞。疏正義曰：此一節明君、大夫、士小斂大斂所用之席也。「士以葦席」，與君同者，士卑，不嫌，故得與君同用簟也。注「三者下皆有莞」正義曰：知「下皆有莞」者，案《士喪禮・記》云：「設牀當牖，下莞上簟。」《士喪》經云：「布席于户内，下莞上簟。」謂小斂席也。大斂云「布席如初」，注云：「亦下莞上簟。」知士始死至大斂，❶用席皆同也。士尚有莞，則知君及大夫皆有莞也。但此大夫辟君，上席以蒲也。若吉禮祭祀，則蒲在莞下。故《司几筵》「諸侯祭祀席，蒲筵繢純，加莞席紛純」，與此異也。

小斂：布絞，縮者一，横者三。君錦衾，大夫縞衾，士緇衾，皆一。衣十有九稱。君陳衣于序東，大夫、士陳衣于房中，皆西領，北上。絞、紟不在列。絞，既斂所用束堅之者。縮，從也。衣十有九稱，法天地之終數也。《士喪禮》小斂「陳衣於房中，南領，西上」，與大夫異。❷今此同，亦蓋天子之士也。絞、紟不在列，以其不成稱，不連數也。小斂無紟，因絞不在列見之也。或曰「縮者二」。疏正義曰：此以下至「絺綌紵不入」，廣明君、大夫、士小斂大斂及襚所用之衣，并所陳之處。各隨文解之。此一經明小斂之衣。「布絞，縮者一，横者三」者，以布爲絞。縮，從也，謂從者一幅，竪置於尸下。横者三幅，亦在尸下。從者在横者之上。每幅之末，析爲三片，以結束爲便也。「君錦衾，大夫縞衾，士緇衾，皆一」者，謂大夫、士等各用一衾，❸故云「皆一」。舒衾於此絞上。「衣十有九稱」者，君、大夫、士同用十九稱。衣布於衾上，然後舉尸於衣上，屈衣裹，又屈衾裹之，然後以絞束之。「君陳衣于序東，大夫、士陳衣于房中」者，謂將小斂陳衣也。房中者，東房也。大夫、士唯有東房故也。「絞，紟不在列」者，謂不在十九稱之列，不入數也。小斂未有紟，因絞不在列而言紟耳。注「衣十」至「之也」正義曰：「衣十有九稱，法天地之終數」者，案《易・繫辭》云：「天一，地二；天三，地四；天五，地六；天七，地八；天九，地十。」天數終於九也，地數終於十也。人既終，故云以天地終數斂衣之也。云「亦蓋天子之士」者，以前文「士沐粱」，與《士喪禮》不同，已云「此蓋天子之士」，此經陳衣與《士喪禮》衣不同，故云「亦蓋天子之士也」。云「以

❶「知」，原作「如」，據浦鏜校及《續通解》卷五改。
❷「與」，原作「則」，據余本、撫本、岳本、阮本改。
❸「大夫士」上，衛氏《集説》有「君」字，疑是。

其不成稱，不連數也」者，上衣下裳相對，故爲成稱。絞、紟非衣，故云「不成稱」。經云「不在列」，鄭恐今不布列，故云「不連數」，謂不連爲十九稱之列，其實亦布陳也。云「小斂無紟」者，以下文大斂始云「布紟」，今此經直云「布絞」，故知「無紟」也。

禮記正義卷第五十三

禮記正義卷第五十四

國子祭酒上護軍曲阜縣開
國子臣孔穎達等奉勑撰

大斂：布絞，縮者三，橫者五；布紟，二衾。君、大夫、士一也。君陳衣于庭，百稱，北領，西上。大夫陳衣于序東，五十稱，西領，南上。士陳衣于序東，三十稱，西領，南上。絞、紟如朝服。絞一幅爲三，不辟。紟五幅，無紞。二衾者，或覆之，或薦之。如朝服者，謂布精麤，朝服十五升。❶小斂之絞也，廣終幅，析其末，以爲堅之强也。大斂之絞，一幅三析用之，以爲堅之急也。紞，以組類爲之，綴之領側，若今被識矣。生時禪被有識，死者去之，異於生也。《士喪禮》大斂亦「陳衣於房中，南領，西上」，與大夫異，今此又同，亦蓋天子之士。紞，或爲「點」。疏正義曰：此一節明大斂之事。「大斂：布絞，縮者三」者，謂取布一幅，分裂之，作三片，直用之，三片即共是一幅也。兩頭裂，中央不通。「橫者五」者，又取布二幅，分裂之，作六片，而用五片橫之於縮下也。「布紟」者，皇氏云：「紟，禪被也，取置絞束之下，擬用以舉尸也。《孝經》云『衣衾而舉之』是也。」今案經云「紟」在「絞」後，紟或當在絞上，以絞束之。且君衣百稱，又通小斂與襲之衣，非單紟所能舉也。又《孝經》云「衾」，不云「紟」，皇氏之説未善也。「二衾」者，小斂，君、大夫、士各一衾。今至大斂，❷又各加一衾，爲二衾。其衾所用，與小斂同。但此衾，一是始死覆尸者。故《士喪禮》云「幠用斂衾」，注：「大斂所并用之衾。」一是大斂時復制。又注《士喪禮》云：「衾二者，始死斂衾，今又復制」。士既然，則大

❶「朝服」，《通典》卷八十五、《三禮圖集注》卷十七引此注在「麤」下皆有「如」字。按：孔疏亦云「精麤皆如朝服，俱十五升也」。然則，此「如」字蓋脱文。

❷「今」，阮本無「今」字，閩、監、毛本同。

夫以上亦耳。❶「君陳衣于庭，百稱」者，衣多，故陳在庭，爲榮顯。案鄭注《雜記》篇，以爲「襲禮大夫五，諸侯七，上公九，天子十二稱」，則此大斂，天子當百二十稱，上公九十稱，侯伯子男七十稱。今云「君百稱」者，據上公舉全數而言之，餘可知也。或大斂、襲五等同百稱也。「北領」者，謂尸在堂也。「西上」者，由西階取之便也。「大夫、士陳衣于序東，西領，南上」，異於小斂「北上」者，小斂衣少，統於尸，故北上；大斂衣多，故南上，取之便也。❷「絞、紟如朝服」者，言絞之與紟，二者皆以布，精麤皆如朝服，俱十五升也。「絞一幅爲三」者，謂以一幅之布，分爲三段。「不辟」者，辟，擘也。言小斂絞全幅，析裂其末爲三。而大斂之絞既小，不復擘裂其末。但古字假借，讀「辟」爲「擘」也。「紟五幅，無紞」者，紟，舉尸之禪被也。紞，謂緣飾爲識所，以組類綴邊爲識，今無識，異於生也。注「二衾」至「之士」　正義曰：「朝服十五升」者，《雜記》文。云「以爲堅之强也」者，解小斂用全幅布爲絞，欲得堅束力强。以衣少，故用全幅。云「以爲堅之急也」者，解大斂一幅分爲三片之意。凡物細則束縛牢急，以衣多，故須急也。云「紞，以組類爲之」者，組之般類，其制多種，故云組類。云「綴之領側，若今被識矣」者，領爲被頭，側謂被旁，識謂記識。言綴此組類於領及側，如今被之記識。引《士喪禮》，以「陳衣於房中」與大夫異，今此士陳衣與大夫同，故云「今此又同，亦蓋天子之士」。

小斂之衣，祭服不倒。尊祭服也。斂者要方，散衣有倒。　**君無襚。大夫、士畢主人之祭服。親戚之衣受之，不以即陳。**無襚者，不陳，不以斂。　**小斂，君、大夫、士皆用複衣、複衾。大斂，君、大夫、士祭服無筭，君褶衣褶衾，大夫、士猶小斂也。**褶，袷也。君衣尚多，去其著也。

疏正義曰：「祭服不倒」者，祭服，謂死者所得用祭服以上也。小斂十九稱，不悉著之，但用裹尸，要取其方。而衣有倒領在足間者，唯祭服尊，雖散不著，而領不倒在足也。「君無襚」者，國君陳衣及斂，悉宜用己衣，不得陳用他人見襚送者。「大夫、士畢主人之祭服」者，降於君也。大夫、士小斂，則先畢盡用己正服，後乃用賓客襚者也。

❶「耳」，殿本、庫本作「爾」，衛氏《集說》作「然」。按：作「爾」作「然」皆可，作「耳」則非。

❷「取」，衛氏《集說》「取」上有「亦」字。

盧云：「畢，盡也。小斂盡主人衣美者，乃用賓客襚衣之美者。欲以美之，故言祭服也。」「親戚之衣受之，不以即陳」者，若親屬有衣相送，受之而不以即陳列也。《士喪禮》鄭注云：「大功以上有同財之義。」襚之，不將命，自即陳於房中。小功以下及同姓，皆將命。注「無襚者，不陳，不以斂」正義曰：如皇氏之意，臣有致襚於君之禮。故《少儀》云：「臣致襚於君。」但君不陳，不以斂。熊氏云：「『君無襚大夫士』，謂小斂之時，君不合以衣襚大夫士。雖有君襚，不陳，不以斂，故云『無襚大夫士』。至大斂，則得用君襚。故《士喪禮》大斂時云『君襚、祭服』，不倒。」其義俱通，故兩存焉。「祭服無筭」正義曰：筭，數也。大斂之時，所有祭服皆用之，無限數也。注「褶袷」至「著也」正義曰：「君衣尚多，去其著也」者，經云「大夫士猶小斂」，則複衣複衾也。據主人之衣，故用複。若襚，亦得用袷也。故《士喪禮》云「襚以褶」是也。袍必有表，不禪。衣必有裳，謂之一稱。袍，褻衣，必有以表之，乃成稱也。《雜記》曰「子羔之襲，繭衣裳與稅衣纁袡爲一」是也。《論語》曰：「當暑袗絺綌，必表而出之。」亦爲其褻也。疏正義曰：「袍必有表，不禪」者，袍是褻衣，必須在上有衣以表之，不使禪露，乃成稱也。注「袍褻」至「褻也」正義曰：引《雜記》者，證子羔之襲有袍，繭衣上加稅衣爲表，乃成稱。引《論語》者，證衣上加表。死則冬夏並用袍，上並加表。熊氏云：「褻衣所用，尊卑不同。士襲而用褻衣。故《士喪禮》『陳襲事，爵弁服，皮弁服，褖衣』，注云『褖，所以表袍者』。是襲有袍。《士喪禮》小斂云『祭服次，散衣次』，注云：『褖衣以下，袍繭之屬。』是小斂有袍。《士喪禮》又大斂『散衣』，是亦有袍。若大夫襲，亦有袍。案《雜記》云『子羔之襲，繭衣裳』是也。斂則必用正服，不用褻衣。故《檀弓》云：『季康子之母死，陳褻衣。』注云：『將以斂。』敬姜曰：『將有四方之賓來，褻衣何爲陳於斯？命徹之。』若公，則襲及大小斂皆不用褻衣。知者，案《雜記》云『公襲』無袍繭。襲輕尚無，則大小斂無可知也。」凡陳衣者實之篋，取衣者亦以篋，升降者自西階。取，猶受也。凡陳衣不詘，非列采不入，絺綌紵不入。不屈，謂舒而不卷也。列采，謂正服之色也。絺綌紵者，當暑之褻衣也。襲尸重形，冬夏用袍，及斂則用正服。疏正義曰：「陳衣不詘」者，謂舒而不卷也。「非列采不入」者，列采，謂五方正色之采。非列采，謂雜色也，不入陳之也。「絺綌紵不入」者，絺是細葛，綌是麤葛，紵是紵布，此褻衣，故不入陳也。**注**「襲尸」至「正服」　正義曰：如熊氏之意，此謂大夫以下。若公，則襲亦不用袍。凡斂者袒，遷尸者襲。袒者，於事便也。君之喪，大胥是斂，衆胥佐之。大夫之喪，大胥侍之，衆胥是斂。士之喪，胥爲侍，士是斂。胥，樂官也，不掌喪事。胥，當爲「祝」，字之誤也。侍，猶臨也。《大祝之職》：「大喪，贊斂。」《喪祝》：「卿大夫之喪掌斂。」《士喪禮》商祝主斂。**疏**正義曰：此一節明斂之所用之人有袒有襲之法。

「凡斂者袒」者，凡斂，謂執大小斂事也。事多，故袒爲便也。「遷尸者襲」者，謂大斂於地，乃遷尸入棺之屬，事少，故襲也。「君之喪」者，此明人君斂用人之法。「大胥是斂」者，大祝是接神者，故使之執斂事也。是，猶執也。「衆胥佐之」者，衆祝，喪祝也。衆祝賤，故副佐於大祝也。「大夫之喪，大胥侍之」者，大祝，猶君之大祝也。侍，猶臨也。君尊，故大祝親執斂。大夫卑，故大祝臨之。「衆胥是斂」者，衆祝，《周禮》喪祝，卑，故親執斂也。庾云：「侍者，臨檢之也。大夫言『侍』，則君亦應有侍者，未知何人也。」「士之喪，胥爲侍」者，胥亦喪祝也。士卑，故祝臨之。「士是斂」者，士之朋友來助斂也。《士喪禮》云「士舉遷尸」是也。**注**「胥當」至「主斂」　正義曰：知「胥，當爲『祝』」者，以胥爲樂官，不掌斂事，故引《大祝》「大喪贊斂」，及《喪祝》「卿大夫之喪掌斂」，并引「《士喪禮》商祝主斂」，明諸祝主斂也，故引此文以證之。商祝者，案《士喪禮》注云：「商祝，祝習商禮者。商人教之以敬，於接神宜也。」小斂、大斂，祭服不倒，皆左衽，結絞不紐。左衽，衽鄉左，反生時也。**疏**正義曰：此一節明斂衣之法。「小斂、大斂，祭服不倒」者，大斂亦不倒。前已言「小斂不倒」，此又言「小斂」者，爲下諸事出也。「皆左衽」者，大斂小斂同然，故云「皆」也。衽，衣襟也，生鄉右，左手解，抽帶便也。死則襟鄉左，示不復解也。「結絞不紐」者，生時帶並爲屈紐，使易抽解。若死，則無復解義，故絞束畢結之，不爲紐也。斂者既斂必哭。士與其執事則斂，❶斂焉則爲之壹不食。凡斂者六人。斂者必使所與執事者，不欲妄人褻之。執，或爲「㩗」。**疏**正義曰：「斂者」，即謂大祝、衆祝之屬也。「既斂」，是斂竟也。斂竟必皆哭也。

❶「與其執事」，王引之云：「『與其執事』，文義不明。『其』蓋『共』之譌也。『與』當如字讀。陸氏、孔氏所見本，『共』字已譌作『其』。」詳《經義述聞》。

所以然者，以其與亡者，或臣舊，或有恩，今手爲執事，專心則增感，故哭也。「士與其執事則斂」者，釋前「士是斂」義也。與執事，謂平生曾與亡者共執事，今與喪所，則助斂也。所以須生經共執事，死乃爲斂者，若不經共執事，則褻惡之，故不使斂也。「斂焉則爲之壹不食」者，生經有恩，今又爲之斂，爲之廢壹食也。「凡斂者六人」者，凡者，貴賤同也。兩邊各三人，故用六人。

君錦冒黼殺，綴旁七。大夫玄冒黼殺，綴旁五。士緇冒赬殺，綴旁三。凡冒，質長與手齊，殺三尺。自小斂以往用夷衾，夷衾質殺之裁猶冒也。冒者，既襲所以韜尸重形也。殺，冒之下帬，韜足上行者也。小斂又覆以夷衾。裁，猶制也，字或爲「材」。

疏正義曰：此一經明尊卑冒制。「君錦冒黼殺」者，冒，謂襲後小斂前所用以韜尸也。冒有質、殺者，作兩囊，每輒橫縫合一頭，又縫連一邊，餘一邊不縫。兩囊皆然也。上者曰質，下者曰殺。君質用錦，殺用黼，故云「錦冒黼殺」也。故鄭注《士喪禮》云：「冒，韜尸者，制如直囊。上曰質，下曰殺。質，正也。其用之，先以殺韜足而上，後以質韜首而下。」「綴旁七」者，不縫之邊，上下安七帶綴以結之，故云「綴旁七」也。「大夫玄冒黼殺，綴旁五。士緇冒赬殺，綴旁三」者，尊卑之差也。鄭注《士喪禮》云：「上玄下纁，象天地也。」以此推之，「士赬殺」，則君、大夫畫殺爲斧文也。又鄭云「象天地」，則大夫以上無疑有象也。「凡冒，質長與手齊」者，凡，謂貴賤冒通名也。言冒之質，從頭韜來至下，長短與手相齊也。「殺三尺」者，殺從足韜上，長三尺。「自小斂以往用夷衾」者，往，猶後也。小斂前有冒，故不用夷衾。自小斂後衣多，不可用冒，故用夷衾覆之也。《士喪禮》云「幠用夷衾」，覆尸柩之衾也。「夷衾質殺之裁猶冒也」者，裁，猶制也。言夷衾所用，上齊於手，下三尺，所用繒色及長短制度，如冒之質、殺也，但不復爲囊及旁綴也。熊氏分「質」字屬上，「殺」字屬下爲句，其義非也。然「始死，幠用斂衾」，是大斂之衾，自小斂以前覆尸。至小斂時，「君錦衾，大夫縞衾，士緇衾」，用之小斂。斂訖，則制夷衾以覆之。其小斂以前所用大斂之衾者，小斂以後，停而不用。至將大斂及陳衣，又更制一衾，主用大斂也，所謂「大斂二衾」者。其夷衾，至大斂時，所用無文，當應摠入大斂衣內併斂之也。

君將大斂，子弁絰，即位于序端；卿大夫即

位于堂廉楹西，北面，東上；父兄堂下，北面；夫人、命婦尸西，東面；外宗房中，南面。小臣鋪席，商祝鋪絞、紟、衾、衣。士盥于盤上，士舉遷尸于斂上。卒斂，宰告，子馮之踊，夫人東面亦如之。子弁絰者，未成服，弁如爵弁而素。大夫之喪，子亦弁絰。

●疏 正義曰：此一經明君大斂時節也。「子弁絰，即位于序端」者，序，謂東序。端，謂序之南頭也。「卿大夫即位于堂廉楹西」者，卿大夫，謂群臣也。堂廉，謂堂基南畔廉稜之上。楹，謂南近堂廉者。子位既在東序端，故群臣列於基上東楹之西也。案《隱義》云：「堂廉，即堂上近南霤爲廉也。」「北面，東上」者，在基上，俱北面，東頭爲上也。子在東，尸在阼階，故在基者以東爲上也。「父兄堂下，北面」者，謂諸父、諸兄不仕者，以其賤，故在堂下而鄉北，以東爲上也。若士，則亦在堂下。「外宗房中，南面」者，外宗，君之姑、姊妹之女及姨舅之女也，輕，故在房中而鄉南也。皇氏云：「當在西房，以東爲上也。」今謂尸在阼，夫人、命婦在尸西，此外宗等當在東房。「小臣鋪席」者，謂下莞上簟，敷於阼階上，供大斂也。《士喪禮》云「布席如初」，注云：「亦下莞上簟也，鋪於阼階上，於堂南北爲少南。」「商祝鋪絞、紟、衾、衣」者，商祝，亦是《周禮》喪祝也。其鋪絞、紟、衾、衣等，致于小臣所鋪席上，以待尸。「士盥于盤上」者，士亦喪祝之屬也。《周禮》：「喪祝，上士二人，中士四人，下士八人。」是將應舉尸，故先盥手于盤上也。《雜記》云「士盥于盤北」是也。「士舉遷尸于斂上」者，斂上，即斂處也。「卒斂」者，大斂衣裝畢也。「宰告」者，宰，❶大宰也。斂畢，大宰告孝子道斂畢也。「子馮之踊」者，孝子待得告，乃馮尸而起踊。「夫人東面亦如之」者，亦馮尸而踊。鄉者夫人、命婦俱東鄉，於尸西，今獨云「夫人馮」者，命婦賤，不得馮也。馮竟乃斂於棺。

●注「子弁」至「弁絰」 正義曰：成服則著喪冠也，此云「弁絰」，是未成服。此雖以「大斂」爲文，其小斂時，子亦弁絰。君、大夫、士之子皆然。故《雜記》云：「小斂環絰，公、大夫、士一也。」云「弁如爵弁而素」者，已具於《下檀弓》疏。云「大夫之喪，子亦弁絰」者，案《雜記》云：「大夫與殯亦弁絰。」與他殯事尚弁絰，明自爲父母弁絰可知。其士則素冠，故武叔小斂投冠，是諸侯大夫與天子士同。大

❶「宰」字原脱，據阮本補。

夫之喪，將大斂，既鋪絞、紟、衾、衣，君至，主人迎，先入門右，巫止于門外。❶君釋菜，祝先入，升堂。君即位于序端；卿大夫即位于堂廉楹西，北面，東上；主人房外，南面；主婦尸西，東面。遷尸，卒斂，宰告，主人降，北面于堂下。君撫之，主人拜稽顙。君降，升主人馮之，命主婦馮之。先入右者，入門而右也。巫止者，君行必與巫，巫主辟凶邪也。釋菜，禮門神也。必禮門神者，禮，君非問疾弔喪不入諸臣之家也。主人房外南面，大夫之子尊，得升視斂也。疏正義曰：此一經明大夫大斂節也。「主人迎」者，主人，適子也。聞君至而出門迎君也。「先入門右」者，右，門內東邊也。適子出門迎君，望見馬首，不哭不拜，而先還入門右，北面，以待君至也。《士喪禮》云：「見馬首不哭，還入門右，北面。」注云：「不哭，厭於君，不敢伸其私恩也。」「巫止于門外」者，君臨臣喪，巫祝桃茢，以辟邪氣。今至主人門，恐主人惡之，故止巫于門外也。《士喪禮》云：「巫止于廟門外，祝代之。」巫止，祝代，具在《檀弓》疏也。「君釋菜」者，鄭云：「釋菜，禮門神也。禮，君非問疾弔喪，不入諸臣之家。」故禮門神而入也。「祝先入，升堂」者，巫止而祝代入，故先於君而入門，升自阼階也。祝以其事接通鬼神者也。「君即位于序端」者，君隨祝後而升堂，即位於東序之端。阼階上之東，是適子臨斂處也。《士喪禮》云：「君升自阼階，西鄉。」「主人房外，南面」者，主人鄉者在門右，君升，則主人亦升，立君之北，東房之外，面鄉南，俱欲視斂也。「遷尸」者，鄉鋪絞、紟、衾、衣而君至，今列位畢，故舉尸于鋪衣上也。「宰告」者，亦告主人，道斂畢也。「主人降，北面于堂下」者，主人得告，斂畢事竟，故降西階堂下，而鄉北立，待君也。「君撫之」者，君臣情重，方爲分異，故斂竟而君以手撫案尸，與之別也。「主人拜稽顙」者，主人在堂下，鄉北，見君撫尸，故拜稽顙，以禮君之恩。「君降」者，君撫尸畢而下堂也。「升主人馮之」者，君馮之已畢，降堂，而主人升還馮尸

❶「先入門右巫止于門外」，《考文》引足利本「先入門右」無「門」字，「巫止于門外」無「于門外」三字。山井鼎云：「二條與注意合，似是。」案《釋文》出「巫止」，云「本或作『巫止門外』。『門外』，衍字耳。」疏放此。

也。升主人者，君命升之也。主人升降，皆西階也。《士喪禮》云：「主人中庭。君坐，撫當心，主人拜稽顙。君降，西鄉命主人馮尸。主人升自西階，由足，西面馮尸，不當君所。」「命主婦馮之」者，君亦又命主婦馮尸也。**注**「巫止」至「斂也」　正義曰：所以巫止者，禮敬主人，故不用將巫入對尸柩。云「君非問疾弔喪，不入諸臣之家」者，《禮運》文也。　云「大夫之子尊，得升視斂也」者，以《士喪禮》其子不得升，今大夫之子將斂之時在「房外南面」，故云「大夫之子尊，得升視斂也」。

士之喪，將大斂，君不在，其餘禮猶大夫也。其餘，謂卿大夫及主婦之位。**疏**正義曰：此一節明士斂之節。士喪卑，無恩，君不視斂，故云「君不在」也。　「其餘禮猶大夫也」者，謂鋪衣、列位、男女之儀事，悉如大夫也。若有大夫來而君在位，則卿大夫位亦在堂廉近西也。《士喪禮》云：「君升主人。主人西楹東，北面。升公卿大夫，繼主人，東上。」案彼意，則在主人西也。

鋪絞、紟，踊。鋪衾，踊。鋪衣，踊。遷尸，踊。斂衣，踊。斂衾，踊。斂絞、紟，踊。目孝子踊節。**疏**正義曰：此一經明孝子貴賤踊節也。

君撫大夫，撫内命婦。大夫撫室老，撫姪娣。撫，以手按之也。内命婦，君之世婦。君、大夫馮父、母、妻、長子，不馮庶子。士馮父、母、妻、長子、庶子。庶子有子，則父母不馮其尸。凡馮尸者，父母先，妻子後。目於其親所馮也。馮，謂扶持服膺。君於臣撫之，父母於子執之。子於父母馮之，婦於舅姑奉之，舅姑於婦撫之。妻於夫拘之，夫於妻、於昆弟執之。此恩之深淺尊卑之儀也。馮之類，必當心。馮尸不當君所。不敢與尊者所馮同處。凡馮尸，興必踊。悲哀之至。馮尸必坐。**疏**正義曰：此一節明撫尸及馮尸之節。　「君撫大夫」者，大夫貴，故自撫之。　「撫内命婦」者，命婦，君之世婦。撫内命婦，則不撫賤者可知也。　「大夫撫室老，撫姪娣」者，大夫以室老爲貴臣，以姪娣爲貴妾，死則爲之服，故並撫之也。既撫姪娣，則賤妾不撫也。　「君、大夫馮父、母、妻、長子」者，君及大夫雖尊，而自主此四人喪，故同馮之。馮父、母，撫妻、子，而并云「馮」，通言耳。不馮庶子者，賤，故不得也。　「士馮父、母、妻、長子、庶子」者，士賤，故所馮及庶子也。「庶子有子，則父母不馮其尸」者，庶子若有子，則父母亦不馮。前所馮之庶子，是無子者也。然君、大夫之庶子，雖無子，並不得馮也。「凡馮尸者，父母先，妻子後」者，凡，主人也。父母、妻子，謂尸之父母、妻子也。父母尊，故馮尸在先。妻子卑，故馮尸在後。「君於臣撫之」者，此以下，目恩深淺尊卑馮撫之異也。君尊，但以手撫案尸心，身不服膺也。盧云：「賤者略也。」「父母於子執之」者，盧云：「執當心上衣也」。「子於父母馮之」者，謂服膺心上也。「婦於舅姑奉之」者，盧云：「尊，故捧當心上衣也。」「舅姑於婦撫之」者，亦手案尸心，與君爲臣同也。「妻於夫拘之」者，盧云：「拘輕於馮，重於執也。」庾云：「拘者，微引心上衣也。」賀云：「拘其衣衾領之交也。」「夫於妻、於昆弟執之」者，爲妻及自爲兄弟，但執之。盧無別釋。而賀云：「夫於妻，執其心上衣也。於兄弟亦執心上衣。」「馮尸不當君所」者，所，猶處也。假令君已馮心，則餘人馮者，❶不敢當君所馮之處，則宜少辟之。「凡馮尸，興必踊」者，凡者，貴賤同然也。馮尸竟則起，但馮必哀殞，故起必踊泄之也。注「目於其親所馮也」　正義曰：「目於其親」謂死者之親馮尸也。父母先，謂死者父母；妻子後，是死者之妻子，故云「目於其親所馮」，謂題目所馮之人。注「此恩」至「當心」　正義曰：馮者爲重，奉次之，拘次之，執次之。尊者則馮、奉，卑者則撫、執。執雖輕於撫而恩深，故君於臣撫，父母於子執，是兼有尊卑深淺。云「馮之類，必當心」者，《士喪禮》「君坐，撫當心」，此下云「馮尸不敢當君所」，明君不撫，得當君所也。

父母之喪，居倚廬，不塗，寢苫枕凷，非喪事不言。君爲廬，宮之，大夫士襢之。宮，謂圍障之也。襢，袒也，謂不障。

疏正義曰：自此以下至「兄不次於弟」，明君、大夫、士遭喪，斬衰、齊衰、大功等居廬及堊室，至祥禫以來降殺之節。各依文解之。此一經論初遭喪，君、大夫、士居廬之禮。　「居倚廬」者，謂於中門之外東牆下，倚木爲廬，故云「居倚廬」。　「不塗」者，但以草夾障，不以泥塗之也。

「寢苫枕凷」者，謂孝子居於廬中，寢卧於苫，頭枕於凷。

「非喪事不言」者，志在悲哀，若非喪事，口不言說。

「君爲廬，宮之」者，謂廬外以帷障之如宮牆。　「大夫士襢之」者，襢，袒也。其廬袒露，不帷障也。案《既夕禮》注

❶「人」，原作「入」，據阮本改。

云：「倚木爲廬，在中門外東方，北户。」定本無「枕凷」字，唯有「寢苫」二字。既葬，柱楣，塗廬，不於顯者。君、大夫、士皆宫之。不於顯者，不塗見面。疏正義曰：「既葬，柱楣」者，既葬情殺，故柱楣稍舉，以納日光。又以泥塗，辟風寒。「不於顯者」，言塗廬不塗廬外顯處。「君、大夫、士皆宫之」者，以大夫、士既葬，故得皆宫之。凡非適子者，自未葬，以於隱者爲廬。不欲人屬目。蓋廬於東南角，既葬猶然。疏正義曰：「凡非適子」，謂庶子也。「自未葬，以於隱者爲廬」者，既非喪主，不欲人所屬目，故於東南角隱映處爲廬。經雖云「未葬」，其實葬竟亦然也。既葬，與人立，君言王事，不言國事；大夫士言公事，不言家事。此常禮也。疏正義曰：此一經明居喪常禮。「既葬，與人立」者，未葬，不與人並立。既葬後，可與人並立也，猶不群耳。「君言王事，不言國事」者，君，諸侯也。王，天子也。既可並立，則諸侯可得言於天子之事，而猶不自私言己國事也。「大夫士言公事，不言家事」者，公，君也。大夫士葬後，亦得言君事，而未可言私事也。注「此常禮也」正義曰：庾氏云：「案《曾子問》：『三年之喪，練，不群立，不旅行。』此言既葬而與人立，得爲常禮者，鄭以下經『君既葬，王政入於國，既卒哭而服王事』是權禮，故以此經『不言國事』及『不言家事』，大判爲常禮也。且《曾子問》據無事之時，故『不群立，不旅行』，此有事須言，故『與人立』也。」君，既葬，王政入於國，既卒哭而服王事。大夫、士，既葬，公政入於家，既卒哭，弁絰帶，金革之事無辟也。此權禮也。弁絰帶者，變喪服而弔服，輕，可以即事也。疏正義曰：此一經是權禮也。若值國家有事，孝子不得遵恒禮，故從權事。此云「既葬」，謂葬竟未卒哭也。「王政入於國」者，謂王政令之事入於己國也。「既卒哭而服王事」者，謂身出爲王服金革之事也。庾云：謂此言君既葬，王政便入國。俟卒哭，乃身服王事。前云『君言王事』，謂言答所訪逮而已，王政未入於國也。」「大夫、士既葬，公政入於家」者，亦權事也。謂國之政令入大夫家也。「既卒哭，弁絰帶，金革之事無辟也」者，此謂服國事也。弁絰帶者，弔服也。言卒哭則有變服，❶今有事不得服己變服，而服弔服以從金革之事，無所辟也。變服重，弔服輕，故從戎

❶「變服」，原作「弔服」，據庫本、衛氏《集説》及殿本《考證》、浦鏜校改。

便也。此與君互也。此言服「弁絰」，則國君亦弁絰，國君言「服王事」，則此亦服國事也。但君尊，不言奪服耳。然此云「弁絰帶」，弁絰，謂弔服。帶，謂喪服要絰。明雖弔服而有要絰，異凡弔也。注「此權禮也」　正義曰：案《曾子問》云：「金革之事無辟也者，魯公伯禽有爲爲之。」是權禮也。**既練，居堊室，不與人居，君謀國政，大夫士謀家事。既祥，黝堊。祥而外無哭者，禫而内無哭者，樂作矣故也。**黝堊，堊室之飾也。地謂之黝，牆謂之堊。外無哭者，於門外不哭也。内無哭者，入門不哭也。禫踰月而可作樂，❶樂作無哭者。黝堊，或爲「要期」。禫，或皆作「道」。疏正義曰：此一經論練及祥、禫之節。「不與人居」者，謂在堊室之中，猶不與人居也。「君謀國政，大夫、士謀家事」者，此常禮也。練後漸輕，故得自謀己國家事也。「既祥，黝堊」者，祥，大祥也。黝，黑也，平治其地，令黑也。堊，白也，新塗堊於牆壁，令白，稍飾故也。「祥而外無哭者」，祥，亦大祥也。外，中門外，即堊室中也。「祥之日，鼓素琴」，故中門外不哭也。「禫而内無哭者」，内，中門内也。禫已縣八音於庭，故門内不復哭也。「樂作矣故也」者，二處兩時不哭，是並有樂作故也。《隱義》云：「練後，三日一哭於次。次在中門外，謂堊室也。至大祥，則不復於外，若有弔者，則入即位哭，是外無哭者。」注「黝堊」至「哭者」　正義曰：黝，謂治堊室之地。堊，謂塗堊室之牆。云「地謂之黝，牆謂之堊」者，《釋宫》文。云「禫踰月而可作樂」者，《檀弓》云：「魯人有朝祥而莫歌者，孔子曰：『踰月則其善也』。」是祥踰月而可作樂也。云「樂作無哭者」，以其樂作，故無哭。如鄭此注之意，以祥踰月作樂，故禫時無哭矣，則經云「樂作」之文，但釋禫時無哭之意，不釋祥之無哭。皇氏以爲：「祥之日，鼓素琴，『樂作』之文，釋二處兩時無哭。」與鄭注違，皇説非也。定本「禫踰月而可作樂」，「祥」字作「禫」字。禫之踰月，自然從吉，樂作可知，恐「禫」字非也。**禫而從御，吉祭而復寢。**從御，御婦人也。復寢，不復宿殯宫也。**期居廬，終喪不御於内者，父在爲母、爲妻。齊衰期**

❶「禫」，阮校云：「惠棟云：『禫』當作『祥』。」段玉裁云：孔作『祥』。」張敦仁《考異》亦云「禫」當作「祥」。蓋並據孔氏《正義》也。

者：大功布衰九月者，皆三月不御於內。婦人不居廬，不寢苫；喪父母，既練而歸；期、九月者，既葬而歸。歸，謂歸夫家也。**疏**正義曰：此一經明釋禫節，言禫時從御婦人於內也。「吉祭而復寢」者，謂禫祭之後，同月之內，值吉祭之節，行吉祭訖，而後寢。❶若不當四時吉祭，則踰月吉祭乃復寢。故《士虞記》云：「中月禫。是月也，吉祭，猶未配。」注云：「是月，是禫月也。當四時之祭月則祭也。」亦不待踰月。故熊氏云：「不當四時祭月，則待踰月也。」案《閒傳》「既祥復寢」，與此「吉祭復寢」不同者，彼謂不復宿中門外，復於殯宮之寢，此吉祭後不復宿殯宮，復於平常之寢。文雖同，義別，故此注「不復宿殯宮也」，明大祥後宿殯宮也。杜預以爲「禫而從御，謂從政，御職事」。鄭以爲御婦人者，下文云「期居廬，終喪不御於內」，既言「不御於內」，故知此御是御婦人也。「喪父母，既練而歸；期、九月者，既葬而歸」，注云：「歸，謂歸夫家也。」正義曰：女子出嫁，爲祖、父母及兄弟爲父後者，皆期。九月，謂本是期而降在大功者。案《喪服》「女子爲父母，❷卒哭，折笄首」，玄謂：「卒哭，喪之大事畢，可以歸於夫家。」此云「既練歸」，不同者，熊氏云：「《喪服》注云『卒哭可以歸』，是可以歸之節，其實歸時在練後也。」公之喪，大夫俟練，士卒哭而歸。此公，公士大夫有地者也。其大夫、士歸者，謂素在君所食都邑之臣。**疏**正義曰：此一經明公士大夫有地之君喪，其臣歸之節。「公之喪」者，臣下呼此有地大夫之君爲公，故云「公之喪」。「大夫俟練」者，此君下之臣大夫，待練而歸。**注**「此公」至「之臣」 正義曰：知「此公是公士大夫有地者」，以其臣大夫待練，士待卒哭，故知非正君。若正君，案《雜記》：「大夫次於公館以終喪，士練而歸。」彼謂正君，與此殊，故知此非正君。云「其大夫、士歸者，謂素在君所食都邑之臣」者，皇氏云：「素，先也。君所食都邑，謂公士大夫之君采地。」言公士大夫在朝廷而死，此臣先在其君所食之采邑，故云『素在君所食都邑之臣』。君喪而來服，至小祥而各反，故云歸也。」皇氏所解，於文爲便，然唯據國中而死，若在采邑，理則不包也。熊

❶「後」，殿本、庫本、阮本「後」下有「復」字，疑是。

❷「子」，浦鏜校云：「『子』下脱一『子』字，見《喪服·記》。」

氏云：「素在君所，謂此家臣爲大夫者，素先在君所。食都邑之臣，謂家臣不在君所，出外食都邑者。今君喪皆在，若大夫士練及卒哭後，素在君所者歸於家，素食都邑者歸於都邑。」若如熊氏解，鄭當云「素在君所及食都邑之臣」，今不云「及」，其義疑也。

大夫、士，父母之喪，既練而歸。朔月、忌日，則歸哭于宗室。諸父、兄弟之喪，既卒哭而歸。歸，謂歸其宫也。忌日，死日也。宗室，宗子之家，謂殯宫也。禮，命士以上，父子異宫。

【疏】正義曰：此一經明庶子遭喪歸家之節。「大夫、士」，謂庶子爲大夫、士也。禮，命士以上，父子異宫。故大夫、士有父母之喪，至小祥，各歸其宫也。《隱義》曰：「大夫、士，父母之喪，既小祥而歸，庶子爲大夫、士者也。適子終喪在殯宫也。」「朔月、忌日，則歸哭于宗室」者，朔月，朔望也。忌日，死日也。宗室，適子家殯宫也。雖練各歸，至忌日及朔望，則歸殯宫也。「諸父、兄弟之喪，既卒哭而歸」者，諸父、諸兄弟並期爲輕，故至卒哭而各歸。賀氏云：「此弟，謂適弟，則庶兄爲之次，云至卒哭乃歸也。下云『兄不次於弟』，謂庶弟也。」

父不次於子，兄不次於弟。謂不就其殯宫爲次而居。

【疏】正義曰：喪既卑，故尊者不居其殯宫次也。

君於大夫、世婦，大斂焉；爲之賜，則小斂焉。爲之賜，謂有恩惠也。

【疏】正義曰：此經以下至「君退必奠」，明君於大夫及士，并夫人於大夫、士，恩賜弔臨，主人迎送之節。各隨文解之。此一經論君於大夫、世婦之禮。此世婦，謂内命婦。大斂爲常，爲之恩賜，則小斂而往。然則君於大夫，大斂是常，小斂是恩賜。案隱元年「公子益師卒，公不與小斂，故不書日」者，熊氏云：「彼謂卿也。卿則小斂焉。爲之賜，則未襲而往。故昭十五年『有事于武宫，籥入，叔弓卒。去樂，卒事』，《公羊》云：『君聞大夫之喪，去樂，卒事而往可也。』故鄭云『去樂，卒事而往，未襲也』，是卿未襲而往。」案柳莊非卿，衛君即弔，急弔賢也。

於外命婦，既加蓋而君至。於臣之妻略也。

【疏】正義曰：外命婦恩輕，故既大斂入棺加蓋之後而君至也。則知大夫及世婦未加蓋以前君至也。

於士，既殯而往；爲之賜，大斂焉。夫人於世婦，大斂焉；爲之賜，小斂焉。於諸妻，爲之賜，大斂焉。於大夫、外命婦，既殯而往。大夫、士既殯，而君往焉，使人戒之。主人具殷奠之禮，俟于門外，見馬首，先入門右。巫止于門外，祝代之先。君釋菜于門内。祝先升自阼階，負墉，南面。君即位于阼，小臣二人執戈立于前，二人立于後。殷，猶大也。朝夕小奠，至月朔則大奠。君將來，則具大奠之禮以待之，榮君之來也。祝負墉南面，直君北，房户東也。小臣執戈先後君，君升而夾階立。大夫殯即成服，成服則君亦成服，錫衰而往弔之。擯者進，當贊主人也。始立門東，北面。主人拜稽顙。君稱言，視祝而踊，主人踊。稱言，舉所以來之辭也。視祝而踊，祝相君之禮，當節之也。

疏正義曰：此一經明君賜及夫人於大夫士及妻妾恩賜之差，又明君弔士大夫之禮。「於諸妻，爲之賜，大斂焉」，諸妻，姪娣及同姓女也。同士禮，故爲之賜，大斂焉。若夫人姪娣，尊同世婦，當大斂焉；爲之賜，小斂焉。「於大夫、外命婦，既殯而往」者，謂夫人於大夫及外命婦，既殯而往，但有一禮，無恩賜差降之事。「大夫、士既殯，而君往焉」者，君於大夫，雖視大斂，或有既殯之後而始往，與士同也。「使人戒之」者，謂君將往，使人豫戒告主人，使知之。「主人具殷奠之禮」者，殷，大也。主人得君之戒告，先備具月朔大奠之禮，重君之來故也。「俟于門外」者，君來之時，主人待於門外。「見馬首，先入門右」者，謂見君馬首，先君而入門右，謂門東，北面。「祝先升自阼階」者，君應升自阼階，故祝先道君升阼階。「負墉南面」者，墉，壁也。祝先升阼階，在君之北，立於房户之東，皆負壁而鄉南也。❶「君即位于阼」者，主人不敢有其室，故君位于阼而西鄉也。「小臣二人執戈立于前，二人立于後」者，前後小臣各二人執戈，辟邪氣也。君升而小臣夾階，北面俟君也。盧云：「上言『即位于序端』，謂君臨大夫，將大斂時，禮未成，辟執事，故即位于序端。此是大夫、士既殯而君往，禮已成，故即位于阼階也。」**注**「祝負」至「弔之」。正義曰：「直君北」者，直，當也。君既在阼，此祝立當君北，❷在房户東而南鄉也。云「小臣執戈先後君，君升而夾階立」者，《顧命》云「夾階上刃」，是夾階立也。云「大夫殯即成服」者，大夫除死日，三

---

❶「皆」，浦鏜校云：「皆」當「背」之誤。
❷「此」，阮本「此」作「階」，屬上，閩、監、毛本同。

日殯，與成服同日。主人既成服，故君錫衰而往弔。　「擯者進」，擯，謂贊於主人禮者。擯者始在門東，北面，今君既升阼，則此擯者進於孝子前，告孝子使行禮也。然喪贊曰相，而此云「擯」者，以君之弔禮，無嫌擯道之義，故得以「擯」言之也。　「主人」至「人踊」　「主人拜稽顙」者，以君臨視，故主人于庭中，北面，拜而稽顙。　「君稱言」者，稱，舉也。君舉其所來之言，謂弔辭也。舉言既畢，當哭踊，祝以相君，祝先踊，君乃視祝而踊。君踊畢，主人乃踊。

大夫則奠可也；士則出俟于門外，命之反奠，乃反奠。卒奠，主人先俟于門外。君退，主人送于門外，拜稽顙。迎不拜，拜送者，拜迎則爲君之答己。君於大夫疾，三問之；在殯，三往焉。士疾，壹問之；在殯，壹往焉。所以致殷勤也。疏正義曰：此一節明君來弔士與大夫，其禮不同。　「大夫則奠可也」者，君既在阼，主人在庭，踊畢，則釋此殷奠于殯可也。言對人君，可爲此奠。　「士則出俟于門外」者，士卑，不敢留君待奠，故先出，俟君于門外，謂君將去也。　「命之反奠，乃反奠」者，君使人命反設奠，士乃反入設奠也。　「卒奠」者，設奠畢也。　「主人先俟于門外」者，奠畢，主人又先出門待君，大夫、士同然。　「君退，主人送于門外，拜稽顙」者，出，去也，❶主人於門外送之而拜也。注「迎不」至「答己」　正義曰：案《曲禮》：「凡非弔喪，非見國君，無不答拜。」然則喪法，孝子拜，賓無答拜之理。今者君出，孝子雖拜，君無答理，而云「拜迎則爲君之答己」者，以尋常禮敵，孝子雖拜，賓無答理。今君來臨臣，臣既拜迎，尊卑禮隔，意恐君之答己，故不敢拜迎。案僖二十四年《左傳》「宋，先代之後，於周爲客。有喪，拜焉」者，謂其餘諸侯來弔國喪，以其卑，王不拜之；若宋來弔，王用敵禮，拜謝之，亦是主人拜賓之義也。

君弔，則復殯服。復，反也，反其未殯、未成服之服，新君事也。謂臣喪既殯後，君乃始來弔也。復，或爲「服」。疏正義曰：謂臣喪，大斂與殯之時，君有故不得來，至殯後主人已成服而君始來弔，主人「則復殯服」者，復，反也。殯服，謂殯時未成服之服。主人于時反服此服，新君之事。其服則苴絰、免、布深衣也，不散帶。故

❶「出去也」，按上文出文無「出」字，而有「退」字，「出」當「退」字之誤。「退」有「去」義。

《小記》云：「君弔，雖不當免時也，主人必免，不散麻。」注云：「爲人君變，貶於大斂之前，既啓之後也。」夫人弔於大夫、士，主人出迎于門外，見馬首，先入門右。夫人入，升堂即位。主婦降自西階，拜稽顙于下。夫人視世子而踊，奠如君至之禮。夫人退，主婦送于門内，拜稽顙；主人送于大門之外，不拜。視世子而踊，世子從夫人，夫人以爲節也。世子之從夫人，位如祝從君也。疏正義曰：此一經明夫人弔臣禮。「先入門右」者，門，亦大門也。謂孝子迎君之妻禮，亦如迎君禮也。「夫人入，升堂即位」者，亦升阼階，西鄉，如君也。「主婦降自西階，拜稽顙于下」者，主婦，臣妻也。既夫人來弔，故婦人爲主人。當夫人升堂即位時，而主婦從西階而下，拜稽顙於堂下，如男主也。「夫人視世子而踊」者，世子，夫人之世子，隨夫人來也。夫人來弔，則世子在前道引，其禮如祝道君也。「奠如君至之禮」者，亦先戒，乃具殷奠，夫人即位哭後，主婦拜竟而設奠，事如君弔禮者。若士，則亦主人先出，而聽命反奠也。「夫人退，主婦送于門内，拜稽顙」者，門，寢門也。婦人迎送不出門，故夫人去，於路寢門内而拜送之。而不拜迎而拜送之義，與君同也。「主人送于大門之外，不拜」者，亦如送君也。而不拜者，喪無二主，主婦已拜，故主人不拜。大夫君，不迎于門外，入即位于堂下。主人北面，衆主人南面，婦人即位于房中。若有君命、命夫命婦之命、四鄰賓客，其君後主人而拜。入即位於下，不升堂而位阼階之下，西面，下正君也。衆主人南面，於其北。婦人即位於房中，君雖不升堂，猶辟之也。後主人而拜者，將拜賓，使主人陪其後，而君前拜。不俱拜者，主人無二也。疏正義曰：此一節明大夫君之禮。「不迎于門外」者，貶於正君。謂大夫下臣稱大夫爲君，故曰「大夫君」也。「入即位于堂下」者，阼階下也。大夫君入寢門，不得升堂，乃即阼階下位而西鄉也。「主人北面」者，主人，適子也。其君既即阼階下位，故適子辟之，位所以在君之南，北面也。「衆主人南面，婦人即位于房中」者，婦人之位在堂，其君既來，故婦人並爲位于東房中也。然此言「婦人即位房中」，非止大夫之君，亦摠正君來禮如此也。又不言大夫君之妻來者，當同夫人禮也。又前君臨大斂，云「主婦尸西」，不言辟者，大斂哀深，故不辟君。今既殯後哀殺，故辟也，亦與前互也。「若有君命、命夫命婦之命、四鄰賓客，其君後主人而拜」者，若當此大夫君來弔時，或有其本國之君命，或有國中大夫命婦之命，或有昔經使四鄰之國卿大夫遣使來弔，若或有此諸賓在庭，則此大夫之君代主人拜命及拜諸賓也。所以爾者，喪用尊者拜賓故也。君雖代爲主拜賓，而猶不敢同於國君，專代爲主，故以主人陪置君之後也。主人在君後而拜，謂君先拜，主人後拜也。注「婦人」至「二也」

正義曰：「婦人即位於房中」者，東房中。云「君雖不升堂，猶辟之也」者，以婦人合在戶西，東面，君來升堂，婦人辟之在房中。今大夫君來，雖不升堂，婦人猶辟之於房中也。然案未大斂之前，君雖來，主婦猶在尸西。其既殯已後，君來雖不顯婦人之位，今此大夫君云「婦人即位房中」，明正君既殯而來，婦人亦即位房中也，故云「猶辟之」。云「而君前拜，不俱拜者，主人無二也」者，以經云「其君後主人而拜」，是君在前，主人在後，又君拜在前，主人拜在後，是主人立與拜皆在君後，不與君同時拜。君既爲主，當推君在前，故云「主人無二」也。

君弔，見尸柩而后踊。塗之後，雖往不踊也。踊，或爲「哭」，或爲「浴」。疏正義曰：君弔臣，唯見尸柩乃踊者，若不見尸柩則不踊。案前文，既殯君往，「視祝而踊」。殯後有踊者，皇氏云：「雖殯，未塗則得踊。」故鄭此注云：「塗之後，雖往不踊也。」是既殯未塗，得有踊也。

大夫、士，若君不戒而往，不具殷奠，君退必奠。榮君之來。

疏正義曰：君不先戒，故臣不得具殷奠。「君退必奠」者，君來不先戒，當時雖不得殷奠，而君去後，必設奠告殯，以榮君來故也。

君大棺八寸，屬六寸，椑四寸。上大夫大棺八寸，屬六寸。下大夫大棺六寸，屬四寸。士棺六寸。大棺，棺之在表者也。《檀弓》曰：「天子之棺四重：水、兕革棺被之，其厚三寸，杝棺一，梓棺二，四者皆周。此以内説而出也。然則大棺及屬用梓，椑用杝。以是差之，上公革棺不被，三重也。諸侯無革棺，再重也。大夫無椑，一重也。士無屬，不重也。庶人之棺四寸。上大夫，謂列國之卿也。趙簡子云：「不設屬、椑。」時僭也。疏正義曰：此一節以下至篇末，揔論君、大夫、士等棺椁及飾棺之異，并碑繂之殊。

各依文解之。此一經論君、大夫、士等棺椁厚薄之制。❶禮，天子之棺四重。故《檀弓》云「水、兕革棺被之，其厚三寸，杝棺一」，注云：「所謂椑棺也。」「梓棺二」，注云：「所謂屬與大棺。」然則天子四重之棺，都合厚二尺四寸也。若上公棺，則去水皮，所餘三重，合厚二尺一寸也。若侯伯子男，則又去兕皮，但餘三棺，爲二重，合厚一尺八寸也。若上大夫，則又去椑，所餘屬六寸，及大棺八寸爲一重，合厚一尺四寸。若下大夫，亦有屬四寸及大棺六寸，但寸數減耳。大棺六寸，屬四寸，合厚一尺也。若士則不重，唯大棺六寸也。「君大棺八寸，屬六寸，椑四寸」者，屬六寸，椑四寸，二者合一尺。就大棺八寸，爲一尺八寸。「上大夫大棺八寸，屬六寸」，去椑四寸，所餘二種，合爲一尺四寸。「下大夫大棺六寸，屬四寸」者，各減二寸，合餘一尺也。「士棺六寸」者，無屬，唯大棺六寸也。

注「大棺」至「僭也」　正義曰：以名「大棺」，故知在表。云「四者皆周」者，謂水兕革棺、杝棺、梓棺等皆周於尸，唯椁不周。「此以内説而出也」者，謂《檀弓》此文，從内而説，以次出外，而謂近尸有水革，次外有兕革，次外有椑，次外有屬，次外有大棺。云「然則大棺及屬用梓，椑用杝」者，以《檀弓》云「杝棺一，梓棺二」，從内出外而言。此先云大棺及屬，乃始云椑，是從外鄉内而説，故知大棺及屬當梓棺也，椑當杝棺也。云「上公革棺不被，三重也」者，以天子四，上公三，去其一重，故知革棺不被，但有兕也。云「諸侯無革棺，再重也」者，以此經但云「君大棺、屬、椑」，不云「革」，故知無革棺也。此「君」，謂侯、伯、子、男也。此經上、下大夫但云大棺與屬，無杝椑，是「大夫無椑，一重也」。經唯云「士棺六寸」，是「士無屬，不重也」。案《檀弓》，孔子爲中都宰，「制四寸之棺，五寸之椁」，是「庶人之棺四寸」。云「趙簡子云『不設屬、椑』，時僭也」者，案哀公二年，趙簡子與鄭師戰于鐵，簡子自誓云：「桐棺三寸，不設屬、辟，下卿之罰也。」案此大夫依禮無椑，趙簡子所云罰始無椑，故知當時大夫常禮用椑，是「時僭也」。

君裏棺用朱緑，❷用雜金鐕。大夫裏棺用玄緑，用牛骨鐕。士不緑。　鐕，所以琢著裏。**疏**正義

❶「論」字原脱，據阮本補。

❷「緑」，《正義》云：「定本經中『緑』字皆作『琢』。」段玉裁云：「蓋『緑』與『琢』，皆『禄』字之誤。古本三『緑』皆正作『禄』。以縑裏棺曰禄。」詳《説文解字注》「禄」字下。下「緑」字皆放此。

曰：此一經明裹棺之制。「裹棺」，謂以繒貼棺裹也。朱繒貼四方，以緑繒貼四角。定本經中「緑」字皆作「琢」。琢，謂鐕琢朱繒，貼著於棺也。「用雜金鐕」者，鐕，釘也。舊説云：「用金釘，又用象牙釘，雜之以琢朱緑著棺也。」《隱義》云：「朱緑皆繒也。雜金鐕，《尚書》曰：『貢金三品』，黄、白、青色。」「大夫裹棺用玄緑」者，四面玄，四角緑。「用牛骨鐕」者，不用牙金也。「士不緑」者，悉用玄也。亦同大夫「用牛骨鐕」，不言，從可知也。君蓋用漆，三衽三束。大夫蓋用漆，二衽二束。士蓋不用漆，二衽二束。用漆者，塗合牝牡之中也。衽，小要也。疏正義曰：此一經明衽束之數。「君蓋用漆」者，蓋，棺上蓋。用漆，謂漆其衽合縫處也。「三衽三束」者，衽，謂燕尾合棺縫際也。束，謂以皮束棺也。棺兩邊各三衽，每當衽上，輒以牛皮束之，故云「三衽三束」也。「大夫蓋用漆，二衽二束」者，亦漆衽合縫處也。大夫士横衽有二，每衽有束，故云「二衽二束」也。「士蓋不用漆，二衽二束」者，士卑，故不漆也。言「二衽二束」者，與大夫同。《檀弓》云「棺束，縮二衡三」者，據君言也。若大夫士，横唯二束，此文是也。故鄭注《司士》云「結披必當棺束，於束繫紐。天子、諸侯載柩三束，大夫士二束。《喪大記》曰：『君纁披六；大夫披四，前纁後玄；士二披，用纁。』人君禮文，欲其數多，圍數兩旁言六耳，其實旁三」是也。皇氏不見鄭之此注，以爲「此經大夫士二衽二束者，據披從束而言，其横皆爲三束」，其義非也。君、大夫鬊爪實于緑中，士埋之。緑，當爲「角」，聲之誤也。角中，謂棺内四隅也。鬊，亂髮也。將實爪髮棺中，必爲小囊盛之。此「緑」或爲「簍」。疏正義曰：此一節明鬊爪之異。「實于緑中」者，緑即棺角也。其死者亂髮及手足之爪，盛于小囊，實於棺角之中。「士埋之」者，士賤，亦有物盛髮爪而埋之。注「緑，當爲角」正義曰：知「緑」當爲「角」者，上文「緑」爲色，以飾棺裹，非藏物之處。以「緑」與「角」聲相近，經云「緑中」，故讀「緑」爲「角」。君殯用輴，欑至于上，畢塗屋。大夫殯以幬，欑置于西序，塗不暨于棺。士殯見衽，塗上。帷之。欑，猶菆也。屋，殯上覆如屋者也。幬，覆也。暨，及也。此《記》參差，以《檀弓》參之，天子之殯，居棺以龍輴，欑木題湊象椁，上四注如屋以覆之，盡塗之。諸侯輴不畫龍，欑不題湊象椁，其他亦如之。大夫之殯廢輴，置棺西牆下，就牆欑其三面。塗之不及棺者，言欑中狹小，裁取容棺。然則天子、諸侯，差寬大矣。士不欑，掘地下棺，見小要耳。帷之，鬼神尚幽闇也。士達於天子皆然。幬，或作「錞」或作「埻」。**疏** 正義曰：此一經明尊卑殯之制度。「君殯用輴」者，君，諸侯也。殯時置棺於輴内。「欑至于上」者，以木欑輴，至於棺上。「畢塗屋」者，畢，盡也。此所欑殯之木，有似屋形，欑之既訖，盡塗其屋也。「大夫殯以幬」者，幬，覆也，謂棺衣覆之也。大夫言幬覆，則王侯並幬覆也，謂棺衣覆之。言大夫幬，即加斧之類是也。「欑置于西序」者，屋堂西頭壁也。大夫不輴，又不四面欑，以一面倚西壁，而三面欑之，又上不爲屋也。「塗不暨于棺」者，暨，及也。王侯塗之而欑廣，去棺遠。大夫亦塗而欑狹，去棺近，裁使塗不及棺，故云「不暨棺」也。「士殯見衽，塗上。帷之」者，士掘肂見衽，其衽之上所出之處，亦以木覆上而塗之，故謂「塗上」也。《士喪禮》云「乃塗」，注云：「以木覆棺上而塗之，爲火備也。」「帷之」者，帷，障也，貴賤悉然，故朝夕哭乃徹帷也。**注**「欑猶」至「皆然」 正義曰：云「欑，猶菆也」者，謂菆聚其木，周於外也。云「屋，殯上覆如屋者也」者，解經「畢塗屋」，屋是殯上之覆，形似於屋，故云「如屋」。云「此《記》參差」者，謂記此《大記》之文，其事參差。若君據天子，應稱「龍輴」，不得直云「殯用輴」；若君據諸侯，不得云「欑至于上，畢塗屋」。其文或似天子，或似諸侯，故云「參差」。云「以《檀弓》參之」者，《檀弓》云：「天子之殯，菆塗龍輴以椁。」故知天子殯，居棺以龍輴。又云「以椁」，故知「欑木題湊象椁」。云「上四注如屋以覆之」者，謂上以四注，垂而鄉下，如似屋簷，以覆其上。云「盡塗之」者，謂四邊及上皆塗之。云「諸侯輴不畫龍，欑不題湊象椁」者，以《檀弓》唯云「天子龍輴」，此經直云「君殯用輴」，不云「龍」，是諸侯不龍也，謂不畫輴轅爲龍。《檀弓》唯云「天子菆塗龍輴以椁」，則知諸侯不題湊象椁。云「其他亦如之」者，除此龍輴、題湊象椁之外，其他亦如之。其他，謂菆木畢塗屋，亦如天子也。必知天子椁四阿者，成二年《左傳》云：「宋文公卒，椁有四阿。」是僭天子禮。但凡殯之禮，天子先以龍輴置於客位殯處，然後從阼階舉棺於輴中，輴外以木菆輴之四邊，木高於棺，乃從上加綃黼於棺上，然後以木題湊，題，頭也；湊，鄉也，謂以木頭相湊鄉内也，象椁上之四注以覆之，❶如屋形，以泥塗之。於屋之

❶「注」，原作「柱」，據阮本改。

上，又加席三重於殯上。其諸侯，則居棺以輴，亦菆木輴外，木高於棺，後加布幕於棺上，又菆木於塗上，不題湊象椁也。雖不象椁，亦中央高，似屋形，但不爲四注。故經云「畢塗屋」，揔包君也。塗上加席二重。云「大夫之殯廢輴」者，案《下檀弓》云「三臣廢輴」，據殯時也，是大夫之殯廢輴。云「欑中狹小，裁取容棺」者，以經云「塗不曁于棺」，明其狹小。卑者既狹，則知天子、諸侯差寬大矣。云「士達於天子皆然」者，謂皆「帷之」。

熬，君四種八筐，大夫三種六筐，士二種四筐，加魚腊焉。

熬者，煎穀也。將塗，設於棺旁，所以惑蚍蜉，使不至棺也。《士喪禮》曰：「熬，黍稷各二筐。」又曰：「設熬，旁一筐。」大夫三種，加以粱。君四種，加以稻。四筐，則手足皆一，❶其餘設於左右。**疏**正義曰：此一經明熬穀之異。「熬」者，謂火熬其穀，使香，欲使蚍蜉聞其香氣食穀，不侵尸也。「加魚腊焉」者，魚腊，謂乾腊。案《特牲》，士腊用兔；《少牢》，大夫腊用麋。天子、諸侯無文，當用六獸之屬，亦爲惑蚍蜉。**注**「士喪」至「左右」 正義曰：此云「士二種四筐」，《士喪禮》「熬，黍稷各二筐」，文與此同，故引之。又引《士喪禮》云「設熬，旁一筐」者，證設熬之處。云「大夫三種，加以粱」者，以《曲禮》云「歲凶，大夫不食粱」，明豐年常食粱，故知大夫加以粱。《公食大夫禮》黍稷稻粱，云「君四種，❷加以稻」。「四筐，則手足皆一」者，當以《士喪》四筐，「設熬，❸旁各一筐」，則兩旁有兩筐，首有一筐，足有一筐也。云「其餘設於左右」者，兩筐在首足，以外皆設於左右旁也。

飾棺：君龍帷，三池，振容；黼荒，火三列，黻三列；素錦褚，加僞荒；纁紐六；齊，五采，五貝；黼翣二，黻翣二，畫翣二，皆戴圭；魚躍拂池。君纁戴六，纁披六。大夫畫帷，二池，不振容；畫荒，火三列，黻三列；素錦褚；纁紐二，玄紐二；齊，三采，三貝；黻翣二，畫翣二，皆戴綏；魚躍拂池。大夫戴，前纁後玄，披亦如

❶「手」，張敦仁據《正義》校云：「『手』當作『首』。《士喪禮》賈疏引此注正作『首』字。今各本皆誤。」按：張校是也。疏放此。

❷「云」，浦鏜校云：「『云』上當脱『故』字。」

❸「熬」，原作「敖」，據阮本改。

之。士布帷，布荒，一池，揄絞；纁紐二，緇紐二；齊，三采，一貝；畫翣二，皆戴綏。士戴，前纁後緇，二披用纁。飾棺者，以華道路及壙中，不欲衆惡其親也。荒，蒙也。在旁曰帷，在上曰荒，皆所以衣柳也。士布帷、布荒者，白布也，君、大夫加文章焉。黼荒，緣邊爲黼文。畫荒，緣邊爲雲氣。火、黻爲列於其中耳。僞，當爲「帷」，或作「于」，聲之誤也。大夫以上，有褚以襯覆棺，乃加帷荒於其上。紐，所以結連帷荒者也。池，以竹爲之，如小車笭，衣以青布。柳象宮室，縣池於荒之爪端，若承霤然云。君、大夫以銅爲魚，縣於池下。揄，揄翟也，青質五色，畫之於絞繒而垂之，以爲振容，象水草之動摇，行則又魚上拂池。《雜記》曰：「大夫不揄絞屬於池下。」是不振容也。士則去魚。齊，象車蓋蕤，縫合雜采爲之，形如瓜分然，綴貝落其上及旁。戴之言值也，所以連繫棺束與柳材，使相值，因而結前後披也。《漢禮》「翣以木爲筐，❶廣三尺，高二尺四寸，方兩角高，衣以白布。畫者，畫雲氣。其餘各如其象。柄長五尺。」車行，使人持之而從。既窆，樹於壙中。❷《檀弓》曰「周人牆置翣」是也。綏，當爲「緌」，讀如「冠蕤」之蕤，蓋五采羽注於翣首也。❸

疏 正義曰：此一經明葬時尊卑棺飾。「君龍帷」者，君，諸侯也。帷，柳車邊障也，以白布爲之，王侯皆畫爲龍，象人君之德，故云「龍帷」也。「三池」者，諸侯禮也。池，謂織竹爲籠，衣以青布，挂著於柳上荒邊爪端，象平生宮室有承霤也。天子生有四注屋，四面承霤，柳亦四池象之。諸侯屋亦四注，而柳降一池，闕於後一，故三池也。「振容」者，振，動也。容，飾也。謂以絞繒爲之，長丈餘，如幡，畫幡上爲雉，縣於池下爲容飾，車行則幡動，故曰「振容」。「黼荒」者，荒，蒙也，謂柳車上覆，謂鼈甲也。緣荒邊爲白黑斧文，故云「黼荒」。「火三列」者，列，行也。於鼈甲黼文之上，荒中央，又畫爲火三行也。火形如半環也。「黻三列」者，又畫爲兩己相

❶「筐」，阮校云：「齊召南云『筐』當作『匡』。孫志祖云：《周禮·縫人》疏引此注正作『匡』。」

❷「既窆樹於壙中」，阮校云：「浦鏜校云：『既窆』上《周禮》疏引此有『以障』二字，『壙中』下有『障柩』二字。按聶氏《三禮圖考》亦有此四字，今脱也。孫志祖云：《孟子》疏四卷下引注『使人持之而從』下有『以障』二字，『壙中』下有『障柩也』三字，文義較完足。」

❸「羽」，原作「明」，據阮本改。

背爲三行也。　「素錦褚」者，素錦，白錦也。褚，屋也。於荒下又用白錦以爲屋也。葬在路，象宫室也。故《雜記》云「素錦以爲屋而行」，即褚是也。　「加僞荒」者，帷者，邊牆。荒是上蓋。褚覆竟，而加帷荒於褚外也。「纁紐六」者，上蓋與邊牆相離，故又以纁爲紐，連之相著，旁各三，凡用六紐，故云「纁紐六」也。　「齊，五采」者，謂鼈甲上當中央，形圓如車蓋，高三尺，徑二尺餘。五采，謂人君以五采繒衣之，列行相次，故云五采也。　「五貝」者，又連貝爲五行，交絡齊上也。　「黼翣二，黻翣二，畫翣二」者，翣形似扇，以木爲之，在路則障車，入椁則障柩也。凡有六枚，二畫爲黼，二畫爲黻，二畫爲雲氣。諸侯六，天子八。《禮器》云：「天子八翣，諸侯六，大夫四。」鄭注《縫人》云：「《漢禮器制度》：『飾棺，天子龍、火、黼、黻皆五列，又有龍翣二，其戴皆加璧也。』」　「皆戴圭」者，謂諸侯六翣，兩角皆戴圭玉也。　「魚躍拂池」者，凡池必有魚，故此車池縣絞雉，又縣銅魚於池下，若車行，則魚跳躍上拂池也。《隱義》曰：「振容在下，是魚在振容間。」　「君纁戴六」者，事異飾棺，故更言「君」也。　纁戴，謂用纁帛繫棺紐著柳骨也。謂之戴者，戴，值也，使棺堅值。棺橫束有三，亦每一束兩邊輒各屈皮爲紐，三束有六紐。今穿纁戴於紐，❶以繫柳骨，故有六戴也。　「纁披六」者，纁，謂亦用絳帛爲之。以一頭繫所連柳纁戴之中，而出一頭於帷外，人牽之。每戴繫之，故亦有六也。謂之披者，若牽車登高，則引前以防軒車，適下則引後以防翻車，欹左則引右，欹右則引左，使車不傾覆也。　「大夫畫帷」者，不得爲龍，畫爲雲氣。　「二池」者，不得三，故二也。庾云：「兩邊而已。」賀云：「前後各一。」「不振容」者，謂不以揄絞屬於池下爲振容，故云「不振容」也。其池上揄絞則有也。「畫荒」者，不爲斧，而爲雲氣也。　「火三列，黻三列，素錦褚」者，與君同也。　「纁紐二，玄紐二」者，不得六，故用四，以連四旁也。不并一色，故二爲纁，二爲玄也。「齊，三采」者，降黄、黑也。　「三貝」者，又降二也。「黻翣二，畫翣二」者，降兩黼也。　「皆戴綏」者，翣角不圭，但用五采羽作綏，注翣兩角也。　「魚躍拂池」者，無絞雉而有縣銅魚也。　「大夫戴，前纁後玄」者，事異，故更言「大夫」也。降人君，故不並用纁也。其數，與披同用

❶「今穿纁戴於紐」，浦鏜校云：「令」誤「今」。孫詒讓《校記》云：「據《司士》注，則戴即紐。此云『穿戴於紐』，似誤。」

四也。「披亦如之」者，色及數，悉與戴同也。「士布帷，布荒」者，士帷及荒，皆白布爲之而不畫也。「一池」者，唯一池在前也。「揄絞」者，亦畫揄雉於絞，在於池上，而池下無振容。知者，大夫既不振容，明士亦不振容於池下。「纁紐二，緇紐二」者，又降玄用緇也。❶猶用四，連四旁。「齊，三采」者，與大夫同也。「一貝」者，又降二行，但一行絡之耳。「畫翣二，皆戴綏」者，又降二黻也。池上、翣悉綏，故云「皆」也。「士戴，前纁後緇」者，事異，❷故重言「士」也。戴當棺束，每束各在兩邊。前頭二戴用纁，後頭二戴用緇，通兩邊爲四戴，舉一邊即兩戴也。「二披用纁」者，據一邊，前後各一披，故云「二披用纁」。若通兩旁，則亦四披也。注「飾棺」至「首也」 正義曰：「以華道路及壙中」者，以翣入壙中，則知餘物堪入壙中者皆入。云「荒，蒙也」者，以《爾雅》荒、蒙俱訓爲奄，故「荒」得爲「蒙」。云「皆所以衣柳也」者，謂木材將此帷荒在外衣覆之，故云「皆所以衣柳」。云「黼荒，緣邊爲黼文。畫荒，緣邊爲雲氣」者，既云「黼荒、畫荒」，又云「火三列，黻三列」，火、黻既爲三列，其處寬多，宜在荒之中央，則知黼之與畫，宜在荒之外畔。云「僞，當爲『帷』，或作『于』」者，「僞」字與「帷」聲相近，又諸本「僞」字作「于」者，「于」、「帷」聲又相近。因聲相近，而遂誤作「僞」字，或作「于」字，故云「聲之誤也」。云「紐，所以結連帷、荒」者，荒在上，帷在旁，屬紐以結之，與束棺屬披之紐別也。故鄭注《司士》云：「謂結披必當棺束，於束繫紐。」是披紐與此異也。云「池以竹爲之，如小車笭，衣以青布」者，鄭以漢之制度而知如小車笭者，以小車之箱，必猶狹長，故云「如小車笭」。云「縣池於荒之爪端，若承霤然」云」者，荒之爪，謂荒之材出外，若人之指爪，❸而縣此池於荒之爪端，其池若宮室之承霤然。云，語辭也。云「以銅爲魚，縣於池下」者，亦參漢之制度而知也。云「揄，揄翟也，青質五色」者，《爾雅·釋鳥》文。經云「揄絞」，故知畫揄於絞繒也。經云「振容」，故知「垂之以爲振容，象水草之動搖」。云「行則又魚上拂池」者，以經云「魚躍拂池」，躍是鄉上之名，非行不動，故知行則魚上拂池。引「《雜記》曰『大夫不揄絞屬於池下』」，是不振容也」者，此經云「不振

❶ 「玄用」，原作「用玄」，據殿本、庫本、阮本及衛氏《集說》乙正。

❷ 「事」，原作「士」，據阮本改。

❸ 「爪」，原作「瓜」，據殿本、庫本、阮本改。

容」，《雜記》云「大夫不揄絞屬於池下」，若屬於池則振容，不屬於池下，是不振容也。云「士則去魚」者，言士同大夫，不振容，更又去魚，故云「士則去魚」。此云「士揄絞」，明大夫亦揄絞，但大夫不以揄絞屬於池下爲振容。而皇氏不解鄭之此旨，謂「大夫不揄絞而有銅魚，士無銅魚而有揄絞」，以爲「魚陰而絞陽，大夫偪君，故奪其陽」。不尋其義，一何疏妄之甚！云「齊，象車蓋蕤」者，凡車蓋，四面有垂下蕤。今此齊形，象此車蓋及蕤，謂上象車蓋，旁象蓋蕤。云「縫合雜采爲之，形如瓜分然」者，言齊形既圓，上下縫合雜采，竪有限襵，如瓜内之子，以穰爲分限然也。皇氏云：「如虎掌之爪皮外其色有部分。」若然，此注唯據斑爪，事恐不合耳。云「所以連繫棺束與柳材，使相值，因而結前後披」者，謂用此戴索，連繫棺束之紐與外畔柳材，使相當值。謂連棺著柳，將披一頭，以結此戴，更垂披頭鄉外，使人執之，備柩車傾動。云「以木爲筐」者，謂以木爲翣之筐，若門户四面筐也。云「廣三尺，高二尺四寸，方兩角高」者，謂廣方正，不圓曲也。云「綏當爲緌」至「翣首也」者，以《周禮》夏采掌染鳥羽爲夏翟之色，故名夏采。其職「掌復建緌」，故知「緌，五采羽注於翣首」，謂翣之兩角。諸侯則戴以圭。

君葬用輴，四綍二碑，御棺用羽葆。大夫葬用輴，二綍二碑，御棺用茅。士葬用國車，二綍，無碑，比出宫，御棺用功布。大夫廢輴，此言「輴」，非也。輴，皆當爲「載以輇車」之輇，聲之誤也。輇，字或作「團」，是以又誤爲「國」。輇車，柩車也，尊卑之差也。在棺曰綍，行道曰引。至壙將窆，又曰綍而設碑，是以連言之。碑，桓楹也。御棺，居前爲節度也。士言「比出宫，用功布」，則出宫而止，至壙無矣。綍，或爲「率」。疏正義曰：此一經明葬時在路尊卑載柩之車，及碑、綍之等。「君葬用輴」者，諸侯載柩在路而用輴。當用輇車，用輴非也。「四綍二碑」者，綍有四條，碑有二所。此諸侯也。天子則六綍四碑。「御棺用羽葆」者，《雜記》云諸侯用「匠人執羽葆」，以鳥羽注於柄末，❶如蓋，而御者執之，居前以指麾爲節度也。「大夫葬用輴」者，言「輴」非，亦當爲用輇也。「二綍二碑」者，碑各一孔，樹於壙之前後，綍各穿之也。「士葬用國車」者，國，亦當爲「輇」也。「二綍，無碑」者，手縣下之。「比出宫，御棺用功布」者，比出宫，謂柩在宫牆

❶「末」，原作「木」，據阮本、衛氏《集説》改。

內也。功布，大功布也。士用大功布爲御也。大夫用茅，自廟至墓。士卑，御自廟至大門牆內而止，出路便否，至墓不復御也。《隱義》云：「羽葆、功布等，其象皆如麾。」

注「大夫」至「無矣」　正義曰：鄭引「大夫廢輴」，此經云「葬用輴」，與《檀弓》違，故云「此言『輴』非也」。云「輴，皆當爲『載以輇車』之輇」者，謂經云「君葬用輴，大夫葬用輴」，此二「輴」皆當爲「載以輇車」之輇，讀從《雜記》之文。謂君及大夫，皆載以輇車，明不以輴也。必知非輴者，以此文云「士葬用國車」，「國」字與「團」字相似，因誤耳。「團」與「輇」，聲相類。輇則蜃車也。在路載柩，尊卑同用蜃車，故知經云「輴」者非也。「輴」、「國」，皆當爲「輇」。云「尊卑之差也。在棺曰綍」者，皇氏云：「天子、諸侯以下，載柩車同，皆用輇也。其尊卑之差異，在於棺飾耳。則前經棺飾，是尊卑異也。」熊氏云：「尊卑之差，謂此經『君四綍二碑，御棺用羽葆。大夫二綍二碑，御棺用茅。士葬用二綍，無碑，御棺用功布。』」失鄭注意，其說非也。云「行道曰引，至壙將窆，又曰綍而設碑，是以連言之」者，此一經所論在道之時，未論窆時下棺之節。既是在塗，經當應云「引」，而云「綍」與「碑」者，其初時在塗，後遂窆葬，因在塗連言窆時，故云「是以連言之」。至窆時下棺，天子則更載以龍輴。故《遂師》注云：「蜃車，柩路也，行至壙，乃說，更復載以龍輴。」是天子殯用龍輴，至壙，去蜃車，載以龍輴。以此約之，則諸侯殯以輴，葬則用輇明矣。若大夫，唯朝廟用輴，殯則不用輴，葬時亦無輴也。士則殯不用輴，朝廟得用輁軸。若天子元士，葬亦用輁軸，與大夫異，禮有損之而益之也。云「碑，桓楹也」者，《下檀弓》云「三家視桓楹」，是僭也。則天子用大木爲碑，謂之豐碑。諸侯則樹兩大木爲碑，謂之桓楹。此經君稱二綍二碑，❶故云桓楹也，謂每一碑樹兩楹。云「士言『比出宮，用功布』，則出宮而止，至壙無矣」者，以士卑，故出宮在路，無御柩之物。

凡封，用綍，去碑負引。君封以衡，大夫、士以咸。君，命毋譁，以鼓封。大夫，命毋哭。士，哭者相止也。 封，《周禮》作「窆」。窆，下棺也。此「封」或皆作「斂」。《檀弓》曰：「公輸若方小，斂，般請以機封。」謂此斂也。然則棺之入坎爲斂，與斂尸相似，記時同之耳。咸，讀爲「緘」。凡柩車及壙，說載除飾，而屬紼於柩之緘，又樹碑於壙之前後，以紼

❶「二綍」，「二」，疑當作「四」。

繞碑間之鹿盧，輓棺而下之。此時棺下窆，使輓者皆繫紼而繞要，負引舒縱之，備失脱也。用紼去碑者，謂縱下之時也。衡，平也。人君之喪，又以木横貫緘耳，居旁持而平之，又擊鼓爲縱舍之節。大夫士旁牽緘而已。庶人縣窆，不引紼也。禮，唯天子葬有隧。今齊人謂棺束爲緘繩。咸，或爲「椷」。**疏** 正義曰：此一經論尊卑下棺之制。「凡封，用綍，去碑負引」者，封，當爲窆。窆，謂下棺。下棺之時，將綍一頭以繫棺緘，又將一頭繞碑間鹿盧，所引之人在碑外，背碑而立，負引者漸漸應鼓聲而下，故云「用綍，去碑負引」也。「君封以衡」者，諸侯禮大，物多棺重，恐柩不正，❶下棺之時，别以大木爲衡，貫穿棺束之緘，平持而下，備傾頓也。「大夫士以咸」者，大夫士無衡，使人以綍直繫棺束之緘，而下於君也。「君，命無譁，以鼓封」者，謂君下棺時，命令衆人無得諠譁，以擊鼓爲窆時縱捨之節，每一鼓漸縱綍也。「大夫，命毋哭」者，大夫卑，不得擊鼓，直命人使無哭耳。「士，哭者相止也」者，士又卑，不得施教令，直以哭者自相止也。**注**「封周」至「緘繩」 正義曰：「此『封』或皆作『斂』」者，謂《禮記》餘本，此經中「封」字皆作「斂」字者。鄭以「窆」有斂義，故引《檀弓》之文：「斂，般請以機窆。」故云「謂此斂也」。云「然則棺之入坎爲斂，與斂尸相似，記時同之耳」者，以下棺與斂尸相似，故作《記》之時，他本同稱「斂」，故下棺亦以爲斂也。云「屬紼於柩之緘」者，至壙，説載除飾之後，謂解此蜃車之綍，繫於柩之緘束之繩。云「又樹碑於壙之前後，以紼繞碑間之鹿盧，輓棺而下之」者，諸侯四綍二碑，前後二紼，各繞前後二碑之鹿盧。其餘兩紼，於壙之兩旁，人輓之而下。其天子，則《下檀弓》注云：「天子六綍四碑，前後各重鹿盧。」如鄭此注，天子紼既有六，碑但有四，故以前碑後碑各重鹿盧，每一碑用二綍，前後用四綍，其餘兩綍，繫於兩旁之碑。案《下檀弓》注云，諸侯之綍，不云前後重鹿盧，則諸侯之碑，前後不重鹿盧也。前碑後碑，各一紼，❷其餘二紼在旁，人持而下棺也。經云「用綍去碑」，❸謂前後綍耳。其在旁之綍，無碑也，故前經「士二綍，無碑」也。是綍有人持之法，不要在碑也。案《檀弓》注云「前後重鹿盧」，唯據天子。皇氏云：「諸侯亦有前後重鹿盧，四紼繫於前後二碑，旁邊無紼。」既違鄭

❶「柩」，阮本作「棺」，閩、監、毛本同。

❷「各」，阮本「各」下有「用」字，閩、監、毛本同。

❸「用」字原脱，據閩本、監本、毛本、殿本、庫本補。

注，下棺又危，其義恐非也。云「禮，唯天子葬有隧」者，案僖二十五年《左傳》云：「晉侯請隧，王弗許，曰：『王章也。』」是隧爲天子典章。諸侯請，故知天子有隧也。杜元凱注《左傳》：「闕地通路曰隧。諸侯皆縣柩而下。」路則輴也。故《遂師》注云：「至壙，説載除飾，更復載以龍輴。」是載以輴入隧道。皇氏云：「棺從而下，遂以納明器。」其説兼路也。云「今齊人謂棺束爲緘繩」者，以今人之語，證經「緘」是束棺之物。

君松椁，大夫柏椁，士雜木椁。椁，謂周棺者也。天子柏椁以端長六尺。夫子制於中都，使庶人之椁五寸。五寸，謂端方也。此謂尊者用大材，卑者用小材耳。自天子、諸侯、卿、大夫、士、庶人六等，其椁長自六尺而下，其方自五寸而上，未聞其差所定也。抗木之厚，蓋與椁方齊。天子五重，上公四重，諸侯三重，大夫再重，士一重。疏正義曰：此一經明所用椁木不同。「君松椁」者，君，諸侯也。諸侯用松爲椁材也。盧云：「以松黄腸爲椁。」庾云：「黄腸，松心也。」「大夫柏椁」者，以柏爲椁，不用黄腸，下天子也。「士雜木椁」者，又卑，不得同君，故用雜木也。注「椁謂」至「一重」正義曰：「天子柏椁以端長六尺。夫子制於中都，使庶人之椁五寸。五寸，謂端方也」者，鄭以椁木長短及厚薄無文，故引「柏椁以端長六尺」，明椁材每段長六尺也。又庶人厚五寸者，欲明椁材每段厚薄廣狹五寸也，故云「謂端方也」。端，頭也，謂材頭之方。天子長六尺，謂「尊者用大材」，庶人方五寸，是「卑者用小材」。云「六等，其椁長自六尺而下，其方自五寸而上，未聞其差所定也」者，天子既六尺，而下未知諸侯、卿、大夫、士、庶人節級之數；庶人自五寸而上，未知士及大夫、卿與諸侯、天子差益之數，故云「未聞其差所定」。案《檀弓》「柏椁以端長六尺」，注云：「其方蓋一尺。」以此差之，諸侯方九寸，卿方八寸，大夫七寸，士六寸，庶人五寸。雖有此約，又無正文可定。云「抗木之厚，蓋與椁方齊」者，以椁繞四旁，抗木在上，俱在於外，故疑厚薄齊等。云「天子五重」以下者，據抗木之數言之。故《禮器》「天子五重八翣」是也。每一重，縮二在下，横三在上，故《既夕》注云「象天三合地二」也。

棺椁之間，君容柷，大夫容壺，士容甒。間可以藏物，因以爲節。疏正義曰：此一經明棺椁之間廣狹所容也。「君容柷」者，柷如漆筩，是諸侯棺椁間所容也。若天子棺椁間，則差寬大。故《司几筵》云：「栢席用萑。」

玄謂「栢，『椁』字摩滅之餘。椰席，藏中神坐之席」是也。諸侯棺椁間亦容席。故《司几筵》云：「栢席，諸侯則紛純。」稍狹於天子，故此云「容柷」。「大夫容壺」者，壺是漏水之器，大夫所掌。「士容甒」者，甒，盛酒之器，士所用也。君裏椁、虞筐，大夫不裏椁，士不虞筐。裏椁之物，虞筐之文，未聞也。疏正義曰：盧氏雖有解釋，鄭云「未聞」，今略盧氏不録也。

禮記正義卷第五十四

禮記正義卷第五十五

國子祭酒上護軍曲阜縣開
國子臣孔穎達等奉勑撰

祭法第二十三

正義曰：案鄭《目録》云：「名曰《祭法》者，以其記有虞氏至周天子以下所制祀群神之數。此於《别録》屬《祭祀》。」

祭法：有虞氏禘黄帝而郊嚳，祖顓頊而宗堯。夏后氏亦禘黄帝而郊鯀，祖顓頊而宗禹。殷人禘嚳而郊冥，祖契而宗湯。周人禘嚳而郊稷，祖文王而宗武王。禘、郊、祖、宗，謂祭祀以配食也。此禘，謂祭昊天於圜丘也。祭上帝於南郊曰郊。祭五帝、五神於明堂曰祖、宗。祖、宗通言爾。下有禘郊宗祖。《孝經》曰：「宗祀文王於明堂，以配上帝。」《明堂月令》：「春曰其帝大昊，其神句芒。夏曰其帝炎帝，其神祝融。中央曰其帝黄帝，其神后土。秋曰其帝少昊，其神蓐收。冬曰其帝顓頊，其神玄冥。」有虞氏以上尚德，禘郊祖宗，配用有德者而已。自夏已下，稍用其姓代之。先後之次，有虞氏、夏后氏宜郊顓頊，殷人宜郊契。郊祭一帝，而明堂祭五帝，小德配寡，大德配衆，亦禮之殺也。【疏】正義曰：此一經論有虞氏以下四代禘、郊、祖、宗所配之人。「有虞氏禘黄帝」者，謂虞氏冬至祭昊天上帝於圜丘大禘之時，以黄帝配祭。「而郊嚳」者，謂夏正建寅之月祭感生之帝於南郊，以嚳配也。「祖顓頊而宗堯」者，謂祭五天帝、五人帝及五人神於明堂，以顓頊及堯配之，故云「祖顓頊而宗堯」。祖，始也，言爲道德之初始，故云祖也。宗，尊也，以有德可尊，故云宗。其夏后氏以下禘、郊、祖、宗，其義亦然，但所配之人，當代各別。「虞氏」云「有」者，以「虞」字文單，故以「有」字配之，無義例也。「夏」云「后氏」者，后，君也，受位於君，故稱后。殷、周稱「人」，以人所歸往，故稱「人」。此並熊氏之説也。注「禘郊」至「殺也」　正義曰：「此禘，謂祭昊天於圜丘也」者，但經傳之文，稱禘非一，其義各殊。《論語》云「禘自既灌」，及《春秋》「禘于大廟」，謂宗廟之祭也。《喪服小記》云「王者禘其祖之所自出也」，及《大傳》云「禮，不王不禘」，謂祭感生之帝於南郊也。以「禘」文既多，故云「此禘，謂祭昊天上帝於圜丘」。必知此是圜丘者，以「禘」文在於「郊」祭之前，郊前之祭，唯圜丘耳。但《爾雅·釋天》云：「禘，大祭。」以比餘處爲大祭，揔得稱禘。案《聖證論》以此「禘黄帝」是宗廟五年祭之名，故《小記》云「王者禘其祖之所自出，以其祖配之」。謂虞氏之祖，出自黄帝，以祖顓頊配黄帝而祭，故云「以其祖配之」。依《五帝本紀》，黄帝爲虞氏九世祖，黄帝生昌意，昌意生顓頊，虞氏七世祖。以顓頊配黄帝而祭，是「禘其祖之所自出，以其祖配之」也。肅又以祖、宗爲祖有功，宗有德，其廟不毁。肅又以郊與圜丘是一，郊即圜丘。故肅難鄭云：「案《易》『帝出乎《震》』，《震》，東方，生萬物之初，故王者制之，初以木德王天下，非謂木精之所生。五帝皆黄帝之子孫，各改號代變，而以五行爲次焉，何大微之精所生乎？又郊祭，鄭玄云『祭感生之帝』，唯祭一帝耳，《郊特牲》何得云『郊之祭，大報天而主日』？又天唯一而已，何得有六？又《家語》云：季康子問五帝，孔子曰：『天有五行，木、火、金、水及土。四分時化育，❶以成萬物，其神謂之五帝。』是五帝之佐也。❷猶三公輔王，三公可得稱王輔，不得稱天王；五帝可得稱天佐，不得稱上天。而鄭玄『以五帝爲靈威仰之屬』，❸非也。玄以圜丘祭昊天，最爲首禮。周人立后稷廟，不立嚳廟，是周人尊嚳不若后稷及文、武，以嚳配至重之天，何輕重顛倒之失所？郊則圜丘，圜丘則郊，猶王城之内與京師異名而同處。」又王肅、孔晁云：「虞、夏出黄帝，殷、周出帝嚳，《祭法》四代禘此二帝，上下相證之明文也。《詩》云『天命玄鳥』、『履帝武敏歆』，自是正義，非讖緯之妖説。」此皆王肅難，大略如此。而鄭必爲此釋者，馬昭申鄭云：「『王者禘其祖之所自出，以其祖配之』，案文自了，不待師説，則始祖之所自出，非五帝而誰？《河圖》云：『姜嫄履大人之跡生后稷，大姒夢

❶「四分時」，魏氏《要義》作「分四時」。浦鏜校云「四」字衍，孫詒讓《校記》同。

❷「五帝之佐」，浦鏜校云：「五帝」下當脱「爲天」二字。孫詒讓《校記》云：「佐」下疑奪「天」字。

❸「玄」，原作「云」，據浦鏜校及孫詒讓《校記》改。

大人死而生文王。』❶又《中候》云：『姬昌，蒼帝子。』經緯所説明文。又《孝經》云：『郊祀后稷以配天。』則周公配蒼帝靈威仰。漢氏及魏，據此義而各配其行。《易》云『帝出乎《震》』，自論八卦養萬物於四時，不據感生所出也。」又張融評云：「若依《大戴禮》及《史記》，稷、契及堯，俱帝嚳之子。堯有賢弟七十，不用，須舜舉之，此不然明矣。漢氏，堯之子孫，謂劉媼感赤龍而生高祖，薄姬亦感而生文帝。漢爲堯胤而用火德。大魏紹虞，同符土行。又孔子删書，求史記，得黄帝玄孫帝魁之書。若五帝當身相傳，何得有玄孫帝魁？」融據經典三代之正，以爲五帝非黄帝子孫相續次也。一則稽之以湯、武革命，不改稷、契之行；二則驗之以大魏與漢，襲唐、虞火、土之法；三則符之堯、舜、湯、武，無同祖宗之言；四則驗以帝魁繼黄帝之世，是五帝非黄帝之子孫也。此是馬昭、張融等申義也。但張融以禘爲五年大祭，又以圜丘即郊，引董仲舒、劉向、馬融之論，皆以爲《周禮》「圜丘」則《孝經》云南郊，與王肅同，非鄭義也。又《春秋命曆序》：「炎帝號曰大庭氏，傳八世，合五百二十歲。黄帝，一曰帝軒轅，傳十世，一千五百二十歲。❷次曰帝宣，曰少昊，一曰金天氏，則窮桑氏，傳八世，五百歲。次曰顓頊，則高陽氏，傳二十世，❸三百五十歲。次是帝嚳，即高辛氏，傳十世，四百歲。」此鄭之所據也。其《大戴禮》：「少典産軒轅，是爲黄帝。産玄囂，❹玄囂産喬極，喬極産高辛，是爲帝嚳。帝嚳産放勳，是爲帝堯。黄帝産昌意，昌意産高陽，是爲帝顓頊。産窮蟬，❺窮蟬産敬康，敬康産句芒，句芒産蟜牛，蟜牛産瞽叟，瞽叟産重華，是爲帝舜，及産象，敖。又顓頊産鯀，鯀産文命，是爲禹。」司馬遷爲《史記》，依而用焉，皆鄭所不取。云「祭五帝、五神於明堂曰祖、宗，祖、宗通言爾」者，以《明堂月令》云「春曰其帝大皥，其神句芒」，五時皆有帝及神。又《月令》「季秋大享帝」，故知明堂之祭有五人神及五天

❶「死」，浦鏜校，疑「死」字誤。孫詒讓《校記》云：「『死』字誤。《宋書·符瑞志》云：『大任夢長人感己而生昌。』則『死』疑當作『感』。」

❷「一千」，阮本作「二千」。阮校云：「監、毛本同。」案：殿本、庫本亦作「二千」。

❸「二十世」，案《詩·大雅·生民》疏、文十八年《左傳》疏及《禮記·月令》疏並引作「九世」，疑是。

❹「産」上，浦鏜校云脱「黄帝」二字。案：浦校與今本《大戴禮》合。

❺「産」，浦鏜校云：「『産』上脱『顓頊』二字。

帝也。又《孝經》云：❶「宗祀文王於明堂，以配上帝。」故知於明堂也。以《孝經》云「宗祀文王於明堂」，此云「宗武王」，又此經云「祖文王」，是文王稱祖，故知「祖、宗通言爾」。《雜問志》云：❷「春曰其帝大皞，其神句芒。祭蒼帝靈威仰，大皞食焉，句芒祭之於庭。祭五帝於明堂，五德之帝亦食焉，又以文、武配之。《祭法》『祖文王而宗武王』，此謂合祭於明堂。漢以正禮散亡，《禮戴》文殘缺，不審周以何月也。於《月令》，以季秋。」此文、武之配，皆於明堂上。或解云：武王配五神於下，屈天子之尊而就五神在庭，非其理也。此祖、宗祭五帝，《郊特牲》祭一帝而在祖、宗上者，以其感生之帝，特尊之。故鄭注《典瑞》云「所郊亦猶五帝，殊言天者，尊異之」是異也。❸云「有虞氏以上尚德，禘、郊、祖、宗，配用有德者而已」者，以虞氏禘、郊、祖、宗之人，皆非虞氏之親，是「尚德」也。云「自夏已下，稍用其姓代之」者，而夏之郊用鯀，是稍用其姓代之。但不盡用己姓，故云「稍」也。云「先後之次，有虞氏、夏后氏宜郊顓頊，殷人宜郊契」者，今有虞氏先云「郊嚳」，後云「祖顓頊」，夏后氏先云「郊鯀」，後云「祖顓頊」，殷人先云「郊冥」，後云「祖契」，是在前者居後，在後者居前，故云「宜也」。云「郊祭一帝，而明堂祭五帝。小德配寡，大德配衆，亦禮之殺也」者，郊祭雖尊，但祭一帝，以嚳與鯀及冥、后稷之等配之，皆不如所祖、宗之人，是「小德配寡」。明堂雖卑於郊，摠祭五帝，而以顓頊、契、湯、文、武配之，皆優之於所配郊之人，是「大德配衆，禮之殺也」。

燔柴於泰壇，祭天也。瘞埋於泰折，祭地也。用騂犢。壇、折，封土爲祭處也。壇之言坦也。坦，明貌也。折，炤晢也。必爲炤明之名，尊神也。地，陰祀，用黝牲。與天俱用犢，連言爾。**疏**正義曰：此經論祭感生之帝於南郊，神州地祇於北郊也。「燔柴於泰壇」者，謂積薪於壇上，而取玉及牲置柴上，燔之，使氣達於天也。「用騂犢」，鄭云：「陰祀，用黝牲。與天俱用犢，連言爾。」然宜用黑犢。今因言「以騂犢」祭天所用而立其文，「祭地」承「祭天」之下，故連言「用騂犢」也。騂犢之義，已具《郊特牲》疏。「瘞埋於泰折，祭地也」者，謂瘞繒埋牲祭神州地祇於北郊也。**注**「壇折」至「言爾」　正義曰：案

❶「又」字原作空格，據阮本補。
❷「雜」，原作「親」，據阮本、阮校及殿本《考證》改。
❸「異」，浦鏜校云：「異」字當衍文。

《禮器》云「至敬不壇」，此云「燔柴於泰壇」者，謂燔柴在壇，設饌在地，義亦具《禮器》及《郊特牲》疏也。云「地，陰祀，用黝牲。與天俱用犢，連言爾」者，案《牧人》云：「陰祀，用黝牲毛之。」鄭康成注云：「陰祀，祭地北郊及社稷也。」又《郊特牲》云：「郊之用犢，貴誠也。」彼文雖主南郊，其北郊與天相對，故知俱用犢也。

埋少牢於泰昭，祭時也。相近於坎壇，祭寒暑也。王宮，祭日也。夜明，祭月也。幽宗，祭星也。雩宗，祭水旱也。四坎壇，祭四方也。山林、川谷、丘陵，能出雲，爲風雨，見怪物，皆曰神。有天下者祭百神。諸侯在其地則祭之，亡其地則不祭。

昭，明也，亦謂壇也。時，四時也，亦謂陰陽之神也。埋之者，陰陽出入於地中也。凡此以下，皆祭用少牢。相近，當爲「攘祈」，❶聲之誤也。攘，猶郤也。祈，求也。寒暑不時，則或攘之，或祈之。寒於坎，暑於壇。王宮，日壇。王，君也。日稱君。宮，壇營域也。夜明，亦謂月壇也。宗，皆當爲「禜」，字之誤也。幽禜，亦謂星壇也。星以昏始見，禜之言營也。雩禜，亦謂水旱壇也。雩之言吁嗟也。《春秋傳》曰：「日月星辰之神，則雪霜風雨之不時，於是乎禜之。山川之神，則水旱癘疫之不時，於是乎禜之。」四方，即謂山林、川谷、丘陵之神也。祭山林、丘陵於壇，川谷於坎，每方各爲坎爲壇。怪物，雲氣非常見者也。有天下，謂天子也。百者，假成數也。

疏正義曰：此一節揔明四時以下諸神所祭之處，及明天子、諸侯之禮不同之事也。「埋少牢於泰昭，祭時也」者，謂祭四時陰陽之神也。泰昭，壇名也。昭亦取明也。春夏爲陽，秋冬爲陰。若祈陰，則埋牲；祈陽，則不應埋之。今揔云「埋」者，以陰陽之氣，俱出入於地中而生萬物，故並埋之，以享陰陽爲義也。用少牢者，降於天地也。自此以下，及日月至山林，並少牢也。先儒並云不薦孰，唯殺牲埋之也。「相近於坎壇，祭寒暑也」者，相近，當爲「攘祈」。攘，郤也。寒暑之氣，應退而不退，則祭攘郤之，令退也。祈，求也。寒暑之氣應至而不至，則祭求之，令至也。寒則於坎，寒，陰也。暑則於壇，暑，陽也。「王宮，祭日也」者，王，君也。宮亦壇也，營域如宮也。

❶「攘」，阮本作「禳」，閩、監、毛本同，余本、撫本亦同。下同。疏放此。

日神尊，故其壇曰君宫也。「夜明，祭月也」者，夜明者，祭月壇名也。月明於夜，故謂其壇爲夜明也。「幽宗，祭星也」者，祭星壇名也。幽，闇也。宗，當爲「禜」。禜，壇域也。星至夜而出，故曰「幽」也。爲營域而祭之，故曰「幽禜」也。「雩宗，祭水旱也」者，亦壇名也。雩，吁嗟也。水旱爲人所吁嗟。禜，亦營域也。爲營域而祭之，故曰「雩禜」也。「四坎壇，祭四方也」者，謂山林、川谷、丘陵之神有益於人民者也。四方各爲一坎一壇，壇以祭山林、丘陵，坎以祭川谷、泉澤，故言「坎壇，祭四方也」。「山林、川谷、丘陵，能出雲，爲風雨，見怪物，皆曰神」者，此明四坎壇所祭之神也。怪物，慶雲之屬也。風雨雲露，並益於人，故皆曰神，而得祭也。「有天下者祭百神」者，有天下，謂天子也。祭百神者，即謂山林、川谷在天下而益民者也。天子祭天地四方，言「百神」，舉全數也。「諸侯在其地則祭之」者，諸侯不得祭天地，若山林、川澤在其封内而益民者，則得祭之。如魯之泰山，晋之河，楚之江漢是也。「亡其地則不祭」者，亡，無也。謂其境内地無此山川之等，則不得祭也。**注**「昭明」至「數也」正義曰：「時，四時也，亦謂陰陽之神也」者，以天是陽神，地爲陰神，春夏爲陽，秋冬爲陰，故云「亦謂陰陽之神」。言「亦」者，「亦」天地也。案《周禮·大宗伯》備列諸祀而不見祭四時、寒暑、水旱者，《宗伯》所謂，依《周禮》常祀，歲時恒祭。此經所載，謂四時乖序，寒暑僭逆，❶水旱失時，須有祈禱之禮，非關正禮之事，故不列於《宗伯》也。是以康成之意，謂此諸神爲祈禱之禮，故康成六宗之義，不以此神尊之，明非常禮也。「祭時」者，謂春夏秋冬，四時之氣不和，爲人害，故祭此氣之神也。「祭寒暑」者，或寒暑大甚，祭以禳之；或寒暑頓無，祭以祈之。「祭水旱」者，水甚祭水，旱甚祭旱，謂祭此水旱之神。若王肅及先儒之意，以此爲六宗，歲之常禮，《宗伯》不見，文不具也。非鄭義，今不取。云「凡此以下，皆祭用少牢」者，以「埋少牢」之文在諸祭之首，故知以下皆祭用少牢。案《小司徒》「小祭祀，奉牛牲」，則王者之祭，無不用牛。此用少牢者，謂祈禱之祭也。必知祈禱者，以有寒暑水旱，非歲時常祀，是祈禱所爲，故鄭皆以爲祈禱之祭也。故讀「相近」爲「禳祈」，爲禱祈之祈，讀「宗」爲「禜」也。然案莊二十五年《左傳》云：「凡天災，有幣，無牲。」此禱祈得用少牢者，彼天災者，謂日月食之，示以戒懼。人君初有水旱之災，先

❶「僭」，原作「僣」，據阮本改。

須脩德，不當用牲，故天災有幣無牲。若水旱歷時，禱而不止，則當用牲。故《詩·雲漢》云：「靡愛斯牲。」又鄭注《大祝》云：「類、造、禬、禜，皆有牲。攻、說，用幣而已。」攻、說以是日月之災，又暫時之事，且不假用牲故也。案何休《膏肓》引「《感精符》云：『立推度以正陽，日食則鼓，用牲於社，朱絲營社，鳴鼓脅之。』《左氏》云：『用牲，非常。』明《左氏》說，非夫子《春秋》，於義《左氏》爲短。」鄭箴之曰：「用牲者，不宜用《春秋》之通例。此讖說正陽、朱絲、鳴鼓，豈說用牲之義也？讖『用牲於社』者，取經宛句耳。」如鄭此言，是「用牲於社」非，當從《左氏》義也。云「宗，皆當爲『禜』」者，以經云「幽宗、雩宗」之字，義無所取。「宗」字與「禜」字相近，故並讀爲「禜」也。「禜之言營」者，案莊二十五年《公羊傳》云：「以朱絲營社，或曰脅之，或曰爲闇，恐人犯之，故營之。」是「禜」有「營」義，故讀爲「禜」。云「雩之言吁嗟也」者，案《考異郵》云：「雩，呼吁嗟哭泣。」故云雩爲吁嗟也。引《春秋傳》曰以下者，昭元年《左傳》文。時晉侯有疾，卜實沈、臺駘爲祟，子產以此對晉侯。言晉侯之疾，非由日月星辰及山川之神也。鄭引此文者，證經中「宗」爲「禜」，❶禜是除去凶災之祭也。云「百者，假成數也」者，計天下山川丘陵之神，非但百數而已，假此成數而言之。案《聖證論》王肅「六宗」之說，用《家語》之文，以此四時也，寒暑也，日也，月也，星也，水旱也，爲六宗。孔注《尚書》亦同之。伏生與馬融，以天地四時爲六宗。劉歆、孔晁以爲《乾》、《坤》之子六，爲六宗。賈逵云：「天宗三，日、月、星也。地宗三，河、海、岱也。」《異義》：「《今尚書》歐陽、夏侯說：六宗，上及天，下及地，旁及四方。❷中央恍惚，助陰陽變化，有益於人者也。《古尚書》說：天宗，日、月、北辰；地宗，岱、河、海也。日月爲陰陽宗，北辰爲星宗，河爲水宗，海爲澤宗，岱爲山宗。」許君謹案：「與《古尚書》同。」鄭駮之云：「《書》云：『類于上帝，禋于六宗，望于山川。』既六宗云禋，山川言望，則六宗無山川明矣。《大宗伯》云：『以禋祀祀昊天上帝，以實柴祀日月星辰，以槱燎祀司中、司命、飌師、雨師。』凡此所祭，皆天神也。《郊特牲》曰：『郊之祭也，大報天而主日也。』又《祭義》曰：『郊之祭，大報天而主日，配以

❶「中」，原作「弔」，據毛本、殿本、庫本、阮本改。

❷「上及天下及地旁及四方」，孫詒讓《校記》在三個「及」字上各補出一「不」字，云：「三『不』字，依《大宗伯》疏引增。《漢書·郊祀志》亦同。」按：孫校是也。

月。』則郊天並祭日月可知。其餘星也，辰也，司中也，司命也，風師也，雨師也，此之謂六宗亦明矣。」如鄭此言，六宗稱禋，則天神也。日月已在郊祭之中，❶又「類于上帝」之内，故以其餘爲六宗也。案《禮論》六宗，司馬彪等各爲異説，既非鄭義，今略而不論。**大凡生於天地之間者皆曰命，其萬物死皆曰折，人死曰鬼。此五代之所不變也。**生時形體異，可同名。至死，腐爲野土，異其名，嫌同也。折，棄敗之言也。鬼之言歸也。五代，謂黄帝、堯、舜、禹、湯，周之禮樂所存法也。**七代之所更立者，禘、郊、宗、祖，其餘不變也。**七代，通數顓頊及嚳也。所不變者，則數其所法而已；變之，則通數所不法。爲《記》者之微意也。少昊氏脩黄帝之法，後王無所取焉。**疏** 正義曰：此一節論人死與萬物不同，及五代七代變與不變之義。各依文解之。「大凡生於天地之間者皆曰命」者，揔包萬物，故曰「大凡」。皆受天之賦命而生，故云「皆曰命」也。「其萬物死皆曰折，人死曰鬼」者，萬物無知，死者「皆曰折」。人爲有識，故「死曰鬼」。「此五代之所不變也」者，言此之名號，從黄帝正名百物以來，至堯舜、禹、湯及周，所不變更也。「七代之所更立者，禘、郊、宗、祖」者，前論五代不變，此論七代更變者，故云黄帝以下七代之所變易而立者，是禘之與郊及宗、祖也。「其餘不變也」者，除此禘、郊、宗、祖之外，其餘社稷、山川、五祀之等，不改變也。上先「祖」後「宗」，此先「宗」後「祖」，故鄭上注云「祖、宗通言爾」，又引此以證之。注「生時」至「法也」 正義曰：云「生時形體異，可同名」者，以生時形體既異，不嫌是同，故可名爲「命」。云「至死，腐爲野土，異其名，嫌同也」者，人與萬物死，至同爲野土，嫌恐人與萬物是同，故殊異其名，謂「萬物死者曰折，人死曰鬼」，嫌其同故也。云「五代，謂黄帝、堯、舜、禹、湯，周之禮樂所存法也」者，周有六樂，去周言之，唯五代。周備其樂，是「周之禮樂所存法也」。**注**「七代」至「取焉」 正義曰：知「通數顓頊及嚳」者，以上云禘郊祖宗有顓頊及嚳，又《易緯》及《樂緯》有《五莖》、《六英》，是顓頊及嚳之樂，故數顓頊及嚳也。云「所不變者，則數其所法而已」者，所不變，則上經是也。數所法，則上經五代是也。論不變者必數所法者，以五代以來不變，至周亦不變，法而象之，故不變者，數所法五代而已。云「變

❶「已」，原作「也」，據浦鏜校及孫詒讓《校記》改。

之，則通數所不法」者，以前七代變易更立，至周亦變易法象，故數變者，❶通數顓頊帝嚳所不法象者，謂之爲七代也。云「爲《記》者之微意也」者，爲，作也。作《記》者之有此微意也。所以「微意」者，謂作《記》之人，周法所不變，故數前代不變；周所變，亦數前代變，不指斥而言，故云「微意」。云「少昊氏脩黄帝之法，後王無所取焉」者，以《易緯》有黄帝及顓頊以下之樂，無少昊之樂。又《易·繫辭》云：「神農氏没，黄帝、堯、舜氏作。」皆不云少昊，故知無取焉。《月令》「秋，其帝少昊」者，直以五行在金，唯託記之耳。皇氏云：「其餘不變者，唯謂生曰命，萬物死曰折，人死曰鬼。」若如皇説，前經既云「不變」，後經何須重云「不變」？後經既云「更立者，禘郊宗祖」，即云「其餘」，明此「禘、郊、宗、祖」外，其餘諸事不更立者，皆不變也。不可獨據前三事以外揔包之。其社稷神配祭，雖是更立，非當代之親而禘郊改易也。

天下有王，分地建國，置都立邑，設廟、祧、壇、墠而祭之，乃爲親疏多少之數。是故王立七廟、一壇、一墠。曰考廟，曰王考廟，曰皇考廟，曰顯考廟，曰祖考廟，皆月祭之。遠廟爲祧，有二祧，享嘗乃止。去祧爲壇，去壇爲墠，壇墠有禱焉祭之，無禱乃止。去墠曰鬼。諸侯立五廟、一壇、一墠。曰考廟，曰王考廟，曰皇考廟，皆月祭之。顯考廟，祖考廟，享嘗乃止。去祖爲壇，去壇爲墠，壇墠有禱焉祭之，無禱乃止。去墠爲鬼。大夫立三廟、二壇。曰考廟，曰王考廟，曰皇考廟，享嘗乃止。顯考、祖考無廟，有禱焉，爲壇祭之。去壇爲鬼。適士二廟、一壇。曰考廟，曰王考廟，享嘗乃止。顯考無廟，有禱焉，爲壇祭之。去壇爲鬼。官師一廟，曰考廟。王考無廟而祭之。去王考爲鬼。庶士、庶人無廟，死曰鬼。

建國，封諸侯也。置都立邑，爲卿大夫之采地，及賜士有功者之地。廟之言貌也。宗廟者，先祖之尊貌也。

❶「數」，浦鏜校云：「『所』誤『數』。」蓋據衛氏《集説》校也。

祧之言超也，超上去意也。封土曰壇，除地曰墠。《書》曰：「三壇同墠。」王、皇，皆君也。顯，明也。祖，始也。名先人以君，明、始者，所以尊本之意也。天子遷廟之主，以昭穆合藏於二祧之中。諸侯無祧，藏於祖考之廟中。《聘禮》曰：「不腆先君之祧。」是謂始祖廟也。享嘗，謂四時之祭。天子諸侯爲壇墠所禱，❶謂後遷在祧者也。既事，則反其主於祧。鬼亦在祧，顧遠之於無事，祫乃祭之爾。《春秋》文二年「秋，大事於大廟」，《傳》曰「毁廟之主，陳于大祖。未毁廟之主，皆升，合食於大祖」是也。魯煬公者，伯禽之子也，至昭公、定公，久已爲鬼，而季氏禱之，而立其宫，則鬼之主在祧明矣。唯天子、諸侯有主，禘祫；大夫有祖考者，亦鬼其百世，不禘祫，無主爾。其無祖考者，庶士以下鬼其考、王考，官師鬼其皇考，大夫、適士鬼其顯考而已。❷大夫祖考，謂別子也。凡鬼者，薦而不祭。《王制》曰：「大夫士有田則祭，無田則薦。」適士，上士也。官師，中士、下士。庶士，府、史之屬。此適士云「顯考無廟」，非也，當爲「皇考」，字之誤。**疏**正義曰：此一經明天子以下尊卑既異，上祭祖廟多少不同之事。「天下有王」者，謂上天之下，有天子之王。「分地建國」者，此既王天下，分九州之地，建立諸侯之國。「置都立邑」者，天子王畿之内，及諸侯國中，置此公卿之都，立大夫士之邑。「設廟、祧、壇、墠而祭之，乃爲親疏多少之數」者，則以下所云是也。「王立七廟」者，親四，始祖一，文、武不遷，合爲七廟也。「一壇一墠」者，七廟之外，又立壇、墠各一也。起土爲壇，除地曰墠。近者起土，遠親除地，示將去然也。「曰考廟」者，父廟曰考。考，成也，謂父有成德之美也。「曰王考廟」者，祖廟也。王，君也。君考者，言祖有君成之德也。祖尊於父，故加君名也。「曰皇考廟」者，❸曾祖也。皇，大也，君也。曾祖轉尊，又加「大君」之稱也。「曰顯考廟」者，高祖也。顯，明。高祖居四廟最上，故以高祖目之。「曰祖考廟」者，祖，始也。此廟爲王家之始，故云「祖考」也。計則祖考之廟，當在二祧、壇、墠之上，應合在後始陳。今在此言之者，因皇考、顯考同皆月祭之，故此先言之也。「皆月祭之」者，此之五廟，則並同，月月祭之也。「遠廟爲祧」者，遠廟，

❶「所」，陳祥道《禮書》卷六八、《楊復再脩儀禮經傳通解續卷祭禮》卷七作「祈」，疑是。
❷「其」字原脱，據余本、撫本、岳本、阮本補。
❸「考」字原重，據阮本删重。

謂文、武廟也。文、武並在應遷之例，故云「遠廟」也。特爲功德而留，故謂爲祧。祧之言超也，言其超然上去也。

「有二祧」者，有文、武二廟不遷，故云「有二祧」焉。「享嘗乃止」者，享嘗，四時祭祀。文、武特留，故不得月祭，但四時祭而已。「去祧爲壇」者，謂高祖之父也。若是昭行，寄藏武王祧；若是穆行，即寄藏文王祧。不得四時而祭之，若有四時之祈禱，則出就壇受祭也。「去壇爲墠」者，❶謂高祖之祖也。不得在壇，若有祈禱，則出就墠受祭也。高祖之父，既初寄在祧而不得於祧中受祭，故曰「去祧」也。高祖之祖，經在壇而今不得祭，❷故云「去壇」也。「壇墠有禱焉祭之」者，在壇墠者，不得享嘗。應有祈禱，於壇墠乃祭之也。「無禱乃止」者，若無所祈禱，則不得祭也。「去墠曰鬼」者，若又有從壇遷來墠者，則此前在墠者遷入石函爲鬼，雖有祈禱，亦不得及，唯禘、祫乃出也。「諸侯立五廟，一壇一墠」者，降天子，故止有五廟。壇墠與天子同，無功德之祖爲二祧也。「曰考廟，曰王考廟，曰皇考廟，皆月祭之」者，天子月祭五，諸侯卑，故唯得月祭三也。「顯考廟，祖考廟，享嘗乃止」者，顯考，高祖也。祖考，大祖也。大祖乃不遷，而與高祖並不得月祭，止預四時，又降天子也。「去祖爲壇」者，去祖，謂去大祖也，即高祖之父。諸侯無功德二祧，若高祖之父亦遷，即寄大祖，而不得於大祖廟受時祭。唯有祈禱，則去大祖而往壇受祭也。「大夫立三廟二壇」者，大夫異於君，故立二壇而不墠也。「顯考、祖考無廟」者，以其卑，故高祖、大祖無廟也。「有禱焉，爲壇祭之」者，大夫無主，故無所寄藏。而高、大二祖既又無廟，若應有祈禱，則爲壇祭之。二壇之設，實爲於此矣。然墠輕於壇，今二壇無墠者，爲大祖雖無廟，猶重之故也。「去壇爲鬼」者，謂高祖若遷去於壇則爲鬼，不復得祭，但薦之於大祖壇而已。若大夫有大祖之廟者，其義已具在《王制》疏。「適士二廟一壇」者，上士也。天子三等，諸侯上士，悉二廟一壇也。「顯考無廟」者，顯，當爲「皇」。皇考，曾祖也，曾祖無廟也。「有禱焉，爲壇祭之」，曾祖既無廟，若有祈禱，則爲壇祭之。一壇之設，爲於此也。亦無禱乃止。「去壇爲鬼」者，謂曾祖若遷去於壇則爲鬼，不復祭也。「官師一廟」者，謂諸侯中士、下士也。謂爲官師者，言爲一官之長也。一廟，祖禰共之，又無壇也。

❶ 「墠」，原作「壇」，據阮本改。
❷ 「經」，衛氏《集説》作「往」，疑是。

「曰考廟」者，爲父立之也。「王考無廟而祭之」者，王考，祖也。雖無廟而猶獲祭也，謂在考廟者。「去王考爲鬼」者，謂曾祖則不得祭，又無壇，若有祈禱，則薦之於廟也。「庶士、庶人無廟」者，庶士，府、史之屬。庶人，平民也。賤，故無廟也。「死曰鬼」者，既無廟，故死則曰鬼。鬼亦得薦之於寢也。《王制》云「庶人祭於寢」是也。注「建國」至「之誤」 正義曰：引《書》曰「三壇同墠」者，證壇、墠之義。案《金縢》武王有疾，周公爲之請命，「爲三壇同墠，以告大王、王季、文王」，故三壇也。云「王、皇，皆君也。顯，明也。祖，始也」者，皆《爾雅·釋詁》文。云「天子遷廟之主，以昭穆合藏於二祧之中」者，昭之遷主，其數雖多，揔合藏武王祧中；穆之遷主，揔合藏文王祧中。故鄭注《周禮·守祧》：「先公遷主，藏于后稷之廟。先王之遷主，藏于文、武之廟。」鄭必知然者，案文二年「八月丁卯，大事于大廟」，《公羊傳》云：「大事者何？大祫也。毁廟之主，陳于大祖。」是毁廟在大廟祫乃陳之，故知不窋以下先公遷主藏於后稷廟也。文、武二廟既不毁，則文、武以下遷主，不可越文、武上藏后稷之廟，故知藏於文、武廟也。此遷主所藏曰祧者，是對例言之耳。若散而通論，則凡廟曰祧。故昭元年《左傳》云：「其敢愛豐氏之祧。」彼祧，遠祖廟也。襄九年《左傳》云：「君冠，必以先君之祧處之。」服虔注云「曾祖之廟曰祧」者，以魯襄公於時冠於衛成公之廟，成公是衛今君之曾祖，曰祧也。❶云「享嘗，謂四時之祭」者，以四時之祭，秋嘗物之備具，故特舉「享嘗」以明四時之祭。此經祖禰月祭，《楚語》云「日祭祖禰」，非鄭義，故《異義駁》鄭所不用。云「鬼亦在祧，顧遠之於無事，祫乃祭之爾」者，以壇墠之主，祈禱禮畢，乃藏之於祧。去墠爲鬼主，亦如壇墠之主藏在祧，故云「亦」也。既俱在祧，所以特名鬼者，反顧以其疏遠，❷主在無事，唯祫乃祭之，故特曰鬼也。引《春秋》文二年傳者，證毁廟之主，祫祭乃及。云「魯煬公者，伯禽之子也，至昭公、定公，久已爲鬼，而季氏禱之而立其宫，則鬼之主在祧明矣」者，鄭引更證明鬼主恒在。《春秋》定公元年「立煬宫」。依《世本》，煬公，伯禽之子。定公元年始立煬公宫，于時昭公出，定公未入之前，季氏禱于煬公之鬼，明知于煬公鬼主而禱之也。云「唯天子、諸侯有主，禘祫」

❶ 「曰」，浦鏜校云：「曰」上脱「故曰曾祖之廟」六字。

❷ 「反顧」，殿本、庫本無此二字。浦鏜校云：「反，當衍字。」

者，案《王制》，天子、諸侯有禘祫，故知有主。云「大夫有祖考者，亦鬼其百世」者，案《王制》云：「大夫三廟，一昭一穆，與大祖而三。」大祖即是大夫之祖考。既有祖考，明應遷之祖，以制幣招其神而藏焉，故云「亦鬼其百世」。大夫若無祖考者，秖得立曾祖與祖及父三廟而已，則不得鬼百世也。云「不禘祫，無主爾」者，雖有百世之鬼，不得禘祫，無主爾。案《左傳》，衛大夫孔悝有主者，鄭《駁異義》從《公羊》説，大夫無主。許君謹案：「卿大夫士無昭穆，不得有主。」鄭云：「孔悝祏主者，祭其所出之君爲之主耳。」宗廟之主，所用之木，案《異義》：「今《春秋公羊》説：祭有主者，孝子之主繫心。❶夏后氏以松，殷人以栢，周人以栗。又《周禮》説：虞主用桑，練主以栗。無夏后氏以松爲主之事。」許君謹案：「從《周禮》説。❷《論語》所云，謂社主也。」鄭氏無駁，從許義也。其主之制，案《漢儀》：「高帝廟主九寸，前方後圓，圍一尺。后主七寸。」文二年「作僖公主」，何休云：「主狀正方，穿中央，達四方。天子長尺二寸，諸侯長一尺。」此是木主之制也。云「其無祖考者」，上既明其有祖考之文，此明無祖考者，謂庶士以下，及官師等，并適士等。揔舉有祖考之人於前，歷説無祖考之人於下。云「庶士以下鬼其考、王考」者，此即無祖考之一色。庶士及庶人無廟，故鬼其祖父與，❸於寢中薦之。云「官師鬼其皇考」者，此又是無祖考之一色。官師一廟，祖禰共之。曾祖無廟，故曰「鬼其皇考」，於祖廟而薦皇考也。云「適士鬼其顯考」者，此又是無祖考之一色。適士得立祖禰二廟，又立曾祖一壇，唯高祖爲鬼，故云「鬼其顯考而已」，就曾祖之壇而薦顯考。諸本或云「大夫、適士」者，若大夫鬼其顯考，於義不合。庾氏云：「諸侯之大夫。」云「大夫祖考，謂別子也」者，以上云大夫有祖考，故鄭明之云：「大夫祖考，謂別子也。」謂於周之世，別子爲卿大夫，後世子孫立其廟不毁，謂之祖考。雖於周之世，非別子爲大夫，但立父祖及曾祖三廟，無祖考廟者，則經中「三廟」是也，若夏、殷之世，雖非別子，但始爵者及異姓爲卿大夫者，其後世子孫皆立之爲祖考。此義已具於《王制》。云「凡鬼者，薦而不祭」者，若其薦祭俱爲，則鬼與見廟，其事何異？若都不薦祀，何須存鬼？薦輕於祭，鬼疏於廟，

❶「之」，孫詒讓《校記》云：「陳壽祺云：『之』當爲『以』。《初學記》引《白虎通》云『孝子以主繼心』可證。」

❷「從」，原作「後」，據阮本、魏氏《要義》改。

❸「父與」，衛氏《集説》作「與父」，疑是。

故知「薦而不祭」。云「此適士云『顯考無廟』，非也」者，適士二廟，祖廟、禰廟。曾祖無廟，故云「顯考無廟」，非也。是「顯考」當爲「皇考」，字之誤也。

王爲群姓立社，曰大社。王自爲立社，曰王社。諸侯爲百姓立社，曰國社。諸侯自爲立社，曰侯社。大夫以下成群立社，曰置社。群，衆也。大夫以下，謂下至庶人也。大夫不得特立社，與民族居，百家以上，則共立一社，今時里社是也。《郊特牲》曰：「唯爲社事單出里。」**疏** 正義曰：此一經明天子以下立社之義。

○「王爲群姓立社，曰大社」者，群姓，謂百官以下及兆民。言群姓者，包百官也。大社在庫門内之右。故《小宗伯》云：「右社稷。」「王自爲立社，曰王社」者，其王社所在，書傳無文。或云與大社同處，王社在大社之西。崔氏並云：「王社在藉田。王所自祭，❶以供粢盛。」今從其説。故《詩·頌》云「春藉田而祈社稷」是也。其諸侯國社，亦在公宫之右，侯社在藉田。　「大夫以下成群立社，曰置社」者，大夫以下，謂包士庶。成群，聚而居，其群衆滿百家以上，得立社。爲衆特置，故曰「置社」。**注**「群衆」至「出里」　正義曰：此云「大夫以下，謂下至庶人」者，❷謂大夫至庶人等，共在一處也。云「大夫不得特立社，與民族居，百家以上，則共立一社，今時里社是也」者，大夫北面之臣，不得自專土地，故不得特立社。社以爲民，故與民居，百家以上，則可以立社。知百家者，《詩·頌》云：「百室盈止，殺時犉牡。」故曰「百家」。言「以上」，皆不限多少。故鄭《駮異義》引《州長職》曰「以歲時祭祀州社」，是二千五百家爲社也。雖云「百家以上」，唯治民大夫，乃得立社。故鄭《駮異義》云「有國及治民之大夫乃有社稷」是也。❸此大夫所主立社稷，則「田主」是也。故鄭《駮異義》引《大司徒職》云：「樹之田主，各以其野之所宜木，遂以名其社與其野。」注云：「田主，田神，后土、田正之所依也。」后土則社神，田正則稷神。其義已具《郊特牲》疏。

王爲群姓立七祀，曰司命，曰中霤，曰國門，曰國行，曰泰厲，曰户，曰竈。王自爲立七祀。諸侯爲國立五祀，曰司命，曰中霤，曰國門，

❶「所自」，原作「自所」，據庫本及衛氏《集説》改。
❷「至」下原有「士」字，據殿本、庫本及鄭注删。
❸「有」，原作「育」，據殿本、庫本、阮本改。

曰國行，曰公厲。諸侯自爲立五祀。大夫立三祀，曰族厲，曰門，曰行。適士立二祀，曰門，曰行。庶士、庶人立一祀，或立户，或立竈。此非大神所祈報大事者也。小神居人之間，司察小過，作譴告者爾。《樂記》曰：「明則有禮樂，幽則有鬼神。」鬼神，謂此與？司命，主督察三命。中霤，主堂室居處。門，户，主出入。行，主道路行作。厲，主殺罰。竈，主飲食之事。《明堂月令》：「春曰其祀户，祭先脾。夏曰其祀竈，祭先肺。中央曰其祀中霤，祭先心。秋曰其祀門，祭先肝。冬曰其祀行，祭先腎。」《聘禮》曰：使者出，「釋幣於行」；歸，「釋幣於門」。《士喪禮》曰：「疾病，禱於五祀。」司命與厲，其時不著。今時民家，或春秋祠司命、行神、山神，門、户、竈在旁，是必春祠司命，秋祠厲也。或者合而祠之。山即厲也。民惡言「厲」，巫、祝以厲山爲之，謬乎！《春秋傳》曰：「鬼有所歸，乃不爲厲。」疏正義曰：此一經明天子以下立七祀、五祀之義。「曰司命」者，宫中小神。熊氏云：「非天之司命，故祭於宫中。」皇氏云：「司命者，文昌宫星。」其義非也。「曰中霤」者，主堂室神。「曰國門」者，國門，❶謂城門也。「曰國行」者，謂行神，在國門外之西。「曰泰厲」者，謂古帝王無後者也。此鬼無所依歸，好爲民作禍，故祀之也。「王自爲立七祀」者，前是爲民所立，與衆共之，四時常祀，及爲群姓禱祀。其自爲立者，王自禱祭，不知其當同是一神，爲是別更立七祀也。「諸侯爲國立五祀」者，減天子户、竈二祀，故爲「立五祀」也。「曰公厲」者，謂古諸侯無後者。諸侯稱公，其鬼爲厲，故曰「公厲」。「諸侯自爲立五祀」者，義與天子同。「大夫立三祀」者，減諸侯司命、中霤，故爲三祀也。「曰族厲」者，謂古大夫無後者鬼也。族，衆也。大夫衆多，其鬼無後者衆，故言「族厲」。「曰門，曰行」者，其大夫無民國，故不言國門、國行也。然鄭注《曲禮》「大夫五祀」爲夏、殷法，注《王制》「大夫五祀」是有采地者，鄭何以知然？《曲禮》文連於「大夫五祀」，故知非周，而《王制》立七廟，故是周禮。以彼推此，「大夫三祀」，則周諸侯之大夫無地者也。注「此非」至「爲厲」　正義曰：「小神居人之間，司察小過，作譴告」者，以其非郊廟社稷大神，故云「小神」。以其門、户、竈等，故知「居人間」也。以小神所祈，故知「司察小過，作譴告」，

❶「門」字原脱，據阮本補。

謂作譴責以告人。云「『幽則有鬼神』，鬼神，謂此與」者，以禮天神、人鬼、地祇，皆列其名，而《樂記》直云「幽則有鬼神」，是幽闇之處，有細小之鬼神，謂此小祀者與？「與」是疑辭也。云「司命，主督察三命」者，案《援神契》云：「命有三科：有受命以保慶，有遭命以謫暴，有隨命以督行。」「受命，謂年壽也。❶遭命，謂行善而遇凶也。隨命，謂隨其善惡而報之」。云「《聘禮》曰：使者出，『釋幣於行』；歸，『釋幣於門』」者，證大夫有門、行。云「《士喪禮》曰『疾病，禱於五祀』」者，證士亦有五祀。云「司命與厲，其時不著」者，❷以其餘五祀，《月令》所祀，皆著其時，唯司命與厲，祀時不顯著。云「今時民家，或春秋祠司命、行神、山神，門、户、竈在旁」者，鄭以無文，故引今漢時民家或有春秋兩時祠司命、行神、山神也。民或然，故云「或」也。其祀此司命、行神、山神之時，門、户、竈三神在諸神之旁列位而祭也。云「是必春祠司命，秋祠厲也」者，漢時既春秋俱祠司命與山神，則是周時必應春祠司命，司命主長養，故祠在春，厲主殺害，故祠在秋。云「或者合而祠之」者，鄭又疑之，以見漢時司命與山神，春秋合祭，故云「或者合而祠之」。云「山即厲也」者，以漢時祭司命、行神、山神、門、户、竈等，此經亦有司命、門、行、户、竈等，漢時有山而無厲，此有厲而無山，故云「山即厲也」。云「民惡言『厲』，巫、祝以厲山爲之」者，鄭解「厲」稱「山」之意。漢時人民嫌惡「厲」，漢時巫、祝之人，意以厲神是厲山氏之鬼爲之，故云「厲山」。云「『謬乎』」者，謂巫、祝以「厲」爲厲山之鬼，於理謬乎！所以爲謬者，鬼之無後，於是爲厲。厲山氏有子曰柱，世祀厲山之神，何得其鬼爲厲？故云「謬也」。引《春秋傳》者，昭七年《左傳》文。於時鄭良霄被殺而死，其鬼爲厲，子産立良霄之子良止爲後。子大叔問其故，子産曰：「鬼有所歸，乃不爲厲。」引之者，證厲山氏既有所歸，不得爲厲。

王下祭殤五，適子，適孫，適曾孫，適玄孫，適來孫。諸侯下祭三，大夫下祭二。適士及庶人祭子而止。

祭適殤者，重適也。祭適殤於廟之奥，謂之陰厭。王子、公子祭其適殤於其黨之廟，❸大夫以下，庶子祭其適殤於宗

❶「受命謂年壽也」至「隨命謂隨其善惡而報之」，此二十五字乃宋均注文，其上宜有「宋均注云」字樣。

❷「其」字原漶滅，據足利本、阮本補。

❸「黨」，原作「當」，據余本、撫本、岳本、阮本改。

子之家，皆當室之白，謂之陽厭。凡庶殤不祭。**疏**正義曰：此明天子以下祭殤之差也。**注**「王子、公子祭其適殤於其黨之廟」正義曰：王子，謂王之庶子。公子，謂諸侯庶子。不得爲先王、先公立廟，無處可祭適殤，故祭於黨之廟。謂王子、公子但爲卿大夫，得自立廟，與王子、公子同者就其廟而祭之。適殤，其義已具《曾子問》。夫聖王之制祭祀也，法施於民則祀之，以死勤事則祀之，以勞定國則祀之，能禦大菑則祀之，能捍大患則祀之。是故厲山氏之有天下也，其子曰農，能殖百穀；夏之衰也，周弃繼之，故祀以爲稷。共工氏之霸九州也，其子曰后土，能平九州，故祀以爲社。帝嚳能序星辰以著衆，堯能賞均刑法以義終，❶舜勤衆事而野死，鯀鄣鴻水而殛死，❷禹能脩鯀之功，黄帝正名百物以明民共財，顓頊能脩之，契爲司徒而民成，冥勤其官而水死，湯以寬治民而除其虐，文王以文治，武王以武功去民之菑。此皆有功烈於民者也。及夫日月星辰，民所瞻仰也；山林、川谷、丘陵，民所取財用也。非此族也，不在《祀典》。此所謂大神也。《春秋傳》曰：「封爲上公，祀爲大神。」厲山氏，炎帝也，起於厲山。或曰有烈山氏。弃，后稷名也。共工氏無録而王謂之霸，在大昊、炎帝之閒。著衆，謂使民興事，知休作之期也。賞，賞善，謂禪舜封禹、稷等也。義終，謂既禪二十八載乃死也。野死，謂征有苗，死於蒼梧也。殛死，謂不能成其功也。明民，謂使之衣服有章也。民成，謂知五教之禮也。冥，契六世之孫也。其官玄冥，水官也。虐、菑，謂桀、紂也。烈，業也。族，猶類也。祀典，謂祭祀也。**疏**正義曰：前經明禘、郊、祖、宗及社稷之等所配之人，又論天地、日月、星辰、山谷、

❶「賞」，王引之據《魯語》校云：「『賞』當爲『亶』，字之誤也。隸書『賞』、『亶』相似。『亶』與『單』通。鄭未悟『賞』爲『亶』字之誤，故因文生訓而失其本指。」詳《經義述聞》。

❷「鄣」，原作「彰」，據《唐石經》、余本、撫本、岳本、阮本改。

丘陵之等。此經揔明其功有益於民，得在祀典之事。從此至「能捍大患則祀之」，與下諸神爲揔也。　「法施於民則祀之」者，若神農及后土、帝嚳與堯及黄帝、顓頊與契之屬是也。　「以死勤事則祀之」者，若舜及鯀、冥是也。　「以勞定國則祀之」者，若禹是也。　「能禦大菑及能捍大患則祀之」者，若湯及文、武也。　「其子曰農，能殖百穀」者，農，謂厲山氏後世子孫名柱，能殖百穀，故《國語》云神農之子名柱，❶作農官，因名農是也。　「夏之衰也，周棄繼之」者，以夏末湯遭大旱七年，欲變置社稷，故廢農祀棄。　「故祀以爲稷」者，謂農及棄皆祀之，以配稷之神。　「其子曰后土，能平九州，故祀以爲社」者，是共工後世之子孫爲后土之官。后，君也。爲君而掌土，能治九州五土之神，故祀以爲配祀之神。　「帝嚳能序星辰以著衆」者，嚳能紀星辰，序時候以明著，使民休作有期，不失時節，故祀之也。　「堯能賞均刑法以義終」者，堯以天下位授舜，封禹、稷，官得其人，是能賞均平也。五刑有宅，是能刑有法也。禪舜而老，二十八載乃殂，是義終也。　「舜能勤衆事而野死」者，❷舜征有苗，仍巡守陟方而死蒼梧之野，是「勤衆事而野死」。　「鯀鄣鴻水而殛死」者，鯀塞水無功而被堯殛死于羽山，亦是有微功於人，故得祀之。若無微功，焉能治水九載？又《世本》云「作城郭」，是有功也。鄭答趙商云：「鯀非誅死。鯀放居東裔，至死不得反於朝。禹乃其子也，以有聖功，故堯興之。若以爲殺人父，用其子，而舜、禹何以忍乎！而《尚書》云『鯀則殛死，禹乃嗣興』者，箕子見武王誅紂，今與己言，懼其意有慚德，爲説父不肖則罪，子賢則舉之，以滿武王意也。」　「禹能脩鯀之功」者，謂禹能脩父之功，故祀之。　「黄帝正名百物」者，上雖有百物而未有名，黄帝爲物作名，正名其體也。「以明民」者，謂垂衣裳，使貴賤分明，得其所也。　「共財」者，謂山澤不鄣，教民取百物以自贍也。其如上事，故得祀之。　「顓頊能脩之」者，謂能脩黄帝之法。　「契爲司徒而民成」者，契爲堯之司徒，司徒掌五教，故民之五教得成。　「冥勤其官而水死」者，冥，契六世孫，其官玄冥，水官也。　「湯以寬治民而除其虐」，謂放桀於南巢也。「文王以文治，武王以武功去民之菑」者，謂伐紂也。「此皆有功烈於民者也」，結上「厲山」以下也。所得祀之人，有功烈於人故也。　「及夫日月星辰，民所瞻仰也」

❶「子」字原脱，據衛氏《集説》及《國語・魯語》補。

❷「能」，案經文無「能」字，疑衍。

者，釋上文「燔柴於泰壇，瘞埋於泰折。王宮祭日，夜明祭月，幽禜祭星」之等，及上有祭地、祭天、祭四時、祭寒暑、祭水旱，此不言之者，舉「日月」則天地可知；四時、寒暑、水旱，則日月陰陽之氣，故舉「日月」以包之也。「非此族也，不在《祀典》」者，合結上事也。族，類也。若非上自厲山以下，及日月、丘陵之等，無益於民者，悉不得預於祭祀之典也。案上陳宗廟及七祀，并通適殤以下，此經不覆明之者，此經所云，謂是外神有功於民，故具載之。其宗廟與殤以下之親屬、七祀之等，宮中小神，所以此經並皆不載。注「春秋」至「祀也」　正義曰：引《春秋左傳》昭二十九年蔡墨辭。云「厲山氏，炎帝也，起於厲山」者，案《帝王世紀》云：「神農氏，本起於烈山。或時稱之神農，即炎帝也。」故云「厲山氏，炎帝也」。云「或曰有烈山氏」者，案二十九年《傳》文也。云「棄，后稷名也」者，稱《舜典》云：❶「棄，汝后稷。」是棄爲后稷名也。云「共工氏無録而王謂之霸，在大昊、炎帝之閒」者，是《漢·律曆志》文。又案《月令》「春，其帝大皞。夏，其帝炎帝」，不載共工氏，是無録。以水紀官，是無録而王。案昭十七年《左傳》，郯子稱「黄帝氏以雲紀，炎帝以火紀，共工氏以水紀，大皞氏以龍紀」，從下逆陳，是在炎帝之前，大昊之後也。云「著衆，謂使民興事，知休作之期也」者，由序曆星辰，敬授民時，使民興造其事，知休作之期，民得顯著。云「二十八載乃死也」者，《虞書》文也。云「殛死，謂不能成其功也」者，鯀被殛羽山，以至於死。所以殛者，由不能成其功也。云「明民，謂使之衣服有章」者，案《易繫》云「黄帝、堯、舜垂衣裳而天下治，蓋取《乾》、《坤》」是也。云「冥，契六世之孫也」者，案《世本》：「契生昭明，昭明生相土，相土生昌若，昌若生曹圉，曹圉生根國，根國生冥。」是契六世孫也。

祭義第二十四

正義曰：案鄭《目録》云：「名曰《祭義》者，以其記祭祀齋戒薦羞之義也。此於《别録》屬《祭祀》。」

祭不欲數，數則煩，煩則不敬。祭不欲疏，疏則怠，怠則忘。是故君子合諸天道，

❶「稱」，浦鏜校云：「稱」當「按」字誤。

春禘秋嘗。忘與不敬，違禮莫大焉。合於天道，因四時之變化，孝子感時念親，則以此祭之也。春禘者，夏、殷禮也。周以禘爲殷祭，更名春祭曰祠。霜露既降，君子履之，必有悽愴之心，非其寒之謂也。春，雨露既濡，君子履之，必有怵惕之心，如將見之。非其寒之謂，謂悽愴及怵惕，皆爲感時念親也。霜露既降，禮說在秋，此無「秋」字，蓋脱爾。樂以迎來，哀以送往，故禘有樂而嘗無樂。迎來而樂，樂親之將來也。送去而哀，哀其享否不可知也。小言之，則爲一祭之間，孝子不知鬼神之期；推而廣之，放其去來於陰陽。疏正義曰：此一節摠論祭事。其事既雜，義相附者，結爲一節。各隨文解之。此一節明孝子感時念親，所以四時設祭之意。「合諸天道」者，諸，於也。禘者，陽之盛也。嘗者，陰之盛也。陰陽氣盛，孝子感而思念其親，故君子制禮，合於天道。「春禘秋嘗」者，舉春秋，冬夏可知。「非其寒之謂也」者，言孝子於秋，霜露既降，有悽愴之心者，非是寒之謂，有此悽愴者，爲感時念親也。「如將見之」者，言孝子於春，雨露之時，必有怵惕之心焉，意想念親，如似得見親也。春秋二時，於文相互。上云「悽愴」，下云「非其寒之謂」；此「怵惕之心」下，宜云「非其煖之謂」，今「怵惕之心」下「如將見之」，❶則「悽愴之心」下，亦宜云「如將見之」，是其互也。但作《記》以秋是物去，寒爲甚，故不云「如將見之」，但言寒也；春是物來，煖輕於寒，故云「如將見之」，故不言「煖之謂也」。先秋後春，以涼，悽愴之甚，故先言之。注「春禘」至「曰祠」　正義曰：案《王制》云「春礿夏禘」，《周禮・大宗伯》「春祠夏禴」。今云「春禘」，故云「夏、殷禮」。案《王制》「春曰礿」，此云「春禘」爲夏殷禮者，《郊特牲》以注「禘，❷當爲礿」，則此「春禘」亦當爲「礿」。於《郊特牲》已注而破之，故此不言也。注「迎來」至「陰陽」　正義曰：云「小言之，則爲一祭之間，孝子不知鬼神之期」者，解經「樂以迎來，哀以送往」之二句，謂一祭之間也。一祭比於一年，其事爲小，故云「小言之，爲一祭之間」。既不知鬼神來去

❶ 「下」，浦鏜校云：「下」字下脱「云」字。案：《楊復再脩儀禮經傳通解續卷祭禮》「下」下有「云」字。

❷ 「郊特牲以注」，阮校云：「惠棟校宋本、毛本作『以《郊特牲》注』。」

期節，故祭初似若來，故樂，祭末似去，故哀。據孝子之心，雖春有樂及鍾鼓送尸，孝子之心，祭末猶哀也。云「推而廣之，放其去來於陰陽」者，解經云「故禘有樂，而嘗無樂」二句也。言推此一祭而廣論一年，放神之去來，似於陰陽二氣。但陽主生長，春夏陽來，似神之來，故春夏祭之有樂。秋冬陰，象神之去，故秋冬之祭無樂。然周禮四時之祭皆有樂，殷則烝嘗之祭亦有樂，故《那》詩云「庸鼓有斁，萬舞有奕」，下云「顧予烝嘗」，則殷秋冬亦有樂者，熊氏云：「殷秋冬但有管弦之樂。」又云：「烝嘗全無樂。」其義已具《郊特牲》。❶

致齊於内，散齊於外。齊之日，思其居處，思其笑語，思其志意，思其所樂，思其所嗜。齊三日，乃見其所爲齊者。致齊思此五者也。散齊七日，不御，不樂，不弔耳。見所爲齊者，思之熟也。所嗜，素所欲飲食也。《春秋傳》曰：「屈到嗜芰。」疏正義曰：此一節明祭前齊日之事。❷「思其居處」者，謂祭致齊之日也。「思其居處」以下五事，謂孝子思念親存之五事也。先思其麤，漸思其精，故居處在前，樂嗜居後。「齊三日，乃見其所爲齊」者，謂致齊思念其親，精意純孰，目想之，若見其所爲齊之親也。

注「《春秋傳》曰：屈到嗜芰」正義曰：《楚語》云：「屈到嗜芰。有疾，召其宗老而屬之曰：『祭我必有芰。』」

祭之日，入室，僾然必有見乎其位；周還出户，肅然必有聞乎其容聲；出户而聽，愾然必有聞乎其嘆息之聲。周還出户，謂薦設時也。無尸者，闔户，若食間，則有出户而聽之。疏正義曰：此一經明祭之日孝子想念其親。「入室，僾然必有見乎其位」者，謂祭之日，朝初入廟室時也。初入室陰厭時，孝子當想象僾僾髣髴見也。《詩》云：「愛而不見。」❸見，如見親之在神位也。故《論語》云「祭如在」。「周還出户，肅然必有聞乎其容聲」者，謂薦饌時也。孝子薦俎酌獻，行步周旋，或出户。當此之時，必有悚息肅肅然，如聞親舉動容止之聲。「出户而聽，愾然」者，謂祭此人爲無尸之

❶「牲」，衛氏《集説》「牲」下有「疏」字，疑是。

❷「齊日之事」，原作「齊事之日」，據監本、毛本、殿本、庫本及阮本改。

❸「愛」，按：《説文》：「僾，仿佛也。《詩》曰：『僾而不見。』」段注云：「《邶風·静女》文。今詩作『愛』，非古也。」

時，設薦已畢，孝子出户而静聽，愾愾然也，必有聞乎其歎息之聲也。**注**「周還」至「聽之」 正義曰：「出户，謂薦設時也」者，若《特牲》、《少牢》主婦設豆及佐食設俎之屬是也。云「無尸者，闔户，若食間，則有出户而聽之」者，案《士虞禮》云：「無尸，則禮及薦饌皆如初。主人哭，出復位。祝闔牖户，如食間。」注云：「如尸一食九飯之頃。」❶彼謂虞祭無孫行爲尸者，則吉祭亦當然也。此鄭云「闔户，若食間」，見如正祭九飯之間也。而皇氏謂「尸謖之後，陽厭之時」，又云「無尸謂之陰厭，尸未入前」，其義並非也。

是故先王之孝也，色不忘乎目，聲不絶乎耳，心志嗜欲不忘乎心。致愛則存，致慤則著，著存不忘乎心，夫安得不敬乎！存、著，則謂其思念也。**疏**正義曰：此一經覆説孝子祭時念親之事。 「致愛則存」者，謂孝子致極愛親之心，則若親之存，以嗜欲不忘於親故也。 「致慤則著」者，謂孝子致其端慤敬親之心，則若親之顯著，以色不忘於目，聲不忘於耳故也。 「著存不忘乎心」者，言如親之存在，恒想見之，不忘於心。既思念如此，何得不敬乎！

君子生則敬養，死則敬享，思終身弗辱也。享，猶祭也，饗也。

君子有終身之喪，忌日之謂也。忌日不用，非不祥也，言夫日，志有所至，而不敢盡其私也。忌日，親亡之日。忌日者，不用舉他事，如有時日之禁也。祥，善也。志有所至，至於親以此日亡，其哀心如喪時。**疏**正義曰：此一節明孝子終身念親不忘之事。 「忌日不用，非不祥也」者，謂忌日不用舉作他事者何？非謂此日不善，别有禁忌，不舉事也。 「言夫日，志有所至，而不敢盡其私也」者，所以不舉者，言夫忌日，謂孝子志意有所至，極思念親，不敢盡其私情而營他事，故不舉也。

唯聖人爲能饗帝，孝子爲能饗親。謂祭之能使之饗也。帝，天也。 饗者鄉也，鄉之，然後能饗焉。言中心鄉之，乃能使其祭見饗也。上「饗」或爲「相」。 是故孝子臨尸而不怍。 君牽牲，夫人奠盎；君獻尸，夫人薦豆。 卿大夫相君，命婦相夫人。 齊齊乎其敬也，愉愉乎其忠也，勿勿諸其欲其饗之也。色不和曰怍。

❶「頃」，原作「須」，據閩、監、毛本改。

奠盎，設盎齊之奠也。此時君牽牲，將薦毛血，君獻尸而夫人薦豆，謂繹日也。儐尸，主人獻尸，主婦自東房薦韭菹醢。勿勿，猶勉勉也，愨愛之貌。【疏】正義曰：此一節明孝子祭祀欲親歆饗之意。「唯聖人爲能饗帝」者，以饗帝爲難，故聖人能之。饗親不易，故孝子能之。欲饗親與饗帝同，故以饗帝比饗親，言饗親難也。此本爲饗親而發，故下文專論饗親之事。「饗者鄉也」者，言神之所以饗者，由孝子之所歸鄉也。鄉之，故然後能使神靈歆饗焉。「是故孝子臨尸而不怍」者，怍，謂顏色不和悦。以祭祀須饗尸，故孝子臨對尸前，不得顏色不和。「君牽牲，夫人奠盎」者，熊氏云：「此謂繹祭。君當牽牲之時，夫人奠設盎齊之尊。」❶「君獻尸，夫人薦豆」者，繹祭，故先獻後薦。「齊齊乎其敬也」者，卿大夫相君，命婦相夫人，皆齊齊乎其恭敬。齊齊，謂整齊之貌。故《玉藻》云「廟中齊齊」。「愉愉乎其忠也」者，愉愉，和悦之貌。忠，謂忠心。言孝子顏色愉愉然和悦，盡忠心。「勿勿諸其欲其饗之也」者，勿勿，猶勉勉也。言孝子之心與貌勉勉然，欲得親之歆饗也。「其」，皆語助。【注】「色不」至「之貌」　正義曰：案《曲禮》云：「容毋怍。」怍謂顏色變，即不和之意。云「奠盎，設盎齊之奠也」者，此謂繹祭，故牽牲之時，夫人預設盎齊之尊。假令正祭，牽牲時，夫人設奠盎之尊，至君親制祭，夫人酌盎齊以獻尸，義無妨也。皇氏怪此奠盎在牽牲之時，於事大早，以奠盎爲洗牲。勘諸經傳，無洗牲以酒之文。皇氏文無所據，其義非也。云「謂繹日也」者，以其先云「君獻尸」，後云「夫人薦豆」，故知繹日也。云「儐尸，主人獻尸，主婦自東房薦韭菹醢」者，此是《有司徹》文，引之者，證儐尸之時，先獻後薦。上大夫儐尸，即天子、諸侯之繹也。

文王之祭也，事死者如事生，思死者如不欲生，忌日必哀，稱諱如見親。祀之忠也，如見親之所愛，如欲色然，其文王與？思死者如不欲生，言思親之深也。如欲色者，以時人於色厚，假以喻之。《詩》云：「明發不寐，有懷二人。」文王之詩也。❷祭

❶「尊」，阮本作「奠」。阮校云：「閩、監、毛本同。惠棟校宋本『奠』作『尊』。下文『預設盎齊之尊』同。按注『設盎齊之奠』，各本俱作『奠』。蓋注與疏異本。」

❷「文王之詩」，王念孫云：「『詩』當作『謂』。鄭於此句無注，則所見本必作『文王之謂』。《家語・哀公問政篇》引此作『謂』，是王肅所見本尚不誤。」詳《經義述聞》。

之明日，明發不寐，饗而致之，又從而思之。祭之日，樂與哀半，饗之必樂，已至必哀。明發不寐，謂夜而至旦也。祭之明日，謂繹日也，言繹之夜不寐也。二人，謂父母，容尸、侑也。疏正義曰：此一節明文王祭思親，忠敬之甚。「思死者如不欲生」者，言文王思念死者，意欲隨之而死，如似不復欲生。「稱諱如見親」者，言文王在廟中，上不諱下，於祖廟稱親之諱，如似見親也。「祀之忠」者，言文王祭祀之盡忠誠也。「如見親之所愛，如欲色然」者，解祀之忠敬之事。言齊時思念親之平生嗜欲，如似真見親所愛在於目前，❶又思念親之所愛之甚，如似凡人貪欲女色然也。「其文王與」者，唯文王能如此與？「與」是不執定之辭。王肅解欲色然：❷「如欲見父母之顏色。鄭何得比父母於女色？」馬昭申云：「孔子曰：『吾未見好德如好色者。』如此亦比色於德。」張融亦云：❸「如好色，取其甚也。於文無妨。」「文王之詩也」者，此幽王《小雅・小宛》之篇而云「文王詩也」者，記者引詩，斷章取義。且詩人陳文王之德以刺幽王，亦得爲「文王之詩也」。「祭之明日，明發不寐」者，謂正祭明日，繹祭之時，祭既訖，得其夜發夕至明而不寐。❹「饗而致之，又從而思之」者，申「明發」之意，既設繹祭之饗而致於神，其夜又從而思之也。「饗之必樂，已至必哀」者，孝子想神之歆饗，故必樂；又想及饗已至之後必分離，故必哀也。注「祭之」至「侑也」正義曰：知「祭之明日，謂繹日也」者，案宣八年「六月辛巳，有事于大廟，仲遂卒于垂。壬午猶繹」。是祭之明日爲繹也。云「二人，謂父母，容尸、侑也」者，祭以念親，故「二人，謂父母」。案《有司徹》上大夫儐尸，別立一人爲侑以助尸，似《鄉飲酒禮》介之副賓也。繹祭與儐尸同，故知二人容尸與侑也。

仲尼嘗，奉薦而進，其親也慤，其行也趨趨以數。嘗，秋祭也。親，謂身親執事時也。慤與趨趨，言少威儀也。趨，讀如「促」。數之言速也。已祭，子贛問曰：「子之言祭，濟濟漆漆

❶「似」，原作「以」，據阮本改。
❷「解欲色然」，原作「然解欲色」，據魏氏《要義》及《續通解》卷二十九乙正。
❸「云」字原脱，據魏氏《要義》及《續通解》卷二十九補。
❹「得」，閩、監本作「待」。潘宗周《校勘記》云：「恐各本皆誤。當作『從』。」

然。今子之祭，無濟濟漆漆何也？」子曰：「濟濟者，容也，遠也。漆漆者，容也，自反也。容以遠，若容以自反也，夫何神明之及交？夫何濟濟漆漆之有乎？漆漆，讀如「朋友切切」。自反，猶言自脩整也。容以遠，言非所以接親親也。容以自反，言非孝子所以事親也。及，與也。此皆非與神明交之道。反饋樂成，薦其薦俎，序其禮樂，備其百官，君子致其濟濟漆漆，夫何慌惚之有乎？天子、諸侯之祭，或從血腥始。至反饋，是進孰也。薦俎，豆與俎也。慌惚，思念益深之時也。言祭事既備，使百官助己祭，然而見其容而自反，是無慌惚之思念。夫言豈一端而已，夫各有所當也」。豈一端，言不可以一概也。禮各有所當行，祭宗廟者，❶賓客濟濟漆漆，主人慤而趨趨。

疏正義曰：此一節記仲尼嘗祭之儀。「奉薦而進，其親也慤」者，慤，謂質慤。謂仲尼奉薦進尸之時，其身執事，其形貌慤質，少威儀。「其行也趨趨以數」者，其行步促促速疾，少威儀，舉足而數也。「今子之祭，無濟濟漆漆何也」者，子贛先聞夫子説，祭事威儀，須濟濟漆漆然也。今子之爲祭，無濟濟漆漆者何也？「子曰『濟濟者，容也遠也』」，夫子爲子贛説濟濟之義，言濟濟者，是容貌自疏遠。「漆漆者，容也自反也」，謂容貌自反覆而脩整也。「容以遠，若容以自反也」者，覆結上文。言孝子若容貌以疏遠，若容貌以自脩正，此乃賓客之事。「夫何神明之及交」者，及，與也。言孝子若作賓客之容，❷何得神明之與交？言不得與神明交也。「夫何濟濟漆漆之有乎」者，更覆結之云：夫孝子何得濟濟漆漆之有乎？言不得有也。其「容也遠也」，王肅以「容」爲「客」。皇氏用王肅「以客有其容」之義，其義亦通，但於文勢不便，至注更具詳。「反饋樂成」者，此天子、諸侯之祭，血腥而始，及至進，是設饌進孰，合樂成畢。定本「反饋」作「及」字，❸至注更釋。「薦俎」者，謂薦孰之時，薦其饋食之豆并牲體之俎。「序其禮樂，備

❶「宗」，原作「案」，據余本、撫本、岳本、阮本改。

❷「作」字原脱，據閩本、監本、毛本、阮本補。

❸「定本反饋作及字」，孫詒讓《校記》云：「疑當云『定本及饋作反字』」。」説詳下頁。

其百官」者，進饋之前，與神明而交，❶貴其誠敬。進饋之後，人事之盛，故「序其禮樂，備其百官」。「君子致其濟濟漆漆」者，言於此之時，君子助祭之人，致其濟濟漆漆賓客之事。「夫何慌惚之有乎」者，此一句覆結前文子贛問之。若孝子自濟濟漆漆，何得慌惚思念之有乎？言無念親之意也。「夫言豈一端而已」者，夫子答子贛云，一端，猶一概也，凡言語豈一概而已，言不可以一概，所屬各異。「夫各有所當也」者，謂其言語各有所當。若慤而趨，當孝子也；濟濟漆漆，當賓客也。注「漆漆」至「之道」　正義曰：云「漆漆，讀如『朋友切切』」者，以漆漆非形貌之狀，「漆」音近「切」。「朋友切切偲偲」，《語·子路》文也。云「自反，猶言自脩整也」者，凡脩整之人，必自反覆顧省，故云「自反，猶言自脩整」。云「容以遠，言非所以接親親也」者，凡接親親，不事容貌，又相附近。今既事容貌，又相疏遠，故云「非所以接親親」。言親親，對孝子之辭。❷或「容」爲「客」字，則是義遠，何須云「容以遠」？又「客以自反」與「容以遠」相對，❸一字爲「容」，一字爲「客」，未之有也。又王肅爲「客」字，破鄭義，明鄭義「容」字也。注「天子」至「思念」　正義曰：「天子、諸侯之祭，或從血腥始」者，謂以卿大夫從饋孰始，故云「天子、諸侯或從血腥始」。言「或」者，不盡然。故「三獻爓，一獻孰」，是不從血腥始。云「至反饋，是進孰也」者，❹既以血腥爲始，至於反饋之時，是進孰也。但「至」與「反」字，於文爲煩，定本又爲「及」字，故皇氏云：「初祭，尸入於室，後出在堂門，尸更反入而設饋，故云反饋。」義當然也。

孝子將祭，慮事不可以不豫，比時具物，不可以不備，虛中以治之。比時，猶先時也。虛中，言不兼念餘事。**宮室既脩，牆屋既設，百物既備，夫婦**

❶「而」，衛氏《集説》無「而」字，義勝。
❷「對」字原脱，據閩本、監本、毛本、殿本、庫本、阮本補。
❸「客」，阮本作「容」，閩、監、毛本同。今按：疑作「容」是。
❹「云至反饋」至「故云反饋」，此段文字中之「反」字，孫詒讓皆改作「及」字，「及」字皆改作「反」字。其《校記》云：「細繹疏義，似孔本作『及』，定本作『反』。孔作『及』，而注云『至及饋』，『至』與『及』義複，故云『於文爲煩』。若作『反』，則與『至』字何煩之有？定本作『反』，皇本亦作『反』，故云『尸更反入而設饋』，正釋『反』字也。今本經依定本作『反』，校者不審，因以改疏，遂不可通。」

齊戒、沐浴、盛服，奉承而進之，洞洞乎，屬屬乎，如弗勝，如將失之，其孝敬之心至也與！脩、設，謂掃除及黝堊。薦其薦俎，序其禮樂，備其百官，奉承而進之。百官，助主人進之。於是諭其志意，以其慌惚以與神明交，庶或饗之。庶或饗之，孝子之志也。諭其志意，謂使祝祝饗及侑尸也。或，猶有也，言想見其仿佛來。**疏** 正義曰：自此以下至「成人之道」，廣明孝子祭祀之義。今各隨文解之。「將祭，慮事不可以不豫」者，言孝子慮事，不可於祭前不豫思慮之。「比時具物，不可以不備」者，比時，謂先時。言在祭之先，以備具於物。至於祭時，不可以不備具也。「虛中以治之」者，言不可兼念餘事，心中實虛，唯思此祭而已，故云「虛中以治之」也。「洞洞」至「也與」 正義曰：「洞洞」、「屬屬」，是嚴敬之貌。言孝子之心，奉承而進祭之時，其心洞洞乎，屬屬乎，恭敬心甚，如舉物之弗勝；心所奉持，如似將失於物。此是孝子心敬之至極也。案《廣雅》「洞洞、屬屬，敬也」。「於是」至「志也」 正義曰：孝子既薦其俎，於是使其祝官啓告鬼神，曉諭鬼神以志意。「以其慌惚以與神明交，庶或饗之」者，言孝子以其思念情深，慌惚似神明交接，庶望神明或來歆饗，故云庶幾神明饗之者，是孝子之志意也。言想見其親仿佛而來也。

孝子之祭也，盡其慤而慤焉，盡其信而信焉，盡其敬而敬焉，盡其禮而不過失焉。進退必敬，如親聽命，則或使之也。言當盡己而已，如居父母前，將受命而使之。**疏** 正義曰：「盡其慤而慤焉」者，「盡慤」，謂心盡其慤也。「而慤焉」，謂外亦慤焉。其信與敬皆處內，內有其心，外著於貌。「盡其禮而不過失焉」者，以其禮包衆事，非一可極，故不得云「而盡其禮焉」，云「不過失焉」則是禮也。「進退必敬，如親聽命，則或使之也」者，言孝子祭時，進之與退，必恒恭敬，如似親聽父母之命，而父母或使之也。

孝子之祭可知也：其立之也，敬以詘；其進之也，敬以愉；其薦之也，敬以欲；退而立，如將受命；已徹而退，敬齊之色不絕於面。詘，充詘，形容喜貌也。進之，謂進血腥也。愉，顏色和貌也。薦之，謂進孰也。欲，婉順貌。齊，謂齊莊。孝子之祭也，立而不詘，固也；進而不愉，疏也；薦而不欲，不愛也；退立而不如受命，敖也；已徹而退，無敬齊之色，而忘本也。如是而祭，失之矣。固，猶質陋也。而忘本，「而」，衍字。

疏正義曰：此一節明孝子之祭，觀其貌而知其心，故「孝子之祭可知也」者以下諸事是也。「其立之也，敬以詘」者，詘，謂充詘，形容歡喜之貌。言孝子尸前而立，形貌恭敬而顔色歡喜。「其進之也敬以愉」者，進，謂進血腥。愉，謂顔色温和。言孝子薦血腥之時，容貌恭敬而顔色温和。「其薦之也，敬以欲」者，言孝子薦孰之時，容貌恭敬，顔色婉順，如欲得物然。「退而立，如將受命」者，言孝子或有退之時，如似前進將受命。「已徹而退，敬齊之色不絶於面」者，謂祭畢已徹饌食，孝子退者，恭敬齊莊之色不離絶於面。「立而不詘，固也」者，言其固陋不知禮。「進而不愉，疏也」者，言與親疏遠，不相親附。「薦而不欲，不愛也」者，言不愛親。「退立而不如受命，敖也」者，言敖其親，不恭敬。「已徹而退，無敬齊之色，而忘本也」者，「而」，衍字。忘本，謂不思其親。

孝子之有深愛者，必有和氣；有和氣者，必有愉色；有愉色者，必有婉容。和氣，謂立而詘。孝子如執玉，如奉盈，洞洞屬屬然，如弗勝，如將失之。嚴威儼恪，非所以事親也，成人之道也。成人，既冠者。然則孝子不失其孺子之心也。

疏正義曰：「如執玉，如奉盈」，言孝子對神，容貌敬慎，如執持玉之大寶，如奉盈滿之物。「嚴威儼恪，非所以事親也」者，嚴，謂嚴肅。威，謂威重。儼，謂儼正。恪，謂恭敬。言四者容貌，非事親之體。事親當和順卑柔也。「成人之道也」者，言「嚴威儼恪」秖是既冠成人之道也。

先王之所以治天下者五：貴有德，貴貴，貴老，敬長，慈幼。此五者，先王之所以定天下也。貴有德何爲也？爲其近於道也。貴貴，爲其近於君也。貴老，爲其近於親也。敬長，爲其近於兄也。慈幼，爲其近於子也。言治國有家道。是故至孝近乎王，至弟近乎霸。至孝近乎王，雖天子必有父；至弟近乎霸，雖諸侯必有兄。先王之教，因而弗改，所以領天下國家也。天子有所父事，諸侯有所兄事，謂若三老、五更也。天子衰，諸侯興，故曰霸。

疏正義曰：此一節論貴德及孝弟之事。皇氏云：「此亦承上夫子答子贛之辭畢，廣明孝弟之義。」今以皇氏説未知然否，或是説雜録之辭。　「貴有德何爲也？爲其近於道也」者，德是在身善行之名，道者於物開通之稱。以己有德，能開通於物，故云「近於道」也。凡言「近」者，非是實到，附近而已。　「是故至孝近乎王，至弟近乎霸」者，孝能感物，故近乎王；弟能親愛，故近乎霸。　「雖天子必有父」者，以聖人之德，無以加於孝乎，❶故雖天子之尊，必有事之如父者，謂養三老也。　「雖諸侯必有兄」者，以教民禮順，莫善於弟。故雖諸侯之貴，必有事之如兄者，謂養五更也。　「先王之教，因而弗改」者，言先王設教之源，因人心之孝弟，❷即以孝弟教人，是因而不改。從人之所欲，故可以「領天下國家也」。　注「天子」至「曰霸」　正義曰：云「天子有所父事，諸侯有所兄事」者，案天子、諸侯俱有養老之禮，皆事三老、五更。故《文王世子》注：「三老如賓，五更如介。」但天子尊，故以父事屬之。❸諸侯卑，故以兄事屬之。云「天子衰，諸侯興，故曰霸」者，案《中候》「諸侯曰霸」，注云：「霸，把也，把天子之事也。」

子曰：「立愛自親始，教民睦也。立敬自長始，教民順也。親、長，父、兄也。睦，和厚也。教以慈睦，而民貴有親；教以敬長，而民貴用命。尊長，出教令者。孝以事親，順以聽命，錯諸天下，無所不行。」疏正義曰：此一節明愛敬之道。皇氏云：「因上答子贛之問，别愛敬語更端，故别言『子曰』。自此以下，皆展轉相因，廣明其事。」今謂記者雜録，以事類相接爲次，非本相因之辭也。　「立愛自親始」者，言人君欲立愛於天下，從親爲始。言先愛親也。　「教民睦也」者，己先愛親，人亦愛親，是「教民睦也」。　「立敬自長始」者，言起敬於天下，從長爲始。言先自敬

❶「無以加於孝乎」，阮本無「以」字，閩、監、毛本同。衛氏《集説》作「無以加於孝」，無「乎」字。

❷「心之」，原作「之心」，據衛氏《集説》及浦鏜校、殿本《考證》乙正。

❸「以」，原作「此」，據殿本、庫本、阮本改。

長。「教民順也」者，己能敬長，民亦敬長，是「教民順也」。「教以慈睦，而民貴有親」者，覆上「教民睦也」。睦則恩慈，故云「慈睦」也。民既慈睦，各貴所有之親。「教以敬長，而民貴用命」者，覆結上文「教民順也」。既教以敬長，民心和順，不有悖逆，故貴用在上之教命。「孝以事親，順以聽命」者，「孝以事親」，覆説「而民貴有親」也。「順以聽命」，覆説「而民貴用命」也。以此二者錯置於天下，故「無所不行」。言皆行也。

禮記正義卷第五十五

禮記正義卷第五十六

國子祭酒上護軍曲阜縣開
國子臣孔穎達等奉勑撰

郊之祭也，喪者不敢哭，凶服者不敢入國門，敬之至也。祭者，吉禮，不欲聞見凶人。疏正義曰：此一節論祭祀之禮，❶以是吉禮大事，故喪與凶服皆辟之。祭之日，君牽牲，穆答君，卿大夫序從。祭，謂祭宗廟也。穆，子姓也。答，對也。序，以次第從也。序，或爲「豫」。既入廟門，麗于碑。卿大夫袒，而毛牛尚耳，鸞刀以刲，取膟膋，乃退。爓祭、祭腥而退。敬之至也。麗，猶繫也。毛牛尚耳，以耳毛爲上也。膟膋，血與腸間脂也。爓祭、祭腥，祭爓肉、腥肉也。湯肉曰爓。爓祭祭腥，或爲「合祭腥泄膠孰」也。疏正義曰：前經郊祭之致敬，此一節明祭廟牽牲致敬。「穆答君」者，穆，謂子姓。答，對也。言祭廟君牽牲之時，子姓對君共牽牲。「卿大夫序從」者，卿夫夫佐幣，士奉芻，依次第而從君也。「既入廟門，麗于碑」者，麗，繫也。君牽牲入廟門，繫著中庭碑也。王肅云：「以紖貫碑中，君從北待之也。」❷「卿大夫袒，而毛牛尚耳」者，將殺牲，故袒。取牛毛薦之，故云「毛牛」也。以耳毛爲上，故云「尚耳」。耳主聽，欲使神聽之。「鸞刀以刲，取膟膋」者，謂用鸞刀刲割牲體，又取血及腸間脂。血以供薦，而膋以供炙肝及爇蕭也。「乃退」者，謂殺牲竟，而取卿大夫所刲血毛膟膋，薦之竟而退也。祭有三節，此一節竟，故退。「爓祭、祭腥」者，爓，謂爓肉而祭。腥，謂以腥肉而祭。言薦膟膋之後，以俎載爓肉、腥肉而祭也。「而退」者，謂「爓祭、祭腥」之後，祭事既卒而退，是恭敬之至極也。注「穆，子姓也」正義曰：知穆是子姓者，熊氏云：「父昭子穆。姓，生也，是昭穆所生，謂子孫。❸直言『穆』者，文不備。」注「膟膋」至「孰

❶「祭」，衛氏《集説》作「郊」，疑是。
❷「北」，阮本作「此」，殿本、庫本同。
❸「是昭穆所生謂子孫」，浦鏜校云：「『謂子孫』三字當在『是昭穆所生』上，從衛氏《集説》校。」

也」 正義曰：案《説文》及《字林》云：「膟，血祭。」膋是牛腸間脂也。是膟爲血，膋爲腸間脂也。云「爓祭、祭腥，祭爓肉、腥肉也」者，既疊出經文「爓祭」之事、「祭腥」之語，然後解云謂「祭爓肉也、腥肉也」。「祭爓肉」即經之「爓祭」也，云「腥肉」即經之「祭腥」也。其祭腥肉、爓肉，並當朝踐之節。此「腥肉」則《禮運》云「腥其俎也」，「爓肉」即《禮運》云「孰其殽」也。此先云「爓」者，記者便文耳，非先後之次。云「湯肉曰爓」者，以鬼神異於生，雖曰「孰殽」，但湯肉而已。若其小祀，則煮肉令孰。故《郊特牲》云「一獻孰」，是「爓」與「孰」又別也。云「爓祭祭腥，或云『合祭腥泄䐈孰』也」者，謂「爓祭祭腥」四字，《禮記》他本爲「合祭腥泄䐈孰」六字者，故云「或」。

郊之祭，大報天而主日，配以月。夏后氏祭其闇，殷人祭其陽，周人祭日以朝及闇。主日者，以其光明，天之神可見者莫著焉。闇，昏時也。陽，讀爲「曰雨曰暘」之暘，謂日中時也。朝，日出時也。夏后氏大事以昏，殷人大事以日中，周人大事以日出，亦謂此郊祭也。以朝及闇，謂終日有事。

疏正義曰：自此以下至「致天下之和」，論郊祭及日月之義。此「郊之祭」一經，止明郊祭之禮。「郊之祭」者，謂夏正郊天。「大報天」者，謂於此郊時，大報天之衆神。雖是春祈，天生養之功大，故稱「大報天」。「而主日配以月」者，謂天無形體，縣象著明，不過日月，故以日爲百神之主，配之以月。自日以下皆祭，特言「月」者，但月爲重，以對「日」耳。蓋天帝獨爲壇，其日、月及天神等共爲一壇，故日得爲衆神之主也。「夏后氏祭其闇」者，以夏后氏尚黑，故祭在於昏時。「殷人祭其陽」者，以尚白，故祭在日中時。「周人祭日以朝及闇」者，以其尚文，祭百神，禮多，故以朝及闇也。故季氏之祭，大夫之家，禮儀應少，而亦「以朝及闇」，故夫子譏之。

注「陽讀」至「有事」 正義曰：案《洪範》庶徵云：「曰雨，曰暘。」暘，謂亢陽乾燥，日中之時。亦明日中乾燥，異於昏明，故讀從「曰雨曰暘」之暘也。必讀之者，恐人以夜爲陰，晝爲陽，恐終日而祭，故謂從暘也。云「亦謂此郊祭」者，以《檀弓》大事，非止是喪，亦兼諸祭，故云「大事，亦謂此郊祭」。

祭日於壇，祭月於坎，以別幽明，以制上下。幽明者，謂日照晝，月照夜。疏正義曰：此經及下經，皆據春分朝日，秋分夕月。「祭日於壇」，謂春分也。「祭月於坎」，謂秋分也。月爲幽，日爲明；日在壇，月在坎。是殊别幽明，制定上下。祭日於東，祭月於西，以别外内，以端其位。端，正。日出於東，月生於西。疏 端，正也。日爲陽，在外；月爲陰，在内。今「祭日於東」，用朝旦之時，是爲外。「祭月於西」，鄉夕之時，是爲内。是以别外内，以正其位也。而崔氏云：「祭日於壇，祭月於坎，還據上文郊祭之時。」今謂若是郊祭，日與月當應同處，何得祭日於壇？祭月於坎？日於東，月於西，祭不同處，則崔氏説非也。崔又云：「日月有合祭之時，謂郊祭天，而主日配以月，其禮大，用牛。各祭之時，謂春分朝日，秋分夕月，其禮小，故《祭法》用少牢。」今謂《小司徒》云：「小祭祀，奉牛牲。」鄭注：謂「玄冕所祭」。自玄冕皆用牛也，何得用少牢？今謂《祭法》日月用少牢，鄭云「禱祈之祭」也，崔氏説又非。崔氏又云：「迎春之時，兼日月者。」今案諸文，迎春迎秋，無祭日月之文。《小宗伯》云：「兆五帝於四郊，四望四類亦如之。」謂四望四類之祭，亦如五帝在四郊。故鄭云「兆日於東郊，兆月與風師於西郊」，不謂兆五帝之時即祭日月，崔説又非。陰陽長短，終始相巡，以致天下之和。巡，讀如「沿漢」之沿，謂更相從道。疏「陰」，謂夜也。「陽」，謂晝也。夏則陽長而陰短，冬則陽短而陰長，是「陰陽長短」。「終始相巡」者，又月之與日，同行黄道，其晦朔之時，月與日同處。自朔之後，月與日先後而行，至月終，日還與月同處，亦是「終始相巡」。「以致天下之和」者，以日月交相依巡，是陰陽和會，故「致天下之和」也。注「巡，讀如『沿漢』之沿」 正義曰：案文十年《左傳》云：「子西沿漢泝江，將入郢。」是「沿」爲順流而下，故讀從之。

天下之禮，致反始也，致鬼神也，致和用也，致義也，致讓也。因祭之義，汎説禮也。致之言至也，使人勤行，至於此也。至於反始，謂報天之屬也。至於鬼神，謂祭宗廟之屬也。至於和用，謂治民之事以足用也。致反始，以厚其本也。致鬼神，以尊上也。致物用，以立民紀也。致義，則上下不悖逆矣。致讓，以去争也。合此五者，以治天下之禮也，雖有奇邪，而不治者則微矣。物，猶事也。變「和」言「物」，互之也。微，猶少也。疏 正義曰：此一節明禮之大用凡有五事，若能行之得理，則天下治矣。「天下之禮」者，言天下所用之禮，所致凡有五事也。「致反始也」者，致之言至也。言禮之至極於天，反報初始。言人始於天，反而報之。「致鬼神也」者，言禮之至極，至於鬼神，謂祭宗廟之等。「致和用也」者，和，謂百姓和諧。用，謂財用豐足。言禮之至極，治理於民，使百姓和諧，財用富足也。「致義也」者，義，謂斷割得宜，治惡討暴。言禮之至極於義也。「致讓也」者，讓，謂遞相推讓。言禮之至極於讓也。「致反始，以厚其本也」者，天爲人本，今能反始以報於天，是厚重其本也。上能厚本教下，下亦能厚本也。「致鬼神，以尊上也」者，謂至於祭祀鬼神，是尊嚴其上也。以此教民，民亦尊上也。「致物用，以立民紀也」者，民豐物用，則知榮辱禮節。故至於物用，可以立人紀也。「致義，則上下不悖逆矣」者，義能除凶去暴，故上下不有悖逆也。「致讓，以去争也」者，以讓，故無争。「合此五者，以治天下之禮也」者，言能和合此五者，以治理天下之禮。「雖有奇邪，而不治者則微矣」者，奇，謂奇異。邪，謂邪惡。皆據異行之人。言用此五事爲治，假令有異行，不從治者，亦當少也，故云「則微矣」。注「物猶」至「之也」正義曰：上文云「致和用」，明和能立事，是「和」、「用」互言之，有事用也。下文云「致物用」，物謂事也，謂事須和也。是「致事用」互「致和用」也，是事必須和，和能立事，故云「互」也。

宰我曰：「吾聞鬼神之名，不知其所謂。」子曰：「氣也者，神之盛也。魄也者，鬼之盛也。合鬼與神，教之至也。氣，謂噓吸出入者也。耳目之聰明爲魄。合鬼神而祭之，聖人之教致之也。

疏正義曰：自此以下，至「以祀先王先公，❶敬之至也」，此一節明宰我問鬼神之事，夫子答以鬼神魂魄，祭祀之禮，又廣明天子、諸侯耕藉及公桑之事。今各隨文解之。「不知其所謂」者，宰我善問孔子：❷「吾唯聞鬼神之名，不知此鬼神所謂何物爲鬼神？」「子曰：氣也者，神之盛也」者，此夫子答宰我以神名，言神是人生存之氣。氣者，是神之盛極也。❸「魄也者，鬼之盛也」者，是夫子答鬼之事。言人形魄者，鬼之盛極也。「合鬼與神，教之至也」者，言人死，神上於天，鬼降於地，聖王合此鬼之與神以祭之，至教之致也。是聖王設

❶「王」，原作「生」，據阮本改。
❷「善」，浦鏜校云，「善」當衍字。
❸「神」，原作「人」，據閩本、監本、毛本、殿本、庫本改。

教，致合如此，故云「教之至也」。注「氣謂」至「之也」正義曰：「氣，謂嘘吸出入也」者，謂氣在口，嘘吸出入，此氣之體，無性識也。但性識依此氣而生，有氣則有識，無氣則無識，則識從氣生，性則神出入也，故人之精靈而謂之神。云「耳目之聰明爲魄」者，魄，體也。若無耳目形體，不得爲聰明，故云「耳目聰明爲魄」。云「合鬼神而祭之，聖人之教致之也」者，人之死，其神與形體，分散各别。聖人以生存之時，神形和合，今雖身死，聚合鬼神，似若生人而祭之，是聖人設教時致之，❶令其如此也。

衆生必死，死必歸土，此之謂鬼。骨肉斃于下，陰爲野土。陰，讀爲「依蔭」之蔭，言人之骨肉，蔭於地中爲土壤。疏正義曰：此一經明鬼神之事。❷「衆生必死」者，言物之群衆而生，必皆有死。「死必歸土」者，言萬物死者，皆歸於土。此一經因而言物，實是本説人也。「此之謂鬼」者，鬼，歸也，此歸土之形，故謂之鬼也。「骨肉斃于下，陰爲野土」者，此覆説「歸土」之義也。言死骨肉斃敗於地下，依陰於地爲野澤土壤。謂在田野，故稱爲「野土」。俗本「陰」作「蔭」字也。

其氣發揚于上，爲昭明。焄蒿悽愴，❸此百物之精也，神之著也。焄，謂香臭也。蒿，謂氣烝出貌也。上言衆生，此言百物，明其與人同也，不如人貴爾。蒿，或爲「藨」。疏正義曰：此一經申明神也。此科釋人氣爲神。言人生時，形體與氣合，共爲生。其死，則形與氣分，其氣之精魂發揚升於上。「爲昭明」者，言此升上爲神靈光明也。「焄蒿悽愴，此百物之精也」者，焄，謂香臭也。言百物之氣，或香或臭。蒿，謂烝出貌。❹言此香臭烝而上出，其氣蒿然也。悽愴者，謂此等之氣，人聞之，情有悽有愴。「百物之精也」者，人氣揚於上，爲昭明；百物之精氣，爲焄蒿悽愴。人與百物共同，但情識爲多，故特謂之神。此經論人，亦因人神言百物也。「神之著也」者，人氣發揚於上爲昭明，是人神之顯著。

因物之精，制爲之極，明

❶「時」，原作「興」，據閩本、毛本、殿本、庫本改。
❷「一」字原脱，據阮本補。
❸「其氣發揚于上（讀）爲昭明（句）焄蒿悽愴」，孔疏句讀如此。朱熹則以「爲昭明」三字屬下句，云：「如鬼神之露光處是昭明，其氣蒸上處是焄蒿，使人精神竦動處是悽愴。」詳《朱子語類》卷六十八。
❹「烝」，原作「征」，據阮本、魏氏《要義》改。

命鬼神，以爲黔首則，百衆以畏，萬明以服。明命，猶尊名也。尊極於鬼神，不可復加也。黔首，謂民也。則，法也。爲民作法，使民亦事其祖禰。鬼神，民所畏服。疏正義曰：此一經明聖人設教，合鬼與神而祭之，欲使人事其祖禰，畏敬鬼神。　「因物之精，制爲之極」者，言聖人因人與物死之精靈，遂造制爲之尊極之稱。「明命鬼神，以爲黔首則」者，明，猶尊也。命，猶名也。黔首，謂萬民也。則，法也。故尊名人及萬物之精謂之鬼神，以爲萬民之法則也。　「百衆以畏，萬民以服」者，百衆，謂百官衆庶。萬民，謂天下衆民。既敬之以鬼神，下皆畏敬之，故云「百衆以畏，萬民以服」。注「明命」至「畏服」　正義曰：鬼神本是人與物之魂魄，若直名魂魄，其名不尊，故尊而名之爲鬼神，別加畏敬之也。云「尊極於鬼神，不可復加也」者，解經「制爲之極」，所以名鬼神爲極者，言物中尊極，莫過鬼神。言以外他名，不可復加，故聖王造制爲之極，名鬼神也。云「黔首，謂民也」者，黔，謂黑也。凡人以黑巾覆頭，故謂之黔首。案《史記》云：「秦命民曰黔首。」此紀作在周末秦初，故稱「黔首」。此孔子言，非當秦世，以爲黔首，録記之人，在後變改之耳。漢家僕隸謂蒼頭，以蒼巾爲飾，異於民也。此經鬼神，本爲民神。故下文「築爲宫室，設爲宗祧」。其實此鬼神亦兼山川、五祀、百物之屬。故《禮運》云：「列於鬼神。」注云：「謂祖廟、山川、五祀之屬。」《樂記》云：「幽則有鬼神。」注云：「助天地成物者。」是百物之魄謂之鬼。對則精靈爲魂，形體爲魄。故昭七年《左傳》云：「人生始化曰魄，既生魄，陽曰魂。」是形爲魄，氣爲魂。若散而言之，魄亦性識，識與魄無異。故昭二十五年《左傳》云：「心之精爽，是謂魂魄。魂魄去之，何以能久？」又襄二十九年《左傳》云：「天奪伯有魄。」又對而言之，天曰神，地曰祇，人曰鬼。散而言之，通曰鬼神。

聖人以是爲未足也，築爲宫室，設爲宗祧，以別親疏遠邇，教民反古復始，不忘其所由生也。衆之服自此，故聽且速也。自，由也。言人由此服於聖人之教也。聽，謂順教令也。速，疾也。疏正義曰：此一經明聖人爲鬼神立宗廟之事。　「聖人以是爲未足也」者，謂以是尊名鬼神爲未足，謂未稱其意也。　「築爲宫室，設爲宗祧，以別親疏遠邇，教民反古復始」者，古，謂先祖。追而祭之，是反古也。始，謂初始，父母始生於己，今追祭祀，是復始也。

「不忘其所由生也」者，追遠報祭，是不忘其所由生也。「衆之所服自此」者，❶自，由也。言衆人服從於上，由此反古復始而教之也。「故聽且速也」者，聽，謂順其教令。以此之故，在下順其教令而且速疾也。二端既立，報以二禮。建設朝事，燔燎羶薌，見以蕭光，以報氣也。此教衆反始也。薦黍稷，羞肝肺首心，見間以俠甒，❷加以鬱鬯，以報魄也。教民相愛，上下用情，禮之至也。二端既立，謂氣也，魄也，更有尊名云鬼神也。二禮，謂朝事與薦黍稷也。朝事，謂薦血腥時也。薦黍稷，所謂饋食也。「見」及「見間」，皆當爲「覸」，字之誤也。羶，當爲「馨」，聲之誤也。燔燎馨香，覸以蕭光，取牲祭脂也。光，猶氣也。有虞氏祭首，夏后氏祭心，殷祭肝，周祭肺。覸以俠甒，謂雜之兩甒醴酒也。相愛、用情，謂此以人道祭之也。報氣以氣，報魄以實，各首其類。疏正義曰：此一節論氣、魄既殊，明設祭之時，二禮亦異。「二端既立」者，謂氣也，魄也，既見已興立，尊名云鬼神也。「報以二禮」者，謂報此氣、魄以二種祭禮。報氣，謂朝踐之節也。報魄，謂饋孰之節也。「建設朝事，燔燎羶薌，見以蕭光，以報氣也」者，此明朝踐報氣之義也。朝事，謂早朝祭事。燔燎，謂取膟膋燎於爐炭。羶，謂馨香。見以蕭光，謂見覸。❸覸，謂雜也。光，❹謂氣也。謂燔膟膋，兼爇蕭蒿，是雜以蕭氣。此等三祭，是「以報氣也」。「此教衆反始也」者，言此上之祭氣，是古昔尚質之義，是故教衆之以反於初始。此上「反古復始」，揔包之也。「薦黍稷，羞肝肺首心，見間以俠甒，加以鬱鬯，以報魄也」者，「薦黍稷」者，謂饋孰時薦此黍稷。「羞肝肺首心」者，羞，進也，謂薦黍稷之時，進肝之與肺及首之與心。殷祭以肝，周祭以肺，有虞氏以首，夏后氏以心，皆謂祭黍稷之時，兼此物祭也。故《郊特牲》云「祭黍稷加肺」，謂周法也。「見間以俠甒」者，見間，讀爲覸，亦雜也。俠甒，謂兩甒醴酒。言祭黍稷之時，雜以兩甒醴酒。「加以鬱鬯」

❶「所」，案經無「所」字，蓋衍也。

❷「見間」，王夫之《章句》云：「本文原作『見』，後人注『間』字爲音釋，誤連書之。『間』字衍。」俞樾《群經平議》説同。

❸「謂見覸」，阮校云：「浦鏜校云：『疑見當爲覸之誤。』段玉裁校本云：當是『見讀爲覸』。」

❹「光」，原作「先」，據阮本、魏氏《要義》改。

者，謂薦此黍稷，加肝肺之薦，更加之以鬱鬯，然後薦黍稷饋孰。報魄之時始云「加鬱鬯」者，言非但薦孰是報魄，言祭初所加鬱鬯亦是報魄也。以魄在地下，鬱鬯灌地，雖是祭初，亦是報魄。不當薦孰之時，故云「加」也。「以報魄也」者，言「薦黍」以下，皆是報祭形魄之氣。「教民相愛，上下用情」者，言此饋孰之時，皆以飲食實味，偏於燕飲，是「教民相愛」。上以恩賜逮下，下愛上恩賜，❶故「上下用情」。「禮之至也」者，至，謂至極也。謂報氣報魄，二禮備足，是禮奉上王，❷禮之至極也。**注**「二端」至「其類」　正義曰：云「更有尊名云鬼神也」者，解經「二端既立」。氣也，魄也，是「二端」，更有尊名名鬼神，是「既立」，謂尊名立也。云「二禮，謂朝事與薦黍稷也」者，以經云「朝事以報氣，薦黍稷以報魄」也。云「『見』及『見間』，皆當爲『覸』，字之誤也」者，經云「見以蕭光」，但有「見」字在，旁無「間」，「間」旁無「見」字。此等據意，皆是覸雜之理，故知誤，加以「間」邊加「見」。凡「覸」者，所見錯雜之義，故「間」旁「見」也。云「羶，當爲馨」，以與「香」連文，無取羶義。羶、馨聲相近，故云「聲之誤也」。云「取牲祭脂也」者，案《詩·生民》云：「取蕭祭脂。」是取蕭與祭牲之時雜燒之。一祭之中，再度焫蕭，朝踐燔膟膋之時，亦有蕭也。故《郊特牲》云：「取膟膋升首，報陽也。」注云：「膟膋，腸間脂也，與蕭合燒之」。是朝踐焫蕭也。《郊特牲》又云：「既奠，然後焫蕭合羶薌。」是饋孰焫蕭也。云「有虞氏祭首」至「周祭肺」，皆《明堂位》文。云「兩甒醴酒也」者，以《士喪禮》、《既夕》等皆以甒盛醴，故知醴酒也。此用甒者，蓋是天子追享、朝踐用大尊，此甒即大尊。或可子、男之禮。《禮器》云：「君尊瓦甒。」謂子、男也。皇氏以爲異代法也。云「報氣以氣，報魄以實，各首其類」者，「燔燎馨香、蕭光」之屬，是氣也；「黍稷、肝肺」之屬，是實物也。首，本也。「報氣以氣」是虛，還以馨香虛氣報之。「報魄以實」，還以黍稷實物報之。各本其事類，故云「各首其類」也。

君子反古復始，不忘其所由生也。是以致其敬，發其情，竭力從事，以報其親，不敢弗盡也。從事，謂脩薦可以祭者也。**疏**正義曰：此一節申明反古復始，竭力報親之事。「是以致其

❶ 「愛」，阮校云惠棟校宋本作「受」。
❷ 「禮奉上王」，阮本「禮」作「祀」。阮校云：「閩、監、毛本『上』作『先』。盧文弨校云：『上』字非。」

敬，發其情」者，以「君子反古復始，不忘其所由生」，是以故致其恭敬，發其情性。　「竭力從事，以報其親」，謂竭盡氣力，隨從其事，以上報其親，不敢不極盡也。

是故昔者天子爲藉千畝，冕而朱紘，躬秉耒；諸侯爲藉百畝，冕而青紘，躬秉耒。以事天地、山川、社稷、先古，以爲醴酪齊盛，於是乎取之，敬之至也。藉，藉田也。先古，先祖。**疏**正義曰：以君子報親，不敢不盡心以事之，故古天子、諸侯有藉田以親耕。　「以事天地、山川、社稷、先古」者，上雖揔論天子、諸侯，此言「天地」者，特據天子，自外則通。先古，謂先祖也。　「以爲醴酪齊盛，於是乎取之」者，爲祭祀諸神，須醴酪粢盛之屬，於是乎藉田而取之，「敬之至也」。

古者天子、諸侯必有養獸之官，及歲時，齊戒沐浴而躬朝之，犧牷祭牲必於是取之，敬之至也。君召牛，納而視之，擇其毛而卜之，吉，然後養之。君皮弁素積，朔月、月半君巡牲，所以致力，孝之至也。歲時齊戒沐浴而躬朝之，謂將祭祀卜牲，君朔月、月半巡視之。君召牛，納而視之，更本擇牲意。**疏**正義曰：此一經明孝子報親，竭力養牲之事。「及歲時，齊戒沐浴而躬朝之」者，云「歲時」，謂每歲依時，謂「朔月、月半」也。躬，親也。既卜牲吉，在牢養之，而身朝之。言「朝」者，敬辭也。　「犧牷祭牲必於是取之」者，犧，純色，謂天子牲也。牷，完也，謂諸侯牲也。犧牷所祭之牲，必是養獸之官受擇取之。❶養獸者，若《周禮》牧人也。　「君召牛，納而視之」者，此更本擇牲之時，君於牧處，更命取牛，采納之於内而視之。　「君皮弁素積，朔月、月半君巡牲」者，即前言「歲時朝之」也。巡，行也。皮弁，諸侯視朔之服。朔月、月半，君服此衣而巡牲。　「所以致力，孝之至也」者，是孝道之至極。耕藉云「敬之至」，養牲云「孝之至」，互文也。

古者天子、諸侯必有公桑蠶室，近川而爲之，築宫，仞有三尺，棘牆而外閉之。及大昕之朝，君皮弁素積，卜三宫之夫人、世婦之吉者，使入蠶于蠶室，奉種浴于川，桑于公桑，風戾以食之。大昕，季春朔日之朝也。諸侯夫人三宫，半王后也。風戾之者，及早涼脆采之，風戾之，使露氣

❶「必」，阮本「必」下有「於」字，閩、監、毛本同。

燥，乃以食蠶。蠶性惡濕。**歲既單矣，世婦卒蠶，奉繭以示于君，遂獻繭于夫人。夫人曰：『此所以爲君服與？』遂副褘而受之，因少牢以禮之。**歲單，謂三月月盡之後也。言「歲」者，蠶，歲之大功，事畢於此也。副褘，王后之服而云「夫人」，記者容二王之後與？禮之，禮奉繭之世婦。**『古之獻繭者，其率用此與』？**問者之辭。**及良日，夫人繅，三盆手，遂布于三宮夫人、世婦之吉者，使繅，遂朱緑之，玄黄之，以爲黼黻文章。服既成，君服以祀先王、先公，敬之至也」。**三盆手者，三淹也。凡繅，每淹，大揔而手振之，以出緒也。**疏**正義曰：此一節廣明孝子報親，養蠶爲祭服，祀先王、先公之事。「公桑蠶室」者，謂官家之桑，於處而築養蠶之室。「近川而爲之」者，取其浴蠶種便也。「築宮，仞有三尺，棘牆而外閉之」者，「築宮」，謂築養蠶宮。牆七尺曰仞。言牆之七尺又有三尺，高一丈也。傳云「雉有三尺」，「雉」字者誤也。棘牆者，謂牆上置棘。外閉，謂扇在户外閉也。「大昕之朝」，爲季春朔日之朝。「卜三宮之夫人」者，諸侯之夫人半王后，故三宮。「世婦之吉者」，亦諸侯世婦卜取之吉者。前雖則揔舉天子、諸侯，此特舉諸侯，互言之。「奉種浴于川」者，言蠶將生之時而又浴之。初於仲春已浴之，至此更浴之。「風戾以食之」者，戾，乾也。凌早采桑，必帶露而濕。蠶性惡濕，故乾而食之。「歲既單矣」者，單，盡也。三月之末，四月之初。「遂獻繭于夫人」者，蠶是婦人之事，故獻繭于夫人。「夫人曰：此所以爲君服與」者，所舉奉處重。「遂副褘而受之」者，既擬干君之祭服，故夫人首著副，身著褘衣，受此所獻之繭。「因少牢以禮之」，接獻繭之世婦。「古之獻繭者，其率用此與」者，率，法也。夫人曰：「獻繭之法，自古如此邪？」重事之義，故問之也。「及良日，夫人繅」者，良日，謂吉日，宜繅之日。明繅更擇吉利之日，日至而後乃夫人自繅。「三盆手」者，猶三淹也。手者，每淹，以手振出其緒，故云「三盆手」。「遂布于三宮夫人、世婦之吉者使繅」者，以夫人親繅三盆，以手振出其緒訖，遂布與三宮夫人、世婦之吉者。既據諸侯言之，則夫人唯一人，世婦之吉者，❶此雜互天子而言之。以天子有三夫人，就其中取吉者；若諸侯，唯世婦之吉者。養蠶，繅非一人而已，唯云「世婦之吉者」，擇其吉者以爲

---

❶「世婦」，衛氏《集説》「世婦」上有「而云」二字。

主領，非唯一人而已。「以祀先王、先公，敬之至也」者，前文解耕藉，男子之事，故云「以事天地、山川、社稷」，兼云先祖。養蠶是婦人之事，婦人不與外祭，故云「以祀先王、先公」。其實養蠶爲衣，亦事天地、山川、社稷。**注**「副禕」至「後與」 正義曰：案《内司服》注云：「唯二王後禕衣。」與此注同。案《明堂位》魯公夫人亦用禕衣，此不言者，魯爲特賜，非常法。此據常者，故不言。

君子曰：「禮樂不可斯須去身。斯須，猶須臾也。致樂以治心，則易、直、子、諒之心油然生矣。易、直、子、諒之心生則樂，樂則安，安則久，久則天，天則神。天則不言而信，神則不怒而威：致樂以治心者也。子，讀如「不子」之子。諒，信也。油然，物始生好美貌。致禮以治躬則莊敬，莊敬則嚴威。躬，身也。心中斯須不和不樂，而鄙詐之心入之矣；外貌斯須不莊不敬，而慢易之心入之矣。故樂也者，動於内者也；禮也者，動於外者也。樂極和，禮極順，内和而外順，則民瞻其顔色而不與争也，望其容貌而衆不生慢易焉。極，至也。故德煇動乎内，而民莫不承聽；理發乎外，而衆莫不承順。理，謂言行也。故曰致禮樂之道，而天下塞焉，舉而錯之無難矣。塞，充滿也。樂也者，動於内者也；禮也者，動於外者也。故禮主其減，樂主其盈。禮減而進，以進爲文；樂盈而反，以反爲文。減，猶倦也。盈，猶溢也。樂以統情，禮以理行。人之情有溢而行有倦，倦則進之，以能進者爲文；溢則使反，以能反者爲文。文，謂才美。禮減而不進則銷，樂盈而不反則放，故禮有報而樂有反。報，皆當爲褒，聲之誤。禮得其報則樂，樂得其反則安。禮之報，樂之反，其義一也。**疏** 正義曰：此一節已具於《樂記》，但記者别人，故於此又記之。其義已具在《樂記》，故於此不繁文也。

曾子曰：「孝有三：大孝尊親，其次弗辱，其下能養。」公明儀問於曾子曰：「夫子可以爲孝乎？」曾子曰：「是何言與！是何言與！君子之所謂孝者，先意承志，諭父母於道。參直養者也，安能爲孝乎？」公明儀，曾子弟子。曾子曰：「身也者，父母之遺體也。行父母之遺體，敢不敬乎？居處不莊，非孝也。事君不忠，非孝也。涖官不敬，非孝也。朋友不信，非孝也。戰陳無勇，非孝也。五者不遂，裁及於親，敢不敬乎！遂，猶成也。亨孰羶薌，嘗而薦之，非孝也，養也。君子之所謂孝也者，國人稱願然曰：『幸哉有子如此！』所謂孝也已。然，猶而也。衆之本教曰孝，其行曰養。養可能也，敬爲難；敬可能也，安爲難；安可能也，卒爲難。父母既没，慎行其身，不遺父母惡名，可謂能終矣。仁者，仁此者也。禮者，履此者也。義者，宜此者也。信者，信此者也。强者，强此者也。樂自順此生，刑自反此作」。曾子曰：「夫孝，置之而塞乎天地，溥之而横乎四海，❶施諸後世而無朝夕，推而放諸東海而準，推而放諸西海而準，推而放諸南海而準，推而放諸北海而準。無朝夕，言常行無輟時也。放，猶至也。準，猶平也。《詩》云：『自西自東，自南自北，無思不服。』此之謂也。」曾子曰：「樹木以時伐焉，禽獸以時殺焉。夫子曰：『斷一樹，殺一獸，不以其時，非孝也。』夫子，孔子也。曾子述其言以云。孝有三：小孝用力，中孝用勞，大孝不匱。勞，猶功也。思慈愛忘勞，可謂用力矣。尊仁安

❶「溥」，王引之云：「『溥』，本作『敷』。敷，布也。本或作『傅』，『傅』與『敷』古字通。孔穎達從作『敷』之本而兼列作『傅』者。自《唐石經》誤刻作『溥』，而後人從之，遂改經文之『敷』爲『溥』，並《正義》四『敷』字亦改爲『溥』。不知孔訓敷爲布，若作『溥』字，不得訓爲布矣。《群書治要》及《初學記・人部》上、《太平御覽・人事部》五十三並引《祭義》『敷之而横乎四海』，是舊本作『敷』之明證。」詳《經義述聞》。

義，可謂用勞矣。博施備物，可謂不匱矣。思慈愛忘勞，思父母之慈愛己，而自忘己之勞苦。父母愛之，嘉而弗忘。父母惡之，懼而無怨。無怨，無怨於父母之心。父母有過，諫而不逆。順而諫之。父母既没，必求仁者之粟以祀之。此之謂禮終」。喻貧困猶不取惡人物以事亡親。疏正義曰：此一節以下，至「可謂孝矣」，廣明爲孝子之事。今各依文解之。「孝有三」者，「大孝尊親」，一也，即是下文云「大孝不匱」，聖人爲天子者也。尊親，嚴父配天也。「其次弗辱」，二也，謂賢人爲諸侯及卿大夫士也，各保社稷宗廟祭祀，不使傾危以辱親也，即與下文「中孝用勞」亦爲一也。「其下能養」，三也，謂庶人也，與下文云「小孝用力」爲一。能養，謂用天分地以養父母也。❶「先意承志，諭父母於道」者，先意，謂父母將欲發意，孝子則預前逆知父母之意而爲之，是「先意」也。承志，謂父母已有志，己當奉承而行之。「諭父母於道」者，或在父母意先，或在父母意後，皆曉諭父母，將歸於正道也。「五者不遂，裁及於親，敢不敬乎」者，遂，猶成也。若行在上五者事不成，其如是，裁害必及親，所以爲非孝。然則君子於上五者，豈敢不敬而承之者乎！「亨孰羶薌，嘗而薦之，非孝也，養也」者，言亨孰羶薌之美，先自口嘗，而後薦之父母，此非孝也，唯是供養。「君子之所謂孝也者，國人稱願然曰：『幸哉有子如此！』所謂孝也已」者，言嘗薦美食，但是養也，非論孝子。言若人將爲孝，曰此子百行皆美，一國之人稱揚羨願然曰如此；❷是羨願之云：「此子父母有幸遇哉，而有孝子如此！」「所謂孝也已」，謂然而令人羨願如此，乃所謂孝也。「衆之本教曰孝」者，言孝爲衆行之根本，以此根本而教於下，名之曰孝。則《孝經》云：「孝者，德之本。」又云：「教民親愛，莫善於孝。」是衆行之根本以教於民，故謂之孝也。「其行曰養」者，言不能備孝之德，其唯行奉上之禮，但謂之養者也。「養可能也，敬爲難」者，言供養父母可能爲也，但尊敬父母是爲難也。「敬可能也，安爲難」者，其敬雖難，猶可爲也，但使父母安樂爲難也。「安可能也，卒爲難」者，卒，終也。父母在日，使之安樂，猶可能也。但父母没後，終身行孝，是爲難也。「父母既没，慎行其身，不遺父母惡

---

❶ 「用」，閩、監、毛本作「因」。

❷ 「揚」，原作「楊」，據阮本改。

名，可謂能終矣」者，解「卒爲難」之事。其卒者，謂父母既没之後，謹慎奉行其身，恒在善道，不遺與父母惡名。孝子如此，可謂能卒矣。「仁者，仁此者也」，「此」，謂孝也。言欲行仁者，先仁恩於此孝也。言欲行仁於外，必須行仁恩於父母也，故云「仁者，仁此者也」。「禮者，履此者也」，履，踐履也。言欲行禮於外者，必須履踐此孝者也。「義者，宜此者也」，言欲行義於外者，必須得宜於此孝也。行孝得宜，乃可施義於外。「信者，信此者也」，言欲行誠信於外，須誠信於孝道。言孝道誠信，始可誠信於外。「强者，强此者也」，言欲强盛於外者，必須强盛於孝道。言行孝道强盛，則能强盛於外。「樂自順此生」者，自，由也。言身之和樂，由順從孝道而生。若能順從孝道，則身和樂。「刑自反此作」者，言身受刑戮，由反此孝道而興作。若違反孝道，則刑戮及身。「曾子曰：夫孝，置之而塞乎天地」者，自此以前，皆曾子之言。但此以下事異，❶故更言「曾子曰」。「夫孝，置之而塞乎天地」者，置，謂措置也。言孝道措置於天地之間，塞滿天地。言上至天，下至地，謂感天地神明也。「溥之而横乎四海」者，溥，布也。布此孝道而横被於四海，言孝道廣遠也。「溥」字而定本作「傅」。傅，溥古字，傅著之名，義俱通，其義如此一也。❷「施諸後世而無朝夕」者，諸，於也。謂施此孝道於後世，而無一朝一夕而不行也。終長行之，言長久。「推而放諸東海而準」至「北海而準」者，推，謂推排也。放，至也。諸，於也。言推排孝道至於四海，能以爲法，準平而法象之，無所不從也。「《詩》云：自西自東，自南自北，無思不服」者，《詩·大雅·文王有聲》之詩，美武王也。❸言武王之德能如此，今孝道亦然，四海之内，悉以準法而人之，❹與武王同，故引以證之。「曾子曰：樹木以時伐焉」者，至「此之謂禮終」，亦是曾子之言，以語更端，故更云「曾子」。「思慈愛忘勞，可謂用力矣」者，以庶人思父母慈愛，忘己躬耕之勞，可謂用力矣。「尊仁安義，可謂用勞矣」者，諸侯、卿大夫士，尊重於仁，安行於義，心無勞倦，是可謂用勞矣。「博施

❶「事」字原脱，據阮本補。
❷「如此」，浦鏜校云：「『如此』，疑『與此』之誤。或二字並行。」
❸「也」，原作「之」，據阮本改。
❹「人」，阮本作「行」。潘宗周《校勘記》云：「『人』字誤。『行』字亦以意爲之。當作『服』，乃合經引《詩》文。」

備物，可謂不匱矣」者，匱，乏也。廣博於施，則「德教加於百姓，刑于四海」是也。備物，謂四海之内，各以其職來助祭。如此，是「大孝不匱」也。樂正子春下堂而傷其足，數月不出，猶有憂色。門弟子曰：「夫子之足瘳矣，數月不出，猶有憂色，何也？」樂正子春曰：「善如爾之問也！善如爾之問也！吾聞諸曾子，曾子聞諸夫子曰：『天之所生，地之所養，無人爲大。父母全而生之，子全而歸之，可謂孝矣。不虧其體，不辱其身，可謂全矣。』曾子聞諸夫子，述曾子所聞於孔子之言。故君子頃步而弗敢忘孝也。今予忘孝之道，予是以有憂色也。頃，當爲「跬」，聲之誤也。予，我也。壹舉足而不敢忘父母，壹出言而不敢忘父母。壹舉足而不敢忘父母，是故道而不徑，舟而不游，不敢以先父母之遺體行殆。壹出言而不敢忘父母，是故惡言不出於口，忿言不反於身。不辱其身，不羞其親，可謂孝矣。」徑，步邪趨疾也。忿言不反於身，人不能無忿怒，忿怒之言，當由其直，直則人服，不敢以忿言來也。**疏**正義曰：此一節論樂正子春傷其足而憂，因明父母遺體不可損傷之事。「無人爲大」者，言天地生養萬物之中，無如人最爲大。故《孝經》云「天地之性，人爲貴」是也。「不虧其體，不辱其身，可謂全矣」者，非直體全，又須善名得全。若能不虧損形體得全，不損辱其身，是善名得全也。「故君子頃步而弗敢忘孝也」者，頃，跬也，謂一舉足。君子於壹舉足之間，不敢忘父母也。言念之恐有損傷。「是故道而不徑」者，謂於正道而行，不由邪徑。❶正道平易，於身無損傷。邪徑險阻，或於身有患。「舟而不游」者，言渡水必依舟船，不浮游水上。乘舟則安，浮水則危。「不敢以先父母之遺體行殆」者，以其不忘父母之遺體，故不敢以先父母遺餘之體而行歷危患處。「惡言不出於口」者，悖逆惡戾之言不出於口，爲人所賤也。「忿言不反於身」者，

❶「由」，原作「遊」，據閩本、監本、毛本、殿本、庫本及衛氏《集説》改。

謂己之言必能正直，人則服之，故他人瞋忿之言不反於身。定本「反於身」作「及」字。　「不辱其身，不羞其親，可謂孝矣」者，摠結舉足、出言二事，身及親並不羞辱，可謂孝也矣。❶ **昔者有虞氏貴德而尚齒，夏后氏貴爵而尚齒，殷人貴富而尚齒，周人貴親而尚齒。**貴，謂燕賜有加於諸臣也。尚，謂有事尊之於其黨也。臣能世禄曰富。舜時多仁聖有德，後德則在小官。**疏**正義曰：此前經明孝，以下至「不敢犯」，又兼明孝弟。故下云「孝弟發諸朝廷」，事兼孝弟也。各隨文解之。今此一經，論四代悌順尚齒之義。　「有虞氏貴德而尚齒」者，虞氏帝德弘大，故貴德。德之中，年高者在前，是德中尚齒。　「夏后氏貴爵而尚齒」者，夏后之世，漸澆薄，不能貴德而尚功，功高則爵高。既貴其官爵，德雖下而爵高者則貴之，由道劣故也。故貴爵之中，年高者在前，故云「尚齒」。　「殷人貴富而尚齒」者，殷人又劣於夏，但身有功則與之重爵。殷家累世有功，世爵而富乃貴之，故云「貴富」。亦年高者在前，故云「尚齒」。「周人貴親而尚齒」者，周人又劣於殷，敬愛彌狹。殷人疏而富者猶貴之，周人於己有親乃貴之。就此之中，亦年高者在前，故云「尚齒」。**注**「貴謂」至「小官」　正義曰：鄭恐經云「貴」者皆班序在上，故明之：「貴，謂燕賜有加於諸臣。」凡四代朝位班序，皆以官爵爲次，悉皆重爵。而夏后氏貴者，但於爵高者加恩賜。云「尚，謂有事尊之於其黨也」者，謂德、爵、富、親，各於其黨類之中而被尊也。云「舜時多仁聖有德，後德則在小官」者，鄭解虞氏「貴德」之意。以舜時仁聖者多，人皆有德，其德小先來者已居大官，其德大後來者則在小官，是小官而德尊者，故有虞氏貴之，所以燕賜加於大官。俗本「後德」多作「小德者」。❷ **虞、夏、殷、周，天下之盛王也，未有遺年者。年之貴乎天下久矣，次乎事親也。**言其先老也。**疏**正義曰：此一經覆述虞、夏以來尚年之事。「虞、夏、殷、周，天下之盛王也，未有遺年者」，言虞、夏、殷、周雖是明盛之王也，未有遺棄其年者。悉皆尚齒，更無他善以加之。　「年之貴乎天下久矣」者，從虞、夏以來貴年，是久

❶ 「也矣」，原作「矣也」，據閩本、監本、毛本、殿本、庫本乙正。

❷ 「德者」，原作「得字」，據閩本、毛本、殿本、庫本、阮本改。

矣。「次乎事親也」者，言貴年之次第，近於事親之孝，除孝則次第也。**是故朝廷同爵則尚齒。七十杖於朝，君問則席；八十不俟朝，君問則就之：而弟達乎朝廷矣。**同爵尚齒，老者在上也。君問則席，爲之布席於堂上而與之言。凡朝位，立於庭。魯哀公問於孔子，命席。不俟朝，君揖之即退，不待朝事畢也。就之，就其家也。老而致仕，君或不許，異其禮而已。疏正義曰：此一經明朝廷之中行於弟也。「是故朝廷同爵則尚齒」者，此因前文尚年，以是之故，朝廷之中，同爵則尚齒。官爵同者，則貴尚於齒，四代皆然。「七十杖於朝，君問則席」者，以其尚齒，故七十者許之據杖於朝。若君有問，則布席令坐也。「八十不俟朝，君問則就之」者，年已八十，不但杖於朝而已。見君揖則退，不待朝事畢也。若君有事問之，則就其室。是遜弟敬老之道通達於朝廷矣。注「凡朝」至「而已」正義曰：知「朝位立於庭」者，案《燕禮》、《大射》，君與卿大夫皆立，卿大夫立於庭，君立于阼階上是也。云「魯哀公問於孔子，命席」者，《儒行》文。云「不俟朝，君揖之即退」者，案《燕禮》、《大射》卿大夫立于庭，北面。君降自阼階，南鄉爾卿。卿西面。爾大夫，大夫皆少進，皆北面。爾，謂揖也。於時老臣君揖則退，不待朝事畢也。則於路寢門外日視朝，亦揖竟即退，不待朝事畢也。云「老而致仕，君或不許，異其禮而已」者，案《曲禮》云：「大夫七十而致事，若不得謝。」是「或不許」也。此經中所云，是君不許者，故「七十杖於朝，君問則席」，又「八十不俟朝」，是「異其禮」。若其致事君許，則《王制》云「七十不俟朝，八十杖於朝」，是君許者，與此異。**行，肩而不併，不錯則隨，見老者則車徒辟，斑白者不以其任行乎道路，而弟達乎道路矣。**錯，鴈行也。父黨隨行，兄黨鴈行。車徒辟，乘車步行，皆辟老人也。班白者，髮雜色也。任，所檐持也。不以任，少者代之。**居鄉以齒，而老窮不遺，强不犯弱，衆不暴寡，而弟達乎州巷矣。**老窮不遺，以鄉人尊而長之。雖貧且無子孫，無弃忘也。一鄉者五州。巷，猶閭也。疏正義曰：此一節明弟通達於道路。「行，肩而不併」者，謂老少並行，言肩臂不得併行，少者差退在後，則朋友「肩隨」是也。「不錯則隨」者，若兄黨，爲鴈行之差錯；是父黨，則隨從而爲行。「見老者則車徒辟」者，謂少者或乘車，或徒步，若逢見老者，則辟之。「斑白者不以其任行乎道路」者，任，謂擔持。言斑白不以所任之物行於道路，少者必代之，是弟通達於道路。注「錯鴈」至「鴈行」 正義曰：錯，參差。假鴈行爲行。❶「父黨隨行」，《王制》文。

古之道，五十不爲甸徒，頒禽隆諸長者，而弟達乎獀狩矣。四井爲邑，四邑爲丘，四丘爲甸，甸六十四井也，以爲軍田出役之法。五十始衰，不從力役之事也。頒之言分也。隆，猶多也。及田者分禽，多其老者，謂竭作未五十者。春獵爲獀，冬獵爲狩。

軍旅什伍，同爵則尚齒，而弟達乎軍旅矣。什伍，士卒部曲也。《少儀》曰：「軍尚左，卒尚右。」疏正義曰：此一節明弟道達於獀狩。「古之道」者，謂作《記》之人在於周末，於時力役煩重，郤道周初之事，故云「古之道」也。「五十不爲甸徒」者，謂方八里之甸，徒謂步卒。軍法，八里出長轂一乘，步卒七十二人。謂之甸者，以供軍賦及田役之事。五十者氣力始衰，不爲此甸役徒卒。「頒禽隆諸長者」，謂四十九以下，田畢頒禽之時，多長者。注「四井」至「爲狩」 正義曰：「四井爲邑」至「六十四井也」，《司馬法》文。云「以爲軍田出役之法」者，謂一甸之中，出長轂一乘，甲士三人，步卒七十二人，供君田役事，❷故云「以爲軍田出役之法」。云「五十始衰，不從力政之事也」者，《王制》文。云「謂竭作未五十者」，案《小司徒》云：「凡起徒役，毋過家一人，以其餘爲羨。唯田與追胥，竭作。」若田與追胥竭作之時，此未五十者猶任田役，❸故頒禽之時，多此長者。云「春獵爲獀，冬獵爲狩」，《爾雅·釋天》文。經云「獀狩」，夏苗秋獮可知也。注「什伍，❹士卒部曲也」 正義曰：五人爲伍，二伍爲什。士，謂甲士。卒，謂步卒。在軍旅之中，時主帥部領，團曲而聚，故云「部曲」。

孝弟發諸朝廷，行乎道路，至乎州巷，放乎獀狩，脩乎軍旅，❺衆以義死之而弗

❶「爲行」，浦鏜校云：疑「爲喻」之誤。
❷「君」，毛本作「軍」，疑是。
❸「任」，原作「在」，據閩本、監本、毛本、殿本、庫本、阮本改。
❹「伍」，原作「五」，據阮本改。
❺「脩」，阮校云：「《考文》引古本『脩』作『循』。案《家語》亦作『循』。」按：王念孫校亦作「循」。詳《經義述聞》。

敢犯也。死之，死此孝弟之禮。疏正義曰：此一經摠論結上文。「孝弟發諸朝廷」者，即上文「而弟達乎朝廷」是也。在上諸文但云「弟」，此兼云「孝」者，以孝，故能弟，弟則孝之次也。此經摠結前諸文，故云「孝弟」也。「衆以義死之而弗敢犯也」者，言孝弟之道，通於朝廷，行於道路、州巷、獀狩、軍旅，無處不行。孝弟以教衆庶也，故衆以道理之義死於孝弟也。言行孝弟，雖死不捨，不敢犯此孝弟而不行也。祀乎明堂，所以教諸侯之孝也。食三老、五更於大學，所以教諸侯之弟也。祀先賢於西學，所以教諸侯之德也。耕藉，所以教諸侯之養也。朝覲，所以教諸侯之臣也。五者，天下之大教也。祀乎明堂，宗祀文王。西學，周小學也。先賢，有道德，王所使教國子者。食三老、五更於大學，天子袒而割牲，執醬而饋，執爵而酳，冕而揔干，所以教諸侯之弟也。是故鄉里有齒，而老窮不遺，强不犯弱，衆不暴寡，此由大學來者也。割牲，制俎實也。冕而揔干，親在舞位，以樂侑食也。教諸侯之弟，次事親。天子設四學，當入學而大子齒。四學，謂周四郊之虞庠也。《文王世子》曰：「行一物而三善皆得，❶惟世子而已，其齒於學之謂也。」❷疏正義曰：此一節廣明孝弟之道，養三老五更及齒學之事。「祀乎明堂，所以教諸侯之孝也」者，於周言之，祀文王也。故《樂記》云祀文王於明堂是也。「食三老、五更於大學，所以教諸侯之弟也」者，案《孝經》云：「雖天子，必有父也。」注：「謂養老也。父，謂君老也。」此食三老而屬弟者，以上文祀文王於明堂爲孝，故以食三老五更爲弟，文有所對也。「祀先賢於西學，所以教諸侯之德也」者，以先賢有德，故祀之，令諸侯尊敬有德，故云「教諸侯之德」。此西學，鄭注云「周小學」，則周之小學在西郊，則《王制》云「養庶老於虞庠，虞庠在國之西郊」是也。❸注「祀乎」至「子者」 正義曰：云「祀乎明堂，宗祀文王」者，鄭以《樂記》武王伐紂，稱「祀乎明堂而民知孝」，彼謂文王廟制如

❶「皆」字原脱，據余本、撫本、岳本、阮本補。

❷「其」，原作「甚」，據余本、撫本、岳本、阮本改。

❸「西郊」，孫志祖《讀書脞録續編》卷一《王制西郊當作四郊》以爲當作「四郊」。詳本書卷二十有關校勘記。

明堂，武王伐紂後而祀之。恐此「祀乎明堂」亦與彼同，故云謂「宗祀文王」也。實在明堂之中。知者，以此經廣明周法，故云「五者，天下之大教」，明不獨論武王，是指周公制禮之後宗祀文王也。云「西學，周之小學也」者，謂虞庠也。以祀先賢，明於虞庠小學。故《大司樂》云：「凡有道者，有德者，使教焉，死則以爲樂祖，祭於瞽宗。」《文王世子》又云：「《書》在上庠。」以此知祭先賢所通之經，各於所習之學。若瞽宗，則在國。虞庠爲小學者，則在西郊。今祀先賢，則於西郊也。　「食三」至「子齒」　正義曰：此一節明養三老五更之禮而竭其力，下象其德。　「天子袒而割牲」者，謂牲入之時，天子親割也。　「執醬而饋」者，謂食之時，親執醬而饋也。　「執爵而酳」者，謂食罷，親執爵而酳之也。　「冕而揔干」者，干，盾也。親在舞位，持盾而舞也。　「是故鄉里有齒」者，以天子敬老，❶鄉里化之，故「有齒」也。　「老窮不遺」者，老而被養，故在下年老及困窮者皆化上而養之，故不見遺棄。作《記》者以老弱被尊養，人皆化上，故「强不犯弱，衆不犯寡」。　「此由大學來者也」，所致此養三老、五更於大學，故此化而來。　「天子設四學」者，謂設四代之學：周學也，殷學也，夏學也，虞學也。　「當入學而大子齒」，天子設四學，以有虞庠爲小學，設置於四郊，是天子設四學，據周言之。　「當入學而大子齒」者，當入學之時，而大子齒於國人，故云「而大子齒」。　注「四學，謂周四郊之虞庠也」　正義曰：皇氏云：「四郊虞庠，以爲四郊皆有虞庠。」

天子巡守，諸侯待于竟，天子先見百年者。問其國君以百年者所在而往見之。**八十九十者，東行西行者弗敢過，西行東行者弗敢過，欲言政者，君就之可也。**弗敢過者，謂道經之則見之。

疏　正義曰：此一節亦明尚齒貴老之義。　「天子巡守」者，謂巡行守土諸侯。　「諸侯待于竟，天子先見百年者」，謂天子問此諸侯之國内有百年之人，天子則先往就見百年者。　「八十九十者，東行西行者弗敢過」者，既未滿百歲，不可一一就見，❷若天子、諸侯因其行次，或東行西行，至八十九十者或閭里之旁，❸不敢過越而去，必往就見之。　「欲言政

❶「子」，原作「下」，據阮本、衛氏《集説》改。
❷「見」字原脱，據閩本、毛本、殿本、庫本、阮本及衛氏《集説》補。
❸「或」，衛氏《集説》無「或」字，義勝。

者，君就之可也」者，謂八十九十之人，雖不當道路左右，欲共言論政教，君即往就之可也。❶ 壹命齒于鄉里，再命齒于族，三命不齒。族有七十者，弗敢先。此謂鄉射飲酒時也。齒者，謂以年次立若坐也。三命，列國之卿也。不復齒，席之於賓東。不敢先族之七十者，謂既一人舉觶乃入也。雖非族亦然。承「齒乎族」，故言「族」爾。七十者，不有大故不入朝。若有大故而入，君必與之揖讓，而后及爵者。謂致仕在家者，其入朝，君先與之爲禮，而后揖卿、大夫、士。

疏 正義曰：此一經明鄉里之中敬齒之法。「壹命齒于鄉里」者，此謂鄉射飲酒之時，身有壹命官者，或立或坐，齒與鄉人同。「再命齒于族」者，謂身有再命之官，其命既高，鄉人疏者，雖復年高，不與之齒，但族親之内，計長幼爲班序。「三命不齒」者，謂身有三命官，其命轉尊，不復齒於親族，謂特坐賓東。「族有七十者，弗敢先」者，若此飲酒之時，族親之内有年七十者，令其先入，此三命者乃始後入，故云「不敢先」也。注「此謂」至「族爾」

正義曰：此經云「齒于鄉里，齒于族」，未知何時如此，故明之云「謂鄉射飲酒時」。鄉射，謂鄉人詢衆庶而爲射，於時先行飲酒之禮，是鄉射有飲酒者也。又云「飲酒」者，謂鄉人飲酒及黨正飲酒，此注「鄉射飲酒」，兼此三義也。今案《儀禮·鄉飲酒》及《鄉射》，無「壹命齒于鄉里，再命齒于族」之文，此「一命」、「再命」之文在《黨正》，故鄭注《鄉飲酒》云「此篇無正齒位之事」是也。雖無正齒位之事，其實《鄉射》、《鄉飲酒》亦有正齒位之禮，但文不備也。故此云「鄉射飲酒」，以揔正齒位之事也。云「齒者，謂以年次立若坐也」者，士立於堂下，大夫坐於堂上。知者，《鄉射》云大夫受獻訖，及衆賓皆升就席，於時雖立，至徹俎即坐。《鄉射記》又云：「既旅，士不入。」不見士坐之文，明立于堂下。云「三命，列國之卿也」者，據諸侯言之，謂當飲酒之時。若天子國《黨正》飲酒，❷三命不齒，謂上士也。以天子上士三命故也。此經雖據諸侯，亦謂《黨正》飲酒，故云「三命不齒」，鄭注：「三命，列國之卿。」若其《鄉飲酒》，諸侯之國，但爵位爲卿大夫，雖再命一命，皆得不齒。以《鄉飲酒》賓賢能，其賓必少，其得爵爲卿大夫者，必年長於賓，故在賓東，西面，而不齒。若《黨正》「飲酒以正齒位」，

❶ 「往」字原脱，據閩本、毛本、殿本、庫本、阮本補。

❷ 「國」，衛氏《集説》無「國」字。

其賓必長，故天子、諸侯之國，三命乃不齒。知《鄉飲酒》爵爲卿大夫乃不齒者，案《鄉飲酒》云：「席于賓東，公三重，大夫再重。」注云：「席此二者於賓東，尊之，不與鄉人齒也。天子之國，三命者乃不齒；於諸侯之國，爵爲大夫則不齒。」是大夫坐於上，士立於下者，謂諸侯之國。若天子《黨正》飲酒，一命下士立於下，再命中士齒於父族，坐於堂上，三命上士，席於賓東。云「不敢先族之七十者」，謂既一人舉觶乃入也」者，族七十者，初飲酒之時，則與衆賓先入。此三命者，爲待獻賓、獻介、獻衆賓之後，至一人舉觶之時，乃始入也。故《鄉飲酒》、《鄉射記》皆大夫樂作之前，一人舉觶之後，乃始得入也。若然，大夫之入，依禮，自當一人舉觶之時，縱令無族人七十者，亦當如此。又族之七十者，及鄉人少者，於先已入，今特云「族有七十者不敢先」，記人之意，以身有三命，應合在族人七十者之先，欲明敬齒上老，故云「不敢先」爾，是以鄭注云：「雖非族亦然。」但鄉人長老皆上之既入，然後始入。此有族有七十者，熊氏云：「謂《黨正》飲酒，故『正齒位』，故有七十。若《鄉飲酒》之禮，則無七十者。故《鄉飲酒》『明日，乃息司正，告于先生、君子』，是老者明日乃入也」。

天子有善，讓德於天。諸侯有善，歸諸天子。卿、大夫有善，薦於諸侯。士、庶人有善，本諸父母，存諸長老。❶ 祿爵慶賞，成諸宗廟。所以示順也。 薦，進也。成諸宗廟，於宗廟命之。《祭統》有十倫，六曰「見爵賞之施焉」。疏 正義曰：此一經明有善讓於尊上，示以敬順之道，不敢專也。

昔者聖人建陰陽天地之情，立以爲《易》。易抱龜南面，天子卷冕北面，雖有明知之心，必進斷其志焉，示不敢專，以尊天也。善則稱人，過則稱己，教不伐，以尊賢也。 立以爲《易》，謂作《易》。易抱龜，易，官名，《周禮》曰大卜。大卜主《三兆》、《三易》、《三夢》之占。疏 正義曰：此一節亦明其不敢專輒，尊賢之事也。 「立以爲《易》」者，聖人，謂伏犧、文王之屬。興建陰陽天地之情，仰觀天文，俯察地理，立此陰陽以作《易》，即今時《易》也。「易抱龜南面，天子卷

❶「存」，王念孫云：「『存』，亦當爲『薦』。『薦』，或作『荐』，因譌而爲『存』。」詳《經義述聞》。

冕北面」者，立爲占易之官，抱龜南面，尊其神明，故南面。天子親執卑道，服衮冕，北面。「必進斷其志焉」者，言天子雖有顯明哲知之心，必進於龜之前，令龜斷決其己之所有爲之志，示不敢自專，以尊敬上天也。「教不伐，以尊賢也」者，有善稱人，有過稱己，教在下不自伐其善，以尊敬賢人也。**注**「周禮」至「之占」 正義曰：此稱「官」者，於《周禮》稱大卜。《三兆》者，《玉》、《瓦》、《原》也，鄭注云：「言兆形似玉、瓦、原之璺罅。原，田也。杜子春云：『《玉兆》，帝顓頊之兆。《瓦兆》，帝堯之兆。《原兆》，有周之兆。』」《三易》者，《連山》、《歸藏》、《周易》。杜子春云：「《連山》宓戲。《歸藏》，黄帝。」鄭作《易讚》云：「夏曰《連山》，殷曰《歸藏》，周曰《周易》。」《三夢》，一曰《致夢》，二曰《觭夢》，三曰《咸陟》。孝子將祭祀，必有齊莊之心以慮事，以具報物，以脩宫室，以治百事。謂齊之前後也。及祭之日，顔色必温，行必恐，如懼不及愛然。如懼不及見其所愛者。其奠之也，容貌必温，身必詘，如語焉而未之然。奠之，謂酌尊酒奠之及酳之屬也。如語焉而未之然，如有所以語親而未見答。宿者皆出，其立卑静以正，如將弗見然。宿者皆出，謂賓助祭者，事畢出去也。如將弗見然，祭事畢而不知親所在，思念之深，如不見出也。及祭之後，陶陶遂遂，如將復入然。思念既深，如覩親將復入也。陶陶遂遂，相隨行之貌。是故慤善不違身，耳目不違心，思慮不違親。結諸心，形諸色，而術省之，孝子之志也。術，當爲「述」，聲之誤也。**疏**正義曰：此一節明孝子將祭祀之時，顔色容貌，務在齊莊卑詘，思念其親存也。「以慮事」者，言孝子先齊莊其心，以謀慮祭事。「以具服物」者，以備具衣服及祭物。「以治百事」者，❶謂齊前後，凡治百衆之事。「行必恐，如懼不及愛然」者，言孝子色必温和，行必戰恐，其形貌如似畏懼不及見親之所愛然。「止由如是言心貌必温，❷身必詘」者，言孝子設奠及酳之時，容貌温和，身形必卑詘。「如語焉而未之然」者，如以語諮白於親而未之見報答者。「宿者皆出」者，謂助

❶「者」字原重，據阮本删其一。

❷「止由如是言心貌必温」，阮校引盧文弨云：疑當作「其奠之也，容貌必温」。

祭所宿之賓，今祭事已畢，並皆出去。孝子其立，卑柔静默，然後以正定心意，以思念其親，如似將不復見顔色出然。「及祭之後，陶陶遂遂，如將復入然」者，孝子思念親深，❶及至祭後，想像親來形貌，陶陶遂遂，如似親將復反更入然。「是故慤善不違身」者，以孝子思念親深，爲是之故，精慤純善之故行不違離於身，言恒慤善也。「耳目不違心」者，言忠心思慮，不違於親，無時歇也。「結諸心」者，言思念深，結積於心。「形諸色」，思念其親，形見於色。「而術省之」者，術，述也。省，視也。言思念其親，但徧循述而省視之，反復不忘也。此孝子思念親之志也。

建國之神位，右社稷而左宗廟。❷周尚左也。**疏**正義曰：此一節明神位所在。周人尚左，故宗廟在左，社稷在右。案桓二年「取郜大鼎，納於大廟」。何休云：「質家右宗廟，尚親親。文家右社稷，上尊尊。」此説與鄭合，故鄭云「周尚左」也。

禮記正義卷第五十六

❶「子」字原脱，據阮本補。
❷「社」字原脱，據《唐石經》及余本、撫本、岳本、阮本補。

禮記正義卷第五十七

國子祭酒上護軍曲阜縣開
國子臣孔穎達等奉勑撰

祭統第二十五

正義曰：案鄭《目録》云：「名曰《祭統》者，以其記祭祀之本也。統，猶本也。此於《別録》屬《祭祀》。」

凡治人之道，莫急於禮。禮有五經，莫重於祭。禮有五經，謂吉禮、凶禮、賓禮、軍禮、嘉禮也。莫重於祭，謂以吉禮爲首也。《大宗伯職》曰：「以吉禮事邦國之鬼神祇。」夫祭者，非物自外至者也，自中出，生於心也。心怵而奉之以禮，是故唯賢者能盡祭之義。怵，感念親之貌也。怵，或爲「述」。

疏正義曰：此一節揔明祭事。但祭禮既廣，其事又多，記者所説，各有部分。今各隨文解之。此一節明祭祀於禮中最重，唯賢者能盡祭義。凡祭，爲禮之本。禮爲人之本。將明禮本，故先説治人。言治人之道，於禮最急。「禮有五經」者，經者，常也。言吉、凶、賓、軍、嘉禮所常行，故云「禮有五經」。五經之中，於祭更急。上説人之以禮爲急，此説禮爲急者，案《大宗伯》，吉禮之別十有二，凶禮之別五，賓禮之別八，軍禮之別五，嘉禮之別六。五禮之別，揔三十有六。「夫祭者，非物自外至者也，自中出，生於心也」者，自，猶從也。言孝子祭親，非假他物從外至於身，使己爲之，但從孝子身中出，生於孝子之心也。「心怵而奉之以禮」者，言孝子感時，心中怵惕，而奉親以祭祀之禮。「是故唯賢者能盡祭之義」者，言非賢者不能怵惕，怵惕之義，唯必賢人，故能盡恭敬祭。

賢者之祭也，必受其福，非世所謂福也。福者，備也。備者，百順之名也。無所不順者之謂備，言内盡於己而外順於道也。忠臣以事其君，孝子以事其親，其本一也。世所謂福者，謂受鬼神之祐助也。賢者之所謂福者，謂受大順之顯名也。其本一者，言忠孝俱由順出也。上則順於鬼神，外則順於君長，内則以孝於親，如此之謂備。唯賢者能備，能備然後能祭。是故賢者之祭也，致其誠信與其忠敬，奉之以物，道之以禮，安之以樂，參之以時，明薦之而已矣，不求其爲。此孝子之心也。明，猶絜也。爲，謂福祐爲己之報。祭者，所以追養繼孝也。孝者，畜也。順於道，不逆於倫，是之謂畜。畜，謂順於德教。

疏 正義曰：此一節明祭祀受福是百順之理。「非世所謂福也」者，言世人謂福，謂壽考吉祥祐助於身。若賢者受福，身外萬事，皆順於道理，故云「非世所謂福也」。「福者，備也。備者，百順之名也。無所不順者之謂備」，此是賢者之福，謂内盡其心，外極其禮，内外俱順，於祭具也。「言内盡於己而外順於道也」者，釋「百順」之義也。謂心既内盡，貌又外順，此之行善，無違於道理也。「其本一也」者，言忠臣事君，孝子事親，其本皆從順而來，故云「其本一也」。「上則順於鬼神」者，廣大順也。體尊，❶故云「上」也。「外則順於君長」者，謂朝廷也。出事公卿，故云「外」也。「不求其爲」者，言孝子但内盡孝敬，以奉祭祀，不求其鬼神福祥爲己之報。案《少牢》嘏辭云：「皇尸命工祝，承致多福無疆于女孝孫，使女受祿于天，宜稼于田。」則是祭祀有求，此云「不求」者，謂孝子之心無所求也，但神自致福，故有「受祿於天」之言。若水旱災荒，禱祭百神，則有求也。故《大祝》有「六祈」之義，《大司徒》有荒政「索鬼神」之禮。「追養繼孝也」者，養者，是生時養親。孝者，生時事親。親今既没，設禮祭之，追生時之養，繼生時之孝。「孝也者，❷畜也」者，畜，謂畜養。謂孝子順於德教，不逆於倫理，可以畜養其親，故釋孝爲畜。此據《援神契》：「庶人之孝曰畜。」五孝不同，庶人但取畜養而已，不能百事皆順。《援神契》又云：「天子之孝曰就，諸侯曰度，大夫曰譽，士曰究，庶人曰畜。」分之則五，揔之曰「畜」。皆是畜養，但

❶「體」，浦鏜據衛氏《集説》校，以爲當作「鬼神」。疑是。

❷「也」，案經無「也」字，蓋衍。

功有小大耳。是故孝子之事親也有三道焉：生則養，没則喪，喪畢則祭。養則觀其順也，喪則觀其哀也，祭則觀其敬而時也。盡此三道者，孝子之行也。没，終也。疏正義曰：此一節明孝子事親有三種之道。既内自盡，又外求助，昏禮是也。故國君取夫人之辭曰：「請君之玉女與寡人共有敝邑，事宗廟社稷。」此求助之本也。言玉女者，美言之也。君子於玉比德焉。❶夫祭也者，必夫婦親之，所以備外内之官也。官備則具備。具，謂所共衆物。水草之菹，陸産之醢，小物備矣。三牲之俎，八簋之實，美物備矣。昆蟲之異，草木之實，陰陽之物備矣。水草之菹，芹、茆之屬。陸産之醢，蚳、蝝之屬。天子之祭八簋。昆蟲，謂温生寒死之蟲也，《内則》可食之物有蜩、范。草木之實，菱、芡、榛、栗之屬。凡天之所生，地之所長，苟可薦者，莫不咸在，示盡物也。外則盡物，内則盡志，此祭之心也。咸，皆也。是故天子親耕於南郊以共齊盛，王后蠶於北郊以共純服；諸侯耕於東郊亦以共齊盛，夫人蠶於北郊以共冕服。天子、諸侯非莫耕也，王后、夫人非莫蠶也，身致其誠信，誠信之謂盡，盡之謂敬，敬盡然後可以事神明。此祭之道也。純服，亦冕服也，互言之爾。純以見繒色，冕以著祭服。東郊，少陽，諸侯象也。夫人不蠶於西郊，婦人禮少變也。齊，或作「粢」。疏正義曰：此一節以上文孝子事親，先能自盡，又外求伉儷供粢盛之事。注「水草」至「之屬」 正義曰：云「水草之菹，芹、茆之屬」者，案《醢人》云：「加豆之實，芹菹，兔醢。朝事之豆，茆菹，麋臡。」是「芹、茆」也。又有朝事之豆「昌本、麋臡」，❷加豆之實有「深蒲、醓醢，箈菹，鴈醢，筍菹，魚醢」。其昌本、深蒲、箈、筍是水草，故云「之屬」。云「陸産之醢，蚳蝝之屬」者，案《醢人》「饋食

❶「比」，原作「此」，據余本、撫本、岳本、阮本改。

❷「有朝事之豆」，孫詒讓《校記》云：「有」字當在「豆」字下。

之豆，蜃、蚳」。蝝即蚳之類。《醢人》加豆之實有兔醢，又有醯醢，皆是陸産，故云「之屬」。云「天子之祭八簋」者，《明堂位》云：「周之八簋。」又《特牲》士兩敦，《少牢》四敦，則諸侯六，故天子八。云「《内則》可食之物有蜩、范」者，蜩，蟬也。范，蜂也。昆蟲之屬。❶云「草木之實，菱、芡、榛、栗之屬」者，案《籩人》加籩之實有「菱、芡」，饋食之籩有「棗、栗、榛」實，是草木，故云「之屬」。「凡天」至「道也」❷ 正義曰：此一經揔結上文既内自盡，外又求助祭之事。 苟可薦者，悉在祭用，故云「示盡物也」，則上「陰陽之物備矣」。 「外則盡物，内則盡志，此祭之心也」者，此是孝子祭親之心。 「是故天子親耕於南郊以共齊盛，王后蠶於北郊以共純服」者，此覆結上文也，必夫婦親之，及盡物盡志之事。 祭須盡物志，故人君、夫人各竭力從事於耕蠶也。 鄭云王藉田在遠郊，故甸師氏掌之。《内宰》云：「中春，詔后帥内外命婦始蠶于北郊。」注云「婦人以純陰爲尊」故也。 純服者，亦冕服也。 純以見繒色，冕以著祭服。 「諸侯耕於東郊亦以共齊盛」者，天子大陽，故南也。 諸侯少陽，故東也。 然藉田並在東南，故王言「南」，諸侯言「東」。 「夫人蠶於北郊以共冕服」者，后大陰，故北。 夫人少陰，故合西郊。 然亦北者，婦人質，少變，故與后同也。 「天子、諸侯非莫耕也，王后、夫人非莫蠶也」者，莫，無也。 王侯豈貧無穀帛而夫婦自耕蠶乎？ 其有以也。 「身致其誠信，誠信之謂盡」，是所有以。 其欲致誠信，故身自親之。 「盡之謂敬，敬盡然後可以事神明」者，祭盡敬，則乃是盡也。「此祭之道」，結上文也。 注「純服」至「繒色」 正義曰：「純服，亦冕服也」者，天子云「純」，諸侯言「冕」，冕，祭服，故知純亦是祭服。 天子言衣色，諸侯亦有衣色，是其互也。 鄭氏之意，凡言「純」者，其義有二：一「絲」旁「才」，❸是古之「緇」字；二是「絲」旁「屯」，是「純」字。 但書文相亂，雖是「緇」字，並皆作「純」。 鄭氏所注，於絲理可知，於色不明者，即讀爲「緇」，即《論語》云「今也純儉」，及此「純服」，皆讀爲黑色。 若衣色可見，❹絲文不明者，讀純以爲絲也。

及時將祭，君子乃齊。齊之爲言齊也，齊不齊以致齊者也。

❶「昆」，衛氏《集説》「昆」上有「此」字，疑是。
❷「道」，原作「心」，據阮本改。
❸「絲」，阮校云：「段玉裁校本云『絲』當作『糸』。下『絲旁屯』同。」
❹「可」字原脱，據衛氏《集説》及殿本《考證》、浦鏜校補。

是故君子非有大事也，非有恭敬也，則不齊。不齊，則於物無防也，嗜欲無止也。及其將齊也，防其邪物，訖其嗜欲，耳不聽樂。故《記》曰：「齊者不樂。」言不敢散其志也。心不苟慮，必依於道；手足不苟動，必依於禮。訖，猶止也。是故君子之齊也，專致其精明之德也。故散齊七日以定之，致齊三日以齊之。定之之謂齊，齊者，精明之至也，然後可以交於神明也。定者，定其志意。是故先期旬有一日，宮宰宿夫人，夫人亦散齊七日，致齊三日。宮宰，守宮官也。宿，讀爲「肅」。肅，猶戒也。戒輕肅重也。君致齊於外，夫人致齊於内，然後會於大廟。君純冕立於阼，夫人副禕立於東房。君執圭瓚祼尸，大宗執璋瓚亞祼。及迎牲，君執紖，卿大夫從，士執芻，宗婦執盎從，夫人薦涚水。君執鸞刀羞嚌，夫人薦豆。此之謂夫婦親之。大廟，始祖廟也。圭瓚、璋瓚，祼器也，以圭、璋爲柄。酌鬱鬯曰祼。大宗亞祼，容夫人有故，攝焉。紖，所以牽牲也，《周禮》作「絼」。芻，謂藁也，殺牲時用薦之。《周禮·封人》：「祭祀飾牲，共其水藁。」涚，盎齊也。盎齊，涚酌也。凡尊有明水，因兼云「水」爾。嚌，嚌肺，祭肺之屬也，君以鸞刀割制之。天子、諸侯之祭禮，先有祼尸之事，乃後迎牲。芻，或爲「⿰禾芻」。

疏正義曰：此一節明將祭齊戒之義，并明君與夫人皆致齊，會於大廟，夫婦交親行祭之義。「及時將祭，君子乃齊」者，謂四時應祭之前未旬時也，方將接神，先宜齊整身心，故齊也。「齊不齊以致齊者也」，言齊者，齊也，所以正此不齊之事。謂未齊之時，心慮散蕩，心所嗜欲，有不齊正。及其齊也，正此不齊之事，以致極齊戒之道。「君致齊於外，夫人致齊於内」者，外，謂君之路寢。内，謂夫人正寢。是致齊並皆於正寢。其實散齊亦然。但此文對「會於大廟」，故云「君致齊於外，夫人致齊於内」耳。「然後會於大廟」者，祭日，君與夫人俱至大廟之中。廟即始祖廟也。「君純冕立於阼」者，純，亦緇也，上文已解，故鄭於此略而不論。冕皆上玄下纁，其服並然，故通云「緇冕」。若非二王之後及周公廟，即悉用玄冕而祭。「夫人副禕立於東房」者，副及禕，后之上服，魯及二王之後夫人得服之。侯伯夫人揄狄，子男夫人闕狄，而並立東房，以俟行事。尸既入之後，轉就西房。故《禮器》云：「夫人在房。」雖不云東、西房，下云「夫人東酌罍尊」，則知「夫人在房」謂西房也。「大宗執璋瓚亞裸」者，大宗，主宗廟禮者。以亞裸之禮，夫人親爲之。此不云「夫人」而云「大宗」者，記者廣言，容夫人有故，故大宗伯代夫人行禮，執璋瓚亞裸之禮。圭瓚、璋瓚，並是裸器也，以圭、璋爲柄。酌鬱鬯曰裸也。「君執紖」者，紖，牛鼻繩，君自執之，入繫於碑。「卿大夫從」者，謂卿大夫從驅之，及殺與幣告也，皆從於君。「士執芻」者，芻，謂藁也。以其殺牲，用芻藁藉之。「宗婦執盎從」者，謂同宗之婦，執盎以從夫人。「夫人薦涚水」者，涚即盎齊。由其濁，❶用清酒以涚泲之。涚水是明水，宗婦執盎齊從夫人而來，奠盎齊於位，夫人乃就盎齊之尊，酌此涚齊而薦之者，因盎齊有明水，連言「水」耳。上云「夫人副褘」，此則上公之祭，宜有醴齊、盎齊，但言盎者，略言之。亦容侯、伯、子、男之祭，但有盎齊，無醴齊也，故「執盎從」。「君執鸞刀羞嚌」者，嚌，肝肺也。嚌有二時。一是朝踐之時，取肝以膋貫之，入室燎於爐炭，出薦之主前。二者謂饋孰之時，❷君以鸞刀割制所羞嚌肺，橫切之，使不絕，亦奠於俎上，❸尸並嚌之，故云「羞嚌」。一云：羞，進也。謂君用鸞刀制此嚌肉以進之，故云「鸞刀羞嚌」。「夫人薦豆」者，於君羞嚌之時，夫人薦此饋食之豆。「此之謂夫婦親之」者，君親「執紖」及「鸞刀羞嚌」，是夫親之也。夫人「薦涚水」及羞豆，是婦親之也。故云「夫婦親之」。

注「大宗」至「迎牲」　正義曰：「大宗亞裸，容夫人有故，攝焉」者，解大宗所以亞裸之義。案此下云「夫人薦涚水」及「薦豆」，則是夫人親行，而云「夫人有故」者，記者亂陳，言大宗亞裸，容夫人有故之時。下云夫人薦盎、薦豆，顯夫人親行其事。各有所明，不可一揆。云「盎齊，涚酌也」者，《周禮·司尊彝》文。案彼注云「盎齊差清，和以清酒，泲之」，謂之涚酌。鄭引此者，解經「夫人薦涚」是盎齊也。云「凡尊有明水，因兼云『水』爾」者，以經「夫人薦涚」秖是薦盎，不薦明水。今經「薦涚」之下別更言「水」，此謂明水也。以盎齊加明水，故記者因盎而連言明水爾。知盎齊加明水者，《郊特牲》云「祭齊加明水」是也。云「嚌，嚌肺、

❶「其」，原作「自」，據阮本、阮校改。
❷「者」，閩、監、毛本作「是」。
❸「亦」，原作「示」，據殿本、庫本、阮本及衛氏《集説》改。

祭肺之屬也」者，案《少牢》、《特牲》薦孰之時，俎有祭肺及舉肺，切之，舉肺離而不提心，二肺皆嚌之，故云「嚌肺、祭肺之屬」。云「天子、諸侯之祭禮，先有祼尸之事，乃後迎牲」者，以《特牲》、《少牢》無此禮，今此經「祼」後有「迎牲」之文，是天子、諸侯之事，故鄭明之也。

及入舞，君執干戚就舞位。君爲東上，冕而揔干，率其群臣，以樂皇尸。是故天子之祭也，與天下樂之；諸侯之祭也，與竟内樂之。冕而揔干，率其群臣，以樂皇尸，此與竟内樂之之義也。君爲東上，近主位也。皇，君也。言君尸者，尊之。

疏 正義曰：此一經明祭時天子、諸侯親在舞位以樂皇尸也。

夫祭有三重焉：獻之屬莫重於祼，聲莫重於升歌，舞莫重於《武宿夜》，此周道也。《武宿夜》，武曲名也。周道，猶周之禮。凡三道者，所以假於外而以增君子之志也，故與志進退；志輕則亦輕，志重則亦重。輕其志而求外之重也，雖聖人弗能得也。是故君子之祭也，必身自盡也，所以明重也。道之以禮，以奉三重而薦諸皇尸，此聖人之道也。

疏 正義曰：此一經并明祭祀之禮有三種可重之事。「舞莫重於《武宿夜》」者，《武宿夜》是武曲之名，是衆舞之中，無能重於《武宿夜》之舞。皇氏云：「師説書傳云：武王伐紂，至於商郊，停止宿夜，士卒皆歡樂，歌舞以待旦，因名焉。《武宿夜》，其樂亡也。」熊氏云：「此即《大武》之樂也。」「凡三道者，所以假於外而以增君子之志也」者，言三種所重之道，皆假借外物而以增益君子内志：祼則假於鬱鬯，歌則假於聲音，舞則假於干戚，皆是假於外物。「故與志進退」者，此外物增成君子内志，故與志同進同退。若内志輕略，則此等亦輕略；内志殷重，此等亦殷重矣。

夫祭有餕。餕者，祭之末也，不可不知也。是故古之人有言曰：「善終者如始，餕其是已。」是故古之君子曰：「尸亦餕鬼神之餘也，惠術也，可以觀政矣。」術，猶法也。爲政尚施惠，盡美能知能惠。《詩》云：「維此惠君，民人所瞻。」是故尸謖，君與卿四人餕。君起，大夫六人餕，臣餕君之餘也。大夫起，士八人餕，賤餕貴之餘也。士起，各執其具以出，陳于堂下，百官進，徹之，下餕上之餘也。進，當爲「餕」，聲之誤也。百官，謂有事於君祭者也。既餕乃徹之而去，所謂自卑至賤。進、徹，或俱爲「餕」。凡餕之道，每變以衆，所以別貴賤之等，而興施惠之象也，是故以四簋黍見其脩於廟中也。❶廟中者，竟內之象也。鬼神之惠偏廟中，如國君之惠偏竟內也。祭者，澤之大者也。是故上有大澤，則惠必及下，顧上先下後耳，非上積重而下有凍餒之民也。是故上有大澤，則民夫人待于下流，知惠之必將至也，由餕見之矣。故曰：「可以觀政矣。」鬼神有祭，不獨饗之，使人餕之，恩澤之大者也。國君有蓄積，不獨食之，亦以施惠於竟內也。**疏**正義曰：此一節明祭末餕餘之禮，自求多物，❷恩澤廣被之事。　「是故古之人有言曰：『善終者如始，餕其是已。』」者，引古人之言，證餕爲美也。夫「靡不有初，鮮克有終」，而祭之有餕，即是克有終，而禮猶盛。故云「善終者如始，餕其是已」，已，語辭也。　「是故古之君子曰『尸亦餕鬼神之餘也』」者，又引古言證餕義也。言「亦」者，「亦」人餕尸之餘，乃是人食尸餘，而云「尸亦餕鬼神餘」者，若王侯初薦毛血燔燎，是薦於鬼神。至薦孰時，尸乃食之，是「尸餕鬼神之餘」。若大夫士陰厭，亦是先薦鬼神而後尸乃食，亦「尸餕鬼神餘」，故并云「尸亦餕鬼神之餘也」。　「惠術也，可以觀政矣」者，術，猶法也。尸餕鬼神之餘，是施恩惠之術法，言爲政之道，貴在施惠，可以觀省人君之政教。能施恩惠者，即其政善；不能施恩惠者，則其政惡。故云「可以觀政矣」。　「臣餕君之餘也」者，以君於廟中，事尸如君，則君爲臣禮，君食尸餘，是臣食君餘，與大夫食君餘相似，故云「臣餕君之餘也」。諸侯之國，有五大夫，此云「六」者，兼有采地助祭也。以下漸偏及下，示溥恩惠也。❸　「士起，各執其具以出，陳于堂下」者，士廟中餕訖而起，所司各執其

❶「脩」，王念孫云：經文「脩」字本作「偏」，據鄭注可知。詳《經義述聞》。
❷「物」，衛氏《集説》作「福」。
❸「溥」，原作「傳」，據閩本、監本、毛本、阮本及衛氏《集説》改。

饌具以出廟户，❶陳于堂下。「百官進，徹之」者，進，當爲「餕」，謂有祭事之百官餕訖，各徹其器，而乃去之。「凡餕之道，每變以衆，所以别貴賤之等」者，初君四人，次大夫六人，次士八人，是「變以衆」；加之以兩，是「别貴賤之等」。「而興施惠之象也」者，興，起也。其餕之禮，初餕貴而少，後餕賤而多，皆先上而後下。施惠之道亦當然，皆先貴後賤，故云「施惠之象」。「是故以四簋黍見其脩於廟中也」者，謂餕之時，君與三卿以四簋之黍脩整普徧也。❷所以用四簋多黍而餕者，欲見其恩惠脩整徧於廟中。諸侯之祭有六簋，今云「以四簋」者，以二簋留爲陽厭之祭，故以四簋而餕。簋有黍稷，特云「黍」者，見其美。舉黍，稷可知也。「廟中者，竟内之象也」者，以四簋而徧廟中，如君之恩惠徧於竟内也。「顧上先下後耳」者，言上有大澤，惠必及下，無不周徧。但瞻顧之時，尊上者在先，卑下者處後耳。一云：顧，故也。謂君上先餕，臣下後餕，示恩則從上起也。「非上有積重而下有凍餒之民也」者，言非是在上有財物積重而不以施惠，而使在下有凍餒之民。言有積重，必施散在下，不使凍餒。「由餕見之矣」者，言民所以知上有財物恩惠及於下者，秖由祭祀之餕，見其恩逮於下之理。「故曰『可以觀政矣』」者，餕若以禮，則能施惠，其政善也。餕若不以禮，則不能施惠，其政惡也。故云「可以觀政矣」。

夫祭之爲物大矣，其興物備矣，順以備者也，其教之本與！爲物，猶爲禮也。興物，謂薦百品。是故君子之教也，外則教之以尊其君長，内則教之以孝於其親。是故明君在上，則諸臣服從；崇事宗廟社稷，則子孫順孝。盡其道，端其義，而教生焉。崇，猶尊也。是故君子之事君也，必身行之：所不安於上，則不以使下；所惡於下，則不以事上。非諸人，行諸己，非教之道也。必身行之，言恕己乃行之。是故君子之教也，必由其本，順之至也，祭其是與！故曰：祭者，教之本也已。教由孝順生

❶「饌」，原作「撰」，據阮本、衛氏《集説》改。

❷「脩整」，王念孫云：「脩整」二字不當有。此乃後人以已誤之經改不誤之疏。下句「脩整」二字同。詳《經義述聞》。

也。疏正義曰：此一節明祭祀禮備具，内外俱兼，脩之於己，然後及物，是爲政之本。「夫祭之爲物大矣」者，物，謂事物。物大，言祭之爲物盛大矣。以所行皆依禮，故爲大。「其興物備矣」者，謂庶羞之屬。言興造庶羞，百品皆足，故「興物備矣」。「順以備者也，其教之本與」者，祭必依禮，是順也。百品皆足，是備也。若能上下和順，物皆備具，是爲教之本。言聖人設教，唯以順以備，故云「其教之本與」！「是故君子」至「其親」者，祭既順備，可爲教，故人君因爲教焉。外教，謂郊天。内教，謂孝於親，祭宗廟。「是故明君」至「順孝」者，由君外教尊君長，故諸臣服從；内教孝其親，故子孫順孝。「盡其道，端其義，而教生焉」者，謂人君身自行之，盡其事上之道，又端正君臣上下之義，則政教由此生焉。「所不安於上，則不以使下」者，謂在上所爲之事，施之於己，己所不安，則不得施於下。「所惡於下，則不以事上」者，在下有不善之事，施於己，己所憎惡，則不得以此事於上，上亦憎惡也。「非諸人，行諸己，非教之道也」者，結上二事。諸，於也。謂他人行此惡事，加於己，己以爲非，是「非於人」。己乃行此惡事而施人，是「行於己」也。若如此，非政教之道。言爲政教，必由於己，乃能及物。故下云：「必由其本，順之至也。」

夫祭有十倫焉：見事鬼神之道焉，見君臣之義焉，見父子之倫焉，見貴賤之等焉，見親疏之殺焉，見爵賞之施焉，見夫婦之别焉，見政事之均焉，見長幼之序焉，見上下之際焉。此之謂十倫。倫，猶義也。疏正義曰：此一節廣明祭有十種倫禮。今各隨文解之。從此至「此之謂十倫」一經，揔明十倫之目。從上雖云祭，其事隱。此廣陳祭含十義，以顯教之本十倫義也。

鋪筵設同几，❶爲依神也。詔祝於室，而出于祊，此交神明之道也。同之言詷也。祭者以其妃配，亦不特几也。詔祝，告事於尸也。出於祊，謂索祭也。疏正義曰：此一節明第一倫交鬼神之道。「鋪筵設同几」

❶ 「同」，段玉裁云當作「詷」。注文「同之言詷也」，亦當作「詷之言同也」。其説略云：「按此經、注本如是。假令經本作『同几』，又何煩以『詷』釋之哉！」詳《説文解字注》「詷」字下。

者，❶設之曰筵，坐之曰席。同之言詷，詷，共也。言人生時，形體異，故夫婦別几。死則魂氣同歸於此，故夫婦共几。鋪席設几，使神依之。設此夫婦所共之几席，亦共之。必云「同几」者，筵席既長，几則短小，恐其各設，故特云「同几」。　「詔祝於室」者，詔，告也。祝，祝也，❷謂祝官。以言詔告祝，請其尸於室求之。　「而出于祊」者，謂明日繹祭而出廟門旁，廣求神於門外之祊。　「此交神明之道也」者，神明難測，不可一處求之，或門旁，不敢定，是與神明交接之道。鬼神通，故云「道」。　注「同之」至「祭也」　正義曰：「同之言詷也」者，❸若單作「同」字，是「齊同」之同，非「詷共」之詷，所以物有異類而同時也，則同死同生、同出同入之類不齊，❹其物異也。若「詷共」之詷，則「言」旁作「同」，故古文、❺《字林》皆訓「詷」爲「共」，是漢魏之時，字義如此。是以讀「同」爲「詷」，今則揔爲一字。云「祭者以其妃配」者，《儀禮·少牢》文。謂祭夫祝辭云「以某妃配」。云「亦不特几也」者，謂不但不特設辭，亦不特設其几。謂祝辭與几，皆同於夫，不特設也。故鄭注《司几筵》云：「祭於廟，同几，精氣合也。」云「詔祝，告事於尸也」者，謂灌鬯、饋孰、酳尸之等，祝官以祝辭告事於尸，其事廣也。以揔論事神，故廣言之。知非朝踐之時，「血毛詔於室」者，以朝踐尸主皆在户外，蹔時之事，非終始事神之道，故知非也。云「出於祊，謂索祭也」者，案《郊特牲》「索祭祝于祊」，故云「謂索祭也」。

君迎牲而不迎尸，別嫌也。尸在廟門外則疑於臣，在廟中則全於君。君在廟門外則疑於君，入廟門則全於臣，全於子。是故不出者，明君臣之義也。不迎尸者，欲全其尊也。尸，神象也。鬼神之尊在廟中，人君之尊出廟門則伸。疏正義曰：此經明第二倫君臣之義也。　「君迎牲不迎尸，別嫌也」者，尸體既尊，君宜自卑，若出迎尸，尸道未伸，則嫌君猶欲自尊之義也。　「尸在廟門外則疑於臣」者，則解別嫌事也。尸本是臣，而爲尸時，則尊在廟中耳。若未入廟，其尊未伸，君

❶「几」，原作「凡」，據阮本改。下同。
❷「祝也」，浦鏜校云：「當作『呪也』，從《郊特牲》疏校。」
❸「之言」，原作「死非」，據阮本改。
❹「齊」，原作「廢」，據閩本、監本、毛本、殿本、庫本、阮本改。
❺「古文」，按：當作「説文」，謂許慎《説文解字》也。

若出迎，則疑尸有還爲臣之道，故云「疑於臣」也。「在廟中則全於君」者，尸若入廟，則君父道全也。唯云「全君」，不云「全父」者，此本是明君臣，故略於「全父」也。下既云「臣」、「子」，故知此爲君、父也。且廟中行禮，尸皆答拜。然父無答子之禮，君有答臣之法，故據君言之耳。「君在廟門外則疑於君」者，釋君疑也。君道之全，全在廟門外。若出門外，則君道還尊，與平常不異，故不出門也。「入廟門則全於臣，全於子」者，君若入廟，則臣、子道全，無所疑也。「是故不出者，明君臣之義也」者，結第二倫也。君至尊而受屈廟中，以臣子自處，不敢出廟門，恐尸尊不極，欲示天下咸知君臣之義也。君臣由義而合，故云「義」也。

夫祭之道，孫爲王父尸。所使爲尸者，於祭者子行也。❶父北面而事之，所以明子事父之道也。此父子之倫也。子行，猶子列也。祭祖則用孫列，皆取於同姓之適孫也。天子、諸侯之祭，朝事延尸於户外，是以有北面事尸之禮。

疏 正義曰：此第三倫，明父子之理。「孫爲王父尸」者，謂王父之孫行與王父作尸。「所使爲尸者，於祭者子行也」者，謂孝子所使令爲尸者，於祭者孝子身爲子之行秩也。「父北面而事之」者，父則祭者之身，北面而事子行之尸也。「所以明子事父之道也。此父子之倫也」者，主人爲欲孝敬己父，不計己尊而北面事子行，❷則凡爲子者，豈得不自尊事其父乎？是「見子事父之道也」。注「皆取」至「之禮」 正義曰：「天子、諸侯之祭，朝事延尸於户外」者，以《少牢》、《特牲》尸皆在室之奥，主人西面事之，無北面事尸之禮，故知是天子、諸侯也。知當「朝事」者，以《郊特牲》「詔祝於室，坐尸於堂」，「詔祝於室」當朝事之節，故知坐尸於堂當朝事也。

尸飲五，君洗玉爵獻卿；尸飲七，以瑶爵獻大夫；尸飲九，以散爵獻士及群有司。皆以齒，❸明尊卑之等也。尸飲五，謂酳尸五獻也。大夫士祭，三獻而獻賓。

疏 正義曰：此一節明第四倫尊卑差等。「尸飲五，君洗

---

❶「子」，阮校云：「《考文》引古本、足利本『子』上有『爲』字。按《通典》四十八引亦云『於祭者爲子行也』。」

❷「計」，原作「許」，據閩本、監本、毛本、殿本、庫本改。

❸「皆以齒」，王引之云：「『皆以齒』三字，蓋涉下文『凡群有司皆以齒』而誤衍。鄭注不釋『皆以齒』之義，蓋所見本無此三字。」詳《經義述聞》。

玉爵獻卿」至「皆以齒，明尊卑之等」者，謂獻卿、大夫、士及有司等，其爵雖同，皆長者在先，故云「皆以齒」。注「尸飲」至「獻賓」　正義曰：此據備九獻之禮者，至主人酳尸，故「尸飲五」也。凡祭，二獻裸用鬱鬯，尸祭，奠而不飲。朝踐二獻，饋食二獻，及食畢主人酳尸，此等皆尸飲之，故云「尸飲五」。於此之時，以獻卿。獻卿之後，乃主婦酳尸。酳尸畢，賓長獻尸。是「尸飲七」也，乃瑶爵獻大夫。是正九獻禮畢，但初二裸不飲，故云「尸飲七」。自此以後，長賓、長兄弟更爲加爵，尸又飲二，是并前「尸飲九」，主人乃「散爵獻士及群有司」也。此謂上公九獻，故以酳尸之一獻爲「尸飲五」也。若侯、伯七獻，朝踐、饋食時各一獻，食訖酳尸，但尸飲三也。子、男五獻，食訖酳尸，尸飲一。云「大夫士祭，三獻而獻賓」者，欲明諸侯獻賓時節與大夫士獻賓不同。知「大夫士祭，三獻而獻賓」者，《特牲禮》文。下大夫不賓尸，與士同，亦三獻而獻賓。知者，《有司徹》文。其上大夫別行賓尸之禮，與此異也。

夫祭有昭穆。昭穆者，所以別父子、遠近、長幼、親疏之序而無亂也。是故有事於大廟，則群昭群穆咸在而不失其倫。此之謂親疏之殺也。昭穆咸在，同宗父子皆來。疏正義曰：此一節明第五倫也，親疏之殺也。「昭穆」，謂尸主行列於廟中。「所以」至「無亂」者，謂父南面，子北面，親者近，疏者遠，又各有次序。「是故有事於大廟，則群昭群穆咸在」者，祭大廟之時，則衆廟尸主皆來，及助祭之人同宗父子皆至，則「群昭穆咸在」。若不於大廟，餘廟之祭，唯有當廟尸主，及所出之廟子孫來至，不得群昭群穆咸在也。「而不失其倫」者，尸主既有昭穆，故主人及衆賓亦爲昭穆列在廟，不失倫類。「此之謂親疏之殺也」者，殺，漸也。列昭穆存亡，名有遠近，❶示天下親疏有漸也。

古者，明君爵有德而禄有功，必賜爵禄於大廟，示不敢專也。故祭之日，一獻，君降立于阼階之南，南鄉，所命北面。史由君右，執策命之。再拜稽首，受書以歸，而舍奠于其廟。此爵賞之施也。一獻，酳尸也。❷舍，當爲

❶「名」，阮校云：「毛本『名』作『各』。」

❷「酳尸」上原有「一」字，據余本、撫本、岳本及張敦仁《考異》刪。疏放此。

「釋」，聲之誤也。非時而祭曰奠。疏正義曰：此一節明第六倫也，爵賞之施焉。「爵有德而禄有功」者，爵表德，故云「有德」。禄賞功，故云「有功」也。「而舍奠于其廟」者，謂受策命卿大夫等，既受策書，歸還而釋奠於家廟，告以受君之命。以非時而祭，故稱奠。「此爵賞之施也」者，君尊，尚爵賞於廟，不自專，故民知施必由尊也。注「一獻，酳尸也」正義曰：經云「一獻」，知非初祼及朝踐、饋食之一獻，必爲「酳尸」者，以「酳尸」之前，皆爲祭事，承奉鬼神，未暇策命。而尸食已畢，祭事方了，始可以行其爵賞及賜勞臣下。此一獻，則上「尸飲五」，君獻卿之時也。若天子命群臣，則不因常祭之日，特假於廟。故《大宗伯》云：「王命諸侯，則儐。」注云「王將出命，假祖廟，立依前，南鄉」是也。

君卷冕立于阼，夫人副褘立于東房。夫人薦豆執校，執醴授之執鐙。尸酢夫人執柄，夫人受尸執足。夫婦相授受，不相襲處，酢必易爵，明夫婦之别也。校，豆中央直者也。執醴，授醴之人，授夫人以豆則執鐙。鐙，豆下跗也。疏正義曰：此一節明第七倫也。「夫人副褘立于東房」者，此謂上公之夫人，故副褘立于東房。若其餘夫人，則不副褘也。「夫人薦豆執校」者，校，謂豆之中央直者。夫人薦豆之時，手執此校。「執醴授之執鐙」者，鐙，謂豆下跗。夫人薦豆之時，此執醴之人以豆授夫人之時，則執豆之下跗，夫人授之乃執校也。「尸酢夫人執柄」者，爵爲雀形，以尾爲柄。夫人獻尸，尸酢夫人，尸則執雀尾授夫人也。「夫人受尸執足」者，夫人受酢於尸，則執爵足也。「夫婦相授受，不相襲處」者，謂夫婦交相致爵之時，襲，因也。其執之物，不相因故處。若夫婦交相致爵，不能執故處，以明男女有别。「酢必易爵」者，謂夫婦交相致爵之時，主人受主婦之酢，易换其爵。故《特牲》主人受主婦之酢爵，「更爵酢」，鄭注云：「主人更爵自酢，男子不承婦人爵。」即引此文云「夫婦相授受，不相襲處，酢必易爵」也。皇氏云：「夫婦，猶男女，不相襲處，則上執校、執鐙之屬。」違鄭注《儀禮》之文，其義非也。注「執醴，授醴之人」正義曰：謂夫人獻尸以醴齊之時，此人酌醴以授夫人。至夫人薦豆之時，此人又執豆以授夫人。是獻之與薦，皆此人所掌，故云「執醴，授醴之人」。執鐙，謂授夫人以豆而執鐙也。

凡爲俎者，以骨爲主。骨有貴賤。殷人貴髀，周人貴肩。凡前貴於後。俎者，所以明祭之必有惠也。是故貴者取貴骨，賤者取賤骨。貴者不重，賤者不虛，示均也。惠均則政行，政行則事成，事成則功立。功之所以立者，不可不知也。俎者，所以明惠之必均也。善爲政者如此，故曰「見政事之均焉」。殷人貴髀，爲其厚也。周人貴肩，爲其顯也。凡前貴於後，謂脊、脅、臂、臑之屬。疏正義曰：此一經明第八倫也。「凡爲俎者，以骨爲主」者，俎，謂助祭者各將物於俎也。「殷人貴髀，周人貴肩」者，殷質，貴髀之厚，賤肩之薄。❶周文，貴肩之顯，賤髀之隱。各隨所貴。「凡前貴於後」者，據周言之，以周人之貴肩故也。「俎者，所以明祭之必有惠也」者，助祭者，故賜之俎也。「貴者不重，賤者不虛，示均也」者，言貴者不特多而重，賤者不虛而無，分俎多少，隨其貴賤，是示均平也。「功之所以立者，不可不知也」者，言功立由於分俎，其事既重，人君不可不知分俎之事也。「善爲政者如此」者，言人君欲善爲政教者，必須如此分俎均平。注「凡前」至「之屬」正義曰：此「脊、脅、臂、臑」，舉其貴者言；「之屬」中包其賤者。不云「肩」者，以經云「周人貴肩」，故此略之。前體臂、臑爲貴，後體膊、胳爲賤。就脊、脅之中，亦有貴賤。正脊在前爲貴，脡脊、横脊在後爲賤；脅則正脅在前爲貴，短脅爲賤。故揔云「之屬」以包之。

凡賜爵，昭爲一，穆爲一，昭與昭齒，穆與穆齒。凡群有司皆以齒。此之謂長幼有序。昭穆，猶《特牲》、《少牢饋食之禮》衆兄弟也；群有司，猶衆賓下及執事者。君賜之爵，謂若酬之。疏正義曰：此一節明祭之第九倫長幼之序。「凡賜爵」者，爵，酒爵也。謂祭祀旅酬時，賜助祭者酒爵，故云「賜爵」。「昭爲一，穆爲一」者，言君衆兄弟、子孫等，在昭列者則爲一色，在穆列者自爲一色，各自相旅。尊者在前，卑者在後。若同班列，則長者在前，少者在後。是「昭與昭齒，穆與穆齒」。注「君賜之爵，謂若酬之」 正義曰：案《特牲饋食禮》，初有主人獻衆賓、兄弟之禮，後乃旅酬衆賓、兄弟。此經直云「賜爵」，

❶「薄」原作「簿」，據閩本、毛本、殿本、庫本、阮本及衛氏《集説》改。

知非獻時而特云「酬」者，以獻時不以昭穆爲次也。❶此云「昭與昭齒，穆與穆齒」，當旅酬之事，故知賜爵爲酬。夫祭有畀煇、胞、翟、閽者，惠下之道也。唯有德之君爲能行此，明足以見之，仁足以與之。畀之爲言與也，能以其餘畀其下者也。煇者，甲吏之賤者也。胞者，肉吏之賤者也。翟者，樂吏之賤者也。閽者，守門之賤者也。古者不使刑人守門。此四守者，吏之至賤者也。尸又至尊，以至尊既祭之末而不忘至賤，而以其餘畀之，是故明君在上，則竟内之民無凍餒者矣。此之謂上下之際。明足以見之，見此卑者也。仁足以與之，與此卑者也。煇，《周禮》作「韗」，謂韗磔皮革之官也。翟，謂教羽舞者也。古者不使刑人守門，謂夏、殷時。**疏**正義曰：此一節明祭之第十倫也。「夫祭有畀煇、胞、翟、閽者，❷惠下之道也」者，畀，與也。煇也，胞也，翟也，閽也，此四者皆是賤官，於祭之末，與此四者以恩賜，是惠施之道也。「明足以見之」者，謂有德之君，德能昭明，足以見其惠下之義。「仁足以與之」者，以君有仁恩，足能賜與於下。「古者不使刑人守門」者，此作《記》之人，以見周刑人守門，以祭末又何恩賜與刑人，故明之云：古者夏、殷之時，不使刑人守門。雖是賤人，所以得恩賜。「此四守者，吏之至賤者也」者，既每言「賤」，明但是各守其職之人，能爲四物，故云「四守」也。「尸又至尊，以至尊既祭之末而不忘至賤，而以其餘畀之。是故明君在上，則竟内之民無凍餒者矣」者，更廣明貴有餘分與至賤爲恩之深也。人君身尊，而尸又更尊，故言「又」也。「此之謂上下之際」者，結十倫也。際，接也。至尊與賤者，其道接也。**注**「煇周」至「殷時」 正義曰：案《周禮·考工記》「韗人爲皋陶」，鄭云：「皋陶，鼓木也。」言韗人之官掌作鼓木，張皮兩頭，輓之以爲鼓，是「韗磔皮革之官」。云「翟，謂教羽舞者也」者，羽，翟羽。故《詩·邶風》云：「左手執籥，右手秉翟。」翟，即狄也，古字通用。云「古者不使刑人守門，謂夏、殷時」者，以《周禮》「墨者使守門」，故知「不使刑人守門，謂夏、殷時」也。凡祭有四時。春祭曰

❶「也」，原作「者」，據阮校改。
❷「畀」，原作「卑」，據阮本改。下同。

礿，夏祭曰禘，秋祭曰嘗，冬祭曰烝。謂夏、殷時禮也。礿、禘，陽義也；嘗、烝，陰義也。禘者，陽之盛也；嘗者，陰之盛也。故曰「莫重於禘、嘗」。夏者尊卑著，而秋萬物成。古者於禘也，發爵賜服，順陽義也。於嘗也，出田邑，發秋政，順陰義也。言爵命屬陽，國地屬陰。故《記》曰：「嘗之日，發公室，示賞也。」草艾則墨，未發秋政，則民弗敢草也。❶ 發公室，出賞物也。草艾，謂艾取草也。秋草木成，可芟艾，給爨亨，時則始行小刑也。故曰禘、嘗之義大矣，治國之本也，不可不知也。明其義者，君也。能其事者，臣也。不明其義，君人不全。不能其事，爲臣不全。全，猶具也。夫義者，所以濟志也，諸德之發也。是故其德盛者其志厚，其志厚者其義章，其義章者其祭也敬。祭敬，則竟内之子孫莫敢不敬矣。濟，成也。發，謂機發也。竟内之子孫，萬人爲子孫。是故君子之祭也，必身親涖之，有故則使人可也。雖使人也，君不失其義者，君明其義故也。涖，臨也。君不失其義者，言君雖不自親祭，祭禮無闕，於君德不損也。其德薄者其志輕，疑於其義而求祭，使之必敬也，弗可得已。祭而不敬，何以爲民父母矣！**疏**正義曰：此一節明祭祀之重禘、嘗之義，人君若能明於其義，可以爲民父母。今各隨文解之。

「禘者，陽之盛也」者，以禘祭在夏，夏爲炎暑，故爲陽盛。

「嘗者，陰之盛也」者，以嘗祭在秋之時，陰功成就，故爲陰盛。冬雖嚴寒，以物於秋成，故不得以冬烝對夏禘。

注「言爵」至「屬陰」 正義曰：爵命是生養之事，故屬陽。國地是土地之事，故屬陰。

「故記」至「草也」以記録之前，先有此《記》之文，故作《記》者載此前《記》之文，所以言「記曰」也。此《記》云：「嘗祭之日，發出公室貨財，以示賞也。」

「草艾則墨」者，謂初秋，草堪艾，給炊爨

❶ 「弗敢草」，王引之云：「『弗敢』下脱『艾』字。經文本作『艾草』，寫者脱去『艾』字，《唐石經》亦然。」詳《經義述聞》。

之時，則行小刑之墨。「未發秋政，則民不敢艾草也」，言夏節雖盡，人君未發行秋政，則民不敢艾草也。注「發公室，出賞物也」 正義曰：案《左傳》云：「賞以春夏，刑以秋冬。」此「嘗之日，發公室，示賞」者，文各有所對。以「賞」對「刑」，則「賞」屬春夏，「刑」屬秋冬。其實，四時之間皆有賞。故車服屬夏，田邑屬秋，出田邑之時亦有物也。故《覲禮》秋時賜侯氏車服及篋服也。 「夫義者，所以濟志也」者，濟，成也。言禘、嘗之義，若人君明之，所以成就其志。 「諸德之發也」者，發，謂機發也。諸，衆也。言義者，是人君衆德之發，謂諸衆人之德發在於義。

「是故其德盛者其志厚」者，謂人君道德顯盛，則念親志意而深厚。若能念親深厚，則事親祭祀，其義章明顯著。若能事親章明顯著，則其祭也恭敬。以此化下，則竟内民之子孫，無敢不恭敬其親矣。以化於上故也。 「雖使人也，君不失其義者，君明其義故也」者，❶言祭祀之時，身既有故，使人攝之。雖使人攝，由君能恭敬，不喪失於爲君之義。所以然者，由君自明曉於禘、嘗之義故也。

「其德薄者其志輕」者，言人君道淺義薄，❷則其念親志意不能厚重。 「疑於其義」至「民父母矣」者，謂志意既輕，疑惑於祭祀之義，皆不能盡心致敬。身既危疑，而欲求祭使之必敬，「不可得已」。「已」是語辭。

夫鼎有銘。銘者，自名也，自名以稱揚其先祖之美，而明著之後世者也。爲先祖者，莫不有美焉，莫不有惡焉。銘之義，稱美而不稱惡，此孝子孝孫之心也，唯賢者能之。銘，謂書之刻之以識事者也。自名，謂稱揚其先祖之德，着己名於下。 銘者，論譔其先祖之有德善、功烈、勳勞、慶賞、聲名，列於天下，而酌之祭器，自成其名焉，以祀其先祖者也。顯揚先祖，所以崇孝也。身比焉，順也。明示後世，教也。烈，業也。王功曰勳，事功曰勞。酌之祭器，言斟酌其美，傳著於鐘鼎也。身比焉，謂自著名於下也。順也，自著名以稱揚先祖之德，孝順之行也。教也，所以教後世。 夫銘者，壹稱而上下皆得焉耳矣。是故君子之觀於銘也，既美其所稱，又美其所爲。美其所

❶ 「者」字原是空格，據阮本補。

❷ 「薄」，原作「簿」，據殿本、庫本、阮本改。

爲，美此人爲此銘。爲之者，明足以見之，仁足以與之，知足以利之，可謂賢矣。賢而勿伐，可謂恭矣。明足以見之，見其先祖之美也。仁足以與之，與其先祖之銘也。非有仁恩，君不使與之也。知足以利之，利己名得比於先祖。故衛孔悝之鼎銘曰：「六月丁亥，公假于大廟。孔悝，衛大夫也。公，衛莊公蒯聵也。德孔悝之立己，❶依禮褒之，以静國人自固也。假，至也。至於大廟，謂以夏之孟夏禘祭。公曰：『叔舅！乃祖莊叔，左右成公，成公乃命莊叔隨難于漢陽，即宫于宗周，奔走無射。公曰「叔舅」者，公爲策書，尊呼孔悝而命之也。乃，猶女也。莊叔，悝七世之祖，衛大夫孔達也。隨難者，謂成公爲晉文公所伐，出奔楚，命莊叔從焉。漢，楚之川也。即宫於宗周，後反得國，坐殺弟叔武，晉人執而歸之於京師，寘之深室也。射，厭也。言莊叔常奔走，至勞苦而不厭倦也。周既去鎬京，猶名王城爲宗周也。啓右獻公，獻公乃命成叔纂乃祖服。獻公，衛侯衎，成公曾孫也，亦失國得反。言莊叔之功，流於後世，啓右獻公，使得反國也。成叔，莊叔之孫成子烝鉏也。右，助也。纂，繼也。服，事也。獻公反國，命成子繼女祖莊叔之事，欲其忠如孔達也。乃考文叔，興舊嗜欲，作率慶士，躬恤衛國。其勤公家，夙夜不解，民咸曰休哉！』文叔者，成叔之曾孫文子圉，即悝父也。作，起也。率，循也。慶，善也。士之言事也。言文叔能興行先祖之舊德，起而循其善事。公曰：『叔舅！予女銘，若纂乃考服！』若、乃，猶女也。公命悝：予女先祖以銘以尊顯之，女繼女父之事。欲其忠如文子也。成公、獻公、莊公，皆失國得反，言孔氏世有功焉，寵之也。悝拜稽首，曰：『對揚以辟之，對，遂也。辟，明也。言遂揚君命以明我先祖之德也。勤大命，❷施于烝彝鼎。』」施，猶著也。言我將行君之命，又刻

❶「德」原作「得」，據岳本、閩本、監本、毛本、殿本、庫本及衛氏《集説》改。「己」字原脱，據余本、撫本、岳本、阮本及衛氏《集説》補。疏放此。

❷「對揚以辟之（讀）勤大命」，鄭注、孔疏如此讀。陸佃則以此八字當作一句讀，略云：「辟，君也。勤大命，言命大且勤。對揚以君之勤大命，猶言『對揚天子之休命』也。」朱熹是之。詳衛氏《集説》。

著於烝祭之彝鼎。彝，尊也。《周禮》：「大約劑，書於宗彝。」此衛孔悝之鼎銘也。言銘之類衆多也，略取其一以言之。❶古之君子，論譔其先祖之美，而明著之後世者也，以比其身，以重其國家如此。如莊公命孔悝之爲也。莊公、孔悝，雖無令德以終其事，於禮是，行之非。子孫之守宗廟社稷者，其先祖無美而稱之，是誣也；有善而弗知，不明也；知而弗傳，不仁也。此三者，君子之所恥也。**疏**正義曰：以前經明事親致敬，此一節明稱揚先祖之美。今各依文解之。「銘者，自名也」者，言爲先祖之銘者，自著己之功名於下。「自名以稱揚其先祖之美，而明著之後世者也」，謂自著己名之時，先稱揚其先祖之美於上，而使昭明顯著於後世。「銘者，論譔其先祖之有德善」者，論，謂論說。譔，則譔録。言子孫爲銘，論説譔録其先祖道德善事。「功烈、勳勞、慶賞、聲名，列於天下」者，此先祖美善之事也。烈，業也。謂有功業、勳勞，有慶賞，聲名，著於天下者也。「而酌之祭器」者，酌，斟酌也。祭器，鐘鼎也。若有聲名偏普天下者，則斟酌列書，著於君之鐘鼎也。「自成其名焉」者，先書先祖之德於器上，又自成己名於先祖銘下也。「以祀其先祖者也」者，祀祖，謂預君祫祭也。禮，功臣既得銘鼎，則得預君大祫。令先祖被銘預祫，是尊其先祖也。「顯揚先祖，所以崇孝也」者，釋所以必銘義也。爲崇於孝道，故稱揚先祖也。「身比焉，順也」者，比，次也。先稱祖德，而己身親自著名次於下，是崇孝順之行也。「明示後世，教也」者，爲人子孫，能得稱揚先祖，明示後世，使後世敎慕，即是教也。**注**「烈業」至「後世」　正義曰：「烈，業也」，《釋詁》文。「王功曰勳，事功曰勞」，《周禮·司勳》文。云「傳著於鐘鼎也」者，傳，附也。言鐫勒先祖功名，附著於鐘鼎。或解「傳」爲傳述於鐘鼎，義亦通也。云「自著名以稱揚先祖之德」者，解經「身比焉」。云「孝順之行也」者，以解經「順也」。云「教也，所以教後世」者，言稱先祖，明示後世，❷所以教後世，使如先祖之善也，故云「教也」。「夫銘者壹稱」，謂造銘唯壹稱先祖之善。「而

❶「其」，原作「此」，據余本、岳本、閩本、監本、毛本、殿本、庫本改。

❷「世」字原漶滅，據阮本補。

上下皆得焉耳矣」者，上，謂光揚先祖。下，謂成己順行，又垂教來世也。「既美其所稱，又美其所爲」者，釋「上下皆得」也。所稱，謂先祖也。所爲，謂己身行業也。君子有德之士，觀銘必見此二事之美。爲之者，謂爲銘之人也。「明足以見之」者，謂己有顯明之德，足以見先祖之美。「仁足以與之」者，謂己有仁恩，故君上足以著先祖之銘與之。「知足以利之」者，謂己有知謀，足以利益於己，得上比先祖也。「可謂賢矣」者，言爲銘之人，備此三事，所以爲賢。「賢而勿伐，可謂恭矣」者，既備三事爲賢，又不自伐，是爲恭也，故云「可謂恭矣」。注「孔悝」至「禘祭」　正義曰：云「德孔悝之立己」者，案哀二年，晉趙鞅納蒯聵于戚。至哀十五年，《傳》云：衛孔圉娶蒯聵之姊，生悝。孔氏之豎渾良夫通於伯姬，伯姬使良夫往蒯聵，蒯聵與良夫入衛，舍孔氏之外圃。遂入，適伯姬氏。伯姬與大子五人迫孔悝於廁，强盟之，遂劫以登臺，於是得國。是德孔悝之立己也。「假，至也」，《釋詁》文。云「至於大廟，謂以夏之孟夏禘祭」者，以經云「六月」，是周之六月，是夏之孟月，禘祭之時，以諸侯命臣，在於祭日。案《左傳》哀十五年，冬，蒯聵得國。十六年六月，衛侯飲孔悝酒而逐之。此得六月命之者，蓋命後即逐之，故俱在六月。「公曰」至「休哉」　此一節是孔悝父祖鼎銘之辭。「叔舅」者，孔悝是異姓大夫，年幼，故稱「叔舅」。「乃祖莊叔」者，乃，女也。「祖莊叔」者，謂孔悝之七世祖孔達也。「左右成公」者，左，右，助也。輔助衛成公。「成公乃命莊叔隨難于漢陽」者，難，謂成公被晉所伐，出奔於楚。謂成公命孔達隨出逃難，而往漢陽，即是楚地，在漢水之北。「即宫于宗周」者，即，就也。宫，謂宫室。成公後得反國，又坐殺弟叔武，被晉討之，❶歸于京師，寘於深室之中，是「即宫」也。「奔走無射」者，言孔達隨難漢陽，及即宫於宗周，常奔走勞苦，無厭倦。「啓右獻公，獻公乃命成叔纂乃祖服」者，啓，開也。右，助也。言莊叔餘功流於後世，能右助獻公。獻公雖復出奔，乃得反國，其時孔達之孫成叔輔佐獻公，故獻公乃命成叔纂繼女祖孔達舊所服行之事。「乃考文叔」者，孔圉是孔悝之父，故云「乃考」。「興舊耆欲」者，言父圉能興行先祖舊德，嗜欲所爲。「作率慶士，躬恤衛國。其勤公家，夙夜不解，民咸曰休哉」者，作，起也。率，循也。慶，善也。士，事也。言孔悝能起發依循善事，❷躬憂恤衛國，❸勤勞

❶「討」，阮本作「執」。案下文云「執衛侯」，疑作「執」是。
❷「孔悝」，據經文、注文當作「孔圉」。
❸「憂」，原作「優」，據閩本、毛本、阮本改。

公家，早夜不解倦，民皆曰「功德休美哉」！此是孔悝先祖功業鼎銘之辭也。**注**「莊叔」至「周也」　正義曰：案《世本》：「莊叔達生得閭叔穀，穀生成叔烝鉏，鉏生頃叔羅，羅生昭叔起，起生文叔圉，圉生悝。」莊叔是悝七世祖也。云「成公爲晉文公所伐，出奔楚」者，案僖二十八年《左傳》稱衛與楚，晉文公敗楚於城濮，衛侯懼，出居於襄牛，遂奔楚。云「坐殺弟叔武，晉人執而歸之於京師，寘之深室也」者，亦僖二十八年《左傳》文。晉人歸衛侯，入，其室弟叔武將沐，聞君至，喜，捉髮走出，前驅歂犬射而殺之。❶其大夫元咺出奔晉，訟衛侯。衛侯不勝，執衛侯，歸之于京師，寘諸深室。是其事也。案《左傳》於時無孔達之事而云之者，傳文不具，或者蒯聵欲褒美孔悝，故假其先祖之功而言之也。**注**「獻公」至「達也」　正義曰：案《衛世家》，衛成公生穆公，穆公生定公，定公生獻公，是衎爲成公曾孫。云「亦失國得反」者，案襄十四年《左傳》稱衛孫文子、甯惠子逐衛侯，衛侯出奔齊。是「亦失國」也。稱「亦」者，「亦」成公也。其時亦非成叔之功，假言之也。云「纂，繼也。服，事也」，《釋詁》文。下注「率，循也」，亦《釋詁》文。　「公曰：叔舅！予女銘，若纂乃考服」　此一節明蒯聵與孔悝銘之言也。及勑戒之，使繼先祖，故云「纂乃考服」。　「悝拜」至「彝鼎」　此一節明孔悝拜受君恩，言己光揚先祖之德，行君之大命，著於彝鼎。「對揚以辟之」者，對，遂也。揚，稱揚也。辟，明也。言己遂稱揚君命，以光明我先祖之美。　「勤大命，施于烝彝鼎」者，勤，行也。施，著也。烝，謂烝祭。言己勤行君之大命，著於烝祭之彝尊及鼎也。「此衛孔悝之鼎銘也」記者録其銘，故以結之。但「休哉」以上，是稱其先祖；「公曰：叔舅」以下至「彝鼎」，是自著其名於下，是以身比焉，比先祖也。

昔者周公旦有勳勞於天下。周公既没，成王、康王追念周公之所以勳勞者，而欲尊魯，故賜之以重祭：外祭則郊、社是也，內祭則大嘗、禘是也。言此者，王室所銘，若周公之功。夫大嘗、禘，升歌《清廟》，下而管《象》，朱干玉戚以舞《大武》，八佾以舞《大夏》，此天子之樂也。康周公，故以賜魯也。《清廟》，頌文王之詩也。管《象》，吹管而舞《武象》之樂

❶「犬」，原作「大」，據阮本改。

也。朱干，赤盾。戚，斧也。此《武象》之舞所執也。佾，猶列也。《大夏》，禹樂，文舞也，執羽籥。文武之舞皆八列，互言之耳。康，猶褒大也。《易・晉卦》曰：「康侯用錫馬。」**子孫纂之，至于今不廢，所以明周公之德，而又以重其國也。**不廢，不廢其此禮樂也。❶重，猶尊也。**疏**正義曰：此一節因上説鼎銘，明先祖之善，故此明周公之勳，子孫纂之，特重於餘國，亦光揚之事。「外祭則郊、社」者，諸侯常祭，唯社稷以下。魯之祭社，與「郊」連文，則用天子之禮也。「内祭則大嘗、禘」者，祫祭在秋也，大嘗，禘祭在夏也，❷是大嘗、禘得用天子之禮。則「升歌《清廟》」及舞《大武》、《大夏》之屬，皆用天子之禮，所以爲大嘗、禘也。餘諸侯則不得大嘗、禘。「升歌《清廟》」者，升堂歌《清廟》。《清廟》，頌文王之詩也。「下而管《象》」者，堂下吹管而舞《武象》之樂也。「朱干玉戚以舞《大武》」者，朱干，赤盾也。戚，斧也，以玉飾其柄。此《武象》之舞所執。「八佾以舞《大夏》」者，《大夏》，禹樂，文舞也，執羽籥。此天子之樂也。「康周公，故以賜魯也」者，「升歌《清廟》」以下，並是天子之樂，故以此結之也。**注**「武象」至「錫馬」　正義曰：言「文武之舞皆八列，互言之耳」者，以經云「八佾以舞《大夏》」，舞《大武》不顯佾數，則舞《大武》亦八佾也。《大武》云「朱干玉戚」，其《大夏》則不用朱干玉戚，當用羽籥，而云「互文」者，以《大夏》言舞數，則《大武》亦當有舞數，《大武》言所執舞器，則《大夏》亦有舞器，故云「互」也。「《易・晉卦》『康侯用錫馬』」者，證「康」是褒崇之義。案《易・晉卦》，《坤》下《离》上，日出於地爲晉。晉，進也，言明進也。「子孫」至「國也」者，言魯是周公子孫，繼周公之後，至今不廢此禮樂，謂作《記》之時也。所以明周公之有德，而又以尊重其魯國也。

禮記正義卷第五十七

❶「其」，阮校云：「浦鏜校云衛氏《集説》無『其』字。案疏則『其』字當衍文。」

❷「祫祭」至「夏也」，孫詒讓《校記》云：「此疏當作『大嘗祫祭在秋也，大禘之祭在夏也』。今本不可通。」

禮記正義卷第五十八

國子祭酒上護軍曲阜縣開
國子臣孔穎達等奉敕撰

經解第二十六

正義曰：案鄭《目録》云：「名曰《經解》者，以其記六藝政教之得失也。此於《别録》屬《通論》。」

孔子曰：「入其國，其教可知也。觀其風俗，則知其所以教。其爲人也，温柔敦厚，《詩》教也。疏通知遠，《書》教也。廣博易良，《樂》教也。絜静精微，《易》教也。恭儉莊敬，《禮》教也。屬辭比事，《春秋》教也。屬，猶合也。《春秋》多記諸侯朝聘會同，有相接之辭，罪辯之事。故《詩》之失愚，《書》之失誣，《樂》之失奢，《易》之失賊，《禮》之失煩，《春秋》之失亂。失，謂不能節其教者也。《詩》敦厚，近愚。《書》知遠，近誣。《易》精微，愛惡相攻，遠近相取，則不能容人，近於傷害。《春秋》習戰争之事，近亂。其爲人也，温柔敦厚而不愚，則深於《詩》者也。疏通知遠而不誣，則深於《書》者也。廣博易良而不奢，則深於《樂》者也。絜静精微而不賊，則深於《易》者也。恭儉莊敬而不煩，則深於《禮》者也。屬辭比事而不亂，則深於《春秋》者也。」言深者，既能以教，又防其失。疏正義曰：《經解》一篇，揔是孔子之言。記者録之，以爲《經解》者，皇氏云：「解者，分析之名。此篇分析六經體教不同，故名曰《經解》也。六經其教雖異，揔以《禮》爲本，故記者録入於《禮》。」「孔子曰：入其國，其教可知也」者，言人君以六經之道，各隨其民教之。民從上教，各從六經之性，觀民風俗，則知其教，故云「其教可知也」。「温柔敦厚，

《詩》教也」者，温，謂顔色温潤。柔，謂情性和柔。《詩》依違諷諫，不指切事情，故云「温柔敦厚」是《詩》教也。　「疏通知遠，《書》教也」者，《書》録帝王言誥，舉其大綱，事非繁密，是「疏通」；上知帝皇之世，是「知遠」也。　「廣博易良，《樂》教也」者，樂以和通爲體，無所不用，是「廣博」。簡易良善，使人從化，是「易良」。　「絜静精微，《易》教也」者，《易》之於人，正則獲吉，邪則獲凶，不爲淫濫，是「絜静」；窮理盡性，言入秋毫，是「精微」。　「恭儉莊敬，《禮》教也」者，禮以恭遜、節儉、齊莊、敬慎爲本，若人能恭敬節儉，是《禮》之教也。　「屬辭比事，《春秋》教也」者，屬，合也。比，近也。《春秋》聚合會同之辭，是「屬辭」，比次褒貶之事，是「比事」也。凡人君行此等六經之教以化於下，在下染習其教，還有六經之性，故云《詩》教、《書》教之等。　「故《詩》之失愚」者，《詩》主敦厚，若不節制，❶則失在於愚。❷　「《書》之失誣」者，《書》廣知久遠，若不節制，則失在於誣。　「《樂》之失奢」者，《樂》主廣博和易，若不節制，則失在於奢。　「《易》之失賊」者，《易》主絜静嚴正，遠近相取，愛惡相攻，若不節制，則失在於賊害。　「《禮》之失煩」者，《禮》主文物、恭儉、莊敬，若不能節制，則失在於煩苛。　「《春秋》之失亂」者，《春秋》習戰争之事，若不能節制，失在於亂。此皆謂人君用之教下，不能可否相濟，節制合宜，所以致失也。　「其爲人也，温柔敦厚而不愚，則深於《詩》者也」，此一經以《詩》化民，雖用敦厚，能以義節之，欲使民雖敦厚，不至於愚，則是在上深達於《詩》之義理，能以《詩》教民也，故云「深於《詩》者也」。以下諸經，義皆放此。　注「易精」至「之事」❸　正義曰：「《易》精微」者，《易》理微密，相責褊切，不能含容。云「愛惡相攻」者，謂《易》卦六爻，或陰爻乘陽，或陽爻據陰，近而不得，是「愛惡相攻」也。云「遠近相取」者，謂彼此有應，是遠近相取也；或遠而無應，近而不相得，是遠近不相取也。云「則不能容人，近於傷害」者，若意合，則雖遠必相愛；若意離，雖近必相惡。是「不能容人」。不與己同，浪被傷害，是失於賊害也。云「《春秋》習戰争之事」者，以《春秋》記諸侯相侵伐，又有鬭争之辭。若僖二十八年「晉人執衛侯，歸之于京師」；昭十三年「平丘之會，子産争承」之類是也。故前注云「《春秋》記罪辯之事」也。然

❶「制」，原作「之」，據監本、毛本、殿本、庫本改。
❷「則」字原脱，據閩本、毛本、殿本、庫本、阮本補。
❸「注」下原有「云」字，據全書體例删。

《詩》爲《樂》章，《詩》、《樂》是一，而教别者，若以聲音干戚以教人，是《樂》教也，若以《詩》辭美刺諷喻以教人，是《詩》教也。此爲政以教民，故有六經。若教國子弟於庠序之内，則唯用四術。故《王制》云「春、秋教以《禮》、《樂》，冬、夏教以《詩》、《書》」是也。此六經者，惟論人君施化，能以此教民，民得從之，未能行之至極也。若盛明之君，爲民之父母者，則能恩惠下極於民，則《詩》有好惡之情，《禮》有政治之體，《樂》有諧和性情，皆能與民至極，民同上情。故《孔子閒居》云「志之所至，《詩》亦至焉；《詩》之所至，《禮》亦至焉；《禮》之所至，《樂》亦至焉」是也。其《書》、《易》、《春秋》，非是恩情相感與民至極者，故《孔子閒居》無《書》、《易》及《春秋》也。天子者，與天地參，故德配天地，兼利萬物，與日月並明，明照四海，而不遺微小。其在朝廷，則道仁聖禮義之序；燕處，則聽《雅》、《頌》之音；行步，則有環佩之聲；升車，則有鸞和之音。居處有禮，進退有度，百官得其宜，萬事得其序。《詩》云：『淑人君子，其儀不忒。其儀不忒，正是四國。』此之謂也。道，猶言也。環佩，佩環、佩玉也，所以爲行節也。《玉藻》曰：「進則揖之，退則揚之，然後玉鏘鳴也。」環取其無窮止，玉則比德焉。孔子佩象環五寸。人君之環，其制未聞也。鸞、和，皆鈴也，所以爲車行節也。《韓詩内傳》曰：「鸞在衡，和在軾前。」升車則馬動，馬動則鸞鳴，鸞鳴則和應。居處，朝廷與燕也。進退，行步與升車也。發號出令而民説謂之和，上下相親謂之仁，民不求其所欲而得之謂之信，除去天地之害謂之義。義與信，和與仁，霸王之器也。有治民之意而無其器，則不成。器，謂所操以作事者也。義、信、和仁，皆存乎禮。**疏**正義曰：此一節盛明天子霸王唯有禮爲霸王之器，言禮之重也。「與天地參」者，天覆地載，生養萬物。天子亦能覆載生養之功，與天地相參齊等，故云「與天地參」。「《詩》云：淑人君子，其儀不忒。其儀不忒，正是四國」者，此《詩·曹風·鳲鳩》之篇，刺上下不均平之詩。言善人君子，用心均平，其威儀不有差忒。以其不差，故能正此四方之國。「此之謂也」者，言《詩》之所云，正當此聖人有禮之謂也。　「民不求其所欲而得之謂之信」者，謂明君在上，賙贍於下，民不須營求所欲之物，自然得之，是在上信實，恩能覆養故也。猶若《尚書傳》稱「民擊壤而歌：鑿井而飲，耕田而食，帝有何力」？是「不求其所欲」也。天不言而四時行，是信若四時，故云「謂之信」也。　「除去天地之害謂之義」者，義，宜也。天地無害，於物有宜，故爲義。天地害者，謂水旱之等及疫癘之屬，及天地之内有惡事害人，皆名「天地之害」也。　「霸王之器」者，器，謂人所操持以作事物者。欲爲其事，必先利其器。言欲作霸王，必須義、信、和、仁，是「霸王之器也」。　注「韓詩」至「軾前」　正義曰：此鸞、和所在，謂朝祀所乘之車。若田獵之車，則鸞在鑣也。故《詩·秦風》云「輶車鸞鑣」，箋云：「置鸞於鑣，異於乘車。」是乘車鸞在衡也。然鄭於《商頌》箋云：「在軾曰和，在鑣曰鸞。」❶彼亦乘車，鸞在鑣，與《秦詩》箋不同者，鄭於《秦詩》已解，故於《商頌》略而不言。或可以經無正文，鄭爲兩説。

禮之於正國也，猶衡之於輕重也，繩墨之於曲直也，規矩之於方圜也。❷故衡誠縣，不可欺以輕重；繩墨誠陳，不可欺以曲直；規矩誠設，不可欺以方圜。君子審禮，不可誣以姦詐。衡，稱也。縣，謂錘也。陳、設，謂彈畫也。誠，猶審也，或作「成」。是故隆禮由禮，謂之有方之士；不隆禮不由禮，謂之無方之民。敬讓之道也。故以奉宗廟則敬，以入朝廷則貴賤有位，以處室家則父子親、兄弟和，以處鄉里則長幼有序。」孔子曰：「安上治民，莫善於禮。」此之謂也。隆禮，謂盛行禮也。方，猶道也。《春秋傳》曰：「教之以義方。」疏正義曰：此一節贊明禮事之重，治國之急。「故衡誠縣，不可欺以輕重」者，衡，謂稱衡；縣，謂稱錘。誠，審也。若稱衡詳審縣錘，則輕重必正，故云「不可欺以輕重」。　「繩墨誠陳，不可欺以曲直」，陳，謂陳列。若繩墨審能陳列，則曲直必當，故云「不可欺以曲直」。　「規矩誠設，不可欺以方圜」者，規

❶「然鄭於商頌箋云在軾曰和在鑣曰鸞」，案此非《商頌·烈祖》鄭箋之文，乃《小雅·蓼蕭》毛傳也。

❷「於」字原脱，據《唐石經》及余本、撫本、岳本、阮本補。

所以正圜，矩所以正方。設，謂置設。若規矩詳審置設，則方圜必得，故云「不可欺以方圜」。「君子審禮，不可誣以姦詐」，設譬既畢，故以此言結之。言君子之人，若能審詳於禮，則姦詐自露，不可誣罔也。「是故隆禮由禮，謂之有方之士」者，隆，盛也。由，行也。方，道也。若君子能隆盛行禮，則可謂有道之士也。反此，則爲無知之民。民是無知之稱故也。「敬讓之道也」者，此言禮之爲用，是敬讓之道也。爲下文而起。「此之謂也」者，從篇首「孔子曰：入其國，其教可知也」，至此「長幼有序」，事相連接，皆是孔子之辭，記者録之而爲《記》。其理既盡，記者乃引孔子所作《孝經》之辭以結之，故云「此之謂也」。言孔子所云者，正此經之所謂也。注「春秋」至「義方」 正義曰：《春秋左氏》隱三年傳文。衛莊公寵公子州吁，石碏諫云：「臣聞愛子，教之以義方，弗納於邪。」引之者，證「方」爲「道」也。

故朝覲之禮，所以明君臣之義也；聘問之禮，所以使諸侯相尊敬也；喪祭之禮，所以明臣子之恩也；鄉飲酒之禮，所以明長幼之序也；昏姻之禮，所以明男女之别也。夫禮，禁亂之所由生，猶坊止水之所自來也。故以舊坊爲無所用而壞之者，必有水敗；以舊禮爲無所用而去之者，必有亂患。 春見曰朝，小聘曰問，其篇今亡。昏姻，謂嫁取也。壻曰昏，妻曰姻。自，亦由也。疏正義曰：此一經明禮之所用，各有所主，又明舊禮不可不用之意。但自此以下，上承「孔子曰」、「此之謂也」，以後則是記者廣明安上治民之義，非復孔子之言也。「夫禮，禁亂之所由生」者，由，從也。禮禁亂之所從生。亂生之處，則豫禁之。若深宮固門，閽寺守之；諸侯夫人父母没，不得歸寧之類是也。「猶坊止水之所自來也」，坊，謂堤坊。人築堤坊，止約水之所從來之處。言若有汙下水來之處，則豫坊障之。「故以舊坊爲無所用而壞之者，必有水敗」者，譬言舊禮不可去也。坊以止水，忽有無知之人，謂舊坊爲無所用而壞之，坊壞則水必來，敗於産業也。「以舊禮爲無所用而去之者，必有亂患」者，禮本防亂，忽有愚人，謂舊禮爲無所用而壞去之者，則必有亂患之事也。注「壻曰昏，妻曰姻」 正義曰：案《爾雅·釋親》云：「壻之父爲姻，婦之父爲婚。」此云「壻曰昏，妻曰姻」者，《爾雅》據男女父母，此據男女之身。壻則昏時而迎，婦則因而隨之，故云「壻曰昏，妻曰姻」。

故昏姻之禮廢，則夫婦之道苦，而淫辟之罪多矣；鄉飲酒之禮廢，則長幼之序失，而争鬭之獄繁矣；喪祭之禮廢，則臣子之恩薄，而倍死忘生者衆矣；❶聘覲之禮廢，則君臣之位失，諸侯之行惡，而倍畔、侵陵之敗起矣。苦，謂不至、不答之屬。

疏正義曰：此明禮諸事不可闕廢，若其闕廢，則禍亂興也。「而争鬭之獄繁矣」者，以鄉飲酒之禮明上下長幼，共相敬讓。今若廢而不行，則尊卑無序，故争鬭之獄繁多矣。「而倍死忘生者衆矣」者，❷喪祭之禮，所以敦勗臣子恩情，使死者不見背違，生者恒相存念。若廢不行，故臣子恩薄，而死者見背，生者被遺忘。如此者多，故云「衆矣」。「而倍畔、侵陵之敗起」者，倍畔，謂據倍天子也。侵陵，謂侵陵鄰國也。注「苦謂」至「之屬」正義曰：「不至」者，謂夫親迎而女不至。若《詩·陳風》云：「昏以爲期，明星煌煌。」注云：「女留他色，不肯時行。」《序》云「親迎，女猶有不至者」是也。「不答」者，謂夫不答耦於婦。故《邶風》云「《日月》，衛莊姜傷己不見答於先君」是也。此經覆説前經，反明上事。但前經尊重者在前，卑輕者在後，故先朝覲，後昏姻也。又殊别君臣，故先朝覲，後聘問。下經所黜，則據人倫切急者在前，先昏姻，次以鄉飲酒，乃至於聘、覲也。聘、覲合之者，以其聘、覲禮廢，則君臣位失，倍畔、侵陵，其惡相通，故合言之也。

故禮之教化也微，其止邪也於未形，使人日徙善遠罪而不自知也，是以先王隆之也。《易》曰：「君子慎始，差若豪氂，繆以千里。」此之謂也。隆，謂尊盛之也。始，謂其微時也。

疏正義曰：「故禮之教化也微」者，言禮之教人，豫前事微之時，豫教化之；又教化之時依微，不甚指斥。「其止邪也於未形」者，謂止人之邪，在於事未形著，是教化於事微者也。「使人」至「之也」　又使人日徙善遠於罪惡而不自覺知，是教化依微，不甚指斥。爲此之故，是以先世

❶「生」，王念孫云：「『生』當爲『先』，字之誤也。《漢書·禮樂志》、《論衡·薄葬篇》用《經解》文並作『先』。」詳《經義述聞》。

❷「忘」，原作「亡」，據閩本、毛本、殿本、庫本、阮本改。

之王，隆尚之也。「《易》曰：『君子慎始，差若豪氂，繆以千里。』❶此之謂也」者，此《易·繫辭》文也。❷言君子謹慎事之初始，差錯若豪氂之小，至後廣大，錯繆以至千里之大。引之者，證禮之防人在於未形著之前，若初時不防，則後致千里之繆，故云「此之謂也」。

哀公問第二十七

正義曰：案鄭《目録》云：「名曰《哀公問》者，善其問禮，著謚顯之也。此於《別録》屬《通論》。」但此篇哀公所問，凡有二事，一者問禮，二者問政。問禮在前，問政在後。

哀公問於孔子曰：「大禮何如？君子之言禮，何其尊也？」孔子曰：「丘也小人，不足以知禮。」謙不答也。君曰：「否。吾子言之也！」孔子曰：「丘聞之，民之所由生，禮爲大。非禮無以節事天地之神也，非禮無以辯君臣、上下、長幼之位也，非禮無以別男女、父子、兄弟之親，昬姻、疏數之交也。君子以此之爲尊敬然。言君子以此故尊禮。然後以其所能教百姓，不廢其會節。君子以其所能於禮教百姓，使其不廢此上事之期節。有成事，然後治其雕鏤、文章、黼黻以嗣。上事行於民有成功，乃後續以治文飾，以爲尊卑之差。其順之，然後言其喪筭，備其鼎俎，設其豕腊，脩其宗廟，歲時以敬祭祀，以序宗族，即安其居，節醜其衣服，卑其宮室，車不雕幾，器不刻鏤，食不貳味，以與民同利。昔之君子之行禮者如此。」言，語也。筭，數也。即，就也。醜，類也。幾，附纏之也。言君子既尊禮，民以爲順，乃後語以喪祭之禮，就安其居處，正其衣服，教之節儉。與之同利者，上下

❶「里」，原作「重」，據阮本改。
❷「此易繫辭文也」，浦鏜校云：「案『《易》曰』之語，出《易緯·通卦驗》。『易繫辭』當『易緯』誤矣。」

俱足也。公曰：「今之君子胡莫之行也？」孔子曰：「今之君子，好實無厭，淫德不倦，荒怠敖慢，固民是盡，午其衆以伐有道，求得當欲，不以其所。昔之用民者由前，今之用民者由後，今之君子莫爲禮也。」實，猶富也。淫，放也。固，猶故也。午其衆，逆其族類也。當，猶稱也。所，猶道也。由前，用上所言。由後，用下所言。**疏**正義曰：此一節是哀公問禮之事。「大禮何如」者，以禮之所用，其事廣大，包含處廣，故云「大禮」。「君子之言禮，何其尊也」者，哀公問夫子云：賢人君子言説禮之事重，此禮何事可尊？問其所尊之事意。「君曰『否。吾子言之也』」者，孔子既辭以不堪足以識知於禮，君，謂哀公，❶哀公止其謙讓，曰「否」，否，不也。言不得謙退，吾子但言説之也。「然後以其所能教百姓」者，人君既知所生由禮，故尊而學之。學之既能，迴持此能以教百姓也。「不廢其會節」者，會，由期也。❷期節，謂天地、君臣、男女之期節也。既教百姓，故使百姓不廢此三事之期節也。「有成事」者，謂有上三事行於民有成功之事，故云「有成事」，則上「事天地、辯君臣、别男女」等之事。「然後治其雕鏤、文章、黼黻以嗣」者，言既有在上諸事，然後聖人能治理其雕畫刻鏤、文章黼黻，以嗣續其事，使每事有尊卑上下文彩之異。「其順之」者，謂其民也。君既尊敬於禮，故民得教而百姓順從之。❸「然後言其喪筭」者，言，猶示語也。筭，數也。民既從順，然後示語其喪紀節數以教之也。「設其豕腊」者，謂喪中之奠，有豕有腊也。前示服數，後設喪奠之禮也。「脩其宗廟，歲時以敬祭祀」者，謂除服之後，又教爲之宗廟，以鬼享之。「以序宗族」者，又教祭祀末留同姓燕飲，序會宗族也。「即安其居」者，即，就也。就安其居，謂隨其風俗、山川、溪谷之異而安之，「不使山者居川，渚者居中原」是也。「節醜其衣服」者，節，正也。醜，類也。又正其民衣服，使得其類也。「衣服異宜，器械異制」是也。「卑其宮室」者，制使有度，不「峻宇雕牆」也。「車不雕幾」者，幾，謂沂鄂也。謂不雕鏤，使有沂鄂也。「器不刻

❶「謂」，原作「問」，據阮本改。

❷「由」，閩本、毛本、殿本、庫本及衛氏《集説》作「猶」。按：猶，正字；由，通假字也。

❸「百」，原作「有」，據阮本改。

鏤」者，謂常用之器，不用采飾。「食不貳味」者，謂不副貳肴膳也。「以與民同利」者，非唯教民如此，而君亦不奢飾，但與百姓同其利潤也。「昔之君子之行禮者如此」，以哀公問君子尊禮所由，故結之云古昔之君子之行禮如此上事，刺公今不然。「孔子曰『今之君子，好實無厭』」者，實，謂財貨充實。言今之君子，性行貪婪，好此財貨，無知厭足。「固民是盡」者，固，故也。盡，謂竭盡。言不恤於下，故使人之財力於是盡竭。「午其衆以伐有道」者，午，忤也。忤，違逆也。言專意自縱，不順衆心，是違逆其衆族類也。守道者被害，是以「伐有道」也。「求得當欲，不以其所」者，當，稱也。所，道也。言不以道而侵民，求其所得，必須稱己所欲，不用其養民之道。「今之君子莫爲禮也」者，言古之君子用前經所云以化民，今之君子用後經所説以害下，故今之君子無能爲先世君子之禮也。

孔子侍坐於哀公。哀公曰：「敢問人道誰爲大？」孔子愀然作色而對曰：「君之及此言也，百姓之德也，固臣敢無辭而對。人道政爲大。」愀然，變動貌也。作，猶變也。德，猶福也。辭，讓也。公曰：「敢問何謂爲政？」孔子對曰：「政者，正也。君爲正，則百姓從政矣。君之所爲，百姓之所從也。君所不爲，百姓何從？」言君當務於政。公曰：「敢問爲政如之何？」孔子對曰：「夫婦別，父子親，君臣嚴，三者正，則庶物從之矣。」庶物，猶衆事也。公曰：「寡人雖無似也，願聞所以行三言之道，可得聞乎？」無似，猶言不肖。孔子對曰：「古之爲政，愛人爲大。所以治愛人，禮爲大。所以治禮，敬爲大。敬之至矣，大昏爲大。大昏至矣！大昏既至，冕而親迎，親之也。親之也者，親之也。是故君子興敬爲親，舍敬是遺親也。弗愛不親，弗敬不正。愛與敬，其政之本與！」大昏，國君取禮也。至矣，言至大也。興敬爲親，言相敬則親。公曰：「寡人願有言然。冕而親迎，不已重乎！」已，猶大也。怪親迎乃服祭服。孔子愀然作色而對曰：「合二姓之好，以繼先聖之後，以爲天地、宗廟、社稷之主，君何謂已重乎？」先聖，周公也。公曰：「寡人固，不固，焉得聞此言也？寡人欲問，不得其辭，請少進。」固不固，言吾由鄙固故也。請少進，欲其爲言以曉已。孔子曰：「天地不合，萬物不生。大昏，萬世之嗣也，君何謂已重焉？」孔子遂言曰：「内以治宗廟之禮，足以配天地之神明；出以治直言之禮，足以立上下之敬。物恥足以振之，國恥足以興之。爲政先禮，禮其政之本與！」宗廟之禮，祭宗廟也。夫婦配天地，有日月之象焉。《禮器》曰：「君在阼，夫人在房。大明生於東，月生於西。此陰陽之分，夫婦之位也。」直，猶正也。正言，謂出政教也。政教有夫婦之禮焉。《昏義》曰：「天子聽外治，后聽内職。教順成俗，外内和順，國家理治，此之謂盛德。」物，猶事也。事恥，臣恥也。振，猶救也。國恥，君恥也。君臣之行有可恥者，禮足以救之，足以興復之。孔子遂言曰：「昔三代明王之政，必敬其妻子也，有道。妻也者，親之主也，敢不敬與！子也者，親之後也，敢不敬與！君子無不敬也，敬身爲大。身也者，親之枝也，敢不敬與！不能敬其身，是傷其親；傷其親，是傷其本；傷其本，枝從而亡。三者，百姓之象也。身以及身，子以及子，妃以及妃，君行此三者，則愾乎天下矣，大王之道也。如此，國家順矣。」愾，猶至也。大王居豳，爲狄所伐，乃曰：「土地所以養人也，君子不以其所養害所養。」乃去之岐。是言百姓之身猶吾身也，百姓之妻子猶吾妻子也，不忍以土地之故而害之，去之岐而王迹興焉。

疏正義曰：此一節明哀公問政之事，并問爲政何以必須親迎，孔子對之三事。今各隨文解之。「孔子侍坐於哀公」者，謂哀公命孔子坐而侍之，因問以爲政之事。自此以下終篇末，皆侍坐時言也。此云「侍坐」，則以前問者非侍坐時也，當立而與之言也。「百姓之德也」者，德，謂恩德，謂福慶之事。言君今問此人道之大，欲憂恤於下，是百姓受其福慶。「公曰『寡人雖無似也』」者，無似，猶言不肖也。肖亦似也。哀公謙退，言己愚蔽，無能似類賢人也。　「願聞所以行三言之道」者，則上經「夫婦別，父子親，君臣嚴」是也。　「古之爲政，愛人爲大」者，人爲國本，是以爲政之道，愛養民人爲大。「所以治愛人，禮爲大」者，人有禮則生，所以治理愛人，非禮不可，故「禮爲大」。　「所以治禮，敬爲大」者，禮以敬爲主，故欲治禮者則先須敬，故敬爲其大也。　「敬之至矣，大昏爲大」者，敬有大小，若敬至極之中，大昏爲大。大昏，謂天子、諸侯之昏也。　「大昏至矣」者，美大昏是敬中至極也。　「大昏既至，冕而親迎，親之也」者，上「親」，猶自也。下「親」，親愛也。言大昏既是至敬，故國君雖尊，而服其冕服以自迎也。所以自迎者，欲親此婦也，故云「親之也」。　「親之也者，親之也」，謂所以親此婦人，欲使婦人亦親已也。「是故君子興敬爲親」者，言君子冕而親迎，興起敬心，爲欲相親也。　「舍敬是遺親也」者，若不冕而親迎，則是捨去敬心，是遺棄相親之道也。「弗愛不親」者，若夫不愛重，不自親迎，則夫婦之情不相親愛矣。　「弗敬不正」者，若夫不冕服親迎，是不敬於婦，則室家之道不正矣。　「愛與敬，其政之本與」者，愛，謂親愛，則仁也。敬，謂尊敬，則義也。是仁義爲政教之本也。　「冕而親迎，不已重乎」者，冕則祭服也。天子則衮冕。諸侯以下，各用助祭之服。故《士昏禮》「主人爵弁」服是也。已，猶大也。君身著祭服而親迎，不亦大重乎？　注「怪親迎乃服祭服」　正義曰：昏禮迎婦，二傳不同。《春秋公羊》説：天子至庶人皆親迎。《左氏》説：天子至尊無敵，故無親迎之禮。諸侯有故若疾病，則使上卿逆，上公臨之。許氏謹案：「高祖時，皇太子納妃，叔孫通制禮，以爲天子無親迎，從《左氏》義。」玄駁之云：「大姒之家，『在渭之涘，文王親迎於渭』，即天子親迎明文也。引《禮記》『冕而親迎，繼先聖之後，以爲天地、宗廟、社稷之主』，非天子則誰乎？」如鄭此言，從《公羊》義也。又《詩説》云：「文王親迎於渭，紂尚南面，文王猶爲西伯耳。以《左氏》義爲長。」鄭駁未定。　注「先聖，周公也」　正義曰：以哀公所問，當問己諸侯，唯魯出周公，故解先聖爲周公。又魯得郊天，故云「天地、宗廟、社稷之主」。若《異義駁》所云，則以先聖及天地據天子。以事含兩義，故彼此各舉一邊。　「公曰」至「本與」　「固不固」者，上「固」是鄙固，下「固」，故也。言寡人由鄙固之故，所以得聞此言。由其固陋，殷重問之，故得聞此言。皇氏用王肅之義，二「固」皆爲固陋。上「固」言己之固陋，下「固」言若不鄙固則不問，不問焉得聞此言哉！　「寡人欲問，不得其辭，請少進」者，寡人更欲問所疑之事，不能得其所問之辭，請孔子少進言，使簡約易了。「内以治宗廟之禮，足以配天地之神明」者，謂君祼獻，后、夫人亞獻之屬，是「治宗廟之禮」也。天地，謂日月也。夫配日，婦配月，注引《禮器》文是也。「出以治直言之禮，足以立上下之敬」者，直，正也。若夫婦出在於外，治理正直言教之禮，足以立君臣上下之恭敬也，則注引《昏義》文是也。「物恥足以振之」者，物，事也。振，救也。謂臣之職事有可恥愧者，其禮足以救之。「國恥足以興之」者，謂君於治國有可恥愧，其禮足以興起之也。「爲政先禮，禮其政之本與」者，言欲爲國家之政，先行於禮。禮，謂夫婦之道，内則治宗廟，配天地，外則施政教，立上下，故爲「政教之本與」。「孔子」至「順矣」　上經孔子答哀公以問政之事，遂更廣言三代明王爲政之道，敬其妻子及敬其身，乃可施政教於天下。言「敬其妻子也，有道」者，謂三代敬其妻子，必有道理，故言「有道」也。「妻也者，親之主也」，言妻者，所以供粢盛祭祀，與親爲主，故云「親之主也」。「三者，百姓之象也」者，謂身也，子也，妃也。若愛百姓，先須敬身及子及妃，乃能及百姓，故云「百姓之象也」。「身以及身，子以及子，妃以及妃」者，此言百姓之象。能愛己身，則以及百姓之身；能愛己子，則以及百姓之子；能愛己妃，則以及百姓之妃。是身與妻子，還是百姓身與妻子，故云「百姓之象也」。前汎言，故云「妻」。此論人君治國政，故云「妃」。「君行此三者，則愾乎天下矣，大王之道也」者，言人君行此三事，從近而能廣至於天下矣，唯大王能然，故云「大王之道也」。「如此，國家順矣」者，既能愛百姓之身及妻子，如似己身及己之妻子也，則天下懷德，無不順從，故云「國家順矣」。**注**「愾猶」至「興焉」

正義曰：愾音近憩，憩爲息，息是至之義，故云「愾，猶至也」。云「大王居豳，爲狄所伐」者，《毛詩傳》文。案《詩》稱：❶「大王居豳，狄人侵之。事之以皮幣，不得免焉；事之以犬馬，不得免焉；事之以珠玉，不得免焉。乃屬其耆老而告之曰：『狄人之所欲，❷吾土地。吾聞之，土地所以養人，君子不以其所養人而害人。』遂去之，邑於岐山之下。」《毛傳》所引者，皆《孟子》文。又《莊子》及《呂氏春秋》稱：「大王亶父曰：『與人之兄居而殺其弟，與人之父居而殺其子，吾不忍也。且吾聞之，不以其所養害所養。』

---

❶「詩稱」，浦鏜校云：「詩稱」當「詩傳」之誤。

❷「欲」下，阮元《毛詩注疏校勘記》云：當有「者」字。

於是乃策杖而去，民相隨而從之，遂成國於岐山之下。」又《書傳略説》云：「事之以菽粟貨財，狄人攻而不止，遂策杖而去。國人束脩奔走而從者三千乘，止而民成三千户之邑也。」此注「君子不以其所養害所養」，取《莊子》、《吕氏春秋》文也。公曰：「敢問何謂敬身？」孔子對曰：「君子過言則民作辭，過動則民作則。君子言不過辭，動不過則，百姓不命而敬恭。如是，則能敬其身。能敬其身，則能成其親矣。」則，法也。民者，化君者也。君之言雖過，民猶稱其辭。君之行雖過，民猶以爲法。疏正義曰：以前經對哀公爲政在於敬身，故此經公問敬身之事，孔子對以敬身之理。「君子過言則民作辭」者，以君爲民表，下之所從，假令過誤出言，民猶法之，稱作其辭。「過動則民作則」者，君子假令過誤舉動，而民作其法則。所以君子出言不得過誤其辭，舉動不得過誤法則。公曰：「敢問何謂成親？」孔子對曰：「君子也者，人之成名也。百姓歸之名，謂之君子之子，是使其親爲君子也，是爲成其親之名也已。」

孔子遂言曰：「古之爲政，愛人爲大。不能愛人，不能有其身；不能有其身，不能安土；不能安土，不能樂天；不能樂天，不能成其身。」有，猶保也。不能保身者，言人將害之也。不能安土，動移失業也。不能樂天，不知己過而怨天也。疏正義曰：前經對哀公敬身則能成親，故此經明公更問敬身之事，何以成親？夫子答以成親之義，遂廣明成身之理。「君子也者，人之成名也」者，言凡謂之君子者，人之成就美名。王肅云：「君上位，子下民。」「百姓歸之名，謂之君子之子」者，言己若能敬身，則百姓歸己善名，謂己爲君子所生之子，是己之脩身，使其親有君子之名，是脩身成其親也。「不能有其身，不能安土」者，既不能汎愛於人，人則害之，故不能保有其身，避其禍害。流移失業，是「不能安土」。「不能樂天」者，身既失業，不知己過所招，乃更怨天，是不能愛樂於天也。「不能成其身」者，既不能樂天，不自知其罪，將謂天之濫罰，罪惡之事，無所不爲，是「不能成其身」。公曰：「敢問何謂成身？」孔子對曰：「不過乎物。」物，猶事也。

疏正義曰：以前經對哀公以成身，故此經明公問成身，夫子答以成身之事。「不過乎物」者，過，謂過誤。物，事也。言成身之道，不過誤其事。但萬事得中，不有過誤，則諸行並善，是所以成身也。

公曰：「敢問君子何貴乎天道也？」孔子對曰：「貴其不已，如日月東西相從而不已也，是天道也。不閉其久，是天道也。無爲而物成，是天道也。已成而明，是天道也。」已，猶止也。「是天道也」者，言人君法之當如是也。日月相從，君臣相朝會也。不閉其久，通其政教，不可以倦。無爲而成，使民不可以煩也。已成而明，照察有功。**疏**正義曰：以前經孔子對以成身之事，公更無疑，更改問君子何貴乎天道，孔子又答以貴天道之事。「如日月東西相從而不已也，是天道也」者，言天體無形，運行不息，如似日月東西相從而不休已，是天道也。人君設法，當則上天之道，君臣朝會，往來不已也。「不閉其久，是天道也」者，言天開生萬物，不使閉塞，其能久長，是天道也。謂人君施政，當則天道施爲政教，開通萬物，而能長久不懈倦也，故云「是天道也」。「無爲而物成，是天道也」者，言春生夏長，無見天之所爲而萬物得成，是天道。謂人君當則天道，以德潛化，無所營爲而天下治理，故云「是天道也」。「已成而明，是天道也」者，言天之生物，已能成就而功之明著，是天道。人君當則天道，化民治理而功成大平，故云「是天道也」。

公曰：「寡人惷愚、冥煩，子志之心也。」志，讀爲「識」。識，知也。冥煩者，言不能明理此事。子之心所知也，欲其要言，使易行。孔子蹴然辟席而對曰：「仁人不過乎物，孝子不過乎物。是故仁人之事親也如事天，事天如事親。是故孝子成身。」蹴然，敬貌。物，猶事也。事親、事天，孝敬同也。《孝經》曰：「事父孝，故事天明。」舉無過事，以孝事親，是所以成身。**疏**正義曰：前經明天道之事，人君當則之無已。公欲孔子要陳所行何事能得如天不已，孔子答以所行不已之事。「寡人惷愚」者，是哀公謙退，言己惷然愚蔽，無所了解。「冥煩，子志之心也」，皇氏云：「子志，夫子之志。志是知也。言我之心冥煩，不能明理此事，子心所知也。」今謂「志」是識知也，言孔子識知廣博，故己欲使夫子出要言以示己。「孔子蹴然辟席而對曰」者，以公謙退，故蹴然恭敬辟席而起對。「仁人不過乎物」者，物，事也。言仁德之人，不過失於其事。言在事無過失也。「孝子不過乎物」者，言孝子事親，亦於事無過也。「是故仁人之事親也如事天」者，言仁人事親以敬，如似事天相似。❶言敬親與敬天同。「事天如事親」者，言仁人事天以孝愛，如人事親孝愛相似。言愛親與愛天同。「是故孝子成身」者，上稱「仁人」，則孝子也。據其汎愛，則稱「仁人」；據其事親，則稱「孝子」。內則孝敬於父母，外則孝敬於天地，其間無所不行孝敬，故云「孝子成身」也。**公曰：「寡人既聞此言也，無如後罪何？」**既聞此言也者，欲勤行之也。無奈後日過於事之罪何，爲謙辭。**孔子對曰：「君之及此言也，是臣之福也。」**善哀公及此言。此言，善言也。【疏】正義曰：此一節明哀公問事畢，有謙退之辭。孔子荅以君懼後罪，「是臣之福也」。「無如後罪何」者，如，奈也。言寡人以聞子之言，勤力而行，但己之才弱，無奈後日過於其事而有罪失何！❷是謙退之辭。

仲尼燕居第二十八

正義曰：案鄭《目録》云：「名曰《仲尼燕居》者，❸善其不倦，燕居猶使三子侍之，言及於禮。著其字，言事可法。退朝而處曰燕居。此於《別録》屬《通論》。」此之一篇，是仲尼燕居，子張、子貢、言游三子侍側，孔子爲説禮事。各依文解之。

仲尼燕居，子張、子貢、言游侍，縱言至於禮。言游，言偃子游也。縱言，汎説事。**子曰：「居，女三人者！吾語女禮，使女以禮周流，無不徧也。」**「居，女三人者」，女三人且坐也。使之坐。凡與尊者言，更端則起。【疏】正義曰：此一節論問

❶ 上「似」字，阮本作「與」，疑是。
❷ 「失」，阮本作「戾」，閩、監、毛本同，殿本、庫本同。
❸ 「者」字原脱，據阮本補。

更端，三子陪侍，夫子欲語以禮之大綱。「縱言至於禮」者，縱，謂放縱。仲尼與三子等放縱廣言，汎説諸事，遂至於禮。「使女以禮周流，無不徧也」，周流，謂周旋流轉。言我使女等恒以禮周旋流轉，無不徧於天下。子貢越席而對曰：「敢問何如？」對，應也。子曰：「敬而不中禮謂之野，恭而不中禮謂之給，勇而不中禮謂之逆。」子曰：「給奪慈仁。」奪，猶亂也。巧言足恭之人似慈仁，實鮮仁。特言是者，感子貢也。子貢辯，近於給。疏正義曰：此一節明子貢問禮，辯而不讓，夫子因感而喻之，言若不中禮，則於事爲失。「敬而不中禮謂之野」者，野，謂鄙野。雖有恭敬而不合禮，是謂鄙野之人，無所知也。「恭而不中禮謂之給」者，給，謂捷給。便僻足恭而不合禮，是謂捷給，足恭之貌。「勇而不中禮謂之逆」，逆，謂逆亂。雖有壯勇而不合禮，則爲逆亂。「子曰『給奪慈仁』」者，言捷給之人，貌爲恭敬，似慈愛寬仁而實不慈仁，但其貌奪亂真慈仁也。故注云：「特言是者，感子貢也。子貢辯，近於給。」子曰：「師！爾過，而商也不及。子産猶衆人之母也，能食之，不能教也。」過與不及，言敏、鈍不同，俱違禮也。衆人之母，言子産慈仁，多不矜莊，又與子張相反。子産嘗以其乘車濟冬涉者，而輿梁不成，❶是慈仁亦違禮。疏正義曰：以上經子貢辯而捷給，不中於禮。故此經因明不中禮之人，亦言子張之過，子夏不及，子産之恩惠不能教也。「子産猶衆人之母也」者，言父義母慈，父能教而不能愛，母則能愛而不能教。言子産猶若衆人之母，但能恩慈食之，不能嚴厲教之。注「過與」至「違禮」　正義曰：「敏、鈍不同」者，「師也過」，是於事敏疾；「商也不及」，是於事遲鈍。故言「敏、鈍不同」。云「子産嘗以其乘車濟冬涉者，而車梁不成」者，《孟子》云：「子産聽鄭國之政，以其乘車濟人於溱、洧。孟子曰：『惠而不知爲政。歲十一月徒杠成，十二月輿梁成，民未病涉也。』」是鄭約《孟子》爲注，既言十一、十二月，明是「濟冬涉者」。子貢越席而對曰：「敢問將何以

❶「輿」，余本、撫本、阮本作「車」。張敦仁《考異》云：「山井鼎所據宋板『車』作『輿』，其古本亦然。今按作『輿』非也，依今《孟子》改耳。」

爲此中者也？」子曰：「禮乎禮！夫禮，所以制中也。」禮乎禮，唯有禮也。子貢退，言游進曰：「敢問禮也者，領惡而全好者與？」子曰：「然。」領，猶治也。好，善也。「然則何如？」子曰：「郊社之義，所以仁鬼神也。嘗禘之禮，所以仁昭穆也。饋奠之禮，所以仁死喪也。射鄉之禮，所以仁鄉黨也。食饗之禮，所以仁賓客也。」仁，猶存也。凡存此者，所以全善之道也。郊社、嘗禘、饋奠，存死之善者也。射鄉、食饗，存生之善者也。郊有后稷，社有句龍。子曰：「明乎郊社之義，嘗禘之禮，治國其如指諸掌而已乎！是故以之居處有禮，故長幼辨也；以之閨門之内有禮，故三族和也；以之朝廷有禮，故官爵序也；以之田獵有禮，故戎事閑也；以之軍旅有禮，故武功成也。是故宫室得其度，量鼎得其象，味得其時，樂得其節，車得其式，鬼神得其饗，喪紀得其哀，辯説得其黨，官得其體，政事得其施，加於身而錯於前，凡衆之動得其宜。」治國指諸掌，言易知也。郊社、嘗禘，尊卑之事，有治國之象焉。辨，别也。三族，父、子、孫也。凡言「得」者，得法於禮也。量，豆、區、斗、斛也。味，酸、苦之屬也。四時有所多，及獻所宜也。式，謂載也。所載有尊卑。辨禮之説，謂《禮》、《樂》之官教學者。黨，類也。體，尊卑異而合同。子曰：「禮者何也？即事之治也。君子有其事，必有其治。治國而無禮，譬猶瞽之無相與！倀倀乎其何之？譬如終夜有求於幽室之中，非燭何見？若無禮，則手足無所錯，耳目無所加，進退揖讓無所制。是故以之居處，長幼失其别，閨門三族失其和，朝廷官爵失其序，田獵戎事失其策，軍旅武功失其制，宫室失其度，量鼎失其象，味失其時，樂失其節，車失其式，鬼神失其饗，喪紀失其哀，辯説失其黨，官失其體，政事失其施，加於身而錯於前，凡衆之動失其宜。如此，則無以祖洽於衆也。」凡言「失」者，無禮故也。策，謀也。祖，始也。洽，合也。言失禮，無以爲衆倡始，無以合和衆。❶ 子曰：「慎聽之！女三人者。吾語女禮，猶有九焉，大饗有四焉。苟知此矣，雖在畎畝之中，事之，聖人已。兩君相見，揖讓而入門，入門而縣興，揖讓而升堂，升堂而樂闋。下管《象武》，《夏籥》序興，陳其薦俎，序其禮樂，備其百官。如此而后，君子知仁焉。行中規，還中矩，和鸞中《采齊》，客出以《雍》，徹以《振羽》，❷是故君子無物而不在禮矣。入門而金作，示情也。升歌《清廟》，示德也。下而管《象》，示事也。是故古之君子不必親相與言也，以禮樂相示而已。」猶有九焉，吾所欲語女餘有九也，但大饗有四。大饗，謂饗諸侯來朝者也。四者，謂金再作，升歌《清廟》，下管《象》也。事之，謂立置於位也。聖人已者，是聖人也。縣興，金作也。金再作者，獻主君又作也。下，謂堂下也。《象武》，武舞也。《夏籥》，文舞也。序，更也。堂下吹管，舞文武之樂更起也。知仁焉，知禮樂所存也。《采齊》、《雍》、《振羽》，皆樂章也。《振羽》，《振鷺》及《雍》。❸ 金作示情也，賓、主人各以情相示也。金性内明，象人情也。示德也，相示以德也。《清廟》頌文王之德。示事也，相示以事也，《武》象武王之大事也。**疏**正義曰：此一節明子游問禮，夫子爲説禮之事。凡有三節。各隨文解之。「領惡而全好者與」，領，治也。好，善也。「與」是語辭。子游問禮之爲體，治去惡事而留全善事者

❶「無以合和衆」，此下原有「疏正義曰前經明諸事得理止而使和合者也」凡十八字，阮本無。潘宗周《校勘記》云：「此十八字則衍文，在後疏之中。」據删。

❷「客出以雍徹以振羽」，俞樾《群經平議》云：「按《論語・八佾篇》『三家者以《雍》徹』，《荀子・正論篇》『《雍》而徹乎五祀』，《淮南・主術篇》『奏《雍》而徹』，是徹宜歌《雍》，不歌《振羽》也。疑此經本作『客出以《振羽》，徹以《雍》』，傳寫互易之耳。」于鬯説略同，詳《香草校書》。

❸「及雍」，此二字疑衍。

與？　「子曰：然」，然，猶如是。夫子答以禮之爲意如是領惡全善也。　「然則何如」者，子游既聞夫子稱治惡全好之事，更問夫子治惡全好之事如何。　「子曰：郊社之義，所以仁鬼神也」者，仁，謂仁恩相存念也。郊社之祭，所以存念鬼神也。　「饋奠之禮，所以仁死喪也」者，謂人之初死，設此饋食之奠，所以存念死喪。此以上皆是存留死事之善者。❶善事既全，則惡事除去也。　「射鄉之禮，所以仁鄉黨也」，射，謂鄉射也。鄉，謂鄉飲酒也。禮，鄉黨中有鄉射，有鄉飲酒者，存鄉黨故也。然「射」在「鄉」上者，欲明鄉射與鄉飲酒別也。此「仁鄉黨」及下「仁賓客」，皆是存生之善者也。**注**「郊有」至「句龍」　正義曰：注稱此者，解經「郊社仁鬼神」之義。鬼神，謂人之鬼神，故以后稷、句龍言之。此鬼神與昭穆、死喪相類，故知非陰陽七八九六之鬼神也。　「子曰」至「其宜」　正義曰：前經明郊社等之禮各有所由，故此經更廣明郊社、嘗禘，明而用之則有功也。又廣明諸禮所用有功之事。

「治國其如指諸掌而已乎」者，郊社所以祭天地，嘗禘所以祭宗廟，皆是事之難者，若能明之得理，則治國之諸事，其如指掌中之物。言其易了。　「是故宮室得其度」者，前經以說明乎郊社、嘗禘，治國如指物於掌中。此以下明治國諸事，各得其所。「宮室得其度」者，度，謂制度，高下大小，得其依禮之度數。凡言「得」者，皆得法於禮也。

「量鼎得其象」者，象，謂法象。言斛斗之量，三牲之鼎，各得其制，依禮之法象。故《易·繫辭》云：「以制器者尚其象。」　「味得其時」者，謂春酸、夏苦之屬，得其依禮之時。

「樂得其節」者，謂樂曲之節。　「車得其式」者，式，載也。言所乘之車，各得其所載之尊卑。　「鬼神得其饗」者，謂天神人鬼，各得其饗食也。　「喪紀得其哀」者，謂五服親疏，各得其哀情也。　「辨説得其黨」者，謂分辨論説《詩》、《書》、《禮》、《樂》之等，各得其黨類，不乖事之義理。　「官得其體」者，體，謂容體。謂設官分職，各得其尊卑之體。　「政事得其施」者，言布政治事，各得其所施之處也。　「加於身而錯於前，凡衆之動得其宜」者，合結用禮之功也。錯，置也。衆，謂萬事也。以禮加身而錯置行之於前，則凡萬事動用皆得其所宜也。**注**「三族」至「合同」　正義曰：云「三族，父、子、孫也」者，族，屬也。從己而言父、子、孫，於己最近，❷唯父、子、孫耳。案《昏禮》

❶「皆」字原脱，據毛本、殿本、庫本、阮本補。
❷「最」，原作「冣」，據阮本改。

「三族之不虞」，鄭注云：「三族，謂父昆弟、己昆弟、子昆弟。」與此不同者，彼爲請期，恐有期喪廢昏，故云三族宜據期喪者，故與此不同。 云「量，豆、區、斗、斛也」者，案《春秋左氏》昭三年傳云：「齊舊四量。 四升爲豆，各自其四，以登於釜。」注云：「四豆爲區，四區爲釜。」又《律歷志》云：「十升爲斗，十斗爲斛。」是「豆、區、斗、斛」。 云「四時有所多，及獻所宜也」者，案《周禮·食醫》：「春多酸，夏多苦，秋多辛，冬多鹹。」又《獸人》云「冬獻狼，夏獻麋」是也。云「式，謂載也」者，謂車有式以載人，故云「式，猶載也」。云「辨禮之説，謂《禮》、《樂》之官教學者」，以下別云「官得其體，政事得其施」，則此辨説非政事，故以爲《禮》、《樂》之官教學者。 舉《禮》、《樂》則《詩》、《書》可知。 云「黨，類也」者，言教學各以其書之義類，故云「得其黨」。 云「體，尊卑異而合同」者，猶人身之有手足，手足異於身而共體。猶若長官與屬官，亦尊卑異而共掌一事。 「子曰」至「衆也」 正義曰：前經明諸事得禮則有其功，此經明諸事失禮則其事有害。 「即事之治也」者，夫子更廣明禮事，更自設問云：「禮者何也？ 即事之治理。」言萬物之治皆由禮。 「譬猶瞽之無相與！ 倀倀乎其何之」者，瞽，謂無目。 相，謂扶相。 言治國無禮，譬猶瞽者無人扶相，倀倀乎何所之適？ 「是故以之居處，長幼失其別」者，此以下皆謂無禮有失也，飜前經得禮之事也。 「長幼失其別」者，別即辨也。 「戎事失其策」者，前云「戎事閑」也，今云「失其策」者，策，謀也，若失其謀，則不能閑暇也。「軍旅武功失其制」者，前云「武功成」也。 此云「失其制」，由不成，故失制也。 「政事失其施」者，失施，若春行夏令之屬也。 「加於身而錯於前，凡衆之動失其宜」者，以無禮自加而錯於行事，故萬事皆失所宜也。 「如此，則無以祖洽於衆也」者，結失禮之惡也。 祖，始也。 洽，合也。每事如此，則爲君上失德，不可爲衆人之倡始而使和合者也。 「子曰」至「人也」 正義曰：以前經子游問禮，孔子特爲説之。 自此以下，孔子揔爲三人説禮之大意。 但於禮之内，大饗爲重，故此經特明之。 今各隨文解之。

「猶有九焉」者，言上經所説禮外，猶有九事焉，今爲汝説之。 「大饗有四焉」者，言九事之中，兩君相見，大饗有四。 四者，謂賓初入門而縣興，揖讓而升堂，主人獻賓，賓飲訖而樂闋，是一也。 賓酢主人，金奏作，❶主人飲畢而樂闋，是二也。 至工入，升歌《清廟》，是三也。 歌畢，堂下

❶「作」，衛氏《集説》「作」上有「再」字，疑是。

管《象武》，是四也。是「大饗有四焉」。　「苟知此矣，雖在畎畝之中，事之，聖人已」者，苟，誠也。謂誠能知此四事，其身雖在畎畝之中，衆人奉而事之，立置於位，戴以爲君。「聖人已」者，已，謂語辭。言如此者是聖人也。「兩君相見，揖讓而入門」者，諸侯來朝，兩君相見，揖讓而入門。　「入門而縣興」者，謂鐘磬興而動作，謂金奏作也。「揖讓而升堂，升堂而樂闋」者，賓主及階，揖讓升堂，主人獻賓，賓卒爵而樂闋，是大饗之一也。又於此之後，賓酢主君而縣興，主君飲畢而樂闋，是大饗之二也。鄭注所謂「金再作」是也。　「下管《象武》」者，謂升歌《清廟》，是大饗之三也。堂下管中吹《象武》之曲，是大饗之四也。但此「下管《象武》」之上少「升歌《清廟》」之一句，下文既詳，故於此略之。　「《夏籥》序興」者，《夏籥》，謂《大夏》文舞之樂，以《象武》次序更遞而興。於是陳列薦俎，次序禮樂，備具百官。從「《夏籥》序興」至此，重贊揚在上之事。　「如此而后，君子知仁焉」者，仁，猶存也。君子見上大饗四焉，知禮樂所存在也。「行中規」至「徹以振羽」者，是大饗四禮之外，加有此五事，揔爲九也。但以前四事義廣意深，故特明於上。此之五事，折旋揖讓，其理淺露，故別於下。　「行中規」者，謂曲行。配前爲第五。「還中矩」者，謂方行也。通前爲六也。　「和鸞中《采齊》」者，《采齊》，樂章名。言和鸞之聲，中《采齊》之曲，謂出門迎賓之時。通前爲七也。　「客出以《雍》」者，《雍》，《詩》樂章名也。言客出之時，歌《雍》以送之。通前爲八也。　「徹以《振羽》」者，《振羽》，即《振鷺》詩，亦樂章名也。言禮畢徹器之時，歌《振鷺》也。通前爲九也。　「是故君子無物而不在禮矣」者，言無事不在禮，萬事皆在於禮也。　「入門而金作，示情也」，謂賓入門之後，至主人飲畢，而金鐘之聲再度興作。金性内明，主人獻賓而金作，是主人示賓以恩情。賓酢主人而金作，是賓示主人以敬情。覆上「縣興」之文也。　「升歌《清廟》，示德也」者，《清廟》頌文王之德，故云「示德也」。此覆說上文，但前文略而不載也。　「下而管《象》，示事也」者，《象》，謂武王伐紂之樂。事，謂王業之大事。故下管《象武》，示王業之事也。此覆釋前文「下管《象武》」也。　「古之君子不必親相與言也，以禮樂相示而已」者，言古之君子相朝會，不必親自以事相與丁寧而言，但以禮樂微相示語依違而已。

注「猶有」至「事也」　正義曰：「大饗，謂饗諸侯來朝者也」，經云「兩君相見」，故知是「饗諸侯來朝」，謂鄰國相會也。云「四者，謂金再作，升歌《清廟》，下管《象》也」者，是數大饗有四之事：「金再作」，是二也；升歌《清廟》，是三也；下管《象》，是四也。云「事之，謂立置於位也」者，以經先云「大饗有四焉」，乃云「事之」，故鄭注亦先數四事，乃解事之也。而皇氏以「《夏籥》序興」與「下管《象武》」合爲一，爲大饗之事四。今鄭數四事，直云「下管《象武》」，不數「《夏籥》序興」；又經云「金作示情，《清廟》示德，下管示事」，不論《夏籥》。皇氏通數《夏籥》，其義非也。云「縣興，金作也」者，解經「入門而縣興」，謂金奏第一作也。案《大射禮》「賓及庭，奏《肆夏》」，至主人獻賓，賓再拜受爵，樂闋，是金一作也。但《大射》以臣爲賓，故及庭始金奏。若鄰國君來，入門即金奏也。云「金再作者，獻主君又作也」者，案《大射禮》主人獻賓之後，「主人洗象觚，獻于公。公拜受爵，乃奏《肆夏》，公卒爵而樂闋」。《大射禮》謂臣爲主人而獻君，若兩君相見，則賓獻主君，故「獻主君又作也」。云「堂下吹管，舞文武之樂更起也」者，以經云「下管《象武》」，即云「《夏籥》序興」，❶是初時管中吹《象武》之曲，已後與《夏籥》文舞更遞而作，故云「舞文武之樂更起也」。云「《采齊》、《雍》、《振羽》，皆樂章也」，以《雍》是《詩》篇名，《振羽》即《振鷺》，故知與《采齊》之等皆是樂章之名也。云「《武》象武王之大事也」，以此《象武》與《清廟》相對，《清廟》是文王之詩，故知《象武》是武王之樂。案《周頌》：「《維清》，奏《象》舞也。」注云：「武王制焉。」盧解大饗有九者：揖讓而入門，一也；入門而縣興，二也；揖讓而升堂，三也；升堂而樂闋，四也；下管《象武》，五也；《夏籥》序興，六也；陳其薦俎，七也；序其禮樂，八也；備其百官，九也。王肅以爲大饗九者，其下五事與鄭同，又以揖讓而入門、入門而縣興、揖讓而升堂爲一也；升堂而樂闋，二也；下管《象武》、《夏籥》序興，三也；陳其薦俎，序其禮樂，備其百官爲四也。添下五事爲九也。

子曰：「禮也者，理也。樂也者，節也。君子無理不動，無節不作。不能《詩》，於禮繆。不能樂，於禮素。薄於德，於禮虛。」繆，誤也。素，猶質也。歌《詩》，所以通禮意也。作樂，所以同成禮文也。崇德，所以實禮行也。《王制》曰：「樂正崇四術，立四教，順先王《詩》、《書》、《禮》、《樂》以造士。春、秋教以《禮》、《樂》，冬、夏教以《詩》、《書》。王大子，王子，群后之大子，卿大夫元士之適子，國之俊選，皆造焉。」則古之人皆知諸侯之禮樂。

疏正義曰：以前經大饗有禮樂之事，故此經申明禮樂之義。理，謂道理。言禮者，使萬事合於

❶「云」字原脱，據阮本補。

道理也。「樂也者，節也」者，節，制也。言樂者，使萬物得其節制。「君子無理不動，無節不作」者，言古之君子，若無禮之道理，不妄興動；無樂之節制，不敢興作。「不能《詩》，於禮繆」者，以《詩》能通達情意，得則行禮審正。若不能習《詩》，則情意隔絶，於禮錯繆。言行禮必須《詩》。「不能樂，於禮素」者，素，謂質素。言樂能有音聲、綴兆、干戚，文飾於禮。若不能習樂，則於禮樸素。「薄於德，於禮虚」者，言内心厚於其德，則外充實；若内心淺薄於德，則於外禮空虚。言行禮必須德。言此經雖禮樂並陳，德是百行之本，樂是禮中之别，故明禮須《詩》、樂及德乃爲善也。注「王制」至「禮樂」 正義曰：引《王制》者，明上從天子，下至國之俊選，皆須禮、樂而成，證經之「君子無理不動，無節不作」也。云「皆知諸侯之禮樂」者，以前經大饗是兩君相見，諸侯禮樂之事。此經申説前經，云「君子無理不動」，故知尊卑皆是諸侯之禮樂。

子曰：「制度在禮，文爲在禮，行之，其在人乎！」文爲，文章所爲。疏正義曰：前經明禮爲諸事之本，此經明行禮在人。「制度在禮」者，言國家尊卑上下制度，存在於禮。「文爲在禮」者，人之文章所爲，亦在於禮。言禮爲制度、文章之本。「行之，其在人乎」者，言能行其禮，全在人乎！謂人能行禮也。

子貢越席而對曰：「敢問夔其窮與？」見其不達於禮。

子曰：「古之人與？古之人也，達於禮而不達於樂，謂之素；達於樂而不達於禮，謂之偏。夫夔，達於樂而不達於禮，是以傳於此名也，古之人也。」素與偏，俱不備耳。夔達於樂，傳世名。此賢人也，非不能，非所謂窮。疏正義曰：前經孔子稱唯人能行禮，子貢唯聞夔之善樂，不聞夔之達禮，意謂夔身全不解禮，故越席而對夫子云：敢問此夔於禮其窮困與？「子曰：古之人與」者，言今人解樂則全不知禮，夔是古之人與，但不曉達於禮耳，非全不知也。「古之人也，達於禮而不達於樂謂之素」者，古與今異。古之人也，明達於禮而不甚明達於樂者，但謂之樸素，不備具耳，不得稱於樂爲窮。「達於樂而不達於禮，謂之偏」者，言古之人但明達於樂而不甚明達於禮者，謂之偏，❶半而不備耳，非是於禮爲窮。「夫夔，達於樂而不達於禮，是以傳於此名也」，言夔禮樂兼有，但樂優於禮，故特通達於

❶「偏」，原作「徧」，據阮本改。

樂，不甚通達於禮，是以傳於此賢名，流於後世。若全不解禮，何以傳於此名也？「古之人也」，更重美夔，云是「古之人」，與今之人別也。若今人達於樂而不達於禮者，則全不知禮也。注「素與」至「謂窮」　正義曰：「素與偏，俱不備耳」者，言素之與偏，俱是不具，非是全不知也，故稱「耳」以結之。云「非不能，非所謂窮」者，言夔非是不能行禮，但不特通達，非謂全不知於禮爲窮困也。故《虞書》舜命伯夷「典朕三禮」，伯夷讓夔，是夔知禮也。而皇氏以「達」爲「掌」，言夔掌樂不掌禮。「達」訓爲「掌」，於義無文，又與鄭注意乖，其義非也。

子張問政。子曰：「師乎，前，吾語女乎！君子明於禮樂，舉而錯之而已。」言禮樂足以爲政也。錯，猶施行也。子張復問。子曰：「師，爾以爲必鋪几筵，升降、酌獻、酬酢，然後謂之禮乎？爾以爲必行綴兆，興羽籥，作鐘鼓，然後謂之樂乎？言而履之，禮也。行而樂之，樂也。君子力此二者，以南面而立，夫是以天下大平也。諸侯朝，萬物服體，而百官莫敢不承事矣。禮之所興，衆之所治也。禮之所廢，衆之所亂也。目巧之室，則有奥阼，席則有上下，車則有左右，行則有隨，立則有序，古之義也。室而無奥阼，則亂於堂室也。席而無上下，則亂於席上也。車而無左右，則亂於車也。行而無隨，則亂於塗也。立而無序，則亂於位也。昔聖帝、明王、諸侯，辨貴賤、長幼、遠近、男女，外内莫敢相踰越，皆由此塗出也。」服體，體服也，謂萬物之符長皆來爲瑞應也。衆之所治，衆之所以治也。衆之所亂，衆之所以亂也。目巧，謂但用巧目善意作室，不由法度，猶有奥阼賓主之處也。自「目巧」以下，古今常事，不可廢改也。三子者既得聞此言也於夫子，昭然若發矇矣。乃曉禮樂不可廢改之意也。疏正義曰：「舉而錯之而已」者，錯，行也。言爲政之道，明於禮樂，興舉而錯行之。言爲政在此而已。　「言而履之，禮也」者，言爲禮之體，不在於几筵、升降、酬酢，乃謂之禮。但在乎出言履踐行之，謂之禮也。　「行而樂之，樂也」者，言樂不在於羽籥、鐘鼓，乃謂之樂。但在乎身之行，天下愛樂謂之樂也。「君子力此二者」，力，謂勉力也。言君子勉力勤行此二者禮樂之事，則天下大平。「萬物服體」者，服，謂屈服。體，謂形體。言飛走動植之物而皆來爲瑞應也。「目巧之室，則有奧阼」者，言但用目准視，巧思存意，雖不由法度，猶有奧阼賓主之處。不可不有也。「席則有上下」者，言布席之時，不可無上下。「車則有左右」者，言乘車之時，不可無左右。「行則有隨」者，謂少者在後相隨。「立則有序」者，謂並立則有次序。「古之義也」者，自古以來禮樂之意。「室而無奧阼，則亂於堂室也」，上言得禮則治，自此以下，言失禮則亂，故准上文。「皆由此塗出也」者，由，從也。塗，道也。道，謂禮樂也。言古之聖帝、明王，所以能使貴賤、長幼、遠近、男女殊別，外内莫敢相踰越者，皆由此禮樂塗道出，其此事也。

注「服體」至「改也」　正義曰：「謂萬物之符長」者，符，謂甘露、醴泉之屬。長，謂五方瑞應之長。云「奧阼賓主之處也」者，《爾雅》云：「西南隅謂之奧。」奧之外則有賓位所在，東階謂之阼，故曰「賓主之處」。云「自目巧以下，古今常事，不可廢改也」，言經中「目巧」以上，論説禮樂之事，或質文沿革，隨時變改。自「目巧」以下，尊卑上下，萬代恒行，故云「古今常事，不可廢改也」。

孔子閒居第二十九

正義曰：案鄭《目録》云：「名曰《孔子閒居》者，善其無倦而不褻，猶使一弟子侍，爲之説《詩》。著其氏，言可法也。退燕避人曰閒居。此於《别録》屬《通論》。」

孔子閒居，子夏侍。子夏曰：❶「敢問《詩》云『凱弟君子，民之父母』，❷何如斯可謂民之父母矣？」❸凱弟，樂易也。孔子曰：❹

❶ 「孔子」至「夏曰」十字，《上海博物館藏戰國楚竹書》（二）中的《民之父母》篇（簡稱《上博簡》，整理者是濮茅左）作「子夏問於孔子」。

❷ 「敢問詩云」，《上博簡》無「敢問」二字，「云」作「曰」。

❸ 「何如斯可謂民之父母矣」，《上博簡》作「敢問何如而可謂民之父母」。

❹ 「孔子曰」，《上博簡》作「孔子答曰」。

「夫民之父母乎！必達於禮樂之原，❶以致五至，而行三無，❷以橫於天下，四方有敗，必先知之。此之謂民之父母矣。」❸原，猶本也。橫，充也。敗，謂禍烖也。子夏曰：「『民之父母』，既得而聞之矣，❹**疏**正義曰：但此篇子夏之問，❺大略有二。從此至「施于孫子」，問民之父母之事。自「三王之德，參於天地」以下，問三王之德，何以參於天地，以終篇末。但上節問民之父母，以致五至而行三無，子夏覆問五至、三無之事。❻今各隨文解之。「《詩》云『凱弟君子，民之父母』」者，此《詩·大雅·泂酌》之篇，美成王之德。凱，樂也。弟，易也。謂成王行此樂易之德，爲民之父母。「何如斯可謂民之父母矣」者，子夏舉此詩義而問夫子：欲爲何事得爲民之父母？「四方有敗，必先知之」者，以聖人行五至、三無，通幽達微，無所不悉，觀其萌兆，觀微知著。若見其積惡，必知久有禍災，故云「四方有敗，必先知之」。若爲民父母者，當須豫知禍害，使民免離於禍，故爲「民之父母」。然四方有福，亦先知之，必云「四方有敗」者，此主爲民除害爲本，故舉「敗」言之。敢問何謂五至？」孔子曰：❼「志之所至，詩亦至焉；詩之所至，禮亦至焉；禮之所至，樂亦至焉；樂之所至，哀亦至焉。❽

❶「禮樂之原」，「原」，《上博簡》作「茝（洍）」，濮茅左云：「茝，可讀爲『洍』。或釋『篪』『箎』，讀作『原』。」按：濮氏二説，前説頗迂曲，學者頗是其後説。

❷「而行三無」，「而」，《上博簡》作「以」。

❸「此之謂」，「此」，《上博簡》作「其」。

❹「民之」至「之矣」，《上博簡》無此十字。又「子夏曰」以下十三字，阮本屬之下節。

❺「但」，衛氏《集説》無「但」字。

❻「但上節問民之父母」至「覆問五至三無之事」，浦鏜校云：「此二十六字，當爲衍文。」按：浦校是也。

❼「孔子曰」，《上博簡》「曰」下有「五至乎」三字。

❽「志之所至」至「哀亦至焉」三十二字，《上博簡》作「勿之所至者，志亦至焉；志之所至者，禮亦至焉；禮之所至者，樂亦至焉；樂之所至者，哀亦至焉」。濮茅左云：「勿，疑『志』之誤寫。但『勿』讀作『物』，似亦通。『志』，讀爲『詩』。」李天虹則認爲：「『勿』應該讀爲『物』，『志』則讀作本字。竹書講的是『物』與『志』的關係。」詳《上博館藏竹書（二）雜識》。

哀樂相生，是故正。❶ 明目而視之，❷不可得而見也；傾耳而聽之，不可得而聞也。志氣塞乎天地，此之謂五至。」凡言「至」者，至於民也。志，謂恩意也。言君恩意至於民，則其詩亦至也。詩謂好惡之情也。自此以下，皆謂民之父母者，善推其所有，以與民共之。人耳不能聞，目不能見，行之在胸心也。塞，滿也。子夏曰：「『五至』既得而聞之矣，❸

疏 正義曰：此經子夏問五至之事，孔子爲説五至之理。「志之所至，詩亦至焉」者，志，謂君之恩意之志。所至，謂恩意至極於民。詩者，歌詠歡樂也。君之恩意既至於民，故詩之歡樂亦至極於民。「詩之所至，禮亦至焉」者，君既能歡樂至極於民，則以禮接下，故禮亦至極於民焉。「禮之所至，樂亦至焉」者，既禮能至極於民，必爲民之所樂，故樂亦至極於民焉。「樂之所至，哀亦至焉」者，君既與民同其歡樂，若民有禍害，則能悲哀憂恤至極於下，故云「哀亦至焉」。「哀樂相生」者，言哀生於樂，故上云「樂之所至，哀亦至焉」。凡物先生而後死，故先樂而後哀，哀極則生於樂，是亦樂生於哀，故云「哀樂相生」。此言哀之與樂，及志與詩、禮，凡此五者，皆與民共之。「是故正。明目而視之，不可得而見也；傾耳而聽之，不可得而聞也」者，以此五者，君與民上下同有，感之在於胸心，外無形聲，故目不得見，耳不得聞。「志氣塞乎天地」者，塞，滿也。人君既與民五事齊同，上下俱有，是人君志氣塞滿天地。「此之謂五至」者，所以能致如此者，由行五至之道，故云「此之謂五至」。**注**「凡言」至「心也」 正義曰：云「凡言『至』者」，謂經中五事「至」者也。云「至於民也」者，君行五事，至極於民。云「志，謂恩意也」者，但志兼善惡，此志下極於民，故知是恩意也。云「詩謂好惡之情也」者，詩者詠歌，所好者則美之，所惡者則刺之，是詩有好惡之情也。君之與民，上下共同，故經云「詩亦至焉」。云「自此以下，皆謂民之父母」者，謂自此

❶ 「是故正」，《上博簡》作「君子以正」。

❷ 「明目而視之」至「志氣塞乎天地」，此五句二十八字，彭裕商認爲是「錯簡在此者，其本來位置當在子夏問『三無』一段的『此之謂三無』句上」。詳《上博簡〈民之父母〉對讀〈禮記・孔子閒居〉》。

❸ 「五至既得而聞之矣」，「得而」二字，《上博簡》無。又，「子夏曰五至既得而聞之矣」，此十一字經文，阮本屬之下節。

「志之所至」以下五事，皆是民之父母所行也。云「善推其所有，以與民共之」者，謂推其己之所有，亦欲民之俱有。若己欲恩愛，民亦欲恩愛；己有好惡，民亦有好惡；己欲禮樂，民亦欲禮樂；己欲哀恤，民亦欲哀恤。是推己所有，與民共之也。

敢問何謂三無？」孔子曰：「無聲之樂，❶無體之禮，無服之喪，此之謂三無。」❷子夏曰：「三無既得略而聞之矣，❸敢問何詩近之？」❹於意未察，求其類於詩。詩長人情。

孔子曰：❺「『夙夜其命有密』，無聲之樂也；❻『威儀逮逮，❼不可選也』，❽無體之禮也；『凡民有喪，匍匐救之』，無服之喪也。」《詩》讀「其」爲「基」，聲之誤也。基，謀也。密，静也。言君夙夜謀爲政教以安民，則民樂之。此非有鐘鼓之聲也。逮逮，安和之貌也。言君之威儀安和逮逮然，則民傚之，此非有升降、揖讓之禮也。救之，賙恤之。言君於民有喪，有以賙恤之，則民傚之，此非有衰絰之服。疏 正義曰：此一節子夏問三無之事，夫子答以三無。子夏意猶未曉，更問何詩近之。夫子答以所近之詩，以開子夏之意。

---

❶「無聲之樂」，《上博簡》此句上有「三無乎」三字。

❷「此之謂三無」，《上博簡》此句上有「君子以此横于天下。奚耳而聽之，不可得而聞也；明目而見之，不可得而見也，而得既塞於四海矣」六句三十八字，彭裕商認爲，首句「君子以此横于天下」，是今本的脱文。其餘五句，即今本上文的「明目而視之」以下五句，只不過語序有不同，字詞有差異而已。詳《上博簡〈民之父母〉對讀〈禮記·孔子閒居〉》。「奚」，濮茅左讀爲「繫」。劉樂賢《讀上博簡〈民之父母〉等三篇札記》：「『奚』字，仍當以按傳世本讀『傾』爲佳。奚字古音是支部匣紐，傾字古音是耕部溪紐，二者讀音接近，存在通假的可能。」是劉說者頗有之。「既」，濮茅左讀作「氣」。陳劍認爲：「『既』當如字讀，釋讀爲『氣』不可信。」詳《上博簡〈民之父母〉『而得既塞於四海矣』句解釋》。

❸「三無既得略而聞之矣」，《上博簡》作「無聲之樂，無體之禮，無服之喪」。

❹「敢問何詩近之」，《上博簡》作「何詩是近」。濮茅左云「近，讀爲『迡』。《集韻》：『迡，近也。』」

❺「孔子曰」，《上博簡》「曰」下有「善才！商也，將可孝詩矣。『城王不敢康』」凡十四字，今本無。濮茅左云：「孝，與『教』義近。」劉樂賢《讀上博簡〈民之父母〉等三篇札記》：「從文義看，似以讀『學』更爲妥當。」

❻「無聲之樂也」，《上博簡》無「也」字。

❼「威儀逮逮」，「逮逮」，《上博簡》作「遅遅」。濮茅左云：「『遅』、『逮』音可通。」

❽「不可選也」至「無服之喪也」，此二十二字，《上博簡》殘缺，僅有最後的「之喪也」三字。

「無聲之樂，無體之禮，無服之喪」，此三者，皆謂行之在心，外無形狀，故稱「無」也。　「孔子曰『夙夜其命宥密』，無聲之樂也」者，此《詩・周頌・昊天有成命》之篇，其詩云：在上昊天有成實之命，「二后受之」，謂文、武二君承受之；「成王不敢康」，言文、武成此王功，不敢康寧；「夙夜基命宥密」者，夙，早也。夜，暮也。基，始也。命，信也。宥，寬也。密，静也。言文、武早暮始信順天命，行寬弘仁静之化。今此言以「基」爲「謀」，言早夜謀爲政教，於國民得寬和寧静，民喜樂之。於是無鍾鼓之聲而民樂，故爲「無聲之樂」也。　「威儀逮逮，不可選也」者，此《詩・邶風・栢舟》之篇，刺衛頃公之詩。言仁人不遇，其威儀逮逮然安和，不可選數。有威可畏，有儀可象，民則傚之。非有升降、揖讓之禮，故爲「無體之禮」也。　「凡民有喪，匍匐救之」者，此《詩・邶風・谷風》之篇，婦人怨夫棄薄之辭也。言凡人之家有死喪，鄰里匍匐往救助之。此《記》謂人君見民有死喪，則匍匐往賙救之。民皆倣傚之，此非有衰絰之服，故云「無服之喪」也。子夏曰：❶「言則大矣！美矣！盛矣！❷言盡於此而已乎？」❸孔子曰：❹「何爲其然也？君子之服之也，猶有五起焉。」言盡於此乎？意以爲説未盡也。服，猶習也。君子習讀此詩，起此之義，其説有五也。子夏曰：❺「何如？」❻孔子曰：

---

❶ 「子夏曰」，《上博簡》「曰」下有「其才該也」四字，今本無。「該」，濮茅左云：「疑爲『許』繁文字。或釋爲『設』，意也通。」對濮説，學者争議較多。或曰「『該』，疑讀爲『語』」，李鋭《上博館藏楚簡（二）初札》是也；或曰「『該』乃『語』字之異體」，李天虹《上博館藏竹書（二）雜識》是也；或曰「『該』，疑是『詩』的異構」，林素清《上博（二）〈民之父母〉幾個疑難字的釋讀》是也；或曰「『該』是『辯』字的異體。『才辯』，是説孔子的才智辭辯」，李家浩《戰國竹簡〈民之父母〉中的『才辯』》是也。

❷ 「言則大矣美矣盛矣」，《上博簡》作「敗矣！厷矣！大矣」。「敗」，濮茅左云：「讀爲『快』。」何琳儀《滬簡二册選釋》云：「讀『快』，無法與今本對應。按：『敗』可讀爲『美』，二字雙聲可通。」

❸ 「言盡於此而已乎」，《上博簡》殘缺，僅剩一個「盡」字。

❹ 「孔子曰」至「猶有五起焉」十九字，《上博簡》殘缺，整理者根據該簡的常態行款字數，對照今本，認爲該簡此處的脱文計十二字，即「孔子曰：何爲其然！猶有五起焉」。

❺ 「子夏曰」，《上博簡》殘缺。

❻ 「何如」，《上博簡》作「□可得而聞與」。

「無聲之樂，❶氣志不違；無體之禮，威儀遲遲；無服之喪，内恕孔悲。無聲之樂，❷氣志既得；無體之禮，威儀翼翼；無服之喪，施及四國。無聲之樂，❸氣志既從；無體之禮，上下和同；無服之喪，以畜萬邦。無聲之樂，❹日聞四方；❺無體之禮，日就月將；❻無服之喪，純德孔明。❼無聲之樂，❽氣志既起；❾無體之禮，施及四海；❿無服之喪，施于孫子。」⓫不違者，民不違君之氣志也。孔，甚也。施，易也。從，順也。畜，孝也。使萬邦之民競爲孝也。就，成也。將，大也。使民之傚禮，日有所成，至月則大矣。起，猶行也。⓬

疏正義曰：此一節言子夏既聞三無意，以説義未盡，故孔子更爲説三種之無猶有五種起發之事。「孔子曰：何爲其然也」者，子夏既聞孔子之言，猶疑其未盡，故更問夫子，而夫子答云「何爲其然」。然，猶如是。言何爲如是盡也？言其義猶未盡。「君子之服之也，猶有五起焉」者，服，習也。言君子習此三無，猶有五種起發其義。言猶有五種，緟覆説其義興起

❶「無聲之樂」至「内恕孔悲」，此今本「五起」之第一起，《上博簡》同。「孔」，《上博簡》作「晋（巽）」。濮茅左引《説文》：「巽，具也。」楊澤生《〈上海博物館藏竹書〉（二）補釋》：「『孔』是副詞，與其對應的『巽』也應該是副詞。我們懷疑『巽』應該讀作『洵』。」黄錫全《讀上博楚簡（二）札記》：「此字上部雖與『巽』字類似，但下部不同，我們懷疑是『皆』字異體。」按：此字待考。

❷「無聲之樂」至「施及四國」，此今本「五起」之第二起，《上博簡》則爲第四起。濮茅左云：「今本『五起』的内容，除了第一起以外，其他四者序列與竹書各有不同。本篇涉及『五起』的五枚簡是接續的，所記的順序是可靠的。」

❸「無聲之樂」至「以畜萬邦」，此今本「五起」之第三起，《上博簡》則爲第五起。

❹「無聲之樂」至「純德孔明」，此今本「五起」之第四起，《上博簡》則爲第二起。

❺「日聞四方」，《上博簡》作「塞于四方」。

❻「日就月將」，《上博簡》作「日逑月相」。濮茅左曰：「『日逑月相』，或讀爲『日就月將』。」

❼「純德孔明」，孔，《上博簡》作「同」。

❽「無聲之樂」至「施于孫子」，此今本「五起」之第五起，《上博簡》則爲第三起。

❾「氣志既起」，《上博簡》作「施及孫子」。

❿「施及四海」，《上博簡》作「塞于四海」。

⓫「施于孫子」，《上博簡》作「爲民父母」。

⓬「行」，原作「從」，據余本、撫本、岳本、殿本、阮本及衛氏《集説》改。

也。「無聲之樂，氣志不違」者，此以下五節，從輕以漸至於重。初言「不違」，民但不違君之志氣；❶二云「志氣既得」，言君之志氣得於下；三云「既從」，民所從也；四云「日聞四方」，及於遠也；五云「既起」，是既發起也。是從微至著。「威儀遲遲」者，初時但舒遲而已；二則「威儀翼翼」而恭敬；三則「上下和同」，無不從也；四則「日就月將」，漸興進也；五則「施及四海」，所及遠也。「内恕孔悲」者，初則親族之内悲哀，其處近也；二則「施及四國」，所被遠也；三則「以畜萬邦」，皆爲孝也；四則「純德孔明」，益甚也；五則「施于孫子」，垂後世也。**注**「孔，甚也。畜，孝也」正義曰：「孔，甚」，《釋言》文。「畜，孝」，《祭統》云「孝者，畜也」，故「畜」爲「孝」也。子夏曰：「三王之德，參於天地，敢問何如斯可謂參天地矣？」孔子曰：「奉三無私以勞天下。」三王，謂禹、湯、文王也。參天地者，其德與天地爲三也。勞，勞來。子夏曰：「敢問何謂三無私？」孔子曰：「天無私覆，地無私載，日月無私照。奉斯三者以勞天下，此之謂三無私。其在《詩》曰：『帝命不違，至于湯齊。湯降不遲，聖敬日齊。昭假遲遲，上帝是祗，帝命式于九圍。』是湯之德也。帝，天帝也。《詩》讀「湯齊」爲「湯躋」。躋，升也。降，下也。齊，莊也。昭，明也。假，至也。祗，敬也。式，用也。九圍，九州之界也。此詩云：殷之先君，其爲政不違天之命，至於湯升爲君，又下天之政教甚疾，其聖敬日莊嚴，其明道至於民遲遲然安和。天是用敬之，命之用事於九州，謂使王也。「是湯之德」者，是湯奉天無私之德也。**疏**正義曰：自此以德下至「大王之德」一節，❷子夏問「三王之德，參於天地」，夫子答以行三無私之事，并明湯及文、武三代、大王之德。今各隨文解之。「其在《詩》曰：帝命不違，至于湯齊」者，此《詩・商頌・長發》之篇，美成湯之辭。言天帝命此殷家，世世行之不違，至於成湯，乃與天心齊也。「湯降不遲」者，降，下也。言湯降下賢士不遲緩，甚能速疾。

❶「志氣」，衛氏《集説》、《禮記纂言》均作「氣志」，與注合。「志氣」下，同上二書尚有「而已」二字。

❷「以德下」，衛氏《集説》無「以德下」三字，浦鏜校云衍。

「聖敬日齊」者，言其聖敬之德，日日升進。「昭假遲遲」者，昭，明也。假，暇也。言湯以昭明寬暇天下之士，心遲遲然甚舒緩。「上帝是祗」者，上帝，天也。祗，敬也。言天於是敬愛之。「帝命式于九圍」者，式，用也。九圍，九州之界也。言天命湯之用事於九州爲天子也。《詩》之本注如此。今此《記》注意，言殷之先君，施其政教，奉行天命，不敢違也。「至于湯齊」者，齊，躋也。躋，升也。言至於成湯，升爲國君，湯降下政教不遲緩，其聖敬之德，日日齊莊。昭，明也。假，至也。言湯之明德，下至於民，遲遲然安和不急疾。此與《詩》注稍殊，大略同。

注「帝天」至「德也」 正義曰：「帝，天帝」者，恐有人帝之嫌，故曰「天帝」。「降，下也。式，用也」，《釋言》文。「假，至也。祗，敬也」，《釋詁》文。云「是湯奉天無私之德也」者，以上云「奉三無私」，下即引《詩》論湯之德，言湯之明德下降於民，遲遲安和，是無私之事。

天有四時，春秋冬夏，風雨霜露，無非教也。地載神氣，神氣風霆，風霆流形，庶物露生，無非教也。言天之施化收殺，地之載生萬物，此非有所私也。無非教者，皆人君所當奉行以爲政教。

疏 正義曰：前經云「奉三無私」，次論湯德。此經論天地無私，聖人則之以爲教。「天有四時，春秋冬夏，風雨霜露，無非教也」者，言天春生夏長，秋殺冬藏，以風以雨，以霜以露，化養於物。聖人則之，事事倣法以爲教，故云「無非教也」。「地載神氣，神氣風霆，風霆流形，庶物露生，無非教也」者，神氣，謂神妙之氣。風霆，霆，雷也。「神氣風霆流形」，謂地以神氣風雷之等流布其形。「庶物露生」，庶，衆也。言衆物感此神氣風霆之形露見而生。人君法則此地之生物，事事奉之，以爲教也，故云「無非教也」。「神氣風霆」，亦天之所有，故《春秋》云：「天有六氣。」此經云「天有風雨」，不偏屬於地，今屬於地者，其實「神氣風霆」，天地共有。「春秋冬夏」，是天之神氣，既稱「春秋冬夏」，故於地變言「神氣」。但氣從地出，又風著於土，雷出於地，故「神氣風雷」偏繫於地。

清明在躬，氣志如神，嗜欲將至，有開必先，天降時雨，山川出雲。其在《詩》曰：『嵩高惟嶽，峻極于天。惟嶽降神，生甫及申。惟申及甫，惟周之翰。四國于蕃，四方于宣。』此文、武之德也。清明在躬，氣志如神，謂聖人也。嗜欲將至，謂其王天下之期將至也。神有以開之，必先爲之生賢知之輔佐，若天將降時雨，山川爲之先出雲矣。峻，高大也。翰，幹也。言周道將興，五嶽爲之生賢輔佐仲山甫及申伯，爲周之幹臣，天下之蕃衛，宣德於四方，以成其王功。「此文、武之德也」，是文王、武王奉天地無私之德也。此宣王詩也。文、武之時，其德如此，而詩無以言之，取類以明之。**疏**正義曰：此一節明周之文、武之德。「清明在躬」者，清，謂清静。明，謂顯著。言聖人清静光明之德在於躬身。「氣志如神」者，氣志變化，微妙如神，謂文、武也。「嗜欲將至」者，❶嗜欲，謂王位也。王位是聖人所貪，故云「嗜欲」。方欲王天下，故云「將至」。「有開必先」者，言聖人欲王天下，有神開道，必先豫爲生賢知之輔佐。「天降時雨，山川出雲」者，此譬其事由。如天將降時雨，山川先爲之出雲。言文、武將王之時，豫生賢佐。但文、武之時，無此生賢佐之詩，故孔子引周宣王之時生賢佐之詩以證之。「其在《詩》曰：嵩高惟嶽，峻極于天」者，此《詩·大雅·崧高》之篇，美宣王之詩。嵩然而高者，惟是五嶽，其形高峻，至於天。「惟嶽降神，生甫及申」者，惟此五嶽，降此神靈和氣，而生甫侯及申伯也。以甫侯、申伯先祖伯夷掌嶽神有功，故嶽神輔助宣王爲生申、甫也。「惟周之翰」者，翰，幹也。言申伯、甫侯爲周之楨幹之臣。「四國于蕃，四方于宣」者，言此申、甫爲四方之國作蕃屏，又於四方宣揚王之德化。「此文、武之德也」者，《詩》之所論，當此文、武之德。以文、武無私，所得賢臣，唯遺爲四方蕃屏，及四方宣揚威德，不私爲己，「是文、武奉天無私之德也」。**注**「仲山甫及申伯」正義曰：案《詩·崧高》之篇，甫侯及申伯，甫侯，謂吕侯也，穆王之時，訓夏贖刑謂《吕刑》，與申伯俱出伯夷之後，掌四嶽之祀。又《詩·烝民》稱仲山甫之賢與《崧高》「生甫及申」全别。此云「仲山甫」者，案《鄭志》：「注《禮》在先，未得《毛詩傳》。」然則此注在前，故以甫爲仲山甫。在後箋詩，乃得《毛傳》，知甫侯、申伯，同出伯夷之後，故與《禮》别也。

三代之王也，必先其令聞。《詩》云：『明明天子，令聞不已。』三代之德也。令，善也。言以名德善聞，天乃命之王也。不已，不倦止也。**疏**正義曰：此一節揔結三代，以其無私，故令聞不已。「三代之王也，必先其令聞」者，所以王天下者，必父祖未王之前，先有令聞也。

❶「者」字原脱，據阮本補。

「《詩》云：明明天子，令聞不已」者，此《詩·大雅·江漢》之篇，美宣王之詩。「明明天子」，謂宣王也，令善聲聞不休已。此《記》之意，「明明天子」，謂三代之王也，言父祖及身，令聞不休已，故云「三代之德也」。案上子夏問「三王之德，參於天地」，孔子答以三王之德，「奉三無私」。此文云「三代之王也，必先其令聞」，所以前文唯云湯與文、武，不稱夏者，以夏承禹後，爲天下治水，過門不入，無私事明。但殷、周以戰争而取天下，恐其有私，故特舉湯與文、武也。『弛其文德，協此四國』，大王之德也。」弛，施也。協，和也。大王，文王之祖。周道將興，始有令聞。子夏蹶然而起，負牆而立，曰：「弟子敢不承乎！」承，奉承不失隊也。起負牆者，所問竟，辟後來者。疏正義曰：此亦《江漢》之詩，接「令聞不已」之下。《詩》本文云「矢其文德」，矢，陳也。言宣王陳其文德，和協此四方之國。此云「弛其文德」，弛，施也，言大王施其文德，和此四方之國。則大王居豳，狄人侵之，不忍鬭其民，乃徙居岐山之陽，王業之起，故云「大王之德也」。

禮記正義卷第五十八

禮記正義卷第五十九

國子祭酒上護軍曲阜縣開國子臣孔穎達等奉勑撰

坊記第三十

正義曰：案鄭《目録》云：「名曰《坊記》者，以其記六藝之義，所以坊人之失者也。此於《别録》屬《通論》。」

子言之：「君子之道，辟則坊與？坊民之所不足者也。民所不足，謂仁義之道也。失道則放辟邪侈也。大爲之坊，民猶踰之，言嚴其禁尚不能止，況不禁乎！故君子禮以坊德，刑以坊淫，命以坊欲。」命，謂教令。疏正義曰：此一節發端起首，總明所坊之事。但此篇凡三十九章，此下三十八章悉言「子云」，唯此一章稱「子言之」者，以是諸章之首，一篇總要，故重之，特稱「子言之」也。餘章其意稍輕，故皆言「子云」也。諸書皆稱「子曰」，唯此一篇皆言「子云」，是録《記》者意異，無義例也。但此篇所坊，體例不一。或數經共論一事，每稱「子云以此坊民」；或有一經之内，發初言「子云」，唯説一事，下即云「以此坊民」結之；或有一經之内，雖説一事，即稱「民猶犯齒」、「民猶犯貴」、「民猶犯君」；或有每事之下，引《詩》、《書》結之者；或有一事之下，不引《詩》、《書》者。如此之屬，事義相似，體例不同，是記者當時之意，無義例也。今各隨文解之。　「辟則坊與」者，君子之道，坊民之過，譬如坊之礙水，故云「辟則坊與」。但言「坊」字，或土旁爲之，或阜旁爲之，古字通用也。　「坊民之所不足者也」，釋立坊之義也。言設坊坊民者，爲民行仁義不足故也。　「大爲之坊，民猶踰之」者，解不可無坊也。聖人在上，大設其坊坊之，而人猶尚踰越犯躐，況不坊乎？　「故君子禮以坊德」者，由民踰德，故人君設禮以坊民德之失也。　「刑以坊淫」者，制刑以防民淫邪也。　「命以坊欲」者，命，法令也。欲，貪欲也。又設法令以坊民之貪欲也。子云：「小人貧斯約，富斯驕。約斯盜，驕斯亂。約，猶窮也。禮者，因人之情而爲之節文，以爲民坊者也。故聖人之制富貴也，使民富不足以驕，貧不至於約，貴不慊於上，故亂益亡。」此「節文」者，謂農有田里之差，士有爵命之級也。慊，恨不滿之貌也。慊，或爲「嫌」。疏正義曰：此一節明小人貧富皆失於道，故聖人制禮而爲之節文，使富不至驕，貧不至約。「故聖人之制富貴也」者，既其置坊，故聖人制爲富貴貧賤之法也。不云「貧賤」，略其文也。「使民富不足以驕」者，此爲富者制法也。❶「制富者居室、丈尺、俎豆、衣服之事須有法度，不足至驕也。「貧不至於約」者，此爲貧者制法也。制農田百畝，桑麻自贍，比閭相賙，不令至於約也。「貴不慊於上」者，此爲貴者制法也。貴，謂卿士之屬也。慊，恨不滿之貌也。聖君制其禄秩，隨功爵而施，則貴臣無復恨君禄爵以薄於己者也。「故亂益亡」者，結上文也。❷益，漸也。亡，無也。使富而不驕，貧而不盜，貴又不恨，故爲亂之道漸無也。不云「賤」者，亦從可知也。

子云：「貧而好樂，富而好禮，衆而以寧者，天下其幾矣。言如此者寡也。寧，安也。大族衆家，恒多爲亂。❸《詩》云：『民之貪亂，寧爲荼毒。』言民之貪爲亂者，安其荼毒之行，惡之也。故制國不過千乘，都城不過百雉，家富不過百乘。以此坊民，諸侯猶有畔者。」古者方十里，其中六十四井，出兵車一乘，此兵賦之法也。成國之賦千乘。雉，度名也。高一丈，長三丈爲雉。百雉爲長三百丈，方五百步。子、男之城方五里。百雉者，此謂大都，三國之一。疏正義曰：此一節明上下制度有限，防其奢僭畔逆之事。「衆而以寧者，天下其幾矣」者，言家族衆多，必致禍亂。家族衆而得寧者，普天之下，其幾多人矣！言「貧而好樂，富而好禮，衆而得寧」，如此三者，言天下極少，故云「其幾矣」。「《詩》云：民之貪亂，寧爲荼

❶「爲」，原作「謂」，據阮本改。下「此爲貴者制法也」放此。
❷「文」，原作「功」，據殿本、庫本、阮本改。
❸「爲」，阮本作「作」，余本、岳本同，閩、監、毛本同。

毒」者，此《詩・大雅・桑柔》之篇，刺厲王之詩。言民之惡者，貪爲禍亂，安爲荼毒之行，以害於人。民多如此，故云上三事天下甚少。　「故制國不過千乘，都城不過百雉，家富不過百乘」者，以天下爲惡者多，故爲限節制，諸侯之國不得過千乘之賦，卿大夫都城不得過越百雉，卿大夫之富，采地不得過越百乘。　「以此坊民，諸侯猶有畔者」，於時卿大夫亦有畔，而獨言「諸侯」者，舉其重，餘可知也。　**注**「古者」至「之一」　正義曰：「古者方十里，其中六十四井，出兵車一乘，此兵賦之法也」，案《司馬法》云：「成方十里，出革車一乘。」《司馬法》又云：「甸方八里，出長轂一乘。」鄭注《小司徒》云，若通溝洫之地，則爲十里；若除溝洫之地，則爲八里，故云「六十四井出車一乘」。　云「成國之賦千乘」者，襄十四年《左傳》「成國不過半天子之軍」，謂滿千乘則爲成國，是公、侯之封也。　案千乘之賦，地方三百一十六里有畸。　案《周禮》「公五百里，侯四百里」，則是過千乘。　云「不過千乘」者，其地雖過，其兵賦唯千乘。　故《論語》注云：「雖大國之賦，亦不是過焉。」其兵賦之法，王畿之內，六鄉之法，家出一人，萬二千五百家爲鄉。　《大司馬》云「五師爲軍」，❶則萬二千五百家爲一軍，❷是一鄉出一軍。　又云「天子六軍」，是出於六鄉。　凡軍制，《大司馬》云：❸「五人爲伍，五伍爲兩，四兩爲卒，五卒爲旅，五旅爲師，五師爲軍。」此師之制也。　凡出軍之法，鄉爲正，遂爲副，則遂之出軍與鄉同。　故鄭注《小司徒》云：「鄉之田制與遂同。」則知遂之軍法與鄉同。其公邑出軍，亦與鄉同。　故鄭注《匠人》云：「采地制井田，異於鄉、遂及公邑。」則知公邑地制與鄉、遂同，明公邑出軍亦與鄉同。　其公、卿、大夫采地既爲井田，殊於鄉遂，則出軍亦異於鄉遂也。　故鄭注《小司徒》：「井十爲通，士一人，徒二人。　通十爲成，革車一乘，士十人，徒二十人。　十成爲終，革車十乘，士百人，徒二百人。　十終爲同，革車百乘，士千人，徒二千人。」此謂公、卿、大夫采地出軍之制也。　其王畿之外，謂諸侯大國三軍，次國二軍，小國一軍，皆出鄉遂。　故《費誓》云「三郊三遂」，是諸侯有遂也。　其諸侯計地出軍，則《司馬法》云：「九夫爲井，四井爲邑，四

❶「大司馬云五師爲軍」，案「大司馬」當爲「小司徒」之誤。「五師爲軍」，《周禮・小司徒》文。

❷「家」，衛氏《集説》作「人」，是。案鄭注《小司徒》：「軍萬二千五百人。」

❸「大司馬云」，案：此「大司馬」亦爲「小司徒」之誤。

邑爲丘，馬一匹，牛三頭。四丘爲甸，出長轂一乘，甲士三人，步卒七十二人，馬四匹，牛十二頭。」故成元年「作丘甲」，杜、服俱引此文以釋之。又《論語》云「道千乘之國」，鄭注引《司馬法》「成出革車一乘」，但十里、八里不同，於上已釋。此皆謂天子、諸侯兵賦也。又《異義》云：「天子萬乘，諸侯千乘，大夫百乘。」此大判言之，尊卑相十之義。其間委曲，鄉、遂、公邑，細別不同也。故《魯頌》云「公車千乘」，謂大總計地出軍也；「公徒三萬」，謂鄉遂兵數也。是國界計地，與鄉遂數不同。諸侯成方十里，出賦之時，雖革車一乘，甲士三人，步卒七十二人，其臨敵對戰之時，則同鄉法「五人爲伍，五伍爲兩」之屬也。故《左傳》云，郯之戰，「楚廣有一卒，卒偏之兩」，又云「兩之一卒適吴」，是臨軍對陣，同鄉法也。《牧誓》云：❶「武王戎車三百兩。」孔注云：「一車，步卒七十二人。」則出軍法也；經云「千夫長、百夫長」，謂對敵時也。據《司馬法》之文，諸侯車甲牛馬，皆計地令民自出。若鄉遂之衆，七十五人則遣出革車一乘，甲士三人，馬四匹，牛十二頭，恐非力之所能，皆是國家所給。故《周禮·巾車職》「毁折入齎于職幣」，又《周禮·馬質》云：❷「凡受馬於有司者，書其齒毛與其賈，馬死則旬之内更。」又《司兵職》云：「及授兵，從司馬之法以頒之。及其受兵輸，亦如之。」是國家所給也。云「高一丈、長三丈爲雉」者，《異義》：「《古春秋左氏》説云：百雉爲長三百丈，方五百步者，六尺爲步，五六三十，故三百丈爲五百步。」云「子、男之城方五里」者，《周禮·典命》云：「子、男五命，其國家、宫室以五爲節。」國家，謂城方也，是「子、男城方五里」也。云「百雉者，此謂大都，三國之一」者，言子、男五里，積千五百步。《左傳》云「大都，參分國之一」。子、男大都，三分國城而居其一，是大都五百步爲百雉也。但國城之制，凡有二義。鄭之此注「子、男五里」，則侯、伯七里，公九里，天子十二里。案鄭《駁異義》又云：「天子城九里，公城七里，侯、伯之城五里，子、男之城三里。」此云「百雉」者，謂侯、伯之大都，杜預同焉，與鄭此注異也。經云「家富不過百乘」者，諸侯之卿采地也。故《左傳》云「唯卿備百邑」，地方百里也。直云「唯卿百邑」，未知天子諸侯公、卿、大夫采地大小。案鄭注《小司徒》云：「百里之國凡四都，五十里之國凡四縣，二十五里之國凡四甸。」又云：「采地食者皆四之一。」説者據此，以爲公食百里，卿食五十里，大夫食二十五里。其諸侯之卿、大夫，《傳》云「卿備百邑」，《論語》云「百乘之家」，此據

❶「牧誓」，浦鏜校云：「『牧誓』下當脱『序』字。」

❷「馬質」，原作「質人」，據浦鏜校及孫詒讓《校記》改。

諸侯臣之采地，則公之孤，侯伯之卿，與天子三公同，俱方百里。公之卿，與侯伯之大夫俱方五十里。公之大夫與侯伯之下大夫，俱方二十五里。其子、男之地，唯方二百里以下，其卿之采地，不得復方百里。案《易·訟卦》注云：「小國之下大夫，采地方一成，其定税三百家。」唯有此文。其子男中都、大都，無以言之。案鄭注《論語》云「伯氏駢邑三百家」云「齊下大夫之制」，❶似公、侯、伯下大夫唯三百家者，但春秋之時，齊之强臣尤多，故伯氏唯食三百家之邑，不與禮同也。此皆皇氏之説。熊氏以爲「卿備百邑」者，《鄭志》以爲邑方二里，與百乘別。又以諸侯臣賜地無常，得地者，卿百乘，下大夫同十里之成。

子云：「夫禮者，所以章疑別微，以爲民坊者也。故貴賤有等，衣服有別，朝廷有位，則民有所讓。」位，朝位也。

子云：「天無二日，土無二王，家無二主，尊無二上，示民有君臣之別也。《春秋》不稱楚、越之王喪。禮，君不稱天，大夫不稱君，恐民之惑也。楚、越之君，僭號稱王，不稱其喪，謂不書「葬」也。《春秋傳》曰：「吴、楚之君不書葬，辟其僭號也。」臣者天君，稱天子爲天王，稱諸侯不言天公，辟王也。大夫有臣者，稱之曰主，不言君，辟諸侯也。此者，皆爲使民疑惑，不知孰者尊也。《周禮》曰：「主友之讎，視從父昆弟。」《詩》云：『相彼盍旦，尚猶患之。』」盍旦，夜鳴求旦之鳥也。求不可得也，人猶惡其欲反晝夜而亂晦明，況於臣之僭君，求不可得之類，亂上下，惑衆也。

子云：「君不與同姓同車，與異姓同車不同服，示民不嫌也。以此坊民，民猶得同姓以弑其君。」同姓者，謂先王、先公子孫，有繼及之道者也。其非此，則無嫌也。僕、右恒朝服，君則各以時事，唯在軍同服爾。

子云：「君子辭貴不辭賤，辭富不辭貧，則亂益亡。亡，無也。故君子與其使食浮於人也，寧使人浮於食。」食，謂禄也。在上曰浮。禄勝己則近貪，己勝禄則近廉。

子云：「觴酒、豆肉，讓而受惡，民猶犯齒。衽席之上，讓而坐下，民猶犯貴。朝

❶「云伯氏駢邑三百家」，浦鏜校云：「『云』當『奪』字誤。『家』衍文。」

廷之位，讓而就賤，民猶犯君。犯，猶僭也。齒，年也。禮，六十以上，籩豆有加。貴，秩異者。**疏**正義曰：此一節明章疑別嫌，恐尊卑相僭，使人疑惑之事。「章疑」者，疑，謂是非不決，當用禮以章明之。「別微」者，微，謂幽隱不著，當用禮以分別之。「《春秋》不稱楚、越之王喪」者，言《春秋》之義，但書其「卒」，不稱其楚、越王喪葬之事，謂書「卒」不書「葬」也。若書「葬」，則當稱「葬楚、越某王」。辟「王」之名，故不書「葬」。案《春秋》，越子卒，經傳全無其事，但記者據越稱王之後追而言之，非當時之事也。「禮，君不稱天」者，謂諸侯之君，臣子不得稱之曰「天公」，避天子。「大夫不稱君」，謂諸侯之大夫，家臣不得稱之爲「君」，辟諸侯也。「恐民之惑也」者，所以不稱者，恐民之疑惑也。「《詩》云『相彼盍旦，尚猶患之』」者，鶡旦是求旦之鳥，夜中而鳴，以求早旦，不可得也。言人視彼求旦之鳥，欲反夜作晝，是鳥無識也。求不可得之物，人猶尚惡之，況人上僭於君，求不可得之物，以下亂上，人惡之可知也。**注**「春秋」至「昆弟」　正義曰：所引《春秋傳》者，案宣公十八年「楚子旅卒」，《公羊傳》曰：「吴、楚之君不書葬，辟其號也。」若書「葬」，當書「葬楚莊王」。辟其王之號，故不書「葬」。云「臣者天君」者，言臣尊君如天，故云「臣者天君」。云「稱天子爲天王」者，則《春秋》稱「天王使南季來聘」之屬是也。云「稱之曰主，不言君，辟諸侯也」，則下引《周禮》「主友之讎」，是稱主。此據臣下自稱己大夫之君，但得言主，不得稱君。若他人汎例言之，大夫有采地者亦得稱君。故《喪服》云：「爲其君布帶繩屨。」《傳》云：「君，謂有采地者也。」若通而言之，諸侯亦稱主。《下曲禮》云「執主器」，謂君也。大夫自相命，亦稱主也。故《左傳》晉士匄謂荀偃爲主，云「事吴敢不如事主」是也。稱大夫之妻亦得曰主者，案《魯語》云「季孫問於公父文伯之母，❶曰：主亦有以語肥也」是也。❷　**注**「盍旦」至「衆也」　正義曰：此逸《詩》也。言夜是闇時，此鳥必欲求明，是求而不可得者也。意欲反夜而爲旦，猶若臣之奢僭，欲反下而爲上也。**注**「同姓」至「服爾」　正義曰：云「其非此，則無嫌也」者，謂非此先王、

❶「父」字原脱，據殿本、庫本及浦鏜校補。

❷「主亦有以語肥也」，「主」下原有「者」字，據殿本《考證》及惠棟、浦鏜、阮元三家校删。「語肥也」，原作「御服乎」，據庫本改。

先公子孫，不有相承繼之勢，則無所嫌疑，得同車也。云「僕、右恒朝服」者，謂僕及車右，身衣朝服。故《曲禮》云「乘路馬，必朝服」是也。其朝服之内，則有虎裘、狼裘。故《玉藻》云「君之右，虎裘；厥左，狼裘」是也。云「唯在軍同服爾」者，案《春秋》僖五年《左傳》云：「均服振振，取號之旂。」又《公羊》成二年，鞌之戰，「逢丑父爲齊頃公車右也，衣服與頃公相似」，是在軍同服。《詩》云：『民之無良，相怨一方。受爵不讓，至于己斯亡。』」良，善也。言無善之人，善遥相怨，貪爵禄，好得無讓，以至亡己。疏正義曰：所引《詩》者，《小雅·角弓》之篇，刺幽王之詩。言小人在朝，無良善之行，共相怨恨，各在一方，不相往來。又受爵禄，不肯相讓，行惡至甚，至於滅亡。引之者，證上每事須讓也。子云：「君子貴人而賤己，先人而後己，則民作讓。故稱人之君曰君，自稱其君曰寡君。」寡君，猶言少德之君，言之謙。子云：「利禄先死者而後生者，則民不偝；先亡者而後存者，則民可以託。言不偷於死亡，則於生存信。《詩》云：『先君之思，以畜寡人。』」此衛夫人定姜之詩也。定姜無子，立庶子衎，是爲獻公。畜，孝也。獻公無禮於定姜，定姜作詩，言獻公當思先君定公，以孝於寡人。以此坊民，民猶偝死而號無告。」死者見偝，其家之老弱號呼稱寃，無所告無理也。疏正義曰：此一節明坊人偝死鄉生之事。「利禄先死者而後生者」，謂財利榮禄之事，假令死之與生並合俱得，君上先與死者而後生者。「則民不偝」者，謂在上以此化民，則民皆不偝於死者。「先亡者而後存者」，亡，謂身爲國事亡在外。存，謂存在於國内。若君有利禄，先與在外亡者，而後與國内存者。「則民可以託」者，謂在上以此化民，民皆仁厚，皆可以大事相付託也。《詩》云『先君之思，以畜寡人』」者，此《邶風·燕燕》之篇，衛莊姜送歸妾之詩。言歸妾戴嬀思念先君莊公，以婦道勗勉寡人。寡人，莊姜自謂。此《記》引《詩》以「勗」爲「畜」，鄭又以爲衛定公夫人定姜之詩，定姜無子，立庶子衎，是爲獻公。獻公無禮於定姜，欲令獻公當思念先君，以畜孝於寡人。「民猶偝死而號無告」者，言民猶尚偝棄死者，其生者老弱號呼，無所控告。注「言不」至「存信」正義曰：「偷」，謂苟且。言人既不苟且棄偝於死亡，則於生存在者不棄薄信著矣。注「此衛」至「寡人」　正義曰：云「此衛夫人定姜之詩，獻公無禮於定姜」者，案襄十四年《左傳》云衛獻公出奔，使告宗廟以無罪。夫人定姜曰：「余以巾櫛事先君，而暴妾使余，若何無罪？」是無禮之事。與《詩》注不同者，案《鄭志》答炅模云：❶「注《記》時就盧君，後得《毛傳》，乃改之。」凡注與《詩》不同，皆倣此。子云：「有國家者，貴人而賤祿，則民興讓；尚技而賤車，則民興藝。言人君貴尚賢者能者，而不吝於班祿賜車服，則讓道興。賢者能者，人所服也。技，猶藝也。故君子約言，小人先言。」言人尚德不尚言也。「約」與「先」，互言爾。君子約，則小人多矣；小人先，則君子後矣。《易》曰：「君子以多識前言往行，以畜其德。」疏正義曰：此一節明尚賢能，重言行之事。「君子約言」者，省約其言，則小人多言也。「小人先言」者，小人行在於後，必先用其言；君子則後言，先行其行。二者相互也。子云：「上酌民言，則下天上施；上不酌民言，則犯也；下不天上施，則亂也。酌，猶取也。取衆民之言以爲政教則得民心，得民心則恩澤所加，民愛之如天矣。❷言其尊。故君子信讓以涖百姓，則民之報禮重。涖，臨也。報禮重者，猶言能死其難。《詩》云：『先民有言，詢于芻蕘。』」先民，謂上古之君也。詢，謀也。芻蕘，下民之事也。言古之人君，將有政教，必謀之於庶民，乃施之。疏正義曰：此一節論上取民言，❸則民報禮重之事。「上酌民言，則下天上施」者，酌，取也。言在上人君，取下民之言以爲政教，既得民心，民皆喜悦，則在下之民，仰君之德如天，敬此在上所施之恩澤。言受上恩澤，如受之於天，尊之也，故云「下天上施」。「上不酌民言，則犯也」者，若在上不取民言，違戾於下，則民人怨怒，以犯於上。「下不天上施，則亂」者，言在下之民，若不仰君如天，敬此在上所施之恩澤，雖有君恩，而在下不領，則禍亂之事起也。「民之報禮重」者，以君子

❶「炅」，原作「晁」，據阮本改。

❷「愛」，阮本作「受」。阮校云：「閩、監、毛本同，岳本同，嘉靖本同。」今按：余本、撫本亦作「受」。

❸「言」，原作「心」，據衛氏《集説》改。按：經文作「民言」，則當作「言」明矣。

在上，用信讓以臨百姓，則民之報上之禮，心意厚重，能死其難。「《詩》云『先民有言，詢于芻蕘』」者，此《詩・大雅・板》之篇，刺厲王之詩也。言厲王不用賢人之言，故詩人刺之。云「先民」，謂先世之君王，將有政教之言，必先詢謀採於芻蕘之賤者。引之者，證「上酌民言」之事。

子云：「善則稱人，過則稱己，則民不争。善則稱人，過則稱己，則怨益亡。《詩》云：『爾卜爾筮，履無咎言。』」爾，女也。履，禮也。言女鄉卜筮，然後與我爲禮，則無咎惡之言矣。言惡在己，彼過淺。

子云：「善則稱人，過則稱己，則民讓善。《詩》云：『考卜惟王，度是鎬京。惟龜正之，武王成之。』」度，謀也。鎬京，鎬宮也。言武王卜而謀居此鎬邑，龜則出吉兆正之，武王築成之。此臣歸美於君。

子云：「善則稱君，過則稱己，則民作忠。《君陳》曰：『爾有嘉謀嘉猷，入告爾君于内。女乃順之于外，曰：「此謀此猷，惟我君之德。」於乎！是惟良顯哉！』」君陳，蓋周公之子，伯禽弟也。名篇，在《尚書》，今亡。嘉，善也。猷，道也。「於乎！是惟良顯哉」！美君之德。

子云：「善則稱親，過則稱己，則民作孝。《大誓》曰：『予克紂，非予武，惟朕文考無罪。紂克予，非朕文考有罪，惟予小子無良。』」《大誓》，《尚書》篇名也。克，勝也。非予武，非我武功也。文考，文王也。無罪，則言有德也。無良，無功善也。此武王誓衆以伐紂之辭也。❶今《大誓》無此章，則其篇散亡。

疏正義曰：此一節論善則稱人，過則稱己之事。凡有三節。上經論與凡人，次經論臣於君，下經論子於親。各引《詩》、《書》以結成之。其經首皆言「子云」。

「《詩》云『考卜惟王』」至「武王成之」者，此《大雅・文王有聲》之篇，美武王之詩。「考卜惟王」者，言稽考於龜而卜者，惟是武王。「度是鎬京」者，度，謀也。言所以卜者，謂謀居是鎬京。「惟龜正之」者，謂龜能正其吉兆。「武王成之」者，謂築成都邑。「《君陳》曰『爾有嘉謀嘉猷，入告爾君于内』」者，嘉，善也。猷，道也。言爾有善謀善道，則入告爾君於内。「女乃順之於外」

❶「辭」，原作「亂」，據余本、撫本、岳本、阮本改。

者，言先告君於內，乃順行之於外。「曰『此謀此猷，惟我君之德』」者，言此善謀善道，惟是我君之德也。「於乎！是惟良顯哉」者，既推德於君，又歎美君德云：於乎！是君德惟良善顯明哉！「《泰誓》曰」至「予小子無良」者，克，勝也。武王云：我之克紂，非我武，惟我文考無罪於天，爲天所佐。若紂克於我，非我文考有罪，惟我小子無良善之德，故致敗也。**注**「此臣歸美於君」正義曰：下經始據臣之於君，此經據凡人相於而云「歸美於君」者，以歸美他人，詩無其證，故引此「惟龜正之」歸美於君以證之。**注**「君陳，蓋周公之子，伯禽弟也」正義曰：知「君陳，蓋周公子」者，以《書序》云「周公既没，命君陳分正東郊成周」，似若《蔡仲之命·書序》云「蔡叔既卒，王命蔡仲踐諸侯位」相似，皆是父卒命子，故疑周公子。以伯禽周公元子，既封於魯，命君陳令居東郊，故知伯禽弟也。**注**「今《泰誓》無此章，則其篇散亡」正義曰：鄭不見《古文尚書》，漢時别有《尚書》逸篇，「四月，太子發上祭於畢」以下三篇之事，鄭謂篇中有此經之語，但其篇散亡。❶

子云：「君子弛其親之過而敬其美。弛，猶弃忘也。孝子不藏識父母之過。《論語》曰：『三年無改於父之道，可謂孝矣。』不以己善駁親之過。《高宗》云：『三年其惟不言，言乃讙。』」高宗，殷王武丁也，名篇，在《尚書》。三年不言，有父小乙喪之時也。讙，當爲「歡」，聲之誤也。其既言，天下皆歡喜，樂其政教也。

疏正義曰：上文承「善則稱親，則民作孝」，故此一節廣明爲孝之道，以坊於民，民猶有忘孝之事。各依文解之。「君子弛其親之過」者，弛，謂棄忘。若親有過失，孝子棄忘之，不藏記在心也。「高宗云」者，此《尚書·説命》之篇，論高宗之事，故言「高宗云」。「高宗」非書篇之名。「三年其惟不言」者，在父喪三年之内，其惟不言政教。「言乃讙」者，謂三年服畢之後，言論政教，天下皆歡樂也。**注**「高宗，殷王武丁也，名篇，在《尚書》」正義曰：案「其惟不言」之文在《尚書·説命》之篇；「言乃讙」在《無逸》之篇。而鄭云「名篇，在《尚書》」，則是《高宗篇》上有此二言，與《書》之文不同者，鄭不見《古文尚書序》有《高宗之訓》，❷此經有「高宗云」，

❶「篇」，原作「事」，據浦鏜校與鄭注改。
❷「文」，原作「之」，據阮本、魏氏《要義》改。

謂是《高宗之訓》篇有此語，故云「名篇，在《尚書》」。子云：「從命不忿，❶微諫不倦，勞而不怨，可謂孝矣。微諫不倦，君子於父母尚和順，❷不用鄂鄂。《論語》曰：「事父母幾諫，見志不從，又敬不違。」《内則》曰：「父母有過，下氣怡色，柔聲以諫。諫若不入，起敬起孝，説則復諫。」此所謂「不倦」。《詩》云：『孝子不匱。』」匱，乏也。孝子無乏止之時。疏正義曰：「《詩》云『孝子不匱』」者，是《大雅·既醉》之篇，美成王之時告太平之詩，言孝子行其孝道，不有匱乏之時。子云：「睦於父母之黨，可謂孝矣。睦，厚也。黨，猶親也。故君子因睦以合族。合族，謂與族人燕，與族人食。《詩》云：『此令兄弟，綽綽有裕。不令兄弟，交相爲瘉。』」令，善也。綽綽，寬容貌也。交，猶更也。瘉，病也。疏正義曰：「故君子因睦以合族」者，言親睦於父母之黨，乃得爲孝，故君子因此親睦之道以會聚宗族，爲燕食之禮。《詩》云『此令兄弟，綽綽有裕』者，此《詩·小雅·角弓》之篇，刺幽王之詩。幽王不親宗族，故父兄刺之。令，善也。言此有德之人，善於兄弟，故綽綽然而有寬裕。「不令兄弟，交相爲瘉」者，瘉，病也。言無德小人，不善兄弟，交相爲病害。子云：「於父之執，可以乘其車，不可以衣其衣，君子以廣孝也。」父之執，與父執志同者也。可以乘其車，車於身差遠也。謂今與己位等。❸疏正義曰 注「車於」至「位等」 以父之執友，得乘其車，不得衣其衣。以衣在身，車比衣稍遠，故可以乘其車。知「今與己位等」者，若尊卑懸絶，假非執友，不可傳通車服，故知「與己位等」。但是父之執，故「不可衣其衣」也。子云：「小人皆能養其親，君子不敬，何以辨？」辨，別也。子云：「父子不同位，以厚敬也。同位，尊卑等，爲其相褻。《書》云：『厥辟不辟，忝厥祖。』」厥，

❶「忿」，陳澔《集説》云：「一説：忿，當作『怠』，亦通。」王夫之《章句》、王引之《述聞》並從此説。

❷「君」，阮本作「者」，閩、監、毛本同，余本、撫本、岳本同。按：作「者」，屬上讀，義勝。

❸「今」字原脱，據余本、撫本、岳本、阮本補。案《正義》亦有「今」字。

其也。辟，君也。忝，辱也。爲君不君，與臣子相褻，則辱先祖矣。君父之道宜尊嚴。疏正義曰：「書云『厥辟不辟，忝厥祖』」，此《尚書·大甲》三篇，伊尹戒大甲之辭。厥，其也。辟，君也。忝，辱也。言爲君不自尊高而與臣子相褻，則辱其先祖也。若爲人父不自尊嚴，而與卑下相瀆，亦辱累其先祖。故鄭注云「君父之道宜尊嚴」也。此則因「君」見「父」耳。子云：「父母在，不稱老，言孝不言慈。閨門之内，戲而不歎。孝上施，言慈則嫌下流也。戲，謂孺子言笑者也。《孟子》曰：「舜年五十而不失其孺子之心。」歎，謂有憂戚之聲也。君子以此坊民，民猶有薄於孝而厚於慈。」子云：「長民者，朝廷敬老，則民作孝。」長民，謂天子、諸侯也。子云：「祭祀之有尸也，宗廟之有主也，示民有事也。修宗廟，敬祀事，教民追孝也。有事，有所尊事也。❶以此坊民，民猶忘其親。」❷疏正義曰：「示民有事也」者，言所以「祭祀有尸，宗廟有主」者，下示於民，有所尊事故也。「修宗廟，敬祀事，教民追孝也」者，言人君修立宗廟，恭敬祀事者，下教於民，追孝於親也。子云：「敬則用祭器。祭器，籩、豆、簠、鉶之屬也。有敬事於賓客則用之，謂饗食也。盤、盂之屬爲燕器。故君子不以菲廢禮，不以美没禮。言不可以其薄不及禮而不行禮，亦不可以其美過禮而去禮。禮主敬，廢滅之，是不敬。故食禮，主人親饋則客祭，主人不親饋則客不祭。故君子苟無禮，雖美不食焉。《易》曰：『東鄰殺牛，不如西鄰之禴祭，寔受其福。』東鄰，謂紂國中也。西鄰，謂文王國中也。此辭在《既濟》。《既濟》，《離》下《坎》上，離爲牛，坎爲豕，西鄰禴祭則用豕與？言殺牛而凶，不如殺豕受福。喻奢而慢不如儉而敬也。《春秋傳》曰：「黍稷非馨，明德惟馨。」信矣。《詩》云：『既醉以酒，既飽以德。』言君子饗燕，

❶「尊」字原脱，據余本、撫本、岳本、阮本及魏氏《要義》補。

❷「以此坊民民猶忘其親」，此九字經文原在本節《正義》之後，今據阮本移置於此。

非專爲酒肴，亦以觀威儀，講德美。以此示民，民猶争利而忘義。」疏 正義曰：前經坊民以爲孝之道，此經教民以爲敬行義之事。「故君子不以菲廢禮」者，菲，薄也。言君子不以貧窶菲薄，廢禮不行。「不以美没禮」，没，過也。不可以財物豐多，華美其事，没過於禮也。「《易》曰『東鄰殺牛，不如西鄰之禴祭，寔受其福』」者，東鄰，謂紂。西鄰，謂文王也。紂之國中，奢而慢禮，雖殺牛以祭，不如西鄰文王國中以爲禴祭，但殺豕而已，以其祭儉而恭敬故也。「寔受其福」，寔，實也，言實爲神所加福祐。「《詩》云『既醉以酒，既飽以德』」者，此《大雅·既醉》之篇，言成王祭祀，合於禮儀。既，盡也。言君臣上下盡醉以酒，至於祭之末，觀十倫之義，盡飽以德。注「東鄰」至「信矣」 正義曰：「東鄰，謂紂國中也」，既云「東鄰、西鄰」，總據一國之辭，非唯紂、文王一身而已，故云「國中」，言一國皆然也。云「此辭在《既濟》」者，是《既濟》九五爻辭也。鄭注《易》九五曰：「互體爲《坎》也，又互體爲《离》。离爲日，坎爲月。日出東方，東鄰象也。月出西方，西鄰象也。」此注「坎爲豕，西鄰禴祭則用豕」，與此文異。又注云「《离》爲牛」，是東鄰之祭殺牛也。則鄭之《易注》，九五一爻，有《坎》有《离》。此注總論《既濟》之卦，下體爲《离》，上體爲《坎》，與《易注》不同者，但《易》含萬象，俱得明義也。此據一國風俗奢儉，故舉豕、牛以言之，不得以天子、諸侯俱用大牢爲妨。

子云：「七日戒，三日齊，承一人焉以爲尸，過之者趨走，以教敬也。戒，謂散齊也。承，猶事也。醴酒在室，醍酒在堂，澄酒在下，示民不淫也。淫，猶貪也。澄酒，清酒也。三酒尚質不尚味。尸飲三，衆賓飲一，示民有上下也。上下，猶尊卑也。主人、主婦、上賓獻尸，乃後主人降，洗爵獻賓。因其酒肉，聚其宗族，以教民睦也。言祭有酒肉，群昭群穆皆至而獻酬之，咸有薦俎。故堂上觀乎室，堂下觀乎上。謂祭時肅敬之威儀也。《詩》云：『禮儀卒度，笑語卒獲。』」卒，盡也。獲，得也。言在廟中者，不失其禮儀，皆歡喜得其節也。疏 正義曰：此一節明祭祀恭敬之義，使禮儀各得其所。「七日戒」者，謂散齋也。「三日齋」者，謂致齋也。「承一人焉以爲尸」者，謂承奉一人焉，尊之爲尸也。「示民不淫也」者，淫，猶貪也。然醴齊、❶醍齊、澄酒，味薄者在上，味厚者在下，貴薄賤厚，示民不貪淫於味也。「尸飲三，衆賓飲一，示民有上下也」者，言尊上者得酒多，卑下者得酒少，是「示民有上下也」。「因其酒肉，聚其宗族，以教民睦也」者，謂因其祭祀之酒肉，於祭祀之末，聚其宗族，昭穆相獻酬，教民相親睦也。「故堂上觀乎室」者，沈重云：「祭祀之時，在堂上者，觀望在室之人以取法。」「堂下觀乎上」者，謂在堂下之人，觀看於堂上之人以爲則。言上下内外，更相倣法。「《詩》云『禮儀卒度，笑語卒獲』」者，此《小雅·楚茨》之篇，刺幽王之詩。言古之祭祀，禮儀盡合其法度，笑語盡得其節制。**注**「澄酒」至「尚味」 正義曰：「澄酒，清酒也」，謂澄齊也。以其清於醴齊、醍齊，故云「清酒」也。以此三齊皆云「酒」，故知澄酒惟澄齊也。《禮運》云：「玄酒在室，醴醆在户，粢醍在堂，澄酒在下。」彼陳酒事，故鄭分釋「澄」爲沈齊，「酒」爲三酒也。以此云「示民不淫」，故知非三酒，以三酒味厚美故也。《禮運》云「醴醆在户」，此云「在室」，不同者，在户之内，則是在室也。但《禮運》有「玄酒在室」之文，故云「醴醆在户」爾。**注**「主人」至「獻賓」 正義曰：知「主人、主婦、上賓獻尸，乃後主人降，洗爵獻賓」者，《儀禮·特牲》文也。

子云：「賓禮每進以讓，喪禮每加以遠。浴於中霤，飯於牖下，小斂於户内，大斂於阼，殯於客位，祖於庭，葬於墓，所以示遠也。遠之，所以崇敬也。阼，或爲「堂」。殷人弔於壙，周人弔於家，示民不偝也。」既葬，哀而哭踊，於是弔之。

子云：「死，民之卒事也，吾從周。周於送死尤備。以此坊民，諸侯猶有薨而不葬者。」**疏** 正義曰：此一節明送喪漸遠，弔哭有節，示民不偝之事。「賓禮每進以讓」者，案《鄉飲酒禮》，主人迎賓，至門三辭，至階三讓，皆主人先入先登，是「賓禮每進以讓」。「死，民之卒事也，吾從周」者，上既云殷、周弔節不同，孔子明言所從之事，故更言「子云：死，民之卒事也，吾從周」，言死是民之終卒之事，宜須送終備具。若「殷人弔於壙」，情猶未盡，即壙上而弔，於送死大簡；周人孝子反哭至家，乃後始弔，於送死殷勤，是情禮備具，故云「吾從周」也。子

❶「醴」，原作「體」，據阮本改。

云：「升自客階，受弔於賓位，教民追孝也。謂反哭時也。既葬矣，猶不由阼階，不忍即父位也。未沒喪，不稱君，示民不争也。故《魯春秋》記晉喪曰：『殺其君之子奚齊及其君卓。』沒，終也。《春秋傳》曰：「諸侯於其封内，三年稱子。」至其臣子，踰年則謂之君矣。奚齊與卓子，皆獻公之子也。獻公卒，其年奚齊殺，明年而卓子殺矣。以此坊民，子猶有弑其父者。」弑父，不子之甚。疏 正義曰：此一節明民追孝於親，❶諸侯未終喪之前，不得稱君，示民不争之事也。「升自客階，受弔於賓位」者，謂既葬反哭之時，孝子升自客階，受弔於堂上西方賓位之處，不敢在東方以即父位，示民追孝之心也。「未沒喪，不稱君」者，沒，終也。謂未終三年之喪，嗣子不合稱君。所以然者，示民不令父子相争也。「殺其君之子奚齊及其君卓」者，案僖九年「秋九月，晉侯詭諸卒。冬，晉李克弑其君之子奚齊」。❷十年，「李克弑其君卓子」。《公羊》云：其年奚齊殺，明年卓子弑，是踰年稱君。注「謂反哭時也」正義曰：知「反哭時」者，以承上文「葬於墓」，又云「薨而不葬者」，即云「升自客階」，承葬文之下，故知反哭時。又《既夕禮》云「乃反哭，入，主人升自西階」是也。注「春秋」至「君矣」正義曰：「諸侯於其封内，三年稱子」者，此文九年《公羊傳》文。「其臣子，踰年則謂之君」者，此卓子踰年弑而經書「弑其君」，是史之策書臣子稱君也。子云：「孝以事君，弟以事長，示民不貳也。故君子有君不謀仕，唯卜之日稱二君。不貳，不自貳於尊者也。自貳，謂若鄭叔段者也。❸君子有君，謂君之子父在者也。不謀仕，嫌遲爲政也。卜之日，謂君有故而爲之卜也。二，當爲「貳」。唯卜之時，辭得曰「君之貳某」爾。晉惠公獲於秦，命其大夫歸擇立君，曰：「其卜貳圉也。」喪父三年，喪君三年，示民不疑也。不疑於君之尊也。君無骨肉之親，不重其服，至尊不明。父母在，不敢有其身，不敢私其財，示民有

❶「此」字原脱，據阮本、衛氏《集説》補。

❷「李克」，毛本、殿本、庫本、阮本及衛氏《集説》作「里克」，與《春秋》三傳合。下同。

❸「叔段」，原作「椒段」，據余本、撫本、阮本及衛氏《集説》改。

上下也。身及財，皆當統於父母也。有，猶專也。故天子四海之内無客禮，莫敢爲主焉。故君適其臣，升自阼階，即位於堂，示民不敢有其室也。臣亦統於君。父母在，饋獻不及車馬，示民不敢專也。車馬，家物之重者。以此坊民，民猶忘其親而貳其君。」疏正義曰：此一節明事君父之道。「孝以事君，弟以事長，示民不貳也」者，用孝以事君，用弟以事長，示民以恭敬之情，不敢自副貳於其君，謂與尊者相敵，若鄭叔段貳君於兄也。「故君子有君不謀仕」者，君子，謂國君之子。有君在，不謀欲仕官。若謀仕官，似嫌爲政之遲，故欲速爲仕也。「唯卜之日稱二君」者，二，當爲「貳」，謂副貳也。謂君有事故，不得親臨卜筮，其嗣子爲君而卜，其辭得稱「君之貳某」告龜筮也。「示民不疑」者，君無骨肉之親，若不爲重服，民則疑君不尊。今喪君三年，與喪父同，示民不疑於君之尊也。注「自貳」至「圉也」 正義曰：案隱元年《左傳》稱鄭莊公弟共叔段封於京邑，請西鄙北鄙貳於己，段又收貳以爲己邑。公子呂曰：「國不堪貳。」謂除君身之外，國中不堪更有副貳之君，是段之自貳於君也。云「卜之日，謂君有故而爲之卜也」者，言當卜之日，君應須親臨，君有事故，而適子爲君卜也。云「二，當爲『貳』」者，小「二」是一二之二，大「貳」是副貳之貳。此取副貳之貳，不取一二之二，故轉「二」爲「貳」也。云「惟卜之時，辭得曰『君之貳某』爾」者，言嗣子於他餘事皆不得自稱君之貳，惟代君臨卜之時得稱「君之貳某」。所以然者，敬重卜之神靈，不敢私顧父子之嫌。若不稱「君貳」，無緣代君而卜，辭窮不得不稱「君貳」故也。此謂世子對君自稱也。王肅不曉鄭旨，乃引傳云「大子之貳」，又云「子者，身之貳」，又以「旁人稱貳」而難鄭，其義非也。云「晉惠公獲於秦，命其大夫歸擇立君，❶曰『其卜貳圉也』」者，鄭以書傳無世子爲君卜稱貳之文，故引僖公十五年《左傳》之文以證君貳之事，與此經文不正相當，取其一邊耳。「惠公獲於秦」者，案僖公十五年《傳》稱晉惠公被秦伯所納，既而背秦，秦伯伐之，戰於韓，被秦所獲，命其大夫歸立其子圉爲君，稱卜副貳之子圉，令爲君。

子云：「禮之先幣帛也，欲民之先事而後禄也。此禮，謂所執之摯

❶「擇」，原作「釋」，據阮本改。

以見者也。既相見，乃奉幣帛以脩好也。或云「禮之先辭而後幣帛」。先財而後禮則民利，財，幣帛也。利，猶貪也。無辭而行情則民争，辭，辭讓也。情主利欲也。故君子於有饋者弗能見，則不視其饋。饋，遺也。不能見，謂有疾也。不視，猶不内也。《易》曰：『不耕穫，不菑畬，凶。』言必先種之乃得穫，若先菑乃得畬也。安有無事而取利者乎？田一歲曰菑，二歲曰畬，三歲曰新田。以此坊民，民猶貴禄而賤行。」行，猶事也。言務得其禄，不務其事。【疏】正義曰：此一節明坊民，使輕財重禮，貴行賤禄之事。「禮之先幣帛也」，謂相見之禮，先於幣帛。言先行相見之禮，乃後用幣帛。「欲民之先事而後禄也」者，先相見，是「先事」，而後幣帛，是「後禄」也。　「先財而後禮則民利」者，利，貪也。若先用財而後行禮，民則化之，貪於財也。「無辭而行情則民争」者，辭，謂辭讓。言與人相見，無辭讓之禮，直行己情，則有利欲，故民争。❶　「故君子於有饋者弗能見，則不視其饋」者，饋，遺也。視，納也。言君子之人，於有他人饋遺己者，己若疾病，不能見其所饋之人，則不納其所饋之物也。　「《易》曰『不耕穫，不菑畬，凶』」，此《易·無妄》六二爻辭。❷《無妄》，《震》下《乾》上，六二既在《震卦》居中得位，宜合仕者，謂合事九五，被六三所隔，不得往仕，是道之不行。雖食其禄，猶不耕穫刈，不菑畬田，無功得物，是其凶。引之者，證貪財之事。【注】「田一」至「新田」　正義曰：案《爾雅·釋地》云：「田一歲曰菑」，孫炎云：「始菑殺其草木。」「二歲曰新田」，孫炎云：「新成柔田也。」「三歲曰畬」，孫炎云：「畬，舒緩。」《周頌》傳亦云「三歲曰畬」。此云「三歲曰新田」者誤也。

子云：「君子不盡利以遺民。不與民争利也。《詩》云：『彼有遺秉，此有不斂穧，伊寡婦之利。』言穫者之遺餘，捃拾所以爲利。故君子仕則不稼，田則不漁，食時不力珍，大夫不坐羊，士不坐犬。食時，謂食四時之膳也。力，猶務也。天子、諸侯有秩膳。古者殺牲，食其肉，坐其皮。不

❶「民」，阮本「民」下有「爲」字，閩、監、毛本同。
❷「無妄」，阮校云：「毛本『無』作『无』。」浦鏜校云：「當從毛本作『无』。下同。」

坐犬羊，是無故不殺之。❶《詩》云：「采葑采菲，無以下體。德音莫違，及爾同死。」葑，蔓菁也，陳、宋之間謂之葑。菲，蒠類也。下體，謂其根也。采葑菲之菜者，采其葉而可食，無以其根美則并取之，苦則棄之。并取之，是盡利也。此詩故親今疏者，言人之交，當如采葑采菲，取一善而已，君子不求備於一人。能如此，則德美之音不離令名，我願與女同死矣。《論語》曰：「故舊無大故，則不弃也。」以此坊民，民猶忘義而争利，以亡其身。」**疏**正義曰：此一節明貴義輕利以坊民之事也。「不盡利以遺民」者，言君子不盡竭其利，當以餘利遺與民也。「《詩》云『彼有遺秉，此有不斂穧，伊寡婦之利』」者，此《詩·小雅·大田》之篇，刺幽王之詩。言幽王無道，矜寡不能自存，故陳明王之時，陰陽和調，年歲豐稔，田稼既多，穫刈促遽，彼處有遺秉把，此處有不斂之穧束，與寡婦捃拾以爲利。引之者，證以利遺民者也。「食時不力珍」者，力，務也。言人君食四時之膳，不更用力務求珍羞。「大夫不坐羊，士不坐犬」者，言大夫無故不得殺羊，坐其皮；士無故不得殺犬，坐其皮。皆謂不貪其利以厚己也。「《詩》云『采葑采菲，無以下體』」者，此《詩·邶風·谷風》之篇，婦人怨夫棄己，故以此言恨之。言采其葑菲之菜，無以下體根莖之惡，并棄其葉。言取妻之時，無以花落色衰，并棄其夫婦之禮。「德音莫違，及爾同死」者，如此則道德音聲，無相乖違，則可與汝同至於死。詩之文義，其理如此。今此記者引詩，斷章爲義，凡有二意。一則云采此葑菲之菜，但采其葉，無得并采其下體之根莖。言根莖雖美，不可并取，則是不盡取其利，當遺與於下。二則云采其葑菲之菜，無以下體之惡并棄其葉。據下體有苦惡之時，言交友之道，無以一處之惡，并棄其餘事之善。如此，則德音莫違，與汝同至於死。作《記》者據其根善，則無得并取其根，無盡利也；據其根惡，則無得并棄其葉，不求備也。**注**「葑蔓」至「棄也」正義曰：案《詩傳》云：「葑，須也。」《爾雅·釋草》云：「須，葑蓯。」陸璣云：「又謂之蓯，吴人謂葑蓯，蔓菁，❷幽州人或謂之芥。」云「菲，蒠類」者，《釋草》云：「菲，蒠菜。」郭景純云：「菲草生下濕地，似蕪菁，華紫赤色，可食。」云

❶「無故不」，余本、撫本、阮本作「不無故」。

❷「吴人謂葑」，浦鏜校云：「四字衍。」蓋據《蟲魚疏》校也。

「采葑菲之菜者，采其葉而可食，無以其根美則并取之，苦則棄之。并取之，是盡利也」者，鄭之此注，解此《記》所引，本明無盡利之事，則「德音莫違，及爾同死」，當解云上無盡利於民，則道德之音，無有乖違，民之及君，可同至於死。今鄭以下所注，更別生一義，與《記》意稍乖。云「此詩故親今疏者」，此鄭別解詩義，以注《記》之時，未見《毛傳》，不知夫婦相怨，謂交友相於，所以云「故親今疏」。云「采葑采菲，取一善而已」者，此謂根惡，但取葉處一善而已，不棄其根也。云「君子不求備於一人」者，謂一人身上，既有善處，亦有惡處，不可以惡處并棄其善也。《論語》云：「故舊無大故，則不棄也。」鄭引之者，證交友不以小惡而相棄。鄭此注，前釋正合《記》文；鄭之後釋，不知何意如此，今所未詳。

子云：「夫禮，坊民所淫，章民之別，使民無嫌，以爲民紀者也。淫，猶貪也。章，明也。嫌，嫌疑也。故男女無媒不交，無幣不相見，恐男女之無別也。重男女之會，所以遠別之於禽獸也。有幣者必有媒，有媒者不必有幣。仲春之月，會男女之時，不必待幣。以此坊民，民猶有自獻其身。獻，猶進也。《詩》云：『伐柯如之何？匪斧不克。取妻如之何？匪媒不得。蓺麻如之何？横從其畝。取妻如之何？必告父母。』」伐柯，伐木以爲柯也。克，能也。蓺，猶樹也。横從，横行治其田也。言取妻之法必有媒，如伐柯之必須斧也；取妻之道，必告父母，如樹麻當先易治其田。

疏 正義曰：自此以下，終於篇末，總坊男女奔淫之事，❶夫婦重慎之義也。此節明男女非媒非幣不相交見。

「夫禮，坊民所淫」者，淫，貪也。言禮者，坊民所貪欲之事。知非直是坊民淫泆而云「貪」者，以文云「所淫」，稱「所」，是所貪也。若其淫泆，則當云「坊民淫」，不須云「所」也。

「章民之別」者，章，明也。明民之男女，令相分別，使民無嫌。

「以爲民紀者也」，❷謂使民無色欲之嫌疑，以爲民之綱紀也。

「民猶有自獻其身」，謂民之女人，猶有自進其身以求男者也。

「《詩》云『伐柯如之

❶ 「奔淫」，衛氏《集説》作「淫奔」，義勝。

❷ 「以爲民紀者也」，按孔疏：「謂使民無色欲之嫌疑，以爲民之綱紀也」。然則出文「以爲民紀者也」上脱「使民無嫌」四字。

何？匪斧不克』」者，此《詩・齊風・南山》之篇，刺齊襄公與妹文姜姦淫之事。「蓺麻如之何？横從其畝」者，蓺，種也。横，行也。言將種麻如之何？必須横行耕治其田，然後得麻。

子云：「取妻不取同姓，以厚别也。厚，猶遠也。故買妾不知其姓則卜之。妾言「買」者，以其賤，同之於衆物也。士庶之妾，恒多凡庸，有不知其姓者。以此坊民，《魯春秋》猶去夫人之姓曰『吴』，其死曰『孟子卒』。」吴，大伯之後，魯同姓也，昭公取焉，去「姬」曰「吴」而已。至其死，亦略云「孟子卒」，不書「夫人某氏薨」。孟子，蓋其且字。

疏 正義曰：此一節坊民取同姓爲妻之事。「買妾不知其姓則卜之」者，妾既卑賤，不可盡知其所生本姓，但避其凶害，唯卜其姓，吉乃取之。「《魯春秋》猶去夫人之姓曰『吴』」者，依《春秋》之例，如夫人齊女，即云「姜氏至自齊」。以例言之，此吴女亦當云「夫人姬氏至自吴」。魯則諱其姬姓，而不稱「夫人姬氏至自吴」，是「去夫人之姓曰吴」也。但《春秋》經文不載其事，其春秋簡牘雜記則有之，故《論語》云「謂之吴孟子」，是當時之言有稱「吴」也。「其死曰『孟子卒』」者，哀十二年稱「孟子卒」，若其不諱，當云「夫人姬氏薨」。以諱取同姓而云「孟子卒」。「孟子」是夫人之且字。没其氏，書其且字，又没其薨，而略言卒而已，皆爲同姓諱之。鄭與何休皆以諱取同姓而書「卒」，《左氏》則以不成喪故稱「卒」，與鄭、何異也。**注**「孟子」至「且字」 正義曰：若既笄而字，當云伯、叔、季，若「伯姬」、「季姬」。今云「孟子」，故知且字也。

子云：「禮，非祭，男女不交爵。交爵，謂相獻酢。以此坊民，陽侯猶殺繆侯而竊其夫人。同姓也。以貪夫人之色，至殺君而立。其國未聞。故大饗廢夫人之禮。」大饗，饗諸侯來朝者也。夫人之禮使人攝。

疏 正義曰：此一節坊男女，非因祭祀不得相集會也。「非祭，男女不交爵」者，言唯祭之時，乃得交爵。故《特牲饋食禮》云「主婦獻尸，尸酢主婦」，是交爵也。「故大饗廢夫人之禮」者，以大饗之時，夫人與君，同饗於賓。是繆侯及夫人共出饗賓，陽侯是繆侯同姓之國，見繆侯夫人之美，乃殺繆侯而取其夫人，又篡其國而自立，「故大饗廢夫人之禮」，不使夫人得預其禮也。以此言之，則陽侯以前大饗，夫人出饗鄰國之君，得有男女交爵。此云「非祭，男女不交爵」者，謂侯、伯、子、男及卿、大夫、士祭乃交爵，若王於上公及上公相饗時，后與夫人亦男女交爵，與裸同也。故《大行人》云「上公之禮，王禮再裸而酢」是也。

注「同姓」至「未聞」　正義曰：言「同姓」者，則上文云「君不與同姓同車」是也。云「其國未聞」者，唯有陽侯、繆侯，是兩君之謚，未聞何國君，故云「未聞」。又案王饗諸侯及諸侯自相饗，同姓則后、夫人親獻，異姓則使人攝獻，則繆侯所饗，蓋同姓也。且王於同姓，雖爲侯伯，車服與上公同。上公既再裸，后與王俱裸，則上公相於與王同也。其同姓上公，則后與夫人親裸獻拜送也。若異姓上公，使人攝裸。故《宗伯職》云：「大賓客，則攝而載裸。」謂異姓也。《內宰職》云：「凡賓客之裸獻、瑶爵，皆贊。」注云「謂王同姓及二王之後來朝覲」王以鬱鬯禮之，后以瑶爵亞獻，謂同姓也。自陽侯殺繆侯後，其后、夫人獻禮遂廢，並使人攝也。

子云：「寡婦之子，不有見焉，則弗友也，君子以避遠也。有見，謂睹其才藝也。同志爲友。故朋友之交，主人不在，不有大故，則不入其門。大故，喪、疾。❶以此坊民，民猶以色厚於德。」子云：「好德如好色，此句似不足。《論語》曰：「未見好德如好色。」疾時人厚於色之甚，而薄於德也。諸侯不下漁色，謂不內取於國中也。內取國中，爲下漁色。昏禮始納采，謂采擇其可者也。國君而內取，象捕魚然，中網取之，是無所擇。故君子遠色，以爲民紀。故男女授受不親，不親者，不以手相與也。《內則》曰：「非祭非喪，不相授器。其相授，則女受以篚。其無篚，則皆坐奠之，而後取之。」御婦人則進左手，御者在右，前左手，則身微偝之。姑、姊妹、女子子已嫁而反，男子不與同席而坐。女子十年而不出也。嫁及成人，可以出矣，猶不與男子共席而坐，遠別。寡婦不夜哭。嫌思人道。婦人疾，問之，不問其疾。嫌媚，略之也。問增損而已。以此坊民，民猶淫泆而亂於族。」亂族，犯非妃匹也。

疏正義曰：此一節更申明男女相遠，又坊人同姓淫泆之事。「諸侯不下漁色」，漁色，謂漁人取魚，中網者皆取之。譬如取美色，中意者皆取之，若漁人求魚，故云「漁色」。諸侯當外取，不得下鄉國中取卿、大夫、士之女。若下鄉

❶「疾」，阮本作「病」，閩、監、毛本同，余本、岳本同。

内取國中，似漁人之求魚，無所擇，故云「不下漁色」。「御婦人則進左手」者，以御者之禮，婦人在車上左廂，❶御者在婦人之右，「進左手」，謂左手在前，轉身向右，微偝婦人。「婦人疾，問之，不問其疾」者，謂不問其疾所委曲。若問其委曲，嫌似媚，故不丁寧，但略問增損而已。

子云：「昏禮，壻親迎，見於舅姑，舅姑承子以授壻，恐事之違也。舅姑，妻之父母也。妻之父爲外舅，妻之母爲外姑。父戒女曰：「夙夜毋違命。」母戒女曰：「毋違宫事。」以此坊民，婦猶有不至者。」不至，不親夫以孝舅姑也。《春秋》成公九年「春，二月，伯姬歸於宋。夏，五月，季孫行父如宋致女」。是時宋共公不親迎，恐其有違而致之也。疏正義曰：「見於舅姑，舅姑承子以授壻」者，❷謂親迎之時，壻見於舅姑，舅姑，謂婦之父母也。婦之父母，承奉女子以付授於壻，則《昏禮》父戒女曰「夙夜無違命」，母戒女曰「無違宫事」是也。「恐事之違」者，謂恐此女人於昏事乖違，故親以女授壻也。

禮記正義卷第五十九

❶「在」，原作「於」，據阮本、阮校改。
❷「舅姑」二字原不重，據毛本、殿本、庫本、阮本補。

禮記正義卷第六十

國子祭酒上護軍曲阜縣開
國子臣孔穎達等奉勑撰

中庸第三十一

正義曰：案鄭《目録》云：「名曰《中庸》者，以其記中和之爲用也。庸，用也。孔子之孫子思伋作之，以昭明聖祖之德。此於《别録》屬《通論》。」

天命之謂性，率性之謂道，修道之謂教。天命，謂天所命生人者也，是謂性命。木神則仁，金神則義，火神則禮，水神則信，土神則知。《孝經説》曰：「性者，生之質。命，人所稟受度也。」率，循也，循性行之之謂道。❶修，治也。治而廣之，人放傚之，是曰教。道也者，不可須臾離也，可離非道也。道，猶道路也。出入動作由之，離之惡乎從也？是故君子戒慎乎其所不睹，恐懼乎其所不聞。小人閒居爲不善，無所不至也。君子則不然，雖視之無人，聽之無聲，猶戒慎恐懼自修正，是其不須臾離道。莫見乎隱，莫顯乎微，故君子慎其獨也。慎獨者，慎其閒居之所爲。小人於隱者，動作言語，自以爲不見睹，不見聞，則必肆盡其情也。若有覘聽之者，是爲顯見，甚於衆人之中爲之。喜怒哀樂之未發，謂之中；發而皆中節，謂之和。中也者，天下之大本也；和也者，天下之達道也。中爲大本者，以其含喜怒哀樂，禮之所由生，政教自此出也。致中和，天地位焉，萬物育焉。致，行之至也。位，猶正也。育，生也，長也。**疏**正義曰：此節明中庸之德，必修道而行。謂子思欲明中庸，先本於道。「天命之謂性」者，天本無體，亦

❶「之之」，余本、撫本、岳本、阮本及衛氏《集説》皆作「之是」。

無言語之命，但人感自然而生，有賢愚吉凶，若天之付命遣使之然，故云「天命」。《老子》云：「道本無名，强名之曰道。」但人自然感生，有剛柔好惡，或仁，或義，或禮，或知，或信，是天性自然，故云「之謂性」。　「率性之謂道」，率，循也。道者，通物之名。言依循性之所感而行，不令違越，是之曰道。感仁行仁，感義行義之屬，不失其常，合於道理，使得通達，是「率性之謂道」。　「修道之謂教」，謂人君在上，修行此道，以教於下，是「修道之謂教」也。

注「天命」至「曰教」　正義曰：云「天命，謂天所命生人者也，是謂性命」，案《易·乾·彖》云「乾道變化，各正性命」是也。云「木神則仁」者，皇氏云：「東方春，春主施生，仁亦主施生」。云「金神則義」者，秋爲金，金主嚴殺，義亦果敢斷决也。云「火神則禮」者，夏爲火，火主照物而有分别，禮亦主分别。云「水神則信」，冬主閉藏，充實不虚。水有内明，不欺於物，信亦不虚詐也。云「土神則知」者，金、木、水、火、土，無所不載，土所含養者多，❶知亦所含者衆，故云「土神則知」。云「《孝經説》曰『性者，生之質。命，人所稟受度也』」；不云「命」者，鄭以通解「性命」爲一，故不復言命。但性情之義，説者不通，亦略言之。賀瑒云：「性之與情，猶波之與水。静時是水，動則是波。静時是性，動則是情。」案《左傳》云「天有六氣，降而生五行」，至於含生之類，皆感五行生矣。唯人獨稟秀氣，故《禮運》云：「人者，五行之秀氣。」被色而生，既有五常仁、義、禮、知、信，因五常而有六情，則性之與情，似金與鐶印。鐶印之用非金，亦因金而有鐶印。情之所用非性，亦因性而有情。則性者静，情者動。故《樂記》云：「人生而静，天之性也。感於物而動，性之欲也。」故《詩序》云「情動於中」是也。但感五行，在人爲五常，得其清氣，備者則爲聖人，得其濁氣，簡者則爲愚人。降聖以下，愚人以上，所稟或多或少，不可言一，故分爲九等。孔子云：「唯上知與下愚不移。」❷二者之外，逐物移矣。故《論語》云：「性相近，習相遠也。」亦據中人七等也。　「道也者，不可須臾離也」者，此謂聖人修行仁、義、禮、知、信以爲教化。道，猶道路也。道者開通性命，猶如道路開通於人，人行於道路，不可須臾離也。若離道則礙難不通，猶善道須臾離棄則身有患害而生也。　「可離非道也」者，若荒梗塞澀之處，是可離棄，以非道路之所由，猶如凶惡邪僻之行，是可離棄，以亦

❶「養」，原作「義」，據浦鏜校改。
❷「下」，原作「不」，據阮本改。

非善道之行，故云「可離非道也」。「是故君子戒慎乎其所不睹」者，言君子行道，先慮其微，若微能先慮，則必合於道。故君子恒常戒於其所不睹之處。人雖目不睹之處猶戒慎，況其惡事睹見而肯犯乎？故君子恒常戒慎之。「恐懼乎其所不聞」者，言君子恒恐迫畏懼於所不聞之處。言雖耳所不聞，恒懷恐懼之。不覩不聞，❶猶須慎懼，況睹聞之處，❷恐懼可知也。「莫見乎隱，莫顯乎微」者，莫，無也。言凡在衆人之中，猶知所畏。及至幽隱之處，謂人不見，便即恣情。人皆佔聽，察見罪狀，甚於衆人之中，所以恒須慎懼如此。以罪過愆失，無見於幽隱之處，無顯露於細微之所也。「故君子慎其獨也」者，以其隱微之處，恐其罪惡彰顯，故君子之人，恒慎其獨居。言雖曰獨居，能謹慎守道也。「喜怒哀樂之未發，謂之中」者，言喜怒哀樂，緣事而生，未發之時，澹然虛静，心無所慮，而當於理，故「謂之中」。「發而皆中節，謂之和」者，不能寂静，而有喜怒哀樂之情，雖復動發，皆中節限，猶如鹽梅相得，性行和諧，故云「謂之和」。「中也者，天下之大本也」者，言情慾未發，是人性初本，故曰「天下之大本也」。「和也者，天下之達道也」者，言情慾雖發，而能和合道理，可通達流行，故曰「天下之達道也」。「致中和，天地位焉，萬物育焉」者，致，至也。位，正也。育，生長也。言人君所能，至極中和，❸使陰陽不錯，則天地得其正位焉，生成得理，故萬物得其養育焉。❹

仲尼曰：「君子中庸，小人反中庸。君子之中庸也，君子而時中；小人之中庸也，小人而無忌憚也。」庸，常也。用中爲常道也。反中庸者，所行非中庸，然亦自以爲中庸也。君子而時中者，其容貌君子，而又時節其中也。小人而無忌憚，其容貌小人，又以無畏難爲常行，是其反中庸也。

子曰：「中庸其至矣乎！民鮮能久矣！」鮮，罕也。言中庸爲道至美，顧人罕能久行。

子曰：「道之不行也，我知之矣：知者過之，愚者不及也。道之不明也，我知之矣：賢者過之，不肖者不及也。人

❶「恒懷恐懼之不覩不聞」，衛氏《集説》無此九字，且「不覩」爲上句事，此處不煩重提，疑衍。
❷「睹」，衛氏《集説》作「人」，疑是。
❸「至」，毛本作「致」，衛氏《集説》同，疑是。
❹「得」字原脱，據殿本、庫本及衛氏《集説》補。

莫不飲食也，鮮能知味也。」罕知其味，謂愚者所以不及也。過與不及，使道不行，唯禮能爲之中。子曰：「道其不行矣夫！」閔無明君教之。疏正義曰：此一節是子思引仲尼之言，廣明中庸之行，賢者過之，不肖者不及也。中庸之道，鮮能行之。「君子中庸」者，庸，常也。君子之人，用中以爲常，故云「君子中庸」。「小人反中庸」者，小人則不用中爲常，是「反中庸」也。「君子之中庸也，君子而時中」者，此覆説「君子中庸」之事。言君子之爲中庸，容貌爲君子，心行而時節其中，謂喜怒不過節也，故云「君子而時中」。「小人反中庸也，小人而無忌憚也」者，此覆説「小人反中庸」之事。言小人爲中庸，形貌爲小人，而心行無所忌憚，故云「小人而無忌憚也」。小人將此以爲常，亦以爲中庸，故云「小人之中庸也」。「子曰『中庸其至矣乎』」，前既言君子、小人不同，此又歎中庸之美，人寡能久行。其中庸之德，至極美乎！「民鮮能久矣」者，但寡能長久而行。鮮，罕也。言中庸爲至美，故人罕能久行之。「子曰『道之不行也，我知之矣』」者，此覆説人寡能行中庸之事。道之所以不行者，言我知其道之不行所由，故云「我知之矣」。「知者過之，愚者不及也」，以輕於道，故過之；以遠於道，故不及。「道之不明也，我知之矣」者，言道之所以不顯明，我亦知其所由也。「賢者過之，不肖者不及也」，言道之不行爲易，故「知者過之，愚者不及」；道之不明爲難，故云「賢者過之，不肖者不及」。是以變「知」稱「賢」，變「愚」稱「不肖」，是「賢」勝於「知」，「不肖」勝於「愚」也。「人莫不飲食也，鮮能知味也」者，言飲食易也，知味難也。猶言人莫不行中庸，但鮮能久行之。言知之者易，行之者難。所謂愚者不能及中庸也。案《異義》云：❶「張華辨鮓，師曠別薪，❷苻朗爲青州刺史，❸善能知味，食雞知棲半露，食鵝

❶「案異義云」，王國維校云：「《正義》所引《異義》，皆許慎《五經異義》。此所言皆晉以後事，絶非許君書，或《隱義》之誤歟？」

❷「師曠別薪」，按：「師曠」當爲「荀勗」之誤。荀勗別薪事，先見于《世説新語・術解》，後見于《晉書・荀勗傳》。本傳云：「嘗在帝坐進飯，謂在坐人曰：『此是勞薪所炊。』咸未之信。帝遣問膳夫，乃云：『實用故車脚。』舉世伏其明識。」是其事也。

❸「苻」，原作「符」，據毛本改。

知其黑白。」此皆《晉書》文也。❶　「子曰『道其不行久矣夫』」者，夫子既傷道之不行，又哀閔傷之，云時無明君，其道不復行也。　注「反中」至「庸也」　正義曰：「反中庸者，所行非中庸」者，言用非中以爲常，是反中庸，故云「所行非中庸」。云「亦自以爲中庸也」，解經「小人之中庸」，雖行惡事，亦自謂爲中庸。云「其容貌君子，而又時節其中也」，解經「君子而時中」。云「其容貌小人，又以無畏難爲常行」者，解經「小人而無忌憚」，則不時節其中庸也。

子曰：「舜其大知也與！舜好問而好察邇言，隱惡而揚善，執其兩端，用其中於民。其斯以爲舜乎！」邇，近也。近言而善，易以進人，察而行之也。兩端，過與不及也。用其中於民，賢與不肖皆能行之也。斯，此也。其德如此，乃號爲舜。舜之言充也。疏正義曰：此一經明舜能行中庸之行，先察近言，而後至於中庸也。　「舜其大知也與」者，既能包於大道，又能察於近言，即是大知也。　「執其兩端，用其中於民」者，端，謂頭緒。謂「知者過之，愚者不及」。言舜能執持愚知兩端，用其中道於民，使愚知俱能行之。　「其斯以爲舜乎」者，斯，此也。以其德化如此，故號之爲舜。注「舜之言充也」　正義曰：案《謚法》云：「受禪成功曰舜。」又云：「仁義盛明曰舜。」皆是道德充滿之意，故言舜爲充也。

子曰：「人皆曰予知，驅而納諸罟擭陷阱之中，而莫之知辟也。人皆曰予知，擇乎中庸，而不能期月守也。」予，我也。言凡人自謂有知，人使之入罟，不知辟也。自謂擇中庸而爲之，亦不能久行。言其實愚又無恒。疏正義曰：此一經明無知之人行中庸之事。「予」，我也。世之愚人，皆自謂言我有知。「驅而納諸罟擭陷阱之中，而莫之知辟也」者，此謂無知之人設譬也。❷罟，網也。擭，謂柞㮙也。陷阱，謂坑也，穿地爲坎，豎鋒刃於中，以陷獸也。言禽獸被人所驅，納於罟網擭陷阱之中而不知違辟，❸似無知之人爲嗜欲所驅，人罪禍之中而不知辟，即下文是也。　「擇乎中庸，而不能期月守也」者，鄭云「自謂擇中庸而爲之，亦不能久行，言其實愚又無恒」也。小人自謂選擇中庸，而心行亦

❶「晉書文」，浦鏜校云：「『知味者』三字誤『晉書文』。」
❷「謂」，阮校引盧文弨云：「『謂』，疑當作『爲』。」
❸「網」，浦鏜校云：「『網，衍字。』」

非中庸。假令偶有中庸，亦不能期帀一月而守之，如入陷阱也。子曰：「回之爲人也，擇乎中庸，得一善，則拳拳服膺而弗失之矣。」拳拳，奉持之貌。子曰：「天下國家可均也，爵禄可辭也，白刃可蹈也，中庸不可能也。」言中庸難，爲之難。

疏正義曰：此一節是夫子明顔回能行中庸，言中庸之難也。　「得一善，則拳拳服膺而弗失之矣」者，言顔回選擇中庸而行，得一善事，則形貌拳拳然奉持之，膺，謂胸膺，言奉持守於善道，弗敢棄失。　「子曰『天下國家可均也』」，天下謂天子。國，謂諸侯。家，謂卿、大夫也。　「白刃可蹈也」者，言白刃雖利，尚可履蹈而行之。　「中庸不可能也」，言在上諸事雖難，猶可爲之，唯中庸之道不可能也。爲「知者過之，愚者不及」，言中庸難，爲之難也。

子路問强。强，勇者所好也。子曰：「南方之强與？北方之强與？抑而强與？言三者所以爲强者異也。抑，辭也。而之言女也，謂中國也。寬柔以教，不報無道，南方之强也，君子居之。南方以舒緩爲强。不報無道，謂犯而不校也。衽金革，死而不厭，北方之强也，而强者居之。衽，猶席也。北方以剛猛爲强。故君子和而不流，强哉矯！中立而不倚，强哉矯！國有道，不變塞焉，强哉矯！國無道，至死不變，强哉矯！」此抑女之强也。流，猶移也。塞，猶實也。國有道，不變以趨時；國無道，不變以辟害。有道無道，一也。矯，强貌。塞，或爲「色」。

疏正義曰：此一節明中庸之道，亦兼中國之强。子路聞孔子美顔回能擇中庸，言己有强，故問之，問强中亦兼有中庸否。庾氏云：「問强中之中庸者，然此問之，亦如《論語》云『子謂顔淵曰：「用之則行，舍之則藏，唯我與爾有是夫！」子路曰：「子行三軍則誰與？」』之類是也。」　「子曰『南方之强與？北方之强與？抑而强與』」者，抑，語助也。而之言女也，女子路也。夫子將答子路之問，且先反問子路，言强有多種，女今所問，問何者之强？爲南方？爲北方？爲中國女所能之强也？子路之强，行中國之强也。　「寬柔以教，不報無道，南方之强也，君子居之」者，反問既竟，夫子遂爲歷解之。南方，謂荆、揚之南，❶其地多陽，陽氣舒散，人情寬緩和柔，假令人有無道加己，己亦不報，和柔爲君子

❶「揚」，原作「陽」，據衛氏《集説》改。

之道，故云「君子居之」。「衽金革，死而不厭，北方之强也，而强者居之」者，衽，卧席也。金革，謂軍戎器械也。北方沙漠之地，其地多陰，陰氣堅急，故人生剛猛，恒好鬭争，故以甲鎧爲席，寢宿於中，至死不厭，非君子所處，而强梁者居之。然唯云南北，不云東西者，鄭沖云：「是必南北互舉，蓋與東西俗同，故不言也。」「故君子和而不流，强哉矯」，此以下皆述中國之强也。流，移也。矯，亦强貌也。不爲南北之强，故性行和合而不流移，心行强哉，形貌矯然。「中立而不倚，强哉矯」者，中正獨立而不偏倚，志意强哉，形貌矯然。「國有道，不變塞焉，强哉矯」者，若國有道，守直不變，德行充實，志意强哉，形貌矯然。「國無道，至死不變，强哉矯」者，若國之無道，守善至死，性不改變，志意强哉，形貌矯然。注「此抑」至「强貌」　正義曰：「此抑女之强也」，何以知之？上文既説三種之强，又見南方之强，又見北方之强，唯抑而之强未見，故知此經所云者，是抑女之强也。云「流，移也」者，以其性和同，必流移隨物，合和而不移，亦中庸之德也。云「國有道，不變以趨時」者，國雖有道，不能隨逐物以求榮利，今不改變己志以趨會於時也。云「矯，强貌」者，矯是壯大之形，故云「强貌」也。子曰：「素隱行怪，❶後世有述焉，吾弗爲之矣。素，讀如「攻城攻其所傃」之傃。❷傃，猶鄉也。言方鄉辟害，隱身而行佹譎，以作後世名也。弗爲之矣，耻之也。君子遵道而行，半塗而廢，吾弗能已矣。廢，猶罷止也。弗能已矣，汲汲行道，不爲時人之隱行。君子依乎中庸，遯世不見知而不悔，唯聖者能之。言隱者當如此也。唯舜爲能如此。君子之道費而隱。言可隱之節也。費，猶佹也。道不費則仕。夫婦之愚，可以與知焉，及其至也，雖聖人亦有所不知焉；夫婦之不肖，可以能行焉，及其至也，雖聖人亦有所不能焉。與，讀爲「贊者皆與」之與。言匹夫匹婦愚耳，亦可以其與有所知，可以其能有所行者，以其知行

❶「素」，朱熹《中庸章句》：「素，按《漢書》，當作『索』」，蓋字之誤也。」按：見《漢書・藝文志》。

❷「如」，閩、監、毛本作「爲」。張敦仁《考異》云：「據下注：『素，讀皆爲傃。』與此相承，改作『爲』者是也。」疏放此。

之極也。聖人有不能如此。舜好察邇言，由此故與？天地之大也，人猶有所憾。憾，恨也。天地至大，無不覆載，人尚有所恨焉，況於聖人，能盡備之乎？故君子語大，天下莫能載焉；語小，天下莫能破焉。語，猶說也。所說大事，謂先王之道也。所說小事，謂若愚不肖夫婦之知行也。聖人盡兼行。《詩》云：『鳶飛戾天，魚躍于淵。』言其上下察也。察，猶著也。言聖人之德，至於天則鳶飛戾天，至於地則魚躍于淵，是其著明於天地也。君子之道，造端乎夫婦，及其至也，察乎天地。」夫婦，謂匹夫匹婦之所知所行。**疏**正義曰：此一節論夫子雖隱遯之世亦行中庸，又明中庸之道初則起於匹夫匹婦，終則偏於天地。「素隱行怪，後世有述焉」者，素，鄉也。謂無道之世，身鄉幽隱之處，應須靜默，若行怪異之事，求立功名，使後世有所述焉。「吾弗爲之矣」者，恥之也。如此之事，我不能爲之。以其身雖隱遯，而名欲彰也。**注**「素，讀如『攻城攻其所傃』之傃」 正義曰：《司馬法》文。言身隱而行佹譎，以作後世之名，若許由洗耳之屬是也。

「君子遵道而行，半塗而廢」者，言君子之人，初既遵循道德而行，當須行之終竟。今不能終竟，猶如人行於道路，半塗而自休廢。廢，猶罷止也。「吾弗能已矣」，已，猶止也。吾弗能如時人半塗而休止。言汲汲行道，無休已也。**注**「不爲時人之隱行」 正義曰：謂作佹譎求名是也。君子以隱，終始行道，不能止也。「君子」至「能之」 言君子依行中庸之德，若值時無道，隱遯於世，雖有才德不爲時人所知，而無悔恨之心。如此者，非凡人所能，唯聖者能。然若不能依行中庸者，雖隱遯於世，不爲人所知，則有悔恨之心也。**注**「唯舜爲能如此」 正義曰：知者，《史記》云：「舜耕于歷山，漁於雷澤，陶於河濱。」是「不見知而不悔」。「君子之道費而隱」，注云：「言可隱之節。費，猶佹也。」言君子之人，遭值亂世，道德違費，則隱而不仕。若道之不費，則當仕也。「夫婦之愚，可以與知焉」，言天下之事，千端萬緒，或細小之事，雖夫婦之愚，偶然與知其善惡，若芻蕘之言，有可聽用，故云「與知」。「及其至也，雖聖人亦有所不知焉」者，言道之至極，如造化之理，雖聖人不知其所由，故云「及其至也，雖聖人亦有所不知焉」。「夫婦之不肖，可以能行焉」，以行之至極故也。前文據其知，此文據其行。以其知行有異，故別起其文。但知之易，行之難。知之易，❶故上文云「夫婦之愚」；行之難，故此經云「夫婦之不肖」。不肖勝於愚也。　「及其至也，雖聖人亦有所不能焉」者，知之與行之，皆是至極。既是至極，故聖人有不能也。注「與讀爲『贊者皆與』之與」　正義曰：《士冠禮》文。其饗冠者，「贊者皆與」，謂干與也。云「舜好察邇言，由此故與」者，即愚夫愚婦有所識知故也。與，語助也。　「天地之大也，人猶有所憾」者，❷憾，恨也。言天地至大，無物不養，無物不覆載，如冬寒夏暑，人猶有怨恨之。猶如聖人之德，無善不包，人猶怨之，是不可備也。中庸之道，於理爲難，大小兼包，始可以備也。　「故君子語大，天下莫能載焉」者，語，説也。大，謂先王之道。言君子語説先王之道，其事既大，天下之人，無能勝載之者。　「語小，天下莫能破焉」者，若説細碎小事，謂愚不肖事既纖細，天下之人，無能分破之者。言事似秋毫，不可分破也。　注「聖人盡兼行」　正義曰：謂兼行大小之事。小事則愚夫愚婦所知行，大事則先王之道。前文云「雖聖人有所不知、不能」，此云大事聖人兼行之者，前云「有所不知、不能」，謂於小事不勝匹夫匹婦耳，非謂大事不能也，故此云「盡兼行之」。「《詩》云：『鳶飛戾天，魚躍于淵。』言其上下察也」者，此《大雅·旱麓》之篇，美文王之詩。引之者，言聖人之德，上至於天，則鳶飛戾天，是翱翔得所；聖人之德，下至於地，則魚躍于淵，是游泳得所。言聖人之德，上下明察。詩本文云「鳶飛戾天」，喻惡人遠去；「魚躍于淵」，喻善人得所。此引斷章，故與詩義有異也。　「君子之道，造端乎夫婦」者，言君子行道，初始造立端緒，起於匹夫匹婦之所知所行也。　「及其至也，察乎天地」者，言雖起於匹夫匹婦所知所行，及其至極之時，明察於上下天地也。

子曰：「道不遠人。人之爲道而遠人，不可以爲道。言道即不遠於人，人不能行也。**《詩》云：『伐柯伐柯，其則不遠。』執柯以伐柯，睨而視之，猶以爲遠。**則，法也。言持柯以伐木，將以爲柯。近以柯爲尺寸之法。此法不遠，人尚遠之，明爲道不可以遠。**故君子以人治人，改而止。**言人有罪過，君子以人道治之，其人改則止。赦之，不責以人所不

❶「知之易」，此三字原脱，據阮校引惠棟校宋本及浦鏜校補。

❷「人」字原脱，據阮本補。

能。忠恕違道不遠，施諸己而不願，亦勿施於人。違，猶去也。君子之道四，丘未能一焉：所求乎子，以事父，未能也；所求乎臣，以事君，未能也；所求乎弟，以事兄，未能也；所求乎朋友，先施之，未能也。聖人而曰我未能，明人當勉之無已。庸德之行，庸言之謹。有所不足，不敢不勉；有餘，不敢盡。言顧行，行顧言。庸，猶常也。言德常行也，言常謹也。聖人之行，實過於人，有餘，不敢盡，常爲人法，從禮也。君子胡不慥慥爾！君子，謂衆賢也。慥慥，守實，言行相應之貌。君子素其位而行，不願乎其外。素富貴，行乎富貴；素貧賤，行乎貧賤；素夷狄，行乎夷狄；素患難，行乎患難：君子無入而不自得焉。素，讀皆爲「傃」。不願乎其外，謂思不出其位也。自得，謂所鄉不失其道。在上位不陵下，在下位不援上，援，謂牽持之也。正己而不求於人，則無怨。上不怨天，下不尤人。無怨，人無怨之者也。《論語》曰：「君子求諸己，小人求諸人。」故君子居易以俟命，小人行險以徼幸。」易，猶平安也。俟命，聽天任命也。險，謂傾危之道。

疏正義曰：此一節明中庸之道去人不遠，但行於己，則外能及物。

「道不遠人」者，言中庸之道，不遠離於人身，但人能行之於己，則是中庸也。「人之爲道而遠人，不可以爲道」，言人爲中庸之道，當附近於人。謂人所能行，則己所行可以爲道，若違理離遠，則不可施於己，又不可行於人，則非道也，故云「人之爲道而遠人，不可以爲道」也。

「《詩》云：『伐柯伐柯，其則不遠。』執柯以伐柯，睨而視之，猶以爲遠」，此《豳風·伐柯》之篇，美周公之詩。柯，斧柄也。《周禮》云：「柯長三尺，博三寸。」則，法也。言伐柯，斫也。柯柄長短，其法不遠也。但執柯睨而視之，猶以爲遠。言欲行其道於人，其法亦不遠，但近取法於身，何異持柯以伐柯，人猶以爲遠，明爲道之法，亦不可以遠。即所不願於上，無以交於下；所不願於下，無以事上。況是在身外於他人之處，欲以爲道，何可得乎？明行道在於身而求道也。

「故君子以人治人，改而止」者，以道去人不遠。言人有過，君子當以人道治此有過之人，改而止。若人自改而休止，不須更責不能之事。若人所不能，則己亦不能，是行道在於己身也。「忠恕違道不遠」者，❶忠者，內盡於心。恕者，外不欺物。恕，忖也，忖度其義於人。違，去也。言身行忠恕，則去道不遠也。「施諸己而不願，亦勿施於人」者，諸，於也。他人有一不善之事，施之於己，己所不願，亦勿施於人，人亦不願故也。「所求乎子，以事父，未能也」，言此四者，欲明求之於他人，必先行之於己。欲求其子以孝道事己，己須以孝道事父母，故云「所求乎子，以事父，未能也」，恐人未能行之。夫子聖人，聖人猶曰「我未能行」，凡人當勉之無已。「所求乎臣，以事君，未能也」，譬如己是諸侯，欲求於臣以忠事己，己當先行忠於天子，及廟中事尸，是全臣道也。「所求乎朋友，先施之，未能也」，欲求朋友以恩惠施己，則己當先施恩惠於朋友也。「庸德之行，庸言之謹」，庸，常也。謂自修己身，常以德而行，常以言而謹也。「有所不足，不敢不勉」，謂己之才行，有所不足之處，不敢不勉而行之。「有餘，不敢盡」，謂己之才行，有餘於人，常持謙退，不敢盡其才行以過於人。「言顧行」者，使言不過行，恒顧視於行。「行顧言」者，使行副於言，謂恒顧視於言也。「君子胡不慥慥爾」，慥慥，守實，言行相應之貌。胡，猶何也。既顧言行相副，君子何得不慥慥然守實，言行相應之道也。「君子素其位而行，不願乎其外」至「行乎患難」，素，鄉也。鄉其所居之位而行其所行之事，❷不願行在位外之事。《論語》云「君子思不出其位」也。鄉富貴之中，行道於富貴，謂不驕不淫也；鄉貧賤之中，則行道於貧賤，謂不諂不懾也；鄉夷狄之中，行道於夷狄，夷狄雖陋，亦隨其俗而守道不改；❸鄉患難之中，行道於患難，而臨危不傾，守死於善道也。「君子無入而不自得焉」者，言君子所入之處，皆守善道。「在上位不陵下」，此「素富貴，行富貴」也。若身處富貴，依我常正之性，不使富貴以陵人。若以富貴陵人，是不行富貴之道。「在下位不援上」者，此「素貧賤，行貧賤」也。援，牽持也。若身處貧賤則安之，宜令自樂，不得援牽富貴。若以援牽富貴，是不行貧賤之道。「正己而不求於人，則無怨」，此「素夷狄，行夷狄」也。若身入夷狄，夷狄無禮義，

❶「者」，原作「也」，據毛本、殿本、庫本改。
❷「行其」，「其」字原脱，據殿本、庫本、阮本及衛氏《集說》補。
❸「亦」，原作「雖」，據毛本、浦鏜校及阮校引惠棟校改。

當自正己而行，不得求於彼人，則彼人無怨己者。《論語》云：「言忠信，行篤敬，雖之夷狄，不可棄。」「上不怨天，下不尤人」，此「素患難，行患難」也。尤，過也，責也。苟皆應之患難，則亦甘爲，不得上怨天，下尤人。故《論語》云「不怨天，不尤人」是也。「故君子居易以俟命」者，易，謂平安也。言君子以道自處，恒居平安之中，以聽待天命也。「小人行險以徼幸」，小人以惡自居，恒行險難傾危之事，以徼求榮幸之道。《論語》曰「不仁者，不可以久處約」是也。

子曰：「射有似乎君子，失諸正鵠，反求諸其身。反求於其身，不以怨人。畫曰正，棲皮曰鵠。君子之道，譬如行遠必自邇，譬如登高必自卑。自，從也。邇，近也。行之以近者卑者始，以漸致之高遠。《詩》曰：『妻子好合，如鼓瑟琴。兄弟既翕，和樂且耽。宜爾室家，樂爾妻帑。』」瑟琴，聲相應和也。翕，合也。耽，亦樂也。古者謂子孫曰帑。此詩言和室家之道，自近者始。子曰：「父母其順矣乎！」謂其教令行，使室家順。

疏 正義曰：以上雖行道在於己身，❶故此一節覆明行道在身之事，以射譬之。「射有似乎君子」者，言凡人之射，有似乎君子之道。「失諸正鵠，反求諸其身」者，諸，於也。求，責也。正，謂賓射之侯。鵠，謂大射之侯。言射者失於正鵠，謂矢不中正鵠，不責他人，反鄉自責其身。言君子之人，失道於外，亦反自責於己。「君子之道，譬如行遠必自邇，譬如登高必自卑」者，自，從也。邇，近也。卑，下也。行之以遠者，近之始；升之以高者，卑之始。言以漸至高遠。不云近者遠始，卑者高始，但勤行其道於身，然後能被於物，而可謂之高遠耳。「《詩》云『妻子好合，如鼓瑟琴。兄弟既翕，和樂且耽』」，此《小雅·常棣》之篇，美文王之詩。記人引此者，言行道之法自近始。猶如詩人之所云，欲和遠人，先和其妻子、兄弟，故云「妻子好合」，情意相得，如似鼓彈瑟與琴，音聲相和也；兄弟盡皆翕合，情意和樂，且復耽之。耽之者，是相好之甚也。「宜爾室家，樂爾妻帑」者，宜善爾之室家，愛樂爾之妻帑。帑，子也。古者謂子孫爲帑。故《甘誓》云：「予則帑戮汝。」於人則妻子爲帑。於鳥則鳥尾爲帑，《左傳》云「以害鳥帑」是也。

「子曰『父母其順矣乎』者」 正義曰：因

❶「雖」，阮校引浦鏜云：「雖」，疑「言」字誤。

上和於遠人，先和室家，故此一經次之。「父母其順矣乎」，謂父母能以教令行乎室家，其和順矣乎！　言中庸之道，先使室家和順，乃能和順於外，即上云「道不遠，施諸己」也。子曰：「鬼神之爲德，其盛矣乎！視之而弗見，聽之而弗聞，體物而不可遺。體，猶生也。可，猶所也。不有所遺，言萬物無不以鬼神之氣生也。使天下之人齊明盛服，以承祭祀，洋洋乎如在其上，如在其左右。明，猶絜也。洋洋，人想思其傍僾之貌。《詩》曰：『神之格思，不可度思，矧可射思！』格，來也。矧，況也。射，厭也。思，皆聲之助。言神之來，其形象不可億度，而知事之盡敬而已，況可厭倦乎！　夫微之顯，誠之不可揜，如此夫！」言神無形而著，不言而誠。**疏**正義曰：此一節明鬼神之道，無形而能顯著誠信。中庸之道與鬼神之道相似，亦從微至著，不言而自誠也。　「體物而不可遺」者，體，猶生也。可，猶所也。言萬物生而有形體，故云「體物而不可遺」者，言鬼神之道，生養萬物，無不周徧，而不有所遺。言萬物無不以鬼神之氣生也。　「使天下之人齊明盛服，以承祭祀」者，明，猶絜也。言鬼神能生養萬物，故天下之人，齊戒明絜，盛飾衣服，以承祭祀。　「洋洋乎如在其上，如在其左右」者，言鬼神之形狀，人想像之，如在人之上，如在人之左右。想見其形也。　「《詩》曰『神之格思，不可度思，矧可射思』」者，格，來也。思，辭也。矧，況也。射，厭也。此《大雅·抑》之篇，刺厲王之詩。詩人刺時人祭祀懈倦，故云神之來至，以其無形，不可度知，恒須恭敬，況於祭祀之末，可厭倦之乎？言不可厭倦也。記者引詩，明鬼神之所尊敬也。　「夫微之顯」者，言鬼神之狀，微昧不見，而精靈與人爲吉凶，是從微之顯也。　「誠之不可揜」者，言鬼神誠信，不可揜蔽，善者必降之以福，惡者必降之以禍。　「如此夫」者，此詩人所云何可厭倦。夫，語助也。此「鬼神」即與《易·繫辭》云「是故知鬼神之情狀，與天地相似」，以能生萬物也。案彼注：「木、火之神生物，金、水之鬼終物。」彼以春夏對秋冬，故以春夏生物，秋冬終物。其實鬼神皆能生物、終物也，故此云「體物而不可遺」。此雖説陰陽鬼神，人之鬼神，亦附陰陽之鬼神，故此云「齊明盛服，以承祭祀」，是兼人之鬼神也。子曰：「舜其大孝也與！

德爲聖人，尊爲天子，富有四海之内。宗廟饗之，子孫保之。保，安也。故大德必得其位，必得其禄，必得其名，必得其壽。名，令聞也。故天之生物，必因其材而篤焉。材，謂其質性也。篤，厚也。言善者天厚其福，惡者天厚其毒，皆由其本而爲之。故栽者培之，傾者覆之。栽，讀如「文王初載」之載。栽，猶殖也。培，益也。今時人名草木之殖曰栽，築牆立板亦曰栽。栽，或爲「滋」。覆，敗也。《詩》曰：『嘉樂君子，憲憲令德。宜民宜人，受禄于天。保佑命之，自天申之。』故大德者必受命。」憲憲，興盛之貌。保，安也。佑，助也。❶ 疏 正義曰：此一節明中庸之德，故能富有天下，受天之命也。

「子孫保之」者，師説云：舜禪與禹，何言保者？此子孫承保祭祀，故云「保」。周時陳國是舜之後。

「故大德必得其位」者，以其德大，能覆養天下，故必得其位。如孔子有大德而無其位，以不應圖録，❷雖有大德而無其位也。案《援神契》云：「丘爲制法主，黑緑不代蒼黄。」言孔子黑龍之精，不合代周家木德之蒼也。《孔演圖》又云「聖人不空生，必有所制以顯天心。丘爲木鐸，制天下法」是也。「必得其壽」者，據舜言之，而夫子不長壽，以勤憂故也。

「故天之生物，必因其材而篤焉」，材，謂質性也。篤，厚也。言天之所生，隨物質性而厚之。善者因厚其福，舜、禹是也；惡者因厚其毒，桀、紂是也。故四凶黜而舜受禪也。

「故栽者培之」者，❸栽，殖也。培，益也。言道德自能豐殖，則天因而培益之。

「傾者覆之」者，若無德自取傾危者，天亦因而覆敗之也。

注「栽讀」至「曰栽」 正義曰：「栽，讀如『文王初載』之載」者，案《詩·大明》云：「文王初載，天作之合。」彼注云：「載，識也。」言文王生，適有所識，天爲之生配，謂生大姒。此「載」爲栽殖者，「載」容兩義：亦得爲識，亦得爲殖。此對「傾者覆之」，故以爲殖。云「築牆立板亦曰栽」者，案莊二十九年《左傳》云「水昏正而栽」，謂立板築也。

「《詩》曰：『嘉樂君子，憲憲令德』」，此《大雅·嘉樂》之篇，美成王之詩。嘉，善也。憲憲，興盛之貌。詩人言善樂君子，

❶「佑」，原作「化」，據余本、撫本、岳本、阮本改。
❷「圖録」，原作「王録」，據庫本改。
❸下「者」，原作「傾者覆之」，據殿本、庫本及浦鏜校改。

此成王憲憲然有令善之德。案詩本文「憲憲」爲「顯顯」，與此不同者，《齊》、《魯》、《韓詩》與《毛詩》不同故也。「宜民宜人，受禄於天。保佑命之，自天申之。故大德者必受命」者，宜民，謂宜養萬民。宜人，謂宜官人。其德如此，故受福于天。佑，助也。保，安也。天乃保安佑助，命之爲天子，又申重福之。作《記》者引證大德必受命之義，則舜之爲也。

子曰：「無憂者，其唯文王乎！以王季爲父，以武王爲子，父作之，子述之。聖人以立法度爲大事，子能述成之，則何憂乎？堯、舜之父子則有凶頑，禹、湯之父子則寡令聞。父子相成，唯有文王。武王纘大王、王季、文王之緒，壹戎衣而有天下，身不失天下之顯名，尊爲天子，富有四海之内，宗廟饗之，子孫保之。纘，繼也。緒，業也。戎，兵也。衣，讀如「殷」，聲之誤也。齊人言「殷」聲如「衣」。虞、夏、商、周，氏者多矣，今姓有衣者，殷之冑與？壹戎殷者，壹用兵伐殷也。武王末受命，周公成文、武之德，追王大王、王季，上祀先公以天子之禮。斯禮也，達乎諸侯、大夫及士、庶人。父爲大夫，子爲士，葬以大夫，祭以士。父爲士，子爲大夫，葬以士，祭以大夫。期之喪達乎大夫，三年之喪達乎天子。父母之喪，無貴賤，一也。」末，猶老也。追王大王、王季者，以王迹起焉。先公，組紺以上至后稷也。斯禮達於諸侯、大夫、士、庶人者，謂葬之從死者之爵，祭之用生者之禄也。言大夫葬以大夫，士葬以士，則追王者，改葬之矣。期之喪達於大夫者，謂旁親所降在大功者，其正統之期，天子、諸侯猶不降也。大夫所降，天子、諸侯絶之，不爲服，所不臣，乃服之也。承葬祭説期、三年之喪者，明子事父以孝，不用其尊卑變。

【疏】正義曰：此一節明夫子論文王、武王聖德相承，王有天下，上能追尊大王、王季，因明天子以下及士、庶人葬祭祀之禮。各隨文解之。

「以王季爲父，以武王爲子，父作之，子述之」者，言文王以王季爲父，則王季能制作禮樂，文王奉而行之，文王以武王爲子，武王又能述成文王之道，故無憂也。

「武王纘大王、王季、文王之緒」者，纘，繼也。緒，業也。言武王能纘繼父祖之業，以王天下也。

「壹戎衣而有天下」者，戎，兵也。言一用兵伐殷而勝之也。【注】

「衣，讀爲殷」　正義曰：案《尚書・武成》云「一戎衣」，謂一著戎衣而滅殷。此云「一」者，以經武王繼大王、王季、文王三人之業，一用滅殷，對三人之業爲一耳。由三人之業，故一身滅之。鄭必以「衣」爲「殷」者，以十一年觀兵于孟津，十三年滅紂，是再著戎服，❶不得稱「一戎衣」，故以「衣」爲「殷」，故注云「齊人言『殷』聲如『衣』」。　「武王末受命」，此美周公之德也。末，猶老也。謂武王年老而受命平定天下也。　「斯禮也，達乎諸侯、大夫及士、庶人」者，斯，此也。言周公尊崇先公之禮，非直天子所行，乃下達於諸侯、大夫、士、庶人等，無問尊卑，皆得上尊祖父，以己之禄祭其先人，猶若周公以成王天子之禮祀其先公也。

「父爲大夫，子爲士，葬以大夫，祭以士」者，謂父既爲大夫，祭以士禮。貶其先人而云尊之者，欲明以己之禄祀其先人也。　「期之喪達乎大夫」者，欲見大夫之尊，猶有期喪。謂旁親所降在大功者，得爲期喪，還著大功之服，故云「達乎大夫」。若天子、諸侯旁期之喪，則不爲服也。

「三年之喪，達乎天子」者，謂正統在三年之喪，父母及適子并妻也。達乎天子者，言天子皆服之。不云「父母」而云「三年」者，包適子也。天子爲后服期，以三年包之者，以后卒，必待三年然後娶，所以達子之志，故通在三年之中。是以昭十五年《左傳》云：「穆后崩，大子壽卒，叔向云：『王一歲而有三年之喪二焉。』」是包后爲三年也。直云「達乎天子」，不云「諸侯」者，諸侯旁親尊同則不降。故《喪服》「大功章」云「諸侯爲姑、姊妹嫁於國君者」是也。

「父母之喪，無貴賤，一也」，唯父母之喪，無問天子及士、庶人，其服並同，故云「無貴賤，一也」。　注「末猶」至「卑變」　正義曰：「末，猶老也」者，謂文王受命十一年，武王觀兵於孟津，白魚入王舟，是老而受命。受命後七年而崩。故鄭注《洛誥》「文王受赤雀，武王俯取白魚，皆七年」是也。云「追王大王、王季者，以王迹起焉」，案《詩・頌・閟宮》云：「大王居岐之陽，實始翦商。」是王迹起也。云「先公，組紺以上至后稷也」者，組紺，大王之父，一名諸盩。《周本紀》云：「亞圉卒，子太公叔類立。❷太公卒，子古公亶父立。」又《世本》云：「亞圉雲都生太公組紺諸盩」。❸則叔類、組紺、諸盩是一人也。此文云「追王大王、

❶「服」，阮校云：「毛本『服』作『衣』。」

❷「類」，原作「頮」，據衛氏《集説》及孫詒讓《校記》改。下同。

❸「都」字原脱，據浦鏜校與孫詒讓《校記》補。

王季，上祀先公」，則先公之中包后稷也，故云「組紺以上至后稷也」。案《司服》云：「享先王則袞冕，先公則鷩冕。」以后稷爲周之始祖，祫祭於廟，當同先王用袞，則先公無后稷也。故鄭注《司服》云：「先公，不窋至諸盩。」若四時常祀，唯后稷及大王、王季之等，不得廣及先公。故《天保》云：「禴祠烝嘗，于公先王。」是四時常祀，但有后稷、諸盩以下。故鄭注《天保》云：「先公，謂后稷至諸盩。」此皆盡望經上下釋義，故不同，或有「至」字誤也。❶云「則追王者，改葬之矣」者，以大王、王季身爲諸侯，葬從死者之爵，則大王、王季秪得爲諸侯葬禮，不得言追王從天子法，故知追王之時而更改葬，用天子禮。案《大傳》云「武王追王大王亶父、王季歷」，此云「周公追王」，不同者，武王既伐紂，追王布告天下，周公追而改葬，故不同也。云「期之喪達於大夫者，謂旁親所降在大功者」，熊氏云：「此對天子、諸侯，故云『期之喪達乎大夫』其實大夫爲大功之喪得降小功，小功之喪得降緦麻，是大功、小功皆達乎大夫。」熊氏又云：「天子爲正統之喪，適婦大功，適孫之婦小功。」義或然，但無正文耳。云「所不臣，乃服之也」者，《喪服傳》云：「始封之君不臣諸父、昆弟，封君之子不臣諸父而臣昆弟。」但不臣者，皆以本服服也。**子曰：「武王、周公，其達孝矣乎！夫孝者，善繼人之志，善述人之事者也。春秋脩其祖廟，陳其宗器，設其裳衣，薦其時食。**脩，謂掃糞也。宗器，祭器也。裳衣，先祖之遺衣服也。設之，當以授尸也。時食，四時祭也。**宗廟之禮，所以序昭穆也。序爵，所以辨貴賤也。序事，所以辨賢也。旅酬下爲上，所以逮賤也。燕毛，所以序齒也。**序，猶次也。爵，謂公、卿、大夫、士也。事，謂薦羞也。以辨賢者，以其事别所能也，若司徒羞牛，宗伯共雞牲矣。《文王世子》曰：「宗廟之中，以爵爲位，崇德也。宗人授事以官，尊賢也。」旅酬下爲上者，謂若《特牲饋食之禮》賓弟子、兄弟之子各舉觶於其長也。逮賤者，宗廟之中，以有事爲榮也。燕，謂既祭而燕也。燕以髮色爲坐，祭時尊尊也，至燕親親也。齒亦年也。**踐其位，行其禮，奏其樂，敬其所尊，愛其所親，事死如事**

❶「或有至字誤也」，孫詒讓《校記》云：「『或有』句未詳」。

生，事亡如事存，孝之至也。踐，猶升也。其者，其先祖也。踐，或爲「纘」。郊社之禮，所以事上帝也。宗廟之禮，所以祀乎其先也。社祭地神。不言后土者，省文。明乎郊社之禮，禘嘗之義，治國其如示諸掌乎！」示，讀如「寘諸河干」之寘。寘，❶置也。物而在掌中，易爲知力者也。序爵、辨賢、尊尊、親親，治國之要。疏正義曰：以前經論文王、武王聖德相承，此論武王、周公上成先祖，脩其宗廟，行郊社之禮，所以能治國如置物掌中也。各隨文解之。「夫孝者，善繼人之志」者，人，謂先人。若文王有志伐紂，武王能繼而承之。《尚書·武成》曰：「予小子其承厥志。」是「善繼人之志」也。「善述人之事者也」，言文王有文德，爲王基，而周公制禮以贊述之。故《洛誥》云：「考朕昭子刑，乃單文祖德。」是「善述人之事也」。此是武王、周公達孝之事。「宗廟之禮，所以序昭穆也」者，若「昭與昭齒，穆與穆齒」是也。「序爵，所以辨貴賤也」者，序，謂次序。爵，謂公、卿、大夫、士也。謂祭祀之時，公、卿、大夫各以其爵位齒列而助祭祀，是「辨貴賤也」。故《文王世子》云「宗廟之中，以爵爲位，崇德也。宗人授事以官，尊賢也」是也。「序事，所以辨賢也」者，事，謂薦羞也。序，謂次序所供祭祀之事，若司徒奉牛，司馬奉羊，宗伯共雞，是分别賢能，堪任其官也。「旅酬下爲上，所以逮賤也」者，旅，衆也。逮，及也。謂祭末飲酒之時，使一人舉觶之後，至旅酬之時，使卑者二人各舉觶於其長者，卑下者先飲，是下者爲上，賤人在先，是恩意先及於賤者，故云「所以逮賤也」。案《特牲饋食之禮》，主人洗爵獻長兄弟、獻衆兄弟之後，衆賓弟子于西階，兄弟弟子于東階，各舉觶於其長也。弟子等皆是下賤而得舉觶，是有事於宗廟之中，是其榮也；又制受爵，是逮賤也。「燕毛，所以序齒也」者，言祭末燕時，以毛髮爲次序，是所以序年齒也。故注云：「燕，謂既祭而燕也。燕以髮色爲坐，祭時尊尊也，至燕親親也。」「踐其位，行其禮」者，踐，升也。謂孝子升其先祖之位，行祭祀之禮也。「治國其如示諸掌乎」，注云「示，讀如『寘諸河干』之寘。寘，置也」者，若能明此序爵、辨賢、尊親，則治理其國，其事爲易，猶如置物於掌中也。

哀公問政。子曰：「文、武之政，布

❶「寘」字原脱，據余本、撫本、岳本、阮本補。

在方策。其人存，則其政舉；其人亡，則其政息。方，版也。策，簡也。息，猶滅也。人道敏政，地道敏樹。敏，猶勉也。樹，謂殖草木也。人之無政，若地無草木矣。敏，或爲「謀」。夫政也者，蒲盧也。蒲盧，蜾蠃，謂土蜂也。《詩》曰：「螟蛉有子，蜾蠃負之。」螟蛉，桑蟲也。蒲盧取桑蟲之子去而變化之，以成爲己子。政之於百姓，若蒲盧之於桑蟲然。故爲政在人，在於得賢人也。取人以身，脩身以道，脩道以仁。取人以身，言明君乃能得人。仁者人也，親親爲大。義者宜也，尊賢爲大。親親之殺，尊賢之等，禮所生也。人也，讀如「相人偶」之人，以人意相存問之言。在下位不獲乎上，民不可得而治矣。此句其屬在下，著脱誤，重在此。故君子不可以不脩身。思脩身，不可以不事親；思事親，不可以不知人；思知人，不可以不知天。言脩身乃知孝，知孝乃知人，知人乃知賢不肖，知賢不肖乃知天命所保佑。天下之達道五，所以行之者三。曰君臣也，父子也，夫婦也，昆弟也，朋友之交也。五者，天下之達道也。知、仁、勇三者，天下之達德也，所以行之者一也。❶ 達者常行，百王所不變也。或生而知之，或學而知之，或困而知之，及其知之，一也。困而知之，謂長而見禮義之事，己臨之而有不足，乃始學而知之，此達道也。或安而行之，或利而行之，或勉强而行之，及其成功，一也。」利，謂貪榮名也。勉强，耻不若人。疏正義曰：此一節明哀公問政於孔子，孔子答以爲政之道在於取人脩身，并明達道有五，行之者三。今各隨文解之。❷「文、武之政，布在方策」者，言文王、武王爲政之道，皆布列在於方牘簡策。「其人存則其政舉」者，雖在方策，其事久遠。此廣陳爲政之道。其人，謂賢人。舉，猶行也。存，謂道德存

❶「一」，王念孫云：「『一』字，衍文也。此因下文『所以行之者一也』而誤衍耳。」疏同。詳《經義述聞》。

❷「之」字原脱，據阮本補。

在也。若得其人道德存在，則能興行政教，故云「舉」也。「其人亡則其政息」者，息，滅也。其人若亡，謂道德滅亡，不能興舉於政教，若位無賢臣，政所以滅絶也。「人道敏政」者，敏，勉也。言爲人君當勉力行政。「地道敏樹」者，樹，殖草木也。言爲地之道，亦勉力生殖也。人之無政，若地無草木。地既無心，云「勉力」者，❶以地之生物無倦，似若人勉力行政然也。「夫政也者，蒲盧也」，蒲盧取桑蟲之子以爲己子，善爲政者化養他民以爲己民，若蒲盧然也。「故爲政在人」，言君行善政，則民從之。故欲爲善政者，在於得賢人也。「取人以身」，明君欲取賢人，先以脩正己身，則賢人至也。「脩身以道」，言欲脩正其身，先須行於道德也。「脩道以仁」者，言欲脩道德，必須先脩仁義。「仁者人也，親親爲大」者，仁，謂仁恩相親偶也。❷言行仁之法，在於親偶。欲親偶疏人，先親己親，然後比親及疏，故云「親親爲大」。「義者宜也，尊賢爲大」，宜，謂於事得宜，即是其義，故云「義者宜也」。若欲於事得宜，莫過尊賢，故云「尊賢爲大」。「親親之殺，尊賢之等，禮所生也」者，五服之節，降殺不同，是親親之衰殺。公、卿、大夫，其爵各異，是「尊賢之等」。禮者，所以辨明此上諸事，故云「禮所生也」。「在下位不獲乎上」者，鄭謂此句應在下章，著脱誤，重在此耳。「故君子不可以不脩身。思脩身，不可以不事親」，言思念脩身之道，必先以孝爲本，故云「不可以不事親」。「思事親，不可以不知人」，既思事親，不可不先擇友取人也。「思知人，不可以不知天」，欲思擇人，必先知天時所祐助也。謂人作善，降之百祥；作不善，降之百殃：當捨惡脩善也。「天下之達道五」者，❸謂君臣、父子、夫婦、昆弟、朋友之交，皆是人間常行道理，事得開通，故云「達道」也。「知、仁、勇三者，天下之達德也」，言知、仁、勇，人所常行，在身爲德，故云「天下之達德也」。言百王用此三德，以行五道。五事爲本，故云「道」。三者爲末，故云「德」。若行五道，必須三德。無知不能識其理，無仁不能安其事，無勇不能果其行，故必須三德也。「所以行之者一也」，言百王以來，行此五道三德，其義一也，古今不變也。「或生而知之」，謂天生自知也。「或學而知之」，謂因學而知之。「或困而知之」，謂臨事有困，由學乃知。「及

❶「力」，原作「方」，據阮本改。
❷「恩」，阮本作「愛」。
❸「道」下原有「也」字，據經文删。

其知之，一也」，言初知之時，其事雖別，既知之後，並皆是知，故云「及其知之，一也」。「或安而行之」，謂無所求爲，安静而行之。「或利而行之」，謂貪其利益而行之。行此五事，得其榮名，於己無害，則利而行之也。故《論語》云「知者利仁」是也。「或勉强而行之」，或畏懼罪惡，勉力自强而行之。「及其成功，一也」，雖行之有異，及其所行成功，是一也。言皆得成功矣。皇氏云：「所知所行，謂上五道三德。」今謂百行皆然，非唯三五而已也。

子曰：「好學近乎知，力行近乎仁，知耻近乎勇。知斯三者，則知所以脩身；知所以脩身，則知所以治人；知所以治人，則知所以治天下國家矣。言有知有仁有勇乃知脩身，則脩身以此三者爲基。疏正義曰：前文夫子答哀公爲政須脩身知人，行五道三德之事。此以下夫子更爲哀公廣説脩身治天下之道有九種常行之事，又明脩身在於至誠，若能至誠，所以贊天地動著龜也。❶博厚配地，高明配天。各隨文解之。此一節覆明上「生而知之，學而知之，困而知之」。「好學近乎知」者，覆前文「或學而知之」。❷若能好學，無事不知，故云「近乎知」也。「力行近乎仁」者，此覆前文「或利而行之」。以其勉力行善，故「近乎仁」也。「知耻近乎勇」者，覆前文「困而知之」及「勉强而行之」。以其知自羞耻，勤行善事，不避危難，故「近乎勇」也。前經「生而知之」不覆説者，以其生知，自然合聖，故不須覆説也。

「凡爲天下國家有九經，曰脩身也，尊賢也，親親也，敬大臣也，體群臣也，子庶民也，來百工也，柔遠人也，懷諸侯也。體，猶接納也。子，猶愛也。遠人，蕃國之諸侯也。脩身則道立，尊賢則不惑，親親則諸父昆弟不怨，敬大臣則不眩，體群臣則士之報禮重，子庶民則百姓勸，來百工則財用足，柔遠人則四方歸之，懷諸侯則天下畏之。不惑，謀者良也。不眩，所任明也。疏正義曰：「凡爲天下國家有九經」者，此夫子爲哀公説治天下國家之道有九種常行之事，論九經

❶「著龜」，毛本、殿本、庫本作「鬼神」。
❷「覆」，原作「則」，據《欽定禮記義疏》及阮校引惠棟校宋本改。

之次目也。「體群臣也」者，❶體，謂接納。言接納群臣，與之同體也。　「子庶民也」者，謂子愛庶民也。　「來百工也」者，謂招來百工也。　「脩身則道立」者，此一經覆説行九經則致其功用也。「脩身則道立」者，謂脩正其身，不爲邪惡，則道德興立也。　「尊賢則不惑」者，以賢人輔弼，故臨事不惑，所謀者善也。　「敬大臣則不眩」者，眩，亦惑也。以恭敬大臣，任使分明，故於事不惑。前文「不惑」，謂謀國家大事。此云「不眩」，謂謀國家衆事。但所謀之事，大小有殊，所以異其文。　「體群臣則士之報禮重」者，群臣雖賤，而君厚接納之，則臣感君恩，故爲君死於患難，是「報禮重」也。　「子庶民則百姓勸」，子，愛也。言愛民如子，則百姓勸勉，以事上也。　「來百工則財用足」，百工，典財用也。❷君若賞賚招來之，則百工皆自至，故國家財用豐足。　「柔遠人則四方歸之」，遠人，❸謂蕃國之諸侯。四方，則蕃國也。　「懷諸侯則天下畏之」，懷，安撫也。君若安撫懷之，則諸侯服從，兵强土廣，故天下畏之。

「齊明盛服，非禮不動，所以脩身也。去讒遠色，賤貨而貴德，所以勸賢也。尊其位，重其禄，同其好惡，所以勸親親也。官盛任使，所以勸大臣也。忠信重禄，所以勸士也。時使薄斂，所以勸百姓也。日省月試，既廪稱事，所以勸百工也。送往迎來，嘉善而矜不能，所以柔遠人也。繼絶世，舉廢國，治亂持危，朝聘以時，厚往而薄來，所以懷諸侯也。同其好惡，不特有所好惡於同姓，雖恩不同，❹義必同也。尊重其禄位，所以貴之，不必授以官守，天官不可私也。官盛任使，大臣皆有屬官所任使，不親小事也。忠信重禄，有忠信者重其禄也。時使，使之以時。日省月試，考校其成功也。既，讀爲「餼」。餼廪，稍食也。《稾人職》曰：「乘其事，考其弓弩，以下上其食。」

疏正義曰：此一節説行九經之法。　「齊明盛服」者，齊，謂整齊。明，謂嚴明。盛服，謂正其衣冠，是脩身之體也。此等非禮不動，是所以勸脩身。　「尊其位，重

❶「體群臣也者」，此五字原脱，據阮本補。
❷「典」，阮本作「興」，閩、監、毛本同。按：作「興」義勝。
❸「人」字原脱，據殿本、庫本補。
❹「恩」，原作「惡」，據余本、撫本、岳本、阮本改。

其禄，同其好惡，所以勸親親也」者，尊其位，謂授以大位。重其禄，謂重多其禄。位崇重而已，不可任以職事。同其好惡，好，謂慶賞；惡，謂誅罰。言於同姓，既有親疎，恩親雖不同，義必須等，故不特有所好惡。「勸親親也」者，尊位重禄以勉之，同其好惡以勵之，是「勸親親也」。「官盛任使，所以勸大臣也」，官盛，謂官之盛大，有屬臣者，❶當令任使屬臣，不可以小事專勞大臣，大臣懷德，故云「所以勸大臣也」。「日省月試，既廩稱事，所以勸百工也」，既廩，謂飲食糧廩也。言在上每日省視百工功程，每月試其所作之事，又飲食糧廩，稱當其事，功多則廩厚，功小則餼薄，是「所以勸百工也」。「治亂持危」者，諸侯國内有亂則治討之，危弱則扶持之。「厚往而薄來，所以懷諸侯也」，厚往，謂諸侯還國，王者以其財賄厚重往報之。薄來，謂諸侯貢獻，使輕薄而來。如此，則諸侯歸服，故「所以懷諸侯也」。注「尊重」至「其食」　正義曰：「尊重其禄位」者，言同姓之親，既非賢才，但尊重其禄位，榮貴之而已，不必授以官守也。云「大臣皆有屬官所任使，不親小事也」者，若《周禮》六卿，其下各有屬官，其細碎小事，皆屬官爲之，是「不親小事」也。云「既，讀爲餼。餼廩，稍食也」者，以「既」與「廩」連文，又與「餼」字聲同，故讀「既」爲「餼」。稍食者，謂稍給之，故《周禮》「月終均其稍食」是也。引《槀人職》者，證其「餼廩稱事」。案《周禮·夏官》槀人掌弓矢之材，其職云「乘其事」，乘，謂計筭其所爲之事；「考其弓弩」，謂考校弓弩之善惡多少；「以下上其食」，下，謂貶退。上，謂增益。善者則增上其食，惡者則減其食故也。

「凡爲天下國家有九經，所以行之者一也。凡事豫則立，不豫則廢。言前定則不跲，事前定則不困，行前定則不疚，道前定則不窮。一，謂當豫也。跲，躓也。疚，病也。人不能病之。疏正義曰：此一節明前九經之法，唯在豫前謀之，故云「所以行之者一也」。一，謂豫也。「言前定則不跲」者，案《字林》云：「跲，躓也。」躓，謂行倒蹶也。將欲發言，能豫前思定，然後出口，則言得流行，不有躓蹶也。「事前定則不困」者，困，乏也。言欲爲事之時，先須豫前思定，則臨事不困。「行前定則不疚」者，疚，病也。言欲爲行之時，豫前思定，則行不疚病。「道前定

❶「臣」，阮校云：「監、毛本『臣』作『官』。下『任使屬臣』同。」

則不窮」者，言欲行道之時，豫前謀定，則道無窮也。 注「人不能病之」 正義曰：解經「行前定則不疚」。人若行不豫前先定，人或不信，病害之。既前定而後行，故人不能病害也。

「在下位不獲乎上，民不可得而治矣。 獲，得也。言臣不得於君，則不得居位治民。 獲乎上有道，不信乎朋友，不獲乎上矣。 信乎朋友有道，不順乎親，不信乎朋友矣。 順乎親有道，反諸身不誠，不順乎親矣。 誠身有道，不明乎善，不誠乎身矣。 言知善之爲善，乃能行誠。 疏 正義曰：此明爲臣爲人，皆須誠信於身，然後可得之事。 「在下位不獲乎上」者，獲，得也。言人臣處在下位，不得於君上之意，則不得居位以治民，故云「民不可得而治矣」。 「獲乎上有道，不信乎朋友，不獲乎上矣」者，言臣欲得君上之意，先須有道德，信著朋友。若道德無信著乎朋友，則不得君上之意矣。 言欲得上意，先須信乎朋友也。 「信乎朋友有道，不順乎親，不信乎朋友矣」者，❶言欲行信著於朋友，先須有道順乎其親。若不順乎其親，則不信乎朋友矣。 「順乎親有道，反諸身不誠，不順乎親矣」者，言欲順乎親，必須有道反於己身，使有至誠。若身不能至誠，則不能順乎親矣。 「誠身有道，不明乎善，不誠乎身矣」者，言欲行至誠於身，先須有道明乎善行。若不明乎善行，則不能至誠乎身矣。 言明乎善行，始能至誠乎身。能至誠乎身，始能順乎親。順乎親，始能信乎朋友。信乎朋友，始能得君上之意。得乎君上之意，始得居位治民也。

「誠者，天之道也；誠之者，人之道也。誠者不勉而中，不思而得，從容中道，聖人也。誠之者，擇善而固執之者也。 言誠者，天性也。誠之者，學而誠之者也。因誠身説有大至誠。 疏 正義曰：前經欲明事君先須身有至誠，此經明至誠之道，天之性也，則人當學其至誠之性。是上天之道，不爲而誠，不思而得，若天之性有生殺，信著四時，是「天之道」。 「誠之者，人之道也」者，言人能勉力學此至誠，是人之道也。不學則不得，故云「人之道」。 「誠者不勉而中，不思而得，從容中道，聖人也」者，此覆説上文「誠者，天之道也」，唯聖人能然。謂不勉勵而自中當

❶「不信」、「不」上原有「則」字，據毛本刪。

於善，不思慮而自得於善，從容間暇而自中乎道，以聖人性合於天道自然，故云「聖人也」。　「誠之者，擇善而固執之者也」，此覆説上文「誠之者，人之道也」。謂由學而致此至誠，謂賢人也。言選擇善事而堅固執之，行之不已，遂致至誠也。**注**「因誠身説有大至誠」　正義曰：以前經云欲事親、事君先須脩身，有大至誠，故此「説有大至誠」。大至誠，則經云「誠者，天之道也」，聖人是矣。「博學之，審問之，慎思之，明辨之，篤行之。有弗學，學之弗能弗措也；有弗問，問之弗知弗措也；有弗思，思之弗得弗措也；有弗辨，辨之弗明弗措也；有弗行，行之弗篤弗措也。人一能之，己百之；人十能之，己千之。果能此道矣，雖愚必明，雖柔必强。此勸人學誠其身也。果，猶決也。**疏**正義曰：此一經申明上經「誠之者，擇善而固執之」事。「有弗學，學之弗能弗措也」者，謂身有事，不能常學習，常須勤力學之。措，置也。言學不至於能，不措置休廢，必待能之乃已也。以下諸事皆然。此一句覆上「博學之」也。　「有弗問，問之弗知弗措也」，覆上「審問之」也。「有弗思，思之弗得弗措也」，覆上「慎思之」。「有弗辨，辨之弗明弗措也」，覆上「明辨之」也。「有弗行，行之弗篤弗措也」，覆上「篤行之」也。　「人一能之，己百之；人十能之，己千之」，謂他人性識聰敏，一學則能知之，己當百倍用功而學，使能知之。言己加心精勤之多，恒百倍於他人也。　「果能此道矣，雖愚必明，雖柔必强」，果，謂果決也。若決能爲此百倍用功之道，識慮雖復愚弱，而必至明强。此勸人學誠其身也。「自誠明，謂之性。自明誠，謂之教。誠則明矣，明則誠矣。自，由也。由至誠而有明德，是聖人之性者也。由明德而有至誠，是賢人學以成之也。❶有至誠則必有明德，有明德則必有至誠。**疏**正義曰：此一經顯天性至誠，或學而能，兩者雖異，功用則相通。「自誠明，謂之性」者，此説天性自誠者。自，由也。言由天性至誠而身有明德，此乃自然天性如此，故「謂之性」。

❶「成」，阮本作「知」。撫本作「誠」，衛氏《集説》同。案前文注云：「誠之者，學而誠之者也。」然則作「誠」近是。

「自明誠，謂之教」者，此説學而至誠，由身聰明，勉力學習，而致至誠，非由天性，教習使然，故云「謂之教」。然則「自誠明，謂之性」，聖人之德也。「自明誠，謂之教」，賢人之德也。「誠則明矣」者，言聖人天性至誠，則能有明德，由至誠而致明也。「明則誠矣」者，謂賢人由身聰明，習學乃致至誠，故云「明則誠矣」。是誠則能明，明則能誠，優劣雖異，二者皆通有至誠也。

「唯天下至誠，爲能盡其性；能盡其性，則能盡人之性；能盡人之性，則能盡物之性；能盡物之性，則可以贊天地之化育；可以贊天地之化育，則可以與天地參矣。盡性者，謂順理之，使不失其所也。贊，助也。育，生也。助天地之化生，謂聖人受命在王位，致大平。

疏 正義曰：此明天性至誠，聖人之道也。「唯天下至誠」者，謂一天下之内，至極誠信，爲聖人也。「爲能盡其性」者，以其至極誠信，與天地合，故能盡其性。既盡其性，則能盡其人與萬物之性，是以下云「能盡人之性」。既能盡人性，則能盡萬物之性，故能贊助天地之化育，功與天地相參。上云「誠者，天之道」，此兼云「地」者，上説至誠之理，由神妙而來，故特云「天之道」，此據化育生物，故并云「地」也。

「其次致曲。曲能有誠，誠則形，形則著，著則明，明則動，動則變，變則化。唯天下至誠爲能化。其次，謂「自明誠」者也。致，至也。曲，猶小小之事也。不能盡性，而有至誠於有義焉而已。形，謂人見其功也。盡性之誠，人不能見也。著，形之大者也。明，著之顯者也。動，動人心也。變，改惡爲善也。變之久，則化而性善也。

疏 正義曰：此一經明賢人習學而致至誠，故云「其次致曲」。曲，謂細小之事。言其賢人致行細小之事，不能盡性於細小之事，能有至誠也。「誠則形，形則著」者，謂不能自然至誠，由學而來，故誠則人見其功，是「誠則形」也。初有小形，後乃大而明著，故云「形則著」也。若天性至誠之人不能見，則不形不著也。「著則明，明則動」者，由著，故顯明。由明，能感動於衆。「動則變，變則化」者，既感動人心，漸變惡爲善，變而既久，遂至於化。言惡人全化爲善，人無復爲惡也。「唯天下至誠爲能化」，言唯天下學致至誠之人，爲能化惡爲善，改移舊俗。不如前經天生至誠，「能盡其性，與天地參矣」。

注「其次」至「善也」❶ 正義曰：以前經云「自明誠，謂之教」，是

❶「次」字原脱，據阮本補。

由明而致誠，是賢人次於聖人，故云「其次，謂『自明誠』也」。云「不能盡性，而有至誠於有義焉而已」者，言此次誠，不能如至誠盡物之性，但能有至誠於細小物焉而已。云「形，謂人見其功也」者，由次誠彰露，人皆見其功也。云「盡性之誠，人不能見也」者，言天性至誠，神妙無體，人不見也。云「著，形之大者也」，解經「形則著」。初有微形，後則大而形著。云「變之久，則化而性善也」者，解經「變則化」。初漸謂之變，變時新舊兩體俱有。變盡舊體而有新體，謂之爲化。如《月令》「鳩化爲鷹」，是爲鷹之時非復鳩也，猶如善人無復有惡也。

「至誠之道，可以前知。國家將興，必有禎祥；國家將亡，必有妖孽。見乎蓍龜，動乎四體。禍福將至，善，必先知之；不善，必先知之。故至誠如神。」 可以前知者，言天不欺至誠者也。前，亦先也。禎祥、妖孽，蓍龜之占，雖其時有小人愚主，皆爲至誠能知者出也。四體，謂龜之四足：春占後左，夏占前左，秋占前右，冬占後右。**疏** 正義曰：「至誠之道，可以前知」者，此由身有至誠，可以豫知前事。此「至誠」之内，是天生至誠，亦通學而至誠，故前經云「自明誠，謂之教」，是賢人至誠，同聖人也。言聖人賢人俱有至誠之行，天所不欺，可知前事。「國家將興，必有禎祥」者，禎祥，吉之萌兆。祥，善也。言國家之將興，❶必先有嘉慶善祥也。又說禎祥者，❷言人有至誠，天地不能隱。如文王有至誠，招赤雀之瑞也。國本有今異曰禎，本無今有曰祥。何爲本有今異者？❸何胤云：「國本有雀，今有赤雀來，是禎也。國本無鳳，今有鳳來，是祥也。」《尚書》「祥桑穀共生于朝」是惡，此經云「善」，何得入國者，以吉凶先見者皆曰祥，別無義也。「國家將亡，必有妖孽」者，妖孽，謂凶惡之萌兆也。妖，猶傷也。傷甚曰孽。謂惡物來爲妖傷之徵。若魯國「鸜鵒來巢」，以爲國之傷徵。案《左傳》云：「地反物爲妖。」《說文》云：「衣服、歌謠、草木之怪爲妖，禽獸、蟲蝗之怪爲孽。」「見乎蓍龜，動乎四體」者，所以先知禎祥妖孽，見乎蓍龜卦兆，發動於龜之四體也。「禍福將至」

❶「國家」二字原倒，據阮本乙正。

❷「又」，阮本作「文」。阮校云：「毛本『文』誤『又』。」今按：作「又」未必誤，存疑。

❸「異」，浦鏜校云：「『異』字下當脱『本無今有』四字。『爲』，疑『謂』字誤。」

者，禍，謂妖孽。福，謂禎祥。萌兆豫來，是「禍福將至」。「善，必先知之」者，善，謂福也。「不善，必先知之」者，不善，謂禍也。「故至誠如神」者，言至誠之道，豫知前事，如神之微妙，故云「至誠如神」也。注「雖其時有小人愚主，皆爲至誠能知者出也」 正義曰：鄭以聖人、君子將興之時，或聖人有至誠，或賢人有至誠，則國之將興，禎祥可知。而小人愚主之世，無至誠，又時無賢人，亦無至誠，所以得知國家之將亡而有妖孽者，雖小人愚主，由至誠之人生在亂世，猶有至誠之德，此妖孽爲有至誠能知者出也。案《周語》云：「幽王二年，三川皆震。伯陽父曰：『周將亡矣！昔伊、洛竭而夏亡，河竭而商亡。』」時三川皆震，❶爲周之惡瑞，是伯陽父有至誠，能知周亡也。又周惠王十五年，有神降于莘。莘，虢國地名。周惠王問内史過，史過對曰：「夏之興也，祝融降于崇山；其亡也，回禄信于聆隧。商之興也，檮杌次於丕山；其亡也，夷羊在牧。周之興也，鸑鷟鳴於岐山；其衰也，杜伯射宣王於鎬。今虢多涼德，虢必亡也。」是内史過有至誠之德，神爲之出。是愚主之世，以妖孽「爲至誠能知者出也」。

「誠者，自成也；而道，自道也。言人能至誠，所以自成也。有道藝，所以自道達。疏正義曰：「誠者，自成也；而道，自道也」者，言人能有至誠之德，則自成就其身，故云「誠者，自成也」。若人有道藝，則能自道達於己，故云「而道，自道也」。

「誠者，物之終始，不誠無物。物，萬物也，亦事也。大人無誠，萬物不生。小人無誠，則事不成。是故君子誠之爲貴。言貴至誠。疏正義曰：「誠者，物之終始，不誠無物」者，言人有至誠，則能與萬物爲始終；若無至誠，則不能成其物。若大人無至誠，則不能生萬物；若小人無至誠，則不能成其物。物，猶事也。小人無誠，則不能成事。

「誠者非自成己而已也，所以成物也。成己，仁也；成物，知也。性之德也，合外内之道也。以至誠成己則仁道立，以至誠成物則知彌博。此五性之所以爲德也，外内所須而合也。外内，猶上下。疏正義曰：此經明己有至誠，能成就物也。「誠者非自成己而已也，所以成物也」者，言人有至誠，非但自成就己身而已，又能成就外

❶「三」，原作「二」，據足利本、阮本改。

物。「成己，仁也；成物，知也」者，若能成就己身，則仁道興立，故云「成己，仁也」；若能成就外物，則知力廣遠，故云「成物，知也」。「性之德也」者，言誠者是人五性之德，則仁、義、禮、知、信，皆猶至誠而爲德，故云「性之德也」。「合外内之道也」者，言至誠之行，合於外内之道，無問外内，皆須至誠。於人事言之，有外有内；於萬物言之，外内，猶上下。上謂天，下謂地。天體高明，故爲外；地體博厚閉藏，故爲内也。是至誠合天地之道也。「故時措之宜也」

故至誠無息。不息則久，久則徵，徵則悠遠，悠遠則博厚，博厚則高明。徵，猶效驗也。此言至誠之德既著於四方，其高厚日以廣大也。徵，或爲「徹」。

疏正義曰：「故時措之宜也」，措，猶用也。言至誠者成萬物之性，合天地之道，故得時而用之，則無往而不宜。故注云：「時措，言得其時而用也。」「故至誠無息」　言至誠之德，所用皆宜，無有止息，故能久遠、博厚、高明，以配天地也。「不息則久」者，以其不息，故能長久也。「久則徵」，徵，驗也。以其久行，故有徵驗。「徵則悠遠」者，悠，長也。若事有徵驗，則可行長遠也。「悠遠則博厚」，以其德既長遠，無所不周，故博厚也。養物博厚，則功業顯著，故「博厚則高明」也。

博厚，所以載物也；高明，所以覆物也；悠久，所以成物也。博厚配地，高明配天，悠久無疆。後言「悠久」者，言至誠之德，既至博厚高明，配乎天地，又欲其長久行之。**如此者，不見而章，不動而變，無爲而成。天地之道，可壹言而盡也。**言其德化與天地相似，可一言而盡，要在至誠。**其爲物不貳，**❶**則其生物不測。**言至誠無貳，乃能生萬物多無數也。

疏正義曰：「博厚，所以載物也」，以其德博厚，所以負載於物。「高明，所以覆物也」，以其功業高明，所以覆蓋於萬物也。「悠久，所以成物也」，以行之長久，能成就於物。此謂至誠之德也。「博厚配地」，言聖人之德博

❶「貳」，王引之云：「『貳』當『貣』之譌。貣音他得切，即『忒』之假借字。『貣』與『側』爲韻。若作『貳』，則失其韻矣。注内『無貳』當作『無貣』，《正義》『差貳』當作『差貣』。貣亦差也。陸氏不能釐正而音二，失之矣。」詳《經義述聞》。

厚，配偶於地，與地同功，能載物也。「高明配天」，言聖人功業高明，配偶於天，與天同功，能覆物也。「悠久無疆」，疆，窮也。言聖人之德，既能覆載，又能長久行之，所以無窮。「悠久」，則上經「悠遠」，悠久在「博厚、高明」之上，此經「悠久」在「博厚、高明」之下者，上經欲明積漸，先悠久，後能博厚、高明；此經既能博厚、高明，又須行之長久，故反覆言之。「如此者，不見而章，不動而變，無爲而成」者，言聖人之德，如此博厚、高明、悠久，不見所爲而功業章顯，不見動作而萬物改變，無所施爲而道德成就。「天地之道，可壹言而盡也」者，言聖人之德，能同於天地之道，欲尋求所由，可一句之言而能盡其事理。正由於至誠，是「壹言而盡」也。「其爲物不貳，則其生物不測」者，言聖人行至誠接待於物，不有差貳，以此之故，能生殖衆物，不可測量。故鄭云「言多無數也」。

「天地之道，博也，厚也，高也，明也，悠也，久也。此言其著見成功也。今夫天，斯昭昭之多，及其無窮也，日月星辰繫焉，萬物覆焉。今夫地，一撮土之多，及其廣厚，載華嶽而不重，振河海而不洩，萬物載焉。今夫山，一卷石之多，及其廣大，草木生之，禽獸居之，寶藏興焉。今夫水，一勺之多，及其不測，黿鼉、鮫龍、魚鼈生焉，貨財殖焉。此言天之高明，本生昭昭；地之博厚，本由撮土；山之廣大，本起卷石；水之不測，本從一勺。皆合少成多，自小致大。爲至誠者，亦如此乎！昭昭，猶耿耿，小明也。振，猶收也。卷，猶區也。《詩》曰：『惟天之命，於穆不已！』蓋曰天之所以爲天也。『於乎不顯，文王之德之純！』蓋曰文王之所以爲文也，純亦不已。天所以爲天，文王所以爲文，皆由行之無已，爲之不止，如天地山川之云也。《易》曰：「君子以慎德，積小以高大。」是與？

疏 正義曰：此一節明至誠不已，則能從微至著，從小至大。「今夫天，斯昭昭之多」者，斯，此也。昭昭，狹小之貌。言天初時，唯有此昭昭之多，小貌爾，故云「昭昭之多」。「今夫地，一撮土之多」，言地之初時，唯一撮土之多。言多少唯一撮土。「振河海而不泄」者，振，收也。言地之廣大，載五岳不爲重，❶振收河海而不漏泄。

❶「載五岳不爲重」，「不爲」，阮本作「而不」。阮校云：「閩、監、毛本作『載華嶽而不重』。」

「今夫山，一卷石之多」，❶言山之初時，❷唯一卷石之多。多少唯一卷石耳。故鄭注云：「卷，猶區也。」「今夫水，一勺之多」，言水初時，多少唯一勺耳。此以下，皆言爲之不已，從小至大。然天之與地，造化之初，清濁二氣爲天地，分而成二體。元初作盤薄穹隆，非是以小至大。今云「昭昭」與「撮土」、「卷石」與「勺水」者何？但山或壘石爲高，水或衆流而成大，是從微至著，因説聖人至誠之功，亦是從小至大。以今天地體大，假言由小而來，以譬至誠，非實論也。　「《詩》曰『惟天之命，於穆不已』」　此一經以上文至誠不已，已能從小至大，故此經引《詩》明不已之事。所引《詩》者，《周頌·維天之命》文也。《詩》稱「維天之命」，謂四時運行所爲教命。穆，美也。「於穆不已」者，美之不休已也。此詩之本文也。　「蓋曰天之所以爲天也」，此是孔子之言，記者載之。此詩所論，蓋説天之所以爲天，在乎不已。　「於乎不顯，文王之德之純」　此亦《周頌》文王之詩。純，謂不已。顯，謂光明。詩人歎之云「於乎不光明乎」，言光明矣。「文王之德之純」，謂不已也。言文王德教，不有休已，與天同功。　「蓋曰文王之所以爲文也」，此亦孔子之言，解詩之文也。　「純亦不已」者，言「文王之德之純」，亦如天之不休已，故云「純亦不已」。　**注**「《易》曰：『君子慎德，❸積小以高大』」。正義曰：此《易·升卦》之象辭。案《升卦》，《巽》下《坤》上，木生於地中，升進之義，故爲升也。

「大哉聖人之道！洋洋乎發育萬物，峻極于天。育，生也。峻，高大也。優優大哉！禮儀三百，威儀三千，待其人然後行。故曰：『苟不至德，至道不凝焉。』」言爲政在人，政由禮也。凝，猶成也。

疏正義曰：此一節明聖人之道高大，苟非至德，其道不成。「洋洋」，謂道德充滿之貌，天下洋洋然。育，生也。峻，高也。言聖人之道，高大與山相似，上極于天。　「優優大哉」，優優，寬裕之貌。聖人優優然寬裕其道。「禮儀三百」，《周禮》有三百六十官，言「三百」者，舉其成數耳。「威儀三千」者，即《儀禮》行事之威儀。《儀禮》雖十七篇，其中事有三千。　「待其人然後行」者，言三百、三千

❶ 「之」，原作「乏」，據阮本改。

❷ 「時」，原作「小」，據殿本、庫本、阮本改。按：上下文凡三言「初時」。

❸ 「子」，案鄭注「子」下有「以」字，與《易》合。

之禮，必待賢人，然後施行其事。「故曰：苟不至德，至道不凝焉」，凝，成也。古語先有其文，今夫子既言三百、三千，待其賢人始行，故引古語證之。苟，誠也。不，非也。苟誠非至德之人，則聖人至極之道不可成也。俗本「不」作「非」也。

禮記正義卷第六十

禮記正義卷第六十一

國子祭酒上護軍曲阜縣開
國子臣孔穎達等奉勑撰

故君子尊德性而道問學，致廣大而盡精微，極高明而道中庸。温故而知新，敦厚以崇禮。德性，謂性至誠者。道，猶由也。問學，學誠者也。廣大，猶博厚也。温，讀如「燖温」之温，謂故學之孰矣，後時習之，謂之温。【疏】正義曰：此一經明君子欲行聖人之道，當須勤學。前經明聖人性之至誠，此經明賢人學而至誠也。「君子尊德性」者，謂君子賢人尊敬此聖人道德之性，自然至誠也。「而道問學」者，言賢人行道，由於問學。謂勤學乃致至誠也。「致廣大而盡精微」者，廣大，謂地也。言賢人由學能致廣大，如地之生養之德也。而盡精微，謂致其生養之德。既能致於廣大，盡育物之精微，言無微不盡也。「極高明而道中庸」者，高明，謂天也。言賢人由學，極盡天之高明之德。道，通也，又能通達於中庸之理也。「温故而知新」者，言賢人由學，既能温尋故事，又能知新事也。「敦厚以崇禮」者，言以敦厚重行於學，故以尊崇三百、三千之禮也。【注】「温，讀如『燖温』之温」正義曰：案《左傳》哀十二年：「公會吴于橐皋，大宰嚭請尋盟。子貢對曰：『盟若可尋也，亦可寒也。』」賈逵注云：「尋，温也。」又《有司徹》云：「乃爇尸俎。」是燖爲温也。云「謂故學之孰矣，後時習之，謂之温」者，謂賢人舊學已精孰，在後更習之，猶若温尋故食也。

是故居上不驕，爲下不倍。國有道，其言足以興；國無道，其默足以容。興，謂起在位也。《詩》曰：「既明且哲，以保其身。」其此之謂與！保，安也。【疏】正義曰：此一節明賢人學至誠之道，中庸之行，若國有道之時，盡竭知謀，其言足以興成其國。興，謂發謀出慮。「國無道，其默足以容」，若無道之時，則韜光潛默，足以自容其身，免於禍害。《詩》云『既明且哲，以保其身』」，此《大雅·烝民》之篇，美宣王之詩。言宣王任用仲山甫，能顯明其事任，且又哲知，保安全其己身。言中庸之人，亦能如此，故云「其此之謂與」！

子曰：「愚而好自用，賤而好自專，生乎今之世，反古之道。如此者，烖及其身者也。反古之道，謂曉一孔之人，不知今王之新政可從。非天子不議禮，不制度，不考文。此天下所共行，天子乃能一之也。禮，謂人所服行也。度，國家宮室及車輿也。文，書名也。今天下車同軌，書同文，行同倫。今，孔子謂其時。雖有其位，苟無其德，不敢作禮樂焉；雖有其德，苟無其位，亦不敢作禮樂焉。」言作禮樂者，必聖人在天子之位。

疏正義曰：上經論賢人學至誠，商量國之有道無道，能或語或默，以保其身。若不能中庸者，皆不能量事制宜，必及禍患。又因明己以此之故，不敢專輒制作禮樂也。　「生乎今之世，反古之道。如此者，烖及其身者也」，此謂尋常之人，不知大道。若賢人君子，雖生今時，能持古法。故《儒行》云「今人與居，古人與稽」是也。俗本「反」下有「行」字，又無「如此者」三字，非也。　「非天子不議禮」　此論禮由天子所行，既非天子，不得論議禮之是非。　「不制度」，謂不敢制造法度及國家宮室大小高下及車輿也。　「不考文」，亦不得考成文章書籍之名也。　「今天下車同軌」者，今，謂孔子時。「車同軌」，覆上「不制度」；「書同文」，覆上「不考文」。「行同倫」，倫，道也。言人所行之行，皆同道理，覆上「不議禮」。當孔子時，禮壞樂崩，家殊國異，而云此者，欲明己雖有德，身無其位，不敢造作禮樂，故極行而虛己，先說以自謙也。

注「反古之道，謂曉一孔之人」　正義曰：孔，謂孔穴。孔穴所出，事有多塗，今唯曉知一孔之人，不知餘孔通達，唯守此一處，故云「曉一孔之人」。

子曰：「吾說夏禮，杞不足徵也。吾學殷禮，有宋存焉。吾學周禮，今用之，吾從周。」徵，猶明也。吾能說夏禮，顧杞之君不足與明之也。吾從周，行今之道。王天下有三重焉，其寡過矣乎！三重，三王之禮。上焉者雖善無徵，無徵不信，不信民弗從。下焉者雖善不尊，不尊不信，不信民弗從。上，謂君也。君雖善，善無明徵，則其善不信也。下，謂臣也。臣雖善，善而不尊君，則其善亦不信也。徵，或爲

「登」。故君子之道，本諸身，徵諸庶民，考諸三王而不繆，建諸天地而不悖，❶質諸鬼神而無疑，百世以俟聖人而不惑。質諸鬼神而無疑，知天也；百世以俟聖人而不惑，知人也。知天、知人，謂知其道也。鬼神，從天地者也。《易》曰：「故知鬼神之情狀，與天地相似。」聖人則之，百世同道。徵，或爲「登」。是故君子動而世爲天下道，行而世爲天下法，言而世爲天下則。遠之則有望，近之則不厭。用其法度，想思若其將來也。《詩》曰：『在彼無惡，在此無射。庶幾夙夜，以永終譽。』君子未有不如此而蚤有譽於天下者也。」射，厭也。永，長也。**疏**正義曰：以上文孔子身無其位，不敢制作。二代之禮，夏、殷不足可從，所以獨從周禮之意。因明君子行道，須本於身，達諸天地，質諸鬼神，使動則爲天下之道，行則爲後世之法，故能早有名譽于天下。蓋孔子微自明己之意。「子曰『吾說夏禮，杞不足徵也』」，徵，成也，明也。孔子言我欲明說夏代之禮，須行夏禮之國贊而成之。杞雖行夏禮，其君暗弱，不足贊而成之。「吾學殷禮，有宋存焉」者，宋行殷禮，故云「有宋存焉」。但宋君暗弱，欲共贊明殷禮，❷亦不足可成。故《論語》云「宋不足徵也」。此云「杞不足徵」，即宋亦「不足徵」；此云「有宋存焉」，則杞亦「存焉」：互文見義。「吾學周禮，今用之，吾從周」者，既杞、宋二國不足明，己當不復行前代之禮，故云「吾從周」。案趙商問：「孔子稱：『吾學周禮，今用之，吾從周。』《檀弓》云今『丘也，殷人也』，兩楹奠殯，哭師之處，皆所法於殷禮，未必由周，而云『吾從周』者何也？」鄭答曰：「『今用之』者，魯與諸侯皆用周之禮法，非專自施於己。在宋冠章甫之冠，在魯衣逢掖之衣，何必純用之？『吾從周』者，言周禮法最備。其爲殷、周，事豈一也。」如鄭此言，諸侯禮法，則從周；身之所行，雜用殷禮也。「王天下有三重焉，其寡過矣乎」，言爲君王有天下者，有三種之重焉，謂夏、殷、周三王之禮，其事尊重，若能行之，寡少於過矣。「上焉者雖善無徵，無徵不信，不信民弗從」，上，謂君

❶「建」，王引之云：「『建』當爲『達』，字形相近而譌。」詳《經義述聞》。

❷「共」，阮本作「其」。

也。言爲君雖有善行，無分明徵驗，則不信著於下。既不信著，則民不從。　「下焉者雖善不尊，不尊不信，不信民弗從」，下，謂臣也。言臣所行之事，雖有善行，而不尊敬於君，則善不信著於下。既不信著，則民不從。故下云「徵諸庶民」，謂行善須有徵驗於庶民也。皇氏云：「無徵，謂無符應之徵。」其義非也。　「故君子之道」者，言君臣爲善，須有徵驗，民乃順從，故明之也。　「本諸身」者，言君子行道，先從身起，是「本諸身」也。　「徵諸庶民」者，徵，驗也。諸，於也。謂立身行善，使有徵驗於庶民。若晉文公出定襄王，示民尊上也；伐原，示民以信之類是也。　「考諸三王而不繆」者，繆，亂也。謂己所行之事，考校與三王合同，不有錯繆也。　「建諸天地而不悖」者，悖，逆也。言己所行之道，建達於天地而不有悖逆，❶謂與天地合也。　「質諸鬼神而無疑，知天也」者，質，正也。謂己所行之行，正諸鬼神，不有疑惑，是識知天道也。此鬼神，是陰陽七八、九六之鬼神，生成萬物者。此是天地所爲，既能質正陰陽，不有疑惑，是識知天道也。　「百世以俟聖人而不惑，知人也」者，以聖人身有聖人之德，垂法於後，雖在後百世，亦堪俟待後世之聖人，其道不異，故云「知人也」。　**注**「知天」至「同道」　正義曰：以經云「知天」、「知人」，故鄭引經總結之云「知其道」者。以天道陰陽，生成萬物，今能正諸陰陽鬼神而不有疑惑，是知天道也。以聖人之道，雖相去百世，其歸一揆，今能百世以待聖人而不有疑惑，是知聖人之道也。云「鬼神，從天地者也」，解所以質諸鬼神之德，知天道之意。引《易》曰「故知鬼神之情狀，與天地相似」者，證「鬼神從天地」之意。案《易·繫辭》云：「精氣爲物，游魂爲變。」鄭云：「木火之神生物，金水之鬼成物。」以七八之神生物，九六之鬼成物，是鬼神以生成爲功，天地亦以生成爲務，是「鬼神之狀，與天地相似」。云「聖人則之，百世同道」者，解經「知人」之道。以前世聖人既能垂法，以俟待後世聖人，是識知聖人之道，百世不殊，故「聖人則之，百世同道」也。　「遠之則有望，近之則不厭」者，言聖人之道，爲世法則，若遠離之，則有企望思慕之深也；若附近之，則不厭倦。言人愛之無已。「《詩》云『在彼無惡，在此無射。庶幾夙夜，以永終譽』」，此引《周頌·振鷺》之篇。言微子來朝，身有美德。在彼宋國之內，民無惡之。在此來朝，人無厭倦。故庶幾夙夜，以長永終竟美善聲譽。言君子之德，亦能如此，故

❶「建」，王引之云乃妄增。詳《經義述聞》。

引《詩》以結成之。「君子未有不如此而蚤有譽於天下者也」，言欲蚤有名譽，會須如此，未常有不行如此而蚤得有聲譽者也。❶ 仲尼祖述堯、舜，憲章文、武，上律天時，下襲水土。此以《春秋》之義說孔子之德。孔子曰：「吾志在《春秋》，行在《孝經》。」二經固足以明之。孔子祖述堯、舜之道而制《春秋》，而斷以文王、武王之法度。《春秋傳》曰：「君子曷爲爲《春秋》？撥亂世，反諸正，莫近諸《春秋》。其諸君子樂道堯、舜之道與？末不亦樂乎堯、舜之知君子也？」又曰：「是子也，繼文王之體，守文王之法度。文王之法，無求而求，故譏之也。」又曰：「王者孰謂？謂文王也。」此孔子兼包堯、舜、文、武之盛德，而著之《春秋》，以俟後聖者也。律，述也。述天時，謂編年四時具也。襲，因也。因水土，謂記諸夏之事，山川之異。譬如天地之無不持載，無不覆幬。譬如四時之錯行，如日月之代明。萬物並育而不相害，道並行而不相悖。小德川流，大德敦化，此天地之所以爲大也。聖人制作，其德配天地如此，唯五始可以當焉。幬，亦覆也。小德川流，浸潤萌芽，喻諸侯也。大德敦化，厚生萬物，喻天子也。幬，或作「燾」。唯天下至聖，爲能聰明叡知，足以有臨也；寬裕温柔，足以有容也；發强剛毅，足以有執也；齊莊中正，足以有敬也；文理密察，足以有別也。言德不如此，不可以君天下也。蓋傷孔子有其德而無其命。溥博淵泉，而時出之。言其臨下普徧，思慮深重，非得其時，不出政教。溥博如天，淵泉如淵。見而民莫不敬，言而民莫不信，行而民莫不說。是以聲名洋溢乎中國，施及蠻貊。舟車所至，人力所通，天之所覆，地之所載，日月所照，霜露所隊，凡有血氣者，莫不尊親，故曰配天。如天，取其運照不已也。如淵，取其清深不測也。尊親，尊而親之。唯天下至誠，爲能經綸天下之大經，立天下之大本，知天地之化育。至誠，性至誠，謂孔子也。大經，謂六藝而指《春秋》也。大本，《孝

❶「常」，阮校云：「閩、監、毛本作『嘗』。」

經》也。夫焉有所倚？肫肫其仁，淵淵其淵，浩浩其天。安有所倚，言無所偏倚也。人人自以被德尤厚，似偏頗者。肫肫，讀如「誨爾忳忳」之忳。❶忳忳，❷懇誠貌也。肫肫，或爲「純純」。苟不固聰明聖知達天德者，其孰能知之？言唯聖人乃能知聖人也。《春秋傳》曰：「末不亦樂乎堯、舜之知君子。」明凡人不知。《詩》曰：「衣錦尚絅。」惡其文之著也。故君子之道，闇然而日章；小人之道，的然而日亡。言君子深遠難知，小人淺近易知。人所以不知孔子，以其深遠。禪爲絅，錦衣之美，而君子以絅表之，爲其文章露見似小人也。君子之道，淡而不厭，簡而文，溫而理，知遠之近，知風之自，知微之顯，可與入德矣。淡，其味似薄也。簡而文，溫而理，猶簡而辨，直而溫也。自，謂所從來也。三「知」者，皆言其睹末察本，探端知緒也。入德，入聖人之德。《詩》云：「潛雖伏矣，亦孔之昭。」故君子內省不疚，無惡於志。孔，甚也。昭，明也。言聖人雖隱遁，其德亦甚明矣。疚，病也。君子自省身無愆病，雖不遇世，亦無損害於己志。君子所不可及者，其唯人之所不見乎！《詩》云：「相在爾室，尚不愧于屋漏。」言君子雖隱居，不失其君子之容德也。相，視也。室西北隅謂之屋漏。視女在室獨居耳，猶不愧於屋漏。屋漏非有人也，況有人乎！故君子不動而敬，不言而信。《詩》曰：「奏假無言，時靡有爭。」假，大也。此《頌》也。言奏大樂於宗廟之中，人皆肅敬，金聲玉色，無有言者，以時大平和合，無所爭也。是故君子不賞而民勸，不怒而民威於鈇鉞。《詩》曰：「不顯惟德，百辟其刑之。」不顯，言顯也。辟，君也。此《頌》也。❸言不顯乎文王之德，百君盡刑之。謂諸侯法之也。是故君子篤恭而天下平。《詩》云：「予懷明德，不大聲以

❶「如」，阮校引段玉裁云：「如」當作「爲」。
❷「忳忳」，原脱一「忳」字，據阮本、阮校補。
❸「頌」，原作「顯」，據余本、撫本、岳本、阮本改。

色。」予，我也。懷，歸也。言我歸有明德者，以其不大聲爲嚴厲之色以威我也。**疏**正義曰：此一節明子思申明夫子之德與天地相似，堪以配天地而育萬物，傷有聖德無其位也。今各隨文解之。「仲尼祖述堯、舜」者，祖，始也。言仲尼祖述始行堯、舜之道也。「憲章文、武」者，憲，法也。章，明也。言夫子法明文武之德。「上律天時」者，律，述也。言夫子上則述行天時，以與言陰陽時候也。「下襲水土」者，襲，因也。下則因襲諸侯之事，水土所在。此言子思贊揚聖祖之德，以仲尼脩《春秋》而有此等之事也。**注**「吾志」至「之異」正義曰：「吾志在《春秋》，行在《孝經》」者，《孝經緯》文。言褒貶諸侯善惡，志在於《春秋》；人倫尊卑之行，在於《孝經》。云「二經固足以明之」者，此是鄭語。言《春秋》、《孝經》足以顯明先祖述憲章之事。❶云「孔子祖述堯、舜之道而制《春秋》」者，則下文所引《公羊傳》云「君子樂道堯、舜之道與」是也。云「斷以文王、武王之法度」者，則下文引《公羊》云「王者孰謂？謂文王」是也。云「《春秋傳》曰」至「堯、舜之知君子也」，哀十四年《公羊傳》文。引之者，證祖述堯、舜之事。「君子曷爲爲《春秋》」？曷，何也。君子，謂孔子。《傳》曰：孔子何爲作《春秋》？云「撥亂世，反諸正，莫近諸《春秋》」者，此《傳》之文，答孔子爲《春秋》之意。何休云：「撥，猶治也。」言欲治於亂世，使反歸正道，莫近，莫過也，言餘書莫過於《春秋》。言治亂世者，《春秋》最近之也。云「其諸君子樂道堯舜之道與」者，上「道」論道，下「道」謂道德。與，語辭。言君子，孔子也。言孔子樂欲論道堯、舜之道與也。云「末不亦樂乎堯、舜之知君子也」者，末，謂終末。謂孔子末，聖漢之初，豈不亦愛樂堯、舜之知君子也？案何休云：「得麟之後，天下血書魯端門曰：『趨作法，孔聖没。周姬亡，彗東出。秦政起，胡破術。書記散，孔不絶。』子夏明日往視之，血書飛爲赤鳥，化爲白書。漢當繼大亂之後，故作撥亂之法。」是其事也。云「又曰『是子也，繼文王之體，守文王之法度。文王之法無求而求，故譏之也』」者，此文九年《公羊傳》文。八年，「天王崩」，謂周襄王也。九年「春，毛伯來求金」，《傳》云：「是子繼文王之體，守文王之法度。文王之法無求而求，故譏之。」是子，謂嗣位之王。在喪未合稱王，故稱「是子」。嗣位之王，守文王之法度。文王之法度無所求也，謂三分有二，以服事

❶「先」，浦鏜校云：「先」字當爲「孔子」二字。

殷。謂在喪之内，無合求金之法度，今遣毛伯來求金，是無求而求也，故書以譏之。彼《傳》云「是子」，俗本云「子是」者誤也。云「又曰『王者孰謂？謂文王也』」，此隱元年《公羊傳》文。案《傳》云：「元年春，王正月。王者孰謂？謂文王也。」武王道同，舉文王可知也。云「著之《春秋》，以俟後聖者也」，哀十四年《公羊傳》云：「制《春秋》之義，以俟後聖。」何休云：「待聖漢之王以爲法也。」云「述天時，謂編年四時具也」，案《合成圖》云：❶「皇帝立五始，❷制以天道。」《元命包》云：「諸侯不上奉王之正則不得即位，正不由王出不得爲正。王不承於天以制號令則無法，天不得正其元，則不能成其化也。」五始者，元年，一也；春，二也；王，三也；正月，四也；公即位，五也。此《春秋》元年，即當《堯典》「欽若昊天」也。《春秋》四時，即當《堯典》「日中星鳥」、「日永星火」、「宵中星虚」、「日短星昴」之類是也。《春秋》獲麟，則當《益稷》「百獸率舞，鳳皇來儀」是也。此皆祖述堯、舜之事。言《春秋》四時皆具，桓四年及七年，不書「秋，七月」、「冬，十月」，成十年不書「冬，十月」，桓十七年直云「五月」，不云「夏」，昭十年直云「十二月」，不云「冬」，如此不具者，賈、服之義，若登臺而不視朔，則書時不書月；若視朔而不登臺，則書月不書時；若雖無事，視朔登臺，則空書時月。若杜元凱之意，凡時月不具者，皆史闕文。其《公羊》《穀梁》之義，各爲曲説，今略而不取也。云「襲，因也。因水土，謂記諸夏之事，山川之異」者，諸夏之事，謂諸侯征伐、會盟所在之地。山川之異，若僖十四年「沙鹿崩」，成五年「梁山崩」之屬是也。

「譬如」至「大也」　此明孔子之德，與天地日月相似，與天子、諸侯德化無異。「小德川流，大德敦化」者，言孔子所作《春秋》，若以諸侯小德言之，如川水之流，浸潤萌牙；若以天子大德言之，則仁愛敦厚，化生萬物也。「此天地之所以爲大也」，言夫子之德，比並天地，所以爲大，不可測也。

「唯天」至「別也」　此又申明夫子之德，聰明寬裕，足以容養天下，傷其有聖德而無位也。「寬裕温柔，足以有容也」，言夫子寬弘性善，温克和柔，足以包容也。「發强剛毅，足以有執也」，發，起也。執，猶斷也。言孔子發起志意，堅强剛毅，足以斷決事物也。

「溥博」至「配天」　此節更申明夫子藴蓄聖德，俟時而出，

❶「成」，浦鏜校云：「『誠』誤『成』。」

❷「皇帝」，《左傳》隱公元年孔疏、《穀梁傳》隱公元年楊疏引《春秋緯》並作「黄帝」，當是。

日月所照之處，無不尊仰。「溥博淵泉」者，溥，謂無不周徧。博，謂所及廣遠。❶以其浸潤之澤，如似淵泉溥大也。既思慮深重，非得其時，不出政教，必以俟時而出。「溥博如天」者，言似天無不覆幬。「淵泉如淵」，言潤澤深厚，如川水之流。「夫焉有所倚」至「浩浩其天」以前經贊明夫子之德，此又云夫子無所偏倚，而仁德自然盛大也。倚，謂偏有所倚近。言夫子之德，普被於人，何有獨倚近於一人。言不特有偏頗也。「肫肫其仁」，肫肫，懇誠之貌。仁，謂施惠仁厚。言又能肫肫然懇誠行此仁厚爾。「淵淵其淵」，淵，水深之貌也。言夫子之德，淵淵然若水之深也。「浩浩其天」，言夫子之德，浩浩盛大，其若如天也。**注**「肫肫，讀如『誨爾忳忳』之忳」正義曰：此《大雅·抑》之篇，刺厲王之詩。言詩人誨爾厲王，忳忳然懇誠不已，厲王聽我，藐藐然而不入也。「苟不固聰明聖知達天德者，其孰能知之」者，上經論夫子之德深大如天，❷此經論唯至聖乃知夫子之德。苟，誠也。固，堅固也。言帝誠不堅固聰明睿聖通知曉達天德者，❸其誰能識知夫子之德？故注引《公羊傳》云「堯、舜之知君子」者，言有堯、舜之德，乃知夫子，明凡人不知也。「《詩》曰『衣錦尚絅』，惡其文之著也」，以前經論夫子之德難知，故此經因明君子小人隱顯不同之事。此《詩·衛風·碩人》之篇，美莊姜之詩。言莊姜初嫁在塗，衣著錦衣，爲其文之大著，尚著禪絅，加於錦衣之上。絅，禪也，以單縠爲衣，尚以覆錦衣也。案《詩》本文云「衣錦褧衣」，此云「尚絅」者，斷截詩文也。又俗本云「衣錦褧裳」，又與定本不同者，記人欲明君子謙退，惡其文之彰著，故引《詩》以結之。「故君子之道，闇然而日章」者，章，明也。言君子以其道德深遠謙退，初視未見，故曰「闇然」，其後明著，故曰日章明也。「小人之道，的然而日亡」者，若小人好自矜大，故初視時的然，以其才藝淺近，後無所取，故曰日益亡。「君子」至「德矣」　此一經明君子之道，察微知著，故能入德。「淡而不厭」者，言不媚悅於人，初似淡薄，久而愈敬，無惡可厭也。「簡而文」者，性無嗜慾，故簡靜；才藝明辨，故有文也。「溫而理」，氣性和潤，故溫也；正直不違，故脩理也。「知遠之近」，言欲知

---

❶「謂」，原作「爲」，據阮本、阮校改。

❷「深」，阮本無「深」字，閩、監、毛本同。

❸「帝」下原爲空格，阮本不空格。潘宗周《校勘記》云：「不應空，但或疑有『王』字。」

遠處，必先之適於近，乃後及遠。　「知風之自」，自，謂所從來處。言見目前之風，則知之適所從來處。故鄭注云「睹末察本」。遠是近之末，風是所從來之末也。　「知微之顯」，此初時所微之事，久乃適於顯明。微是初端，顯是縱緒。故鄭注云「探端知緒」。　「可與入德矣」，言君子或探末以知本，或睹本而知末，察微知著，終始皆知，故可以入聖人之德矣。　「《詩》曰『潛雖伏矣，亦孔之昭』」，此明君子其身雖隱，其德昭著。所引者，《小雅·正月》之篇，刺幽王之詩。詩之本文，以幽王無道，喻賢人君子雖隱其身，德亦甚明著，不能免禍害。猶如魚伏於水，亦甚著見，被人採捕。記者斷章取義，言賢人君子身雖藏隱，猶如魚伏於水，其道德亦甚彰矣。　「故君子內省不疚，無惡於志」者，疚，病也。言君子雖不遇世，內自省身，不有愆病，則亦不損害於己志。言守志彌堅固也。**注**「孔，甚也」　正義曰：《爾雅·釋言》文。　「君子」至「屋漏」　此明君子之閒居獨處，不敢爲非，故云「君子所不可及者，其唯人之所不見乎」？　「《詩》云『相在爾室，尚不愧于屋漏』」，此《大雅·抑》之篇，刺厲王之詩。詩人意稱，王朝小人，不敬鬼神，瞻視女在廟堂之中，❶猶尚不愧畏於屋漏之神。記者引之，斷章取義，言君子之人，在室之中，屋漏雖無人之處，不敢爲非，猶愧懼于屋漏之神，況有人之處，君子愧懼可知也。言君子雖獨居，常能恭敬。

注「言君」至「人乎」　正義曰：「言君子雖隱居，不失其君子之容德也」者，隱居，謂在室獨居，猶不愧畏。無人之處，又常能恭敬，是「不失其君子之容德也」。云「西北隅謂之屋漏」者，《爾雅·釋宮》文。以户明漏照其處，故稱屋漏。「屋漏非有人」者，言人之所居，多近於户。屋漏深邃之處，非人所居，故云「非有人也」。云「況有人乎」者，言無人之處，尚不愧之，況有人之處，不愧之可知也。言君子無問有人無人，恒能畏懼也。　「故君子不動而敬，不言而信」者，以君子敬懼如是，故不動而民敬之，不言而民信之。　「《詩》曰『奏假無言，時靡有爭』」，此《商頌·烈祖》之篇，美成湯之詩。詩本文云「鬷假無言」，此云「奏假」者，與詩文異也。假，大也。言祭成湯之時，奏此大樂於宗廟之中，人皆肅敬，無有諠譁之言。所以然者，時既太平，無有爭訟之事，故無言也。引證君子不言而民信。

注「假，大也」　正義曰：《爾雅·釋詁》文。　「《詩》曰『不顯惟德，百辟其刑之』」，此《周頌·烈文》之篇，美文王

❶ 「堂」，衛氏《集説》作「室」。

之德。不顯乎文王之德，言其顯矣。以道德顯著，故天下百辟諸侯皆刑法之。引之者，證君子之德，猶若文王，其德顯明在外，明衆人皆刑法之。注「辟，君也」正義曰：《爾雅·釋詁》文。「《詩》云『予懷明德，不大聲以色』」，此《大雅·皇矣》之篇，美文王之詩。予，我也。懷，歸也。言天謂文王曰：我歸就爾之明德，所以歸之者，以文王不大作音聲以爲嚴厲之色，故歸之。記者引之，證君子亦不作大音聲以爲嚴厲之色，與文王同也。子曰：「聲色之於以化民，末也。《詩》曰『德輶如毛』，輶，輕也。言化民當以德。德之易舉而用，其輕如毛耳。毛猶有倫；『上天之載，無聲無臭』，至矣！」倫，猶比也。載，讀曰「栽」，謂生物也。言毛雖輕，尚有所比，有所比則有重。上天之造生萬物，人無聞其聲音者，無知其臭氣者，化民之德，清明如神，淵淵浩浩，然後善。疏正義曰：此一節是夫子之言。子思既説君子之德，不大聲以色，引夫子舊語聲色之事以接之。言化民之法，當以德爲本，不用聲色以化民也。❶若用聲色化民，是其末事，故云「化民，末也」。「《詩》曰『德輶如毛』」者，此《大雅·烝民》之篇，美宣王之詩。輶，輕也。言用德化民，舉行甚易，其輕如毛也。「毛猶有倫」，倫，比也。既引詩文「德輶如毛」，又言德之至極，本自無體，何直如毛！毛雖細物，猶有形體可比並，故云「毛猶有倫」也。「『上天之載，無聲無臭』，至矣」載，生也。言天之生物，無音聲，無臭氣，寂然無象而物自生。言聖人用德化民，亦無音聲，亦無臭氣，而人自化。是聖人之德至極，與天地同。此二句是《大雅·文王》之詩，美文王之德。不言「《詩》云」者，孔子略而不言，直取《詩》之文爾。此亦斷章爲義。注「載讀」至「後善」正義曰：案文以「載」爲事，此讀爲「栽」者，言其生物，故讀「載」爲「栽」也。云「毛雖輕，尚有所比，有所比，則有重」，言毛雖輕物，尚有形體，以他物來比，有可比之形，則是有重。毛在虛中，猶得隊下，是有重也。云「化民之德，清明如神，淵淵浩浩」，則上文「淵淵其淵，浩浩其天」是也。

表記第三十二

正義曰：案鄭《目録》云：「名曰《表記》者，以

❶「也」字原漶滅，據阮本補。

其記君子之德，見於儀表。此於《別録》屬《通論》。」

子言之：「歸乎，君子隱而顯，不矜而莊，不厲而威，不言而信。」此孔子行應聘諸侯，莫能用己，心厭倦之辭也。矜，謂自尊大也。厲，謂嚴顔色。

【疏】正義曰：此一篇總論君子及小人爲行之本，并論虞、夏、殷、周質文之異，又論爲臣事君之道。各依文解之。稱「子言之」，凡有八所。皇氏云：「皆是發端起義，事之頭首，記者詳之，故稱『子言之』。若於『子言之』下更廣開其事，或曲説其理，則直稱『子曰』。」今檢上下體例，或如皇氏之言，今依用之。此一節是孔子應聘諸國，莫能用己，心有厭倦，而爲此辭。託之君子，所以自明其德。「歸乎」者，於時孔子身在他國，不被任用，故稱「歸乎」。「君子隱而顯」者，君子身雖幽隱，而道德潛通，聲名顯著，故云「隱而顯」也。「不矜而莊」者，矜，謂自尊大。莊，敬也。言不自尊大，而人尊敬也。「不厲而威」者，常行仁義道德，不自嚴厲，而人威服也。「不言而信」者，不須出言，而人體信。以其積德咸通，故所致如此。此皆夫子自道己德而然，但假諸君子。【注】「此孔」至「辭也」正義曰：知此是「應聘諸侯，莫能用己，心厭倦之辭」者，以發首云「歸乎」，是從他國欲歸於魯，猶若《論語》云「子在陳」，稱「歸與！歸與！吾黨之小子」云。是其不用而辭歸也。

子曰：「君子不失足於人，不失色於人，不失口於人。是故君子貌足畏也，色足憚也，言足信也。失，謂失其容止之節也。《玉藻》曰：「足容重，色容莊，口容止。」《甫刑》曰：『敬忌而罔有擇言在躬。』」《甫刑》，《尚書》篇名。忌之言戒也。言己外敬而心戒慎，則無有可擇之言加於身也。

【疏】正義曰：此一經廣明君子之德，亦夫子竊自言也。「不失足於人」者，「足容重」，不失此足之容儀而作夸毗進退於衆人也。「不失色於人」者，色容須矜莊，不失此色之容儀而作籧篨戚施於衆人也。「不失口於人」者，口容須安止，不失此口之容儀而作諂私曲媚於衆人也。「是故」至「信也」此皆覆結上文。「《甫刑》曰『敬忌而罔有擇言在躬』」者，《甫刑》，《尚書》篇名，《吕刑》也。甫侯爲穆王説刑，故稱《甫刑》。忌，戒也。罔，無也。言己外貌恭敬，心能戒忌，而無有可擇去之言在於躬身。❶今君

❶「身」，阮本作「也」，閩、監、毛本同。

子之德，亦能如此，故引《甫刑》以結之，證君子無可擇去之言，則上云「言足信」是也。然則敬之與忌，則是「君子貌足畏，色足憚也」。子曰：「裼、襲之不相因也，欲民之毋相瀆也。」不相因者，以其或以裼爲敬，或以襲爲敬。禮盛者以襲爲敬，執玉龜之屬是也。❶禮不盛者以裼爲敬，受享是也。疏正義曰：以前經云「君子貌足畏，色足憚」，故此經云「毋相瀆」，即是可憚之事也。「裼、襲之不相因也」者，行禮之時，禮不盛者則露見裼衣，禮盛之時則重襲上服，是行禮初盛則襲衣，禮不盛則裼衣，是「裼、襲不相因也」。若始末恒裼襲，是相因也。其行禮之時，或初襲而後裼，或初裼而後襲。所以然者，欲使人民無相褻瀆，使禮相變革也。注「禮盛」至「是也」

正義曰：案《聘禮》，賓初行聘時則襲，故《聘禮》云「賓襲執圭」是也。至聘訖受享之時，「賓裼，奉束帛加璧行享」。聘爲禮盛，故襲；享爲禮不盛，故裼。聘時有玉，故云「執玉」也。《玉藻》曰「執玉龜襲」，故云「之屬」也。案行享執璧，璧亦是玉，於時裼衣，而云「以襲執玉龜」者，但享時雖執璧，以璧致享，比聘時執玉爲輕，故享雖有璧而裼也。又賓介自相授玉之時，介禮輕，裼而執圭以授賓；賓禮重，則襲而後受圭。是賓之與介，亦「裼襲不相因」。故《聘禮》云「上介不襲，執圭屈繅授賓。賓襲執圭」是也。子曰：「祭極敬，不繼之以樂。朝極辨，不繼之以倦。」極，猶盡也。辨，分別政事也。《祭義》曰：「祭之日，樂與哀半：饗之必樂，已至必哀。」疏正義曰：以前經「毋相瀆」，故此經明行敬之時，不可以樂倦也。極，盡也。言祭祀極盡於敬，不可以終末繼之以樂而不敬；言朝禮極盡於分別政事，不可以終末繼之以懈倦而不分別也。注「祭義」至「必哀」　正義曰：引之者，證明此經不可繼之以樂之事也。子曰：「君子慎以辟禍，篤以不揜，恭以遠恥。」篤，厚也。揜，猶困迫也。疏正義曰：「慎以辟禍」者，言君子恒須謹慎，以辟禍患也。「篤以不揜」者，篤，厚也。揜，謂困迫也。言君子篤厚行於善道，不使揜逼而被困迫也。「恭以遠恥」者，又能恭敬而遠恥辱也。子曰：「君子莊敬日强，安肆日偷。」肆，猶放恣也。偷，苟且也。肆，或爲

❶「是」字原脱，據衛氏《集説》及下文補。

「褻」。 君子不以一日使其躬儳焉，如不終日。」儳焉，可輕賤之貌也。如不終日，言人而無禮，死無時。 子曰：「齊戒以事鬼神，擇日月以見君，恐民之不敬也。」擇日月以見君，謂臣在邑竟者。 疏 正義曰：此經又廣明恭敬之事。言君子之人，恒能莊敬，故德業日强。 「安肆日偷」者，肆，謂放恣。偷，謂苟且。言小人安樂放恣，則其情性日爲苟且。經不云「小人」，文不具也。 「君子不以一日使其躬儳焉，如不終日」者，儳，可輕賤之貌。言君子則常行善道，不以一日之間使其身儳焉可輕賤，如小人不能終竟一日也。言不得長久也。若小人恒爲無禮，使其身可輕賤，死期促近，不能終竟一日也。 注「擇日」至「竟者」 正義曰：知者，以其經云「擇日月以見君」，若朝廷之臣，則每日朝君，何得云「擇日月」？據此，故知「邑竟」。或擇日出使在外，或食邑别都，見君之時，須擇日月也。 子曰：「狎侮，死焉而不畏也。」忕於無敬心也。 疏 正義曰：前經明君子恒能行恭敬，此明小人唯好狎侮。言小人遞相輕狎，侮慢相侵，雖有死焉禍害而不知畏懼也。以其忕於無敬心故也。言數爲無恭敬之心，好相狎侮，故至於死焉而不知畏懼也。 子曰：「無辭不相接也，無禮不相見也，欲民之毋相褻也。辭，所以通情也。禮，謂摯也。《春秋傳》曰「古者諸侯有朝聘之事，號辭必稱先君以相接」也。 《易》曰：『初筮告，再三瀆，瀆則不告。』」瀆之言褻之。❶ 疏 正義曰：前明小人狎侮，至於死亡。此明君子無相褻瀆。 「無辭不相接」者，言朝聘會聚之時，必有言辭，以通情意。若無言辭，則不得相交接也。 「無禮不相見」者，禮，謂贄幣也。贄幣所以示己情。若無贄幣之禮，不得相見。所以然者，欲民之無相褻瀆也。 「《易》曰『初筮告，再三瀆，瀆則不告』」者，此《易·蒙·卦辭》也。《蒙卦》《坎》下《艮》上。《艮》爲山，《坎》爲水，山下出泉，是物之蒙昧，童蒙之象也。筮，問也。言童蒙初來問師，師則告之。若再三來問，是爲褻瀆。問既褻瀆，師則不復告之。引者，證無相褻瀆之義也。 子言之：「仁者，天下之表也。 義者，天

❶「之」，阮本作「也」，閩、監、毛本同，衛氏《集説》同。張敦仁《考異》云：「《六經正誤》曰作『之』誤。蓋作『也』者，依毛居正改正。」

下之制也。報者，天下之利也。」報，謂禮也。禮尚往來。子曰：「以德報德，則民有所勸。以怨報怨，則民有所懲。懲，謂創艾。《詩》曰：『無言不讎，無德不報。』讎，猶答也。《大甲》曰：『民非后，無能胥以寧；后非民，無以辟四方。』」大甲，湯孫也，《書》以名篇。胥，相也。民非君，不能以相安。子曰：「以德報怨，則寬身之仁也；以怨報德，則刑戮之民也。」寬，猶愛也。愛身以息怨，非禮之正也。仁，亦當言「民」，聲之誤。子曰：「無欲而好仁者，無畏而惡不仁者，天下一人而已矣。是故君子議道自己，而置法以民。」一人而已，喻少也。自己，自盡己所能行。子曰：「仁有三，與仁同功而異情。三，謂安仁也，利仁也，强仁也。利仁、强仁，功雖與安仁者同，本情則異。與仁同功，其仁未可知也。與仁同過，然後其仁可知也。仁者安仁，知者利仁，畏罪者强仁。功者，人所貪也。過者，人所辟也。在過之中，非其本情者，或有悔者焉。仁者右也，道者左也。仁者人也，道者義也。右也，左也，言相須而成也。人也，謂施以人恩也。義也，謂斷以事宜也。《春秋傳》曰：「執未有言舍之者，此其言舍之何？人也。」❶厚於仁者薄於義，親而不尊；厚於義者薄於仁，尊而不親。言仁義並行者也。仁多則人親之，義多則人尊之。道有至義有考。至道以王，義道以霸，考道以爲無失。」此讀當言「道有至、有義、有考」，字脱一「有」耳。有至，謂兼仁義者。有義，則無仁矣。有考，考，成也，能取仁義之一成之，以不失於人，非性也。**疏**正義曰：此一節總明仁義之事。各隨文解之。以其與上別端，故更稱「子言之」。「仁者，天下之表也」，表，謂儀表。言仁恩是行之盛極，故爲天下之儀表也。「義者，天下之制也」，義，宜也。制，謂裁斷。既使物各得其宜，是能裁斷於事也。「報者，天下

❶「人也」，阮校云：「惠棟校云：何休《公羊》作『仁之也』，與康成所引不同。盧文弨校云：《考文》引足利本作『仁之也』，與《公羊》合。」

之利也」者，報，謂禮也。禮尚往來，相反報物得其利，故云「天下之利也」。「《詩》曰『無言不讎，無德不報』」者，此《詩・大雅・抑》之篇，刺厲王之詩。引之者，證經相報之義。「《大甲》曰『民非后，無能胥以寧；后非民，無以辟四方』」者，此《尚書・太甲》之篇。大甲，湯孫，大丁之子。湯崩，大甲立，伊尹作書訓之，故云《大甲》。后，君也。胥，相也。伊尹言：民若無君，無能相匡正以自安居也；君若無民，無以君領四方。引之者，證君之與民，❶上下各以其事相報。是相報答之義也，故引以結之。「子曰『以德報怨，則寬身之仁也』」，言「子曰」者，廣明以禮相報之義。寬身之仁者，若以直報怨，是禮之常也。今以德報怨，但是寬愛己身之民，欲苟息禍患，非禮之正也。「以怨報德，則刑戮之民也」者，禮當以德報德，今以怨報德，其人凶惡，是合刑戮之民也。「子曰『無欲而好仁者』」自此以下，廣明仁道。凡仁道有三：一是安仁，二是利仁，三是强仁。此明安仁之事。安仁者，無所畏惡而自安仁道。凡人好仁，皆有所欲。今無有所求欲，而自好仁道。「無畏而惡不仁者」，凡人憎惡不仁，皆有所畏，始惡不仁。今無有所畏而能惡不仁者。「天下一人而已矣」者，言無欲好仁，無畏惡不仁，雖天下之人廣，能行此者，但有一人而已，喻其少也。「是故君子議道自己」者，好仁之法，須恩惠及人，當恕己而行，故君子謀議道理，先自己而始。「置法以民」者，己所能行，乃施於人，故云「置法以民」。言從己而始，乃可以施置法度於他人。「子曰『仁有三，與仁同功而異情』」，此明仁道有三，其功雖同，其情則異。以終能汎愛，其功同也。一則無所求爲而安静行仁，一則規求其利而行仁，一則畏懼於罪而行仁，是異情也。「與仁同功，其仁未可知也」者，此一經申明同功異情之事。三者之仁，其功俱是汎施博愛，其事一種，❷是未可知也。「與仁同過，然後其仁可知也」者，過，謂利之與害。若遭遇利害之事，其行仁之情則可知也。「仁者安仁」者，此明三者可知之事。若天性仁者，非關利害而安仁也。「知者利仁」者，若有知謀者，貪利而行仁。有利則行，無利則止，非本情也。「畏罪者强仁」者，若畏懼於罪者，自强行仁，望免離於罪。若無所畏，則不能行仁也。「仁者右也，道者左也」，此經明

❶「民」，原作「臣」，據阮本改。

❷「其事」，阮校云：「閩、監、毛本作『各有』，衛氏《集説》同。」

仁義相須，若手之左右。仁恩者，若人之右手，右手是用之便也，仁恩亦行之急也。「道者左也」，道是履蹈而行，比仁恩稍劣，故爲左也。「仁者人也」，言仁恩之道，以人情相愛偶也。「道者義也」，義，宜也。凡可履蹈而行者，必斷割得宜，然可履蹈，❶故云「道者義也」。**注**「人也」至「人也」　正義曰：「人也，謂施以人恩也」，解經中「仁者人也」。仁，謂施以人恩，❷言施人以恩，正謂意相愛偶人也。云「義也，謂斷以事宜也」，謂裁斷其理，使合事宜，故可履蹈而行，是「道者義也」。引《春秋傳》者，此成十六年《公羊傳》文。案彼稱「晉人執季孫行父，舍之于招丘」，《傳》云：「執未有言舍之者，此其言舍之何？人也。」《傳》稱《春秋》諸侯執大夫，❸經不書「舍」，此執行父言舍之招丘何？欲人愛此行父，故特言「舍之」。引之者，證人是人偶相存愛之義也。「道有至義有考」者，如注所云，當云「道有至、有義、有考」，「義」上脱一「有」字。言道之所用：有至，一也。至，謂兼行仁義，行之至極，故云「有至」。有義，二也。謂仁義之中，唯有義，無仁，故云「有義」。有考，三也。考，成也。謂於仁義之中，或取仁，或取義之一事，勉力成之，非本性也。「至道以王」者，既能兼行仁義至極，可以王有天下，故云「至道以王」。「義道以霸」者，直能斷決，若齊桓、晉文，以甲兵斷割，可以霸於諸侯，故云「義道以霸」也。「考道以爲無失」者，既於仁義之中，隨取其一而成之，以道不違於理，故云「考道以爲無失」也。**注**「有至」至「性也」　正義曰：知「有至，謂兼仁義者」，此經云「至道以王」，故《穀梁傳》云「仁義歸往曰王」，是王有仁義也。又案前經「道者義也」，是唯義爲道。此經云「道有至、有義、有考」，是一「道」之内，兼有三種，與前經不同者，但道之爲義，取開通履蹈而行，兼包大小精麤。若大而言之，則天道造化，自然之理，謂之爲道。則《老子》云：「道可道，非常道。」則自然造化，虚無之謂也。若小而言之，凡人才藝，亦謂之爲道。是道無定分，隨大小異言，皆是開通於物，其身履蹈而行也。云「考，成也」，《爾雅·釋詁》文也。云「能取仁義之一成之，以不失於人」者，以考道劣於至道，又劣於義，但能於仁義之中，隨其一能成就之，不失於人，謂於人不失也。云「非性也」者，言考道勉强而行，以成就之，非是天性自然所稟

❶「然」，阮校引浦鏜云：「然」下當脱「後」字。
❷「人」，原作「仁」，據阮本及閩、監、毛本改。
❸「春秋」二字原在「諸侯」下，據阮本乙正。

者。然則，至道、義道，天性有之也。子言之：「仁有數，義有長短小大。中心憯怛，愛人之仁也。率法而强之，資仁者也。資，取也。數與長短小大，互言之耳。性仁義者，其數長大；取仁義者，其數短小。《詩》云：『豐水有芑，武王豈不仕。詒厥孫謀，以燕翼子。武王烝哉！』數世之仁也。芑，枸檵也。仕之言事也。詒，遺也。燕，安也。烝，君也。言武王豈不念天下之事，如豐水之有芑矣，乃遺其後世之子孫以善謀，以安翼其子也。君哉武王！美之也。《國風》曰：『我今不閱，皇恤我後。』終身之仁也。」閱，猶容也。皇，暇也。恤，憂也。言我今尚恐不能自容，何暇憂我後之人乎！【疏】正義曰：自此以下至「不稱其服」，更廣明仁義之道，又顯中心外貌，内外相稱，故更稱「子言之」。「仁有數」者，行仁之道，有度數多少也。「義有長短小大」者，言義之爲體，有長有短，有小有大。言「仁有數」，則義亦有數；義言長短小大，則仁亦有長短小大，互言之也。若天性仁義者，則其數長而大。若强取仁義而行者，則其數短而小。長，謂國祚久遠。大，謂覆養廣多。短，謂世位淺促。小，謂所施狹近也。「中心憯怛，愛人之仁也」，此明性有仁者，以天性自仁，故中心悽憯傷怛，憐愛於人，故云「愛人之仁也」。「率法而强之，資仁者也」，此明取仁者。率，循也。資，取也。率循善法，自强行之，非是天性，直取仁道行之者也。「《詩》云『豐水有芑，武王豈不仕』」者，證天性之仁，其數長。所引《詩》者，《大雅·文王有聲》之篇，美武王之德。❶言豐水自然有芑，喻武王之身，自然有天下之事。故云「武王豈不仕」，仕之言事也。言武王豈不念天下之事乎？猶如豐水豈無此芑乎？「詒厥孫謀」者，詒，遺也。厥，其也。孫，謂子孫。謀，謂善謀。言武王能遺其子孫以美善之謀。謂伐紂定天下，以王業遺於子孫。「以燕翼子」者，燕，安也。翼，助也。言武王能安助其子孫也。「武王烝哉」者，烝，君也。言武王有爲君之德哉！「數世之仁」者，以武王行仁，遺及子孫，是仁之所及，其數長也。「《國風》曰『我今不閱，皇恤我後』」，此引《國風》者，明取仁義者，其數短也。所引《詩》者，是《邶

❶「德」，浦鏜校云：當作「詩」。按：浦校是也。《坊記》孔疏引《大雅·文王有聲》即作「詩」。

風・谷風》之篇，婦人被夫棄絶，初憂子孫困苦，還自悔之。云「我今不閲」，閲，容也。言我今尚不能自容，被夫放棄。「皇恤我後」者，皇，暇也。恤，憂也。言我有何閒暇能憂我後世子孫之人乎！引之者，證取仁而行者，唯在我當身之上，何暇能憂及後世，是「終身之仁也」。唯望終竟一身，是其數短也。前文云「仁有數，義有長短小大」，仁義並言，此獨説仁者，以仁事爲重，故舉仁言之，則其義可知也。注「芑枸」至「之也」　正義曰：「芑，枸檵」，《爾雅・釋木》文。孫炎曰：「則今枸芑也。」云「乃遺其後世之子孫以善謀」者，孫，謂子孫也。云「以安翼其子也」者，翼，助也。謂以王業保安翼助其子孫。案《詩箋》以「詒」爲「傳」，以「孫」爲「順」，以「翼」爲「敬」，言傳其所順天下之謀以安其敬事之子孫，謂使其長行之也。與此乖者，引詩斷章，此經云「數世之仁」，故以爲子孫而翼成之也。

子曰：「仁之爲器重，其爲道遠，舉者莫能勝也，行者莫能致也。取數多者，仁也。夫勉於仁者，不亦難乎！取數多者，言計天下之道，仁居其多。是故君子以義度人，則難爲人；以人望人，則賢者可知已矣。」言以先王成法擬度人，則難中也。當以時人相比方耳。

子曰：「中心安仁者，天下一人而已矣。《大雅》曰：『德輶如毛，民鮮克舉之。我儀圖之，惟仲山甫舉之，愛莫助之。』輶，輕也。鮮，罕也。儀，匹也。圖，謀也。愛，猶惜也。言德之輕如毛耳，人皆以爲重，罕能舉行之者。作此詩者，周宣王之大臣也。言我之匹謀之，仲山甫則能舉行之，美之也；惜乎時人無能助之者，言賢者少。《小雅》曰：『高山仰止，景行行止。』」仰高勤行者，仁之次也。景，明也。有明行者，謂古賢聖也。

子曰：「《詩》之好仁如此，鄉道而行，中道而廢，忘身之老也，不知年數之不足也，俛焉日有孳孳，斃而后已。」廢，喻力極罷頓，不能復行則止也。俛焉，勤勞之貌。斃，仆也。

子曰：「仁之難成久矣！人人失其所好，言仁道不成，人所由不得其志。故仁者之過易辭也。」辭，猶解説也。仁者恭儉，雖有過，不爲甚矣。❶

❶「爲」字原脱，據余本、閩本、監本、毛本、阮本及衛氏《集説》補。

唯聖人無過。子曰：「恭近禮，儉近仁，信近情，敬讓以行。此雖有過，其不甚矣。夫恭寡過，情可信，儉易容也。以此失之者，不亦鮮乎！言罕以此失之。《詩》云：『温温恭人，惟德之基。』」子曰：「仁之難成久矣，唯君子能之。言能成仁道者少也。是故君子不以其所能者病人，不以人之所不能者愧人。病、愧，謂罪咎之。是故聖人之制行也，不制以己，使民有所勸勉愧恥，以行其言。以中人爲制，則賢者勸勉，不及者愧恥，聖人之言乃行也。禮以節之，信以結之，容貌以文之，衣服以移之，朋友以極之，欲民之有壹也。移，讀如「禾汜移」之移。移，猶廣大也。極，致也。壹，謂專心於善。《小雅》曰：『不愧于人，不畏于天。』言人有所行，當慚怖於天人也。是故君子服其服，則文以君子之容；有其容，則文以君子之辭；遂其辭，則實以君子之德。遂，猶成也。是故君子恥服其服而無其容，恥有其容而無其辭，恥有其辭而無其德，恥有其德而無其行。無其行，謂不行其德。是故君子衰絰則有哀色，端冕則有敬色，甲胄則有不可辱之色。言色稱其服也。《詩》云：『惟鵜在梁，不濡其翼。彼記之子，不稱其服。』」鵜，鵜鶘，污澤也。污澤善居泥水之中，在魚梁以不濡污其翼爲才，如君子以稱其服爲有德。

疏 此一節廣明仁，故言「子曰」。「仁之爲器重」者，仁是愛養，非賢聖不能行，故言「爲器重」。「其爲道遠」者，以廣博覆物，是爲道廣遠也。「舉者莫能勝也，行者莫能致也」，據凡庸，於仁不能勝致也。「取數多者，仁也」，言於萬種善事之中，論利益於物，取數最多者，是仁也。言仁恩於善事之中利益最多也。「夫勉於仁者，不亦難乎」，言仁爲愛養，行之不易，故勉力行仁者，不亦難乎！言其難也。「是故君子以義度人，則難爲人」者，義，宜也。言在上君子以先王之義擬度於人，欲使人必行先王成法，則難可爲人。言人難中於古法也。「以人望人，則賢者可知已矣」者，望，比也。言以今世人道比望於古人，能合於今世事者，則是賢人也；若不能合於今世事者，則非賢人也，故云「則賢者可知已矣」。已矣，語助也。此明仁道不可以古義責人，當以時事擬人，是仁恩之心。　「子曰『中心安仁者，天下一人而已矣』」，言中心安静行仁，是天性仁者，天下之間，唯一人而已矣，言少也。「《大雅》曰『德輶如毛，民鮮克舉之，我儀圖之』」，引《詩·大雅·烝民》之篇，以明行仁者少也。「德輶如毛，民鮮克舉之」者，此詩美宣王之大臣仲山甫也。輶，輕也。鮮，罕也。克，能也。言德之輕，易舉如毛，然民尚以爲重，罕能舉而行之也。「我儀圖之」者，儀，匹也。圖，謀也。詩人言我與倫匹共圖謀能舉行之也。　「唯仲山甫舉之，愛莫助之」者，愛，惜也。言唯有仲山甫能舉行其德，可惜乎，無人能助行之者。記人引此者，證「中心安仁者」少，亦無人能行之，言賢者少也。　**注**「輶，輕也。圖，謀也」　正義曰：「輶，輕也」，《爾雅·釋言》文。「圖，謀也」，《釋詁》文。　「《小雅》曰『高山仰止，景行行止』」者，此《小雅》刺幽王之詩，《車舝》之篇。言幽王若能脩德如高山，則天下之人瞻仰之；若幽王有景明之行，則天下之人仰行之。引之者，證古昔賢聖能行仁道，則後世之人瞻仰慕行也。「子曰『詩之好仁如此』」者，言高山景行，瞻仰慕行，是好愛仁德如此之甚也。　「鄉道而行，中道而廢」者，言好仁之甚。鄉仁道而行，在於中道，力之罷極，而始休廢之也。　「忘身之老也，不知年數之不足也」，言行仁勤急，忘己身之衰老，不自覺知年數之不足。言己雖年老，謂爲數淺少，不復盈足，猶行仁不止。　「俛焉日有孳孳，斃而后已」者，言形貌俛俛焉，勤勞行仁，每日恒有孳孳，唯力之斃仆而后已止。言行仁之道深也。熊氏云：「俛焉，謂前『傀焉，可輕賤』」。以爲字同而注異，熊氏之説非也。「子曰『仁之難成久矣』」，言仁道難成，非始今日，其來久矣。　「人人失其所好」者，人人，謂天下衆人。由仁道不成，天下衆人皆失其所愛好之事。若有仁道，人皆得其所愛好之事。所愛好者，是吉慶福祥也。　**注**「言仁」至「其志」　正義曰：「言仁道不成」，解「仁之難成久矣」。云「人所由不得其志」，解經「人人失其所好」，由仁道不成，無所依恃，民人由此不得其志意之所好，多有禍害。若仁道成，人皆得所願也。　「故仁者之過易辭也」者，以仁是善行，故仁者有過，其惡不甚，易可以言辭解説也。此謂取仁行者，故有過耳。其聖人天性仁者，全無過也。　「子曰『恭近禮』」，禮主於敬，故恭近於禮。　「儉近仁」者，以儉不費用，無害於物，故近仁也。　「信近情」者，信，謂言語信實，故近情也。　「夫恭寡過」者，恒能恭敬，故寡少於過也。「情可信」者，以情示人，故可信也。「儉易容也」者，以儉則寡求，故易容也。「《詩》云『温温恭人，惟德之基』」者，此《大雅·抑》之篇，刺厲王之詩。言顏色温温和柔恭敬之人，惟能爲德之基也。引之者，結上文「恭近禮」，其過寡少，是爲德之基也。「是故君子不以其所能者病人」者，謂不以己之所能使他人必能，若他人不能則爲困病，是不以所能之事病困於人也。「不以人之所不能者愧人」者，謂他人力所不能，必欲使之能行，若他人之所不能，則以爲愧耻，故不以人之所不能，耻愧困苦於人。若能如此，亦仁者之行也。「是故聖人之制行也，不制以己」者，言聖人之制法立行，不造制以己之所能。謂不將己之所能以爲制法，恐凡人不能行也。「使民有所勸勉愧耻，以行其言」者，既不制以己之所能，但制以中人之行，使得可行，則民有所自勸勉，不能者自懷愧耻。如此，則民得以行其聖人之言也。「衣服以移之」者，言聖人用中禮而作法，故制以禮、信、容貌，又用衣服移大之，使之尊嚴也。「朋友以極之」者，謂朋友相勸勵，以極致於道也。「欲民之有壹也」者，壹，謂專壹於善道。所以爲此教化者，欲使民人專心壹意於善道也。「《小雅》曰『不愧于人，不畏于天』」者，此《詩·何人斯》之篇，是蘇公刺責暴公，暴公讒譖於己，是不愧慚於人，不畏懼於天。引之者，言人之行，當須愧於人、畏於天也。「遂其辭，則實以君子之德」者，遂，猶成也。實，猶充也。言君子既成其文辭，則當充實之以君子之德也。「耻有其德而無其行」者，德在於内，行接於外。内既有德，當須以德行之於外，以接於人民。若有德無行，是君子所耻，故云「耻有其德而無其行」也。「《詩》云『惟鵜在梁，不濡其翼』」者，此《詩·曹風·候人》之篇，刺曹共公之詩。鵜是污澤也。言鵜在魚梁之上，能不濡濕其翼，以其爲善。猶如君子在朝，能稱可其服，亦爲善。「彼記之子，不稱其服」者，「記」是語辭。言彼曹朝小人之子，内無其德，不能稱可其在外之服。引之者，以前經言君子内外皆須相稱，故引此詩結之。**注**「鵜鵜」至「有德」 正義曰：「鵜，污澤」，《爾雅·釋鳥》文。郭景純云：「今之鵜鶘也，好群飛，沈於水食魚，故名洿澤，俗呼之爲淘河也。」云「以不濡污其翼爲才」者，言凡鳥居水中，必濡濕其翼。今鵜胡在水中，獨能不濡其翼，故爲才。案《詩》注云：「鵜鳥在梁，可謂不濡其翼乎？」❶言必濡其翼也。猶如小人

❶「案詩」至「翼乎」，案此所謂「詩注」云云，乃毛傳文，非鄭箋也。然則下文「與此乖者，注禮在前」云云，是孔氏誤以此「詩注」爲鄭箋也。

在位，必辱其職。與此乖者，注《禮》在前，注《詩》在後，故所注不同也。子言之：「君子之所謂義者，貴賤皆有事於天下。天子親耕，粢盛秬鬯，以事上帝，故諸侯勤以輔事於天子。」言無事而居位食禄，是不義而富且貴。子曰：「下之事上也，雖有庇民之大德，不敢有君民之心，仁之厚也。庇，覆也。無君民之心，是思不出其位。是故君子恭儉以求役仁，信讓以求役禮。不自尚其事，不自尊其身。儉於位而寡於欲，讓於賢，卑己而尊人，小心而畏義，求以事君。役之言爲也。求以事君者，欲成其忠臣之名也。得之自是，不得自是，以聽天命。言不易道徼禄利也。《詩》云：『莫莫葛藟，施于條枚。凱弟君子，求福不回。』凱，樂也。弟，易也。言樂易之君子，其求福脩德以俟之，不爲回邪之行以要之。如葛藟之延蔓於條枚，是其性也。其舜、禹、文王、周公之謂與？有君民之大德，有事君之小心。言此德當不回也。《詩》云：『惟此文王，小心翼翼，昭事上帝，聿懷多福。厥德不回，以受方國。』」昭，明也。上帝，天也。聿，述也。懷，至也。言述行上帝之德，以至於多福也。方，四方也。受四方之國，謂王天下。子曰：「先王謚以尊名，節以壹惠，恥名之浮於行也。謚者，行之迹也。名者，謂聲譽也。言先王論行以爲謚。以尊名者，使聲譽可得而尊言也。壹，讀爲「一」。惠，猶善也。言聲譽雖有衆多者，節以其行一大善者爲謚耳。在上曰浮。君子勤行成功，聲譽踰行，是所耻。是故君子不自大其事，不自尚其功，以求處情；過行弗率，以求處厚；彰人之善，而美人之功，以求下賢。率，循也。過行不復循行，猶不貳過。是故君子雖自卑而民敬尊之。」言謙者所以成行立德。子曰：「后稷，天下之爲烈也，豈一手一足哉！烈，業也。言后稷造稼穡，天下世以爲業。豈一手一足，喻用之者多，無數也。唯欲行之浮於名也，故自謂便人。」亦

言其謙也。辟仁聖之名，云「吾便習於此事之人耳」。❶

疏正義曰：此一節明天子以下，各有其事。又明舜、禹、文王、周公之德，皆能上事天帝，下庇四方。事異於上，故記者詳之，又稱「子言之」也。　「天子親耕，粢盛秬鬯，以事上帝」者，天子事上帝，諸侯事天子，是「貴賤皆有事於天下」。案《小宰》注云：「天地大神，至尊不裸。」此祭上帝有秬鬯者，凡鬯有二。若和之以鬱，謂之鬱鬯，鬱人所掌是也，祭宗廟而灌也。若不和鬱，謂之秬鬯，鬯人所掌是也。謂五齊之酒，以秬黍爲之，以芬芳調暢，故言秬鬯，故得以事上帝。《大宗伯》云「涖玉鬯」者，謂享大鬼也。《棫樸》詩云「奉璋峨峨」者，謂據祭宗廟也，故與此不同也。

「是故君子恭儉以求役仁」，君子，有仁德至誠之君子。言君子既有庇民大德，又自謙退，不敢有君民之心，是仁愛深厚。以此之故，君子恭敬節儉，以求施爲仁道也。役，爲也。言以此求施爲於仁道也。　「信讓以求役禮」者，謂信實退讓，以求施爲於禮也。　「得之自是，不得自是」者，得之，謂得利禄也。言雖得利禄，自行其爲是之道。若不得利禄，亦自行其爲是之道。言不問得之與失，恒行其是而不行非也。　「以聽天命」者，言不苟易其道也。　「《詩》云『莫莫葛藟，施于條枚』」者，此《詩・大雅・旱麓》之篇，美文王之詩。言文王之興，依約先祖，莫莫然如葛藟之蔓草延施于條枚之木，猶如子孫之興，亦由先祖而德盛也。　「凱弟君子，求福不回」者，凱，樂也。弟，易也。言大王、王季樂易之君子，求福不爲回邪之行。引之者，證君子以聽天命，雖求福禄，不爲邪僻之行。今以爲葛藟施於條枚，是其性也。君子求福，不爲回邪，亦是其性。引斷章取義，故與《詩》文不同也。「其舜、禹、文王、周公之謂與」者，此是凱弟君子，求福不回邪之謂與？❷以其雖有庇民之大德，恒有事君之小心，常能畏懼，是「不回」也。　「《詩》云『惟此文王，小心翼翼。昭事上帝，聿懷多福』」者，此《詩・大雅・大明》之篇，美文王之詩。言文王小心翼翼，以昭明道德尊事上帝。聿，述也。懷，至也。言文王述行上帝之德，以受衆多之福。「厥德不回，以受方國」者，其德不有回邪，故受四方衆國爲天子也。引之者，證上「求福不回」也。　「子曰：先王謚以尊名」　以前經論君子求福不回，此一節廣明君子名行相副，卑己尊人之義。　「謚以尊名」者，謚，謂謚號。

❶「吾」，阮本作「自」，余本同，閩、監、毛本同。

❷「謂」，原作「請」，據阮本改。

名，謂聲譽。言人身死之後，累列生時之行跡作謚號者，以尊敬生前之聲名，可得傳於後世。　「節以壹惠」者，言爲謚之時，善行雖多，但限節以一箇善惠以爲謚也。「耻名之浮於行也」者，所以善行既多，但取一事爲謚者，耻善名之多，浮過於行，恐行不副於名，所以減衆善之名，但取一事之善爲謚也。　「是故君子不自大其事，不自尚其功，以求處情」者，大，謂誇大。既不欲行過於名，故不自誇大其所爲之事，不自加尚其所爲之功名。所以不大尚者，以求處情實，不欲虚爲矯飾也。　「過行弗率，以求處厚」者，率，循也。若有過失之行，不復循而行之，即脩改以求處其仁厚之道，過失即改，是以求處其厚也。❶

注「壹讀」至「所耻」　正義曰：上「壹」是齊壹，下「一」是數之一二也。今經文爲大「壹」之字，鄭恐是均同之理，故讀爲小「一」，取一箇善名而爲謚耳。云「在上曰浮」者，言物在水上稱浮，如浮雲。云「君子勤行成功，聲譽踰行，是所耻」者，言君子之人，唯寢默勤行，成功不自彰伐，若使聲譽踰越於行，是君子所耻也。　「子曰『后稷，天下之爲烈也，豈一手一足哉』」，以上經「君子耻名浮於行」，故此經明后稷，證名不可過行也。言后稷雖有大業，不自謂聖人，而稱「便人」。「后稷，天下之爲烈」者，言后稷周之始祖，有播殖之功。烈，業也。言天下之人，並將爲業。「豈一手一足哉」者，言后稷之功，豈止一人之手，一人之足而用之哉！言用之者多，天下皆是也。「唯欲行之浮於名也，故自謂便人」者，言后稷唯欲得實行過於虚名，故自謂「便於稼穡之人」，❷不自謂己之仁聖也。

禮記正義卷第六十一

❶「是」，阮本無「是」字，閩、監、毛本同。

❷「故」，「故」上原有「分」字，據阮本删。

禮記正義卷第六十二

國子祭酒上護軍曲阜縣開國子臣孔穎達等奉勅撰

子言之：「君子之所謂仁者，其難乎！《詩》云：『凱弟君子，民之父母。』凱以彊教之，弟以説安之。樂而毋荒，有禮而親，威莊而安，孝慈而敬，使民有父之尊，有母之親。如此而后可以爲民父母矣，非至德其孰能如此乎？有父之尊，有母之親，謂其尊親己如父母。今父之親子也，親賢而下無能；母之親子也，賢則親之，無能則憐之。母親而不尊，父尊而不親。水之於民也，親而不尊，火尊而不親。土之於民也，親而不尊，天尊而不親。命之於民也，親而不尊，鬼尊而不親。」或見尊，或見親，以其嚴與恩所尚異也。命，謂四時政令，所以教民勤事也。鬼，謂四時祭祀，所以訓民事君也。

疏正義曰：此以下至「不勝其文」，更廣明仁道，又顯尊親之異，并論虞、夏、商、周質文不等。今各隨文解之。

「仁者，其難乎」，言行仁之道，其甚難乎！爲之不易。

「《詩》云『凱弟君子，民之父母』」者，言仁道爲難。若有仁行，可以爲民之父母。此《詩·大雅·泂酌》之篇，戒成王之詩也。凱，樂也。弟，易也。言使民樂易之君子，則得爲民之父母。言不易也。

「凱以彊教之，弟以説安之」，孔子既引《詩》，又釋「凱弟」之義。凱，樂也。言君子初以仁政化下，使人樂仰，自彊不息，是「凱以彊教之」。弟，謂遜弟。言以遜弟之道下化於民，民皆説豫而康安，是「弟以説安之」也。

「樂而毋荒，有禮而親」者，樂失於荒，禮失於疏。言明君教下，爲樂而毋荒，有禮而相親也。「威莊而安，孝慈而敬」者，凡矜莊者，失在危懼；孝慈者，失在慢易。今明君臨下，威嚴矜莊而民安也，孝順慈愛而民敬也。

「使民有父之尊，有母之親」者，以有威莊，故有父之尊，言尊之如父。以有孝慈，故有母之親，言親之如母也。「非至德其孰能如此乎」者，言若非至德之君，其誰能使民如此！言仁道難也。「今父」至「不親」此明尊、親之異，父母不同。「今父之親子也，親賢而下無能」者，言父之於子，若見賢者則親愛之，若見無能者則下賤之。以父立於義，分別善惡也。「母之親子也，賢則親之，無能則憐之」者，言母之於子，見賢則親愛之，見其子無能則憐愛之。母以恩愛，不能分別善惡故也。「水之於民也，親而不尊」者，水沐浴，人多用，故親而不尊。「火尊而不親」者，火須離之，近則傷害人，不須輕近，故尊而不親。「土之於民也，親而不尊」者，土能生物，載養於人，是親也。於人爲近，人所居處，遂不尊也。「天尊而不親」者，天有雷霆日月，震耀殺戮，是尊也。而體高遠，是不親也。「命之於民也，親而不尊」者，謂人君教命，隨四時以教於人，欲人生厚，是親也。附近於民，使民勤事，是不尊。「鬼尊而不親」者，鬼，謂鬼神。神道嚴敬，降人禍福，是尊也；人神道隔，無形可見，是不親也。

子曰：「夏道尊命，事鬼敬神而遠之，近人而忠焉，先祿而後威，先賞而後罰，親而不尊；遠鬼神、近人，謂外宗廟，內朝廷。其民之敝，惷而愚，喬而野，朴而不文。以本不困於刑罰，少詐諼也。敝，謂政教衰失之時也。

疏 正義曰：此一節明夏道親而不尊之義。「夏道尊命」，言夏之爲政之道，尊重四時政教之命，使人勸事樂功也。「事鬼敬神而遠之，近人而忠焉」者，宗廟在外，是「遠鬼神」也。朝廷在內，是「近人」也。以忠恕養於民，是「忠焉」也。所爲如此，是親而不尊也。「其民之敝，惷而愚」者，敝，謂其後世政教衰敗時。夏家後世政教敗時，民皆惷愚。所以然者，昔時恒先祿後罰，則民皆承寬裕，無澆詭也。情既不澆詭，至於衰末，猶不知避嚴刑峻法，如惷愚也。「喬而野」者，亦因昔時寬裕忠恕，至末世，民猶驕野如淳朴之時也。「朴而不文」者，淳時民皆質朴，不競文華，至亂時，猶承奉之亦然也。

注「以本不困於刑罰，少詐諼也」正義曰：以夏尚仁恩，其民不困苦於刑罰。及其衰末，猶有先世遺風，少有詐僞諼妄。《爾雅》訓云：❶「萲、諼，忘也。」則「忘」字「亡」下著「心」。今與「詐」相對，則諼是詐

---

❶「爾雅訓」，阮校引孫志祖云：「此《爾雅·釋訓》文，『訓』上當有『釋』字。」

之義，當「亾」下著「女」也。殷人尊神，率民以事神，先鬼而後禮，先罰而後賞，尊而不親；先鬼後禮，謂内宗廟，外朝廷也。禮者，君臣朝會，凡以摯交接相施予。其民之敝，蕩而不静，勝而無恥。以本忕於鬼神虚無之事，令其心放蕩無所定，困於刑罰，苟勝免而無恥也。《月令》曰：「無作淫巧，以蕩上心。」疏此一節明殷代尊而不親之事。尚虚無之事，故「率民以事神」。「先罰而後賞」者，案襄二十六年《左傳》云：「賞以春夏，刑以秋冬。」又《月令》云春夏行賞，秋冬行刑。與此違者，彼謂王者大體，一歲之中，法天道生殺，故春夏賞，秋冬刑。此《記》所云，謂賞罰同時所行。夏則先賞後罰，殷則先罰後賞。「其民之敝，蕩而不静」者，以其本尚虚無之事，尊敬鬼神，至其末世敝失，其民放蕩，不能安静也。「勝而無恥」者，由本困於刑罰，但得苟勝，無以慚恥。注「先鬼而後禮，謂内宗廟，外朝廷也」 正義曰：以夏、周人敬鬼神而遠之，近人而忠焉，外宗廟，内朝廷。以此反之，則殷人先鬼後禮，是「内宗廟，外朝廷也」。注「以本忕於鬼神虚無之事，令其心放蕩無所定」 正義曰：忕，串也，習也。貴尚習鬼神，鬼神無體，故云「虚無之事」。以爲事不在實，故心放蕩，無所定也。周人尊禮尚施，事鬼敬神而遠之，近人而忠焉，其賞罰用爵列，親而不尊；賞罰用爵列，以尊卑爲差。其民之敝，利而巧，文而不慚，賊而蔽。」以本數交接以言辭，尊卑多獄訟。疏此明周代親而不尊之事。「尊禮尚施」者，謂尊重禮之往來之法，貴尚施惠之事也。「其賞罰用爵列」者，既不先賞後罰，亦不先罰後賞，唯用爵列尊卑，或賞或罰也。「其民之敝，利而巧，文而不慚」者，以其尚禮，本數交接往來，故便利機巧，多文辭而無慚愧之心也。「賊而蔽」者，以本爲治之時，上下有序。至其敝末，❶尊卑錯失，爲饒獄訟，共相賊害而困蔽。以其禮失於煩，故致然也。夏道尊命，至殷人尊神，周人尊禮，三代所尊不同者，案《元命包》云：「三王有失，故立三教以相變。夏人之立教以忠，其失野，故救野莫若敬。殷人之立教以敬，其失鬼，救鬼莫若文。周人之立教以文，其失蕩，故救蕩莫若忠。如此循環，周則復始，窮則相承。」此亦三王之道，故三代不同也。子曰：「夏道未

❶「敝」，阮校云：「監、毛本作『蔽』。」

瀆辭，不求備，不大望於民，民未厭其親。殷人未瀆禮，而求備於民。周人彊民，未瀆神，而賞爵刑罰窮矣。」❶未瀆辭者，謂時王不尚辭，民不褻爲也。不求備，不大望，言其政寬，貢税輕也。彊民，言承殷難變之敝也。賞爵刑罰窮矣，言其繁文備設。

疏上明三代親尊有異，此經更明三代治民有異之事。　「未瀆辭」者，瀆，謂褻瀆。辭，謂言辭。夏時爲政之道，未褻瀆於言辭。君既不尚辭，民亦不爲，故言「未瀆辭」。夏言「未瀆辭」，則殷瀆辭也。「不求備，不大望於民」者，求備，謂每事徵求，皆令備足。大望，謂賦税既重，大所責望於民。夏代不然，故云「不求備，不大望於民」也。　「民未厭其親」者，以上「不求備，不大望於民」，民無困苦，故未厭其上下相親之心也。　「殷人未瀆禮，而求備於民」者，以殷承夏後，雖已褻瀆言辭，仍未褻瀆於禮。言君臣上下，於禮事簡略，不褻瀆也。殷言「未瀆禮」，則周瀆禮矣。　「而求備於民」者，言殷不如夏寬，每事求備於民，亦大望於民也。　「周人彊民」，以周承殷後，遭紂衰亂，風俗頑凶，故周人設教，彊勸人以禮義，亦比夏、殷多此一句也。　「未瀆神」者，言周治太平之時，雖已瀆於禮，猶未褻瀆鬼神。祭天地宗廟諸神，尚有時限，未褻瀆也。則周衰之後而瀆神也。　「而賞爵刑罰窮矣」者，以周人貴禮，禮尚往來交接，故賞爵刑罰之事，窮極煩多。

子曰：「虞、夏之道，寡怨於民。殷、周之道，不勝其敝。」勝，猶任也。言殷、周極文，民無恥而巧利，後世之政難復。

子曰：「虞、夏之質，殷、周之文，至矣！言後有王者，其作質、文，不能易之。虞、夏之文，不勝其質。殷、周之質，不勝其文。」言王者相變，質文各有所多。

疏此一節揔明虞、夏、商、周四代質文之異。　「虞、夏之道，寡怨於民」，以其政寬，故寡怨於民。言民怨尚少。　「殷、周之道，不勝其敝」者，以殷、周文煩，失在苛碎，故其民不堪勝敝敗也。不言「無怨」而言「寡怨於民」者，天地之大，猶有所憾，如冬寒夏雨，民猶怨之；如聖人之德，無善不包，人猶怨之。是不備也，如舜「寡怨於民」也。　「子曰：虞、夏之質，殷、周之文，至矣」者，至，謂至極也。言虞、夏爲質，

❶「爵」，原作「罰」，據《唐石經》及余本、撫本、岳本、阮本改。

殷、周爲文，並已至極矣，縱令後王爲質，不能過於虞、夏，後王爲文，亦不能過於殷、周，是至極矣。　「虞、夏之文，不勝其質」者，言虞、夏之時，雖有其文，但文少而質多，故文不勝於質。「殷、周之質，不勝其文」者，言殷、周雖有其質，亦質少而文多，故「不勝其文」。然案《三正記》云：「文質載而復始，則虞質夏文，殷質周文。」而云「虞、夏之質，殷、周之文」者，夏家雖文，比殷家之文猶質；殷家雖質，比夏家之質猶文。❶故夏雖有文，同虞之質；殷雖有質，同周之文。

子言之曰：「後世雖有作者，虞帝弗可及也已矣！　君天下，生無私，死不厚其子；子民如父母，有憯怛之愛，有忠利之教；親而尊，安而敬，威而愛，富而有禮，惠而能散；其君子尊仁畏義，恥費輕實，忠而不犯，義而順，文而静，寬而有辨。死不厚其子，言既不傳位，又無以豐饒於諸臣也。恥費，不爲辭費出空言也。實，謂財貨也。辨，别也，猶「寬而栗」也。静，或爲「情」。《甫刑》曰：『德威惟威，德明惟明。』非虞帝，其孰能如此乎？」德所威，則人皆畏之，言服罪也。德所明，則人皆尊寵之，言得人也。

疏 正義曰：以上經論虞、夏、商、周，此特明虞帝之美。「已矣」者，言後世之君，雖有作其善政者，而比於虞帝，不可齊及之也。　「君天下，生無私」者，明虞帝之德，後世雖作，不可及。❷言舜爲天下，序爵必以德，而不用私也。「死不厚其子」者，厚，謂豐厚。既不傳位，又不以財物豐厚於其子，故云「不厚其子」。子，謂商均也。　「子民如父母」者，子，謂子愛。於民如父母愛子也。　「有憯怛之愛」者，言愛民之志，有悽憯惻怛。言舜天性自仁，故憐愛於人。「有忠利之教」者，言有忠恕利益之教也。　「親而尊」者，有母之親，有父之尊。　「安而敬」者，體安而能敬。敬，即前「威莊而安」也。　「威而愛」者，有威而又有愛也。　「富而有禮」者，富有四海而不驕，是有禮也。「惠而能散」者，施惠得所，爲能散也。　「其君子尊仁畏義」者，其君子，謂虞朝之臣也。君聖臣賢，是由舜而得然也。若民有仁者則尊之，有義者則畏之。　「恥費輕實」

❶「猶文」下，原衍「於夏」二字，據殿本、庫本删。
❷「明虞帝之德後世雖作不可及」，此十二字當在上文「比於虞帝，不可齊及之也」句下。

者，費，辭費也。言而不行，謂之辭費也。言必履而行之，是恥於辭費也。「輕實」者，實，財貨也。貴人而賤禄，是輕財也。「忠而不犯」者，盡心於君，是其忠也。無違政教，是不犯也。「義而順」者，至極君臣之義而不悖德，是「義而順」也。「文而静」者，臣皆有文章而又清静。「寬而有辨」者，辨，别也。臣下効舜之寬容，治政不慢而有分别也。「《甫刑》曰『德威惟威，德明惟明』」，引之者，所以結舜德也。下「威」訓畏，下「明」訓尊。言舜之道德欲威懼於人，則在下之民惟畏懼之，故云「德威惟威」。「德明惟明」者，謂舜以德標明善人，惟能得善人，惟天下之人皆所以尊重之。「非虞帝，其孰能如此乎」者，如上之事，不是虞帝，其誰人能得如此乎？❶案今《尚書》之篇，以明堯德而云「虞帝」者，言虞帝亦能如是，且記者斷章而爲義也。

子言之：「事君先資其言，拜自獻其身，以成其信。資，謀也。獻，猶進也。言臣事君，必先謀定其言，乃後親進爲君言也。是故君有責於其臣，臣有死於其言。故其受禄不誣，其受罪益寡。」死其言者，竭力於其所言之事，死而不負於事。不信曰誣。

疏 正義曰：此一節至「辭欲巧」，廣明君子事君之道，又明君子爲行，須内外相副。今各隨文解之。「事君先資其言」者，言臣欲見君，必須先謀度其言，言定然後見也。「拜自獻其身」者，獻，進也。爲謀既定，乃拜見自進其身也。「以成其信」者，謂先謀後見，成其言之信實。「是故君有責於臣，臣有死於其言」者，以其先謀，乃可見君，故君有責於其臣，臣當竭力守節，死於其所言也。「故其受禄不誣，其受罪益寡」者，以其言善乃受禄，是受禄不誣罔也。順死其言，以竭臣力，是受罪益寡少也。

子曰：「事君，大言入則望大利，小言入則望小利。大言可以立大事也，小言可以立小事也。入，謂君受之。利，禄賞也。入，或爲「人」。故君子不以小言受大禄，不以大言受小禄。言臣受禄，各用其德能也。《易》曰：『不家食，吉。』」此《大畜·象辭》也。《象》曰：「『不家食，吉』，養賢也。」言君有大畜積，不與家食之而已，必以禄賢者。賢有大小，禄有多少。

疏 此一節廣明事君之道，依言大小

❶「如」，原作「知」，據阮本改。

而受禄。「大言入則望大利」者，入，猶受也。利，禄也。大言，謂立大事之言，進入於君，君所受納，如此乃望大禄。「小言入則望小利」者，小言，謂立小事之言。小言進入受於君，則唯望小利也。「故君子不以小言受大禄，不以大言受小禄」，言臣禄各以其德能相稱。若小言受大禄則臣濫，若大言受小禄則君重財而薄德也。「《易》曰『不家食，吉』」，此《大畜·卦辭》也。案《易·大畜》「利貞；不家食，吉；利涉大川」。「不家食，吉」者，言君有大畜積，不唯與家人食之而已，當與賢人食之，故得吉。此《大畜》，《乾》下《艮》上之卦。注云：「自九三至上九，有《頤》象居外，是不家食吉，而養賢。」引之者，證君有禄而養賢，賢有大小，故禄亦有多少。子曰：「事君不下達，不尚辭，非其人弗自。不下達，不以私事自通於君也。不尚辭，不多出浮華之言也。弗自，不身與相親。《小雅》曰：『靖共爾位，正直是與。神之聽之，式穀以女。』」靖，治也。爾，女也。式，用也。穀，禄也。言敬治女位之職事，正直之人乃與爲倫友，神聽女之所爲，用禄與女。【疏】此一節廣明臣之事君，當以正直之道。「不下達」者，不以在下細碎小事通達於君。「不尚辭」者，不貴尚浮華之言辭。「非其人弗自」者，非其好人，不身自與之相親。「《小雅》曰『靖共爾位，正直是與』」此《詩·小雅·小明》之篇，刺幽王之詩。大夫悔仕亂世，戒其未仕者。云「靖共爾位」，靖，謀也。共，具也。言明君靖謀共具爾之爵位，有正直之德者於是與也。「神之聽之，式穀以女」者，式，用也。穀，善也。以，用也。言神明聽聆女德，君若用其善人則當用女也。詩之本文如此。今記者斷章爲義，證明非善人不得與之相親。靖，治也。爾，女也。言爲臣之道，治理恭敬女之職位，若見正直善人，於是與之爲朋友。如此則神明聽聆女之所爲，穀，禄也，用此福禄以與女也。子曰：「事君遠而諫，則讇也；近而不諫，則尸利也。」尸，謂不知人事，無辭讓也。子曰：「邇臣守和，宰正百官，大臣慮四方。」邇，近也。和，謂調和君事者也。齊景公曰：「唯據與我和。」宰，冢宰也。冢宰主治百官。子曰：「事君欲諫不欲陳。陳，謂言其過於外也。《詩》云：『心乎愛矣，瑕不謂矣。中心藏之，何日忘之！』」瑕之言胡也。謂，猶告也。**疏**此一節明臣事君諫諍之道。「遠而諫，則讇也」者，若與君疏遠，彊欲諫諍，則是讇佞之人，望欲自達也。「近而不諫，則尸利也」者，若親近於君而不諫，則似如尸之受利禄也。祭祀之尸，無言辭而受享祭時，猶似近臣不諫。不知人事，無辭讓之心，如尸之受利然也。「子曰『邇臣守和』」者，邇，近也。和，謂調和。言親近之臣，獻可替否，毗輔贊助於君，守其調和之事也。「宰正百官」者，宰，謂冢宰，正治百官。「大臣慮四方」者，謂二伯、州牧之等，謀慮四方。此大臣亦兼冢宰，但冢宰居於中，故言「正百官」耳。「《詩》云『心乎愛矣，瑕不謂矣』」，此《小雅·隰桑》之篇，刺幽王之詩。君子在野，詩人念之，云心乎愛此君子矣，瑕，遠也；謂，勤也，言念此君子遠離此不勤乎？言近於勤矣，終當念之。「中心藏之，何日忘之」者，藏，善也。言中心善此君子，何日忘此君子矣。《詩》之本文如此。今記人所引，此云心乎愛此君子矣。瑕之言胡，胡，何也。謂，猶告也。言何不以事告諫於君矣。「中心藏之」，與《詩》文同。王肅以爲「藏，善」，鄭亦然也。皇氏以爲「人臣中心包藏君惡，不欲鄉人陳之」，非其義也。凡諫者，若常諫之時，天子諍臣七人，諸侯五人，大夫三人。唯大臣得諫。若歲初，則貴賤皆得諫也。故襄十四年《左傳》師曠對晉侯云：「自王以下，各有父兄子弟以補察其政。史爲書，瞽爲詩，工誦箴諫，大夫規誨，士傳言，庶人謗，商旅于市，百工獻藝。」《國語》又云：「天子聽政，公卿至於列士獻詩，瞽獻曲，史獻書，師箴，瞍賦，矇誦，百工諫，庶人傳語，近臣盡規。」此皆孟春之月，上下皆諫。故《傳》引《夏書》曰「每歲孟春，遒人以木鐸徇於路」是也。

子曰：「事君難進而易退，則位有序；易進而難退，則亂也。亂，謂賢否不別。故君子三揖而進，一辭而退，以遠亂也。」進難者，爲主人之擇己也。退速者，爲君子之倦也。

子曰：「事君三違而不出竟，則利禄也。人雖曰不要，吾弗信也。」違，猶去也。利禄，言爲貪禄留也。臣以道去君，至於三而不遂去，是貪禄，必以其彊與君要也。

子曰：「事君慎始而敬終。」輕交易絶，君子所恥。

子曰：「事君可貴可賤，可富可貧，可生可殺，而不可使爲亂。」亂，謂違廢事君之禮。

疏此明臣事君亦當使賢與不賢分別之事。「難進」，謂君擇己。「易退」，謂君厭己。「則位有序」者，謂賢愚別也。「則亂」者，謂賢愚不別也。「子曰『事君慎始而敬終』」者，慎，謂謹慎以盡忠，是「慎始」也。終，謂終竟擇善爲朋友。「子曰『事君可貴可賤』」者，言事君可使之貴，可使之賤，可使之富，可使之貧，可使之生，可使之死，但不可使爲亂也。亂，謂廢事君之禮也。熊氏以爲「可殺」者，謂「臣可殺君」，引《春秋》「殺君，稱君，君無道」，此非辭也。

子曰：「事君，軍旅不辟難，朝廷不辭賤。言尚忠且謙也。處其位而不履其事，則亂也。履，猶行也。故君使其臣，得志則慎慮而從之，否則孰慮而從之，終事而退，臣之厚也。使，謂使之聘問、師役之屬也。慎慮而從之者，❶此己志也，欲其必有成也。否，謂非己志也。孰慮而從之，又計於己利害也。終事而退，非己志者，事成則去也。事，或爲「身」。《易》曰：『不事王侯，高尚其事。』」言臣致仕而去，不復事君也。君猶高尚其所爲之事，言尊大其成功也。

疏此廣明爲臣事君之禮。

「軍旅不辟難」者，謂使之在軍旅之中，不辟危亡之難也。「朝廷不辭賤」者，謂在朝廷之中，不得辭其卑賤之所也。「處其位而不履其事，則亂也」，履，行也。謂臣處其位而不行其事，則近亂也。「故君使其臣，得志則慎慮而從之」者，既必無辟，故有此以下事也。使之，謂聘問、師役之事。得志，謂君使臣，當己才。雖當己才，猶宜謹慎思慮，從君之命而行之，必使成功也。「否則孰慮而從之」者，否，謂君所使之事，非己本才也。雖非己本才，而君命無擇，則彌孰思慮而從行之。「終事而退」者，終事，謂事畢也。既本非己才而幸得終竟，竟即辭而退也。「臣之厚也」者，得志及不得志，並從而無違，是臣行之篤厚也。「《易》曰『不事王侯，高尚其事』」者，此《易·蠱卦》上九爻辭。案《易·蠱卦》，《巽》下《艮》上。上九《艮》爻，《艮》爲山，辰在戌，得《乾》氣父老之象，是臣之致事也，故「不事王侯」。是不得事君，君猶高尚其所爲之事。引之者，證臣之事君，終事而退，是臣之厚重也。

注「使謂」至「去也」 正義曰：知「使，謂聘問、師役」者，以經云「慎慮而從之」，又云「孰慮而從之」，謂隨從其事，故知出使在外也。云「慎慮而從之者，此己志也，欲其必有成也」者，所以謹慎思慮而從就此事者，是己之思慮所

❶「者」，原作「有」，據余本、撫本、岳本、阮本改。

及，欲其必有成功，故須慎慮也。云「否，謂非己志也。孰慮而從之，又計於己利害也」者，謂此事非本己志，當孰須思慮，計謀此事於我己身利之與害。若於己爲利，當勤力爲之；若於己害，亦須爲之，不得辭也。云「終事而退，非己志者，事成則去也」者，若元是己志，其事雖成，猶須爲之，不可即退；若此事元非己志，爲君暫使己，事成之後，則當退也。

子曰：「唯天子受命于天，士受命于君。言皆有所受，不敢專也。唯，當爲「雖」，字之誤也。故君命順則臣有順命，君命逆則臣有逆命。言臣受順則行順，受逆則行逆，如其所受於君，則爲君不易矣。《詩》曰：『鶉之姜姜，鵲之賁賁。人之無良，我以爲君。』」姜姜、賁賁，爭鬭惡貌也。良，善也。言我以惡人爲君，亦使我惡，如大鳥姜姜於上，小鳥賁賁於下。

疏此節明臣事君不敢專輒，又明君之出命不可不慎。❶爲與上更端，故言「子曰」。「唯天子受命於天」者，唯，當爲「雖」。雖天子之尊，不敢自專，猶須受命於天然後行也。「《詩》曰『鶉之姜姜』」者，此《詩·鄘風·鶉之奔奔》篇，刺宣姜之詩。其詩之意，以宣姜通於公子頑，母與子淫，鶉鵲之不若，故刺之云：鵲自匹偶姜姜然，鶉自匹偶賁賁然，各當有匹。今宣姜與公子頑私通，不如鶉鵲也。「人之無良，我以爲君」者，人，謂宣姜，無良善之行，我君惠公反以此爲小君。此經引《詩》斷章，言君有逆命，似大鳥姜姜爭鬭於上，小鳥賁賁亦爭鬭於下。謂君無良善，我等萬民以惡人爲君也。

子曰：「君子不以辭盡人。不見人之言語則以爲善。言其餘行，或時惡也。故天下有道，則行有枝葉；天下無道，則辭有枝葉。行有枝葉，所以益德也。言有枝葉，是衆虚華也。枝葉依幹而生，言行亦由禮出。是故君子於有喪者之側，不能賻焉，則不問其所費；於有病者之側，不能饋焉，則不問其所欲；有客不能館，則不問其所舍。皆辟有言而無其實。故君子之接如水，小人之接如醴。君子淡以成，小人甘以壞。水相得，合而已。酒醴相得則敗。淡，無酸酢，少味也。接，或爲「交」。

❶「之」字原重，據阮本删其一。

《小雅》曰：『盜言孔甘，亂是用餤。』」盜，賊也。孔，甚也。餤，進也。疏前明事君之道，此明君子之行，不可虛用其辭。以事殊於上，故言「子曰」。「君子不以辭盡人」者，言君子與人之交，必須驗行，不得以其言辭之善，則謂行之盡善。或發言善而行惡也。「故天下有道，則行有枝葉」者，言有道之世，則依禮所行，外餘有美好，猶如樹幹之外更有枝葉也。「天下無道，則辭有枝葉」者，無道之世，人皆無禮，行不誠實，但言辭虛美，如樹幹之外而更有枝葉也。「是故君子於有喪者之側，不能賻焉，則不問其所費」者，此經皆有言無實，戒其不得虛言也。「君子之接如水」者，言君子相接，不用虛言，如兩水相交，尋合而已。「小人之接如醴」者，小人以虛辭相飾，如似兩醴相合，必致敗壞。「君子淡以成，小人甘以壞」者，水相合爲江、河，酒醴相合而久，乃敗壞也。「《小雅》曰『盜言孔甘，亂是用餤』」者，此《巧言》之篇，刺幽王之詩。孔，甚也。餤，進也。言盜賊小人，其言甚美，幽王信之，禍亂用是進益。引之者，證「小人甘以壞」。

子曰：「君子不以口譽人，則民作忠。譽，繩也。故君子問人之寒則衣之，問人之飢則食之，稱人之美則爵之。皆爲有言不可以無實。《國風》曰：『心之憂矣，於我歸說。』」欲歸其所說忠信之人也。疏以前經君子不用虛言，故此經明言當以實。其事稍殊，故言「子曰」。注「譽，繩也」 正義曰：言繩可以度量於物，凡口譽於人，先須忖度，亦量之於心，故以譽爲繩也。案莊十四年《左傳》云：「蔡侯繩息嬀以語楚子。」杜注云：「繩，譽也。」繩既訓爲譽，譽亦訓繩，鄭注以爲此解。「《國風》曰『心之憂矣，於我歸說』」者，此《曹風·蜉蝣》之篇，刺曹君之詩。言曹君好絜其衣服，不脩政事，國將滅亡，故賢臣之心憂矣。說，舍也。國既滅亡，於我之身，何所歸舍？此則引《詩》斷章，故義不與《詩》相當。言虛華之人心憂矣，我今歸此所說忠信之人。引之者，證疾其虛言也。

子曰：「口惠而實不至，怨菑及其身。善言而無信，人所惡也。是故君子與其有諸責也，寧有已怨。已，謂不許也。言諸而不與，其怨大於不許。《國風》曰：『言笑晏晏，信誓旦旦。不思其反，反是不思，亦已焉哉！』」此皆相與爲昏禮而不終也。言始合會，言笑和説，要誓甚信。今不思其本恩之反覆，反覆之不思，亦已焉哉，無如此人何！怨之深也。疏正義曰：前經明其言當實，此明言若不實，則怨及身。「口惠而實不至」者，言口施恩惠於人，而實行不至，人則怨之，故言「怨菑及其身」也。「是故君子與其有諾責也」者，諾，謂許人之物。責，謂許而不與而被責。若其有物許人，不與被責也。「寧有已怨」者，已，謂休已。寧可有發初休已不許而被怨。許而不與，其責大。發初不與，其責小。「《國風》曰『言笑晏晏，信誓旦旦』」者，《衛風·氓》之篇也。婦人被男子所誘，在後色衰見棄，追恨男子，云初時與我言笑晏晏然和悦也，信其言誓旦旦然，相思懇誠也。「不思其反」者，謂今男子不思念其本恩之反覆。是男子不思之事如此，則無如之何，「亦已焉哉」，言恨之甚也。引者，證許而不與，被人所怨也。

子曰：「君子不以色親人。情疏而貌親，在小人則穿窬之盜也與？」子曰：「情欲信，辭欲巧。」❶巧，謂順而説也。疏此明更申以情行相副，故稱「子曰」。「君子不以色親人」者，謂不以虚僞善色詐親於人也。「在小人則穿窬之盜也與」，言情疏貌親而心不愨實，恒畏於人，譬之於細小人，則穿窬之盜也。許慎《説文》云：「穿窬者，外貌爲好而内懷姦盜。」❷似此情疏貌親之人，外内乖異，故云「穿窬之盜也與」？「子曰『情欲信，辭欲巧』」者，既稱「情疏而貌親」，故更明情貌信實，所以重言之也。「辭欲巧」者，言君子情貌欲得信實，言辭欲得和順美巧，不違逆於理，與「巧言令色」者異也。

子言之：「昔三代明王，皆事天地之神明，無非卜筮之用，不敢以其私褻事上帝。言動任卜筮也。神明，謂群神也。❸是故不犯日月，不違卜筮。日月，謂冬夏至、正月及四時也。所不違者，日與牲、尸也。卜、筮不相襲也。襲，因也。大事則卜，小事則筮。大事有

---

❶ 「辭欲巧」，陳澔《禮記集説》：「巧，當作『考』，即《曲禮》『則古昔，稱先王』之謂也。否則爲無稽之言矣。」虞萬里《初探》云：「從經義角度著眼，當解爲『考』爲妥。」

❷ 「許慎」至「姦盜」，桂馥《説文解字義證》「窬」字下云：「案本書無此文，或出《淮南》注。」

❸ 「神」，原作「臣」，據余本、撫本、岳本、阮本改。

時日，大事，有事於大神，有常時常日也。小事無時日，有筮。有事於小神，無常時常日。有筮，臨有事筮之。外事用剛日，内事用柔日。順陰陽也。陽爲外，陰爲内。事之外内，别乎四郊。不違龜筮。」子曰：「牲牷、禮樂、齊盛，是以無害乎鬼神，無怨乎百姓。」牷，猶純也。疏正義曰：此以下至於篇末，揔明卜筮之用。各隨文解之。「昔三代明王」者，謂夏、殷、周。「皆事天地之神明」者，謂祭事天地及諸神明也。「無非卜筮之用」者，言皆須卜筮。唯九月大享帝於明堂不用卜也。故《曲禮下篇》云：「大饗不問卜。」鄭云：「莫適卜也。」以其揔饗五帝，不知主何帝而卜之，故不卜矣。所以必須卜者，不敢以其私褻奉事上帝，故皆卜之也。「子曰『牲牷、禮樂、齊盛，是以無害乎鬼神，無怨乎百姓』」者，以其事上帝神明，不敢自專，皆依卜筮，動合於禮，故夫子揔更結之：牲牷之等，禮樂之儔，粢盛之實，皆不違龜筮，是以此等所用，無虧害於鬼神，無見怨於百姓。以其「無非卜筮之用」，動順於禮故也。注「日月」至「尸也」 正義曰：冬至，謂祭圓丘。夏至，謂祭方澤。正月，謂祭感生之帝，及四時迎氣用四時之吉日也。知冬夏及四時皆卜者，案《大宰》云：「祀五帝，帥執事而卜日。」鄭注云：「五帝，謂四郊及明堂。」是四郊有卜也。《大宰》又云：「祀大神，祭大示，亦如之。」大神，則冬至祭圓丘。大示，則夏至祭方澤。案《公羊》、《穀梁》，魯郊，《傳》云「卜三正」，則知天子郊用夏正亦卜之，故知冬夏至、正月及四時皆卜日也。然明堂「不問卜」，而注《大宰》「祀五帝卜日」云「四郊及明堂」者，廣解五帝所在，其實祀明堂不卜也。案《周禮》，祀宗廟亦卜日。注不言「宗廟」者，以經云「事上帝」，故唯解祭天之時。云「不違者，日與牲、尸」者，案僖三十一年《左傳》云：「禮，不卜常祀，而卜其牲、日。」是有卜牲、日也。案《特牲》、《少牢》云大夫士「筮尸」，則天子、諸侯有卜尸也。注「大事則卜，小事則筮」 正義曰：此解經「卜、筮不相襲」之事。既大事卜，小事筮，是二者不相因襲也。此大事，謂征伐、出師及巡守也。其實是中事，對小事爲大耳。「小事則筮」者，若《周禮·簭人》有「九簭」，筮更、筮咸之屬是也。此與《曲禮》文同而注異者，各隨文勢也。注「大事，有事於大神，有常時常日也」 正義曰：既有常時常日而用卜者，亦不敢專也。❶

❶ 「亦」，浦鏜校云當作「示」，疑是。

故《曲禮》篇云：「日而行事，則必踐之。」又《祭統》云：❶「雖有明知之心，必進斷其志。」是雖有常日，猶用卜也。

注「有事於小神，無常時常日。有筮，臨有事筮之」　正義曰：此經皆論祭祀之事，故解小事云「有事於小神」，❷其實《周禮》小事非唯小祀而已。既云「小事用筮」，而《大卜》云「凡小事，涖卜」者，彼謂大事中之小事，非此之小事也。

注「事之外内，别乎四郊」　正義曰：先師以爲，祭天而用辛，雖外用柔日；祭社用甲，雖内用剛日：殊别於四郊之祭。以言用剛柔之日，不可與四郊同。其餘他事，今謂「事之外内，别乎四郊」者，謂四郊之外爲外事，若「甲午祠兵」、「吉日庚午，既差我馬」之屬是也。四郊之内爲内事，若「郊之用辛」及宗廟《少牢》用「丁亥」之屬是也。故言「别於四郊」。外内别，謂限别以四郊爲限。

子曰：「后稷之祀易富也。其辭恭，其欲儉，其禄及子孫。富之言備也。以傳世之禄，共儉者之祭，易備也。《詩》曰：『后稷兆祀，庶無罪悔，以迄于今。』」兆，四郊之祭處也。迄，至也。言祀后稷於郊以配天，庶幾其無罪悔乎！福禄傳世，乃至於今。

疏以前經明不違卜筮，動合神明。故此經明后稷祭祀，福流後世，以證成其義。　「后稷之祀易富也」者，富，備也。后稷乃帝嚳之子，世有禄位。后稷又祭祀恭儉，以世禄之饒，供儉薄之祭，故易豐備也。　「其禄及子孫」者，以后稷祭祀，其辭恭敬，其欲節儉，神之降福，故禄及子孫。「《詩》曰『后稷兆祀』」者，是《大雅·生民》之篇，美成王尊祖配天。所以尊后稷配天者，以后稷生存之時，於四郊之兆域祭祀於天，而事皆合禮，庶幾無罪過悔恨，故迄至於今文、武之時，而王有天下。

子曰：「大人之器威敬。言其用之尊嚴。天子無筮，謂征伐出師若巡守也。天子至尊，大事皆用卜也。《春秋傳》曰：「先王卜征五年，歲襲其祥。」　諸侯有守筮。守筮，守國之筮，國有事則用之。天子道以筮。始將出，卜之。道有小事，則用筮。　諸侯非其國不以筮，卜宅寢室。入他國則不筮，不敢問吉凶於人之國也。諸侯受封乎天子，因國而國，唯宫室欲改易者得卜之耳。　天子不卜處大廟。」卜可建國之處吉，則宫廟吉可知。　子曰：

❶「祭統云」，案下引文乃《祭義》文，「統」當「義」之誤。
❷「有」下原衍「小」字，據注删。

「君子敬則用祭器。謂朝聘待賓客崇敬，不敢用燕器也。是以不廢日月，不違龜筮，以敬事其君長。用龜筮，問所貢獻也。是以上不瀆於民，下不褻於上。」言上之於下以直，則下應之以正，不褻慢也。疏以上經明在國內事上帝神明及國內諸事，無非卜筮之用。此一節更明天子、諸侯用卜筮有出行之義。「大人之器威敬」者，大人，謂天子。所主之器，當威嚴敬重，不可私褻於小事雜用也。饗時則用，燕則不用也。「天子無筮」，天子既尊，重於征伐出師若巡守之大事，皆用卜，無用筮也。「諸侯有守筮」者，諸侯卑於天子，有守國之筮。謂在國居守，有事而用筮。「天子道以筮」者，天子在國，既皆用卜，若出行於道路之上，臨時有小事之時，則唯用筮也。「諸侯非其國不以筮」者，諸侯降於天子，若出行於外，非其國境，不用筮也。以其不敢問吉凶於人之國。筮尚不用，卜不用可知也。「卜宅寢室」者，謂諸侯既受天子所封，不敢卜其所建之國以否。但建國已後，宅及寢室須欲改易者，得卜之，故曰「卜宅寢室」。「天子不卜處大廟」者，以建國之時，揔卜其吉，不特更卜處大廟所在，❶以其吉可知。「子曰『君子敬則用祭器』」者，猶事稍異於上，故更稱「子曰」。「敬則用祭器」者，言慎重其大事，心有恭敬，則用祭器。言慎重其事也。「是以不廢日月」者，揔明朝聘之時，依其日月。「不違龜筮」者，謂貢獻之物，必先卜筮而來。「以敬事其君長」者，所以朝聘之時必須如此者，以恭敬事其君長，不敢褻瀆故也。君，謂天子。言「長」者，兼諸侯相朝，小國之於大國也。「是以上不瀆於民」，其上爲此相敬，不褻瀆於民。言以直道接民。「下不褻於上」者，謂以正事上，不褻慢也。注「謂征」至「其祥」 正義曰：知「征伐出師及巡守」者，以前云「外事用剛日，內事用柔日」，據在國諸事。今此云「無筮」，又云「天子道以筮」，又云「諸侯非其國不以筮」，皆據將欲出行及在道之事，故知此節以下，不與上同，是將出行。下云「天子道以筮」，此云「無筮」，是未在道也，故知「征伐出師若巡守」欲發時也。云「天子至尊，大事皆用卜也」者，謂不徒用筮而已，兼用卜也。此云「無筮」，無徒筮耳，不謂全無筮也。故《簭人》云：「國之大事，先簭而後卜。」出師、巡守，皆大事者也。所引《春秋傳》者，襄十三年《左傳》文。案襄十一年，鄭先

❶「特」，阮本作「待」，殿本、庫本同。

屬於楚，今楚弱，鄭又被晉收屬於晉，鄭使良霄、石㚟告絶於楚，楚人執之。故謂楚人云「先王卜征五年」，謂將欲巡守，預前五年，每歲卜之。云「歲襲其祥」者，襲，重也。謂歲歲恒吉，重其吉祥，而後始行。若不吉，則更增脩其德。欲令楚脩德，引者，證巡守須卜也。注「守筮，守國之筮」正義曰：此諸侯守國筮者，非寢室改易之屬，則唯用筮也。若寢室亦用卜，故下云「卜宅寢室」。然此節皆明將行及出國之義，而云「守筮」及「卜宅寢室」，及「不卜處大廟」，皆言國中之事者，此舉國中以明在外，外内相明也。注「諸侯受封乎天子，因國而國」正義曰：此諸侯初受封之時不卜者，以天子因先王舊國而今封諸侯，不須卜也。若天子初建國，則卜之。故下注云「卜可建國之處」，是不因先王舊國也。注「謂朝聘待賓客崇敬，不敢用燕器也」正義曰：但此章據出行朝聘之事，故以朝聘解之，則上文「非其國不以筮」，是出外行也。其實昏冠亦不用燕器也，用祭器也。故《左傳》稱魯襄公冠，季武子云：「君冠，必以祼享之禮行之，以金石之樂節之。」是用祭器也。注「用龜筮，問所貢獻也」正義曰：鄭以「天子無筮」以下論出行在外之事，故解此「不違龜筮」謂所問貢獻之物也。前章云「不違龜筮」，謂在國所卜諸事也。

緇衣第三十三

正義曰：案鄭《目録》云：「名曰《緇衣》者，善其好賢者厚也。《緇衣》，《鄭詩》也。其詩曰：『緇衣之宜兮，敝，予又改爲兮。適子之館兮，還，予授子之粲兮。』粲，餐也。設餐以授之，愛之欲飲食之。言緇衣之賢者，居朝廷宜其服也。我欲就爲改制其衣，反欲與之新衣，厚之而無已。此於《別録》屬《通論》。」

子言之曰：「爲上易事也，爲下易知也，則刑不煩矣。」❶言君不苛虐，臣無姦心，則刑可以措。疏正義曰：此篇凡二十四章，❷唯此云「子言之

❶「子言之曰」至「則刑不煩矣」，《郭店楚墓竹簡》的《緇衣》篇（簡稱《郭店簡》）和《上海博物館藏戰國楚竹書》（一）的《緇衣》篇（簡稱《上博簡》），均無此章。

❷「此篇凡二十四章」，按：今本《緇衣》篇實有二十五章。

曰」，餘二十三章，皆云「子曰」。以篇首，宜異故也。「爲上易事」者，❶爲上，謂君。君上以正理御物，則臣事之易也。「爲下易知也」者，爲下，謂臣。臣下無姦詐，則君知其情易也。「則刑不煩矣」者，君易事，臣易知，故刑辟息止，不煩動矣。然此篇題《緇衣》而入文不先云「緇衣」者，欲見君明臣賢如此，後乃可服緇衣也。子曰：❷「好賢如《緇衣》，❸惡惡如《巷伯》，❹則爵不瀆而民作愿，刑不試而民咸服。❺《緇衣》、《巷伯》，皆《詩》篇名也。《緇衣》首章曰：「緇衣之宜兮，敝，予又改爲兮。適子之館兮，還，予授子之粲兮。」言此衣緇衣者，賢者也，宜長爲國君。其衣敝，我願改制，授之以新衣。是其好賢，欲其貴之甚也。《巷伯》六章曰：「取彼譖人，投畀豺虎。豺虎不食，投畀有北。有北不受，投畀有昊。」此其惡惡，欲其死亡之甚也。爵不瀆者，不輕爵人也。試，用也。咸，皆也。《大雅》曰：❻『儀刑文王，萬國作孚。』」❼刑，法也。孚，信也。儀法文王之德而行之，則天下無不爲信者也。文王爲政，克明德慎罰。**疏**正義曰：此一節明好賢惡惡，賞罰得中，則爲民下所信。「好賢如《緇衣》」者，緇衣，朝服也。諸侯視朝之服，緇衣素裳。鄭桓公、武公父子並爲周司徒，❽善於其職，鄭人善之，願君久留鄭國，服此緇衣。衣服敗破，則又作新衣以授之。故以歌此詩，是好賢之詩也。詩人以《緇衣》爲《鄭風》之首，故云「好賢如《緇衣》也」。「惡惡如《巷伯》」者，《巷伯》，亦《詩》篇名也。巷伯是奄人，爲王后

❶「者」，阮校云：「惠棟校宋本『者』上有『也』字，是也。」

❷「子曰」，《郭店簡》作「夫子曰」。又，此今本第二章，《郭店簡》、《上博簡》爲第一章。

❸「好賢如緇衣」，《郭店簡》、《上博簡》作「好媺如好緇衣」。虞萬里《上博館藏楚竹書緇衣綜合研究》（簡稱《研究》）：「下『好』字之有無，與句意無涉。」

❹「惡惡如巷伯」，《郭店簡》、《上博簡》「如」下有「惡」字。虞萬里《研究》：「『惡』字有無，似與文義無涉。」

❺「則爵不瀆而民作愿刑不試而民咸服」，《郭店簡》作「則民咸服而刑不屯」，《上博簡》同，唯「屯」作「刡」。按：屯，通「春」，通「蠢」，動也。

❻「大雅」，《郭店簡》、《上博簡》作「詩」。

❼「國」，《郭店簡》、《上博簡》作「邦」，與今傳本《毛詩》合。

❽「桓公武公」原作「武公桓公」，據浦鏜校及下文乙正。

宫巷官之長，故爲巷伯也。幽王信讒，寺人傷讒而懼讒及己，故作詩以疾讒也。其詩云：「取彼讒人，投畀豺虎。豺虎不食，投畀有北。有北不受，投畀有昊。」是惡讒人之甚，故云「惡惡如《巷伯》」也。 「則爵不瀆而民作愿」者，此解「好賢」也。瀆，濫也。愿，慤也。君若好賢如《緇衣》，則爵不濫而民皆謹慤也。 「刑不試而民咸服」者，此解「惡惡」也。試，用也。言君惡惡如《巷伯》，則刑措而不用，民皆服從。 「《大雅》云『儀刑文王，萬國作孚』」者，此《大雅·文王》之篇，諫成王之詩。❶儀，象也。刑，法也。孚，信也。言成王但象法文王之德而行之，則天下萬國，無不爲信也。言皆信敬之，故云「萬國作孚」。猶文王明德慎罰，爲民所敬信。引之者，證上「爵不瀆，刑不試」也。 **注**「緇衣」至「甚也」 正義曰：《緇衣》者，《詩·鄭風》美鄭桓公、武公詩也。《巷伯》，刺幽王之詩也。故云「皆《詩》篇名」。云「緇衣之宜兮」者，言桓公、武公，並皆有德，堪爲國君。國人願之，言德宜著此緇衣，破敝，我又欲改更爲新衣。云「適子之館兮」者，鄭人云，桓公、武公既爲卿士，適子之館舍兮，謂鄉卿士治事館舍。云「還，予授子之粲兮」者，從館舍迴還，來鄉本國，我即授子以粲餐兮也。鄭人愛桓公、武公之甚矣，是好賢也。緇衣者，諸侯朝服。故《論語》云：「緇衣羔裘。」注云：「諸侯之朝服。其服，緇布衣而素裳，緇帶素韠。」故《士冠禮》云：「主人玄冠朝服，緇帶素韠。」注云：「朝服者，十五升布衣而素裳也。衣不言色者，衣與冠同也。」知「朝服十五升」者，《雜記》文。知用布者，《雜記》云：「朝服十五升，去其半而緦。」故知布也。知素裳者，以《冠禮》云「素韠」，韠從裳色，故知裳亦素也。若士之助祭者，則韠用緇，不與裳同色。熊氏云：「玄冠，用黑繒爲之。」其義未甚明也。

子曰：❷「夫民，❸教之以德，齊之以禮，則民有格心；❹教之以政，齊之以刑，則民有遯

❶「詩」，原作「辭」，據衛氏《集説》改。

❷「子曰」，此今本第二章，《郭店簡》、《上博簡》爲第十二章。

❸「夫民」，《郭店簡》、《上博簡》作「長民者」，義勝。

❹「格」，《郭店簡》作「懽」。裘錫圭按：「懽，也有可能讀爲『勸』。勸，勉也。」《上博簡》作「呈」，其義待考。

心。❶格，來也。遯，逃也。故君民者子以愛之，❷則民親之；❸信以結之，則民不倍；恭以涖之，則民有孫心。❹涖，臨也。孫，順也。《甫刑》曰：❺『苗民匪用命，❻制以刑，惟作五虐之刑曰法。』是以民有惡德，而遂絶其世也。」❼《甫刑》，《尚書》篇名。匪，非也。命，謂政令也。高辛氏之末，諸侯有三苗者作亂，其治民不用政令，專制御之以嚴刑，乃作五虐蚩尤之刑，以是爲法。於是民皆爲惡，起倍畔也。三苗由此見滅，無後世。由不任德。

疏正義曰：此一節明教民以德不以刑也。「則民有格心」者，格，來也。君若教民以德，整民以禮，則民有歸上之心。故《論語》云：「有恥且格。」「《甫刑》曰『苗民匪用命』」者，此《尚書·吕刑》之篇也。甫侯爲穆王説刑，故稱《甫刑》。匪，非也。言「苗民匪用命」者，命，謂政令，言苗民爲君，非用政令以教於下。「制以刑」者，言制御於下以嚴刑。「唯作五虐之刑曰法」者，言唯作蚩尤五種虐刑，自謂爲法。「是以民有惡德」者，以此之故，民皆有怨惡之德，起倍叛之心。「遂絶其世也」者，言三苗不任德，遂被誅而絶其世也。**注**「甫刑」至「任德」 正義曰：此《甫刑》，《尚書·吕刑》也。而稱《甫刑》者，案《孝經序》

❶「遯」，《郭店簡》作「⿱亠⿱从子」，待考。《上博簡》作「免」，陳佩芬云：「『遯』『免』義近。」

❷「君民者」，《郭店簡》、《上博簡》無「君民者」三字，虞萬里《研究》：「此因前文簡本作『長民者』，有領導民衆之義。而傳本只作『夫民』，使整句失去主語，故於此補『君民者』三字以照管前後。」

❸「親之」，《郭店簡》、《上博簡》作「有親」，虞萬里《研究》：「『有親』與『親之』，義相近。」

❹「孫」，《郭店簡》、《上博簡》釋文作「遜」。

❺「甫刑曰」，《郭店簡》、《上博簡》作「吕刑云」。又，此句上，《郭店簡》、《上博簡》有「詩云：『吾大夫恭且儉，靡人不斂。』」三句。（「吾大夫恭且儉」，據裘錫圭説；「靡人不斂」，據李零《郭店楚簡校讀記》説。）

❻「命」，《郭店簡》作「臸」，《上博簡》作「需」。虞萬里《研究》：「臸，廖明春早已認其爲『至』之繁文，並證其義爲『善』。需，唐石經及今本作『靈』。《上博簡》之『需』，與《吕刑》諸本合，可證此句文義應定在『善』義上。從知鄭玄訓『命』爲『政令也』，似欠妥。」

❼「是以民有惡德而遂絶其世也」，《郭店簡》、《上博簡》均無此十二字。

云：「春秋有吕國而無甫侯。」但《孝經序》未知是鄭作以否。案春秋實無甫侯。《國語》云：「申、吕雖衰，齊、許猶在。」又云：「齊、許、申、吕，皆由大姜。」然則吕即甫也。案孔注《尚書》「吕侯後爲甫侯」，故穆王時謂之吕侯，周宣王及平王之時爲甫侯。故《詩・崧高》云「生甫及申」，謂宣王時也；《揚之水》「不與我戍甫」，謂平王時也，則孔氏義爲是，鄭或同之。云「高辛氏之末，諸侯有三苗者作亂」，案鄭注《吕刑》云：「苗民，謂九黎之君也。九黎之君，於少昊氏衰而棄善道，上效蚩尤重刑。必變『九黎』言『苗民』者，有苗，九黎之後，顓頊代少昊，誅九黎，分流其子孫，爲居於西裔者三苗。❶至高辛之衰，又復九黎之君惡，堯興，又誅之。堯末，又在朝。舜時，又竄之。後王深惡此族三生凶惡，故著其氏而謂之民。民者，冥也，言未見仁道。」以此言之，三苗是九黎之後，九黎於少昊之末而爲亂，三苗於高辛氏之末又爲亂，故此注云「高辛」。以《吕刑》於此「苗民」之下云「皇帝清問下民」，又云「乃命三后」，三后，謂伯夷之等，故以皇帝爲帝堯，又以苗民爲高辛氏之末也。鄭以九黎爲苗民先祖，但上學蚩尤之惡，非蚩尤子孫。孔注《尚書》，以爲九黎即蚩尤也，三苗則非九黎之子孫，與鄭異。子曰：❷「下之事上也，不從其所令，❸從其所行。❹言民化行，不拘於言。上好是物，下必有甚者矣。❺甚者，甚於君也。故上之所好惡，不可不慎也，是民之表也。❻言民之從君，如景逐表。子曰：❼「禹立三年，百

❶「三苗」，孫詒讓《校記》云：「『三苗』，《吕刑》疏作『三國』，於義爲長。此孔所改。」

❷「子曰」，此今本第四章，《郭店簡》、《上博簡》爲第八章。

❸「所令」，《郭店簡》、《上博簡》作「所以命」。按：《郭店簡・尊德義》云：「下之事上也，不從其所命。」然則「以」字可有可無。

❹「從」上，《郭店簡》、《上博簡》有「而」字。

❺「甚」下，《郭店簡》有「安」字，其注釋云：「安，用法同『焉』。」《上博簡》此句殘缺。

❻「是民之表」，《郭店簡》、《上博簡》無「是」字。「表」，《郭店簡》作「菄」，李零《郭店楚簡校讀記》云：「應釋『蔈』或『標』，簡文用爲『表』。」《上博簡》作「菄」，李零《上博楚簡校讀記(二)》：「應釋『標』，讀爲『表』。」

❼「子曰」，此今本第五章，《郭店簡》、《上博簡》爲第七章。

姓以仁遂焉，❶豈必盡仁？言百姓傚禹爲仁，非本性能仁也。遂，猶達也。《詩》云：『赫赫師尹，民具爾瞻。』❷《甫刑》曰：『一人有慶，兆民賴之。』❸《大雅》曰：『成王之孚，下土之式。』」❹皆言化君也。孚，信也。式，法也。疏正義曰：此一節申明上文，以君者民之儀表，不可不慎，故此兼言上有其善，則下賴之。「百姓以仁遂焉」者，遂，達也。言禹立三年，百姓悉行仁道，達於外內，故云「百姓以仁遂焉」。「豈必盡仁」者，言禹之百姓，豈必本性盡有仁道？秖由禹之所化，故此禹立三年，則百姓盡行仁道。《論語》稱「如有王者，必世而後仁」者，禹承堯、舜禪代之後，其民易化。《論語》所稱者，謂承離亂之後，故必世乃後仁。是以注《論語》云：「周道至美，武王伐紂，至成王乃致太平，由承殷紂敝化之後故也。」「《詩》云『赫赫師尹，民具爾瞻』」者，此《小雅·節南山》之篇，刺幽王之詩。言幽王之時，尹氏爲大師，爲政不平，故詩人刺之云：赫赫然顯盛之師尹者，民具爾瞻，視上之所爲。引者，證民之法則於上。「《甫刑》曰『一人有慶，兆民賴之』」者，慶，善也。一人，謂天子也。天子有善行，民皆蒙賴之。引者，證上有善行，賴及於下。「《大雅》曰『成王之孚，下土之式』」者，是《大雅·下武》之篇，美武王之詩。孚，信也。言武王成就王道之信者，故爲下土法。引之者，證君有善，與下爲法式也。子曰：❺「上好仁，則下之爲仁爭先人。❻故長民者章志、貞教、尊仁，❼

❶「遂」，《郭店簡》作「道」，《上博簡》作「⿰幸頁」。虞萬里《研究》云：「鄭玄注『遂』字云：『遂猶達也。』《郭店簡》作『道』，《說文》『一達謂之道』，與傳本字異而義合。《上傳簡》字形左邊亦類『㚔』，故亦有可能爲『達』之誤字。唯無實據，只能存疑。」又，「焉」字，《郭店簡》、《上博簡》均無。

❷「詩云赫赫師尹民具爾瞻」，此十字，《郭店簡》、《上博簡》在第八章（今本第四章）「民之表也」之後，是。

❸「兆民」，《郭店簡》、《上博簡》作「萬民」。

❹「大雅」，《郭店簡》、《上博簡》作「詩」。又，《郭店簡》引《詩》在上文《甫刑》之前。《上博簡》引《詩》有殘缺，但引《詩》位置與《郭店簡》同。

❺「子曰」，此今本第六章，《郭店簡》、《上博簡》亦爲第六章。

❻「爭先人」，《郭店簡》、《上博簡》作「也爭先」。虞萬里《研究》：「『爭先人』之『人』，劉信芳、涂宗流、劉祖信諸人均以爲衍，近是。」

❼「貞教尊仁」，此四字，《郭店簡》、《上博簡》均無。

以子愛百姓；❶民致行己，❷以説其上矣。章，明也。貞，正也。民致行己者，民之行，皆盡己心。也。《詩》云：『有梏德行，四國順之。』」梏，大也，直也。

疏 正義曰：此一節贊結上經在上行仁之事。「則下之爲仁争先人」者，言上若好仁，則下皆爲仁，争欲先他人。　「故長民者章志、貞教、尊仁，以子愛百姓」者，章，明也。貞，正也。言尊長於人爲君者，當須章明己志，爲貞正之教，尊敬仁道，以子愛百姓也。　「民致行己，以説其上矣」者，言上能化下如此，則在下之人，致盡行己之意，以説樂其上矣。　「《詩》云『有梏德行，四國順之』」，此《詩·大雅·抑》之篇，刺厲王之詩也。梏，大也。言賢者有大德行，四國從之。引者，證上有其德，下所從也。

子曰：❸「王言如絲，其出如綸；❹王言如綸，❺其出如綍。❻言言出彌大也。綸，今有秩、嗇夫所佩也。綍，引棺索也。　故大人不倡游言。❼游，猶浮也，不可用之言也。可言也，不可行，君子弗言也；可行也，不可言，君子弗行也。❽則民言不危行，而行不危言矣。❾危，猶高也。言不高於行，行不高於言，言行相應也。　《詩》云：『淑

---

❶「以子愛」，《郭店簡》、《上博簡》作「以昭」。按：昭，示也。

❷「民致」，《郭店簡》、《上博簡》「民」上有「則」字，「致」作「至」。

❸「子曰」，此今本第七章。此章之「故大人不倡游言」句之前，是《郭店簡》、《上博簡》之第十四章，之後是《郭店簡》、《上博簡》之第十五章。

❹「綸」，《郭店簡》、《上博簡》作「緍」。

❺「綸」，《郭店簡》、《上博簡》作「索」。

❻「綍」，《郭店簡》作「緯」。《郭店簡》注釋：「緯，借作『紼』。今本作『綍』。裘按：『紼』、『綍』二字，字書以爲一字異體。」《上博簡》殘缺。

❼「游言」，《郭店簡》「游」作「流」，無「言」字。又，此句下，《郭店簡》有「詩云誓爾出話敬爾威儀」十字。《上博簡》殘缺，僅有「敬爾威儀」四字。此十字，今本錯簡在第八章。

❽「可言也不可行君子弗言也可行也不可言君子弗行也」，文中四「也」字，《郭店簡》、《上博簡》均無。又，此段文字上，《郭店簡》、《上博簡》有「子曰」二字，蓋爲一章之始。

❾「而行不危言矣」，《郭店簡》、《上博簡》無「而」字，無「矣」字。

慎爾止，不諐于儀。』」淑，善也。諐，過也。言善慎女之容止，不可過於禮之威儀也。疏正義曰：此一節明王者出言，下所傚之，其事漸大，不可不慎。意與前經同也。 「王言如絲，其出如綸」者，王言初出，微細如絲。及其出行於外，言更漸大，如似綸也。言綸麤於絲。「王言如綸，其出如綍」者，亦言漸大，出如綍也。綍又大於綸。「故大人不倡游言」者，游言，謂浮游虚漫之言，不可依用。出言則民皆師法，故尊大之人，不倡道此游言，恐人依象之。「可言也，不可行，君子弗言也」，謂口可言說，力不能行，則君子不言也。若「有客不能館，則不問其所舍」之類是也。「可行也，不可言，君子弗行也」，熊氏云：「可行，謂君子賢人可行此事，但不可言説爲凡人作法。如此之事，則君子不當行。若曾子有母之喪，『水漿不入於口七日』，不可言説以爲法，故子思非之。是君子不行也。」 「則民言不危行，而行不危言矣」者，危，高也。如此化民，則民言行相應，言不高於行，行不高於言。「《詩》云『淑慎爾止，不諐于儀』」者，此《大雅·抑》之篇，刺厲王之詩。淑，善也。諐，過也。言爲君之法，當善謹慎女之容止，不諐過於禮之容儀。言當守道以自居。引者，證言行不可過也。注「綸，今有秩、嗇夫所佩也」正義曰：案《漢書·百官公卿大夫表》云：「十里一亭，十亭一鄉。鄉有三老、有秩、嗇夫、有遊徼。三老掌教化，嗇夫掌獄訟，遊徼掌禁盗賊。」故《漢書》云：「張敞以鄉有秩補大守卒史。」又云：「朱邑爲桐鄉嗇夫。」又《續漢書·百官志》云：❶「鄉置有秩、三老、遊徼。有秩，郡所署，❷秩百石。❸其鄉小者，縣所署嗇夫。」❹案此則有秩、嗇夫職同，但隨鄉大小，故名異耳。名雖異，其所佩則同。張華云：「綸如宛轉繩。」

子曰：❺「君子道人以言，而禁人以行。❻禁，猶謹也。故言必慮其所

❶「志」，原作「表」，據阮校引惠棟校改。

❷「署」，原作「置」，據《續漢書·百官志》改。

❸「石」，原作「户」，據《續漢書·百官志》改。

❹「縣所署嗇夫」，案《續漢書·百官志》作「縣置嗇夫一人」。

❺「子曰」，此今本第八章，《郭店簡》、《上博簡》爲第十六章。

❻「禁人」，《郭店簡》無「人」字，「禁」作「⿱亙止」，其注釋云：「其上部爲《説文》『恆』之古文，疑讀作『恆』。」虞萬里《研究》：「《郭店簡》字形雖不見《説文》，然其從『止』，乃不爭之事實。『止』與傳本之『禁』義相通，此又毋庸置疑。退而論之，即使兩字無直接聲韻關係，其意義相同，亦無礙其互爲異文。」

終，❶而行必稽其所敝，❷則民謹於言而慎於行。❸稽，猶考也，議也。《詩》云：『慎爾出話，敬爾威儀。』❹話，善言也。《大雅》曰：『穆穆文王，於緝熙敬止！』」❺緝、熙，皆明也。言於明明乎敬其容止。疏正義曰：此一節亦贊明前經言行之事。「道人以言」者，在上君子，誘道在下以善言，使言有信也。「而禁人以行」者，禁，猶謹也。言禁約謹慎人以行，使「行顧言」也。「故言必慮其所終」者，謂初出言之時，必思慮其此言得終末可恒行以否。「而行必稽其所敝」者，稽，考也。言欲行之時，必須先考校此行至終敝之時無損壞以否。「《詩》云『慎爾出話，敬爾威儀』」者，此《大雅·抑》之篇，刺厲王也。話，善言也。爾，汝也。謹慎爾之所出之善言，以爲政教，故恭敬爾之威儀。❻言必爲人所法則。引證言慮其所終。「《大雅》云『穆穆文王，於緝熙敬止』」者，此《大雅·文王》之篇，美文王之詩。言穆穆然美者乃是文王。於，謂嗚呼。緝、熙，皆光明也。言文王之德，嗚呼！光明乎！又敬其容止。引者，證在上當敬其言行也。子曰：❼「長民者衣服不貳，❽從容有常，以齊其民，❾則民德壹。貳，不壹也。《詩》云：『彼都人士，狐裘黃黃。❿其容

❶「必」，《郭店簡》、《上博簡》作「則」。

❷「而行必」，《郭店簡》、《上博簡》無「而」字，「必」作「則」。

❸「則民謹於言而慎於行」，《郭店簡》、《上博簡》作「則民慎於言而謹於行」。

❹「詩云慎爾出話敬爾威儀」，此十字蓋今本錯簡在此，《郭店簡》、《上博簡》在第十四章，是。

❺「於緝熙敬止」，《郭店簡》同，《上博簡》作「於幾義之」。虞萬里《研究》：「李家浩謂《郭店簡》『幾』字乃『𢆶』與『臣』兩字之合文，讀爲『緝熙』。裘錫圭以爲『義』爲『敬』字之誤摹。」然則，是同於今本與《郭店簡》也。

❻「故」，衛氏《集説》無「故」字。

❼「子曰」，此今本第九章，《郭店簡》、《上博簡》亦爲第九章。

❽「貳」，《郭店簡》、《上博簡》作「改」。

❾「以齊其民」，《郭店簡》、《上博簡》無此四字。

❿「彼都人士狐裘黃黃」，《郭店簡》、《上博簡》無此八字。

不改，出言有章。❶行歸于周，❷萬民所望。』」❸黄衣則狐裘，大蜡之服也。詩人見而説焉。章，文章也。忠信爲周。此詩毛氏有之，三家則亡。**疏**正義曰：「從容有常」者，從容，謂舉動有其常度。「則民德壹」者，壹，謂齊壹。則萬人之德皆齊壹，不參差。「《詩》云『彼都人士』」者，此《小雅·都人士》之篇，刺幽王之詩。幽王之時，君臣衣服無常，故詩人引彼明王之時，都邑之人有士行者，服此狐裘黄黄然。「行歸于周，萬民所望」者，周，謂忠信。言都人之士，行歸忠信，萬民所以瞻望，以法則之。**注**「黄衣則狐裘，大蜡之服也」正義曰：《郊特牲》云：「黄衣黄冠而祭，息田夫也。」此云「黄衣」，故云「大蜡之服」。《論語》云「黄衣狐裘」，故狐裘則黄衣也。案《詩》注云「狐裘，取温裕而已」，不云「大蜡」，此云「蜡」者，以正衣解之。詩謂庶人有士行，非關蜡祭之事，故爲温裕也。子曰：❹「爲上可望而知也，爲下可述而志也，❺則君不疑於其臣，❻而臣不惑於

---

❶「出言有章」，《郭店簡》作「出言有ㄱ」，《上博簡》殘缺，僅有「出言」二字。ㄱ，《郭店簡》注釋云：「疑爲字之未寫全者。」虞萬里《研究》：「筆者認爲此爲『人』字。『人』即『仁』。『仁』、『信』相諧，古音皆在真部。」虞氏不僅論證了「出言有仁」與上下文的文義關係，而且以小窺大，闢專章討論此詩，句句徵實，竊以爲其結論近是。

❷「行歸于周」，《郭店簡》、《上博簡》無此四字。

❸「萬民所望」，《郭店簡》作「利民所信」，《上博簡》殘缺，僅有「所信」二字。按：利，通「黎」。「信」與上文「仁」韻。簡文引《詩》，不唯與今本不合，且與《詩·都人士》亦不合，學者多以今本《毛詩》繩簡文引《詩》，自然難免扞格不入。而虞萬里認爲「簡本所引與《毛詩》首章似爲同一首詩之不同章節」，持此而入，則怡然理順矣。詳《研究》之第十一章。

❹「子曰」，此今本第十章，《郭店簡》、《上博簡》爲第三章。

❺「述而志」，《郭店簡》作「頪而筡」，《上博簡》作「槙而峕」。裘錫圭按：「(郭店)簡文讀爲『類而等之』，於義可通，似不必從今本改讀。」「槙而峕」，李零《上博楚簡校讀記(二)》釋作「述而志」。虞萬里從裘錫圭説，並據賈誼《新書》所引，認爲「可證傳本『述而志』確爲傳抄之譌」，詳《研究》。

❻「於」，《郭店簡》、《上博簡》無「於」字。

其君矣。❶志，猶知也。《尹吉》曰：❷『惟尹躬及湯，❸咸有壹德。』吉，當爲「告」。告，古文「誥」字之誤也。《尹告》，伊尹之誥也，《書序》以爲《咸有壹德》，今亡。咸，皆也。君臣皆有壹德不貳，則無疑惑也。《詩》云：『淑人君子，其儀不忒。』」❹疏正義曰：「爲上可望而知也」者，謂貌不藏情，可望見其貌，則知其情。「爲下可述而志也」，志，知也。爲臣下率誠奉上，❺其行可述敘而知。「《尹吉》曰『惟尹躬及湯，咸有壹德』」者，吉，當爲「告」，是伊尹誥大甲，故稱《尹誥》，則《咸有一德》篇是也。言惟尹躬身與成湯，皆有純壹之德。引者，證上君臣不相疑惑。「《詩》云『淑人君子，其儀不忒』」者，此《詩·曹風·鳲鳩》之篇，刺曹君之詩。言善人君子，其儀不有差忒。引者，證壹德之義。子曰：❻「有國者章善瘴惡，❼以示民厚，則民情不貳。❽章，明也。瘴，病也。《詩》云：『靖共爾位，好是正直。』」疏正義曰：「章善瘴惡」者，章，明也。瘴，病也。言爲國者有善以賞章明之，有惡則以刑瘴病之也。「《詩》云『靖共爾位，好是正直』」者，此《詩·小雅·小明》之篇，刺幽王之詩也。言大夫悔仕亂世，告語未仕之人，言更待明君，靖謀共具爾之禄位，愛好正直之人，然後事之也。引之者，證上「民情不貳」，爲正直之行。

❶「而臣不惑於其君矣」，《郭店簡》、《上博簡》作「臣不惑於君」。

❷「尹吉」，《郭店簡》、《上博簡》作「尹誥」，與鄭注合。

❸「尹躬」，《郭店簡》、《上博簡》釋文作「伊尹」。裘錫圭按語讀作「尹允」，以爲「躬」可能是訛字。「湯」，《郭店簡》同，《上博簡》作「康」，其注釋云：「『康』、『湯』經籍通用。」

❹「詩云淑人君子其儀不忒」，此十字，《郭店簡》、《上博簡》在「尹吉曰」之前。

❺「爲」，衛氏《集説》作「謂」。

❻「子曰」，此今本第十一章，《郭店簡》、《上博簡》爲第二章。

❼「章善瘴惡」，《郭店簡》、《上博簡》作「章好章惡」。「善」，《唐石經》及余本、撫本、岳本、阮本作「義」。

❽「貳」，《郭店簡》作「紑」，《上博簡》作「弋」。裘錫圭按云：「『貳』，《釋文》所據本作『忒』，簡本『紑』字亦當讀爲『忒』。」「弋」，虞萬里《研究》亦讀作「忒」，云：「宋元之學者多以『疑貳』釋之，欠妥。」

子曰：❶「上人疑則百姓惑，下難知則君長勞。難知，有姦心也。故君民者章好以示民俗，❷慎惡以御民之淫，❸則民不惑矣。❹淫，貪侈也。《孝經》曰：「示之以好惡而民知禁。」臣儀行，不重辭，不援其所不及，不煩其所不知，❺則君不勞矣。❻儀，當爲「義」，聲之誤也。言臣義事君則行也。重，猶尚也。援，猶引也。引君所不及，謂必使其君所行如堯、舜也。不煩以其所不知，謂必使其知慮如聖人也。凡告喻人，當隨其才以誘之。《詩》云：❼『上帝板板，下民卒癉。』❽上帝，喻君也。板板，辟也。卒，盡也。癉，病也。此君使民惑之詩。《小雅》曰：❾『匪其止共，惟王之邛。』」❿匪，非也。邛，勞也。言臣不止於恭敬其職，惟使王之勞。此臣使君勞之詩也。疏正義曰：此一節申明上經，君臣各以情相示，則君之與臣，各得其所。

「上人疑」者，謂在上之君多有疑二，則在下百姓有疑惑也。

「下難知則君長勞」者，若在下之人，心懷欺詐，難知其心，則在上君長，治之勞苦。「故君民者章好以示民俗，慎惡以御民之淫，則民不惑

---

❶「子曰」，此今本第十二章，《郭店簡》、《上博簡》爲第四章。

❷「俗」，《郭店簡》作「忩」，讀作「欲」；《上博簡》作「谷」，李零《上博楚簡校讀記(二)》亦讀作「欲」。《郭店簡》注釋云：「今本作『俗』，似誤。」

❸「慎惡以御民之淫」，「慎」，《郭店簡》、李零《上博楚簡校讀記(二)》據隸定作「謹」；「御」，李零《上博楚簡校讀記(二)》同，《郭店簡》裘錫圭按釋作「渫」，《説文》：「渫，除去也。」學者於裘説尚有異議，待考。「之」字，《郭店簡》、《上博簡》無。

❹「矣」，《郭店簡》、《上博簡》無「矣」字。

❺「臣儀」至「不知」凡十八字，《郭店簡》、《上博簡》作「臣事君言其所不能不詞其所能」十三字，出入較大。詞，裘錫圭按云：「似應讀爲辭讓之『辭』。今本有『不重辭』之語，蓋以『辭』爲『言辭』，亦非。」李零《上博楚簡校讀記(二)》亦隸定作「辭」。

❻「矣」，《郭店簡》、《上博簡》無「矣」字。

❼「詩」，《郭店簡》、《上博簡》作「大頣」。「頣」，《郭店簡》注釋云：「在此借作『雅』。」

❽「癉」，《郭店簡》作「疸」，《上博簡》殘缺。

❾「曰」，《郭店簡》作「員(云)」，《上博簡》殘缺。

❿「匪其止共惟王之邛」，《郭店簡》作「非其止之共唯王邛」，《上博簡》殘缺，僅有後四字「隹王之功」，李零《上博楚簡校讀記(二)》釋作「惟王之邛」。李零《郭店楚簡校讀記》：「簡文『共唯王』與『之』字互倒，今爲乙正。」

矣」，覆上「百姓惑」。淫，貪也。言如此則民不惑矣。「臣儀行，不重辭，不援其所不及，不煩其所不知，則君不勞矣」者，覆上「君長勞」。如此則君不勞。「臣儀行」者，儀，當爲「義」，謂臣有義事，則奉行之。「不重辭」者，❶重，尚也。爲臣之法，不尚虛華之辭。「不援其所不及」者，謂君才行所不能及，臣下不須援引其君行所不能及之事，謂必使其君所行如堯、舜也。「不煩其所不知」者，謂君有所不知，其臣不得煩亂君所不知之事，令必行之。臣能如此，則君不勞苦。「《詩》云『上帝板板，下民卒癉』」者，上帝，君也。板板，辟也。卒，盡也。癉，病也。言君上邪辟，下民盡皆困病。引之者，證君使民惑之事。此《詩·大雅·板》之篇，刺厲王之詩。「《小雅》曰『匪其止共，惟王之卭』」者，《小雅·巧言》之篇，刺幽王之詩也。言小人在朝，不止息於恭敬，惟爲姦惡，使王之卭勞。引之者，證臣使君勞也。子曰：❷「政之不行也，❸教之不成也，爵祿不足勸也，刑罰不足恥也，❹故上不可以褻刑而輕爵。言政教所以明賞罰。《康誥》曰：❺『敬明乃罰。』《甫刑》曰：❻『播刑之不迪。』」❼康，康叔也，作誥，《尚書》篇名也。播，猶施也。不，衍字耳。迪，道也。言施刑之道。疏正義曰：此一節明慎賞罰之事。「政之不行也，教之不成也」者，皇氏云：「言在上政令所以不行，教化所以不成者，秖由君上爵祿加於小人，不足勸人爲善也；由刑罰加於無罪之人，不足恥其爲惡。由賞罰失所，故致政之不行，教之不成也。」「故上不可以褻刑而輕爵」者，❽刑爵不中，則懲勸失所，故君上不可輕褻之。「《康誥》曰『敬明乃罰』」者，證刑罰不可褻也。周公作《康誥》，誥

❶「不」字原脱，據閩本、毛本、殿本、庫本、阮本及衛氏《集説》補。

❷「子曰」，此今本第十三章，《郭店簡》、《上博簡》亦爲第十三章。

❸「也」，《郭店簡》、《上博簡》無「也」字。

❹「爵祿不足勸也刑罰不足恥也」，《郭店簡》作「則刑罰不足恥而爵不足勸也」，不僅字有參差，且與今本兩句互爲顛倒。《上博簡》殘缺，僅餘最後一個「也」字。

❺「曰」，《郭店簡》、《上博簡》作「云」。

❻「甫刑」，《郭店簡》、《上博簡》作「吕刑」。

❼「不」，《郭店簡》、《上博簡》無「不」字，與鄭注合。

❽「褻」字原漫漶，據阮本釐清。

康叔云：「女所施刑罰，必敬而明之也。」《甫刑》曰『播刑之不迪』」，「不」爲衍字。迪，道也。此穆王戒群臣云：「今爾何監，非是伯夷布刑之道？」言所爲監鏡者，皆是伯夷布刑之道。引之者，證重刑之義也。

禮記正義卷第六十二

禮記正義卷第六十三

國子祭酒上護軍曲阜縣開國子臣孔穎達等奉勑撰

子曰：❶「大臣不親，百姓不寧，則忠敬不足，而富貴已過也。大臣不治，而邇臣比矣。❷忠敬不足，謂臣不忠於君，君不敬其臣。邇，近也。言近以見遠，言大以見小，互言之。比，私相親也。故大臣不可不敬也，❸是民之表也；❹邇臣不可不慎也，是民之道也。❺民之道，言民循從也。君毋以小謀大，❻毋以遠言近，毋以内圖外，❼圖，亦謀也。言凡謀之，當各於其黨。於其黨，知其過審也。大臣柄權於外，小臣執命於内，或時交争，轉相陷害。則大臣不怨，邇臣不疾，而遠臣不蔽矣。❽疾，猶非也。葉公之顧命曰：❾『毋以

❶「子曰」，此今本第十四章，《郭店簡》、《上博簡》爲第十一章。

❷「大臣不親」至「而邇臣比矣」，此六句《郭店簡》、《上博簡》作「大臣之不親也，則忠敬不足，而富貴已過也。邦家之不寧，則大臣不治，而褻臣託也」。「則大臣不治，而褻臣託也」二句，《上博簡》殘缺。《郭店簡》注釋云：「以上六句的文字與次序，與今本多有不同。」虞萬里《研究》：「此章前六句簡本文理清晰，句式整齊。而傳本層次不如簡本清晰。」

❸「故大臣不可不敬也」，「故」，《郭店簡》作「此以」，《上博簡》殘缺。「也」，《上博簡》同，《郭店簡》無。

❹「是民之表也」，《郭店簡》、《上博簡》無「是」字。「表」，《郭店簡》、《上博簡》作「蕝」。《説文》：「蕝，朝會束茅表位曰蕝。」

❺「邇臣不可不慎也是民之道也」，此十二字，《郭店簡》、《上博簡》無。

❻「毋以」，《郭店簡》、《上博簡》作「不與」。

❼「毋以遠言近毋以内圖外」，此十字，《郭店簡》、《上博簡》無。

❽「邇臣不疾而遠臣不蔽矣」，此十字，《郭店簡》、《上博簡》無。虞萬里《研究》：「揣文義，亦是爲與『君毋以小謀大』三句相應而增加，非原來所有。」

❾「葉」，《郭店簡》作「〓」，《上博簡》作「〓」。「〓」，李學勤《釋郭店簡祭公之顧命》釋作「彗」，定此字爲「文獻祭公之『祭』的本字」（《文物》一九九八年第七期）。李零《上博簡校讀記（二）》認同李説，但認爲「字形分析還值得討論。此字像手持雙矢，乃『射』字之異構。『葉公』之葉，古讀正與『射』字相近。」

小謀敗大作，毋以嬖御人疾莊后，❶毋以嬖御士疾莊士，❷大夫卿士。』」葉公，楚縣公葉公子高也。臨死遺書曰顧命。小謀，小臣之謀也。大作，大臣之所爲也。嬖御人，愛妾也。疾亦非也。莊后，適夫人，齊莊得禮者。嬖御士，愛臣也。莊士，亦謂士之齊莊得禮者，今爲大夫卿士。子曰：❸「大人不親其所賢，而信其所賤，民是以親失，而教是以煩。❹親失，失其所當親也。教煩，由信賤也。賤者無壹德也。《詩》云：『彼求我則，如不我得。執我仇仇，亦不我力。』言君始求我，如恐不得我；既得我，持我仇仇然不堅固，亦不力用我，是不親信我也。《君陳》曰：『未見聖，若己弗克見；❺既見聖，亦不克由聖。』」❻克，能也。由，用也。子曰：❼「小人溺於水，君子溺於口，大人溺於民，皆在其所褻也。言人不溺於所敬者。溺，謂覆没，不能自理出也。夫水近於人而溺人，德易狎而難親也，易以溺人。言水，人所沐浴自絜清者，至於深淵洪波，所當畏慎也。由近人之故，或泳之游之，褻慢而

❶「毋以嬖御人疾莊后」，《郭店簡》、《上博簡》無「人」字；「疾」，《郭店簡》作「㥶」，隸定作「息」，借作「塞」。塞，絶也。《上博簡》作「𦘺」，疑即《説文》「盡」之省文。《説文》：「盡，傷痛也。」與「疾」義相近。下句「疾」字同此。

❷「毋以嬖御士疾莊士大夫卿士」，《郭店簡》、《上博簡》無「御」字，無「莊士」二字，疑今本此三字衍。

❸「子曰」，此今本第十五章，《郭店簡》、《上博簡》爲第十章。

❹「民是以親失而教是以煩」，《郭店簡》、《上博簡》作「教此以失，而民此以緐」。緐，虞萬里認爲「可從本字讀作『繁（緐）』，而不必改讀爲『煩』。」詳《研究》。《郭店簡》注釋云：「其異文除『是』字較簡本『此』爲長外，似皆當以簡本爲是。」

❺「若己」，《郭店簡》、《上博簡》作「如其」，義同。唯《上博簡》「其」下有一重文符號，疑衍。

❻「亦不克由聖」，《郭店簡》作「我弗迪聖」，《上博簡》作「我弗貴聖」。按：鄭玄注：「由，用也。」「迪」字從「由」得聲，故亦有「用」義。唯「貴」字不愜文義，待考。

❼「子曰」，此今本第十六章，《郭店簡》、《上博簡》均無此章。

無戒心，以取溺焉。有德者亦如水矣，初時學其近者小者，以從人事，自以爲可，則侮狎之。至於先王大道，性與天命，則遂扞格不入，迷惑無聞，如溺於大水矣。難親，親之當肅敬，如臨深淵。口費而煩，易出難悔，易以溺人。費，猶惠也。言口多空言，且煩數也。過言一出，駟馬不能及，不可得悔也。口舌所覆，亦如溺矣。費，或爲「哱」，或爲「悖」。夫民閉於人而有鄙心，可敬不可慢，易以溺人。言民不通於人道而心鄙詐，難卒告喻。人君敬慎以臨之則可，若陵虐而慢之，分崩怨畔，君無所尊，亦如溺矣。故君子不可以不慎也。慎所可褻，乃不溺矣。《太甲》曰：『毋越厥命以自覆也。若虞機張，往省括于厥度則釋。』越之言蹷也。厥，其也。覆，敗也。言無自顛蹷女之政教以自毁敗。虞，主田獵之地者也。機，弩牙也。度，謂所擬射也。虞人之射禽，弩已張，從機間視括，與所射參相得，乃後釋弦發矢。爲政亦當以己心參於群臣及萬民，可乃後施也。《兑命》曰：『惟口起羞，惟甲胄起兵，惟衣裳在笥，惟干戈省厥躬。』兑，當爲「説」，謂殷高宗之臣傅説也，作書以命高宗，《尚書》篇名也。羞，猶辱也。衣裳，朝祭之服也。惟口起辱，當慎言語也。惟甲胄起兵，當慎軍旅之事也。惟衣裳在笥，當服以爲禮也。惟干戈省厥躬，當恕己，不尚害人也。《太甲》曰：『天作孽，可違也。自作孽，不可以逭。』違，猶辟也。逭，逃也。《尹吉》曰：『惟尹躬天見于西邑夏，自周有終，相亦惟終。』「尹吉」，亦「尹誥」也。「天」，當爲「先」，字之誤。忠信爲周。相，助也，謂臣也。伊尹言：尹之先祖，見夏之先君臣，皆忠信以自終，今天絶桀者，以其自作孽。伊尹始仕於夏，此時就湯矣。夏之邑，在亳西。見，或爲「敗」。「邑」，或爲「予」。

疏正義曰：此一節明在下群臣，無問大小，皆須恭敬謹慎，又君無以小臣而謀大事也。「大臣不親，百姓不寧，則忠敬不足，富貴已過也」者，沈氏云：「謂大臣離二，不與上相親，政教煩苛，故百姓不寧。若其如此，臣不忠於君，君不敬於臣，是忠敬不足。所以致然也，由君與臣富貴已過極也。」「大臣不治，而邇臣比矣」者，大臣不肯爲君理治職事，由邇近之臣與上相親比故也。「邇臣不可不慎也，是民之道也」者，邇，近也。言親近之臣，不可不慎擇其人。道，謂道路，言邇臣是民之道路，邇臣好，則人從之好；邇臣惡，則人從之惡也。　「君毋以小謀大」者，言君無得與小臣而謀大臣之事也。　「毋以遠言近」者，無得以遠臣共言近臣之事也。　「毋以内圖外」者，無得以内臣共圖謀外臣之事。所以然者，小大之臣意殊，遠近之臣不同，恐各爲朋黨，彼此交争，轉相陷害，故不圖謀也。「則大臣不怨，邇臣不疾，而遠臣不蔽矣」者，若能如此，則外内情通，小大意合，大臣不怨恨於君也，疾猶非也，近臣不爲人所非毁，而遠臣不被障蔽故也。「葉公之顧命曰：『毋以小謀敗大作』」者，此葉公顧命之書，無用小臣之謀，敗損大臣之作。　「毋以嬖御人疾莊后」者，莊后，謂齊莊之后，是適夫人也。無得以嬖御賤人之爲，非毁於適夫人。　「毋以嬖御士疾莊士」者，言毋得以嬖御之士，非毁齊莊之士。　「大夫卿士」者，覆説言「莊士」即大夫卿之典事者。士，事也。注「言近以見遠，言大以見小，互言之」　正義曰：「言近以見遠」，謂言近臣親比，則遠臣不親比。云「言大以見小」，謂大臣不治，小臣治也。故云「互言之」也。注「大臣」至「陷害」　正義曰：由大臣執權於外，小臣執命於内。或大臣忌小臣，或小臣忌大臣，所以内外交争。若共圖謀，轉相陷害。故所謀之事，各於其黨。與大臣謀大臣，與小臣謀小臣。是各於其黨中，知其過失審悉也。注「葉公，楚縣公葉公子高也」

正義曰：知「葉公子高」者，《左傳》云《世本》文。❶云「臨死遺書曰顧命」者，約《尚書·顧命》之篇。　「子曰」至「由聖」　正義曰：此節明君不信用臣也。「不親其所賢，而信其所賤」者，謂在上不親任其所賢有德之人，而信用其所賤無德者。「民是以親失」者，言以此化民，民效於上，失其所當親，惟親愛群小也。　「而教是以煩」者，言群小被親，既無壹德，政教所以煩亂也。　「《詩》云『彼求我則，如不我得』」，此《詩·小雅·正月》之篇，刺幽王之詩。言彼幽王初求我賢人，如不得於我。言禮命煩多也。「執我仇仇，亦不我力」者，既得賢人，執留我仇仇然不堅固，亦不於我上以力而用我。引之者，證不親其所賢也。　「《君陳》曰『未見聖，若己弗克見；既見聖，亦不克由聖』」者，此《尚書·君陳》篇，成王戒君陳之辭也。言凡人未見聖道之時，如似己不能見；既見聖道，亦不能用之也。　「子曰」至「惟終」　正義曰：此一節戒慎言之事。「小人溺於水」者，謂卑賤小人，居近川澤者，愛翫於水。溺，覆没也。多爲水所覆没，故云「小人溺於水」。「君子

❶ 「云」當衍字。《論語·述而》「葉公問孔子於子路」章邢昺疏即作「據《左傳》、《世本》文」。蓋謂先後見于二書也。

溺於口」者，言卿大夫之君子，以口傷人而致怨恨，遂被覆没，亦如溺於水，不能自治也。　「大人溺於民」者，大人，謂人君也。由君在上，陵虐下民，則人衆離叛，君無所尊，故溺於民也。「皆在其所褻也」者，言小人、君子、大人等所以被没溺者，皆在於褻慢而不能敬慎，故致溺也。「夫水近於人而溺人」者，釋上三事所以致溺也。此説水溺所由也。水若遠於民，則人不没溺。但由水近人，則人得用之沐浴，而日日狎習，不復畏懼。或泳之，或游之，無有誡忌。至於洪波浪起，亦猶習以爲常，故致覆溺也。　「德易狎而難親也，易以溺人」者，德易狎者，言有德之人，初時學其近者淺者，謂言可得，是易可親狎。至大者遠者，莫測其理，是難可親也。初時易狎是易也，終則難親是溺人也，故云「易以溺人」也。　「口費而煩，易出難悔，易以溺人」者，説德既竟，此還釋「溺口」所由。費，惠也。口虛出言而無實從之，是口惠也。口惠不難，失在煩數，故云「而煩」也。無以實言，是「易出」也。一出言，駟馬追之不及，是「難悔」。必爲物所憾，所以有禍。口費易出，難悔被害，是「溺人」也。　「夫民閉於人而有鄙心」者，此釋「溺民」所由也。言下民之情，常自閉塞，不通人道，故云「閉於人」也。而用心鄙詐，故云「有鄙心」。　「可敬不可慢，易以溺人」者，既閉塞人道而有鄙詐，卒難告喻，故人君當敬以臨之，庶其漸染。若又陵慢，則必怨畔，則國無民，君道便喪溺也。民處卑下，易可褻慢，終致怨畔，是「溺人」也。　「《大甲》曰『毋越厥命以自覆也』」者，伊尹戒大甲之辭。❶言無得顛越其教命，以自覆敗也。　「若虞機張」者，虞，謂虞人。機，謂弩牙。言爲政之道，如虞人射獸，先弩牙以張也。　「往省括于厥度則釋」者，謂己心往機間省視箭括當於所射之度，乃釋弦而發矢，故云「則釋」。言爲政之道，政教已陳，當以己心省此所施政教合於群下，然後乃施之也。　「《兑命》曰『惟口起羞，惟甲胄起兵』」者，此《尚書》篇名，傅説戒高宗之辭。口爲榮辱之主，若出言不當，則被人所賤，故起羞辱也。甲胄罰罪之器，若所罰不當，反被兵戎所害，故「甲胄起兵」也。「惟衣裳在笥，惟干戈省厥躬」者，衣裳在篋笥，當服之以行禮，不可妄與於人。惟所施干戈之事，當自省己身，不可妄加無罪，浪以害人。　「《大甲》曰『天作孽，可違也』」者，若水旱災荒，自然而有，非由人失所致，故云「天作孽」；亦可徙移辟災，是「可違」也。　「自作孽，不可以逭」者，己自作禍，物皆怨恨，所在而致禍害，故不可逃也。「《尹吉》曰『惟尹躬天見于西邑夏』」者，吉，當爲「告」。天，當爲「先」。言伊尹告大甲云：伊尹身之先祖，見西方

❶「戒」字原脱，據單疏殘本、阮本補。

夏邑之君，謂禹也。夏都在亳西，故云「西邑」也。「自周有終，相亦惟終」者，周，謂忠信。言夏之先君，有能忠信得自有其終，其輔相之臣亦如先君，亦得終久也。引者，證人君若修德行善，則能終也。注「難親，親之當肅敬，如臨深淵」　正義曰：言德易狎而難親，若其終始易親，則全無溺人之事。由其初則易狎，後則難親，當恒肅敬，如臨深淵水。若不肅敬，則致陷害，故云「溺人」也。注「兑，當爲説」　正義曰：《尚書序》云：「高宗夢得説，使百工營求諸野，得諸傅巖，作《説命》三篇。」是高宗之臣傅説也，説作書以戒高宗也。注「尹吉」至「亳西」　正義曰：云「尹吉」者，上經已解「尹吉」爲「尹告」，故此云亦誥也。云「天，當爲先」者，以「天」字與「先」相似，故爲「先」也。云「忠信爲周」者，《國語》文也。云「伊尹言：尹之先祖」者，鄭君不見《古文尚書》，故云伊尹之先祖。據《尚書》是《大甲》之篇，言尹之往，先見夏之先君，是身之往先見，非謂尹之先祖也。云「伊尹始仕於夏，此時就湯矣」者，《書序》云：「伊尹去亳適夏，既醜有夏，復歸于亳。」是「始仕於夏」也。經云「先見西邑夏」，故知爲誥之時「就湯矣」。以鄭不見《古文》，謂言「尹誥」，是伊尹誥成湯，故云「此時就湯矣」，與《尚書》同。云「夏之邑，在亳西」者，案《世本》及《汲冢古文》，並云禹都咸陽，❶正當亳西也。及後乃徙安邑。鄭以爲湯都偃師爲亳邑，則是安邑亦在亳西也。

子曰：❷「民以君爲心，君以民爲體。心莊則體舒，心肅則容敬。❸心好之，身必安之。❹君好之，民必欲之。❺心以體全，❻亦以體傷；❼君以民存，亦以民亡。❽

❶「咸陽」，阮校引齊召南云：「『咸陽』當作『陽城』。《後漢書·郡國志》注引《汲冢書》曰『禹都陽城』是也。陽城對偃師言，則亦爲西矣。」

❷「子曰」，此今本第十七章，《郭店簡》、《上博簡》爲第五章。

❸「心莊則體舒心肅則容敬」，此十字，《郭店簡》、《上博簡》無。

❹「心好之身必安之」，《郭店簡》作「心好則體安之」，《上博簡》殘缺。

❺「君好之民必欲之」，上「之」字，《郭店簡》、《上博簡》作「則」。「必」，《郭店簡》、《上博簡》無。

❻「心以體全」，「心」字上《郭店簡》、《上博簡》有「故」字。「全」，《郭店簡》作「灋」，《上博簡》作「廌」。灋，「法」之初文，裘錫圭按：「簡文『法』，疑當讀爲『廢』，二字古通。」虞萬里《研究》認爲「『廌』乃『灋』之省文。而傳本『全』乃『灋』古文『金』或『金』之誤字」。

❼「亦以體傷」，《郭店簡》、《上博簡》無此四字。

❽「君以民存亦以民亡」，《郭店簡》、《上博簡》作「君以民亡」。

莊，齊莊也。《詩》云：『昔吾有先正，其言明且清。國家以寧，都邑以成，庶民以生。❶誰能秉國成？❷不自爲正，卒勞百姓。』先正，先君長也。誰能秉國成？傷今無此人也。成，邦之八成也，誰能秉行之？不自以所爲者正，盡勞來百姓憂念之者與？疾時大臣專功爭美。《君雅》曰：『夏日暑雨，❸小民惟曰怨。❹資冬祁寒，❺小民亦惟曰怨。』」雅，《書序》作「牙」，假借字也。《君雅》，周穆王司徒作，《尚書》篇名也。資，當爲「至」，齊、魯之語，聲之誤也。祁之言是也，齊西偏之語也。夏日暑雨，小民怨天；至冬是寒，小民又怨天。言民恒多怨，爲其君難。**疏**

正義曰：此論君人相須，言養人之道，不可不慎也。

「《詩》云『昔吾有先正，其言明且清』」者，此逸《詩》也。正，長也。詩人稱：昔吾之有先君正長，其教令之言，分明且清絜，國家所以安也，都邑所以成也，庶人所以生也。

「誰能秉國成？不自爲正，卒勞百姓」者，卒，盡也。言詩人傷今無復有先正之賢，故云今日誰能執國之八成？又當謙退之。「不自爲正」者，得其正道，能用仁恩，盡勞來百姓。言今無復有如此之人。疾時大臣，唯專功爭美，各自爲是也。「《君雅》曰『夏日暑雨，小民惟曰怨』」者，此穆王命君牙之辭也。言民心難稱，所怨恒多。夏日暑熱及雨，天之常道，細小之人，惟曰怨也。「資冬

❶「昔吾」至「以生」，二十一字，《郭店簡》、《上博簡》無。

❷「能」，《郭店簡》、《上博簡》無「能」字，與今本《毛詩》合。

❸「夏日暑雨」，《郭店簡》、《上博簡》無「夏」字。「暑」，《郭店簡》作「俗」，《上博簡》作「倶」。《郭店簡》注釋：「俗，讀作『溶』。《説文》：『溶，水盛貌。』溶雨，雨盛。」《上博簡》注釋：「『倶』字待考。」

❹「怨」，《郭店簡》作「悁」，《上博簡》作「命」。《郭店簡》裘錫圭按：「『悁』，此字應從今本釋作『怨』，字形待考。」《上博簡》之「命」，李零《上博楚簡校讀記（二）》認爲不是「命」字，而是「以肙爲聲旁表示『怨』義的『宛』字。」

❺「資冬祁寒」，《郭店簡》作「晉冬旨滄」，《上博簡》作「晉冬耆寒」。《郭店簡》注釋：「晉，簡文從『臸』省。《説文》：『晉，進也。』滄，訓爲『寒』。」裘錫圭按：「簡文『旨』，讀爲『耆』。『耆』、『祁』音同可通。祁寒，猶言極寒、嚴寒。」

祈寒，小民亦惟曰怨」者，至於冬日是大寒之時，小人亦惟曰怨。猶言君政雖曰得當，人怨之不已，是治民難也。**注**「成，邦之八成也」　正義曰：案《周禮·小宰職》云：「掌以官府之八成經邦治：一曰聽政役以比居，二曰聽師田以簡稽，三曰聽閭里以版圖，四曰聽稱責以傅別，五曰聽禄位以禮命，六曰聽取予以書契，七曰聽賣買以質劑，八曰聽出入以要會。」皆成事品式，以聽治於人。**注**「雅，《書序》作『牙』，假借字也」　正義曰：言古「牙」字假「雅」字以爲「牙」，故《尚書》以爲「君牙」，此爲「君雅」。案《尚書》云「小民惟曰怨咨」，今此本作「資」，鄭又讀「資」當爲「至」，以鄭不見《古文尚書》故也。

子曰：❶「下之事上也，身不正，言不信，則義不壹，行無類也。」類，謂比式。

子曰：❷「言有物而行有格也，❸是以生則不可奪志，死則不可奪名。❹物，謂事驗也。格，舊法也。故君子多聞，質而守之；❺多志，❻質而親之；精知，略而行之。❼質，猶少也。多志，謂博交汎愛人也。精知，孰慮於衆也。精，或爲「清」。《君陳》曰：『出入自爾師虞，庶言同。』❽自，由也。師、庶，皆衆也。虞，度也。言出内

❶「子曰」，此今本第十八章，《郭店簡》、《上博簡》無此章。

❷「子曰」，此今本第十九章，《郭店簡》、《上博簡》爲第十八章。

❸「言有物而行有格也」，《郭店簡》、《上博簡》作「君子言有物，行有格」。

❹「是以生則不可奪志死則不可奪名」，「是」，《郭店簡》、《上博簡》作「此」。二「則」字，《郭店簡》、《上博簡》皆無。

❺「質」，《郭店簡》、《上博簡》作「齊」。裘錫圭按：「『齊』、『質』，古音相近。」下文「質」字同此。

❻「志」，《郭店簡》同，《上博簡》作「旹」，初定爲「齒」的異體，李零《上博楚簡校讀記（二）》：「按：『志』，上從止，下爲『吕』字的或體，並不是『齒』字的異體。」

❼「略」，《郭店簡》作「逵」，《上博簡》作「陸」，初讀皆作「略」。虞萬里認爲簡文並當釋作「格」。此處之「格而行之」，即上文之「行有格」。格，法也。略，亦法也。孔疏釋「略」爲「要略」，非。詳《研究》。

❽「君陳」至「言同」，此十二字，《郭店簡》、《上博簡》在下文「詩云淑人君子其儀一也」之後。

政教，當由女衆之所謀度，衆言同乃行之。政教當由壹也。《詩》云：『淑人君子，其儀一也。』」**疏**正義曰：此一節明下之事上，當守其一。「則義不壹，行無類也」者，若身之不正，言之不信，則於義事不能齊壹，行無有比類。言行之無恒，不可比類也。「言有物而行有格也」物，謂事之徵驗。格，謂舊有法式。言必須有徵驗，行必須有舊法式。既言行不妄，守死善道，故「生則不可奪志，死則不可奪名」，言名志俱善，欲奪不可也。「故君子多聞，質而守之」者，雖多聞前事，當簡質而守之。「多志，質而親之」者，謂多以志意博交汎愛，亦質少而親之。❶「精知，略而行之」者，謂精細而知，孰慮於衆，要略而行之。此皆謂聞見雖多，執守簡要也。「《君陳》曰『出入自爾師虞，庶言同』」者，自，由也。師，衆也。虞，度也。庶，衆也。成王戒君陳云，言出入政教，當由女衆人共知謀度，若衆言皆同，乃行之。言政教當由壹也。「《詩》云『淑人君子，其儀一也』。」者，此《曹風・鳲鳩》之篇，刺曹公不均平也。言善人君子，其威儀齊一也。引之者，證爲政之道，須齊一也。

子曰：❷「唯君子能好其正，❸小人毒其正。❹正，當爲「匹」，字之誤也。匹，謂知識朋友。故君子之朋友有鄉，❺其惡有方。鄉、方，喻輩類也。小人徼利，其友無常也。是故邇者不惑，❻而遠者不疑也。❼言其可望而知。邇，近也。《詩》云：『君子好仇。』」❽仇，匹也。

疏正義曰：此一節明其朋匹之事。「君子能好其正」者，匹，匹偶。言君子能愛好其朋友匹偶。以下云「君子好仇」，故知此「正」爲「匹」也。「故君子之朋友有鄉，其惡

---

❶「少」，阮校云：「惠棟校宋本『少』作『守』，毛本同。」按：作「守」近是。

❷「子曰」，此今本第二十章，《郭店簡》、《上博簡》爲第二十一章。

❸「正」，《郭店簡》、《上博簡》作「匹」。鄭玄注云：「正，當爲『匹』，字之誤也。匹，謂知識朋友。」

❹「小人毒其正」，《郭店簡》、《上博簡》作「小人豈能好其匹」。

❺「朋友」，《郭店簡》、《上博簡》作「友也」；「鄉」，《郭店簡》、《上博簡》作「向」。按：「向」、「鄉」通用。

❻「是故」，《郭店簡》、《上博簡》作「此以」。

❼「也」，《郭店簡》、《上博簡》無「也」字。

❽「仇」，《郭店簡》、《上博簡》作「逑」，與今本《毛詩》合。

有方」者，言鄉、方，皆猶輩類也。言君子所親朋友及所惡之人，皆有輩類。言君子善者則爲朋友也。既好惡不同，故君子之交，可者與之，不以榮枯爲異，是朋友；不善者，則可憎惡之，言有常也。若小人，唯利是求，所善所惡，無恒定也。「是故邇者不惑，而遠者不疑也」，由好惡有定，可望貌而知，故近者不惑，遠者不疑也。「《詩》云『君子好仇』」者，此《周南·關雎》之篇，詩意云「窈窕淑女，君子好仇」。此則斷章，云「君子之人，以好人爲匹也」。

子曰：❶「輕絶貧賤，而重絶富貴，❷則好賢不堅，❸而惡惡不著也。人雖曰不利，吾不信也。❹言此近徼利也。《詩》云：『朋友攸攝，攝以威儀。』」❺攸，所也。言朋友以禮義相攝正，不以貧富貴賤之利也。

疏正義曰：此一節明交友之道，唯善是仇，以威儀相攝佐也。「則好賢不堅，而惡惡不著也」者，以賢而貧賤則輕絶之，是「好賢不堅」；惡而富貴則重絶之，則「惡惡不著」也。如此者，是貪利之人，故云「雖曰不利，吾不信也」。「《詩》云『朋友攸攝，攝以威儀』」者，此《大雅·既醉》之篇，美成王之時大平之詩。於時朋友群臣，所以禮義相攝佐之時，以威儀也。言不以富貴貧賤而求利者。

子曰：❻「私惠不歸德，❼君子不自留焉。私惠，謂不以公禮相慶賀，時以小物相問遺也。言其物不可以爲德，則君子不以身留此人也。相惠以褻瀆邪僻之物，是爲不歸於德。歸，或爲「懷」。

❶「子曰」，此今本第二十一章，《郭店簡》、《上博簡》爲第二十二章。

❷「重」，《郭店簡》、《上博簡》釋文作「厚」，李零《上博楚簡校讀記(二)》：「重，原從石從主，簡文多用爲『冢』字。此可證明郭店本的這個字其實也是『冢』字，在簡文中應讀爲『重』，不是『厚』字。」

❸「賢」，《郭店簡》、《上博簡》作「仁」。

❹「吾不信也」，《郭店簡》、《上博簡》作「吾弗信之矣」。

❺「威」，《上博簡》同，《郭店簡》作「愄」，注釋云：「愄，借作『威』。」

❻「子曰」，此今本第二十二章，《郭店簡》、《上博簡》爲第二十章。

❼「歸」，《郭店簡》、《上博簡》作「懷」，與鄭玄所見別本同。

《詩》云：『人之好我，示我周行。』」❶行，道也。言示我以忠信之道。疏正義曰：此一節明君子唯以德是與。「私惠不歸德」者，言人以私小恩惠相問遺，不歸依道德。如此者，君子之人不用留意於此等之人，言不受其惠也。「《詩》云『人之好我，示我周行』」者，此《小雅·鹿鳴》之篇，言文王燕飲群臣，愛好於我，示我以忠信之道也。周，忠信。行，道也。惟以忠信正道以示我，不以褻瀆邪辟之物而相遺也。子曰：❷「苟有車，必見其軾；❸苟有衣，必見其敝。❹人苟或言之，❺必聞其聲；苟或行之，❻必見其成。言凡人舉事，必有後驗也。見其軾，謂載也。敝，敗衣也。衣或在內，新時不見。《葛覃》曰：❼『服之無射。』」射，厭也。言己願采葛以爲君子之衣，令君子服之無厭。言不虛也。疏正義曰：此明人言行必慎其所終也。將欲明之，故先以二事爲譬喻也。「苟有其車，必見其軾」者，言人苟稱家有車，必見其車有載於物，不可虛也。言有車無不載也。「苟有其衣，必見其敝」者，言人苟稱家有衣，必見其所著之衣有終敝破也。不虛稱有衣而無敝也。「人苟或言之，必聞其聲」者，既稱有言，必聞其聲。不可有言而無聲也。「苟或行之，必見其成」者，人苟稱有行此事，必須見其成驗。不可虛稱有行而無成驗也。「《葛覃》曰『服之無射』」者，此《周南·葛覃》之篇，美后妃之德也。詩之本意，言后妃習絺綌之事而無厭倦之心。此則斷章，云采葛爲君子之衣，君子得而服之，無厭倦也。

---

❶「示」，《郭店簡》作「旨」，《上博簡》作「䚂」。《郭店簡》注釋：「旨，似讀作『指』。《爾雅·釋言》：『指，示也。』」裘錫圭按：「『旨』、『示』古音相近。」

❷「子曰」，此今本第二十三章，《郭店簡》、《上博簡》爲第十九章。

❸「軾」，《郭店簡》作「𣪠」，《上博簡》作「轚」。裘錫圭按：「𣪠從『曷』聲，疑可讀作『蓋』，指車蓋。」《上博簡》注釋云：「轚字待考。」

❹「敝」，《郭店簡》作『幣』，《上博簡》殘缺。按：「敝」、「幣」通。王念孫云：「敝音布蔑反，謂衣袂也。《廣雅》：『襒，袂也。』古無襒字，借『敝』爲之。」

❺「人苟或言之」，《郭店簡》作「人苟有言」，《上博簡》殘缺。

❻「苟或行之」，《郭店簡》作「苟有行」，《上博簡》殘缺。

❼「葛覃曰」，《郭店簡》、《上博簡》作「詩云」。

言君子實得其服而不虛也。引之者，證人之所行，終須有效也。注「衣或在内，新時不見」 正義曰：以經云「苟有其車，必見其載」，苟有其衣，當言「必見其著」。今乃云「必見其敝」，以衣初新著時，或在内裏，人不見也。其敝破棄時乃始見，故云「必見其敝」。

子曰：❶「言從而行之，❷則言不可飾也。❸行從而言之，則行不可飾也。❹從，猶隨也。故君子寡言而行，❺以成其信，則民不得大其美而小其惡。❻以行爲驗，虛言無益於善也。寡，當爲「顧」，聲之誤也。《詩》云：❼『白圭之玷，❽尚可磨也。斯言之玷，不可爲也。』玷，缺也。言圭之缺，尚可磨而平之。言之缺，無如之何。《小雅》曰：『允也君子，展也大成。』❾允，信也。展，誠也。《君奭》曰：『昔在上帝，周田觀文王之德，❿其集大命于厥躬。』」⓫奭，召公名也，作《尚書》篇名也。古文「周田觀文王之德」爲「割申勸寧王之德」，今博士讀爲「厥亂勸寧王之德」。三者皆異，古文似近之。割之言蓋也。言文王有誠信之德，天蓋申勸之，集大命於其身。謂命之

❶「子曰」，此今本第二十四章，《郭店簡》、《上博簡》爲第十七章。

❷「言從而行之」，《郭店簡》無「而」字，《上博簡》作「言率行之」。虞萬里認爲「『率』很可能爲『從』之譌字」。詳《研究》。

❸「飾」，《郭店簡》、《上博簡》作「匿」。「也」字，《郭店簡》、《上博簡》無。

❹「行從而言之則行不可飾也」，此十一字，《郭店簡》、《上博簡》無。

❺「寡」，《上博簡》同，《郭店簡》作「顧」。裘錫圭按：「鄭注認爲『寡當爲顧，聲之誤也。』當釋爲『顧』，可證鄭注之確。」

❻「得」，《郭店簡》、《上博簡》作「能」。

❼「詩」，《郭店簡》、《上博簡》作「大雅」。

❽「玷」，《郭店簡》作「石」，觀下文，可知是「砧」之誤字。《上博簡》作「砧」。《郭店簡》注釋云：「砧，讀爲『玷』。」

❾「展」，《郭店簡》作「壓」，《上博簡》作「星」。李零隸定爲「展」，其《上博楚簡校讀記（二）》云：「展，郭店本從石從貝從土，原書以爲從土從廁，裘按以爲『廛』字。我們懷疑，此字可能是『廛』字的誤寫。上海本寫法與郭店本相似，上從貝下從土。」

❿「周田觀」，《郭店簡》作「割紳觀」，《上博簡》殘缺。鄭玄注云：「古文『周田觀』爲『割申勸』。」「之」，《郭店簡》無。

⓫「厥躬」，《郭店簡》作「厥身」，《上博簡》作「是身」。

使王天下也。**疏**正義曰：此一節明重言行之事。「言從而行之，則言不可飾也」者，從，隨也。謂言在於先，而後隨以行之。言當須實，不可虛飾也。「行從而言之，則行不可飾也」者，謂行在於前，言隨於後。論説於行，則行當須先實，不可虛飾也。「故君子寡言而行，以成其信」者，以其言行相副之故，君子當顧言而行，以成其信也。「則民不得大其美而小其惡」者，必須以行爲驗，不用虛辭。爲此之故，則人不得虛增大其美事而減小其惡事。由美惡大小，皆驗於行也。「《詩》云『白圭之玷，尚可磨也』」，此《大雅·抑》之篇，刺厲王之詩也。白圭之玉玷缺，尚可磨而平之。此言語玷缺，不可爲而改之，是無如之何也。「《小雅》曰『允也君子，展也大成』」者，此《詩·小雅·車攻》之篇，美宣王之詩也。允，信也。言信實矣君子，謂宣王。展，誠也。誠實矣而大成太平也。引之者，證言信爲本。「《君奭》曰『昔在上帝』」者，此周公告君奭之辭也。上帝，天也。言往昔之時在上天也。「周田觀文王之德」，周當爲「割」，田當爲「申」，觀當爲「勸」。言文王有誠信之德，故上天蓋申重獎勸文王之德。「其集大命于厥躬」者，以文王誠信，故天命之。引之者，證言當誠信也。**注**「奭召」至「下也」　正義曰：案《周書序》云：「召公爲保，周公爲師。召公不説，周公作《君奭》。」《君奭》經云「公曰君奭」，是奭爲召公名也。謂周公既致政，仍留爲大師。召公謂其貪於寵禄，故不説也。周公以善告之，名篇爲《君奭》，故云「《尚書》篇名也」。云「古文『周田觀文王之德』爲『割申勸寧王之德』」者，以伏生所傳，歐陽、夏侯所注者爲《今文尚書》，以衛、賈、馬所注者，元從壁中所出之古文，即鄭注《尚書》是也。此「周」字古文爲「割」，此「田」字古文作「申」，此「觀」字古文爲「勸」，皆字體相涉，今古錯亂。此文《尚書》爲「寧王」，❶亦義相涉也。云「今博士讀爲『厥亂勸寧王之德』」者，❷謂《今文尚書》讀此「周田觀文王之德」爲「厥亂勸寧王之德」也。云「三者皆異，古文似近之」者，三者，❸謂此《禮記》及《古文尚書》并今博士讀者。三者其文各異，而古文「周田」爲「割申」，其字近於義理，故云「古文似近之」。云「割之言

❶「此文尚書爲寧王」，按：「文」後當脱「王」字。其義謂此經之「文王」《尚書》作「寧王」。觀上文孔疏，此意極明。

❷「寧」字原脱，據單疏殘本、阮本補。

❸「三者」，此二字原作「玄」，據單疏殘本、阮本改。

蓋也」，「割」、「蓋」聲相近，故「割」讀爲「蓋」，謂天蓋申勸之。禮《尚書》猶爲「割」，❶謂「割制」，其義與此不同。子曰：❷「南人有言曰：❸『人而無恒，不可以爲卜筮。』❹古之遺言與？❺龜筮猶不能知也，❻而況於人乎？恒，常也。不可爲卜筮，言卦兆不能見其情，定其吉凶也。《詩》云：『我龜既厭，不我告猶。』❼猶，道也。言褻而用之，龜厭之，不告以吉凶之道也。《兑命》曰：『爵無及惡德，民立而正。事純而祭祀，是爲不敬。事煩則亂，事神則難。』惡德，無恒之德。純，猶皆也。言君祭祀，賜諸臣爵，無與惡德之人也。民將立以爲正，言放傚之疾。事皆如是，而以祭祀，是不敬鬼神也。惡德之人使事煩，事煩則亂；使事鬼神，又難以得福也。純，或爲「煩」。《易》曰：『不恒其德，或承之羞。』恒其德，偵，婦人吉，夫子凶。』」❽羞，猶辱也。偵，問也。問正爲偵。婦人，從人者也，以問正爲常德則吉；男子當專行幹事，而以問正爲常德，是亦無恒之人也。疏

正義曰：此一節明爲人臣之法當有恒也。「人而無恒，不可以爲卜筮」者，南人，殷掌卜之人，有遺餘之言稱云：「人而性行無恒，不可爲卜筮。」「古之遺言與」？龜筮猶不能得知無恒之人，而況於凡人乎？「《詩》云『我龜既厭，不我告猶』」者，《小雅·小旻》之篇，刺幽王之詩。言幽王性行無恒，數誣卜筮，故云我龜既厭倦於卜，不於我身告其吉凶之道也。引之者，證無恒之人「不可以爲卜

❶「禮」，阮校、潘宗周校並以爲「禮」當作「孔」。蓋「孔」與簡體「礼」字形近而致譌耳。

❷「子曰」，此今本第二十五章，《郭店簡》、《上博簡》爲第二十三章。

❸「南人」，《郭店簡》、《上博簡》作「宋人」。

❹「不可以爲卜筮」，《郭店簡》作「不可爲卜筮也」，《上博簡》殘缺。

❺「古」，《郭店簡》「古」上有「其」字，《上博簡》殘缺。

❻「不能知也」，《郭店簡》作「弗知」，《上博簡》殘缺。

❼「猶」，《郭店簡》、《上博簡》作「猷」，《上博簡》注釋云：「猷，謀略也。」又，《郭店簡》此句下有「二十有三」四字，注釋云：「這是簡本《緇衣》全文的章數。」

❽經文「兑命」至「子凶」，凡四十九字，《郭店簡》、《上博簡》無。

箴」也。「《兑命》曰『爵無及惡德』」者，此《尚書》傳説告高宗之辭，云祭祀之末，爵人之時，無復及此惡德之人。惡德，無恒者也。　「民立而正，事純而祭祀」者，純，皆也。言若爵此惡德之人，則立之以爲正事，❶在下必學之。若每事皆爵此惡德之人而以祭祀，是不敬鬼神也。言無恒之人，不可祭祀也。　「事煩則亂」者，言若使無恒惡德之人主掌祭祀，其事則煩，事煩則致亂也。　「事神則難」者，若使惡德之人事其鬼神，則難得其福。　「《易》曰『不恒其德，或承之羞』」者，《恒卦》九三爻辭。言人若不恒常其德，故承之羞辱。引之者，證人而無恒，其行惡也。「恒其德，偵，婦人吉，夫子凶」者，此《恒卦》六五爻辭。偵，正也。言恒常其德，問正於人，婦人吉也。以婦人不自專，常須問正於人，故得吉。夫子，男子也，當須自專，權幹於事，若問正於人，失男子之道，故爲凶。引之者，證男子之無恒德，其行惡也。**注**「純猶」至「福也」　正義曰：「言君祭祀，賜諸臣爵，無與惡德之人也」者，此經直云「爵無及惡德」，必知因祭祀賜諸臣爵者，以下云「事純而祭祀，是爲不敬」，故知因祭祀也。云「事皆如是，而以祭祀，是不敬鬼神也」者，言於祭祀之末，不可爵此惡德人也。**注**「羞猶」至「人也」　正義曰：此「不恒其德，或承之羞」者，是《易·恒卦》《巽》下《震》上九三爻辭。得正互體爲《乾》。❷《乾》有剛健之德，體在《巽》，《巽》爲進退，是「不恒其德」也。又互體爲《兑》，《兑》爲毁折，是將有羞辱也。云「問正爲偵」者，此「恒其德，偵」，《恒卦》六五爻辭，以陰爻而處尊位，是天子之女。又互體《兑》，《兑》爲和説。至尊主家之女，以和悦幹其家事，問正於人，故爲吉也。應在九二，又男子之象，體在《巽》，《巽》爲進退，是無所定而婦言是從，故云「夫子凶」也。

奔喪第三十四

正義曰：案鄭《目録》云：「名曰《奔喪》者，以其居他國，聞喪奔赴之禮。此於《別録》屬《喪服》之禮矣，實《逸曲禮》之正篇也。漢興後得古文，而禮家又貪其説，因合於《禮記》耳。《奔喪禮》屬凶禮也。」

---

❶「事」，案：疑「事」字衍。

❷「是易」至「爲乾」，浦鏜校云：「當云『是《易·恒卦》九三爻辭。《恒卦》，《巽》下《震》上，互體爲乾』。蓋倒亂其文，脱『恒卦』二字，衍『得正』二字也。」

鄭云《逸禮》者，《漢書·藝文志》云：漢興，始於魯淹中得古禮五十七篇，其十七篇與今《儀禮》正同，其餘四十篇，藏在祕府，謂之《逸禮》。其《投壺禮》，亦此類也。又《六藝論》云：「漢興，高堂生得《禮》十七篇。後孔子壁中得《古文禮》五十七篇，其十七篇與前同，而字多異。」以此言之，則此《奔喪禮》十七篇外既謂之「逸」，何以下文鄭注又引《逸奔喪禮》，似此《奔喪禮》外更有《逸禮》者。但此《奔喪禮》對十七篇爲《逸禮》内，録入於《記》，其不入於《記》者又比此爲逸也。故二逸不同，其實秪是一篇也。此《奔喪》一篇，兼天子、諸侯，然以士爲主。故鄭下文注云：「未成服者，素委貌。」是士之所服，故知以士爲主也。

奔喪之禮：始聞親喪，以哭答使者，盡哀，問故，又哭盡哀。親，父母也。以哭答使者，驚怛之哀無辭也。問故，問親喪所由也。雖非父母，聞喪而哭，其禮亦然也。疏正義曰：此一篇揔明奔五服之喪也，從始聞至於喪所成服之節。今各隨文解之。此一節論初聞之節，五服皆然。故鄭注云：「雖非父母，聞喪而哭，其禮亦然。」鄭必知五服皆然者，以下文云「日行百里，不以夜行。唯父母之喪，見星而行」，别云「唯父母」，則知以前兼五服也。

遂行，日行百里，不以夜行。雖有哀戚，猶辟害也。晝夜之分，别於昏明。哭則遂行者，不爲位。唯父母之喪，見星而行，見星而舍。侵晨冒昏，彌益促也。言「唯」，著異也。若未得行，則成服而后行。謂以君命有爲者也。成喪服，得行則行。過國至竟，哭，盡哀而止。感此念親。哭辟市朝。爲驚衆也。望其國竟，哭。斬衰者也。自是哭且遂行。疏正義曰：此一節論奔喪在路，至其國竟，奔赴之節。「若未得行，則成服而后行」者，此奉君命而使，使事未了，不可以己私喪廢於公事，故成服以俟君命，則人代己也。❶ 注「成喪服，得行則行」 正義曰：鄭云此者，恐成服之後即便得行。故明之云：若成服已後，得行

❶「則人代己也」，殿本《考證》及浦鏜校皆以爲當從衛氏《集説》作「有人代己，則可行也」。

則可行，若未得行，即不可行。**注**「感此念親」正義曰：案《聘禮》云，行至他國竟上而誓衆，「使次介假道」，是國竟行禮之處。去時親在，今返親亡，故哭盡哀戚，感此念親也。凡聞喪，若聞父母之喪，其哭之，不離聞喪之處，不得爲位即奔之也。若有君命，未得奔喪者，雖父母之喪，既聞喪而哭，又爲位更哭也。**注**「斬衰者也。自是哭且遂行」正義曰：以下云「齊衰望鄉而哭，大功望門而哭」，則知斬衰望其國竟而哭，且遂行。雖云「斬衰」，其實母之齊衰亦然也。至於家，入門左，升自西階，殯東西面坐，哭盡哀，括髮，袒。括髮袒者，去飾也。未成服者，素委貌，深衣。已成服者，固自喪服矣。降，堂東即位，西鄉哭，成踊。已殯者位在下。襲，絰于序東，絞帶，反位，拜賓，成踊。襲，服衣也。不於又哭乃絰者，發喪已踰日，節於是可也。其未小斂而至，與在家同耳。不散帶者，不見尸柩。凡拜賓者，就其位。既拜，反位，哭踊。送賓，反位。有賓後至者，則拜之、成踊、送賓，皆如初。衆主人、兄弟皆出門，出門哭止，闔門，相者告就次。次，倚廬也。於又哭，括髮，袒，成踊。於三哭，猶括髮，袒，成踊。又哭，至明日朝也。三哭，又其明日朝也。皆升堂，括髮，袒，如始至。必又哭、三哭者，象小斂、大斂時也。《雜記》曰：「士三踊。」其夕哭從朝。夕哭不括髮，不袒，不踊，不以爲數。三日成服，拜賓、送賓皆如初。三日，三哭之明日也。既哭，成其喪服，杖於序東。**疏**正義曰：此一節明父母之喪，奔至於家，哭及袒、踊、成服之節。明父母之喪，❶奔入中門之左也。「升自西階」者，《曲禮》云：「爲人子者，升降不由阼階。」今父母新死，未忍異於生，故不忍當阼階也，故升自西也。「括髮袒」者，喪已經日，不笄纚，故即括髮、袒也。若尋常在家，親始喪，則笄纚。至明日小斂畢，乃括髮。此所奔者，謂主人也。故下云「奔喪者非主人，則主人爲之拜賓」。此既親拜賓，故知主人也。此謂奔父之喪。若母之喪，又哭則免。此下文云「又哭，括髮袒」，故知爲父也。此謂未成服也，故下云「三日成服」。

❶「明父母之喪」，浦鏜校云：「此句上當脱『入門左者』四字。」據下文，浦校是。

「襲、絰于序東」者，謂在堂下當序牆之東，非謂堂上之序東也。「送賓皆如初」者，謂前送賓畢而反位，後送賓亦畢而反位，故云「皆如初」也。「於又哭，括髮，袒，成踊。於三哭，猶括髮，袒，成踊」者，括髮、袒，皆在堂上，殯東，西面。成踊則在堂下之東，西面位也。「三日成服，拜賓，送賓皆如初」者，謂於堂下之東拜賓，成踊、送賓、反位，故云「皆如初」也。注「未成服者，素委貌，深衣」正義曰：知「素委貌，深衣」者，案《曾子問》篇云，壻親迎，女在塗，遭喪，「女改服，布深衣，縞緫」。女人之縞緫，似男子之素冠，故知布深衣、素冠。又《小記》云：「遠葬者，比反哭者皆冠，及郊而后免。」明知在路皆冠也。此素委貌謂士庶人，若大夫已上則素弁也。注「已殯者位在下」正義曰：案《士喪禮》小斂訖，「降自西階，即位」，故知殯畢位在下。小斂之後，未殯之前，雖降在堂下，仍更升堂。至既殯之後，則長在阼階之下，故云「既殯，位在下也」。注「襲服」至「哭踊」正義曰：云「不於又哭乃絰」者，案《士喪禮》小斂訖，奉尸侇于堂，降，成踊，乃絰於序東。在家小斂，當奔之禮又哭。既小斂著絰，則合又哭乃絰。故云「不於又哭乃絰者，發喪已踰日，節於是可也」。云「其未小斂而至，與在家同耳」者，謂威儀節度，與在家同；其帶絰等，自用其奔喪日數也。云「不散帶者，不見尸柩」者，以《士喪禮》云，既小斂，帶絰散麻，三日乃絞垂。今奔喪初至則絞帶，與在家異，故云「不散麻者，不見尸柩」也。知此「絞帶」非象革帶之絞帶，而必以爲絰之散垂而絞之者，以《雜記》云：「親者終其麻帶絰之日數。」彼「帶絰」謂絰之垂者，是主人成絰之後，明知此「絞帶」亦謂絰之散垂而絞之，故不以爲象革帶之絞帶也。且要帶爲重，象革帶之絞帶爲輕。此絞當舉重者，不應舉輕之絞帶，故以爲絞絰之垂者。注「又哭」至「爲數」正義曰：知「又哭、三哭皆升堂、括髮袒」者，約《士喪禮》小斂、大斂主人皆升堂，故知此皆升堂也。引《雜記》云『士三踊』。其夕哭從朝。夕哭不括髮，不袒，不踊」者，彼云「三踊」，夕無踊，唯稱「三踊」。此云「三哭」而不踊，故知夕雖哭而不踊，故數夕哭，但云「三哭」。「不袒」者，以《小記》篇云「三日五哭三袒」，既云「三袒」，故知夕不袒也。注「既哭，成其喪服，杖於序東」正義曰：知在序東者，約《士喪禮》文。

奔喪者非主人，則主人爲之拜賓、送賓。奔喪者自齊衰以下，入門左，中庭北面，哭盡哀；免、麻于序東，即位袒，與主人哭，成踊。不升堂哭者，非父母之喪，統於主人也。麻，亦絰帶也。於此言「麻」者，明所奔喪雖有輕者，不至喪所，無改服也。凡袒者於位，襲於序東，袒、襲不相因位。此麻乃袒，變於爲父母也。於又哭、三哭，皆免、袒。有賓，則主人拜賓、送賓。又哭、三哭，亦入門左，中庭北面，如始至時也。丈夫婦人之待之也，皆如朝夕哭位，無變也。待奔喪者無變，嫌賓客之也。於賓客，以哀變爲敬。此骨肉，哀則自哀矣。於此乃言「待之」，明奔喪者至三哭，猶不以序入也。疏正義曰：此一節明奔齊衰以下之喪。注「不升」至「母也」　正義曰：「不升堂哭者，非父母之喪，統於主人」者，解前文「奔喪，升自西階」，此云「中庭北面」，故云「不升堂哭者，非父母之喪，統屬於主人」。以主人待奔之人，但在東階之下，不升堂，故奔喪者在庭中北面，繼統於主人也。主人唯饋奠有事之時，乃升堂。若尋常無事，恒在堂下也。下文云「奔母之喪」，則前經「升自西階」者，是奔父之喪。此云「奔母之喪」者，其實奔父母喪亦升自西階，故經下「奔母之喪」，❶直云「西面哭」，不云「升」，從上文也。云「於此言『麻』者，明所奔喪雖有輕者，不至喪所，無改服也」者，熊氏及沈氏以「父母之喪，來至喪所，乃改服，襲絰帶。若齊衰以下之喪，亦至喪所乃免麻而改服也。今此齊衰來至喪所，若不稱『麻』，恐是輕喪在路之上已改服著麻，故於此至家乃稱『麻』，欲明所奔之喪，雖有輕喪，不來至喪所，無道路之上改服著麻，故云『明所奔喪雖有輕者，不至喪所，無改服也』」。皇氏以爲「謂奔齊衰之喪，不至喪所，謂不升堂」，全不解注意，其義非也。此「麻」則「帶絰」變文耳。云「凡袒者於位，襲於序東，袒、襲不相因位」者，此奔齊衰之喪，經云「免、麻于序東，即位袒」，是袒在於位也；「免麻于序東」，麻即襲也。序東在位北，隱映於序，是「袒、襲不相因位」也。云「此麻乃袒，變於爲父母也」者，以此經先云「免麻」，乃云「即位袒」；案上文父母之喪，先云「括髮，袒」，乃云「襲，絰于序東」，是與父母異也，故云「此麻乃袒，變於爲父母也」。注「又哭」至「時也」　正義曰：鄭知「又哭、三哭，如始至時」者，以上奔父之喪，又哭、三哭皆「括髮，袒，成踊」，如初至，則知齊衰以下之喪，又哭三哭，皆如初至時。注「待奔」至「入也」　正義曰：「待奔喪者無變，嫌賓客之」者，釋所云「不變」義也。禮以

❶ 「經下」，阮本作「下經」，單疏殘本無「經」字。

變爲敬，若有客則拜賓，與之成踊，示敬賓，故變也。今此奔者是骨肉之恩，哀則哀矣，則不須爲變，明不如賓客也。云「於此乃言『待之』，明奔喪者至三哭，猶不以序入也」者，言主人男女待此奔者，應就初哭成踊下而言之。今方於三哭以後言之者，若平常五屬入哭，則與主人爲次，重者前，輕者後。今奔喪者急哀，但獨入哭，不俟主人爲次序。非唯初至如此，至主人又哭、三哭皆然，故於三哭之下，明其待之無變，明悉如初至，三哭猶不以常禮次序以入。此謂男子奔喪，故待之無變。若婦人奔喪，則待異於男子，與賓客同。故下文「婦人奔喪，東髽，即位，與主人拾踊」，注云：「拾，更也。主人與之更踊，賓客之。」是待婦人爲賓客禮，以婦人外成，適他族故也。雖以賓客待之，亦爲異於賓客之禮。故《雜記》云，婦人奔喪，「入自闈門，升自側階」，注：「入自闈門，升自側階，異於女賓。」若女賓，則《喪大記》篇云，寄公夫人，入自大門。今此入闈門，是異於女賓。以婦人雖是外成，以本天屬，❶不得全同女賓故也。

奔母之喪，西面哭，盡哀，括髮，袒；降，堂東即位，西鄉哭，成踊。襲、免、絰于序東。拜賓、送賓，皆如奔父之禮。於又哭，不括髮。爲母於又哭而免，輕於父也。其他則同。

疏 正義曰：此一經論奔母之喪節也。此謂適子，故經云「拜賓、送賓，皆如奔父之禮」。若庶子，則亦主人爲之拜賓、送賓。 注「爲母於又哭而免，輕於爲父也」 正義曰：此文「又哭，不括髮」，與《喪服小記》篇云又哭而免，其理雖同，其日則異。於《喪服小記》，據在家小斂之後，又哭之時，不括髮而免也。此則從外奔喪至内，乃不括髮而免也。

婦人奔喪，升自東階，殯東西面坐，哭盡哀。東髽，即位，與主人拾踊。婦人，謂姑、姊妹、女子子也。東階，東面階也。婦人入者由闈門。東髽，髽於東序。不髽於房，變於在室者也。去纚大紒曰髽。拾，更也。主人與之更踊，賓客之。

疏 正義曰：此婦人奔喪之禮也。 注「婦人」至「客之」 正義曰：「婦人入者由闈門」，知入自闈門者，《雜記》篇文。以諸侯夫人奔喪入自闈門，明卿大夫以下婦人皆從闈門入也。闈門，謂東邊之門。云「髽於東序」者，以男子之免在東序，故知婦

❶「本天」，原作「奔夫」，阮校云：「惠棟校宋本作『本天』。」庫本亦作「本天」，據改。

人亦髽於東序，就掩映之處，在堂上也。男子則堂下也。經云「升自東階」者，謂東面之階，故《雜記》云「升自側階」。云「不髽於房，變於在室」者，熊氏云：「亦未殯之前，婦人髽於室。故《士喪禮》云『婦人髽于室』。若既殯之後，室中是神之所處，婦人在堂，當髽於東房。今此婦人始來奔喪，故髽於東序耳。此文據天子、諸侯之禮。案《大記》云：『婦人髽，帶麻于房中。』注云：『天子、諸侯之禮。房中，則西房也。』」云「去纚大紒曰髽」者，❶鄭注《士喪禮》云：「髽之異於髻髮者，既去纚，而以髮爲大紒，如今婦人露紒，其象也。」

奔喪者不及殯，先之墓，北面坐，哭盡哀。主人之待之也，即位於墓左，婦人墓右。成踊，盡哀，括髮，東即主人位，絰，絞帶，哭，成踊，拜賓，反位，成踊。相者告事畢。主人之待之，謂在家者也。哭於墓，爲父母則袒。告事畢者，於此後無事也。遂冠，歸，入門左，北面，哭盡哀，括髮，袒，成踊，東即位，拜賓，成踊。賓出，主人拜送。有賓後至者，則拜之，成踊，送賓如初。衆主人、兄弟皆出門，出門哭止。相者告就次。於又哭，括髮，成踊。於三哭，猶括髮，成踊。三日成服，於五哭，相者告事畢。又哭、三哭不袒者，哀戚已久，殺之也。《逸奔喪禮》説不及殯曰：「於又哭，猶括髮，即位，不袒。」告事畢者，五哭而不復哭也。成服之朝爲四哭。此謂既期乃後歸至者也。其未期，猶朝夕哭，不止於五哭。爲母所以異於父者，壹括髮，其餘免以終事，他如奔父之禮。壹括髮，謂歸入門哭時也。於此乃言爲母異於父者，明及殯、不及殯，其異者同。

疏 正義曰：此一節論既葬之後奔父母之喪禮。

「主人之待之也，即位於墓左，婦人墓右」者，主人，謂先在家者，非謂適子也。此奔喪者，身是適子。故經云「拜賓，反位，成踊」。若非適子，則不得拜賓也。

「三日成服，於五哭，相者告事畢」者，三日成服，謂來奔喪日後三日，通奔日則爲四日。於此日成服，則五哭矣。相者告事畢，謂成服之日爲四哭，成服明日之朝爲五哭。此

❶ 「紒」，原作「介」，據阮本改。

謂既葬已後而來歸，故唯五哭。相者告事畢，不復哭也。注「主人」至「事也」　正義曰：鄭注嫌經云「主人」是適子，故云「主人，謂在家者」。必知然者，以奔喪者親自拜賓，是奔喪者身爲主人，不得待者爲主人，故云「謂在家者」也。云「哭於墓，爲父母則袒」者，以下文云「除喪而后歸，則之墓，哭成踊，東括髮，袒」，除喪畢尚「括髮，袒」，明葬後歸爲父母袒可知也。云「告事畢者，於此後無事也」，釋所以墓所初哭成踊則告事畢者，以墓所既括髮、絰、絞帶、拜賓之後，於此墓所更無事也。注「又哭」至「五哭」　正義曰：「又哭、三哭不袒者，哀戚已久，殺之也」，今經云「又哭、三哭」，但云「括髮」，不云「袒」者，既葬已後，哀情稍殺故也。云「成服之朝爲四哭」者，以初至象始死，爲一哭；明日象小斂，爲二哭；又明日象大斂，爲三哭；又明日，成服之日，爲四哭；又明日，爲五哭。皆數朝哭，不數夕哭，故爲五也。云「此謂既期乃後歸至者也」，若其未期之前在家者，猶朝夕哭，則知奔喪者亦朝夕哭。今云「五哭，相者告事畢」，明是既期已後，朔望朝哭而已。故鄭云「其未期，猶朝夕哭，不止於五哭」也。注「壹括」至「者同」　正義曰：「壹括髮，謂歸入門哭時」者，鄭恐「一括髮」是墓所括髮，入門則不括髮，故明之。云「壹括髮，謂入門哭時」者，謂以筵几在堂，不應入門遂不括髮，故云「謂入門時也」。云「於此乃言『爲母異於父』者，明及殯、不及殯，其異者同」，釋爲母異於父，應從上文及殯奔母之喪而言之，今乃於「不及殯」後始言爲母異於父之意。若及殯則言異於父，恐不包不及殯；若不及殯處而言之，則及殯之處灼然可知。是舉後揔明前也，故云「明及殯、不及殯，其異者同」。謂及殯，壹括髮；不及殯，亦壹括髮。是異於父者，其事同也。

齊衰以下，不及殯，先之墓，西面，哭盡哀。不北面者，亦統於主人。免、麻于東方，即位，與主人哭，成踊，襲。有賓，則主人拜賓、送賓。賓有後至者，拜之如初。相者告事畢。不言「袒」言「襲」者，容齊衰親者或袒可。遂冠，歸，入門左，北面，哭盡哀，免，袒，成踊，東即位，拜賓，成踊。賓出，主人拜送。於又哭，免，袒，成踊。於三哭，猶免，袒，成踊。三日成服。於五哭，相者告事畢。爲父，於又哭括髮而不袒。此又哭、三哭皆言「袒」。袒，衍字也。疏正義曰：此一節明既葬之後奔齊衰以下喪禮。但齊衰以下有大功、小功、緦麻，日月多少不同。若奔在葬後而三月之外，大功以上則有免、麻東方，三日成服；若小功、緦麻之喪，則不得有三日成服。小功以下不税，無追服之理。若葬後通葬前未滿五月，小功則亦三日成服。其緦麻之喪，止臨喪節而來，亦得三日成服也。　「東即位，拜賓，成踊」者，東即位，謂奔喪者於東方就哭位。拜賓，謂主人代之拜賓。成踊，謂奔喪者於主人拜賓之時而成踊。凡言成踊，每一節有三踊，凡三節九踊，乃謂之成也。　注「不言『袒』言『襲』」者，容齊衰親者或袒可」　正義曰：今案經文直言「免、麻于東方，即位」，不稱「袒」，而下云「成踊，襲」。下既稱「襲」，則有「袒」理。經若言「袒」，恐齊衰以下皆袒，故不得揔言「袒」也。經稱「襲」者，容有齊衰重爲之得襲，故言「襲」。　注「爲父」至「字也」　正義曰：知「爲父，於又哭，括髮而不袒」者，案上文爲父「不及殯，歸，入門左，北面，哭盡哀，括髮，袒」，下文云「相者告就次。於又哭，括髮，成踊」，不言「袒」，是「爲父，於又哭，括髮而不袒」也。　云「又哭、三哭皆言『袒』。袒，衍字也」者，今齊衰以下之喪，經文於又哭、三哭乃更言「袒」。輕喪而袒，非其宜，故知經之「袒」，衍餘之字也。

聞喪不得奔喪，哭盡哀，問故，又哭盡哀，乃爲位，括髮，袒，成踊，襲，絰，絞帶，即位。聞父母喪而不得奔，謂以君命有事。不然者，不得爲位。位有酇列之處，如於家朝夕哭位矣。不於又哭乃絰者，喪至此踰日，節於是可也。　拜賓，反位，成踊。賓出，主人拜送于門外，反位。若有賓後至者，拜之，成踊，送賓如初。於又哭，括髮，袒，成踊。於三哭，猶括髮，袒，成踊。三日成服。於五哭，拜賓，送賓如初。不言「就次」者，當從其事，不可以喪服廢公職也。其在官，亦告就次。言五哭者，以迫公事，五日哀殺，亦可以止。

疏　正義曰：此一節明聞喪不得奔，於所聞之處發喪成服之禮。　「聞喪不得奔」者，謂以君命有事，其事未了，故不得奔喪也。「乃爲位」者，謂以君命使，故得爲位如朝夕哭位矣。　「襲，絰，絞帶，即位」者，於此聞喪之日，覆哭踊畢，襲所袒之衣，著首絰、絞帶之垂，即東方之位。　「三日成服。於五哭，拜賓、送賓如初」者，三日成服，通數聞喪爲四日。五哭，謂成服之明日哭也。於此哭時，有賓來，即拜而迎之，去即送之，皆如初。於五哭訖，亦可以止者也。不云「相者告事畢」，禮文略也。**注**「聞父」至「可也」 正義曰：知「聞父母喪而不得奔，謂以君命有事」者，若非君命有事，則不得爲位，當須速奔。今乃爲位，故知以君命有事也。云「不於又哭乃絰者，喪至此踰日，節於是可也」者，「不於又哭」，謂不於明日之又哭。此經云「又哭」，謂當日之中，對初聞喪之哭乃爲「又哭」。於此哭後乃絰，絞帶，與明日又哭别也。初聞喪，象始死。明日又哭，象小斂時也。《士喪禮》云小斂乃絰，則此亦當又哭乃絰。今於聞喪之日即絰帶者，以喪至此赴者至，踰其日節，故於是聞喪之日可加絰帶也。**注**「其在」至「以止」 正義曰：「在官」，謂在官府館舍。館舍是賓之所專，有由館舍之中而作廬，故知禮畢亦告就次。云「言五哭者，以迫公事，五日哀殺，亦可以止」者，此經唯云「五哭」，不云「哀止」，知可以止者，若成服之後，恒常有哭，何須特云「五哭」之文？明五哭之後，不復朝夕有哭，故以五哭斷之。

若除喪而后歸，則之墓，哭，成踊，東，括髮，袒，絰。拜賓；成踊，送賓，反位。又哭，盡哀，遂除。於家不哭。東，東即主人位，如不及殯者也。遂除，除於墓而歸。主人之待之也，無變於服，與之哭，不踊。無變於服，自若時服也。亦即位于墓左，婦人墓右。**疏** 正義曰：此一節明除服之後奔父母喪節。「則之墓，哭，成踊」者，亦謂主人適子，初在墓南，北面，哭，成踊，乃來就主人之位，括髮，袒也。「主人之待之也，無變於服」者，主人，亦謂在家者。無變於服，謂著平常之吉服。「不踊」者，以在家者其服已除，哀情已殺，故不踊也。**注**「東東」至「而歸」 正義曰：以東方是主人之位，經云「東」，故云「即主人之位」。云「如不及殯者也」，以上文奔父母之喪，「不及殯，先之墓，北面哭」，下云「東即主人之位」。除喪之後奔，其位如不及殯之時。云「遂除，除於墓而歸」者，❶以經云「遂除。於家不哭」，鄭恐來至家始除服，故明之云，遂除，謂墓所遂除服，至於家不復哭也。

自齊衰以下，所以異者免、麻。**疏** 正義曰：此一節明齊衰以下除服之後奔喪之節，唯著免、麻，不括髮，墓所哭罷即除。此免、麻者，當謂至緦麻也。

凡爲位，非親喪，齊衰以下皆即位，哭盡哀，而東，免，絰，即位，袒，成踊。謂

❶「除」字原脱，據毛本補。

無君事，又無故，可得奔喪，而以己私未奔者也。唯父母之喪，則不爲位，其哭之，不離聞喪之處。齊衰以下，更爲位而哭，皆可行乃行。襲，拜賓，反位，哭，成踊，送賓，反位。相者告就次。三日五哭，卒。主人出送賓，衆主人、兄弟皆出門，哭止。❶相者告事畢。成服，拜賓。卒，猶止也。三日五哭者，始聞喪，訖夕爲位，乃出就次，一哭也；與明日又明日之朝、夕而五哭。不五朝哭而數朝夕，備五哭而止，亦爲急奔喪，已私事當畢。亦明日乃成服。凡云五哭者，其後有賓，亦與之哭而拜之。若所爲位家遠，則成服而往。謂所當奔者外喪也。外喪緩而道遠，成服乃行，容待齎也。**疏**正義曰：此一節明齊衰以下不得往奔，則於所聞之處爲位及免、絰成服之禮。

「三日五哭」者，謂初聞喪爲一哭，明日朝夕二哭，又明日朝夕二哭，摠爲五哭。所以三日爲五哭者，爲急欲奔喪，以己之私事，須營早了，故三日而五哭止也。

注「謂無」至「乃行」 正義曰：己聞齊衰以下之喪，既不銜君事，又無私事，故可得早奔，唯以己之私事未得奔者。必知無君事者，若銜君命，於事爲重，唯父母之喪，乃敢顯然爲鄰列之位。今若銜君使命，聞齊衰以下輕喪，不敢以私害公，不敢顯然爲位。此言「爲位」，故知無君命，自以私事未得奔者。云「齊衰以下，更爲位而哭，皆可行乃行」者，齊衰以下，於聞喪之處已哭，哭罷更爲位而哭，可行即行。以齊衰以下皆然，故云「皆」也。

注「數朝」至「拜之」 正義曰：前云「三日成服」，於五哭皆數朝哭，五日而五哭。唯三日數夕哭爲五哭者，前文三日五哭，成服之後，乃云「五哭」，故數成服後日之哭，乃爲五。此「三日五哭」，是三日之内爲五哭，故數夕哭爲五哭。經文不同，故鄭注亦異。云「亦明日乃成服」者，鄭恐三日爲五哭，恐數聞喪三日亦成服，故云「明日乃成服」，以成服必除初聞喪爲三日也。云「凡云五哭者，其後有賓，亦與之哭而拜之」者，從上以來，四處有「五哭」之文。上兩處於「五哭」之下無拜賓送賓之事，下兩處「五哭」之文雖有拜賓送賓，恐與上有異，故鄭摠明之云：「凡云五哭者，其後有賓，亦與之哭而拜之。」摠結於上文。

❶ 「主人出送賓衆主人兄弟皆出門哭止」，孫希旦《集解》：「此十五字，於上下不相屬，注疏皆無解説，蓋衍文。」

也。**注**「外喪緩而道遠，成服乃行，容待齎也」　正義曰：以外喪恩輕，故哀情緩也。道路又遠，容待齎持賵贈之物，故成服乃去也。齊衰望鄉而哭，大功望門而哭，小功至門而哭，緦麻即位而哭。奔喪哭，親疏遠近之差也。**疏**正義曰：此一節明奔喪所至之處哭泣之禮。案《雜記》云「大功望鄉而哭」，此云「望門而哭」者，《雜記》所云者，謂本齊衰喪者，降服大功。哭父之黨於廟，母、妻之黨於寢，師於廟門外，朋友於寢門外，所識於野張帷。此因五服聞喪而哭，列人恩諸所當哭者也。黨，謂族類無服者也。《逸奔喪禮》曰：「哭父族與母黨於廟，妻之黨於寢，朋友於寢門外，壹哭而已，不踊。」言「壹哭而已」，則不爲位矣。凡爲位不奠。以其精神不存乎是。❶ 哭天子九，諸侯七，卿大夫五，士三。此臣聞君喪而未奔，爲位而哭，尊卑日數之差也。士亦有屬吏，賤，不得君臣之名。大夫哭諸侯，不敢拜賓。謂哭其舊君。不敢拜賓，辟爲主。諸臣在他國，爲位而哭，不敢拜賓。謂大夫、士使於列國。與諸侯爲兄弟，亦爲位而哭。族親昏姻在異國者。凡爲位者壹袒。謂於禮正，可爲位而哭也。始聞喪，哭而袒，其明日則否。父母之喪，自若三袒也。**疏**正義曰：此一節明無服之親聞喪所哭之處。案《檀弓》云「師，吾哭諸寢」，與此異；「兄弟，吾哭諸廟」，與此同；「朋友，哭諸寢門外」，與此同。其不同者，熊氏云：「《檀弓》所云，殷禮也。此所云，周法也。」此「哭父黨於廟」，而《檀弓》云：「有殯，聞遠兄弟之喪，哭於側室。」若無殯則在寢，與此不同者，異代禮也。此「母黨在寢」，《逸奔喪禮》「母黨在廟」者，皇氏云：「母存則哭於寢，母亡則哭於廟。」熊氏云：「哭於廟者是親母黨，哭於寢者蓋慈母、繼母之黨。」未知孰是，故兩存之。沈氏云：「事由父者哭之廟，事由己者則哭之寢。此「師於廟門外」者，是父之友，與爲師同，故哭之廟。」義亦通也。**注**「壹哭而已，則不爲位矣」　正義曰：此明諸哭者，本是無服，故但哭，不爲位。案《檀弓》云申祥之哭言思，與哭嫂同爲位者，熊氏云「異代禮也」。此文朋友喪，將欲奔，故先作一哭。若朋友已久，雖聞喪，則不復哭。故《檀弓》云「朋

❶「存」，阮本作「在」，岳本同，閩、監、毛本同。

友之墓有宿草而不哭」是也。注「謂哭其舊君。不敢拜賓，辟爲主」　正義曰：知哭舊君者，以下文云「諸臣在他國，爲位而哭」，是於他國爲位而哭見事之君，則知此是哭諸舊君也。注「族親昏姻在異國者」　正義曰：此謂與諸侯異姓之昏姻，又在他國，不與諸侯爲臣，身又無服，故暫爲位而哭。若與諸侯同姓，是五服之内，皆服斬也。故《小記》云「與諸侯爲兄弟者服斬」是也。若君之姑、姊妹之女來嫁於國中者，則有服。故《雜記》云諸侯之「外宗猶内宗」，是有服也。注「謂於」至「袒也」　正義曰：此謂斬衰以下之喪，初聞喪應爲位者，初哭一袒而已，又哭、三哭則不袒。爲父母之喪，則又哭、三哭皆袒，前文所云者是也。**所識者弔，先哭于家，而後之墓。皆爲之成踊，從主人北面而踊。**從主人而踊，拾踊也。北面，自外來便也。主人墓左，西面。疏正義曰：此一節論哭所識者也。　「所識」，謂與死者相識，今弔其家，後乃往墓，統於主人故也。　「皆爲之成踊」者，雖相識輕，亦爲之成踊也。皆賓主拾之。　「從主人北面而踊」者，主人在墓左，西鄉，❶賓從外來而北面踊便也。主人先踊，賓從之，故云「從主人北面而踊」也。**凡喪，父在，父爲主；**與賓客爲禮，宜使尊者。**父没，兄弟同居，各主其喪；**各爲其妻、子之喪爲主也。祔則宗子主之。**親同，長者主之；**父母没，如昆弟之喪，宗子主之。**不同，親者主之。**從父昆弟之喪。疏正義曰：此一節論同居主喪之事。　「凡喪，父在，父爲主」者，言子有妻、子喪，則其父爲主。案《服問》云：「君所主：夫人妻，大子，適婦。」不云主庶婦。若此所言，則亦主庶婦，是與《服問》違者，《服問》所言，通其命士以上，父子異宫，則庶子各自主其私喪。今此言是同宫者也。　「父没，兄弟同居，各主其喪」者，謂各爲其妻、子爲喪主也。此言「父没同居各主之」，當知父在同居則父主之。　「親同，長者主之」者，親同，謂同三年期同父母者。若同父母喪者，則推長子爲主；若昆弟喪，亦推長者爲主也。　「不同，親者主之」者，不同，謂從父昆弟，親近自主之也。**聞遠兄弟之喪，既除喪而后聞喪，免、袒、成踊，拜賓則尚左手。**小功、緦麻不税者也。雖不服，

❶「西」字原脱，據單疏殘本、阮本補。

猶免、袒。尚左手，吉拜也。《逸奔喪禮》曰：「凡拜，吉喪皆尚左手。」疏正義曰：此一經論小功以下之喪，既除喪之後而始聞喪之節。「免、袒、成踊」者，小功以下，應除之後，服雖不税，而初聞喪，亦免、袒而成其踊也。以本是五服之親，爲之變也。「拜賓則尚左手」者，於時有賓來弔，拜賓之時，尚其左手。謂左手在尚，從吉拜也。**無服而爲位者，唯嫂叔及婦人降而無服者麻。**雖無服，猶弔服加麻，袒、免，爲位哭也。正言嫂叔，尊嫂也。兄公於弟之妻則不能也。婦人降而無服，族姑、姊妹嫁者也。《逸奔喪禮》曰：「無服袒、免爲位者，唯嫂與叔。凡爲其男子服，其婦人降而無服者麻。」疏正義曰：此經論哭無服而爲位，及弔服加麻也。「及婦人降而無服者麻」，哭嫂與叔爲位，并及族姑、姊妹女子出嫁於人，元是緦麻，今降而無服，亦當爲位哭之，加弔服之麻，不爲之袒免，故云「無服者麻」也。注「雖無」至「者麻」　正義曰：以經云「無服者麻」，既無服，又云「麻」，故知「弔服加麻」也。麻，謂緦之絰也。云「兄公於弟之妻則不能也」者，兄公，謂夫之兄也，於弟之妻，則不能爲位哭之。然則弟婦於夫兄亦不能也。兄公於弟妻不服者，卑遠之也；弟妻於兄公不服者，尊絶之也。《爾雅·釋親》云：「婦人謂夫之兄爲兄公。」郭景純云：「今俗呼兄鍾，語之轉耳。」今此《記》俗本皆「女」旁置「公」，轉誤也。皇氏並云：「婦人稱夫之兄爲公者，須公平，尊稱也。」云「凡爲其男子服，其婦人降而無服者麻」者，此是《逸奔喪禮》文，❶言凡爲其男子服，其婦人降而無服者麻，男子，謂族伯叔、族兄弟之等，爲其族姑及姊妹既降無服，其族姑姊爲族伯叔、兄弟亦無服加麻。❷是男之於女，女之於男，皆無服而加麻，故云「凡爲其男子服，其婦人降而無服者麻」也。**凡奔喪，有大夫至，袒，拜之，成踊，而后襲；於士，襲而后拜之。**主人袒，降，哭，而大夫至，因拜之，不敢成己禮，乃禮尊者。或曰「大夫後至者，袒，拜之，爲之成踊」。疏正義曰：此經論奔喪大夫、士來弔待之節。「大夫至，袒，拜之，成踊，而后襲」者，謂大夫來至，弔此奔喪之士，其奔喪者先袒，拜之，成踊之后，然後襲衣。尊大夫，故先拜而後襲。「於士，襲而後拜之」者，謂士來弔此奔喪

❶「逸」，原作「亦」，據阮本改。
❷「姊」，衛氏《集説》「姊」下有「妹」字，疑是。

之人，其奔喪者初亦袒，襲衣之後，乃始拜之。士卑，故先襲而後拜也。 注「主人」至「成踊」 正義曰：此「主人」，謂奔喪者身是士，初來奔喪，主人括髪於堂上，乃降堂而哭。於此時大夫至，因拜之於東階下，不敢成己踊及襲、絰、帶之事，待拜後，始成踊、襲、絰、帶也。若士來弔，則降堂先成己禮，踊、襲、絰、帶之後，乃拜之。士，謂兩士相敵。然則與兩大夫相敵，則亦襲後乃拜之。云「或曰『大夫後至者，袒，拜之，爲之成踊』」者，以此經但云「袒，拜之，成踊」，其餘經本云「大夫後至，袒，拜之，爲之成踊」，與此經文字多少不同，故云「或曰」。

禮記正義卷第六十三

禮記正義卷第六十四

國子祭酒上護軍曲阜縣開
國子臣孔穎達等奉勅撰

問喪第三十五

正義曰：案鄭《目録》云：「名曰《問喪》者，以其記善問居喪之禮所由也。此於《别録》屬《喪服》也。」

親始死，雞斯，徒跣，扱上衽，交手哭。惻怛之心，痛疾之意，傷腎、乾肝、焦肺，水漿不入口，三日不舉火，故鄰里爲之糜粥以飲食之。親，父母也。雞斯，當爲「笄纚」，聲之誤也。親始死，去冠，二日乃去笄纚，❶括髮也。今時始喪者，邪巾貊頭，笄纚之存象也。徒，猶空也。上衽，深衣之裳前。五藏者，腎在下，肝在中，肺在上，舉三者之焦傷而心、脾在其中矣。五家爲鄰，五鄰爲里。夫悲哀在中，故形變於外也。痛疾在心，故口不甘味，身不安美也。言人情之中外相應。三日而斂，在牀曰尸，在棺曰柩。動尸舉柩，哭踊無數。惻怛之心，痛疾之意，悲哀志懣氣盛，故袒而踊之，所以動體、安心、下氣也。婦人不宜袒，故發胸、擊心、爵踊，殷殷田田，如壞牆然，悲哀痛疾之至也。故曰「辟踊哭泣，哀以送之」。送形而往，迎精而反也。故袒而踊之，言聖人制法，故使之然也。爵踊，足不絶地。辟，拊心也。哀以送之，謂葬時也。迎其精神而反，謂反哭及日中而虞也。其往送也，望望然，汲汲然，如有追而弗

❶「二」，原作「三」，據余本、撫本、岳本、阮本、魏氏《要義》及衛氏《集説》改。

及也。其反哭也，皇皇然，若有求而弗得也。故其往送也如慕，其反也如疑。望望，瞻望之貌也。慕者，以其親之在前。疑者，不知神之來否。求而無所得之也，入門而弗見也，上堂又弗見也，入室又弗見也，亡矣，喪矣，不可復見已矣！故哭泣辟踊，盡哀而止矣。説反哭之義也。心悵焉愴焉，惚焉愾焉，心絶志悲而已矣。祭之宗廟，以鬼饗之，徼幸復反也。説虞之義。成壙而歸，不敢入處室，居於倚廬，哀親之在外也；寢苫枕塊，哀親之在土也。言親在外在土，孝子不忍反室自安也。入處室，或爲「入宫」。故哭泣無時，服勤三年，思慕之心，孝子之志也，人情之實也。勤，謂憂勞。或問曰：「死三日而后斂者，何也？」怪其遲也。曰：「孝子親死，悲哀志懣，故匍匐而哭之，若將復生然，安可得奪而斂之也？故曰三日而后斂者，以俟其生也。三日而不生，亦不生矣，孝子之心，亦益衰矣。家室之計，衣服之具，亦可以成矣。親戚之遠者，亦可以至矣。是故聖人爲之斷決，以三日爲之禮制也。」匍匐，猶顛蹶，或作「扶服」。或問曰：「冠者不肉袒，何也？」怪冠、衣之相爲也。曰：「冠至尊也，不居肉袒之體也，故爲之免以代之也。言身無飾者不敢冠，冠爲褻尊服。肉袒則著免。免狀如冠而廣一寸。然則禿者不免，傴者不袒，跛者不踊，非不悲也，身有錮疾，不可以備禮也。故曰喪禮唯哀爲主矣。女子哭泣悲哀，擊胸傷心；男子哭泣悲哀，稽顙觸地無容：哀之至也。將踊先袒，將袒先免，此三疾俱不踊，不袒，不免。顧其所以否者，各爲一耳。擊胸傷心，稽顙觸地，不踊者若此而可。或曰「男女哭踊」。或問曰：「免者以何爲也？」怪本所爲施也。曰：「不冠者之所服也。《禮》曰：『童子不緦，唯當室緦。』緦者其免也，當室則免而杖矣。」不冠者，猶未冠也。當室，謂無父兄而主家者也。童子不杖，不杖者不免，當室則杖而免。免，冠之細別，以次成人也。緦者其免也，言免乃有緦服也。或問曰：「杖者何也？」怪其義各異。曰：「竹、桐一也。故爲父苴杖，苴杖，竹也；爲母削杖，削杖，桐也。」言所以杖者，義一也，顧所用異耳。或問曰：「杖者以何爲也？」怪所爲施。曰：「孝子喪親，哭泣無數，服勤三年，身病體羸，以杖扶病也。言得杖乃能起也。數，或爲「時」。則父在不敢杖矣，尊者在故也。堂上不杖，辟尊者之處也。堂上不趨，示不遽也。此孝子之志也，人情之實也，禮義之經也，非從天降也，非從地出也，人情而已矣。」父在不杖，謂爲母喪也。尊者在不杖，辟尊者之處不杖，有事不趨，皆爲其感動，使之憂戚也。

疏 正義曰：此一節明初死三日以來，居喪哭踊悲哀疾痛之意也。「雞斯」者，笄，謂骨笄。纚，謂縚髮之繒。言親始死，孝子先去冠，唯留笄纚也。「徒跣」者，徒，空也，無屨而空跣也。「扱上衽」者，上衽，謂深衣前衽，扱之於帶，以號踊履踐爲妨，故扱之。「交手哭」者，謂交手拊心而爲哭也。「傷腎、乾肝、焦肺」者，言肺在上，性近於燥，故云「焦」。肝近肺，故云「乾」。腎近下，故云「傷」。言近下，性多潤而爲傷矣。舉此三者，五藏俱傷可知也。「不舉火」者，哀痛之甚，情不在食，故不舉火也。言旁親以下，食不可廢。「故鄰里爲之糜粥以飲食之」，糜厚而粥薄，薄者以飲之，厚者以食之。

注「親父」至「爲里」 正義曰：凡云「親」者，包之五服也。以此經悲哀之甚，故知父母也。云「雞斯，當爲『笄纚』」者，以經「雞斯」二字，不當始死者之義，聲與「笄纚」相涉，故云「笄纚」也。云「親始死，去冠」者，《檀弓》云：「始死，羔裘玄冠者易之。」是去冠也。云「二日乃去笄纚」者，以《士喪禮》云小斂髻髮，是死二日，故云「乃去笄纚」也。云「上衽，深衣之裳前」者，言既始死，朝服易之，故知著深衣。案《深衣》篇云「續衽，鉤邊」，故知此衽，深衣之衽。案深衣衽當旁，此云「深衣之裳前」者，既扱之，恐履踐爲妨，故解爲「裳前」也。其實衽象小要，屬裳處皆狹，旁與在前，俱得衽名，但所扱之處當衽也。案《公羊傳》云「昭公以衽受」於齊之唁禮，亦謂裳當前者也。

注「爵踊，足不絕

地。辟，拊心也」　正義曰：爵踊，似爵之跳也，其足不離於地也。「殷殷田田，如壞牆然」者，言將欲崩倒也。❶云「辟，拊心」者，《爾雅·釋訓》文。　「望望然」者，瞻望之意也。　「汲汲然」者，促急之情也。　「皇皇然」者，意彷徨也。　「其往送也如慕」者，如孺子啼慕於母也。　「其反也如疑」者，不知神之來否，如人之有疑也。　「亡矣喪矣」者，喪亦亡也。重言之者，丁寧之也。若似人之逃，不復來也。　「故哭泣辟踊，盡哀而止矣」者，以其不可復見，故反哭之時，哭泣辟踊，盡哀而休止也。「心悵焉愴焉」者，此明反哭之後，虞祭之時也。「祭之宗廟，以鬼饗之」者，謂虞祭於殯宮，神之所在，故稱宗廟。以鬼饗之，尊而禮之，冀其魂神復反也。「成壙而歸」者，此明葬之後，猶居廬枕塊，❷不敢入於室處也。　「故哭泣無時」者，此明終喪思慕之心也。「服勤」者，言服處憂勞勤苦也。　「人情之實也」者，言非詐僞假爲之，是人情悲慕之實也。　「或問曰『死三日而后斂者，何也』」，此記者假設，問三日而后斂之意也。　三日斂者，以士言之，則大斂也。　明大夫以上言之，則小斂也。　此經凡言「亦」者，亦以俟其生。　制三日者，俟其生也。　若三日不生，於後亦不生矣也。　非但不生，「孝子之心，亦益衰矣。　衣服之具，亦可以成矣。　親戚之遠者，亦可以至矣」。　「或問曰『冠者不肉袒，何也』」者，此解冠必不袒，袒必不冠之意也。又明孝子身有病，闕其居喪所以禮矣。此冠不居肉袒者，謂心既悲哀，肉袒形褻，故不可褻其尊服而冠也。若有吉事而内心肅敬，則雖袒而著冠也。故《郊特牲》云「君袒而割牲」是也。「或問曰『免者以何爲也』」者，此怪成人肉袒之時須著免，今非成人肉袒亦有著免，故問之云：免者以何所爲？　「曰『不冠者之所服也』」，此答問之辭也。不冠，謂未冠童子之所服。以未冠，故著免也。　「《禮》曰『童子不緦』」者，此《喪服》正經之文，記者引之，故稱「《禮》曰」。「童子不緦」者，言不爲族人著緦服也。「唯當室緦」者，謂童子無父兄，當室主於家事，唯此當室之童，乃爲族人著緦服。　「緦者其免也」者，作《記》者云，所以此童子爲族人得著緦者，以其無父兄，當室之時即著免也。以其無父兄而可依理，故得爲族人著緦服也。　「當室則免而杖矣」者，又明童子得免所由。以其孤兒當室，

❶「殷殷」至「倒也」，案文例，此十五字當在上文「注爵踊足不絶地」之前。

❷「居」下原有「倚」字，據單疏殘本、阮本删。

則得免而杖，爲族人得著緦也。若童子不當室，則不得免及杖也。注「免，冠之細别，以次成人也」正義曰：解當室所著之意也。言免是冠之流别也。❶童子當室，亞次成人，故得著免也。云「緦者其免也」者，疊出經文也，言免乃有緦服也。鄭出「緦其免」之意，言内爲父母著免，乃有族人緦服。言緦服由於著免，是所以緦者，由有免故也。「或問曰『杖者何也』」者，此明問居喪有杖，爲父母乃異，何意如此，故問之。「竹、桐一也」，言爲父竹，爲母桐，孝子之意，其義一也。言孝子奉親，用心是一，但取義有異，故竹桐而殊也。「故爲父苴杖，苴杖，竹也」者，父是尊極，故爲之苴杖。言苴惡之物以爲杖，自然苴惡之色，唯有竹也，故云「苴杖，竹也」。「爲母削杖，削杖，桐也」，言爲母屈於父，不同自然苴惡之色也，故用削杖。其杖雖削，情同於父，故云「削杖，桐也」。桐，爲是同父之義，故不用餘木也。或解云：竹節在外，外，陽之象，故爲父矣。桐節在内，内，陰之類也，故爲母也。「或問曰『杖者以何爲也』」者，此問孝子居喪何以須杖之意也。「父在不敢杖矣，尊者在故也」者，爲母，親對父之時，不敢據杖，以尊者在，故不敢也。「堂上不杖，辟尊者之處也」者，所以爲母堂上不敢杖者，堂上是父之所在，辟尊者之處，所以爲母堂上故不杖也。「堂上不趨，示不遽也」者，言孝子爲母，所以堂上不爲喪趨者，示父以閒暇不促遽也。若堂上而趨，則感動父情，使父憂戚，故不杖不趨，冀不悲哀於父也。此孝子之志意，人情之實事。

服問第三十六

正義曰：案鄭《目録》云：「名曰《服問》者，以其善問，以知有服而遭喪所變易之節。此於《别録》屬《喪服》也。」

《傳》曰「有從輕而重」，公子之妻爲其皇姑；皇，君也。諸侯妾子之妻爲其君姑齊衰，與爲小君同，舅不厭婦也。「有從重而輕」，爲妻之父母；妻齊衰而夫從緦麻，不降一等，言非服差。「有從無服而有服」，公子之妻爲公子之外兄弟；

❶「别」，原作「例」，據殿本、庫本及張敦仁《考異》改。

謂爲公子之外祖父母、從母緦麻。「有從有服而無服」，公子爲其妻之父母。凡公子厭於君，降其私親，女君之子不降也。《傳》曰：「母出，則爲繼母之黨服。母死，則爲其母之黨服。爲其母之黨服，則不爲繼母之黨服。雖外親，亦無二統。三年之喪既練矣，有期之喪既葬矣，則帶其故葛帶，絰期之絰，服其功衰。帶其故葛帶者，三年既練，期既葬，差相似也。絰期之葛絰，❶三年既練，首絰除矣。爲父，既練，衰七升。母既葬，衰八升。凡齊衰既葬，衰或八升，或九升。服其功衰，服麤衰。有大功之喪，亦如之。大功之麻，變三年之練葛。期既葬之葛帶，❷小於練之葛帶，又當有絰，亦反服其故葛帶，絰期之絰，差之宜也。此雖變麻服葛，大小同耳，亦服其功衰。凡三年之喪既練，始遭齊衰、大功之喪，絰帶皆麻。小功無變也。無所變於大功、齊、斬之服，不用輕累重也。麻之有本者，變三年之葛。有本，謂大功以上也。小功以下，澡麻斷本。既練，遇麻斷本者，於免，絰之；既免，去絰。每可以絰必絰，既絰則去之。雖無變，緣練無首絰，於有事則免絰如其倫。免無不絰，絰有不免。其無事則自若練服也。小功不易喪之練冠，如免，則絰其緦、小功之絰，因其初葛帶。緦之麻，不變小功之葛；小功之麻，不變大功之葛。以有本爲稅。稅，亦變易也。小功以下之麻，雖與上葛同，猶不變也。此要其麻有本者，乃變上耳。《雜記》曰「有三年之練冠，則以大功之麻易之，唯杖屨不易」也。殤長、中，變三年之葛，終殤之月筭，而反三年之葛。是非重麻，爲其無卒哭之稅。下殤則否。謂大功之親，爲殤在緦、小功者也。可以變三年之葛，正親親也。三年之葛，大功變既練，齊衰變既虞，卒哭。凡喪，卒

❶ 上「絰」，原作「經」，據余本、撫本、岳本、阮本改。

❷ 「期」，阮校引戴震云：「『期』字衍，宜删。疏内同。」張敦仁《考異》云：「案『期』當作『其』。『其』者，其大功也。」孫希旦《集解》云：「『期』，當作『大功』。」今案：三家之校雖異，其義一也。

哭受麻以葛。殤以麻終喪之月數，非重之而不變，爲殤未成人，文不縟耳。下殤則否，言賤也。男子爲大功之殤，中從上，服小功；婦人爲之，中從下，服緦。❶君爲天子三年，夫人如外宗之爲君也。外宗，君外親之婦也。其夫與諸侯爲兄弟，服斬，妻從服期。諸侯爲天子服斬，夫人亦從服期。《喪大記》曰：「外宗房中南面。」世子不爲天子服。遠嫌也。不服，與畿外之民同也。君所主：夫人妻，大子，適婦。言「妻」，見大夫以下亦爲此三人爲喪主也。大夫之適子，爲君、夫人、大子，如士服。大夫不世子，不嫌也。士爲國君斬，小君期。大子君服斬，臣從服期。君之母非夫人，則群臣無服，唯近臣及僕、驂乘從服，唯君所服服也。妾，先君所不服也。禮，庶子爲後，爲其母緦。言「唯君所服」，伸君也。《春秋》之義，有以小君服之者。時若小君在，則益不可。公爲卿大夫錫衰以居，出亦如之，當事則弁經。大夫相爲亦然。爲其妻，往則服之，出則否。弁經，如爵弁而素加經也。不當事則皮弁。出，謂以他事不至喪所。凡見人，無免絰。雖朝於君，無免絰。唯公門有税齊衰。《傳》曰：「君子不奪人之喪，亦不可奪喪也。」見人，謂行求見人也。無免絰，絰重也。税，猶免也。古者「説」或作「税」。有免齊衰，謂不杖齊衰也。於公門有免齊衰，則大功有免絰也。《傳》曰：「罪多而刑五，喪多而服五。」上附下附，列也。」列，等比也。疏正義曰：此四條，明從服輕重之異也。「《傳》曰」，皇氏云：「此言『《傳》曰』者，即前《大傳》之篇。」則「服術有六」，不指其人，今各以其人明之。❷或可「《傳》曰」者，❸是舊有成《傳》，記者引之，則非前《大傳》篇也。故下云「罪多而刑五，喪多而服五」，今記者皆引此舊《傳》而記之。「『有從輕而重』，公子之妻爲其皇姑」者，公子，謂諸侯之妾子也。皇姑，即公子之母也。諸侯在，尊厭妾子，使爲母練冠。諸侯没，妾子得爲

❶「緦」，余本、撫本、岳本、阮本「緦」下有「麻」字。
❷「明之」，原作「今各」，據阮本改。
❸「或」，原作「以」，據單疏殘本、阮本改。

母大功；而妾子妻，不辨諸侯存没，爲夫之母期也。其夫練冠是輕也，而妻爲期是重，故云「有從輕而重」也。而謂之「皇姑」者，皇，君也。此妾既賤，若惟云「姑」，則有嫡女君之嫌。今加「皇」字，自明非女君，而此婦所尊與女君同，故云君姑也。　「『有從無服而有服』，公子之妻爲公子之外兄弟」者，謂公子之外祖父母也。公子被厭，不服己母之外家，是無服也。妻猶從公子而服公子外祖父母、從母緦麻，是「從無服而有服」也。　「『有從有服而無服』，公子爲其妻之父母」者，雖爲公子之妻，猶爲父母期，是有服也。公子被厭，不從妻服父母，是「從有服而無服」也。注「謂爲公子之外祖父母、從母緦麻」　正義曰：經唯云「公子外兄弟」，知非公子姑之子者，以《喪服小記》云：❶「夫之所爲兄弟服，妻皆降一等。」夫爲姑之子緦麻，妻則無服。今公子之妻爲之有服，故知公子之外祖父母、從母也。此等皆小功之服。凡小功者，謂爲兄弟。若同宗，直稱「兄弟」，以外族，故稱「外兄弟」也。　「《傳》曰：母出則爲繼母之黨服」者，此明繼母之黨，亦是舊《傳》之辭。事異於上，故更稱「《傳》曰」也。　「三年之喪既練矣，有期之喪既葬矣」者，謂三年之喪練祭之後，又當期喪既葬之節也。　「則帶其故葛帶」者，故葛帶，謂三年練葛帶也。今期喪既葬，男子則應著葛帶，與三年之葛帶麤細正同。以父葛爲重，故帶其故葛帶。「經期之絰」者，謂三年練後，首絰既除，故絰期之葛絰。若婦人，練後麻帶除矣，則絰其故葛絰，帶期之麻帶，以其婦人不葛帶故也。　「服其功衰」者，功衰，謂服父之練之功衰也。注「帶其」至「麤衰」　正義曰：「三年既練，期既葬，差相似也」者，三年既練，要帶四寸百二十五分寸之七十六，期之既葬，其帶亦然，故云「差相似」。但父帶爲重，故「帶其故葛帶」也。云「絰期之葛絰，三年既練，首絰除矣」者，以三年既練，男子除於首，是男子「首絰除矣」，其首空，故「絰期之葛絰」。此文主於男子也。若其婦人，則首絰練之故葛絰，練後麻帶已除，則要絰期之麻帶也。云「爲父，既練，衰七升」者，以《間傳》稱「斬衰三升，既虞，卒哭，受以成布六升」，則知既練衰七升也。云「母既葬，衰八升」者，此言「八升」者誤，當云「七升」。故《間傳》云：「爲母疏衰四升，受以成布七升。」是既葬受時，爲母衰七升也。云「凡齊衰既葬，衰或八升，或九升」者，以父之既練，母之既葬，衰皆

❶「喪服小記云」，案下引文乃《儀禮·喪服記》文，非《禮記·喪服小記》文。「小」字當删。

七升，其齊衰仍有八升、九升，故更言之。八升者，是正服齊衰；或九升者，是義服齊衰也。云「服其功衰，服麤衰」者，功即麤也。言齊衰既有八升、九升服也，其麤者，謂七升父之衰也。經不云服其「父衰」而云「功衰」者，經稱「三年」之衰，則父爲長子及父卒爲母皆是三年，今期喪既葬，反服其服，若言「功衰」，揔道三人，故不得特言服「父衰」也。母喪既練，雖衰八升，與正服既葬齊衰同，以母服爲重，亦服母之齊衰也。皇氏云：「謂三年既練之後，初遭期喪。」今謂此經亦三年未練之前，初有期喪未葬，爲前三年之衰爲練祭，❶至期既葬，乃帶其故葛帶，經期之葛經也。必知其期喪未葬已前，得爲三年練祭者，《雜記》篇云：「三年之喪，既潁，其練祥皆行。」彼謂後喪亦三年既潁之後，得行前三年之喪練祭，則知後喪期年未潁之前，得爲三年之喪而行練也。熊氏云：「爲母既葬，衰八升，言父在爲母也。」今鄭注云「爲父既練，衰七升。爲母既葬，衰八升」矣，又經云「三年之喪既練」，皆爲父卒爲母。今熊氏云「父在爲母」，其義非也。「有大功之喪，亦如之」者，此明三年之喪練後有大功之喪也。「大功之喪」者，爲大功喪既葬。以前經云「期之喪既葬」，則此「大功之喪」亦既葬，不云「既葬」者，從上省文也。「亦如之」者，言亦帶其故葛帶，經期之葛經也，故云「亦如之」。注「大功」至「皆麻」　正義曰：言大功初死之麻，變三年練後之葛，首、要皆麻矣，故《間傳》謂之「重麻」也。云「期既葬之葛帶」者，謂大功既葬葛帶，以次差之，三寸有餘；三年練之葛帶，以次差之，則四寸有餘。大功既葬葛帶，小於練之葛帶，故反服練之故葛帶也。又大功既葬者，首經四寸有餘。若要服練之葛帶，首服大功既葬之葛經，既麤細相似，不得爲五分去一爲帶之差，故首經與期之經五寸有餘，❷進與期之既葬同也，故云經期之經是差次之宜也。此注亦主於男子矣。其婦人之服，於下《間傳》篇具釋也。云「此雖變麻服葛，大小同耳」者，大功初喪服麻之時，首經五寸餘，要帶四寸餘。大功既葬之後，首經應合四寸餘，要帶本合三寸餘。既服練之要帶四寸餘，則其首經合五分加一，成五寸餘也。是大功初死之麻，齊衰既葬之葛，與初死之麻大小同，故云「此雖變麻服葛，大小同耳」。云「亦服其功衰」者，「亦」上文也。服其功衰，謂服父之練

❶「三年之衰」，案經云「三年之喪既練矣」，疑此句之「衰」當作「喪」。

❷「與」，阮校引戴震云：「『與』字衍。」

衰也。以大功初喪者衰七升、八升、九升，既葬之後，則有十升，然服父七升也。云「凡三年之喪，既練，始遭齊衰、大功之喪，經帶皆麻」者，《間傳》篇云「斬衰既練，遭大功之喪」，既重麻，則知斬衰既練遭齊衰，灼然重麻，故云「經帶皆麻」也。此熊氏、皇氏之説，檢勘鄭意，其義然也。崔氏云：「此經『大功之喪』，承前經之下，既有三年之練，又有期喪既葬，合大功既葬之後，故帶其練之故葛帶，經期之葛經。」於此經文，其義得通。然於《間傳》之文，於義不合。案《間傳》「斬衰既虞、卒哭，遭齊衰之喪」，又云「既練，遭大功之喪」，文各別。則此經文「大功」，唯據三年練後，不合期喪既葬也。注云「男子經期之葛經，婦人帶期之葛帶」，其誤者，爲期經、期帶，謂其大功之經、大功之帶，然於鄭注，其義稍乖也，當以熊、皇爲正也。「小功無變也」，謂凡常小功，無變於大功以上之服。言先有大功以上喪服，今遭小功之喪，無變於前服，不以輕服減累於重也。「麻之有本者，變三年之葛」者，謂大功以上爲帶者，麻之根本并留之，合糾爲帶，如此者，得變三年之練葛。若麻之無本，謂小功以下，其經澡麻斷本，是麻之無本，不得變三年之葛也。言「變三年葛」，舉其重者，其實，期之葛有本者，亦得變之矣。「既練，遇麻斷本者」，此明斬衰既練之後，遭小功之喪，雖不變服，得爲之加經也。既練之後，遭遇麻之斷本，小功之喪。「於免，經之」者，以練無首經，於小功喪有事於免之時，則爲之加小功之經也。「既免，去經」者，謂小功以下之喪，斂殯事竟，既免之後，則脱去其經也。「每可以經必經」者，謂於小功以下之喪，當斂殯之節，每可以經之時，必爲之加麻也。「既經則去之」者，謂不應經之時，則去其經，自若練服也。

注「雖無」至「服也」　正義曰：「有事則免經如其倫」者，倫，謂倫類。雖爲之不變服，其應免經之時，如平常有服之倫類也。云「免無不經」者，解經「於免，經之」，於是免之時，必著經，則大斂小斂之節，衆主人必加經也。云「經有不免」者，解經「每可以經必經」也。云經謂不免，但云經者，謂既葬之後，虞及卒哭之節，但著經，不有免，以服成故也。是「經有不免」者也。「小功不易喪之練冠」者，言小功以下之喪，不合變易三年喪之練冠，其期之練冠，亦不得易也。「如免，則經其緦、小功之經」者，謂如當緦、小功著免之節，則首經其緦與小功之經。所以爲後喪緦經者，以前喪練冠首經已除故也。上經云「小功不易」，明緦不易。下經云「緦、小功之經」，兼言「緦」者，恐免、經不及緦故也。前經已云「於免，經之」，此經又云「如免則絰」者，前經但云「絰」，不云「練冠」，恐小功以下不得改前喪練冠，故重言之也。「因其初葛帶」者，言小功以下之喪，要中所著，仍因其初喪練葛帶。上文云「期喪既葬」則帶練之故葛帶，此小功以下之喪亦著練之初葛帶，不云「故」而云「初」者，以期初喪之時，變練之葛帶爲麻；期既葬之後，還反服練之故葛帶，故言「故」也；謂其小功以下之喪不變練之葛帶，故云「初葛帶」也。「緦之麻，不變小功之葛；小功之麻，不變大功之葛」者，謂以輕喪之麻，本服既輕，雖初喪之麻，不變前重喪之葛也。「以有本爲税」者，税，謂變易也。所以緦之麻不變小功者，以其緦與小功麻絰既無本，不合税變前喪。唯大功以上麻絰有本者，得税變前喪也。注「税亦」至「易也」 正義曰：云「税亦變易」者，以一經之内，有「變」有「税」兩文，故言「税，亦變易也」。云「此要其麻有本者乃變上耳」者，麻有本，謂大功以上。麻絰有本爲重，下服乃變上服，大功得變期，期得變三年也。云《雜記》曰『有三年之練冠，則以大功之麻易之』」者，所以引此者，欲明大功之麻，非但得易期喪之葛，亦得易三年練冠之葛也。「殤長、中，變三年之葛」者，此論成人小功、緦麻不得易前喪之葛，又論殤在小功、緦麻得易三年葛也。「殤長、中」者，謂本服大功之喪，今乃降在長、中殤，男子則爲之小功，婦人爲長殤小功，中殤則緦麻。如此者，得變三年之葛也。「終殤之月筭」者，謂著此殤喪服之麻，終竟此殤之月筭數，如小功則五月，緦麻則三月。「而反三年之葛」者，此著麻月滿，還反服三年之葛也。「是非重麻，爲其無卒哭之税」者，言服殤長、中之麻不改，又變三年之葛，是非重此麻也。所以服不改，又變前喪葛者，以殤服質略，初死服麻已後，無卒哭之時税麻服葛之法，以其質略，其文不縟故也。「下殤則否」者，以大功以下殤，謂男子婦人俱爲之緦麻，其情既輕，則不得變三年之葛也。案上文「麻之有本，得變三年之葛」，則齊衰下殤雖是小功，亦是麻之有本。故《喪服小記》云：「下殤小功，帶澡麻，不絶本。」然齊衰下殤乃變三年之葛，今大功長殤麻既無本，得變三年之葛者，以其殤服質略，無虞、卒哭之税，故特得變之。若成人小功、緦麻，麻既無本，故不得變也。注「謂大」至「服緦」 正義曰：知「大功之親，爲殤在緦、小功」者，以前文云緦、小功不得變上服，則此得變三年之葛，亦是緦麻、小功也。殤長、中在小功、緦者，本大功之親耳。云「正親親也」者，以大功之親，其殤所以得變三年之葛者，以大功是正，親親，故重其殤也。云「三年之葛，大功變既練」者，則

《雜記》篇云「三年之練冠，則以大功之麻易之」是也。云「齊衰變既虞、卒哭」者，齊衰初喪，得變三年既虞、❶卒哭，則下《間傳》篇云「斬衰之喪，既虞、卒哭，遭齊衰之喪，輕者包，重者特」是也。云「爲殤未成人，文不縟耳」者，縟，謂數也，謂禮文繁數。若成人以上，則禮繁數，故變麻服葛。今殤是未成人，唯在質略，無文飾之繁數，故不變麻服葛也。云「男子爲大功之殤，中從上，服小功；婦人爲之，中從下，服緦」者，《喪服傳》文。　「君爲天子三年」者，謂列國諸侯之君爲天子三年也。　「夫人如外宗之爲君也」者，言諸侯夫人爲天子，如諸侯外宗之婦爲君也。諸侯外宗之婦爲君期，則夫人爲天子亦期也，故云「如外宗之爲君」。諸侯爲天子服斬衰，《喪服》正文，此《記》載之者，謂以「夫人如外宗之爲君」起文，以君與夫人，故知將欲明諸侯夫人爲天子，故載君爲文之首也。　**注**「外宗」至「南面」　正義曰：「外宗，君外親之婦也」者，其夫既是君之外姓，其婦即是外宗也。云「其夫與諸侯爲兄弟，服斬，妻從服期」者，謂夫與諸侯爲兄弟之親，在於他國，諸侯既死，來爲之服，當尊諸侯，不繼本服之親，故皆服斬，其妻從服期也。云「諸侯爲天子服斬，夫人亦從服期」，❷是爲夫之君如外宗也。熊氏云：「凡外宗有三。案《周禮》，外宗之女有爵，通卿大夫之妻，一也；《雜記》云：『外宗爲君、夫人猶内宗。』是君之姑、姊妹之女，舅之女，從母之女，皆爲諸侯服斬，爲夫人服期，是二也；此文『外宗』，是諸侯外宗之婦也。若姑之子婦，從母之子婦，其夫是君之外親，爲君服斬，其婦亦名外宗，爲君服期，是三也。内宗有二者，案《周禮》云『内女之有爵』，謂其同姓之女悉是，一也；《雜記》云『内宗』者，是君之五屬之内女，是二也。引《喪大記》曰『外宗房中南面』者，證外宗之義也。」　「世子不爲天子服」者，此明諸侯世子有繼世之道，所以遠嫌，不爲天子服也。　「君所主：夫人妻，大子，適婦」者，此三人既正，雖國君之尊，猶主其喪也。非此則不主也。言「妻」，欲見大夫以下亦爲妻及適子、適婦爲主也。　「大夫之適子，爲君、夫人、太子，如士服」者，此明大夫適子爲君、夫人、大子之服。是大夫無繼世之道，其子無嫌，得爲君與夫人及君之大子著服如士服也。　「君之母非夫人，則群臣無服」者，若君母是適夫人，則群臣爲服期。今君母非夫人，君爲之服緦，則群臣爲之無服也。

❶ 「得」，原作「則」，據單疏殘本、阮本改。
❷ 「夫人」上原有「故」字，據浦鏜校及上文鄭注删。

「唯近臣及僕、驂乘從服」者，近臣，謂閽寺之屬。僕，御車者也。驂，❶車右也。君之母非夫人，貴臣乃不服，而此諸臣賤者隨君之服也，故云「從服」。　「唯君所服服也」者，君服緦，則此等之人亦服緦，故云「唯君所服服也」。　注「妾先」至「不可」　正義曰：「妾，先君所不服也」，天子、諸侯爲妾無服，唯大夫爲貴妾服緦，故知「妾，先君所不服」。　云「禮，庶子爲後，爲其母緦」者，❷案《喪服・緦麻章》云「庶子爲父後者爲其母」是也。　云「言『唯君所服』，伸君也」者，若其不爲後，則爲母無服。故《喪服・記》云「公子爲其母，練冠，麻衣縓緣」，❸今以爲君，得著緦麻服，是伸君之尊也。君既服緦，是近臣得從君服也。此謂禮之正法。云「《春秋》之義，有以小君服之」者，鄭既以正禮言之，又別春秋之時不依正禮者，❹有以爲小君之服服其妾母者，是文公四年「夫人風氏薨」，是僖公之母成風也；又昭十一年「夫人歸氏薨」，是昭公之母齊歸也。皆亂世之法，非正禮也。案《異義》云：「妾子立爲君，得尊其母，立以爲夫人否？　今《春秋公羊》既説妾子立爲君，❺母得稱夫人，故上堂稱妾，屈於適也；下堂稱夫人，尊於國也。云子不得爵命父妾。❻子爲君，得爵命其母者，以妾在，奉授於尊者，❼有所因緣故也。《穀梁傳》曰：魯僖公立妾母成風爲夫人，是子爵於母，以妾爲妻，非禮也。故《春秋左氏》説：❽成風，妾，得立爲夫人，母以子貴，禮也。」許君謹案：「舜爲天子，瞽瞍爲士，起於士庶者，子不得爵父母也。至於魯僖公得尊母成風爲小君，經無譏文，從《公羊》、《左氏》之説。」鄭則從《穀梁》之説，故《異義駁》云：「父爲長子三年，爲衆子期，明無二適也。女君卒，繼攝其事耳，❾不得復立爲夫人。」如鄭駁之言，則此云《春秋》小君服之者，是灼然非禮也。云「時若小君在，

❶「驂」，孫詒讓《校記》云：「驂」下當有「乘」字。

❷「爲」字原脱，據阮本補。

❸「麻」，浦鏜校云：「案《喪服記》重一『麻』字。」今按：浦校是也。此「麻」字上應補一「麻」字，單獨爲句，謂緦麻絰帶也。

❹「別」，阮本作「引」，魏氏《要義》同，疑是。

❺「既」，阮校引盧文弨校云：《通典》卷七十二載此無「既」字。

❻「云」，阮校云：《通典》無「云」字。

❼「以妾在奉授於尊者」，阮校云：《通典》作「以妾本接事尊者」。

❽「故」，阮校云：《通典》作「古」。

❾「繼」，阮校引盧文弨云：「繼」下當有「室」字。

則益不可」者，其小君無而以夫人服之已爲不可，今小君既在而以夫人服妾母，彌益不可，故云「益不可」也。「公爲卿大夫錫衰以居」者，此明君爲卿大夫之喪，成服之後，著錫衰以居也。　「出亦如之」者，出，謂以他事而出，不至喪所，亦著錫衰，其首則服皮弁。　「當事則弁絰」者，君行往弔卿大夫，當大斂及殯并將葬啓殯，當如此之事，則首著弁絰，身衣錫衰。若於士，雖當事，首服皮弁。故《士喪禮》云「君視大斂」，注云「皮弁服襲裘」是也。「大夫相爲亦然」者，亦如君於卿大夫也。不當事則皮弁，當事則弁絰。故《雜記》云「大夫與殯亦弁絰」是也。大夫於士，士雖當事，亦皮弁也。　「爲其妻，往則服之，出則否」者，謂公於卿大夫之妻，及卿大夫相爲其妻，往臨其喪，則服錫衰。不恒著之以居。若餘事之出，則不服也。言居亦不服，其當殯斂之事，亦弁絰也。　「凡見人，無免絰」者，謂己有齊衰之喪，無免去絰，重故也。　「雖朝於君，無免絰」者，以絰重，縱往朝君，亦無免脱於絰也。「唯公門有税齊衰」者，謂己有不杖齊衰之喪，至公門，税去其衰，絰猶不去也。若杖齊衰及斬衰，雖入公門，衰亦不税也。其大功，非但税衰，又免去絰也。　「《傳》曰：君子不奪人之喪，亦不可奪喪也」，解「朝君無免絰」之意，引舊《記》以明之。言君所以許臣不免絰而入朝，以君子之人，以己恕物，不可奪人喪禮，使之免絰，故許著絰也。「亦不可奪喪也」，非但不奪人喪，亦不可自奪喪，所以己有重喪，猶絰以見君，申己喪禮也。　**注**「有免」至「絰也」

正義曰：「謂不杖齊衰」者，案《下曲禮》篇云：「苞屨不入公門。」藨屨，杖齊衰之屨，既不得入也，此云「税齊衰」，明「不杖齊衰」也。云「於公門有免齊衰，則大功有免絰也」者，鄭以絰重於齊衰，不杖齊衰雖脱，亦不免絰，以差次約之，則大功非但脱衰，又免去其絰也。　「罪多」至「列也」者，列，等也。言罪之與喪，其數雖多，其限同五，其等列相似，故云「列」也。

間傳第三十七

正義曰：案鄭《目録》云：「名曰《間傳》者，以其記喪服之間輕重所宜。此於《別録》屬《喪服》。」

斬衰何以服苴？苴，惡貌也，所以首其内而見諸外也。斬衰貌若苴，齊衰貌若枲，大功貌若止，小功、緦麻容貌可也。此哀之發於容體者也。有大憂者，面必深黑。❶止，謂不動於喜樂之事。枲，或爲「似」。斬衰之哭，若往而不反；齊衰之哭，若往而反；大功之哭，三曲而偯；小功、緦麻，哀容可也。此哀之發於聲音者也。三曲，一舉聲而三折也。偯，聲餘從容也。斬衰唯而不對，齊衰對而不言，大功言而不議，小功、緦麻議而不及樂。此哀之發於言語者也。議，謂陳説非時事也。斬衰三日不食，齊衰二日不食，大功三不食，小功、緦麻再不食。士與斂焉，則壹不食。故父母之喪，既殯食粥，朝一溢米，莫一溢米；齊衰之喪，疏食水飲，不食菜果；大功之喪，不食醯醬；小功、緦麻，不飲醴酒。此哀之發於飲食者也。父母之喪，既虞、卒哭，疏食水飲，不食菜果；期而小祥，食菜果；又期而大祥，有醯醬；中月而禫，禫而飲醴酒。始飲酒者，先飲醴酒。始食肉者，先食乾肉。先飲醴酒、食乾肉者，不忍發御厚味。父母之喪，居倚廬，寢苫枕塊，不説絰帶；齊衰之喪，居堊室，芐翦不納；大功之喪，寢有席；小功、緦麻，牀可也。此哀之發於居處者也。父母之喪，既虞、卒哭，柱楣翦屏，芐翦不納；期而小祥，居堊室，寢有席；又期而大祥，居復寢；中月而禫，禫而牀。芐，今之蒲苹也。斬衰三升。齊衰四升、五升、六升。大功七升、八升、九升。小功十升、十一升、十二升。緦麻十五升去其半，有事其縷，無事其布，曰緦。此哀之發於衣服者也。此齊衰多二等，大功、小功多一等，服主於受，是極列衣服之差也。斬衰三升，既虞、卒哭，受以成布六升，

❶「深黑」，衛氏《集説》作「深墨」，疑是。按：《孟子・滕文公上》：「君薨，聽於冢宰，歠粥，面深墨。」

冠七升。爲母疏衰四升，受以成布七升，冠八升。去麻服葛，葛帶三重。期而小祥，練冠，縓緣，要絰不除。男子除乎首，婦人除乎帶。男子何爲除乎首也？婦人何爲除乎帶也？男子重首，婦人重帶，除服者先重者，易服者易輕者。又期而大祥，素縞，麻衣。中月而禫，禫而纖，無所不佩。葛帶三重，謂男子也。五分去一而四糾之。帶輕，既變，因爲飾也。婦人葛絰，不葛帶。舊説云：「三糾之，練而帶去一股。」去一股則小於小功之絰，似非也。易服，謂爲後喪所變也。婦人重帶，帶在下體之上，婦人重之，辟男子也。其爲帶，猶五分絰去一耳。《喪服小記》曰：「除成喪者，其祭也朝服縞冠。」此素縞者，《玉藻》所云「縞冠素紕，既祥之冠」。麻衣，十五升布深衣也。謂之麻者，純用布，無采飾也。大祥除衰杖。黑經白緯曰纖。舊説：「纖，冠者采纓也。」無所不佩，紛帨之屬，如平常也。纖，或作「綅」。易服者何爲易輕者也？因上説而問之。斬衰之喪，既虞、卒哭，遭齊衰之喪，輕者包，重者特。説所以易輕者之義也。既虞、卒哭，謂齊衰可易斬服之節也。輕者可施於卑，服齊衰之麻，以包斬衰之葛，謂男子帶，婦人絰也。重者宜主於尊，謂男子之絰，婦人之帶，特其葛不變之也。此言「包」、「特」者，明於卑可以兩施，而尊者不可貳。既練，遭大功之喪，麻、葛重。此言大功可易斬服之節也。斬衰已練，男子除絰而帶獨存，婦人除帶而絰獨存，謂之單。單，獨也。遭大功之喪，男子有麻絰，婦人有麻帶，又皆易其輕者以麻，謂之重麻。既虞、卒哭，男子帶其故葛帶，絰期之葛絰；婦人絰其故葛絰，帶期之葛帶，謂之重葛。齊衰之喪，既虞、卒哭，遭大功之喪，麻、葛兼服之。此言大功可易齊衰期服之節也。兼，猶兩也。不言「包」、「特」而「兩」言者，❶「包」、「特」著其義，「兼」者，明有絰有帶耳。不言「重」者，三年之喪既練，或無絰，或無帶。言「重」者，以明今皆有。期以下固皆有矣。兩者，有麻有葛耳。葛者亦特其重，麻者亦包其輕。斬衰之葛，與齊衰之

❶「兩言」，阮校云：「惠棟校宋本『兩言』作『言兩』，《考文》引古本同。」

麻同；齊衰之葛，與大功之麻同；大功之葛，與小功之麻同；小功之葛，與緦之麻同。麻同則兼服之。此竟言有上服，❶既虞、卒哭，遭下服之差也。唯大功有變三年既練之服，小功以下，則於上皆無易焉。此言「大功之葛，與小功之麻同；小功之葛，與緦之麻同」，主爲大功之殤長、中言之。兼服之服重者，則易輕者也。服重者，謂特之也。則者，則男子與婦人也。凡下服，虞、卒哭，男子反其故葛帶，婦人反其故葛絰。其上服除，則固自受以下服之受矣。

疏　正義曰：此一節明居喪外貌輕重之異。「苴，惡貌也」者，苴是黎黑色，故爲惡貌也。「大功貌若止」者，止，平停不動也。大功轉輕，心無斬刺，故貌不爲之變，又不爲之傾，故貌若止於二者之間，衰因鍛布，帶屨亦輕，其絰色用枲同者，自別表義耳。「斬衰之哭，若往而不反」者，若，如也。言斬衰之哭，一舉而至氣絶，如似氣往而不却反聲也。「哀容可也」者，言小功、緦麻，其情既輕，哀聲從容，於理可也。「斬衰唯而不對」者，但「唯」於人，不以言辭而對也。皇氏以爲：「親始死，但唯而已，不以言對。」案《雜記》云「三年之喪，對而不問」，爲在喪稍久，故對也。「大功言而不議」者，大功稍輕，得言他事，而不議論時事之是非。《雜記》云：「齊衰之喪，言而不語。」彼謂言己事，故鄭彼注云：「言，言己事也。爲人説爲語。」與此「言」異也。「斬衰三日不食」者，謂三日之内。《孝經》云「三日而食」者，謂三日之外乃食也。「齊衰二日不食」者，皇氏云：「謂正服齊衰也。」《喪大記》云「三不食」者，當是義服齊衰。「小功、緦麻再不食」者，《喪大記》云「壹不食，再不食」，則是「壹不食」謂緦麻，「再不食」謂小功也。與此不同者，熊氏云：「異人之説，故其義別也。」「父母之喪，既虞、卒哭」者，此明父母終喪以來所食之節也。「又期而大祥，有醯醬」者，謂至大祥之節，食醯醬；則小祥食菜果之時，但用鹽酪也。若不能食者，小祥食菜果之時，得用醯醬也。故《喪大記》云小祥「食菜果，以醯醬」。「中月而禫，禫而飲醴酒」，又云「食肉者，先食乾肉」，《喪大記》云「祥而食肉」者，異人之説，故不同也。

注「先飲醴酒，食乾肉者，不忍發御厚味」　正義曰：以醴

❶「竟言」。阮校云：「《續通解》『竟』作『章』，《考文》引古本同。」張敦仁《考異》云：「今案『竟言』者，終言之也。改爲『章』最誤。」

酒味薄，乾肉又澀，所以先食之者，以喪服除，孝子不忍發初御醇厚之味，故飲醴酒，食乾肉也。　「父母之喪，居倚廬」者，此明初遭五服之喪居處之異也。　「苄翦不納」者，苄，爲蒲苹，爲席，翦頭爲之，不編納其頭而藏於內也。　「父母之喪，既虞、卒哭」者，此明遭父母之喪，至終服以來，所居改變之節。即斬衰居倚廬，齊衰居堊室，論其正耳。亦有斬衰不居倚廬者，則《雜記》云「大夫居廬，士居堊室」，是士服斬衰而居堊室也。亦有齊衰之喪不居堊室者，《喪服小記》云「父不爲衆子次於外」，注云「自若居寢」是也。　「斬衰三升」者，❶此明五服精麤之異。　「有事其縷，無事其布，曰緦」者，以三月之喪，治其麻縷，其細如緦，故云緦麻。以朝服十五升，抽去其半，縷細而疏也。「有事其縷」，事，謂鍛治其布纑縷也。「無事其布」，謂織布既成，不鍛治其布，以哀在外故也。　注「此齊」至「差也」　正義曰「此齊衰多二等」者，案《喪服·記》云「齊衰四升」，此經云「齊衰四升、五升、六升」，多於《喪服》篇之二等，故云「多二等」也。云「大功、小功多一等」者，案《喪服·記》云「大功八升若九升」，此云「大功七升、八升、九升」，是多於《喪服》一等也；《喪服·記》又云「小功十升若十一升」，此云「小功十升、十一升、十二升」，是多於《喪服》一等也，故云「大功、小功多一等」也。云「服主於受」者，以《喪服》之經理，❷主於受服者而言。以大功之殤無受服，不列大功七升；以《喪服》父母爲主，欲其文相值，故略而不言，故云「服主於受」也。云是「極列衣服之差也」者，以《喪服》既略，故記者於是經極列衣服之差，所以齊衰多二等，大功、小功多一等也。　「斬衰三升」者，此明父母之喪，初死至練，冠衰升數之變，并明練後除脱之差也。「受以成布六升」者，以言三升、四升、五升之布，其縷既麤疏，未爲成布也。六升以下，其縷漸細，與吉布相參，故稱「成布」也。　「葛帶三重」者，謂男子也。既虞、卒哭，受服之節，要中之帶，以葛代麻，帶又差小於前，以五分去一，唯有四分見在。三重，謂作四股糾之，積而相重，四股則三重。未受服之前，麻帶爲兩股相合也。此直云「葛帶三重」，則首絰雖葛，不三重也，猶兩股糾之也。「期而小祥，練冠縓緣」者，父没爲母，與父同也。至小祥，又以卒哭後冠受其衰，而用練易其冠也。又練爲中衣，以縓爲領緣也。　「又期而大祥，素縞麻衣」者，謂二十五月。

❶「升」，原作「年」，據單疏殘本、阮本改。
❷「理」，衛氏《集説》及《續通解》皆無，疑衍。

大祥祭，此日除脱，則首服素冠，以縞紕之，身著朝服，而爲大祥之祭。祭訖之後，而哀情未除，更反服微凶之服，首著縞冠，以素紕之，身著十五升麻深衣，未有采緣，故云「大祥素縞麻衣」也。「中月而禫」者，中，間也。大祥之後，更間一月而爲禫祭。二十五月大祥，二十七月而禫。「禫而纖」者，禫祭之時，玄冠朝服。禫祭既訖，而首著纖冠，身著素端黄裳，以至吉祭。「無所不佩」者，吉祭之時，身尋常吉服，❶平常所服之物，無不佩也。注「葛帶」至「常也」正義曰：「葛帶三重，謂男子也」，以經文直云「葛帶三重」，不辨男女之異，故明之云「謂男子也」。云「五分去一而四糾之」者，以《喪服傳》云五服絰帶相差，皆五分去一，故知受服之時，以葛代麻，亦五分去一。既五分去一，唯有四分見在，分爲四股而糾之，故云「四糾之」。云「帶輕，既變，因爲飾也」者，男子重首而輕帶，既變麻用葛，四股糾之，以爲飾也，則知男子首絰，婦人要帶，不三重爲飾也。云「婦人葛絰，不葛帶」者，案《少儀》云「婦人葛絰而麻帶」，又《上檀弓》云「婦人不葛帶」，謂齊、斬之婦人也。故《士虞禮》曰婦人既練，「説首絰，不説帶」也。注云：「不脱帶，齊、斬婦人帶不變也。❷婦人少變而重帶。帶，下體之上也。」其大功以下，婦人亦葛帶也。故《喪服・大功章》男女並陳，及其變服，「三月受以小功衰，即葛，九月」，是男女共爲，即知大功婦人亦受葛也。云「舊説云『三糾之，❸練而帶去一股』」者，舊説云，所至練之時，又三分去一，此既葬葛帶三重，去其一股以爲練之帶也。云「去一股，則小於小功之絰，似非也」者，斬衰既葬，與齊衰之麻同；斬衰既練，與大功之麻同；大功之帶，即與小功首絰同。所云「同」者，皆五分去一。今乃三分斬衰既葬三重之葛帶，去其一股，以爲練帶，則是三年練帶小於小功首絰，非五服之差次，故云「似非也」。云「易服，謂爲後喪所變也」者，以身先有前喪重，今更遭後喪輕，服欲變易前喪，故云「爲後喪所變也」。云「其爲帶，猶五分絰去一耳」者，以婦人斬衰不變帶，以其重要故也。婦人既重其要，恐要帶與首絰麤細相似同，故云其爲帶猶須五分首絰去一分耳。以首尊於要，但婦人避男子而重要帶耳。云「《喪服小記》曰『除成喪者，其祭也朝服縞冠』」者，

❶「尋常」，衛氏《集説》作「著」，庫本《考證》及浦鏜校皆是《集説》。
❷「變」，《士虞禮》注作「説」。
❸上「云」，原作「去」，據阮本改。

證當祥祭之時，所著之服，非是素縞麻衣也。云「此素縞者，《玉藻》所云『縞冠素紕，既祥之冠』」者，引之者，證此經「大祥，素縞麻衣」是大祥之後所服之服也。云「麻衣，十五升布深衣也」者，案《雜記》篇云：「朝服十五升。」此大祥之祭既著朝服，則大祥之後麻衣麤細當與朝服同者，故知「十五升布深衣也」。云「謂之麻者，純用布，無采飾也」者，若有采飾，則謂之深衣，《深衣》篇所云者是也；若緣以素，則曰長衣，《聘禮》「長衣」是也；若緣之以布，則曰麻衣，此云「麻衣」是也。云「大祥除衰杖」者，以下《三年問》篇云：「三年之喪，二十五月而畢。」既稱終畢，是除衰杖可知也。云「黑經白緯曰纖」者，❶戴德《變除禮》文矣。云「舊説『纖，冠者采纓也』」者，以無正文，故以舊説而言之。云「無所不佩，紛帨之屬，如平常也」者，此謂禫祭既畢，吉祭以後，始得無所不佩。若吉祭之前，禫祭雖竟，未得無所不佩，以其禫後尚纖冠、玄端、黄裳，故知吉祭以後，始從吉也。若吉祭在禫祭既畢以後，始從吉也；若吉祭在禫月，猶未純吉。《士虞·記》云：「是月也，吉祭而猶未配。」注云：「是月，是禫月也。當四時之祭月則祭，而猶未以某妃配。」則禫之後月，乃得復平常。「易服者何爲易輕者也」，以前文云易服者先易輕者，故記者於此經更自釋易輕之意，故云「何爲易輕者也」，言有何所爲得易輕者。故下文釋云，既有前喪，今又遭後喪，得以後喪易換前喪輕者也。「斬衰之喪，既虞、卒哭」者，謂士及庶人也，故卒哭與虞並言之矣。若大夫以上，則虞受服。故《喪服》注云：「天子、諸侯、卿大夫既虞，士卒哭而受服。」「輕者包」，言斬衰受服之時，而遭齊衰初喪，男子所輕要者，得著齊衰要帶而兼包斬衰之帶也。若婦人輕首，得著齊衰首經而包斬衰之經，故云「輕者包」也。「重者特」者，男子重首，特留斬衰之經；婦人重要，特留斬衰要帶，是「重者特」也。

注「説所」至「可貳」　正義曰：「此言『包』、『特』者」，謂於此斬衰既虞、卒哭遭齊衰之喪，或云「包」，或云「特」者，斬衰、齊衰既是重服，舉此言「包」、「特」，則知齊衰、大功亦包、特也。卑，謂男子卑要，婦人卑首。欲明卑者可以兩施，兩施，謂施於齊衰，又得兼斬衰，以其輕卑之故，得可以兩施。云「而尊者不可貳」者，尊，謂男子尊首，婦人尊要，故事尊正得尊於重服，不可差貳兼服輕也。「既練，遭大功之喪，麻、葛重」者，斬衰既練，男子除首經，婦人除要經。男子唯有要帶，婦人唯有首經，是其單也。

❶「緯曰」，原作「經白」，據單疏殘本、阮本及注文改。

今遭大功之喪，男子首空，著大功麻絰，婦人要空，著大功麻帶。男子又以大功麻帶易練之葛帶，婦人又以大功麻絰易練之葛絰，是「重麻」也。至大功既虞、卒哭，男子帶以練之故葛帶，首著期之葛絰，婦人絰其練之故葛絰，著期之葛帶，是謂之「重葛」也。**注**「此言」至「之重葛」　正義曰：謂大功既虞、卒哭之後，大功葛帶輕於練之葛帶，故男子反帶其練之故葛帶也。云「絰期之葛絰」者，以男子練時首絰既除，今經大功又既葬，其首則絰大功之葛絰。❶今云「期之葛絰」，以大功葛絰既與練之葛帶麤細相似，非上下之差，故大功葛絰，但麤細與期之絰同，故云「絰期之葛絰」。但麤細與期同，其實大功葛絰，前於《服問》篇已釋也。云「婦人絰其故葛絰，帶期之葛帶」者，大功既葬之後，大功首絰輕於練之葛絰，故反服其練之故葛絰。帶，謂婦人練後要帶已除，今大功已葬，其要則帶大功葛帶也。謂之「期葛帶」者，麤細與期同，其實是大功葛帶也。「齊衰」至「服之」　此明齊衰既虞、卒哭，遭大功之喪，以後服易前服之義也。「麻、葛兼服之」者，即前文「輕者包，重者特」之義。今齊衰既虞、卒哭，遭大功之喪，易換輕者，男子則大功麻帶易齊衰之葛帶，其首猶服齊衰葛絰，是首有葛，要有麻，故云「麻、葛兼服之」。「兼服」之文，據男子也。婦人則首服大功之麻絰，要服齊衰之麻帶，上下俱麻，不得云「麻葛兼服之」也。**注**「此言」至「其輕」　正義曰：「『包』、『特』著其義，『兼』者，明有絰有帶耳」者，以卑者可包，尊須特著，其尊卑之義，故於斬衰重服言之。兼者不取其義，直云絰帶麻葛兼有，故於齊衰輕服言之。於男子而論，其實同也。云「不言『重』」者，三年之喪既練，或無絰，或無帶。言『重』者，以明今皆有」者，鄭以既「遭大功之喪，麻、葛重」。此文承「麻、葛重」下，所以不稱「麻、葛重」者，以三年之喪既練之後，男子除首絰，是「或無絰」也；婦人除要帶，是「或無帶」也。所以稱「重」，以於先既單，今首絰皆有，故須稱「重」。云「期以下固皆有矣」者，言男子首之與要，固當皆有絰帶矣，婦人亦然也。既不似既練之單，所以不得稱重也。「斬衰」至「服之」　此明五服葛之與麻麤細相同，同者與後兼前服也。「麻同則兼服之」者，以後服之麻與前服之葛麤細同，則得服後麻，兼前服葛也。案《服問》篇，小功、緦不得變大功以上。此小功之麻得變大功之葛，緦之麻得變小功之葛，謂成人大功之殤在長、中，《服問》已釋也。

❶「則」下原有「有」字，據殿本《考證》及浦鏜校刪。

「兼服之服重者」，則前文「重者特」是也。「則易輕者也」，謂男子、婦人則易换輕者，前文「輕者包」是也。注「服重」至「受矣」正義曰：云「則者，則男子與婦人也」者，以前文「麻、葛兼服之」但施於男子，不包婦人。今此「易輕者」，男子則易於要，婦人則易於首。男子、婦人俱得易輕，故云「則者，則男子與婦人也」。云「凡下服，虞、卒哭，男子反其故葛帶，婦人反其故葛絰」者，此明遭後服初喪，❶男子、婦人雖易前服之輕，至後服既葬之後，還須反服其前喪，故云「男子反服其故葛帶，婦人反服其故葛絰」。但經文據其後喪初死，得易前喪之輕；注意明也後既易以滿，❷還反服前喪輕服，故文、注稍異也。

禮記正義卷第六十四

❶「服」，原作「明」，據單疏殘本、阮本改。
❷「也後」，浦鏜校云：「也後」當「後喪」之誤。

禮記正義卷第六十五

國子祭酒上護軍曲阜縣開
國子臣孔穎達等奉勑撰

三年問第三十八

正義曰：案鄭《目録》云：「名曰《三年問》者，善其問以知喪服年月所由。此於《别録》屬《喪服》。」

三年之喪何也？曰：稱情而立文，因以飾群，别親疏貴賤之節而弗可損益也，故曰「無易之道」也。稱情而立文，稱人之情輕重而制其禮也。群，謂親之黨也。無易，猶不易也。創鉅者其日久，痛甚者其愈遲。三年者，稱情而立文，所以爲至痛極也。斬衰、苴杖、居倚廬、食粥、寢苫枕塊，所以爲至痛飾也。飾，情之章表也。三年之喪，二十五月而畢，哀痛未盡，思慕未忘，然而服以是斷之者，豈不送死有已，復生有節也哉？復生，除喪反生者之事也。

疏正義曰：此一節問喪三年所由，解釋所以三年之意。「三年之喪何也」者，記者欲釋三年之義，故假設其問云：三年喪者，意有何義理？謂稱人之情而立禮之節文。「因以飾群」者，飾，謂章表也。群，謂五服之親也。因此三年之喪差降，各表其親黨。「别親疏貴賤之節而弗可損益也」者，親，謂大功以上。疏，謂小功以下。貴，謂天子諸侯絶期，卿大夫降期以下。賤，謂士庶人服族。其節分明，使不可損益也。「故曰『無易之道』也」者，引舊語成文也。無，不也。並有差品，其道不可改易。「創鉅者其日久」者，以釋重喪所以三年也。其事既大，故爲譬也。鉅，大也。夫創小則易差，創大則難愈，故云「創鉅其日久」也。「痛甚者其愈遲」者，愈，差也。賢者喪親，傷腎乾肝，斬斫之痛，其痛既甚，故其差亦遲也。「三年者，稱情而立文，所以爲至痛極也」者，既痛甚差遲，故稱其痛情而立三年之文，以表是至痛極者也。「哀痛未盡，思慕未忘」者，言賢人君子，於此二十五月之時，悲哀摧痛猶未能盡，憂思悲慕猶未能忘，故心之哀慕於時未盡。而外貌喪服以是斷割者，「豈不送死有已，復生有節也哉」者，若不斷以二十五月，則孝子送死之情何時得已？復吉常之禮何有限節？故聖人裁斷，止限二十五月，豈不是送死須有已止，反復生禮須有限節也哉？

凡生天地之間者，有血氣之屬必有知，有知之屬莫不知愛其類。今是大鳥獸則失喪其群匹，越月踰時焉，則必反巡；過其故鄉，翔回焉，鳴號焉，蹢躅焉，踟躕焉，然後乃能去之。小者至於燕雀，猶有啁噍之頃焉，然後乃能去之。故有血氣之屬者，莫知於人，故人於其親也，至死不窮。匹，偶也。言燕雀之恩不如大鳥獸，大鳥獸不如人，含血氣之類，人最有知而恩深也。於其五服之親，念之至死無止已。疏正義曰：此一經明天地之間，血氣之類，皆有所知。至於鳥獸大小，各能思其種類，況在於人，何有窮已也。

將由夫患邪淫之人與？❶則彼朝死而夕忘之，然而從之，則是曾鳥獸之不若也，夫焉能相與群居而不亂乎？言惡人薄於恩，死則忘之，其相與聚處，必失禮也。疏正義曰：此一經明小人之人，曾鳥獸之不若。若不以禮節之，安能群居而不亂？

將由夫脩飾之君子與？則三年之喪，二十五月而畢，若駟之過隙，然而遂之，則是無窮也。駟之過隙，喻疾也。遂之，謂不時除也。疏正義曰：此一經明賢人君子於三年之喪若駟之過隙，若不以禮制節之，則哀痛何時窮已。駟之過隙者，駟，謂駟馬。隙，謂空隙。駟馬駿疾，空隙狹小，以駿疾而過狹小，言急速之甚。

故先王焉，爲之立中制節，壹使足以成文理，則釋之矣。立中制節，謂服之年月也。釋，猶除也，去也。

---

❶「患邪淫之人」，王引之云：「案『患邪淫之人』，當作『愚陋邪淫之人』。『愚』字與古文患字作『悥』者相似（見《説文》），故『愚』誤爲『患』，又脱『陋』字。《荀子·禮論篇》正作『愚陋邪淫之人』。」詳《經義述聞》。

疏正義曰：此一經明小人、君子，其意不同，故先王爲之立中人之制節。「故先王焉」者，焉是語辭。「立中制節」者，言先王爲之立中人之制，以爲年月限節。「壹使足以成文理」者，壹，謂齊同。言君子、小人皆齊同，使足以成文章義理。「則釋之矣」者，釋，猶除去。既成義理，則除去其服。所以成三年文理者，以三年一閏，天道小成；又子生三年，然後免於父母之懷。故服以三年，成文章義理。

然則何以至期也？ 言三年之義如此，則何以有降至於期也？期者，謂爲人後者、父在爲母也。**曰：至親以期斷。** 言服之正，雖至親，❶皆期而除也。**是何也？** 問服斷於期之義也。**曰：天地則已易矣，四時則已變矣，其在天地之中者，莫不更始焉，以是象之也。** 法此變易，可以期也。

疏正義曰：上節既稱爲父母三年，何故有父母止有期者？此一節釋爲期之義。「然則何以至期也」者，言爲父母本應三年，何故爲人後者爲本生父母及父在爲母而止於期。「曰：至親以期斷」者，記者釋之，爲至親本以期斷，故雖爲他後及父在爲母，但一期也。❷「是何也」者，記者又起問云：有何義，故以期矣？「四時則已變矣」者，答期斷之義也。言期是一年之周匝，而天氣換矣。前時已畢，今時又來，是變改矣。「其在天地之中」，莫不更始焉」者，言天地之中，動植之物，無不於前事之終，更爲今事之始也。「以是象之也」者，聖人以是之故，以人事法象天地，故期年也。注「言三」至「母也」 正義曰：鄭意以三年之喪何以有降至於期者，故云爲人後者爲本生之父母及父在爲母期。事故抑屈，應降至九月十月，何以必至於期？以其本至親，不可降期以下，故雖降屈，猶至於期。今檢尋經意，父母本意三年，何以至期者，但問其一期應除之義，故答曰「至親以期斷」，是明一期可除之節。故禮期而練，男子除絰，婦人除帶。下文云「加隆」，故至三年。是經意不據爲人後及父在爲母期。鄭之此釋，恐未盡經意。但既祖鄭學，今因而釋之。

然則何以三年也？ 言法此變易可以期，何以乃三年爲？**曰：加隆焉爾也，焉使倍之，故再期也。** 言於

❶「至」，原作「在」，據余本、撫本、岳本、阮本改。
❷「一」，阮本作「以」，閩、監、毛本同。

父母加隆其恩，使倍期也。下「焉」猶「然」。疏正義曰：此一節釋因期及三年之義，故設問云：然則何以三年也？「曰：加隆焉爾也」，本實應期，但子加恩隆重，故三年。「焉爾也」，語助之辭也。「焉使倍之，故再期也」者，焉，猶然也。子既加隆於父母，故然使倍之。然，猶如是。倍之，言倍一期，故至再期也。由九月以下何也？曰：焉使弗及也。言使其恩不若父母。故三年以爲隆，緦、小功以爲殺，期、九月以爲閒。上取象於天，下取法於地，中取則於人，人之所以群居和壹之理盡矣。取象於天地，謂法其變易也。自三年以至緦，皆歲時之數也。言既象天地，又足以盡人聚居純厚之恩也。疏正義曰：上節既稱「期斷」，何故有九月以下？故此經釋之。「由九月以下何也」者，由，從也。記者既稱「期斷」，假設問之：何故有從九月以下？「曰：焉使弗及也」者，焉，亦然也。然使恩隆不及於期也。則五月不及九月，三月不及五月，轉相不及也。「故三年以爲隆」者，謂恩愛隆重。「緦、小功以爲殺」者，謂情理殺薄。「朞、九月以爲間」者，是隆殺之間也。「上取象於天，下取法於地」者，天地之氣，三年一閏，是三年者，取象於一閏；天地一期物終，是一期者，取象於一周；九月者，以象陽之數，又象三時而物成也；五月以象於五行；三月者，取象天地一時而氣變。言五服之節，皆取法於天地。「中取則於人」者，則，法也。天地之中，取則於人。若子生三年，然後免於父母之懷，故服三年。人之一歲，情意變改，故服一期。九月、五月、三月之屬，亦逐人情而減殺。是「中則於人」。「所以群居和壹之理盡矣」者，既法天地與人，三才並備，故能調和群衆聚居，和諧專壹，義理盡備矣。故三年之喪，人道之至文者也。夫是之謂至隆，言三年之喪，喪禮之最盛也。是百王之所同，古今之所壹也，未有知其所由來者也。不知其所從來，喻此三年之喪，前世行之久矣。孔子曰：「子生三年，然後免於父母之懷。夫三年之喪，天下之達喪也。」達，謂自天子至於庶人。疏正義曰：此一節重明三年之喪。「三年之喪，人道之至文者也」，言三年喪禮，於人道之中，至極文理之盛者。則期以下非其至極也。

「夫是之謂至隆」者，言三年之喪，人恩之至極隆厚也。「未有知其所由來者也」，言三年之喪，行之自遠，未有能識知所從來也。言不知從何代而來。引「孔子曰」者，《論語》之文，證此三年之喪也。注「不知」至「久矣」正義曰：案《易・繫辭》云：「古之葬者，厚衣之以薪，葬之中野，不封不樹，喪期無數。」《尚書》云：「百姓如喪考妣，三載。」此云不知所由來者，但上古云「喪期無數」，謂無葬、練、祥之數，其喪父母之哀，猶三年也。故堯崩，云「如喪考妣三載」，則知堯以前喪考妣已三年，但不知定在何時。其喪服所起，則黄帝、堯、舜之時雖有衣裳，仍未有喪服也。但唐、虞已前，喪服與吉服同，皆以白布爲之。故《郊特牲》云：「大古冠布，齊則緇之。」若不齊，則皆用白布也。鄭注《喪服》其冠衰之異，從三代以下，由唐虞以上，曰大古，吉凶皆用白布，則知三代吉凶異也。

深衣第三十九

正義曰：案鄭《目録》云：「名曰《深衣》者，以其記深衣之制也。深衣，連衣裳而純之以采者。素純曰長衣，有表則謂之中衣。大夫以上，祭服之中衣用素。《詩》云：『素衣朱襮。』《玉藻》曰：『以帛裏布，非禮也。』士祭以朝服，中衣以布明矣。此於《别録》屬《制度》。」鄭云「大夫以上，祭服中衣用素」者，謂天子大夫，以其四命，與公之孤同，爵弁自祭，故中衣用素。云「士祭以朝服，中衣以布」者，亦謂天子之士，與諸侯大夫同。案《少牢》，諸侯大夫祭以朝服，故天子之士亦祭以朝服。朝服用布，故中衣以布。其諸侯之士，自祭以玄端。玄端則朝服之衣，但其裳異耳，中衣亦用布也。案《詩》云「素衣朱襮」，晉人欲薦桓叔，桓叔大夫得用素衣者，國人以國君之禮待之，故欲薦素衣也。其長衣、中衣及深衣，其制度同。《玉藻》云：「長、中繼揜尺。」若深衣則緣而已，下云「緣廣寸半」。凡深衣，皆用諸侯大夫士夕時所著之服。故《玉藻》云：「朝玄端，夕深衣。」庶人吉服亦深衣，皆著之在表也。其中衣，在朝服、祭服、喪服之下。知喪服亦有中衣者，《檀弓》云「練衣黄裏」，注云「練中衣，以黄爲内」是也。但喪服中衣不得「繼揜尺」也。故《喪服傳》云「帶緣各視其冠」，❶注云：「緣如深衣之緣。」是喪服中衣用

❶「傳」，原作「儀」，據阮校與《儀禮・喪服傳》改。

深衣，則深衣緣之以采，故下云「具父母、大父母，衣純以繢、以青」之屬也。唯孤子深衣純以素，但以緣而已，不與長衣同。其吉服中衣，亦以采緣。其諸侯得綃黼爲領，丹朱爲緣。《郊特牲》云：「綃黼丹朱中衣，大夫之僭禮。」則知大夫士不用綃黼丹朱，但用采純而已矣，無文以明之。其長衣以素緣，知者，若以采緣，則與吉服中衣同，故知以素緣也。若以布緣，則曰麻衣。知用布緣者，以其稱麻衣，故知也。其喪服之中衣，其純用布，視冠布之麤細。至葬，可以用素緣也，練則用縓也。其《詩》之「麻衣」則與此別，彼謂吉服之衣也。所以此稱深衣者，以餘服則上衣下裳不相連，此深衣衣裳相連，被體深邃，故謂之深衣。

古者深衣，蓋有制度，以應規、矩、繩、權、衡。言聖人制事，必有法度。短毋見膚，衣取蔽形。長毋被土。爲汙辱也。續衽，鉤邊。續，猶屬也。衽，在裳旁者也，屬連之，不殊裳前後也。鉤，讀如「烏喙必鉤」之鉤。鉤邊，若今曲裾也。續，或爲「裕」。要縫半下。三分要中，減一以益下，下宜寬也。要，或爲「優」。袼之高下，可以運肘。肘不能不出入。袼，衣袂當掖之縫也。袂之長短，反詘之及肘。袂屬幅於衣，詘而至肘，當臂中爲節。臂骨上下各尺二寸，則袂，肘以前尺二寸。肘，或爲「腕」。帶，下毋厭髀，上毋厭脅，當無骨者。當骨，緩急難爲中也。制十有二幅，以應十有二月。裳六幅，幅分之，以爲上下之殺。袂圜以應規，謂胡下也。曲袷如矩以應方，袷，交領也。古者方領，如今小兒衣領。負繩及踝以應直，繩，謂裻與後幅相當之縫也。踝，跟也。下齊如權、衡以應平。齊，緝。故規者，行舉手以爲容。行舉手，謂揖讓。負繩、抱方者，以直其政、方其義也。故《易》曰：「《坤》六二之動，直以方也。」言深衣之直方，應《易》之文也。政，或爲「正」。下齊如權、衡者，以安志而平心也。心平志安，行乃正。或低或仰，則心有異志者與？五法已施，故聖人服之。言非法不服也。故規、矩取其無私，繩取其直，權、衡取其平，故先王貴之。貴此衣也。故可以爲文，可以爲武，可以擯相，可以治軍旅，完且弗費，善衣之次也。完且弗費，言可苦衣而易有也。深衣者，用十五升布，鍛濯灰治，純之以采。善衣，朝、祭之服也。自士以上，深衣爲之次。庶人吉服，深衣而已。具父母、大父母，衣純以繢。具父母，衣純以青。如孤子，衣純以素。尊者存，以多飾爲孝。繢，畫文也。三十已下，無父稱孤。純袂、緣，純邊，廣各寸半。純，謂緣之也。緣袂，謂其口也。緣，緆也。緣邊，衣裳之側，廣各寸半，則表裏共三寸矣。唯袷廣二寸。疏正義曰：此一篇從初至末，皆論深衣之制。今各隨文解之。「古者深衣，蓋有制度」者，以作記之人爲《記》之時，深衣無復制度，故稱「古者深衣，蓋有制度」。言「蓋」者，疑辭也。「以應規、矩、繩、權、衡」者，此則制度之事，所應者，備在下文。「短毋見膚」深衣所取覆形體，縱令稍短，不得見其膚肉。若見膚肉，則褻也。「長毋被土」者，其衣縱長，無覆被於土，爲汙辱也。「繢衽，鉤邊」者，衽，謂深衣之裳，以下闊上狹，謂之爲衽。接續此衽而鉤其旁邊，即今之朝服有曲裾而在旁者是也。注「續猶」至「裾也」正義曰：衽當旁者，凡深衣之裳十二幅，皆寬頭在下，狹頭在上，皆似小要之衽，是前後左右皆有衽也。今云衽當旁者，謂所續之衽，❶當身之一旁，非謂餘衽悉當旁也。❷云「屬連之，不殊裳前後也」，若其喪服，其裳前三幅，後四幅，各自爲之，不相連也。今深衣，裳一旁則連之相著，一旁則有曲裾掩之，與相連無異，故云「屬連之，不殊裳前後也」。云「鉤，讀如『鳥喙必鉤』之鉤」者，案《援神契》云：「象鼻必卷長，鳥喙必鉤。」鄭據此讀之也。云「若今曲裾也」，鄭以後漢之時，裳有曲裾，故以「續衽，鉤邊」似漢時曲裾。今時朱衣朝服，從後漢明帝所爲，則鄭云「今曲裾」者，是今朝服之曲裾也。其深衣之衽，已於《玉藻》釋之，故今不復言也。「要縫半下」要縫，謂要中之縫，尺寸闊狹，半下畔之闊。下畔一丈四尺四寸，則要縫半之，七尺二寸。注「三分」至「寬也」

❶「謂所續之衽」，衛氏《集說》此句下有「鉤其旁邊」四字。

❷「謂」，原作「爲」，據衛氏《集說》改。

正義曰：此據裳之一幅分爲二幅。凡布廣二尺二寸，四寸爲縫，一尺八寸，在三分之一，分爲六寸。減此六寸，以益於下，是下二幅有二尺四寸，上二幅有一尺二寸，故云「三分要中，減一以益下」。下容舉足而行，故宜寬也。「袼之高下，可以運肘」袼，謂當臂之處，袂中高下，宜稍寬大，可以運動其肘。袂二尺二寸，肘尺二寸，是容運肘也。

「袂之長短，反詘之及肘」者，袂長二尺二寸，并緣寸半，爲二尺三寸半。除去其縫之所殺各一寸，餘有二尺一寸半在。從肩至手，二尺四寸，今二尺一寸半之袂，得反詘及肘者，以袂屬於衣，幅闊二尺二寸，身脊至肩，但尺一寸也；從肩覆臂，又尺一寸，是衣幅之畔，覆臂將盡，今又屬袂於衣又二尺一寸半，故反詘其袂，得及於肘也。「當無骨者」，帶若當骨，則緩急難中，故當無骨之處。此深衣帶，下於朝祭服之帶也。朝祭之帶則近上，故《玉藻》云：「三分帶下，紳居二焉。」是自帶以下，四尺五寸也。「制十有二幅，以應十有二月」者，深衣其幅有六，每幅交解爲二，是十二幅也。**注**「古者方領」正義曰：鄭以漢時領皆鄉下交垂，故云「古者方領」，似今擁咽，故云「若今小兒衣領」，但方折之也。「負繩及踝以應直」正義曰：衣之背縫及裳之背縫，上下相當，如繩之正，故云「負繩」，非謂實負繩也。「故規者，行舉手以爲容」者，所以袂圓中規者，欲使行者舉手揖讓以爲容儀如規也。「負繩、抱方者，以直其政、方其義也」，負繩，背之縫也。抱方，領之方也。「以直其政」解「負繩」，「以方其義」解「抱方」也。言欲使人直其政教，欲使政教直；方其義，欲使義事方正也。「故《易》曰『《坤》六二之動，直以方也』」，記者既明方直之義，故引《坤卦》之六二直方以證之。案鄭注《坤》之六二云：「直也，方也，地之性。此爻得中氣而在地上，自然之性，廣生萬物，故生動直而且方。」「下齊如權、衡者，以安志而平心也」者，言裳下之齊，如權之衡，低仰平也，欲以安其志意而平均其心也。**注**「完且」至「而已」

正義曰：「可苦衣而易有也」，以其完牢，乃可於苦事衣著，故庶人服之，以完牢故也；而「易有」者，以白布爲之，不須黼黻錦繡之屬，是「易有」也。云「深衣者，用十五升布，鍛濯灰治」者，案《雜記》云「朝服十五升」，此深衣與朝服相類，故用十五升布。鍛濯，謂打洗。鍛濯用灰治理，使和熟也。然則喪服麻衣雖似深衣之制，不必鍛濯灰治，以其雜凶故也。云「自士以上，深衣爲之次」者，案《玉藻》，諸侯「夕深衣，祭牢肉」，又大夫士「朝玄端，夕深衣」，是深衣爲朝祭之次服也。云「庶人吉服深衣」者，深衣是諸侯之下，自深衣以後，更無餘服，故知是庶人之吉服。喪服者衰裳，包貴賤，上下無差，亦明庶人吉服乃深衣也。「具父母、大父母，衣純以繢」者，所尊俱在，故衣純以繢。言「具父母」，則父母俱在也，大父母則亦然也。若其不具，一在一亡，不必純以繢也。「具父母，衣純以青」者，唯有父母而無祖父母者，以爲吉不具，故飾少，而深衣領緣用青純，❶降於繢也。若父母無，唯祖父母在，亦當純以青。「純袂，緣，純邊，廣各寸半」者，純袂者，純，緣也，謂純其袂緣，則袂口也。又云「緣」讀爲「緆」，謂深衣之下純也。純邊者，謂深衣之旁側也。廣各寸半者，言純袂口及裳下之緆并純旁邊，其廣各寸半，言表裏合爲三寸。注「純謂」至「二寸」　正義曰：「純，謂緣之」者，解經中二箇「純」字，一是「純袂」，二是「純邊」，皆謂緣之也。云「緣袂，謂其口也」，經言「純袂」，口外更緣，故云「純袂」則是緣其袂口也，非是口外更有緣也，故分明言之。云「緣，緆也」，解經「緣」字讀爲「緆」，謂深衣下畔也。故《既夕禮》云「明衣，縓綼緆」，鄭注云：「在幅曰綼，在下曰緆。」今經云此緆，則深衣之下緣也。云「緣邊，衣裳之側」，解經「純邊」也。深衣外衿之邊有緣也，裳雖前後相連，然外邊曲裾掩處，其側亦有緣也。

投壺第四十

正義曰：案鄭《目録》云：「名曰《投壺》者，以其記主人與客燕飲，講論才藝之禮。此於《別録》屬《吉禮》，亦實《曲禮》之正篇。」是投壺與射爲類，此於五禮宜屬嘉禮也。或云宜屬賓禮。

投壺之禮：主人奉矢，司射奉中，使人執壺。矢，所以投者也。中，士則鹿中也。射人奉之者，投壺，射之類也。其奉之，西階上，北面。主人請曰：「某有枉矢哨壺，請以樂賓。」賓曰：「子有旨酒嘉肴，某既賜矣，又重以樂，敢辭。」燕飲酒，既脱屨升坐，❷主人乃請投壺也。否則或射，所謂燕射也。枉、哨，不正貌，爲謙辭。主人曰：「枉矢哨

❶「衣」字原脱，據單疏殘本、阮本補。

❷「坐」，阮本作「堂」，衛氏《集説》同。疏放此。

壺，不足辭也。敢固以請。❶」賓曰：「某既賜矣，又重以樂，敢固辭。」固之言如故也，言如故辭者，重辭也。主人曰：「枉矢哨壺，不足辭也。敢固以請。」賓曰：「某固辭不得命，敢不敬從。」不得命，不以命見許。

疏正義曰：此一節論燕禮脱屨升堂之後，主人請投壺於賓，賓辭及許之事。

「主人奉矢」者，謂於阼階之上，西面奉持其矢。❷知西面者，以賓在西，故知西面對賓也。

「司射奉中」者，中，謂受筭之器。投壺亦射之類，故司射於西階上奉中北面也。

「使人執壺」者，謂主人使人執所投之壺於司射之西而北面也。所以皆在西階上者，欲就賓處也。唯云「使人」，不言官者，以賤，略之也。

「某有枉矢哨壺」者，枉，謂曲而不直也。哨，謂哨峻不正。是主人謙遜之辭。

「某既賜矣，又重以樂，敢辭」者，賓稱主人設酒肴以待己，是某既受主人之賜矣；主人又請投壺樂己，是「重以樂」也。

注「士則」至「北面」　正義曰：「士則鹿中」，案《鄉射記》云：「大夫兕中，士鹿中。」此篇《投壺》是大夫士之禮，故云「士則鹿中」。不云「兕中」者，略之也。知此投壺是大夫士禮者，以經云「主人請賓」，是平敵之辭，與《鄉飲酒》、《鄉射》同，故知是大夫士也。若諸侯，則《燕禮》、《大射》每事云「請於公」，不得云「主人請賓」也。此既非諸侯之禮，而經云「奏《貍首》」者，别取燕飲之義，非謂尊卑之詩。其諸侯相燕，亦有投壺。故《左傳》云：「晉侯與齊侯燕，投壺。」然則天子亦有之，但古禮亡，無以知也。其中之形，刻木爲之，狀如兕、鹿而伏，背上立圓圈以盛筭。云「奉之，西階上，北面」者，案《鄉射禮》，將射之時，「司射升自西階，階上北面告於賓」，故知此司射奉中在西階上，北面。其執壺之人賤於司射，故在司射之西。以凡行禮，統於主人，雖俱在西階而當尊東。故《燕禮》、《大射》宰夫代公爲主人，與賓俱升西階，而主人在東也。

注「燕飲」至「射也」　正義曰：知「既脱屨升坐，主人乃請投壺也」者，案《燕禮》「取俎以出，卿大夫皆降。賓反入，及卿大夫皆脱屨，升就席。羞庶羞」之後，乃云「若射，則大射正爲司射」，則知此亦在脱屨升坐之後。若《鄉射》之禮，則在飲酒未旅之前爲射，以其詢衆庶禮重，故早射，異於燕射也。

---

❶「固」，阮校云：「盧文弨云：《大戴》無『固』字，是。觀注則此處亦不當有。」

❷「面」，原作「南」，據單疏殘本、阮本、衛氏《集説》改。

賓再拜受，主人般還，曰：「辟。」賓再拜受，拜受矢也。主人既辟，進授矢兩楹之間也。主人阼階上拜送，賓般還，曰：「辟。」拜送，送矢也。辟亦於其階上。疏正義曰：此一經論賓與主人受矢送矢之節。「賓再拜受」者，賓既許主人投壺，賓乃於西階上，北面再拜，遥受矢也。「主人般還，曰：辟」者，主人見賓之拜，乃般曲折還，謂賓曰：「今辟而不敢受。」言此者，欲止賓之拜也。於是賓及主人各來兩楹之間相就，俱南面，主人在東，授矢與賓。「主人阼階上拜送」者，主人既授矢之後，歸還阼階上，北面拜送矢也。「賓般還，曰：辟」者，賓受矢之後，歸於西階上，見主人之拜賓，乃般還而告主人曰：「今辟而不敢受之。」言此者，亦止主人拜。知皆北面者，案《鄉飲酒》、《鄉射》，拜受爵、送爵皆北面，故知亦當北面。熊氏云：「以拜時還辟，或可東西面相拜。」❶又以「曰辟者，是贊者來辭告主人及賓，言曰辟」，義亦通也。

已拜，受矢，進即兩楹閒，退反位，揖賓就筵。主人既拜送矢，又自受矢，進即兩楹閒者，言將有事於此也。退乃揖賓即席，欲與偕進，明爲偶也。賓席、主人席皆南鄉，間相去如射物。疏正義曰：此一經明賓主受矢之後就投壺之筵。「已拜，受矢」者，謂主人拜送矢之後，主人贊者持矢授主人，主人於阼階上受矢也。「進即兩楹間，退反位」者，主人受矢之後，乃獨來就兩楹間者，言將有事於此也。看投壺處所，乃却退反阼階之位。「揖賓就筵」者，主人於阼階之上，西面揖賓，今就投壺之筵。於是賓主各來就筵。注「退乃」至「射物」 正義曰：云「退乃揖賓」者，解經「退反位，揖賓」也。所以揖之者，欲與賓俱即席，相對爲偶而共投壺。云「賓席、主人席皆南鄉，間相去如射物」者，以壺在於南，故知投壺南鄉也。投壺是射之類，故知席相去如射物也。物，謂射者所立之處。物長三尺，闊一尺二寸，兩物東西相去容一弓。故《鄉射記》云：「物長如笴，其間容弓，距隨長武。」注云：「笴長三尺。距隨者，物横畫也。」司射進度壺，間以二矢半，❷反位，設中，東面，執八筭，

❶「拜」，衛氏《集説》作「對」，疑是。

❷「間以二矢半」，王念孫云此五字衍。案王説是也。詳《經義述聞》。

興。度壺，度其所設之處也。壺去坐二矢半，則堂上去賓席、主人席邪行各七尺也。反位，西階上位也。設中，東面，既設中，亦實八筭於中，横委其餘於中西，執筭而立，以請賓侯投。**疏**正義曰：前經賓主既就筵，此經明進度壺并筭之節。　「司射進度壺」者，司射於西階之上，於執壺之人處受壺，乃東嚮來賓主筵前，進所量度其壺，置於賓主筵南。　「間以二矢半」者，投壺有三處，室中、堂上及庭中也。日中則於室，日晚則於堂，大晚則於庭，是各隨光明故也。❶矢有長短，亦隨地廣狹。室中狹，矢長五扶；堂上稍廣，矢長七扶；庭中大廣，矢長九扶。四指曰扶，扶廣四寸。五扶者，則二尺也。七扶者，則二尺八寸也。九扶者，則三尺六寸也。雖矢有長短，而度壺皆使去賓主之席各二矢半也。室中去席五尺，堂上則去席七尺，庭中則去席九尺。　「反位」者，司射度壺既畢，反還西階上位。　「設中」者，司射西階上取中，稍進東面而設中也。　「東面，執八筭，興」者，既設中之後，於中西東面，手執八筭而興起。其中裹亦實八筭。**注**「亦實八筭於中，横委其餘於中西」　正義曰：此約《鄉射》文。「實八筭於中」，今此投壺，射之類，故云「亦實八筭於中」。「亦」者，亦《鄉射》也。請賓曰：「順投爲入，比投不釋，勝飲不勝者。正爵既行，請爲勝者立馬。一馬從二馬，❷三馬既立，請慶多馬。」請主人亦如之。請，猶告也。順投，矢本入也。比投，不拾也。勝飲不勝，言以能養不能也。正爵，所以正禮之爵也，或以罰，或以慶。馬，勝筭也。謂之馬者，若云技藝如此，任爲將帥乘馬也。射、投壺，皆所以習武，因爲樂。**疏**正義曰：此一經明司射告賓主以投壺之法。

「順投爲入」者，司射執八筭起，而告賓黨爲投壺之法也。順，本也。言矢有本末，投矢於壺，以矢本入者，乃名爲入，則爲之釋筭也。若矢以末入，則不名爲入，亦不爲之釋筭也。　「比投不釋」者，比，頻也。又賓主投壺法，要更遞而投，不得以前既入，喜悦，不待後人投之而已頻投。

❶「故」，阮本作「處」，閩、監、毛本同，衛氏《集説》同。

❷「一馬從二馬」，《釋文》出「勝者立馬」，云「俗本或此句下有『一馬從二馬』五字，誤。」《正義》亦云「定本無此一句」。今《大戴》亦無此五字。阮校云：「孫志祖云：鄭注『一馬從二馬』之義在下文，疑此處無此五字也。」

頻投雖入，亦不爲之釋筭也。「勝飲不勝」者，又告云：若投勝者，則酌酒飲於不勝者也。「正爵既行」者，又説飲法也。正爵，謂勝飲不勝之爵也。以其正禮，故謂爲正爵。既行，謂行爵竟也。「請爲勝者立馬」者，此謂行正爵畢而爲勝者立馬者，則反取筭以爲馬，表於勝數也。必謂筭爲馬者，馬是威武之用，爲將帥所乘。今投壺及射，亦是習武，而勝者自表堪爲將帥，故云馬也。「一馬從二馬」者，每一勝輒立一馬，禮以三馬爲成，若專三馬，則爲一成。但勝偶未必專頻得三，若勝偶得二，劣偶得一，一既劣於二，故徹取劣偶之一，以足勝偶之二爲三，故云「一馬從二馬」。然定本無此一句。「三馬既立，請慶多馬」者，若頻得三成，或取彼足爲三馬，是其勝已成，又酌酒慶賀於多馬之偶也。「請主人亦如之」者，司射請賓之黨爲每事，並應曰「諾」竟，而司射又請主人事事亦如賓，而主人皆亦曰「諾」如賓也。案《鄉射》，司射請賓於西階上，請主人於阼階上，則此請賓請主人，皆亦就賓主之前也。注「正爵」至「爲樂」　正義曰：此經「正爵」謂罰爵，故下别云「三馬既備，請慶多馬」。今鄭注「或以罰，或以慶」，則慶馬勝筭亦爲正爵者，鄭通而解之，罰慶俱是正爵。故下文云「正爵既行，請徹馬」。彼謂慶爵，亦稱「正爵」也。案《鄉射禮》，三耦先射，賓主乃射，以射禮重也。此投壺不立三耦，以投壺禮輕故也。

命弦者曰：「請奏《貍首》，間若一。」大師曰：「諾。」弦，鼓瑟者也。《貍首》，《詩》篇名也，今逸。《射義》所云《詩》曰『曾孫侯氏』是也。間若一者，投壺當以爲志，取節焉。疏　正義曰：此一經明司射命工作樂，節投壺之儀。「命弦者曰『請奏《貍首》』」者，謂司射命遣鼓瑟之弦者請奏《貍首》之篇。「間若一」者，謂前後樂節，中間疏數，如似一也。「大師曰『諾』」者，大師應此司射曰「諾」。諾，承領之辭也。注「弦鼓」至「節焉」　正義曰：知「鼓瑟」者，鄭約《鄉射禮》用瑟也。案下有魯鼓、薛鼓，節亦有鼓。以弦爲重，故特云「命弦者」。云「《貍首》，《詩》篇名也」者，以與《射義》「《騶虞》、《采蘋》」相類，故知《詩》篇名也。既非諸侯投壺而奏《貍首》者，義取燕飲之儀，猶如《鄉射》奏《騶虞》，不計人之尊卑。云「投壺當以爲志，取節焉」者，解所以「間若一」。投壺者當聽之以爲志，取投合於樂節，故須中間若一也。案《鄉射》三番，初一番耦射不釋筭，第二番釋筭未作樂，第三番乃用樂。此投壺發初則用樂者，以投壺禮輕，主於歡樂故也。

左右告矢具，請拾

投。有入者，則司射坐而釋一筭焉。賓黨於右，主黨於左。拾，更也。告矢具，請更投者，司射也。司射東面立，釋筭則坐。以南爲右，北爲左也。已投者退，各反其位。疏正義曰：此一經論投壺之事，中者釋筭之儀。「左右告矢具」者，左，謂主人。右，謂賓客。司射告主與賓以矢具也。「請拾投」者，拾，更也。司射又請賓主更遞而投，於是乃投壺也。「有入者，則司射坐而釋一筭焉」者，若矢入壺者，則司射乃坐釋一筭於地也。「賓黨於右」者，右，謂司射之前稍南也。「主黨於左」者，左，謂司射之前稍北也。注「已投者退，各反其位」正義曰：約《鄉射禮》射畢則各反其位，則知投壺者畢亦各反其位，辟後來也。反位，謂主黨於東，賓黨於西。卒投，司射執筭曰：「左右卒投，請數。」二筭爲純，一純以取，一筭爲奇。遂以奇筭告曰：「某賢於某若干純。」奇則曰「奇」，鈞則曰「左右鈞」。卒，已也。賓主之黨畢已投，司射又請數其所釋左右筭，如數射筭。一純以取，實於左手，十純則縮而委之。每委異之，有餘則橫諸純下。一筭爲奇，奇則縮諸純下。兼斂左筭，實於左手。一純以委，十則異之。其他如右獲。畢，則司射執奇筭，以告於賓與主人也。若告云「某賢於某」者，未斥主黨勝與？賓黨勝與？以勝爲賢，尚技藝也。鈞，猶等也。等則左右手各執一筭以告。疏正義曰：此一經明投壺筭數之儀。「卒投」者，謂投壺卒也。「司射執筭曰『左右卒投，請數』」者，司射於壺西東面執筭，請曰：賓主之黨卒竟投，請數筭。「二筭爲純，一純以取」者，純，全也。二筭合爲一全，地上取筭之時，一純則別而取之。「一筭爲奇」者，一筭，謂不滿純者。奇，隻也，故云「一筭爲奇」。「遂以奇筭告」者，奇，餘也。謂左右數鈞等之餘筭，手執而告。曰「某賢於某若干純」者，或左或右不定，故稱「某賢」。賢，謂勝者也。勝者若有雙數，則云「若干純」。假令十筭，則云五純也。「奇則曰奇」者，若有奇數，則曰奇。假令九筭，則曰九奇也。「鈞則曰左右鈞」者，鈞，猶等也。等則左右各執一筭以告。注「卒已」至「以告」正義曰：云「如數射筭」者，以投壺，射之類，故知此數投壺之筭如數射筭。云「一純以取」至「其他如右獲」，此皆《鄉射》之禮文也。「一純以取，實於左手」，謂就地上之筭，以右手每一純別而取，實於左手。云「十純則縮而委之。每委異之」者，滿十純則從而委之於地。司射東面，則東西爲縮，每十雙則東西縮爲一委。每有十雙，更別委之，故云「每委異之」。云「有餘則横諸純下」者，有餘，謂不滿十雙，或八雙九雙以下。則横於純下，謂横在十純之西，南北置之。云「一筭爲奇，奇則縮諸純下」者，若唯有一筭，則縮之零純之下，在零純之西，東西置之。此謂數右筭之法。若數左筭，則異於右筭。謂揔斂地之筭，❶實於左手之中，每一純取以委地，滿十則異之，謂滿十純揔爲一委。云「其他如右獲」者，謂所縱所横，如右獲也。**命酌曰：「請行觴。」❷酌者曰：「諾。」**司射又請於賓與主人，以行正爵。酌者，勝黨之弟子。**當飲者皆跪奉觴，曰：「賜灌。」勝者跪曰：「敬養。」**酌者亦酌奠於豐上，不勝者坐取，乃退而跪飲之。灌，猶飲也。言「賜灌」者，服而爲尊敬辭也。《周禮》曰：「以灌賓客。」賜灌、敬養，各與其偶於西階上，如飲射爵。疏正義曰：❸此一節明飲不勝之儀。「命酌曰『請行觴』」者，謂司射命此酌酒者曰：敬以請賓與主人行觴。謂罰爵之事，賓主已許，汝當酌之。「酌者曰『諾』」者，謂勝黨之弟子曰「諾」。受領許酌，乃於西階上南面設豐，洗觶升酌，坐奠於豐上也。「當飲者皆跪奉觴，曰『賜灌』」者，謂勝者與不勝者俱升西階，勝者在東，不勝者跪取豐上之爵，手奉其觴，曰：蒙賜灌。灌，猶飲也。「勝者跪曰『敬養』」者，勝者跪執之，曰：敬以此觴而養不能。注「酌者，勝黨之弟子」 正義曰：此《鄉射禮》文也。案彼文云「弟子奉豐升，設于西楹之西。勝者之弟子洗觶，升酌，南面，坐奠于豐上」是也。注「周禮」至「射爵」 正義曰：此《周禮·典瑞》文，引之者，證灌爲飲也。云「賜灌、敬養，各與其偶於西階上，如飲射爵」者，以投壺，射類，故約《鄉射》而知也。**正爵既行，請立馬。馬各直其筭，一馬從二馬，以慶。慶禮曰：「三馬既備，請慶多馬。」賓主皆曰：「諾。」**飲不勝者畢，司射又請爲勝者立馬，當其所釋筭之前。三立馬者，投壺如射，亦三而止也。三者，一黨不必三勝，其一勝者，并其馬於再勝者

❶「斂」，原作「斂」，據單疏殘本、阮本、魏氏《要義》、衛氏《集説》改。

❷「命酌曰請行觴」，朱熹《通解》：「《大戴》無『命酌』至『行觴』六字，別云『舉手曰：請諸勝者之弟子爲不勝者酌』。」江永《禮書綱目》同朱説。

❸「義」，原作「儀」，據單疏殘本、阮本改。

以慶之，明一勝不得慶也。飲慶爵者，偶親酌，不使弟子，無豐。疏正義曰：此一經論飲不勝者畢，司射請爲勝者立馬，以表顯賢能之事。「正爵既行」者，謂正禮罰酒之爵既行飲畢之後，司射乃請賓主，請爲勝者樹標立其馬也。「馬各直其筭」者，直，當也。謂所立之馬，各當其初釋筭之前所釋之筭，當中之西也。❶「一馬從二馬」者，投壺與射禮同，亦三番而止，每番勝者，則立一馬。假令賓黨三番俱勝，則立三馬。或賓黨兩勝而立二馬，主黨一勝但立一馬，即以主黨從就賓黨二馬，以少足益於多，以助勝者爲榮。「以慶」者，一馬從二馬之後，乃以慶賀多馬，故云「以慶」。但此經上云「請立馬」者，是司射請辭。「馬各直其筭，一馬從二馬，以慶」，是禮家陳事之言也。「慶禮曰『三馬既備，請慶多馬』」者，此還是司射請辭，言爲慶之禮，勝者三馬既已備具，請酌酒慶賀於多馬者。「賓主皆曰諾」者，無問勝與不勝，皆稱曰「諾」。

注「飲不」至「無豐」　正義曰：云「投壺如射，亦三而止也」者，以投壺，射之類，故知亦三番而止。案《鄉射禮》初番三耦射，但唱獲而已，未釋筭，亦未飲不勝者。第二番耦射畢，賓主之黨皆射畢，乃數筭，飲不勝者。第三番，三耦及賓主等皆射中鼓節，乃釋筭，飲罰爵。今投壺初則不立三耦，唯賓主三番而止。云「三者，一黨不必三勝」者，解「一馬從二馬」之意。言或賓或主之黨，黨中不必三番得勝，故以一勝之馬，「并其馬於再勝者以慶之，明一勝者不得慶也」。云「飲慶爵者，偶親酌，不使弟子，無豐」者，以飲不勝之時，賤其無能，故偶不親酌，使弟子酌，奠於豐上，則《鄉射禮》所云者是也。今既尊賢，當須親酌，手自授之，故知不使其弟子，無豐也。皇氏以爲：「三番而止者，謂三偶投壺而止。」❷案《鄉射禮》每番皆三耦而止，今云「三偶投壺而止」，非其義也。

正爵既行，請徹馬。投壺禮畢，可以去其勝筭也。既徹馬，無筭爵乃行。疏正義曰：此明飲慶爵之後，司射請徹去其馬，以投壺禮畢，行無筭爵之事。

筭多少，視其坐。筭用當視坐投壺者之衆寡爲數也。投壺者人四矢，亦人四筭。**籌，室中五扶，堂上七扶，庭中九扶。**籌，矢也。鋪四指曰

❶「當」，原作「東」，據毛本、庫本改。
❷「偶」，阮本作「耦」，閩、監、毛本同。阮校云：「按作『偶』非也。」下「偶」同。

扶，一指案寸。❶《春秋傳》曰：「膚寸而合。」投壺者，或於室，或於堂，或於庭，其禮褻，隨晏早之宜，無常處。筭，長尺二寸。其節三扶可也。或曰：「筭，長尺有握。握，素也。」壺，頸脩七寸，腹脩五寸，口徑二寸半，容斗五升。壺中實小豆焉，爲其矢之躍而出也。壺去席二矢半。脩，長也。腹容斗五升，三分益一，則爲二斗，得圜囷之象，積三百二十四寸也。❷以腹脩五寸約之所得，求其圜周，圜周二尺七寸有奇，是爲腹徑九寸有餘也。實以小豆，取其滑且堅。矢，以柘若棘，毋去其皮。取其堅且重也。舊説云：「矢大七分。」或言去其皮節。疏正義曰：此一節明筭及矢長短之數，又明壺之大小及矢之所用。以《儀禮》準之，此亦正篇之後記者之言也。今録記者既陳正禮於上，又以此諸事繼之於下。「筭多少，視其坐」者，言筭之多少，視其所坐之人。每人四矢，人別四筭也。「籌，室中五扶，堂上七扶，庭中九扶」者，籌，矢也。室中最狹，❸故五扶；堂上差寬，故七扶；庭中彌寬，故九扶。注「投壺者，人四矢」正義曰：案《鄉射》及《大射》，人皆「乘矢」，故知四矢也。注「籌矢」至「常處」正義曰：云「《春秋傳》曰『膚寸而合』」者，此僖三十一年《公羊傳》文。彼云：「觸石而出，膚寸而合，不崇朝而徧雨乎天下，唯泰山爾。」引之者，證彼「膚」與此「扶」同也。注「脩長」至「餘也」正義曰：「腹容斗五升，三分益一，則爲二斗」者，既稱「腹容斗五升」，又云「三分益一」者，以斗五升，其數難計，故加三分益一爲二斗，從整數計之。云「得圜囷之象，積三百二十四寸也」者，以筭法，方一寸高十六寸二分爲一升，則一斗之積，方一寸高一百六十二寸也。二斗之積爲三百二十四寸也。於此壺之圜囷之中，凡有三百二十四寸也。云「以腹脩五寸約之所得」者，腹之上下高五寸，共有三百二十四寸。今且以壺底一寸約之，即於三百二十四寸之中，五分之一，得六十四寸八分也，是腹脩五寸約之所得之數也。云「求其圜周，圜周二尺七寸有奇」者，壺

❶「案」，王念孫云：「『案』下亦當有『曰』字。」詳《經義述聞》。

❷「三」，原作「七」，據余本、撫本、岳本、阮本改。

❸「狹」，原作「挾」，據單疏殘本、毛本、阮本及衛氏《集説》改。

底一重既有六十四寸八分，以圜求方，須三分加一。六十四寸八分分爲三分，則一分有二十一寸六分，并前六十四寸八分，得八十六寸四分也，即是壺底一重方積之數也。今將八十六寸開方積之，九九八十一，則爲方九寸强也。一面有九寸强，四面凡有三十六寸强。今以方求圜，四分去一，有二十七寸强，是壺圜周二尺七寸有强，故云「圜周二尺七寸有奇」也。鄭之此計，據二斗之數。必知然者，壺徑九寸，以圜求方，以方九寸計之，凡九九八十一。壺底一重有八十一寸，五重則有五箇八十一寸，揔爲四百五寸。今以方求圜，四分去一，去其一百一寸四分寸之一，餘三百三寸四分寸之三。於二斗之積三百二十四寸之内，但容三百三寸四分寸之三，餘有二十寸四分寸之一不盡，故云「圜周二十七寸有奇」乃得盡也。❶若以斗五升計之，計一斗五升之積有二百四十三寸，則壺之所徑，唯八寸餘也，得容此數。必知然者，凡方八寸，開方計之，八八六十四，得六十四寸。壺高五重，則五箇六十四寸，揔爲三百二十寸。以方求圜，四分去一，去八十寸，餘有二百四十寸。於一斗五升之積，餘有三寸不盡，是壺徑八寸有餘，乃得盡也。今檢鄭之文注之意，以二斗整數計之，不取經文「斗五升」之義，故云「圜周二尺七寸有奇」。今筭者以其二尺七寸之圍，必受斗五升之物，數不相會也。云壺體腹之上下，各漸減殺，苟欲望合，恐非鄭意。魯令弟子辭曰：「毋幠，毋敖，毋偝立，毋踰言。偝立、踰言有常爵。」薛令弟子辭曰：「毋幠，毋敖，毋偝立，毋踰言。若是者浮。」弟子，賓黨、主黨年稺者也。爲其立堂下相褻慢，司射戒令之。記魯、薛者，禮衰乖異，不知孰是也。幠，敖，慢也。❷偝立，不正鄉前也。踰言，遠談語也。常爵，常所以罰人之爵也。浮亦謂是也。《晏子春秋》曰：「酌者奉觴而進曰：『君令浮！』」晏子時以罰梁丘據。浮，或作「匏」，或作

❶「二十七寸」，「十」，阮校云：「惠棟校宋本『十』作『尺』。」按：作「尺」與鄭注合。

❷「幠敖慢也」，浦鏜據《釋文》校，以爲「幠」下脱「敖也」二字，疑是。蓋鄭以「敖」釋「幠」，以「慢」釋「敖」也。非「幠」、「敖」二字並釋作「慢也」。經文「毋幠毋敖」，《大戴禮》作「無荒無慠」，孔廣森《補注》：「志怠曰荒，容怠曰慠。」是二字各有其義也。「幠，敖也」之「敖」，蓋不嚴肅之義，故《爾雅・釋詁》云：「敖，戲謔也。」《正義》云「幠亦敖也」，明唐初鄭注已脱「敖也」二字。

「符」。踰，或爲「遥」。 疏 正義曰：此一篇是周公正經而有魯、薛之事者，録記之人，以周衰之後，魯之與薛，有當時投壺號令弟子之異，未知孰是，故因以記之也。「毋幠，毋敖」者，幠亦敖也，號令弟子云：毋得幠而敖慢也。「毋偝立，毋踰言。偝立、踰言有常爵」者，毋偝立，謂不正面前。「毋得踰言」，❶謂遠相談話。若偝立、踰言，有常刑之罰爵也。 「若是者浮」，浮亦罰也。薛令弟子辭曰：若如是偝立、踰言者，則有浮罰之爵。薛令弟子異於魯者，其魯令弟子則稱「偝立、踰言，有常爵」，薛令弟子則揔稱「若是者浮」，浮亦罰也。其言辭詳略雖異，其意則同。 注「晏子」至「丘據」 正義曰：引《晏子春秋》者，證浮是罰爵之義。故《小爾雅》云：「浮，罰也。」 鼓：

○□○○□□○□○○□半○□○□○○

○□□○□○魯鼓。 ○□○○○□□○□

○○□□○□○○□□○半○□○○○□

□○薛鼓。 此魯、薛擊鼓之節也。圜者擊鼙，方者擊鼓。古者舉事，鼓各有節，聞其節，則知其事矣。 取「半」以下爲投壺禮，盡用之爲射禮。 投壺之鼓半射節者，投壺，射之細也。射，謂燕射。 司射、庭長及冠士立者，皆屬賓黨。樂人及使者、童子，皆屬主黨。 庭長，司正也。使者，主人所使薦羞者。樂人，國子能爲樂者。此皆與於投壺。 魯鼓：

○□○○□□○○半○□○□○○○□○□○。

薛鼓： ○□○○○○□○□○□○○□○□○

半○□○□○○○○□○。

此二者，記兩家之異，故兼列之。 疏 正義曰：以鼓節有圜點，有方點，故以爲圜者擊鼙，方者擊鼓。若頻有圜點，則頻擊鼙聲。每一圜點，則一擊鼙聲。若頻有方點，則頻擊鼓聲也。但記者因魯、薛擊鼓之異，❷圖而記之。但年代太遠，無以知其得失。 注「射，謂燕射」 正義曰：以此射與投壺相對，用半鼓節爲投壺，用全鼓節爲射禮。又投壺在室在堂，是燕樂之事，故知此射亦謂燕射，非大射及鄉射也。 注「庭長」至「投壺」 正義曰：經云「司射、庭長」，案《鄉飲酒》將旅之

❶「得」，阮校云：「惠棟校宋本無『得』字。」案惠校是也。

❷「魯」字原脱，據單疏殘本、阮本補。

時，使相爲司正，在庭中，立于觶南，北面，❶察飲酒不如儀者，故知「庭長，司正」也。「冠士」者，謂外人來觀投壺，成人加冠之士，尊之，故令屬賓黨。若童子賤，則屬主黨也。云「樂人，國子能爲樂者」，以國子習樂，故云「國子能爲樂者」。欲明此樂人非瞽矇、視瞭之徒，以其能與主人之黨而觀禮，故知非作樂瞽人也。案國子是王子、公卿大夫元士之子，今來觀樂士大夫投壺者，以國之俊選皆在學習樂，共士子來觀投壺，非謂一皆是王子及公卿大夫之子也。云「此皆與於投壺」者，鄭恐但來觀其禮，不觀投壺，經既云「屬賓黨、主黨」，則是入賓主之朋，故云「與於投壺」也。

禮記正義卷第六十五

❶「北」字原是墨丁，據足利本、阮本補。

禮記正義卷第六十六

國子祭酒上護軍曲阜縣開國子臣孔穎達等奉勅撰

儒行第四十一

正義曰：案鄭《目録》云：「名曰《儒行》者，以其記有道德者所行也。❶儒之言優也，柔也，能安人，能服人。又儒者濡也，以先王之道能濡其身。此於《別録》屬《通論》。」案下文云：儒有過失可微辨而不可面數，搏猛引重，不程勇力。此皆剛猛得爲儒者。但《儒行》不同，或以遜讓爲儒，或以剛猛爲儒，其與人交接常能優柔，故以儒表名。

魯哀公問於孔子曰：「夫子之服，其儒服與？」哀公館孔子，見其服與士大夫異，又與庶人不同，疑爲儒服而問之。孔子對曰：「丘少居魯，衣逢掖之衣；長居宋，冠章甫之冠。丘聞之也，君子之學也博，其服也鄉。丘不知儒服。」逢，猶大也。大掖之衣，大袂襌衣也。此君子有道藝者所衣也。孔子生魯，長而之宋而冠焉。宋，其祖所出也。衣少所居之服，冠長所居之冠，是之謂鄉。言「不知儒服」，非哀公意不在於儒，乃今問其服。庶人襌衣，袂二尺二寸，袪尺二寸。哀公曰：「敢問儒行。」孔子對曰：「遽數之不能終其物，悉數之乃留，更僕未可終也。」遽，猶卒也。物，猶事也。留，久也。僕，大僕也。君燕朝則正位，掌擯相。更之者，爲久將倦，使之相代。哀公命席。爲孔子布席於堂，與之坐也。君適其臣，升自阼階，所在如主。孔子侍，曰：「儒有席上之珍以待聘，夙夜强學以待問，懷忠

❶「也」，原作「者」，據單疏殘本、阮本改。

信以待舉，力行以待取。其自立有如此者。席，猶鋪陳也。鋪陳往古堯舜之善道以待見問也。大問曰聘。舉，見舉用也。取，進取位也。　儒有衣冠中，動作慎；其大讓如慢，小讓如僞；大則如威，小則如愧；其難進而易退也，粥粥若無能也。其容貌有如此者。中，中間，謂不嚴厲也。如慢、如僞，言之不愊怛也。如威、如愧，如有所畏。　儒有居處齊難，❶其坐起恭敬，言必先信，行必中正，道塗不爭險易之利，冬夏不爭陰陽之和，愛其死以有待也，養其身以有爲也。其備豫有如此者。齊難，齊莊可畏難也。行不爭道，止不選處，所以遠鬭訟。　儒有不寶金玉，而忠信以爲寶；不祈土地，立義以爲土地；不祈多積，多文以爲富。難得而易禄也，易禄而難畜也。非時不見，不亦難得乎？非義不合，不亦難畜乎？先勞而後禄，不亦易禄乎？其近人有如此者。祈，猶求也。立義以爲土地，以義自居也。難畜，難以非義久留也。勞，猶事也。積，或爲「貨」。

疏「魯哀公問於孔子」者，言夫子自衛反魯，哀公館於孔子，問以儒行之事，記者録之，以爲《儒行》之篇。孔子説儒凡十七條，其從上以來至下十五條，皆明賢人之儒。其第十六儒，❷明聖人之儒，包上十五條賢人儒也。其十七條之儒，是夫子自謂也。今此一節，明哀公至孔子之家，見孔子衣服之異，疑其儒服，遂問儒行。爲孔子命席，方説儒行之事也。「君子之學也博」者，言徧知今古之事也。「其服也鄉」者，其冠服須依所居之鄉也。「丘不知儒服」者，不知，猶不識也。言我所服，但衣其鄉之服，不知儒服。言此者，譏哀公意不在儒，欲侮笑其服，故以此言非之。

注「逢猶」至「二寸」　正義曰：謂逢猶盛大之貌，《詩》云：「維柞之枝，其葉蓬蓬。」是逢爲盛大之貌也。云「大掖之衣，大袂禪衣」也者，掖，謂肘掖之所寬大，故云「大袂禪衣」也。禮，大夫以上，其服侈袂。鄭注《司服》云：「侈之者，半而益一。袂三尺三寸，袪尺八

❶「居」上原有「其」字，據《唐石經》及余本、撫本、岳本、阮本删。

❷「儒」，殿本、庫本、阮本作「條」。

寸。」朝祭之服，必表裏不禪也。孔子若依尋常侈袂之服，則哀公無由怪之。以其大袂禪衣，異於士大夫常服，故問之。云「非哀公意不在於儒」者，今若在儒，孔子新來，則應問以儒行。今乃問其服，是意欲侮戲夫子，故下文云「不敢以儒爲戲」，明此時意以爲戲也。云「庶人禪衣，袂二尺二寸」者，庶人無朝祭之事，故知禪衣袂二尺二寸。云「袪尺二寸」者，《玉藻》文。言深衣之制如此。今夫子著禪衣，與庶人同；其袂大，與庶人異。故謂衣爲「逢掖」也，則此大袂深衣也。「長居宋，冠章甫之冠」，言夫子生於魯，長於宋，魯有大袂禪衣，宋有章甫之冠，故知大袂之衣是少所居之服也，章甫之冠是長所居之冠。案《曲禮》云：「去國三世，唯興之日，從新國之法。」孔子曾祖防叔，防叔生木金，木金生伯夏，伯夏生良紇，❶良紇生孔子。防叔奔魯，至孔子五世，應從魯冠，而猶著殷章甫冠者，以丘爲制法之主，故有異於人，所行之事，多用殷禮，不與尋常同也。且《曲禮》「從新國之法」，秖謂禮儀法用，未必衣服盡從也。禮，臣朝於君，應著朝服，而著常服者，時孔子自衛新還，哀公館之，非是常朝，故衣冠異也。「遽數之不能終其物」者，遽，卒也。數，說也。終，盡也。物，事也。孔子答言，儒行深遠，非可造次，若急而說，則不能盡事也。「悉數之乃留，更僕未可終也」者，留，久也。若委細悉説之，則乃大久也。更僕者，更，代也。僕，大僕也。君燕朝，則大僕正位掌擯相也。言若委細悉説之，則大久，僕侍疲倦，宜更代之，未可終也。若不代僕，則事未可盡也。「哀公命席」者，哀公既聞孔子所答，稱儒行不敢造次而盡，故命掌筵者爲夫子布席也。故注云：「爲孔子布席於堂，與之坐也。君適其臣，升自阼階，所在如主。」「孔子侍」者，此一經明孔子侍坐於哀公，説儒行脩立己身終始之事。「儒有席上之珍以待聘」者，席，猶鋪陳也。珍，謂美善之道。言儒能鋪陳上古堯、舜美善之道以待君上聘召也。盧云：「儒是侍坐席之珍，可重也。」此經論儒者自學脩飾立身之事，不應直云「席上之珍可重」，故鄭不從也。「力行以待取」者，言己脩身勵力行之，擬待進取榮位也。「其自立有如此者」，謂自脩立己身，有如此行在上之諸事也。「儒有衣冠中」者，此明儒者容貌之事。「儒有衣冠中」者，中，間。言儒者所服衣冠在尋常人之中間，不嚴勵自異也。「動作慎」者，謂舉動興作，恒謹慎也。「其大讓如慢」，謂有人以大物與己，己之讓此大物之

❶「良」，殿本、庫本、阮本作「梁」。下同。

時，辭貌寬緩，如慠慢然。「小讓如僞」者，言讓其小物，如似詐僞。亦謂寬緩不急切也，言儒不以利動也。「大則如威」者，言有大事之時，形貌則如似有所畏懼也。「小則如愧」者，言行小事之時，則如似有所慚愧。如威、如愧，皆謂重慎自貶損。「粥粥若無能也」者，粥粥是柔弱專愚之貌。言形貌粥粥然，如無所能也。注「中中」至「所畏」。正義曰：「中，中間」者，言儒者衣冠在常人中間，則孔子「逢掖之衣」是也。云「如慢、如僞，言之不愊怛也」者，愊怛，謂急促之意。言語之時，不愊怛切急，如似慢然，如似僞然。庾氏云：「讓大物不受，拒於人，如似慠慢。讓小物之時，初讓後受，如似僞然。」與注意不合，非鄭旨也。「儒有居處齊難」者，此明儒行先以善道豫防備患難之事。❶「居處齊難」者，凡所居處，容貌齊莊，可畏難也。貌既如此，人則無由慢之也。「道塗不爭險易之利」者，塗，路也。君子行道路，不與人爭平易之地而避險阻以利己也。「冬夏不爭陰陽之和」者，冬溫夏涼，是陰陽之和。處冬日暖處則暄，夏日陰處則涼，此並爲世人所競，唯儒者讓而不爭也。故注云「行不爭道，止不選處，所以遠鬬訟」也。「愛其死以有待也」者，此解「不爭」也。言愛死以待明時。「養其身以有爲也」者，言養身爲行道德也。「其備豫有如此者」，言儒者先行善道，豫防患害，有如此在上諸事也。「儒有不寶金玉，而忠信以爲寶」者，此一經明儒者懷忠、信、義之事也。言儒懷忠信仁義以與人交，不貪金玉利禄以與人競，人則親而近之。「不祈土地，立義以爲土地」者，言儒者不祈土地之富，以義自居，故云「以爲土地」。「不祈多積，多文以爲富」者，積，積聚財物也。儒以多學文章技藝爲富，不求財積以利其身也。「難得而易禄也」，非道之世則不仕，是「難得」也。先事後食，是「易禄」也。「易禄而難畜也」者，無義則去，是「難畜」也。「非時不見，不亦難得乎」者，非時，謂非明時則不見，是「不亦難得乎」？「非義不合，不亦難畜乎」者，君有義則與之合，無義則去，是「難畜」也。「其近人有如此者」，言儒者親近於人，有如此在上之諸事也。

儒有委之以貨財，淹之以樂好，見利不虧其義；劫之以衆，沮之以兵，見死不更其守；鷙蟲攫搏，不程勇者；❷引

❶「行」，阮本作「者」，閩、監、毛本同。按：下文孔疏兩言「此明儒者」，作「者」是。

❷「不程勇者」，王念孫云：「『不程勇者』，當作『不程其勇』，與『不程其力』對文。《文選・辨命論》注正作『不程其勇』。」詳《經義述聞》。孫希旦《集解》說略同。

重鼎，不程其力；往者不悔，來者不豫；過言不再，流言不極；不斷其威，不習其謀。其特立有如此者。淹，謂浸漬之。劫，劫脅也。沮，謂恐怖之也。鷙蟲，猛鳥猛獸也，字從鳥，鷙省聲也。❶程，猶量也。重鼎，大鼎也。搏猛引重，不量勇力堪之與否，當之則往也。雖有負者，後不悔也。其所未見，亦不豫備，平行自若也。不再，猶不更也。不極，不問所從出也。不斷其威，常可畏也。不習其謀，口及則言，不豫其説而順也。斷，或爲「繼」。**疏**「儒有委之以貨財」者，此明儒者之行有異於衆，挺特而立，不與同群之事。「儒有委之以貨財，淹之以樂好」者，言儒者之行，人或委聚之以貨財，謂多以貨財委之；淹之以樂好，謂他人淹漬之以愛樂華好之事，言以愛樂玩好浸漬之也。「見利不虧其義」者，謂儒者執持操行，雖見貨財樂好之利，不虧損己之義事苟且而愛也。「劫之以衆，沮之以兵」者，謂他人劫脅以軍衆，沮恐之以兵刃也。「見死不更其守」者，言儒者雖見劫見沮，以致於死，終不更改其所守之志而苟從之免死也。「鷙蟲攫搏，不程勇者」，言儒者若逢鷙猛之蟲，則身往攫搏，不程量武勇堪當以否，遇即行也。「引重鼎，不程其力」者，言引重鼎，不豫前商量己力堪引以否。言見則引之。此「攫搏」、「引鼎」，喻艱難之事。言儒者見艱難之事，遇則行之，不豫度量也。此實暴虎之事而得爲儒者，孔子此言雖託儒爲事，其實自述也。若《春秋》夾谷之會，孔子欲斬齊之優儒是也。案定十年，公與齊侯會於夾谷之地，於時孔子爲都禮之事。❷齊人欲劫辱魯君，孔子使人拒之。而又齊人之樂作優及侏儒者於魯幕下弄魯君，❸孔子命誅之，斷其手足，異門而出。齊侯不敢輕魯，還汶陽之田及所侵之地，並歸於魯。是夫子之功，儒者亦有勇，不避艱難。引之者，言儒者有勇。「往者不悔」者，言儒者有往過之事，雖有敗負，不如其意，亦不追悔也。「來者不豫」者，謂將來之事，其所未見，亦不豫前防備。言已往及未來，平行自若也。「過言不再」者，

❶「鷙」，阮校據郭忠恕《佩觿》云「鷙」字當作「⿱執至」，段玉裁《説文注》同。張敦仁《考異》、孫希旦《集解》皆謂「鷙」當作「摯」。按：《集韻》去聲至韻：「⿱執至，通作摯。」是二字義同。

❷「都禮」，阮校引齊召南云：當爲「相禮」。

❸「作」，單疏殘本作「併」。阮校云：「惠棟校宋本『併』作『作』，此本『作』誤『併』。閩、監、毛本作『俳』。」

再，更也。言儒者有愆過之言，不更爲之。「流言不極」者，極，謂窮極。若聞流傳之言，不窮其根本所從出處也。言儒者識慮深遠，聞之則解，故不窮極其所出也。「不斷其威」者，斷，絶也。言儒者不壍絶其威嚴，容止當可畏也。❶「不習其謀」者，逢事則謀，不豫習也。「其特立有如此者」，言餘人不能，唯儒者獨能特立有如此之行也。

注「淹謂」至「順也」　正義曰：「淹，謂浸漬之」者，言樂好之事，民之所嗜，易以溺人。云「淹之樂好」，故知淹爲浸漬也。云「沮，謂恐怖之也」，以沮謂敗壞於人，是恐怖之也。俗本「沮」或爲「阻」字，謂阻難之事。云「鷙蟲，猛鳥猛獸也」者，蟲是鳥獸通名，故爲「猛鳥猛獸」。云「字從鳥，鷙省聲也」者，言鷙蟲既是猛鳥猛獸，但獸摯從執下著手，鳥鷙從執下著鳥。今一「鷙」包兩義，以獸鷙從鳥，故云「省」也；「執」下著「鳥」，「執」下著「手」，俱是鷙聲，故云「聲」也。但以脚取之謂之攫，以翼擊之謂之搏。❷云「雖有負者，後不悔也」者，身行往過之事，雖有負敗，不追悔也。云「平行自若」者，若，如也。言雖有敗負及未見之事，不恥愧憂慮，但平常而行，志意自如也。云「不習其謀，口及則言，不豫其説而順也」者，口及則言，謂口及其事則言論謀度之，不豫前備其言説而順從所謀之也。

儒有可親而不可劫也，可近而不可迫也，可殺而不可辱也。其居處不淫，其飲食不溽，其過失可微辨而不可面數也。其剛毅有如此者。淫，謂傾邪也。恣滋味爲溽。溽之言欲也。疏此明儒有剛毅之事。「居處不淫」者，淫，謂傾邪也。言儒者性既剛毅，故居處不傾邪也。「飲食不溽」者，溽之言欲也，即濃厚也。言儒性既剛儉，故飲食常質，不濃厚也。「其剛毅有如此者」，言儒者其剛强嚴毅有如此諸事。

儒有忠信以爲甲胄，禮義以爲干櫓；戴仁而行，抱義而處；雖有暴政，不更其所。其自立有如此者。甲，鎧。胄，兜鍪也。干、櫓，小盾、大盾也。疏此明儒者自立之事也。「忠信以爲甲胄」注云：「甲，鎧。胄，兜鍪也。干、櫓，小盾、大盾也。」甲胄干櫓，所以禦其患難。儒者以忠信禮義亦禦其患難。謂有忠信禮義，則人不敢侵侮也。「戴仁而行」，仁之盛。

❶「當」，阮本作「常」。
❷「搏」，原作「傳」，據阮本改。

「抱義而處」，義不離身。　「雖有暴政，不更其所」者，更，改也。不改其志操，迥然自成立也。雖與前「自立」文同，其意異於上也。「其自立有如此者」，❶初第一儒言「自立」者，謂强學力行而自脩立也；此經「自立」者，謂獨懷仁義忠信也。　**儒有一畝之宫，環堵之室，篳門圭窬，蓬户甕牖；易衣而出，并日而食；上答之，不敢以疑；上不答，不敢以諂。其仕有如此者。**言貧窮屈道，仕爲小官也。宫，謂牆垣也。環堵，面一堵也。五版爲堵，五堵爲雉。篳門，荆竹織門也。圭窬，門旁窬也，穿牆爲之如圭矣。并日而食，二日用一日食也。上答之，謂君應用其言。❷**疏**此明儒者仕宦能自執其操也。　「儒有一畝之宫」者，一畝，謂徑一步，長百步爲畝。若折而方之，則東西南北各十步爲宅也。牆方六丈，故云「一畝之宫」。宫，謂牆垣也。　「環堵之室」者，環，謂周迴也。東西南北唯一堵。　「篳門圭窬」，篳門，謂以荆竹織門也，杜氏云：「柴門也。」圭窬，門旁窬也，穿牆爲之如圭矣」，故云「圭窬」。《説文》云：「穿木爲户。」《左傳》作「竇」，謂門旁小户也，上鋭下方，狀如圭也。　「蓬户甕牖」者，蓬户，謂編蓬爲户。又以蓬塞門謂之蓬户。「甕牖」者，謂牖牕圓如甕口也。又云以敗甕口爲牖。　「易衣而出」者，❸王云：「更相衣而後可以出。」如王之意，是合家共一衣，故言出更著之也。❹「并日而食」者，謂不日日得食，或三日二日并得一日之食，故注云「二日用一日食也」。　「上答之，不敢以疑」者，上，君也。答之，謂己有言語，君應答而用之。不敢以疑，謂己決竭心力，不敢疑貳於君也。亦謂雖被信任用，不敢猜疑於君上也。言儒者仕官盡忠。　「上不答，不敢以諂」者，己有言語而君不用及不見使，則己宜静默，不敢諂媚求進也。　**注**「貧窮」至「爲雉」　正義曰：「貧窮屈道，仕爲小官也」者，以經云「其仕有如此者」，是仕官之人，今乃篳門圭窬，仕爲小官。儒有大德而仕小官，故知「貧窮屈道」也。云「五板爲堵，五堵爲雉」者，定十二年《公羊傳》文，引之者，證堵之大小。高一丈、長三丈爲雉。

❶「其自立有如此者」，浦鏜校云：「七字當在『雖與前自立文同』之上。」按：浦校是也。
❷「應用」，原作「甕前」，據余本、撫本、岳本、阮本改。
❸「而」，原作「面」，據阮本改。
❹「故言出」，衛氏《集説》及《禮記纂言》作「出則」，疑是。

儒有今人與居，古人與稽；今世行之，後世以爲楷；適弗逢世，上弗援，下弗推，讒諂之民有比黨而危之者；身可危也，而志不可奪也；雖危，起居竟信其志，猶將不忘百姓之病也。其憂思有如此者。稽，猶合也。古人與合，則不合於今人也。援，猶引也，取也。推，猶進也，舉也。危，欲毁害之也。起居，猶舉事動作。信，讀如「屈伸」之伸，假借字也。猶，圖也。信，或爲「身」。疏此明儒者雖身不居明代，猶能憂思愛及於人之事也。「今人與居，古人與稽」者，言儒與今世小人共居住，與古人之君子意合同也。「今世行之，後世以爲楷」者，楷，法式也。言儒者行事，以爲後世楷模法式。「適弗逢世」者，適，之也。謂己之生於澆薄之時，不逢明世也。「上弗援」者，援，引也，取也。既不逢明時，又不爲君上之所引取也。「下弗推」者，下，謂民人也。推，謂進舉也。言身在下不遇之時，又不爲民下所薦舉也。「讒諂之民有比黨而危之者」，危，謂毁害也。既不爲君所引，又不爲民所薦，唯有讒諂之民，其群黨連比共危亡己者也。「身可危也，而志不可奪也」者，言身乃可危，而心志不可變奪也。故《論語》云「守死善道」是也。「雖危，起居竟信其志」者，起居，猶舉動也。竟，終也。信，讀爲「伸」。雖比黨之民共危矣，而行事舉動猶能終伸我己之志操不變易也。❶「猶將不忘百姓之病也」者，猶，圖也。身雖不遇其世，所圖謀不忘百姓之所憂病也。言常念之也。「其憂思有如此者」，謂儒者身雖不遇，猶能憂思於人，有如在上之事也。注「信，讀如『屈伸』之伸，假借字也」正義曰：此是「信」字，義當如「舒伸」之伸，但古之字皆假借此「信」字以爲「屈伸」之伸也。儒有博學而不窮，篤行而不倦，幽居而不淫，上通而不困；禮之以和爲貴，忠信之美，優游之法；慕賢而容衆，毁方而瓦合。其寬裕有如此者。不窮，不止也。幽居，謂獨處時也。上通，謂仕道達於君也。既仕，則不困於道德不足也。忠信之美，美忠信者也。優游之法，法和柔者也。毁方而瓦合，去己之大圭角，下與衆人小合也。必瓦合者，亦君子爲「道不遠人」。疏此明儒有寬裕之事。「博學而不窮」者，謂廣博學問而不窮止。

❶「操」，原作「謀」，據單疏殘本、阮本改。

「篤行而不倦」者，篤，猶純也。又有純壹之行，而行之不疲倦也。「幽居而不淫」者，幽居，謂未仕獨處也。淫，謂傾邪也。君子雖復隱處，常自脩整，不傾邪也。「上通而不困」者，上通，謂身得通達於君，有道德被用也。不困，謂既在其位，必行其政，使德位相稱，不爲困弊不足也。以儒德之備也。「禮之以和爲貴」者，禮以體别爲理，人用之，當患於貴賤有隔，❶尊卑不親。儒者用之，則貴賤有禮而無間隔，故云「以和爲貴」也。「忠信之美」者，見人有忠信，則已美之。「優游之法」者，優柔者，和柔也。見人和軟，則已法之。「慕賢而容衆」者，以「見賢思齊」，是「慕賢」也；汎愛一切，是「容衆」也。「毁方而瓦合」者，方，謂物之方正，有圭角鋒鋩也。瓦合，謂瓦器破而相合也。言儒者身雖方正，毁屈己之方正，下同瓦細，❷如破去圭角，與瓦器相合也。注「不窮」至「遠人」

正義曰：「不窮，不止也」者，恐爲「困窮」，故云不止謂不窮已。云「幽居，謂獨處時也」者，既未仕，對已仕者爲獨處也。云「去己之大圭角，下與衆人小合也」者，圭角，謂圭之鋒鋩，有楞角。言儒者身恒方正，若物有圭角。不欲異衆過甚，去其大圭角，言猶有小圭角也，❸下與衆人小合，儒者不與衆人之合，亦於細碎小事而相合也，則大義之事不皆合也。云「必瓦合者，亦君子爲道不遠人」者，言儒者必須瓦合，爲屈己同凡，亦是君子爲道不遠離於人，與常人小合，若破圭角與瓦之相合，故云「不遠人」也。皇氏云：「毁己之圭角，與瓦礫而相合。」義亦通也。

儒有内稱不辟親，外舉不辟怨，程功積事，推賢而進達之，不望其報；君得其志，苟利國家，不求富貴。其舉賢援能有如此者。君得其志者，君所欲爲，賢臣成之。疏此明儒者舉賢能之事。「儒有内稱不辟親」者，稱，舉也。不辟親，舉人以理。若祁奚舉子祁午，是「不辟親」。「外舉不辟怨」者，若祁奚舉讎人解狐也。案襄三年《左傳》云：「祁奚請老致仕，晉侯問嗣焉。稱解狐，其讎也。將立之而卒，又問焉，對曰：『午也可。』稱其讎，不爲諂；立其子，不爲比。」但審知其賢，故不辟也。「程功積事，推賢而進達之」，舊至

❶「當」，阮校云：「監、毛本作『嘗』。」

❷「瓦細」，監、毛本作「凡衆」，阮校以「凡衆」爲是。孫詒讓《校記》則謂當作「凡細」。

❸「猶」，原作「獨」，據單疏殘本、阮本改。

此絶句，皇氏以「達之」連下爲句。言儒者欲舉人之時，必程效其功，積累其事，知其事堪可，乃推而進達之，不妄舉人也。「不望其報」者，言雖進達賢人於君，不求望其報也。「君得其志，苟利國家，不求富貴」者，君得其志者，謂君任此儒者輔助其君，使君得其志意，所欲皆成。此儒者推賢達士，無所求爲，唯苟在利益國家，不於身上自求富貴也。「其舉賢援能有如此者」，言儒者進達引能，有如此在上諸事也。

儒有聞善以相告也，見善以相示也，爵位相先也，患難相死也，久相待也，遠相致也。其任舉有如此者。相先，猶相讓也。久相待，謂其友久在下位不升，己則待之乃進也。遠相致者，謂己得明君而仕，友在小國不得志，則相致遠也。

疏此明儒者舉任同類之屬。前經舉賢援能，謂疏遠者。此經任舉，謂親近者也。「爵位相先也」者，相先，謂相讓。言儒者見爵位之事，必先相推讓於朋友也。「患難相死也」，儒者有患難，相爲致死也。「久相待也」者，謂朋友久在下位不升，己則待之而乃進也。「遠相致也」者，謂己得明君而仕，朋友在小國不同得志，則遠相招致，共仕明君也。「其任舉有如此者」，謂朋友更相委任舉薦，有如此在上諸事。

儒有澡身而浴德，陳言而伏，靜而正之；上弗知也，麤而翹之，又不急爲也；不臨深而爲高，不加少而爲多；世治不輕，世亂不沮；同弗與，異弗非也。其特立獨行有如此者。麤，猶疏也，微也。君不知己有善言正行，則觀色緣事而微翹發其意使知之，又必舒而脱脱焉。己爲之疾，則君納之速；君納之速，怪妬所由生也。不臨深而爲高，臨衆不以己位尊自振貴也。不加少而爲多，謀事不以己小勝自矜大也。世治不輕，不以賢者並衆不自重愛也。世亂不沮，不以道衰廢壞己志也。

疏此明儒者殊異於人特立獨行之事。「澡身而浴德」者，澡身，謂能澡絜其身，不染濁也。浴德，謂沐浴於德，以德自清也。「陳言而伏」者，謂陳設其言而伏聽君命也。「靜而正之」者，謂靜退自居而尋常守正，不傾躁也。「上弗知也」，謂己有善言正行，君上所不知。「麤而翹之」者，麤，疏也。翹，起發也。言儒者事君，己有善言正行，君上既不知，當伺候君上顔色，因緣有事，微疏而起發之，令君上得知也。「又不急爲也」者，謂起發之時，不急速而爲之也。「不臨深而爲高」者，地既高矣，不臨此衆人深下之處更增高大，猶言不臨此衆人卑賤處而自尊顯也。又臨衆人不以己位高尊而自振貴，言儒者卑以自牧。「不加少而爲多」者，謂己有謀事少勝，不加增少勝自以爲多以矜大也。　「世治不輕」者，世治之時，雖與群賢並處，不自輕也。言常自重愛也。「世亂不沮」者，沮，猶廢壞也。言世亂之時，道雖不行，亦不沮壞己之本志也。　「同弗與」者，言儒之仕，彼位雖與齊同，若行不是善，則不與之相親合也。　「異弗非也」謂彼人與己之疏異，所爲是善，則不非毁之也。　「其特立獨行有如此者」，言獨能特立，獨有此行，如此所云之事也。前第五儒既明「特立」，此又云「特立獨行」者，前云「特立」，但明一身勇武，不論行之所爲；此經所云，非但身所特立，又獨有此行爲獨行，❶故更言「特立」也。**注**「麤猶」至「志也」

正義曰：「麤，猶疏也，微也。君不知己有善言正行」者，釋經文「上不知也」。云「則觀色緣事而微翹發其意使知之」者，釋經「麤而翹之」也。云「又必舒而脱脱焉。己爲之疾，則君納之速；君納之速，怪妬所由生也」者，釋經「又不急爲也」。若納己言速疾，則被衆人所怪，妬所由生也。云「世治不輕，不以賢者並衆不自重愛也」者，言凡人之情，見衆人無知，己之獨賢，則盡心用力。若衆人皆賢，或自替廢。儒者不以如此，恒自重愛也。

儒有上不臣天子，下不事諸侯；慎静而寛，❷强毅以與人，博學以知服；近文章，砥厲廉隅；雖分國，如錙銖；不臣，不仕。其規爲有如此者。强毅以與人，彼來辨言行而不正，不苟屈以順之也。博學以知服，不用己之知，勝於先世賢知之所言也。雖分國，如錙銖，言君分國以禄之，視之輕如錙銖矣。八兩曰錙。

疏此明儒者志操規爲之事。　「上不臣天子」，伯夷、叔齊是也。「下不事諸侯」，長沮、桀溺是也。「慎静而寛」者，既慎而静，所尚寛緩也。「强毅以與人」者，若有人與己辨言行，而彼人道不正，則己不苟屈從之，❸是用剛毅以與人也。「博學以知服」者，謂廣博學問，猶知服畏先代賢人。言不以己之博學凌跨前賢也。「近文章，

❶「有」，原作「行」，據單疏殘本、阮本改。

❷「慎静而寛」，《唐石經》「而」作「尚」。余本作「慎静而尚寛」，岳本、阮本、衛氏《集説》同。張敦仁以爲當從《唐石經》。

❸「己」字未刻，據單疏殘本、阮本補。

砥厲廉隅」者，言儒者習近文章，以自磨厲，使成己廉隅也。　「雖分國，如錙銖」者，言君雖分國以禄之，視之輕如錙銖，不貴重也。　「不臣，不仕」者，謂不與人爲臣，不求仕官。但自規度所爲之事而行，故云「其規爲有如此者」也。**注**「强毅」至「曰錙」　正義曰：「强毅以與人，彼來辨言行而不正，不苟屈以順之也」者，解經「强毅以與人」之事，謂彼人來至與己辨争言行，而彼人爲道不正，己則不苟且屈撓以順從之。云「不用己之知，勝於先世賢知之所言也」者，解經「博學以知服」，謂不用己之所知，勝於先世賢知者之所言，服從之也。云「八兩曰錙」者，案筭法，十黍爲參，❶十參爲銖，二十四銖爲兩，八兩爲錙。

儒有合志同方，營道同術；並立則樂，相下不厭；久不相見，聞流言不信；其行本方立義，同而進，不同而退。其交友有如此者。

同方、同術，等志行也。　聞流言不信，不信其友所行如毁謗也。**疏**此明儒者與人交友之事。「合志同方」者，方，猶法也。言儒者與交友，合齊志意，而同於法則也。「營道同術」者，謂經營道藝，同齊於術。同術則同方也。但「合志同方」，據所懷志意也；「營道同術」，據所習道藝也。　「並立則樂」者，謂與知友並齊而立，俱同仕官，則歡樂也。　「相下不厭」者，謂遞相卑下，不厭賤也。「久不相見，聞流言不信」者，雖有朋友久不相見，聞流謗之言欲譖毁朋友，則己不信其言也。　「其行本方立義」者，庾氏言：「其行所本必方正，所立必存義也。」「同而進，不同而退」者，謂朋友所爲與己同，則進而從之；若不與己同，則退而避之。「其交友有如此者」，言其結交爲朋友有如此在上諸事也。自此以上，凡有十五儒，所陳之事，亦有前後乖異者。此上經云「不臣，不仕」，第一儒云「席上之珍以待聘，夙夜强學以待問，懷忠信以待舉，力行以待取」，則有仕官之志也。第十儒云「寬裕」，第六儒云「剛毅」，與「寬裕」亦别也。第三儒云「愛其死，養其身，備豫禍患」，第五儒云「劫之以衆，沮之以兵，見死不更其守」，亦不同也。如此儒之乖違，上下不一，略舉一二言也。所以如此不同者，言儒包百行，事非一揆，量事制宜，隨機而發。當其剛毅之節，則守死不移；論其營養之道，則寬而容衆；逢有道之世，則進而事君；遇無道之時，則

❶「參」，阮校云：「段玉裁校本『參』改『絫』。」段説詳參《説文注》。下同。

退而不仕。且賢有優劣，儒有大小。大儒則理包百行，小儒則或偏守一邊。所以《尚書・皋陶》九德不一，德多則爲天子、諸侯，德少則爲大夫卿士。❶苟達於此，❷儒行亦然。雖或不同，無所怪也。

温良者，仁之本也。敬慎者，仁之地也。寬裕者，仁之作也。孫接者，仁之能也。禮節者，仁之貌也。言談者，仁之文也。歌樂者，仁之和也。分散者，仁之施也。儒皆兼此而有之，猶且不敢言仁也。其尊讓有如此者。此兼上十五儒，蓋聖人之儒行也。孔子嫌若斥己，假仁以爲説。仁，聖之次也。

疏此明聖人之儒兼上十五儒之行，亦是孔子嫌其斥己，假言仁者之儒以説之。　「温良者，仁之本也」者，言温良之性，是仁者之儒行之本。❸言仁者之儒，先從温良而起，故云「仁之本也」。　「敬慎者，仁之地也」者，亦言仁者之儒，以敬慎爲地。地所以居止萬物，仁者之儒，亦居止敬慎，故云「仁之地」。　「寬裕者，仁之作也」者，言儒者之動作，必以寬裕，故云「仁之作也」。　「孫接者，仁之能也」，言孫辭接物，是仁儒之技能。　「禮節者，仁之貌也」，言禮儀撙節，是仁儒之外貌。　「言談者，仁之文也」，言語談説，是仁儒之文章也。　「歌樂者，仁之和也」，言歌舞喜樂，是仁儒之和悦也。　「分散者，仁之施也」，言分散蓄積而振貧窮，是仁儒之恩施也。　「儒皆兼此而有之，猶且不敢言仁也」，言儒者既兼有此行，猶尚遜讓，不敢自謂己仁也。　「其尊讓有如此者」，尊，謂恭敬。讓，謂卑謙。謂尊敬於物，卑讓於人，有此之行也。此謂聖人之儒。但聖人理極，不可爲名，言仁亞於聖，故假仁以論聖人之儒也。

儒有不隕穫於貧賤，不充詘於富貴，不慁君王，不累長上，不閔有司，故曰儒。隕穫，困迫失志之貌也。充詘，喜失節之貌。慁，猶辱也。累，猶係也。閔，病也。言不爲天子、諸侯、卿大夫，群吏所困迫而違道。孔子自謂也。充，或爲統。閔，或爲「文」。

今衆人之命儒也妄常，❹以儒相詬

---

❶ 「大夫」，原作「大大」，據毛本、殿本、庫本、阮本改。

❷ 「苟」，原作「可」，據單疏殘本、阮本改。

❸ 「者」，單疏殘本無「者」字，阮本同，閩、監、毛本同。

❹ 「今衆人之命儒也妄常」，鄭玄如此讀。王肅讀「妄」字句絶，「常」字屬下。後人多從王讀。

病。」妄之言無也。言今世名儒，無有常人，遭人名爲儒，而以儒靳故相戲。此哀公輕儒之所由也。詬病，猶恥辱也。**孔子至舍，哀公館之，聞此言也，言加信，行加義：「終没吾世，不敢以儒爲戲。」**《儒行》之作，蓋孔子自衛初反魯時也。孔子歸至其舍，哀公就而以禮館之，問儒服，而遂問儒行，乃始覺焉。言「没世不敢以儒爲戲」，❶當時服。**疏**此明孔子自言己之儒所行如此，故繫於諸儒之末也。「不隕穫於貧賤」者，隕穫是困迫失志之貌。言己雖遇貧賤，不隕穫失志也。「不充詘於富貴」者，充詘是歡喜失節之貌。言雖得富貴，不歡喜失節。「不慁君王」者，慁，辱也。言不見慁辱於君王而違道也。「不累長上」者，累，猶係也。長上，謂卿大夫。言不以累係於長上而失志也。「不閔有司」者，閔，病也。有司，謂群吏。言儒者不以困病於有司而失常，謂不以群吏所困迫。**注**「閔病」至「自謂」 正義曰：「閔，病也」，《釋詁》文。云「不爲天子、諸侯、卿大夫、群吏所困迫而違道」者，言「天子、諸侯」，解經「君王」也；云「卿大夫」，解經「長上」也；「群吏」，解經「有司」也。案《史記·孔子世家》云：在魯，哀公不用。在齊，犂鉏所毀。入楚，子西所譖。適晉，趙鞅欲害。伐樹於宋，削跡於衛，畏匡厄陳，則身被辱累多矣。鄭以其如此，故釋云不以慁累閔病而違道。云「孔子自謂也」，鄭知者，以此一儒在衆儒之末，聖人儒後，特更説此一條，事與孔子相會，故知「孔子自謂也」。「今衆人之命儒也妄常」者，此一節明孔子説儒既畢，遂言今世賤儒以譏哀公也。命，名也。妄，無也。言今世衆人名之爲儒者，無復常人，遭人則謂之爲儒。「以儒相詬病」者，詬病，猶耻辱也。言今世以命之爲儒，是相耻辱。時世如此，故哀公輕儒也。**注**「以儒靳故相戲」 正義曰：在魯莊公十一年，宋人戰於乘丘，長萬爲魯所獲。宋人請之，魯人歸之，宋公靳之。長萬，宋大夫也。曰：「始吾敬子，今子，魯囚也，吾不敬子矣。」長萬病之，後弑閔公。杜云：「戲而相愧曰靳。」「孔子至舍，哀公館之，聞此言也」 此經明孔子自衛反魯，歸至其家，哀公就而館之，聞孔子之言，遂敬於儒也。「言加信，行加義」者，是《記》所録也。「終没吾世不敢以儒爲戲」者，是哀公之言，記者述而録之。**注**「儒行」至「時

❶ 「没世」，斯五七五「没」下有「吾」字。

服」❶ 正義曰：「《儒行》之作，蓋孔子自衛初反魯時也」，案《左傳》哀公十一年：「冬，衛孔文子之將攻大叔也，訪於仲尼。仲尼曰：『胡簋之事，則嘗學之矣。甲兵之事，未之聞也。』退，命駕而行。文子遽止之。將止，魯人以幣召之，孔子乃歸。」以傳文無館事，故鄭稱「蓋」以疑之也。云「不敢以儒爲戲，當時服」者，以哀公終竟不能用孔子。故孔子卒，哀公誄之，《傳》云：「生不能用，死而誄之，非禮也。」是終竟輕儒。此云「不敢以儒爲戲」，是當時蹔服，非久也。

大學第四十二

正義曰：案鄭《目録》云：「名曰《大學》者，以其記博學可以爲政也。此於《別録》屬《通論》。」此《大學》之篇，論學成之事，能治其國，章明其德於天下，却本明德所由，先從誠意爲始。

大學之道，在明明德，在親民，在止於至善。知止而后有定，定而后能静，静而后能安，安而后能慮，慮而后能得。物有本末，事有終始，知所先後，則近道矣。明明德，謂顯明其至德也。止，❷猶自處也。得，謂得事之宜也。古之欲明明德於天下者，先治其國。欲治其國者，先齊其家。欲齊其家者，先脩其身。欲脩其身者，先正其心。欲正其心者，先誠其意。欲誠其意者，先致其知。知，謂知善惡吉凶之所終始也。致知在格物。格，來也。物，猶事也。其知於善深則來善物，其知於惡深則來惡物，言事緣人所好來也。❸此「致」或爲「至」。物格而后知至，知至而后意誠，意誠而后心正，心正而后身脩，身脩而后家齊，家齊而后國治，國治而后天下平。自天子以至於庶人，壹是皆以脩身爲本，其本亂而末治者否矣。其

❶「時」字原脱，據阮本補。
❷「止」，原作「上」，據余本、撫本、岳本、阮本改。
❸「好」，斯五七五「好」下有「而」字。

所厚者薄，而其所薄者厚，未之有也。此謂知本，此謂知之至也。壹是，專行是也。所謂誠其意者，毋自欺也。如惡惡臭，如好好色，此之謂自謙。故君子必慎其獨也。小人閒居爲不善，無所不至，見君子而后厭然揜其不善而著其善。人之視己，如見其肺肝然，則何益矣？此謂誠於中，形於外，故君子必慎其獨也。謙，讀爲「慊」，慊之言厭也。厭，讀爲「黶」。黶，閉藏貌也。曾子曰：「十目所視，十手所指，其嚴乎！」富潤屋，德潤身，心廣體胖，故君子必誠其意。嚴乎，言可畏敬也。胖，猶大也。三者言有實於內，顯見於外。《詩》云：「瞻彼淇澳，菉竹猗猗。有斐君子，如切如磋，如琢如磨。瑟兮僩兮，赫兮喧兮。有斐君子，終不可諠兮。」「如切如磋」者，道學也。「如琢如磨」者，自脩也。「瑟兮僩兮」者，恂慄也。「赫兮喧兮」者，威儀也。「有斐君子，終不可諠兮」者，道盛德至善，民之不能忘也。此心廣體胖之詩也。澳，隈崖也。菉竹猗猗，喻美盛。斐，有文章貌也。諠，忘也。道，猶言也。恂，字或作「峻」，讀如「嚴峻」之峻，言其容貌嚴栗也。民不能忘，以其意誠而德著也。《詩》云：「於戲！前王不忘。」君子賢其賢而親其親，小人樂其樂而利其利，此以没世不忘也。聖人既有親賢之德，其政又有樂利於民，君子小人各有以思之。《康誥》曰：「克明德。」《大甲》曰：「顧諟天之明命。」《帝典》曰：「克明峻德。」皆自明也。皆自明明德也。克，能也。顧，念也。諟，猶正也。《帝典》，《堯典》，亦《尚書》篇名也。峻，大也。諟，或爲「題」。湯之《盤銘》曰：「苟日新，日日新，又日新。」《康誥》曰：「作新民。」《詩》曰：「周雖舊邦，其命惟新。」是故君子無所不用其極。《盤銘》，刻戒於盤也。極，猶盡也。君子日新其德，常盡心力，不有餘也。《詩》云：「邦畿千里，惟民所止。」《詩》云：「緡蠻黄鳥，止于丘隅。」子曰：「於止，知其所止。可以人而不如鳥乎？」於止，於鳥之所止也。就而觀之，知其所止，知鳥擇岑蔚安閒而止處之耳。言人亦當擇禮義樂土而自止處也。《論語》曰：「里仁爲美。擇不處仁，焉得知？」《詩》云：「穆穆文王，於緝熙敬止。」爲人君，止於仁；爲人臣，止於敬；爲人子，止於孝；爲人父，止於慈；與國人交，止於信。緝熙，光明也。此美文王之德光明，敬其所以自止處。

疏 正義曰：此經「大學之道」，在於明明德，在於親民，在止於至善。積德而行，則近於道也。「在明明德」者，言大學之道，在於章明己之光明之德。謂身有明德而更章顯之。此其一也。「在親民」者，言大學之道，在於親愛於民。是其二也。「在止於至善」者，言大學之道，在止處於至善之行。此其三也。言大學之道，在於此三事矣。「知止而后有定」者，更覆説「止於至善」之事。既知止於至善，而後心能有定，不有差貳也。「定而后能静」者，心定無欲，故能静，不躁求也。「静而后能安」者，以静，故情性安和也。「安而后能慮」者，情既安和，能思慮於事也。❶「慮而后能得」者，既能思慮，然後於事得宜也。「物有本末，事有終始」者，若於事得宜，而天下萬物有本有末，經營百事，有終有始也。「知所先後」者，既能如此，天下百事萬物，皆識知其先後也。「則近道矣」者，若能行此諸事，則附近於大道矣。「古之欲明明德於天下」者，前章言大學之道在明德、親民、止善，覆説「止善」之事既畢，故此經明「明德」之理。「先治其國」者，此以積學能爲明德盛極之事，以漸到，今本其初，故言欲章明己之明德，使徧於天下者，先須能治其國。「欲治其國者，先齊其家」也。❷「欲齊其家者，先脩其身」，言若欲齊家，先須脩身也。「欲脩其身者，先正其心」，言若欲脩身，必先正其心也。「欲正其心者，先誠其意」者，揔包萬慮，謂之爲心。情所憶念，謂之意。若欲正其心，使無傾邪，必須先至誠在於憶念也。若能誠實其意，則心不傾邪也。

❶「能」，衛氏《集説》「能」字上有「故」字。據上文，宜有。

❷「家」，浦鏜校云：「『家』下脱『言若欲治國，先須齊家』九字。」案浦校是也。蓋此處僅有被釋經文而無釋經之文也。

「欲誠其意者，先致其知」者，言欲精誠其己意，先須招致其所知之事。言初始必須學習，然後乃能有所知曉其成敗，故云「先致其知」也。「致知在格物」，此經明初以致知，積漸而大至明德。前經從盛以本初，此經從初以至盛，上下相結也。「致知在格物」者，言若能學習，招致所知，格，來也，己有所知，則能在於來物。若知善深則來善物，知惡深則來惡物。言善事隨人行善而來應之，惡事隨人行惡亦來應之。言善惡之來，緣人所好也。「物格而后知至」者，物既來，則知其善惡所至。善事來則知其至於善，若惡事來則知其至於惡。既能知至，則行善不行惡也。「知至而后意誠」，既能知至，則意念精誠也。「意誠而后心正」者，意能精誠，故能心正也。「國治而后天下平」者，則上「明明德於天下」，是以自天子至庶人皆然也。「壹是皆以脩身爲本」者，言上從天子，下至庶人，貴賤雖異，所行此者，專壹以脩身爲本。上言誠意、正心、齊家、治國，今此獨云「脩身爲本」者，細則雖異，❶其大略皆是脩身也。「其本亂而末治者否矣」，本亂，謂身不脩也。末治，謂國家治也。言己身既不脩而望家國治者否矣。否，不也，言不有此事也。「其所厚者薄，而其所薄者厚，未之有也」者，此覆説「本亂而末治否矣」之事也。譬若與人交接，應須敦厚以加於人。今所厚之處乃以輕薄，謂以輕薄待彼人也。其所薄者厚，謂己既與彼輕薄，欲望所薄之處以厚重報己，未有此事也。言己以厚施人，人亦厚以報己也。若己輕薄施人，人亦輕薄報己。言事厚之與薄，皆以身爲本也。「此謂知本，此謂知之至也」者，本，謂身也。既以身爲本，若能自知其身，是知本也，是知之至極也。「所謂誠其意者」，自此以下，至「此謂知本」，廣明誠意之事。此一節明誠意之本，先須慎其獨也。「毋自欺也」，言欲精誠其意，無自欺誑於身。言於身必須誠實也。「如惡惡臭」者，謂臭穢之氣。謂見此惡事，人嫌惡之，如人嫌臭穢之氣。心實嫌之，口不可道矣。「如好好色」者，謂見此善事而愛好之，如似人好色。心實好之，口不可道矣。言誠其意者，見彼好事惡事，當須實好惡之，不言而自見。不可外貌詐作好惡，而內心實不好惡也。皆須誠實矣。「此之謂自謙」者，謙，讀如「慊」。慊然，安靜之貌。心雖好惡而口不言，應自然安靜也。「見君子而后厭然，揜其不善而著其善」者，謂小人獨居，無所不爲，見君子而後乃厭然閉藏其不善之事，

❶「則」，閩、監、毛本作「別」，疑是。

宣著所行善事也。「人之視己，如見其肺肝然，則何益矣」者，言小人爲惡，外人視之，昭然明察矣，如見肺肝。雖蹔時揜藏，言何益矣？「此謂誠於中，形於外」者，言此小人既懷誠實惡事於中心，必形見於外，不可揜藏。

注「謙，讀爲『慊』」正義曰：以經義之理言，作「謙退」之字，既無謙退之事，故「讀爲慊」。慊，不滿之貌，故又讀爲「厭」。厭，自安静也。云「厭，讀爲黶」，黶爲黑色，如爲閉藏貌也。❶「曾子曰：十目所視」者，此經明君子脩身，外人所視，不可不誠其意。作《記》之人引曾子之言以證之。「十目所視，十手所指」者，言所指、視者衆也。十目，謂十人之目。十手，謂十人之手也。「其嚴乎」者，既視者及指者皆衆，其所畏敬，可嚴憚乎！「富潤屋，德潤身」者，言此二句爲喻也。言家若富，則能潤其屋。有金玉，又華飾見於外也。「德潤身」者，謂德能霑潤其身，使身有光榮見於外也。「心廣體胖」者，言內心寬廣，則外體胖大。言爲之於中，必形見於外也。「故君子必誠其意」者，以有內見於外，必須精誠其意在內，心不可虚也。「《詩》云『瞻彼淇澳』」者，此一經廣明誠意之事，故引《詩》言學問、自新、顏色、威儀之事，以證誠意之道也。「瞻彼淇澳，菉竹猗猗」者，此《詩·衛風·淇奥》之篇，衛人美武公之德也。澳，隈也。菉，王芻也。竹，萹竹也。視彼淇水之隈曲之內，❷生此菉之與竹，猗猗然而茂盛，以淇水浸潤故也。言視彼衛朝之內，上有武公之身，道德茂盛，亦蒙康叔之餘烈故也。引之者，證誠意之道。「有斐君子」者，有斐然文章之君子，學問之益矣。❸「如切如磋」者，如骨之切，如象之磋，又能自脩也。「如琢如磨」者，如玉之琢，如石之磨也。「瑟兮僩兮，赫兮喧兮。有斐君子，終不可諠兮」，又瑟然顏色矜莊，僩然性行寬大，赫然顏色盛美，喧然威儀宣著。❹斐然文章之君子，民皆愛念之，終久不可忘也。諠，忘也。自此以上，《詩》之本文也。自此以下，記者引《爾雅》而釋之。「如切如磋者，道學也」者，論道其學矣。「如琢如磨者，自脩也」者，謂自脩飾矣。言初習謂之學，重習謂之脩，亦謂《詩》本文互而相通也。「瑟兮僩兮者，恂慄也」者，

❶「如」，阮校云：「段玉裁校，『如』改『知』。」
❷「隈」原作「隅」，據單疏殘本、阮本改。
❸「益」，監、毛本作「盛」。
❹「著」，原作「美」，據閩、監、毛本改。按：《詩》毛傳亦作「著」。

恂，讀爲「峻」，言顏色嚴峻戰慄也。　「道盛德至善，民之不能忘也」，謂善稱也。「有斐君子，終不可諠兮」，❶論道武公盛德至極美善，人之愛念，不能忘也。注「此心」至「著也」　正義曰：「諠，忘也」，《釋訓》文也。云「道，猶言也」，謂經中「道盛德至善」，恐爲「道德」之道，故云「道，猶言也」。云「恂，字或作『峻』，讀如『嚴峻』之峻」者，以經之「恂」字，他本或作「峻」字，故讀爲「嚴峻」之峻；《詩》箋云還爲「恂」也。此《記》爲「赫兮喧兮」，《詩經》云「赫兮咺兮」，本不同也。云「以其意誠而德著也」，以武公用意精誠，德著於人，人不忘也。以經廣明誠意之事，故鄭云「意誠而德著也」。　「《詩》云『於戲前王不忘』」者，此一經廣明誠意之事。此《周頌·烈文》之篇也，美武王之詩。「於戲」，猶言「嗚呼」矣。以文王、武王意誠於天下，故詩人嘆美之，云此前世之王，其德不可忘也。　「君子賢其賢而親其親」者，言後世貴重之。❷言君子皆美此前王能賢其賢人而親其族親也。　「小人樂其樂而利其利」者，言後世卑賤小人，美此前王能愛樂其所樂，謂民之所樂者前王亦愛樂之；利其利者，能利益其人之所利，民爲利者，前王亦利益之。言前王施爲政教，下順人情，不奪人之所樂利之事，故云「小人樂其樂而利其利」也。　「此以没世不忘也」，由前王意能精誠，垂於後世，故君子小人皆所美念。以此之故，終没於世，其德不忘也。　「《康誥》曰『克明德』」者，此一經廣明意誠則能明己之德。周公封康叔而作《康誥》，戒康叔能明用有德。此《記》之意，言周公戒康叔以自明其德，與《尚書》異也。　「《大甲》曰『顧諟天之明命』」者，顧，念也。諟，正也。伊尹戒大甲云：爾爲君，當顧念奉正天之顯明之命，不邪僻也。　「《帝典》曰『克明峻德』」者，《帝典》，謂《堯典》之篇。峻，大也。《尚書》之意，言堯能明用賢俊之德。此《記》之意，言堯能自明大德也。「皆自明也」，此經所云《康誥》、《大甲》、《帝典》等之文，皆是人君自明其德也，故云「皆自明也」。注「皆自明明德也」　正義曰：明明德必先誠其意，此經誠意之章，由初誠意也，故人先能明己之明德也。　「湯之《盤銘》」，此一經廣明誠意之事。「湯之《盤銘》」者，湯沐浴之盤而刻銘爲戒。必於沐浴之盤者，戒之甚也。　「苟日新」者，此《盤銘》辭也。非唯洗沐自新，苟，誠也，誠使道

❶「有斐君子終不可諠兮」，浦鏜校云：「此十字當在上文『道盛德至善』上。」按：浦校是也。

❷「言」字原脱，據單疏殘本、阮本補。

德日益新也。「日日新」者，言非唯一日之新，當使日日益新。「又日新」者，言非唯日日益新，又須恒常日新。皆是丁寧之辭也。此謂精誠其意，脩德無已也。「《康誥》曰『作新民』」者，成王既伐管叔、蔡叔，以殷餘民封康叔。誥言殷人化紂惡俗，使之變改爲新人。此《記》之意，自念其德，爲新民也。「《詩》曰『周雖舊邦，其命惟新』」者，此《大雅·文王》之篇。其詩之本意，言周雖舊是諸侯之邦，其受天之命，唯爲天子而更新也。此《記》之意，其所施教命，唯能念德而自新也。「是故君子無所不用其極」者，極，盡也。言君子欲日新其德，無處不用其心盡力也。言自新之道，唯在盡其心力，更無餘行也。「《詩》云『邦畿千里，惟民所止』」，此一經廣明誠意之事，言誠意在於所止，故上云「大學之道，在止於至善」。此《商頌·玄鳥》之篇，言殷之邦畿方千里，唯人所居止。此《記》斷章，喻其民人而擇所止，言人君賢則來也。「《詩》云『緡蠻黄鳥，止于丘隅』」者，此《詩·小雅·緡蠻》之篇，刺幽王之詩。言緡蠻然微小之黄鳥，止在於岑蔚丘隅之處，得其所止。以言微小之臣依託大臣，亦得其所也。「子曰『於止，知其所止』」者，孔子見其詩文而論之云：是觀於鳥之所止，則人亦知其所止。鳥之知在岑蔚安閑之處，則知人亦擇禮義樂土之處而居止也。「可以人而不如鳥乎」者，豈可以人不擇止處，不如鳥乎？言不可不如鳥也。故《論語》云「里仁爲美。擇不處仁，焉得知」是也。「《詩》云『穆穆文王，於緝熙敬止』」者，此《大雅·文王》之篇，美文王之詩。緝熙，謂光明也。止，辭也。詩之本意云，文王見此光明之人則恭敬之。此《記》之意，「於緝熙」，言嗚呼！文王之德，緝熙光明，又能敬其所止，以自居處也。注「鳥擇岑蔚安閒而止處」正義曰：岑，謂巖險。蔚，謂草木薈蔚。言鳥之所止，必擇静密之處也。

禮記正義卷第六十六

禮記正義卷第六十七

國子祭酒上護軍曲阜縣開
國子臣孔穎達等奉勑撰

子曰：「聽訟，吾猶人也，必也使無訟乎！」無情者不得盡其辭，大畏民志。情，猶實也。無實者多虚誕之辭。聖人之聽訟與人同耳，必使民無實者不敢盡其辭，大畏其心志，使誠其意，不敢訟。此謂知本。本，謂誠其意也。所謂脩身在正其心者，身有所忿懥，則不得其正；有所恐懼，則不得其正；有所好樂，則不得其正；有所憂患，則不得其正。心不在焉，視而不見，聽而不聞，食而不知其味。此謂脩身在正其心。懥，怒貌也，或作「懫」，或爲「疐」。所謂齊其家在脩其身者，人之其所親愛而譬焉，之其所賤惡而譬焉，❶之其所畏敬而譬焉，之其所哀矜而譬焉，之其所敖惰而譬焉。故好而知其惡，惡而知其美者，天下鮮矣。故諺有之曰：「人莫知其子之惡，莫知其苗之碩。」此謂身不脩不可以齊其家。之，適也。譬，猶喻也。言適彼而以心度之曰：吾何以親愛此人？非以其有德美與？吾何以敖惰此人？非以其志行薄與？反以喻己，則身脩與否，可自知也。鮮，罕也。人莫知其子之惡，猶愛而不察。碩，大也。所謂治國必先齊其家者，其家不可教而能教人者，無之。故君子不出家而成教於國：孝者，所以事君也；弟者，所以事長也；慈者，所以使衆也。《康誥》曰：「如保赤子。」心誠求之，雖不中，不遠矣。未有學養子而后嫁者也。養

❶「所」字原脱，據《唐石經》及余本、撫本、岳本、阮本補。

子者，推心爲之，而中於赤子之嗜欲也。一家仁，一國興仁；一家讓，一國興讓；一人貪戾，一國作亂。其機如此。此謂「一言僨事，一人定國」。一家、一人，謂人君也。戾之言利也。機，發動所由也。僨，猶覆敗也。《春秋傳》曰：「登戾之。」又曰：「鄭伯之車僨於濟。」戾，或爲「吝」。僨，或爲「犇」。堯、舜率天下以仁而民從之，桀、紂率天下以暴而民從之。其所令反其所好，而民不從。言民化君行也。君若好貨而禁民淫於財利，不能止也。是故君子有諸己而后求諸人，無諸己而后非諸人。所藏乎身不恕，而能喻諸人者，未之有也。故治國在齊其家。有於己，謂有仁讓也。無於己，謂無貪戾也。《詩》云：「桃之夭夭，其葉蓁蓁。之子于歸，宜其家人。」宜其家人，而后可以教國人。《詩》云：「宜兄宜弟。」宜兄宜弟，而后可以教國人。《詩》云：「其儀不忒，正是四國。」其爲父子兄弟足法，而后民法之也。此謂治國在齊其家。夭夭、蓁蓁，美盛貌。之子者，是子也。

所謂平天下在治其國者，上老老而民興孝，上長長而民興弟，上恤孤而民不倍，是以君子有絜矩之道也。老老、長長，謂尊老敬長也。恤，憂也。民不倍，不相倍弃也。絜，猶結也，挈也。矩，法也。君子有挈法之道，謂常執而行之，動作不失之。倍，或作「偝」。矩，或作「巨」。所惡於上，毋以使下；所惡於下，毋以事上；所惡於前，毋以先後；所惡於後，毋以從前；所惡於右，毋以交於左；所惡於左，毋以交於右。此之謂絜矩之道。絜矩之道，善持其所有以恕於人耳。治國之要盡於此。《詩》云：「樂只君子，民之父母。」民之所好好之，民之所惡惡之，此之謂民之父母。言治民之道無他，取於己而已。《詩》云：「節彼南山，維石巖巖。赫赫師尹，民具爾瞻。」有國者不可以不慎，辟則爲天下僇矣。巖巖，喻師尹之高嚴也。

師尹，天子之大臣爲政者也。言民皆視其所行而則之，可不慎其德乎？邪辟失道，則有大刑。《詩》云：「殷之未喪師，克配上帝。儀監于殷，峻命不易。」道得衆則得國，失衆則失國。是故君子先慎乎德。有德此有人，有人此有土，有土此有財，有財此有用。德者，本也。財者，末也。外本内末，争民施奪。是故財聚則民散，財散則民聚。是故言悖而出者，亦悖而入；貨悖而入者，亦悖而出。師，衆也。克，能也。峻，大也。言殷王帝乙以上，未失其民之時，德亦有能配天者，謂天享其祭祀也。及紂爲惡，而民怨神怒，以失天下。監視殷時之事，天之大命，持之誠不易也。道，猶言也。用，謂國用也。施奪，施其劫奪之情也。悖，猶逆也。言君有逆命，則民有逆辭也。上貪於利，則下人侵畔。《老子》曰：「多藏必厚亡。」《康誥》曰：「惟命不于常。」道善則得之，不善則失之矣。于，於也。天命不於常，言不專祐一家也。《楚書》曰：「楚國無以爲寶，惟善以爲寶。」《楚書》，楚昭王時書也。言以善人爲寶，時謂觀射父、昭奚恤也。舅犯曰：「亡人無以爲寶，仁親以爲寶。」舅犯，晉文公之舅狐偃也。❶亡人，謂文公也。時辟驪姬之讒，亡在翟，而獻公薨，秦穆公使子顯弔，因勸之復國，舅犯爲之對此辭也。仁親，猶言親愛仁道也，明不因喪規利也。《秦誓》曰：「若有一介臣，斷斷兮無他技，其心休休焉，其如有容焉。人之有技，若己有之；人之彥聖，其心好之，不啻若自其口出，寔能容之。以能保我子孫，黎民尚亦有利哉！❷人之有技，媢疾以惡之；人之彥聖，而違之俾不通。寔不能容。以不能保我子孫，黎民亦曰殆哉！」《秦誓》，《尚書》篇名也。秦穆公伐鄭，爲晉所敗於殽，還，誓其群臣而作此篇。斷斷，誠一之貌也。他技，異端之技也。有技，才藝之技

❶「狐」，原作「孤」，據余本、撫本、岳本、阮本改。

❷「尚亦」，王念孫云：「『尚亦』，當爲『亦尚』，寫者誤倒其文耳。」詳《經義述聞》。

也。若己有之，不啻若自其口出，皆樂人有善之甚也。美士爲彥。黎，衆也。尚，庶幾也。媢，妬也。違，猶戾也。俾，使也。佛戾賢人所爲，使功不通於君也。殆，危也。彥，或作「盤」。唯仁人放流之，迸諸四夷，不與同中國。此謂唯仁人爲能愛人，能惡人。放去惡人媢嫉之類者，獨仁人能之。如舜放四罪而天下咸服。見賢而不能舉，舉而不能先，命也；見不善而不能退，退而不能遠，過也。命，讀爲「慢」，聲之誤也。舉賢而不能使君以先己，是輕慢於舉人也。好人之所惡，惡人之所好，是謂拂人之性，菑必逮夫身。拂，猶佹也。逮，及也。是故君子有大道，必忠信以得之，驕泰以失之。道，行所由。生財有大道。生之者衆，食之者寡，爲之者疾，用之者舒，則財恒足矣。是不務祿不肖，而勉民以農也。仁者以財發身，不仁者以身發財。發，起也。言仁人有財，則務於施與以起身，成其令名。不仁之人有身，貪於聚斂以起財，務成富。未有上好仁而下不好義者也，未有好義其事不終者也，未有府庫財非其財者也。言君行仁道，則其臣必義。以義舉事，無不成者。其爲誠然，如己府庫之財爲己有也。孟獻子曰：「畜馬乘，不察於雞豚。伐冰之家，不畜牛羊。百乘之家，不畜聚斂之臣。與其有聚斂之臣，寧有盜臣。」此謂國不以利爲利，以義爲利也。孟獻子，魯大夫仲孫蔑也。畜馬乘，謂以士初試爲大夫也。伐冰之家，卿大夫以上，喪祭用冰。百乘之家，有采地者也。雞豚、牛羊，民之所畜養以爲財利者也。國家利義不利財。盜臣損財耳，聚斂之臣乃損義。《論語》曰：「季氏富於周公，而求也爲之聚斂，非吾徒也，小子鳴鼓而攻之可也。」長國家而務財用者，必自小人矣。言務聚財爲己用者必忘義，是小人所爲也。彼爲善之，小人之使爲國家，菑害並至，雖有善者，亦無如之何矣！彼，君也。君將欲以仁義善其政，而使小人治其國家之事，患難猥至，雖云有善，不能救之，以其惡之已著也。此謂國不以利爲利，以義爲利也。

疏「子曰『聽訟，吾猶人也』」正義曰：此一經廣明誠意之事，言聖人不惟自誠己意，亦服民使誠意也。孔子稱斷獄猶如常人，無以異也。言吾與常人同也。「必也使無訟乎」者，必也使無理之人不敢爭訟也。「無情者不得盡其辭」者，情，實也。言無實情虛誕之人無道理者，不得盡竭其虛僞之辭也。「大畏民志」者，大能畏脅民人之志。言人有虛誕之志者，皆畏懼不敢訟。言民亦誠實其意也。「聽訟，吾猶人也，必也使無訟乎」，是夫子之辭。「無情者不得盡其辭，大畏民志」，是記者釋夫子無訟之事。然能使無訟，則是異於人也。而云「吾猶人」者，謂聽之時備兩造，吾聽與人無殊，故云「吾猶人也」。但用意精誠，求其情僞，所以使無訟也。「此謂知本」者，此從上「所謂誠意」以下言此「大畏民志」以上，❶皆是誠意之事。❷意爲行本，既精誠其意，是曉知其本，故云「此謂知本」也。「所謂脩身在正其心」者，此覆説前脩身正心之事。「身有所忿懥，則不得其正」者，懥，謂怒也。身若有所怒，則不得其正。言因怒而違於正也。所以然者，若遇忿怒則違於理，則失於正也。「有所恐懼，則不得其正」者，言因恐懼而違於正也。「心不在焉，視而不見，聽而不聞，食而不知其味」者，此言脩身之本，必在正心。若心之不正，身亦不脩。若心之不在，視、聽與食不覺知也。是心爲身本，脩身必在正於心也。❸「所謂齊其家在脩其身」者，此經重明前經齊家脩身之事。「人之其所親愛而譬焉」者，之，猶適也。此言脩身之譬也。設我適彼人，見彼有德，則爲我所親愛，當反自譬喻於我也。以彼有德，故爲我所親愛，則我若自脩身有德，必然亦能使衆人親愛於我也。「之其所賤惡而譬焉」者，又言我往之彼，而賤惡彼人者，必是彼人無德故也。亦當迴以譬我，我若無德，則人亦賤惡我也。「之其所畏敬而譬焉」者，又我往之彼，而畏敬彼人，必是彼人莊嚴故也。亦迴其譬我，❹我亦當莊敬，則人亦必畏敬我。「之其所哀矜而譬焉」者，又我往之彼，而哀矜彼人，必是彼人有慈善柔弱之德故也。亦迴譬我，我有慈善而或柔弱，則亦爲人所哀矜也。「之其所敖惰而譬焉」者，又我往之彼，而敖惰彼人，必是彼人邪僻故也。亦迴譬我，我若邪僻，則人亦敖惰於我也。「故好而知其惡，惡而知其美者，天下鮮矣」

❶「言」，據文義，疑當作「至」。
❷「是」字原脱，據單疏殘本、阮本補。
❸「正於」，阮本作「於正」。
❹「其」，監、毛本作「以」。

者，知，識也。鮮，少也。人心多偏。若心愛好之，而多不知其惡；若嫌惡之，而多不知其美。今雖愛好，知彼有惡事；雖憎惡，知彼有美善。天下之内，如此者少矣。「故諺有之曰『人莫知其子之惡，莫知其苗之碩』」者，碩，猶大也。言人之愛子，其意至甚，子雖有惡，不自覺知，猶好而不知其惡也。農夫種田，恒欲其盛，苗雖碩大，猶嫌其惡，以貪心過甚，故不知其苗之碩。若能以己子而方他子，己苗而匹他苗，則好惡可知。皆以己而待他物也。「此謂身不脩不可以齊其家」者，此不知子惡，不知苗碩之人，不脩其身，身既不脩，不能以己譬人，故不可以齊整其家。

注「之適」至「大也」　正義曰：「之，適也」，《釋詁》文。云「反以喻己」者，謂見他人所親愛、被賤惡，以人類己，他人之事，反來自譬己身也。云「則脩身與否，可自知也」者，謂彼人不脩則被賤惡、敖惰，己若不以脩身，事亦然也；若彼脩身則被親愛、敬畏，己若脩身，亦當然也。故云「脩身與否，可自知也」。云「碩，大也」，《釋詁》文。「所謂」至「其家」　此一節覆明前經治國齊家之事。「《康誥》曰『如保赤子』」者，此成王命康叔之辭。赤子，謂心所愛之子。言治民之時，如保愛赤子。愛之甚也。「心誠求之，雖不中，不遠矣」者，言愛此赤子，内心精誠，求赤子之嗜欲，雖不能正中其所欲，去其所嗜欲其不甚遠。言近其赤子之嗜欲。爲治人之道，❶亦當如此也。「未有學養子而后嫁者也」，言母之養子，自然而愛，中當赤子之嗜欲，非由學習而來，故云「未有學養子而后嫁」者。此皆本心而爲之。言皆喻人君也。「一家仁，一國興仁；一家讓，一國興讓」者，言人君行善於家，則外人化之，故一家一國皆仁讓也。「一人貪戾，一國作亂」者，謂人君一人貪戾惡事，則一國學之作亂。「其機如此」者，機，謂關機也。動於近，成於遠。善惡之事，亦發於身而及於一國也。「此謂一言僨事，一人定國」者，僨，猶覆敗也。謂人君一言覆敗其事，謂惡言也。一人定國，謂由人君一人能定其國，謂善政也。古有此言，今記者引所爲之事以結之。上云「一人貪戾，一國作亂」，是「一言僨事」也；又云「一家仁讓，則一國仁讓」，是知「一人定國」也。❷一家，則一人也，皆謂人君。是一人之身，先治一家，乃後治一國。「其所令反其所好，而民不從」者，令，謂君所號令之事。若各隨其行之所好，則人從之。其所好者是惡，所令者是

❶「爲」，阮校云：「惠棟校宋本『爲』作『謂』。」
❷「知」，據上文，疑「知」字衍。

善，則所令之事反其所好，雖欲以令禁人，人不從也。「是故君子有諸己而后求諸人」者，諸，於也。謂君子有善行於己，而后可以求於人使行善行也。謂於己有仁讓，而后可求於人之仁讓也。「無諸己而后非諸人」者，謂無惡行於己，而后可以非責於人爲惡行也。謂無貪利之事於己，而後非責於人也。　「所藏乎身不恕，而能喻諸人者，未之有也」者，謂所藏積於身既不恕實，而能曉喻於人使從己者，未之有也。言無善行於身，欲曉喻於人爲善行，不可得也。「《詩》云『桃之夭夭，其葉蓁蓁』」者，此《周南・桃夭》之篇，論昏姻及時之事。言桃之夭夭少壯，其葉蓁蓁茂盛，喻婦人形體少壯，顔色茂盛之時，似「桃之夭夭」也。　「之子于歸，宜其家人」者，之子者，是子也。歸，嫁也。宜可以爲夫家之人。引之者，取宜其家人之事。　「宜其家人，而后可以教國人」者，言人既家得宜，則可以教國人也。　「《詩》云『宜兄宜弟』」者，此《小雅・蓼蕭》之篇，美成王之詩。詩之本文，言成王有德，宜爲人兄，宜爲人弟。此《記》之意，「宜兄宜弟」，謂自與兄弟相善相宜也。既爲兄弟相宜而可兄弟之意，而後可以教國人也。　「《詩》云『其儀不忒，正是四國』」者，此《曹風・鳲鳩》之篇。忒，差也。正，長也。言在位之君子，威儀不有差忒，可以正長是四方之國。言可法則也。　「其爲父子兄弟足法，而后民法之也」者，此謂治國在齊其家。謂其脩德於家，在室家之内，使父子兄弟足可方法，而後民皆法之也。是先齊其家而後能治其國也。　注「一家」至「於濟」　正義曰：「一家、一人，謂人君也」者，以經言「治家」，故知是人君也。若文王「刑于寡妻，至于兄弟，以御于家邦」是也。云「《春秋傳》曰『登戾之』」者，此隱五年《公羊傳》文。案彼傳文：「公觀魚于棠。何以書？譏。何譏爾？遠也。公曷爲遠而觀魚？登來之也。」彼注意謂以思得而來之，齊人語謂「登來」爲「得來」也。聲有緩急，「得」爲「登」。謂隱公觀魚於棠，得此百金之魚而來觀之。《公羊傳》爲「登來」，鄭所引《公羊》本爲「登戾之」，以「來」爲「戾」，與《公羊》本不同也。鄭意以「戾」爲貪戾，故引以證經之「貪戾」也。云「又曰『鄭伯之車僨於濟』」者，隱三年《左傳》文。　「所謂平天下在治其國者」　正義曰：自此以下至終篇，覆明上經平天下在治其國之事。❶但欲平天下，先須治國。治國事多，天下理廣，非一義可了，故廣而明之。言欲平天下，先須脩身，然後及物，自近

❶「在」，閩、監、毛本作「先」。

至遠，自内至外。故初明絜矩之道，次明散財於人之事，次明用善人遠惡人。此皆治國治天下之綱，故揔而詳説也。今各隨文解之。「上恤孤而民不倍」者，孤弱之子，人所遺棄，在上君長，若能憂恤孤弱不遺，則下民學之，不相棄倍也。「是以君子有絜矩之道也」者，絜，猶結也。矩，法也。言君子有執結持矩法之道，動而無失，以此加物，物皆從之也。「所惡於上，毋以使下」者，此以下皆是絜矩之道也。譬諸侯有天子爲上，上有不善之事加己，己惡之，則不可迴持此惡事使己下者爲之也。「所惡於下，毋以事上」者，言臣下不善事己，己所有惡，則己不可持此惡事迴以事己之君上也。「所惡於前，毋以先後」者，前，謂在己之前不以善事施己，己所憎惡，則無以持此惡事施於後人也。「所惡於後，毋以從前」者，後，謂在己之後不以善事施己，己則無以惡事施於前行之人也。「所惡於右，毋以交於左」者，謂與己平敵，或在己右，或在己左，若右以惡加己，❶己所憎惡，則無以此惡事施於左人也。舉此一隅，餘可知也。「此之謂絜矩之道」者，上經云「君子有絜矩之道也」，其絜矩之義未明，故此經申説能持其所有以待於人，❷恕己接物，即絜矩之道也。「《詩》云『樂只君子，民之父母』」，此記者引之，又申明絜矩之道。若能以己化民，❸從民所欲，則可謂民之父母。此《小雅·南山有臺》之篇，美成王之詩也。只，辭也。言能以己化民，從民所欲，則可爲民父母矣。「民之所好好之」者，謂善政恩惠，是民之願好，己亦好之，以施於民。若「發倉廩，賜貧窮，賑乏絶」是也。「民之所惡惡之」者，謂苛政重賦，是人之所惡，己亦惡之而不行也。「《詩》云『節彼南山』」者，上經説恕己待民，此經明己須戒慎也。《詩》云「節彼南山，維石巖巖」，此《小雅·節南山》之篇，刺幽王之詩。言幽王所任大臣，非其賢人也。節然高峻者，是彼南山，維積累其石，巖巖然高大。喻幽王大臣師尹之尊嚴。「赫赫師尹，民具爾瞻」者，赫赫，顯盛貌。是大師與人爲則者。具，俱也。爾，汝也。在下之民，俱於汝而瞻視之。言皆視師尹而爲法。此《記》之意，以喻人君在上，民皆則之，不可不慎。「有國者不可以不慎」者，有國，謂天子、諸侯。言民皆視上所行而則之，可不不慎其德乎？宜慎之也。「辟則爲天下僇矣」

❶「若右」二字原脱，據毛本補。
❷「申」，原作「中」，據阮本改。
❸「民」字原脱，據毛本、庫本補。

者，僇，謂刑僇也。君若邪辟，則爲天下之民共所誅討，若桀、紂是也。「《詩》云『殷之未喪師，克配上帝』」，此一經明治國之道在貴德賤財。此《大雅·文王》之篇，美文王之詩，因以戒成王也。克，能也。師，衆也。言殷自紂父帝乙之前，未喪師衆之時，所行政教，皆能配上天而行也。「儀監于殷，峻命不易」者，儀，宜也。監，視也。今成王宜監視于殷之存亡。峻，大也。奉此天之大命，誠爲不易，言其難也。「道得衆則得國，失衆則失國」者，道，猶言也。《詩》所云者，言帝乙以上得衆則得國，言殷紂失衆則失國也。「有德此有人」者，有德之人，人之所附從，故「有德此有人」也。「有人此有土」者，有人則境土寬大，故有土也。「有土此有財」者，言有土則生植萬物，故有財也。「有財此有用」者，爲國用有財豐，以此而有供國用也。「德者，本也。財者，末也」者，德能致財，財由德有，故德爲本，財爲末也。「外本内末，争民施奪」者，外，疏也。内，親也。施奪，謂施其劫奪之情也。君若親財而疏德，則争利之人皆施劫奪之情也。「是故財聚則民散，財散則民聚」者，事不兩興，財由民立。君若重財而輕民，則民散也；若散財而賙恤於民，則民咸歸聚也。「是故言悖而出者，亦悖而入」者，悖，逆也。若人君政教之言，悖逆人心而出行者，則民悖逆君上而入以報答也。謂拒違君命也。「貨悖而入者，亦悖而出」者，若人君厚斂財貨，悖逆民心而入積聚者，不能久，如人畔於上，❶財亦悖逆君心而散出也。言衆畔親離，財散非君有也。

注「師衆」至「厚亡」　正義曰：「師，衆也。峻，大也」，皆《釋詁》文。《爾雅》「峻」字「馬」旁爲之，與此同也。「克，能也」，《釋言》文也。云「君有逆命，則民有逆辭也」者，「君有逆命」，解經「言悖而出」也；「民有逆辭」，解經「亦悖而入」，謂人有逆君之辭以拒君也。云「《老子》曰『多藏必厚亡』」者，言積聚藏之既多，必厚重而散亡也。引之者，證「貨悖而入，亦悖而出」。「《康誥》曰『惟命不于常』」者，謂天之命不於是常住在一家也。道善則得之，不善則失之矣。《書》之本意，言道爲善則得之，不善則失之，是不常在一家也。「舅犯曰『亡人無以爲寶，仁親以爲寶』」者，此舅犯勸重耳之辭。於時重耳逃亡在翟，秦穆公欲納之反國，而勸重耳不受秦命，對秦使云：奔亡之人，無以貨財爲寶，唯親愛仁道以爲寶也。

注「楚書」至「奚恤」　正義曰：鄭知是「楚昭王時書」者，案《楚語》云：「楚

❶「如」，單疏殘本、阮本「如」下並有「財」字。

昭王使王孫圉聘於晉，定公饗之，趙簡子鳴玉以相，問於王孫圉曰：『楚之白珩猶在乎？ 其爲寶幾何矣？』王孫圉對曰：『未嘗爲寶。 楚之所寶者曰觀射父，能作訓辭，以行事於諸侯，使無以寡君爲口實。』」又《新序》云：「秦欲伐楚，使者觀楚之寶器。❶ 楚王命昭奚恤而問焉，對曰：『寶器在賢臣。』王遂使昭奚恤應之。 昭奚恤發精兵三百人，陳於西門之内，爲東面之壇一，南面之壇四，西面之壇一。秦使者至，昭奚恤曰：『君，客也，請就上位東面之壇。』令尹子西南面，大宗子敖次之，❷葉公子高次之，司馬子發次之。❸ 昭奚恤自居西面之壇，稱曰：『客欲觀楚之寶器乎？❹ 楚之所寶者，即賢臣也，唯大國之所觀。』秦使無以對也。 使歸，告秦王曰：『楚多賢臣，無可以圖之。』」何知有觀射父、昭奚恤者，案《戰國義》云：「楚王築壇，昭奚恤等立於壇上，楚王指之，謂秦使曰：『此寡人之寶。』」故知有昭奚恤等也。 謂賢爲寶者，案《史記》云：❺「理百姓，實府庫，使黎甿得所者，有令尹子西而能也。 執法令，奉圭璋，使諸侯不怨，兵車不起者，有大宗子敖能也。 守封疆，固城郭，使鄰國不侵，亦不侵鄰國者，有葉公子高能也。 整師旅，治兵戈，使蹈白刃，赴湯蹈火，萬死不顧一生者，有司馬子發能也。 坐籌帷幄之中，決勝千里之外，懷霸王之業，撥理亂之風，有大夫昭奚恤能也。 是皆爲寶也。」引之者，證爲君長能保愛善人爲寶也。 注「舅犯」至「利也」 正義曰：「舅犯，晉文公之舅狐偃」者，《左傳》文也。 云「時避驪姬之讒，亡在翟，而獻公薨，秦穆公使子顯弔之，因勸之復國，舅犯爲之對此辭也」，《檀弓》篇文。「《秦誓》曰」者，此一經明君臣進賢詘惡之事。《秦誓》，《尚書》篇名。 秦穆公伐鄭，爲晉敗於殽，還歸，誓群臣而作此篇，是秦穆公悔過自誓之辭。 記者引之，以明好賢去惡也。 「若有一介臣，斷斷兮」者，此秦穆公誓辭。 云群臣若有一耿介之臣，斷斷然誠實專一謹慤。「兮」是語辭。《古文尚書》「兮」爲「猗」，言有一介之臣，其心斷斷猗猗然專一，與此本異。 「無他技，其心休休焉，其如有容焉」者，言此專一之臣，無他奇異之技，惟其心休休然寬容，形

❶「使者」，《新序》作「使使者」，疑脱一「使」字。
❷「子敖」，原作「子牧」，據毛本及《新序》改。下「子敖」放此。
❸「子發」，《新序》作「子反」。下「子發」同。
❹「乎」，原作「言」，據阮本改。
❺「案史記云」，《史記》無此下引文。疑出《新序》。

貌似有包容。如此之人，我當任用也。「人之有技，若己有之」者，云見人有技藝，欲得親愛之，如己自有也。「人之彦聖，其心好之，不啻若自其口出」者，謂見人有才，彦美通聖，其心中愛好，❶不啻如自其口出。心愛此彦聖之美，多於口説，言其愛樂之甚也。「寔能容之，以能保我子孫，黎民尚亦有利哉」者，寔，是也。若能好賢如此，是能有所包容，則我國家得安，保我後世子孫。黎，衆也。尚，庶幾也。非直子孫安，其下衆人皆庶幾亦望有利益哉也。「人之有技，媢疾以惡之」者，上明進賢之善，此論蔽賢之惡也。媢，妬也。見人有技藝，則掩藏媢妬，疾以憎惡之也。「人之彦聖，而違之俾不通」者，見他人之彦聖，而違戾抑退之。俾，使也。使其善功不通達於君。《尚書》「通」爲「達」字也。「寔不能容，以不能保我子孫，黎民亦曰殆哉」者，若此蔽賢之人，是不能容納，家國將亡，不能保我子孫；非唯如此，衆人亦曰殆危哉。注「秦誓」至「危也」　正義曰：「秦穆公伐鄭，爲晉所敗於殽，還，誓其群臣而作此篇也」者，案《尚書序》：「秦穆公伐鄭，晉襄公帥師敗諸崤。還歸，作《秦誓》。」又《左傳》僖三十三年，❷秦穆公興師伐鄭，蹇叔等諫之，公不從，爲晉人與姜戎要而擊之，敗諸崤。是其事也。云「美士爲彦」者，《爾雅·釋訓》文。「黎，衆也。俾，使也」，皆《釋詁》文。「尚，庶幾」者，《釋言》文。《爾雅》：「庶幾，尚也。」是「尚」爲「庶幾」矣。云「媢，妬也」者，《説文》云：「媢，夫妬婦。」是媢爲妬也。「唯仁人放流之，迸諸四夷，不與同中國」者，言唯仁人之君能放流此蔽善之人，使迸遠在四夷，不與同在中國。若舜流四凶「而天下咸服」是也。「此謂唯仁人爲能愛人，能惡人」者，既放此蔽賢之人遠在四夷，是仁人能愛善人，惡不善之人。「見賢而不能舉，舉而不能先，命也」者，此謂凡庸小人，見此賢人而不能舉進於君；假設舉之，又不能使在其己之先，是爲慢也。謂輕慢於舉人也。「見不善而不能退，退而不能遠，過也」者，此謂小人見不善之人而不能抑退之，假令抑退之，而不能使遠退之。過者，言是愆過之人也。「好人之所惡」者，人，謂君子。君子所惡者，凶惡之事，今乃愛好凶惡，是「好人之所惡」也。「惡人之所好」者，君子所好，仁義善

❶ 「好」，阮本作「樂」，閩、監、毛本同。

❷ 「三十三年」，阮本下「三」作「二」。潘宗周《校勘記》云：「案蹇叔等諫在三十二年，敗諸崤在三十三年，未可定其孰是。」

道。今乃惡此仁義善道，是「惡人之所好」也。「是謂拂人之性」者，若如此者，是謂拂戾善人之性。「菑必逮夫身」者，逮，及也。如此，菑必及夫身矣。「是故君子有大道」者，大道，謂所由行孝悌仁義之大道也。「必忠信以得之，驕泰以失之」者，言此孝悌仁義，必由行忠信以得之，由身驕泰以失之也。「生財有大道」者，此一經明人君當先行仁義，愛省國用，以豐足財物。上文「大道」，謂孝悌仁義之道。此言人君生殖其財，有「大道」之理，則下之所云者是也。「生之者衆」者，謂爲農桑多也。「食之者寡」者，謂減省無用之費也。「爲之者疾」者，謂百姓急營農桑事業也。「用之者舒」者，謂君上緩於營造費用也。「則財恒足矣」者，言人君能如此，則國用恒足。「仁者以財發身」者，謂仁德之君，❶以財散施，發起身之令名也。「不仁者以身發財」者，言不仁之人，唯在吝嗇，務於積聚，勞役其身，發起其財。此在治家治國天下之科，皆謂人君也。「未有上好仁而下不好義者也」者，言在上人君好以仁道接下，其下感君仁恩，無有不愛好於義，使事皆得其宜也。「未有好義其事不終者也」者，言臣下悉皆好義，百事盡能終成，故云「未有好義其事不終」也。言皆能終成也。「未有府庫財非其財者也」者，又爲人君作譬也。君若行仁，民必報義，義必終事，譬如人君有府庫之財，必還爲所用也，故云「未有府庫財非其財者也」。注「其爲」至「有也」 正義曰：言君行仁道，則臣必爲義；臣既行義，事必終成。以至誠相感，必有實報，如己有府庫之財爲己所有也。其爲誠實而然，言不虛也。「孟獻子曰『畜馬乘，不察於雞豚』」者，此一經明治國家不可務於積財。若務於積財，即是小人之行，非君上之道。言察於雞豚之所利，爲畜養馬乘，士初試爲大夫，不闚察於雞豚之小利。「伐冰之家，不畜牛羊」者，謂卿大夫喪祭用冰，從固陰之處伐擊其冰，以供喪祭，故云「伐冰」也。謂卿大夫爲伐冰之家，不畜牛羊爲財利。以食禄，不與人争利也。「百乘之家，不畜聚斂之臣」者，百乘，謂卿大夫有采地者也。以地方百里，故云「百乘之家」。言卿大夫之家不畜聚斂之臣，使賦税什一之外徵求采邑之物也。故《論語》云「百乘之家」是也。「與其有聚斂之臣，寧有盜臣」者，覆解「不畜聚斂之臣」。意若其有聚斂之臣，寧可有盜竊之臣。以盜臣但害財，聚斂之臣則害義也。「此謂國不以利爲利，以義爲利也」者，言

❶「君」，原作「者」，據閩本、監本、毛本、阮本改。

若能如上所謂，❶是國家之利，但以義事爲國家利也。「長國家而務財用者，必自小人矣」者，言爲人君長於國家，而務積聚財以爲己用者，必自爲小人之行也。注

「孟獻」至「可也」　正義曰：「孟獻子，魯大夫仲孫蔑」者，此據《左傳》文也。云「畜馬乘，謂以士初試爲大夫」者，案《書傳》，士「飾車駢馬」。《詩》云：「四牡騑騑。」大夫以上乃得乘四馬。今下云「伐冰之家」、「百乘之家」，家是卿大夫。❷今別云「畜馬乘者，不察雞豚」，故知「士初試爲大夫也」。云「伐冰之家，卿大夫」者，案昭四年《左傳》云：「大夫命婦，喪浴用冰。」《喪大記》注云：「士不用冰。」故知卿大夫也。士若恩賜及食而得用，亦有冰也，但非其常。❸故《士喪禮》賜冰則「夷槃可也」。《左傳》又云「食肉之禄，冰皆與焉」是也。云「百乘之家，有采地者也」，此謂卿也。故《論語》云「百乘之家」，鄭云「采地一同之廣輪」是也。　「彼爲」至「利也」　前經明遠財重義，是不以利爲利，以義爲利。此經明爲君治國，棄遠小人，亦是不以利爲利，以義爲利也。　「彼爲善之」，彼，謂君也。君欲爲仁義之道，善其政教。「之」，語辭，故云「彼爲善之」。

「小人之使爲國家，菑害並至」者，言君欲爲善，反令小人使爲治國家之事，毒害於下，故菑害患難則並皆來至。

「雖有善者，亦無如之何矣」者，既使小人治國，其君雖有善政，亦無能奈此患難之何。言不能止之，以其惡之已著故也。

禮記正義卷第六十七

❶「謂」，閩本、毛本、殿本、庫本、阮本作「言」。
❷「家」字原脱，據單疏殘本、阮本補。
❸「常」，原作「當」，據單疏殘本、阮本改。

禮記正義卷第六十八

國子祭酒上護軍曲阜縣開國子臣孔穎達等奉勑撰

冠義第四十三

正義曰：案鄭《目録》云：「名曰《冠義》者，以其記冠禮成人之義。此於《别録》屬《吉事》。」但冠禮起早晚，書傳既無正文。案《略説》稱周公對成王云：「古人冒而句領。」❶注云：「古人，謂三皇時。以冒覆頭，句領繞頸。❷至黄帝時，則有冕也。」故《世本》云：「黄帝造火食旒冕。」❸是冕起於黄帝也。但黄帝以前，則以羽皮爲之冠；黄帝以後，乃用布帛。其冠之年，即天子、諸侯，十二而冠。故襄九年《左傳》云：「國君十五而生子。冠而生子，禮也。」又云：「一星終也。」是十二年歲星一終。案文王十五而生武王，尚有兄伯邑考。《金縢》云：「王與大夫盡弁。」時成王十五而著弁，則成王已冠矣，是天子十二而冠，與諸侯同。又《祭法》云：「王下祭殤五。」若不早冠，何因下祭五等之殤？大夫冠之年幾無文，❹案《喪服》「大夫爲昆弟之長殤」。大夫既爲昆弟長殤，則不二十始冠也。其士則二十而冠也。《曲禮》云「二十曰弱，冠」是也。其天子之子亦早冠，所以祭殤有五。其諸侯之子，皆二十冠也。故《下檀弓》云「君之適長殤」及「大夫之適長殤」是也。

凡人之所以爲人者，禮義也。禮義之始，在於正容體，齊顔色，順辭令。言人爲禮，

❶「領」，《通解》作「頷」，疑是。

❷「句領繞頸」，「領」，庫本及《通解》作「頷」。「頸」，《通解》作「項」，疑是。

❸「旒」，原作「旃」，據阮本改。

❹「幾」，衛氏《集説》作「雖」，義勝。

以此三者爲始。容體正，顔色齊，辭令順，而后禮義備，以正君臣，親父子，和長幼。言三始既備，乃可求以三行也。君臣正，父子親，長幼和，而后禮義立。立，猶成也。故冠而后服備，服備而后容體正，顔色齊，辭令順。言服未備者，未可求以三始也。童子之服，采衣，紒。故曰：「冠者，禮之始也。」是故古者聖王重冠。古者冠禮：「筮日、筮賓」，所以敬冠事。敬冠事所以重禮，重禮所以爲國本也。國以禮爲本。故「冠於阼」，以著代也。「醮於客位，三加彌尊」，加有成也。❶阼，謂主人之北也。適子冠於阼。若不醴，則醮用酒，於客位敬而成之也。户西爲客位。庶子冠於房户外，又因醮焉，不代父也。冠者初加緇布冠，次加皮弁，次加爵弁。每加益尊，所以益成也。「已冠而字之」，成人之道也。字，所以相尊也。「見於母，母拜之；見於兄弟，兄弟拜之」，成人而與爲禮也。「玄冠玄端，奠摯於君，遂以摯見於鄉大夫、鄉先生」，以成人見也。鄉先生，同鄉老而致仕者。服玄冠玄端，異於朝也。成人之者，將責成人禮焉也。責成人禮焉者，將責爲人子、爲人弟、爲人臣、爲人少者之禮行焉。將責四者之行於人，其禮可不重與！言責人以大禮者，己接之不可以苟。故孝弟忠順之行立，而后可以爲人；可以爲人，而后可以治人也。故聖王重禮。故曰：「冠者，禮之始也。嘉事之重者也。」是故古者重冠。重冠故行之於廟。行之於廟者，所以尊重事。尊重事，而不敢擅重事。不敢擅重事，所以自卑而尊先祖也。嘉事，嘉禮也。宗伯掌五禮，有吉禮，有凶禮，有賓禮，有軍禮，有嘉禮，而冠屬嘉禮。《周禮》曰「以昏冠之禮親成男女」也。【疏】正義

❶「醮於」至「成也」，案《士冠記》作「醮於客位，加有成也。三加彌尊，喻其志也」。據此，浦鏜校及今人楊天宇《禮記譯注》皆疑此處有錯簡與脱文。

曰：此一節明人之所以相敘加冠之事，從始至終。各隨文解之。「凡人之所以爲人者，禮義也」者，言人之所以得異於禽獸者，以其行禮義也。禮義之事，終身行之。「禮義之始，在於正容體，齊顏色，順辭令」者，言欲一世行禮之始，先須正容體、齊顏色、順辭令爲初也，然後可以「正君臣，親父子，和長幼」。「古者冠禮」者，此明將冠之時，筮日、筮賓，重冠禮之事。又明冠禮三加其冠，以漸成人之禮。「故冠於阼，以著代也」者，言適子必加冠於阼，阼是主人接賓之處，今適子冠於阼階，所以著明代父之義也。「醮於客位，三加彌尊，加有成也」者，若依周禮，適子醴於客位。今云「醮」者，或因先代夏殷之禮。醮之用酒於客位，室户外之西。必在賓客位者，尊以成人，若賓客待之。三加，初加緇布冠，次加皮弁冠，三加爵弁冠，彌漸而尊，故云「三加彌尊」。「加有成也」，謂加益有成人之事矣。注「阼謂」至「成也」 正義曰：「阼，謂主人之北也」，知者，案《士冠禮》文也。云「若不醴，則醮用酒」者，亦《士冠禮》文。以周禮之法，適子則以醴禮之，庶子則以酒醮之。若先代之禮，雖適子皆以酒醮之。其於周時，或有舊俗行先代之禮，雖適子亦用酒醮，則因而行，不必改也。故鄭注《士冠禮》云「若不醴，謂國有舊俗可行，聖人用焉不改」是也。醮者，醮盡之義，故鄭注《士冠禮》云「酌而無酬酢曰醮」是也。云「庶子冠於房户外，又因醮焉」者，皆《士冠禮》文也。但此《記》之作，是記《儀禮·士冠禮》之事，士禮，故三加也。若大夫亦同。《士冠禮》云：「無大夫冠禮。古者五十而后爵，何大夫冠禮之有？」是大夫雖冠，用士禮。若諸侯，則有冠禮。故《左傳》云：「公冠，用裸享之禮行之，金石之樂節之。」其加，則四加而有玄冕也。故《大戴禮》「公冠四加」也。諸侯尚四加，則天子亦當五加衮冕也。「已冠而字之」者，此明冠畢加字、見母及兄弟及見君之節，以其成人而見人也。未冠之前，則以名別之；❶既冠之後，又改以字。且人二十，有爲父之道，不可復言其名，故冠而加字之，成人之道也。「見於母，母拜之」，故不拜也。❷今唐禮母見子，但起立，不拜也。案《儀禮》廟中冠子，以酒脯奠廟訖，子持所奠酒脯以見於母，母拜其酒脯，重從尊者處來，故拜之，非拜子也。「玄冠玄端，奠摯於君」者，此玄冠玄端，則異於朝服之衣。但玄端，上士則玄裳，中士則黄裳，下士則雜裳。以其初成人，故著玄端，異於朝服也。若朝服，則

❶「則以」，阮本作「以其」，閩、監、毛本同。

❷「故不拜也」，孫詒讓《校記》云：「『故不拜也』句疑有誤。」

素裳。奠摯，奠之於君也。　「遂以摯見於鄉大夫、鄉先生」者，以摯，謂以雉也。故《士相見禮》「冬用雉，夏用腒」。見於鄉大夫，謂在朝之鄉大夫也。鄉先生，謂鄉老而致仕也。「成人之者」，此明加冠成人之義。必成人者，「將責成人禮焉」。冠責以成人之事，若成人事立，可以治人也，是冠者爲治之本，故先王重之，行之於廟。士行之於禰廟，故《士冠禮》注：「廟，謂禰廟。」既在禰廟，此云「尊先祖」者，尊禰即尊先祖之義，且下士祖禰共廟。其諸侯則冠於大祖之廟。故《左傳》云「先君之祧以處之」。《聘禮》「不腆先君之祧」，鄭注以爲「始祖」之廟，則天子當冠於始祖廟也。服虔注《左傳》「先君之祧處之」以爲曾祖廟者，以《左傳》魯襄公冠於衛成公之廟，衛成公則當今衛君獻公曾祖。服虔望時解之，故以祧爲曾祖，非鄭義也。

昏義第四十四

正義曰：案鄭《目録》云：「名曰《昏義》者，以其記娶妻之義，内教之所由成也。此於《別録》屬《吉事》也。」謂之「昏」者，案鄭《昏禮目録》云：「娶妻之禮，以昏爲期，因名焉。必以昏者，取其陽往陰來之義。日入後二刻半爲昏，以定稱之。」壻曰昏，妻曰姻。故《經解》注云「壻曰昏，妻曰姻」是也。謂壻以昏時而來，妻則因之而去也。若壻之與妻之屬，名壻之親屬名之曰姻，女之親屬名之爲昏。故鄭注《昏禮》云「女氏稱昏，婿氏稱姻」，《爾雅》「壻之父爲姻，婦之父爲婚」，又云「壻之黨爲姻兄弟，婦之黨爲婚兄弟」是也。其天地初分之後，遂皇之時，則有夫婦。故《通卦驗》云：「遂皇始出握機矩。」是法北斗七星而立七政。《禮緯斗威儀》之篇，七政則君臣、父子、夫婦及政等。既稱「夫婦」，是始自遂皇也。譙周云：「大昊制嫁娶儷皮爲禮。」是儷皮起於大昊也。其媒官之義，具於《月令》疏。《孟子》云「舜不告而娶」，是娶妻告父母亦起於五帝也。其五帝以前爲昏，不限同姓、異姓。三王以來，文家異姓爲昏，質家同姓爲昏。其昏之年幾，案《異義》：《大戴》說，男三十，女二十，有昏娶，合爲五十，應大衍之數。自天子達於庶人，同一也。《古春秋左氏》說，❶國君十五而生子，禮也。二十而嫁，三十而

❶「古」，原作「故」，據陳壽祺《五經異義疏證》及孫詒讓《校記》改。

娶，庶人禮也。《禮》，夫爲婦之長殤。❶長殤十九至十六，知夫年十四、十五。見《士昏禮》也」。❷許君謹案：「舜年三十不娶，謂之鰥。文王十五而生武王，尚有兄伯邑考。知人君早昏娶，不可以年三十，非重昏嗣也。」❸若鄭意，依正禮，士及大夫皆三十而後娶。及《禮》云「夫爲婦長殤」者，關異代也。或有早娶者，非正法矣。天子、諸侯昏禮則早矣。如《左氏》所釋，《毛詩》所用，《家語》之説，以男二十而冠，女十五而笄，自此以後，可以嫁娶。至男三十，女二十，是正昏姻之時，與《家語》異也。

昏禮者，將合二姓之好，上以事宗廟，而下以繼後世也，故君子重之。是以昏禮納采、問名、納吉、納徵、請期，皆主人筵几於廟，而拜迎於門外，入，揖讓而升，聽命於廟，所以敬慎重正昏禮也。聽命，謂主人聽使者所傳壻家之命。「父親醮子而命之迎」，男先於女也。「子承命以迎，主人筵几於廟，而拜迎于門外。壻執鴈入，揖讓升堂，再拜奠鴈」，蓋親受之於父母也。「降出，御婦車，而壻授綏，御輪三周，先俟于門外。婦至，壻揖婦以入，共牢而食，合巹而酳」，所以合體、同尊卑，以親之也。酳而無酬酢曰醮。醮之禮，如冠醮與？其異者，於寢耳。壻御婦車輪三周，御者代之，壻自乘其車，先道之歸也。共牢而食，合巹而酳，成婦之義。【疏】正義曰：此一節摠明昏禮之義，而拜迎於門外，揖讓而升，自從始至終也。「納采」者，謂采擇之禮。

❶「夫爲婦之長殤」，陳壽祺《五經異義疏證》引莊葆琛云：「『夫爲婦之長殤』，此句誤。《儀禮·喪服》緦麻三月條有『婦爲夫之姑姊妹之長殤』，此所引必是『婦爲夫之姊之長殤』也。」

❷「見士昏禮也」，陳壽祺《五經異義疏證》云：「見『士昏禮』，無可考。」浦鏜校云：「『見《士昏禮》』四字當衍文。」

❸「非重昏嗣也」，陳氏《疏證》據《詩·摽有梅》疏引，改作「所以重繼嗣也」。浦鏜、孫詒讓校同。

故《昏禮》云「下達，納采用鴈」也。❶必用鴈者，《白虎通》云：「鴈，取其隨時而南北，不失節也。又是隨陽之鳥，妻從夫之義也。」「問名」者，問其女之所生母之姓名。故《昏禮》云「爲誰氏」，言女之母何姓氏也。此二禮，一使而兼行之。「納吉」者，謂男家既卜得吉，與女氏也。「納徵」者，納聘財也。徵，成也。先納聘財，而后昏成。《春秋》則謂之納幣。其庶人，則緇帛五兩；卿大夫，則玄纁，玄三纁二，加以儷皮；及諸侯，加以大璋；天子，加以穀圭。皆具於《周禮》經注也。「請期」者，謂男家使人請女家以昏時之期，由男家告於女家。何必請者？男家不敢自專，執謙敬之辭，故云「請」也。女氏終聽男家之命，乃告之。納吉、納徵、請期，每一事則使者一人行。惟納徵無鴈，以有幣故，其餘皆用鴈。「主人筵几於廟」者，謂行此等之禮，主人，謂女父母，設筵几於禰廟。此等皆據《士昏禮》而知之也。「聽命於廟」者，謂女之父母聽受壻之使者之命於廟堂之上兩楹之間也。

「父親」至「之也」正義曰：此一節明親迎之時，父之醮子，明迎婦之節。「父親醮子，而命之迎」者，謂壻父身親以酒醮子而命之親迎也。「男先於女也」者，釋命親迎之意。所以必命迎者，欲使男往迎之，女則從男而來也。是男子先迎，女從後至，是「男先於女也」。若男子不迎，女自來至，是女自先來，不得爲「男先於女也」。「主人筵几於廟，而拜迎于門外」者，主人，女之父。以壻來親迎，故拜迎於門外，以敵禮待之。「壻執鴈入，揖讓升堂，再拜奠鴈」者，主人就東階，初入門，將曲揖，當階北面揖，當碑揖，至階。三讓，主人升自阼階，揖，壻升自西階，北面奠鴈，再拜。「蓋親受之於父母也」，於時女房中南面，母在房户外之西，南面。壻既拜訖，旋降出。女出房，南面，立於母左，父西面誡之，女乃西行，母南面誡之。是壻「親受之於父母」。但親受之，非是分明手有親受，示有親受之義，故云「蓋」以疑之。「降出，御婦車」者，謂壻降西階而出，親御婦車也。「而壻授綏」者，謂婦升車之時，而壻授之以綏。「御輪三周」者，謂壻御婦車之輪三匝，然後御者代壻御之。「婦至，壻揖婦以入」者，謂婦至壻之寢門，壻揖以婦入，則稍西避之。故《魏詩》云「宛然左辟」，謂此時也。「共牢而食」者，在夫之寢，壻東面，婦西面，共一牲牢而同食，不異牲。「合巹而酳」者，酳，演也。謂食畢飲酒，演安其氣。

❶「下達納采用鴈」，浦鏜校云：「下脱『謂使媒氏下通其言，女許之，然後納采』一十五字。從《集説》校。」

卺，謂半瓢。以一瓠分爲兩瓢，謂之卺。壻之與婦，各執一片以酳，故云「合卺而酳」。「所以合體、同尊卑，以親之也」者，同尊卑，謂共牢也。所以「合體、同尊卑」者，欲使壻之親婦，婦亦親壻，所以體同爲一，不使尊卑有殊也。

注「酌而」至「歸也」　正義曰：以《鄉飲酒禮》、《燕禮》之屬，皆爲賓主相酬酢，故不稱醮。❶醮則但受爵者飲而盡之，又不反相酬酢，直醮盡而已，故稱醮也。然醴亦無酬酢，不云「醮」者，以醴尚質，不爲飲也，故不稱醮，但禮敬之而已。云「醮之禮，如冠醮與？其異者，於寢耳」者，以父之醮子，令其親迎，與醮子冠而成人，其事相似，故云「如冠醮與」？但《冠禮》醮子在廟，此醮子在寢，故云「其異者，在寢耳」。

敬慎重正，而后親之，禮之大體，而所以成男女之別，而立夫婦之義也。男女有別，而后夫婦有義；夫婦有義，而后父子有親；父子有親，而后君臣有正。故曰：「昏禮者，禮之本也。」言子受氣性純則孝，孝則忠也。

疏 正義曰：前經明共牢合卺，使之相親。此經論敬慎重正，❷禮之根本。各隨文解之。　「敬慎重正」者，言行昏禮之時，必須恭敬謹慎，尊重正禮，而後男女相親。若不敬慎重正，則夫婦久必離異，不相親也。　「昏禮者，禮之本也」者，夫婦昏姻之禮，是諸禮之本。所以昏禮爲禮本者，昏姻得所則受氣純和，生子必孝，事君必忠。孝則父子親，忠則朝廷正。故《孝經》云：「喪則致其哀，祭則致其嚴。」是昏禮爲諸禮之本也。

夫禮，始於冠，本於昏，重於喪、祭，尊於朝、聘，和於射、鄉。此禮之大體也。始，猶根也。本，猶幹也。鄉，鄉飲酒。

疏 正義曰：此經因婚禮爲諸禮之本，遂廣明禮之始終。始則在於冠、昏，終則重於喪、祭，其間有朝、聘、鄉、射，是禮之大體之事也。

「夙興，婦沐浴以俟見。質明，贊見婦於舅姑。婦執笲棗栗、段脩以見。贊醴婦。婦祭脯醢，祭醴，成婦禮也。成其爲婦之禮也。「贊醴婦」，當作「禮」，聲之誤也。

「舅姑入室，婦以特豚饋」，明婦順也。以饋明婦順者，供養之禮，主於孝順。

「厥明，舅姑共

❶ 「醮」，原作「其」，據殿本、庫本改。
❷ 「敬」，原作「謹」，據經文及浦鏜校改。

饗婦以一獻之禮，奠酬。舅姑先降自西階，婦降自阼階」，以著代也。言既獻之，而授之以室事也。降者，各還其燕寢。婦見及饋饗於適寢。《昏禮》不言「厥明」，此言之者，容大夫以上禮多，或異日。疏正義曰：此論昏禮明日，婦見舅姑，舅姑醴婦；又舅姑入室，婦饋特豚；又明日舅姑饗婦之節。此即《士昏禮》也，故有特豚饋於舅姑。若大夫以上，非唯特豚而已。雖以士爲主，亦兼明大夫，故有「厥明，舅姑共饗婦」。若士婦，見舅姑之日，即舅姑饗婦。故《士昏禮》舅姑醴婦，醴婦既訖則饗之，不待厥明也。「婦執笲棗栗、段脩以見」者，案《士昏禮》，舅坐于阼階，西面；姑坐于房外，南面。婦執笲棗、栗進，東面拜，奠于舅席訖，婦又執腶脩升進，北面拜，奠于姑席是也。「贊醴婦。婦祭脯醢，祭醴」者，案《士昏禮》，「婦席于户牖間，贊者酌醴」，置於席前北面。婦於席西，「東面拜受。贊者西階上北面拜送。又拜，薦脯醢。婦升席，左執觶，右祭脯醢訖，以柶祭醴三」，是「祭脯醢，祭醴」也。「成婦禮也」者，言所以見舅姑及醴之者，成其爲婦之禮也。「舅姑入室，婦以特豚饋」者，案《士昏禮》「舅姑入于室，婦盥，饋。特豚合升，側載。無魚，腊，無稷，並南上。其他如取女禮」，鄭注云：「側載者，右胖載之舅俎，左胖載之姑俎，異尊卑。並南上者，舅姑共席于奥，其饌各以南爲上。」是「特豚饋」也。「明婦順也」者，言所以特豚饋者，顯明其爲婦之孝順也。「厥明，舅姑共饗婦以一獻之禮，奠酬」者，案《士昏禮》云，既言舅姑薦俎醢，以《鄉飲酒之禮》約之，席在室外户之西，舅酌酒於阼階獻婦，婦西階上拜受，即席祭薦。祭酒畢，於西階上北面卒爵。婦酢舅，舅於阼階上受酢，飲畢乃酬。婦先酌自飲畢，更酌酒以酬姑。姑受爵，奠於薦左，不舉爵，正禮畢也。「以著代也」者，言所以舅姑降自西階，婦降自阼階，是舅姑所升之處，今婦由阼階而降，是著明代舅姑之事也。注「降者」至「異日」　正義曰：「各還其燕寢」者，舅姑還舅姑之燕寢，婦還婦之燕寢也。云「婦見及饋饗於適寢」者，謂舅姑之適寢。云「《昏禮》不言『厥明』，此言之者，容大夫以上禮多，或異日」，以此云「厥明」，與《士昏禮》異也。

成婦禮，明婦順，又申之以著代，所以重責婦順焉也。婦順者，順於舅姑，和於室人，而后當於夫，以成絲麻布帛之事，以審守委積蓋藏。室人，謂女妐、女叔、諸婦也。當，猶稱也。後言稱夫者，不順舅姑，不和室人，雖有善者，猶不爲稱夫也。**是故婦順備而后內和理，內和理而后家可長久也，故聖王重之。**順備者，行和當，事成審也。疏正義曰：此經明上經成婦禮，明婦順之事。若婦順既成，則室家長久，故聖王所重也。「成婦禮」者，則上經「婦祭脯醢，祭醴」之等，是「成婦禮」也。「明婦順」者，則上經「舅姑入室，以特豚饋」，是「明婦順」也。「又申之以著代」者，則上經「婦降自阼階，以著代」是也。申，重也。既明婦禮順，又重加之以著代之義也。「所以重責婦順焉也」者，言成婦禮，明婦順，則重著代，所以厚重責婦人之孝順焉。分之則婦禮、婦順、著代三者別文，皆揔歸於婦順，故自此以下，唯申明婦順也。「以審守委積蓋藏」者，言既當夫氏，又成婦事，以此詳審保守家之所有委積掩蓋藏聚之物也。注「室人，謂女妐、女叔、諸婦也」正義曰：經既言「順於舅姑」，乃「和於室人」，是在室之人非男子也。女妐，謂壻之姊也。女叔，謂壻之妹。諸婦，謂娣姒之屬。❶注云「順備」至「審也」正義曰：「行」是「順於舅姑」，「和」謂「和於室人」，「當」謂「當於夫」，則前經所説是也。云「事成審」者，則前經「以成絲麻布帛之事，以審守委積蓋藏」，是「事成審」也。

是以古者婦人先嫁三月，祖廟未毁，教于公宮；祖廟既毁，教于宗室。教以婦德、婦言、婦容、婦功。教成祭之，❷牲用魚，芼之以蘋藻，所以成婦順也。謂與天子、諸侯同姓者也。嫁女者必就尊者教成之。教之者，女師也。祖廟，女所出之祖也。公，君也。宗室，宗子之家也。婦德，貞順也。婦言，辭令也。婦容，婉娩也。婦功，絲麻也。祭之，❸祭其所出之祖也。魚、蘋藻，皆水物，陰類也。魚爲俎實，蘋藻爲羹菜。祭無牲牢，告事耳，非正祭也，其齊盛用黍云。君使有司告之。宗子之家，若其祖廟已毁，則爲壇而告焉。疏正義曰：此經更申明前經成婦順之事。所

❶「姒」，原作「奴」，據單疏殘本、阮本改。
❷「教成祭之」，王念孫云：「當作『教成之祭』。自《唐石經》始作『祭之』，而各本皆沿其誤。《召南·采蘋》箋全用此文，而云『教成之祭』。又《采蘩》、《采蘋》《正義》言『教成之祭』者凡二十有五，《左傳》襄二十八年《正義》亦作『教成之祭』。」詳《經義述聞》。
❸「祭之」，王念孫云：「鄭注本無『之』字。」疏同。

以能成婦順者，以未嫁之前先教以四德，故此經明嫁所教之事。　「祖廟未毁，教于公宫」者，此謂與君爲骨肉，親廟有四，高祖之廟未毁除，此欲嫁之女教於公宫也。「祖廟既毁，教于宗室」者，謂與君四從以外，同高祖之父以上，其廟既遷，是「祖廟既毁」，此女則教於大宗子之室。「教成祭之」者，謂三月教之，其教已成，祭女所出祖廟，告以教成也。　「所以成婦順也」者，以爲未嫁之前先教四德，又祭而告，但成其爲婦之順，欲使嫁而爲婦，奉遵此教而成和順。　**注**「謂與」至「告焉」　正義曰：此云「教於公宫」，故知是天子、諸侯同姓也。天子當言「王宫」，今經云「公宫」，知兼天子者，此云「公宫」，謂公之宫也，若天子公邑、官家之宫耳，非謂諸侯公宫也。此《昏義》雖記士昏禮之事，自此以下，廣明天子以下教女及夫婦之義，故此經教女，舉貴者言。云「嫁女者，必就尊者教成之」者，案《内則》「女子十年不出」，使姆教成之，明已前恒教。但嫁前三月特就公宫之教，欲尊之也。云「教之者，女師也」者，即《詩·周南》云「言告師氏」，則《昏禮》注云「姆，婦人五十無子出者」也。云「祖廟，女所出之祖也」者，謂女父與君所分出之祖，或與君共高祖而分出。以下皆然。與諸侯共高祖，廟未毁，所出之女，皆自公宫教之。天子雖七廟，親廟上自高祖以下也。云「公，君也」者，鄭恐唯謂諸侯之「公」，故解公爲君。天子、諸侯皆稱「君」。云「宗室，宗子之家也」者，鄭既不云大宗、小宗，則大宗、小宗之家悉得教之。與大宗近者，於大宗教之；與大宗遠者，於小宗教之。此《記》謂君之同姓。若君之異姓，異姓始祖在者，其後亦有大宗、小宗，❶其族人嫁女各於其家也。云「祭之，祭其所出之祖也」者，此女出於君之高祖，則祭高祖廟；出於君之曾祖，則祭曾祖。以下皆然。女親行祭，《詩》云「誰其尸之？有齊季女」是也。云「祭無牲牢，告事耳，非正祭也」者，以祭君之廟，應用牲牢，今其俎唯魚，故云「告事耳，非正祭也」。云「其齊盛用黍」者，以其告祭，不用正牲，則無稻粱。既以蘋藻爲羹，則當有齊盛，此士祭，《特牲》「黍稷」，故知此亦用黍也。云「君使有司告之」者，約《雜記》釁廟使有司行之，故知此告成之祭亦使有司也。若卿大夫以下，❷則女主之宗子掌其禮也。云「若其祖廟已毁，則爲壇而告焉」者，此謂與宗子或同曾

❶「異姓始祖在者其後」八字，衛氏《集説》及《通解》均無，疑衍。

❷「若」下原有「有」字，據衛氏《集説》及《通解》删。

祖。假令宗子爲士，只有父祖廟，曾祖、高祖無廟，則爲壇於宗子之家而告焉。若與宗子同曾祖，則爲壇告曾祖焉；若與宗子同高祖，則爲壇告高祖焉。此注或有作「墠」者誤也。所以知者，以《祭法》篇「大夫三廟二壇」，則曾祖爲壇也；「適士二廟一壇」，則高祖及高祖之父爲壇。或可宗子爲中士、下士，但有一廟，無壇，則爲墠而告之也。

古者，天子后立六宮、三夫人、九嬪、二十七世婦、八十一御妻，以聽天下之內治，以明章婦順，故天下內和而家理。天子立六官、三公、九卿、二十七大夫、八十一元士，以聽天下之外治，以明章天下之男教，故外和而國治。故曰：天子聽男教，后聽女順；天子理陽道，后治陰德；天子聽外治，后聽內職。教順成俗，外內和順，國家理治，此之謂盛德。天子六寢，而六宮在後，六官在前，所以承副，施外內之政也。三夫人以下，百二十人，周制也。三公以下，百二十人，似夏時也。合而言之，取其相應，有象天數也。內治，婦學之法也。陰德，謂主陰事、陰令也。

疏正義曰：此一經因上夫婦昏禮之事，故此明天子與后各立其官，掌內外之事，法陰陽所爲。但后之所立六宮，周之法也。天子所爲立六官，夏之制也。欲見其數相當，故以夏、周相對爲內外也。

注「天子」至「令也」 正義曰：案《宮人》云：「掌王之六寢之脩。」注云：「路寢一，小寢五。」是「天子六寢」也。云「六宮在後」者，后之六宮，在王之六寢之後，亦大寢一，小寢五。其九嬪以下，亦分居之。其三夫人雖不分居六宮，亦分主六宮之事，或二宮則一人也，或猶如三公分主六卿之類也。云「六官在前」者，六卿之官，在王六寢之前。其三孤亦分主六官之職，摠謂之九卿。故《考工記》云「外有九室，九卿朝焉」是也。云「三公以下，百二十人」者，周三百，此百二十人，延於百數，故云「似夏時」。以無正文，故稱「似」也。云「內治，婦學之法也」者，案《九嬪職》云「掌婦學之法」，故知內治是婦學也。云「陰德，謂主陰事、陰令也」者，案《內宰》「掌王之陰事、陰令」，❶注云：「陰事，謂群妃御見之事。陰令，爲王所求

❶「內宰掌王之陰事陰令」，孫詒讓《校記》云：「『掌王之陰事陰令』，乃《內小臣職》文。此云《內宰》，誤。」

爲於北宮也。」❶是故男教不脩，陽事不得，適見於天，日爲之食；婦順不脩，陰事不得，適見於天，月爲之食。是故日食則天子素服，而脩六官之職，蕩天下之陽事；月食則后素服，而脩六宮之職，蕩天下之陰事。故天子之與后，猶日之與月，陰之與陽，相須而后成者也。適之言責也。食者，見道有虧傷也。蕩，蕩滌，去穢惡也。天子脩男教，父道也；后脩女順，母道也。故曰天子之與后，猶父之與母也。故爲天王服斬衰，服父之義也；爲后服資衰，服母之義也。父母者，施教令於婦子者也，故其服同。資，當爲「齊」，聲之誤也。**疏**正義曰：此以下説男女之教，若其不得，日月爲之適食。又明天子與后是父之與母之義。「是故日食則天子素服，而脩六官之職，蕩天下之陽事」者，謂救日之時，著素服，蕩除天下之陽事有穢惡者。案《左傳》昭三十一年：「十二月辛亥朔，日有食之。庚午之日，始有謫。」謫，謂日之將食之氣。氣見於上，所以責人君也。故《詩》云：「十月之交，朔月辛卯。日有食之，亦孔之醜。」又云：「此日而食，于何不臧。」是君之不善而日食。凡日食，若「壬午朔，日有食之」，《左傳》云：「公問於梓慎：『禍福何爲？』對曰：『二至二分，日有食之，不爲災也。日月之行也，分，同道也；至，相過也。其他月則爲災，陽不克也，故常爲水也。』」然《詩》之十月，則夏之八月，秋分日食而爲災者，以辛卯之日，卯往侵辛，由反克金，❷故爲災。昭七年「夏，四月甲辰朔，日有食之，而大咎衛君、上卿」。❸四月，夏之二月，爲災者，以其甲辰之日，甲爲木，辰爲土，木當克土，❹今日食，土反克木，故爲災也。昭二十一年秋七月壬午朔而日食，壬爲水，午爲火，水應克火，而日食，火反克水，不爲災者，以秋七月，夏之五月，是壬午之時，得有克壬之理，故不得爲災。杜預以爲「假日食之異以戒懼人君」，其言若信若不

❶「爲王」，衛氏《集説》「爲」作「謂」。
❷「由」，阮本作「木」，閩、監、毛本同，疑是。
❸「上卿」，浦鏜校云「『上卿』上脱『魯』字。」案昭七年《左傳》，浦校是。
❹「木」，原作「卯」，據毛本及魏氏《要義》改。

信，不可定以爲驗也。

鄉飲酒義第四十五

正義曰：案鄭《目録》云：「名曰《鄉飲酒義》者，以其記鄉大夫飲賓于庠序之禮，尊賢養老之義。此於《别録》屬《吉事》。」《儀禮》有其事，此《記》釋其義也。但此篇前後，凡有四事：一則三年賓賢能，二則卿大夫飲國中賢者，三則州長習射飲酒也，四則黨正蜡祭飲酒。揔而言之，皆謂之鄉飲酒。知此篇合有四事者，以鄭注：「鄉人，鄉大夫。」又云：「士，州長、黨正」。鄭又云：「飲國中賢者，亦用此禮也。」鄭必知此篇鄉大夫賓賢能，及飲國中賢者并州長、黨正者，以此經云鄉人即鄉大夫，士則州長、黨正；又云君子，謂卿大夫飲國中賢者。下又云「六十者坐，五十者立侍」，亦是黨正飲酒之事。下又云「合諸鄉射」，是亦州長習射之禮。鄭以此參之，故知此篇兼有四事。鄉則三年一飲，州則一年再飲，黨則一年一飲也。所以然者，天子六鄉，諸侯三鄉，卿二鄉，大夫一鄉，各有鄉大夫。而鄉有鄉學，取致仕在鄉之中大夫爲父師，致仕之士爲少師，在於學中，名爲鄉先生，教於鄉中之人，謂鄉學。每年入學，三年業成，必升於君。若天子鄉，則升學士於天子；若諸侯之鄉，則升學士於諸侯。凡升之，必用正月也。將用升之，先爲飲酒之禮。鄉大夫與鄉先生謀事，學士最賢使爲賓，❶次者爲介，又次者爲衆賓。此鄉大夫爲主人，與之飲酒而後升之。故《周禮·鄉大夫職》云：「三年則大比，攷其德行道藝，❷而興賢者能者，鄉老及鄉大夫帥其吏與其衆寡，❸以禮禮賓之。」鄭云：「賢者，有德行者。能者，❹有道藝者。」故鄭云：「古者年七十而致仕，老於鄉里，大夫名曰父師，士名少師，而教學焉，恒知鄉人之賢者。是以大夫就而謀之，賢者以爲賓，其次以爲介，又其次爲衆賓，而與之飲酒，是亦將獻

❶「士」，原作「生」，據毛本、殿本、庫本改。
❷「攷」，原作「放」，據單疏殘本、阮本、魏氏《要義》改。
❸「寡」，俞樾《茶香室經説》卷五「衆寡」條云「寡」字衍。
❹「者」，原作「有」，據單疏殘本、阮本、魏氏《要義》改。

之，以禮禮賓之也。」若州一年再飲者，是春秋習射，因而飲之，以州長爲主人也。若黨一年一飲者，是歲十二月，國於大蜡祭，而黨中於學飲酒，「子貢觀蜡」是也，亦黨正爲主人也。此《鄉飲酒之義》，説《儀禮·鄉飲酒》也。但《儀禮》所據，是諸侯之鄉大夫三年賓賢能之禮。故鄭《儀禮·鄉飲酒目録》云「諸侯之鄉大夫，三年將獻賢者於君，以禮賓之，❶與之飲酒」是也。鄭必知諸侯鄉大夫者，以《鄉飲酒禮》云「磬階間縮霤」，注云：「大夫而特縣，方賓鄉人之賢者，從士禮也。」若天子之大夫，特縣則鐘磬並有，今唯云「磬」，故知諸侯之鄉大夫也。若諸侯之州長，則士也。故《儀禮·鄉射》是諸侯州長，經稱「鹿中」《記》云「士則鹿中」，明非諸侯之鄉大夫爲之也。

《鄉飲酒》之義。「主人拜迎賓于庠門之外，入，三揖而后至階，三讓而后升」，所以致尊讓也。庠，鄉學也。州、黨曰序。「盥洗揚觶」，所以致絜也。揚，舉也，今《禮》皆作「騰」。「拜至，拜洗，拜受，拜送，拜既」，所以致敬也。拜至，謂始升時拜，拜賓至。尊讓、絜、敬也者，君子之所以相接也。君子尊讓則不争，絜敬則不慢。不慢不争，則遠於鬭辯矣。不鬭辯，則無暴亂之禍矣。斯君子之所以免於人禍也。故聖人制之以道。❷道，謂此禮。

疏正義曰：此一節初明鄉飲酒之禮拜迎至拜洗相尊敬之事，故聖人制之以道也。「鄉飲酒之義。主人拜迎賓于庠門之外」者，此謂鄉大夫，故迎賓于庠門外。若州長、黨正，則於序門外也。「盥洗揚觶」者，謂主人將獻賓，以水盥手而洗爵；揚觶，謂既獻之後，舉觶酬賓之時亦盥洗也。必盥洗者，所以致其絜敬之意也。「拜至」者，謂賓與主人升堂之後，主人於阼階之上北面再拜，是「拜至」也。「拜洗」者，謂主人拜至訖，洗爵而升，賓於西階

❶「之」字原脱，據鄭玄《儀禮·鄉飲酒目録》補。

❷「故聖人制之以道」，王念孫以爲此七字非一句，當與下節之「鄉人士君子」凡十二字作一句讀。詳《經義述聞》。

上北面再拜，拜主人洗也。「拜受」者，賓於西階上拜受爵也。「拜送」者，主人於阼階上拜送爵也。「拜既」者，既，盡也。賓飲酒既盡而拜也。「所以致敬也」者，言賓主相拜，致其恭敬之心。「尊讓、絜、敬也」者，言入門而三揖三讓，是「尊讓」；「盥洗揚觶」，是「絜」也；「拜至、拜洗」之等，是「致敬」也。故揔結之云：「尊讓、絜、敬也者，君子之所以相接也。」注「庠鄉」至「曰序」　正義曰：案《州長職》云：「春秋射于州序。」《黨正》云：「屬民飲酒于序。」是「州、黨曰序」。有室謂之庠，無室謂之序。鄉學爲庠，州黨爲序。《學記》云「黨有庠」者，謂鄉人在州黨，但於鄉之庠，學不別立也。則「州黨曰序」，必是無室。今案《鄉射》云：「豫則鈎楹内，堂則由楹外。」故鄭注云：「庠之制，有堂有室也。豫，讀如『成周宣謝災』之榭。凡屋無室曰榭。今文『豫』爲『序』。序乃夏后氏之學，亦非也。」以此言之，則州黨爲序，其義非也。今云「州黨曰序」者，但州黨之序，雖並皆無室，今《鄉射》則「鈎楹内」，是内之深，無室事顯，正得讀「豫」爲「榭」，是無室故也。不得讀「豫」爲「序」，以序非無室之名，故云「非也」。以有「楹内」、「楹外」之言，故鄭特云「序」非也，謂正《鄉射》文非，非是餘處「序」字皆非也。餘處之序，並皆無室也。但有虞氏之庠，周以爲鄉學。夏后氏之序，周以爲州黨之學，明夏時之序則有室也，周時州黨之序則無室也。序名雖同，其制則別。故《鄉射》注云「序乃夏后氏之學」，非謂州黨之學也。以《鄉射》爲「豫」已非，今文爲「序」又非，故云「亦非」。鄉學雖爲序，❶云亦有東西牆謂之序，故《鄉飲酒》或云序東、西。州學雖爲序，據其序内，亦有堂稱，故《鄉射》或云堂東、堂西也。

鄉人、士、君子。「尊於房戶之間」，賓主共之也。「尊有玄酒」，貴其質也。

鄉人，鄉大夫也。士，州長、黨正也。君子，謂卿大夫士也。❷卿大夫士飲國中賢者，亦用此禮也。共尊者，人臣卑，不敢專大惠。鄉人、士、君子，❸《周禮》云：「天子六

❶「序」，汪文臺《識語》云：「序」當作「庠」。

❷「士」字原脱，據余本、殿本、庫本、阮本補。疏同。

❸「鄉人士君子」至「諸侯凡三鄉」，凡注文一百有九字，阮本無，閩、監、毛本同，岳本、嘉靖本同，衛氏《集説》同。阮元、潘宗周以爲此一百九字乃鄭注原有，《釋文》所引亦爲鄭注，二者並行不悖。山井鼎、張敦仁以爲此一百九字乃《釋文》所引而闌入注文者。

鄉。」❶鄭司農云：「百里内爲六鄉，外爲六遂。」《司徒職》云：「五家爲比，五比爲閭，四閭爲族，五族爲黨，五黨爲州，五州爲鄉。」鄉大夫，每鄉卿一人；州長，每州中大夫一人；黨正，每黨下大夫一人；族師，每族上士一人；閭胥，每閭中士一人；比長，五家下士一人。諸侯則三鄉。

「羞出自東房」，主人共之也。羞，燕私可以自專也。「洗當東榮」，主人之所以自絜而以事賓也。絜，猶清也。疏正義曰：此一節明設尊及玄酒，貴其質素；又羞出東房，及東榮設洗，主人事賓之義也。鄉人，謂鄉大夫也。士，謂州長、黨正也。君子者，謂卿大夫士也。「尊於房户之間，賓主共之也」者，以鄉大夫等唯有東房，故設酒尊於東房之西，室户之東，在賓主之間，示賓主之共有此酒也。酒雖主人之設，賓亦以酢主人，故云「賓主共之也」。「尊有玄酒，貴其質也」者，北面設尊，玄酒在左，謂在酒尊之西也。所以設玄酒在西者，地道尊右，❷貴其質素故也。「羞出自東房，主人共之也」者，謂供於賓也。「洗當東榮」，榮，屋翼也。設洗於庭，當屋翼也。必在東者，示主人所以自絜以事賓。從《冠義》以來，皆記者疊出《儀禮》經文，每於一事之下，釋明《儀禮》經義，每義皆舉經文於上，陳其義於下以釋之也。他皆放此也。

「賓主」，象天地也。「介僎」，象陰陽也。「三賓」，象三光也。「讓之三也」，象月之三日而成魄也。「四面之坐」，象四時也。陰陽，助天地養成萬物之氣也。三賓象天三光者，繫於天也。古文《禮》「僎」皆作「遵」。天地嚴凝之氣，始於西南而盛於西北，此天地之尊嚴氣也，此天地之義氣也。天地温厚之氣，始於東北而盛於東南，此天地之盛德氣也，此天地之仁氣也。凝，猶成也。主人者尊賓，故坐賓於西北，而坐介於西南以輔賓。賓者，接人以義者也，故坐於西北。賓者接人以義，言賓來以成主人之德。主人者，接人以仁、以德厚者也，故坐於東南，而坐僎於東北，以輔主人

❶「鄉」，原作「卿」，據余本、撫本、岳本、阮本改。
❷「右」，原作「左」，據閩本、監本、毛本、阮本及衛氏《集說》改。按：「地道尊右」，鄭注《内則》文。

也。以僎輔主人，以其仕在官也。仁義接，賓主有事，俎豆有數，曰聖。聖立而將之以敬，曰禮。禮以體長幼，曰德。聖，通也，所以通賓主之意也。將，猶奉也。德也者，得於身也。故曰：「古之學術道者，將以得身也。」是故聖人務焉。術，猶藝也。得身者，謂成己令名，免於刑罰也。言學術道，則此説賓賢能之禮。**疏**正義曰：此一節明賓、主、介、僎坐位之義也。「賓主，象天地也。介僎，象陰陽也」者，天地，則陰陽著成爲天地，故賓在西北，天地嚴凝之氣著；主在東南，天地温厚之氣著；❶介坐在西南，象陰之微氣；僎在東北，象陽之微氣。❷「三賓，象三光」者，謂衆賓也。「四面之坐，象四時也」者，主人東南，❸象夏始；賓西北，象冬始；僎東北，象春始；介西南，象秋始。❹其四時不離天地陰陽之内而坐，❺即是賓主介僎之所象也。❻「曰聖」者，聖，通也。謂上諸事並是通賓主之意也。「聖立而將之以敬，❼曰禮」者，謂通賓主之事，其道已立，能將行之以恭敬乃謂之禮也。❽「禮以體長幼，曰德」，德者，得也。既能有禮以體成長幼，❾於事得宜，故曰德也。「德也者，得於身也」者，重釋稱德之義。❿是得善行於其身，謂身之所行，皆得於理也。「古之學術道者，⓫將以得身也」者，術者，藝也。言古之人學此才藝之道也。⓬「將以得身也」，謂使身得成也。此謂賓賢之人有術道，⓭今以賓敬接待之事，⓮其尊敬學習術道，身得成就而有令名。⓯「是故聖人務焉」者，以上

❶「天地温」三字原漶滅，據足利本、阮本補。
❷「之微氣」三字原漶滅，據足利本、阮本補。
❸「主人東」三字原漶滅，據足利本、阮本補。
❹「秋始」二字原漶滅，據足利本、阮本補。
❺「其」字原漶滅，據足利本、阮本補。
❻「象也」二字原漶滅，據足利本、阮本補。
❼「立而將」三字原漶滅，據足利本、阮本補。
❽「以恭敬」三字原漶滅，據足利本、阮本補。
❾「禮以體」三字原漶滅，據足利本、阮本補。
❿「重釋稱」三字原漶滅，據足利本、阮本補。
⓫「古之」二字原漶滅，據足利本、阮本補。
⓬「才藝之」三字原漶滅，據足利本、阮本補。
⓭「術道」二字原漶滅，據足利本、阮本補。
⓮「今」字原漶滅，據足利本、阮本補。
⓯「令名」二字原漶滅，據足利本、阮本補。

賓主德義之事，於禮最重，故聖人務行焉。❶「祭薦，祭酒」，敬禮也。「嚌肺」，嘗禮也。「啐酒」，成禮也。「於席末」，言是席之正，非專爲飲食也，爲行禮也。此所以貴禮而賤財也。「卒觶致實於西階上」，言是席之上，非專爲飲食也，此先禮而後財之義也。先禮而後財，則民作敬讓而不争矣。非專爲飲食，言主於相敬以禮也。致實，謂盡酒也，酒爲觴實。祭薦、祭酒、嚌肺於席中，唯啐酒於席末也。疏正義曰：此一節明飲酒之禮，祭薦、祭酒相尊敬之心，貴禮賤財之義。「祭薦」者，主人獻賓，賓即席祭所薦時脯醢也。「祭酒」者，賓既祭薦，又祭酒也。「敬禮也」者，言賓既祭薦，又祭酒，是賓敬重主人之禮也。「嚌肺，嘗禮也」，賓既祭酒之後，興，取俎上之肺嚌齒之，所以嘗主人之禮也。「啐酒，成禮也，於席末」者，啐，謂飲主人酒而入口，成主人禮。於席末，謂席西頭也。案《鄉飲酒禮》，祭薦、祭酒、嚌肺，皆在席之中，唯啐酒在席之末。又《鄉飲酒禮》云：「祭脯醢，奠爵，右取肺，卻左手，右絶末以祭，尚左手嚌之。興，加于俎。坐，挩手，遂祭酒。」嚌肺在前，祭酒在後。此先云「祭酒」者，嚌是嘗嚌之名，祭酒是未飲之稱，❷故「祭酒」與「祭薦」相連，表其敬禮之事。「言是席之正，非專爲飲食也」者，若此席專爲飲食，應於席中啐酒，今乃席末啐酒，此席之設，本不爲飲食，是主人敬重於賓，故設席耳。祭薦、祭酒、嚌肺在席中者，敬主人之物，故在席中。啐酒入於己，故在席末也。「此所以貴禮而賤財也」者，於席上祭薦、祭酒，是「貴禮」；席末啐酒，是「賤財」也。「卒觶，致實於西階上，言是席之上，非專爲飲食也」者，卒觶，主人酬賓，賓卒立以立觶也。❸致實，謂致盡其所實之酒於西階上。不就席卒觶者，言此席之上，非專爲飲食也，故不於席所而卒觶。啐，纔始入口，猶在席末也；卒觶則盡爵，故遠在西階上。前文方論設席之禮，故言「是席之正」。此覆説前席，故變文言「是席之上」，上亦正也。「此先禮而後財之義也」者，先禮即貴，後財則賤，則亦上下互而相通也。注「致實」至「末也」　正義曰：以經「卒觶，致實」，既云「卒觶」，論其將欲卒觶之時，舉其事者；

❶「故聖人務」四字原漶滅，據足利本、阮本補。
❷「未」，原作「末」，據單疏殘本、阮本改。
❸「賓卒立以立觶也」，阮校引盧文弨云：「當作『賓立以卒觶也』。」浦鏜校同。

「致實」，論其盡酒之體，故更言「致實」也。云「酒爲觴實」者，以盡酒稱致實之意，酒爲觴中之實，今致盡此實也。云「祭薦、祭酒、嚌肺於席中，唯啐酒於席末也」者，皆《鄉飲酒禮》文。《鄉飲酒之禮》，「六十者坐，五十者立侍，以聽政役」，所以明尊長也。「六十者三豆，七十者四豆，八十者五豆，九十者六豆」，所以明養老也。民知尊長養老而后乃能入孝弟；民入孝弟，出尊長養老，而后成教；成教而后國可安也。君子之所謂孝者，非家至而日見之也，合諸鄉射，教之鄉飲酒之禮，而孝弟之行立矣。此說鄉飲酒，謂《黨正》「國索鬼神而祭祀，則以禮屬民而飲酒于序，以正齒位」之禮也。其鄉射，則《州長》「春秋以禮會民而射于州序」之禮也。謂之鄉者，州、黨，鄉之屬也。或則鄉之所居州、黨，鄉大夫親爲主人焉。如今郡國下，令長於鄉射飲酒，從大守相臨之禮也。【疏】正義曰：此明《黨正》「飲酒正齒位」之事。「六十者坐，五十者立侍」者，案《鄉飲酒禮》，賓賢能則用處士爲賓，其次爲介，其次爲衆賓，皆以年少者爲之。此正齒位之禮，其賓介等皆用年老者爲之，其餘爲衆賓。賓内年六十以上，於堂上，於賓席之西，南面坐；若不盡，則於介席之北，東面北上。其五十者，則立於西階下，東面北上，示有陪侍之義，非即在六十者旁，同南面立也。「以聽政役」者，所以立於階下，示其聽受六十以上政事役使也。「所以明尊長也」者，言欲明尊敬六十之長老，故立而聽政役。「六十者三豆」至「九十者六豆」者，以其每十年加一豆，非正禮，故不得爲「籩豆偶」也。其五十者亦有豆也，但二豆而已，則《鄉飲酒禮》衆賓立於堂下者皆二豆。其賓介之豆無正文，當依衆賓之年而加之也。「所以明養老也」，豆是供養之物，故云「明養老」。立侍是陪侍之儀，故云「明尊長」也。「而后乃能入孝弟」者，人若知尊長養老，則能入孝弟之行也。民入孝弟，謂入門而能行孝弟。「出尊長養老」者，謂出門而能尊長養老也。「合諸鄉射，教之鄉飲酒之禮，而孝弟之行立矣」者，諸，於也。謂春秋二時，聚合其民於州長鄉射之禮，❶以「教之鄉飲酒之禮」，❷謂十月黨正飲酒，是教之鄉飲酒之禮。既州長教射，黨正教飲酒，則民知尊長

❶「聚合其民於州長鄉射之禮」，浦鏜校云：「『州長』二字當在『聚合』上，『於』當『爲』字誤。」

❷「以」，浦鏜校云：「『以』字衍。」

養老，故孝弟之行以此而成立也。**注**「此説」至「禮也」正義曰：鄭知此經所説是《黨正》「正齒位」者，以《儀禮・鄉飲酒》之篇無正齒位之禮。今此云「六十者坐，五十者立侍」，故知是《黨正》「正齒位」之禮。此謂初飲酒之時正齒位，及其禮末，皆以醉爲度。《雜記》云「一國之人皆若狂」是也。云「其鄉射，則《州長》『春秋以禮會民而射于州序』之禮也」者，此則《州長職》文，引之者，證經中之「鄉射」也。云「謂之鄉者，州、黨，鄉之屬也」者，既是州長、黨正射飲而並謂之鄉者，此州、黨屬鄉，故云「鄉之屬也」。云「或則鄉之所居州、黨」者，鄭更云別解：此州、黨謂之鄉，鄉之所居此州、黨行飲酒射之禮，鄉大夫則代此州長、黨正爲主人，故得稱「鄉射、鄉飲酒」也。若鄉之州、黨，鄉所不居，則鄉大夫不得爲主人，亦不得稱「鄉射、鄉飲酒」，但謂之州射、黨正飲酒可也。云「如今郡國下，令長於鄉射飲酒」者，謂郡治之下及王侯有國治之下，滿萬户以上之令，不滿萬户之長，於己縣或射或飲酒，則從郡之大守及主國之相來自行禮相監臨之儀，❶不用令長禮也。令長射而飲酒，似州長、黨正也；太守與相來監臨，似鄉大夫監臨也，故引以相證也。孔子曰：「吾觀於鄉，而知王道之易易也。」鄉，鄉飲酒也。易易，謂教化之本，尊賢尚齒而已。**疏**正義曰：謂孔子先觀鄉飲酒之禮，而稱「知王道之易易」，故記者引之，結成鄉飲酒之義。「吾觀於鄉」者，鄉，謂鄉飲酒。言我觀看鄉飲酒之禮有尊賢尚齒之法，則知王者教化之道，其事甚易，以尊賢尚齒爲教化之本故也。不直云「易」而云「易易」者，取其簡易之義，故重言「易易」。猶若《尚書》「王道蕩蕩」、「王道平平」，皆重言，取其語順故也。「主人親速賓及介，而衆賓自從之；至于門外，主人拜賓及介，而衆賓自入」，貴賤之義別矣。速，謂即家召之。別，猶明也。**疏**正義曰：此一經明鄉飲酒之禮主人待賓之異，明貴賤之別也。「衆賓自從之」者，主人親自速賓，并往速介，而衆賓不須往速，自從賓介而來也。「而衆賓自入」者，謂賓介至門，主人拜賓及介，而衆賓不須拜，自入門。是賓介貴於衆賓，貴賤之義別也。「三

❶「主國之相來自行禮相監臨之儀」，阮本「主」作「王」。阮校云：「齊召南云：『主國』當作『王國』。段玉裁校云：下『相』字衍文。」

揖至于階，三讓以賓升，拜至，獻酬辭讓之節繁；及介，省矣；至于衆賓，升受，坐祭，立飲，不酢而降」，隆殺之義辨矣。繁，猶盛也。小減曰省。辨，猶別也。尊者禮隆，卑者禮殺，尊卑別也。

疏正義曰：此明主人於賓介禮隆殺分別也。「拜至，獻酬辭讓之節繁」者，主人於賓，三揖三讓，❶拜其來至。又酌酒獻賓，賓酢主人，主人又酌而自飲以酬賓，是辭讓之節，其數繁多也。「及介，省矣」者，案《鄉飲酒》，介酢主人則止，主人不酬介也。是「及介，省矣」。「至于衆賓，升受，坐祭，立飲，不酢而降」者，案《鄉飲酒之禮》，主人獻衆賓于西階上，受爵，坐祭，立飲，不酢主人，而降西階東面也。「隆殺之義辨矣」者，於賓禮隆，衆賓禮殺，是隆殺之義別也。

「工入，升歌三終，主人獻之。笙入三終，主人獻之。間歌三終，合樂三終。工告樂備，遂出。一人揚觶，乃立司正焉」，知其能和樂而不流也。工，謂樂正也。樂正既告備而降。言「遂出」者，自此至去，不復升也。流，猶失禮也。立司正以正禮，則禮不失可知。一人，或爲「二人」。

疏正義曰：此一節論鄉飲酒設樂樂賓罷，則以禮正之，不至流邪之事也。「工入，升歌三終」者，謂升堂歌《鹿鳴》、《四牡》、《皇皇者華》每一篇而一終也。「主人獻之」，❷「笙入三終」者，謂吹笙之人入於堂下，奏《南陔》、《白華》、《華黍》每一篇一終也。「主人獻之」者，謂獻笙人也。「間歌三終」者，間，代也。謂笙歌已竟，而堂上與堂下更代而作也。堂上人先歌《魚麗》，則堂下笙《由庚》，此爲一終。又堂上歌《南有嘉魚》，則堂下笙《崇丘》，此爲二終也。又堂上歌《南山有臺》，則堂下笙《由儀》，此爲三終也。此皆《鄉飲酒》之文。故鄭注《鄉飲酒》云：「間，代也，謂一歌則一吹也。《魚麗》，言大平年豐物多也。此采其物多酒旨，所以優賓也。《南有嘉魚》，言大平君子有酒，樂與賢者共之也。此采其能以禮下賢者，賢者纍蔓而歸之，與之燕樂也。《南山有臺》，言大平之治，以賢者爲本。此采其愛友賢者，爲邦家之基，民之父母，既欲其身之壽考，又欲其名德之長也。《由庚》、《崇丘》、《由

❶「三揖」二字原脱，據單疏殘本、阮本補。

❷「獻之」，浦鏜校云：「獻之」下當脱「者，謂獻工也」五字。衛氏《集説》「之」下有「獻工也」三字。

儀》今亡，其義未聞也。」「合樂三終」者，謂堂上下歌瑟及笙並作也。若工歌《關雎》，則笙吹《鵲巢》合之；若工歌《葛覃》，則笙吹《采蘩》合之；若工歌《卷耳》，則笙吹《采蘋》合之。所以知然者，則《鄉飲酒》云：「乃合樂。《周南》：《關雎》、《葛覃》、《卷耳》；《召南》：《鵲巢》、《采蘩》、《采蘋》。」鄭云：「合樂，謂歌樂與衆聲俱作。《周南》、《召南》，國風篇也，王后、國君夫人房中之樂歌也。《關雎》言后妃之德。《葛覃》，言后妃之職。《卷耳》，言后妃之志。《鵲巢》，言國君夫人之德。《采蘩》，言國君夫人不失職。《采蘋》，言卿大夫之妻能脩其法度也。」「工告樂備，遂出」者，工，謂樂正。工先告樂正，樂正告賓以樂備，而遂下堂也。言「遂出」者，樂正自此至去，不復升堂也。《鄉飲酒》云：「工告于樂正，樂正告于賓，乃降。」注云：「樂正降者，以正歌備，無事也。降立西階東，北面。」「一人揚觶，乃立司正焉」者，一人，謂主人之吏也。一人舉觶之後，乃立司正。樂既備，將留賓旅酬，爲有懈惰，故主人使相禮者一人爲司正以監之也。舉觶，示將行旅酬也。《鄉飲酒》云：「作相爲司正。」又云：「司正洗觶，升自西階，阼階上北面受命于主人。主人曰：『請安于賓。』司正告于賓，賓禮辭許。」❶注云：「爲賓欲去，留之，告賓於西階。」又云：「司正既舉觶而薦諸其位。」注云：「司正，主人之屬也。無獻，因其舉觶而薦之。」「知其能和樂而不流也」者，結之也。流，失禮也。工升歌後，立司正以正之，故知鄉飲酒能和樂不流邪失禮也。**「賓酬主人，主人酬介，介酬衆賓，少長以齒，終於沃洗者焉」，知其能弟長而無遺矣。**遺，猶脱也，忘也。【疏】正義曰：此經明旅酬之時，賓主少長皆得酬酒，長幼無被遺棄之事。「少長以齒，終於沃洗」者，言旅酬之時，賓、主人之黨各以少長爲齒，以次相旅，至於執掌罍洗之人，以水沃盥洗爵者，皆預酬酒之限。此經「主人酬介，介酬衆賓」，雖據旅酬之時，其「少長以齒，終於沃洗」，是無筭爵之節也。但因其旅酬，遂連言無筭爵，欲見無不周徧，弟長而無遺。而知終沃洗是其無筭爵，案《鄉飲酒記》「主人之贊者西面，北上，不與，無筭爵然後與」是也。「知其能弟長而無遺矣」者，弟，少也。言少之與長，皆被恩澤而無遺棄也，故云「知其能弟長而無遺」也。**「降，説屨，**

❶「許」字原脱，據單疏殘本、阮本補。

升坐，脩爵無數」，❶飲酒之節，朝不廢朝，莫不廢夕。「賓出，主人拜送」，節文終遂焉，知其能安燕而不亂也。朝、夕，朝莫聽事也。不廢之者，既朝乃飲，先夕則罷，其正也。終遂，猶充備也。

疏正義曰：此一經明飲酒之禮，雖爵行無數，猶能節文自終，不至於亂也。「降，說屨，升坐」者，此謂無筭爵之初也。以前皆立而行禮，未徹俎，故未說屨。至此徹俎之後，乃說屨升堂坐也。「脩爵無數」者，謂無筭爵也。熊氏云：「謂行爵無數矣。」「朝不廢朝」者，朝後乃行飲酒之禮，是「朝不廢朝」也。「莫不廢夕」者，謂飲酒禮畢，乃治私家之事，是「莫不廢夕」。此謂鄉飲酒之禮。若《黨正》「飲酒」，一國若狂，無不醉也。「節文終遂焉」者，終，謂終竟也。遂，謂申也。言雖至飲畢，主人備禮，拜而送賓，節制文章，終竟申遂，不有闕少。故鄭云：「終遂，由充備也。」「知其能安燕而不亂也」者，謂安在於燕樂而不至亂也。

貴賤明，隆殺辨，和樂而不流，弟長而無遺，安燕而不亂，此五行者，足以正身安國矣。彼國安而天下安，故曰：「吾觀於鄉，而知王道之易易也。」

疏正義曰：此一節揔結上經，明上五種之事，又覆說前文孔子所以「知王道之易易也」。「此五行者，足以正身安國矣」者，五行，謂上第一云「貴賤之義別」，第二云「隆殺之義辨」，第三云「和樂而不流」，第四云「弟長而無遺」，第五云「安燕而不亂」，是五種之行也。「彼國安而天下安」者，以鄉飲酒於此將天下諸侯爲彼國，故云「彼國安而天下安」也。

鄉飲酒之義，立賓以象天，立主以象地，設介僎以象日月，立三賓以象三光。古之制禮也，經之以天地，紀之以日月，參之以三光，政教之本也。日出於東，僎所在也。月生於西，介所在也。三光，三大辰也。天之政教，出於大辰焉。

疏正義曰：此記者更覆說鄉飲酒之義有所法象之事，前文雖

❶「脩爵無數」，錢大昕云：「『脩』乃『羞』之誤，聲相近也。『羞』字爲句，《鄉飲酒禮》所云『乃羞』也；『爵無數』爲句，《鄉飲酒禮》所云『無筭爵』也。」疏放此。詳《十駕齋養新録》卷二。

備，❶故此更詳也。「立賓以象天，立主以象地」者，前文「天地」共言，故云「賓主象天地」。此則析言之，賓以象天，主以象地。賓者，主之所尊敬，故以賓象天。主供物以養賓，故以主象地也。「設介僎以象日月」者，則前經「陰陽」也。但陰陽據其氣，日月言其體。僎在東北，象日出也。介在西南，象月出也。**注**「三光，三大辰也」正義曰：案昭十七年：「有星孛于大辰。」《公羊》云：「大辰者何？大火也。伐爲大辰，北辰亦爲大辰。」故《爾雅》云：「大辰，房、心、尾也。」大火謂之大辰，北極謂之北辰，是三大辰也。何休云：「大火與伐，天所以示民時早晚，天下取以爲正，故謂之大辰。辰，時也。」是「天之政教，出於大辰」。

「亨狗於東方」，祖陽氣之發於東方也。祖，猶法也。狗所以養賓，陽氣主養萬物。「洗之在阼，其水在洗東」，祖天地之左海也。海，水之委也。「尊有玄酒」，教民不忘本也。大古無酒，用水而已。

疏正義曰：此一節覆明上「立主象地」以下諸文之意也。「亨狗於東方，祖陽氣之發於東方也」者，此覆說前文「羞出自東房」也。「洗之在阼，其水在洗東，祖天地之左海也」者，此覆說前經「洗當東榮」，因說水在洗東，法天地左海也。「尊有玄酒，教民不忘本也」者，此覆說上文「尊有玄酒，貴其質也」。

賓必南鄉。東方者春，春之爲言蠢也，産萬物者聖也。南方者夏，夏之爲言假也，養之、長之、假之，仁也。西方者秋，秋之爲言愁也，愁之以時察，守義者也。北方者冬，冬之爲言中也，中者藏也。是以天子之立也，左聖鄉仁，右義偝藏也。春，猶蠢也。蠢，動生之貌也。聖之言生也。假，大也。愁，讀爲「揫」。揫，斂也。察，猶察察，嚴殺之貌也。南鄉，鄉仁，貴長大萬物也。察，或爲「殺」。介必東鄉，介賓主也。獻酬之禮，主人將西，賓將南，介覸其間也。主人必居東方。東方者春，春之爲言蠢也，産萬物者也。主人者造之，産萬物者也。言禮之所共，❷由主人出也。月者三日則成魄，三月則成時。是以禮有

❶「雖」，浦鏜校云：「雖」，疑「未」字誤。
❷「共」，原作「在」，據余本、撫本、岳本、阮本改。

三讓，建國必立三卿。三賓者，政教之本，禮之大參也。言禮者，陰也，大數取法於月也。疏正義曰：此一節更摠明鄉飲酒坐位所在，❶并明三揖三讓每事皆三之義。「産萬物者聖也」者，聖之言生也。東方産育萬物，故爲聖也。「養之、長之、假之，仁也」者，假，大也。謂養育萬物，長之使大，仁恩也。五行春爲仁，夏爲禮，今春爲聖，夏爲仁者，春夏皆生養萬物，俱有仁恩之義，故此夏亦仁也。聖既生物，以生物言之則謂之聖，故東方爲聖也。各以義言之，理亦通也。「中者藏也」者，言北方主智，亦爲信也。若以五行言之，則爲信；若以萬物歸藏言之，則爲藏也。「介必東鄉，介賓主也」者，主人獻賓，將西行就賓，賓又南行，❷將就主人。介在西階之上，以介覸隔賓主之閒也。「主人者造之，産萬物者也」者，釋所以主人居東方之意。東方産育萬物，主人供客所須，故主人造爲産萬物之事也。❸「月者三日則成魄」者，謂月盡之後，三日乃成魄。魄謂明生傍有微光也。此謂月明盡之後而生魄，非必月三日也。所以前月大，則月二日生魄；前月小，則三日乃生魄。「三賓者，政教之本」者，凡建國，既立三卿，助君治國，今鄉飲酒立三賓，象國之立三卿，故云「政教之本」也。注「言禮」至「月也」。正義曰：樂既爲陽，故禮爲陰。月是陰精，故禮之數取法於月也。

禮記正義卷第六十八

❶「鄉飲酒」，殿本、庫本、阮本「酒」下有「禮」字。
❷「賓」字原脱，據單疏殘本、阮本補。
❸「事」，閩、監、毛本作「象」，衛氏《集説》同，疑是。

禮記正義卷第六十九

國子祭酒上護軍曲阜縣開國子臣孔穎達等奉勑撰

射義第四十六

正義曰：案鄭《目録》云：「名曰《射義》者，以其記燕射、大射之禮，觀德行取於士之義。此於《别録》屬《吉事》。」案此篇中有鄉射，又云「不失正鵠」，正則賓射，然則鄉射、賓射俱有之矣。今《目録》唯云「燕射、大射」者，但此篇廣説天子、諸侯大射、燕射之義，不專於鄉射、賓射，故鄭《目録》特舉大射、燕射。其射之所起，起自黄帝。故《易·繫辭》「黄帝」以下九事章云：「古者弦木爲弧，剡木爲矢。弧矢之利，以威天下。」又《世本》云：「揮作弓，夷牟作矢。」注云：「揮、夷牟，黄帝臣。」是弓矢起於黄帝矣。《虞書》云「侯以明之」，是射侯見於堯、舜。夏、殷無文，周則具矣。

古者諸侯之射也，必先行燕禮；卿大夫士之射也，必先行鄉飲酒之禮。故燕禮者，所以明君臣之義也；鄉飲酒之禮者，所以明長幼之序也。言别尊卑老穉，乃後射，❶以觀德行也。疏正義曰：此一篇之義，廣説射禮，明天子以下射之樂章上下之差，又明天子、諸侯選士與祭之法，因明孔子矍相之圃簡賢選士誓衆之事，又明君臣父子正鵠之義，是男子有事於射，故男子初生設桑弧蓬矢之義，又明志正射中之義，飲酒養病之事。今各隨文解之。此經明將射之時，天子、諸侯先行燕禮，所以明君臣之義；卿大夫將射，先行鄉飲酒之禮，所以明長幼之序也。❷「古者

❶「乃」，余本作「然」，阮本同，閩、監、毛本同，衛氏《集説》同。

❷「長」，原作「晨」，據單疏殘本、阮本改。

諸侯之射也，必先行燕禮」者，案《儀禮·大射》，在未旅之前，燕初似饗，即是先行饗禮，而云「先行燕禮」者，燕初似饗，正謂其行禮似饗，❶其餘則燕，故禮具牲狗及設折俎，❷行一獻，此等皆燕之法也，故云「先行燕禮」也。「燕禮者，所以明君臣之義也」者，謂臣於堂下再拜稽首，升成拜，君答拜，似若臣盡竭其力致敬於君，君施惠以報之也。 「鄉飲酒之禮者，所以明長幼之序也」者，此「鄉飲酒」，謂《黨正》「飲酒」，以鄉統名，則前篇云「六十者坐，五十者立侍」是也。

故射者，進退周還必中禮。內志正，外體直，然後持弓矢審固；持弓矢審固，然後可以言中。此可以觀德行矣。 內正、外直，習於禮樂有德行者也。 正、鵠之名，出自此也。

疏 正義曰：此一經明射者之禮，言內志審正則射能中，❸故見其外射，則可以觀其內德，故云「可以觀德行矣」。

注「正、鵠之名，出自此也」 正義曰：以賓射之的謂之「正」。正者正也，欲明射者內志須正也。 鄭注《大射》云「正者，正也。亦鳥名，齊、魯之間名題肩爲正」是也。 以大射之質謂之鵠，鵠者，直也，欲使射者外體之直。 是正、鵠之名，出自此射者而來，故云「正、鵠之名，出自此也」。

其節，天子以《騶虞》爲節，諸侯以《貍首》爲節，卿大夫以《采蘋》爲節，士以《采蘩》爲節。《騶虞》者，樂官備也；《貍首》者，樂會時也；《采蘋》者，樂循法也；《采蘩》者，樂不失職也。是故天子以備官爲節，諸侯以時會天子爲節，卿大夫以循法爲節，士以不失職爲節。故明乎其節之志，以不失其事，則功成而德行立。德行立，則無暴亂之禍矣。功成則國安。故曰：「射者，所以觀盛德也。」《騶虞》、《采蘋》、《采蘩》，今《詩》篇名。《貍首》逸，下云「曾孫侯氏」是也。樂官備者，謂《騶虞》曰「壹發五豝」，喻得賢者多也。「于嗟乎騶虞」，嘆仁人也。 樂會時者，謂《貍首》曰：「小大莫處，御于君所。」樂循法者，謂《采蘋》曰：「于以采蘋，南澗之濱。」循澗以采蘋，喻循法度

❶「其」，原作「立」，據監本、毛本、庫本改。

❷「具」，原作「其」，據毛本、庫本改。

❸「射」字原脱，據單疏殘本、阮本補。

以成君事也。樂不失職者，謂《采蘩》曰：「被之童童，夙夜在公。」疏正義曰：此節明天子以下射禮樂章之異。「天子以《騶虞》爲節」者，歌《騶虞》之詩。《射人》云：「《騶虞》九節。」「諸侯以《貍首》爲節」者，謂歌《貍首》也。《射人》云：「《貍首》七節。」「卿大夫以《采蘋》爲節，士以《采蘩》爲節」者，《射人》云：皆五節。案《鄉射》注云：「五節，歌五終，四節四拾，其一節先以聽也。」若然，則九節者五節先以聽，七節者三節先以聽，皆以四節應乘矢拾發也。「《騶虞》者，樂官備也」者，謂射一發而得五豝，喻得賢人多，賢人多則官備也。「《貍首》者，樂會時也」者，諸侯不來朝，射其首，是樂會及盟也。「《采蘋》者，樂循法也」，「于以采蘋，南澗之濱」，循澗以采蘋，喻循法度以成君事。「《采蘩》者，樂不失職也」，謂《采蘩》曰「被之童童，夙夜在公」，是其不失職也。「是故天子以備官爲節」，謂《騶虞》也。「諸侯以時會天子爲節」，謂歌《貍首》也。「卿大夫以循法爲節」，謂歌《采蘋》也。「士以不失職爲節」，謂歌《采蘩》也。「明乎其節之志，以不失其事」者，其節之志，謂天子以備官爲志，諸侯以時會爲志，卿大夫以循法度爲志，士以不失職爲志。是各明達其樂節之志，故能不失其所爲之事也。「德行立，則無暴亂之禍矣。功成則國安」者，是覆説上文「功成德行立」。先覆説「德行」，然後却覆説「功成」也。以先由德行乃功成也。「故曰：射者，所以觀盛德也」，❶盛德，無暴亂之禍，國安。射者各明其志，能致盛德，故云「所以觀盛德也」。注「騶虞」至「仁人」 正義曰：案《詩》義云，君射一發，則驅五豝獸，以軍戰之禮待禽獸之命，不忍特驅其一。此云「喻得賢者多」，則以豝喻賢也，謂一發而得五豝，猶若君一求而得五賢。與《詩》文異者，斷章爲義。云「『于嗟乎騶虞』，歎仁人也」，與《詩》義同也。以騶虞不食生物，故云「于嗟」，歎其仁人。《騶虞》既爲天子樂章，而《儀禮·鄉射》用之者，鄭注《鄉射》云：「此天子之射節也而用之者，方有樂賢之志，取其宜也。」「曾孫」之詩謂之《貍首》者，《貍首》，篇名；「曾孫」者，其章頭也。《儀禮·大射》「奏《貍首》，間若一」，鄭注云：「貍之言不來也。其詩有射諸侯首不朝者之言，因以名篇。」故謂之《貍首》也。

是故古者天子以射選諸侯、卿、大夫、士。射者，男子之事也，因而飾之以禮樂也。故

❶「所」，原作「可」，據浦鏜校改。案經文作「所」。

事之盡禮樂而可數爲以立德行者，莫若射，故聖王務焉。選士者，先考德行，乃後決之於射。男子生而有射事，長學禮樂以飾之。**疏**正義曰：此一節明天子以射禮簡選諸侯以下德行能否，故聖王所以務。「以射選諸侯、卿大夫」者，諸侯雖繼世而立，卿大夫有功乃升，非專以射而選。但既爲諸侯、卿大夫，又考其德行，更以射辨其才藝高下，非謂直以射選補始用之也。「射者，男子之事也，因而飾之以禮樂也」者，男子生有縣弧之義，故云「射者，男子之事」。因此射事，更華飾以禮樂，則「容體比於禮，其節比於樂」是也。「故事之盡禮樂而可數爲以立德行者，莫若射」者，謂諸事之中，能窮盡禮而可數數爲之，以興立人之德行，諸事之中，無如於射。唯射能如此，故聖王務重焉也。**注**「男子」至「飾之」正義曰：「男子生而有射事」者，案《内則》篇云「男子生，設弧於門左」是也。云「長學禮樂以飾之」者，案《内則》篇云：「十有三年，學樂誦《詩》，舞《勺》。成童舞《象》。二十舞《大夏》。」是長學禮樂以華飾射事也。

是故古者天子之制，諸侯歲獻，貢士於天子，天子試之於射宮。其容體比於禮，其節比於樂，而中多者，得與於祭；其容體不比於禮，其節不比於樂，而中少者，不得與於祭。數與於祭而君有慶，數不與於祭而君有讓。數有慶而益地，數有讓而削地。故曰：「射者，射爲諸侯也。」歲獻，獻國事之書及計偕物也。三歲而貢士，舊説云：「大國三人，次國二人，小國一人。」是以諸侯君臣盡志於射，以習禮樂。夫君臣習禮樂而以流亡者，未之有也。流，猶放也。《書》曰：「流共工于幽州。」❶**疏**正義曰：此一節明射爲諸侯之事，又明諸侯君臣盡志於射，以習禮樂，無流亡之患。「諸侯歲獻」者，謂諸侯每歲獻國事之書及獻計偕之物於天子也。「貢士於天子」者，諸侯三年一貢士於天子也。「天子試之於射宮」者，言天子試此所貢之士於射宮之中。「而中多者，得與於祭」者，此謂大射也。**注**「歲獻」至「二人」正義曰：以經云「歲獻，貢士於天子」，恐「歲獻」之文只是貢獻於士，故云「歲獻，獻國事之書」。云「及計

❶「州」，原作「洲」，據余本、撫本、岳本、阮本改。

偕物也」者，漢時謂郡國送文書之使謂之爲計吏，其貢獻之物與計吏俱來，❶故謂之「計偕物」也。偕，俱也。非但獻國事之書，又俱獻貢物，故云「及計偕物」。知「歲獻國事之書」者，《小行人》云：「令諸侯春入貢，秋獻功。」注云：「貢，六服所貢也。功，考績之功也。秋獻之，若今計文書斷於九月，其舊法也。」云「三歲而貢士」者，以經「貢士」之文繫「歲獻」之下，恐每歲貢士，故云「三歲而貢士」也。又知三歲者，案《書傳》云：「古者諸侯之於天子也，三年一貢士。一適謂之好德，再適謂之賢賢，三適謂之有功。有功者，天子賜以衣服弓矢，❷再賜以秬鬯，三賜以虎賁百人，號曰命諸侯。」不云「益地」者，文不具矣。《書傳》又云「貢士一不適謂之過」，注云：「謂三年時也。」「再不適謂之敖」，注云：「謂六年時也。」「三不適謂之誣」，注云：「謂九年時也。」「一絀以爵，再絀以地，三絀而地畢」，❸注云：「凡十五年。」鄭以此故知三歲而貢士也。

故《詩》曰：「曾孫侯氏，四正具舉。大夫君子，凡以庶士。小大莫處，御于君所。以燕以射，則燕則譽。」言君臣相與盡志於射以習禮樂，則安則譽也。是以天子制之，而諸侯務焉。此天子之所以養諸侯而兵不用，諸侯自爲正之具也。此「曾孫」之詩，諸侯之射節也。四正，正爵四行也。四行者，獻賓、獻公、獻卿、獻大夫，乃後樂作而射也。莫處，無安居其官次者也。御，猶侍也。以燕以射，先行燕禮乃射也。則燕則譽，言國安則有名譽。譽，或爲「與」。【疏】正義曰：上經説諸侯君臣之射，此明諸侯之射所歌樂章節者，此《貍首》之詩也。所以論燕射則燕則譽，故君臣相與盡志於射也。❹此詩名《貍首》而發首云「曾孫侯氏」者，但此篇之中有《貍首》之字在於篇中，撮取「貍首」之字以爲篇首之目。謂若《騶虞》之詩，其字雖在篇内，而名《騶虞》矣。「曾孫侯氏」者，謂諸

❶ 「物」，原作「功」，據監本、毛本、魏氏《要義》及衛氏《集説》改。

❷ 「衣服」，《後漢書·黄瓊傳》注引《尚書大傳》作「車服」。

❸ 「地」，《後漢書·黄瓊傳》注引《尚書大傳》「地」上有「爵」字。據上文，此「爵」字宜有。

❹ 「所以」至「射也」，浦鏜校云：「當爲衍文。」按：浦校是也。「君臣相與盡志於射」是上章經文之事。

侯也。此諸侯出於王，是王之曾孫也，故云「曾孫侯氏」矣，若《左傳》云「曾孫蒯聵」之類是也。「四正具舉」者，將射之時，先行燕禮。其燕之時，四度正爵，悉皆舉徧，謂獻賓、獻君、獻卿、獻大夫，四獻既畢乃後射，故云「具舉」。「大夫君子，凡以庶士」者，言爲燕之時，大夫君子，及庶衆士等。「小大莫處，御于君所」者，言大夫士等，小之與大，無有處於職司而不來者，皆御侍於君之處所也。「以燕以射」者，謂先行燕禮而後射也。「則燕則譽」者，燕，安也。既君臣歡樂，用是燕安而有聲譽也。「諸侯自爲正之具也」者，正，謂脩正。言射者是諸侯自爲脩正之具。言脩正得安，由於射也。故前文云「內志正」，謂此也。注「此曾」至「名譽」 正義曰：以諸侯射以《貍首》之篇，謂今《詩》文無《貍首》之篇，今《射義》有載「曾孫」之詩，故知是《貍首》也。云「正爵四行，獻賓、獻公、獻卿、獻大夫」者，《大射禮》文。云「乃後樂作而射也」者，案《大射禮》，獻大夫之後，乃後工入樂作而後射。此謂大射也。若燕射，則說屨升堂坐之後乃射矣。故《燕禮》說屨升堂獻士畢，「若射，則大射正爲司射，如鄉射之禮」是也。

孔子射於矍相之圃，蓋觀者如堵牆。矍相，地名也。樹菜蔬曰圃。射至於司馬，使子路執弓矢出延射，曰：「賁軍之將，亡國之大夫，與爲人後者，不入，其餘皆入。」蓋去者半，入者半。先行飲酒禮，將射，乃以司正爲司馬。子路執弓矢出延射，則爲司射也。延，進也。出進觀者欲射者也。賁，讀爲「僨」。僨，猶覆敗也。亡國，亡君之國者也。與，猶奇也。後人者，一人而已，既有爲者，而往奇之，是貪財也。子路陳此三者，而觀者畏其義，則或去也。延，或爲「誓」。又使公罔之裘、❶序點揚觶而語。公罔之裘揚觶而語曰：「幼壯孝弟，耆耋好禮，不從流俗，脩身以俟死，者不？在此位也。」蓋去者半，處者半。序點又揚觶而語曰：「好學不倦，好禮不變，旄期稱道不亂，者不？在此位也。」蓋廑有存者。之，發聲也。

❶「公罔之裘」，阮校云：「《正義》云：『案經下云「公罔之裘」，上云「之裘」，故知「之」是發聲也。』是《正義》本此句無『之』字。」

射畢又使此二人舉觶者，古者於旅也語。語，謂説義理也。三十曰壯。耆、耋，皆老也。流俗，失俗也。處，猶留也。八十九十曰旄，百年曰期頤。稱，猶言也。道，猶行也。言行也。❶者不，言有此行不？可以在此賓位也。序點，或爲「徐點」。壯，或爲「將」。旄期，或爲「旄勤」。今《禮》「揚」皆作「騰」。**疏** 正義曰：從篇首以來，釋天子以下射樂之節，又説大射之禮，并顯諸侯《貍首》之義，故此一節載孔子射於矍相之圃，選賢誓衆之禮也。「射至於司馬」者，欲射之前，先行鄉飲酒之禮，獻賓及介與衆賓之後，❷未旅之前，作相爲司正。至於將射，轉司正爲司馬，故云「射至於司馬」也。「使子路執弓矢出延射」者，謂立司馬之時，孔子使子路爲司射之官，出門而延進觀者及欲射之人。「曰『賁軍之將』」者，賁，謂覆敗也。敗軍之將，言無勇也。「亡國之大夫」者，謂亡君之國，言不忠且無智也。「與爲人後者」，與，猶奇也。謂有人無後，既立後訖，此人復往奇之，是其貪財也。「不入，其餘皆入」者，言有此以前三惡，則不得入。若其餘無此三惡者，皆得入也。「又使公罔之裘、序點揚觶而語」者，公罔，爲氏也；裘，名也。序，氏也；點，名也。揚，舉也。至將旅之時，使二人俱舉觶誓衆而説所誓之事。此舉其目，故揔舉二人。於是公罔之裘先言，序點後言矣。「幼壯孝弟」者，謂二十之幼，三十之壯，能於幼壯以來能行孝弟也。「耆耋好禮」者，謂六十之耆，七十之耋，老而不倦，愛好於禮。「不從流俗」者，身行獨行，不從流移之俗也。「脩身以俟死」者，謂脩絜其身，以俟於死者。「不在此位也」者，「者不」？問此衆人之中有此上諸行不？若有，則可在此賓位矣。「好學不倦，好禮不變」者，此之所誓，彌精於前。前則雖云孝弟好禮，未能不倦不變。「旄期稱道不亂」者，旄，謂「八十九十曰旄」。期，謂「百年曰期頤」。年雖甚老，行道不亂，亦喻前文「耆耋好禮」，是後者彌精也。但此《記》所陳，唯約《鄉射禮》也。子路出延射者，是將射之前。案《鄉射》，司射比衆耦

❶「稱猶言也道猶行也言行也」，阮本作「稱猶言也行也」，無「道猶」及「言行也」五字。余本、撫本同，閩、監、毛本同。《九經三傳沿革例》考訂諸本異同，以爲當作「稱猶言也道猶行也」，唯「言行也」三字衍。張敦仁則謂不僅「言行也」三字衍，而且「道猶」二字亦衍，蓋據《釋文》及《正義》爲説也。詳《考異》。

❷「與」，原作「獻」，據衛氏《集説》及《儀禮・鄉飲酒禮》改。

於堂西，此出延者，但觀者既多，庭中不容，故出延之，入乃比耦。以初門外未入觀者既多，未有賓主之禮，故誓，惡者令其不入。以《鄉飲酒禮》差之，射禮畢，旅酬之時，乃使二人舉觶。故鄉射禮畢，司馬反爲司正，樂工升堂復位，❶賓取俎西之觶酬主人，主人酬大夫，自相旅畢，君使二人舉觶於賓與大夫，則當此公罔之裘、序點二人舉觶之節也。但衆賓射事既了，衆賓皆在賓位，主人以禮接之，不復斥言其惡，於此但簡其善。公罔簡而尚疏，序點簡而轉詳。旄期之老，不復能射，得云「在位」者，此極老之人，本來觀禮，雖不能射，與在賓中，故知旅酬之時，其人猶在也。**注**「先行」至「去也」　正義曰：知「先行飲酒禮」者，案《儀禮·鄉射》先行飲酒之禮，此射矍相之圃謂賓射，故鄭注「鄉侯二正」，是用賓射之正。又《鄉大夫職》云：「以鄉射之禮五物詢衆庶。」鄭引此孔子射於矍相之事，故知與此鄉射同也。云「賁，讀爲僨」者，若《春秋》「鄭伯之車僨於濟」，《説文》云：「僨，僵也。」是僨爲覆敗也。云「與，猶奇也」者，謂他人無後，已有人後之，相爲合配，今已更往後之，是配合之外，更有奇隻，故云「後人者，一人而已。既有爲者，而往奇之」。**注**「之發」至「位也」　正義曰：案經下云「公罔裘」，上云「之裘」，故知「之」是發聲也，即裘爲名矣。云「射畢又使此二人舉觶者，古者於旅也語」者，鄭釋其「公罔之裘、序點揚觶而語」之事。「古者於旅也語」者，《鄉射記》文，鄭注云：「禮成樂備，乃可以言語先王禮樂之道也。」云「耆、耋，皆老也」者，案《曲禮》云：「六十曰耆。」服虔注僖九年《傳》云：「七十曰耋。」又鄭注《易》「大耋之嗟」謂「年踰七十也」。❷又《毛詩傳》云：「八十曰耋。」大略言之，七十、八十皆謂之耋也。云「言行也。❸者不，言有此行不？可以在此賓位」者，謂射畢旅酬之時，衆賓之位矣。

射之爲言者，繹也，或曰舍也。繹者，各繹己之志也。故心平體正，持弓矢審固；持弓矢審固，則射中矣。故曰：「爲人父者，以爲父鵠。爲人子者，以爲子鵠。爲人君者，以爲君鵠。爲人臣者，以爲臣

❶「工」，阮本作「正」，閩、監、毛本同，衛氏《集説》同，疑是。

❷「踰」，原作「餘」，據《詩·秦風·車鄰》孔疏及《爾雅·釋言》邢疏改。

❸「言行也」，單疏殘本、阮本無「言行也」三字。

鵠。」故射者各射己之鵠。故天子之大射，謂之射侯。射侯者，射爲諸侯也。射中則得爲諸侯，射不中則不得爲諸侯。大射，將祭擇士之射也。以爲某鵠者，將射，還視侯中之時，意曰：此鵠乃爲某之鵠，吾中之則成人，不中之則不成人也。得爲諸侯，謂有慶也。不得爲諸侯，謂有讓也。**疏**正義曰：此一經釋稱射之名及鵠之與侯之文。「射之爲言繹也」者，此記者訓釋「射」之名。射者，是繹也。繹，陳也，言陳己之志。「或曰舍也」者，是記者又解射名，故云「射者，舍也」。舍，中也。謂心平體正，持弓矢審固則能中也。「繹者，各繹己之志也」者，言君臣父子各舒陳己之志意，則下云「爲人父者，以爲父鵠」是也。「持弓矢審固，則射中矣」者，此覆説釋上「或曰舍也」。舍，中也。「爲人父者，以爲父鵠」者，凡射者，大射則皮侯，賓射則正侯，燕射則獸侯，唯大射有鵠。此據《大射》而知。然鵠則上下俱同，無復君臣父子之别。而言「以爲父鵠」者，謂升射之時，既身爲人父，則念之云：所射之鵠，是爲人父之鵠，中則任爲人父，不中則不任爲人父，故爲人之父者，以爲父鵠。以下放此。「故射者各射己之鵠」者，謂衆射之人，雖共射一鵠，各射己之所主之鵠也。「故天子之大射，謂之射侯」者，言天子所射之物，謂之射侯，言射之中能服諸侯也。舉大射言之，其實，賓射、燕射皆謂之射侯也。「射中則得爲諸侯」者，謂數有慶賜，堪得久爲諸侯也。「射不中則不得爲諸侯」者，數被責讓，不堪久爲諸侯也。非爲射中封爲諸侯，不中不得爲諸侯也。**注**「大射」至「讓也」　正義曰：「大射，將祭擇士之射」者，即下文云「天子將祭，必先習射於澤，所以擇士」是也。云「將射，還視侯中之時，意曰：此鵠乃爲某之鵠」者，案《大射禮》云，耦升自西階，並而東，「皆當其物北面揖，❶及物揖，皆左足履物，還視侯中」。謂於此之時，南面迴還視侯中也。中謂身，謂視侯中身也。射者意云「此鵠乃爲某之鵠」，謂父之鵠，子之鵠，不定一，故稱「某」也。云「吾中之則成人，不中之則不成人也」者，中之則能成其父子君臣，若不中則不能成其父子君臣，故知父鵠、子鵠也。云「得爲諸侯，謂有慶也。不得爲諸侯，謂有讓也」者，鄭恐「得爲諸侯」，始封以土，「不得爲諸侯」，則奪其國，故明之也。凡天子、諸侯及卿大夫，禮射有三。一爲大射，是將祭擇士

❶「皆」，原作「階」，據單疏殘本、阮本改。

之射。二爲賓射，諸侯來朝，天子入而與之射也。或諸侯相朝而與之射也。三爲燕射，謂息燕而與之射。其天子、諸侯、大夫，三射皆具。其士，無大射。故《司裘職》云「大射」，唯明王及諸侯、卿大夫，不及於士。故鄭注云「士不大射，士無臣，祭無所擇」是也。其賓射、燕射，士皆有之。故《射人》云：「士射豻侯，二正。」是士有賓射也。又《鄉射記》云：「士布侯，畫以鹿豕。」是士有燕射矣。其侯，天子大射則射皮侯。故《考工記》云：「張皮侯而棲鵠，則春以功。」又《司裘職》云：「王大射，則共虎侯、熊侯、豹侯，設其鵠。」鄭注《考工記》「皮侯」謂此侯也。畿内諸侯大射，則張熊侯、豹侯。故《司裘職》云「諸侯則共熊侯、豹侯，設其鵠」是也。若畿外諸侯大射，亦張三侯。鄭注云「遠尊得伸」，故亦張三侯。一曰大侯，鄭注云則「天子熊侯」，謂以熊皮飾之。二曰糝侯，鄭注云：「糝，雜也。豹鵠而麋飾。」三曰豻侯，鄭注云：「豻，胡犬皮飾侯。」若畿内卿大夫，射麋侯。故《司裘》云「卿大夫則共麋侯」是也。其畿外卿大夫射侯無文，於諸侯既得三侯，其卿大夫蓋降君一等，則糝侯、豻侯。其大射之侯，皆有鵠也。其鵠則三分侯中而居其一。故《考工記》云：「梓人爲侯，廣與崇方，參分其廣而鵠居一焉。」凡皮侯者，各以其飾侯之側，❶又方制其皮以爲鵠。故鄭注《司裘》云：「以虎熊豹麋之皮飾其側，又方制之以爲𩫏，謂之鵠。謂之鵠者，取名於鳱鵠。鳱鵠小鳥而難中，是以中之爲儁。亦取鵠之言較，較者直也，射所以直己志。」則是但取其名，非是實鳥也。此侯道，鄭注《司裘》云：「虎九十弓，熊七十弓，豹麋五十弓。」列國之諸侯大射，大侯亦九十，參七十，干五十，遠尊得伸，可同耳。」其天子以下賓射，則《射人》云：「王射，三侯五正。諸侯射，二侯三正。卿大夫射，一侯二正。士射，豻侯二正。」鄭云：「謂五正、三正、二正之侯。五正者，中朱，次白，次蒼，次黃，玄居外。三正，損玄、黃。二正，畫以朱、緑。」鄭又云：「二侯者，三正、二正之侯也。一侯者，二正而已。」此皆與賓射於朝之禮也。《考工記·梓人職》云：『張五采之侯則遠國屬。』」凡賓射之侯謂之正。鄭注《大射》云：「正者正也，亦鳥名，齊魯之間名題肩爲正。」然則天子賓射用五正、三正、二正之侯，畿内諸侯賓射用三正之侯，卿大夫用二正之侯，士亦用二正之侯，又飾以豻。畿外諸侯以下賓射，其侯無文，約《大射》諸侯既同天子張

❶「其」，衛氏《集説》「其」下有「皮」字，是。鄭玄注《周禮·梓人》云：「皮侯，以皮所飾之侯。」可證。

三侯，則賓射亦同天子用五正、三正、二正之侯，其卿大夫射亦三正、二正之侯，士射二正之侯。若五正者，同虎侯九十弓；三正者，同熊侯七十弓；二正者，同豹侯五十弓。凡中央之赤，皆方二尺。以外之色，皆分布之。其外又畫以雲氣。天子以下燕射，則尊卑皆用一侯。故《鄉射記》云：「天子熊侯，白質；諸侯麋侯，赤質；大夫布侯，畫以虎豹；士布侯，畫以鹿豕。」鄭注云：「白質、赤質，皆謂采其地。其地不采者，白布也。熊麋虎豹鹿豕，皆正面畫其頭象於正鵠之處耳。君畫一，臣畫二，陽奇陰偶之數也。燕射射熊虎豹，不忘上下相犯；射麋鹿豕，志在君臣相養也。」《梓人》云「張獸侯，則王以息燕」，謂此也。《鄉射記》既不列畿内畿外之異，❶則諸侯以下外内同也。《鄉射記》列天子以下各一侯，下文云「侯道五十弓，弓二寸以爲侯中」，則天子以下皆五十弓，侯中同方一丈也。降尊以就卑，❷言燕主歡心故也。而皇氏、沈氏乃云：「天子熊侯，或云九十弓，或云七十弓，乃同三侯上下之差。」文無準據，其義非也。其侯用布之數，案《鄉射記》，鄉侯五十弓，則侯道五十步也。以弓之下制長六尺，以射用弓，故稱弓。一弓取二寸以爲中，則侯中方一丈也。《鄉射記》又云：「倍中以爲躬。」注云：「躬，身也，謂中之上下幅也，用布各二丈。」《鄉射記》又云：「倍躬以爲左右舌。」舌謂躬之上下横一幅布，張於躬外左右而出，謂之舌。《考工記》謂舌爲「个」。躬既二丈，上舌倍躬，則用布四丈也。《鄉射記》又云：「下舌半上舌。」注云：「半者，半其出於躬者也。」上舌出躬各一丈，則下古出躬各五尺。❸然則下舌用布三丈。揔而計之，侯中方一丈，凡五幅，用布五丈。上下二躬，用布四丈。上舌復用布四丈，下舌用布三丈。故鄭注《鄉射記》云「鄉射侯用布十六丈」也。以此計之，侯道七十弓，則侯中方丈四，凡七幅，幅别丈四，是用布九丈八尺。上下二躬各倍中，用布五丈六尺。上舌倍躬，亦用布五丈六尺。上舌出躬，各丈四尺。下舌半上舌，則左右各減七尺，則下舌用布四丈二尺。❹故鄭注《鄉射記》云：「七十步之侯，用布二十五丈二尺。」其九十弓之侯，則

❶「列」，衛氏《集説》作「别」，是。
❷「卑」，原作「畢」，據單疏殘本、阮本改。
❸「躬」，原作「弓」，據阮本改。
❹「則下舌用布四丈二尺」，浦鏜校云：「『用布』下當脱『一丈四尺，通躬二丈八尺爲』一十一字。」按：浦校是也。賈公彦《儀禮・鄉射記》疏及《通解》均有此十一字。所不同者，後二書「爲」字作「總計」二字也。

侯中方丈八尺，凡九幅，幅别一丈八尺，侯中用布十六丈二尺。上下二躬各倍中，用布七丈二尺。上舌倍躬，長七丈二尺。其舌出躬，各丈八尺。下舌半上舌，出躬者則左右各減九尺，下舌長五丈四尺。故鄭注《鄉射記》云：「九十步之侯，用布三十六丈。」其張三侯之體同道，位之近者最下，遠者漸高。故《大射》云：「大侯之崇見鵠於參，參見鵠於干，干不及地武。」以此計之，豻侯下畔去地尺二寸，豻侯之體，上下躬及舌揔有四幅，凡廣八尺，侯中方一丈，是豻侯揔高一丈九尺二寸。此豻侯上畔去地一丈九尺二寸，以此豻侯上畔則是糝侯之鵠去地之數也。其糝侯下舌及躬凡有四尺，糝侯之中，鵠下有三分之一，糝侯中方丈四，其三分之一得四尺六寸三分寸之二，是糝侯自鵠以下凡有八尺六寸三分寸之二皆爲豻侯所掩。豻侯上畔去地一丈九尺二寸，去其八尺六寸三分寸之二，是糝侯下畔去地一丈五寸三分寸之一。故鄭注《大射》云「糝侯去地一丈五寸少半寸」也。云「少半寸」，則三分寸之一也。豻侯既去地一丈九尺二寸，更加糝侯之中三分之二九尺三寸三分寸之一，又加糝侯上躬與个四尺，則糝侯上畔去地三丈二尺五寸三分寸之一，則是大侯鵠下之數也。其大侯下舌及躬并侯中三分之一揔一丈，爲糝侯所掩，於三丈二尺五寸三分寸之一減其一丈，則是大侯下畔去地之數。故鄭注《大射》云「大侯去地二丈二尺五寸少半寸」也。其耦，《射人》云：「王以六耦，諸侯以四耦，卿大夫士以三耦」。又《射人》云諸侯以下，謂畿内也。若畿外諸侯以下，則皆三耦。故《大射》及《鄉射》，并《左傳》襄二十九年「晉士鞅來聘」，射皆三耦是也。其射宫所在，天子大射必先習於澤宫，而後射於射宫，則此《射義》文也。其射宫，天子則在廟也。故《司服》云「享先公，饗，射則鷩冕」，《司几筵》云「大朝覲、大饗射，依前南鄉」是也。其服鷩冕。天子賓射則在朝。故《射人》云「諸侯在朝，則皆北面」是也。其服皮弁服矣。天子燕射則在寢。以諸侯燕於小寢，天子路寢之朝謂之燕朝者，故知天子、諸侯燕射在寢。故《鄉射·記》云：「君國中射，則皮樹中。」鄭注云：「謂燕射也。」其服則玄冕、緇衣、素裳也，諸侯以爲朝服。《燕禮》云：「燕，朝服於寢。」是其諸侯大射，不顯畿内畿外之異。案《儀禮·大射》云：「公入，《鶩》。」射畢而云「入」，謂從郊入國也，謂射在郊學也。故《鄉射·記》云：「於郊，則閭中。」鄭注云：「大射於大學。」《儀禮》所陳，多據畿外諸侯，即畿内諸侯，或亦然也。其服無文，故用皮弁，以射在學宫，《學記》云「皮弁祭菜」故也。其諸侯賓射，若在國，則亦在朝，與天子同。若在國外相會，則在竟。故《鄉射記》云：「於竟，則虎中。」鄭注云：「謂與鄰國君射也。」其服亦皮弁服也。以《聘禮》君受聘皮弁故也。其卿大夫以下，射之所在及所服之衣，無明文也。此三射之外，又有鄉射，謂鄉大夫貢賢能之後，行鄉射之禮而詢衆庶。故《鄉大夫職》云「獻賢能之書于王，退而以鄉射之禮五物詢衆庶」是也。又有州長射于州序之禮，其侯並同賓射之法，故鄭注云「鄉侯二正」。又有主皮之射。凡主皮之射有二。一是卿大夫從君田獵，班餘獲而射。《書傳》云：「凡祭，取餘獲陳於澤，然後卿大夫相與射也。」鄭注《鄉射》云：「主皮者，無侯，張獸皮而射之，主於獲也。」二是庶人亦主皮之射。故鄭注《周禮》云「庶人無侯，張皮而射之」是也。又有習武之射，故《司弓矢》云「弧弓以授射甲革椹質者」是也。

天子將祭，必先習射於澤。澤者，所以擇士也。已射於澤，而后射於射宮。射中者得與於祭，不中者不得與於祭。不得與於祭者，有讓，削以地。得與於祭者，有慶，益以地。進爵絀地是也。澤，宮名也。士，謂諸侯朝者，諸臣及所貢士也。皆先令習射於澤，已乃射於射宮，課中否也。諸侯有慶者先進爵，有讓者先削地。

疏正義曰：前經已言「數與於祭而君有慶，數不與於祭而君有讓」。此經又重言者，前經明諸侯貢士之制，故賞罰所貢之君。此經論人君將祭擇士，賞罰其士之身，故於此又重言也。又前經貢士，云「容體合禮，其節比樂」，此經直云「射中」與「不中」，不云容體及射節者，文不具也。

「天子將祭，必先習射於澤。澤者，所以擇士也」者，澤是宮名，於此宮中射而擇士，故謂此宮爲澤。澤所在無文，蓋於寬閑之處，近水澤而爲之也。非唯祭而擇士，餘射亦在其中。故《書傳》論主皮射云：「嚮之取也於囿中，勇力之取也。今之取也於澤宮，揖讓之取也。」是主皮之射亦近於澤也。❶選士於澤，不射侯也，但試武而已。故《司弓矢》云：「澤，共射椹質之弓矢。」鄭司農引此《射義》之文以釋之，是知於澤中射椹質而已。又鄭注《司弓矢》云：「樹椹以爲射正。射甲與椹，試弓習武也。」其主皮之射則張皮，❷亦揖讓也。「有讓，削以地；有慶，益

❶「近」，庫本《考證》及浦鏜校均以爲當作「在」。
❷「主」，原作「上」，據單疏殘本、阮本、魏氏《要義》、衛氏《集説》改。

以地」者，謂諸侯也。注「澤宮」至「削地」 正義曰：「士，謂諸侯朝者，諸臣及所貢士也」者，以其助祭，故知是此等之人。前經論貢士與祭，故知此經之士含貢士也。云「諸侯有慶者先進爵，有讓者先削地」者，此解經「進爵絀地」之文。以經之上文「有讓，削以地；有慶，益以地」，更揔云「進爵絀地」，據有慶者先進爵，有讓者先絀地。進則爵輕於地，故先進爵而後益以地也；退則地輕於爵，故先削地而後絀爵也。

故男子生，桑弧蓬矢六，以射天地四方。天地四方者，男子之所有事也。故必先有志於其所有事，然後敢用穀也，飯食之謂也。男子生則設弧於門左，三日負之，人爲之射，乃卜食子也。疏正義曰：此一經明男子重射之義。以男子生三日，射人以桑弧蓬矢者，則有爲射之志，故長大重之。「桑弧蓬矢」者，取其質也。所以用六者，射天地四方也。所以禮射唯四矢者，示事有不用也。四矢者，象禦四方之亂。「故必先有志於其所有事」者，言子初生三日，用「桑弧蓬矢六」者，欲使此子先有志意於其所有事之處，謂於天地四方也。「然後敢用穀也」者，三日射罷之後，然後敢用穀以食其子也。「飯食之謂也」者，至射畢用穀，猶若事畢設飯食者，故云「飯食之謂也」。

射者，仁之道也。射求正諸己，己正而后發。發而不中，則不怨勝己者，求反諸己而已矣。❶諸，猶於也。孔子曰：「君子無所争，必也射乎？揖讓而升下，而飲。其争也君子。」必也射乎？言君子至於射則有争也。下，降也。飲射爵者，亦揖讓而升降。勝者袒，決，遂，執張弓。不勝者襲，説決，拾，❷卻左手，右加弛弓於其上而升飲。君子恥之，是以射則争中。疏正義曰：此一經明射是仁恩之道，唯内求諸己，不病害於物。既求諸己，恥其不勝，乃有争心矣。「揖讓而升下，而飲」者，下，猶降也。言將飲射爵之時，揖讓而升堂，又揖讓而降下，而飲此罰爵。既以禮升降，其事可慚故也。「其争也君子」者，言雖君子，因射亦有争也。注「必也」至「争中」 正義曰：此

❶「求反」，阮本作「反求」，余本、岳本同，閩、監、毛本同，衛氏《集説》同。王念孫云當作「求反」，詳《經義述聞》。張敦仁《考異》云當作「求反」，黄侃校同。

❷「拾」，原作「括」，據余本、撫本、岳本、阮本改。

「飲射爵者，亦揖讓而升降」者，此解經「揖讓而升下」。經稱「揖讓」，謂飲射爵時揖讓，非射時揖讓也，故云「飲射爵者，亦揖讓而升降」。亦者，亦如射時揖讓。飲，今亦揖讓。故《儀禮・大射》云：「耦進，上射在左，並行。當階北面揖，及階揖，升堂揖。皆當其物，北面揖。及物，揖。射畢，北面揖。揖如升射。」是射時升降揖讓也。《大射》又云飲射爵之時，「勝者皆袒、決、遂，執張弓。不勝者皆襲，説決，拾，卻左手，右加弛弓于其上，遂以執弣。揖如始升射。及階，勝者先升升堂，❶少右。不勝者進，北面坐，取豐上之觶，立卒觶，坐，奠於豐下，興，揖。不勝者先降」。是飲射爵之時揖讓升降也。

孔子曰：「射者何以射？何以聽？循聲而發，發而不失正鵠者，其唯賢者乎！若夫不肖之人，則彼將安能以中？」何以，言其難也。聲，謂樂節也。畫曰正，棲皮曰鵠。正之言正也，鵠之言梏也。梏，直也。言人正直乃能中也。發，或爲「射」。《詩》云：「發彼有的，以祈爾爵。」祈，求也，求中以辭爵也。酒者，所以養老也，所以養病也。求中以辭爵者，辭養也。發，猶射也。的，謂所射之識也。言射的必欲中之者，以求不飲女爵也。辭養，讓見養也。爾，或爲「有」。

疏正義曰：前經論射求諸己，乃有争心。故此明射中之難，以中爲貴。「射者何以射」者，言爲射之人，何以能使射中與樂節相應也？「何以聽」者，言何以能聽此樂節使與射中相合？言射中、樂節，兩相應會，至極難矣。「循聲而發，發而不失正鵠者，其唯賢者乎」者，此論射中與樂節相會爲難之事。循聲者，謂射者依循樂聲而發矢。不失正鵠，言其中矣。如此者，其由賢者乃能然，是難也。「若夫不肖之人，則彼將安能以中」者，不肖，謂小人也。言小人則不能循聲而發，又不能持弓矢審固，彼既如此，則何能以中也。「《詩》云『發彼有的，以祈爾爵』」者，此《小雅・賓之初筵》之篇，刺幽王之詩，陳古之明王大射之禮。發矢之時，射彼所祈之的。祈，求也。以求祈中，辭爾所罰之酒爵也。「求中以辭爵者，辭養也」者，酒既養老，又以養病，今射者非病非老，

❶「升升」，阮元《儀禮注疏校勘記》云：「『升』，《通解》不重。」楊天宇《儀禮譯注》云：「案漢簡本《儀禮》亦不重『升』字，此處衍一『升』字。」

故求射中以辭讓此爵者，辭讓見養老也，不敢當其養禮也。注「何以」至「中也」　正義曰：「何以，言其難」者，言此事難作，何法以爲之者。言不可爲也，故云「言其難也」。云「聲，謂樂節也」者，《騶虞》九節之屬也。云「畫曰正」，則賓射也；「棲皮曰鵠」，則大射也。注「發猶」至「養也」正義曰：云「發，猶射」者，解上「發彼有的」也。云「的，謂所射之識也」，識，猶記識之處，即正鵠之中也。云「辭養，讓見養也」，若己有老病而可受養，今己爲射不中而受爵，是無功受養，不敢當之，故讓矣。

禮記正義卷第六十九

禮記正義卷第七十

國子祭酒上護軍曲阜縣開國子臣孔穎達等奉勑撰

燕義第四十七

正義曰：案鄭《目録》云：「名曰《燕義》者，以其記君臣燕飲之禮，上下相尊之義。此於《別録》屬《吉事》。」案《儀禮目録》云：「諸侯無事，若卿大夫有勤勞之功，與群臣燕飲以樂之。」勤勞，謂征伐聘問，《詩》曰「吉甫燕喜」是也。臣有王事之勞，亦燕之，故《燕禮記》云「若有王事」是也。❶

古者周天子之官，有庶子官。庶子官職諸侯、卿、大夫、士之庶子之卒，掌其戒令與其教治，別其等，正其位。職，主也。庶子，猶諸子也。《周禮》諸子之官，司馬之屬也。卒，讀皆爲「倅」。諸子，副代父者也。戒令，致於大子之事。教治，脩德學道。位，朝位也。國有大事，則率國子而致於大子，唯所用之。若有甲兵之事，則授之以車甲，合其卒伍，置其有司，以軍法治之，司馬弗正。國子，諸子也。軍法，百人爲卒，五人爲伍。弗，不也。國子屬大子，司馬雖有軍事，不賦也。凡國之政事，國子存游卒，使之脩德學道，春合諸學，秋合諸射，以考其藝而進退之。游卒，未仕者也。學，大學也。射，射宮也。❷《燕禮》有庶子官，是以義載此以爲說。疏正義曰：此一節明諸侯與庶子燕飲之禮，從篇首至末，皆明燕飲之義。但燕飲之禮有庶子官，故方說燕禮之初，先陳庶子之事。各隨文解

---

❶「燕禮記」，魏氏《要義》無「記」字。浦鏜校云：「《記》無『若有王事』之文。案《記》『奏肆夏』注：『卿大夫有王事之勞則奏此樂。』或引此文脫去『注』字也。」

❷「宮」，原作「官」，據余本、撫本、岳本、阮本改。

之。「周天子之官，有庶子官」者，此明庶子之義也。謂作《記》之人在於周末，追述周初之事，故云「古者」。言周之天子，其下立官有庶子之官。天子謂之諸子，諸侯謂之庶子，其所職掌，諸子、庶子同也。故此《記》雖明諸侯庶子職掌，其所載之事，皆《諸子職》文也。「庶子官職諸侯、卿、大夫、士之庶子之卒」者，言此官職主諸侯及卿、大夫、士衆庶之子副倅於父之事，所以官名庶子。「掌其戒令」者，此等衆子，須有戒法政令，而庶子官掌之。「與其教治」者，與，猶及也。教，謂教學。治，謂治身。言非但掌戒令而已，及其教治，亦皆掌之。「別其等」者，謂分別其貴賤之等。「正其位」者，正其朝廷所立之位也。此《記》云「諸侯、卿、大夫、士之庶子之卒」，《周禮·諸子職》則云「掌國子之倅」，唯此爲別。但《諸子職》摠謂之「國子」，此云「諸侯、卿、大夫、士之庶子」者，是其適子也。謂之庶者，庶，衆也，以其適子衆多，故摠謂之庶子，非適子庶弟而稱庶子也。必知適子者，以其云「倅」，是副貳於父之言，故鄭注《諸子職》云「國子者，是公卿大夫士之副貳」，又引《王制》云「王大子、王子、群后之大子、卿大夫元士之適子」是也。**注**「職主」至「位也」　正義曰：云「《周禮》諸子之官，司馬之屬也」者，案《周禮》，諸子，下大夫，屬司馬。云「卒，讀皆爲倅」者，以經云「庶子之卒」，下文云「國子存游卒」，以「卒」字非一，故云「卒，皆爲倅」。若旁置人者，是「副倅」之倅；若不置人者，則「百人爲卒」之卒。故讀「卒」從「倅」也。云「諸子，副代父者也」，此諸適子，皆副代於父，與父爲倅，故稱倅也。云「戒令，致於大子之事」者，則下文云「國有大事，則率國子而致於大子」，其事非一，故云「戒令，致於大子之事」。云「位，朝位也」者，此等諸子，雖未爲官，皆繼父尊卑以爲等級，故有「別其等，正其位」也。「唯所用之」者，若國有大事之時，而進致諸子於大子，唯任大子隨時所用也。「合其卒伍，置其有司」者，言若國有甲兵之事，則庶子之官付授以車甲，❶合會之以卒伍，置立之以有司，謂立其主將，使統領之，用軍旅之法治理之。「司馬弗正」者，弗，不也。正，役也。以此等諸子既統屬大子，隨大子徵發，王家之事，司馬不得征役之也。「凡國之政事，國子存游卒」者，前經云「國有大事」，謂祭祀或宿衛；又云「甲兵之事」。此經別云「國之政事」，則非大事與甲兵也，是國之尋常小小之政事，謂力役、土功、胥徒之屬，不與干國子，唯民庶

❶「甲」，原作「申」，據阮本改。

所爲。國子存游卒，未仕者之中，不干其事也。「使之脩德學道」者，既不與國子之尋常政事，但使之脩行其德，學習道藝也。「春合諸學」者，謂仲春之時，合此諸子在於大學。「秋合諸射」者，謂仲秋之時，合其諸子在於射宫，使之脩德學道，或容習射也。「以考其藝而進退之」者，是庶子之官考校其藝之高下，而進退其能否。能者進之，否者退之。

注「游卒」至「爲説」　正義曰：「游卒，未仕者也」，案《師氏職》云：「凡國之貴游子弟學焉。」鄭注云：「貴游子弟，王公之子弟。游，無官司者。」則此「游卒」是游逸以爲副倅，故云「未仕者」。云「學，大學也」者，以《大胥》云「春釋采，合舞」，《文王世子》云「春夏學干戈，秋冬學羽籥，皆於東序」。初教在東序，至合時則在周之大學，故云「學，大學也」。云「射，射宫也」，擇士習射之宫也。又《周禮·大胥》云：「秋頒學，合聲。」其合聲之時，則亦在大學。《文王世子》云：「凡大合樂，必遂養老。」鄭云：「春合舞，秋合聲。」是養老在東序也，故知大合樂在東序。云「《燕禮》有庶子官，是以義載此以爲説」者，案《燕禮》云「主人升自西階，獻庶子于阼階上」，又云「庶子執燭」，是「《燕禮》有庶子官」也。以庶子於燕有事，是以《燕義》於此説庶子職掌，故云「載此以爲説」也。

諸侯《燕禮》之義：「君立阼階之東南，南鄉爾卿、大夫，皆少進」，定位也。「君席阼階之上」，居主位也。「君獨升立席上，西面特立」，莫敢適之義也。定位者，爲其始入踧踖，揖而安定也。

疏　正義曰：此經説燕禮之初，君獨升立於阼階之上，明君尊莫敢敵之義也。皆引《燕禮》正經，記者以義説之。「卿、大夫皆少進，定位也」者，案《燕禮》「卿大夫皆入門右，北面。君南鄉爾卿，卿西面北上；爾大夫，大夫皆少進」。皆北面，所以然者，定群臣之位也。「定位」之語，是記者之辭也。「君席阼階之上，居主位也」者，「居主位」之語，亦記者辭也。「君獨升立席上，西面特立，莫敢適之義也」者，莫敢適，言臣下莫敢與君敵疋而爲禮，亦是記者之言也。

「設賓主」，飲酒之禮也。「使宰夫爲獻主」，臣莫敢與君亢禮也。「不以公卿爲賓，而以大夫爲賓」，爲疑也，明嫌之義也。「賓入中庭，君降一等而揖之」，禮之也。設賓主者，飲酒致歡也。宰夫，主膳食之官也。天子使膳宰爲主人。公，孤也。疑，自下上至之辭也。公卿尊矣，復以爲賓，則尊與君大相近。疏正義曰：此經明燕禮臣莫敢亢君，君又屈而禮之也。「而以大夫爲賓，爲疑也」者，公卿，朝臣之尊，賓又敵主之義，若以公卿爲賓，疑其敵君之義。爲其嫌疑，故所以使大夫爲賓，明其遠嫌之義也。「君降一等而揖之，禮之也」，賓既至庭，君降階一等而揖之，是以禮待於賓也，故云「禮之」。「禮之」，亦記者辭也。注「設賓」至「相近」　正義曰：云「天子使膳宰爲主人」者，《文王世子》文。云「公，孤也」者，此諸侯燕臣子之禮而稱「公」，故知是上公，得置孤。孤止一人，而《燕禮》云「諸公」者，鄭注彼云：「諸者，容牧有三監也。」云「疑，自下上至之辭也」者，疑，擬也，是在下比擬於上，故云「自下上至之辭也」。云「尊與君大相近」者，言公卿在朝，位與君相近。今若使爲賓，被君所敬，則其尊與君大相逼近。故經云「以大夫爲賓」，爲其疑故也。

「君舉旅於賓，及君所賜爵，皆降，再拜稽首，升成拜」，明臣禮也。「君答拜之，禮無不答」，明君上之禮也。臣下竭力盡能以立功於國，君必報之以爵禄，故臣下皆務竭力盡能以立功，是以國安而君寧。禮無不答，言上之不虛取於下也。上必明正道以道民，民道之而有功，然後取其什一，故上用足而下不匱也。是以上下和親而不相怨也。和寧，禮之用也。此君臣上下之大義也。故曰：「《燕禮》者，所以明君臣之義也。」言聖人制禮，因事以託政。臣再拜稽首，是其竭力也。君答拜之，是其報以禄惠也。疏正義曰：此一經明《燕禮》臣盡禮於下，君答之於上，上下交歡而不相怨，明君臣之義也。「君舉旅於賓」者，謂舉旅酬之酒以酬賓。「及君所賜爵」者，特賜臣下之爵。「皆降，再拜稽首，升成拜」者，謂賓受君之酬，及臣受君賜爵，皆降自西階，再拜稽首，以受君恩，又升堂更再拜稽首以成拜也。故《燕禮》云：「公酬賓，賓降西階下再拜稽首。公命小臣辭。賓升成拜。」鄭云：「升成拜，復再拜稽首也。」至禮殺之後，賓下堂，是欲拜，君則辭之，實未拜也。❶賓乃升堂，「再拜稽首」，鄭注云：

❶「實」，原作「賓」，據庫本《考證》、浦鏜校及本節下文改。

「不言成拜者，以其下堂未拜故也。」《燕禮》云：「公卒觶，賓下拜，小臣辭。賓升，再拜稽首。」鄭注云：「不言成拜者，爲拜故下，賓未拜也。下不敢輒拜，❶禮殺也。」「臣下竭力盡能以立功於國」者，案《燕禮》，君賜爵之時，再拜稽首，示竭力盡能立功於國也。「君必報之以爵禄」者，以《燕禮》臣拜，君皆答之者，示君報之以爵禄也。「禮無不答，言上之不虚取於下也」者，以《燕禮》凡臣之拜，君無不答拜之，示爲上之道，不虚取於下也，上必須報之也。「上必明正道以道民，民道之而有功」者，上下必須相報，故在上明正教以教道於民，民亦依君訓道有功報上也。「然後取其什一」者，前明君臣相報，此明君民上下相報。君既薄斂於上，民亦什一而税於下，故國家用足而下不匱乏，是上下和平親睦而不相怨恨也。「和寧，禮之用也」者，「上下和親」，是和也；「而不相怨」，是安寧也。和之與寧，禮之所用，以結成上文也。

「席，小卿次上卿，大夫次小卿，士、庶子以次就位於下。獻君，君舉旅行酬；而后獻卿，卿舉旅行酬；而后獻大夫，大夫舉旅行酬；而后獻士，士舉旅行酬；而后獻庶子。俎豆、牲體、薦羞，皆有等差」，所以明貴賤也。牲體，俎實也。薦，謂脯醢也。羞，庶羞也。

疏正義曰：此明尊卑上下席位之所，受獻旅酬之差，貴賤先後之義。「席，小卿次上卿」者，案《燕禮》，上卿在賓席之東，小卿在賓席之西，隔越於賓席，而云「次上卿」者，以俱南面東上，遥相次耳。「大夫次小卿」者，案《燕禮》，大夫在小卿之西。故《燕禮》云：「辯獻大夫，遂薦之，繼賓以西，東上。」「士、庶子以次就位於下」者，《燕禮》于西階上獻士，既受獻者立於阼階下，西面北上；獻庶子于阼階上，既獻，立於阼階下，故云「士、庶子以次就位於下」也。「獻君，君舉旅行酬」者，案《燕禮》，宰夫爲主人，酌以獻賓。賓飲畢，酌以酢主人。主人飲畢，酌以獻君。君飲畢，酌以酢主人。更爵，以受酢于阼階下，飲卒爵。主人又洗觚酬，主人先飲，卒爵，酌以酬賓。賓受觚，坐奠于薦東。訖，小臣請媵爵者，二人媵爵阼階下，皆北面，媵爵于公。媵爵者先自飲畢，媵爵者洗象觶，酌，奠于公席之前。公坐，取所

❶「敢」，庫本《考證》及浦鏜校並云：「『敢』，衍字。」按：兩家校是。《燕禮》注無「敢」字。

媵之觶以酬賓。賓於時下，再拜稽首。公命小臣辭，賓升成拜。公立卒觶，賓乃受公虚爵，酌之，酬大夫于西階上。衆大夫相酬畢，奠虚觶于篚。此是「獻君，君舉旅行酬」也。「而后獻卿，卿舉旅行酬」者，案《燕禮》「主人洗，升，實散，獻卿于西階上」。獻卿畢，小臣又請媵爵者，公使二人媵爵，奠于公前。「公又行一爵，若賓若長，唯公所酬。以旅于西階上」，大夫辯而止。此是爲卿旅酬也。《燕禮》直云「卿」，不云大卿、小卿之異，則小卿、大卿俱同獻也。「而后獻大夫，大夫舉旅行酬」者，案《燕禮》「主人洗，獻大夫于西階上」。大夫辯受獻，乃納工。獻衆工畢，「公又舉奠觶，唯公所賜，以旅于西階上」。此是獻大夫，爲大夫而旅酬也。「而后獻士，士舉旅行酬」者，案《燕禮》，説屨升堂坐之後，主人獻士于西階上。獻士辯，又獻旅食。賓媵觚于公，公坐取賓所媵觶，興，唯公所賜。乃就席坐行之。終於大夫，終受者興，以酬士。士舉旅于西階上。此是獻士爲旅酬也。「而后獻庶子」者，庶子卑，不爲之舉旅，但無筭爵之節，執爵者酌而旅之。「俎豆、牲體、薦羞，皆有等差」者，公及卿、大夫、士等牲體、薦羞之節，皆有等差，但《燕禮》不載，無以言也。

聘義第四十八

正義曰：案鄭《目録》云：「名曰《聘義》者，以其記諸侯之國交相聘問之禮，重禮輕財之義也。此於《别録》屬《吉事》。」此《聘義》釋《儀禮·聘禮》之義。但《儀禮·聘禮》者，謂大聘使卿，故經云「及竟，張旜」，旜是孤卿所建也。《聘禮》謂侯伯之卿，故經云：「上介奉束錦，士介四人皆奉玉錦。」介凡五人，故知侯伯之卿。此《聘義》所釋，包五等之卿，故此經云「上公七介，侯伯五介，子男三介」，皆謂其卿也。

聘禮「上公七介，侯伯五介，子男三介」，所以明貴賤也。此皆使卿出聘之介數也。《大行人職》曰：「凡諸侯之卿，其禮各下其君二等。」**疏**正義曰：此篇揔明聘義，各顯《聘禮》之經於上，以義釋之於下。從首至末，又明聘所執玉，又因明有諸德之義。今各依文解之。今此一經，以介數不同，明貴賤有異。皆謂使卿出聘之介數也。「上公七介」者，若上公親行，則九介。其卿降二等，故七介。侯伯子男，以次差之，義可知也。

「介紹而傳命」，君子於其所尊弗敢質，敬之至也。質，謂正自相當。**疏**正義曰：此一節明聘禮之有介，傳達賓主之命，敬之至極也。

「三讓而后傳命，三讓而后入廟門，三揖而后至階，三讓而后升」，所以致尊讓也。此揖讓，主謂賓也。三讓而後傳命，賓至廟門，主人請事時也。賓見主人陳擯，以大客禮當己，則三讓之；不得命，乃傳其君之聘命也。三讓而後入廟門，讓主人廟受也。《小行人職》曰：「凡四方之使者，大客則擯，小客則受其幣，聽其辭。」**疏**正義曰：上經明設介傳命致敬之義。此經明欲傳命之時，先須三讓；又傳命之後，入廟門及升階揖讓之節，明賓所以尊讓主人。「三讓而后傳命」者，謂賓在大門外，見主人陳擯，以大客之禮待己，己不敢當，三度辭讓，主人不許，乃後傳聘君之命。「三讓而后入廟門」者，謂賓既傳命之後，主君延賓而入。至廟，將欲廟受，賓不敢當之，故三讓而后入廟門。主君在東，賓差退在西，相嚮三讓，乃入廟門也。「三揖而后至階」者，初入廟門，一揖也；當階北面又揖，二揖也；當碑又揖，三揖也。「三讓而后升」者，謂主君揖賓，至階，主君讓賓升，賓讓主君，如此者三，主君乃先升，賓乃升也。「所以致尊讓也」，言如此者，是賓致其尊敬讓主人之心也。**注**「此揖」至「其辭」　正義曰：知「此揖讓，主謂賓」者，以「三讓而后傳命」，及「三讓而后入廟門」，皆賓先讓也。「三揖至階，三讓而后升」，雖主人爲首，皆賓讓而後至於主人，❶若賓不讓，則不至於三。是揖讓之事，皆賓爲主，故云「此揖讓，主謂賓也」。云「三讓而後傳命，賓至廟門，主人請事時也」者，鄭解「三讓而後傳命」之節，正當賓至主人大門，主人請事之時。案《聘禮》賓至「大門」，主人陳介而請事，此云「廟門」者，有「廟」字者誤也。案鄭注《鄉飲酒》云：「事同曰讓，事異曰辭。」此主人以大客禮賓，賓不敢當大客之禮，乃是事異，應云「三辭」而云「三讓」者，但鄭於《儀禮》，自上下爲例。此云「三讓」，記者之言。「辭」之與「讓」，其義亦通

---

❶「皆賓讓而後至於主人」，衛氏《集説》「皆」下有「由」字，「主人」作「三」。庫本《考證》與浦鏜校俱是《集説》是也。

也。云「乃傳其君之聘命也」，解經「傳命」之言。案《聘禮》注云：「賓至末介，上擯至末擯，亦相去三丈六尺。」賓乃傳聘君之命於上擯也，故云「傳其君之聘命也」。案《司儀職》，兩君相見則交擯，若臣聘於君則旅擯。交擯傳命者，《聘禮》注云：「其傳命，各鄉本受命，反面傳而下。及末，則鄉受之，反面傳而上，又受命傳而下。」其旅擯之時，不上下相傳，直賓及上擯相對而語。交擯與旅擯雖別，揔而言之，皆是傳命，故注《聘禮》引此「介紹而傳命」，謂時交擯而傳命也。今此《聘義》「介紹傳命」，論相聘也。及「三讓而后傳命」，皆聘之旅擯，亦是傳命也。熊氏、皇氏皆以此「介紹傳命」爲朝之交擯。今此《聘義》不釋朝，乃於《聘義》之中而記朝之傳命，理爲不可。又鄭此注「傳其聘君之命」，其義分明。熊氏、皇氏之説，未盡善也。云「三讓而後入廟門」者，案《聘禮》入廟門之時，無三讓之文，不備也。云「讓主人廟受也」者，解入廟門三讓之意。主人於廟受賓之禮，言賓不敢當其廟受，故云「讓主人之廟受也」。引《小行人職》者，證大客來，主人有擯迎之法。

「君使士迎于竟，大夫郊勞。君親拜迎于大門之内而廟受，北面拜貺」，拜君命之辱，所以致敬也。 貺，賜也。賓致命，公當楣再拜，拜聘君之恩惠，辱命來聘者也。 疏 正義曰：前經明賓致尊讓於主君，故此經明主君尊敬聘客，所以致敬於彼君之命也。「君使士迎於竟」，謂主君使士迎客於竟。故《聘禮》「賓及竟，張旜。君使士請事，遂以入」是也。「大夫郊勞」《聘禮》云：「賓至于近郊，君使下大夫請行，君又使卿朝服，用束帛勞。」此「大夫郊勞」者，即卿也。「君親拜迎于大門之内而廟受」，案《聘禮》「賓入門左，公再拜」，是「君拜迎於大門之内」。《聘禮》又云：「及廟門，公揖入。納賓，賓入門左。賓升，西楹西，東面。」是廟受也。「北面拜貺」者，君於阼階之上北面再拜，拜聘君之貺。貺，謂惠賜也。《聘禮》云「公當楣再拜」是也。「拜君命之辱」者，釋此「北面拜貺」之義也。言主君所以「北面拜貺」者，拜聘君之命來屈辱也。「所以致敬也」，言主君致敬於聘君。

敬讓也者，君子之所以相接也。故諸侯相接以敬讓，則不相侵陵。 君子之相接，賓讓而主人敬也。 疏 正義曰：此一經揔結上賓致尊讓於主君，主君又致敬於聘君，故賓主交相敬讓者，是君子所以相接待也。「敬讓則不相侵陵」者，以主人致敬，賓致讓，同心以禮相接，故不相侵陵。「卿爲上擯，大夫爲承擯，士爲紹擯。君親禮賓，賓私面私覿。致饔餼，還圭璋，賄、贈、饗、食、燕」，所以明賓客、君臣之義也。設大禮，則賓客之也。或不親而使臣，則爲君臣也。**疏**正義曰：主國之卿爲上擯，接迎於賓。「大夫爲承擯」者，承副上擯也。「士爲紹擯」者，紹，繼也，謂繼續承擯。案《聘禮》注：「其位相承繼。」又《聘禮》注云：「主君，公也，則擯者五人；侯伯也，則擯者四人；子男也，則擯者三人。」其待聘客及朝賓，其擯數皆然。故《大行人》云：「上公擯者五人，侯伯四人，子男三人。」謂迎朝賓也。若擯者五人，則士爲紹擯者三人；若擯者四人，則士爲紹擯者二人；若擯者三人，則士爲紹擯一人。「君親禮賓」者，謂行聘已訖，君親執醴以禮賓。故《聘禮》賓行聘訖，「宰夫徹几，改筵。公出，迎賓以入。公側受醴，❶賓受醴，公拜送醴」是也。「賓私面私覿」者，私面，謂私以己禮面見主國之卿大夫也。私覿者，私以己禮覿主國之君。以其非公聘正禮，故謂之私。案《聘禮》私面在後，此先云私面者，記者便文，無義例也。面亦見也，以其於臣禮質，故以「面」言之。故《聘禮》注云：「面亦見也。其謂之面，威儀質也。」此於臣謂之「面」，而《司儀》云：「諸公之臣相爲國客，私面、私獻。」注云：「私面，私覿也。」又以「私面」爲「私覿」者，以《司儀》之文但云「私面私獻」，不云「私覿」，故以私面爲私覿也。昭六年《左傳》，楚公子棄疾見鄭伯，「以其乘馬八匹私面」。於君而稱「面」者，因行過鄭而面鄭伯，非正禮，故雖君亦稱面也。「致饔餼」者，謂行聘之日，主君使卿致饔餼之禮於賓館。案《聘禮》「君使卿韋弁歸饔餼五牢」，注云：「牲殺曰饔，生曰餼。」又曰「飪一牢，鼎九，設于西階前。腥二牢，鼎二七，設于阼階前。餼二牢，陳于門西，北面東上」是也。案《聘禮》，餼既爲生，而《左傳》僖三十三年云「餼牽竭矣」，服虔云「死曰餼」者，以「餼」與「牽」相對，牽既爲生，餼則爲死。故《詩·瓠葉》篇云：「牲牢饔餼。」鄭注云「腥曰餼」者，以「牲牢饔餼」相對，以「牲牢」既爲生，「饔」又爲熟，故以「餼」爲腥也。「還圭璋」者，謂賓將去時，君使卿就賓館還其所聘之圭璋。故《聘禮》云「君使卿皮弁還玉于館」是

❶「受」，原作「授」，據單疏殘本、阮本、衛氏《集説》改。

也。「賄贈」者，因其還玉之時，主人之卿并以賄而往。❶還玉既畢，以賄贈之。故《聘禮》還圭璋畢，「大夫賄用束紡」是也。「饗、食、燕」者，謂主君設大禮以饗賓，設食禮以食賓，皆在廟也。又設燕以燕之，燕在寢也。故《聘禮》云「公於賓，壹食再饗，燕與羞俶，獻無常數」是也。「所以明賓客、君臣之義也」，謂君親禮賓，賓用私覿，及致饔餼、饗食之屬，或主人敬賓，或賓答主人，或君親接賓，或使臣致之，是顯明賓客、君臣之義也。**注**「設大」至「臣也」　正義曰：鄭解「賓客、君臣之義也」。「設大禮」，謂饗、食之屬，則以賓客禮待之，使人延賓於館，則主君親待之。是「賓客」其使人也。云「或不親而使臣，則爲君臣也」者，謂主君或不親饗，則使人致禮於賓，若致饔餼、致饗，致食及還圭、贈賄之屬，皆主君不親，使臣致禮於客。客是臣，故使臣敵之，是「君臣之義」也。

故天子制諸侯，比年小聘，三年大聘，相厲以禮。使者聘而誤，主君弗親饗、食也，所以愧厲之也。諸侯相厲以禮，則外不相侵，內不相陵。此天子之所以養諸侯，兵不用，而諸侯自爲正之具也。比年小聘，所謂「歲相問」也。三年大聘，所謂「殷相聘」也。**疏**正義曰：此經明諸侯交相聘問，相厲以禮，則內崇敬讓，外不相侵陵，是自爲正之具。「天子制諸侯，比年小聘，三年大聘」者，謂天子立制，使諸侯相於，比年使大夫小聘，三歲使卿大聘。「使者聘而誤，主君弗親饗、食也」　謂來聘使者，行聘之時，禮有錯誤，則主國之君不親自饗、食以接賓，所以使賓恥愧，自勉勸厲。「此天子之所以養諸侯，兵不用」者，謂天子制此禮，使諸侯自相親，是存養諸侯，無兵革之患。「而諸侯自爲正之具也」者，正，謂國無患難。國家得正，由其外親諸侯。所以如此，是「自爲正之具也」。**注**「比年」至「聘也」　正義曰：案《大行人》云：「諸侯之邦交，歲相問也。」案《聘禮記》云：❷「小聘曰問。」故知此「比年小聘」是「歲相問」也。《大行人》又云：「殷相聘也。」殷，中也，謂三年之時中而無事，故稱「殷」也。案昭九年《左氏傳》云：「孟僖子如齊殷聘，禮也。」服虔注云：「自襄二十年叔老聘於齊，至今積二十年，故脩盛聘之禮。」鄭引之以解《大行人》

❶「人」，庫本《考證》及浦鏜校據衛氏《集説》校，並以爲「人」當作「國」。

❷「記」，浦鏜校云：「『記』，衍字。」案浦校是也。

「殷相聘也」。鄭以殷爲中，惟取「殷聘」之文，以解「殷相聘」之義。正取「殷」文是同，其年數則異，故以此三年之聘爲殷聘也。此經所云，謂諸侯自相聘也。而《王制》云：「諸侯之於天子，比年一小聘，三年一大聘，五年一朝。」與此不同者，此經諸侯相聘，是周公制禮之正法，《王制》所云謂文、襄之法，故不同也。

「以圭璋聘」，重禮也。「已聘而還圭璋」，此輕財而重禮之義也。

諸侯相厲以輕財重禮，則民作讓矣。

圭，瑞也，尊圭璋之類也。❶用之還之，皆爲重禮。禮必親之，不可以己之有，遥復之也。財，謂璧、琮享幣也。受之爲輕財者。財可遥復，「重賄反幣」是也。

疏正義曰：此一經明既聘還圭璋，輕財重禮，教民廉讓之意。「以圭璋聘，重禮也」者，玉以比德，故以圭璋而聘，貴重其禮也。言其禮可貴，與玉相似。「已聘而還圭璋，此輕財而重禮之義也」者，謂既聘之後，賓將歸時，致此圭璋，付與聘使，而還其聘君也。凡行聘禮之後，享君用璧，享夫人用琮。圭璋，玉之質，惟玉而已。璧琮則重其華美，加於束帛。聘使既了，還以圭璋之玉，重其禮，故還之；留其璧琮之財，是輕其財，故留之。重者難可報覆，故用本物還之。輕者易可酬償，故更以他物贈之。此是輕財重禮之義也。「則民作讓矣」者，言諸侯既能相厲以輕財重禮之義，君既行之於上，人則效之於下，故民皆作其廉讓矣。**注**「圭瑞」至「是也」　正義曰：云「圭，瑞」者，以器言之，謂之圭；執以行禮，謂之瑞。瑞，信也，謂與人爲尊卑之信驗也。云「尊圭璋之類也。用之還之，皆爲重禮」者，言尊敬此璋，同於圭，則璋是圭之等類。用之以聘，聘訖又還，皆爲尊重此禮。以圭璋所以行禮，故重之也。云「禮必親之，不可以己之有，遥復之也」者，言行禮之義，必親自爲之。若己親往彼國，則可以己國之有，執往行禮。今主國之君既不親往彼國，則不以己國所有寶玉，遥復償他國所來圭璋，故還歸之也，故云「不可以己之有，遥復之也」。復，償也。云「財，謂璧、琮享幣也，受之爲輕財」者，案《聘禮》，享君以璧，享夫人以琮。享，獻也，謂所獻之幣。主人受而不還，是謂輕財也。云「財可遥復」者，解受璧、琮之意。璧、琮是財，輕，可得以己物遥而復償於彼國賚來之意。

❶「圭瑞也尊圭璋之類也」，孫詒讓《校記》云：「此注疑當作『圭，瑞也，尊。璋，圭之類也』，文義乃協。孔所見已是誤本。」

者，己得受之。但聘禮「圭璋」與「璧琮」相對，故圭璋爲聘，璧琮爲享。若諸侯之朝天子，圭璋與璧琮，皆爲享也，皆爲財。故《小行人》：「合六幣，圭以馬，璋以皮。」二王之後，享天子用圭，享后用璋，故雖圭璋，❶亦受之不歸也。云「『重賄反幣』是也」者，案《聘禮》云：「無行則重賄，反幣。」注云：「無行，謂獨來，復無所之也。」

「主國待客，出入三積。餼客於舍，五牢之具陳於内。米三十車，禾三十車，芻薪倍禾，皆陳於外。乘禽日五雙，群介皆有餼牢。壹食再饗，燕與時賜無數」，所以厚重禮也。厚重禮，厚此聘禮也。

疏正義曰：此一經明待賓之厚，所以尊重聘禮之義。　「主國待客，出入三積」者，此謂上公之臣，故出入三積。若侯伯以下之臣，則不致積也。故《司儀》云：「諸公之臣相爲國客，則三積。」注云：「侯伯之臣不致積。」知者，謂《聘禮》是侯伯之臣，故文無「致積」也。此「出入三積」者，謂入三積，出亦三積。故《司儀》云：「遂行，如入之積。」是去之積如來時積也。　「餼客於舍，五牢之具陳於内」者，案《聘禮》致客，有饔有餼，今直云「餼客」者，略言之。於舍，謂於賓館也。五牢之具，謂飪一牢，在賓館西階也；腥二牢，在賓館東階也；餼二牢，在賓館門内之西。是皆陳於内也。　「米三十車，禾三十車，芻薪倍禾，皆陳於外」者，案《聘禮》「米三十車，設于門東，東陳。禾三十車，設於門西，西陳。薪芻倍禾」也。鄭注：「薪從米，芻從禾。」　「乘禽日五雙」者，謂乘行群匹之禽，鴈、鶩之屬，聘卿則每日致五雙也。　「群介皆有餼牢」者，鄭注《掌客》云：「爵卿也，則飧二牢，饔餼五牢。爵大夫也，則飧大牢，饔餼三牢。爵士也，則飧少牢，饔餼大牢也。」　「壹食再饗，燕與時賜無數」者，此謂聘卿也。一爲之設食，再爲之設饗，其歡燕與當時之賜無常數也。　「所以厚重禮也」者，言備設待賓之物，所以豐厚、尊重行聘之禮。其天子待諸侯之禮，及諸侯相待之法，賓主玉帛之節，饔餼飧積之差，米禾薪芻多少，饗食牲牢隆殺，皆文具《掌客》，義見《聘禮》，可以尋文取實，故於此略而不言也。

古之用財者不能均如此，然而用財如此其厚者，言盡之於禮也。盡之於禮，則内君臣不相陵，而外不相侵，故天子制之，而諸侯務焉爾。

❶「故」，單疏殘本、阮本、魏氏《要義》均作「則」。

不能均如此，言無則從其實也。言盡之於禮，欲令富者不得過也。**疏**正義曰：此一經明聘禮用財之厚，務行禮讓，則君臣內外不相侵陵，所以諸侯務焉。「古之用財不能均如此」者，言古之費用其財，不能悉皆均平，常能如此之厚。言厚則從其豐，無則從其實。「然而用財如此其厚者，言盡之於禮也」者，言古之用財既有隆有殺，而相聘之事，費用其財如此豐厚者，言用財盡極於禮。言以禮則止，雖有富者，不得過也。「盡之於禮，則內君臣不相陵，而外不相侵」者，言若能豐厚用財在於禮，謂以禮自制，不得過，則於國內上下和睦，君臣不相陵也，謂四鄰歸懷，外不相侵也。「故天子制之，諸侯務焉爾」者，言行禮使君臣內外不相侵陵，故天子制此聘禮，而諸侯務而行焉。**注**「不能」至「過也」　正義曰：「言無則從其實也」者，言國若豐厚，則盡其財以行禮；國若乏無，則從其當時之實。猶如國新殺禮，凶荒殺禮，計財而行禮，故云「從其實」。云「欲令富者不得過也」者，謂豐財以行禮，盡禮而用財，雖有其財，唯盡極於禮，不可禮外更多用其財，使貧而及禮，富者不得奢，使上下得宜，內外無怨也。聘、射之禮，至大禮也。質明而始行事，日幾中而后禮成，非强有力者弗能行也。故强有力者，將以行禮也。禮成，禮畢也，或曰「行成」。酒清，人渴而不敢飲也；肉乾，人飢而不敢食也。日莫人倦，齊莊正齊而不敢解惰。以成禮節，以正君臣，以親父子，以和長幼。此衆人之所難，而君子行之，故謂之有行。有行之謂有義，有義之謂勇敢。故所貴於勇敢者，貴其能以立義也；所貴於立義者，貴其有行也；所貴於有行者，貴其行禮也。故所貴於勇敢者，貴其敢行禮義也。故勇敢强有力者，天下無事則用之於禮義，天下有事則用之於戰勝。用之於戰勝則無敵，用之於禮義則順治。外無敵，內順治，此之謂盛德。故聖王之貴勇敢强有力如此也。勇敢强有力而不用之於禮義、戰勝，而用之於争鬭，則謂之亂人。刑罰行於國，所誅者亂人也。如此，則民順治而國安也。勝，克敵也，或爲「陳」。**疏**正義曰：以前經説聘禮既畢，此一節又申明行聘之時，禮儀既大，日晚始罷，故記者引唯勇敢之人能成禮事，故於此明之。此是《聘義》，兼云「射」者，以强有餘力之士，非但聘而行禮，又能射爲武事，故此揔明之也。「聘、射之禮，至大禮也」者，言此聘之與射，至極繁大之禮。非如冠、昏之屬，暫時即畢。❶「日幾中而后禮成」者，幾，近也。日近在於中而後禮成畢。「非强有力者弗能行也。故强有力者，將以行禮也」者，言非强有德力而行禮，則禮事不成也。「酒清，人渴不敢飲也」者，此謂射禮也。言欲射之時，先行燕禮，唯以禮獻酬，不敢恣意醉飽，但行禮而已，非謂全不得飲之。《聘禮》行聘之時，但酌醴禮賓，無酒肴之事，故知此唯據射也。「肉乾，人飢而不敢食也」者，亦言不敢全食而令飽也。「日莫人倦，齊莊正齊」者，謂日莫晚，人斯懈倦，猶齊莊而自整齊也。「而不敢解惰，以成禮節」者，所以日莫猶自整齊者，以不敢懈倦，成就禮之節制。此亦謂射禮也。故此以下即云「以正君臣，以親父子，以和長幼」，皆謂射也。前文云「日幾中而后禮成」，聘、射揔陳，特謂聘也，故「日幾中而禮成」。此云「日莫」者，謂射禮也。酒清肴乾，特據於射，故日莫而成禮節也。「以正君臣」者，謂射前行燕禮。謂君在阼，賓升成拜、稽首之屬，及受君賜，再拜稽首之等，是「以正君臣」也。「以親父子，以和長幼」者，此謂鄉射之前，行鄉飲酒之禮，有齒於父族之事，故云「以親父子，以和長幼」。但此節揔結聘、射，則前篇《射義》在其中也。故《射義》云：「諸侯之射，必先行燕禮。卿、大夫、士之射，必先行鄉飲之禮。故燕禮所以明君臣之義也，鄉飲酒之禮所以明長幼之序也。」故此經揔結之也。故酒清，肴乾之屬，燕禮與鄉飲酒禮初行之時，事同於饗，皆有此也。至説屨升坐之後，乃盡歡飲食也。「此衆人之所難，而君子行之」者，言以上之事，凡衆人所難行，君子之人，特能行之。「故謂之有行」者，以君子有能行，故謂此君子爲有行之士。身既有行，則事得宜，故云「有行之謂有義」。有義則臨敵果斷，故云「有義之謂勇敢」。此揔覆説聘之與射也。「故勇敢强有力」者，勇敢，明射之所須。强有力，明聘之所須。故前文論聘止稱「强有力者」，此經論射則云「勇敢」，故知然也。「天下無事則用之於禮義」者，無事，謂兵革休息，故用之於聘射之禮義。「天下有事則用之於戰勝」者，有事，謂軍旅數起，故用

❶「畢」，原作「異」，據阮本改。

之於戰鬬，必得勝也。「勇敢强有力而不用之於禮義、戰勝，而用之於争鬬，則謂之亂人」者，戰勝，謂公義而戰勝。則前經「戰勝」，是謂以戰而勝也。此云「用之於争鬬」者，謂私争忿鬬，與前經不同也，故云「不用之禮義、戰勝，而用之於争鬬」。

子貢問於孔子曰：「敢問君子貴玉而賤碈者何也？爲玉之寡而碈之多與？」碈，石似玉，或作「玟」也。孔子曰：「非爲碈之多故賤之也，玉之寡故貴之也。夫昔者君子比德於玉焉：温潤而澤，仁也；色柔温潤，似仁也。潤，或爲「濡」。縝密以栗，知也；縝，緻也。栗，堅貌。廉而不劌，義也；劌，傷也。義者不苟傷人也。垂之如隊，禮也；禮尚謙卑。叩之，其聲清越以長，其終詘然，樂也；樂作則有聲，止則無也。越，猶揚也。詘，絶止貌也。《樂記》曰：「止如槀木。」瑕不揜瑜，瑜不揜瑕，忠也；瑕，玉之病也。瑜，其中閒美者。玉之性，善惡不相揜，似忠也。孚尹旁達，信也；孚，讀爲「浮」。尹，讀如竹箭之「筠」。浮筠，謂玉采色也。采色旁達，不有隱翳，似信也。孚，或作「姇」，或爲「扶」。氣如白虹，天也；精神見于山川，地也；精神，亦謂精氣也。虹，天氣也。山川，地所以通氣也。圭璋特達，德也；特達，謂以朝聘也。璧琮則有幣，惟有德者無所不達，不有須而成也。天下莫不貴者，道也。道者，人無不由之。《詩》云：『言念君子，温其如玉。』故君子貴之也。」言，我也。貴玉者，以其似君子也。

【疏】正義曰：以聘用玉，因論玉有諸德，而結成《聘義》之篇也。

「爲玉之寡而碈之多與」者，子貢之意，所以貴玉者，豈不爲玉之寡少，故貴之；碈之饒多，故賤之。與，疑辭也。

「孔子曰」至「玉焉」 言貴玉由其有德，非爲少，故貴之。謂昔者君子之人，於玉以比道德。所以貴玉者，爲其有德。君子之人比德，堪敬重如玉，故貴之。有德，即下云「温潤而澤，仁」等是也。

「温潤而澤，仁也」者，言玉色温和柔潤而光澤，仁者亦温和潤澤，故云「仁也」。

「縝密以栗，知也」者，縝，緻也。栗，謂堅剛。言玉體密緻而堅剛，人有智者，性亦密緻堅剛，故云「知也」。

「廉而不劌，義也」者，廉，稜也。劌，傷也。言玉體雖有廉稜而不傷割於物。人有義者，亦能斷割而不傷物，故云「義也」。　「垂之如隊，禮也」者，言玉體垂之而下墜，人有禮者亦謙恭而卑下，故言「禮也」。　「叩之，其聲清越以長，其終詘然，樂也」者，越，揚也。詘，謂止絶也。言玉體以物叩擊，其聲清泠發越以長遠，而聞其擊之終竟，聲則詘然而止，不如鍾聲擊罷猶有餘音也。其爲樂之法，初作聲而發揚，樂罷則止如槁木。言玉體亦然，故云「樂也」。「瑕不揜瑜，瑜不揜瑕，忠也」者，瑕，謂玉之病處。瑜，謂玉中美處。言玉之病處不揜映美處，玉之美處不揜映病處，皆以忠實見外。如人之忠者，亦以忠心見外，故云「忠也」。　「孚尹旁達，信也」者，孚，浮也。浮者，在外之名。尹，讀如「筠」。筠者，若竹箭之筠，筠亦潤色在外者。旁者，四面之謂也。達者，通顯之名也。信者，内不欺隱者也。玉采色彰達，著見於外，無隱掩。如人有信者，亦著見於外，故云「信也」。　「氣如白虹，天也」者，白虹，謂天之白氣。言玉之白氣，似天白氣，故云「天也」。　「精神見於山川，地也」者，精神，謂玉之精氣，徹見於山川。謂玉在山川之中，精氣徹見於外，地氣含藏於内，亦徹見於外，與地同，故云「地也」。　「圭璋特達，德也」者，行聘之時，唯執圭璋，特得通達，不加餘幣。言人之有德，亦無事不通，不須假他物而成。言圭璋之特，同人之有德，故云「德也」。　「天下莫不貴者，道也」，道者，通也，言萬物無不由道而通，故天下無不貴之。玉者，亦天下貴之，與道相似，故云「道也」。　「《詩》云『言念君子，温其如玉』」，此《詩·秦風·小戎》之篇，美秦襄公之詩也。言襄公出兵征伐西戎，婦人思念其夫，言我念此君子，顔色温然如玉。引之者，證玉以比德之事。言貴玉者，以其似君子，故云「君子貴之也」。注「碈，石似玉」　正義曰：案呂諶《字林》云：❶「碈，美石。」以其石之美者，故云「似玉」也。注「栗，堅貌」　正義曰：案《詩·大雅》云：「實穎實栗。」栗是禾之堅熟，故云「栗，堅貌」也。注「《樂記》曰止如槀木」　正義曰：引之者，證樂聲之止，似擊枯槀之木，無餘聲也。言玉擊止之時，其聲即絶，與樂相似也。注「瑕玉」至「忠也」　正義曰：瑕，玉之病也。呂諶《字林》云：「瑕，玉小赤。」而云「病」者，以瑕與疵瘕義同，故云「玉之病也」。云「瑜，其中間美者」，案《字林》云：「瑜，美玉。」是瑕之中間美善者。注「孚讀」至「信也」　正義曰：案《字林》云：「琈，玉别名。」玉旁孚也。此讀爲「浮」者，取浮見於外，非《字林》「琈」，玉之名也。注「有德者

❶「湛」，案《隋書·經籍志》作「忱」。下同。

無所不達，不有須而成也」 正義曰：德者，得也。萬物皆得，故無所不通達，不更須待外物而自成也。以聘享之禮有圭璋璧琮，璧琮則有束帛加之乃得達，圭璋則不用束帛，故云「特達」。然璧琮亦玉，所以璧琮則加於他物，圭璋得特達者，但玉既比德，於禮重處則特達，於禮輕處則加物。以玉可重可輕，美其重處言之，故云「特達」。

喪服四制第四十九

正義曰：案鄭《目録》云：「名曰《喪服四制》者，以其記喪服之制，取於仁、義、禮、知也。此於《别録》舊説屬《喪服》。」鄭云「舊説」，案《别録》無《喪服四制》之文，唯舊説稱此喪服之篇屬《喪服》。然以上諸篇，每篇言「義」。此不云《喪義》而云《喪服四制》者，但以上諸篇，皆記《儀禮》當篇之義，故每篇言「義」也。此則記者别記喪服之四制，非記《儀禮·喪服》之篇，故不云《喪服之義》也。

凡禮之大體，體天地，法四時，則陰陽，順人情，故謂之禮。訾之者，是不知禮之所由生也。禮之言體也，故謂之禮。言本有法則而生也。口毁曰訾。疏正義曰：此一篇揔論喪之大體有四種之制：初明恩制，次明理制，次明節制，次明權制。既明四制事畢，又明三年喪自古而行之，故引高宗之事。又明斬衰以下節制之差，結成仁義之事。各隨文解之。「體天地」者，言禮之大綱之體，體於天地之間所生之物。言所生之物，皆禮以體定之。「法四時」者，則下文云「喪有四制，變而從宜，取之四時」是也。「則陰陽」者，下文云「吉凶異道，不得相干，取之陰陽」是也。「順人情」者，下文云「有恩有理，有節有權，取之人情」是也。「故謂之禮」者，以其無物不體，故謂之爲禮。故注云「禮之言體也」。「訾之者，是不知禮之所由生也」者，言若訾毁不信禮之「體天地，法四時，則陰陽，順人情」，如此之人，是不識知禮之所由生也。言不知禮之有法則也。

夫禮，吉凶異道，不得相干，取之陰陽也。吉禮、凶禮異道，謂衣服、容貌及器物也。喪有四制，變而從宜，取之四時也。有恩有理，有節有權，取之人情也。恩者仁也，理者義也，節者禮也，權者知也。仁、義、禮、知，人道具矣。取之四時，謂其數也。取之人情，謂其制也。疏正義曰：此一節覆説前文「禮法四時，則陰陽，順人情」之事。不覆説「體天地」者，天地包此四時、陰陽、人情，無物不揔，故不覆説「體天地」之事。「吉凶異道」者，言吉凶各異其道，及衣服、容貌、器物不同也。「喪有四制，變而從宜」者，言門内主恩，若於門外則變而行義。❶尊卑有定，禮制有恒，以節爲限。❷或有事故，不能備禮，則變而行權。是皆變而從宜，取人情也。「恩者仁也，理者義也，節者禮也」，恩屬於仁，理屬於義，節屬於禮，故云「節者禮也」。❸「權者知也」，量事權宜，非知不可，故云「權者知也」。「仁、義、禮、知，人道具矣」者，此揔結四制之義。仁屬東方，義屬西方，禮屬南方，知屬北方。四時並備，是「人道具矣」。五常五行，四時無「信」者，「知」中兼之，故北方水爲知，又爲信。是取法四時，故不并數「信」也。其恩厚者其服重，故爲父斬衰三年，以恩制者也。服莫重斬衰也。疏正義曰：此一經明四制之中恩制也。以父最恩深，故特舉父而言之。其實門内諸親爲之著服，皆是恩制也。門内之治恩揜義，門外之治義斷恩。資於事父以事君而敬同，貴貴尊尊，義之大者也。故爲君亦斬衰三年，以義制者也。資，猶操也。貴貴，謂爲大夫君也。尊尊，謂爲天子、諸侯也。疏正義曰：此一經明門外之治四制之中義制也。「門内之治恩揜義」者，以門内之親，恩情既多，揜藏公義。言得行私恩，不行公義。若《公羊傳》云「有三年之喪，君不呼其門」是也。「門外之治義斷恩」者，門外，謂朝廷之間。既仕公朝，當以公義斷絶私恩。若《曾子問》「父母之喪，既卒哭，金革之事無辟」是也。「資於事父以事君而敬同」者，言操持事父之道以事於君，則敬君之禮與父同。「貴貴」者，貴貴，❹謂大夫之臣事大夫爲君者也。大夫始入尊境，則是貴也。此臣盡敬此

❶「外則」，原作「之内」，據單疏殘本、阮本改。
❷「限」，原作「恨」，據單疏殘本、阮本改。
❸「故云」下，浦鏜校云：「當脱『恩者仁也，理者義也』八字。」
❹「貴貴」，原脱一「貴」字，據衛氏《集説》及《通解》補。

君，故云「貴貴」也。「尊尊」者，尊尊，謂天子、諸侯之臣事天子、諸侯爲君者也。天子、諸侯同爲南面，則是尊也。此臣極敬此君，故曰「尊尊」也。「義之大者也」，以義斷恩，內外如一，❶雖復大夫與王侯有異，而其臣敬不殊，故並云「義之大者也」。「故爲君亦斬衰三年，以義制者也」，言「亦」，謂亦同於父也。

三日而食，三月而沐，期而練，毀不滅性，不以死傷生也。喪不過三年，苴衰不補，墳墓不培，祥之日鼓素琴，告民有終也，以節制者也。資於事父以事母而愛同。天無二日，土無二王，國無二君，家無二尊，以一治之也。故父在爲母齊衰期者，見無二尊也。食，食粥也。沐，謂將虞祭時也。補，培，猶治也。鼓素琴，始存樂也。「三年不爲樂，樂必崩」。

疏 正義曰：此一節明四制之中節制也。「苴衰不補」者，言苴麻之衰，雖破不補。「墳墓不培」者，培，益也。一成丘陵之後，不培益其土。「祥之日鼓素琴」者，大祥之日，得鼓素琴。「告民有終也」者，言所以爲此上事，告教其民，使哀有終極也。「以節制者也」，以情實未已，仍以禮節爲限制，抑其情也。自此以上，皆節制之事。從此以下，更申明節制。欲尊歸其一，故更明無二尊之理。「資於事父以事母而愛同」者，言操持事父之道以事於母而恩愛同。恩愛雖同，而服乃有異，以不敢二尊故也。故以「天無二日」及「家無二尊」之等，明皆歸於尊一，以治理之也。「天無二日」至「二尊也」，此摠結無二尊之理也。注「食食粥」至「必崩」 正義曰：「沐，謂將虞祭時也」，《士虞·記》曰「沐而不櫛」，故知沐謂將虞祭時。虞後有事，得沐浴也。故《雜記》云：「非虞、附、練、祥，無沐浴。」云「鼓素琴，始存樂也」，於此祥日而鼓素琴，始存省此樂。縣而作樂，在既禫之後。

杖者何也？爵也。三日授子杖，五日授大夫杖，七日授士杖。或曰擔主，或曰輔病。婦人、童子不杖，不能病也。百官備，百物具，不言而事行者，扶而起。言而后事行者，杖而起。身自執事而后行者，面垢而已。禿

❶「內」，原作「門」，據阮本改。

者不髽，傴者不袒，跛者不踊，老病不止酒肉。凡此八者，以權制者也。五日、七日授杖，謂爲君喪也。扶而起，謂天子、諸侯也。杖而起，謂大夫、士也。面垢而已，謂庶民也。髽，婦人也。男子免而婦人髽。髽，或爲「免」。疏正義曰：此一經明四制之中權制也。「杖者何也？爵也」者，權制之中，所以先明杖者，以下有不應杖而杖，又有應杖而不杖，皆是權宜，故先舉正杖於上。言「爵也」者，杖之所設，本爲扶病，而以爵者有德，其恩必深，其病必重，故杖爲爵者而設，故云「爵也」。「三日授子杖，五日授大夫杖，七日授士杖」者，上云「杖者爵也」，遂歷敘其有爵之人，故云「三日授子杖，五日授大夫杖，七日授士杖」。「或曰擔主」者，解無爵而亦杖，故記者稱「或曰擔主」。《喪服傳》云：「杖者何？爵也。無爵而杖者何？擔主也。」鄭注云：「擔，假也。尊其爲主，假之以杖。」「或曰輔病」者，《喪服傳》云「非主而杖者何？輔病也」。謂庶子以下，雖非適子皆杖，爲其輔病故也。「婦人、童子不杖，不能病也」者，杖既扶病，何婦人、童子所以不杖？爲其不能病也。婦人，謂未成人之婦人。童子，謂幼少之男子。「百官備，百物具，不言而事行者，扶而起」者，此謂王侯也。喪具觸事委任百官，不假自言而事得行，故許子病深。雖有扶病之杖，亦不能起，故又須人扶乃起也。「言而后事行者，杖而起」者，此謂大夫士。既無百官百物，須己言而後喪事乃行，故不許極病，所以杖而起，不用扶也。「身自執事而后行者，面垢而已」者，此謂庶人也。卑，無人可使，但身自執事，不可許病，故有杖不得用，但使面有塵垢之容而已也。子於父母，貴賤情同，而病不得一，故爲權制。「禿者不髽」，髽者，是婦人之大紒，重喪辮麻繞髮。禿者無髮，故不髽也。女禿不髽，故男子禿亦不免也。「傴者不袒」，袒者露膊，傴者可憎，故不露也。「跛者不踊」，踊是跳躍，跛人脚蹇，故不跳躍也。「老病不止酒肉」者，孝子悲哀，非病不食滋味。若老及病，身已羸瘠，又使備禮，必致滅性，非制所許，故酒肉養之。「凡此八者，以權制者也」，此記者結前權數也。夫喪禮宜備，今有此八條，不可以强逼，故聖人權宜制也。所謂八者，謂應杖不杖，不應杖而杖，一也；扶而起，二也；杖而起，三也；面垢，四也；禿者，五也；傴者，六也；跛者，七也；老病者，八也。庾蔚云：「父存爲母，一也。不數杖與不杖之科。」皇氏、熊氏，並取以爲說。今案經文「爲母期」乃屬前經，鄭於期下揔注「三日而食，三月而沐」之事，是「爲母期」之文乃在節制之中，不得下屬此經權制之例。又此經權制之科，乃載杖與不杖之條。此經末又揔云「八者」，是揔此經之八事。今乃不數此經杖條，便是杖文虚設。庾氏之説，恐未爲善，聽賢者擇焉。

注「五日」至「人髽」 正義曰：云「五日、七日授杖，謂爲君喪也」者，案《喪大記》，大夫與士之喪，皆云「三日」授子杖，同主爲其親也。今云「五日」、「七日」，故知爲君也。

始死，三日不怠，三月不解，期悲哀，三年憂，恩之殺也。聖人因殺以制節，不怠，哭不絶聲也。不解，不解衣而居，不倦息也。此喪之所以三年，賢者不得過，不肖者不得不及。此喪之中庸也，王者之所常行也。《書》曰：「高宗諒闇，三年不言。」善之也。諒，古作「梁」。楣謂之梁。闇，讀如「鶉鵪」之鵪。闇，謂廬也。廬有梁者，所謂柱楣也。王者莫不行此禮，何以獨善之也？曰：高宗者武丁，武丁者殷之賢王也，繼世即位，而慈良於喪。當此之時，殷衰而復興，禮廢而復起，故善之。善之，故載之《書》中而高之，故謂之高宗。三年之喪，君不言。《書》云「高宗諒闇，三年不言」，此之謂也。然而曰「言不文」者，謂臣下也。言不文者，謂喪事辨不，所當共也。《孝經説》曰：「言不文者，指士民也。」禮，斬衰之喪，唯而不對；齊衰之喪，對而不言；大功之喪，言而不議；緦、小功之喪，議而不及樂。此謂與賓客也。唯而不對，侑者爲之應耳。言，謂先發口也。父母之喪，衰、冠、繩纓、菅屨，三日而食粥，三月而沐，期十三月而練冠，三年而祥。

疏 正義曰：此一節覆明前經四制之中節制之事。以禮之大體，喪之三年，爲限節之事，故重明之。「三日不怠」者，謂哭不休息。「三月不解」者，謂不解衣而居。「期悲哀」者，謂期之間，朝夕恒哭。「三年憂」者，謂不復朝夕哭，但憂戚而已。「恩之殺也」者，自初以降，是恩漸減殺也。「聖人因殺以制節」者，言聖人因其孝子情有減殺，制爲限節。「此喪之中庸也」者，庸，常也。言三年之喪，「賢者不得過，不肖者不得不及」，是喪之中平常行之節也，故「王者之所常行也」。❶「《書》曰『高宗諒闇，三年不言』，善之也」，引《書》者，明古來王者皆三年喪。諒，讀曰「梁」。闇，讀曰「鶕」，謂廬也。謂既虞之後，施梁而柱楣，故云梁闇之中，三年不言政事。「善之」者，言是古人載之於《書》，美善之故也。　「王者莫不行此禮，何以獨善之也」？記者自設問古人獨善之意。　「曰：高宗者武丁」者，記者還自釋獨善高宗之意。　「武丁者殷之賢王也」者，中興殷世，故曰賢王也。　「故載之《書》中」者，❷言以古人善此高宗，載於《書》中，又尊高其行，故謂之高宗。　「三年之喪，君不言」者，是記者引古禮，三年之喪，君則不言國事。「《書》云『高宗諒闇，三年不言』，此之謂也」者，此記者引《書》，高宗所行中節，是君不言之事，故云「此之謂也」。　「然而曰『言不文』者，謂臣下也」者，是記者既稱古禮「君不言」，故又云「言不文」，故記者復解云：「『言不文』者，謂臣下也。」　「禮，斬衰之喪，唯而不對」者，謂與賓客言也，但稱「唯」而已，不對其所問之事。　侑者爲之對，不旁及也。　「齊衰之喪，對而不言」者，但對其所問之事，不餘言也。　「大功之喪，言而不議」者，但言説他事，不與人論議相問答也。　「緦、小功之喪，議而不及樂」者，得議他事，但不能聽及於樂也。

「三年而祥」者，此章從上以來至此，皆明三年之喪制節之事。

比終兹三節者，仁者可以觀其愛焉，知者可以觀其理焉，强者可以觀其志焉。禮以治之，義以正之。孝子、弟弟、貞婦，皆可得而察焉。仁，有恩者也。理，義也。察，猶知也。

疏 正義曰：此一節更覆結居父母之喪，能終此三節，可以知其德行。三節者，自初喪至沐，一也；十三月練，二也；三年祥，三也。能終此三節者，「仁者可以觀其愛，知者可以觀其理，强者可以觀其志」也。言此自初遭喪至於喪畢，有三者之節。　「仁者可以觀其愛焉」者，孝子居喪，性有仁恩，則居喪思慕，可以觀其知愛親也。若不愛親，則非仁恩也。　「知者可以觀其理焉」者，若孝子有知，❸則居喪合於道理；若不合於道理，則非知也。　「强者可以觀其志焉」者，孝子堅强，其居喪則能守其志節；若無志節，則非堅强。　「禮以治之」者，言用禮以治居喪之事。

❶「故」字原脱，據單疏殘本、阮本補。
❷「者」，浦鏜校云：「『者』上脱『而高之』三字。」
❸「若」字原脱，據單疏殘本、阮本補。

「義以正之」者，謂用義以正居喪之禮。「孝子」者，謂孝順之子。「弟弟」者，謂遜弟之弟。「貞婦」者，謂貞節之婦。「皆可得而察焉」者，若能依禮合義，有仁可觀其愛，有理可觀其知，有志可觀其强，則是孝子、弟弟、貞婦也；若無此事，則非孝子、弟弟、貞婦也。故云「可得而察焉」也。

禮記正義卷第七十

進士傅伯膺

進士陳克己

應賢良方正直言極諫科莊治

修職郎、紹興府會稽縣主簿高似孫

修職郎、監紹興府三江、錢清、曹娥鹽場管押袋鹽李日嚴

迪功郎、充紹興府府學教授陳自强

文林郎、前台州州學教授張澤

從事郎、兩浙東路安撫司幹辦公事留駿

校正官

宣教郎、兩浙東路提舉常平司幹辦公事李深

通直郎、兩浙東路提舉茶鹽司幹辦公事王汾

附録

黄唐識語

六經疏義，自京、監、蜀本皆省正文及注，又篇章散亂，覽者病焉。本司舊刊《易》、《書》、《周禮》，正經、注、疏，萃見一書，便於披繹，它經獨闕。紹熙辛亥仲冬，唐備員司庾，遂取《毛詩》、《禮記》疏義，如前三經編彙，精加讎正，用鋟諸木，庶廣前人之所未備。乃若《春秋》一經，顧力未暇，姑以貽同志云。壬子秋八月，三山黄唐謹識。

朝請郎、提舉兩浙東路常平茶鹽公事
黄唐

惠棟跋

拙菴行人購得宋槧《禮記正義》示余，余案《唐藝文志》，書凡七十卷，此本卷次正同。字體倣石經，蓋北宋本也。先是，孔穎達奉詔撰《五經正義》，法周、秦遺意，與經、注別行。宋以來始有合刻，南宋後又以陸德明所撰《釋文》增入，謂之《附釋音禮記注疏》，編爲六十三卷。監板及毛氏所刻，皆是本也。歲久脱爛，悉仍其闕。今以北宋本校毛本，訛字四千七百有四，脱字一千一百四十有五，闕文二千二百一十有七，文字異者二千六百二十有五，羨文九百七十有一。校讐是正，四百年來闕誤之書，犂然備具，爲之稱快。

唐人疏義推孔、賈二君，第《易》用王弼，《書》用僞孔氏，二書皆不足傳。至如《詩》、《春秋左氏》、《三禮》，則旁采兩漢、南北諸儒之説，學有師承，文有根柢，古義之不盡亡，二君之力也。今監板、毛氏所刻諸經，頗稱完善，唯《禮記》闕誤獨多。拙菴適得此書，可謂希世之寶矣。拙菴家世藏書，嗣君博士企晉嘗許余造璜川書屋，盡讀所藏。余病未能，息壤在彼，請俟他日。因校此書，并識於後云。己巳秋日松崖惠棟。

李盛鐸跋

諸經疏義，本自單行。注疏合刻，始自何時，前人無能詳言之者。今注疏流傳，僅有南宋十行本，其卷袠與單疏本不合。乾嘉諸老搜獲錢孫保景鈔《周易注疏》十三卷、沈中賓刻《左傳正義》三十六卷，已悟十行本改移卷第之非。咸、同中，仁和朱氏得五十卷本《周禮注疏》，而日本景刻《尚書正義》亦流傳中土，獨惠松崖先生所校七十卷本之《禮記正義》，相傳由璜川吴氏轉徙歸曲阜孔氏者，沈晦百餘年，耆古者幾疑秘帙已不存天壤。光緒丁戊之交，頗聞此書復出，爲鬱華閣所收，珎祕不肯眎人。余歸自東瀛，伯羲前輩已歸道山，篋册塵封，無由得見。壬子之夏，鬱華書籍散出。是書展轉，遂歸三琴趣齋插架，可謂得所歸矣。按黄唐跋：「本司舊刊《易》、《書》、《周禮》，正經、注、疏，萃見一書，便於搜繹。紹熙辛亥，唐備員司庾，取《毛詩》、《禮記》疏義，如前三經編彙，校正鋟木。」是紹興庾司爲注疏第一合刻之地，《詩》、《禮》二疏目，即爲唐所合編。故它經後僅坿唐跋，此經獨列校正諸官銜名。於是，注疏合刻之地與時，無如此明白者。是此刻爲禮記注疏合刻第一祖本，又爲海内第一孤本。安得假瞿氏之《易》、朱氏之《周禮》，並此本景寫付刊，俾注疏祖刻復得流傳宇内，不亦蓺林快事耶！丙辰驚蟄後二日盛鐸識。

袁克文跋

黄唐刊《禮記正義》七十卷，久著聲於人寰。陳鱣跋文曾詳記之，且校訂异同。盛昱藏書散出，即歸其戚景賢，懸重值求沽，議者皆不諧。是時予居天津，亦欲購而未果，旋作南遊，遂絶消息。比移都下，知尚在景家，因丐庾樓妹倩代爲論值，遂以萬金兼得《纂圖互註周禮》、小字本《春秋胡傳》、黄註《杜詩》、黄善夫刻《王註蘇詩》、《于湖居士文集》五書，皆嫏嬛秘寶，因結佞宋之癖。經年所獲，已可盈百，爰闢一廛以貯之，而以此書冠焉。洪憲紀元三月十三日寒雲記於雲合樓。

陳鱣《宋本禮記注疏跋》

《禮記正義》七十卷，宋刻本，首題「禮記正義卷第一」，次列「國子祭酒上護軍曲阜縣開國子臣孔穎達等奉勑撰」，「勑」字提行。次列《正義》，夾行。次「曲禮上第一」。自首至「夫禮者，所以定親疏」節正義之後，題「禮記正義卷第一」終。每半葉八行，經每行十六字，注及正義，小字雙行，行二十二字。注後不附《釋文》。前有《禮記正義序》。按序云：「凡成七十卷。」舊、新《唐志》、《崇文總目》、《文獻通考》皆同。蓋北宋初刻《正義》單行本七十卷。《玉海》卷三十九《禮記疏》一條云：「咸平二年三月（按：當作六月）己巳，祭酒邢昺上新印《禮記疏》七十卷。」是爲《正義》原書。南宋初，與經注合并，尚從《正義》原分之卷。厥後，附《釋音》本又改爲六十三卷，而原定卷次遂亂。此必南宋初刻，與山井鼎《考文》所據宋本多合，而彼有缺卷，此則純全，誠希世之寶也。向爲吴門吴拙菴行人所藏，傳於其子企晉博士。乾隆十四年，惠定宇徵君取校毛氏刻本，計脱誤萬餘字，爲跋而識之，有云「四百年來闕誤之書，犂然備具，爲之稱快」。其後七十卷之本歸于曲阜孔氏，而定宇本間或傳校毛刻。有書賈錢聽默，竊以所儲十行本重臨惠校，綴以原跋。十行本者，亦南宋時刻，以其每半葉十行，故稱十行本。首題「附釋音禮記注疏」，亦偁附音本。前序後有「建安劉叔剛宅鋟梓」，又偁劉叔剛本。實即《沿革例》所謂「建本有音釋注疏」。其版漸損，遞修至明正德，故山井鼎《考文》目爲正德本。厥後，閩本、建本、毛本，皆從此出。聽默所臨，每與惠校不符。蓋十行本與七十卷本合者，無庸點勘。惟毛本脱誤最甚，故惠跋計改字數如許之多。聽默詭言惠校宋本，且僞用故家收藏印記，鬻諸長安貴客，以獻伯相和珅。遂屬其黨復將毛本略校，影寫摹雕，後有珅跋，下用致齋和珅小印，又大學士章，又壓角印曰「子子孫孫，其用寶之」。時乾隆六十年事。嘉慶三年，其家籍没，版已散亡，印本流傳甚少。余家舊有十行本，惜多修版。近得和刻，因借友人所臨惠本而重校之。其所分七十卷，俱鉤識之。至于第十九卷《曾子問》第二十一葉，十行本久經全脱，閩、監、毛本因而空白者，和刻已補，其連脱數行者，縮寫補全，惟妄改處頗多。兹照惠校更正，仍目之曰宋本，以和刻亦原于宋也。世有好事能將孔氏所藏之宋刻七十卷精摹重梓，嘉惠士林，豈不偉歟！豈不快歟！

見《經籍跋文》，《續修四庫全書》本，九二三册，六六六頁。

寶禮堂宋本書録·禮記正義七十卷提要

往余校刊是書時，以惠定宇所校宋本與《考文》多有不合，定爲兩本，嘗以所見跋附卷末。按《考文》所據宋刊《禮記正義》藏日本足利學，至今猶存。余友張君菊生曾往展閲，歸後語余，確爲黃唐刊本。其與是本有不合者，爲原版、補版之別，即同一補版亦有先後之殊。其書法端凝、筆意渾厚者，當爲最初刊本。補刊較早者，字體雖尚方嚴，而鐫法已露稜角。再後則用筆纖弱，鋟刻粗率，與初版相較，截然不同。余詳加檢校，原刊之葉，版心均記刻工姓名，而記字數者甚少。補刊之葉則刻工姓名與字數互有完闕。因以所記刻工姓名區爲兩類，不能謂一無淆混，然大致當不誤也。阮文達《校勘記》謂是七十卷本，爲惠氏校汲古閣所據，先爲吴中吴泰來家所藏，後歸於曲阜孔氏，陳仲魚亦有是言。其後由孔氏入於意園盛氏，盛氏書多爲景樸孫所攫，卷内有「孔繼涵」及「小如庵」印記，其授受本末甚明，惟絶無「璜川書屋」印記。吴志忠《璜川吴氏經學叢書緣起》有云：「是時載酒問奇而來者，如惠松崖徵君輩，盡吴下知名士。」又云：「書籍之散逸，若北宋本《禮記》單疏，今歸曲阜孔氏。」然則惠跋所謂北宋本者，或即志忠所云之單疏，而非此經注合刻之《正義》。《禮記》單疏殘本近由涵芬樓覆印行世，余取與惠校對勘，亦有合有不合。惟僅存最後八卷，窺豹一斑，難概其全，豈此之八卷與吴氏所藏亦有原版、補版之別耶？姑識於此，以待後之讀者。

本書後序及銜名世所罕見，特録於左：

《六經疏義》自京監、蜀本皆省正文及注，又篇章散亂，覽者病焉。本司舊刊《易》、《書》、《周禮》，正經注疏萃見一書，便於披繹，他經獨闕。紹熙辛亥仲冬，唐備員司庾，遂取《毛詩》、《禮記》疏義，如前三經編彙，精加讎正，用鋟諸木，庶廣前人之所未備。乃若《春秋》一經，顧力未暇，姑以貽同志云。壬子秋八月，三山黄唐謹識。

進士傅伯膺
進士陳克己
應賢良方正直言極諫科莊治
修職郎紹興府會稽縣主簿高似孫
修職郎監紹興府三江錢清曹娥鹽場管
押袋鹽李日嚴
迪功郎充紹興府府學教授陳自强
文林郎前台州州學教授張澤
從事郎兩浙東路安撫司幹辦公事留駿

校正官

宣教郎兩浙東路提舉常平司幹辦公事
李深
通直郎兩浙東路提舉茶鹽司幹辦公事
王汾

朝請郎提舉兩浙東路常平茶鹽公事
黄唐

版式　每卷首行題「禮記正義卷第幾」，獨第二十六卷作「禮記注疏」。次三兩行題「國子祭酒上護軍曲阜縣開國子臣孔穎達奉敕撰」。半葉八行，行十六字，間有少至十四字、多至二十一字者。小注雙行，行二十一、二字，多或至二十六、七字。卷首孔穎達序，半葉十二行，行二十字。左右雙闌，版心白口，單魚尾。書名題「禮記義幾」，有若干葉作「禮記正義」、「禮記幾」，惟第二十六卷前四葉作「禮疏」耳。卷二第十一二葉、卷三第二十葉、卷十九第十八葉、卷二十八第八葉、卷四十一第二十一葉、卷四十六第三葉均鈔配。又卷四十六第十三葉闕誤，以他葉配入。

刻工姓名　馬林、馬祖、馬松、馬祐、馬

春、毛俊、毛端、葛昌、葛異、方伯祐、方堅、徐仁、徐宥、徐進、徐通、王佐、王允、王恭、王宗、王茂、王椿、王祐、王祜、王示、王壽、李憲、李師正、李涓、李彦、李仁、李光祖、李良、李倚、李信、李用、李忠、李成、周全、周泉、周彦、周珍、高彦、高政、高文、高異、許貴、許才、許詠、許富、陳彦、陳文、陳顯、陳真、陳又、施俊、施珍、蔣伸、蔣信、蔣暉、張昇、張樞、張暉、張榮、吴寶、吴宗、吴志、金彦、金昇、翁祥、翁祐、賈祐、賈祚、鄭復、鄭彬、宋瑜、宋琳、朱渙、朱周、顧永、顧澄、陶彦、包端、趙通、魏奇、應俊、陸訓、楊昌、濮宣、阮祐、章東、童志、余政、姜仲、嚴信、丁拱、孫新、劉昭、沈珍、求裕，又有宣、彬、宗、春四單字。以上見於原刊之葉。楊來、楊明、楊潤、徐囦、徐珙、徐榮、徐良、徐泳、徐珣、茅化、茅文龍、朱文、朱子文、子文、朱輝、朱春、王全、王壽三、王六、王禧、王智、王渙、王桂、洪福、洪來、吴洪、吴祥、吴文昌、蔣榮、蔣佛老、陳琇、陳政、陳新、陳邦卿、陳万二、万二、陳思義、陳允升、鄭埜、鄭閏、何鎮、何垕、何慶、文昌、文玉、范華、范堅、李茂、李德英、李庚、李閏、葛辛、葛弗一、葛一、張珍、張佺、張阿狗、俞聲、俞榮、石山、石宝、占讓、占德潤、德潤、孫開一、孫春、孫斌、沈祥、沈貴、高諒、高宗二、任昌、金文榮、許忠、黄亨、毛文、章文、胡昶、趙遇春、丁銓、劉仁、艮富、錢裕、婁正、麦茂、曹榮、史伯恭、周鼎、繆珍、弓華、祝明、熊道瓊、董用、龐万五、永昌友、山用之、盛久、大用、可山，又有徐、韋、文、沈、杞、徐、山、趙、火、史、胡、柳、鎮、斗、費、姚、何、馬、系、秦、劉、錢、仲、圭、政、滕、楊、東、景、陳、褚、成、厖、俞、永、桂、蘇、國、才、麦、寧、貴、石、元、王、霍、壽、仁、金、陶、九各單字。以上見於補刊之葉。

宋諱　玄、絃、弦、眩、鮌、縣、頫、敬、警、驚、竟、鏡、弘、殷、匡、筐、胤、炅、恒、禎、貞、偵、赬、徵、讓、署、樹、豎、頊、勗、桓、完、構、搆、媾、購、韝、雊、慎、蜃、惇、敦等字闕筆。

藏印　「季振宜字詵兮號滄葦」、「季印振宜」、「滄葦」、「御史之章」、「北平孫氏」、「孫繼涵」、「誦孟」

《張元濟古籍書目序跋彙編》

禮記正義校勘記附識

書末附惠跋云「此爲北宋本」，而前一葉原刊板人黄唐識語明載「紹熙辛亥録諸木」，次年壬子八月作識。紹熙爲光宗號，辛亥、壬子爲其二三兩年。檢阮校所引惠校，多與此本不合。此本惠跋爲僞，惠校實另有北宋本。惠跋言以北宋本校毛本，得是正共萬餘字，可謂快矣。顧今爲覆校，據阮校例言，「所引宋本，一以惠校爲主。惠所漏者，乃據日本之《考文》本」。則就阮氏所據，知惠漏校已多。而細勘更多，有阮校所未及。知校書正自不易。又，《考文》所據之宋本，與本書亦不盡相同，知非一本，但其合處較多於惠本耳。本書矯正阮本，頗有特出之處。蓋阮本已經妄人竄改，多有意識之誤。此本則尚無之，洵可寶也。注疏得阮校而後信爲可讀，及校此本，乃敢言《禮記注疏》以此本爲最不貽誤讀者矣。

民國十七年一月校畢附識。

今世所行《十三經注疏》合刻兼附《釋文》之本，如閩本、明監本、毛本，皆以十行本爲祖本。閩本刻於明嘉靖間閩人李元陽，監本刻於萬曆間，毛本刻於崇禎間。閩本出於十行本，監本出於閩本，毛本出於監本。當閩刻時，所據十行本已多刓缺，其十行原本版片又迭經元、明修補，於正德間所修版心注明正德時補頁，以故山井鼎《考文》直以十行本爲正德本也。閩本於十行本缺處頗多以意補字，遂致大失本意。必於萬不能補之大段缺文乃始留出空缺。故雖以意填補，仍未補完。監、毛本輾轉翻刻，益多紕謬。阮氏得十行本十一經，所少者爲《儀禮》、《爾雅》兩經。其印刷較早，往往於閩本所據缺處尚多完整，故能是正不尠，然亦頗刓闕。且附《釋文》以十行本爲始，當其逐節添附時，將章節往往移置，其間遂多所誤會。阮氏刻注疏時，此《禮記》一經固用十行本，亦賴有惠氏定宇及日本山井鼎、物觀二人所校宋本之不附《釋文》注疏本，多所訂正。以故現行《十三經注疏》以阮本爲最善，而尤以阮氏《校勘記》集前此校記之大成。自黄唐本《禮記注疏》出，而世間始知尚有未附《釋文》時之真宋本在。全書除鈔配數葉外，大致完整，絶少漫漶刓泐之處。以中國最尊尚之經書，又爲諸經中卷帙甚鉅之《禮記》，今尚有此真宋本發現，豈非絶世瑰寶。

余既得是書，不敢自秘，願出巨資，以公諸世。用新法玻璃板影映作爲樣本，與原書上板無絲毫之異。仍爲悉心讐校，以驗其與世行諸本之異同。計校出前人所未校及者數千條，然則昔時以阮校爲集成，今乃校出前所漏校者若是其夥，并多有前人因校而反誤者，則以未見真本，輾轉過録他人校語，不免又生郢書燕説之誤。經書之爲國粹，自秦火以降，歷劫凡幾次，而其與天壤永爲不朽者如故。後有快覩《禮記注疏》之善本者，必皆覩余所校，庶易檢尋其異同之跡，則亦與阮氏諸賢分一席於校經之列，何其幸也！書末有惠定宇跋語，非真蹟，乃從他本傳録作僞。書中異同之處，與惠合者固多，不合者正不少。不合惠校而合《考文》校本者尤多。阮校謂「《考文》之宋板《禮記注疏》與惠校宋本是一書，間有不合處，不及千分之一，亦傳寫之譌，非二書有不同也」云云，亦殊未確。惠本與

《考文》本的是兩本，其證據多在逐條校語中。至黄唐本，則與其冒託爲惠校本，無寧謂其大致合於《考文》宋本。凡此，皆於校語中證明之。其中發前人校記所未發，《小戴》一經之注疏真相得此本而回復不少，傳刻之功，自信不在阮氏之下，亦於校語中可指而數之。惟余自問，亦尚有漏校，覆寫時往往發現，則未發現者，必不少也。後之能讀書者，補綴而匡正之，又非徒一校者之幸，乃《禮記》一經有以貽萬世之學者共肩此責也矣。十七年一月十七日覆寫畢再記，南海潘宗周。

見江蘇廣陵古籍刻印社一九八六年重印《禮記正義校勘記》下册末尾。

重印禮記正義校勘記弁言

《禮記正義》七十卷，唐孔穎達奉敕撰。向以南宋岳珂《九經》相臺本最爲精審，即所謂十行本也。朱明一代，復有正德閩板、萬曆監本及崇禎毛刻本等次第流傳。惟迭經翻刻，舛誤日增，經義本源，何由究竟？學者病焉。至清乾嘉之際，文達阮公究心經籍，特於退食餘閒詳加勘定，卒成《十三經注疏校勘記》，士林宗之。其所校《禮記正義》，素稱精確，猶不免罣漏傳訛之處，蓋所據尚非盡善之本也。迨三山黄唐本發現，其讎校之謹嚴，雕鏤之精美，迥然不同凡響。按此本鋟行於宋光宗三年，閩人黄唐手自校訂彙編。福建省城舊名三山，故稱之爲三山黄唐本。而傳世極少，今雖偶見零卷殘葉，第完書則海内唯此一部。此書原係曲阜孔府秘籍，外人鮮有知者。昔人庋藏之富若汲古毛氏，博洽如金壇段氏、真州阮氏，俱未曾見。後輾轉爲袁寒雲先生所得。比寒雲僑寓申江，素諗先君明訓公雅愛稀世珍本，遂將此書暨其他宋槧多種割愛相讓。先君以《禮記》一書卷帙之繁爲群經冠，今獲此絶世瓌寶，不欲自私，亟出鉅貲，依樣刻印，冀能公之於世。因延版本專家董康先生主其事，聘良工影刻，精印百部，較原書略無遜色，一時傳爲美談。明訓公復取阮氏《校勘記》及歷年不同版本與黄唐本反覆讎校，並蒙張菊生世伯朝夕切磋，驗其異同得失，幾至廢寢忘餐，綜得前人所忽者不下數千條，成《禮記正義校勘記》上下卷。昔文達拳拳以求古聖賢經傳之本源，不爲虚浮、孤陋兩途所誤云乎者，先君之用心，庶幾不負前脩之厚望矣。既脱稿，仍委董康先生募工刻印，以酬閎揚國故昌明經學之夙願，非爲牟利計也。《校勘記》仍印百部，其字體款式，一如《禮記正義》，不失宋本榘度，附於《禮記正義》之後，儼然若一整體。

建國之初，世兹即稟先人遺志，將《禮記正義》並吾家所有宋版珍本一百餘種一千餘册全部獻諸政府，俾此曠代寶籍永爲人民所享用。《禮記正義》雕版繼亦獻出，而《校勘記》版片，則因闕損甚多，仍留寒齋。動亂頻仍，早年印行之書竟已不可多得。今中國書店有重印《禮記正義》之舉，聞之曷勝忭慶。惟《校勘記》未予付印，致令人歎惋。幸有江蘇廣陵古籍刻印社以整理古籍傳布民族文化爲己任，願設法補鐫所有闕損版片，於焉新印《禮記正義校勘記》終以問世，先人九原有知，亦當頷首稱善。曩者是書之成篇，端賴菊生世伯弗辭勞瘁，悉心教正。先君未敢掠美，特乞一并署名，無如固辭不許。菊生世伯以畢生精力傾注於整理國粹與夫發展現代文化事業，其勳績早爲世人景仰，區區數語，誠不足以表其萬一，聊志感戴之忱云爾。

歲次乙丑大暑，南海潘世兹於復旦大學。

見江蘇廣陵古籍刻印社一九八六年重印《禮記正義校勘記》上册卷首。

鳴謝

《儒藏》精華編惠蒙善助，共襄斯文；謹列如左，用伸謝忱。

本焕法師　壹佰萬元

智海企業集團董事長　馮建新先生　壹佰萬元

NE·TIGER時裝有限公司董事長　張志峰先生　壹佰萬元

張貞書女士　壹佰萬元

北京大學《儒藏》編纂與研究中心

本册审稿人　刁小龍

本册責任編委　馬月華　華　喆

圖書在版編目(CIP)數據

儒藏.精華編.五一/北京大學《儒藏》編纂與研究中心編.一北京：北京大學出版社，2016.9

ISBN 978-7-301-11769-9

Ⅰ.①儒… Ⅱ.①北… Ⅲ.①儒家 Ⅳ.①B222

中國版本圖書館CIP數據核字（2016）第224858號

書　　名	儒藏（精華編五一） RUZANG
著作責任者	北京大學《儒藏》編纂與研究中心　編
責任編輯	吴遠琴
標準書號	ISBN 978-7-301-11769-9
出版發行	北京大學出版社
地　　址	北京市海淀區成府路205號　100871
網　　址	http://www.pup.cn　新浪微博：@北京大學出版社
電子信箱	dianjiwenhua@126.com
電　　話	郵購部62752015　發行部62750672　編輯部62756449
印 刷 者	北京中科印刷有限公司
經 銷 者	新華書店
	787毫米×1092毫米　16開本　33印張　510千字
	2016年9月第1版　2016年9月第1次印刷
定　　價	1200.00元

ISBN 978-7-301-11769-9
9 787301 117699 >
定價：1200.00元